广东出入境检验检疫局

2003年4月30日下午，广东省常务副省长汤炳权（右）在广东检验检疫局局长仲德昌（中）的陪同下，到广州白云机场慰问节日期间仍坚守岗位的检验检疫干部职工。

广东出入境检验检疫局成立于1999年8月，是主管广东（不含深圳、珠海）出入境卫生检疫和动植物检疫，以及进出口商品检验、鉴定、认证和监督管理的行政执法机构，直属国家质量监督检验检疫总局领导。

广东出入境检验检疫局技术力量雄厚，拥有2万多台（套）价值4亿多元的功能齐备、性能先进的仪器设备，共有18个实验室获得CNAL认可，53个实验室获得CIQ注册。全局4000多名检验检疫人员中，涵盖50多个专业的各类技术人员占80%，其中具有高级专业技术职称247人，具备研究生学历204人、博士学位16人（含3名博士后）。

2002年，广东出入境检验检疫局共检验检疫出入境货物345.5万批，货值869.2亿美元，检出不合格货物6373批，货值7.3亿美元。检疫出入境交通工具143.57万架（辆、艘）次、集装箱523.9万个标箱次。监测体检出入境人员91473人次，检出各类传染病7859例，其中HIV阳性20例。签发普惠制产地证72.1万份，签证商品金额155.58亿美元，为出口产品获得15.56亿美元的关税减免。完成外商投资财产鉴定2419批，挽回直接经济损失743.8万美元。检出进境动植物有害生物及有毒有害物质5718批次611种，检出批次比去年同期增长了8倍多。广东检验检疫局以占全国检验检疫系统1/8的人员，完成了1/3的工作任务，为保护国家工农业生产安全和人民生命健康、促进广东外经贸发展做出了应有的贡献。

目前，广东出入境检验检疫局在“三个代表”重要思想的指引下，正大力推进“大通关”建设，在全面实现“三电工程”，进一步提高检测能力和检测效率的同时，坚定不移地加快推进检验检疫监督管理模式的革命性变革，尽快实现检验检疫监督管理模式电子化，切实实现既严格把关又快速通关的目标，为广东率先基本实现现代化再立新功。

抽取鸭血做H5禽流感检测

列车卫生监督

使用扫描电镜进行金属形貌观察

广东省地

广东省委副书记、省长黄华华（左4）同广东省地方税务局领导在一起。

广东省地方税务局于1994年7月成立以来，在省委、省政府和国家税务总局的正确
的重要思想，发扬艰苦创业的精神，开拓创新，积极进取，深入贯彻“加强征管，清理欠税，堵塞漏洞，惩治腐败”十六字方针，以“党政领导是否满意、社会各界是否满意、纳税人是否满意”作为衡量税收工作的标准，以创建税收强省为目标，全面推进“一流的班子、一流的队伍、一流的管理、一流的执法、一流的服务、一流的形象”的“六个一流”；坚持“收好税、带好队”，服从服务于广东率先基本实现社会主义现代化的总目标，切实做好五个方面的工作：

税费收入持续快速增长

从1994年的194亿元增加到2002年的926亿元，增长了近4倍，累计组织地方税收收入4386多亿元，连续8年位居全国第一。

税收管理新体制初步确立

2000年，提出了进行“二次创业”的口号，确立了梯级税源、科技兴税、人本治队三大发展战略，全面推行税收征管体制、税务机构和人事制度三项改革。

设立“纳税人服务中心”，全方位地为纳税人提供优质服务。图为珠海市地税局纳税人服务中心全体干部职工。

加大税收宣传力度，创新税收宣传形式。
图为地税干部向中小学生宣传介绍税收知识。

依法治税工作成效显著

一是税收执法行为更加规范。实行办税公开，建立行政执法责任制和行政过错责任追究制度，完善税务行政复议、听证、应诉等依法行政保障机制，建立健全税收法律救济体系，规范内部执法行为，减少审批项目和环节；加强执法检查，强化了税务部门内部执法监督。

二是税收秩序进一步好转。深入开展各种类型的税收专项检查，加大对制造、贩卖、使用假发票的打击力度，打击偷逃税，加强涉外企业的反避税工

方税务局

作，税务稽查的威慑力大大增强。

三是税收法治环境不断优化。不断加大税收宣传力度，创新税收宣传的形式，注重税收宣传效果。不断优化纳税服务，建立税法公告制度，设立多功能办税大厅，提供多种纳税申报方式，推行服务承诺制和首问责任制。

2003年1月30日，国家税务总局局长金人庆（中）在广东省地方税务局党组书记、局长吴升文（左）陪同下亲切慰问地税干部。

三大工程取得阶段性成绩

2001年，根据地税工作实际，提出实施“三大工程”，即“信息化建设工程”、“规范化管理工程”、“人才教育培训工程”。经过一年多的大力实施，已取得阶段性成绩。

建立完善的纳税服务体系，向纳税人提供多层次的优质服务。图为 服务设施完备的办税大厅。

队伍建设取得丰硕成果

在全系统开展创建“团结、廉洁、开拓”好班子活动，已经有17个市局班子成为“三好”班子。建立了“一靠教育、二靠制度、三靠监督、四靠领导干部以身作则”四位一体的反腐工作机制。各市局在自行组织的行风评议中，群众满意率都在90%以上，在当地组织的行风评议中也名列前茅。

未来五年的广东地税深入学习贯彻党的十六大精神和省九次党代会精神，始终以组织收入为中心，力争地方税收突破6000亿，努力实现税收收入、税收管理、三大工程、队伍建设、依法治税、税收服务的“六大突破”，在全国率先建成税收强省。

积极开展精神文明创建活动，丰富干部职工的文体生活。图为广东省地方税务局机关干部拔河比赛。

地址：广州市天河北路600号
电话：（020）85299153

通天之路

廣东京珠北

京珠高速公路粤境北段（以下简称广东京珠北），是国家和广东省“九五”重点工程、世界银行贷款项目、广东第一条山区高速公路，项目路线起于湘粤两省交界地小塘，向南经乐昌市、乳源县、曲江县和韶关市西郊甘塘。路线北接湖南耒宜高速，南连广韶高速，全长109.93公里，概算投资56.56亿元。全线按双向四车道标准设计,全立交、全封闭，设计时速是100公里和80公里。项目于1992年开始筹备，1996年立项，1998年11月开工，2003年4月3日正式通车。

广东京珠北项目工程巨大，地形险峻，地质复杂，气候恶劣,是京珠国道主干线乃至目前全国高速公路在建项目中施工难度最大的工程，被世界银行专家称为“中国最具挑战性的公路项目”。有路基土石方4113万立方米；74座桥梁，总长15950米，最高桥墩60米；14座隧道（单洞计），总长6.9公里，最长隧道2120米；辟山开路形成的高边坡136处，最高边坡98米。

京珠高速公路粤北段建设管理处负责该项目的建设和管理,针对项目难题，几年来他们以技术管理为中心，开展并攻克了“路堑高边坡”、“公路隧道围岩稳定”、“填石路堤”、“雾区交通监控”、“公路沥青路面修筑技术”、“隧道监控系统合理化设置”等6项科研课题，其中已通过国家鉴定的隧道课题成果，达到国际先进水平。

项目建设遇到了重重艰难险阻，在确保实现工期目标的同时，建成了优质工程；最终工程造价控制在概算范围内，节省了大量投资；安全得到保障，开工4年多来，创下了难能可贵的“高难度、高风险、无事故”的安全纪录；首创绿色通道模式、高速公路观景台和紧急停车避险区等。

广东京珠北在2003年3月24日通过了广东省公路工程质量监督站的交工验收，工程合格率100%，优良率97%，总评分93.5分，是我省迄今为止得分最高的公路项目。京珠高速公路粤境北段是沟通珠江三角洲地区的交通大动脉，它的建成通车，将使我省北部地区特别是韶关地区的交通状况得到明显改善，对促进粤北山区经济发展，进一步加强我省与周边省市的经济联系必将发挥重要作用。

2002年8月15日，中共中央政治局常委、原广东省委书记李长春视察京珠北建设工程

2003年4月3日，广东省省长黄华华出席京珠北通车典礼

2003年1月2-3日广东省人大常委会主任卢钟鹤视察京珠北建设工程

地址：广东乳源县南水水库边东坪镇京珠北东田管理中心
电话：0751—5221288　　邮编：512700

广州铁路（集团）公司

广州铁路（集团）公司（简称广铁集团）是全国铁路第一家运输企业集团，下属有羊城、长沙、怀化、海南铁路总公司和广铁客运公司等5家运输全资子公司；有广深铁路股份有限公司、广梅汕铁路有限责任公司、石长铁路有限责任公司、粤海铁路有限责任公司等4家运输控股子公司；有三茂铁路股份有限公司、平南铁路有限责任公司等2家参股公司，还有商贸、旅游、广告、工程、房地产、科技开发和对外贸易等一批多元经营企业，是一家以资产和调度为纽带，以经营铁路运输业为主的特大型企业。广州铁路（集团）公司管辖广东、湖南、海南三省营业铁路4518.2公里。管内主要干线有京广、京九、广深、浙赣、焦柳、湘黔、湘桂等铁路。全集团拥有总资产828亿元，在职职工15.8万人。1997年广铁集团被国务院批准为国家120家试点企业集团和国家512户重点国有企业之一，1999年又被国家经贸委列为520户重点企业之一，列全国综合实力五百强第21位。2002年广铁集团完成旅客发送11588.8万人，货物发送8439.4万吨，换算周转量1642亿吨公里，运输收入113.1亿元。

夜色中的铁路编组站

广铁集团公司机关正门

广铁集团公司调度大楼

广铁集团公司总调度室

广铁集团铁路建设重点工程（广东省内）

“九五”以来，广铁集团公司在广东省境内的铁路建设如火如荼，先后建设完成了：京九铁路（南段）复线工程、粤海铁路通道建设工程、京广铁路武昌至广州段电气化改造工程和广深高速铁路建设改造工程。

1、京九铁路（南段）复线工程

京九铁路（南段），地处广东省粤东地区，复线工程北起龙川北站，南至广深线东莞站。线路全长220公里，车站16个，桥梁116座，13051米；隧道19座，5206米。工程总投资概算为26.98亿元。于2001年3月6日开工，2002年12月11日全线开通，首创全国普速铁路开通列车速度即达到80km/h的先例。京九复线龙东段的建成，标志着我国的“大京九”铁路实现了全线复线，对消除京九干线运输“瓶颈”，提高运输能力，完善铁路路网布局，扩展出入广东的通道，充分开发沿线自然资源，推动沿线地区的经济发展有着十分重要的意义。

京九铁路建设工地现场

京九复线上新建的大桥

京九线上雄伟的铁路大桥

京九复线建设，架桥机正在架桥

2、粤海铁路通道建设工程

粤海铁路通道，是“九五”期间铁路重点项目之一，是中国第一条横跨海峡的铁路。建设项目由“两线一渡”三部分组成：广东省境内的湛江至海安铁路，全长139公里；琼州海峡铁路轮渡，包括铁路引线、轮渡站、栈桥、港口、安全设施及渡轮等；海南省境内的海口至叉河海南西环铁路，全长182公里。工程总投资概算45亿元，于1998年8月开工，2003年元月7日广东省境内的湛海线和海峡轮渡正式通车。粤海铁路通道是连接海南岛与大陆的捷径，它的建成，对于完善海南岛及雷州半岛的综合运输体系，开发我国南海资源，促进海南和粤西地区的经济发展，具有十分重大的意义。

满载货物列车的"粤海铁 1 号"与南港铁路栈桥对接

“粤海铁1号”抵港，万人争相观看

粤海铁路北港码头

粤海铁路通道渡轮“粤海铁1号”

3、京广铁路武广段电气化改造工程

京广铁路是中国铁路主要的南北干线之一，其南段铁路纵贯广东省，是广东省最重要的客货运输铁路通道，对广东的经济腾飞起到了不可磨灭的作用。由于京广线运量的增长很快，远远不能适应国内经济发展的需要。1998年开始对京广铁路武昌至广州段进行电气化改造（广铁集团负责蒲圻至广州930公里的建设），2002年完工投入运营。线路全长1054公里，总投资75.7亿元。京广线电气化改造不仅增大了运输能力，提高列车速度，促进华南地区的物资交流和旅客运输，而且对列车运行安全、保护沿线环境都产生了积极的影响。

电气化后的京广线

电气化改造后的京广线

列车通过大瑶山

列车经过广州市区

4、广深高速铁路建设改造工程

广深铁路全长147公里，连接广州、东莞、深圳和香港，是广东省内铁路交通网的重要组成部分，也是连接内地和香港的唯一铁路通道。近年来广铁集团对广深铁路相继进行了准高速铁路建设、电气化改造和高速线提速改造，建成了两条高速铁路线和一条普速铁路线。2000年12月在广深线上运行的“新时速”摆式列车，最高时速达到每小时210公里，标志着中国第一条高速铁路线的正式运营。2002年广深铁路上还实现了列车发车间隔为15分钟的公交化运营，成为中国现代交通的典范。

“新时速”列车在检修基地

广深线上的高速列车“新时速”

新建成的广深线上的深圳站外观

广州东站

广铁集团改革创新

广铁售票大厅

广铁集团现代化集装箱作业场

广铁集团自1992年10月经国务院经贸办批准，1993年2月8日正式挂牌成立以来，坚持按照“产权清晰、责权分明、政企分开、管理科学”的基本要求，在建立现代企业制度上进行一系列改革和创新，取得了新的突破，并得到了国家和铁道部的高度重视和认可。

1993年，率先在铁路探索运输收入分配改革，在全路第一家实行“管内归己，直通清算”的办法，取得了相对独立的运输清算收入。

1995年，铁道部正式将广铁集团纳入铁路建立现代企业制度试点单位。

1996年4月，广铁集团的子公司广深铁路股份有限公司正式成立，并成功地在香港和纽约证券交易所同时上市，成为中国铁路进入国际资本市场的第一家铁路运输企业。

1997年广铁集团经国务院批准为全国120家试点企业之一，并纳入全国520家重点国有企业；同年率先在全路运输企业中试行了资产经营责任制，当年全面完成或超额完成资产经营责任制的三项指标。

1998年，被列入国家第一批派驻稽察特派员企业。并先后通过产权制度改革推动体制转变，成功地完成了对石长、三茂、广梅汕铁路总公司和广铁工程总公司、广铁青旅的公司制改造，规范组建了平南、粤海铁路有限责任公司，2000年在铁路又率先推进了在有分局的铁路局体制下组建客运公司的改革试点并取得初步成效。

广铁集团客运公司成立，铁道部和广东省领导参加公司接牌仪式

广铁集团多元经营

广州铁路集团多元经营经过20多年的发展，现拥有多元经营企业378家，从业人员3.2万多人，总资产60.2亿元。下属多元经营企业收入超亿元的有8家，利润超千万元的有6家。初步形成了以货运代理、旅游服务、行包快运、广告业、房地产业、外经外贸、物业管理为支柱产业的跨地区、跨国界，具有一定的经济实力和竞争能力的经营体系。

广铁多元企业货运代理总公司宣传图片

广铁集团领导与多元中心负责人员共发展大计

广铁多元企业简介

广东铁青国际旅行社有限责任公司（原名广东铁道中国青年旅行社）成立于1979年，是广州铁路（集团）公司控股的广东省知名国际旅行社，也是全国唯一一家获得中国方圆和德国DQS认证委员会ISO9001：2000国际质量管理体系双认证的旅行社。主要经营国内游、出境游、入境游，兼营两趟旅游列车和一座珠海白藤湖度假酒店，下设深圳广铁青国际旅行社有限公司。自1994年起，连年跻身全国经营业绩最好的国旅“百强”前列，2001年位居全国国际旅行社“十强”。近年来先后获得“全国精神文明创建活动示范点”、“全国旅游系统先进集体”、广东省“精神文明窗口单位”、“质量效益型先进企业”等多项荣誉称号。2002年8月9日，按照《公司法》的要求完成公司改制，正努力朝着建设一个集团化、网络化、国际化的现代旅游企业发展目标迈进。

广铁青旅1999年独家推出的“南方快车”豪华专列旅游项目，现已成功开行了大西南、塞北风情、丝绸之路等系列豪华之旅，深受市场的欢迎和社会的好评。

广东铁青的拳头产品“南方快车”

2002年8月9日，广东铁青国际旅行社有限责任公司正式挂牌成立，铁道部省市旅游局及广铁集团的领导参加了成立大会

南方快车

广铁宏威物业管理有限公司于2000年10月随着广铁集团公司深化企业改革而重组，是三级资质的物业管理企业，公司现有员工500余人，其中各专业技术管理人员70余人。目前管辖建筑面积约130万平方米，是集住宅社区、办公楼、写字楼、厂房管理为一体的大型物业管理企业。2000年，公司管理的共和苑、共和怡苑、小东园、东园新村、恒福苑等小区分别被评为“安全文明小区”。2002年，小东园小区被评为“广州市优秀小区”。

广铁小东园住宅小区

宏威物业管理公司小区管理处

文化及精神文明建设

到基层单位的巡回演出

广铁文艺慰问演出

近年来，广州铁路（集团）公司的职工群众文化活动蓬勃开展，并在全国、全路以及广东省的艺术节或文艺汇演中取得成绩。广铁集团每三年举办一次大型艺术活动，每年举办文艺汇演、演讲、书法展览等多项文化活动，并组织文艺宣传小分队到铁路沿线巡回演出，弘扬了企业文化和精神文明建设，丰富广大铁路职工的文化生活。仅2002年，广铁集团各单位举办的文艺演出达368场（次），组织到沿线演出54场（次）。为配合广铁集团的铁路安全检查，各“安全大检查”文艺宣传小分队深入20多个基层单位进行巡回演出，并在广州举办了庆祝党的十六大文艺汇演。女声三重唱《开火车的阿哥请你歇歇脚》代表广东省和铁路参加首届全国职工艺术节获银奖，并作为唯一的铁路节目参加了本次艺术节在人民大会堂和中南海的演出。在全国铁路系统进行的声乐大赛中，广铁集团有三个节目分别获得二等奖和优秀奖。在广东省委宣传部和省精神文明办举办的文艺汇演中，广铁集团的节目获得二等奖。

广铁集团文艺表演

广东省水利厅

广东水利的基本情况

广东位于祖国的南疆，面临南海，省内河流众多，属热带、亚热带季风气候，湿润、多雨、台风频繁，多年平均降雨量达1774毫米，河川径流量2110亿立方米，水资源总量2130亿立方米，水资源较国内其他省（区）丰富。同时我省的洪灾和风灾频繁。据统计，90年代以来我省平均每年洪涝、风灾损失约100亿元以上。建国50年来，特别是改革开放以来，在省委、省政府的领导和水利部的大力支持下，广东水利事业取得了巨大成就，建成了一大批水利水电工程，全省水利投入497.4亿元，建成大、中、小型水库6720座，总库容382亿立方米；建成水闸5348座；机电排灌装机287万千瓦；打井6623眼。初步形成了防洪、防潮、排涝、灌溉、发电、供水、航运、压咸等多功能水利水电工程体系。与此同时，建立起较为完善的水法律法规体系，为依法治水提供依据和保障。目前省级共制定4项地方性法规、13项政府规章，广州、深圳、汕头、珠海等市制定的地方性水法规和政府规章近100项，其他市、县根据水法律法规和规章，结合本地实际，相应制定了一批水事规范性文件。使我省水行政管理基本实现有法可依、有章可循。这些都为全省经济和社会的稳定、持续、协调发展提供了可靠保证。

水利建设取得辉煌成就

“九五”时期以来，广东水利建设取得了辉煌成就，一大批重点水利工程相继建成或正在建设之中。先后建成了广东水利史上规模最大的水利工程——飞来峡水利枢纽工程、世界上日处理源水能力最大的生物硝化工程——深圳水库源水生物硝化工程。规模宏大的东深供水改造工程正在建设中，工程将于2003年8月竣工；珠江八大出海口门整治也在进行之中，目前已完成了横门出海口门的整治；作为韩江治理的两个控制性工程也相继启动，潮州供水工程的建设已全面铺开，高陂水利枢纽工程于2002年12月18日奠基。实施1997年广东省人大《关于解决小型水库安全隐患问题的决议》已经全面验收，实施议案5年来，共投入20多亿元，完成了2529座险情突出、隐患严重的小型水库安全加固任务。这些水库除险加固后，年增加蓄水量2.8亿立方米，相当于新建2座大型水库，增加灌溉面积25.71千公顷，改善灌溉面积164.0千公顷，改善及解决村镇413万人的饮用水问题，日供水量达62万立方米，更新改造及新增发电装机11万千瓦。使广大山区群众的生产和生活条件得到根本的改善，为山区群众脱贫致富提供了强劲的发展动力，广大干部群众称赞小型水库议案工程为“德政工程”、“民心工程”。其余各项水利工作也取得显著成效。

广东水利现代化建设方略

为适应广东省率先实现社会主义现代化的要求，广东省水利厅编制了《广东省水利现代化建设规划纲要》，明确了今后15年内广东省水利现代化建设的指导思想、目标、任务、行动计划和保障措施。根据广东省委、省政府提出的经济社会发展战略目标，水利现代化建设步伐必须与之相适应。2005年深圳市和顺德市基本实现水利现代化，2010年珠江三角洲及汕头经济特区基本实现水利现代化，2015年全省基本实现水利现代化。

广东水利现代化建设的目标是，建立“六大体系”

建立人水协调的防洪除涝防风暴潮减灾体系

防洪除涝防风暴潮减灾体系建设目标是：以保障全省经济活动和社会安全为核心，建立工程体系与非工程体系相结合的全方位防洪除涝防风暴潮减灾体系，有效控制常遇洪涝、风暴潮；在遇较大洪涝、风暴潮时，全省大部分地区经济活动、社会生活不受影响；在遇超标准洪涝、风暴时，有预定方案和切实措施，确保社会稳定，不致影响全省长远计划的完成或造成严重的环境灾难，把损失降到最低程度，局部地区遭受灾害后，能得到迅速救济和恢复。

建立持续优化的水资源配置体系

水资源配置体系建设目标是：建立需水管理机制，开源节流，总量平衡、优化配置，实现水资源的可持续利用，保障全省国民经济现代化和经济社会可持续发展。

建立高质和谐的水环境保护与生态建设体系

水环境保护与生态建设体系建设目标是：通过采取综合治理和保护措施，使全省生活饮用水源地水质符合国家规定的地表水环境质量ＩＩ、ＩＩＩ类标准，其它水功能区水质达到规划规定的水质目标。严格实行污染物总量控制。废污水达标排放，水环境得到根本改善。水土流失治理率达到80%，开发建设项目植被生态恢复率达到100%，预防区和治理区水土流失率基本控制，实现生态环境良性循环，山青水碧，环境优美，人民生活质量明显提高。

建立统一高效的水管理体系

水管理体系建设目标是：建立适应水资源合理开发利用的统一管理体制和管理机构，实行水资源统一管理，实现水管理的制度化、规范化、法制化、科学化、公开化。

建立完善健全的水政策法规体系

水政策法规体系建设目标是：加大依法治水管水力度，强化对水的宏观控制和全方位的法制化管理。

建立创新务实的科技与人才队伍建设体系

科技与人才队伍建设体系建设目标是：建设先进的水利科学技术开发体系，届时水利科技实力及科技水平达到发达国家九十年代中期水平；水利系统人才结构合理，队伍整体素质适应水利现代化建设的需要。

广东省航道局

整治大西江 建设主通道

西江下流肇庆至虎跳门口航道位于珠江三角洲经济区，流经广东省肇庆、佛山、江门、中山、珠海等市，全长168公里，是国家“两横一纵两网”水运主通道之“一横”的重要组成部分。1995年广东省计委批准同意对该航道整治项目立项，1998年被批准为中国利用世界银行贷款内河Ⅱ（广东部分）项目之一，1999年被纳入广东省重点建设项目进行管理。

西江下游肇庆至虎跳门口航道整治工程按双向通航3000吨级海轮标准建设，航道尺度为：水深6.0米，航槽宽100米，弯曲半径650米。工程于1997年正式开工，预计2003年主体工程全面完成。主要建设内容包括：裁弯切咀、炸礁、筑坝、护岸、疏浚以及航道支持保障系统建设等，工程总投资9.9亿元，其中利用世界银行贷款7000万美元。

西江下游肇庆至虎跳门口航道整治对打通西江出海航道，加快珠江三角洲骨架航道网建设，实现江海直达，促进珠江三角洲和西江腹地地区间的物资交流，加快西江经济走廊的形成，推动流域经济的发展有着积极的意义。

省人大代表考察建设中的西江下游航道

西江下游丁坝工程

西江下游炸礁清淤工程施工现场

西江下游裁弯切咀工程

西江下游海寿沙护岸工程一角

地址：广州市沿江中路195号
电话：83334810
传真：83323084
邮编：510115

广东省信用合作管理办公室

广东农村信用社存款突破3000亿元

截止2002年3月底，广东农信社本外币各项存款余额突破3000亿元，达3020亿元，占全省金融机构各项存款的11.5%，成为继四家国有商业银行广东省分行之后，我省又一家各项存款突破3000亿元的金融机构。

2002年，作为广东农村金融的主力军，广东农村信用社不断完善金融服务功能，提高金融服务水平，各项业务稳定发展，为支持农村经济，促进地方经济发展提供了多方面的金融服务。

机构网点遍布城乡 。2002年末，广东农村信用社共有独立核算机构1571个，非独立核算机构6917个，员工5.9万人，居全省金融机构之首。

业务规模稳步扩大 。2002年末，广东农村信用社资产总额4662亿元，比年初增加550亿元；本币存款余额2840亿元，比年初增加299.6亿元，余额占全省金融机构的12.4%；本币贷款余额1998.5亿元，比年初增加136.4亿元，余额占全省金融机构的13.1%；外币存款余额5.4亿美元，比年初增加1.2亿美元。

金融产品日益丰富。 广东农村信用社业务品种有人民币存贷款，外币存款，债券投资，拆借等货币市场业务，代收代付，银证、银税服务，信用卡等，同时，还不断根据市场需要，创新金融产品。2002年末，累计发放住房按揭贷款117亿元，比年初增加29.2亿元；贴现贷款26.2亿元，比年初增加16.8亿元；各项投资230.8亿元，比年初增加54.4亿元；代收代付业务总量499.2亿元，比上年增加167.8亿元；银证、银税业务累计发生额111.7亿元，比上年增加52.8亿元；银行卡285.4万张，比上年增加133.3万张。

支农力度不断加大 。2002年末，广东农村信用社农业贷款余额339.4亿元，占全省农业贷款的75.5%；乡镇企业贷款余额1020.6亿元，占全省乡镇企业贷款的88.3%。两项贷款当年增加46.6亿元，是全省金融机构净增额的1.57倍，及时填补了其余金融机构压减支农贷款的缺口。

资产质量逐步改善 。2002年，广东农村信用社紧紧围绕“不良贷款下降，经济效益提高”的目标，真抓实干，大力清收盘活不良贷款，全省22个地市不良贷款余额全面下降。全年接收、处置抵贷资产71.8亿元，不良贷款余额下降44.4亿元，不良贷款率下降 5.7 个百分点。

电子化建设步伐加快 。至2002年末，全省已有广州、深圳、东莞等12 个市的农村信用社使用计算机综合业务系统，实现了辖内通存通兑，62家联社、信用社参加了全国特约汇兑业务。

地址：广州市体育西路109号高盛大厦2楼　电话：020—38795955　邮编：510620

广东省交通集团有限公司

广东省交通集团有限公司董事长
党委书记：游国经

广东省交通集团有限公司
总经理：朱小灵

广东省交通集团有限公司是按照广东省委、省政府建立国有资产管理新体制的决策，按“国家所有、分级管理、授权经营、分工监督”的框架组建的大型国有资产授权经营有限责任公司。公司于2000年6月28日正式挂牌动作，主要从事资产经营、资本运营以及生产经营与管理、股权管理和运营；对存量资产和资源进行重组和优化配置，通过股权转让、股份制改造及股困发行上市等融资方式筹集资金；实施交通基础设施建设、勘察、设计、施工、监理、项目总承包；公路铁路项目运营及相关产业的经营与管理；技术开发、应用、咨询、服务；公路、铁路客货运输与管理；船舶工业以及境外关联业务等。集团有全资及控股企业126户，职工总数3．5万余人，集团总资产达750亿。

公路、桥梁投资建设与经营，尤其是高等级公路的投资建设与经营，是集团公司的主导产业之一。改革开放以来，该集团所辖企业承建、参建或管理的已建成通车的高速公路里程已超过1400公里，占广东省目前高速公路营运总里程的80%。集团拥有广东省长大公路工程有限公司、广东冠粤路桥有限公司、广东省公路工程建设集团有限公司、广东省航盛工程有限公司四家大型专业施工企业，在高等级公路、大中型桥梁、港口码头施工方面，实力雄厚成绩卓著。如技术性强、技术含量高的虎门大桥、汕头海湾大桥、厦门海沧大桥、广东西沿海高速公路崖门大桥、（北）京珠（海）境北段隧道群以及同跨度比亚洲最长隧道--椅山隧道等一批享誉国内外的项目，在技术上达到同行业先进水平。

今后集团的战略重点是：重点发展三大主导产业即公路投资建设与经营，珠三角城际铁路建设及经营和汽车、铁路运输及现代物流产业；积极扶持三个资本运营企业，对整个集团的内部资源进行优化配置；充分发挥三个中心的作用，即财务结算中心、工程技术研究开发中心和住处管理中心，稳步提升集团的综合竞争力。

面对充满机遇与挑战的21世纪，广东省交通集团有限公司将继续深化改革，锐意创新，把公司建设为以交通主导、实业为依托、人才众多、技术领先、管理规范、资金雄厚、在国内外市场均具较强竞争力和创新力的大型国有综合性企业集团。

（北）京珠（海）高速公路粤境南段

迈向世界级化工基地—

国内最大的中外合资项目--年产80万吨乙烯的中海壳牌南海石化项目，经过长时间的考察和论证，最终选择落户在广东惠州大亚湾。随着南海石化项目的落户和顺利推进，广东省和惠州市政府在多次组织专家充分研究论证的基础上，决定在惠州大亚湾高起点、高标准、高水平地建立一个世界级石油化学工业区惠州大亚湾石化工业区。

惠州大亚湾石化区规划面积27.8平方公里，建设目标是充分利用南海石化项目的带动作用，注重综合规模、物流集聚、节能环保效应，优化资源配置和原料互供，立足于引进国际先进的生产企业和技术，力争用10年左右的时间，建成一个具有世界级规模和体现当代最新技术水平的一体化发展的石化工业生产基地。

大亚湾石化工业区建设刚刚起步，但我们对前景充满信心。因为在惠州大亚湾发展世界级石化区不仅具备良好的条件，而且在很多方面有着得天独厚的优势。

大项目优势。2002年11月1日，目前中国最大的中外合资项目中海壳牌南海石化项目正式奠基。该项目总投资43亿美元，由壳牌南海私有有限公司和中海石化投资有限公司各占50%的股份，该项目以石脑油/凝析油为原料经蒸汽裂解、分离等工艺过程加工后得乙烯、丙烯、丁二烯、裂解汽油和芳烃等，并在下游装置中加工成聚合物等产品出厂。主要有80万吨/年乙烯、32万吨/年乙二醇、45万吨/年聚乙烯、24万吨/聚丙烯和56/25万吨苯乙烯/环氧丙烷等11套工艺生产装置。该项目建成后，可以为中下游产业提供丰富的原料。除中海壳牌石化项目外，还有200万KW的天然气（LNG）发电厂落户区内，管输天然气也是可供石化区利用的原料。

大港口优势。大亚湾海域宽、自然深水岸线长、出海航道短、淤积少，风浪小，是不可多得的天然深水避风良港，也是京九铁路南端最便捷的出海口。惠州港1992年10月投产，1993年正式对外国籍船舶开放，为国家一类对外开放口岸。惠州港目前有荃湾、澳头、东马和碧甲四个沿海港区，1个15万吨级泊位(已动工疏浚至25万吨级)，3个3.5万吨级泊位（其中2个是油气码头），4个3000--10000吨级泊位和众多1000吨级以下泊位。港口年吞吐能力已达1600万吨，库区储存能力达80万立方米。待全面开发后，港口年货物吞吐量可达上亿吨。

大市场优势。惠州大亚湾经济技术开发区地处广东省珠江三角洲范围。该区域是我国经济最活跃的地区之一，其电子、汽车、建筑、信息等多个行业的发展都位居全国前列，对化工产品需求量极大。统计资料显示，我国现有石化主要产品的生产能力远远不能满足国内市场需求，国产三大合成材料和有机化工原料的市场

-惠州大亚湾石化工业区

占有率只有一半，需要大量进口。而广东省由于其经济的快速发展，对石化及其下游产品需求的增长比邻近六省(区)高出39.3%。如此巨大的市场，为石化产业的发展提供广阔的空间。

配套便利的优势。惠州大亚湾毗邻香港和深圳，陆路距香港60公里，海路距香港47海里；距惠州和深圳市区仅40公里左右，而且紧邻惠阳市区。由于有良好的城市依托，生活配套极其便利。同时，作为国家级经济技术开发区，大亚湾建区十年来，已初步形成由深水良港、航空港、铁路、高速公路和光纤高速网络组成的立体交通通信网络，区内供水、供电等基础设施完全可满足发展现代化大工业的需要。

惠州大亚湾石化工业区正进一步致力于优化投资环境，简化办事程序，提高办事效率和服务质量，为投资者提供优良的生产生活环境和优质高效的综合配套服务。衷心希望，有更多的国际公司能够看到惠州大亚湾石化区美好的发展前景，积极参与大亚湾石化区的投资建设。相信用10年左右的时间，通过各方的努力，一个世界级规模和水平的石化工业区必然在大亚湾崛起。

东　莞　市

东莞之夜

东莞为岭南古邑，有文物可考的历史可追溯5000余年。160多年前，中国近代史开篇的虎门销烟发生在这里。东莞位于广东省中南部、珠三角洲东北部、北接广州，南连深圳，毗邻香港，地处穗港经济走廊中间。1985年撤县建市，1988年为地级市，下辖32个镇区。

改革开放以来，东莞坚持以经济建设为中心，充分发挥地理人文的优势，大力发展外向型经济，国民经济在过去24年里保持年均增长22%。2002年，全市国内生产总值达672亿元，成为中国经济社会发展最快的地区之一，综合经济实力跻身全国城市30强之列。

一直以来，东莞始终把基础设施建设作为决定经济社会发展的关键因素，坚持实施基础先行的发展战略。目前，全市共投入300多亿元，实现了全市各镇区和所有的村都通等级公路、通电、通水、通电话和信息网，宽带通信网基本建成。与此同时，东莞致力于创造一个高效、廉洁、公正、规范的行政服务体系，在国内首创了旨在简化办事程序，提高办事效率的“一个窗口对外”、“一条龙”服务，建立起政府采购、一个窗口收费、收支两条线、基层集体会计委派制、村组财会电算化、财政管理“三集中”、建筑工程和土地交易公开招标、精简行政审批和审批程序、实施并联审批等制度。为国内外客商营造了一个良好的投资环境，东莞是投资者的热土。

目前东莞已成为外商投资中国最密集的地区之一，中国最大的国际性加工制造业基地之一。至2002年底，全市实际利用外资192.07亿美元，办起外商投资企业14000多家，其中有世界排名前100强企业13家，跨国公司124家、境外上市公司800家。全球知名企业集团如美国的杜邦、瑞士的雀巢、荷兰的菲利浦、德国的赫司特、芬兰的诺基亚、韩国的三星、英国的太古集团以及日本的日立、新白铁、索尼、住友等纷纷落户东莞。东莞生产的产品远销世界各地，电脑磁头、电脑扫描仪、电脑驱动器，高级交流电容器、微型马达、录像磁头、石英钟等产品产量占世界市场份额的20-40%。东莞产的鞋类产品占世界市场份额的10%以上，服装、玩具、家具等产品远销欧、美等国际市场。

2002年，全市外贸进出口总额442.47亿美元，其中出口额237.36亿美元，出口创汇连续七年在全国大中城市中名列第三。

进入新世纪，东莞结合自身发展实际，提出建设以现代制造业名城为特色的中心城市的战略目标，争取用5至10年的时间，把东莞建成IT产业发达，综合实力雄厚，创新功能突出，城市环境优美，文化品位突出的现代制造业名城、生态绿城、文化新城。

国家科技部中国科学促进发展研究中心认定为:

中国最具发展潜力的高新技术产业开发区

未来经济、科技中心 ----松山湖科技产业园区

东莞松山湖科技产业园区是东莞市政府开发的高新技术开发区，是未来东莞的经济科技中心、对外经济技术合作的新载体、产业结构升级的龙头和产业支援服务业的中心。2002年5月，被国家科技部中国科学促进发展研究中心评定为“中国最具发展潜力的高新技术产业开发区”。园区位于东莞市中部，面积72平方公里，其中有近8平方公里的湖面，自然环境十分优美。园区的规划建设强调自然环境与科技产业、城市建设、社会事业协调发展，打造“科技共山水一色”的城市形象。

松山湖北部科技工业园启动区鸟瞰图

松山湖将以科研、教育产业为突破口，大力发展产业支援服务业，在继续发展信息产业的同时，着力发展装备制造业、光电产业、生物制约产业、食品科技产业、环保产业等具有巨大发展潜力的新兴产业和高技术产业，兼顾发展文化、旅游产业。

松山湖的招商引资，将坚持以国际国内大企业知名企业为主，以招引高新技术产业项目为主，以招引国内外大企业的研发机构为主。

我们真诚希望与国内外的有识之士合作，在这块风景秀美、充满机遇的土地上创业、发展，共同创造新世纪的辉煌。

河 源 市

2002年12月，张德江、卢瑞华、黄华华等领导同志视察广东省二届“山洽会” 河源展馆。

河源市是广东省的一个年轻城市，也是京九线上的一个新兴城市，辖源城、东源、和平、龙川、紫金、连平6个县区，全市面积1.58万平方公里，人口331.74万。

近几年来，河源市认真实践“三个代表”重要思想，贯彻落实中央和省的决策部署，以如期实现脱贫，全面建设小康社会，推进国民经济工业化、农业产业化和城镇化为总目标统揽工作全局，有效地推进了我市山区开发，经济发展进入了良性循环的快车道。2002年，全市GDP为116.29亿元，比上年增长15.2%，其中一、二、三产业分别增长7.3%、21.8%和17.9%。

在今后一个时期，河源市根据十六大提出的各项战略任务和省委、省政府的要求，结合实际，积极实施工业立市战略，大力加快工业化进程；大力推进农业产业化经营，加快农村经济发展；不断深化经济体制改革，增强经济发展动力；营造一流投资环境，不断开创招商引资新局面；积极鼓励支持民营经济发展，推动民营经济上规模、上速度、上水平；加强基础设施建设，不断改善发展硬环境；抓好旅游旺市，促进服务业加快发展；加快市区和小城镇建设，提高城镇化水平；切实保护生态环境和控制人口增长，促进经济社会可持续发展；切实加强精神文明和政治文明建设，确保五年打基础，实现人均国内生产总值翻一番；十年上台阶，争取人均国内生产总值又翻番；后十年再翻番，人均国内生产总值达到3000美元，力争实现全面建设小康社会目标。

河源亚洲第一高喷泉与新丰江七彩数码灯柱

4A旅游区
河源万绿湖景区

南海市南庄镇

中国建材工业协会和中国建筑卫生陶瓷协会联合授予南庄“中国建陶第一镇”称号

全国政协副主席张思卿参观华夏陶瓷博览城

2002年10月18日举行的“2002中国佛山陶瓷博览会”华夏陶瓷博览城会场开幕式盛况。

广东省南海市南庄镇位于珠江三角洲腹地，南海市的西南部，紧靠广州、佛山等大中城市。东接佛山市的石湾区、南邻顺德市乐从镇、西边与西樵山国家旅游度假区接壤。总面积76.69平方公里，辖一个城区办事处，18个村民委员会，常住人口7.5万人，外来人口7万多人。近二十年，南庄镇的经济得到了迅猛的发展，目前已形成了以陶瓷制造业为主，铝型材、家电、五金机械、塑料、化工等行业共同发展的良好格局，综合实力居南海市的前列，在2001年11月由广东省统计局评选出的广东农村经济200强镇中，南庄处于全省1637个乡镇中的第七位。南庄镇2001年全镇实现工农业总产值81亿元，完成税收总额3.76亿元，财政收入2.59亿元。城乡居民存款余额51.55亿元，城乡居民人均储蓄存款6.5万元，农村人均收入6772元。建陶业是南庄的支柱产业，南庄镇建陶产业规模宏大，拥有大中型陶瓷企业72家、先进的建筑陶瓷自动化生产线400多条，年生产能力超6亿平方米，占全国的20%以上。2002年5月28日，南庄镇被中国建材工业协会和中国建筑卫生陶瓷协会联合授予“中国建陶第一镇”称号。

南庄镇委书记罗就成（左）与江西景德镇陶瓷学院党委书记秦锡麟签定协议，组建中国建陶研发中心。

广东省对口支援三峡库区工作领导小组办公室

省委副书记王华元，副省长李鸿忠等领导同志看望迁入博罗县石湾镇的三峡移民。

在省委、省政府的重视和正确领导下，省发展计划委员会、省对口支援三峡库区工作办公室与各安置市、县、区紧密配合，以“三个代表”重要思想为指导，围绕“迁得出，稳得住，逐步能致福”的移民安置目标，坚持“以农为本、以土为本”，“相对集中安置到县、乡，分散安置到村组”的安置原则，精心规划，选择交通较为便利、基础设施较完善，生活环境较好的村镇建设安置点。保证三峡移民按照人均30平方米的宅基地、20平方米的住房建筑面积、不低于当地人均水平的耕地面积，进行生活、生产安置。除国家给予移民安置资金外，省政府和安置市、县、镇也为移民安置补贴了资金。2002年8月31日，我省顺利超额完成安置三峡库区二期水位外迁农村移民的任务，共接收安置1985户、7005人。其中：博罗县608人、惠阳市899人、三水市1202人、高明市980人、高要市711人、四会市703人、肇庆市大旺区999人、鹤山市903人。

为了切实完成三峡移民安置这项政治任务，全省各安置地的党委、政府成立了专责领导小组和工作机构，分管领导亲自抓落实。移民迁入我省后，各安置地认真兑现安置政策，制定和落实各项优惠措施，建立了村镇干部挂钩联系移民户制度，加强与移民的沟通联系，及时为移民排忧解难。开展交通法规和普及法律等学习活动，举办各类就业技能和农业技术培训班，积极联系推荐移民进厂务工，引导移民从事农业生产，鼓励移民发展二、三产业。目前，三峡移民就业和务农人数达到了劳动力总数的80%，思想渐趋稳定，安家落户的信心不断增强，逐步发展生产，恢复正常生活秩序，融入当地社会的良好局面正逐步呈现。

省委副秘书长张思平视察四会市移民住房的建设工地

清 新 县

中共中央政治局委员、广东省委书记张德江同志（右一）清远市委书记陈用志（右二）视察本县太平工业园。右三为清新县委书记阮灶新，左一为清新县县长顾青波

清新县始建于1988年6月，位于广东省中部，珠江三角洲与粤北山区的过渡地带。全县总面积2729平方公里，总人口69.4万人，下辖21个镇、1个林场。近几年来，全县脱贫奔康工作取得了丰硕的成果。2001年，全县实现国内生产总值24.4亿元，比1998年增长19.6%，一、二、三产业比重由1998年的48.0∶28.9∶23.1调整为45.8∶27.0∶27.2，完成全社会固定资产投资、社会消费品零售总额、农民人均纯收入分别比1998年增长39%、31%和44%。清新县着重抓好五方面工作：一是抓好石灰岩山区贫困人口异地迁移安置和“千干扶千户”、“百局扶百村”工作，使贫困人口基本实现了脱贫；二是大力开展“两大会战”，解决了“四通”和“四个一”问题；三是大力推进农业产业化经营。引进和培育了广东温氏食品集团有限公司、广东双汇温氏食品集团有限公司、广东英吉利实业有限公司、广东根本科技扶贫有限公司、清新县蔬菜公司等一批国家级和省级农业龙头企业，以“公司＋基地＋农户”的模式提高农民的组织化程度；四是大力发展以国家AAAA级旅游景区清新温矿泉为龙头的旅游业；五是加大招商引资的力度，办好工业企业，增大经济总量。

清新县委、县政府全力贯彻省山区工作会议和党的十六大会议精神，以脱贫奔康统揽工作全局，实施“一、二、三、四”战略。一是确立一个“三年打基础，五年翻一番，十年大发展”的奋斗目标；二是加强市场、政府两大调控服务能力。加速市场培育，利用市场规则合理配置资源。建立和完善“小政府、大社会”的组织架构，建立强势政府。完善行政服务中心，建设电子政府，营造良好的投资环境和居住环境，提高服务质量和办事效率；三是抓住农业、招商引资、旅游业三个重点，建设农业“硅谷”，创建科普示范县，加快农业产业化进程。营造“洼地”效应，加大工业园区的建设力度。继续打造以清新温矿泉为龙头的清新旅游特色品牌；四是推进市场化、工业化、城市化和后花园四个战略，使清新县迈上奔康快车道。

县委书记阮灶新（左一）、县长顾青波（右一）陪同广东省委副书记、省长黄华华（右三）、清远市委书记陈用志（右二）市长刘志庚（左三）到本县农业龙头企业调研

座落在清新县三坑镇的首批国家4A级清新温矿泉度假区

梅 县

AAAA级旅游景区——梅县雁南飞茶田度假村

梅县梅雁TFT彩色液晶显示器生产线

省级梅县高新技术开发区

梅县位于广东省东北部，韩江上游，处于梅州市中心地带，下辖26个镇、1个办事处，县境总面积2755平方公里，山地320万亩，是一个“八山一水一分田”的山区县。2002年年末总人口60.56万人，全县旅居海外的华侨和港、澳、台同胞80多万人；是闻名海内外的“文化之乡”、“华侨之乡”、“足球之乡”，也是伟大的无产阶级革命家叶剑英元帅的故乡，素有“人文秀区”之称誉。

梅县认真实施“开放活县、工业强县、农业稳县、民营富县、旅游旺县、科教兴县、依法治县”的发展战略，大力推进山区综合开发，进一步调整农业结构，深化国有企业改革，大力发展民营经济，加快基础设施建设，扩大对外开放，国民经济持续健康发展，社会各项事业不断进步。2002年，全县完成国内生产总值42.77亿元，比上年增长8.8%，其中第一产业增加值14.56亿元，增长3.8%，第二产业增加值19.19亿元，增长10.6%，第三产业增加值9.02亿元，增长13.7%；三次产业的构成为34：44.9：21.1，第一产业比重下降，第二产业比重基本稳定，第三产业比重上升。本级财政收入2.008亿元，增长23%；税收4.03亿元，增长19.9%；农村人均纯收入4336元，增长3.4%。

梅县先后被国家评为“水果百强县”、“农民收入先进县”、“全国经济林建设先进县”、“全国文化先进县”、“全国水土保持生态环境建设示范县”、授予“中国金柚之乡”、“中国民间艺术（山歌艺术）之乡”等光荣称号，被国家定为全国首批山区综合开发示范县。

梅县新县城一景——梅县人民广场

汕头市龙湖区

区委书记张泽华（右4）、区长方利旭（右1）在企业调研

龙湖区是汕头经济特区的发祥地，著名的侨乡。区域面积103.13平方公里，辖珠池、新津、金霞、龙祥、鸥汀 5个街道和外砂、新溪2个镇，全区籍人口32.79万人，流动人口20万。

经过二十多年的开发建设，龙湖区已形成以工业、商贸为主，旅游、金融、交通运输、建筑房地产、农业各业并举的综合性外向型新城区。龙湖区以其独特的区位优势、良好的投资环境和优质高效的服务，吸引了越来越多的海内外客商前来投资置业，经济社会得到了快速发展。

城区交通便利

外资、民营、国有经济全面发展--龙湖区外向型经济较为突出，三资企业工业产值占全区工业总产值五成以上。德国汉高、荷兰万客隆、美国沃尔玛等12家国际著名跨国公司在区内投资设厂。先后有6 家外资企业入选“全国500家最大规模外商投资企业”。龙湖区以良好的投资环境，吸引了越来越多的民营企业在这里落户扎根，民营经济在全区经济中的重要作用逐步显现。与特区同步发展起来的区直国有企业正积极深化产权制度改革，国有经济在新一轮的发展热潮中将再现蓬勃生机。

工业、外贸、商业各业并举--龙湖区工业主要有电子信息产品、机电设备、包装印刷等二十多个行业。全区工业产品五成以上出口，“凯撒”、“花花公子”一批品牌在国内外市场享有一定的知名度。对外贸易比较活跃，商业繁荣，建筑房地产业发达。正大万客隆、沃尔玛、百盛、全雅等大型零售商场相继落户，使龙湖区成为汕头市乃至粤东地区购物中心。

美丽的现代化海滨城区

区政府大楼

服务、管理、基础设施配套完善--龙湖区硬件环境得天独厚。地理位置优越，交通便利，通讯发达，各项设施配套完善。区内有机场、铁路客（货）运站、汕头海湾大桥、深汕和汕汾高速公路出入口、深水港区等一批汕头市重点交通设施，使龙湖区成为汕头乃至粤东重要的交通枢纽。软件环境更具优势。龙湖区确立发展是第一要务的指导思想，提出“稳定、发展、服务、管理、效益”的工作要求，把服务放在突出位置，致力为经济社会发展营造优越的投资软环境。经济管理和服务机构精简高效，为企业提供“一条龙”优质服务

龙湖区将建设成经济发达、法治文明、文化繁荣、环境优美的现代化中心城区，是四方客商投资置业、居住生活的理想选择。

丹霞

仁化县

锦江河畔游人醉

仁化县位于广东省北部，韶关市东北部，是粤、赣、湘三省交界地，距韶关市50公里，到广州市不足3小时车程，水陆交通非常便利。全县总面积1821平方公里，年末总人口17.5万人。

2002年，仁化县实施“工业强县，农业稳县，旅游旺县，外向带动”战略，取得了显著成效，全县实现国内生产总值13.81亿元，比上年增长8%，人均国内生产总值9164元，位居全省山区县前列。通过招商引资，深化改革，农村产业化进程不断加快，工业生产迈上了新台阶，人民生活水平不断提高，综合实力不断增强，2002年县级一般预算内财政收入6636万元，职工年均工资收入10110元，农民人均纯收入4007元，居民存款余额年末达到12.16亿元，分别比上年增长7.1%、8.3%和12%，人均绝对值水平居韶关市县级前列。

未来五年，是本县全面建设富裕小康，努力跟上全省率先实现社会主义现代化步伐的关键时期，仁化县决心继往开来，开拓进取，进一步解放思想，实事求是，全面实施“工业强县，外向带动、旅游旺县和农业产业化”四大战略，抓好“工业经济、招商引资、旅游经济、民营经济、城镇化建设和农业产业化”六个重点。力争到2008年，国内生产总值年均递增10%，财政收入增长6%，到2010年，全县人均国内生产总值比2000年翻一番，实现富裕小康，到2020年全县人均国内生产总值比2010年再翻一番，跟上全省率先基本实现社会主义现代化步伐。

丹霞风光—金光万道

小 榄 镇

小榄镇是伟人孙中山先生的故乡中山市北部的工业重镇，具有悠久的历史。小榄人自古酷爱菊花，菊艺盛名，尤其是60年一届的菊花会规模盛大，饮誉海内外，被誉为“菊城”。小榄镇地处珠江三角洲的中部地区，总面积75.4平方公里，其中城区面积13平方公里。常住人口15万人，还有长年在镇内工作的外来人口15万人左右。全镇工业产品品种繁多，主要类别有五金塑料、电子电器、食品饮料、日用化工、服装制鞋、印刷包装等。名牌产品主要有：乐百氏饮料、固力门锁、康妮雅内衣、华帝、长青燃气具和热水器，永大、永一和力王胶粘带、建华管桩、爱浪音响、圣雅伦指甲钳、澳雪日用品等等。

2002年，小榄镇被授予“中国五金制品产业基地”称号。五金制造业是小榄镇工业的基础，是小榄的特色产业和工业的重要的组成部分。2002年，全镇工业销售收入157.8亿元，其中五金制造业51亿元，占32%；五金类企业1535家，占工业企业总数的33%。经过多年的发展，形成了以锁具、燃气具为龙头，上下游产品及各类配件类齐全的产业群，涌现出一批锁具制造企业、燃气具制造企业、铰链制造企业、脚轮制造企业、电动工具制造企业、钣金制造企业、指甲钳家用护理产品和饰物礼品制造企业等等。小榄镇的五金类产品在国内市场占有率较高，并远销欧美、东南亚等世界各地。小榄镇早在1986年就被誉为中国“南方锁城”，锁具产品在国内一向来都保持较高的市场占有率。华帝公司的燃气具的销售至今连续七年保持全国第一；“固力”、“华锋” 两个品牌在2002年被评为“中国十大锁王”；“圣雅伦”指甲钳系列产品的质量标准被国家轻工部定为行业标准；“圣雅伦”还被中国五金制品协会评为“2000年度中国指甲钳行业第一品牌”。

2002年，全镇国内生产总值59.2亿元，上缴税收总额10.6亿元，年末银行存款余额102亿元。

长 安 镇

长安广场

长安镇是东莞市对外经济发展重镇，与深圳宝安区接壤，面积83平方公里，辖13个村（居）民委员会，户籍人口3.5万多人，外来人口60多万人。改革开放二十多年来，长安镇已从落后的农业乡村发展成为工业实力雄厚的现代城镇，综合经济实力位居全省乡镇前列，受到胡锦涛、李鹏、朱镕基等党和国家领导人的高度评价。1990年以来，先后获得了“中国乡镇之星”、“全国先进基层党组织”、全国“人民满意的公务员集体”、“国家卫生镇”、“全国村镇建设先进镇”、“中国乡镇投资环境100强”、“全国乡镇企业出口创汇十强乡镇”（第一名）等34项国家级荣誉；两个文明建设单项及综合得分六年位居全市第一。

长安镇委、镇政府以率先建设殷实小康社会为己任，加快推进“四个转变”。大力推进由农业向工业转变。创造良好投资环境，吸引大批外商投资设厂，2002年，外资企业共有1666家，利用外资总额达到19.5亿美元；企业出口总额达到24亿美元，位居全国乡镇企业出口第一；私营企业508家，有“步步高”、“金正”等知名品牌；国内生产总值23.8亿元，比上年增长24.7%；各项存款余额超百亿元，人均存款18.6万元。大力推进由农村向城市转变。狠抓规划布局，高标准兴建了一大批现代城镇基础设施，如200多公里高等级水泥公路，6座22万伏和11万伏变电站，8家三星至五星级标准酒店，26所设施一流的中小学及幼儿园，5家医院，7家高档影剧院，休闲景区、景点遍布镇中心及各村，绿化覆盖率40.2%，道路绿化率达到100%。大力推进由村组向社区转变。群众生活保障实现了多渠道供给，全面完成农民养老保险制度的建立，完善了农民医疗保险，农民新村基本实行小区化管理，各村建成一批有社区特色的商业网点和文化设施，健全了各类专业管理和服务队伍。

镇中心区一镜

镇中心区鸟瞰

布 吉 镇

布吉镇位于深圳市中部，距市中心4公里，距香港新界8公里，距盐田港20公里，距深圳宝安机场35公里。广深（京九）铁路、深惠公路以及梅观高速、机荷高速、水官（龙岗第二通道）高速公路穿镇而过，交通便捷。全镇现辖15个村、39个村民小组和10个（社区）居委会，面积86.6平方公里，人口51.3万，其中户籍人口7.2万。另有海外华侨、台港澳同胞、归侨胞1.2万余人。2001年布吉镇被广东省统计局评为“广东农村经济综合实力争上游200强镇”第一名，2002年被评为“全国卫生镇”和“广东省教育强镇”。2000年2月22日，时任中共中央总书记的江择民同志视察布吉镇南岭村，发出了“致富思源，富而思进”的号召。

改革开放以来，特别是邓小平南巡讲话以后，布吉镇经济连上几个台阶。1994年，全镇工农业总产值突破10亿元大关，达到13.3亿元；税收过亿元大关，达到1.6亿元，成为深圳市第一个过亿元税收的镇。1998年工农业总产值首次突破80亿大关，达到84.49亿（非属地统计），税收突破20亿，达到23.49亿元。2002年4月，镇党委、镇政府按照深圳市最近制定的建设8个“卫星城”的新规划及龙岗区“基本实现城市化”的经济社会发展趋势，提出了今后三年总的指导思想：高举邓小平理论伟大旗帜，以“三个代表”的重要思想为指导，以创新和优化为动力，以加强和改进党的作风为保证，以经营城镇和依法管理为治镇理念，继续实施“理性、整合、对接、提升”的工作思路，团结一心，知难而进，调整结构，优化环境，提高效率，协调发展，为率先基本实现城市化、信息化、现代化而努力奋斗。同时，确定了布吉建设现代卫星城的基本定位：即把布吉建成先进工业城、现代信息城、现代物流城、宜创业和居住生态城、现代文明城。布吉镇新近制定了今后三年经济发展主要预期指标：即全镇工农业总产值年均递增22%，税收总额及预算内地方财政收入年均递增10%，农民年人均递增6%。

交通环境

龙 江 镇

龙江镇是广东省中心镇之一，也是珠江三角洲重要的交通枢纽，有完善的交通网络。镇内主要道路有：佛开高速公路、325国道、龙洲路、顺番路等，正在兴建中的广珠铁路和珠三角二环高速公路亦通过龙江。全镇面积78.3平方公里，总人口18万人,工商企业及个体户5300多家。2002年税收入库3亿元，国内生产总值32.7亿元，工农业总产值89.3亿元，其中工业80.5亿元，农业8.82亿元。银行储蓄余额48.1亿元，其中居民存款余额38.4亿元。

龙江工商企业主要由私营企业和外资企业构成，其中家具生产厂1200多家，有“中国家具第一镇”之称。在工业产出构成中，传统产业中的塑料、纺织制衣、家具、小电器、啤酒饮料等比例占70%。镇内有两个集约工业园（区），其中大坝工业园远景规划用地面积2.3万亩，已完成基础设施投入约1亿元。2002年，大坝工业园生产总值约40亿元；三联工业区规划用地面积1万多亩，现已集结家具企业约400家。两个集约工业园的工业产值占全镇的比重为71%。

万商云集的“龙”家具精品展览会

近年，龙江依托镇内1200多间家具生产企业，利用民间资本，在325国道旁建设一个总面积超200万平方米、总投资超20亿元辐射全国的家具及原材料大市场。其中，商贸新区建成近百幢高档商贸楼宇，总投资13亿元。大型专业市场有：豪俊材料城总占地面积13万平方米，建筑面积18万平方米，总投资1.8亿元；龙山家具材料城占地10万平方米，建筑面积15万平方米，民间投入约2亿元；建设中的亚太国际木业城投资约1亿元，用地面积10万平方米，建筑面积12万平方米。

龙江农业以中高档淡水鱼养殖为主，近年整治基塘2万多亩，投入8000多万元；现代化水利设施建设投入5000多万元；城市化建设步伐不断加快，近年中心城区建设投入超3亿元。

新时代，新里程。龙江，正以无愧于历史荣耀的自信和豪迈，昂首阔步，走向文明、富强，走向城市化、现代化，走向繁花似锦的明天！

龙江文化广场

中国石化集团茂名石油化工公司
中国石化茂名炼油化工股份有限公司

茂名石化5万吨级成品油码头

茂名石化创建于1955年，现已发展成为我国含硫原油加工基地和南方最大的石油化工基地，拥有以1350万吨/年原油加工和38万吨/年乙烯为主体，包括设计科研、建筑安装、机械制造、港口和铁路运输等门类的生产经营系统。工艺技术先进，配套设施齐全。年销售额超过200亿元，出口创汇1亿多美元，在全国500家最大工业企业排序上居于前列。2002年，实现销售收入258.39亿元。利润4.7亿元，上缴国家税金17.16亿元，创造了公司历史最好水平，为国家和地方财政做出了积极的贡献。随着中国石化的重组改制，茂名石化现分为上市部分中国石油化工股份有限公司茂名分公司、中国石化茂名炼油化工股份有限公司和存续部分中国石化集团茂名石化公司。

茂名石化大力推进科技进步，加强企业管理，采用国际标准组织生产，300多种牌号的“南海牌”石油化工产品在国内外市场享有盛誉。茂名石化先后获得广东省先进企业、文明单位、中国石化集团公司经营管理先进单位、全国企业管理优秀奖、全国思想政治工作优秀企业及全国精神文明建设工作先进单位等荣誉。

茂名石化地处广东沿海，面向东南亚，背靠大西南，拥有全国第一套25万吨级单点系泊原油接卸系统和吞吐能力达1700万吨/年的现代化港口码头，原油输入、产品输出方便快捷。在“十五”计划内，茂名石化将把原油加工能力扩大到1800万吨/年，乙烯生产能力扩大到80万吨/年，力争建设成为具有国际经济规模和竞争力的石化工业基地。

茂名石化1350万吨／年炼油厂新区

茂名石化38万吨／年乙烯厂

中国石化集团茂名石油化工公司　经理：房广信
中国石化茂名炼油化工股份有限公司　总经理：王强
中国石化集团茂名石油化工公司　党委书记；陈晓波
地址：广东省茂名市红旗北路2号
邮编：525011 电话：0668-2264248 传真：0668-2269317

2003
广东统计年鉴
GUANGDONG STATISTICAL YEARBOOK

广东省统计局编
Compiled by
Guangdong Provincial Bureau of Statistics

（总第19期 No. 19）

中国统计出版社
China Statistics Press

(京）新登字 041 号

ISBN 7-5037-4079-5

图书在版编目（CIP）数据
广东统计年鉴 .2003：中英文对照/ 广东省统计局编
北京：中国统计出版社，2003.7
ISBN 7-5037-4079-5/F·1595
Ⅰ. 广…
Ⅱ. 广…
Ⅲ. 统计资料 -广东省- 2003 - 年鉴 - 汉、英
Ⅳ. C832.65-544
中国版本图书馆 CIP 数据核字（2003）第 037964 号

广东统计年鉴-2003

作　　者/广东省统计局
责任编辑/蔡启新
E-mail/yearbook@stats.gov.cn
责任校对/冯位东
装帧设计/孟贤宝
出版发行/中国统计出版社
通信地址/北京市西城区三里河月坛南街 75 号/中国统计出版社
邮　　编/100826
电　　话/（010）63262295
印　　刷/精一印刷(深圳)有限公司
广告经营许可证：粤临广审字（2002）第 96 号
经　　销/新华书店
开　　本/890×1240 毫米　1/16
字　　数/150 万字
印　　张/44.5 印张
印　　数/1-3500
版　　别/2003 年 8 月第 1 版
版　　次/2003 年 8 月第 1 次印刷
书　　号/ISBN 7-5037-4079-5/F·1595
定　　价/280.00 元

编者说明 2003

《广东统计年鉴2003》(下简称年鉴)是一部反映广东省国民经济和社会发展情况的资料性年刊，书中收录了全省、各市、县(区)、乡镇2002 年的大量统计数据以及建国以来各个主要时期的一些主要统计数据。

《年鉴》分为行政区划和自然资源，要素市场，综合，人口，从业人员和职工工资，固定资产投资，能源生产与消费，财政、金融和保险，物价，人民生活，农业，工业，建筑业，运输邮电，国内贸易，对外经济与旅游，企业主要指标，教育、科技、文化、体育、卫生、社会福利、环境和其他，经济地带主要指标，城市主要指标，县(市)区主要经济指标等22 部分。此外，年鉴附录部分还汇编部份省(市)国民经济主要指标统计资料。

本《年鉴》大部份资料来自政府各级统计局的各种定期统计报表及抽样调查资料；部分资料来自中央部属单位和省属各主管部门。附录中的资料是根据国家统计局及有关方面提供的资料整理的。

资料中所使用的度量衡单位，除耕地、播种面积照顾我国使用习惯继续用“亩”为单位外，其余均采用国际统一标准计量单位。

本《年鉴》中计算的平均每年增长速度，均用“水平法”。

本《年鉴》统计表中的符号使用说明：

“…”表示数据不足本表最小单位数；

“#”表示其中主要项；

“空格”表示该项统计指标数据不详或无该项数据；

“①”表示本表下有注解。

本年鉴在整理编辑过程中，得到省直有关部门和单位的大力支持，在此表示感谢!

PREFACE

Guangdong Statistical Yearbook 2003 (abbreviation as the Yearbook below) is an annual statistics publication, which covers mainly statistics in 2002 and some selected major data series in historically important years after the establishment of the People's Republic of China at provincial level and local levels of city, county (district) and township and village and therefore, reflects various aspects of Guangdong Province's social and economic development.

The Yearbook contains the following 22 parts: Administrative Division and Natural Resources, General Survey, Main Indicators on the Factor Market, Population, Employment and Wages, Investment in Fixed Assets, Production and Consumption of Energy, Government Finance, Banking and Insurance, Price Indices, People's Livelihood, Agriculture, Industry, Construction, Transport, Postal and Telecommunication Services, Domestic Trade, Foreign Trade and Tourism, Main Indicators on Enterprises, Education, Science, Technology and Culture, Sports, Public Health, Social Welfare, Environment Protection and Others, Special Economic Regions, Cities, Counties and Districts. Besides these, in the appendices of the Yearbook are main economic indicators of some other provinces (municipality) in China.

The data in the Yearbook are mainly obtained from regular statistical reports and sample surveys conducted by the statistical bureaus of all levels of government.Some data are collected from the departments of the central government and the provincial government. Date in appendices are compiled from statistical publications published by the National Bureau of Statistics and other sources.

The units of measurement used in the Yearbook are internationally standard measurement units, except those on cultivated land and sown areas which are used in "mu" in order to give consideration to the habit of using these data.

The method of the calculation of the average annual growth rates in the Yearbook is horizontal method.

Notations used in the Yearbook:

"…" indicates that figure is not large enough to be measured with the smallest unit in the table;

"#" indicates the major items of the total;

"(blank)" indicates that the data not available;

"(1)" indicates "see footnotes".

During the compilation of the Yearbook, we have received the support from some related departments and units of the province. We express our thanks to all of them here.

《广东统计年鉴》编辑委员会

2003

EDITORIAL BOARD AND STAFF

目　　录
CONTENTS

一、行政区划和自然资源
Administrative Divisions and Natural Resources

二、综　　合
General Survey

三、要素市场主要指标
Main Indicators on the Factor Market

四、人　口
Population

五、从业人员和职工工资
Employment and Wages

六、固定资产投资
Investment in Fixed Assets

七、能源生产和消费
Production and Consumption of Energy

八、财政、金融和保险

Government Finance，Banking and Insurance

九、物价指数

Price Indices

十、人民生活
People's Livelihood

十一、农　　业
Agriculture

十二、工　业
Industry

十三、建　筑　业
Construction

十四、运输、邮电

Transport，Postal and Telecommunication Services

十五、国内贸易
Domestic Trade

十六、对外经济与旅游
Foreign Economy and Tourism

十七、企业主要指标

Main Indicators on Enterprises

十八、教育、科技、文化
Education, Science & Technology and Culture

十九、体育、卫生、社会福利、环保和其他
Sports, Public Health, Social Welfare, Environmental Protection and Others

二十、经济地带主要指标
Special Economic Regions

二十一、城市主要指标
Cities

二十二、县（市）区主要经济指标
Counties and Districts

一　行政区划和自然资源

简要说明

一、本篇资料反映广东省行政区划、自然资源的开发和利用等情况。自然资源包括土地、气候、森林、水利、矿产资源情况。

二、本篇资料由广东省统计局综合处负责整理、编辑。

三、资料来源：

行政区划资料由省民政厅提供；

矿产、土地资源资料由省国土资源厅提供；

海洋资料由省海洋与渔业局提供；

气象资料由省气象局提供；

森林资源资料由省林业局提供；

水利资料由省水利厅提供。

1　ADMINISTRATIVE DIVISIONS AND NATURAL RESOURCES

Brief Introduction

Ⅰ. This chapter covers the data on divisions of administrative areas, natural conditions and the exploitation and utilization of the natural resources of Guangdong Province. Natural resources cover land, climate, forest, water conservancy and mineral resources.

Ⅱ. The data in this chapter are prepared and compiled by the Division of Comprehensive Statistics of Guangdong Provincial Bureau of Statistics.

Ⅲ. The data resources come as follows:

The data on divisions of administrative areas are provided by the Civil Affairs Department of Guangdong Province.

The data on mineral and land resources are provided by the Land and Resources Department of Guangdong Province.

The data on ocean are provided by the Oceanic and Fishery Administration of Guangdong Province.

The data on meteorological phenomena are provided by the Meteorologic Bureau of Guangdong Province.

The data on forest are provided by the Forestry Administration of Guangdong Province.

The data on water conservancy are provided by the Water Resources Department of Guangdong Province.

1-1 行政区划
ADMINISTRATIVE DIVISIONS

单位：个 (unit)

市别 City	地级市 Number of Cities at Prefectural Level	县级市 Number of Cities at County Level	县 Number of Counties	自治县 Number of Autonomous Counties	市辖区 Number of Districts under the Jurisdication of Cities	市辖镇 Number of Towns under the Jurisdication of Cities	乡 Number of Townships	#民族乡 Ethnic Community Townships	街道 Number of Neighborhoods
全省合计 Total	**21**	**26**	**42**	**3**	**52**	**1458**	**25**	**7**	**361**
广州 Guangzhou	1	2			10	64			117
深圳 Shenzhen	1				6	18			27
珠海 Zhuhai	1				3	16			8
汕头 Shantou	1	2	1		5	35			36
韶关 Shaoguan	1	2	5	1	3	120	2	1	7
河源 Heyuan	1		5		1	112	1	1	4
梅州 Meizhou	1	1	6		1	159			3
惠州 Huizhou	1	1	3		1	78	1	1	7
汕尾 Shanwei	1	1	2		1	46	2		7
东莞 Dongguan	1					28			4
中山 Zhongshan	1					19			5
江门 Jiangmen	1	4			3	73			15
佛山 Foshan	1				5	35			24
阳江 Yangjiang	1	1	2		1	48			7
湛江 Zhanjiang	1	3	2		4	98	4		23
茂名 Maoming	1	3	1		2	102			18
肇庆 Zhaoqing	1	2	4		2	101	1	1	10
清远 Qingyuan	1	2	3	2	1	130	4	3	8
潮州 Chaozhou	1		2		1	43			9
揭阳 Jieyang	1	1	3		1	68	10		12
云浮 Yunfu	1	1	3		1	65			10

注：本行政区划截止 2002 年底。
Note: The administrative divisions have been the status by the end of 2002.

1-2 自然资源
NATURAL RESOURCES

项　目		Item		2002
一、土地资源和海洋		**Land Resources and Sea**		
土地面积	（平方公里）	Total Land Area	（sq.km）	179756.5
耕　地	（万公顷）	Cultivated Land	（10000 hectares）	306.9
林　地	（万公顷）	Afforested Land	（10000 hectares）	1020.0
园　地	（万公顷）	Garden Plot	（10000 hectares）	85.8
牧草地	（万公顷）	Grass Land	（10000 hectares）	2.8
天然草地	（万公顷）	Natural Meadow	（10000 hectares）	2.6
海域总面积	（万平方公里）	Total Area of Sea	（10000 sq.km）	41.9
海洋滩涂面积	（万公顷）	Sea Beach Area	（10000 hectares）	20.4
海岛面积	（平方公里）	Area of Islands	（sq.km）	1592.7
大陆海岸线长度	（公里）	Length of Mainland Shore	（km）	3368.1
岛屿岸线长度	（公里）	Length of Island Shore	（km）	2428.7
岛屿个数	（个）	Number of Islands	（unit）	1431
二、气候		**Climate**		
年平均降雨量	（毫米）	Annual Average Precipitation	（mm）	1657.6
年平均气温	（摄氏度）	Annual Average Temperature	（℃）	22.7
年日照时数	（小时）	Annual Sunshine Hours	（hour）	1743.0
三、森林		**Forest**		
活立木蓄积量	（亿立方米）	Total Standing Stock Volume	（100 million cu.m）	3.4
森林覆盖率	（%）	Forest-coverage Rate	（%）	57.2
四、水力水产		**Hydropower and Aquatic Products**		
水力资源理论蕴藏量	（万千瓦）	Theoretical Hydropower Resources	（10000 kw）	1072.8
#可开发装机容量		Developable Resources		665.5
海水养殖可养面积	（万公顷）	Cultivatable Area in Marine Areas	（10000 hectares）	77.57
淡水可养面积	（万公顷）	Cultivatable Area in Fresh-water Areas	（10000 hectares）	44.6
五、矿产		**Mineral Resources**		
煤保有资源储量	（万吨）	Ensured Reserve of Coal	（10000 tons）	53921.5
铁矿石保有资源储量	（万吨）	Ensured Reserve of Iron Ore	（10000 tons）	81908.3
硫铁矿保有资源储量	（万吨）	Ensured Reserve of Sulphur Ore	（10000 tons）	49533.3

注：1. 海岛面积、岛岸线长度、岛屿个数是1994年调查数据，大陆海岸线为1987年调查数据。
2. 水力资源理论蕴藏量、可开发装机容量为1998年统计数据。
3. 海域总面积包括200海里专属经济区面积。

Note: a) Data of the area of islands, length of island shore and number of islands were obtained from surveys in 1994, while the length of mainland shore was obtained from surveys in 1987.
b) The data of theoretical hydropower resources and developable resources were obtained from the statistics of 1998.
c) Total area of sea includes the dependency with economic section area of 200 sea miles.

1-3 各地区年平均气温
AVERAGE TEMPERATURE OF VARIOUS REGIONS

单位：摄氏度 （℃）

年　份 Year	粤北 Northern Regions	粤东北 North Eastern Regions	粤西北 North Western Regions	粤东 Eastern Regions	粤中 Central Regions	粤西 Western Regions
1980	20.7	21.5	22.5	21.2	22.2	23.4
1985	20.2	20.9	22.0	21.1	21.6	22.6
1990	21.1	21.5	22.8	21.8	22.6	23.4
1995	20.0	20.0	22.2	21.6	22.3	23.0
1996	19.9	21.4	22.4	21.9	21.6	23.3
1997	20.4	21.3	22.7	22.1	22.0	23.7
1998	21.2	22.5	23.3	23.0	22.8	24.5
1999	20.8	21.9	22.7	22.6	22.5	24.0
2000	20.4	21.9	22.6	22.5	22.5	23.8
2001	20.5	22.0	22.5	22.7	22.6	23.8
2002	21.0	22.3	22.8	23.0	23.0	24.1

1-4 各地区年降雨量
ANNUAL PRECIPITATION OF VARIOUS REGIONS

单位：毫米 （mm）

年　份 Year	粤北 Northern Regions	粤东北 North Eastern Regions	粤西北 North Western Regions	粤东 Eastern Regions	粤中 Central Regions	粤西 Western Regions
1980	1459.4	1461.7	1586.1	1369.1	1492.2	2274.0
1985	1360.2	1607.8	1726.9	1481.3	1706.0	2411.3
1990	1436.6	1709.0	1284.8	2236.9	1239.5	1510.2
1995	1506.9	1171.0	1766.4	1512.2	1752.4	2082.9
1996	1633.1	1361.5	1693.1	1409.0	1683.4	1222.6
1997	2045.3	1847.5	1815.3	2040.9	1997.3	2344.3
1998	1862.3	1458.2	1737.5	1593.6	1736.1	1266.4
1999	1314.3	1033.8	1318.7	1517.4	1620.4	1392.6
2000	1565.8	1850.9	1318.2	1486.7	1798.9	1762.7
2001	1689.8	1560.3	1889.2	1947.9	2678.9	2314.5
2002	1814.9	1110.3	1480.9	1409.7	1866.7	2263.3

1-5 各地区年日照时数
ANNUAL SUNSHINE HOURS OF VARIOUS REGIONS

单位：小时 （hour）

年　份 Year	粤北 Northern Regions	粤东北 North Eastern Regions	粤西北 North Western Regions	粤东 Eastern Regions	粤中 Central Regions	粤西 Western Regions
1980	1754.1	1811.1	1945.8	1989.2	1921.8	2036.5
1985	1701.6	1926.7	1613.3	1900.6	1406.0	1868.4
1990	1613.9	1893.1	1542.8	1921.3	1648.7	1877.4
1995	1420.6	1868.7	1704.6	2038.3	1559.6	1828.3
1996	1626.5	1965.7	1796.9	2094.8	1564.7	2042.3
1997	1349.1	1490.2	1454.9	1985.8	1209.8	1895.1
1998	1578.3	1689.6	1546.1	1917.5	1469.4	1994.0
1999	1564.0	1819.7	1699.0	2237.0	1599.5	2050.7
2000	1497.2	1672.6	1714.1	2126.3	1609.2	1855.3
2001	1613.0	1884.0	1559.2	2199.8	1651.0	1794.6
2002	1506.4	1813.2	1521.7	2266.6	1566.5	1783.8

1-6 各市森林资源主要指标（2002 年）
MAIN INDICATORS ON FOREST RESOURCES BY CITY（2002）

单位：千公顷，万立方米 （1000 hectares，10000 cu．m）

市 别 City	林业用地 Area of Afforested Land	有林地 Forest Land	疏林地 Sparse Forest Land	灌木林地 Bush Land	未成林地 Unmature Wood Land	无林地 Non-Forest Land	森林覆盖率（%） Forest Coverage Rate（%）	活立木总蓄积量 Standing Stock Volume	林木总生长量 Total Growing Volume of Wood	林木总消耗量 Total Consumed Volume of Wood
全省合计 Total	**10834.6**	**9301.3**	**133.9**	**574.7**	**275.0**	**531.8**	**57.2**	**33949.3**	**1741.1**	**675.4**
广 州 Guangzhou	308.0	293.3	0.1	1.8	5.9	6.8	41.3	849.0	49.8	7.7
深 圳 Shenzhen	87.3	79.1	0.3	5.4	1.7	0.6	47.6	150.7	9.2	0.9
珠 海 Zhuhai	50.6	32.8	0.8	13.7	0.3	2.8	33.1	69.9	4.3	0.6
汕 头 Shantou	65.2	63.0	0.3		0.7	0.9	32.5	102.9	6.9	0.2
韶 关 Shaoguan	1376.4	1212.7	18.7	53.5	19.6	71.7	70.9	5988.1	226.8	103.2
河 源 Heyuan	1212.9	1099.5	24.6	17.3	19.8	51.7	72.3	3367.3	164.7	53.8
梅 州 Meizhou	1215.7	1075.8	22.6	26.2	24.0	67.0	70.5	2424.4	154.6	32.7
惠 州 Huizhou	714.3	631.8	9.3	13.7	23.0	36.3	59.3	1808.4	106.9	37.6
汕 尾 Shanwei	273.0	217.2	2.9	17.3	6.4	29.1	51.5	426.4	39.0	2.6
东 莞 Dongguan	60.0	56.9	0.6	1.3	0.6	0.7	30.2	122.5	8.3	3.5
中 山 Zhongshan	33.9	28.2	0.4	4.4	0.1	0.8	22.7	69.8	3.2	0.4
江 门 Jiangmen	442.6	334.3	2.2	50.0	21.6	33.9	43.0	1149.3	87.1	32.2
佛 山 Foshan	72.8	66.4	1.0	2.3	1.9	1.3	24.9	234.5	11.8	4.0
阳 江 Yangjiang	424.3	339.6	6.4	48.5	13.8	15.2	52.7	1402.9	73.0	11.7
湛 江 Zhanjiang	234.3	204.3	0.7	1.1	8.3	12.0	22.1	828.6	50.4	23.7
茂 名 Maoming	576.6	510.3	8.5	14.3	20.7	22.5	55.0	1982.1	68.4	20.0
肇 庆 Zhaoqing	1039.2	943.9	5.6	21.7	35.5	32.1	66.7	4371.0	197.9	101.9
清 远 Qingyuan	1390.7	1011.2	15.1	246.6	38.0	79.7	66.7	5169.7	237.2	80.1
潮 州 Chaozhou	184.3	172.0	1.0	3.7	2.4	5.3	57.7	296.4	23.3	7.1
揭 阳 Jieyang	283.2	246.9	4.1	9.9	8.8	13.4	61.6	529.4	33.5	2.6
云 浮 Yunfu	501.3	449.0	4.5	10.5	10.4	26.9	61.5	1666.4	78.9	19.6

注：全省总计含省直属林场、乳源林业局、省农垦总局资料。全省林木总消耗量包括不可预见消耗 100 万立方米。

Note：The provincial total includes the figures of forestry centers directly under the provincial government，Ruyuan Forestry Bureau and the Land Reclamation and Cultivation Administration of Guangdong Province. The total consumed volume of wood includes the unforeseeable 1 million cubic meters consumed.

主要统计指标解释

森林面积　指生长着乔木和竹林，郁闭度在0．2以上的林地面积，即有林地面积。它是反映森林资源总面积的重要指标。森林面积包括天然林面积和人工林面积。

森林覆盖率　通常是指森林面积占土地总面积之比，一般用百分数表示。但国家规定在计算森林覆盖率时，森林面积还包括灌木林面积、农田林网树占地面积以及四旁树木的覆盖面积。它是反映一个国家和地区森林资源和绿化水平的重要指标。计算公式：

森林覆盖率（%）＝森林面积/土地总面积×100%

活立木总蓄积量　指全部土地上树木蓄积的总量。包括森林蓄积、疏林蓄积、散生木蓄积和四旁树蓄积。

矿产保有资源储量　指查明的矿产资源储量（资源储量＝基础储量＋资源量）扣除已开采部分损失量和加减应勘查、重算或其它原因增减量而得出的年底实有资源储量。

Explanatory Notes on Main Statistical Indicators

Forest Area refers to the area of forest land where trees and bamboo grow with canopy density above 0. 2, including land woods and planted woods. It reflects the total area of afforestation.

Forest Coverage-rate refers to the ratio of area of afforested land to total area of land. According to regulations of the government, forest area also includes the area of shrubby trees, the area of forest land inside farm land and the area of trees planted by the side of farm houses and along the roads, rivers and fields. This indicators shows the forest resources and afforestation progress of a country or a region. The formula for calculating is as follows:

Forestry Coverage Rate (%) = Area of Afforested Land/Area of Total Land × 100%

Total Standing Stock Volume refers to the total stock volume of trees growing in land, including trees in forest, trees in spares forest, scattered trees and trees planted by the side of farm houses and along the roads, rivers and fields.

Ensured Reserves of Mineral Resources refer to the proven reserves of mineral resources, which equal to the basic reserves and volume of resources minus extracted parts, losses and the increase or decrease reserves by prospecting, repeat calculation or other reasons.

二 综合

GENERAL SURVEY

2

二　综　合

简要说明

一、本篇资料反映广东国民经济、科技、社会等方面的规模、水平、速度、结构、比例、效益的综合情况以及国民经济核算情况，分别由广东省统计局综合处和核算处整理提供。

二、综合统计资料是根据广东省统计局各专业统计年报资料以及国家统计局、广东省有关部门提供的统计资料加工整理而成。

三、国民经济核算资料主要包括国内生产总值及其有关资料。

国内生产总值是根据不同产业部门的特点和资料来源情况而分别采用生产法、收入法计算增加值，最后将各产业部门增加值求和得到，这一结果是广东省国内生产总值的标准数据。

按支出法计算的国内生产总值等于最终消费、资本形成总额、货物和服务净出口之和，它与按上述方法计算的国内生产总值不一定相等，两者之间存在统计误差。

分市的国民经济核算数据由各市统计局提供，各市数据相加不等于全省总计。

本统计年鉴公布的国民经济核算资料，最后一年数据不是最终数，还会发生变动；如果遇到普查年，在能够获得更为详细的基础资料的情况下，国内生产总值的历史数据也会发生变动。1996 年，根据第一次第三产业普查结果，对全省国内生产总值的历史数据做了调整，本年鉴的数据是调整后的数据。

2　GENERAL SURVEY

Brief Introduction

Ⅰ. The summary data in this chapter reflect the scale, level, speed, structure, ratio and efficiency concerning the national economy, science and technology, the social development of Guangdong Province and also cover the data on its national economic accounts. The data are prepared and provided by the Division of Comprehensive Statistics and the Division of National Accounts of Guangdong Provincial Bureau of Statistics respectively.

Ⅱ. The summary data are processed and prepared in the light of the annual reports of various specialized fields provided by Guangdong Provincial Bureau of Statistics and data provided by the National Bureau of Statistics and some related departments of Guangdong Province.

Ⅲ. The data on the national economic accounts mainly cover the gross domestic product (GDP) and related data.

The value added is calculated with the production approach and the income approach respectively in the light of the features of various sectors and the data sources. The GDP is the result of the sum of the value added of various sectors. The result is the standard data on GDP of Guangdong Province.

The GDP calculated with the expenditure approach equals to the sum of final consumption, total capital formation and the net export of goods and services. However, the GDP data with this approach may be unequal to the standard data on GDP calculated with the methods mentioned above. There is a statistical discrepancy between the two figures.

The data on the national economic accounts of each city are provided by the statistical bureaus of each city. The summary data of cities are not equal to the total value of the province.

The data on the national accounts of the latest year published in this yearbook are not final figures and subject to changes. When the year happens to be a census year, the data of GDP of the past years may also be revised. In 1996, the GDP figures of the past years were adjusted in accordance with the result of the first tertiary industry census. The data published in this yearbook are the adjusted data.

2-1 各部门机构数
GRASSROOTS UNITS IN VARIOUS SECTORS

部　门		sector		1995	2001	2002
农村基层组织	（个）	Rural Grassroots	（unit）			
镇政府		Town Governments		1531	1529	1502
乡政府		Township Governments		61	33	25
村民委员会		Villagers' Committees		22869	22881	22842
村民小组		Villagers' Groups		206764	239175	238617
农场	（个）	Farms	（unit）		2415	
乡镇企业	（万个）	Township Enterprises	（10000 units）	144.66	136.62	136.55
工业企业	（个）	Industrial Enterprises	（unit）	386832	398892	403903
规模以上工业		Industrial Enterprises above Designated Size		14601	20721	22619
#国有工业		State-owned			1914	1738
集体工业		Collective Owned			3094	2931
建筑业企业	（个）	Construction Enterprises	（unit）	1618	3699	4019
#国有企业		State-owned		468	760	701
贸易企业单位数	（万个）	Number of Trade Units	（10000 units）		12.64	12.71
卫生事业	（个）	Health Care Service	（unit）	8848	8636	15500
#医院及卫生院		Hospitals		2267	2444	2444
社会福利事业单位数		Social Welfare Institutions		1887	2113	2026
教育事业		Education				
普通高等学校	（所）	Regular Institutions of Higher Education	（unit）	42	62	71
中等学校	（所）	Secondary Schools	（unit）	4760	4835	4863
#普通中学		Regular Secondary Schools		3845	4074	4156
小学	（万所）	Primary Schools	（10000 units）	2.46	2.36	2.33
幼儿园	（所）	Kindergartens	（unit）	7923	9790	10135
艺术表演团体	（个）	Art Performance Troupes	（unit）	134	139	141
文化事业	（个）	Cultural Institutions	（unit）	2492	2644	2562
文物事业	（个）	Cultural Relics	（unit）	133	188	196
广播电视	（座）	Broadcasting and Television Stations	（unit）			
广播电台		Radio Stations		96	22	22
电视台		Television Stations		56	24	24
县、市有线广播站		Wire Broadcasting Stations in Counties and County-level Cities		67	83	83
科技活动机构数	（个）	Number of Scientific and Technological Research Institutions	（unit）	1685	2733	2527
科学研究与技术开发机构		Scientific Research and Technological Development Institutions		481	234	272
全日制普通高等学校		Full-time Regular Institutions of Higher Education		440	358	398
大中型工业企业		Large and Medium-sized Industrial Enterprisers		695	663	702
其他		Others		69	1478	1155

2-2 国民经济和社会发展总量与速度指标

指　　标	Item	总量指标 1980	1985	1990
人口与就业	**Population and Employment**			
人　口　（万人）	**Population　(10000 persons)**			
年底常住人口	Year-end Permanent Population	5230	5670.65	6346.22
年底户籍总人口	Year-end Population with Residence Registration	5227.67	5655.6	6246.32
农业人口	Agricultural Population	4317.96	4457.68	4769.01
非农业人口	Non-agricultural Population	909.71	1197.92	1477.31
男性人口	Male	2671.28	2909.52	3213.2
女性人口	Female	2556.39	2746.08	3033.12
就　业　（万人）	**Employment　(10000 persons)**			
年底从业人员人数	Year-end Employed Persons	2367.78	2731.11	3118.1
#职工人数	Staff and Workers	563.62	660.82	785.49
城镇登记失业人员数	Unemployed Persons Registered in Urban Areas			19.19
宏观经济	**Macroeconomic Indicator**			
国民核算（当年价）　（亿元）	**National Accounting (at current prices)　(100 million yuan)**			
国内生产总值	Gross Domestic Product	249.65	577.38	1559.03
第一产业	Primary Industry	82.97	171.87	384.59
第二产业	Secondary Industry	102.53	229.82	615.86
第三产业	Tertiary Industry	64.14	175.69	558.58
支出法国内生产总值	Gross Domestic Expenditures	259.32	568.98	1541.99
#最终消费	Total Consumption	187	372.95	916.14
居民消费	Household Consumption	164.44	321.41	744.36
政府消费	Government Consumption	22.56	51.54	171.78
资本形成总额	Gross Capital Formation	63.63	214.97	511.35
固定资产形成总额	Gross Fixed Capital Formation	51.77	160.28	393.26
存货增加	Increase in Stock	11.86	54.69	118.09
固定资产投资　（亿元）	**Investment in Fixed Assets　(100 million yuan)**			
全社会固定资产投资	Total Investment in Fixed Assets	38.29	184.59	381.47
#国有单位	State-owned Units	25.72	131.11	272.18
集体单位	Collective Owned Units	1.68	24.18	53.81
个体经济	Individuals	10.89	29.3	55.48
财政　（亿元）	**Public Finance　(100 million yuan)**			
财政收入	Government Revenue	36.1	65.46	131.02
财政支出	Government Expenditures	24.93	60.84	150.69
物价总指数　（上年=100）	**Price Indices　(preceding year=100)**			
商品零售价格总指数	General Retail Price Index	108.5	113.6	95.6
居民消费价格总指数	General Consumer Price Index	109.5	114.8	97.5
农产品收购价格总指数	General Farm and Sideline Products Purchasing Price Index	110.9	114.9	90.3
利用外资　（亿美元）	**Utilization of Foreign Capital　(USD 100 million)**			
协议规定利用外资额	Amount of Utilization of Foreign Capital in the Signed Agreements and Contracts	13.89	25.65	31.68
实际利用外资额	Amount of Foreign Capitals Actually Utilized	2.14	9.19	20.23
能源生产与消费　（万吨标准煤）	**Production and Consumption of Energy　(10000 tons of SCE)**			
能源生产总量	Total Energy Production			1006.24
能源消费总量	Total Energy Consumption			4063.51

PRINCIPAL AGGREGATE INDICATORS ON NATIONAL ECONOMIC AND SOCIAL DEVELOPMENT AND THEIR RELATED INDICES AND GROWTH RATES

Aggregate Data				速度指标（%） Indices and Growth Rates								
				指数（2002 为以下各年） Index（2002 as percentage of the following years）					平均增长速度 Average Annual Growth Rate			
1995	2000	2001	2002	1980	1990	1995	2000	2001	1981-2002	1991-2002	1996-2002	2001-2002
6867.77	7706.80	7783.41	7858.58	150.3	123.8	114.4	102.0	101.0	1.9	1.8	1.9	1.0
6788.74	7498.54	7565.33	7649.29	146.3	122.5	112.7	102.0	101.1	1.7	1.7	1.7	1.0
4753.37	5160.26	5174.02	4881.98	113.1	102.4	102.7	94.6	94.4	0.6	0.2	0.4	-2.7
2035.37	2338.26	2391.31	2767.31	304.2	187.3	136.0	118.3	115.7	5.2	5.4	4.5	8.8
3501.19	3871.13	3905.28	3948.25	147.8	122.9	112.8	102.0	101.1	1.8	1.7	1.7	1.0
3287.55	3627.41	3660.05	3701.04	144.8	122.0	112.6	102.0	101.1	1.7	1.7	1.7	1.0
3551.20	3989.32	4058.63	4134.37	174.6	132.6	116.4	103.6	101.9	2.6	2.4	2.2	1.8
911.90	818.94	787.36	792.74	140.7	100.9	86.9	96.8	100.7	1.6	0.1	-2.0	-1.6
	93.20	104.00										
5733.97	9662.23	10647.71	11769.73	1605.2	481.6	200.2	122.4	111.7	13.4	14.0	10.4	10.6
868.99	1000.06	1004.35	1032.80	334.2	161.6	129.9	106.8	104.4	5.6	4.1	3.8	3.3
2876.74	4868.75	5341.61	5935.63	3061.3	732.7	219.4	125.2	113.4	16.8	18.1	11.9	11.9
1988.24	3793.42	4301.75	4801.30	1746.6	424.7	196.5	122.9	111.3	13.9	12.8	10.1	10.9
5733.97	9662.23	10647.71	11769.72									
3189.84	5336.22	5841.32	6701.15									
2586.46	3754.80	3907.02	4450.00									
603.38	1581.42	1934.30	2251.15									
2381.31	3487.76	3860.81	4156.67									
2059.43	3175.93	3492.18	3892.49									
321.88	311.93	368.63	264.18									
2327.22	3233.70	3536.41	3970.69	10370.0	1040.9	170.6	122.8	112.3	23.5	21.6	7.9	10.8
1122.84	1286.91	1249.20	1223.23	4755.9	449.4	108.9	95.1	97.9	19.2	13.3	1.2	-2.5
363.67	448.71	314.78	333.74	19865.5	620.2	91.8	74.4	106.0	27.2	16.4	-1.2	-13.8
249.78	424.35	581.58	703.95	6464.2	1268.8	281.8	165.9	121.0	20.9	23.6	16.0	28.8
382.34	910.56	1160.51	1201.61	3764.4	1037.3	355.4	149.3	117.1	17.9	21.5	19.9	22.2
525.63	1069.86	1321.33	1521.08	6101.4	1009.4	289.4	142.2	115.1	20.5	21.2	16.4	19.2
111.6	99.9	98.7	98.5	362.5	159.0	95.2	97.2	98.5	6.0	3.9	-0.7	-1.4
114.0	101.4	99.3	98.6		191.2	104.4	97.9	98.6		5.6	0.6	-1.1
119.0	97.9	97.4	98.5	341.1	142.6	79.6	95.9	98.5	5.7	3.0	-3.2	-2.0
261.05	110.86	158.04	189.01	1650.9	723.9	87.8	206.9	145.1	13.6	17.9	-1.8	43.8
121.00	145.75	157.55	165.89	9291.0	982.8	164.3	136.4	126.2	22.9	21.0	7.4	16.8
2622.53	3711.69	3407.51	3627.54		360.5	138.3	97.7	106.5		11.3	4.7	-1.1
7345.30	9447.70	10178.87	11354.70		279.4	154.6	120.2	111.6		8.9	6.4	9.6

2-2 续表1

指标		Item		总量指标		
				1980	1985	1990
产业		**Sector**				
农业		**Agriculture**				
常用耕地面积	(千公顷)	Area of Regularly Cultivated Land	(1000 hectares)	2750.71	2598.54	2528.83
农林牧副渔从业人员	(万人)	Number of Persons Engaged in Farming, Forestry, Animal Husbandry, Sideline and Fishery	(10000 persons)	1625.9	1597.59	1600.85
农业总产值	(亿元)	Gross Output Value of Agriculture	(100 million yuan)	126.25	245.21	600.71
主要农产品产量	(万吨)	Output of Major Farm Products	(10000 tons)			
粮食		Grain		1681.91	1604.37	1896.39
油料		Oil-bearing Crops		51.2	57.91	58.93
糖蔗		Sugarcane		834.73	1831.4	2093.46
茶叶		Tea		1	1.75	2.95
水果		Fruits		29.1	116.28	328.58
肉类		Meat		63.2	128.12	202.45
水产品		Aquatic Products		63.34	109.44	207.66
工业		**Industry**				
工业总产值	(亿元)	Gross Industrial Output Value	(100 million yuan)	248.68	534.72	1902.25
主要工业产品产量		Output of Major Industrial Products				
布	(亿米)	Cloth	(100 million m)	2.54	2.46	4.59
机制纸及纸板	(万吨)	Machine-made Paper and Paperboard	(10000 tons)	30.5	52.63	104.13
糖	(万吨)	Sugar	(10000 tons)	76.48	143.52	184.5
家用电冰箱	(万台)	Household Refrigerators	(10000 sets)	0.26	23.54	105.75
电视机	(万台)	Television Sets	(10000 sets)	9.08	108.43	327.6
#彩色电视机		Color Television Sets			78.99	262.37
家用洗衣机	(万台)	Household Washing Machines	(10000 sets)	2.42	77.86	143.01
照相机	(万架)	Cameras	(10000 sets)	18.68	99.3	
原煤	(万吨)	Coal	(10000 tons)	801.69	809.8	889.76
原油	(万吨)	Crude Oil	(10000 tons)	8.1	10.02	49.05
发电量	(亿千瓦时)	Electricity	(100 million kwh)	108.94	167.13	343.98
钢	(万吨)	Steel	(10000 tons)	40.15	69.53	116.96
成品钢材	(万吨)	Steel Products	(10000 tons)	45.22	78.76	133.74
水泥	(万吨)	Cement	(10000 tons)	386.57	1120.23	2070.91
规模以上工业企业主要指标		Main Indicators of Industrial Enterprises above Designated Size				
固定资产原价	(亿元)	Original Value of Fixed Assets	(100 million yuan)	136.59	269.13	843.88
产品销售收入	(亿元)	Sales Revenue	(100 million yuan)	189.97	412.77	1287.91
利润和税金总额	(亿元)	Pre-tax Profits	(100 million yuan)	38.51	75.99	121.5
建筑业		**Construction**				
建筑业企业年末人数	(万人)	Number of Employed Persons in Construction Enterprises at the Year-end	(10000 persons)		57.73	66.84
建筑业总产值(当年价)	(亿元)	Gross Output Value (at current prices)	(100 million yuan)	9.97	50.45	113.4
施工房屋面积	(万平方米)	Floor Space of Buildings under Construction	(10000 sq.m)		3040.5	4477.3
竣工房屋面积	(万平方米)	Floor Space of Buildings Completed	(10000 sq.m)		1426.8	2345.4
交通运输		**Transportation**				
货运量	(万吨)	Freight Traffic	(10000 tons)	14201	58726	85809
铁路		Railways		3110	3000	4803
公路		Highways		3006	42813	63709
水运		Waterways		7656	12045	16198
管道		Pipelines		427	864	1091
空运		Civil Aviation		2	4	8
客运量	(万人)	Passenger Traffic	(10000 persons)	21444	49848	78046
铁路		Railways		2811	3357	4467
公路		Highways		15829	41826	70681
水运		Waterways		2714	4427	2428
空运		Civil Aviation		90	238	470
沿海主要港口货物吞吐量	(万吨)	Volume of Freight Handled at Major Coastal Ports	(10000 tons)	3075	5073	6895

2-2 1 continued

Aggregate Data				速度指标（%） Indices and Growth Rates								
				指数（2002 为以下各年） Index（2002 as percentage of the following years）					平均增长速度 Average Annual Growth Rate			
1995	2000	2001	2002	1980	1990	1995	2000	2001	1981-2002	1991-2002	1996-2002	2001-2002
2317.31	2252.62	2229.38	2356.33	85.7	93.2	101.7	104.6	105.7	-0.7	-0.6	0.2	2.3
1431.98	1572.07	1566.43	1556.29	95.7	97.2	108.7	99.0	99.4	-0.2	-0.2	1.2	-0.5
1445.48	1701.18	1722.35	1781.06	387.0	186.2	140.8	109.5	106.5	6.3	5.3	5.0	4.6
1803.33	1822.33	1721.55	1484.16	88.2	78.3	82.3	81.4	86.2	-0.6	-2.0	-2.7	-9.8
71.02	78.78	80.90	76.37	149.2	129.6	107.5	96.9	94.4	1.8	2.2	1.0	-1.5
1472.21	1137.59	1073.38	1136.45	136.1	54.3	77.2	99.9	105.9	1.4	-5.0	-3.6	-0.1
3.96	4.21	4.15	4.24	424.0	143.7	107.1	100.7	102.2	6.8	3.1	1.0	0.4
414.51	643.52	590.74	698.91	2401.8	212.7	168.6	108.6	118.3	15.5	6.5	7.7	4.2
305.06	324.48	333.25	343.63	543.7	169.7	112.6	105.9	103.1	8.0	4.5	1.7	2.9
354.34	593.19	609.67	628.06	991.6	302.4	177.2	105.9	103.0	11.0	9.7	8.5	2.9
8849.90	16904.47	18909.91	21788.71	7569.4	1251.6	307.2	138.8	119.1	21.7	23.4	17.4	17.8
11.65	10.84	13.34	15.42					113.4				
288.10	260.30	351.56	410.05					112.3				
107.22	91.30	80.44	113.11					136.5				
213.23	320.70	282.55	317.27					112.3				
882.80	1709.53	1793.69	2409.77					146.2				
763.92	1531.53	1571.02	2083.40					146.9				
187.51	244.18	181.72	162.16					95.2				
3277.71	3545.88	3941.13	3157.14					79.4				
1069.38	161.71	123.56	168.71					127.9				
650.97	1915.38	1913.99	1934.27					103.9				
821.06	1292.69	1351.74	1525.53					113.3				
207.44	286.99	352.52	469.50					127.1				
247.26	406.28	567.06	664.40					105.8				
5317.92	5872.40	5804.73	5989.26					105.2				
4298.15	8005.77	8655.82	9550.47	6992.1	1131.7	222.2	119.3	110.3	21.3	22.4	12.1	9.2
6195.84	12380.65	13891.46	16247.73	8552.8	1261.6	262.2	131.2	117.0	22.4	23.5	14.8	14.6
445.53	1042.77	1139.98	1380.24	3584.1	1136.0	309.8	132.4	121.1	17.7	22.4	17.5	15.0
	141.45	147.08	150.05		224.5		106.1	102.0		7.0		3.0
635.83	944.60	1179.03	1341.79	13458.3	1183.2	211.0	142.0	113.8	25.0	22.9	11.3	19.2
14374.50	16333.82	17817.22	18882.44		421.7	131.4	115.6	106.0		12.7	4.0	7.5
4843.40	6556.12	7587.65	7947.86		338.9	164.1	121.2	104.7		10.7	7.3	10.1
111063	119216	131621	137032	964.9	159.7	123.4	114.9	104.1	10.9	4.0	3.0	7.2
7634	15172	15435	14790	475.6	307.9	193.7	97.5	95.8	7.3	9.8	9.9	-1.3
68884	75365	86555	92736	3085.0	145.6	134.6	123.0	107.1	16.9	3.2	4.3	10.9
32952	25696	26434	26263	343.0	162.1	79.7	102.2	99.4	5.8	4.1	-3.2	1.1
1527	2952	3162	3201	749.6	293.4	209.6	108.4	101.2	9.6	9.4	11.2	4.1
21	31	35	42	2100.0	525.0	200.0	135.5	120.0	14.8	14.8	10.4	16.4
130998	164791	178676	188657	879.8	241.7	144.0	114.5	105.6	10.4	7.6	5.3	7.0
6283	12165	12783	13310	473.5	298.0	211.8	109.4	104.1	7.3	9.5	11.3	4.6
118406	148945	161967	171191	1081.5	242.2	144.6	114.9	105.7	11.4	7.7	5.4	7.2
5146	2363	2382	2347	86.5	96.7	45.6	99.3	98.5	-0.7	-0.3	-10.6	-0.3
1163	1318	1544	1809	2010.0	384.9	155.5	137.3	117.2	14.6	11.9	6.5	17.2
11904	18674	21454	26357	857.1	382.3	221.4	141.1	122.9	10.3	11.8	12.0	18.8

2-2 续表 2

指标		Item		总量指标 1980	1985	1990
邮电通信业		**Postal and Telecommunication Services**				
邮电业务总量	(亿元)	Total Business Volume	(100 million yuan)	1.86	3.63	26.3
函件	(亿件)	Number of Letters Delivered	(100 million pieces)			4.72
报刊累计数	(亿份)	Accumulated Number of Newspapers and Magazines Distributed	(100 million copies)			11.63
局用电话交换机容量	(万门)	Capacity of Telephone Exchanges	(10000 lines)	24.2	40	180.7
电话机	(万部)	Number of Telephone Sets	(10000 units)	18.9	36.6	155.4
城　市		Urban Areas		9.2	24.2	108
农　村		Rural Areas		9.7	12.4	47.4
国内商业		**Domestic Trade**				
社会消费品零售额	(亿元)	Total Retail Sales of Consumer Goods	(100 million yuan)	117.67	289.23	667.36
对外经济贸易和国际旅游		**Foreign Trade and International Tourism**				
海关进出口总额	(亿美元)	Total Exports and Imports	(USD 100 million)			418.98
进口额		Imports				196.77
出口额		Exports				222.21
国际游客入境人数	(万人次)	Number of Tourists from Abroad	(10000 persons)	532.09	1675.69	2527.54
金融保险		**Finance and Insurance**				
国家银行各项存款	(亿元)	Deposits of State Banks	(100 million yuan)	88.78	305.5	1137.2
国家银行各项贷款	(亿元)	Loans of State Banks	(100 million yuan)	156.36	498.52	1267.21
保费	(亿元)	Amount Insured	(100 million yuan)		1.74	18.05
教育、科技、文化		**Education，Science and Technology and Culture**				
教育		**Education**				
专任教师数	(万人)	Full-time Teachers	(10000 persons)			
普通高等学校		Institutions of Higher Education		0.95	1.36	1.57
中等学校		Secondary Schools		14.33	13.57	16.33
小　学		Primary Schools		28.14	26.81	27.73
在校学生数	(万人)	Students Enrollment	(10000 persons)			
普通高等学校		Institutions of Higher Education		4.1	6.99	9.59
中等学校		Secondary Schools		260	255.91	273.57
小学		Primary Schools		748.86	671.25	747.29
国家财政用于教育支出	(亿元)	Government Expenditures on Education	(100 million yuan)	4.88	10.69	21.34
科　技		**Science and Technology**				
从事科技活动人员	(人)	Number of Persons Engaged in Science and Technology	(person)			84576
科技活动经费使用总额	(万元)	Expenditures on Scientific and Technological Activities	(10000 yuan)			128238
技术合同金额	(万元)	Amount of Technological Contracts	(10000 yuan)			20262
文　化		**Culture**				
出版数量		Publications				
图　书	(亿册)	Number of Books Published	(100 million copies)	1.68	3.99	2.81
杂　志	(万册)	Number of Magazines Issued	(10000 copies)	1927	12768	11325
报　纸	(亿份)	Number of Newspapers Issued	(100 million copies)	4.88	17.18	13.81

2-2 2 continued

Aggregate Data				速度指标（%） Indices and Growth Rates								
				指数（2002 为以下各年） Index（2002 as percentage of the following years）					平均增长速度 Average Annual Growth Rate			
1995	2000	2001	2002	1980	1990	1995	2000	2001	1981-2002	1991-2002	1996-2002	2001-2002
204.93	602.31	782.67	917.87	62031.9	4388.3	563.3	152.4	117.3	33.9	37.0	28.0	23.4
9.85	10.66	10.91	13.50		286.0	137.1	126.6	123.7		9.2	4.6	12.5
15.59	10.78	10.36	10.54		90.6	67.6	97.8	101.7		-0.8	-5.4	-1.1
1007.10	1939.50	2451.00	2616.34	10811.3	1447.9	259.8	134.9	106.7	23.7	24.9	14.6	16.1
729.90	1690.10	1983.08	2274.08	12032.2	1463.4	311.6	134.6	114.7	24.3	25.1	17.6	16.0
452.50	995.90	1277.96	1477.98	16065.0	1368.5	326.6	148.4	115.7	26.0	24.4	18.4	21.8
277.40	694.20	705.14	796.1	8207.2	1679.5	287.0	114.7	112.9	22.2	26.5	16.3	7.1
2304.15	4071.95	4515.28	5013.59	4260.7	751.3	217.6	123.1	111.0	18.6	18.3	11.7	11.0
1039.72	1701.06	1764.87	2210.92		527.7	212.6	130.0	125.3		14.9	11.4	14.0
473.80	781.87	810.66	1026.34		521.6	216.6	131.3	126.6		14.8	11.7	14.6
565.92	919.19	954.21	1184.58		533.1	209.3	128.9	124.1		15.0	11.1	13.5
3615.03	6729.18	7256.40	8032.77	1509.7	317.8	222.2	119.4	110.7	13.1	10.1	12.1	9.3
4369.87	11434.22	12854.49	14895.29	16777.8	1309.8	340.9	130.3	115.9	26.2	23.9	19.1	14.1
3227.70	7580.71	8329.52	9433.00	6032.9	744.4	292.3	124.4	113.2	20.5	18.2	16.6	11.6
67.93	191.88	247.33	314.67		1743.3	463.2	164.0	127.2		26.9	24.5	28.1
1.66	2.04	2.35	3.30	347.4	210.2	198.8	161.8	140.4	5.8	6.4	10.3	27.2
20.82	26.45	27.57	28.87	201.5	176.8	138.7	109.1	104.7	3.2	4.9	4.8	4.5
32.14	36.41	37.13	37.98	135.0	137.0	118.2	104.3	102.3	1.4	2.7	2.4	2.1
15.18	29.95	38.19	46.78	1141.0	487.8	308.2	156.2	122.5	11.7	14.1	17.4	25.0
391.23	523.59	552.50	577.32	222.0	211.0	147.6	110.3	104.5	3.7	6.4	5.7	5.0
883.19	929.93	952.98	979.61	130.8	131.1	110.9	105.3	102.8	1.2	2.3	1.5	2.6
84.56	144.75	180.28	233.12	4777.0	1092.4	275.7	161.1	129.3	19.2	22.0	15.6	26.9
105469	222073	241608	267376		316.1	253.5	120.4	110.7		10.1	14.2	9.7
398192	2146502	2504348	2913018		2271.6	731.6	135.7	116.3		29.7	32.9	16.5
125972	482104	539723	684532		3378.4	543.4	142.0	126.8		34.1	27.4	19.2
3.69	2.70	2.73	3.26	194.0	116.0	88.3	120.7	119.4	3.1	1.2	-1.8	9.9
22810	26299	25627	24785	1286.2	218.9	108.7	94.2	96.7	12.3	6.7	1.2	-2.9
22.64	34.63	38.97	42.57	872.3	308.3	188.0	122.9	109.2	10.3	9.8	9.4	10.9

2-2 续表3

指标	Item	总量指标 1980	1985	1990
家庭、生活、环境	**Family, People's Livelihood and Environment**			
家　庭	**Family**			
城镇居民平均每户家庭人口（人）	Average Household Size in Urban Areas (person)	4.6	4.19	3.85
农村居民平均每户家庭人口（人）	Average Household Size in Rural Areas (person)	6.18	5.95	5.65
婚　姻	**Marriages and Divorces**			
结婚数（万对）	Number of Marriages (10000 couples)	39.15	37.68	50.66
离婚数（万对）	Number of Divorces (10000 couples)	1.24	1.69	2.58
居　住	**Housing**			
城镇居民人均居住面积（平方米）	Per Capita Floor Space of Urban Residents (sq.m)	6.43	8.55	12.13
农村居民人均居住面积（平方米）	Per Capita Floor Space of Rural Residents (sq.m)	10.51	14.87	17.39
生　活	**People's Livelihood**			
城镇居民人均可支配收入（元）	Per Capita Disposable Income of Urban Residents (yuan)	472.57	954.12	2303.15
农村居民人均纯收入（元）	Per Capita Net Income of Rural Residents (yuan)	274.37	495.31	1043.03
城乡居民储蓄存款余额（亿元）	Saving Deposits by Urban and Rural Residents (100 million yuan)	30.01	154.88	752.16
工　资	**Wages and Welfare**			
工资总额（亿元）	Total Wages (100 million yuan)	42.83	88.91	233.29
职工平均工资（元）	Average Wage of Staff and Workers (yuan)	789	1393	2929
卫　生	**Health Care**			
医　院（个）	Number of Hospitals (unit)	1988	1853	1885
医　生（万人）	Number of Doctors (10000 persons)	5.51	6.56	8.11
医院床位数（万张）	Number of Hospital Beds (10000 units)	8.5	9.82	11.41
市政建设	**City Construction**			
全年供水量（亿吨）	Volume of Water Supply (100 million tons)			20.55
下水道长度（公里）	Length of Sewer Pipelines (km)			3682
液化石油气供气总量（吨）	Total Supply of Liquefied Petroleum Gas (ton)			
年末实有公共汽（电）车营动车辆（辆）	Number of Public Vehicles (Buses and Trolley-buses) at the Year-end (unit)		3199	
年末实有铺装道路面积（公顷）	Length of Paved Roads at the Year-end (hectare)			
园林绿地面积（公顷）	Area of Gardens and Green Areas (hectare)			12892
环境、灾害	**Environment and Disaster**			
企事业单位污染治理资金（万元）	Funds Used for Pollution Treatment by Enterprises and Institutions (10000 yuan)			18331
环保投资占GDP比重（%）	Proportion of Expenditure on Environmental Protection to GDP (%)		0.29	0.37
火灾发生数（起）	Number of Fire Disasters (time)			1725
火灾损失（万元）	Fire Loss (10000 yuan)			9102
交通事故发生数（起）	Number of Traffic Accidents (time)			25909
交通事故损失（万元）	Loss of Traffic Accidents (10000 yuan)			5044

注：1.农业、工业总产值绝对数按当年价格计算，增长速度按可比价计算。
2.工业指标（工业总产值除外）2000-2002年统计范围为规模以上工业（即全部国有工业及年销售收入500万元以上非国有工业）。
3.2000年起粮食产量为抽样调查数据。
4.1994年起财政收入按税改新口经统计（即不含中央返还部分）。
5.邮电业务总量2000年起按2000年不变价计算，1995年以前按1990年不变价计算。

2-2 3 continued

Aggregate Data				速度指标（%） Indices and Growth Rates								
				指数（2002 为以下各年） Index（2002 as percentage of the following years）					平均增长速度 Average Annual Growth Rate			
1995	2000	2001	2002	1980	1990	1995	2000	2001	1981-2002	1991-2002	1996-2002	2001-2002
3.58	3.57	3.52	3.39	73.7	88.1	94.7	95.0	96.3	-1.4	-1.1	-0.8	-2.6
5.36	5.15	5.10	5.08	82.2	89.9	94.8	98.6	99.6	-0.9	-0.9	-0.8	-0.7
59.67	56.21	51.93	49.71	127.0	98.1	83.3	88.4	95.7	1.1	-0.2	-2.6	-6.0
3.42	4.75	5.16	5.93	478.2	229.8	173.4	124.8	114.9	7.4	7.2	8.2	11.7
16.24	19.51	20.13	24.83	386.2	204.7	152.9	127.3	123.3	6.3	6.2	6.3	12.8
20.83	22.42	23.39	24.07	229.0	138.4	115.6	107.4	102.9	3.8	2.7	2.1	3.6
7438.68	9761.57	10415.19	11137.20	2356.7	483.6	149.7	114.1	106.9	15.4	14.0	5.9	6.8
2699.24	3654.48	3769.79	3911.91	1425.8	375.1	144.9	107.0	103.8	12.8	11.6	5.4	3.5
3884.66	8667.29	9930.12	11819.09	39383.8	1571.4	304.3	136.4	119.0	31.2	25.8	17.2	16.8
734.14	1051.36	1160.85	1326.59	3097.3	568.6	180.7	126.2	114.3	16.9	15.6	8.8	12.3
8250	12799	14620	16769	2125.3	572.5	203.3	131.0	114.7	14.9	15.7	10.7	14.5
2267	2426	2444	2444	122.9	129.7	107.8	100.7	100.0	0.9	2.2	1.1	0.4
9.89	11.12	11.36	10.51									
13.78	15.72	16.22	16.93	199.2	148.4	122.9	107.7	104.4	3.2	3.3	3.0	3.8
34.36	36.89	46.43	50.27									
7373	13884	15534	17605									
		1906553	2088805									
5860	22255	23242	26019									
8577	24981	20041	22856									
46375	132666	148538	160606									
30007	167707	215249	108204		590.3	360.6	64.5	50.3		15.9	20.1	-19.7
0.64	1.96	2.30	2.47		667.6	385.9	126.0	107.4		17.1	21.3	12.3
1254	8622	7885	13883		804.8	1107.1	161.0	176.1		19.0	41.0	26.9
17419	10065	8035	9492		104.3	54.5	94.3	118.1		0.4	-8.3	-2.9
42115	66072	69555	78929		304.6	187.4	119.5	113.5		9.7	9.4	9.3
28700	27526	30099	35834		710.4	124.9	130.2	119.1		17.7	3.2	14.1

Note: a) Figures in value terms on gross output value of agriculture and industry are calculated at current prices, whereas growth rates are calculated at comparable prices.

b) The industrial indicators from 2000 to 2002 (excluding the gross output value of industry) cover the industrial enterprises above designated size (i. e. all state-owned industrial enterprises and non-state-owned industrial enterprises with an annual sales revenue over 5 million yuan).

c) Figures of output of grain have been obtained from sample surveys since 2000.

d) Figures of government revenue have been calculated according to new approach of tax reform since 1994 (excluding the return part from the central government).

e) Since 2000, the total business volume of postal and telecommunication services have been calculated at 2000 constant prices, whereas the figures before 1995 were calculated at 1990 constant prices.

2-3 国民经济和社会发展结构指标
STRUCTURAL INDICATORS ON NATIONAL ECONOMIC AND SOCIAL DEVELOPMENT

单位:%　　　　(%)

指　标	Item	1995	2000	2001	2002
人口与就业	**Population and Employment**				
人　口	**Population**				
城乡结构	Urban and Rural Structure				
非农业	Non-agriculture	30.0	31.2	31.6	36.2
农　业	Agriculture	70.0	68.8	68.4	63.8
性别结构	Sexual Structure				
男	Male	51.6	51.6	51.6	51.6
女	Female	48.4	48.4	48.4	48.4
就　业	**Employment**				
产业结构	Industrial Structure				
第一产业	Primary Industry	41.5	39.9	39.1	38.1
第二产业	Secondary Industry	33.8	28.0	27.9	29.1
第三产业	Tertiary Industry	24.7	32.1	33.0	32.8
经济类型结构	Structure by Ownership				
国有单位	State-owned	15.9	10.0	9.9	9.3
集体单位	Collective Owned	68.9	52.2	58.9	43.4
联营经济单位	Joint-owned	0.2	0.2	0.2	0.3
股份制经济单位	Share Holding	0.7	1.7	2.1	3.5
外商投资经济单位	Foreign Funded	1.0	0.9	1.1	2.2
港澳台商投资经济单位	Funded by Entrepreneurs from Hong Kong, Macao and Taiwan	2.6	2.2	2.6	9.5
私营企业	Private	3.3	4.6	6.0	9.7
个　体	Individual	7.3	6.6	8.2	8.7
从事农林牧渔业的农民	Farmers Engaged in Faming, Forestry, Animal Husbandry and Fishery	41.2	39.9	39.1	38.0
宏观经济	**Macroeconomy**				
国民核算	National Accounting				
国内生产总值产业结构	Industrial Structure				
第一产业	Primary Industry	15.1	10.3	9.4	8.8
第二产业	Secondary Industry	50.2	50.4	50.2	50.4
第三产业	Tertiary Industry	34.7	39.3	40.4	40.8
国内支出结构	Domestic Expenditure Structure				
最终消费	Final Consumption	55.6	55.2	54.9	56.9
居民消费	Household Consumption	45.1	38.8	36.6	37.8
农　村	Rural Households	19.9	15.2	14.4	13.2
城　镇	Urban Households	25.2	23.6	22.3	24.6
政府消费	Government Consumption	10.5	16.4	18.2	19.1
资本形成总额	Total Investment	41.5	36.1	36.3	35.3
固定资产形成总额	Fixed Assets	35.9	32.9	32.8	33.0
存货增加	Changes in Inventories	5.6	3.2	3.5	2.3
净出口	Net Export	2.8	11.9	8.9	7.7
投　资	**Investment**				
经济类型结构	Structure by Ownership				
国有单位	State-owned	48.2	39.8	35.3	30.6
集体单位	Collective Owned	15.6	13.9	8.9	8.4
联营经济单位	Joint-owned	0.7	0.3	0.4	0.7
股份制经济单位	Share Holding	4.7	15.0	16.2	19.0
外商投资经济单位	Foreign Funded	11.0	4.4	6.3	6.6
港澳台商投资经济单位	Funded by Entrepreneurs from Hong Kong, Macao and Taiwan	8.5	12.9	15.7	15.8
其他经济单位	Private and Other Economic Units	0.5	0.7	0.8	1.1
个　体	Individual	10.7	13.0	16.4	17.7
资金来源结构	Structure of Sources of Funds				

2-3 续表 1 continued

单位：% (%)

指标	Item	1995	2000	2001	2002
国家预算内资金	State Budgetary Appropriation	1.1	1.7	1.6	1.9
国内贷款	Domestic Loans	15.0	17.2	16.0	17.0
利用外资	Foreign Investment	18.5	10.5	9.8	10.8
自筹投资	Fund Raising	37.5	42.9	45.7	44.5
其他投资	Others	27.9	27.7	26.9	25.8
利用外资	**Utilization of Foreign Capital**				
实际利用外资结构	Structure of Foreign Capital Actually Utilized				
对外借款	Loans from Abroad	15.2	4.8	6.5	6.2
外商直接投资	Direct Investment by Foreign Entrepreneurs	84.1	84.0	82.3	79.0
外商其他投资	Other Investment by Foreign Entrepreneurs	0.7	11.2	11.2	14.8
能源生产与消费	**Production and Consumption of Energy**				
能源生产总量结构	Structure of Total Energy Production				
原　煤	Coal	29.1	8.0	4.0	4.3
原　油	Petroleum Crude Oil	35.5	53.6	51.9	49.8
电　力	Hydropower	34.9	27.1	32.4	35.3
天然气	Natural Gas	0.5	11.3	11.7	10.6
一次能源消费总量结构	Structure of Total Primary Energy Consumption				
原　煤	Coal	56.4	52.2	52.5	51.9
原　油	Petroleum Crude Oil	28.5	35.0	34.0	31.0
电　力	Hydropower	14.9	12.6	13.5	17.1
天然气	Natural Gas	0.2	0.2		
产业经济	**Industry Economy**				
农　业	**Agriculture**				
农林牧渔业产值结构	Structure of Gross Output Value				
农　业	Farming	46.8	42.0	41.9	42.0
林　业	Forestry	4.3	3.5	3.3	3.2
牧　业	Animal Husbandry	22.2	26.3	26.5	26.1
副　业	Sideline	7.6	5.7	5.7	5.4
渔　业	Fishery	19.2	22.5	22.6	23.4
工　业	**Industry**				
国有及年销售收入500万元以上非国有工业产值结构	Structure of Gross Industrial Output Value of State-owned Enterprises and Non-state-owned Enterprises with Annual Sales Revenue over 5 Million yuan				
按轻重工业分	Grouped by Light and Heavy Industry				
轻工业	Light Industry	57.7	52.9	51.1	54.3
重工业	Heavy Industry	42.3	47.1	48.9	45.7
按经济类型分	Grouped by Ownership				
国有工业	State-owned	19.1	7.1	7.9	6.8
集体工业	Collective Owned	21.7	9.5	6.6	5.7
股份合作工业	Share Holding Cooperative Operation		0.8	1.1	1.1
股份制工业	Share Holding	16.3	15.3	20.1	19.9
外商投资工业	Foreign Funded	16.3	23.1	21.5	23.4
港澳台商投资工业	Funded by Entrepreneurs from Hong Kong, Macao and Taiwan	34.6	36.4	39.0	38.0
按企业规模分	Grouped by Size of Enterprises				
大型企业	Large		36.6	40.4	39.8
中型企业	Medium		11.3	13.3	13.6
小型企业	Small		52.1	46.3	46.6
建筑业	**Construction**				
建筑施工企业产值结构	Structure of Gross Output Value of Construction Enterprises				
国有企业	State-owned	46.7	38.8	32.9	29.6
城镇集体企业	Collective Owned	48.2	33.3	26.9	22.3
股份合作企业	Share Holding Cooperative Operation		0.8	1.0	0.7
联营企业	Joint-owned		1.2	0.8	0.8

2-3 **续表 2** continued

单位：% (%)

指 标	Item	1995	2000	2001	2002
有限责任公司	Limited Liability Company		13.9	20.9	25.4
股份制施工公司	Share Holding Limited Company		5.2	5.4	6.2
私营企业	Private		4.4	10.4	12.9
港澳台投资企业	Funded by Entrepreneurs from Hong Kong, Macao and Taiwan		1.6	1.4	1.6
外商投资企业	Foreign Funded		0.8	0.3	0.3
其他	Others		…	…	…
运输业	**Transportation**				
货运量结构	Structure of Freight Traffic				
铁 路	Railways	6.9	12.7	11.7	10.8
公 路	Highways	62.0	63.2	65.8	67.7
水 运	Waterways	29.7	21.6	20.1	19.1
民用航空	Civil Aviation	…	…	…	…
管道输油（气）	Pipelines	1.4	2.5	2.4	2.3
客运量结构	Structure of Passenger Traffic				
铁 路	Railways	4.8	7.4	7.2	7.1
公 路	Highways	90.4	90.4	90.6	90.7
水 运	Waterways	3.9	1.4	1.3	1.2
民用航空	Civil Aviation	0.9	0.8	0.8	1.0
国内商业	**Domestic Trade**				
社会消费品零售总额结构	Structure of Total Retail Sales of Consumer Goods				
城 镇	Urban Areas	71.3	71.4	71.2	71.3
农 村	Rural Areas	28.7	28.6	28.8	28.7
对外经济贸易和国际旅游	**Foreign Trade and International Tourism**				
出口商品结构	Structure of Exports				
初级产品	Primary Goods	6.6	3.7	3.7	3.1
工业制成品	Manufactured Goods	93.4	96.3	96.3	96.9
进口商品结构	Structure of Imports				
初级产品	Primary Goods	7.5	12.0	12.4	10.1
工业制成品	Manufactured Goods	92.5	88.0	87.6	89.9
国际游客出入境人数结构	Structure of Tourists from Abroad				
外国人	Foreigners	4.6	4.2	4.4	4.6
华 侨	Overseas Chinese	0.2	…	…	…
港澳同胞	Compatriots from Hong Kong and Macao	92.9	92.9	92.9	92.9
台湾同胞	Compatriots from Taiwan	2.3	2.8	2.7	2.5
教育、文化	**Education and Culture**				
教育	**Education**				
在校学生结构	Structure of Enrolled Students				
大学生	Colleges and Universities	1.2	2.0	2.5	2.9
中学生	Secondary Schools	30.3	35.3	35.8	36.0
小学生	Primary Schools	68.5	62.7	61.7	61.1

2-3 续表3 continued

单位:% (%)

指 标	Item	1995	2000	2001	2002
专任教师结构	Structure of Full-time Teachers				
大 学	Colleges and Universities	3.0	3.1	3.5	4.7
中 学	Secondary Schools	38.1	40.8	41.1	41.2
小 学	Primary Schools	58.8	56.1	55.4	54.1
文 化	**Culture**				
文化事业机构人员结构	Structure of Persons Engaged in Cultural Activities				
艺术事业	Arts	42.9	24.3	35.8	36.4
图书馆事业	Library	11.3	7.0	12.2	12.8
群众文化事业	Mass Culture	32.0	24.5	33.8	33.3
教育事业	Education	3.1	2.2	3.5	3.5
其他文化事业	Other Cultural Activities	10.7	41.1	11.0	10.8
生活、卫生、环境	**People's Livelihood, Health Care and Environment**				
生 活	**People's Livelihood**				
城镇居民消费结构	Consumption Structure of Urban Residents				
食品类	Food	48.0	38.6	38.1	38.5
衣着类	Clothing	6.7	4.6	4.7	5.5
用品及其他	Articles for Daily Use and Others	34.7	43.0	43.2	45.0
居 住	Residence	10.6	13.8	13.9	11.0
农村居民消费结构	Consumption Structure of Rural Residents				
食品类	Food	54.5	49.8	49.9	47.6
衣着类	Clothing	4.0	3.9	3.6	3.8
用品及其他	Articles for Daily Use and Others	26.2	32.3	32.6	33.0
居 住	Residence	15.3	14.0	13.9	15.6
卫 生	**Health Care**				
医生结构	Doctors by Type				
中 医	Doctors of Traditional Chinese Medicine	22.1	18.5	17.6	
西医师	Doctors of Western Medicine	57.6	62.1	62.9	
西医士	Paramedics of Western Medicine	20.3	19.4	19.1	
医院床位结构	Hospital Beds				
县及以上医院	Hospitals at and above County Level	70.8	71.4	71.0	
环境、灾害	**Environment and Disaster**				
工业治污资金使用结构	Uses of Funds in Pollution Treatment by Enterprises				
治理废水	Waste Water Treatment	47.3			
治理废气	Waste Gas Treatment	34.8			
治理固体废物	Solid Wastes Treatment	8.6			
治理噪声	Noise Abatement	3.0			
其 他	Others	6.3			
火灾事故损失额结构	Structure of Fire Losses Converted into Cash				
特 大	Extraordinarily Serious Fires	4.6	6.7	10.0	20.4
重 大	Serious Fires	37.8	30.4	22.5	20.0
一 般	Ordinary Fires	7.6	62.9	67.5	59.6
交通事故损失额结构	Structure of Losses of Traffic Accidents Converted into Cash				
特 大	Extraordinarily Serious Accidents	9.4	7.6	11.7	11.3
重 大	Serious Accidents	19.6	19.6	20.3	23.1
一 般	Ordinary Accidents	71.0	72.8	68.0	65.6

注：由于数据计算进位的原因，部分结构总和不等于100。

Note: Owing to the rounding-off of figures, some totals in this table are not equal to 100.

2-4 改革开放前后国民经济和社会发展主要指标和增长速度

CHANGES OF MAIN INDICATORS AND GROWTH RATES ON NATIONAL ECONOMIC AND SOCIAL DEVELOPMENT ROUND REFORM AND OPENNING-UP

指 标	Item	1952	1978	2002	年均增长速度 Average Annual Growth Rate	
					1953-1978	1979-2002
人口与就业	**Population and Employment**					
人口 **（万人）**	**Population** **（10000 persons）**					
年底总人口	Year-end Population	2910.45	5064.15	7858.58	2.2	1.8
非农业人口	Non-agricultural Population	512.93	823.23	2767.31	1.8	5.2
农业人口	Agricultural Population	2397.52	4240.92	4881.98	2.2	0.6
就 业 **（万人）**	**Employment** **（10000 persons）**					
年底从业人员数	Year-end Employed Persons	1271.21	2275.95	4134.37	2.3	2.5
职工人数	Staff and Workers	51.41	515.85	792.74	9.3	1.8
宏观经济（当年价） **（亿元）**	**Macroeconomic Indicator（at current prices）** **（100 million yuan）**					
国内生产总值	Gross Domestic Product	29.52	185.85	11769.73	5.2	13.4
第一产业	Primary Industry	14.39	55.31	1032.80	2.5	5.9
第二产业	Secondary Industry	6.7	86.62	5935.63	10.4	16.3
第三产业	Tertiary Industry	8.43	43.92	4801.30	4.3	14.4
人均国内生产总值 （元）	Per Capital GDP （yuan）	101	369	15030	3.0	11.3
最终消费 （亿元）	Final Consumption （100 million yuan）		125.71	6701.15		
居民消费	Household Consumption		107.15	4450.00		
政府消费	Government Consumption		18.56	2251.15		
固定资产投资 **（亿元）**	**Investment in Fixed Assets** **（100 million yuan）**					
固定资产投资额	Total Investment	0.93	27.23	3970.69	13.9	23.1
基本建设	Capital Construction	0.93	17.85	1367.23	12.0	19.8
更新改造	Innovation		2.19	515.07		25.5
财 政 **（亿元）**	**Finance** **（100 million yuan）**					
财政收入	Government Revenue	7.15	39.46	1201.61	6.8	15.8
财政支出	Government Expenditures	3.32	27.03	1521.08	8.4	18.3
农 业	**Agriculture**					
农业总产值 （亿元）	Gross Output Value of Agriculture （100 million yuan）	19.35	85.94	1781.06	3.5	6.2
主要农产品产量 （万吨）	Output of Major Farm Products （10000 tons）					
粮 食	Grain	797.40	1509.51	1484.16	2.5	-0.1
油 料	Oil-bearing Crops	13.68	36.04	76.37	3.8	3.2
茶 叶	Tea	0.20	0.90	4.24	6.0	6.7
水 果	Fruits	16.50	29.40	698.91	2.2	14.1
肉 类	Meat		48.45	343.63		8.5
水产品	Aquatic Products	30.13	65.50	628.06	3.0	9.9
工 业	**Industry**					
工业总产值 （亿元）	Gross Industrial Output Value （100 million yuan）	15.70	206.56	21788.71	10.6	20.6
主要工业产品产量	Output of Major Industrial Products					
布 （亿米）	Cloth （100 million meters）	0.76	2.27	15.42		
机制纸及纸板 （万吨）	Machine-made Paper and Paper Board （10000 tons）	1.10	27.47	410.56		
家用电冰箱 （万台）	Household Refrigerators （10000 sets）			317.27		
家用洗衣机 （万台）	Household Washing Machines （10000 sets）			162.16		
电视机 （万台）	Television Sets （10000 sets）		1.72	2409.77		
#彩色电视机	Color Television Sets			2083.40		
照相机 （万架）	Camera （10000 sets）			3157.14		
原 煤 （万吨）	Coal （10000 tons）	18.88	1046.96	168.71		
发电量 （亿千瓦时）	Electricity （100 million kwh）	1.22	92.32	1525.53		

2-4 续表 continued

指 标		Item		1952	1978	2002	年均增长速度 Average Annual Growth Rate 1953-1978	1979-2002
钢	（万吨）	Steel	（10000 tons）	0.03	35.84	469.50		
成品钢材	（万吨）	Steel Products	（10000 tons）	0.08	43.67	664.40		
水泥	（万吨）	Cement	（10000 tons）	15.09	369.08	5989.26		
交通、邮电通信业		**Transport，Postal and Telecommunication Services**						
货运量	（万吨）	Freight Traffic	（10000 tons）	865	15204	137032	11.7	9.6
客运量	（万人）	Passenger Traffic	（10000 persons）	2229	15906	188657	7.9	10.9
邮电业务总量	（亿元）	Total Business Volume of Postal and Telecommunication Services	（100 million yuan）	0.35	1.59	917.87	6.0	31.6
沿海主要港口货物吞吐量	（万吨）	Volume of Freight Handled in Major Coastal Ports	（10000 tons）	358	2786	26357	8.2	9.8
电话机	（万部）	Number of Telephone Sets	（1000 units）		17.50	2274.08		22.5
国内商业		**Domestic Trade**						
社会消费品零售额	（亿元）	Total Retail Sales of Consumer Goods	（100 million yuan）	18.87	79.86	5013.59	5.7	18.8
对外经济贸易		**Foreign Trade**						
海关进出口额	（亿美元）	Total Exports and Imports	（USD 100 million）			2210.92		
进口额		Imports				1026.34		
出口额		Exports				1184.58		
人民生活		**People's Livelihood**						
居民人均消费水平	（元）	Per Capita Consumption	（yuan）		213	5683		8.7
农 村		Rural Areas			164	3001		7.7
城 镇		Urban Areas			447	10890		7.6
城乡居民储蓄存款余额	（亿元）	Savings Deposits by Urban and Rural Residents	（100 million yuan）		17.56	11819.09		31.2
职工工资总额	（亿元）	Total Wages of Staff and Workers	（100 million yuan）	1.84	30.59	1326.59	11.4	17.0
职工平均工资	（元）	Average Wage of Staff and Workers	（yuan）	387	615	16769	1.8	14.8
卫 生		**Health Care**						
医院、卫生院	（个）	Number of Hospitals	（unit）	183	1968	2444	9.6	0.9
医 生	（万人）	Number of Doctors	（10000 persons）	1.62	4.79	10.51	4.3	3.3
医院、卫生院床位数	（万张）	Number of Hospital Beds	（10000 units）	1.25	8.41	16.93	7.6	3.0
教育、文化		**Education and Culture**						
专任教师数	（万人）	Full-time Teachers	（10000 persons）					
普通高等学校		Institutions of Higher Education		0.13	0.90	3.30	7.7	5.6
中等学校		Secondary Schools		0.99	15.93	28.87	11.3	2.5
小 学		Primary Schools		9.61	26.09	37.98	3.9	1.6
在校学生数	（万人）	Enrolled Students	（10000 persons）					
普通高等学校		Institutions of Higher Education		1.00	3.07	46.78	4.4	12.0
中等学校		Secondary Schools		24.10	316.96	577.32	10.4	2.5
小 学		Primary Schools		300.00	743.02	979.61	3.5	1.2
出版数量		**Publications**						
图 书	（亿册）	Number of Books Published	（100 million copies）		1.72	3.26		2.7
杂 志	（万册）	Number of Magazines Issued	（10000 copies）		1519	24785		12.3
报 纸	（亿份）	Number of Newspapers Issued	（100 million copies）		3.19	42.57		11.4

注：工、农业总产值绝对数按当年价格计算，增长速度按可比价格计算。

Note：Figures in value terms on gross output value of industry and agriculture are at calculated current prices，whereas growth rates are calculated at comparable prices.

2-5 国民经济主要指标分月变化情况

（2002年，累计绝对数）

指　标		Item		1 Jan.
工业销售产值（现行价）	（亿元）	Gross Industrial Sales Value (at current prices)	(100 million yuan)	1064.08
工业总产值（现行价）	（亿元）	Gross Industrial Output Value (at current prices)	(100 million yuan)	1101.35
工业总产值（1990年不变价）	（亿元）	Gross Industrial Output Value (at 1990 constant prices)	(100 million yuan)	1167.56
按轻重工业分		Grouped by Light and Heavy Industry		
轻工业		Light Industry		623.15
重工业		Heavy Industry		544.42
#国有及国有控股企业		State-owned and State-holding Enterprises		287.06
#集体企业		Collective Owned Enterprises		73.19
股份合作企业		Share Cooperative Enterprises		7.20
股份制企业		Share Holding Enterprises		207.83
外商及港澳台投资企业		Foreign Funded Enterprises and Enterprises with Funds from Hong Kong, Macao and Taiwan		766.60
#大中型工业		Large and Medium-sized Industrial Enterprises		558.29
#出口产品产值		Output Value of Industrial Products for Export		474.24
固定资产投资额	（亿元）	Investment in Fixed Assets	(100 million yuan)	
#基本建设		Capital Construction		
更新改造		Innovation		
房地产开发		Real Estate Development		
基本建设和更新改造新增固定资产	（亿元）	Newly Increased Fixed Assets through Capital Construction and Innovation	(100 million yuan)	
在岗职工工资总额	（亿元）	Total Wages of Fully Employed Staff and Workers	(100 million yuan)	
地方一般预算财政收入	（亿元）	Local Government Budgetary Revenue	(100 million yuan)	112.63
#税收收入		Tax Revenue		
财政支出	（亿元）	Government Expenditures	(100 million yuan)	73.06
#行政事业经费		Expenditure on Government Administration		54.00
金融机构存款余额	（亿元）	Outstanding Savings Deposits in Financial Institutions	(100 million yuan)	19205.75
金融机构贷款余额	（亿元）	Outstanding Loans in Financial Institutions	(100 million yuan)	13151.10
城乡居民储蓄存款余额	（亿元）	Outstanding Savings Deposits by Urban and Rural Residents	(100 million yuan)	10021.55
外贸出口总额（海关口径）	（亿美元）	Total Exports (Customs Statistics)	(USD 100 million)	83.30
#一般贸易		General Trade		15.70
来料加工		Processing and Assembling with Customers' Materials		24.00
进料加工		Processing and Assembling with Import Materials		41.30
外贸进口总额	（亿美元）	Total Imports	(USD 100 million)	70.20
实际利用外资	（亿美元）	Foreign Capital Actually Utilized	(USD 100 million)	8.02
#外商直接投资		Foreign Direct Investment		6.05
货运量	（万吨）	Freight Traffic	(10000 tons)	8565.39
客运量	（万人）	Passengers Traffic	(10000 persons)	11006.79
发电量	（亿千瓦时）	Electricity	(100 million kwh)	108.49
社会消费品零售总额	（亿元）	Total Retail Sales of Consumer Goods	(100 million yuan)	431.87
居民消费价格总指数	（%）	General Consumer Price Index	(%)	97.9
独立核算工业主要经济效益指标		Major Indicators on Economic Benefit of Industrial Enterprises with Independent Accounting System		
经济效益综合指数	（%）	Overall Economic Efficiency Index	(%)	
产品产销率	（%）	Ratio of Sales to Products	(%)	
产品销售收入	（亿元）	Sales Revenue	(100 million yuan)	
利税总额	（亿元）	Total Pre-tax Profits	(100 million yuan)	
应收帐款净额	（亿元）	Net Amount of Accounts Receivable	(100 million yuan)	
产成品存货	（亿元）	Inventory of Manufactured Products	(100 million yuan)	

注：1.工业总产值为全部国有工业及销售收入在500万元以上的非国有工业。2.1-12月累计数不等于年报数。3.金融机构存、贷款余额及城乡居民储蓄存款余额“累计”栏均为月末数。4.国有经济单位12月为国有及国有控股企业数。

CHANGES OF MAIN ECONOMIC INDICATORS BY MONTH

（2002，accumulative figures in value terms）

月 份 Month										
1-2 Jan.-Feb.	1-3 Jan.-Mar.	1-4 Jan.-Apr.	1-5 Jan.-May	1-6 Jan.-Jun.	1-7 Jan.-Jul.	1-8 Jan.-Aug.	1-9 Jan.-Sep.	1-10 Jan.-Oct.	1-11 Jan.-Nov.	1-12 Jan.-Dec.
1930.20	3064.66	4290.37	5602.76	6964.74	8302.03	9664.53	11117.27	12616.32	14095.29	15700.83
1994.64	3172.76	4443.28	5786.62	7168.99	8513.01	9902.98	11385.10	12897.72	14409.45	16039.31
2132.08	3431.50	4803.42	6251.04	7741.00	9200.73	10646.17	12210.00	13835.20	15493.61	17166.06
1171.54	1853.42	2593.84	3366.93	4157.80	4915.72	5643.93	6431.13	7244.39	8098.21	8827.53
960.54	1578.08	2209.57	2884.11	3583.20	4285.01	5002.25	5778.86	6590.81	7395.40	8338.53
435.39	727.18	1096.87	1389.88	1709.54	1997.18	2312.90	2656.35	3000.04	3359.42	3631.16
127.82	196.95	275.13	355.47	437.05	518.00	602.29	689.92	778.58	872.38	971.52
21.07	34.51	52.9	69.48	86.68	103.56	117.96	134.85	149.96	167.46	183.82
398.30	721.24	1005.92	1319.43	1638.40	1921.50	2201.91	2505.67	2801.83	3170.20	3583.77
1369.59	2157.81	3023.00	3930.17	4869.53	5816.19	6750.36	7761.28	8835.33	9856.84	10831.80
1077.80	2054.85	2853.42	3704.37	4557.52	5404.80	6188.65	7054.97	7948.15	8855.61	9723.50
839.04	1362.98	1939.66	2541.75	3168.97	3810.47	4448.48	5137.69	5872.16	6536.69	7254.39
										3943.81
90.68	174.15	260.61	338.76	454.23	544.90	657.50	787.79	912.65	1054.81	1352.18
32.39	71.13	110.69	132.05	169.32	203.70	237.86	267.92	314.75	354.80	511.03
83.93	195.07	268.73	379.64	471.17	555.21	650.95	734.48	820.97	905.85	1117.44
28.95	55.29	79.55	97.98	137.16	173.86	403.46	460.86	540.52	598.89	1011.07
197.82	282.78	401.98	476.87	572.11	678.53	767.50	862.22	980.93	1080.26	1200.95
			426.14	510.40	604.73	681.61	757.18	861.31	945.09	1031.61
137.43	224.03	329.47	411.80	544.00	663.91	769.06	925.45	1030.12	1179.86	1519.97
99.00	158.35	226.10	278.04	345.93	414.18	474.71	555.90	616.67	696.92	851.63
19271.70	19669.51	20099.36	20588.79	21122.37	21329.16	21664.68	21876.83	22086.34	22445.19	22921.81
13180.92	13446.48	13548.38	13663.11	13911.71	14016.13	14180.28	14371.26	14587.13	14783.03	15206.62
10343.02	10438.06	10658.83	10750.55	10947.15	11109.19	11244.56	11419.00	11550.76	11702.58	11819.09
147.50	234.90	331.20	422.70	521.80	626.90	733.10	852.70	956.72	1079.40	1184.70
27.60	43.25	62.20	79.50	97.00	116.40	135.50	156.20	176.27	196.39	217.20
41.60	64.26	89.80	115.00	141.10	169.10	198.90	229.80	259.88	287.96	313.40
74.10	120.84	169.70	216.30	268.70	323.00	376.40	440.90	500.45	562.36	618.60
122.90	204.70	292.20	372.30	456.80	551.30	642.50	744.60	836.74	933.86	1026.40
16.09	28.27	40.93	55.78	62.74	78.50	92.35	108.33	126.32	144.96	165.89
12.97	22.46	33.50	45.59	50.79	64.65	76.30	89.94	103.72	117.69	131.11
15758.32	25407.95	34104.85	42320.82	50593.41	59149.03	67811.00	76470	85113	93818	144140
24465.72	37558.28	50563.57	64168.52	75635.13	88766.04	102125	114068	128255	139902	198562
193.51	298.63	419.03	552.70	709.32	852.45	994.49	1195.21	1266.10	1396.35	1525.53
856.92	1237.00	1607.25	1996.49	2379.85	2762.67	3161.51	3599.66	4061.96	4518.60	5013.59
99.2	99.0	98.8	98.6	98.4	98.2	98.3	98.4	98.5	98.5	98.6
123.00	125.70	128.30	130.60	133.20	133.90	134.50	136.10	136.90	139.20	140.90
96.8	96.60	96.60	96.80	97.20	97.50	97.60	97.60	97.80	97.80	97.90
1902.05	3079.15	4320.62	5629.81	7002.80	8359.92	9790.66	11278.37	12810.32	14294.86	15928.60
140.14	218.48	314.58	421.21	531.65	630.12	735.50	870.55	998.21	1121.49	
1890.03	2001.19	2033.87	2147.97	2169.17	2192.44	2263.94	2370.46	2437.40	2486.48	2464.04
856.67	948.24	952.63	1018.44	1073.98	1043.97	1082.94	1052.15	1043.52	1070.38	1082.85

Notes: a) Gross industrial output value includes all state-owned enterprises and non-state-owned enterprises with an annual sales revenue over 5 million yuan. b) The accumulative figures of months 1-12 are not equal to figures in annual report. c) The saving deposits and loans "accumulative" columns are figures at month end. d) The number of state-owned economic units in December refers to the number of state-owned and state-holding enterprises.

2-6 国民经济主要指标分月变化情况

（2002年，比上年同期增长%）

指标	Item	1 Jan.
工业总产值	Gross Industrial Output Value	37.4
按轻重工业分	Grouped by Light and Heavy Industry	
轻工业	Light Industry	30.4
重工业	Heavy Industry	46.3
# 国有及国有控股企业	State-owned and State-holding Enterprises	42.4
# 集体企业	Collective Owned Enterprises	7.8
股份合作企业	Share Cooperative Enterprises	12.2
股份制企业	Share Holding Enterprises	33.5
外商及港澳台投资企业	Foreign Funded Enterprises and Enterprises with Funds from Hong Kong, Macao and Taiwan	46.0
固定资产投资额	Investment in Fixed Assets	
# 基本建设	Capital Construction	
更新改造	Innovation	
基本建设和更新改造新增固定资产	Newly Increased Fixed Assets through Capital Construction and Innovation	
在岗职工工资总额	Total Wages of Fully Employed Staff and Workers	
地方财政一般预算收入	Local Government Budgetary Revenue	31.9
# 税收收入	Tax Revenue	
财政支出	Government Expenditure	22.5
金融机构存款余额	Outstanding Savings Deposits in Financial Institutions	-181.13
金融机构贷款余额	Outstanding Loans in Financial Institutions	+83.05
城乡居民储蓄存款余额	Outstanding Savings Deposits by Urban and Rural Residents	+104.71
外贸出口总额（海关口径）	Total Exports (Customs Statistics)	39.5
# 一般贸易	General Trade	50.1
来料加工	Processing and Assembling with Customers' Materials	34.0
进料加工	Processing and Assembling with Import Materials	39.0
外贸进口总额	Total Imports	35.9
实际利用外资	Foreign Capital Actually Utilized	5.6
# 外商直接投资	Foreign Direct Investment	6.2
货运量	Freight Traffic	13.1
客运量	Passengers Traffic	8.0
发电量	Electricity	20.7
社会消费品零售总额	Total Retail Sales of Consumer Goods	9.0
居民消费价格总指数	General Consumer Price Index	-2.1
独立核算工业主要经济效益指标	Major Economic Results Indicators of Industrial Enterprises with Independent Accounting System	
经济效益综合指数	Comprehensive Economic Efficiency Index	
产品销售率	Ratio of Sales to Gross Products	-0.3

注：1. 金融机构存、贷款余额及城乡居民储蓄存款余额"比上年同期增长"栏为比上年末增长的绝对数。

CHANGES OF MAIN ECONOMIC INDICATORS BY MONTH

(2002, compare with same period of preceding year %)

1-2 Jan.-Feb.	1-3 Jan.-Mar.	1-4 Jan.-Apr.	1-5 Jan.-May	1-6 Jan.-Jun.	1-7 Jan.-Jul.	1-8 Jan.-Aug.	1-9 Jan.-Sep.	1-10 Jan.-Oct.	1-11 Jan.-Nov.	1-12 Jan.-Dec.
月 份 Month										
15.3	16.6	16.7	17.3	17.5	17.0	17.0	17.0	17.6	18.0	18.5
17.2	18.1	17.8	18.9	18.7	18.1	17.4	17.0	16.7	17.3	16.3
13.1	15.0	15.5	15.5	16.1	15.9	16.5	17.0	18.5	18.8	20.9
13.8	15.7	18.2	14.8	15.6	15.0	15.7	17.1	17.4	18.2	17.1
4.0	5.0	5.1	3.8	4.9	3.9	5.1	5.4	6.0	6.1	6.2
17.6	15.3	21.9	18.9	22.3	23.5	19.4	18.8	17.4	16.5	15.2
11.7	21.4	18.2	18.9	16.7	13.8	12.3	12.2	13.3	16.3	18.1
18.5	17.4	18.4	19.1	22.0	20.3	20.7	20.7	21.1	20.8	20.9
										12.5
-1.5	3.2	4.8	-1.6	0.6	2.7	8.7	11.7	12.5	14.5	9.1
-8.3	15.6	30.9	19.8	15.0	18.9	19.2	14.3	18.3	13.9	6.2
32.7	65.1	72.7	40.1	23.6	32.2	152.7	123.6	109.6	102.1	18.6
19.0	17.4	19.7	19.1	18.0	16.6	15.4	16.0	16.7	16.5	17.1
			21.0	19.7	18.3	17.2	16.7	17.5	17.7	16.9
27.2	22.7	19.3	14.4	17.2	18.7	18.9	23.0	18.5	18.5	15.3
-115.18	+282.63	+712.48	+1201.91	+1735.49	+1942.28	+2277.80	+2489.84	+2699.46	+3058.30	+3534.93
+112.87	378.43	+480.32	+595.05	+843.65	+948.08	+1112.22	+1303.21	+1519.08	+1714.98	+2138.57
+426.19	+521.22	+741.99	+833.72	+1030.31	+1192.35	+1327.72	+1502.16	+1633.92	+1785.74	+1902.26
19.6	16.6	18.2	20.3	20.9	22.8	22.6	23.8	24.2	24.8	24.2
37.4	28.8	31.6	33.0	32.6	34.2	33.1	32.8	32.4	32.3	31.7
19.0	15.5	17.1	18.1	16.0	16.0	15.6	15.7	15.5	15.0	14.0
15.3	13.8	15.0	17.6	19.6	22.6	22.5	24.7	25.4	26.7	26.2
11.9	12.6	15.7	17.5	18.7	22.0	22.6	24.6	25.6	26.5	26.6
4.2	9.2	12.1	11.9	12.6	11.1	14.6	14.5	16.2	20.8	26.2
10.0	10.7	15.8	16.8	17.2	17.6	20.5	20.1	20.5	23.5	26.6
10.2	10.9	11.4	9.8	9.4	10.5	10.9	11.2	9.8	9.4	9.5
15.8	9.9	8.3	7.4	5.2	5.3	7.0	7.8	8.7	9.2	11.1
10.8	6.6	8.8	9.7	13.0	13.7	12.8	18.3	12.0	12.7	13.3
10.5	10.5	10.3	10.4	10.4	10.5	10.5	10.9	10.9	10.9	11.0
-0.8	-1.0	-1.2	-1.4	-1.6	-1.8	-1.7	-1.6	-1.5	-1.5	-1.4
8.4	6.0	6.9	7.0	7.3	6.8	6.7	7.0	6.0	8.8	9.5
0.2	-0.7	-0.5	0.0	0.1	0.4	-0.1	0.1	0.3	0.3	0.3

Note: a) The "compare with same period of preceding year" columns of savings deposits and loans and savings deposits by urban and rural residents refer to the figures in value terms increasing over the end of preceding year.

2-7 国内生产总值
GROSS DOMESTIC PRODUCT

单位：亿元 (100 million yuan)

年份 Year	国内生产总值 Gross Domestic Product	第一产业 Primary Industry	第二产业 Secondary Industry	工业 Industry	建筑业 Construction	第三产业 Tertiary Industry	农林牧渔服务业 Services for Agriculture, Forestry, Animal Husbandry and Fishery	地质勘查水利管理业 Geological Prospecting and Water Conservancy	交通运输仓储邮电通信业 Transport, Storage, Postal and Telecommunication Services
1978	185.85	55.31	86.62	76.12	10.49	43.92	0.16	0.35	10.05
1979	209.34	66.62	91.65	82.36	9.29	51.06	0.22	0.42	11.26
1980	249.65	82.97	102.53	89.87	12.66	64.14	0.26	0.52	13.72
1981	290.36	94.30	120.34	103.60	16.74	75.71	0.32	0.65	16.71
1982	339.92	118.17	135.37	113.13	22.24	86.39	0.40	0.77	18.34
1983	368.75	121.24	152.27	125.82	26.45	95.24	0.47	0.93	19.47
1984	458.74	145.25	187.55	154.33	33.22	125.93	0.63	1.21	25.68
1985	577.38	171.87	229.82	185.81	44.01	175.69	0.90	1.67	35.91
1986	667.53	188.37	255.88	208.46	47.42	223.28	1.16	2.16	40.18
1987	846.69	232.14	330.35	273.77	56.58	284.20	1.53	2.76	53.20
1988	1155.37	306.50	460.17	386.35	73.82	388.70	2.09	4.29	65.22
1989	1381.39	351.73	554.13	464.06	90.07	475.53	2.95	5.93	79.02
1990	1559.03	384.59	615.86	523.42	92.45	558.58	4.39	7.65	101.61
1991	1893.30	416.00	782.67	675.55	107.12	694.63	5.14	8.83	138.54
1992	2447.54	465.83	1100.32	899.28	201.04	881.39	6.02	9.46	174.28
1993	3431.86	559.67	1700.92	1380.19	320.73	1171.27	8.06	13.50	232.20
1994	4516.63	694.65	2242.00	1847.63	394.37	1579.98	9.93	16.49	334.20
1995	5733.97	868.99	2876.74	2413.83	462.91	1988.24	11.65	19.52	427.81
1996	6519.14	941.73	3269.35	2788.82	480.53	2308.06	12.98	21.11	497.68
1997	7315.51	986.82	3647.82	3158.74	489.08	2680.87	14.93	23.52	629.34
1998	7919.12	1004.92	3991.97	3463.12	528.85	2922.23	16.30	24.10	688.83
1999	8464.31	1021.30	4264.32	3705.88	558.44	3178.69	18.15	24.94	745.15
2000	9662.23	1000.06	4868.75	4295.03	573.72	3793.42	18.97	25.19	908.45
2001	10647.71	1004.35	5341.61	4732.41	609.20	4301.75	21.89	27.76	1073.81
2002	11769.73	1032.80	5935.63	5288.53	647.10	4801.30	23.06	30.68	1157.75

注：本表按当年价格计算。

Note: The data in value terms in this table are calculated at current prices.

2-7 续表 continued

单位：亿元 (100 million yuan)

年份 Year	批发和零售贸易餐饮业 Wholesale and Retail Trade and Catering Services	金融保险业 Banking and Insurance	房地产业 Real Estate Trade	社会服务业 Social Services	卫生、体育社会福利事业 Health Care, Sports and Social Welfare	教育、文化艺术和广播电影电视业 Education, Culture, Arts, Broadcasting, Film and Television	科学研究综合技术服务业 Scientific Research and Polytechnic Services	国家机关、政党机关和社会团体 Government Agencies, Party Agencies and Social Organizations	其他 Others
1978	19.39	4.53	1.42	1.64	1.37	1.77	0.33	1.59	1.32
1979	23.52	4.74	1.62	1.81	1.61	2.06	0.38	1.83	1.61
1980	29.53	6.10	2.13	2.33	2.07	2.63	0.53	2.38	1.96
1981	33.57	6.76	2.79	2.85	2.61	3.47	0.67	2.94	2.38
1982	38.07	7.98	3.39	3.29	3.09	4.07	0.82	3.52	2.65
1983	41.42	8.94	4.09	3.83	3.52	4.85	0.95	3.95	2.82
1984	54.41	11.76	5.09	5.05	4.83	7.31	1.30	5.64	3.04
1985	79.86	12.74	6.16	6.28	6.32	12.65	1.67	8.16	3.38
1986	89.78	20.84	11.69	13.75	10.18	14.30	2.18	12.30	4.77
1987	104.17	34.25	16.44	23.52	11.18	16.30	2.73	14.98	3.13
1988	145.89	46.80	22.84	36.40	13.10	23.24	4.50	20.48	3.84
1989	136.65	72.70	41.36	47.99	15.72	31.09	6.21	31.97	3.94
1990	152.90	82.46	42.87	66.19	18.03	33.88	7.10	37.26	4.24
1991	185.77	94.83	54.09	87.98	20.43	38.64	7.95	47.54	4.88
1992	236.59	122.79	81.74	105.88	24.10	47.47	10.20	57.63	5.23
1993	326.02	146.02	123.22	135.90	33.23	60.98	12.21	71.89	8.05
1994	446.00	191.17	163.00	175.26	43.82	81.76	15.43	91.58	11.34
1995	568.65	214.50	214.53	236.44	52.44	101.49	17.78	110.3	13.13
1996	671.22	242.37	257.63	266.17	60.28	119.38	19.34	125.30	14.60
1997	760.25	271.07	303.36	309.34	65.06	133.92	21.34	133.18	15.56
1998	827.16	268.2	362.83	331.55	71.44	146.15	23.38	145.77	16.52
1999	866.83	283.47	426.66	371.07	79.03	161.52	25.41	160.42	16.04
2000	968.99	371.53	515.52	477.01	94.36	183.81	32.15	162.23	35.21
2001	1044.40	369.20	559.66	616.07	118.69	198.23	37.97	189.10	44.99
2002	1140.86	398.26	633.87	732.83	136.06	232.79	43.97	218.14	53.01

注：本表按当年价格计算。

Note: The data in value terms in this table are calculated at current prices.

2-8 国内生产总值指数
INDICES OF GROSS DOMESTIC PRODUCT

上年 = 100 （preceding year = 100）

年份 Year	国内生产总值 Gross Domestic Product	第一产业 Primary Industry	第二产业 Secondary Industry	工业 Industry	建筑业 Construction	第三产业 Tertiary Industry	农林牧渔服务业 Services for Agriculture, Forestry, Animal Husbandry and Fishery	地质勘查水利管理业 Geological Prospecting and Water Conservancy	交通运输仓储邮电通信业 Transport, Storage, Postal and Telecommunication Services
1978	101.0	104.3	97.1			101.2			
1979	108.5	106.1	104.3	107.6	89.5	117.6	131.0	118.0	112.7
1980	116.6	112.7	116.9	113.2	136.6	122.1	113.3	121.9	119.5
1981	109.0	105.1	112.9	110.8	122.0	110.0	122.0	120.2	107.5
1982	112.0	111.9	111.5	108.1	124.9	112.5	120.5	118.6	117.4
1983	107.3	103.6	110.1	109.6	111.6	108.9	115.5	113.7	105.0
1984	115.6	112.5	118.8	120.5	113.0	115.7	125.9	123.9	105.7
1985	118.0	106.2	120.7	120.9	120.1	128.7	114.7	112.8	123.1
1986	112.7	105.6	108.1	108.8	105.4	124.7	120.2	118.3	120.9
1987	119.6	109.6	127.5	131.6	112.1	120.6	120.3	118.3	122.2
1988	115.8	106.6	124.9	128.0	111.4	113.7	119.4	117.9	121.8
1989	107.2	107.2	108.6	110.8	97.1	105.7	116.0	114.2	118.2
1990	111.6	107.3	112.7	114.4	102.7	113.4	119.9	117.3	106.8
1991	117.7	105.4	123.6	123.0	127.5	119.4	110.6	108.8	128.3
1992	122.1	105.6	133.4	130.8	149.8	119.0	109.0	107.3	120.9
1993	122.3	102.6	136.1	139.5	117.5	115.1	112.7	112.3	124.6
1994	119.1	103.5	125.5	126.9	116.7	116.8	109.3	106.5	127.4
1995	114.9	105.5	118.5	119.3	113.2	113.1	106.9	106.7	117.0
1996	110.7	105.0	112.4	113.6	103.0	109.9	103.9	104.7	109.2
1997	110.6	104.8	112.6	114.1	100.4	109.1	108.9	107.1	108.9
1998	110.2	103.9	112.2	112.6	108.1	108.7	111.3	104.8	106.5
1999	109.5	104.0	110.4	110.6	107.9	109.6	113.7	105.9	105.5
2000	110.8	102.4	111.7	113.0	99.5	111.8	100.6	100.6	117.0
2001	109.6	102.3	110.4	111.0	106.5	110.5	115.6	110.4	113.7
2002	111.7	104.4	113.4	114.6	103.9	111.3	106.8	112.1	106.1

注：本表按可比价格计算。

Note: The data in this table are calculated at comparable prices.

2-8 续表 continued

上年 = 100 (preceding year = 100)

年 份 Year	批发和零售贸易餐饮业 Wholesale and Retail Trade and Catering Services	金融保险业 Banking and Insurance	房地产业 Real Estate Trade	社 会 服务业 Social Services	卫生、体育社会福利事业 Health Care, Sports and Social Welfare	教育、文化艺术和广播电影电视业 Education, Culture, Arts, Broadcasting, Film and Television	科学研究综合技术服务业 Scientific Research and Polytechnic Services	国家机关、政党机关和社会团体 Government Agencies, Party Agencies and Social Organizations	其他 Others
1978									
1979	123.1	103.1	115.2	126.0	114.5	114.2	113.5	112.2	118.1
1980	119.6	126.4	136.0	133.8	125.4	123.7	133.5	126.3	118.7
1981	106.8	106.4	129.5	123.1	114.3	119.5	122.5	112.1	110.1
1982	108.0	110.0	121.0	120.0	116.4	115.1	121.1	117.7	109.0
1983	106.9	110.0	117.9	115.5	112.8	117.9	116.3	111.2	105.5
1984	116.6	116.8	109.3	111.4	122.3	135.0	127.2	127.4	115.3
1985	127.6	130.0	148.3	121.3	139.0	149.4	115.4	145.8	105.6
1986	117.9	130.2	161.1	147.8	117.7	118.2	121.1	141.6	117.3
1987	116.5	140.3	132.2	139.9	115.4	109.3	121.3	111.5	60.2
1988	108.3	115.0	127.6	119.9	105.0	112.4	120.7	107.7	95.9
1989	80.1	133.0	141.4	107.1	95.2	113.3	117.0	132.2	87.7
1990	112.2	117.3	97.6	128.2	119.7	113.7	119.2	121.7	111.9
1991	119.6	107.2	114.3	126.0	112.5	116.7	111.2	126.6	114.2
1992	119.4	121.2	146.2	108.1	111.3	113.3	110.9	113.9	100.5
1993	119.4	101.4	127.4	102.4	112.3	110.1	112.3	107.5	128.4
1994	116.9	106.2	125.9	109.0	111.3	112.6	109.2	109.0	115.6
1995	113.4	100.6	120.7	116.3	107.2	110.6	106.0	107.6	108.1
1996	111.8	106.3	114.4	108.6	106.7	112.5	102.7	104.9	105.4
1997	111.2	108.4	110.2	105.7	106.0	111.4	108.1	104.0	104.3
1998	112.5	102.0	109.3	103.8	111.9	112.0	112.7	112.1	109.0
1999	108.1	109.6	117.9	108.3	114.2	114.1	112.2	113.7	100.3
2000	107.1	121.3	114.0	112.1	110.8	105.6	116.0	95.6	204.3
2001	109.2	100.6	107.4	113.2	122.1	105.7	118.3	116.8	128.0
2002	110.9	108.9	110.5	117.7	116.6	118.9	117.4	117.0	119.5

注：本表按可比价格计算。
Note: The data in this table are calculated at comparable prices.

2-9 国内生产总值指数
INDICES OF GROSS DOMESTIC PRODUCT

1978年=100 (1978=100)

年 份 Year	国内生产总值 Gross Domestic Product	第一产业 Primary Industry	第二产业 Secondary Industry	工业 Industry	建筑业 Construction	第三产业 Tertiary Industry	农林牧渔服务业 Services for Agriculture, Forestry, Animal Husbandry and Fishery	地质勘查水利管理业 Geological Prospecting and Water Conservancy	交通运输仓储邮电通信业 Transport, Storage, Postal and Telecommunication Services
1978	100.0	100.0	100.0	100.0	100.0	100.0	100.0	100.0	100.0
1979	108.5	106.1	104.3	107.6	89.5	117.6	131.0	118.0	112.7
1980	126.5	119.6	121.9	121.8	122.2	143.5	148.5	143.9	134.6
1981	137.9	125.8	137.6	135.0	149.1	157.8	181.2	172.9	144.8
1982	154.4	140.8	153.4	145.9	186.4	177.5	218.3	205.0	170.0
1983	165.6	145.9	168.8	159.9	208.0	193.3	252.2	233.2	178.6
1984	191.4	164.1	200.6	192.7	235.1	223.7	317.7	289.0	188.8
1985	225.7	174.2	242.1	233.0	282.4	287.9	364.4	326.0	232.5
1986	254.5	184.0	261.6	253.4	297.5	359.0	438.0	385.6	281.0
1987	304.5	201.7	333.4	333.4	333.5	433.0	527.1	456.3	343.4
1988	352.6	215.0	416.5	426.7	371.4	492.6	629.1	538.0	418.2
1989	377.9	230.6	452.1	472.8	360.6	520.5	729.6	614.3	494.3
1990	421.6	247.4	509.3	540.9	370.4	590.1	874.7	720.7	527.8
1991	496.1	260.9	629.7	665.4	472.2	704.6	967.8	784.1	677.2
1992	605.8	275.4	840.2	870.4	707.4	838.6	1054.9	841.3	818.6
1993	741.1	282.6	1143.5	1214.3	831.4	965.3	1189.0	945.1	1020.0
1994	882.5	291.7	1435.1	1540.5	970.5	1127.8	1300.1	1006.6	1299.0
1995	1014.3	307.7	1700.7	1837.3	1099.0	1275.2	1389.3	1074.4	1520.2
1996	1122.4	323.0	1911.3	2088.1	1132.3	1401.7	1443.2	1125.2	1659.9
1997	1241.0	338.4	2153.0	2383.5	1137.4	1529.4	1570.9	1205.3	1807.8
1998	1367.2	351.4	2415.7	2685.0	1229.4	1663.1	1748.6	1263.7	1924.9
1999	1496.6	365.5	2666.8	2970.9	1326.8	1822.8	1988.1	1338.0	2031.1
2000	1658.6	374.3	2979.9	3356.6	1320.6	2038.5	2000.1	1346.5	2376.8
2001	1817.9	382.9	3290.7	3724.2	1406.5	2252.0	2312.7	1486.8	2702.9
2002	2030.6	399.7	3731.7	4268.6	1461.8	2506.3	2470.5	1666.8	2867.3

注：本表按可比价格计算。

Note: The data in this table are calculated at comparable prices.

2-9 续表 continued

1978年 = 100 (1978 = 100)

年份 Year	批发和零售贸易餐饮业 Wholesale and Retail Trade and Catering Services	金融保险业 Banking and Insurance	房地产业 Real Estate Trade	社会服务业 Social Services	卫生、体育社会福利事业 Health Care, Sports and Social Welfare	教育、文化艺术和广播电影电视业 Education, Culture, Arts, Broadcasting, Film and Television	科学研究综合技术服务业 Scientific Research and Polytechnic Services	国家机关、政党机关和社会团体 Government Agencies, Party Agencies and Social Organizations	其他 Others
1978	100.0	100.0	100.0	100.0	100.0	100.0	100.0	100.0	100.0
1979	123.1	103.1	115.2	126.0	114.5	114.2	113.5	112.2	118.1
1980	147.3	130.4	156.6	168.6	143.5	141.3	151.6	141.7	140.2
1981	157.2	138.6	202.8	207.6	163.9	168.9	185.8	158.8	154.4
1982	169.7	152.6	245.3	249.1	190.8	194.4	224.9	186.9	168.3
1983	181.5	167.8	289.1	287.7	215.1	229.3	261.6	207.8	177.5
1984	211.7	196.0	316.0	320.4	263.0	309.4	332.9	264.7	204.7
1985	270.1	254.7	468.8	388.6	365.5	462.3	384.2	385.8	216.1
1986	318.5	331.7	755.1	574.4	430.2	546.5	465.3	546.4	253.5
1987	370.9	465.3	998.5	803.9	496.4	597.3	564.4	609.5	152.7
1988	401.6	535.1	1273.9	963.8	521.2	671.2	681.2	656.6	146.5
1989	321.8	711.7	1801.5	1032.0	496.3	760.4	797.2	868.3	128.4
1990	361.1	834.5	1758.4	1322.9	594.1	864.9	950.3	1056.5	143.7
1991	431.9	894.5	2009.4	1666.8	668.2	1009.8	1056.4	1337.3	164.2
1992	515.7	1084.5	2938.0	1801.1	743.9	1143.8	1171.5	1523.6	164.9
1993	615.7	1099.2	3743.4	1844.0	835.0	1259.4	1315.6	1637.6	211.8
1994	719.7	1167.2	4713.7	2010.7	929.3	1418.1	1437.0	1784.5	244.9
1995	816.3	1174.6	5688.8	2339.4	996.5	1568.4	1524.0	1919.6	264.8
1996	912.8	1248.8	6510.4	2539.8	1063.7	1764.8	1565.5	2014.0	279.1
1997	1014.7	1353.1	7175.3	2685.2	1127.6	1966.7	1692.7	2094.8	290.9
1998	1141.9	1380.2	7841.8	2786.9	1261.6	2201.9	1907.0	2349.1	317.0
1999	1234.4	1512.9	9245.5	3017.8	1440.5	2511.6	2140.0	2670.1	318.0
2000	1322.3	1835.3	10542.1	3383.5	1596.0	2652.3	2482.8	2553.8	649.7
2001	1443.9	1846.7	11325.7	3830.2	1949.0	2804.2	2938.2	2982.7	831.7
2002	1601.3	2010.1	12518.1	4506.6	2273.0	3333.2	3450.9	3489.8	993.9

注：本表按可比价格计算。
Note: The data in this table are calculated at comparable prices.

2-10 国内生产总值产业构成
COMPOSITION OF GROSS DOMESTIC PRODUCT BY INDUSTRY

单位：%　　　　　　　　　　　　　　　　　　　　　　　　　　　　(%)

年　份 Year	国内生产总值 Gross Domestic Product	第一产业 Primary Industry	第二产业 Secondary Industry	第三产业 Tertiary Industry
1978	100.0	29.8	46.6	23.6
1979	100.0	31.8	43.8	24.4
1980	100.0	33.2	41.1	25.7
1981	100.0	32.5	41.4	26.1
1982	100.0	34.8	39.8	25.4
1983	100.0	32.9	41.3	25.8
1984	100.0	31.7	40.9	27.4
1985	100.0	29.8	39.8	30.4
1986	100.0	28.2	38.3	33.5
1987	100.0	27.4	39.0	33.6
1988	100.0	26.5	39.8	33.7
1989	100.0	25.5	40.1	34.4
1990	100.0	24.7	39.5	35.8
1991	100.0	22.0	41.3	36.7
1992	100.0	19.0	45.0	36.0
1993	100.0	16.3	49.6	34.1
1994	100.0	15.4	49.6	35.0
1995	100.0	15.1	50.2	34.7
1996	100.0	14.4	50.2	35.4
1997	100.0	13.5	49.9	36.6
1998	100.0	12.7	50.4	36.9
1999	100.0	12.1	50.4	37.5
2000	100.0	10.3	50.4	39.3
2001	100.0	9.4	50.2	40.4
2002	100.0	8.8	50.4	40.8

注：本表按当年价格计算。
Note: The data in value terms in this table are calculated at current prices.

2-11 国内生产总值项目构成

COMPOSITION OF GROSS DOMESTIC PRODUCT BY ITEM

单位：亿元 (100 million yuan)

年 份 Year	国内生产总值 Gross Domestic Product	劳动者报酬 Remuneration Laborers	固定资产折旧 Depreciation of Fixed Assets	生产税净额 Net Taxes on Production	营业盈余 Operating Surplus
1978	185.85	112.58	21.07	25.13	27.06
1979	209.34	126.64	23.67	28.07	30.97
1980	249.65	151.09	28.25	32.62	37.70
1981	290.36	175.16	33.28	38.66	43.26
1982	339.92	207.09	38.11	43.58	51.15
1983	368.75	222.02	41.82	48.33	56.58
1984	458.74	274.33	52.06	59.74	72.62
1985	577.38	343.38	65.66	74.24	94.11
1986	667.53	393.11	77.99	84.86	111.58
1987	846.69	486.39	99.73	108.63	151.93
1988	1155.37	662.14	135.89	149.93	207.41
1989	1381.39	769.17	169.99	176.84	265.39
1990	1559.03	864.69	192.05	197.92	304.38
1991	1893.30	1031.46	240.20	248.47	373.16
1992	2447.54	1287.81	328.48	352.00	479.25
1993	3431.86	1784.31	444.42	484.82	718.32
1994	4516.63	2328.84	619.75	645.10	922.94
1995	5733.97	2876.49	871.25	841.83	1144.40
1996	6519.14	3268.21	1020.08	1005.56	1225.29
1997	7315.51	3596.90	1126.64	1135.71	1456.26
1998	7919.12	4224.82	1251.72	1276.98	1165.60
1999	8464.31	4346.60	1436.78	1372.69	1308.24
2000	9662.23	4648.59	1641.14	1744.10	1628.40
2001	10647.71	4975.19	1731.46	1856.04	2085.02
2002	11769.73	5594.98	1841.66	1912.89	2420.20

注：本表按当年价格计算。

Note: The data in value terms in this table are calculated at current prices.

2-12 各行业增加值构成项目（2002年）
COMPOSITION OF VALUE ADDED BY INDUSTRY (2002)

单位：亿元 (100 million yuan)

行业	Sector	国内生产总值 Gross Domestic Product	劳动者报酬 Laborers' Remuneration	固定资产折旧 Depreciation of Fixed Assets	生产税净额 Net Taxes on Production	营业盈余 Operating Surplus
国内生产总值	Gross Domestic Product	11769.73	5594.98	1841.66	1912.89	2420.20
第一产业	Primary Industry	1032.80	860.01	45.30	56.76	70.73
农业	Agriculture	1032.80	860.01	45.30	56.76	70.73
第二产业	Secondary Industry	5935.63	2847.04	873.66	1187.93	1027.00
工业	Industry	5288.53	2446.69	820.94	1072.54	948.36
建筑业	Construction	647.10	400.35	52.72	115.39	78.64
第三产业	Tertiary Industry	4801.30	1887.93	922.70	668.20	1322.48
农林牧渔服务业	Services for Agriculture, Forestry, Animal Husbandry and Fishery	23.06	19.03	2.87	0.65	0.51
地质勘查业、水利管理业	Geological Prospecting and Water Conservancy	30.68	21.20	4.47	0.11	4.90
交通运输、仓储及邮电通信业	Transport, Storage, Postal and Telecommunication Services	1157.75	304.41	301.92	72.50	478.92
交通运输和仓储业	Transportation and Storage	570.57	214.96	133.29	43.97	178.36
邮电通信业	Postal and Telecommunication Services	587.18	89.45	168.63	28.54	300.57
批发和零售贸易、餐饮业	Wholesale and Retail Trade and Catering Services	1140.86	519.44	126.38	308.60	186.43
批发和零售贸易业	Wholesale and Retail Trade	825.74	321.25	77.72	223.95	202.83
餐饮业	Catering Services	315.13	198.20	48.67	84.65	-16.39
金融保险业	Banking and Insurance	398.26	147.73	36.30	75.54	138.69
金融业	Banking	326.57	130.06	31.86	66.52	98.13
保险业	Insurance	71.70	17.67	4.45	9.02	40.56
房地产业	Real Estate Trade	633.87	84.62	322.63	98.53	128.09
房地产管理业	Real Estate Management	80.75	39.43	6.43	8.44	26.45
房地产开发与经营业	Real Estate Development and Operation	256.33	45.19	19.42	90.09	101.64
城市居民自有住房	Self-owned Housing by Urban Residents	174.66		174.66		
农村居民自有住房	Self-owned Housing by Rural Residents	122.13		122.13		
社会服务业	Social Services	732.83	284.87	54.22	98.31	295.43
卫生、体育、社会福利业	Health Care, Sports and Social Welfare	136.06	92.56	15.29	1.69	26.52
教育、文艺、广播电影电视业	Education, Culture, Arts, Broadcasting, Film and Television	232.79	174.30	29.45	2.08	26.97
科学研究和综合技术服务业	Scientific Research and Poly-technical Services	43.97	24.66	7.33	2.51	9.46
国家机关、政党机关和社会团体	Government Agencies, Party Agencies and Social Organizations	218.14	171.19	18.70	3.17	25.08
其他行业	Others	53.01	43.90	3.13	4.50	1.48

注：本表按当年价格计算。
Note: The data in value terms in this table are calculated at current prices.

2-13 支出法国内生产总值

GROSS DOMESTIC PRODUCT BY EXPENDITURE APPROACH

年 份 Year	支出法国内生产总值（亿元） Gross Domestic Product with Expenditure Approach (100 million yuan)	最终消费 Final Consumption Expenditure	资本形成总额 Gross Capital Formation	货物和服务净出口 Net Export	资本形成率（投资率）（%） Capital Formation Rate（%）	最终消费率（消费率）（%） Final Consumption Rate（%）
1978	194.14	125.71	54.79	13.64	28.2	64.8
1979	215.43	144.37	53.89	17.17	25.0	67.0
1980	259.32	187.00	63.63	8.69	24.5	72.1
1981	305.22	206.27	90.03	8.92	29.5	67.6
1982	349.13	236.32	108.30	4.51	31.0	67.7
1983	367.36	254.89	110.25	2.22	30.0	69.4
1984	446.06	294.56	142.52	8.98	32.0	66.0
1985	568.98	372.95	214.97	-18.94	37.8	65.5
1986	650.99	440.60	234.43	-24.04	36.0	67.7
1987	815.05	542.27	287.70	-14.92	35.3	66.5
1988	1129.64	722.87	406.20	0.57	36.0	64.0
1989	1348.54	849.19	477.01	22.34	35.4	63.0
1990	1541.99	916.14	511.35	114.50	33.2	59.4
1991	1847.99	1077.04	601.05	169.90	32.5	58.3
1992	2440.58	1397.83	948.19	94.56	38.9	57.3
1993	3427.93	1819.59	1548.93	59.41	45.2	53.1
1994	4515.88	2444.70	1981.07	90.11	43.9	54.1
1995	5733.97	3189.84	2381.31	162.82	41.5	55.6
1996	6519.14	3621.80	2718.45	178.89	41.7	55.6
1997	7315.51	4109.34	2736.73	469.44	37.4	56.2
1998	7919.12	4375.41	3051.96	491.75	38.5	55.3
1999	8464.31	4724.08	3252.19	488.04	38.4	55.8
2000	9662.23	5336.22	3487.86	838.15	36.1	55.2
2001	10647.71	5841.32	3860.81	945.58	36.3	54.9
2002	11769.72	6701.15	4156.67	911.90	35.3	56.9

注：本表按当年价格计算。

Note: The data in value terms in this table are calculated at current prices.

2-14 资本形成总额及构成

GROSS CAPITAL FORMATION AND ITS COMPOSITION

年 份 Year	资本形成总额（亿元） Gross Capital Formation（100 million yuan）			比重（资本形成总额=100） Proportion（Gross Capital Formation=100）	
		固定资产形成总额 Gross Fixed Capital Formation	存货增加 Changes in Inventories	固定资产形成总额 Gross Fixed Capital Formation	存货增加 Changes in Inventories
1978	54.79	37.93	16.86	69.2	30.8
1979	53.89	40.75	13.14	75.6	24.4
1980	63.63	51.77	11.86	81.4	18.6
1981	90.03	70.29	19.74	78.1	21.9
1982	108.30	93.48	14.82	86.3	13.7
1983	110.25	96.70	13.55	87.7	12.3
1984	142.52	129.59	12.93	90.9	9.1
1985	214.97	160.28	54.69	74.6	25.4
1986	234.43	181.19	53.24	77.3	22.7
1987	287.70	205.07	82.63	71.3	28.7
1988	406.20	288.79	117.41	71.1	28.9
1989	477.01	320.23	156.78	67.1	32.9
1990	511.35	393.26	118.09	76.9	23.1
1991	601.05	457.32	143.73	76.1	23.9
1992	948.19	759.16	189.03	80.1	19.9
1993	1548.93	1275.44	273.49	82.3	17.7
1994	1981.07	1639.83	341.24	82.8	17.2
1995	2381.31	2059.43	321.88	86.5	13.5
1996	2718.45	2240.76	477.69	82.4	17.6
1997	2736.73	2288.69	448.04	83.6	16.4
1998	3051.96	2651.24	400.72	86.9	13.1
1999	3252.19	2974.32	277.87	91.5	8.5
2000	3487.86	3175.93	311.93	91.1	8.9
2001	3860.81	3492.18	368.63	90.5	9.5
2002	4156.67	3892.49	264.18	93.6	6.4

注：本表按当年价格计算。

Note: The data in value terms in this table are calculated at current prices.

2-15 最终消费及构成
FINAL CONSUMPTION EXPENDITURE AND ITS COMPOSITION

年份 Year	最终消费(亿元) Final Consumption Expenditure (100 million yuan)	居民消费 Household Consumption	农业居民 Rural Households	非农业居民 Non-rural Households	政府消费 Government Consumption	比重 Proportion: 最终消费=100 Final Consumption Expenditure=100		居民消费=100 Household Consumption=100	
						居民消费 Household Consumption	政府消费 Government Consumption	农业居民 Rural Households	非农业居民 Non-rural Households
1978	125.71	107.15	68.58	38.57	18.56	85.2	14.8	64.0	36.0
1979	144.37	126.03	84.15	41.88	18.34	87.3	12.7	66.8	33.2
1980	187.00	164.44	106.82	57.62	22.56	87.9	12.1	65.0	35.0
1981	206.27	180.32	112.56	67.76	25.95	87.4	12.6	62.4	37.6
1982	236.32	204.97	127.17	77.80	31.35	86.7	13.3	62.0	38.0
1983	254.89	221.38	134.32	87.06	33.51	86.9	13.1	60.7	39.3
1984	294.56	255.97	151.89	104.08	38.59	86.9	13.1	59.3	40.7
1985	372.95	321.41	194.62	126.79	51.54	86.2	13.8	60.6	39.4
1986	440.60	369.15	221.00	148.15	71.45	83.8	16.2	59.9	40.1
1987	542.27	458.31	260.55	197.76	83.96	84.5	15.5	56.9	43.1
1988	722.87	610.58	350.89	259.69	112.29	84.5	15.5	57.5	42.5
1989	849.19	697.40	391.15	306.25	151.79	82.1	17.9	56.1	43.9
1990	916.14	744.36	413.34	331.02	171.78	81.2	18.8	55.5	44.5
1991	1077.04	869.87	452.69	417.18	207.17	80.8	19.2	52.0	48.0
1992	1397.83	1091.21	538.65	552.56	306.62	78.1	21.9	49.4	50.6
1993	1819.59	1450.25	691.47	758.78	369.34	79.7	20.3	47.7	52.3
1994	2444.70	2010.67	927.70	1082.97	434.03	82.2	17.8	46.1	53.9
1995	3189.84	2586.46	1140.81	1445.65	603.38	81.1	18.9	44.1	55.9
1996	3621.80	2902.09	1255.11	1646.98	719.71	80.1	19.9	43.2	56.8
1997	4109.34	3172.80	1412.50	1760.30	936.54	77.2	22.8	44.5	55.5
1998	4375.41	3330.07	1415.08	1914.99	1045.34	76.1	23.9	42.5	57.5
1999	4724.08	3435.00	1411.18	2023.82	1289.08	72.7	27.3	41.1	58.9
2000	5336.22	3754.80	1471.03	2283.77	1581.42	70.4	29.6	39.2	60.8
2001	5841.32	3907.02	1531.21	2375.81	1934.30	66.9	33.1	39.2	60.8
2002	6701.15	4450.00	1551.55	2898.45	2251.15	66.4	33.6	34.9	65.1

注：本表按当年价格计算。

Note: The data in value terms in this table are calculated at current prices.

2-16 人均国内生产总值及人均消费水平
PER CAPITA GROSS DOMESTIC PRODUCT AND CONSUMPTION LEVEL

年 份 Year	人均国内生产总值 Per Capita GDP		人均消费水平 Per Capita Consumption Level					
			居民 Households		农业居民 Rural Households		非农业居民 Non-rural Households	
	绝对数（元）Value（yuan）	增长速度（%）Growth Rate（%）	绝对数（元）Value（yuan）	增长速度（%）Growth Rate（%）	绝对数（元）Value（yuan）	增长速度（%）Growth Rate（%）	绝对数（元）Value（yuan）	增长速度（%）Growth Rate（%）
1978	369		213		164		447	
1979	409	6.8	246	10.6	200	16.9	462	-0.7
1980	480	14.8	316	21.5	251	23.2	606	16.5
1981	549	7.1	341	5.5	262	3.2	687	7.8
1982	631	10.0	381	7.8	291	7.5	765	7.3
1983	674	5.6	405	6.3	304	5.3	832	7.0
1984	827	13.9	461	12.1	342	12.5	939	8.5
1985	1025	16.3	571	11.1	440	12.4	1052	4.6
1986	1168	11.1	646	7.8	499	4.3	1156	9.5
1987	1450	17.0	785	5.5	591	3.8	1384	2.0
1988	1961	14.8	1036	3.7	784	5.6	1829	2.3
1989	2307	5.5	1165	3.5	863	5.9	2107	0.1
1990	2537	8.7	1211	9.2	890	8.0	2207	10.4
1991	3001	14.7	1379	11.6	953	6.2	2680	17.6
1992	3815	20.1	1701	18.3	1126	14.9	3381	19.6
1993	5254	20.2	2220	14.7	1453	15.2	4280	9.7
1994	6795	17.0	3025	14.8	1953	13.0	5708	12.9
1995	8495	13.2	3832	15.2	2407	10.8	7192	16.0
1996	9513	9.0	4235	6.5	2631	5.6	7912	5.8
1997	10428	8.0	4523	4.8	2961	8.3	8108	0.8
1998	11143	8.7	4686	5.1	2893	1.7	8642	7.4
1999	11728	7.8	4760	2.3	2842	-0.2	8987	4.3
2000	12885	6.7	5007	1.6	2855	-1.6	9737	3.8
2001	13730	6.0	5038	0.5	2882	1.0	9730	-0.3
2002	15030	10.6	5683	13.2	3001	4.6	10890	12.3

注：本表绝对数按当年价格计算，增长速度按可比价格计算。
Note: The date in value terms in this table are calculated at current prices, whereas the growth rates are calculated at comparable prices.

2-17 人均国内生产总值及人均消费水平指数

INDICES OF PER CAPITA GROSS DOMESTIC PRODUCT AND CONSUMPTION LEVEL

年 份 Year	人均国内生产总值 Per Capita GDP		人均消费水平 Per Capita Consumption Level					
			居民 Households		农业居民 Rural Households		非农业居民 Non-rural Households	
	绝对数（元） Value（yuan）	1978年为100（%） 1978=100（%）	绝对数（元） Value（yuan）	1978年为100（%） 1978=100（%）	绝对数（元） Value（yuan）	1978年为100（%） 1978=100（%）	绝对数（元） Value（yuan）	1978年为100（%） 1978=100（%）
1978	369	100.0	213	100.0	164	100.0	447	100.0
1979	409	106.8	246	110.6	200	116.9	462	99.3
1980	480	122.6	316	134.5	251	144.1	606	115.7
1981	549	131.3	341	141.8	262	148.7	687	124.8
1982	631	144.5	381	152.8	291	159.9	765	133.9
1983	674	152.6	405	162.5	304	168.4	832	143.2
1984	827	173.8	461	182.1	342	189.4	939	155.3
1985	1025	202.0	571	202.3	440	212.9	1052	162.4
1986	1168	224.5	646	218.0	499	221.1	1156	177.8
1987	1450	262.8	785	230.1	591	230.5	1384	181.5
1988	1961	301.5	1036	238.5	784	243.4	1829	185.7
1989	2307	318.1	1165	246.9	863	257.8	2107	185.9
1990	2537	345.7	1211	269.7	890	278.5	2207	205.2
1991	3001	396.4	1379	300.9	953	295.7	2680	241.4
1992	3815	475.9	1701	355.9	1126	339.8	3381	288.6
1993	5254	571.8	2220	408.3	1453	391.5	4280	316.5
1994	6795	669.1	3025	468.6	1953	442.4	5708	357.4
1995	8495	757.4	3832	539.8	2407	490.3	7192	414.5
1996	9513	825.5	4235	547.7	2631	517.7	7912	438.6
1997	10428	891.6	4523	602.3	2916	560.4	8108	442.2
1998	11143	969.6	4686	632.9	2893	570.1	8642	475.1
1999	11728	1045.2	4760	647.7	2842	568.8	8987	495.7
2000	12885	1114.8	5007	658.0	2855	559.8	9737	514.7
2001	13730	1181.5	5038	661.3	2882	565.5	9730	513.1
2002	15030	1306.9	5683	748.5	3001	591.6	10890	576.1

注：本表绝对数按当年价格计算，增长速度按可比价格计算。

Note: The data in value terms in this table are calculated at current prices, whereas the growth rates are calculated at comparable prices.

2-18 各市国内生产总值（2002年）
GROSS DOMESTIC PRODUCT BY CITY (2002)

单位：万元 (10000 yuan)

市别 City	国内生产总值 Gross Domestic Product	第一产业 Primary Industry	第二产业 Secondary Industry	工业 Industry	建筑业 Construction	第三产业 Tertiary Industry	农林牧渔服务业 Services for Agriculture, Forestry, Animal Husbandry and Fishery	地质勘查水利管理业 Geological Prospecting and Water Conservancy	交通运输仓储邮电通信业 Transport, Storage, Postal and Telecommunication Services
广州 Guangzhou	30014760	1030721	12271346	10690198	1581148	16712693	28417	32397	4706214
深圳 Shenzhen	22568222	190618	12346851	10765489	1581362	10030753	31467	68223	1922661
珠海 Zhuhai	4062651	161776	2241054	1896515	344539	1659821	8656	6539	310591
汕头 Shantou	4831587	453650	2304323	2122781	181542	2073614	1858	10133	504793
韶关 Shaoguan	2356100	495631	1054351	859764	194587	806118	4350	9490	194656
河源 Heyuan	1162853	385787	336083	219686	116397	440983	2259	2455	118808
梅州 Meizhou	2046886	596245	741345	570066	171279	709296	5614	3998	256906
惠州 Huizhou	5252036	737766	3024340	2816172	208168	1489930	6590	10761	460290
汕尾 Shanwei	1686717	522651	544008	418573	125435	620057	4386	7213	139960
东莞 Dongguan	6728910	303398	3697088	3465621	231467	2728424	4297	4100	865421
中山 Zhongshan	4156701	261908	2462944	2267512	195432	1431849	1970	7841	345936
江门 Jiangmen	6608232	702073	3196779	3102028	94751	2709380	17566	20998	582648
佛山 Foshan	11759169	721356	6257482	5954443	303039	4780331	21164	48331	1394454
阳江 Yangjiang	2054187	711309	680948	522172	158776	661930	2580	3373	179150
湛江 Zhanjiang	4638102	1184786	1728001	1463605	264397	1725315	4449	17118	458179
茂名 Maoming	5925513	1604260	2249246	1948682	300564	2072007	28180	13883	396067
肇庆 Zhaoqing	4502169	1250373	1667729	1516497	151232	1584067	4818	12029	342139
清远 Qingyuan	1713954	665271	519351	386781	132570	529332	3599	2184	129803
潮州 Chaozhou	2152232	399429	970155	886094	84061	782648	2103	4303	174719
揭阳 Jieyang	4420948	831217	2223570	2032950	190620	1366161	12759	3366	281714
云浮 Yunfu	1919831	630177	683154	591565	91589	606500	3303	4628	173665

市别 City	批发和零售贸易餐饮业 Wholesale and Retail Trade and Catering Services	金融保险业 Banking and Insurance	房地产业 Real Estate Trade	社会服务业 Social Services	卫生、体育社会福利事业 Health Care, Sports and Social Welfare	教育、文化艺术和广播电影电视业 Education, Culture, Arts, Broadcasting, Film and Television	科学研究综合技术服务业 Research and Polytechnic Services	国家机关、政党机关和社会团体 Government Agencies, Party Agencies and Social Organizations	其他 Others
广州 Guangzhou	3013915	1730497	1125861	2908444	660194	1034477	322076	1066655	83546
深圳 Shenzhen	1966232	2362415	1249623	1263078	326115	420816	94101	246891	79131
珠海 Zhuhai	484301	176171	138677	266837	30606	60788	4517	157934	14204
汕头 Shantou	789187	6395	194511	135998	42914	211981	8024	167820	
韶关 Shaoguan	222320	34020	49800	78315	47110	85680	6810	73567	
河源 Heyuan	115270	-20757	55857	40809	16450	64707	1926	40836	2363
梅州 Meizhou	157344	26091	39834	42771	29980	91557	2762	51332	1107
惠州 Huizhou	372714	16997	107823	198776	74228	88055	6899	108906	37891
汕尾 Shanwei	190970	6762	59965	65229	33143	48355	11347	46993	5734
东莞 Dongguan	356980	388408	294840	551209	50698	120919	5240	85474	838
中山 Zhongshan	407684	65471	167852	184814	53856	79742	8151	106872	1660
江门 Jiangmen	877018	152872	207224	268179	163590	175573	15597	188879	39236
佛山 Foshan	1168636	381491	477359	559479	161585	185392	45679	291372	45389
阳江 Yangjiang	179964	19366	123741	61240	13716	36327	3369	34619	4485
湛江 Zhanjiang	544802	86444	210218	109297	46886	138451	6241	87815	15415
茂名 Maoming	751008	250044	217236	92834	55161	133438	6215	121933	6008
肇庆 Zhaoqing	487550	200078	100925	118374	63989	119981	5801	125313	3070
清远 Qingyuan	148040	10157	40585	29500	30981	71267	3724	53773	5719
潮州 Chaozhou	199209	81160	79734	65729	29833	61013	2388	70927	11530
揭阳 Jieyang	612879	81858	80780	105358	21759	89053	2690	65112	8833
云浮 Yunfu	169129	7649	73954	57810	20090	56082	951	38689	550

注：本表按当年价格计算。

Note: The data in value terms in this table are calculated at current prices.

2-19 各市国内生产总值增长速度（2002年）

GROWTH RATES OF GROSS DOMESTIC PRODUCT BY CITY (2002)

单位：%　　　　(%)

市别 City		国内生产总值 Gross Domestic Product	第一产业 Primary Industry	第二产业 Secondary Industry	工业 Industry	建筑业 Construction	第三产业 Tertiary Industry	农林牧渔服务业 Services for Agriculture, Forestry, Animal Husbandry and Fishery	地质勘查水利管理业 Geological Prospecting and Water Conservancy	交通运输仓储邮电通信业 Transport, Storage, Postal and Telecommunication Services
广州	Guangzhou	13.2	9.8	12.4	13.8	3.7	14.1	20.1	17.9	15.5
深圳	Shenzhen	15.0	6.9	17.6	19.6	5.4	11.9	8.7	27.5	26.6
珠海	Zhuhai	12.3	8.5	12.0	11.6	14.0	13.2	14.9	42.1	7.3
汕头	Shantou	5.7	2.8	7.1	7.6	1.3	4.8	9.3	13.9	1.7
韶关	Shaoguan	9.2	3.3	10.8	11.6	7.5	11.0	14.6	11.2	8.4
河源	Heyuan	15.2	7.4	19.1	17.3	22.8	19.9	-37.8	6.0	28.5
梅州	Meizhou	8.3	3.5	10.1	9.6	12.1	10.8	16.2	8.2	7.8
惠州	Huizhou	11.1	8.1	12.0	12.0	13.3	10.6	14.2	3.6	3.5
汕尾	Shanwei	9.5	6.5	10.8	12.7	4.8	10.9	-4.0	20.3	7.7
东莞	Dongguan	18.5	-2.0	21.2	21.7	14.3	17.5	32.5	-18.5	16.5
中山	Zhongshan	16.5	5.3	22.2	23.2	11.8	9.3	-45.0	44.0	5.3
江门	Jiangmen	10.3	4.9	10.1	10.7	-10.5	12.3	-29.2	9.3	18.2
佛山	Foshan	11.8	5.1	12.5	12.8	7.4	12.1	4.7	-14.3	11.7
阳江	Yangjiang	11.4	6.5	14.6	15.0	13.5	13.8	-24.9	-13.8	11.5
湛江	Zhanjiang	8.7	4.7	11.1	12.1	5.5	9.1	-0.4	-30.9	7.5
茂名	Maoming	10.2	7.8	9.3	9.8	6.3	13.0	15.3	14.4	10.1
肇庆	Zhaoqing	10.3	6.9	14.1	14.7	8.9	9.2	-4.7	27.4	8.3
清远	Qingyuan	9.0	5.9	10.5	11.2	8.3	11.7	124.6	-23.0	2.1
潮州	Chaozhou	7.5	1.3	9.6	9.8	7.4	8.3	10.3	12.8	3.7
揭阳	Jieyang	8.3	4.9	9.3	9.7	5.8	8.6	11.6	0.0	4.3
云浮	Yunfu	7.8	6.6	8.5	8.8	6.6	8.4	-4.9	10.2	13.4

市别 City		批发和零售贸易餐饮业 Wholesale and Retail Trade and Catering Services	金融保险业 Banking and Insurance	房地产业 Real Estate Trade	社会服务业 Social Services	卫生、体育社会福利事业 Health Care, Sports and Social Welfare	教育、文化艺术和广播电影电视业 Education, Culture, Arts, Broadcasting, Film and Television	科学研究综合技术服务业 Research and Polytechnic Services	国家机关、政党机关和社会团体 Government Agencies, Party Agencies and Social Organizations	其他 Others
广州	Guangzhou	14.0	1.8	17.0	9.5	18.3	22.1	15.8	34.9	8.7
深圳	Shenzhen	12.7	3.0	11.8	8.3	11.3	15.9	15.2	11.3	9.2
珠海	Zhuhai	14.5	11.1	5.9	6.0	26.7	41.6	42.5	33.8	4.7
汕头	Shantou	5.5		-1.7	-3.0	9.8	9.1	0.9	10.8	
韶关	Shaoguan	11.1	10.2	9.8	15.5	8.3	14.3	23.6	10.4	
河源	Heyuan	14.7		21.2	24.0	20.9	12.9	33.9	13.9	-11.3
梅州	Meizhou	10.4	118.8	0.7	9.1	16.2	11.1	-15.4	7.3	12.3
惠州	Huizhou	12.8		8.6	11.5	9.2	10.9	7.1	12.4	17.0
汕尾	Shanwei	12.0	1.2	3.6	12.6	13.1	24.0	28.0	7.1	20.0
东莞	Dongguan	11.7	16.0	30.3	17.5	18.3	19.3	21.3	23.4	27.5
中山	Zhongshan	6.1	10.4	2.7	7.1	59.2	15.9	38.1	28.7	24.0
江门	Jiangmen	13.6	7.5	10.3	2.7	13.4	9.5	20.5	14.6	21.6
佛山	Foshan	11.3	5.6	12.2	14.2	11.9	5.2	10.3	16.3	
阳江	Yangjiang	13.6	13.5	23.5	15.2	14.2	10.2	20.1	5.0	12.4
湛江	Zhanjiang	8.7	4.7	7.7	29.9	4.0	19.7	15.9	3.9	25.7
茂名	Maoming	14.6	5.0	17.9	14.8	14.8	14.9	13.6	15.1	15.2
肇庆	Zhaoqing	10.6	10.5	5.0	-1.6	8.0	19.6	27.6	8.2	6.9
清远	Qingyuan	8.8	6.5	7.9	24.8	21.8	29.8	1.6	15.4	7.3
潮州	Chaozhou	12.3	5.8	3.3	6.6	10.3	12.7	11.2	14.0	12.5
揭阳	Jieyang	9.9	8.9	6.0	9.0	12.7	12.9	8.4	11.9	4.5
云浮	Yunfu	9.1	-25.3	4.8	7.2	7.4	9.5	10.0	4.0	10.1

注：本表按可比价格计算。

Note: The data in value terms in this table are calculated at comparable prices.

2-20 各市国内生产总值产业构成（2002 年）
COMPOSITION OF GROSS DOMESTIC PRODUCT BY INDUSTRY BY CITY（2002）

单位：%　　　　　　　　　　　　　　　　　　（%）

市别 City	国内生产总值 Gross Domestic Product	第一产业 Primary Industry	第二产业 Secondary Industry	第三产业 Tertiary Industry
广州 Guangzhou	100.0	3.4	40.9	55.7
深圳 Shenzhen	100.0	0.8	54.7	44.4
珠海 Zhuhai	100.0	4.0	55.2	40.9
汕头 Shantou	100.0	9.4	47.7	42.9
韶关 Shaoguan	100.0	21.0	44.7	34.2
河源 Heyuan	100.0	33.2	28.9	37.9
梅州 Meizhou	100.0	29.1	36.2	34.7
惠州 Huizhou	100.0	14.0	57.6	28.4
汕尾 Shanwei	100.0	31.0	32.3	36.8
东莞 Dongguan	100.0	4.5	54.9	40.5
中山 Zhongshan	100.0	6.3	59.3	34.4
江门 Jiangmen	100.0	10.6	48.4	41.0
佛山 Foshan	100.0	6.1	53.2	40.7
阳江 Yangjiang	100.0	34.6	33.1	32.2
湛江 Zhanjiang	100.0	25.5	37.3	37.2
茂名 Maoming	100.0	27.1	38.0	35.0
肇庆 Zhaoqing	100.0	27.8	37.0	35.2
清远 Qingyuan	100.0	38.8	30.3	30.9
潮州 Chaozhou	100.0	18.6	45.1	36.4
揭阳 Jieyang	100.0	18.8	50.3	30.9
云浮 Yunfu	100.0	32.8	35.6	31.6

注：本表按当年价格计算。
Note: The data in value terms in this table are calculated at current prices.

2-21 各市国内生产总值项目构成（2002 年）
COMPOSITION OF GROSS DOMESTIC PRODUCT BY ITEM BY CITY（2002）

单位：万元　　　　　　　　　　　　　　　　　　（10000 yuan）

市别 City	国内生产总值 Gross Domestic Product	劳动者报酬 Compensation for Laborers	固定资产折旧 Depreciation of Fixed Assets	生产税净额 Net Taxes on Production	营业盈余 Operating Surplus
广州 Guangzhou	30014760	13383628	4616855	3967978	8046299
深圳 Shenzhen	22568222	8008448	3648224	3446035	7465515
珠海 Zhuhai	4062651	1830874	550363	331945	1349469
汕头 Shantou	4831587	2172548	995569	635939	1027531
韶关 Shaoguan	2356100	1536567	303776	350164	165593
河源 Heyuan	1162853	725608	191832	126397	119016
梅州 Meizhou	2046886	1345708	273127	222141	205910
惠州 Huizhou	5252036	2540457	857732	573107	1280740
汕尾 Shanwei	1686717	1008719	271279	143484	263234
东莞 Dongguan	6728910	2559332	1445882	870545	1853151
中山 Zhongshan	4156701	1905582	722769	592633	935717
江门 Jiangmen	6608232	2977279	1352580	1271495	1006878
佛山 Foshan	11759169	4594086	2686121	2199689	2279273
阳江 Yangjiang	2054187	1322581	257034	299856	174716
湛江 Zhanjiang	4638102	2384365	713407	494816	1045514
茂名 Maoming	5925513	3234662	1035719	795230	859902
肇庆 Zhaoqing	4502169	2529868	542815	464067	965419
清远 Qingyuan	1713954	1048548	269329	184625	211452
潮州 Chaozhou	2152232	1112367	382534	275578	381753
揭阳 Jieyang	4420948	2668183	500755	428670	823340
云浮 Yunfu	1919831	1117886	267864	250829	283252

注：本表按当年价格计算。
Note: The data in value terms in this table are calculated at current prices.

2-22 各市支出法国内生产总值（2002年）
GROSS DOMESTIC PRODUCT BY EXPENDITURE APPROACH BY CITY（2002）

市 别 City		支出法国内生产总值（万元）Gross Domestic Product by Expenditure Approach（10000 yuan）	最终消费 Final Consumption	资本形成总额 Gross Capital Formation	货物和服务净出口 Net Export of Goods and Services	资本形成率（投资率）（%）Capital Formation Rate（%）	最终消费率（消费率）（%）Final Consumption Rate（%）
广 州	Guangzhou	30014760	15072525	11169529	3772706	37.2	50.2
深 圳	Shenzhen	22568222	9135892	8276049	5156281	36.7	40.5
珠 海	Zhuhai	4062651	2224902	1542685	295064	38.0	54.8
汕 头	Shantou	4831587	3143553	1588034	100000	32.9	65.1
韶 关	Shaoguan	2356100	1375780	1007490	－27170	42.8	58.4
河 源	Heyuan	1162853	1435305	417886	－690338	35.9	123.4
梅 州	Meizhou	2046886	1773178	678894	－405186	33.2	86.6
惠 州	Huizhou	5252036	1945959	1645905	1660172	31.3	37.1
汕 尾	Shanwei	1686717	1183319	205055	298342	12.2	70.2
东 莞	Dongguan	6728910	3518627	2437603	772680	36.2	52.3
中 山	Zhongshan	4156701	1666724	2502202	－12225	60.2	40.1
江 门	Jiangmen	6608232	2410463	3201565	996204	48.4	36.5
佛 山	Foshan	11759169	5329906	3825233	2604030	32.5	45.3
阳 江	Yangjiang	2054187	1269101	638205	146881	31.1	61.8
湛 江	Zhanjiang	4638102	3332440	1065973	239689	23.0	71.8
茂 名	Maoming	5925513	3023852	2246824	654837	37.9	51.0
肇 庆	Zhaoqing	4502169	2363638	2016972	121559	44.8	52.5
清 远	Qingyuan	1713954	1568775	660449	－515270	38.5	91.5
潮 州	Chaozhou	2152232	1235381	581102	335749	27.0	57.4
揭 阳	Jieyang	4420948	2530778	1651407	238763	37.4	57.2
云 浮	Yunfu	1919831	1112806	643443	163582	33.5	58.0

注：本表按当年价格计算。

Note: The data in value terms in this table are calculated at current prices.

2-23 各市资本形成总额及构成（2002年）
GROSS CAPITAL FORMATION AND ITS COMPOSITION BY CITY（2002）

市 别 City		资本形成总额（万元）Gross Capital Formation（10000 yuan）			比重（资本形成总额＝100）Proportion（Gross Capital Formation＝100）	
			固定资产形成总额 Gross Fixed Capital Formation	存货增加 Changes in Inventories	固定资产形成总额 Gross Fixed Capital Formation	存货增加 Changes in Inventories
广 州	Guangzhou	11169529	10814057	355472	96.8	3.2
深 圳	Shenzhen	8276049	7116307	1159742	86.0	14.0
珠 海	Zhuhai	1542685	1132855	409830	73.4	26.6
汕 头	Shantou	1588034	1086818	501216	68.4	31.6
韶 关	Shaoguan	1007490	828640	178850	82.2	17.8
河 源	Heyuan	417886	393405	24481	94.1	5.9
梅 州	Meizhou	678894	630946	47948	92.9	7.1
惠 州	Huizhou	1645905	1095706	550199	66.6	33.4
汕 尾	Shanwei	205055	167475	37580	81.7	18.3
东 莞	Dongguan	2437603	1678195	759408	68.8	31.2
中 山	Zhongshan	2502202	2393392	108810	95.7	4.3
江 门	Jiangmen	3201565	1601437	1600128	50.0	50.0
佛 山	Foshan	3825233	3025101	800132	79.1	20.9
阳 江	Yangjiang	638205	442352	195853	69.3	30.7
湛 江	Zhanjiang	1065973	954335	111638	89.5	10.5
茂 名	Maoming	2246824	1374592	872232	61.2	38.8
肇 庆	Zhaoqing	2016972	1730562	286410	85.8	14.2
清 远	Qingyuan	660449	598073	62376	90.6	9.4
潮 州	Chaozhou	581102	441638	139464	76.0	24.0
揭 阳	Jieyang	1651407	1060866	590541	64.2	35.8
云 浮	Yunfu	643443	375966	267477	58.4	41.6

注：本表按当年价格计算。

Note: The data in value terms in this table are calculated at current prices.

2-24 各市最终消费及构成（2002年）

FINAL CONSUMPTION EXPENDITURE AND ITS COMPOSITION BY CITY（2002）

市别 City		最终消费（万元） Final Consumption Expenditure（10000 yuan）	居民消费 Household Consumption	农业居民 Rural Households	非农业居民 Non-rural Households	政府消费 Government Consumption	比重 Proportion 最终消费=100 Final Consumption Expenditure=100 居民消费 Household Consumption	政府消费 Government Consumption	居民消费=100 Household Consumption=100 农业居民 Rural Households	非农业居民 Non-rural Households
广州	Guangzhou	15072525	8218643	1327144	6891499	6853882	54.5	45.5	16.1	83.9
深圳	Shenzhen	9135892	7068907	254004	6814903	2066985	77.4	22.6	3.6	96.4
珠海	Zhuhai	2224902	1491817	177623	1314194	733085	67.1	32.9	11.9	88.1
汕头	Shantou	3143553	2610999	1145193	1465806	532554	83.1	16.9	43.9	56.1
韶关	Shaoguan	1375780	1215490	544670	670820	160290	88.3	11.7	44.8	55.2
河源	Heyuan	1435305	1172714	746319	426395	262591	81.7	18.3	63.6	36.4
梅州	Meizhou	1773178	1508531	999010	509521	264647	85.1	14.9	66.2	33.8
惠州	Huizhou	1945959	1632263	615295	1016968	313696	83.9	16.1	37.7	62.3
汕尾	Shanwei	1183319	974050	606129	367921	209269	82.3	17.7	62.2	37.8
东莞	Dongguan	3518627	2615484	1535022	1080462	903143	74.3	25.7	58.7	41.3
中山	Zhongshan	1666724	1154909	596870	558039	511815	69.3	30.7	51.7	48.3
江门	Jiangmen	2410463	2236678	972921	1263757	173785	92.8	7.2	43.5	56.5
佛山	Foshan	5329906	3626041	1096772	2529269	1703865	68.0	32.0	30.2	69.8
阳江	Yangjiang	1269101	1087701	439411	648290	181400	85.7	14.3	40.4	59.6
湛江	Zhanjiang	3332440	2923925	1635300	1288625	408515	87.7	12.3	55.9	44.1
茂名	Maoming	3023852	2614176	1483939	1130237	409676	86.5	13.5	56.8	43.2
肇庆	Zhaoqing	2363638	1775092	1001152	773940	588546	75.1	24.9	56.4	43.6
清远	Qingyuan	1568775	1300571	785005	515566	268204	82.9	17.1	60.4	39.6
潮州	Chaozhou	1235381	1099489	659693	439796	135892	89.0	11.0	60.0	40.0
揭阳	Jieyang	2530778	2237753	1334782	902971	293025	88.4	11.6	59.6	40.4
云浮	Yunfu	1112806	976426	512913	463513	136380	87.7	12.3	52.5	47.5

注：本表按当年价格计算。

Note: The data in value terms in this table are calculated at current prices.

2-25 各市人均国内生产总值及增长速度
PER CAPITA GROSS DOMESTIC PRODUCT AND ITS GROWTH RATE BY CITY

市 别 City	绝对数（元/人） Absolute Figure（yuan/person）		增长速度（%） Growth Rate（%）	
	2001	2002	2001	2002
广 州 Guangzhou	38007	41884	10.5	11.7
深 圳 Shenzhen	43355	46388	5.2	6.5
珠 海 Zhuhai	29306	32682	11.3	13.0
汕 头 Shantou	10077	10268	-3.2	3.4
韶 关 Shaoguan	7973	8528	7.8	8.6
河 源 Heyuan	3170	3542	10.4	13.4
梅 州 Meizhou	3902	4200	7.1	8.0
惠 州 Huizhou	17067	18641	8.6	10.0
汕 尾 Shanwei	6283	6749	3.6	8.3
东 莞 Dongguan	37777	43401	16.9	17.1
中 山 Zhongshan	26994	30693	14.9	15.5
江 门 Jiangmen	16155	17344	10.8	10.3
佛 山 Foshan	31972	34850	10.0	10.8
阳 江 Yangjiang	7221	7965	8.1	10.9
湛 江 Zhanjiang	7130	7539	4.9	7.7
茂 名 Maoming	8313	9005	7.3	8.8
肇 庆 Zhaoqing	10600	11549	7.1	9.7
清 远 Qingyuan	4190	4416	4.0	8.5
潮 州 Chaozhou	8312	8698	6.3	7.2
揭 阳 Jieyang	7124	7597	5.6	7.4
云 浮 Yunfu	6975	7399	4.5	7.3

注：本表绝对数按当年价格计算，增长速度按可比价格计算。
Note: The data in value terms in this table are calculated at current prices, whereas the growth rates are calculated at comparable prices.

2-26 国民经济和社会发展主要指标占全国比重
PROPORTION OF MAIN INDICATORS ON NATIONAL ECONOMY AND SOCIAL DEVELOPMENT OF GUANGDONG TO THE WHOLE NATION

指　　标	Item	2001			2002		
		广东 Guangdong	全国 Whole Nation	广东占全国% As Percentage of the Whole Nation	广东 Guangdong	全国 Whole Nation	广东占全国% As Percentage of the Whole Nation
一、人口	**Population**						
年底常住人口数（万人）	Year-end Permanent Population (10000 persons)	7783.41	127627	6.1	7858.58	128453.00	6.1
二、土地面积（万平方公里）	**Land Areas (10000 sp.km)**	**17.98**	**960**	**1.9**	**17.98**	**960**	**1.9**
三、国内生产总值（亿元）	**Gross Domestic Product (at current prices) (100 million yuan)**	**10647.71**	**97315**	**10.9**	**11769.73**	**102397.90**	**11.5**
第一产业	Primary Indusdry	1004.35	15412	6.5	1032.80	14883.30	6.9
第二产业	Secondary Indusdry	5341.61	48750	11.0	5935.63	52981.90	11.2
工　业	Industry	4732.41	42375	11.2	5288.53	45935.10	11.5
第三产业	Tertiary Indusdry	4301.75	33153	13.0	4801.30	34532.80	13.9
四、人均国内生产总值（元）	**Per Capita Gross Domestic Product (yuan)**	**13730**	**7651**		**15030**	**7997**	
五、主要工农业产品产量	**Output of Major Farm Products and Industrial Products**						
粮　食（万吨）	Grain (10000 tons)	1721.55	45264.00	3.8	1484.16	45706.00	3.2
油　料（万吨）	Oil bearing Crops (10000 tons)	80.90	2865.00	2.8	76.37	2897.20	2.6
肉　类（万吨）	Meat (10000 tons)	333.25	6333.90	5.3	343.63	6586.50	5.2
水产品（万吨）	Aquatic Products (10000 tons)	609.67	4381.33	13.9	628.06	4564.50	13.8
水　果（万吨）	Fruits (10000 tons)	590.74	6658.00	8.9	698.91	6952.00	10.1
茶　叶（万吨）	Tea (10000 tons)	4.15	70.20	5.9	4.24	74.50	5.7
原　煤（万吨）	Coal (10000 tons)	123.56	116000.00	0.1	168.71	138000.00	0.1
发电量（亿千瓦时）	Electricity (100 million kwh)	1351.74	14808.00	9.1	1525.53	16540.00	9.2
水　泥（万吨）	Cement (10000 tons)	5804.73	66104.00	8.8	5989.26	72500.00	8.3
布（亿米）	Cloth (100 million m)	13.34	290.60	4.6	15.42	322.40	4.8
机制纸及纸板（万吨）	Machine-made Paper and Paperboard (10000 tons)	351.56	3777.00	9.3	410.05	3501.00	11.7
钢（万吨）	Steel (10000 tons)	352.52	15163.00	2.3	469.50	18155.00	2.6
糖（包土糖）（万吨）	Sugar (10000 tons)	80.44	653.00	12.3	113.11	926.00	12.2
平板玻璃（万重量箱）	Plate Glass (10000 wt.cases)	571.60	20364.00	2.8	684.22	22801.00	3.0
自行车（万辆）	Bicycles (10000 units)	873.38	2902.30	30.1	1221.97	3569.70	34.2
家用电冰箱（万台）	Household Refrigerators (10000 units)	282.55	1351.30	20.9	317.27	1598.90	19.8
家用洗衣机（万台）	Household Washing Machines (10000 units)	181.72	1341.60	13.5	162.16	1587.10	10.2
彩电电视机（万台）	Color Television Sets	1571.02	4093.70	38.4	2083.40	5155.00	40.4
房间空调器（万台）	Room Air Conditioners (10000 units)	848.05	2333.60	36.3	1323.66	3135.10	42.2
程控交换机（万线）	Program Controlled Switchboard (10000 units)	3019.00	7223.50	41.8	1873.84	5860.70	32.0
微型电子计算机（万台）	Microelectronic Computers (10000 units)	228.70	877.70	26.1	415.69	1463.50	28.4
六、固定资产投资	**Investment in Fixed Assets**						
全社会固定资产投资额（亿元）	Total Amount of Investment in Fixed Assets (100 million yuan)	3536.34	36898.00	9.6	3970.69	43202.00	9.2
# 基本建设投资	Capital Construction	1243.73	14567.00	8.5	1367.23	17251.00	7.9
更新改造投资	Innovation	485.01	5889.00	8.2	515.07	6584.00	7.8
房地产开发	Real Estate Development	972.34	6245.00	15.6	1115.25	7736.00	14.4
新增固定资产（亿元）	Newly Increased Fixed Assets (100 million yuan)	1222.53	12173.00	10.0	1223.28	14225.10	8.6

2-26 续表 continued

指 标	Item	2001 广东 Guangdong	2001 全国 Whole Nation	2001 广东占全国% As Percentage of the Whole Nation	2002 广东 Guangdong	2002 全国 Whole Nation	2002 广东占全国% As Percentage of the Whole Nation
七、运输、邮电	**Transport, Postal and Telecommunication Services**						
货物周转量 (亿吨公里)	Freight Traffic (100 million ton-km)	3221.47	47590.00	6.8	3229.39	50867.00	6.3
旅客周转量 (亿人公里)	Passenger Traffic (100 million person-km)	1342.12	13155.00	10.2	1490.34	14126.00	10.6
沿海主要港口货物吞吐量 (万吨)	Volume of Freight Handled at Major Coastal Ports (10000 tons)	21454.00	142634.00	15.0	26356.00	166628.00	15.8
邮电业务总量 (亿元)	Total Business Volume of Postal and Telecommunication Services (100 million yuan)	782.67	4556.00	17.2	917.87	5546.00	16.6
八、财政金融	**Finance and Banking**						
财政收入 (亿元)	Government Revenue (100 million yuan)	1160.51	7803.30	14.9	1201.61	8515.00	14.1
财政支出 (亿元)	Government Expenditures (100 million yuan)	1321.33	13134.57	10.1	1521.08	15280.40	10.0
城乡居民储蓄存款余额 (亿元)	Saving Deposits by Urban and Rural Residents (100 million yuan)	9930.12	73762.00	13.5	11819.09	86910.60	13.6
九、外贸外经旅游	**Foreign Trade and International Tourism**						
进口总额 (亿美元)	Total Imports (USD 100 million)	810.66	2436.00	33.3	1026.40	2952.00	34.8
出口总额 (亿美元)	Total Exports (USD 100 million)	954.21	2662.00	35.8	1184.58	3255.70	36.4
实际利用外资 (亿美元)	Total Foreign Capitals Actually Utilized (USD 100 million)	157.55	496.80	31.7	165.89	550.10	30.2
旅游外汇收入 (亿美元)	Total Foreign Exchange Earnings from International Tourism (USD 100 million)	44.51	177.90	25.0	50.90	203.90	25.0
十、商业与物价	**Domestic Trade and Price**						
社会消费品零售总额 (亿元)	Total Amount of Retail Sales of Consumer Goods (100 million yuan)	4515.28	37595.00	12.0	5013.59	40910.50	12.3
商品零售价格指数 (%)	General Retail Price Index (%)	98.70	99.20		98.50	98.70	
居民消费价格指数 (%)	General Resident Consumer Price Index (%)	99.30	100.70		98.60	99.20	
十一、人民生活	**People's Livelihood**						
职工工资总额 (亿元)	Total Wages of Staff and Workers (100 million yuan)	1146.11	11831.00	9.7	1326.59	13161.10	10.1
城镇居民人均可支配收入 (元)	Per Capita Disposable Income of Urban Residents (yuan)	10415	6860		11137	7703	
农民人均纯收入 (元)	Per Capita Net Income of Rural Residents (yuan)	3770	2366		3912	2476	
十二、教育、科技、卫生	**Education, Science and Technology and Health Care**						
高等学校在校学生数 (万人)	Students Enrolled in Colleges and Universities (10000 persons)	38.19	719.10	5.3	46.78	903.40	5.2
中等专业学校在校学生数 (万人)	Students Enrolled in Secondary Schools (10000 persons)	23.84	458.00	5.2	21.82	456.00	4.8
国有企事业单位专业技术人员 (万人)	Number of Technical Persons Engaged in State-owned Units (10000 persons)	106.22	2170.00	4.9	104.71	2186.00	4.8
医院病床位 (万张)	Number of Hospital Beds (10000 units)	16.22	297.60	5.5	16.93	291.10	5.8
专业卫生技术人员 (万人)	Number of Medical Technical Personnel (10000 persons)	26.83	450.80	6.0	26.47	427.00	6.2

注：1. 全国2002年数为快报数。2. 中等专业学校包括中等技术学校和中等师范学校。

Note: a) The 2002 data of whole nation are based on the advance reports.

b) The figures of secondary schools include those of technical schools and teacher training schools.

2-27 资金流量表（实物交易，2001 年）

单位：亿元

指　　标	Item	非金融企业部门 Non-financial Enterprises		金融部门 Financial Institutions		政府部门 Governments	
		使　用 Utilization	来　源 Source	使　用 Utilization	来　源 Source	使　用 Utilization	来　源 Source
1、净流出	Net Capital Outflow						
2、增加值	Value Added		6828.31		369.20		837.62
3、劳动者报酬	Compensation for Laborers	2455.09		127.89		582.95	
工资及工资性收入	Wages and Related Income	2338.87		114.08		551.50	
单位社会保险付款	Employers' Contribution of Social Security	116.22		13.81		31.45	
4、生产税净额	Net Taxes on Production	1259.08		109.23		22.05	1419.10
生产税	Taxes on Production	1291.05		109.23		22.05	1462.79
生产补贴	Subsidies to Production	-31.97					-43.69
5、财产收入	Income from Production	1036.49	450.49	998.01	997.35		48.57
利息	Interest	994.16	450.49	997.35	997.35		32.79
红利	dividend	18.26		0.66			
土地租金	Rent on Land Use	15.09					15.78
其他	Others	8.98					
6、初次分配总收入	Total Income from Primary Distribution		2528.14		131.42		1700.29
7、经常转移	Current Transfer	512.91	18.77	14.81	7.46	30.57	601.72
收入税	Taxes on Income	263.50		11.38			392.74
社会保险付款	Payment to Social Security						161.49
社会补助	Allowances	90.29		2.40		11.80	
其他	Others	159.12	18.77	1.03	7.46	18.77	47.49
8、可支配总收入	Total Disposable Income		2034.00		124.07		2271.44
9、最终消费	Final Consumption Expenditure					1934.30	
居民消费	Household Consumption						
政府消费	Government Consumption					1934.30	
10、总储蓄	Total Savings		2034.00		124.07		337.14
11、资本转移	Capital Transfer		97.69			213.43	115.74
投资性补助	Investment Allowances		97.69			213.43	115.74
其他	Others						
12、资本形成总额	Gross Capital Formation	3290.79		20.10		220.35	
固定资产形成总额	Gross Fixed Capital Formation	2964.56		20.10		217.77	
存货增加	Changes in Inventories	326.23				2.58	
13、其他非金融资产获得减处置	Minus Items from Other Non-financial Capital						
14、净金融投资	Net Financial Investment	-1159.10		103.97		19.10	

FLOW OF FUNDS TABLE (PHYSICAL TRANSACTION, 2001)

(100 million yuan)

住户部门 Households		省内合计 Total of Provincial Sectors		国内省外 Domestic Sectors outside Province		国外部门 Rest of the World		总 计 Total	
使 用 Utilization	来 源 Source	使 用 Utilization	来 源 Source	使 用 Utilization	来 源 Source	使 用 Utilization	来 源 Source	使 用 Utilization	来 源 Source
					242.60		-1188.18		-945.58
	2612.58		10647.71						10647.71
1782.26	4948.19	4948.19	4948.19					4948.19	4948.19
1782.26	4786.71	4786.71	4786.71					4786.71	4786.71
	161.48	161.48	161.48					161.48	161.48
465.69		1856.05	1419.10		436.95			1856.05	1856.05
477.41		1899.74	1462.79		436.95			1899.74	1899.74
-11.72		-43.69	-43.69					-43.69	-43.69
4.19	542.28	2038.69	2038.69					2038.69	2038.69
3.19	514.07	1994.70	1994.70					1994.70	1994.70
	18.92	18.92	18.92					18.92	18.92
0.69		15.78	15.78					15.78	15.78
0.31	9.29	9.29	9.29					9.29	9.29
	5850.91		10210.76		679.55		-1188.18		9702.13
339.00	302.53	897.29	930.48		50.77	83.96		981.25	981.25
117.86		392.74	392.74					392.74	392.74
161.49		161.49	161.49					161.49	161.49
	104.49	104.49	104.49					104.49	104.49
59.65	198.04	238.57	271.76		50.77	83.96		322.53	322.53
	5814.44		10243.95		730.32		-1272.14		9702.13
3907.02		5841.32						5841.32	
3907.02		3907.02						3907.02	
		1934.30						1934.30	
	1907.42		4402.63		730.32		-1272.14		3860.81
		213.43	213.43					213.43	213.43
		213.43	213.43					213.43	213.43
329.57		3860.81						3860.81	
289.75		3492.18						3492.18	
39.82		368.63						368.63	
1577.85		541.82		730.32		-1272.14			

2-28 资金流量表（金融交易，2001年）

单位：亿元

指 标	Item	非金融企业部门 Non-financial Enterprises 使 用 Utilization	来 源 Source	金融部门 Financial Institutions 使 用 Utilization	来 源 Source	政府部门 Governments 使 用 Utilization	来 源 Source
1、净金融投资	Net Financial Investment	-1246.06		93.46		182.03	
2、资金运用	Total Utilization	447.72		1735.20		182.03	
3、资金来源	Total Sources		1693.78		1641.74		
4、国内金融交易	Domestic Financial Trade	447.72	1693.78	1735.20	1641.74	182.03	
（1）通货	Currency in Circulation	1.89		-15.31		1.04	
国内	Domestic Sectors	1.89		-14.81		1.04	
国外	Rest of the World			-0.50			
（2）存款	Savings Deposits	1053.91			2645.56	180.99	
活期存款	Current Deposits	510.33			730.08	147.75	
定期存款	Fixed Deposits	186.20			186.20		
住户储蓄存款	Savings Deposits by Households				1270.29		
财政存款	Government Deposits				33.24	33.24	
外汇存款	Foreign Exchange Deposits	-5.06			63.31		
其他存款	Other Deposits	362.44			362.44		
（3）贷款	Loans		1381.90	1349.62			
短期贷款	Short-term Loans		494.44	523.99			
中长期贷款	Medium and Long-term Loans		909.58	909.58			
财政贷款	Government Loans						
外汇贷款	Foreign Exchange Loans		-30.31	-92.14			
其他贷款	Other Loans		8.19	8.19			
（4）证券	Securities	-4.50	311.88	376.71	-5.74		
债券	Bonds	-4.50	58.67		-4.50		
股票	Stocks		253.21	376.71	-1.24		
（5）保险准备金	Reserves for Insurance Business	4.30			65.52		
（6）结算资金	Settlement Funds	900.00			460.00		
（7）金融机构往来	Flow between Financial Institutions			-125.39	-1.32		
（8）准备金	Reserve Funds	47.00		139.81	47.00		
（9）中央银行贷款	Loans from the Central Bank			9.76	-14.40		
（10）其他（净）	Others (net)	-1554.88			-1554.88		
5、国际资本往来	Flow between International Capitals						
（1）短期资本	Short-term Capitals						
（2）长期资本	Long-term Capitals						
6、国际储备资产	Assets in International Reserves						
7、国际收支误差与遗漏	Errors and Omissions of Balance of Payment						

FLOW OF FUNDS TABLE (FINANCIAL TRANSACTION, 2001)

(100 million yuan)

住户部门 Households		省内合计 Total of Provincial Sectors		国内省外 Domestic Sectors outside Province		国外部门 Rest of the World		总计 Total	
使用 Utilization	来源 Source	使用 Utilization	来源 Source	使用 Utilization	来源 Source	使用 Utilization	来源 Source	使用 Utilization	来源 Source
1637.48		666.91		731.70		-1398.61			
1667.03		4031.98		925.60		-1407.14		3550.44	
	29.55		3365.07		193.90		-8.53		3550.44
1667.03	29.55	4031.98	3365.07	925.60	193.90	-1407.14	-8.53	3550.44	3550.44
56.21		43.83			44.33		-0.50	43.83	43.83
56.21		44.33			44.33			44.33	44.33
		-0.50					-0.50	-0.50	-0.50
1435.24		2670.14	2645.56			-24.58		2645.56	2645.56
72.00		730.08	730.08					730.08	730.08
		186.20	186.20					186.20	186.20
1270.29		1270.29	1270.29					1270.29	1270.29
		33.24	33.24					33.24	33.24
92.95		87.89	63.31			-24.58		63.31	63.31
		362.44	362.44					362.44	362.44
	29.55	1349.62	1411.45				-61.83	1349.62	1349.62
	29.55	523.99	523.99					523.99	523.99
		909.58	909.58					909.58	909.58
		-92.14	-30.31				-61.83	-92.14	-92.14
		8.19	8.19					8.19	8.19
114.36		486.57	306.14			-1.24	179.19	485.33	485.33
58.67		54.17	54.17					54.17	54.17
55.69		432.40	251.97			-1.24	179.19	431.16	431.16
61.22		65.52	65.52					65.52	65.52
		900.00	460.00	940.00		-1380.00		460.00	460.00
		-125.39	-1.32			-1.32	-125.39	-126.71	-126.71
		186.81	47.00		139.81			186.81	186.81
		9.76	-14.40	-14.40	9.76			-4.64	-4.64
		-1554.88	-1554.88					-1554.88	-1554.88

2-29 资产负债表（2001年）

单位：亿元

指标	Item	非金融企业部门 Non-financial Enterprises 使用 Utilization	非金融企业部门 来源 Source	金融部门 Financial Institutions 使用 Utilization	金融部门 来源 Source	政府部门 Government Departments 使用 Utilization	政府部门 来源 Source
一、非金融资产	**Non-financial Assets**	**29274.76**		**661.36**		**2001.49**	
1、固定资产	Fixed Assets	21426.19		579.79		2000.18	
在建工程	Of which：Buildings under Construction	3678.88		118.72			
2、存货	Inventory	5781.77				1.31	
产成品和商品库存	Of which：Manufactured Products and Inventories	1448.33					
3、其他非金融资产	Other Non-financial Assets	2066.80		81.57			
无形资产	Of which：Intangible Assets	1219.21		31.87			
二、金融资产与负债	**Financial Assets and Liability**	**13644.24**	**23044.46**	**24902.53**	**25547.99**	**2356.52**	**872.31**
国内金融资产与负债	Domestic Financial Assets and Liability	13644.24	21740.45	24532.21	25477.63	2356.52	872.31
通　货	Currency in Circulation	737.39		234.30		8.98	
存　款	Savings deposits	8448.11			20730.64	533.10	
长期存款	Long-term Savings Deposits	2263.73			9468.46	376.11	
短期存款	Short-term Savings Deposits	6184.38			11262.18	156.99	
贷　款	Loans		11412.83	13498.38			
长期贷款	Long-term Loans		3305.91	4781.91			
短期贷款	Short-term Loans		8106.92	8716.47			
股票及其他股权	Stocks and Other Stock Rights	1755.87	3608.58	141.96	418.18	943.22	
证券（不含股票）	Securities（excluding stocks）	207.66	207.66	1673.71	532.92	0.92	
保险准备金	Reserves for Insurance Business	76.35			383.20		
其他	Others	2418.86	6511.38	8983.86	3412.69	870.30	872.31
国外金融资产与负债	Foreign Financial Assets and Liability		1304.01	370.32	70.36		
直接投资	Direct Investment		1073.66				
证券投资	Securities Investment		4.45	202.22			
其他投资	Other Investment		225.90	168.10	70.36		
三、资产负债差额（资产净值）	**Balance of Assets and Liability（net assets）**		**19874.54**		**15.90**		**3485.70**
四、资产、负债与差额总计	**Total of Assets，Liability and Balance**	**42919.00**	**42919.00**	**25563.89**	**25563.89**	**4358.01**	**4358.01**

ASSETS AND LIABILITIES TABLE (2001)

(100 million yuan)

住户部门 Households		省内合计 Total of Provincial Sectors		国内省外 Domestic Sectors outside Province		国外部门 Rest of the World		总计 Total	
使用 Utilization	来源 Source	使用 Utilization	来源 Source	使用 Utilization	来源 Source	使用 Utilization	来源 Source	使用 Utilization	来源 Source
9313.31		**41250.92**						**41250.92**	
8545.31		32551.47						32551.47	
		3797.60						3797.60	
734.11		6517.19						6517.19	
		1448.33						1448.33	
33.89		2182.26						2182.26	
		1251.08						1251.08	
13661.89	**1859.97**	**54565.18**	**51324.73**	**1167.13**	**5411.63**	**1374.37**	**370.32**	**57106.68**	**57106.68**
13661.89	1859.97	54194.86	49950.36	1167.13	5411.63			55361.99	55361.99
475.12		1455.79			1455.79			1455.79	1455.79
11514.42		20495.63	20730.64	235.01				20730.64	20730.64
6828.62		9468.46	9468.46					9468.46	9468.46
4685.80		11027.17	11262.18	235.01				11262.18	11262.18
	1859.97	13498.38	13272.80		225.58			13498.38	13498.38
	1476.00	4781.91	4781.91					4781.91	4781.91
	383.97	8716.47	8490.89		225.58			8716.47	8716.47
936.19		3777.24	4026.76	249.52				4026.76	4026.76
402.79		2285.08	740.58	532.95	2077.45			2818.03	2818.03
306.85		383.20	383.20					383.20	383.20
26.52		12299.54	10796.38	149.65	1652.81			12449.19	12449.19
		370.32	1374.37			1374.37	370.32	1744.69	1744.69
			1073.66			1073.66		1073.66	1073.66
		202.22	4.45			4.45	202.22	206.67	206.67
		168.10	296.26			296.26	168.10	464.36	464.36
	21115.23		**44491.37**		**-4244.50**		**1004.05**		**41250.92**
22975.20	**22975.20**	**95816.10**	**95816.10**	**1167.13**	**1167.13**	**1374.37**	**1374.37**	**98357.60**	**98357.60**

主要统计指标解释

发展速度 用以反映社会经济发展程度的相对指标，根据两个不同时期发展水平的对比而得。由于比较的标准时期不同，发展速度可分为定期发展速度和环比发展速度两种。

增长速度 发展速度-1（或100%）就是增长速度。即增长速度=发展速度-1（或100%）。

平均每年增长速度 我国计算平均增长速度有两种方法，一种是习惯上经常使用的“水平法”，又称几何平均法，是以间隔最后一年的水平同基期水平对比来计算平均每年增长（或下降）的速度；另一种是“累计法”又称代数平均法或方程法，是以间隔年内各年水平的总和同基期水平对比来计算平均每年增长（或下降）的速度。具体计算方法，可参照中国财经出版社出版的《平均增长速度查对表》。

在一般正常情况下，两种方法计算的平均每年增长速度比较接近，但在经济发展不平衡出现大起大落时，两种方法计算的结果差别较大。

本《年鉴》内所列的平均每年增长速度都是用水平法计算的。从某年到某年平均增长速度的年份，均不包基期年在内。如1981-2002年平均每年增长速度，是以1980年为基期，2002年为报告期，年份从1981年算起，共22年。

当年价格 是报告期的实际价格，如工厂的出厂价格，农产品的收购价格，商品的零售价格等。按当年价格计算，是指一些以货币表现的物量指标，如工业总产值、国内生产总值等，按照当年的实际价格来计算总量。按当年价格计算的价值指标，在不同年份之间进行对比时，因为包含有各年间价格变动的因素，不能确切地反映实物量的增减变动。因此，在计算增长速度时都使用按可比价格计算的数字。

可比价格 指在不同时期的价值指标对比时，扣除了价格变动因素，而确切表示物量的变化。按可比价格计算有两种方法：一种是直接用于产品产量乘其不变价格；一种是指数法换算。

不变价格 用某一时期的同类产品的平均价格作为固定价格，来计算各个时期的产品价值。目的是为了消除各个时期价格变动的影响，保证各时期间、地区间的可比性。解放后，国家统计局先后五次制订了全国统一的工业产品和农业产品的不变价格，即从1949年至1957年使用1952年工（农）业产品不变价格，从1957年到1971年使用1957年不变价格，从1971年到1980年使用1970年不变价格，从1981年到1990年使用1980年不变价格。从1990年开始使用1990年不变价格。

指数法换算是用同一基期的指数相除。本《年鉴》所列“国内生产总值指数”等都是按可比价格计算的，如计算有关年份产值增长情况，可用定期指数（即简称年度为100的定基指数）直接进行对比。例如，求2002年国内生产总值为1980年的百分比，按表上2002年指数，1980年指数，两者相除即得，其余以此类推。

国内生产总值 指按市场价格计算的一个国家（或地区）所有常住单位在一定时期内生产活动的最终成果。国内生产总值有三种计算方法，即生产法、收入法和支出法。三种方法分别从不同的方面反映国内生产总值及其构成。

总产出 指一定时期内一个国家（或地区）常住单位生产的所有货物和服务的价值，既包括新增价值，也包括被消耗的货物和服务价值以及固定资产的转移价值。总产出按生产者价格计算，它反映常住单位生产活动的总规模。

增加值 指常住单位生产过程创造的新增价值和固定资产的转移价值。它可以按生产法计算，也可以按收入法计算，按生产法计算，它等于总产出减去中间投入；按收入法计算，它等于劳动者报酬、生产税净额、固定资产折旧和营业盈余之和。

劳动者报酬 指劳动者因从事生产活动所获得的全部报酬。包括劳动者获得的各种形式的工资、奖金和津贴，既有货币形式的，也有实物形式的，还包括劳动者所享受的公费医疗和医药卫生费、上下班交通补贴、单位支付的社会保险费、住房公积金等。对于个体经济来说，其所有者所获得的劳动报酬和经营利润不易区分，这两部分统一作为劳动者报酬处理。

生产税净额 指生产税减生产补贴后的差额。生产税指政府对生产单位从事生产、销售和经营活动以及因从事生产活动使用某些生产要素（如固定资产、土地、劳动力）所征收的各种税、附加费和规费。生产补贴与生产税相反，指政府对生产单位的单方面转移支付，因此视为负生产税，包括政策性亏损补贴、价格补贴等。

固定资产折旧 指一定时期内为弥补固定资产损耗按照规定的固定资产折旧率提取的固定资产折旧，或按国民经济核算统一规定的折旧率虚拟计算的固定资产折旧。它反映了固定资产在当期生产中的转移价值。各类企业和企业化管理的事业单位的固定资产折旧是指实际计提的折旧费；不计提折旧的政府机关、非企业化管理的事业单位和居民住房的固定资产折旧是按照统一规定的折旧率和固定资产原值计算的虚拟折旧。原则上，固定资产折旧应按固定资产的重置价值计算，但是目前我国尚不具备对全社会固定资产进行重估价的基础，所以暂时还不能采用这种办法。

营业盈余 指常住单位创造的增加值扣除劳动者报酬、生产税净额和固定资产折旧后的余额。它相当于企业的营业利润加上生产税补贴，但要扣除从利润中开支的工资和福利等。

支出法国内生产总值 指一个国家所有常住单位在一定时期内用于最终消费、资本形成总额，以及货物和服务净出口的总额，它反映本期生产的国内生产总值的使用情况。

最终消费 指常住单位在一定时期内对于货物和服务的全部最终消费支出，也就是常住单位为满足物质、文化和精神生活的需要，从本国经济领土和国外购买的货物和服务的支出，不包括非常住单位在本国经济领土内的消费支出。最终消费分为居民消费和政府消费。

居民消费 指常住住户对货物和服务的全部最终消费支出。它除了常住住户直接以货币形式购买货物和服务的消费之外，还包括以其他方式获得的货物和服务的消费，即单位以实物报酬及实物转移的形式提供给劳动者的货物和服务；住户生产并由住户自己消费的货物和服务，其中的服务仅指住户的自有住房服务和付酬的家庭服务；金融机构提供的金融媒介服务；保险公司提供的保险服务。

政府消费 指政府部门为全社会提供公共服务的消费支出和免费或以较低价格向住户提供的消费货物和服务的净支出。前者等于政府服务的产出价值减去政府单位所获得的经营收入后的价值，政府服务的产出价值等于它的经常性业务支出加上固定资产折旧；后者等于政府部门免费或以较低价格向住户提供的货物和服务的市场价值减去向住户收取的价值。

资本形成总额 指常住单位在一定时期内获得的减去处置的固定资产加存货的净变动额，包括固定资本形成总额和存货增加。

固定资本形成总额 指生产者在一定时期内获得的固定资产减处置的固定资产的价值总额。固定资产是通过生产活动生产出来的，其使用年限在一年以上，单位价值在规定标准以上的资产，不包括自然资产。固定资本形成总额分有形固定资本形成总额和无形固定资本形成总额。有形固定资本形成总额包括一定时期内完成的建筑工程、安装工程、设备工器具购置（减处置）价值以及土地改良、新增役、种、奶、毛、娱乐用牲畜和新增经济林木价值。无形固定资本形成总额包括矿藏的勘探、计算机软件等获得减处置。

存货增加 指常住单位存货实物量变动的市场价值，即期末价值减期初价值的差额，再扣除当期由于价格变动而产生的持有收益。存货增加可以是正值，也可以是负值；正值表示存货增加，负值表示存货减少。它包括生产单位购进的原材料、燃料和储备物资等存货，以及生产单位生产的产成品、在制品存货等。

货物和服务净出口 指货物和服务出口减货物和服务进口的差额。出口包括常住单位向非常住单位出售或无偿转让的各种货物和服务的价值；进口包括常住单位从非常住单位购买或无偿得到的各种货物和服务价值。由于服务活动的提供与使用同时发生，因此服务的进出口业务并不发生出入境现象，一般把常住单位从国外得到的服务作为进口，常住单位向国外提供的服务作为出口。

三次产业 根据社会生产活动历史发展的顺序对产业结构的划分，产品直接取自自然界的部门称为第一产业，初级产品进行再加工的部门称为第二产业，为生产和消费提供各种服务的部门称为第三产业。它是世界上通用的产业结构分类，但各国的划分不尽一致。我国的三次产业划分是：

第一产业是指农、林、牧、渔业。

第二产业是指采矿业，制造业，电力、燃气及水的生产和供应业，建筑业。

第三产业是指除第一、二产业以外的其他行业。第三产业包括：交通运输、仓储和邮政业，信息传输、计算机服务和软件业，批发和零售业，住宿和餐饮业，金融业，房地产业，租赁和商务服务业，科学研究、技术服务和地质勘查业，水利、环境和公共设施管理业，居民服务和其他服务业，教育，卫生、社会保障和社会福利业，文化、体育和娱乐业，公共管理和社会组织，国际组织。

Explanatory Notes on Main Statistical Indicators

Development Rate is calculated by comparing the development levels of two different periods, which is a relative indicator to reflect the development extend of social economy. According to the different bases of comparison, development rates can be classified into fixed-base development rate and chain-base development rate.

Growth Rate is equal to development rate minus one (or 100%), i. e. growth rate = development rate-1 (or 100%)

Average Annual Growth Rate Two methods for calculating average annual growth rate are applied in China, one is often called level approach or the method of calculating geometric average, which is derived by comparing the level of the last year of the interval with that of the beginning year; the other is called "" accumulative approach"" or algebraic average or equation method, which is derived by the summation of the actual figure of each year in the interval divided by the figure in the base year. The detailed calculating methods can be found by reference to the Check Table of Average Growth Rate published by China Financial Publishing House.

Usually the results calculated by the two methods are fairly close, but they differed sharply when uneven economic development occurred with striking fluctuations in growth.

The average annual growth rates listed in this statistical yearbook are calculated by "level approach". The base years are not listed when the years are listed for average annual growth rates. For instance, the average annual growth rate of 22 years since 1981 is listed as average annual growth rate of 1981-2002, among which 1980 is the base year and 2000 is the reference year.

Current Price refers to the actual price in the reference period, such as factory price, purchasing price of agricultural products, retail price of commodities, etc. Total values of some quantum indicators in value terms at current prices, such as gross industrial output value, gross domestic product, etc., are calculated in accordance with actual prices of current year. When comparing indicators of value over time at current prices, they cannot accurately reflect the changes in real term due to price fluctuations of each year. That is why growth rate is calculated at comparable prices.

Comparable Prices are applied when comparing indicators of value over time to reflect accurately the changes in real term. Two methods are used for calculating comparable prices: (a) multiplying the output of products by their constant prices of certain year; (b) conversion of the data in current prices by relevant price index.

Constant Price refers to the average price of a given product in certain year, which is used for comparison of output value over time. As the output value at constant prices removes the factor of price changes, it reflects the trend of production development over time. Since 1949, with the changes in general price level, the National Bureau of Statistics has issued nationally unified constant prices five times: the 1952 constant prices for 1949-1957; the 1957 constant prices for 1958-1970; the 1970 constant prices for 1971-1980; the 1980 constant prices for 1981-1990; and the 1990 constant prices have been used since 1990.

The index conversion method is derived by an index of the base year divided by another index of the same base year. The "indexes of gross domestic product" listed in this statistical yearbook are calculated at comparable prices. For example, the growth rate of output value of a year can be derived by directly comparing with fixed base index (i. e. 100). The increase rate of gross domestic product in 1980 over 2002 can be derived by the index of 2002 divided by the index of 1980. And the analogs of this is also for the rest.

Gross Domestic Product refers to the final products of all resident units in a country (or a region) during a certain period of time calculated by market prices. It is calculated with three approaches, i. e. production approach, income approach and expenditure approach, which reflect gross domestic product and its composition from different aspects.

Total Output refers to the total value of all products and services created by all resident units in a country (or a region) during a certain period of time, including the newly increased value, the consumed value of products and services and the transfer value of fixed assets. Total output is calculated by producers' prices, which reflects the total production scale created by all resident units.

Value Added refers to the newly increased value and the transfer value of fixed assets created by all resident units in a country (or a region) during a certain period of time. It can be calculated by production approach and income approach. In terms of production approach, it is the total output minus intimidate input. In terms of income approach, it is the summation of laborer' remuneration, net taxes on production, depreciation of fixed assets and operating surplus.

Laborers' Remuneration refers to the whole payment of various forms earned by the laborers from the productive activities they engaged in. It includes wages, bonuses and allowances the laborers earned in monetary form and in kind. It also includes the free medical services provided to the laborers and the medicine expenses, traffic subsidies and social insurance fee paid by the laborers' working units for them. As the individual economy is concerned, since the laborers' remuneration is not easily distinguished from the operating profit, both are treated as laborers' remuneration.

Net Taxes on Production refers to the residual of the taxes on production minus the subsidies on production. The taxes on production refers to the various taxes, extra charges and fees levied on the production units on their production, sale and business activities as well as on some factors of production, such as fixed assets, land and labor force, used in the production activities they engaged in. In contrast to the taxes on production, the subsidies on production refer to the unilateral transfer of part of the government's revenue to the production units and is therefore regarded as negative taxes on production. They include subsidies on the loss due to implementation of government policies and price subsidies, etc.

Depreciation of Fixed Assets refers to the depreciation of fixed assets of a given period, drawn in accordance with the stipulated depreciation rate for the purpose of compensating the wear loss of the fixed assets or the depreciation of fixed assets calculated in a fictitious way in accordance with the stipulated unified depreciation rate in the national economic accounting system. It reflects the value of transfer of the fixed assets in the production of the current period. The depreciation of fixed assets in various enterprises and institutions managed as enterprises refers to the depreciation expenses actually drawn and calculated as part of the cost. In government agencies and institutions not managed as enterprises which do not draw the depreciation expenses, as well as for the houses of residents, the depreciation of fixed assets is the imputed depreciation, which is calculated in accordance with the stipulated unified depreciation rate. In principle, the depreciation of fixed assets should be calculated on the basis of the re-purchased value of the fixed assets. However, there is no actual condition to re-evaluate all the fixed assets in China. Therefore, the above-mentioned methods are temporarily adopted at present.

Operating Surplus refers to the balance of the value added created by the resident units deducting the laborers' remuneration, net taxes on production and the depreciation of fixed assets. It is equivalent to the business profit of the enterprises plus subsidies on production, but the wages and welfare expenses paid from the profits should be deducted.

GDP Calculated with Expenditure Approach refers to total expenditure on final consumption, total capital formation and net export of goods and services by resident units of a country in a certain period of time. It reflects the composition of GDP by its use.

Final Consumption refers to the total expenditure of resident units on final consumption of goods and services in a certain period, namely the expenditure of the resident units for purchases of goods and services from domestic economic territory and abroad to meet the requirements of material, cultural and spiritual life. It excludes the expenditure of non-resident units on consumption in the economic territory of the country. The final consumption is classified into household consumption and government consumption.

Households Consumption refers to the total expenditure of resident households on the final consumption of goods and services. In addition to the consumption of goods and services bought by the resident households directly with money, the expenditure on goods and services obtained by the resident households in other ways is also included in the households consumption, which includes: (a) the goods and services provided to the households by the units in the form of payment in kind and transfer in kind; (b) the goods and services produced and consumed by the households themselves, in which the services refer only to the services provided by the residential buildings owned by the households; (c) the services of financial intermediary provided by the financial institutions; (d) and the insurance services provided by the insurance companies.

Government Consumption refers to the expenditure on the consumption of the public services provided by the government to the whole society and the net expenditure on the goods and services provided by the government to the households at free charge or lower prices. The former equals to the output value of the government services minus the value of operating income obtained by the government departments. (The output value of the government services equals to its current operating expenditure plus depreciation of fixed assets). The latter equals to the market value of the goods and services provided by the government free of charge or at low prices to the households minus the value received by the government from the households.

Total Capital Formation refers to the fixed assets acquired minus those disposed and the change inventory, including the total fixed assets formation and the increase in inventory.

Total Fixed Capital Formation refers to the value of fixed assets purchased, transferred in by the resident units and those produced and used by themselves deducting the value of fixed assets sold and transferred out. It can be classified into total tangible assets formation and total intangible assets formation. The total tangible assets formation include the value of the construction projects, installation projects completed and the equipment, apparatus and instruments purchased as well as the value of land improved, the value of draught animals, breeding stock, milk, wool and recreational animals and the newly increased economic forest in a certain period. The total intangible assets formation includes the prospecting of minerals, the acquisition of computer software, the originals of recreational works and works of literature and arts minus the disposal of them.

Increase in Inventory refers to the market value of the change in inventory, i. e. the difference of value between the beginning and the end of the period. The increase in inventory can be positive or negative. A positive value indicates the increase in stock while a negative value indicates the decrease in stock. The inventory includes the raw materials, fuels and reserve materials purchased by the production units as well as the inventory of finished products, semi-finished products and work-in-progress, etc.

Net Export of Goods and Services refers to the difference of the exports of goods and services minus the imports of goods and services. The imports include the value of various goods and services sold or gratuitously transferred by the resident units to the non-resident units. The imports include the value of various goods and services purchased or gratuitously acquired by the resident units from the non-resident units. Because the provision of services and the use of them happen simultaneously, the import and export of services do not appear to have the phenomena of crossing the border of the country. The acquisition of services by the resident units from abroad is usually treated as import while the provision of services by the resident units to abroad is usually treated as export.

Three Industries Industry structure has been classified according to the historical sequence of development. Primary industry refers to extraction of natural resources; secondary industry involves processing of primary products; and tertiary industry provides services of various kinds for production and consumption. The above classification is universal although it varies to some extent from country to country. Industry in China comprises:

Primary industry: agriculture (including farming, forestry, animal husbandry and fishery).

Secondary industry: industry (including mining and quarrying, manufacturing, production and supply of electricity, water and gas) and construction.

Tertiary industry: all other industries not included in primary or secondary industry, including transportation, storage, postal and telecommunications, information conveyance, computer service and software, wholesale and retail trade, accommodations and catering trade, finance, real estate, lease and business service, scientific research and technical service, geological survey, management of water conservancy, environment and public utilities, service for residents and other services, education, public health, social security and welfare, culture, sports and amusement industry, public management and social organizations, and international organizations.

三 要素市场主要指标

MAIN INDICATORS ON THE FACTOR MARKET

3

三 、要素市场主要指标

简要说明

一、本篇资料反映广东土地、劳动力、技术、股票、房地产等要素市场方面的情况。
二、本篇资料由广东省统计局法规制度处整理、编辑。
三、资料来源：
1. 国有土地使用权出让、划拨情况来源于广东省国土资源厅。
2. 劳动力市场情况来源于广东省劳动与社会保障厅。
3. 城市房产市场交易情况来源于广东省建设厅。
4. 技术市场交易情况来源于广东省科学技术厅。
5. 人才市场情况来源于广东省人事厅。
6. 股票发行情况资料来源于中国证券监督管理委员会广州办公室和深圳办公室。

3 MAIN INDICATORS ON THE FACTOR MARKET

Brief Introduction

Ⅰ. Data in this chapter show the conditions of the factor market of Guangdong Province, including land, labor force, technology, stock and real estate.

Ⅱ. Data in this chapter are prepared and compiled by the Division of Statistical Legislation and Programs Management of Guangdong Provincial Bureau of Statistics.

Ⅲ. Main sources of the data in this chapter:

1) Data on the selling and transfering of the use right of state-owned land are provided by the Land and Resources Department of Guangdong Province.

2) Data on the labor force market are provided by the Labor and Social Security Department of Guangdong Province.

3) Data on the transaction in the market of urban real estate are provided by the Construction Department of Guangdong Province.

4) Data on the transaction in technical market are provided by the Science and Technology Department of Guangdong Province.

5) Data on the personnel-recruiting market are provided by the Personnel Department of Guangdong Province.

6) Data on the stock issuing are provided by China Securties Regulatory Committee Guangzhou Office and Shenzhen Office.

3-1 国有土地使用权出让、划拨情况

BASIC STATISTICS ON LEASE AND ADMINISTRATIVE ALLOCATION OF THE USE RIGHT OF STATE-OWNED LAND

指标名称		Item		1995	2000	2001	2002
国有土地使用权出让		Lease of the Use Right of State-owned Land					
出让地块	（宗）	Number of Blocks	（unit）	9701	8305	9340	8193
出让面积	（万平方米）	Area of Totally Leased Land	（10000 sq.m）	8527	5542	7223	8201
土地使用权出让总收入	（万元）	Total Revenue from Leasing of the Use Right	（10000 yuan）	489501	1125286	1629440	1201546
征地费		Expropriation Fee		59731	95900	99105	106476
开发费		Development Fee		103379	592421	822662	481786
净收益		Net Revenue		264210	436023	703515	602455
其他		Other Revenue		62181	942	4158	10829
国有土地使用权划拨		Administrative Allocation of the Use Right of State-owned Land					
划拨地块	（宗）	Number of Blocks	（unit）	6476	982	2943	1947
划拨面积	（万平方米）	Area of Allocation	（10000 sq.m）	6090	1315	1446	4022

3-2 各市国有土地使用权出让与划拨情况（2002 年）

LEASE AND ADMINISTRATIVE ALLOCATION OF THE USE RIGHT OF STATE-OWNED LAND BY CITY（2002）

市别 City	土地使用权出让 Lease of the Use Right of State-owned Land						土地使用权划拨 Administrative Allocation of the Use Right		实现流转的土地数量（万平方米） Total Land Area Transferred（10000 sq.m）
	地块（宗） Number of Blocks（unit）	面积（万平方米） Area（10000 sq.m）	有偿出让收入（万元） Revenue（10000 yuan）				地块（宗） Number of Blocks（unit）	面积（万平方米） Area（10000 sq.m）	
			征地费 Expropriation Fee	开发费 Development Fee	净收益 Net Revenue	其他 Others			
全省合计 Total	**8193**	**8201**	**106475**	**481786**	**602455**	**10829**	**1947**	**4022**	**12223**
广州 Guangzhou	340	821		33843	421729	720	118	556	1376
深圳 Shenzhen	427	1332		385497	42833				1332
珠海 Zhuhai	189	794	17698	7585			80	2402	3196
汕头 Shantou	97	206	16641	2764	3875	8668	17	28	234
韶关 Shaoguan	225	15	58	300	5204		79	31	46
河源 Heyuan	297	22			77		40	94	116
梅州 Meizhou	18	84	4358		1387		17	28	112
惠州 Huizhou	1452	1340	10020		4598		263	233	1573
汕尾 Shanwei	61	77	131		151	65	16	10	86
东莞 Dongguan	19	109	22328		4019		11	25	134
中山 Zhongshan	316	1135			17026				1135
江门 Jiangmen	432	509			14760		22	53	562
佛山 Foshan	2947	805	28604	47417	60108		85	94	899
阳江 Yangjiang	36	111	721	255	7177	1099	9	3	115
湛江 Zhanjiang	649	331	1668	545	3198		1020	172	503
茂名 Maoming	363	115		2088			73	175	289
肇庆 Zhaoqing	176	219	56		3582		14	15	234
清远 Qingyuan	98	141			11303		13	88	229
潮州 Chaozhou	26	22	3300	1174	660		15	13	35
揭阳 Jieyang	2	3	387		674		2	2	4
云浮 Yunfu	23	11	506	319	94	277	53		11

3-3 劳动力市场情况
MARKET OF LABOUR FORCE

指标名称	Item	1995	2000	2001	2002
职业介绍服务机构数（个）	Number of Labour Exchanges (unit)	1489	1355	1369	1723
劳动部门所属	Run by Labour Departments	1065	1039	923	1027
非劳动部门所属	Run By Other Departments	424	316	446	696
年末实有外省劳动力（万人）	Number of Labourers from Other Provinces at the Year-end (10000 persons)	359.79	534.60	592.30	746.80
年新增加的外省劳动力（万人）	Number of Newly Increased Non-native Labourers from Other Provinces in the Year (10000 persons)	76.14	120.80	122.50	102.31
年末实有省内外来劳动力（万人）	Number of Non-native Labourers within the Province at the Year-end (10000 persons)	255.68	234.10	249.40	265.90
城镇	Urban Area	60.45	65.80	66.50	68.70
农村	Rural Area	195.23	168.30	182.90	197.20
年末实有外出劳动力（万人）	Number of Out-going Labourers at the Year-end (10000 persons)	178.94	214.10	220.30	233.10
城镇	Urban Area	26.26	49.30	50.30	51.00
农村	Rural Area	152.68	164.80	170.00	182.10

3-4 各市劳动力市场情况（2002年）
MARKET OF LABOUR FORCE BY CITY (2002)

单位：个、万人 (unit, 10000 persons)

市别 City	职业介绍服务机构 Number of Labour Exchanges			本年求职登记人数 Number of Job Seekers Registered in the Year	本年末实有外省劳动力 Number of Labourers from Other Provinces at the Year-end	本年新增加的外省劳动力 Number of Newly Increased Labourers from Other Provinces in the Year	外来劳动力合计 Total Non-native Labourers	外出劳动力合计 Total Out-going Labourers
	合计 Total	劳动部门所属 Run by Labour Departments	非劳动部门所属 Run by Other Departments					
总计 Total	**1723**	**1027**	**696**	**300.75**	**746.80**	**102.31**	**265.90**	**233.10**
广州 Guangzhou	195	86	109	55.10	61.84	10.43	29.21	3.47
深圳 Shenzhen	71	16	55	53.87	255.47	38.63	113.32	
珠海 Zhuhai	57	16	41	28.87	18.64	5.88	7.24	0.25
汕头 Shantou	46	33	13	8.69	8.11	2.86	2.62	3.40
韶关 Shaoguan	55	43	12	4.80	2.29	0.83	1.48	15.57
河源 Heyuan	7	7		5.99	2.84	0.89	2.28	34.04
梅州 Meizhou	39	38	1	4.14	5.27	1.44	2.66	21.26
惠州 Huizhou	61	52	9	7.59	26.17	2.27	10.40	5.82
汕尾 Shanwei	51	50	1	5.94	8.59	0.92	1.86	6.26
东莞 Dongguan	54	33	21	11.99	183.79	7.50	28.13	
中山 Zhongshan	62	22	40	12.68	41.41	2.36	9.19	2.64
江门 Jiangmen	99	81	18	17.98	17.05	2.66	4.24	3.87
佛山 Foshan	380	239	141	31.46	91.98	20.78	38.32	6.15
阳江 Yangjiang	15	6	9	11.54	4.54	0.84	1.81	12.07
湛江 Zhanjiang	37	16	21	8.81	2.14	0.40	3.99	9.11
茂名 Maoming	91	91		14.01	3.14	0.55	1.07	62.31
肇庆 Zhaoqing	54	30	24	5.34	5.89	0.78	3.13	22.95
清远 Qingyuan	245	109	136	2.86	1.61	0.59	1.76	12.14
潮州 Chaozhou	35	5	30	2.53	2.37	0.92	0.74	0.75
揭阳 Jieyang	21	9	12	5.43	2.92	0.64	1.51	4.59
云浮 Yunfu	48	45	3	2.13	0.73	0.14	0.94	6.41

3-5 城市房地产市场交易情况
TRANSACTION IN THE MARKET OF URBAN REAL ESTATE

指标名称		Item		1995	2000	2001	2002
房产买卖		**Real Estate Exchange**					
成交面积	（万平方米）	Exchanged Area	（10000 sq.m）	1304	4882	4042	4269
#住　宅		Residential Buildings		1168	3453	3141	3692
办公用房		Business Buildings		31	91	109	83
商业用房		Commercial Buildings		105	290	323	243
成交金额	（万元）	Total Amount of Transactions	（10000 yuan）	2586660	11782171	8712626	14369222
#住　宅		Residential Buildings		2300408	9671368	668807	11411054
办公用房		Business Buildings		53587	398058	374036	508496
商业用房		Commercial Buildings		232665	1325874	1235838	1203858
房屋租赁		**House Leasing**					
出租面积	（万平方米）	Leased Area	（10000 sq.m）	2544	3984	3770	4613
#住　宅		Residential Buildings		1520	1665	1267	3904
办公用房		Business Buildings		181	389	546	78
商业用房		Commercial Buildings		843	1051	1277	560
出租金额	（万元）	Rent	（10000 yuan）	240299	* 74361	282019	
#住　宅		Residential Buildings		55208	* 20142	25137	
办公用房		Business Buildings		68557	* 3288	61006	
商业用房		Commercial Buildings		116534	* 41533	186164	
向个人出售住宅		**Residential Buildings Sold to Individuals**					
新建住宅面积	（万平方米）	Floor Space of Newly Constructed Residential Buildings	（10000 sq.m）	842	1739404	1518	
新建住宅回收资金	（万元）	Funds Reclaimed on Newly Constructed Residential Buildings	（10000 yuan）	2372963	7161400	2596444	
旧住宅面积	（万平方米）	Floor Space of Old Residential Buildings	（10000 sq.m）			2264	2157
旧住宅收回资金	（万元）	Funds Reclaimed on Old Residential Buildings	（10000 yuan）	2068	* 538382	1402969	3734963

注：带“ * ”号的数据未包括深圳市。
Note: Data marked with “ * ” exclude those of Shenzhen.

3-6 技术市场交易情况
TRANSACTION IN THE MARKET OF TECHNOLOGY

指标名称	Item	1995	2000	2001	2002
技术买方：项数 （项）	Technology Buyers: Number of Items （item）	5098	5464	9270	8265
金额 （万元）	Amount （10000 yuan）	125972	482104	539700	684500
工业企业项数 （项）	Number of Items by Industrial Enterprises （item）	3347	3739	6956	6097
金额 （万元）	Amount （10000 yuan）	94147	415226	461600	616800
科研机构项数 （项）	Number of Items by Scientific & Technological Research Institutions （item）	177	186	374	255
金额 （万元）	Amount （10000 yuan）	1544	17494	10200	5200
各级管理部门项数 （项）	Number of Items by Management Departments at All Levels （item）	400	464	627	525
金额 （万元）	Amount （10000 yuan）	12719	23864	38300	14700
技术贸易机构项数 （项）	Number of Items by Technology Trade Organizations （item）	88	42	39	25
金额 （万元）	Amount （10000 yuan）	1175	1148	1200	500
个人及个人合伙及其他项数 （项）	Number of Items by Individusal, Cooperative Individuals and Others （item）	1086	1033	1274	1363
金额 （万元）	Amount （10000 yuan）	16387	24372	28400	47300
技术卖方：项数 （项）	Technology Sellers: Number of Items （item）	5098	5464	9270	8265
金额 （万元）	Amount （10000 yuan）	125973	482104	539700	684500
工业企业项数 （项）	Number of Items by Industrial Enterprises （item）	190	793	2357	2612
金额 （万元）	Amount （10000 yuan）	5170	195931	152400	337500
科研机构项数 （项）	Number of Items by Scientific & Technological Research Institutions （item）	1635	1946	3211	2554
金额 （万元）	Amount （10000 yuan）	70271	77106	70200	50700
大中专院校项数 （项）	Number of Items by Institutions of Secondary and Higher Education （item）	263	520	900	536
金额 （万元）	Amount （10000 yuan）	4376	11871	26500	17400
技术贸易机构项数 （项）	Number of Items by Technology Trade Organizations （item）	2657	1948	2205	2138
金额 （万元）	Amount （10000 yuan）	42397	148471	43600	37500
个人及个人合伙及其他项数 （项）	Number of Items by Individuals, Cooperative Individuals and Others （item）	353	257	597	425
金额 （万元）	Amount （10000 yuan）	3759	48725	247000	246400

3-7 各市人才流动机构情况（2002年）
STATUS OF TALENT FLOW ORGANIZATIONS BY CITY（2002）

单位：个、人 （unit，person）

市别 City	挂牌人才市场 Listed Talent Markets	人才流动机构情况 Status of Talent Flow Organizations 市属 Under the Leadership of City 机构 Organizations	 市属 Under the Leadership of City 人员 Personnel	 县属 Under the Leadership of County 机构 Organizations	 县属 Under the Leadership of County 人员 Personnel	 民办 Run by the Local People 机构 Organizations	 民办 Run by the Local People 人员 Personnel	人才培训 Talents Training 次数 Times	 人数 Persons	人才交流会次数 Number of Talent Interexchage Meetings	参加人才交流会应聘人才 Number of Personnel Participating in Talent Interexchange Meetings
合 计 Total	**202**	**22**	**588**	**133**	**493**	**107**	**939**	**670**	**72640**	**2106**	**3767506**
广 州 Guangzhou	96	1	320	14	126	79	500	260	21896	226	509982
深 圳 Shenzhen	29	1	69	5	134	23	321	26	6445	835	2294330
珠 海 Zhuhai	1	1	21	4	50			125	4736	68	55265
汕 头 Shantou	6	1	22	8	25			26	16138	3	21780
韶 关 Shaoguan	3	1	10	11	12			3	259	32	1000
河 源 Heyuan	7							39	1983	10	557
梅 州 Meizhou	4	1	5	7	16			32	5185	9	1682
惠 州 Huizhou	6	1	11	5	23			5	2093	195	21859
汕 尾 Shanwei		1	2	6	8					1	896
东 莞 Dongguan	7	1	35			2	110			656	664037
中 山 Zhongshan	1	1	17							6	17500
江 门 Jiangmen	5	1	11	7	15			5	3500	5	17000
佛 山 Foshan	5							80	4847	20	110291
阳 江 Yangjiang	1	1	3	5	5			23	2406	13	8030
湛 江 Zhanjiang	1	1	2	11	24	2	8	22	1900		
茂 名 Maoming	7	1	2	6	11						965
肇 庆 Zhaoqing	8	1	6	7	7			13	580	18	31566
清 远 Qingyuan	2	1	6	8	9						
潮 州 Chaozhou	5	1	1	4	6					2	5000
揭 阳 Jieyang	4	1	6	9	14					2	1586
云 浮 Yunfu	3	1	3	5	8	1		11	672	5	4180

3-8 各市股票市场概况（2002 年）

STATUS OF STOCK MARKET BY CITY（2002）

市别 City	A股 A Shares			流通A股筹资 Capital Paid-in by Issue of Negotiable A Shares		
	发行A股数（万股）A Shares Issued（10000 shares）	市价总值（亿元）Total Market Value（100 million yuan）	流通市值（亿元）Negotiable Market Value（100 million yuan）	发行筹资额（亿元）Capital Paid-in by Issue（100 million yuan）	首次发行筹资额（亿元）Capital Paid-in by Initial Issue（100 million yuan）	配股（亿元）Share Rights Issued（100 million yuan）
合计 Total	**5020871.60**	**3903.78**	**1397.79**	**15.03**	**12.45**	
广州 Guangzhou	1029138.45	742.28	180.96	9.61	9.61	
深圳 Shenzhen	2426256.00	2084.37	800.96	2.58		
珠海 Zhuhai	223160.07	150.93	65.23			
汕头 Shantou	56746.13	34.05	13.41			
韶关 Shaoguan	83758.05	59.07	21.28			
河源 Heyuan						
梅州 Meizhou	147794.44	69.20	40.8			
惠州 Huizhou	51210.88	45.18	18.73			
汕尾 Shanwei						
东莞 Dongguan	225398.30	146.32	44.16			
中山 Zhongshan	67547.90	48.18	23.11			
江门 Jiangmen	140726.05	76.70	30.37			
佛山 Foshan	348778.93	213.69	76.4	2.84	2.84	
阳江 Yangjiang	17402.98	13.33	4.60			
湛江 Zhanjiang						
茂名 Maoming	40104.01	49.44	18.26			
肇庆 Zhaoqing	85602.00	73.59	34.35			
清远 Qingyuan	15231.15	15.08	3.77			
潮州 Chaozhou	10050.00	15.79	6.86			
揭阳 Jieyang	51966.26	66.58	14.59			
云浮 Yunfu						

注：1. 年末全省在深沪两地开户投资者 830.79 万户，其中深圳交易所 260.51 万户。
2. 上市公司家数、发行股数、投资者开户数为历年累计数。
3. 发行 A 股数包括已发行未流通的 A 股股数。
4. 上市股票市价总值 = A 股市价总值 + B 股市价总值 + H 股市价总值

3-8 续表 continued

市别 City	股本结构 Stock Fabric							
	总股本（万股）Total Capital Stocks（10000 shares）	流通 A 股（万股）Negotiable A Shares（10000 shares）	B 股（万股）B Shares（10000 shares）	法人股（万股）Corporate Shares（10000 shares）	外资法人股（万股）Foreign Corporate Shares（10000 shares）	募集法人股（万股）Corporate Shares Floated（10000 shares）	内部职工股（万股）Inside Shares Owned by Staff and Workers（10000 shares）	国有股（万股）State－owned Shares（10000 shares）
合　计 Total	**5327641.60**	**1797072.60**	**411924.20**	**1186352.32**	**183345.63**	**355183.53**	**14085.81**	**1614995.24**
广　州 Guangzhou	1029138.45	250236.50	96909.00	76250.42	17393.93	39632.28	2864.18	508122.34
深　圳 Shenzhen	2733026.00	938583.00	270997.00	791477.00	114847.00	127804.00	14.50	806196.00
珠　海 Zhuhai	223160.07	92999.85	12230.70	65587.52		35747.59		16594.42
汕　头 Shantou	56746.13	22342.93		3872.00		145.20		30386.00
韶　关 Shaoguan	83758.05	30684.22		1408.32		13371.67		38293.84
河　源 Heyuan								
梅　州 Meizhou	147794.43	97236.28		36656.97		11495.88		2405.31
惠　州 Huizhou	51210.88	20745.28		8947.62	5457.10	270.27		15790.61
汕　尾 Shanwei								
东　莞 Dongguan	225398.30	73348.02		10805.87	45647.59	9549.30	16.78	86030.73
中　山 Zhongshan	67547.89	34241.09		17357.03		7173.30		8776.47
江　门 Jiangmen	140726.05	57257.14		7638.15		34409.34	5911.92	35509.50
佛　山 Foshan	348778.93	101679.46	23200.00	111861.69		39631.00	2446.74	23295.06
阳　江 Yangjiang	17402.98	6000.00		4086.98		4520.02	2795.98	
湛　江 Zhanjiang								
茂　名 Maoming	40104.00	15374.97		2693.94		13913.33	35.71	8086.04
肇　庆 Zhaoqing	85602.00	39517.47		2483.10		10362.53		33238.91
清　远 Qingyuan	15231.15	3809.20		11421.96				
潮　州 Chaozhou	10050.00	4367.20		2425.00		3257.80		
揭　阳 Jieyang	51966.25	8650.00	8587.50	31378.75		500.00		2270.00
云　浮 Yunfu								

Note: a) The investors of the province opened 8,307,900 accounts in Shanghai and Shenzhen stock exchanges at the year-end, of which 2,605,100 accounts were opened in Shenzhen Stock Exchange.

b) The number of listing conpanies, issued stocks and investors opening an account refer to accumulative figures over the years.

c) The number of A shares issued includes those of shares issued but not negotiated.

d) Total market value of listed companies = total market value of A shares + total market value of B shares + total market value of H shares.

四 人口

POPULATION

4

四　人　　口

简要说明

一、本资料包括三部分内容：

1.2002年人口变动情况抽样调查的推算数据，包括年末常住人口、出生率、死亡率、自然增长率等；

2.2002年公安年报的户籍人口统计数据，包括表4-1以及表4-2的部分数据；

3.广东省2000年第五次全国人口普查跨县、区流动人口数据，包括表4-3至表4-7的全部数据。

二、本资料由广东省统计局人口与社会科技处整理提供。

4　POPULATION

Brief Introduction

Ⅰ. The data in this chapter are made up of three parts:

(1) the estimates from the sample surveys on 2002 population changes, including the year-end permanent population, birth rate, death rate and natural growth rate of population, etc;

(2) the statistics of residence registration population from 2002 annual reports of the public security, including part of figures in table 4-1 and part of figures in table 4-2;

(3) and the cross-county and cross-district floating population of the 5th national population census of Guangdong Province in 2000, including figures from tables 4-3 to 4-7.

Ⅱ. The data in this chapter are prepared and provided by the Division of Population, Social, Science and Technology Statistics of Guangdong Provincial Bureau of Statistics.

4-1 人口主要指标
MAIN POPULATION FIGURES

指　　标	Item	1985	1990	1995	2001	2002
一、年末常住人口　（万人）	Permanent Population at the Year-end (10000 persons)	5670.65	6346.22	6867.77	7783.41	7858.58
人口密度　（人/平方公里）	Population Density (person/sq.km)	318	351	382	426	430
二、户籍人口	Population with Residence Registration					
年末总户数　（万户）	Total Households at the Year-end (10000 households)	1205.64	1411.08	1631.03	1936.98	1976.99
年末总人口　（万人）	Total Population at the Year-end (10000 persons)	5655.60	6246.32	6788.74	7565.33	7649.29
# 农业人口	Agricultural Population	4457.68	4769.01	4753.37	5174.02	4881.98
非农业人口比重　（%）	Percentage of Non-agricultural Population (%)	21.18	23.65	29.98	31.61	36.18
性别比（女=100）	Sex Ratio (Female=100)	106.0	105.9	106.5	106.7	106.7
三、人口变动情况　（‰）	Status of Population Change (‰)					
出生率	Birth Rate	20.60	22.26	18.10	13.95	13.29
死亡率	Death Rate	6.33	5.76	5.70	5.12	5.08
自然增长率	Natural Growth Rate	14.27	16.50	12.40	8.83	8.21
迁入率	Immigration Rate	17.82	15.38	16.04	14.59	13.44
迁出率	Emigration Rate	15.12	12.56	13.31	12.26	10.77
总迁移率	Total Migration Rate	32.94	27.94	29.35	26.85	24.21
净迁移率	Net Migration Rate	2.70	2.82	2.73	2.33	2.67
跨省净迁移率	Net Migration Rate between Provinces	0.39	0.35	1.09	1.20	1.05

注：2002年户籍人口中的非农业人口采用新的口径进行统计，具体指：(1) 市、县所辖街道办事处区域内的常住人口；(2) 市辖镇、县辖镇所辖居民委员会或镇政府驻地村委会区域内的常住人口。

Note: In 2002, the non-agricultural population of the total population with residence registration is calculated by the new statistical coverage, including the permanent population in the neighborhood committees under the jurisdiction of cities and counties and the permanent population in the neighborhood committees under the jurisdiction of towns in cities and counties and the village committees where the town governments are located.

4-2 年末户籍总人口
TOTAL POPULATION WITH RESIDENCE REGISTRATION AT THE YEAR-END

单位：万人　　(10000 persons)

年份 Year	总人口 Total Population	按性别分 By Sex		按农业、非农业分 By Agricultural & Non-agricultural Population		人口密度（人/平方公里） Population Density (person/sq. km)
		男 Male	女 Female	非农业人口 Non-agricultural Population	农业人口 Agricultural Population	
1949	2782.72	1397.30	1385.42	437.46	2345.26	156
1952	1910.45	1457.24	1453.21	512.93	2397.52	164
1957	3301.79	1666.23	1635.56	597.13	2704.66	186
1962	3575.38	1799.73	1775.65	658.46	2916.92	201
1965	3865.51	1957.18	1908.33	679.99	3185.52	217
1970	4382.21	2222.88	2159.33	693.05	3689.16	246
1975	4858.48	2477.83	2380.65	759.84	4098.64	273
1978	5064.15	2586.68	2477.47	823.23	4240.92	285
1980	5227.67	2671.28	2556.39	909.71	4317.96	294
1982	5415.35	2771.86	2643.49	971.46	4443.89	304
1983	5494.12	2818.92	2675.20	1001.05	4493.07	309
1984	5576.62	2865.90	2710.72	1097.36	4479.26	313
1985	5656.60	2909.52	2746.08	1197.92	4457.68	318
1986	5740.70	2955.68	2785.02	1254.60	4486.10	323
1987	5832.15	3003.09	2829.06	1309.91	4522.24	328
1988	5928.31	3053.50	2874.81	1366.54	4561.77	333
1989	6024.98	3106.37	2918.61	1422.75	4602.23	338
1990	6246.32	3213.20	3033.12	1477.31	4769.01	351
1991	6348.95	3266.26	3082.69	1540.92	4808.03	357
1992	6463.17	3327.67	3135.50	1640.80	4822.37	363
1993	6581.60	3390.37	3191.23	1808.09	4773.51	369
1994	6691.46	3450.68	3240.78	1964.72	4726.74	376
1995	6788.74	3501.19	3287.55	2035.37	4753.37	382
1996	6896.77	3559.54	3337.23	2107.80	4788.97	388
1997	7013.73	3620.32	3393.41	2173.50	4840.23	394
1998	7115.65	3676.95	3438.70	2219.07	4896.58	400
1999	7298.88	3769.70	3529.18	2276.42	5022.46	410
2000	7498.54	3871.13	3627.41	2338.29	5160.25	422
2001	7565.33	3905.28	3660.05	2391.31	5174.02	426
2002	7649.29	3948.25	3701.04	2767.31	4881.98	430

4-3 第五次人口普查跨县、区流动人口户口性质状况

HOUSEHOLD STATUS OF CROSS-COUNTY AND CROSS-DISTRICT FLOATING POPULATION OF THE FIFTH NATIONAL POPULATION CENSUS

单位：万人 （10000 persons）

市别 City	跨县、区流动人口 Cross-county and Cross-district Floating Population			农业户口人口 Rural Household Population			非农业户口人口 Non-agricultural Household Population		
	合计 Total	男 Male	女 Female	小计 Sub-total	男 Male	女 Female	小计 Sub-total	男 Male	女 Female
合 计 Total	**2105.41**	**1055.35**	**1050.06**	**1807.25**	**894.92**	**912.33**	**298.16**	**160.43**	**137.73**
广 州 Guangzhou	331.29	179.68	151.61	272.06	147.57	124.49	59.23	32.11	27.12
深 圳 Shenzhen	584.85	285.35	299.50	476.55	227.82	248.73	108.31	57.53	50.78
珠 海 Zhuhai	58.15	28.44	29.71	45.14	21.87	23.27	13.01	6.57	6.44
汕 头 Shantou	24.39	12.24	12.15	20.42	10.27	10.15	3.98	1.98	2.00
韶 关 Shaoguan	21.71	12.11	9.60	15.99	9.00	6.99	5.73	3.12	2.61
河 源 Heyuan	7.70	4.25	3.45	5.70	3.07	2.63	2.00	1.18	0.82
梅 州 Meizhou	15.03	8.20	6.83	9.60	5.10	4.50	5.43	3.10	2.33
惠 州 Huizhou	91.30	44.77	46.53	79.55	38.49	41.06	11.75	6.28	5.47
汕 尾 Shanwei	8.55	4.15	4.40	7.18	3.46	3.72	1.37	0.69	0.68
东 莞 Dongguan	492.26	226.93	265.33	459.36	209.37	249.99	32.90	17.56	15.34
中 山 Zhongshan	104.49	51.56	52.93	96.41	47.23	49.18	8.08	4.33	3.75
江 门 Jiangmen	46.33	23.84	22.49	41.24	21.09	20.15	5.09	2.75	2.34
佛 山 Foshan	220.65	122.94	97.71	198.30	110.26	88.04	22.36	12.69	9.67
阳 江 Yangjiang	9.98	5.30	4.68	7.98	4.18	3.80	2.01	1.11	0.90
湛 江 Zhanjiang	15.30	7.77	7.53	12.13	6.09	6.04	3.17	1.68	1.49
茂 名 Maoming	9.13	4.07	5.06	6.97	2.87	4.10	2.16	1.21	0.95
肇 庆 Zhaoqing	18.65	9.54	9.11	14.70	7.44	7.26	3.95	2.10	1.85
清 远 Qingyuan	13.42	7.44	5.98	10.33	5.58	4.75	3.09	1.86	1.23
潮 州 Chaozhou	10.98	5.88	5.10	9.06	4.82	4.24	1.92	1.06	0.86
揭 阳 Jieyang	15.50	7.89	7.61	14.03	7.07	6.96	1.47	0.82	0.65
云 浮 Yunfu	5.72	3.00	2.72	4.55	2.28	2.27	1.17	0.73	0.44

注：本表数据由于四舍五入的关系，个别指标的平衡关系会存在微小的差异。
Note: The rounding-off method brings about minor discrepancy in the equilibrium of some indicators.

4-4 第五次人口普查跨县、区流动人口城乡分布状况

URBAN AND RURAL DISTRIBUTION OF CROSS-COUNTY AND CROSS-DISTRICT FLOATING POPULATION OF THE FIFTH NATIONAL POPULATION CENSUS

单位：人　　　　　　　　　　　　　　　　　　　　　　　　(person)

市别 City	跨县、区流动人口 Cross-county and Cross-district Floating Population	市区 Urban District	分布在市区人口所占比例（%） Percentage of Population in Urban District	镇区 Town District	分布在镇区人口所占比例（%） Percentage of Population in Town District	乡村 Rural Areas	分布在乡村人口所占比例（%） Percentage of Population in Rural Areas
全省合计 Total	**21054116**	**11393512**	**54.1**	**5199998**	**24.7**	**4460606**	**21.2**
广　州 Guangzhou	3312887	2614722	78.9	341929	10.3	356236	10.8
深　圳 Shenzhen	5848539	4534203	77.5	827943	14.2	486393	8.3
珠　海 Zhuhai	581476	490477	84.4	56095	9.7	34904	6.0
汕　头 Shantou	243930	184114	75.5	36023	14.8	23793	9.8
韶　关 Shaoguan	217147	100052	46.1	81552	37.6	35543	16.4
河　源 Heyuan	76960	41990	54.6	11184	14.5	23786	30.9
梅　州 Meizhou	150322	70433	46.9	37310	24.8	42579	28.3
惠　州 Huizhou	913038	391041	42.8	276474	30.3	245523	26.9
汕　尾 Shanwei	85496	29028	34.0	37926	44.4	18542	21.7
东　莞 Dongguan	4922608	546854	11.1	2426210	49.3	1949544	39.6
中　山 Zhongshan	1044861	214433	20.5	510268	48.8	320160	30.6
江　门 Jiangmen	463298	239007	51.6	56281	12.2	168010	36.3
佛　山 Foshan	2206538	1414477	64.1	326882	14.8	465179	21.1
阳　江 Yangjiang	99848	63600	63.7	16275	16.3	19973	20.0
湛　江 Zhanjiang	152990	85465	55.9	19085	12.5	48440	31.7
茂　名 Maoming	91301	38488	42.2	16120	17.7	36693	40.2
肇　庆 Zhaoqing	186533	125926	67.5	29194	15.7	31413	16.8
清　远 Qingyuan	134215	51260	38.2	28867	21.5	54088	40.3
潮　州 Chaozhou	109839	52530	47.8	26486	24.1	30823	28.1
揭　阳 Jieyang	155042	82463	53.2	21007	13.6	51572	33.3
云　浮 Yunfu	57248	22949	40.1	16887	29.5	17412	30.4

4-5 第五次人口普查跨县、区流动人口分年龄人口数

CROSS-COUNTY AND CROSS-DISTRICT FLOATING POPULATION OF THE FIFTH NATIONAL POPULATING CENSUS BY AGE GROUP

单位：人 (person)

市别	City	合计 Total Population	0-4 Aged 0-4	5-9 Aged 5-9	10-14 Aged 10-14	15-19 Aged 15-19	20-24 Aged 20-24	25-29 Aged 25-29	30-34 Aged 30-34
合 计	**Total**	**21054116**	**556302**	**428018**	**306181**	**3380923**	**5610873**	**4609424**	**2944495**
广 州	Guangzhou	3312887	114101	79543	55445	445443	780869	741011	512459
深 圳	Shenzhen	5848539	147159	119396	80230	953838	1661279	1275376	777386
珠 海	Zhuhai	581476	21651	19785	15473	76582	128107	118905	84887
汕 头	Shantou	243930	8715	7707	4566	31309	52968	55137	36527
韶 关	Shaoguan	217147	12475	12710	11209	19228	23485	31719	32780
河 源	Heyuan	76960	3126	3639	3048	6366	10618	13342	11149
梅 州	Meizhou	150322	7932	7483	6786	17962	16700	23589	19780
惠 州	Huizhou	913038	23755	22575	16755	161025	226353	186177	126889
汕 尾	Shanwei	85496	3371	4456	4091	9291	13334	18416	13391
东 莞	Dongguan	4922608	79050	46947	29672	1006507	1614360	1094402	586253
中 山	Zhongshan	1044861	22695	15090	11231	168501	292297	249464	151400
江 门	Jiangmen	463298	15886	14985	13918	59779	96531	96619	70545
佛 山	Foshan	2206538	60830	37293	20815	301090	517786	516834	371421
阳 江	Yangjiang	99848	3988	4827	4702	10481	16148	17933	14602
湛 江	Zhanjiang	152990	7986	9588	9181	18277	20519	23179	21873
茂 名	Maoming	91301	3686	4117	3822	8766	14583	17219	13716
肇 庆	Zhaoqing	186533	6041	5451	4475	32038	39620	32898	23955
清 远	Qingyuan	134215	6140	5708	5112	15242	18543	22219	20416
潮 州	Chaozhou	109839	3270	2539	2159	13086	20812	24486	18593
揭 阳	Jieyang	155042	2161	1982	1716	20876	37552	39467	26128
云 浮	Yunfu	57248	2284	2197	1775	5236	8409	11032	10345

市别	City	35-39 Aged 35-39	40-44 Aged 40-44	45-49 Aged 45-49	50-54 Aged 50-54	55-59 Aged 55-59	60-64 Aged 60-64	65-69 Aged 65-69	70岁及以上 Aged 70 and over
合 计	**Total**	**1516528**	**627038**	**407455**	**227060**	**137401**	**121935**	**83022**	**97461**
广 州	Guangzhou	277252	115620	75332	40202	23732	20759	13911	17208
深 圳	Shenzhen	390393	163497	108043	61030	37761	33155	20753	19243
珠 海	Zhuhai	47614	21566	15280	9173	6382	6563	4541	4967
汕 头	Shantou	18996	8613	6550	4388	2723	2343	1541	1847
韶 关	Shaoguan	24572	14241	11093	8138	4589	3892	2820	4196
河 源	Heyuan	7508	4361	3030	2251	2105	2136	1833	2448
梅 州	Meizhou	14305	8282	6706	4892	3645	3937	3401	4922
惠 州	Huizhou	67758	29366	18875	10748	6743	6083	4500	5436
汕 尾	Shanwei	7654	3451	2823	1779	1102	902	655	780
东 莞	Dongguan	262242	93401	54371	25533	12225	8464	4415	4766
中 山	Zhongshan	72812	26091	15274	7446	4327	3574	2238	2421
江 门	Jiangmen	40132	18070	12772	7428	4489	4205	3172	4767
佛 山	Foshan	194373	75189	44592	22536	13330	12178	8391	9880
阳 江	Yangjiang	9512	4619	3768	2678	1838	1696	1335	1721
湛 江	Zhanjiang	15503	8877	5736	3617	2226	2128	1783	2517
茂 名	Maoming	8332	4382	3284	2521	1895	1850	1439	1689
肇 庆	Zhaoqing	14430	7276	5583	3913	2665	2678	2251	3259
清 远	Qingyuan	13658	7381	5729	3692	2775	2693	2062	2845
潮 州	Chaozhou	10380	4776	3529	2083	1134	1068	880	1044
揭 阳	Jieyang	12916	5035	3123	1658	824	708	389	507
云 浮	Yunfu	6186	2944	1962	1354	891	923	712	998

4-6 第五次人口普查跨县、区流动人口受教育程度
CROSS-COUNTY AND CROSS-DISTRICT FLOATING POPULATION OF THE FIFTH NATIONAL POPULATION CENSUS BY EDUCATIONAL ATTAINMENT

单位：人　　　　(person)

市别	City	6岁及以上人口 Population Aged 6 and over	未上过学 No Schooling	扫盲班 Eliminate Illiteracy	小学 Primary School	初中 Junior Middle School	高中 Senior Middle School	中专 Specialized Secondary School	大学专科 Junior College	大学本科 University	研究生 Graduate Student
合　计	**Total**	**20381172**	**274843**	**33662**	**3393280**	**12520223**	**2564539**	**945455**	**470170**	**169391**	**9609**
广　州	Guangzhou	3174885	44402	6220	556344	1870297	402325	157223	99839	36105	2130
深　圳	Shenzhen	5671160	62345	7678	667065	3428496	897411	330645	191699	80361	5460
珠　海	Zhuhai	554900	13857	1423	99026	294841	91534	31556	16095	6270	298
汕　头	Shantou	233081	7656	684	69679	121392	22330	6856	3404	1030	50
韶　关	Shaoguan	201857	10025	1010	64625	87693	24331	8032	4867	1205	69
河　源	Heyuan	72955	3607	378	20082	35650	8703	2893	1361	266	15
梅　州	Meizhou	140544	4859	398	37153	59561	22448	9718	5163	1166	78
惠　州	Huizhou	883515	15051	1536	180382	545167	86947	37920	12564	3827	121
汕　尾	Shanwei	81178	3185	481	30040	39015	5479	1302	1116	539	21
东　莞	Dongguan	4829378	22746	3832	596790	3334564	576567	205777	72016	16647	439
中　山	Zhongshan	1017760	9127	1415	180922	674642	106068	29250	12312	3898	126
江　门	Jiangmen	443818	9999	1206	127347	251969	34972	11978	4694	1578	75
佛　山	Foshan	2133499	33440	3654	477149	1313150	195588	68856	28937	12227	498
阳　江	Yangjiang	94735	4434	469	31550	44205	8936	2776	1920	424	21
湛　江	Zhanjiang	142887	7025	889	45963	59649	17066	8144	3091	1010	50
茂　名	Maoming	86636	5996	529	32192	33881	8255	3732	1609	416	26
肇　庆	Zhaoqing	179050	5505	527	40345	95962	18563	13942	3369	791	46
清　远	Qingyuan	126626	5834	545	39889	58348	12432	6458	2380	698	42
潮　州	Chaozhou	105902	2934	351	36089	53558	7954	3063	1563	373	17
揭　阳	Jieyang	152369	902	178	42263	92551	12315	2891	1027	232	10
云　浮	Yunfu	54437	1914	259	18385	25632	4315	2443	1144	328	17

4-7 第五次人口普查跨县、区流动人口中的文盲人口

ILLITERATE POPULATION IN THE CROSS-COUNTY AND CROSS-DISTRICT FLOATING POPULATION OF THE FIFTH NATIONAL POPULATION CENSUS

单位：人 (person)

市别 City	15岁及以上人口 Population Aged 15 and over			文盲人口 Illiterate Population		
	合计 Total	男 Male	女 Female	小计 Sub-total	男 Male	女 Female
合　计 Total	**19763615**	**9816854**	**9946761**	**235029**	**49597**	**185432**
广　州 Guangzhou	3063798	1656235	1407563	36337	8023	28314
深　圳 Shenzhen	5501754	2648115	2853639	54084	11840	42244
珠　海 Zhuhai	524567	251844	272723	12836	2666	10170
汕　头 Shantou	222942	111104	111838	6625	1287	5338
韶　关 Shaoguan	180753	101394	79359	8834	1515	7319
河　源 Heyuan	67147	37283	29864	3283	607	2676
梅　州 Meizhou	128121	70102	58019	4050	521	3529
惠　州 Huizhou	849953	412417	437536	12785	2762	10023
汕　尾 Shanwei	73578	34779	38799	2729	539	2190
东　莞 Dongguan	4766939	2180040	2586899	19729	5228	14501
中　山 Zhongshan	995845	487426	508419	7243	1596	5647
江　门 Jiangmen	418509	213843	204666	7981	1600	6381
佛　山 Foshan	2087600	1161350	926250	28140	6441	21699
阳　江 Yangjiang	86331	45336	40995	3930	793	3137
湛　江 Zhanjiang	126235	62567	63668	5977	1118	4859
茂　名 Maoming	79676	34360	45316	5552	652	4900
肇　庆 Zhaoqing	170566	86505	84061	4741	640	4101
清　远 Qingyuan	117255	65225	52030	5079	808	4271
潮　州 Chaozhou	101871	54665	47206	2604	570	2034
揭　阳 Jieyang	149183	75725	73458	705	193	512
云　浮 Yunfu	50992	26539	24453	1785	198	1587

主要统计指标解释

第五次人口普查跨县、区流动人口 指普查对象的普查登记地与户籍登记地不一致，并且户籍登记地在省内或省外的其他县、县级市或地级以上市市辖区的人口。

文盲人口 指没有达到国务院规定的脱盲标准（城市居民和乡、镇企业职工识字 2000 个，乡村居民识字 1500 个）的 15 岁及 15 岁以上人口。

性别比 总人口（或分年龄人口）中男性人数与女性人数之比。通常以每 100 个女性人口相应有多少男性人口表示。其计算公式为：

$$性别比 = （男性人口数 \div 女性人口数）\times 100$$

Explanatory Notes on Main Statistical Indicators

Cross-county and Cross-district Floating Population of the Fifth National Population Census refers to the population whose census registration place is different from the household registration place and whose household registration place is under the jurisdiction of other counties, county-level cities or cities at prefectural level in or out of a province.

Illiterate Population refers to the population aged 15 and over who doesn't reach the illiterate eliminating standards formulated by the State Council, i. e. the urban residents and the staff and workers in township enterprises can read 2000 Chinese characters and the rural residents can read 1500 Chinese characters.

Sex Ratio refers to the percentage of male population to female population among the total population (or the population by age group), which is often described as the proportion of per 100 female population to male population. The following formula is used:

$$\text{Sex Ratio} = \frac{\text{Number of Males}}{\text{Number of Females}} \times 100$$

五 从业人员和职工工资

EMPLOYMENT AND WAGES

5

五　从业人员和职工工资

简要说明

一、本篇资料反映广东劳动就业与工资的基本情况，分列 21 个地级以上市的主要劳动统计数据。包括按各种分组的全社会从业人员数、城镇以上单位职工人数、城镇私营企业和个体工商业从业人数、职工工资总额、平均工资以及城镇登记失业率、社会保险情况等。

二、本篇资料由广东省统计局人口和社会科技统计处整理提供。

三、本篇资料主要是根据国家统计调查制度搜集汇总，部分是由省劳动和社会保障厅、省工商行政管理局等部门提供并加工整理。

四、本篇资料中的职工及工资统计范围只包括城镇以上国有、集体及其他经济类型单位。

五、本篇资料中的社会从业人员主要包括本省劳动力以及在广东连续工作一年以上的外省劳动力。目前在广东工作一年以下的外省劳动力大约有 500 万人，这部分人主要集中在第二产业，大部分属临时工。

六、1998 年，劳动统计年报中对全部调查单位改按企业登记注册类型分组，使统计口径发生变化。即国有单位中不再包括国有联营和有限责任公司中的国有独资公司；城镇集体单位中不再包括集体联营和股份合作企业；其他单位则包括国有联营和有限责任公司中的国有独资公司，集体联营和股份合作企业。

5　EMPLOYMENT AND WAGES

Brief Introduction

Ⅰ. The data in this chapter show the basic conditions of labor resources, employment and wages of Guangdong Province and the major labor statistics of twenty-one cities, including number of the employed persons, number of staff and workers employed in units in urban areas, number of persons employed in the urban private enterprises and self-employed persons in industry and commerce, total wages of staff and workers, average wages of staff and workers, registered urban unemployment rate and social insurance, etc.

Ⅱ. The data in this chapter are prepared and provided by the Division of Population, Social, Science and Technology Statistics of Guangdong Provincial Bureau of Statistics.

Ⅲ. The data in this chapter are collected and tabulated mainly in accordance with the statistical survey scheme of the National Bureau of Statistics, part of which are processed and prepared from the figures provided by Guangdong Provincial Department of Labor and Social Security, Guangdong Provincial Administration for Industry and Commerce and some other related organs.

Ⅳ. The statistical coverage of staff and workers and wages in this chapter only includes the state-owned units, the collective owned units and other economic ownership in urban areas.

Ⅴ. The employed persons in this chapter mainly include the labor resources of Guangdong origin and the migrant labors working in Guangdong over one year in a row. At present, the migrant labors working in Guangdong below one year reach about 5 million, part of who are engaged in the secondary industry as the temporary workers.

Ⅵ. Since 1998, the statistical coverage of the annual reports of labor statistics has been adjusted, in which all the survey units are grouped by registration ownership of the enterprises, i. e. the state-owned units excludes the exclusively state-invested companies in state-owned joint ownership units and limited liability companies, the urban collective units excludes the collective-owned joint ownership units and share-holding cooperative operation and the other units include the exclusively state-invested companies in state-owned joint ownership units and limited liability companies, the collective-owned joint ownership units and share-holding cooperative operation.

5-1 从业人员与职工工资主要指标

MAIN INDICATORS ON EMPLOYED PERSONS AND WAGES OF STAFF AND WORKERS

指　标	Item	1980	1990	1995	2000	2001	2002
从业人员人数　（万人）	**Number of Employed Persons（10000 persons）**	**2367.78**	**3118.10**	**3551.20**	**3989.32**	**4058.63**	**4134.37**
城镇职工	Urban Staff and Workers	563.62	785.49	911.90	818.94	787.36	792.74
国有单位	State-owned Units	400.19	528.13	548.98	463.22	431.72	407.94
企　业	Enterprises		368.65	354.46	242.82	211.79	184.73
事业和机关	Institutions and Agencies		159.48	194.52	220.39	219.93	223.21
城镇集体单位	Urban Collective Owned Units	163.43	207.62	202.36	123.93	107.14	97.39
其他各种单位	Units of Other Types of Ownership		49.74	160.56	231.79	248.50	287.41
农村乡（镇）劳动者	Rural Employed Persons	1793.20	2264.67	2394.40	2789.98	2858.71	2784.39
城镇私营企业从业人员	Employed Persons in Urban Private Enterprises			76.00	151.73	182.09	221.09
城镇个体劳动者	Self-employed Individuals in Urban Areas	10.96	67.94	129.90	164.94	184.94	214.10
其　他	Other Employees			39.00	63.73	45.53	122.05
第一产业劳动者	Employed Persons in Primary Industry	1673.57	1651.71	1473.60	1593.68	1587.48	1572.92
第二产业劳动者	Employed Persons in Secondary Industry	404.80	848.37	1199.00	1114.86	1131.96	1202.92
第三产业劳动者	Employed Persons in Tertiary Industry	289.41	618.02	878.60	1280.78	1339.19	1358.53
离、退休及退职人员	Retirees and Resigned Persons		124.07	159.78	196.60	202.06	214.68
#国有单位	State-owned Units		83.00	116.21	136.64	143.53	152.66
城镇失业人员就业数	Employees from Urban Unemployed Persons		42.84	43.67	52.65	58.79	71.55
#国有单位安置	Employed by State-owned Units		17.05	14.52	6.25	8.39	8.21
城镇集体单位安置	Employed by Urban Collective Owned Units		13.98	12.32	6.40	6.10	6.80
职工工资总额　（亿元）	**Total Wages of Staff and Workers（100 million yuan）**	**42.83**	**223.29**	**734.14**	**1051.36**	**1160.85**	**1326.59**
国有单位	State-owned Units	32.00	154.96	458.86	614.03	674.90	753.08
城镇集体单位	Urban Collective Owned Units	10.83	50.06	124.32	93.07	83.85	81.54
其他各种单位	Units of Other Types of Ownership		18.27	150.96	344.26	402.10	491.97
职工平均工资　（元）	**Average Wage of Staff and Workers（yuan）**	**789**	**2929**	**8250**	**12799**	**14620**	**16769**
国有单位	State-Owned Units	828	3000	8540	13203	15492	18366
城镇集体单位	Urban Collective Owned Units	691	2508	6395	7408	7704	8403
其他各种单位	Units of Other Types of Ownership		3972	9546	14919	16115	17321

5-2 从业人员年末人数

NUMBER OF EMPLOYED PERSONS AT THE YEAR-END

单位：万人 （10000 persons）

年份 Year	合计 Total	城镇国有、集体、其他单位从业人员 Employed Persons in Urban State-owned, Collective Owned and Other Units	城镇私营企业从业人员年末人数 Employed Persons in Urban Private Enterprises	城镇个体劳动者人数 Self-employed Individual Workers in Urban Areas	农村社会劳动者人数 Social Laborers in Rural Areas	其他 Others
1952	1271.21	51.41		179.00	1040.80	
1957	1537.40	240.80		11.00	1285.60	
1962	1633.53	267.93		10.30	1355.30	
1965	1636.13	311.06		7.57	1317.50	
1970	1889.60	356.90		5.00	1257.70	
1978	2153.87	431.61		4.06	1718.20	
1980	2275.95	515.85		2.60	1757.50	
1979	2304.95	535.37		2.58	1767.00	
1980	2367.78	563.62		10.96	1793.20	
1981	2423.79	587.34		10.75	1825.70	
1982	2521.38	608.12		11.96	1901.30	
1983	2569.70	612.65		18.55	1938.50	
1984	2637.49	631.77		24.92	1980.80	
1985	2731.11	660.82		31.69	2038.60	
1986	2811.92	686.20		33.72	2092.00	
1987	2910.99	720.34		42.54	2148.62	
1988	2994.72	747.67		59.43	2178.62	
1989	3041.27	762.61		58.11	2220.55	
1990	3118.10	785.49		67.94	2264.67	
1991	3259.20	827.58	19.58	68.23	2290.41	53.40
1992	3367.21	858.12	26.21	76.37	2336.13	70.38
1993	3433.91	877.16	39.51	103.72	2325.94	87.58
1994	3493.15	879.84	58.22	117.01	2345.19	92.89
1995	3551.20	911.90	76.00	129.90	2394.40	39.00
1996	3641.30	904.07	89.40	132.00	2406.07	109.76
1997	3701.90	897.32	105.80	138.00	2448.07	112.71
1998	3783.87	884.80	126.42	154.94	2507.57	110.14
1999	3796.32	857.07	132.95	169.34	2538.30	98.66
2000	3989.32	818.94	151.73	164.94	2789.98	63.73
2001	4058.63	737.12	182.09	184.94	2858.71	95.77
2002	4134.37	751.23	221.09	214.10	2784.39	163.56

5-3 按各种分组的从业人员年末人数
NUMBER OF EMPLOYED PERSONS AT THE YEAR-END BY REGISTRATION STATUS AND SECTOR

单位：万人 (10000 persons)

项 目	Item	2000	2001	2002
从业人员总数	**Total Number of Employed Persons**	**3989.32**	**4058.63**	**4134.37**
按登记注册类型分组	**Grouped by Registration Ownership**			
国有单位	State-owned Units	471.03	400.11	382.91
集体单位	Collective Owned Units	2368.89	2392.62	1794.68
股份合作单位	Cooperative Units	11.07	11.89	16.58
联营单位	Joint Ventures	7.28	6.14	12.57
有限责任公司	Limited Liability Corporations	38.29	45.36	93.41
股份有限公司	Share-Holding Corporations Ltd	29.79	29.22	36.73
外商投资单位	Foreign Funded Units	43.47	46.37	92.52
港澳台投资单位	Units Funded by Entrepreneurs from Hong Kong, Macao and Taiwan	103.74	105.50	391.90
私营企业	Private Enterprises	217.54	245.33	401.67
个体经济	Individuals	308.88	334.78	360.75
其他经济	Units of Other Types of Ownership	0.47	1.17	111.69
按国民经济行业分组	**Grouped by Economic Sector**			
农、林、牧、渔业	Farming, Forestry, Animal Husbandry and Fishery	1593.68	1587.48	1572.92
采掘业	Mining and Quarrying	6.14	5.82	5.57
制造业	Manufacturing	813.03	832.67	1021.15
电力煤气水的生产供应业	Electricity, Gas and Water Production and Supply	19.35	19.62	19.18
建筑业	Construction	276.34	273.55	157.02
地质勘查业、水利管理业	Geological Prospecting and Water Conservancy	4.49	4.34	4.07
交通、仓储及邮电通信业	Transport, Storage, Postal and Telecommunication Services	140.58	143.55	142.33
批发和零售贸易、餐饮业	Wholesale and Retail Trade and Catering Services	449.93	457.01	465.18
金融、保险业	Banking and Insurance	33.24	32.66	33.16
房地产业	Real Estate Trade	15.58	17.23	38.49
社会服务业	Social Services	116.98	129.47	133.94
卫生、体育和社会福利业	Health Care, Sports and Social Welfare	48.98	49.50	51.21
教育文化广播电影电视业	Education, Culture and Arts, Radio, Film and Television	125.35	126.45	127.92
科学研究综合技术服务业	Scientific Research and Polytechnic Services	9.05	9.17	9.49
国家、政党机关社会团体	Government Agencies, Party Agencies and Social Organizations	82.16	80.40	67.01
其他行业	Others	254.44	289.71	285.73

注：2002年集体单位从业人员只包括城镇以上集体单位、乡镇集体企业以及直接利用集体所有的生产资料从事农林牧渔业的农民。

Note: In 2002, the persons employed in the collective owned units only include those employed in the collective owned units in urban areas and the township collective enterprises and the farmers directly using the means of production owned by the collective units to engage in farming, forestry, animal husbandry and fishery.

5-4 各市从业人员年末人数

NUMBER OF EMPLOYED PERSONS AT THE YEAR-END BY CITY

单位：万人 (10000 persons)

市 别 City	2000	2001	2002
广 州 Guangzhou	503.69	510.07	514.08
深 圳 Shenzhen	308.50	332.80	359.30
珠 海 Zhuhai	78.90	81.80	88.30
汕 头 Shantou	207.13	207.52	206.58
韶 关 Shaoguan	142.20	142.62	143.40
河 源 Heyuan	151.05	146.58	152.68
梅 州 Meizhou	207.23	208.39	209.06
惠 州 Huizhou	186.70	196.84	216.55
汕 尾 Shanwei	136.01	139.99	141.30
东 莞 Dongguan	97.88	100.13	104.10
中 山 Zhongshan	122.45	124.28	131.64
江 门 Jiangmen	208.68	206.80	209.99
佛 山 Foshan	193.50	190.44	205.74
阳 江 Yangjiang	129.57	139.79	147.61
湛 江 Zhanjiang	314.87	309.64	315.70
茂 名 Maoming	279.31	282.19	288.03
肇 庆 Zhaoqing	202.63	203.94	204.39
清 远 Qingyuan	178.76	185.11	186.24
潮 州 Chaozhou	121.00	122.00	122.90
揭 阳 Jieyang	253.79	266.18	269.32
云 浮 Yunfu	131.20	129.70	130.60

注：东莞的数据不包外来工。

Note: The data in Dongguan exclude the migrant labors.

5-5 职工年末人数
NUMBER OF STAFF AND WORKERS AT THE YEAR-END

单位：万人 （10000 persons）

项 目	Item	2001 职工人数 Number of Staff and Workers of 2001	# 国有单位 State-owned Units	# 城镇集体单位 Urban Collective Owned Units	2002 职工人数 Number of Staff and Workers of 2002	# 国有单位 State-owned Units	# 城镇集体单位 Urban Collective Owned Units
合 计	**Total**	**787.36**	**431.72**	**107.14**	**792.74**	**407.95**	**97.39**
一、按国民经济行业分	**Grouped by Economic Sector**						
农、林、牧、渔业	Farming, Forestry, Animal Husbandry and Fishery	18.01	16.53	0.49	16.30	14.99	0.36
采 掘 业	Mining and Quarrying	6.90	5.88	0.50	5.93	4.26	0.42
制 造 业	Manufacturing	262.17	46.68	38.55	272.92	35.95	34.07
电力、煤气及水的生产和供应业	Electricity, Gas and Water Production and Supply	20.43	14.91	1.67	20.44	14.06	1.52
建 筑 业	Construction	57.78	19.73	25.75	56.47	16.37	24.24
地质勘查业、水利管理业	Geological Prospecting, Water Conservancy	4.73	4.48	0.23	4.49	4.26	0.20
交通运输、仓储及邮电通信业	Transport, Storage, Postal and Telecommunication Services	47.83	32.73	4.60	47.54	31.40	3.73
批发和零售贸易、餐饮业	Wholesale and Retail Trade and Catering Services	82.05	42.67	19.76	72.23	34.94	16.44
金融、保险业	Banking and Insurance	26.67	17.46	5.77	26.50	16.70	5.87
房地产业	Real Estate Trade	11.98	5.76	1.31	13.89	5.65	1.93
社会服务业	Social Services	39.61	21.96	4.92	42.24	22.01	5.37
卫生、体育和社会福利业	Health Care, Sports and Social Welfare	34.23	32.28	1.58	34.82	33.30	1.13
教育、文化艺术和广播电影电视业	Education, Culture and Arts, Radio, Film and Television	91.08	90.08	0.80	93.17	92.02	0.84
科学研究和综合技术服务业	Scientific Research and Polytechnic Services	6.65	6.06	0.14	6.91	6.22	0.11
国家机关、政党机关和社会团体	Government Agencies, Party Agencies and Social Organizations	67.88	67.53	0.35	69.00	68.88	0.12
其他行业	Others	9.36	6.97	0.71	9.88	6.97	1.03
二、按产业分	**Grouped by Industry**						
第一产业	Primary Industry	21.42	19.72	0.71	19.55	18.04	0.56
第二产业	Secondary Industry	347.28	87.20	66.47	355.76	70.64	60.26
第三产业	Tertiary Industry	418.66	324.80	39.96	417.43	319.27	36.57

5-9 女职工年末人数

NUMBER OF FEMALE STAFF AND WORKERS AT THE YEAR-END

单位：万人 (10000 persons)

行业	Sector	1980	1990	1995	2000	2001	2002
合计	**Total**	**198.27**	**315.84**	**370.06**	**344.80**	**331.45**	**334.92**
农、林、牧、渔、水利业	Farming, Forestry, Animal Husbandry, Fishery and Water Conservancy	18.90	16.21	11.36	7.95	7.85	6.80
工业	Industry	95.48	161.57	186.22	152.52	145.31	152.39
地质普查和勘探业	Geological Prospecting	0.53	0.68	0.38	0.29	0.29	0.27
建筑业	Construction	7.08	6.90	8.96	7.17	7.26	6.70
交通运输、邮电通讯业	Transport, Postal and Telecommunication Services	11.30	11.55	14.06	14.55	13.32	13.06
商业、饮食业、物资供销和仓储业	Wholesale and Retail Trade, Catering Services, Goods Supply and Marketing and Storage	29.87	52.67	54.23	34.46	37.03	32.33
房地产、公用事业、居民和服务业	Real Estate Trade, Public Utilities and Resident Services	6.74	14.24	20.09	22.15	21.15	22.46
卫生、体育和社会福利事业	Health Care, Sports and Social Welfare	8.52	12.09	15.49	21.61	20.71	21.04
教育、文化艺术和广播电视事业	Education, Culture and Arts, Radio, Film and Television	12.39	19.88	29.20	47.56	44.87	45.38
科学研究和综合技术服务事业	Scientific Research and Polytechnic Services	1.23	1.89	2.37	2.28	2.04	2.18
金融、保险业	Banking and Insurance	1.48	5.14	9.66	12.69	11.47	11.95
国家机关、政党机关和社会团体	Government Agencies, Party Agencies and Social Organizations	4.75	13.02	18.04	21.57	20.15	20.36

5-10 城镇私营企业从业人员及个体劳动者年末人数

NUMBER OF EMPLOYED PERSONS IN URBAN PRIVATE ENTERPRISES AND SELF-EMPLOYED INDIVIDUALS AT THE YEAR-END

单位：万人 (10000 persons)

行业	Sector	1980	1990	1995	2000	2001	2002
合计	**Total**	**10.96**	**67.94**	**205.90**	**316.67**	**367.04**	**435.19**
农、林、牧、渔、水利业	Farming, Forestry, Animal Husbandry, Fishery and Water Conservancy	0.01	0.04	0.46	1.03	1.12	1.59
工业	Industry	1.27	12.73	47.34	59.54	76.74	99.46
建筑业	Construction	0.03	0.48	2.74	3.97	4.68	5.30
交通运输、邮电通讯业	Transport, Postal and Telecommunication Services	0.07	2.50	5.92	7.01	7.65	7.36
商业、饮食业、物资供销和仓储业	Wholesale and Retail Trade, Catering Services, Goods Supply and Marketing and Storage	8.02	44.98	120.70	184.99	200.75	221.44
房地产、公用事业、居民和服务业	Real Estate Trade, Public Utilities, and Resident Services	1.52	6.99	23.97	39.21	42.80	50.11
卫生、体育和社会福利事业	Health Care, Sports and Social Welfare	0.04	0.17	2.52	7.16	11.40	
教育、文化艺术和广播电视事业	Education, Culture and Arts, Radio, Film and Television		0.05	0.71	2.02	3.21	
科学研究和综合技术服务事业	Scientific Research and Polytechnic Services			1.54	4.39	6.99	
其他行业	Others				7.35	11.70	49.93

5-11 离休、退休及退职人员人数

NUMBER OF RETIRED AND RESIGNED PERSONS

单位：万人 (10000 persons)

指标	Item	1985	1990	1995	2000	2001	2002
合计	**Total**	**87.96**	**124.07**	**159.78**	**196.60**	**202.06**	**214.68**
一、国有单位	State-owned Units	55.39	83.00	116.21	136.64	143.53	152.66
离休	Retired Veterans	3.48	6.32	7.09	5.71	5.81	5.69
退休	Retired Persons	50.45	74.98	106.80	129.18	136.15	145.23
退职	Resigned Persons	1.46	1.70	2.32	1.75	1.57	1.74
二、城镇集体单位	Urban Collective Owned Units	32.40	40.50	39.58	39.80	41.49	41.55
离休	Retired Veterans		0.71	0.62	0.55	0.45	0.43
退休	Retired Persons		39.09	38.40	38.91	40.71	40.87
退职	Resigned Persons		0.70	0.56	0.34	0.33	0.25
三、其他各种单位	Other Units	0.17	0.57	3.99	20.16	17.04	20.47
离休	Retired Veterans		0.02	0.06	0.24	0.21	0.17
退休	Retired Persons		0.52	3.90	19.76	16.64	19.05
退职	Resigned Persons		0.03	0.03	0.16	0.19	1.25

5-12 各行业职工年末人数（2002年）
NUMBER OF STAFF AND WORKERS AT THE YEAR-AND BY SECTOR（2002）

单位：万人 （10000 persons）

项　　目	Item	职工人数 Number of Staff and Workers	国有单位 State-owned Units	城镇集体单位 Urban Collective Owned Units	其他单位 Other Units
合　　计	**Total**	**792.74**	**407.95**	**97.39**	**287.41**
一、按企业、事业和机关分	**Grouped by Enterprises, Institutions and Agencies**				
企　　业	Enterprises	564.84	184.73	93.16	286.95
#地方	Local Governments	524.16	144.05	93.16	286.95
事　　业	Institutions	158.50	153.92	4.12	0.46
#地方	Local Governments	150.41	145.83	4.12	0.46
机　　关	Agencies and Organizations	69.40	69.29	0.11	
#地方	Local Governments	64.09	63.98	0.11	
二、按国民经济行业分	**Grouped by Economic Sector**				
农、林、牧、渔业	Farming, Forestry, Animal Husbandry and Fishery	16.30	14.99	0.36	0.95
采　掘　业	Mining and Quarrying	5.93	4.26	0.42	1.24
制　造　业	Manufacturing	272.92	35.95	34.07	202.90
电力煤气水的生产供应业	Electricity, Gas and Water Production and Supply	20.44	14.06	1.52	4.86
建　筑　业	Construction	56.47	16.37	24.24	15.87
地质勘查业、水利管理业	Geological Prospecting and Water Conservancy	4.49	4.26	0.20	0.03
交通、仓储及邮电通信业	Transport, Storage, Postal and Telecommunication Services	47.54	31.40	3.73	12.42
批发和零售贸易、餐饮业	Wholesale and Retail Trade and Catering Services	72.23	34.94	16.44	20.86
金融、保险业	Banking and Insurance	26.50	16.70	5.87	3.93
房地产业	Real Estate Trade	13.89	5.65	1.93	6.31
社会服务业	Social Services	42.24	22.01	5.37	14.86
卫生、体育和社会福利业	Health Care, Sports and Social Welfare	34.82	33.30	1.13	0.40
教育文化广播电影电视业	Education, Culture and Arts, Radio, Film and Television	93.17	92.02	0.84	0.31
科学研究综合技术服务业	Scientific Research and Polytechnic Services	6.91	6.22	0.11	0.58
国家、政党机关社会团体	Government Agencies, Party Agencies and Social Organizations	69.00	68.88	0.12	
其他行业	Others	9.88	6.97	1.03	1.89

5-13 各市职工年末人数及年平均人数
NUMBER OF STAFF AND WORKERS AND AVERAGE PERSONS AT THE YEAR-END BY CITY

单位：万人 (10000 persons)

市别 City	2001				2002			
	合计 Total	国有单位 State-owned Units	城镇集体单位 Urban Collective Owned Units	其他单位 Other Units	合计 Total	国有单位 State-owned Units	城镇集体单位 Urban Collective Owned Units	其他单位 Other Units
一、全部职工 **Total Number**								
广州 Guangzhou	172.29	89.18	16.58	66.53	177.73	87.79	16.71	73.23
深圳 Shenzhen	96.40	32.18	3.75	60.47	103.31	30.46	2.60	70.25
珠海 Zhuhai	27.59	9.34	2.52	15.73	31.04	9.02	2.84	19.18
汕头 Shantou	37.55	22.88	9.36	5.31	35.75	21.62	8.42	5.70
韶关 Shaoguan	34.57	24.39	4.17	6.01	30.94	20.35	3.65	6.94
河源 Heyuan	17.96	13.48	2.33	2.16	17.69	12.24	2.28	3.17
梅州 Meizhou	27.97	22.34	3.27	2.36	26.32	20.55	2.96	2.82
惠州 Huizhou	45.31	18.40	8.42	18.50	49.54	17.85	6.47	25.22
汕尾 Shanwei	13.38	9.84	2.32	1.23	13.17	9.74	1.96	1.46
东莞 Dongguan	16.73	8.00	4.89	3.84	16.68	7.68	5.10	3.91
中山 Zhongshan	14.33	5.75	1.77	6.80	14.37	5.79	1.06	7.52
江门 Jiangmen	36.96	16.99	7.25	12.72	35.00	15.03	5.90	14.07
佛山 Foshan	45.41	18.37	5.31	21.73	46.07	18.13	4.59	23.35
阳江 Yangjiang	18.13	11.41	4.57	2.15	18.23	10.87	4.60	2.76
湛江 Zhanjiang	46.47	35.91	5.43	5.12	44.30	33.50	5.22	5.58
茂名 Maoming	31.52	24.52	5.97	1.02	30.85	22.24	5.76	2.84
肇庆 Zhaoqing	25.95	16.31	3.29	6.34	25.04	15.23	2.30	7.50
清远 Qingyuan	20.83	14.28	2.54	4.01	19.56	13.04	2.03	4.49
潮州 Chaozhou	16.79	10.26	4.80	1.73	16.30	9.95	4.52	1.83
揭阳 Jieyang	25.22	16.67	6.39	2.16	25.00	16.31	6.36	2.32
云浮 Yunfu	13.54	8.75	2.20	2.59	13.40	8.07	2.07	3.26
二、职工平均人数 **Average Persons**								
广州 Guangzhou	175.16	90.52	17.24	67.39	177.26	88.26	16.58	72.43
深圳 Shenzhen	95.64	31.90	3.76	59.98	101.95	30.00	2.58	69.37
珠海 Zhuhai	27.92	9.39	2.60	15.94	30.31	8.83	2.75	18.73
汕头 Shantou	37.67	22.97	9.46	5.25	35.72	21.60	8.44	5.67
韶关 Shaoguan	35.28	24.99	4.22	6.06	31.61	20.77	3.67	7.17
河源 Heyuan	17.88	13.54	2.25	2.09	17.60	12.29	2.25	3.06
梅州 Meizhou	28.38	22.70	3.39	2.30	26.30	20.58	2.98	2.75
惠州 Huizhou	45.20	18.41	8.36	18.43	48.32	17.85	6.42	24.05
汕尾 Shanwei	13.38	9.81	2.29	1.28	13.12	9.73	1.95	1.44
东莞 Dongguan	16.47	7.83	4.89	3.74	16.63	7.56	5.16	3.91
中山 Zhongshan	14.53	5.73	2.06	6.74	14.00	5.66	1.06	7.28
江门 Jiangmen	37.87	17.46	7.39	13.03	35.18	15.38	5.61	14.19
佛山 Foshan	45.67	18.55	5.47	21.65	45.88	18.11	4.54	23.23
阳江 Yangjiang	18.12	11.41	4.45	2.26	18.10	10.90	4.36	2.83
湛江 Zhanjiang	47.21	36.32	5.54	5.35	45.01	34.13	5.30	5.59
茂名 Maoming	31.57	24.54	6.04	0.99	31.12	22.41	5.82	2.89
肇庆 Zhaoqing	26.48	16.79	3.21	6.48	25.49	15.61	2.40	7.48
清远 Qingyuan	20.60	14.19	2.50	3.92	19.45	13.00	2.04	4.42
潮州 Chaozhou	17.71	10.73	5.15	1.83	17.35	10.57	4.78	2.01
揭阳 Jieyang	25.15	16.62	6.35	2.18	24.97	16.37	6.29	2.31
云浮 Yunfu	13.70	8.84	2.22	2.64	13.39	8.09	2.06	3.24

5-14 各市国有单位各行业职工年末人数（2002年）
NUMBER OF STAFF AND WORKERS IN STATE-OWNED UNITS AT THE YEAR-AND BY SECTOR BY CITY (2002)

单位：万人 (10000 persons)

市别 City		合计 Total	农林牧渔业 Farming, Forestry, Animal Husbandry and Fishery	采掘业 Mining and Quarrying	制造业 Manufacturing	电力、煤气、供应业 Electricity, Gas and Water Production and Supply	建筑业 Construction	地质勘查水利管理业 Geological Prospecting and Water Conservancy	交通、仓储及邮电业 Transport, Storage, Postal and Telecommunication Services	批发零售餐饮业 Wholesale and Retail Trade and Catering Services
广州	Guangzhou	87.79	1.35	0.25	9.39	2.23	5.20	0.65	11.17	7.51
深圳	Shenzhen	30.46	0.13	0.01	2.00	0.10	3.90	0.18	2.47	2.37
珠海	Zhuhai	9.02	0.97	0.01	0.34	0.25	0.24	0.04	0.72	0.46
汕头	Shantou	21.62	0.08	0.02	1.91	0.75	1.32	0.16	1.43	3.37
韶关	Shaoguan	20.35	0.67	1.45	3.48	0.95	0.43	0.32	1.60	1.32
河源	Heyuan	12.24	0.29	0.11	0.22	0.92	0.05	0.11	0.60	1.75
梅州	Meizhou	20.55	0.37	0.19	2.38	1.08	0.10	0.32	1.05	1.60
惠州	Huizhou	17.85	1.00	0.08	1.07	0.53	1.17	0.28	1.11	1.47
汕尾	Shanwei	9.74	0.73	0.14	0.19	0.45	0.02	0.16	0.55	1.31
东莞	Dongguan	7.68	0.05	0.01	0.36	0.19	0.16	0.04	0.42	0.36
中山	Zhongshan	5.79	0.04		0.06	0.17	0.07	0.09	0.36	0.02
江门	Jiangmen	15.03	0.20	0.02	1.54	0.52	0.10	0.12	0.86	1.09
佛山	Foshan	18.13	0.22		1.49	0.64	0.26	0.17	0.99	0.78
阳江	Yangjiang	10.87	0.66	0.09	0.56	0.34	0.17	0.10	0.52	1.44
湛江	Zhanjiang	33.50	4.53	0.72	3.68	0.94	0.81	0.49	2.68	3.52
茂名	Maoming	22.24	1.72	0.22	2.40	0.85	1.39	0.29	1.13	1.68
肇庆	Zhaoqing	15.23	0.45	0.18	1.26	0.57	0.63	0.19	1.02	0.80
清远	Qingyuan	13.04	0.52	0.10	0.72	0.79	0.14	0.13	0.93	0.47
潮州	Chaozhou	9.95	0.07	0.02	1.53	0.53	0.04	0.08	0.67	1.44
揭阳	Jieyang	16.31	0.83	0.03	1.07	0.84	0.13	0.21	0.68	1.68
云浮	Yunfu	8.07	0.12	0.61	0.30	0.42	0.03	0.11	0.45	0.48

市别 City		金融保险业 Banking and Insurance	房地产业 Real Estate Trade	社会服务业 Social Services	卫生、体育和社会福利事业 Health Care, Sports and Social Welfare	教育文化艺术广播电视事业 Education, Culture and Arts, Radio, Film and Television	科学研究综合技术服务事业 Scientific Research and Polytechnical Services	国家机关政党机关社会团体 Government Agencies, Party Agencies and Social Organizations	其他行业 Others
广州	Guangzhou	3.80	1.07	8.06	7.26	14.86	3.37	10.80	0.80
深圳	Shenzhen	1.69	1.25	2.99	2.91	4.25	0.51	5.50	0.22
珠海	Zhuhai	0.53	0.18	0.92	0.69	1.34	0.16	2.13	0.04
汕头	Shantou	0.74	0.36	0.98	1.66	4.97	0.24	3.33	0.28
韶关	Shaoguan	0.52	0.12	0.67	1.27	3.85	0.17	3.25	0.28
河源	Heyuan	0.24	0.14	0.40	1.07	3.41	0.11	2.62	0.21
梅州	Meizhou	0.59	0.43	0.50	1.79	5.90	0.14	3.66	0.46
惠州	Huizhou	0.70	0.50	1.09	1.22	3.57	0.17	3.55	0.34
汕尾	Shanwei	0.28	0.05	0.15	0.62	2.72	0.05	2.22	0.10
东莞	Dongguan	0.84	0.01	0.13	1.21	2.06	0.06	1.61	0.16
中山	Zhongshan	0.66	0.02	0.53	0.88	1.85	0.07	0.96	0.01
江门	Jiangmen	0.94	0.11	0.39	1.67	4.14	0.13	3.07	0.13
佛山	Foshan	1.58	0.25	0.75	2.01	5.12	0.15	3.65	0.08
阳江	Yangjiang	0.32	0.15	0.45	0.78	2.52	0.06	2.70	0.01
湛江	Zhanjiang	0.71	0.35	1.25	1.98	6.90	0.23	4.30	0.42
茂名	Maoming	0.59	0.15	0.62	1.10	6.10	0.09	3.74	0.17
肇庆	Zhaoqing	0.54	0.10	0.55	1.53	4.09	0.14	2.99	0.19
清远	Qingyuan	0.49	0.05	0.50	1.08	3.96	0.13	2.83	0.18
潮州	Chaozhou	0.31	0.09	0.31	0.70	2.49	0.09	1.43	0.15
揭阳	Jieyang	0.43	0.22	0.61	1.24	5.37	0.10	2.64	0.23
云浮	Yunfu	0.22	0.04	0.16	0.63	2.54	0.03	1.88	0.05

5-15 职工工资总额与平均工资

TOTAL WAGES AND AVERAGE WAGE OF STAFF AND WORKERS

年份 Year	工资总额（亿元） Total Wages (100 million yuan)				平均工资（元） Average Wage (yuan)			
	合计 Total	国有单位 State-owned Units	城镇集体单位 Urban Collective Owned Units	其他单位 Other Units	合计 Total	国有单位 State-owned Units	城镇集体单位 Urban Collective Owned Units	其他单位 Other Units
1952	1.84	1.79	0.05		387	392	271	
1957	11.05	7.46	3.59		458	592	312	
1962	13.65	10.43	3.22		501	570	359	
1965	16.07	11.45	4.62		527	615	389	
1970	18.59	12.80	5.79		532	583	447	
1975	24.31	17.78	6.53		575	611	494	
1978	30.59	22.67	7.92		615	638	558	
1979	35.56	26.37	9.19		685	718	605	
1980	42.83	32.00	10.83		789	828	691	
1981	49.40	37.01	12.39		873	912	774	
1982	56.69	43.03	13.66		961	1000	856	
1983	60.85	46.25	14.60		1021	1061	907	
1984	72.82	52.66	19.59	0.57	1187	1261	1017	1697
1985	88.91	63.42	23.85	1.64	1393	1458	1216	2209
1986	102.13	73.10	26.69	2.34	1541	1619	1330	2198
1987	121.10	84.99	31.99	4.12	1743	1805	1544	2469
1988	162.76	113.60	41.23	7.93	2250	2320	1979	3134
1989	200.39	139.38	47.74	13.27	2678	2763	2302	3641
1990	223.29	154.96	50.06	18.27	2929	3000	2508	3972
1991	268.19	179.81	60.15	28.23	3358	3383	2931	4558
1992	334.61	222.27	72.06	40.28	4027	4059	3510	5157
1993	455.33	300.91	83.79	70.63	5327	5431	4388	6435
1994	612.73	401.80	107.03	103.90	7117	7410	5565	8216
1995	734.14	458.86	124.32	150.96	8250	8540	6395	9546
1996	803.50	512.22	124.35	166.93	9127	9494	6799	10569
1997	858.35	539.95	120.36	198.04	9698	10032	6814	11635
1998	899.68	530.11	105.59	263.98	10233	10432	6671	12410
1999	970.70	567.54	101.72	301.44	11309	11579	7025	13492
2000	1051.36	614.03	93.07	344.26	12799	13203	7408	14919
2001	1160.85	674.90	83.85	402.10	14620	15492	7704	16115
2002	1326.59	753.08	81.53	491.97	16769	18366	8403	17321

5-16 各行业职工工资总额及平均工资
TOTAL WAGES AND AVERAGE WAGE OF STAFF AND WORKERS BY SECTOR

行 业	Sector	1980	1990	1995	2000	2001	2002
一、工资总额（亿元）	**Total Wages (100 million yuan)**	**42.83**	**223.29**	**734.14**	**1051.36**	**1160.85**	**1326.59**
农、林、牧、渔、水利业	Farming, Forestry, Animal Husbandry, Fishery and Water Conservancy	2.74	8.64	15.33	14.82	15.71	15.66
工 业	Industry	17.82	95.95	293.50	361.77	380.89	429.43
地质普查和勘探业	Geological Prospecting	0.31	1.07	1.71	1.59	1.69	1.86
建 筑 业	Construction	2.71	14.74	65.79	63.70	66.19	70.76
交通运输、邮电通讯业	Transport, Postal and Telecommunication Services	4.44	16.64	57.01	90.29	97.68	110.58
商业、饮食业、物资供销和仓储业	Wholesale and Retail Trade, Catering Services, Goods Supply and Marketing and Storage	6.46	31.10	81.09	88.79	88.22	88.73
房地产、公用事业、居民和服务业	Real Estate Trade, Public Utilities and Resident Services	1.16	10.34	44.45	79.20	90.18	104.09
卫生、体育和社会福利事业	Health Care, Sports and Social Welfare	1.21	6.82	23.58	50.68	62.34	74.95
教育、文化艺术和广播电视事业	Education, Culture and Arts, Radio, Film and Television	2.96	15.79	58.78	118.37	140.04	169.98
科学研究和综合技术服务事业	Scientific Research and Polytechnic Services	0.31	1.68	7.24	13.70	16.21	20.31
金融、保险业	Banking and Insurance	0.42	4.14	25.66	54.18	65.32	76.57
国家机关、政党机关和社会团体	Government Agencies, Party Agencies and Social Organizations	2.29	16.38	59.99	114.28	136.40	163.66
二、平均工资 （元）	**Average Wage (yuan)**	**789**	**2929**	**8250**	**12799**	**14620**	**16769**
农、林、牧、渔、水利业	Farming, Forestry, Animal Husbandry, Fishery and Water Conservancy	587	2046	5145	6523	7299	7970
工 业	Industry	804	3023	7995	11742	12944	14406
地质普查和勘探业	Geological Prospecting	1054	3325	8796	10752	12472	14997
建 筑 业	Construction	935	3346	8110	10922	11592	12635
交通运输、邮电通讯业	Transport, Postal and Telecommunication Services	903	3355	10729	18434	20812	24080
商业、饮食业、物资供销和仓储业	Wholesale and Retail Trade, Catering Services, Goods Supply and Marketing and Storage	761	2530	6866	9089	10320	11757
房地产、公用事业、居民和服务业	Real Estate Trade, Public Utilities and Resident Services	810	3513	10215	15851	17511	18748
卫生、体育和社会福利事业	Health Care, Sports and Social Welfare	771	3112	8864	15445	18388	21800
教育、文化艺术和广播电视事业	Education, Culture and Arts, Radio, Film and Television	710	2778	8510	13205	15438	18336
科学研究和综合技术服务事业	Scientific Research and Polytechnic Services	843	3059	10385	20113	24397	29601
金融、保险业	Banking and Insurance	721	3013	10941	20081	24049	28646
国家机关、政党机关和社会团体	Government Agencies, Party Agencies and Social Organizations	827	2958	8694	14660	17613	20837

5-17 国有单位职工工资总额及平均工资
TOTAL WAGES AND AVERAGE WAGE OF STAFF AND WORKERS IN STATE-OWNED UNITS

项　目	Item	1980	1990	1995	2000	2001	2002
一、工资总额（亿元）	**Total Wages (100 million yuan)**	**32.00**	**154.96**	**458.86**	**614.03**	**674.90**	**753.08**
按隶属关系分	**Grouped by Leadership**						
中　央	Under the Leadership of Central Government	3.20	23.15	80.14	126.82	133.91	151.84
省　属	Under the Leadership of Province	7.34	20.98	58.36	75.04	84.94	100.07
省辖市属	Under the Leadership of Cities Subordinate to Province		67.00	174.76	188.77	205.45	222.89
县及县以下	Under the Leadership of County and below		43.83	144.38	221.13	248.36	275.44
其　他	Others			1.22	2.26	2.23	2.85
按行业分	**Grouped by Economic Sector**						
农、林、牧、渔、水利业	Farming, Forestry, Animal Husbandry, Fishery and Water Conservancy	2.66	8.29	14.69	12.76	13.68	13.69
工　业	Industry	11.66	53.93	112.88	95.04	84.33	81.85
地质普查和勘探业	Geological Prospecting	0.31	1.07	1.71	1.57	1.65	1.81
建筑业	Construction	1.54	8.81	36.21	28.14	27.90	25.74
交通运输、邮电通讯业	Transport, Postal and Telecommunication Services	2.98	13.55	49.26	62.12	67.13	72.69
商业、饮食业、物资供销和仓储业	Wholesale and Retail Trade, Catering Services, Goods Supply and Marketing and Storage	5.61	21.59	52.60	48.15	44.49	42.10
房地产、公用事业、居民和服务业	Real Estate Trade, Public Utilities and Resident Services	0.87	6.77	27.33	42.57	46.91	47.66
卫生、体育和社会福利事业	Health Care, Sports and Social Welfare	0.64	4.73	22.78	48.24	59.41	72.46
教育、文化艺术和广播电视事业	Education, Culture and Arts, Radio, Film and Television	2.92	15.59	57.99	117.15	138.59	167.89
科学研究和综合技术服务事业	Scientific Research and Polytechnic Services	0.31	1.64	6.85	12.40	14.68	18.23
金融、保险业	Banking and Insurance	0.28	3.15	19.08	36.17	44.89	51.37
国家机关、政党机关和社会团体	Government Agencies, Party Agencies and Social Organizations	2.22	15.84	57.58	109.71	131.23	157.59
二、平均工资（元）	**Average Wage (yuan)**	**828**	**3000**	**8540**	**13203**	**15492**	**18366**
按隶属关系分	**Grouped by Leadership**						
中　央	Under the Leadership of Central Government	1036	3694	11393	20030	23628	28911
省　属	Under the Leadership of Province	822	2921	8909	15018	18765	23026
省辖市属	Under the Leadership of Cities Subordinate to Province		3300	9517	15190	17683	20985
县及县以下	Under the Leadership of County and below		2449	6667	9786	11498	13362
其　他	Others			9398	14659	14694	16716
按行业分	**Grouped by Economic Sector**						
农、林、牧、渔、水利业	Farming, Forestry, Animal Husbandry, Fishery and Water Conservancy	589	2031	5083	6079	6907	7543
工　业	Industry	889	3059	7895	10939	12102	14679
地质普查和勘探业	Geological Prospecting	1054	3326	8798	10768	12492	14994
建筑业	Construction	1008	3792	9660	13218	14047	15349
交通运输、邮电通讯业	Transport, Postal and Telecommunication Services	1055	3777	11612	18269	20893	23944
商业、饮食业、物资供销和仓储业	Wholesale and Retail Trade, Catering Services, Goods Supply and Marketing and Storage	792	2759	7283	8931	9876	11279
房地产、公用事业、居民和服务业	Real Estate Trade, Public Utilities and Resident Services	853	3454	10216	15436	16955	17353
卫生、体育和社会福利事业	Health Care, Sports and Social Welfare	838	3319	8831	15533	18580	22051
教育、文化艺术和广播电视事业	Education, Culture and Arts, Radio, Film and Television	714	2775	8493	13199	15446	18342
科学研究和综合技术服务事业	Scientific Research and Polytechnic Services	846	3054	10232	19748	24179	29511
金融、保险业	Banking and Insurance	796	3204	11038	20391	25406	30351
国家机关、政党机关和社会团体	Government Agencies, Party Agencies and Social Organizations	834	2956	8640	14603	17569	20875

5-18 城镇集体单位职工工资总额及平均工资
TOTAL WAGES AND AVERAGE WAGE OF STAFF AND WORKERS IN URBAN COLLECTIVE OWNED UNITS

项　目	Item	1980	1990	1995	2000	2001	2002
一、工资总额（亿元）	**Total Wages (100 million yuan)**	**10.83**	**50.06**	**124.32**	**93.07**	**83.85**	**81.53**
农、林、牧、渔、水利业	Farming, Forestry, Animal Husbandry, Fishery and Water Conservancy	0.07	0.26	0.37	0.60	0.58	0.50
工　业	Industry	6.16	27.41	57.12	33.14	29.36	26.52
地质普查和勘探业	Geological Prospecting		…	…	0.01	0.01	…
建 筑 业	Construction	1.17	5.71	27.53	19.51	19.22	19.14
交通运输、邮电通讯业	Transport, Postal and Telecommunication Services	1.46	2.92	5.18	3.53	3.09	2.32
商业、饮食业、物资供销和仓储业	Wholesale and Retail Trade, Catering Services, Goods Supply and Marketing and Storage	0.85	8.71	20.84	15.44	10.72	9.65
房地产、公用事业、居民和服务业	Real Estate Trade, Public Utilities and Resident Services	0.29	1.30	5.44	7.98	7.89	9.11
卫生、体育和社会福利事业	Health Care, Sports and Social Welfare	0.57	2.08	0.69	1.94	2.32	1.74
教育、文化艺术和广播电视事业	Education, Culture and Arts, Radio, Film and Television	0.04	0.12	0.44	0.85	1.02	1.25
科学研究和综合技术服务事业	Scientific Research and Polytechnic Services	…	0.02	0.12	0.29	0.22	0.19
金融、保险业	Banking and Insurance	0.14	0.99	4.98	7.50	8.18	9.87
国家机关、政党机关和社会团体	Government Agencies, Party Agencies and Social Organizations	0.08	0.54	1.61	2.27	1.24	1.24
二、平均工资（元）	**Average Wage (yuan)**	**691**	**2508**	**6395**	**7408**	**7704**	**8403**
农、林、牧、渔、水利业	Farming, Forestry, Animal Husbandry, Fishery and Water Conservancy	533	2232	6335	8066	8136	9132
工　业	Industry	682	2640	6378	6881	7040	7378
地质普查和勘探业	Geological Prospecting		1615	6368	8383	11213	4111
建 筑 业	Construction	854	2800	6679	7426	7629	8109
交通运输、邮电通讯业	Transport, Postal and Telecommunication Services	698	2181	5905	6440	6682	6251
商业、饮食业、物资供销和仓储业	Wholesale and Retail Trade, Catering Services, Goods Supply and Marketing and Storage	607	2049	5360	5576	5199	5700
房地产、公用事业、居民和服务业	Real Estate Trade, Public Utilities and Resident Services	702	2943	7917	11457	12371	12885
卫生、体育和社会福利事业	Health Care, Sports and Social Welfare	707	2719	9556	13008	14825	15369
教育、文化艺术和广播电视事业	Education, Culture and Arts, Radio, Film and Television	530	2520	8424	12298	12984	14919
科学研究和综合技术服务事业	Scientific Research and Polytechnic Services	493	2454	11652	15523	15191	16045
金融、保险业	Banking and Insurance	608	2531	9170	12571	13605	16614
国家机关、政党机关和社会团体	Government Agencies, Party Agencies and Social Organizations	668	3013	9075	11601	11363	10388

5-19 其他单位职工工资总额及平均工资

TOTAL WAGES AND AVERAGE WAGE OF STAFF AND WORKERS IN OTHER OWNERSHIP UNITS

行　　业	Sector	1990	1995	2000	2001	2002
一、工资总额（亿元）	**Total Wages (100 million yuan)**	**18.27**	**150.96**	**344.26**	**402.10**	**491.97**
农、林、牧、渔、水利业	Farming, Forestry, Animal Husbandry, Fishery and Water Conservancy	0.09	0.27	1.46	1.45	1.47
工　　业	Industry	14.61	123.51	233.59	267.19	321.06
地质普查和勘探业	Geological Prospecting			0.01	0.03	0.04
建　筑　业	Construction	0.22	2.06	16.06	19.07	25.88
交通运输、邮电通讯业	Transport, Postal and Telecommunication Services	0.17	2.56	24.64	27.46	35.57
商业、饮食业、物资供销和仓储业	Wholesale and Retail Trade, Catering Services, Goods Supply and Marketing and Storage	0.80	7.65	25.20	33.01	36.99
房地产、公用事业、居民和服务业	Real Estate Trade, Public Utilities and Resident Services	2.27	11.79	28.64	35.38	47.32
卫生、体育和社会福利事业	Health Care, Sports and Social Welfare	0.01	0.11	0.49	0.60	0.75
教育、文化艺术和广播电视事业	Education, Culture and Arts, Radio, Film and Television	0.08	0.35	0.36	0.43	0.84
科学研究和综合技术服务事业	Scientific Research and Polytechnic Services	0.02	0.19	1.00	1.31	1.90
金融、保险业	Banking and Insurance	…	1.68	10.51	12.24	15.33
国家机关、政党机关和社会团体	Government Agencies, Party Agencies and Social Organizations		0.80	2.30	3.92	4.83
二、平均工资（元）	**Average Wage (yuan)**	**3972**	**9564**	**14919**	**16115**	**17321**
农、林、牧、渔、水利业	Farming, Forestry, Animal Husbandry, Fishery and Water Conservancy	3770	8712	14816	14461	15433
工　　业	Industry	3924	9177	13497	14611	15557
地质普查和勘探业	Geological Prospecting			11559	11729	16595
建　筑　业	Construction	5253	8466	14909	15835	16560
交通运输、邮电通讯业	Transport, Postal and Telecommunication Services	4891	13222	25953	26963	30014
商业、饮食业、物资供销和仓储业	Wholesale and Retail Trade, Catering Services, Goods Supply and Marketing and Storage	3758	10921	15660	16652	17430
房地产、公用事业、居民和服务业	Real Estate Trade, Public Utilities and Resident Services	4193	11789	18579	20272	22550
卫生、体育和社会福利事业	Health Care, Sports and Social Welfare	6161	12781	18976	16817	19330
教育、文化艺术和广播电视事业	Education, Culture and Arts, Radio, Film and Television	4637	12906	19475	21250	25679
科学研究和综合技术服务事业	Scientific Research and Polytechnic Services	5399	18200	29500	30613	33332
金融、保险业	Banking and Insurance	5310	20331	32056	35208	39680
国家机关、政党机关和社会团体	Government Agencies, Party Agencies and Social Organizations		13671	26418	23678	26082

5-20 按各种分组的职工工资总额及平均工资（2002年）

TOTAL WAGES AND AVERAGE WAGE OF STAFF AND WORKERS BY SECTOR (2002)

项目	Item	工资总额（亿元） Total Wages (100 million yuan) 合计 Total	国有单位 State-owned Units	城镇集体单位 Urban Collective Owned Units	其他单位 Other Units	平均工资（元） Average Wage (yuan) 合计 Total	国有单位 State-owned Units	城镇集体单位 Urban Collective Owned Units	其他单位 Other Units
总计	**Total**	**1326.59**	**753.08**	**81.53**	**491.97**	**16769**	**18366**	**8403**	**17321**
一、按企业、事业和机关分	**Grouped by Enterprises, Institutions and Agencies**								
企业	Enterprises	885.49	318.44	75.83	491.23	15681	16921	8161	17322
#地方	Local Government	771.76	204.70	75.83	491.23	14739	13916	8161	17322
事业	Institutions	292.21	285.93	5.54	0.74	18575	18708	13763	16604
#地方	Local Government	267.90	261.62	5.54	0.74	17928	18047	13763	16604
机关	Agencies and Organizations	148.89	148.72	0.17		21546	21552	17110	
#地方	Local Government	132.25	132.08	0.17		20713	20719	17110	
二、按国民经济行业分	**Grouped by Economic Sector**								
农、林、牧、渔业	Farming, Forestry, Animal Husbandry and Fishery	11.71	9.92	0.32	1.46	7151	6583	8992	15505
采掘业	Mining and Quarrying	5.85	3.83	0.32	1.70	9591	8618	7615	13760
制造业	Manufacturing	376.52	47.56	23.84	305.12	13870	12781	7019	15234
电力煤气水的生产供应业	Electricity, Gas and Water Production and Supply	47.05	30.47	2.35	14.23	22944	21592	15216	29338
建筑业	Construction	70.76	25.74	19.14	25.88	12635	15349	8109	16560
地质勘查业、水利管理业	Geological Prospecting and Water Conservancy	5.81	5.58	0.18	0.05	12868	13019	9298	14353
交通、仓储及邮电通信业	Transport, Storage, Postal and Telecommunication Services	114.24	74.97	2.37	36.90	24047	23914	6268	29807
批发和零售贸易、餐饮业	Wholesale and Retail Trade and Catering Services	85.07	39.82	9.60	35.65	11514	10960	5695	17232
金融、保险业	Banking and Insurance	76.57	51.37	9.87	15.33	28646	30351	16614	39680
房地产业	Real Estate Trade	26.00	9.49	2.27	14.24	18950	16679	12091	23144
社会服务业	Social Services	78.09	38.17	6.84	33.08	18682	17529	13172	22304
卫生、体育和社会福利业	Health Care, Sports and Social Welfare	74.95	72.46	1.74	0.75	21800	22051	15369	19330
教育文化广播电影电视业	Education, Culture and Arts, Radio, Film and Television	169.98	167.89	1.25	0.84	18336	18342	14919	25679
科学研究综合技术服务业	Scientific Research and Polytechnic Services	20.31	18.23	0.19	1.90	29601	29511	16045	33332
国家、政党机关社会团体	Government Agencies, Party Agencies and Social Organizations	148.23	148.04	0.19		21574	21584	15649	
其他行业	Others	15.43	9.55	1.05	4.83	15693	13829	9792	26082

5-21 各市职工工资总额与平均工资
TOTAL WAGES AND AVERAGE WAGE OF STAFF AND WORKERS BY CITY

市别 City	2001 合计 Total	2001 国有单位 State-owned Units	2001 城镇集体单位 Urban Collective Owned Units	2001 其他各种单位 Other Units	2002 合计 Total	2002 国有单位 State-owned Units	2002 城镇集体单位 Urban Collective Owned Units	2002 其他各种单位 Other Units
一、工资总额（亿元）Total Wages (100 million yuan)								
广州 Guangzhou	387.81	240.15	21.70	125.96	453.49	281.76	22.90	148.83
深圳 Shenzhen	245.57	97.62	5.03	142.92	285.09	104.53	4.36	176.20
珠海 Zhuhai	46.80	19.86	3.33	23.61	55.67	23.59	3.15	28.94
汕头 Shantou	37.32	26.96	4.37	6.00	39.68	28.42	4.49	6.77
韶关 Shaoguan	33.03	24.80	2.46	5.77	35.75	25.44	2.42	7.88
河源 Heyuan	13.43	10.60	1.06	1.77	15.52	11.60	1.17	2.75
梅州 Meizhou	22.70	19.25	1.62	1.83	25.50	21.16	1.65	2.68
惠州 Huizhou	45.13	20.19	5.74	19.21	52.81	22.05	4.86	25.90
汕尾 Shanwei	11.28	8.75	1.28	1.25	12.03	9.52	1.09	1.42
东莞 Dongguan	26.31	15.35	5.30	5.66	29.39	16.68	5.94	6.77
中山 Zhongshan	23.60	12.56	2.31	8.73	26.25	14.63	1.40	10.22
江门 Jiangmen	37.69	20.30	5.51	11.88	38.70	20.54	4.69	13.47
佛山 Foshan	63.76	30.52	6.47	26.77	72.00	34.16	5.80	32.05
阳江 Yangjiang	14.46	9.83	2.99	1.64	15.34	10.21	3.11	2.01
湛江 Zhanjiang	38.04	31.97	1.87	4.20	40.06	33.16	1.91	4.99
茂名 Maoming	28.04	23.56	3.65	0.83	31.36	23.74	3.83	3.79
肇庆 Zhaoqing	24.70	16.75	2.12	5.83	27.71	18.66	1.74	7.32
清远 Qingyuan	20.32	15.13	1.77	3.41	23.21	17.34	1.67	4.20
潮州 Chaozhou	10.53	7.70	1.64	1.19	11.64	8.62	1.60	1.42
揭阳 Jieyang	15.70	11.86	2.22	1.63	18.81	14.74	2.39	1.68
云浮 Yunfu	12.15	8.73	1.42	2.00	13.57	9.55	1.37	2.66
二、平均工资（元）Average Wage (yuan)								
广州 Guangzhou	22141	26530	12582	18691	25583	31924	13815	20550
深圳 Shenzhen	25678	30600	13394	23829	27965	34844	16900	25402
珠海 Zhuhai	16760	21161	12787	14817	18371	26710	11467	15451
汕头 Shantou	9907	11737	4618	11435	11107	13154	5318	11932
韶关 Shaoguan	9364	9922	5834	9524	11308	12250	6585	10995
河源 Heyuan	7512	7830	4692	8488	8819	9435	5209	9002
梅州 Meizhou	7998	8480	4780	7976	9694	10285	5543	9768
惠州 Huizhou	9984	10965	6863	10419	10928	12352	7563	10769
汕尾 Shanwei	8429	8912	5596	9781	9168	9780	5591	9882
东莞 Dongguan	15973	19588	10834	15121	17672	22055	11517	17312
中山 Zhongshan	16246	21932	11212	12950	18750	25836	13284	14035
江门 Jiangmen	9951	11628	7454	9119	11001	13361	8358	9490
佛山 Foshan	13961	16450	11836	12365	15691	18857	12757	13797
阳江 Yangjiang	7977	8608	6730	7245	8474	9363	7130	7120
湛江 Zhanjiang	8057	8801	3375	7850	8900	9715	3608	8938
茂名 Maoming	8882	9599	6046	8412	10078	10596	6578	13118
肇庆 Zhaoqing	9328	9977	6606	8998	10872	11952	7251	9781
清远 Qingyuan	9861	10668	7072	8718	11932	13339	8215	9509
潮州 Chaozhou	5946	7179	3188	6478	6708	8156	3344	7090
揭阳 Jieyang	6244	7135	3493	7468	7533	9008	3796	7267
云浮 Yunfu	8870	9875	6395	7594	10136	11801	6622	8214

5-22 各市在岗职工工资总额及平均工资（2002年）
TOTAL WAGES AND AVERAGE WAGE OF FULLY EMPLOYED STAFF AND WORKERS BY CITY（2002）

市别 City	合计 Total	国有单位 State-owned Units	城镇集体单位 Urban Collective Owned Units	其他各种单位 Other Units
一、工资总额（亿元）Total Wages (100 million yuan)				
广州 Guangzhou	445.89	275.92	22.50	147.47
深圳 Shenzhen	283.28	103.51	4.32	175.45
珠海 Zhuhai	55.29	23.32	3.10	28.87
汕头 Shantou	38.76	27.62	4.41	6.72
韶关 Shaoguan	34.12	24.28	2.37	7.46
河源 Heyuan	15.04	11.18	1.14	2.72
梅州 Meizhou	24.64	20.44	1.60	2.61
惠州 Huizhou	52.30	21.62	4.82	25.86
汕尾 Shanwei	11.89	9.38	1.08	1.42
东莞 Dongguan	29.18	16.56	5.89	6.73
中山 Zhongshan	26.09	14.51	1.38	10.20
江门 Jiangmen	38.20	20.18	4.62	13.41
佛山 Foshan	71.28	33.71	5.73	31.84
阳江 Yangjiang	15.08	10.00	3.08	1.99
湛江 Zhanjiang	38.86	32.13	1.82	4.90
茂名 Maoming	30.27	22.88	3.78	3.61
肇庆 Zhaoqing	27.31	18.34	1.71	7.26
清远 Qingyuan	22.76	16.95	1.65	4.16
潮州 Chaozhou	11.35	8.37	1.57	1.41
揭阳 Jieyang	18.49	14.47	2.34	1.67
云浮 Yunfu	13.39	9.39	1.34	2.66
二、平均工资（元）Average Wage (yuan)				
广州 Guangzhou	26219	33124	14169	20805
深圳 Shenzhen	28218	35501	16969	25544
珠海 Zhuhai	18505	27092	11606	15523
汕头 Shantou	13567	15740	7835	12474
韶关 Shaoguan	12147	13336	7191	11342
河源 Heyuan	10221	10881	7058	9627
梅州 Meizhou	11018	11478	7778	10405
惠州 Huizhou	11318	13262	8006	10824
汕尾 Shanwei	10432	10935	7680	10117
东莞 Dongguan	17804	22228	11640	17348
中山 Zhongshan	18803	25974	13323	14064
江门 Jiangmen	11170	13599	8647	9560
佛山 Foshan	15872	19099	12999	13934
阳江 Yangjiang	9301	10259	7814	7924
湛江 Zhanjiang	10519	11003	6668	9800
茂名 Maoming	10382	10837	7035	13520
肇庆 Zhaoqing	11185	12379	7446	9937
清远 Qingyuan	12246	13692	8737	9638
潮州 Chaozhou	9348	10585	5961	8796
揭阳 Jieyang	9366	10274	6685	7786
云浮 Yunfu	10446	12176	7115	8248

5-23 各市社会基本养老、失业保险基金征缴额及征缴率（2002年）
AMOUNT COLLECTED AND PERCENTAGE OF COLLECTION OF BASIC RETIREMENT SECURITY INSURANCE AND UNEMPLOYMENT INSURANCE BY CITY (2002)

市别 City	基本养老保险 Basic Retirement Security Insurance		失业保险 Unemployment Insurance	
	基金征缴额（万元） Amount Collected (10000 yuan)	基金征缴率（%） Percentage of Collection (%)	基金征缴额（万元） Amount Collected (10000 yuan)	基金征缴率（%） Percentage of Collection (%)
合　计 Total	**2266243**	**98.00**	**181738**	**97.70**
广　州 Guangzhou	531038	97.89	87183	98.56
深　圳 Shenzhen	319521	99.77	6831	99.80
珠　海 Zhuhai	76074	99.43	8580	99.35
汕　头 Shantou	41570	97.27	5340	97.23
韶　关 Shaoguan	35058	89.47	5835	97.87
河　源 Heyuan	12560	98.19	964	95.45
梅　州 Meizhou	25950	94.42	2905	91.55
惠　州 Huizhou	45170	95.67	6251	91.44
汕　尾 Shanwei	8673	97.24	837	97.33
东　莞 Dongguan	172436	98.53	5209	99.88
中　山 Zhongshan	82767	99.19	4840	99.20
江　门 Jiangmen	85933	96.99	8781	96.69
佛　山 Foshan	122013	97.95	9395	97.30
顺　德 Shunde	61676	98.97	5670	98.81
阳　江 Yangjiang	14149	96.30	1595	96.14
湛　江 Zhanjiang	45344	96.99	5577	97.30
茂　名 Maoming	44528	98.39	5712	95.98
肇　庆 Zhaoqing	35077	96.56	4025	99.16
清　远 Qingyuan	24977	97.60	2948	90.32
潮　州 Chaozhou	14195	97.14	1262	97.38
揭　阳 Jieyang	14218	96.09	443	87.90
云　浮 Yunfu	16777	96.00	1555	92.01
省　级 Provincial Level	436539	98.17		

注：佛山基金征缴额及征缴率不包括顺德。
Note: The amount collected and percentage of collection of Foshan exclude those of Shunde.

5-24 各市年末城镇登记失业人数及失业率
NUMBER OF REGISTERED URBAN UNEMPLOYED PERSONS AND UNEMPLOYMENT RATE AT THE YEAR-END BY CITY

市别 City	2001		2002	
	失业人员（人）Unemployed Persons (person)	失业率（%）Unemployment Rate (%)	失业人员（人）Unemployed Persons (person)	失业率（%）Unemployment Rate (%)
合计 Total	**345478**	**2.9**	**364946**	**3.1**
广州 Guangzhou	91634	3.8	89623	3.2
深圳 Shenzhen	24378	2.5	19695	2.4
珠海 Zhuhai	11368	2.9	11836	2.9
汕头 Shantou	12633	2.4	15042	2.8
韶关 Shaoguan	17206	2.9	19493	3.4
河源 Heyuan	12391	3.0	11323	3.4
梅州 Meizhou	17103	3.0	18143	2.8
惠州 Huizhou	13631	2.9	15222	2.8
汕尾 Shanwei	8394	3.5	7498	3.0
东莞 Dongguan	939	0.5	3413	1.3
中山 Zhongshan	7803	2.5	7531	2.4
江门 Jiangmen	19750	2.7	21645	3.1
佛山 Foshan	14131	3.5	17312	3.1
顺德 Shunde	3706	1.3	10673	1.6
阳江 Yangjiang	14468	3.3	14391	3.2
湛江 Zhanjiang	20534	2.9	24112	3.3
茂名 Maoming	16567	3.4	18345	3.6
肇庆 Zhaoqing	10962	2.9	11956	3.0
清远 Qingyuan	8777	3.1	7496	2.7
潮州 Chaozhou	5999	2.6	6340	2.7
揭阳 Jieyang	8248	2.4	8284	2.5
云浮 Yunfu	4856	3.1	5573	3.4

注：佛山失业人数及失业率不包括顺德。
Note: The number of unemployed persons and unemployment rate of Foshan exclude those of Shunde.

5-25 各市社会保险参保人数（2002 年）
NUMBER OF PERSONS PARTICIPATING IN SOCIAL INSURANCE BY CITY（2002）

单位：万人 （10000 persons）

市别 City	基本养老保险参保人数 Number of Persons Participating in Basic Retirement Security Program	失业保险参保人数 Number of Persons Participating in Unemployment Insurance	医疗保险参保人数 Number of Persons Participating in Health Care Program	工伤保险参保人数 Number of Persons Participating in Industrial Accident Insurance	生育保险参保人数 Number of Persons Participating in Child-bearing Insurance
合计 Total	**1082.95**	**890.20**	**717.74**	**1049.91**	**258.67**
广州 Guangzhou	159.14	186.01	101.97	125.21	73.71
深圳 Shenzhen	208.41	110.15	127.38	300.75	
珠海 Zhuhai	28.96	31.54	25.48	31.89	14.38
汕头 Shantou	34.61	35.24	13.20	27.04	19.75
韶关 Shaoguan	24.94	32.31	23.22	18.80	10.79
河源 Heyuan	13.85	12.51	5.07	10.74	
梅州 Meizhou	20.34	22.18	8.10	19.16	
惠州 Huizhou	33.69	36.83	29.39	37.69	18.00
汕尾 Shanwei	15.54	15.78	3.11	7.76	4.72
东莞 Dongguan	100.04	67.91	105.20	136.56	14.90
中山 Zhongshan	45.84	44.51	53.90	45.17	4.86
江门 Jiangmen	44.05	37.83	36.88	29.82	24.86
佛山 Foshan	67.40	43.90	34.10	74.61	
顺德 Shunde	41.66	41.64	48.02	41.84	
阳江 Yangjiang	16.29	15.83	6.99	8.75	5.00
湛江 Zhanjiang	41.17	33.79	33.25	25.07	
茂名 Maoming	26.05	28.59	11.27	29.03	
肇庆 Zhaoqing	24.91	26.45	21.37	14.74	14.65
清远 Qingyuan	17.15	17.35	11.16	10.35	10.35
潮州 Chaozhou	13.79	16.74	1.53	5.41	
揭阳 Jieyang	17.00	20.50	8.28	5.40	
云浮 Yunfu	13.15	12.61	8.87	9.48	8.06
省直 Directly under Provincial Government	74.97			34.64	34.64

注：佛山参保人数不包括顺德。
Note: The number of persons of Foshan participating in insurance excludes that of Shunde.

主要统计指标解释

劳动力资源总数 指在劳动年龄内，具有劳动能力，在正常情况下，可能或实际参加社会劳动的人口数。劳动力资源的范围为：劳动年龄内（16周岁以上），有劳动能力，实际参加社会劳动和未参加社会劳动的人员。劳动力资源也可划分为：经济活动人口和非经济活动人口。劳动力资源不包括下列人员：

（1）在押犯人；

（2）劳动年龄内丧失劳动能力的人员；

（3）16岁以下实际参加社会劳动的人员。

从业人员 指从事一定社会劳动并取得劳动报酬或经营收入的人员。包括：

（1）全部职工

（2）再就业的离退休人员

（3）私营业主

（4）个体户主

（5）私营和个体从业人员

（6）乡镇企业从业人员

（7）农村从业人员

（8）其他从业人员（包括民办教师、宗教职业者等）

这一指标反映了一定时期内全部劳动力资源的实际利用情况，是研究我国基本国情国力的重要指标。

各单位的从业人员是指在各级国家机关、政党机关、社会团体及企业、事业单位中工作，并取得劳动报酬的全部人员。包括职工、再就业的离退休人员、民办教师以及在各单位中工作的外方人员和港、澳、台方人员。

各单位的从业人员反映了各单位实际参加生产或工作的全部劳动力。

经济活动人口 指在16岁以上，有劳动能力，参加或要求参加社会经济活动的人口。包括：从业人员和失业人员。

国有经济单位职工 指在国有经济单位及其附属机构工作，并由其支付工资的各类人员，国有经济单位职工不包括：返聘的离退休人员、民办教师、在国有经济单位工作的外方人员和港、澳、台人员。

城镇私营和个体从业人员 城镇私营从业人员指在工商管理部门注册登记，其经营地址设在县城关镇（含城关镇）以上的私营企业从业人员。包括：私营企业投资者和雇工。城镇个体从业人员指在工商管理部门注册登记，并持有城镇户口或在城镇长期居住，经批准从事个体工商经营的从业人员。包括：个体经营者和在个体工商户劳动的家庭帮工和雇工。

城镇登记失业人员及失业率 指有非农业户口，在一定的劳动年龄内，有劳动能力，无业而要求就业，并在当地就业服务机构进行求职登记的人毡。城镇登记失业率指城镇登记失业人数同城镇从业人数与城镇登记失业人数之和的比。计算公式为：

$$城镇登记失业率 = \frac{城镇登记失业人数}{城镇从业人数 + 城镇登记失业人数} \times 100\%$$

职工 指在国有经济、城镇集体经济、联营经济、股份制经济、外商和港、澳、台投资经济、其他经济单位及其附属机构工作，并由其支付工资的各类人员。

合同制职工 指各单位根据国务院国发（1986）77号文件和国务院令第99号的规定，通过签订有固定期限劳动合同、无固定期限劳动合同和以完成一项工作为期限劳动合同所使用的职工。包括实行全员劳动合同制单位的全部职工。

城镇集体经济单位职工 指在城镇集体经济单位及其管理部门工作，并由其支付工资的各类人员。

其他经济单位职工 指在联营经济、股份制经济、外商投资经济、港、澳、台投资经济单位工作，并由其支付工资的各类人员。

职工工资总额 指各单位在一定时期内直接支付给本单位全部职工的劳动报酬总额。

工资总额的计算原则应以直接支付给职工的全部劳动报酬为根据。各单位支付给职工的劳动报酬以及其他根据有关规定支付的工资，不论是计入成本的还是不计入成本的，不论是按国家规定列入计征奖金税项目的，还是未列入计征奖金税项目的，不论是以货币形式支付的还是以实物形式支付的，均包括在工资总额内。

职工平均工资 指企业、事业、机关单位的职工在一定时期内平均每人所得的货币工资额。它表明一定时期职工工资收入的高低程度，是反映职工工资水平的主要指标。计算公式为：

$$职工平均工资=\frac{报告期实际支付的全部职工工资总额}{报告期全部职工平均人数}$$

职工平均实际工资　指扣除物价变动因素后的职工平均工资。计算公式为：

$$职工平均实际工资=\frac{报告期职工平均工资}{报告期城镇居民消费价格指数}$$

Explanatory Notes on Main Statistical Indicators

Labor Resources refer to the persons, under normal condition, who are capable to labor within the working age of the total population. The coverage of labor resources includes: laborers within the working age (16 and over) and those who are capable to labor, and actually engaged in or not engaged in social labor. Labor resources also may be divided into economically active population and non-economically active population.

The following persons are not included in the labor resources:

1. Prisoners in custody;
2. Persons with the working age but disabled;
3. Persons actually engaged in social labor under the age of 16.

Employed Persons refer to the persons who are engaged in social labor and receive remuneration payment of earn business income, including:

1. total staff and workers,
2. re-employed retirees,
3. employees of private enterprises,
4. employees of individual economy,
5. employed persons in private enterprises and individual economy,
6. employed persons in township enterprises,
7. employed persons in the rural areas,
8. and other employed persons.

This indicator reflects the actual utilization of total labor force during a certain period of time and is often used for the research on China' s economic affairs and national strength.

Persons employed in various units refer to all the persons working in various levels of government agencies, political and party organizations, social organizations, enterprises and institutions and receiving payment, including staff and workers, re-employed retirees, teachers in the schools run by the local people, foreigners, and Chinese compatriots from Hong Kong, Macao and Taiwan working in various units. This indicator reflects the total number of laborers actually engaged in production of other operations in various units.

Economically Active Population refers to the population, the members of which are aged 16 and over, capable to labor, participating in or desirous to participate in the social and economic activities, including employed persons and unemployed persons.

Staff and Workers in State-owned Economic Units refer to the persons who work in the state-owned economic units or their attached units and are listed in their payrolls, excluding the retired persons invited to work in the units again, teachers in the schools run by the local people and foreigners and Chinese compatriots from Hong Kong, Macao and Taiwan and working in the state-owned economic units.

Persons Employed in Private Enterprises and Employed Individuals in Urban Areas Persons employed in private enterprises refer to the persons employed in the private enterprises which have been registered at the department of industrial and commercial administration and are situated at a county town (i. e. a town where the county government is located) for business operation or at urban areas with the level higher than a county town, including investors and employees of private enterprises. The employed individuals in urban areas refer to persons who hold the certificates of private enterprises. The employed individuals in urban areas refer to persons who hold the certificates of residence in urban areas or have resided in the urban areas for a long time and have been registered at the departments of industrial and commercial administration and approved to be engaged in individual industrial or commercial business, including self-employed persons as well as helpers and hired laborers who work in the individual households engaged in industrial or commercial business.

Registered Unemployed Persons and Registered Unemployment Rate in Urban Areas The registered unemployed persons in urban areas refer to the persons who are registered as permanent residents in the urban areas engaged in non-agricultural activities, aged within the range of working age, capable to labor, unemployed but desirous to be employed and have been registered at the local employment service agencies to apply for a job. Registered unemployment rate in urban areas refers to the ratio of the number of the registered unemployed persons to the sum of the number of persons employed in various units and in private enterprises in urban areas, urban self-employed individual and the registered unemployed persons. The formula is as follows:

$$\text{Registered Urban Unemployment Rate} = \frac{\text{Number of Registered Urban Unemployed Persons}}{\text{Number of Urban Employed Persons} + \text{Number of Registered Urban Unemployed Persons}} \times 100\%$$

Staff and Workers refer to the persons who work in (and receive payment therefrom) enterprises and institutions of state ownership, collective ownership, joint ownership, share holding, foreign ownership, and ownership by entrepreneurs from Hong Kong, Macao and Taiwan, and other types of ownership and their affiliated units.

Contract Staff and Workers refer to the persons who are employed by enterprises and institutions by contract signed for a fixed term, non-fixed term or a term of a project according to the regulations in the Document No. 77 (1986) and the Decree No. 99 promulgated by the State Council.

Staff and Workers of Collective Owned Units in Urban Areas refer to the persons who work in collective owned units in urban areas and their administration departments and receive payment therefrom.

Staff and Workers in Units of Other Types of Ownership refer to those who work in (and receive payment therefrom) enterprises and institutions of joint ownership, share holding, foreign ownership, and ownership by entrepreneurs from Hong Kong, Macao and Taiwan.

Total Wages of Staff and Workers refer to the total remuneration payment to staff and workers in various units during a certain period of time. The calculation of total wages is based on the total remuneration payment to staff and workers. Therefore, all the wages and salaries and other payments to staff and workers are included in the total wages regardless of their sources, categories and forms (in kind or cash).

Average Wage of Staff and Workers refers to the average wage in monetary terms per person during a certain period of time for staff and workers in enterprises, institutions and government agencies, which reflects the general level of wage income during a certain period of time and is calculated as follows:

$$\text{Average Wage of Staff and Workers} = \frac{\text{Total Wages of Staff and Workers at the Report Period}}{\text{Average Number of Staff and Workers at the Report Period}}$$

Average Real Wage of Staff and Workers refers to the average wage of staff and workers after removing the effects of price changes, which is calculated as follows:

$$\text{Average Real Wage of Staff and Workers} = \frac{\text{Average Wage of Staff and Workers at the Report Period}}{\text{Urban Consumer Price Indices at the Report Period}}$$

六、固定资产投资

INVESTMENT IN FIXED ASSETS

6

六　固定资产投资

简要说明

一、本篇资料反映广东省固定资产投资的基本情况，主要包括：全社会固定资产投资，国有单位固定资产投资，基本建设、更新改造、房地产开发投资情况以及各市固定资产投资的主要指标数据。

二、本篇资料由广东省统计局固定资产投资统计处整理提供。

三、固定资产投资统计的资料来源主要为全面统计报表。按照现行的固定资产投资统计报表制度，全社会固定资产投资按经济类型可分为：国有经济、集体经济、联营经济、股份制经济、港澳台投资经济、外商投资经济、个人投资及其它经济投资；按计划管理口径又分为：基本建设投资、更新改造投资、房地产开发投资、其它投资四种。

6　INVESTMENT IN FIXED ASSETS

Brief Introduction

Ⅰ. The data in this chapter reflect the basic conditions of investment in fixed assets of Guangdong Province, mainly including the total investment in fixed assets, the investment in fixed assets by the state-owned units, the investment in capital construction, the investment in innovation, the investment in real estate development and the main indicators of investment in fixed assets by city.

Ⅱ. The data in this chapter are prepared and provided by the Division of Investment and Construction Statistics of Guangdong Provincial Bureau of Statistics.

Ⅲ. The data sources for the statistics of investment in fixed assets mainly come from the complete statistical report forms. According to the present regulations in the reporting scheme on the statistics of the investment in fixed assets, the investment in fixed assets in the whole country is classified by the following types of ownership: state-owned economy, collective economy, joint-owned economy, share-holding economy, economy funded by the entrepreneurs from Hong Kong, Macao and Taiwan, foreign-funded economy, individual investment and the economy of other types of ownership. It is also classified by the following four channels of planning administration according to the purpose of investment: the investment in capital construction, the investment in innovation, the investment in real estate development and other investment.

6-1 全社会固定资产投资主要指标

MAIN INDICATORS ON TOTAL INVESTMENT IN FIXED ASSETS

指　　标	Item	1995	2000	2001	2002
投资完成额　　（亿元）	**Investment　　(100 million yuan)**	**2327.22**	**3233.70**	**3536.41**	**3970.69**
按报表种类分	**Grouped by Type of Report Form**				
基本建设	Capital Construction	905.97	1163.63	1243.72	1367.23
#大中型项目	Large and Medium-sized Projects	332.32	387.63	369.28	488.13
更新改造	Innovation	255.61	435.44	485.01	515.07
#限额以上项目	Projects above Designated Size	54.78	168.41	153.20	129.55
房地产开发	Real Estate Development	563.89	858.61	972.34	1115.25
其他投资	Others	114.36	126.39	172.25	220.20
城镇集体	Urban Collective-owned Units	43.73	61.06	60.85	50.42
农村集体	Rural Collective-owned Units	195.75	306.44	312.48	411.07
城镇和工矿区私人	Individuals in Urban Areas and in Industrial and Mining Areas	52.41	65.44	69.54	75.29
农村私人	Individuals in Rural Areas	195.50	216.69	220.21	216.16
按经济类型分	**Grouped by Type of Ownership**				
国有经济	State-owned	1122.84	1286.91	1249.20	1214.46
集体经济	Collective Owned	363.67	448.71	314.78	333.74
#农村	Rural Collective Owned	195.75	306.43	171.43	198.90
个体经济	Individuals	249.78	424.35	581.58	703.95
#农村	Rural Individuals	195.50	216.69	220.21	216.16
联营经济	Joint Ownership	17.22	10.30	14.33	28.61
股份制经济	Share Holding	108.85	484.00	571.73	755.72
外商投资经济	Foreign Funded	254.88	140.71	223.18	260.92
港澳台投资经济	Funded by Entrepreneurs from Hong Kong, Macao and Taiwan	197.93	416.34	554.03	628.95
其他经济	Others	12.05	22.39	27.58	44.37
按构成分	**Grouped by Use of Funds**				
建筑安装工程	Construction and Installation	1507.92	2103.78	2293.93	2548.91
设备工具器具购置	Purchases of Equipment and Instruments	464.75	597.29	698.49	783.70
其他费用	Others	354.55	532.63	543.99	638.08
按资金来源分	**Grouped by Source of Funds**				
国家预算内资金	State Budgetary Appropriations	25.02	54.00	55.88	73.72
国内贷款	Domestic Loans	348.81	556.52	567.59	676.62
利用外资	Foreign Investment	431.37	339.86	345.86	430.81
自筹资金	Fund Raising	873.35	1386.29	1616.49	1765.72
其他资金	Others	648.67	897.03	950.59	1023.82
房屋建筑面积　　（万平方米）	Floor Space of Buildings　　(10000 sq.m)				
施工面积	Floor Space under Construction	21364.88	23520.91	24961.75	27309.17
竣工面积	Floor Space Completed	10689.48	13492.94	13497.44	14832.04
#住宅	Residential Buildings	7308.18	8888.66	8537.72	9041.03
实际销售商品房屋面积　　（万平方米）	Floor Space of Commercial Buildings Actually Sold (10000 sq.m)	1000.41	2259.95	2275.79	2530.81
#住宅	Residential Buildings	850.44	2009.34	2048.84	2260.00
个人购买商品住宅　　（万平方米）	Commercial Residence Purchased by Individuals (10000 sq.m)	606.89	1838.43	1854.29	2145.23

注：从2001年起农村集体改为农村单位。

Note: The rural collective owned units are replaced by the rural units from 2001.

6-2 全社会固定资产投资总额
TOTAL INVESTMENT IN FIXED ASSETS

单位：亿元 (100 million yuan)

年 份 Year	全社会投资总额 Total Investment	基本建设 Capital Construction	更新改造 Innovation	房地产开发 Real Estate Development	其他投资 Others	城镇集体 Urban Collective-owned Units	农村集体 Rural Collective-owned Units	城镇和工矿区私人 Individuals in Urban Areas and in Industrial and Mining Areas	农村私人 Individuals in Rural Areas
1978	27.23	17.85	2.19			0.47	0.37		6.35
1979	28.29	17.63	2.43			0.59	0.36		7.28
1980	38.29	22.05	3.67			1.09	0.59		10.89
"六五"时期 Sixth Five-Year Plan Period	548.80	246.86	98.26		8.94	29.71	42.49	14.40	108.14
1981	60.40	28.37	6.24			2.35	4.06	2.19	17.19
1982	84.73	33.86	17.91			3.64	7.86	1.93	19.53
1983	88.71	35.23	19.91		0.78	4.05	7.86	2.14	18.74
1984	130.37	55.33	21.89		3.43	6.18	12.02	3.03	28.49
1985	184.59	94.07	32.31		4.73	13.49	10.69	5.11	24.19
"七五"时期 Seventh Five-Year Plan Period	1549.91	680.30	282.17	129.10	22.06	137.12	81.26	57.48	160.42
1986	216.50	103.48	42.78	10.00	2.32	15.09	10.77	5.82	26.24
1987	251.01	107.27	51.36	16.29	4.04	21.91	12.06	8.00	30.08
1988	353.59	146.68	79.22	21.96	6.36	40.91	11.02	19.93	27.51
1989	347.34	147.44	49.71	48.15	4.39	31.05	21.76	14.21	30.63
1990	381.47	175.43	59.10	32.70	4.95	28.16	25.65	9.52	45.96
"八五"时期 Eighth Five-Year Plan Period	7498.19	2857.35	874.80	1459.87	452.82	255.11	788.56	172.60	637.08
1991	478.20	214.76	74.87	49.75	3.63	33.35	37.86	15.39	48.59
1992	921.75	338.69	128.57	125.57	10.46	77.70	131.62	21.60	87.54
1993	1629.87	546.63	183.87	316.53	175.31	44.66	195.06	40.33	127.48
1994	2141.15	851.30	231.88	404.13	149.06	55.67	228.27	42.87	177.97
1995	2327.22	905.97	255.61	563.89	114.36	43.73	195.75	52.41	195.50
"九五"时期 Ninth Five-Year Plan Period	13555.17	5291.39	1682.32	3228.69	586.78	289.69	1160.32	254.29	1061.69
1996	2327.64	909.73	277.00	528.85	128.03	57.92	191.99	44.19	189.93
1997	2298.14	903.26	273.90	528.31	100.60	53.38	196.61	39.77	202.31
1998	2668.13	1072.30	327.38	602.72	112.83	60.88	220.84	48.13	223.05
1999	3027.56	1242.47	368.60	710.20	118.93	56.45	244.44	56.76	229.71
2000	3233.70	1163.63	435.44	858.61	126.39	61.06	306.44	65.44	216.69
"十五"时期 Tenth Five-Year Plan Period									
2001	3536.41	1243.72	485.01	972.34	172.25	60.85	312.48	69.54	220.21
2002	3970.69	1367.23	515.07	1115.25	220.20	50.42	411.07	75.29	216.16

注：1. 1993 年以前房地产开发投资主要是商品房建设投资。
2. 从 2001 年起农村集体改为农村单位。

Note: a) Prior to 1993, the investment in real estate development was mainly the investment in commercial buildings.
b) The rural collective owned units are replaced by the rulal units from 2001.

6-3 全社会固定资产投资（2002年）
TOTAL INVESTMENT IN FIXED ASSETS（2002）

指 标 Item	全省合计 Provincial Total	基本建设 Capital Construction	更新改造 Innovation	房地产开发 Real Estate Development	其他投资 Others	城镇集体 Urban Collective-owned Units	农村单位 Rural Collective-owned Units	城镇和工矿区私人 Individuals in Urban Areas and in Industrial and Mining Areas	农村私人 Individuals in Rural Areas
一、投资总额（亿元）Total Investment （100 million yuan）	**3970.69**	**1367.23**	**515.07**	**1115.25**	**220.20**	**50.42**	**411.07**	**75.29**	**216.16**
按隶属关系分 Grouped by Administrative Relationship									
中央项目 Central Government Projects	335.90	189.50	110.55	35.17	0.68				
地方项目 Local Projects	3634.79	1177.73	404.52	1080.08	219.52	50.42	411.07	75.29	216.16
按构成分 Grouped by Use of Funds									
建筑安装工程 Construction and Installation	2548.91	916.43	204.15	763.27	104.29	38.10	268.78	75.29	178.59
设备工具器具购置 Purchases of Equipment and Instruments	783.70	251.88	280.13	27.89	94.10	7.85	98.61		23.24
其他费用 Others	638.08	198.92	30.78	324.10	21.80	4.47	43.67		14.33
二、财务拨贷款合计（亿元）Total Financial Appropriations （100 million yuan）	**4302.17**	**1341.74**	**526.06**	**1452.40**	**229.21**	**50.25**	**411.07**	**75.29**	**216.16**
国家预算内资金 State Budgetary Appropriations	73.58	44.01	14.58	0.06	1.43	0.10	13.41		
国内贷款 Domestic Loans	749.21	306.42	77.75	317.37	18.56	4.54	24.57		
利用外资 Foreign Investment	439.31	192.50	53.52	40.27	72.29	3.28	77.45		
自筹资金 Fund Raising	1851.03	713.65	362.42	381.54	119.72	38.20	235.50		
其他资金 Others	1189.04	85.16	17.79	713.16	17.20	4.13	60.14	75.29	216.16
三、新增固定资产（亿元）Newly Increased Fixed Assets （100 million yuan）	**2941.28**	**894.09**	**329.19**	**854.62**	**168.58**	**36.66**	**366.69**	**75.29**	**216.16**
四、房屋建筑面积（万平方米）Floor Space of Buildings （10000 sq.m）									
施工面积 Floor Space under Construction	27309.17	4383.35	322.64	12024.89	959.34	307.03	3625.20	1388.37	4298.35
竣工面积 Floor Space Completed	14832.04	1682.80	117.79	3908.76	616.22	152.66	2667.10	1388.37	4298.35
#住宅 Residential Buildings	9041.03	331.07	20.42	3181.25	41.56	41.03	385.67	1223.84	3816.19

6-9 国民经济各行业基本建设主要指标（2002 年）
MAIN INDICATORS ON CAPITAL CONSTRUCTION BY SECTOR（2002）

行　　业	Sector	投资额（亿元）Investment（100 million yuan）	施工项目个数（个）Number of Projects under Construction（unit）	全部建成投产项目个数（个）Number of Projects Completed and Put into Use（unit）	新增固定资产（亿元）Newly Increased Fixed Assets（100 million yuan）
全省总计	**Provincial Total**	**1367.23**	**5112**	**2018**	**894.09**
农、林、牧、渔业	**Farming，Forestry，Animal Husbandry and Fishery**	**6.22**	**88**	**33**	**3.58**
农业	Farming	1.96	25	10	0.98
林业	Forestry	2.34	35	12	1.05
畜牧业	Animal Husbandry	1.13	12	5	0.79
渔业	Fishery	0.07	2		0.01
农、林、牧、渔服务业	Services	0.72	14	6	0.75
采掘业	**Mining and Quarrying**	**20.62**	**16**	**7**	**3.37**
石油和天然气开采业	Petroleum and Natural Gas Extraction	19.98	6	3	3.09
黑色金属矿采选业	Ferrous Metals Mining and Dressing	0.02	1		0.02
有色金属矿采选业	Nonferrous Metals Mining and Dressing	0.02	1	1	0.02
非金属矿采选业	Non-metal Minerals Mining and Dressing	0.45	5	3	0.09
其他矿采选业	Other Mining and Dressing	0.15	3		0.15
制造业	**Manufacturing**	**314.20**	**1165**	**404**	**292.74**
食品加工业	Food Processing	2.64	32	16	1.52
食品制造业	Food Production	2.37	14	7	1.90
饮料制造业	Beverage Production	3.01	12	3	1.40
烟草加工业	Tobacco Processing	0.20	1	1	0.20
纺织业	Textile Industry	12.28	59	27	11.43
服装及其他纤维制品制造业	Garments and Other Fibber Products	8.26	76	33	7.38
皮革、毛皮、羽绒及其制品业	Leather，Furs，Down and Related Products	7.87	37	7	3.51
木材加工及竹、藤、棕、草制品业	Timber Processing，Bamboo，Cane，Palm Fibber and Straw Products	5.68	11	4	0.24
家具制造业	Furniture Manufacturing	2.26	28	7	0.70
造纸及纸制品业	Papermaking and Paper Products	1.81	19	4	0.94
印刷业	Printing and Record Medium Reproduction	3.55	20	9	4.08
文教体育用品制造业	Cultural，Educational and Sports Goods	3.17	25	10	2.09
石油加工及炼焦业	Petroleum Processing and Coking	2.71	3	1	6.77
化学原料及化学制品制造业	Raw Chemical Materials and Chemical Products	19.75	72	23	8.96
医药制造业	Medical and Pharmaceutical Products	11.44	51	16	6.76
化学纤维制造业	Chemical Fibber	0.07	2	2	0.06
橡胶制品业	Rubber Products	2.27	8	3	1.73
塑料制品业	Plastic Products	15.00	75	24	9.33
非金属矿物制品业	Non-metal Mineral Products	19.59	68	13	16.52
黑色金属冶炼及压延加工业	Smelting and Pressing of Ferrous Metals	6.81	9	2	49.59
有色金属冶炼及压延加工业	Smelting and Pressing of Nonferrous Metals	0.48	4	2	0.43

6-9 **续表 1** continued

行　业	Sector	投资额（亿元）Investment (100 million yuan)	施工项目个数（个）Number of Projects under Construction (unit)	全部建成投产项目个数（个）Number of Projects Completed and Put into Use (unit)	新增固定资产（亿元）Newly Increased Fixed Assets (100 million yuan)
金属制品业	Metal Products	15.89	86	40	11.53
普通机械制造业	Ordinary Machinery	1.79	23	8	1.64
专用设备制造业	Equipment for Special Purposes	3.79	33	10	1.64
交通运输设备制造业	Transport Equipment	16.80	42	12	6.85
电气机械及器材制造业	Electric Equipment and Machinery	15.63	92	39	11.04
电子及通信设备制造业	Electronic and Telecommunication Equipment	98.13	193	56	117.72
仪器仪表及文化、办公用机械制造业	Instruments, Meters, Cultural and Machinery Office	23.76	24	6	1.21
其他制造业	Other Manufacturing	7.19	46	19	5.57
电力、煤气及水的生产和供应业	**Electric Power, Gas and Water Production and Supply**	**218.92**	**466**	**187**	**217.53**
电力、蒸汽、热水的生产和供应业	Electric Power, Steam and Hot Water Production and Supply	209.10	395	162	211.66
煤气生产和供应业	Gas Production and Supply	1.17	15		0.10
自来水的生产和供应业	Tap Water Production and Supply	8.65	56	25	5.77
建筑业	**Construction**	**27.08**	**109**	**36**	**6.70**
土木工程建筑业	Civil Engineering Construction	26.23	101	32	6.08
线路、管道和设备安装业	Circuit, Pipelines and Equipment Installation	0.80	7	3	0.57
建筑物的装修装饰业	Buildings Fitting up and Decoration	0.05	1	1	0.05
地质勘查业、水利管理业	**Geological Prospecting and Water Conservancy**	**25.10**	**188**	**52**	**10.42**
地质勘查业	Geological Prospecting	0.12	6	3	0.12
水利管理业	Water Conservancy	24.98	182	49	10.30
交通运输、仓储及邮电通信业	**Transport, Storage, Postal and Telecommunication Services**	**284.64**	**498**	**177**	**135.38**
铁路运输业	Railway Transport	25.74	13	3	40.15
公路运输业	Highway Transport	115.42	127	35	27.30
管道运输业	Pipeline Transport	1.27	4		0.05
水上运输业	Waterway Transport	6.14	14	4	10.75
航空运输业	Air Transport	9.54	13	4	1.45
交通运输辅助业	Transport Subsidiary Services	67.00	112	29	21.94
其他交通运输业	Other Transport	1.51	11	6	1.35
仓储业	Storage	4.09	36	10	2.42
邮电通信业	Postal and Telecommunication Services	53.93	168	86	29.97
批发和零售贸易、餐饮业	**Wholesale and Retail Trade and Catering Services**	**23.28**	**133**	**63**	**13.43**
食品、饮料、烟草和家庭用品批发商业	Wholesale Trade of Food, Beverage, Tobacco and Household Articles	7.89	34	14	3.39
能源、材料和机械电子设备批发业	Wholesale Trade of Energy, Materials and Electronic Equipment	4.88	19	10	2.70
其他批发业	Other Wholesale Trade	1.25	11	1	0.52

6-9 **续表 2** continued

行　　业	Sector	投资额（亿元）Investment (100 million yuan)	施工项目个数（个）Number of Projects under Construction (unit)	全部建成投产项目个数（个）Number of Projects Completed and Put into Use (unit)	新增固定资产（亿元）Newly Increased Fixed Assets (100 million yuan)
零售业	Retail Trade	4.05	48	29	2.97
商业经纪与代理业	Commercial Brokerage and Agencies	0.68	5	2	0.73
餐饮业	Catering Trade	4.53	16	7	3.12
金融、保险业	**Banking and Insurance**	**3.70**	**35**	**25**	**2.64**
金融业	Banking	2.84	29	22	2.48
保险业	Insurance	0.86	6	3	0.16
房地产业	**Real Estate Management**	**22.96**	**86**	**35**	**18.45**
房地产开发与经营业	Real Estate Development and Operation	19.99	65	22	15.45
房地产管理业	Real Estate Management	2.92	20	13	3.00
房地产代理与经纪业	Real Estate Brokerage and Agencies	0.05	1		
社会服务业	**Social Services**	**218.54**	**666**	**255**	**58.78**
公共设施服务业	Public Services	171.52	522	211	44.77
居民服务业	Resident Services	2.12	35	16	1.47
旅馆业	Hotels	3.99	17	4	1.83
租赁服务业	Leasing Services	0.39	3		
旅游业	Tourism	5.47	21	6	2.99
娱乐服务业	Recreational Services	5.94	17	5	0.65
信息、咨询服务业	Information and Consultancy Services	0.31	4		
计算机应用服务业	Computer Application Services	9.95	18	3	6.26
其他社会服务业	Other Social Services	18.85	29	10	0.81
卫生、体育和社会福利业	**Health Care，Sports and Social Welfare**	**35.47**	**196**	**67**	**23.57**
卫生	Health Care	15.83	135	52	9.00
体育	Sports	18.64	35	6	13.97
社会福利保障业	Social Welfare and Social Security	1.00	26	9	0.60
教育、文化艺术及广播电影电视业	**Education，Culture and Arts，Radio，Film and Television**	**84.72**	**596**	**286**	**50.51**
教育	Education	70.56	524	266	46.64
文化艺术业	Culture and Arts	10.39	47	13	2.21
广播电影电视业	Radio，Film and Television	3.77	25	7	1.66
科学研究和综合技术服务业	**Scientific Research and Polytechnic Services**	**4.25**	**57**	**28**	**4.16**
科学研究业	Scientific Research	2.52	17	10	2.47
综合技术服务业	Polytechnic Services	1.73	40	18	1.69
国家机关、政党机关和社会团体	**Government Agencies，Party Agencies and Social Organizations**	**64.76**	**737**	**329**	**47.07**
国家机关	Government Agencies	61.25	679	307	44.98
政党机关	Party Agencies	0.94	14	8	0.88
社会团体	Social Organizations	1.54	19	5	0.26
基层群众自治组织	Grassroots Autonomous Organizations	1.03	25	9	0.95
其他行业	**Other Sectors**	**12.77**	**76**	**34**	**5.76**

6-10 各市按国民经济行业分的基本建设投资（2002年）
INVESTMENT IN CAPITAL CONSTRUCTION BY SECTOR BY CITY (2002)

单位：万元 (10000 yuan)

市别 City	合计 Total	农、林、牧、渔业 Farming, Forestry Animal Husbandry and Fishery	采掘业 Mining and Quarrying	制造业 Manufacturing	电力、煤气及水的生产和供应业 Electric Power, Gas and Water Production and Supply	建筑业 Construction	地质勘查业水利管理业 Geological Prospecting and Water Conservancy	交通运输仓储和邮电通信业 Transport, Storage, Postal and Telecommunication Services
全省总计 Total	**13672342**	**62166**	**206182**	**3142012**	**2189165**	**270785**	**250950**	**2846390**
广州 Guangzhou	2767428	4005		490673	80580	170320	12025	523248
深圳 Shenzhen	3403749	12555	28302	770838	751282	8628	66772	322562
珠海 Zhuhai	734985	994	350	373697	23080		2949	39899
汕头 Shantou	281799	889		22839	65040	1863	14372	104565
韶关 Shaoguan	226705	7892	2267	18085	62090	18320	15760	34239
河源 Heyuan	168574	1970		18148	48387	3856	7973	38000
梅州 Meizhou	166575			40638	62626	1737	8266	2349
惠州 Huizhou	417237	1942		207288	24802	980	3814	56022
汕尾 Shanwei	107100	3198		18908	37706	296	6106	9538
东莞 Dongguan	614846	154		347259	129186	2930	5099	3081
中山 Zhongshan	769642			530559	32414	2060	8094	28139
江门 Jiangmen	360126	189		25657	172275	90	11751	64491
佛山 Foshan	396011			26251	44095		13037	72642
阳江 Yangjiang	93714	65		7089	7147	18510	4428	10668
湛江 Zhanjiang	378682	1376	175263	26019	12356	249	11774	68616
茂名 Maoming	113051	758		26956	12082	6410	5244	8333
肇庆 Zhaoqing	232876	6302		83427	33718	1980	11746	3710
清远 Qingyuan	214435	4814		38298	50440	4131	3672	60002
潮州 Chaozhou	91504			12041	26212	7964	14371	2996
揭阳 Jieyang	308029	1585		54179	6602	16901	19240	143026
云浮 Yunfu	106421	605		3163	14723	3560	450	40613

市别 City	批发零售贸易和餐饮业 Wholesale and Retail Trade and Catering Services	金融、保险业 Banking and Insurance	房地产业 Real Estate Trade	社会服务业 Social Services	卫生、体育和社会福利业 Health Care, and Social Welfare	教育、文化艺术和广播电影电视业 Education, Culture, Arts, Radio, Film and Television	科学研究和综合技术服务事业 Scientific Research and Polytechnic Services	国家机关、政党机关和社会团体 Government Agencies, Party Agencies and Social Organizations	其他行业 Others
全省总计 Total	**232843**	**37031**	**229589**	**2185374**	**354698**	**847245**	**42548**	**647615**	**127749**
广州 Guangzhou	48790	3150	34693	960728	92373	270779	14939	58743	2382
深圳 Shenzhen	78824	12201	132482	718510	113886	164709	15894	185627	20677
珠海 Zhuhai	7933	795	1590	118724	62124	94449	823	6145	1433
汕头 Shantou	647		134	27351	2897	18189	137	22717	159
韶关 Shaoguan	3766	242	440	14132	2262	18337	289	28384	200
河源 Heyuan	2167	646	1710	7474	2641	8802	2285	21788	2727
梅州 Meizhou	3170	692	630	7541	2155	12647	315	23809	
惠州 Huizhou	36160		250	34284	9930	18092	260	23393	20
汕尾 Shanwei				10193	2319	3920	20	13911	985
东莞 Dongguan	400	11696	2930	19882	2335	240		35246	54408
中山 Zhongshan	7160	3793	3537	89131	11075	13979	1329	30859	7513
江门 Jiangmen	3990		11719	13592	5660	17892	120	25865	6835
佛山 Foshan	4670		15834	43308	27404	92830	3223	51253	1464
阳江 Yangjiang	3621		4460	8511	508	8448	1015	9529	9715
湛江 Zhanjiang	20101		6720	24627	2628	12916		16037	
茂名 Maoming	918	1390	1217	10856	5113	21717		12057	
肇庆 Zhaoqing	2585		3379	29475	1615	16852	1041	26855	10191
清远 Qingyuan	2545		750	15765	3668	13944	49	16357	
潮州 Chaozhou	3900			1989		8571		8840	4620
揭阳 Jieyang	1088	1226	2200	25418	2346	16835	140	13593	3650
云浮 Yunfu	408	1200	4914	3883	1759	13097	669	16607	770

注：全省总计中含不分区部分。

Note: Provincial total includes the part of investment unclassified by region.

6-11 基本建设新增主要生产能力或效益

NEWLY INCREASED PRODUCTION CAPACITY OR BENEFIT THROUGH CAPITAL CONSTRUCTION

项　　目	Item	1995	2000	2001	2002
发电机组装机容量 （万千瓦）	Capacity of Generating Sets （10000 kw）	178.62	182.72	87.67	409.62
#水力发电 （万千瓦）	Hydropower （10000 kw）	12.57	48.86	4.07	121.62
火力发电 （万千瓦）	Thermal Power （10000 kw）	165.45	132.50	83.00	198.00
输电线路（11万伏及以上） （公里）	Transmission Lines（≥110000 kv） （km）	1046.43	2145.84	1458.83	2048.93
变电设备(11万伏及以上)（万千伏安）	Power Transformer Equipment(≥110000 kv) （10000 kva）	501.50	1477.09	753.04	688.45
水泥 （万吨/年）	Cement （10000 tons/year）	89.60			46.00
塑料树脂及共聚物 （吨/年）	Plastic Resin and Copolymer （ton/year）		3200	1000	2360
新建公路 （公里）	Newly Constructed Highways （km）	866.77	1120.09	512.21	519.46
#高速公路 （公里）	Express Highways	190.50	174.01	99.02	156.24
改建公路 （公里）	Reconstructed Highways （km）	947.21	1186.38	590.45	1052.86
#一级公路 （公里）	First Class Highways （km）	221.84	113.04	10.10	46.71
新建独立公路桥梁 （延长米）	Newly Constructed Highway Bridges （extended meter）	11381	7077	1922	5210
（座）	（set）	49	18	13	20
新(扩)建港口码头 （年吞吐量:万吨）	Newly Constructed or Expanded Ports （annual handling capacity: 10000 tons）	1171.00	81.00	1010.00	40.00
（泊位：个）	（number of berths: unit）	15	8	6	2
新（扩）建客、货运站 （个）	Number of Newly Constructed or Expanded Passenger and Freight Stations （unit）	2	4	7	8
（平方米）	（sq.m）	15608	9230	19800	30654
长途电缆 （延长公里）	Long-distance Cables （extended km）	1257.50	11.00	452.00	1071.50
市内电话自动交换机 （门）	Local Telephone Exchanges （gate）	687440	611600	1041600	405200
造林面积 （万亩）	Afforested Areas （10000 mu）	1.50	17.15	64.68	8.84
水库容量（总库容） （亿立方米）	Reservoir Capacity （100 million cu.m）	0.57	3.32	0.08	
有效灌溉面积 （万亩）	Effective Irrigated Areas （10000 mu）	2.17	75.23	53.14	58.54
除涝面积 （万亩）	Flooded or Waterlogged Areas under Control （10000 mu）	8.66	78.39	72.88	55.22
粮食仓库 （万公斤）	Grain Storehouses （10000 kg）	501.00	20151.00	13470.00	3270.00
（平方米）	（sq.m）	1631	56967	27092	13990
高等院校学生席位 （个）	Number of Student Seats of Universities and Colleges （unit）	4536	21762	16042	35637
（平方米）	（sq.m）	40499	171239	74370	373850
中等学校学生席位 （个）	Number of Student Seats of Regular Secondary Schools （unit）	286192	200078	148686	178308
（平方米）	（sq.m）	635303	839458	635512	856033
小学校学生席位 （个）	Number of Student Seats of Primary Schools （unit）	213895	134858	116798	169930
（平方米）	（sq.m）	537758	390206	434517	585462
其他学校学生席位 （个）	Number of Student Seats of Other Schools （unit）	10092	2810	7237	6735
（平方米）	（sq.m）	111701	28318	30548	51663
医院病床 （张）	Hospital Beds （unit）	2481	3946	1574	2061
城市自来水供水能力 （万吨/日）	Capacity of City Tap Water Supply （10000 tons/day）	160.00	86.50	56.50	64.80
城市自来水管道长度 （公里）	Length of City Tap Water Pipes （km）	164.06	451.53	155.10	200.39
城市道路扩建长度 （公里）	Length of City Road Extended （km）	89.08	187.47	175.41	227.90
城市道路扩建面积 （万平方米）	Area of City Road Extended （10000 sq.m）	169.68	603.55	274.01	621.64
城市排水管道铺设长度 （公里）	Length of Sewer Pipelines （km）	70.12	64.37	79.47	107.68
城市污水处理能力 （万吨/日）	Disposal Capacity of Sewerage （10000 tons/day）	7.40	25.00	54.30	24.40
城市防洪堤长度 （公里）	Length of City Embankment （km）	18.44	129.09	158.28	94.60

6-12 基本建设投资效益指标

INDICATORS ON BENEFIT OF INVESTMENT IN CAPITAL CONSTRUCTION

指　　标		Indicator	1995	2000	2001	2002
一、固定资产交付使用率		**Rate of Fixed Assets Put into Use**				
本年完成投资	（亿元）	Investment Completed in the Year（100 million yuan）	905.97	1163.63	1243.72	1367.23
本年新增固定资产	（亿元）	Newly Increased Fixed Assets in the Year （100 million yuan）	509.60	906.01	820.49	894.09
固定资产交付使用率	（%）	Rate of Fixed Assets Put into Use （%）	56.2	77.9	66.0	65.4
二、建成项目投产率		**Rate of Projects Completed and Put into Use**				
本年施工项目	（个）	Number of Projects under Construction	4445	4853	4969	5112
本年建成投产项目	（个）	Projects Completed and Put into Use	1819	2508	2121	2018
建成项目投产率	（%）	Rate of Projects Completed and Put into Use	40.9	51.7	42.7	39.5
三、房屋建筑面积竣工率		**Rate of Floor Space of Buildings Completed**				
本年房屋施工面积	（万平方米）	Floor Space of Buildings under Construction （10000 sq.m）	3822.75	3817.38	4296.60	4383.35
本年房屋竣工面积	（万平方米）	Floor Space of Buildings Completed （10000 sq.m）	1528.53	1756.12	1647.25	1682.80
房屋面积竣工率	（%）	Rate of Floor Space of Buildings Completed （%）	40.0	46.0	38.3	38.4
四、建设周期		**Period to Complete Total Planning Investment**				
计划总投资	（亿元）	Total Planning Investment （100 million yuan）	3176.89	5689.62	5797.75	6147.49
本年完成投资	（亿元）	Investment Completed in the Year（100 million yuan）	905.97	1163.63	1243.72	1367.23
建设周期	（年/月）	Period to Complete Total Planning Investment （year/month）	3/6	4/11	4/8	4/6

6-13 更新改造投资效益指标

INDICATORS ON BENEFIT OF INVESTMENT IN INNOVATION

指　　标		Indicator	1995	2000	2001	2002
一、固定资产交付使用率		**Rate of Fixed Assets Put into Use**				
本年完成投资	（亿元）	Investment Completed in the Year（100 million yuan）	255.61	435.44	485.01	515.07
本年新增固定资产	（亿元）	Newly Increased Fixed Assets in the Year （100 million yuan）	188.76	423.41	402.04	329.19
固定资产交付使用率	（%）	Rate of Fixed Assets Put into Use （%）	73.8	97.2	82.9	63.9
二、建成项目投产率		**Rate of Projects Completed and Put into Use**				
本年施工项目	（个）	Number of Projects under Construction	2937	5303	3630	4045
本年建成投产项目	（个）	Projects Completed and Put into Use	1568	2192	2242	2363
建成项目投产率	（%）	Rate of Projects Completed and Put into Use	53.4	41.3	61.8	58.4
三、房屋建筑面积竣工率		**Rate of Floor Space of Buildings Completed**				
本年房屋施工面积	（万平方米）	Floor Space of Buildings under Construction （10000 sq.m）	852.09	353.88	339.69	322.64
本年房屋竣工面积	（万平方米）	Floor Space of Buildings Completed （10000 sq.m）	378.64	189.78	179.74	117.79
房屋面积竣工率	（%）	Rate of Floor Space of Buildings Completed （%）	44.4	53.6	52.9	36.5
四、建设周期		**Period to Complete Total Planning Investment**				
计划总投资	（亿元）	Total Planning Investment （100 million yuan）	713.13	1120.89	1167.52	1227.43
本年完成投资	（亿元）	Investment Completed in the Year（100 million yuan）	255.61	435.44	485.01	515.07
建设周期	（年/月）	Period to Complete Total Planning Investment （year/month）	2/9	2/7	2/5	2/5

6-14 农业、能源、原材料、运输邮电业基本建设投资及比重

INVESTMENT AND PROPORTION IN CAPITAL CONSTRUCTION OF AGRICULTURE, ENERGY, RAW MATERIALS, TRANSPORT, POSTAL AND TELECOMMUNICATION SERVICES

年 份 Year	投资额（亿元） Volume of Investment (100 million yuan)				比重（以投资总额为100） Proportion (total investment = 100)			
	农 业 Agriculture	能 源 Energy	原材料 Raw Materials	运输邮电 Transport, Postal and Telecommunication Services	农 业 Agriculture	能 源 Energy	原材料 Raw Materials	运输邮电 Transport, Postal and Telecommunication Services
1980	3.26	2.88	2.96	2.86	14.8	13.1	13.4	13.0
1981	3.47	3.49	2.34	3.70	12.2	12.3	8.2	13.0
1982	3.27	3.23	1.82	4.24	9.7	9.5	5.4	12.5
1983	2.52	3.06	2.60	7.27	7.2	8.7	7.4	20.6
1984	2.85	4.61	2.70	11.24	5.2	8.3	4.9	20.3
1985	3.63	6.89	4.68	14.55	3.9	7.3	5.0	15.5
1986	3.51	23.10	6.35	16.07	3.4	22.3	6.1	15.5
1987	3.02	28.18	8.02	15.28	2.8	26.3	7.5	14.2
1988	3.67	26.57	16.36	23.04	2.5	18.1	11.2	15.7
1989	3.05	31.31	8.96	25.42	2.1	21.2	6.1	17.2
1990	4.68	58.80	7.06	32.97	2.7	33.5	4.0	18.8
1991	8.17	60.42	8.47	46.87	3.8	28.1	3.9	21.8
1992	6.65	74.95	16.84	105.85	2.0	22.1	5.0	31.3
1993	6.10	112.65	23.54	132.88	1.1	20.6	4.3	24.3
1994	8.44	249.02	62.39	227.49	1.0	29.3	7.3	26.7
1995	12.49	140.82	132.84	228.74	1.4	15.5	14.7	25.2
1996	25.37	134.32	102.16	253.52	2.8	14.8	11.2	27.9
1997	34.39	161.51	29.71	210.44	3.8	17.9	3.3	23.3
1998	49.12	200.13	36.45	240.43	4.6	18.7	3.4	22.4
1999	42.50	192.07	31.49	266.78	3.4	15.5	2.5	21.5
2000	43.21	148.88	22.24	286.68	3.7	12.8	1.9	24.6
2001	40.52	169.67	33.00	285.20	3.3	13.6	2.7	22.9
2002	31.19	232.96	50.12	280.55	2.3	17.0	3.7	20.5

6-15 农业、能源、原材料、运输邮电业更新改造投资及比重

INVESTMENT AND PROPORTION IN INNOVATION OF AGRICULTURE, ENERGY, RAW MATERIALS, TRANSPORT, POSTAL AND TELECOMMUNICATION SERVICES

年 份 Year	投资额（亿元） Volume of Investment (100 million yuan)				比重（以投资总额为100） Proportion (total investment = 100)			
	农 业 Agriculture	能 源 Energy	原材料 Raw Materials	运输邮电 Transport, Postal and Telecommunication Services	农 业 Agriculture	能 源 Energy	原材料 Raw Materials	运输邮电 Transport, Postal and Telecommunication Services
1980	0.04	0.51	0.67	0.40	1.1	13.9	18.3	10.9
1981	0.19	0.68	1.64	0.87	3.0	10.9	26.3	13.9
1982	0.78	1.01	2.87	3.39	4.4	5.6	16.0	18.9
1983	1.00	0.99	3.63	2.06	5.0	5.0	18.2	10.3
1984	0.83	1.49	3.75	2.18	3.8	6.8	17.1	10.0
1985	1.27	3.34	4.26	2.43	3.9	10.3	13.2	7.5
1986	0.98	3.72	6.53	3.83	2.3	8.7	15.3	9.0
1987	1.17	3.20	8.03	5.48	2.3	6.2	15.6	10.7
1988	1.05	4.58	12.99	9.90	1.3	5.8	16.4	12.5
1989	0.73	5.14	7.62	8.20	1.5	10.3	15.3	16.5
1990	1.02	7.42	8.62	10.04	1.7	12.6	14.6	17.0
1991	0.99	6.60	8.29	16.09	1.3	8.8	11.1	21.5
1992	1.50	8.62	18.82	34.05	1.2	6.7	14.6	26.5
1993	1.18	11.62	25.70	57.49	0.6	6.3	14.0	31.3
1994	1.54	14.29	30.85	86.80	0.7	6.2	13.3	37.4
1995	2.63	19.80	23.00	101.72	1.0	7.7	9.0	39.8
1996	4.78	9.88	30.28	122.65	1.7	3.6	10.9	44.3
1997	4.93	25.53	18.74	108.91	1.8	9.3	6.8	39.8
1998	6.20	19.09	22.33	165.43	1.9	5.8	6.8	50.5
1999	7.59	31.30	14.44	183.83	2.1	8.5	3.9	49.9
2000	8.73	33.21	20.43	224.72	2.0	7.6	4.7	51.6
2001	9.35	54.96	17.75	251.66	1.9	11.3	3.7	51.9
2002	10.56	56.72	19.39	226.11	2.1	11.0	3.8	43.9

6-16 更新改造主要指标
MAIN INDICATORS ON INNOVATION PROJECTS

指　　标	Indicator	1995	2000	2001	2002
一、建设项目个数（个）	**Number of Projects (unit)**				
施工项目	Projects under Construction	2937	5303	3630	4045
#限额以上项目	Projects above Designated Size	111	186	151	175
全部建成投产项目	Projects Completed and Put into Use	1568	2192	2242	2363
#限额以上项目	Projects above Designated Size	41	52	30	41
二、投资总额（亿元）	**Total Investment (100 million yuan)**	**255.61**	**435.44**	**485.01**	**515.07**
#住宅	Residential Buildings	12.44	5.20	2.34	2.56
按构成分	Grouped by Use of Funds				
建筑安装工程	Construction and Installation	127.68	164.50	172.41	204.15
设备工具器具购置	Purchase of Equipment and Instruments	105.16	219.29	277.23	280.13
其他费用	Others	22.77	51.65	35.36	30.78
按用途分	Grouped by Purpose				
增　产	Increase Production	71.70	159.23	98.98	124.41
节约能源	Energy Saving	1.29	7.24	10.80	10.77
其他节约	Other Saving Measures	0.22	4.15	1.93	3.40
增加品种	Increasing Production Variety	10.14	9.27	11.28	16.94
提高产品质量	Improving Product Quality	5.49	26.46	15.32	21.44
三废治理	Treatment of Waste Water, Waste Gas and Solid Wastes	0.57	4.70	5.44	4.86
其　他	Others	166.20	224.40	341.24	333.24
按建设性质分	Grouped by Type of Construction				
#新建	New Construction	27.96	36.47	32.31	30.16
扩　建	Expansion	149.36	239.94	258.50	276.67
改　建	Reconstruction	50.21	84.32	123.40	139.43
按资金来源分	Grouped by Source of Funds				
国家预算内资金	State Budgetary Appropriations	3.63	5.62	8.15	14.58
国内贷款	Domestic Loans	47.08	48.81	57.33	77.75
利用外资	Foreign Investment	40.97	46.77	45.25	53.52
自筹资金	Fund Raising	138.50	311.73	355.56	362.43
其他资金	Others	25.43	22.51	18.72	17.78
三、新增固定资产（亿元）	**Newly Increased Fixed Assets (100 million yuan)**	**188.76**	**423.41**	**402.04**	**329.19**
四、房屋建筑面积（万平方米）	**Floor Space of Buildings (10000 sq.m)**				
施工面积	Floor Space under Construction	852.09	353.88	339.69	322.64
竣工面积	Floor Space Completed	378.64	189.78	179.74	117.79
#住宅	Residential Buildings	125.74	62.00	23.29	20.42

6-17 更新改造项目计划总投资及完成情况
TOTAL PLANNING INVESTMENT AND COMPLETED INVESTMENT OF INNOVATION PROJECTS

单位：亿元 (100 million yuan)

指　　标	Indicator	1995	2000	2001	2002
计划总投资	Total Planning Investment	713.13	1120.89	1167.52	1227.43
自开始建设至本年底	Accumulative Investment Actually Completed since Starting				
累计完成投资	of Construction up to the Year-end	514.69	749.93	696.44	877.25
#本年完成投资	Investment Completed in the Year	255.61	435.44	485.01	515.07
累计新增固定资产	Accumulative Newly Increased Fixed Assets	318.90	556.88	501.95	562.46
不增加固定资产投资	Investment in Fixed Assets Not Increased	10.45	38.81	76.74	62.19
未完工程投资	Investment in Uncompleted Projects	185.34	154.24	117.75	252.60
全部建成尚需投资	Further Investment Required for the Completion of Construction	198.44	370.96	471.08	350.18
未完工程占用率（%）	Rate of Investment in Projects Uncompleted (%)	72.5	35.4	24.3	49.0
建设周期（年/月）	Period to Complete Total Planning Investment (year/month)	2/9	2/7	2/5	2/5

6-18 更新改造限额以上项目计划总投资及完成情况
TOTAL PLANNING INVESTMENT AND COMPLETED INVESTMENT OF INNOVATION PROJECTS ABOVE DESIGNATED SIZE

单位：亿元 (100 million yuan)

指　　标	Indicator	1995	2000	2001	2002
计划总投资	Total Planning Investment	184.90	552.91	561.09	440.69
自开始建设至本年底	Accumulative Investment Actually Completed since Starting				
累计完成投资	of Construction up to the Year-end	124.53	353.44	299.17	295.96
#本年完成投资	Investment Completed in the Year	54.78	168.41	153.20	129.55
累计新增固定资产	Accumulative Newly Increased Fixed Assets	78.30	261.40	219.48	173.80
不增加固定资产投资	Investment in Fixed Assets Not Increased	2.69	25.81	31.71	24.17
未完工程投资	Investment in Uncompleted Projects	43.54	66.23	47.98	97.99
全部建成尚需投资	Further Investment Required for the Completion of Construction	60.37	199.47	261.92	144.73
未完工程占用率（%）	Rate of Investment in Projects Uncompleted (%)	79.5	39.3	31.3	75.6
建设周期（年/月）	Period to Complete Total Planning Investment (year/month)	3/5	3/3	3/8	3/5

6-19 国民经济各行业更新改造主要指标（2002年）
MAIN INDICATORS ON INVESTMENT IN INNOVATION BY SECTOR (2002)

行业	Sector	投资额（亿元）Total Investment (100 million yuan)	施工项目个数（个）Number of Projects under Construction (unit)	全部建成投产项目个数(个) Number of Projects Completed and Put into Use (unit)	新增固定资产（亿元）Newly Increased Fixed Assets (100 million yuan)
全省总计	**Provincial Total**	**515.07**	**4045**	**2363**	**329.19**
农、林、牧、渔业	**Farming, Forestry, Animal Husbandry and Fishery**	**1.45**	**17**	**7**	**0.85**
农业	Farming	0.10	3	1	0.09
林业	Forestry	0.21	7	4	0.09
畜牧业	Animal Husbandry	0.70	3	1	0.66
农林牧渔服务业	Services	0.04	4	1	0.01
采掘业	**Mining and Quarrying**	**1.86**	**15**	**11**	**1.29**
煤炭采选业	Coal Mining and Dressing	0.03	2	2	0.03
石油和天然气开采业	Petroleum and Natural Gas Extraction	1.23	7	5	1.09
有色金属矿采选业	Nonferrous Metals Mining and Dressing	0.49	3	1	0.04
非金属矿采选业	Non-metal Minerals Mining and Dressing	0.11	3	3	0.13
制造业	**Manufacturing**	**134.86**	**942**	**459**	**95.82**
食品加工业	Food Processing	2.83	21	13	2.54
食品制造业	Food Production	2.21	26	14	1.98
饮料制造业	Beverage Production	1.88	20	15	1.91
烟草加工业	Tobacco Processing	2.32	14	8	1.98
纺织业	Textile Industry	1.66	22	14	1.26
服装及纤维制品制造业	Garments and Other Fibber Products	1.47	19	11	1.46
皮革毛皮羽绒及制品业	Leather, Furs, Down and Related Products	0.30	2	1	0.21
木材加工及竹藤棕草制品业	Timber Processing, Bamboo, Cane, Palm Fibber and Straw Products	0.10	3	3	0.10
家具制造业	Furniture Manufacturing	0.29	6	2	0.29
造纸及纸制品业	Papermaking and Paper Products	3.60	24	12	3.54
印刷业、记录媒介的复制	Printing and Record Medium Reproduction	3.98	28	23	3.66
文教体育用品制造业	Cultural, Educational and Sports Goods	2.04	14	5	1.80
石油加工及炼焦业	Petroleum Processing and Coking	5.06	75	46	4.87
化学原料及制品制造业	Raw Chemical Materials and Chemical Products	6.24	124	84	3.33
医药制造业	Medical and Pharmaceutical Products	6.43	76	11	3.07
化学纤维制造业	Chemical Fibber	0.20	4	2	0.08
橡胶制品业	Rubber Products	0.72	5	2	0.66
塑料制品业	Plastic Products	3.35	33	16	2.64
非金属矿物制品业	Non-metal Mineral Products	3.16	54	34	2.09
黑色金属冶炼及压延加工业	Smelting and Pressing of Ferrous Metals	9.30	16	11	4.00
有色金属冶炼及压延加工业	Smelting and Pressing of Nonferrous Metals	1.76	13	5	1.30

6-19 续表1 continued

行业	Sector	投资额(亿元) Total Investment (100 million yuan)	施工项目个数(个) Number of Projects under Construction (unit)	全部建成投产项目个数(个) Number of Projects Completed and Put into Use (unit)	新增固定资产(亿元) Newly Increased Fixed Assets (100 million yuan)
金属制品业	Metal Products	3.19	35	18	2.79
普通机械制造业	Ordinary Machinery	3.03	25	7	1.58
专用设备制造业	Equipment for Special Purposes	0.88	9	4	0.92
交通运输设备制造业	Transport Equipment	19.10	53	29	12.14
电气机械及器材制造业	Electric Equipment and Machinery	16.03	78	23	12.54
电子及通信设备制造业	Electronic and Telecommunication Equipment	30.19	101	37	20.81
仪器仪表及文化、办公用机械制造业	Instruments, Meters, Cultural and Machinery Office	0.50	14	3	0.45
其他制造业	Other Manufacturing	3.01	28	6	1.82
电力、煤气及水的生产和供应业	**Electric Power, Gas and Water Production and Supply**	**54.60**	**451**	**282**	**43.15**
电力、蒸汽、热水生产和供应业	Electric Power, Steam and Hot Water Production and Supply	49.00	338	222	37.39
煤气的生产和供应业	Gas Production and Supply	1.40	9	2	0.51
自来水的生产和供应业	Tap Water Production and Supply	4.20	104	58	5.25
建筑业	**Construction**	**8.88**	**56**	**32**	**8.07**
土木工程建筑业	Civil Engineering Construction	8.35	51	29	7.52
线路、管道和设备安装业	Circuit, Pipelines and Equipment Installation	0.51	3	3	0.51
装修装饰业	Fitting and Decoration	0.02	2		0.04
地质勘查、水利管理业	**Geological Prospecting and Water Conservancy**	**9.68**	**125**	**35**	**4.30**
地质勘查业	Geological Prospecting	0.17	1	1	0.17
水利管理业	Water Conservancy	9.51	124	34	4.13
交通运输、仓储及邮电通信业	**Transport, Storage, Postal and Telecommunication Services**	**226.15**	**1678**	**1077**	**125.70**
铁路运输业	Railway Transport	1.37	13	9	0.70
公路运输业	Highway Transport	11.45	72	31	7.24
水上运输业	Waterway Transport	2.53	60	47	2.77
航空运输业	Air Transport	26.03	18	18	26.03
交通运输辅助业	Transport Subsidiary Services	9.06	274	91	6.23
其他交通运输业	Other Transport	1.92	1		0.02
仓储业	Storage	0.04	4	3	0.04
邮电通信业	Postal and Telecommunication Services	173.73	1236	878	82.67
批发和零售贸易餐饮业	**Wholesale and Retail Trade and Catering Services**	**6.36**	**49**	**18**	**4.67**
食品、饮料、烟草和家庭用品批发业	Wholesale Trade of Food, Beverage, Tobacco and Household Articles	0.61	7	3	0.55
能源、材料和机械电子设备批发业	Wholesale Trade of Energy, Materials and Electronic Equipment	0.42	12	3	0.43
其他批发业	Other Wholesale Trade	0.38	6	3	0.18

6-19 续表2 continued

行业	Sector	投资额（亿元）Total Investment (100 million yuan)	施工项目个数（个）Number of Projects under Construction (unit)	全部建成投产项目个数（个）Number of Projects Completed and Put into Use (unit)	新增固定资产（亿元）Newly Increased Fixed Assets (100 million yuan)
零售业	**Retail Trade**	**3.65**	**17**	**4**	**2.23**
商业经纪与代理业	Commercial Brokerage and Agencies	0.02			0.02
餐饮业	Catering Trade	1.27	7	5	1.26
金融、保险业	**Banking and Insurance**	**8.02**	**118**	**105**	**7.60**
金融业	Banking	7.92	118	105	7.50
保险业	Insurance	0.10			0.10
房地产业	**Real Estate Management**	**0.43**	**14**	**1**	**0.02**
房地产开发与经营业	Real Estate Development and Operation	0.07	2	1	0.02
房地产管理业	Real Estate Management	0.36	12		
社会服务业	**Social Services**	**34.41**	**236**	**92**	**14.64**
公共服务业	Public Services	31.90	198	71	12.60
居民服务业	Resident Services	0.14	4	4	0.14
旅馆业	Hotels	1.01	8	4	0.72
旅游业	Tourism	0.21	4	1	0.21
娱乐服务业	Amusement Services	0.05	4	3	0.08
信息、咨询服务业	Information and Consultation Services	0.14	3	3	0.14
计算机应用服务业	Computer Applications Services	0.13	4		0.17
其他社会服务业	Other Social Services	0.83	11	6	0.58
卫生、体育和社会福利业	**Health Care, Sports and Social Welfare**	**8.45**	**55**	**20**	**7.55**
卫生	Health Care	7.33	39	13	6.55
体育	Sports	1.08	14	6	0.97
社会福利保障业	Social Welfare and Social Security	0.04	2	1	0.03
教育、文化艺术和广播电影电视业	**Education, Culture and Arts, Radio, Film and Television**	**8.21**	**57**	**35**	**7.73**
教育	Education	5.32	40	30	5.06
文化艺术业	Culture and Arts	1.07	9	4	1.07
广播、电影、电视业	Radio, Film and Television	1.81	8	1	1.60
科学研究和综合技术服务业	**Scientific Research and Polytechnic Services**	**0.90**	**12**	**4**	**0.87**
科学研究业	Scientific Research	0.19	7	1	0.17
综合技术服务业	Polytechnic Services	0.71	5	3	0.70
国家机关、政党机关和社会团体	**Government Agencies, Party Agencies and Social Organizations**	**9.94**	**215**	**181**	**5.70**
国家机关	Government Agencies	9.65	211	178	5.45
政党机关	Party Agencies	0.19			0.19
社会团体	Social Organizations	0.08	4	3	0.05
基层群众自治组织	Grassroots Autonomous Organizations	0.01			0.01
其他行业	**Other Sectors**	**1.28**	**5**	**4**	**1.22**

6-20 各市按国民经济行业分的更新改造投资（2002 年）
INVESTMENT IN INNOVATION BY SECTOR BY CITY (2002)

单位：万元 （10000 yuan）

市别 City	合计 Total	农、林、牧、渔业 Farming, Forestry Animal Husbandry and Fishery	采掘业 Mining and Quarrying	制造业 Manufacturing	电力、煤气及水的生产和供应业 Electric Power, Gas and Water Production and Supply	建筑业 Construction	地质勘查业水利管理业 Geological Prospecting and Water Conservancy	交通运输仓储和邮电通信业 Transport, Storage, Postal and Telecommunication Services
全省总计 Total	**5150686**	**10468**	**18595**	**1348631**	**546019**	**88812**	**96844**	**2261481**
广州 Guangzhou	1847151	7337		440779	36562	60406	61323	744537
深圳 Shenzhen	382447	148	80	242003	53253		5365	44556
珠海 Zhuhai	54206			38342				15134
汕头 Shantou	110898			56178	5612		280	41304
韶关 Shaoguan	162805	1053	4716	74565	20692	11600	860	40764
河源 Heyuan	40628			4306	9104	311	723	12300
梅州 Meizhou	35814			12661	13466		880	1750
惠州 Huizhou	131176			76199	26968	190	4011	14937
汕尾 Shanwei	40912			5694	1339		450	32149
东莞 Dongguan	234872	820		82296	2800			119029
中山 Zhongshan	77144			43363				31427
江门 Jiangmen	132846	108		29643	35385		298	46710
佛山 Foshan	285857		50	55965	85711		4325	73358
阳江 Yangjiang	39800			151	5110	455		33879
湛江 Zhanjiang	183336	62	12200	23539	47022		6452	82511
茂名 Maoming	162774	227	550	33213	86472	2160	4385	30475
肇庆 Zhaoqing	101197		999	45078	26277			19084
清远 Qingyuan	82399	713		17842	17616	6914		16566
潮州 Chaozhou	99371			49553	8421	285	2969	28591
揭阳 Jieyang	79629			15313	17618	5768	1673	28285
云浮 Yunfu	72729			1948	46591	723	2850	11440

市别 City	批发零售贸易和餐饮业 Wholesale and Retail Trade and Catering Services	金融、保险业 Banking and Insurance	房地产业 Real Estate Trade	社会服务业 Social Services	卫生、体育和社会福利业 Health Care, and Social Welfare	教育、文化艺术和广播电影电视业 Education, Culture, Arts, Radio, Film and Television	科学研究和综合技术服务事业 Scientific Research and Polytechnic Services	国家机关、政党机关和社会团体 Government Agencies, Party Agencies and Social Organizations	其他行业 Others
全省总计 Total	**63560**	**80180**	**4250**	**344107**	**84463**	**82070**	**9008**	**99362**	**12836**
广州 Guangzhou	37976	66727	3715	223144	62658	64735	7508	26077	3667
深圳 Shenzhen	15034		460	8293	3047	3791		6217	200
珠海 Zhuhai					80	650			
汕头 Shantou		1714		4917		343	550		
韶关 Shaoguan	410			270				7875	
河源 Heyuan				4269	696				8919
梅州 Meizhou	602			539	58	10	100	5748	
惠州 Huizhou	220	1631		1993	3737		850	440	
汕尾 Shanwei								1280	
东莞 Dongguan		5505						24422	
中山 Zhongshan	500	1711						143	
江门 Jiangmen				20032				670	
佛山 Foshan	357	797		56403	1888	1743		5260	
阳江 Yangjiang	135							70	
湛江 Zhanjiang				9845		1500		205	
茂名 Maoming	96			1592	2229	175		1200	
肇庆 Zhaoqing	1236	415		3178	697	2918		1315	
清远 Qingyuan	2970			3228	881	737		14932	
潮州 Chaozhou		289		2564	6357	224		118	
揭阳 Jieyang	3000	1235		2600		3057		1030	50
云浮 Yunfu	1024	156	75	1240	2135	2187		2360	

注：全省总计中含不分区部分。

Note: Provincial total includes the part of investment unclassified by region.

6-21 更新改造新增主要生产能力或效益

NEWLY INCREASED PRODUCTION CAPACITY OR BENEFIT THROUGH INNOVATION

指　　标		Indicator		1995	2000	2001	2002
发电机组装机容量	（万千瓦）	Capacity of Generating Sets	（10000 kw）	13.77	37.26	15.96	93.68
水力发电	（万千瓦）	Hydropower	（10000 kw）	0.31	2.23	0.16	0.08
火力发电	（万千瓦）	Thermal Power	（10000 kw）	13.06	35.00	15.50	93.60
其他发电	（万千瓦）	Others	（10000 kw）	0.40	0.03	0.30	
输电线路（11 万伏及以上）	（公里）	Transmission Lines（≥110000 kv）	（km）	130.70	533.37	398.60	2225.05
变电设备(11 万伏及以上)	(万千伏安)	Power Transformer Equipment(≥110000 kv)	（10000 kva）	208.30	57.65	145.75	333.00
水　泥	（万吨/年）	Cement	（10000 tons/year）	329.40	11.00	20.00	111.00
塑料树脂及共聚物	（吨/年）	Plastic Resin and Copolymer	（ton/year）	46580	35916	18500	800
棉印染	（万米/年）	Cotton Goods Printing and Dyeing	（10000 meters/year）	3100	2000	100	
机制纸及纸板	（万吨/年）	Machine-made Paper and Paperboard	（10000 tons/year）	4.02	1.30	2.70	19.06
新建公路	（公里）	Newly Constructed Highways	（km）	7.57	131.80	65.40	36.60
#高速公路	（公里）	Express Highways	（km）				
改建公路	（公里）	Reconstructed Highways	（km）	320.39	559.22	742.60	1005.70
#一级公路	（公里）	First Class Highways	（km）	88.89	96.24	83.50	10.30
新建独立公路桥梁	（延长米）	Newly Constructed Highway Bridges	（extended m）	1187	600	776	231
	（座）		（unit）	7	3	2	8
新（扩）建港口码头		Newly Constructed or Expanded Ports		183.50	80.00		950.00
	（年吞吐量：万吨）		（annual handling capacity：10000 tons）				
	（泊位：个）		（number of berths：unit）	6	2		1
长途电缆	（延长公里）	Long-distance Cables	（extended km）	1168.00	5695.30	701.10	1300.90
新建微波电路	（公里）	Newly Built Microwave Circuits	（km）	68.00	170.00		
市内电话自动交换机	（门）	Local Telephone Exchanges	（gate）	1266705	1312300	2521600	3996300
造林面积	（万亩）	Afforested Areas	（10000 mu）	2.69	11.00	2.80	0.50
有效灌溉面积	（万亩）	Effective Irrigated Areas	（10000 mu）	6.40	0.66	2.20	1.00
除涝面积	（万亩）	Flooded or Waterlogged Areas under Control	（10000 mu）		3.00	1.00	1.00
排灌装机	（万千瓦）	Installed Capacity of Drainage and Irrigation			0.12	0.12	0.12
粮食仓库	（万公斤）	Grain Storehouses	（10000 kg）	310.00	10200.00	5799.00	163.00
	（平方米）		（sq.m）	1405	14140	8550	817
中等学校学生席位	（个）	Number of Student Seats of Regular Secondary Schools	（unit）	46797	1722	7297	7710
	（平方米）		（sq.m）	104704	9956	46415	48650
小学校学生席位	（个）	Number of Student Seats of Primary Schools	（unit）	1580	17118	5362	2940
	（平方米）		（sq.m）	7360	53079	85471	33232
医院病床	（张）	Hospital Beds	（unit）	902	840	629	100
城市自来水供水能力	（万吨/日）	City Tap Water Supply Capacity	（10000 tons/day）	58.56	16.00	6.50	12.00
城市自来水管道长度	（公里）	Length of City Tap Water Pipe	（km）	56.82	301.97	176.29	123.77
城市液化石油气储气能力	（吨）	City Storage Capacity of Liquefied Petroleum Gas	（ton）	100			
城市道路扩建长度	（公里）	Length of City Road Extended	（km）	25.74	29.98	41.88	32.15
城市道路扩建面积	（万平方米）	Area of City Road Extended	（10000 sq.m）	36.01	37.43	49.16	66.00
城市排水管道铺设长度	（公里）	Length of Sewer Pipelines	（km）	29.87	29.56	60.68	57.99
城市污水处理能力	（万吨/日）	Disposal Capacity of Sewerage	（10000 tons/day）	1.00		9.20	4.16
城市防洪堤长度	（公里）	Length of City Embankment	（km）	12.30	42.69	45.00	139.26

6-22 各市房屋建筑面积（2002 年）
FLOOR SPACE OF BUILDINGS BY CITY (2002)

市别 City	施工建筑面积（万平方米）Floor Space under Construction (10000 sq.m)	# 住宅 Residential Buildings	竣工建筑面积（万平方米）Floor Space Completed (10000 sq.m)	# 住宅 Residential Buildings	竣工价值（亿元）Value Completed (100 million yuan)	# 住宅 Residential Buildings
基本建设总计 Total Capital Construction	**4383.35**	**619.56**	**1682.80**	**331.07**	**179.56**	**32.45**
广州 Guangzhou	850.22	123.15	279.08	68.20	42.68	10.19
深圳 Shenzhen	868.64	159.16	225.01	77.55	29.24	8.28
珠海 Zhuhai	298.75	27.21	99.52	12.82	12.88	1.45
汕头 Shantou	110.94	30.35	47.34	22.00	5.92	2.14
韶关 Shaoguan	125.20	44.24	59.80	29.32	3.48	1.54
河源 Heyuan	82.18	15.15	50.84	10.01	4.02	0.56
梅州 Meizhou	77.77	12.96	42.31	8.57	3.05	0.48
惠州 Huizhou	170.61	22.07	95.82	14.63	7.28	0.95
汕尾 Shanwei	47.14	3.80	35.95	3.25	3.26	0.30
东莞 Dongguan	209.25	9.47	1.83	0.37	0.21	0.03
中山 Zhongshan	567.49	35.22	320.73	22.53	25.75	1.57
江门 Jiangmen	145.10	15.23	48.43	3.20	3.82	0.22
佛山 Foshan	160.44	19.95	65.99	8.13	7.50	0.64
阳江 Yangjiang	30.48	8.35	9.25	1.82	0.80	0.22
湛江 Zhanjiang	84.65	16.10	42.03	8.25	5.89	1.07
茂名 Maoming	95.74	31.82	55.36	13.12	5.17	1.02
肇庆 Zhaoqing	108.73	15.17	60.83	11.78	4.44	0.76
清远 Qingyuan	69.39	16.74	38.24	10.20	3.45	0.63
潮州 Chaozhou	35.02	2.59	21.14		1.60	
揭阳 Jieyang	100.16	1.72	36.06	1.25	3.14	0.08
云浮 Yunfu	59.73	8.80	33.02	3.77	2.61	0.32
更新改造总计 Total Innovation	**322.64**	**28.79**	**117.79**	**20.42**	**11.32**	**2.87**
广州 Guangzhou	106.21	15.92	26.72	12.68	4.22	2.32
深圳 Shenzhen	9.60	1.36	0.11	0.01	0.02	…
珠海 Zhuhai	30.62		3.59		0.37	
汕头 Shantou	9.23		1.73		0.16	
韶关 Shaoguan	4.59	0.69	0.91	0.04	0.07	…
河源 Heyuan	1.82		1.82		0.06	
梅州 Meizhou	10.99	1.80	3.04	1.42	0.25	0.08
惠州 Huizhou	20.03	2.43	12.73	1.81	1.00	0.19
汕尾 Shanwei	3.46		3.31		0.19	
东莞 Dongguan	4.51					
中山 Zhongshan	5.15	0.90	3.79	0.90	0.35	0.03
江门 Jiangmen	8.07		1.82		0.16	
佛山 Foshan	34.86	1.79	11.61	0.84	0.89	0.06
阳江 Yangjiang	0.22		0.22		0.01	
湛江 Zhanjiang	5.75	0.52	4.06	0.44	0.29	0.05
茂名 Maoming	8.58	0.05	4.64	0.05	0.53	…
肇庆 Zhaoqing	27.73	1.99	16.89	1.30	0.90	0.07
清远 Qingyuan	2.03	0.22	0.72	0.10	0.03	…
潮州 Chaozhou	8.52	0.19	6.58	0.19	0.41	0.02
揭阳 Jieyang	9.56	0.31	7.12	0.04	0.46	0.01
云浮 Yunfu	11.11	0.60	6.39	0.60	0.97	0.04

注：基本建设、更新改造总计中含不分区部分。

Note: Total capital construction and total innovation include the part of investment unclassified by region.

6-23 房地产开发投资情况（2002 年）

INVESTMENT IN REAL ESTATE DEVELOPMENT (2002)

按登记注册类型分组 By Registration Ownership		开发企业个数（个） Number of Development Enterprises (unit)	完成投资额（亿元） Investment Completed (100 million yuan)	# 商品房建设 Commercial Buildings	# 土地开发 Land Development	# 住宅 Residential Buildings
全省总计	**Provincial Total**	**3806**	**1115.25**	**816.63**	**69.46**	**771.87**
内资	Domestic Funded Enterprises					
国有经济	State-owned	567	94.70	70.60	6.24	63.93
集体经济	Collective Owned	640	76.08	51.26	10.18	50.85
联营经济	Affiliated Business	15	8.59	6.31	0.35	6.42
有限责任公司	Limited Liability Companies	742	274.90	196.33	17.06	187.88
股份有限公司	Limited Share-holding Companies	174	95.67	70.27	5.22	70.54
私营个体	Private Owned	892	266.35	187.84	17.94	182.78
其他经济	Other Enterprises	8	2.17	1.31	0.06	1.09
港、澳、台商投资经济	Enterprises Funded by Entrepreneurs from Hong Kong, Macao and Taiwan	693	263.65	207.33	11.67	186.81
外商投资经济	Foreign Funded Enterprises	75	33.15	25.38	0.75	21.57

6-24 房地产开发房屋建筑面积及价值（2002 年）

FLOOR SPACE OF BUILDINGS AND THEIR VALUE THROUGH REAL ESTATE DEVELOPMENT (2002)

按登记注册类型分组 By Registration Ownership		房屋建筑面积（万平方米） Floor Space of Building Construction (10000 sq.m)			竣工房屋价值（万元） Value of Buildings Completed (10000 yuan)	# 住宅 Residential Buildings
		施工面积 Floor Space of Buildings under Construction	竣工面积 Floor Space of Buildings Completed	# 住宅 Residential Buildings		
全省总计	**Provincial Total**	**12024.89**	**3908.76**	**3181.25**	**6524742**	**5143073**
内资	Domestic Funded Enterprises					
国有经济	State-owned	1430.13	463.06	362.47	829581	602637
集体经济	Collective Owned	1204.05	564.90	493.36	547929	476536
联营经济	Affiliated Business	63.58	13.72	11.43	17778	16931
有限责任公司	Limited Liability Companies	2697.77	841.95	673.46	1448167	1132258
股份有限公司	Limited Share-holding Companies	854.77	315.77	266.10	656694	559693
私营个体	Private Owned	2832.84	955.31	756.59	1457392	1070096
其他经济	Other Enterprises	19.28	2.06	2.06	4121	4121
港、澳、台商投资经济	Enterprises Funded by Entrepreneurs from Hong Kong, Macao and Taiwan	2596.49	672.17	551.21	1354660	1109099
外商投资经济	Foreign Funded Enterprises	325.98	79.82	64.57	208420	171702

6-25 各市房地产开发投资情况（2002 年）

INVESTMENT IN REAL ESTATE DEVELOPMENT BY CITY (2002)

市别 City	开发企业个数（个）Number of Development Enterprisess (unit)	完成投资额（亿元）Investment Completed (100 million yuan)	#商品房建设 Commercial Buildings	#土地开发 Land Development	# 住宅 Residential Buildings
广州 Guangzhou	1309	426.39	323.04	29.14	311.52
深圳 Shenzhen	406	355.44	266.56	9.41	237.92
珠海 Zhuhai	206	37.21	23.58	1.66	28.92
汕头 Shantou	209	20.27	15.74	0.48	15.14
韶关 Shaoguan	80	5.55	4.51	0.30	4.00
河源 Heyuan	42	4.14	2.15	0.72	1.99
梅州 Meizhou	71	12.46	8.24	2.59	7.59
惠州 Huizhou	97	15.88	13.88	1.12	9.95
汕尾 Shanwei	18	1.18	0.93	0.19	0.86
东莞 Dongguan	47	26.84	16.95	2.79	19.76
中山 Zhongshan	161	36.55	18.44	5.20	21.76
江门 Jiangmen	269	25.21	19.19	1.26	17.23
佛山 Foshan	297	81.60	59.81	3.78	53.16
阳江 Yangjiang	78	9.51	5.79	2.28	4.95
湛江 Zhanjiang	79	10.50	7.75	1.10	6.40
茂名 Maoming	62	7.87	4.35	1.98	4.80
肇庆 Zhaoqing	129	14.62	10.21	1.96	10.29
清远 Qingyuan	110	10.85	6.49	1.97	5.56
潮州 Chaozhou	51	6.17	4.34	0.72	5.28
揭阳 Jieyang	39	4.18	2.98	0.01	3.02
云浮 Yunfu	46	2.86	1.70	0.79	1.78

6-26 各市房地产开发房屋建筑面积及价值（2002 年）

FLOOR SPACE OF BUILDINGS AND THEIR VALUE THROUGH REAL ESTATE DEVELOPMENT BY CITY (2002)

市别 City	房屋建筑面积（万平方米）Floor Space of Building Construction (10000 sq.m)			竣工房屋价值（万元）Value of Buildings Completed (10000 yuan)	# 住宅 Residential Buildings
	施工面积 Floor Space of Buildings under Construction	竣工面积 Floor Space of Buildings Completed	# 住宅 Residential Buildings		
广州 Guangzhou	4505.24	1082.53	871.24	1718158	1355294
深圳 Shenzhen	2776.29	892.24	698.32	2608858	2060726
珠海 Zhuhai	492.05	167.58	130.25	279648	176373
汕头 Shantou	394.32	151.90	132.38	131557	115486
韶关 Shaoguan	129.31	69.76	60.44	49909	40118
河源 Heyuan	56.61	29.71	23.95	24428	18270
梅州 Meizhou	191.81	102.62	88.21	94435	75896
惠州 Huizhou	210.97	87.27	67.90	139443	90369
汕尾 Shanwei	23.66	7.21	6.88	6235	6005
东莞 Dongguan	401.90	127.70	117.39	182231	167341
中山 Zhongshan	409.48	165.80	135.36	180091	142652
江门 Jiangmen	555.45	188.54	150.47	157521	119641
佛山 Foshan	1051.17	450.10	384.50	602179	507423
阳江 Yangjiang	96.57	45.89	30.07	39465	26044
湛江 Zhanjiang	134.62	41.01	34.81	51074	41249
茂名 Maoming	65.57	33.38	26.89	35084	27318
肇庆 Zhaoqing	195.83	86.41	72.40	77186	64753
清远 Qingyuan	156.12	68.30	52.85	56631	33029
潮州 Chaozhou	92.30	54.50	49.52	49646	42747
揭阳 Jieyang	52.11	38.41	32.10	27737	21313
云浮 Yunfu	33.50	17.91	15.33	13226	11026

6-27 商品房屋销售情况（2002 年）
SALES OF COMMERCIAL BUILDINGS（2002）

按登记注册类型分组 By Registration Ownership		实际销售面积（万平方米）Floor Space of Commercial Buildings Actually Sold（10000 sq.m）	# 住宅 Residential Buildings	个人购买的商品房屋（万平方米）Commercial Residences Purchased by Individuals（10000 sq.m）	实际销售额（万元）Sales of Commercial Buildings（10000 yuan）	# 住宅 Residential Buildings
全省总计	**Provincial Total**	**2530.81**	**2260.00**	**2349.78**	**8203220**	**6830099**
内资	Domestic Funded Enterprises					
国有经济	State-owned	273.67	245.97	247.32	862028	706246
集体经济	Collective Owned	438.28	381.76	403.67	804531	657726
联营经济	Affiliated Business	8.23	7.08	6.77	19582	17314
有限责任公司	Limited Liability Companies	528.24	460.94	481.91	1784546	1402993
股份有限公司	Limited Share-holding Companies	145.40	124.92	138.70	621629	491620
私营个体	Private Owned	632.50	574.34	608.65	1822847	1510857
其他经济	Other Enterprises	1.79	1.70	1.79	5451	5016
港、澳、台商投资经济	Enterprises Funded by Entrepreneurs from Hong Kong, Macao & Taiwan	466.72	432.23	427.97	2149218	1936979
外商投资经济	Foreign Funded Enterprises	35.98	31.06	32.99	133388	101348

6-28 各市商品房屋销售情况（2002 年）
SALES OF COMMERCIAL BUILDINGS BY CITY（2002）

市别	City	实际销售面积（万平方米）Floor Space of Commercial Buildings Actually Sold（10000 sq.m）	# 住宅 Residential Buildings	个人购买的商品房屋（万平方米）Commercial Residences Purchased by Individuals（10000 sq.m）	实际销售额（万元）Sales of Commercial Buildings（10000 yuan）	# 住宅 Residential Buildings
广州	Guangzhou	728.07	662.70	683.42	3057915	2647163
深圳	Shenzhen	381.22	347.38	332.41	2211868	1829662
珠海	Zhuhai	114.23	97.36	106.82	340149	250734
汕头	Shantou	143.17	123.66	138.00	269614	225269
韶关	Shaoguan	51.48	48.17	51.46	56954	47860
河源	Heyuan	19.48	15.81	16.27	18447	12092
梅州	Meizhou	58.90	50.75	56.81	65973	50992
惠州	Huizhou	56.36	52.99	55.34	132421	105544
汕尾	Shanwei	5.59	5.27	4.87	5268	5258
东莞	Dongguan	95.05	82.85	70.11	282948	232269
中山	Zhongshan	125.13	110.46	118.65	336750	269712
江门	Jiangmen	155.29	138.16	154.05	221318	180020
佛山	Foshan	309.21	275.44	292.00	818850	679880
阳江	Yangjiang	28.32	18.73	22.71	34851	19103
湛江	Zhanjiang	29.36	27.51	28.22	46384	40998
茂名	Maoming	31.83	25.80	30.72	45314	30945
肇庆	Zhaoqing	70.90	64.52	69.70	114529	95669
清远	Qingyuan	50.62	46.63	47.01	59520	43291
潮州	Chaozhou	30.44	26.97	27.64	34317	27785
揭阳	Jieyang	34.16	28.15	31.56	37111	25138
云浮	Yunfu	12.01	10.70	12.01	12719	10715

主要统计指标解释

固定资产投资额 是以货币形式表现的在一定时期内建造和购置固定资产的工作量以及与此有关的费用的总称。它是反映固定资产投资规模、结构和发展速度的综合性指标，又是观察工程进度和考核投资效果的重要依据。全社会固定资产投资包括国有经济单位投资、城乡集体及其他各种登记注册类型的单位投资和城乡居民个人投资。按照国家统计制度规定，固定资产投资统计范围包括：基本建设投资、更新改造投资、房地产开发投资和其他固定资产投资四个部分。城乡集体经济单位投资包括城镇集体所有制单位投资和农村集体所有制单位投资；其它各种经济类型单位投资包括联营经济、股份制经济、中外合资经济、中外合作经济、外资、与大陆合资经营、与大陆合作经营、港澳台独资及其它经济的单位投资；城乡居民个人投资包括城市、县城、镇、工矿区所辖范围内的个人建房和农村个人建房及购买生产性固定资产的投资。

基本建设投资 是指企业、事业、行政单位以扩大生产能力或工程效益为主要目的的新建、扩建工程及有关工作的投资。

更新改造投资 是指企业、事业单位对原有设施进行固定资产更新和技术改造，以及相应配套的工程和有关工作（不包括大修理和维护工程）的投资。

房地产开发投资 各种登记注册类型的房地产开发公司 、商品房建设公司及其他房地产开发单位统一开发的包括统代建、拆迁还建的住宅、厂房、仓库、饭店、宾馆、度假村、写字楼、办公楼等房屋建筑物和配套的服务设施、土地开发工程，如道路、给水、排水、供电 、供热、通讯、平整场地等基础设施工程的投资。包括实际从事房地产开发或经营活动的附营房地产开发单位。不包括单纯的土地交易活动。

其它固定资产投资 全社会固定资产投资中未列入基本建设、更新改造和房地产开发投资的建造和购置固定资产的活动。包括：

（1）国有单位未纳入基本建设计划和更新改造计划管理，计划总投资（或实际需要总投资）在 50 万元以上的项目和工程投资，包括用油田维护费和石油开发基金进行的油田维护和开发工程完成的投资；煤炭、铁矿、森工等采掘采伐部门用维简费进行的开拓延伸工程完成的投资；交通部门用公路养路费对原有公路、桥梁进行改建的工程完成的投资；商业部门用简易建筑费建造的仓库工程完成的投资。

（2）城镇集体经济单位固定资产投资：指所有隶属省辖市、县级市和县城（乡镇企业局管理的除外）建造和购置固定资产计划总投资（或实际需要总投资）在 50 万元以上未列入基本建设计划和更新改造计划的单位（项目）的投资。

（3）除国有、城镇集体以外的其他各种登记注册类型的企业、事业单位（包括城镇私营企、事业单位和个体经营户）建造和购置固定资产计划总投资（或实际需要总投资）在 50 万元以上的、未列入基本建设计划和更新改造计划的单位（项目）。

（4）城镇和工矿区私人建房投资包括市、县城、镇、工矿区所辖范围内的全部私人建房，不论其房主是否系本地的常住户口均应包括。

（5）农村固定资产投资包括农村区域范围内进行固定资产投资活动的企业、事业、行政单位及农村个人。

固定资产投资的资金来源 根据固定资产投资的资金来源不同，分为国家预算内资金、国内贷款、债券、利用外资、自筹资金和其他资金来源。

（1）国家预算内资金　分为财政拨款和财政安排的贷款两部分。包括中央财政的基本建设基金、专项支出、收回再贷、贴息资金、财政安排的挖潜改造和新产品试制支出、城建支出、商业部门简易建筑支出、不发达地区发展基金等资金中用于固定资产投资的资金；地方财政中由国家统筹安排的固定资产投资资金等。

（2）国内贷款　指报告期固定资产投资单位向银行及非银行金融机构借入的用于固定资产投资的各种国内借款，包括银行贷款、上级主管部门拨入的国内贷款、国家专项贷款（包括煤代油贷款、劳改煤矿专项贷款等），地方财政专项资金安排的贷款、国内储备贷款、周转贷款等。

（3）债券　是企业（公司）或金融机构通过发行各种债券筹集到的用于固定资产投资的资金，包括由银行代理发行的重点企业债券和重点建设债券。

（4）利用外资　指报告期内收到的用于固定资产建造和购置的国外资金（包括设备、材料、技术）。包括对外借款、外商直接投资、外商其他投资。不包括我国自有外汇资金。

（5）自筹资金　指固定资产投资单位报告期内收到的，由各地区、各部门及企事业单位筹集用于固定资产投资的预算外资金，包括中央各部门、各级地方和企事业单位的自筹资金。

（6）其他资金来源 指报告期收到的除以上各种资金之外其他用于固定资产投资的资金。包括群众集资、个人资金、无偿捐赠的资金及其他单位拨入的资金。

新增生产能力（或工程效益） 指通过固定资产投资活动而增加的设计能力（或工程效益），是以实物形态表示的固定资产投资成果的指标，也是考核投资经济效果的重要依据之一。

房屋建筑面积 是房屋建筑物勒脚以上外墙外围的水平截面面积，包括房屋建筑物的有效面积和结构面积。房屋建筑面积统计指标是建设规模和建设成果的重要指标之一，也是检查工程形象进度、计算工程造价、分析投资效果、研究施工任务和建筑材料之间平衡情况的重要依据。

住宅 指供人们居住的房屋，包括职工家属宿舍、集体宿舍（包括职工单身宿舍和学生宿舍）及供居住的各种公寓等。住宅建筑面积中不包括作为人防用、不住人的地下室面积和供办公用的公寓。

房屋施工面积 指在报告期内施工的全部房屋建筑面积。包括本期新开工的面积和上期开工跨入本期继续施工的面积，以及上期已停建在本期恢复施工的房屋面积。本期竣工和本期施工后又停缓建的房屋，其建筑面积仍计入本期房屋施工面积中。

房屋竣工面积 指在报告期内房屋建筑按照设计要求已经全部完工，达到住人和使用条件，经验收鉴定合格（或达到竣工验收标准），正式移交使用单位的各栋房屋建筑面积的总和。

房屋建筑面积竣工率 是指一定时期内房屋竣工面积与施工面积的比率。它是从房屋建筑施工速度的角度反映投资效果的指标。

新增固定资产 指已经完成建造和购置过程，并已交付生产或使用单位的固定资产的价值。它是表示固定资产投资成果的价值指标，也是反映建设进度，计算固定资产投资效果的重要依据。

固定资产交付使用率 指一定时期新增固定资产与同期完成投资额的比率。它是反映各个时期固定资产动用速度，衡量建设过程中投资效果的一个综合性指标。

建设项目投产率 是建设周期的逆指标，是指一定时期内全部建成投产项目个数与同期施工项目个数的比率。它是从建设速度的角度反映投资效果的指标。

Explanatory Notes on Main Statistical Indicators

Amount of Investment in Fixed Assets refers to the sum of the volume of activities in construction and purchases of fixed assets and the related expenses in monetary terms. It is not only a comprehensive indicator which shows the size, pace, proportional relations and use orientation of the investment in fixed assets but also an important basis to follow the progress of projects and check the result of investment. Total investment in fixed assets in the whole country includes the investment by the state-owned units, the investment by the urban and rural collective units, the investment by the units of other types of ownership and the investment by the individuals in the urban and rural areas. According to China's current planning management system, the investment in fixed assets in the whole country is classified into the following four parts: investment in capital construction, investment in innovation, investment in real estate development and other investment in fixed assets. The investment by the urban and rural collective units includes the investment by the urban collective units and the investment by the rural collective units. The investment by the units of other types of ownership includes the investment by the units of joint-owned economy, shareholding economy, Sino-foreign joint economy, Sino-foreign cooperative economy, economy exclusively funded by foreign investors, joint economy with the mainland, cooperative economy with the mainland, economy exclusively funded by compatriots from Hong Kong, Macao and Taiwan and the others. The investment by the individuals in the urban and rural areas includes the investment in personal house buildings in the areas under the jurisdiction of city, county, town and special industrial and mining areas as well as the investment in personal house buildings and purchase of productive fixed assets in the rural areas.

Investment in Capital Construction refers to the new construction projects or extension projects and the related work of the enterprises, institutions or administrative units mainly for the purpose of expanding production capacity or improving project efficiency.

Investment in Innovation refers to the renewal of fixed assets and technological innovation of the original facilities by the enterprises and institutions as well as the corresponding supplementary projects and the related work (excluding major overhaul and maintenance projects).

Investment in Real Estate Development It includes the investment by the real estate development companies, commercial buildings construction companies and other real estate development units of various types of ownership in the construction of house buildings, such as residential buildings, factory buildings, warehouses, hotels, guesthouses, holiday villages, office buildings, and the complementary service facilities and land development projects, such as roads, water supply, water drainage, power supply, heating, telecommunications, land leveling and other projects of infrastructure. It covers the activities of the non-real estate companies in real estate development or management, but excludes the activities in simple land transactions.

Other Investment in Fixed Assets refers to the construction and purchases of fixed assets not listed in the investment in capital construction, investment in innovation and investment in real estate development. It includes:

(1) The following projects of the state-owned units with the total planned (or actually needed) investment of 500, 000 yuan and over, which are not included in the plan of capital construction and the plan of innovation: (a) projects of oil fields maintenance and exploitation with the oil fields maintenance funds and petroleum development funds; (b) opening and extending projects with the maintenance funds in coal, ore and other mining enterprises and logging enterprises; (c) project of reconstruction of the original highways and bridges with the highway maintenance funds in the department of communication; (d) projects of construction of warehouse with the funds of simple construction in the commercial department.

(2) The investment in fixed assets by urban collective units refers to projects of construction and purchases of fixed assets with the total planned investment of 500, 000 yuan and over by all collective units in cities and county towns and in townships which are approved by the State Council or provincial governments, excluding investment by collective units under township enterprise administration offices.

(3) The projects of construction and purchases of fixed assets by the enterprises, institutions or individuals other than those mentioned above with total investment of 500, 000 yuan and over, which are not included in the plan of capital and the plan of innovation.

(4) The private house construction in the urban areas and industrial and mining areas includes all the private house construction under the jurisdiction of cities, counties, towns and industrial and mining areas, no matter whether the own-

er of the house is registered as the permanent resident in the locality or not.

(5) The individual investment in the rural areas includes the investment in fixed assets by the enterprises, institutions, administration units and rural individuals in the rural areas.

Sources of Funds for Investment in Fixed Assets are classified into state budgetary appropriation, domestic loans, bonds, foreign investment, self-raised funds and others according to different sources of funds.

(1) State budgetary appropriation refers to the financial appropriation and the loans under financial arrangement. It includes the appropriation in the budge of the central government earmarked for capital construction, the special appropriation, the recall reloans, the discount-interest funds, the appropriation for innovation and trial manufacturing of new products, the appropriation for city construction, the appropriation for simple construction of the commercial departments and the funds for investment in fixed assets from the development funds for the underdeveloped areas, and the appropriation in the budge of the local governments earmarked for investment in fixed assets.

(2) Domestic loans refer to various funds borrowed by enterprises and institutions from banks and non-bank financial institutions during the reference period for the purpose of investment in fixed assets, including loans issued by banks from their self-owned funds and deposit, loans appropriated by higher responsible authorities, special loans by government (including loan for replacing petroleum with coal, special loan for reform-through-labor coal mines), loans arranged by local governments from special funds, domestic reserve loan, and working loan, etc.

(3) Bonds refer to funds raised by enterprises (companies) and financial institutions through issuing various bonds for the propose of investment in fixed assets, including key enterprise bonds and key construction bonds issued by banks as agents.

(4) Foreign investment refers to foreign funds received during the reference period for the purpose of construction and purchases of fixed assets (including equipment, materials and technologies) . It includes foreign loans, foreign direct investment and other foreign investment, but excludes self-owned foreign exchanges of China.

(5) Self-raised funds refer to extra-budgetary funds received and raised by enterprises and institutions at all levels during the reference period for the purpose of investment in fixed assets, including self-raised funds by various departments under the central government, local governments at each level, enterprises and institutions.

(6) Other funds refer to funds received during the reference period for the purpose of investment in fixed assets which are not included in the above-mentioned sources, including mass financing, individual funds, donations and funds from other units.

Newly Increased Production Capacity (or Project Efficiency) refers to the increase of designed capacity and project efficiency through investment in fixed assets, which is not only an indicator to reflect the accomplishment of investment in fixed assets in kind but also an important basis to check the economic result of investment.

Floor Space of Buildings under Construction and Completed refers to level cross-section floor space in each story of buildings calculated from the outside line of building walls, including the effective space and structural space occupied by constructions. It is one of the important indicators to reflect construction size and results. It is also used to check the project progress, calculate the value of project, anlyse the investment result and study the balance between construction and building materials.

Buildings refer to buildings used as residence by people, including dormitories for family members of staff and workers, mass dormitories like those for single worker and students, and various apartments. The floor space of residential buildings excludes the floor space of basement used as air-raid shelters not for residence and apartments used as offices.

Floor Space under Construction refers to total floor space of all buildings under construction during the reference period, including floor space of newly started buildings during the reference period, floor space of construction extended from the previous period to the current period, and floor space of construction suspended during the previous period but resumed in the current period. Floor space of construction completed in the current period and floor space of construction started and then suspended in the current period are still included in floor space under construction.

Floor Space of Buildings Completed refers to total floor space of all buildings completed in the reference period, which have come up to the designed standards and have been put into use.

Completion Rate of Floor Space of Buildings refers to the ratio of the floor space of buildings completed in certain period of time to the floor space of buildings under construction in the same period, which reflects the investment result of the construction industry from the angle of the speed of project construction.

Newly Increased Fixed Assets refer to the value of fixed assets which have been completed and put into production. It is a value indicator to reflect the achievements of investment in fixed assets and the progress of construction and to evaluate the result of investment in fixed assets.

Rate of Projects of Fixed Assets Completed and Put into Operation refers to the ratio of the newly increased fixed assets to the total investment made in the same period. It is a comprehensive indicator to reflect the speed of the employment of fixed assets and the investment efficiency.

Rate of Construction Projects Completed and Put into Use refers to the ratio of the number of construction projects completed and put into use in certain period of time to the number of projects under construction in the same period. This reflects the investment efficiency from the angle of the speed of projects construction.

七 能源生产和消费

PRODUCTION AND CONSUMPTION OF ENERGY

7

七 能源生产和消费

简要说明

一、本篇资料反映广东能源生产和消费情况，主要包括：能源生产、消费及品种构成；分行业能源消费总量；综合能源平衡；能源生产和消费弹性系数；能源加工转换效率；生活用能源消费；重点耗能工业企业等数据资料。

二、本篇资料由广东省统计局工业交通处根据有关资料和调查结果整理提供。

三、能源统计资料取自全省能源平衡表和重点耗能工业企业能源购进、消费及库存。地区能源平衡表的编制范围为辖区内生产和消费能源的单位，其中全部国有工业和年销售收入500万元以上工业企业的能源消费根据国家统计局制发的报表制度由统计系统搜集资料逐级汇总上报；加工转换消费来源于重点耗能工业企业能源购进、消费及库存表；其他数据来源于有关厅（局）、公司或企业。

四、关于数据口径与计算的说明：

1. 能源生产与消费弹性系数分别以能源生产、消费增长速度与国内生产总值增长速度相比求得。

2. 能源平衡表中，进口量和出口量采用海关统计数据，电力折算标准煤系数按平均发电煤耗计算。

3. 能源加工转换效率表中的电力折算标准煤系数采用当量值计算，每千瓦小时折0.1229千克标准煤。

7 PRODUCTION AND CONSUMPTION OF ENERGY

Brief Introduction

Ⅰ. The data in this chapter reflect the energy production and consumption of Guangdong Province, mainly including the energy production and consumption and their composition, the energy consumption by sector, the overall balance of energy, the elasticity coefficient of energy production and consumption, the efficiency of energy conversion and the consumption of energy for residential use, key energy-consumption industrial enterprises, etc.

Ⅱ. The data in this chapter are prepared and provided by the Division of Industrial and Transport Statistics of Guangdong Provincial Bureau of Statistics.

Ⅲ. The data in this chapter come from the energy balance sheet of the whole province and the sheets of energy purchase, consumption and storage of key energy-consumption industrial enterprises.

The coverage of the regional energy balance includes the units that produce and consume energy. Among them, the data on the energy consumption of all the state-owned industrial enterprises and the enterprises with yearly sales revenue over 5 million yuan are collected by the statistical agencies in accordance with the statistical reporting scheme stipulated by the State Statistical Bureau and tabulated and reported to the higher authorities level by level; the data on the energy processing, transformation and consumption are derived from the sheets of energy purchase, consumption and storage of key energy-consumption industrial enterprises, other data are provided by related government departments, companies and enterprises.

Ⅳ. Data coverage and calculation:

(1) The elasticity coefficient of energy production is calculated as the quotient of the growth rate of energy production divided by the growth rate of GDP; and the elasticity coefficient of energy consumption is calculated as the quotient of the growth rate of energy consumption divided by the growth rate of GDP.

(2) In the energy balance, the data on the imports and exports are data from the customs statistics. The coefficient for conversion of electric power into the standard coal equivalent is calculated according to the average consumption of coal for generating electricity.

(3) In the table on the efficiency of energy conversion, the coefficient for conversion of electric power into the standard coal equivalent is calculated in the following way: 1 kwh of electric power is converted into 0.1229 kg standard coal equivalent.

7-1 能源生产总量及构成
TOTAL PRODUCTION OF ENERGY AND ITS COMPOSITION

项　　目	Item	1990	1995	2000	2001	2002
能源生产总量（万吨标准煤）	Total Energy Production (10000 tons of SCE)	1006.24	2622.53	3711.69	3407.51	3627.54
构　成　（%）	Composition (%)	100.0	100.0	100.0	100.0	100.0
原　煤	Coal	63.1	29.1	8.0	4.0	4.3
原　油	Crude Oil	7.0	35.5	53.6	51.9	49.8
电　力	Electricity	29.9	34.9	27.1	32.4	35.3
天 然 气	Natural Gas		0.5	11.3	11.7	10.6

7-2 能源消费总量及构成
TOTAL CONSUMPTION OF ENERGY AND ITS COMPOSITION

项　　目	Item	1990	1995	2000	2001	2002
一、一次能源消费量（万吨标准煤）	Primary Energy Consumption (10000 tons of SCE)	3690.25	6147.61	7983.46	8169.60	9036.40
构　成　（%）	Composition (%)	100.0	100.0	100.0	100.0	100.0
原　煤	Coal	56.5	56.4	52.2	52.5	51.9
原　油	Crude Oil	35.3	28.5	35.0	34.0	31.0
电　力	Electricity	8.2	14.9	12.6	13.5	17.1
天 然 气	Natural Gas		0.2	0.2	0	0
二、终端能源消费量（万吨标准煤）	Total Final Energy Consumption (10000 tons of SCE)	3936.44	7062.28	9080.2	9775.15	10861.68
构　成　（%）	Composition (%)	100.0	100.0	100.0	100.0	100.0
原　煤	Coal	33.6	27.0	17.1	15.9	14.5
油　品	Oil Products	22.4	20.9	22.6	22.6	21.6
电　力	Electricity	33.0	39.7	45.4	46.1	49.2
其　他	Others	11.0	12.4	14.9	15.4	14.7

7-3 综合能源平衡表
OVERALL ENERGY BALANCE SHEET

单位：万吨标准煤 (10000 tons of SCE)

项目	Item	1990	1995	2000	2001	2002
可供本地区消费的能源量	**Total Energy Available for Consumption by Locality**	**4044.28**	**7344.82**	**9447.70**	**10178.87**	**11354.69**
年初库存量	Stock at the Year-beginning	583.00	614.43	675.20	800.23	670.48
一次能源生产量	Primary Energy Output	1006.24	2622.53	3711.69	3407.51	3627.54
回收能	Recovery of Energy		19.07	96.59	83.31	132.21
外省调入量	Allocation from Other Provinces	2955.36	4293.08	5628.27	5944.04	6678.33
进口量	Imports	473.83	1575.45	2757.39	3662.55	4211.21
我国轮、机在外国加油量	Petroleum Consumed by Chinese Airplanes and Ships Abroad	12.28			27.22	25.46
本省调出量（－）	Allocation over Other Provinces（－）	－113.82	－609.34	－1599.39	－2147.78	－2205.98
出口量（－）	Exports（－）	－153.11	－509.37	－980.31	－875.73	－1022.81
外国轮、机在我国加油量（－）	Petroleum Consumed by Foreign Airplanes and Ships in China（－）	－70.30	－50.82	－62.51	－51.98	－13.82
年末库存量（－）	Stock at the Year-end（－）	－649.20	－610.24	－779.26	－670.48	－747.92
加工转换投入（－）产出（＋）量	**Input-Output in Processing and Transformation**	**－13.74**	**－11.86**	**－35.74**	**－35.00**	**－53.39**
火力发电	Thermal Power					0
供热	Heating					0
炼焦	Coking	－4.21	－6.95	－3.85	－3.25	－3.86
炼油	Petroleum Refining	－6.90	－1.86	－26.89	－25.94	－44.32
制气	Gas Production		－3.05	－5.00	－5.81	－5.21
损失量	**Losses**	**113.33**	**271.16**	**331.76**	**368.72**	**439.63**
#运输和输配损失	Losses in Transmission	104.17	266.75	318.75	353.31	424.70
终端消费量	**Final Consumption**	**3936.44**	**7062.28**	**9080.20**	**9775.15**	**10861.68**
第一产业	Primary Industry	193.15	349.96	353.56	371.84	350.43
农、林、牧、渔业	Farming, Forestry, Animal Husbandry and Fishery	193.15	349.96	353.56	371.84	350.43
第二产业	Secondary Industry	2775.58	4626.99	5790.91	6197.68	7004.71
工业	Industry	2728.01	4521.20	5693.02	6100.20	6893.85
#用作原材料、燃料	As Raw Materials and Fuel	335.68	99.90	86.44	231.32	385.41
建筑业	Construction	47.57	105.76	97.90	97.48	110.86
第三产业	Tertiary Industry	515.11	1093.40	1648.93	1807.13	2049.46
交通运输仓储及邮电通信业	Transport, Storage, Postal and Telecommunication Services	339.43	577.29	957.92	1046.78	1141.25
#远洋运输业	Ocean Transport	58.92	143.20	172.00	162.92	137.58
批发和零售贸易业、餐饮业	Wholesale and Retail Trade and Catering Services	92.16	283.01	403.21	439.76	543.04
其他	Others	83.52	233.10	287.81	320.59	365.20
生活消费	Residential Consumption	452.60	991.92	1286.80	1398.49	1457.04
城镇	Urban Areas	296.73	659.27	818.33	884.03	918.55
乡村	Rural Areas	155.87	332.61	468.45	514.47	538.48
平衡差额	**Balance**	**－19.23**	**－0.48**			**－0.01**
消费量合计	**Total Energy**	**4063.51**	**7345.30**	**9447.70**	**10178.87**	**11354.70**

7-4 分行业能源消费总量和原煤、电力消费量（2002年）
CONSUMPTION OF TOTAL ENERGY，COAL AND ELECTRICITY BY SECTOR（2002）

行　　业	Sector	能源消费总量（万吨标准煤）Total Energy Consumption（10000 tons of SCE）	原煤消费量（万吨）Coal Consumption（10000 tons）	电力消费量（亿千瓦小时）Electricity Consumption（100 million kwh）
消费总量	**Total**	**11354.70**	**6563.12**	**1687.83**
农、林、牧、渔业	**Farming，Forestry，Animal Husbandry and Fishery**	**350.43**	**49.45**	**46.82**
工　业	**Industry**	**7376.74**	**6429.91**	**1127.47**
采　掘　业	**Mining and Quarrying**	**115.28**	**3.65**	**24.92**
煤炭采选业	Coal Mining and Dressing	10.14	0	2.97
石油和天然气开采业	Petroleum and Natural Gas Extraction	34.03	0	3.72
黑色金属矿采选业	Ferrous Metals Mining and Dressing	4.46	0.51	0.98
有色金属矿采选业	Nonferrous Metals Mining and Dressing	11.14	0.42	3.04
非金属矿采选业	Nonmetal Minerals Mining and Dressing	48.01	2.65	12.06
其他矿采选业	Other Minerals Mining and Dressing	2.97	0.07	0.83
木材及竹材采运业	Logging and Transport of Wood and Bamboo	4.50	0	1.32
制造业	**Manufacturing**	**6292.51**	**2626.59**	**845.06**
食品加工业	Food Processing	253.57	367.87	25.29
食品制造业	Food Production	120.07	125.92	8.69
饮料制造业	Beverage Production	52.71	44.83	5.15
烟草加工业	Tobacco Processing	4.79	2.11	0.74
纺织业	Textile Industry	438.99	187.54	55.72
服装及其他纤维制品制造	Garments and Other Fiber Products	109.19	13.19	19.65
皮革毛皮羽绒及其制品业	Leather，Furs，Down and Related Products	64.55	2.99	14.01
木材加工及竹藤棕草制品业	Timber Processing，Bamboo，Cane，Palm Fiber & Straw Products	35.58	16.80	4.49
家具制造业	Furniture Manufacturing	21.57	0.67	4.87
造纸及纸制品业	Paper Making and Paper Products	384.95	398.35	39.03
印刷业记录媒介的复制	Printing and Record Medium Reproduction	30.73	0.41	7.28
文教体育用品制造业	Cultural，Educational and Sports Articles	67.18	0.43	15.00
石油加工及炼焦业	Petroleum Processing and Coking	595.34	0.06	14.16
化学原料及制品制造业	Raw Chemical Materials and Chemical Products	360.54	87.47	36.09
医药制造业	Medical and Pharmaceutical Products	41.27	21.55	5.18
化学纤维制造业	Chemical Fiber	51.61	2.8	13.46
橡胶制品业	Rubber Products	178.60	9.28	48.30
塑料制品业	Plastic Products	237.87	17.04	49.77
非金属矿物制品业	Nonmetal Mineral Products	1435.87	1028.23	122.76
黑色金属冶炼及压延加工业	Smelting and Pressing of Ferrous Metals	397.48	159.80	29.72
有色金属冶炼及压延加工业	Smelting and Pressing of Nonferrous Metals	112.70	53.67	12.61
金属制品业	Metal Products	314.30	4.99	80.03
普通机械制造业	Ordinary Machinery	40.0	1.70	7.97
专用设备制造业	Equipment for Special Purposes	16.85	1.65	3.81
交通运输设备制造业	Transportation Equipment	107.61	51.88	20.58
电气机械及器材制造业	Electric Equipment and Machinery	164.04	2.08	35.56
电子及通信设备制造业	Electronic and Telecommunications Equipment	283.08	0.31	60.56
仪器仪表文化办公用机械制造业	Instruments，Meters，Cultural and Office Machinery	25.13	0	6.01
其他制造业	Other Manufacturing Industry	346.35	22.97	98.57
电力煤气及水生产供应业	**Electric Power，Gas and Water Production and Supply**	**968.95**	**3799.67**	**257.49**
电力蒸汽热水生产供应业	Electric Power，Steam and Hot Water Production and Supply	808.10	3782.35	229.62
煤气的生产和供应业	Gas Production and Supply	72.74	17.32	2.01
自来水的生产和供应业	Tap Water Production and Supply	88.10	0.00	25.86
建筑业	**Construction**	**110.86**	**1.20**	**24.46**
交通运输、仓储及邮电通信业	**Transport，Storage，Postal and Telecommunication Services**	**1151.88**	**6.26**	**27.85**
批发和零售贸易餐饮业	**Wholesale and Retail Trade and Catering Services**	**543.04**	**15.80**	**129.30**
其他行业	**Others**	**365.20**	**0.00**	**98.32**
生活消费	**Residential Consumption**	**1457.04**	**60.50**	**233.61**

7-5 平均每天各种能源消费量
AVERAGE DAILY ENERGY CONSUMPTION BY VARIETY

能源品种		Item		1990	1995	2000	2001	2002
合　　计	**(吨标准煤)**	**Total**	**(ton of SCE)**	**112476**	**201241**	**248773**	**267812**	**279580**
煤　　炭	(吨)	Coal	(ton)	50828	72961	59590	60378	61421
焦　　炭	(吨)	Coke	(ton)	2871	3613	3973	4738	4843
原　　油	(吨)	Crude Oil	(ton)	754	143	250	224	306
燃 料 油	(吨)	Fuel Oil	(ton)	4874	7195	9248	10441	10825
汽　　油	(吨)	Gasoline	(ton)	3878	7700	8226	8877	9416
煤　　油	(吨)	Kerosene	(ton)	866	1535	2444	2619	2815
柴　　油	(吨)	Diesel Oil	(ton)	7025	11334	18726	19782	21195
液化石油气	(吨)	Liquefied Petroleum Gas	(ton)	549	5110	8720	9827	10649
电　　力	(万千瓦时)	Electricity	(10000 kwh)	9836	19698	33978	37113	42885

7-6 平均每人年生活用能源
PER CAPITA ANNUAL AVERAGE RESIDENTIAL ENERGY CONSUMPTION

能源品种		Item		1990	1995	2000	2001	2002
合　　计	**(千克标准煤)**	**Total**	**(kg of SCE)**	**72.04**	**146.11**	**148.90**	**184.86**	**190.48**
煤　　炭	(千克)	Coal	(kg)	56.77	40.07	9.63	8.06	7.91
汽　　油	(千克)	Gasoline	(kg)	1.65	4.50	4.42	5.31	5.80
煤　　油	(千克)	Kerosene	(kg)	1.95	1.18	0.24	0.28	0.28
柴　　油	(千克)	Diesel Oil	(kg)		0.37	0.57	0.67	0.78
液化石油气	(千克)	Liquefied Petroleum Gas	(kg)	1.76	24.51	31.47	39.11	39.25
电　　力	(千瓦时)	Electricity	(kwh)	63.90	165.24	239.09	299.07	305.40

7-7 分品种生活能源年消费总量
TOTAL ANNUAL RESIDENTIAL ENERGY CONSUMPTION BY VARIETY

能源品种		Item		1990	1995	2000	2001	2002
合　　计	**(万吨标准煤)**	**Total**	**(10000 tons of SCE)**	**454.71**	**991.92**	**1286.80**	**1398.49**	**1457.04**
煤　　炭	(万吨)	Coal	(10000 tons)	348.03	272.01	83.22	85.85	86.40
汽　　油	(万吨)	Gasoline	(10000 tons)	10.44	30.54	38.20	40.20	44.40
煤　　油	(万吨)	Kerosene	(10000 tons)	11.98	8.00	2.10	2.16	2.11
柴　　油	(万吨)	Diesel Oil	(10000 tons)		2.54	4.90	5.06	6.00
液化石油气	(万吨)	Liquefied Petroleum Gas	(10000 tons)	10.78	166.41	271.96	295.85	300.25
电　　力	(亿千瓦小时)	Electricity	(100 million kwh)	39.17	112.18	206.62	226.26	233.61

7-8 能源加工转换效率
EFFICIENCY OF ENERGY CONVERSION

单位:% (%)

年份 Year	火力发电 Thermal Power Generation	供热 Heating	炼焦 Coking	炼油 Petroleum Refining	制气 Gas Production
1990	31.13	79.21	93.48	99.44	
1995	31.85	80.07	90.93	99.89	86.17
1997	33.99	82.07	93.70	99.49	78.38
1998	34.53	86.89	93.54	99.84	69.95
1999	36.02	84.18	95.17	99.92	72.99
2000	37.20	87.19	94.35	99.02	79.18
2001	37.21	85.09	95.23	99.12	77.90
2002	36.36	76.40	94.27	98.40	80.08

7-9 能源生产弹性系数
ELASTICITY COEFFICIENT OF ENERGY PRODUCTION

年份 Year	能源生产比上年增长% Growth Rate of Energy Production over Preceding Year (%)	电力生产比上年增长% Growth Rate of Electricity Production over Preceding Year (%)	国内生产总值比上年增长% Growth Rate of Gross Domestic Product (GDP) over Preceding Year (%)	能源生产弹性系数 Elasticity Coefficient of Energy Production	电力生产弹性系数 Elasticity Coefficient of Electricity Production
1986	1.03	8.00	12.7	0.08	0.63
1990	0.28	15.30	11.6	0.02	1.32
1992	30.29	16.22	22.1	1.37	0.73
1993	11.12	24.79	22.3	0.50	1.11
1994	41.60	34.55	19.1	2.18	1.81
1995	14.74	6.55	14.9	0.99	0.44
1996	43.30	10.70	10.7	4.05	1.00
1997	8.52	7.98	10.6	0.80	0.75
1998	-4.05	5.58	10.2		0.55
1999	-10.33	9.77	9.5		1.03
2000	5.77	18.72	10.8	0.53	1.73
2001	-8.20	5.88	9.6		0.61
2002	6.46	12.35	10.8	0.60	1.14

7-10 能源消费弹性系数
ELASTICITY COEFFICIENT OF ENERGY CONSUMPTION

年份 Year	能源消费比上年增长 Growth Rate of Energy Consumption over Preceding Year (%)	电力消费比上年增长% Growth Rate of Electricity Consumption over Preceding Year (%)	国内生产总值比上年增长% Growth Rate of Gross Domestic Product (GDP) over Preceding Year (%)	能源消费弹性系数 Elasticity Coefficient of Energy Consumption	电力消费弹性系数 Elasticity Coefficient of Electricity Consumption
1986	8.37	4.73	12.7	0.66	0.37
1990	4.09	14.33	11.6	0.35	1.24
1992	11.06	20.34	22.1	0.50	0.92
1993	11.60	23.10	22.3	0.52	1.04
1994	15.70	16.98	19.1	0.82	0.89
1995	9.17	7.62	14.9	0.62	0.51
1996	5.45	8.89	10.7	0.51	0.83
1997	2.68	7.13	10.6	0.25	0.67
1998	5.31	7.51	10.2	0.52	0.74
1999	4.29	9.96	9.5	0.45	1.05
2000	8.16	22.86	10.8	0.76	2.12
2001	7.74	9.28	9.6	0.81	0.97
2002	11.55	15.73	10.8	1.07	1.46

7-11 重点耗能工业企业产值能耗（2002年）
ENERGY CONSUMPTION FOR OUTPUT VALUE OF KEY ENERGY CONSUMPTION INDUSTRIAL ENTERPRISES（2002）

行　　业	Sector	本期产值综合能耗（吨标准煤/万元）Total Energy Consumption for Output Value in Current Year（ton of SCE/10000 yuan）	上年同期产值综合能耗（吨标准煤/万元）Total Energy Consumption for Output Value in Preceding Year（ton of SCE/10000 yuan）	本期比上年同期增长（%）Growth Rate over Preceding Year（%）	节能量（吨标准煤）Amount of Energy Saved（ton of SCE）
工业合计	**Industry**	**0.79**	**0.85**	**-6.6**	**2668466.31**
煤炭采选业	Coal Mining and Dressing				
石油和天然气开采业	Petroleum and Natural Gas Extraction	0.96	0.90	7.3	-25956.67
黑色金属矿采选业	Ferrous Metals Mining and Dressing	0.88	0.67	31.3	-7303.12
有色金属矿采选业	Nonferrous Metals Mining and Dressing	0.99	1.12	-12.1	6170.31
非金属矿采选业	Nonmetal Minerals Mining and Dressing	1.04	0.95	10.2	-2391.72
食品加工业	Food Processing	1.39	1.44	-3.4	47035.98
食品制造业	Food Production	0.68	0.75	-8.6	39966.66
饮料制造业	Beverage Production	0.43	0.43	1.5	-2647.05
烟草加工业	Tobacco Processing	0.06	0.07	-7.9	1400.42
纺织业	Textile Industry	0.94	1.00	-6.5	130815.77
服装及其他纤维制品制造	Garments and Other Fiber Products	0.67	0.77	-13.4	28185.14
皮革毛皮羽绒及其制品业	Leather, Furs, Down and Related Products	0.18	0.17	8.0	-2459.00
木材加工及竹藤棕草制品业	Timber Processing, Bamboo, Cane, Palm Fiber & Straw Products	0.96	1.04	-7.4	13063.98
家具制造业	Furniture Manufacturing				
造纸及纸制品业	Paper Making and Paper Products	2.00	2.16	-7.0	90090.46
印刷业记录媒介的复制	Printing and Record Medium Reproduction	0.16	0.21	-22.8	6291.29
文教体育用品制造业	Cultural, Educational and Sports Articles	0.64	0.77	-16.6	15915.04
石油加工及炼焦业	Petroleum Processing and Coking	3.72	3.39	9.6	-503819.76
化学原料及制品制造业	Raw Chemical Materials and Chemical Products	2.14	2.31	-7.5	312573.48
医药制造业	Medical and Pharmaceutical Products	0.14	0.14	3.1	-1433.32
化学纤维制造业	Chemical Fiber	0.25	0.28	-10.1	31076.43
橡胶制品业	Rubber Products	0.46	0.50	-9.2	15033.17
塑料制品业	Plastic Products	0.41	0.40	2.3	-6523.51
非金属矿物制品业	Nonmetal Mineral Products	3.14	3.34	-5.9	588170.88
黑色金属冶炼及压延加工业	Smelting and Pressing of Ferrous Metals	3.41	3.58	-4.8	151076.16
有色金属冶炼及压延加工业	Smelting and Pressing of Nonferrous Metals	0.51	0.53	-4.4	30680.66
金属制品业	Metal Products	0.22	0.20	9.0	-10888.10
普通机械制造业	Ordinary Machinery	0.29	0.30	-5.3	4877.28
专用设备制造业	Equipment for Special Purposes				
交通运输设备制造业	Transportation Equipment	0.07	0.06	10.5	-15602.00
电气机械及器材制造业	Electric Equipment and Machinery	0.06	0.06	0.3	-1350.08
电子及通信设备制造业	Electronic and Telecommunications Equipment	0.05	0.05	-5.2	48360.21
仪器仪表文化办公用机械制造业	Instruments, Meters, Cultural and Office Machinery	0.05	0.08	-34.1	4234.08
其他制造业	Other Manufacturing Industry	0.13	0.12	5.1	-1657.31
电力蒸汽热水生产供应业	Electric Power, Steam and Hot Water Production and Supply	3.89	3.75	3.8	-230270.98
煤气的生产和供应业	Gas Production and Supply	1.98	2.19	-9.3	4795.01
自来水的生产和供应业	Tap Water Production and Supply	1.92	1.96	-1.6	5453.30

主要统计指标解释

能源生产总量　指一定时期内全国（地区）一次能源生产量的总和，是观察全国（地区）能源生产水平、规模、构成和发展速度的总量指标。一次能源生产量包括原煤、原油、天然气、水电、核能及其他动力能（如风能、地热能等）发电量。不包括低热值燃料生产量、生物质能、太阳能等的利用和由一次能源加工转换而成的二次能源产量。

能源消费总量　指一定时期内全国（地区）物质生产部门、非物质生产部门和生活消费的各种能源的总和，是观察能源消费水平、构成和增长速度的总量指标，能源消费总量包括原煤和原油及其制品、天然气、电力。不包括低热值燃料、生物质能和太阳能等的利用。

能源消费总量分为三部分，即终端能源消费量、能源加工转换损失量和损失量。

(1) 终端能源消费量　指一定时期内全国（地区）物质生产部门、非物质生产部门和生活消费的各种能源在扣除了用于加工转换二次能源消费量和损失量以后的数量。

(2) 能源加工转换损失量　指一定时期内全国（地区）投入加工转换的各种能源数量之和与产出各种能源产品之和的差额。它是观察能源在加工转换过程中损失量变化的指标。

(3) 能源损失量　指一定时期内能源在输送、分配、储存过程中发生的损失和由客观原因造成的各种损失量。不包括各种气体能源放空、放散量。

能源生产弹性系数　是研究能源生产增长速度与国民经济增长速度之间关系的指标。计算公式：

$$\text{能源生产弹性系数} = \frac{\text{能源生产总量年平均增长速度}}{\text{国民经济年平均增长速度}}$$

国民经济年平均增长速度，可根据不同的目的或需要，用国民生产总值，国内生产总值等指标来计算，本资料是采用国内生产总值指标计算的。

电力生产弹性系数　是研究电力生产增长速度与国民经济增长速度之间关系的指标。一般来说，电力的发展应当快于国民经济的发展，也就是说电力应超前发展。计算公式：

$$\text{电力生产弹性系数} = \frac{\text{电力生产量年平均增长速度}}{\text{国民经济年平均增长速度}}$$

能源消费弹性系数　是反映能源消费增长速度与国民经济增长速度之间比例关系的指标。计算公式：

$$\text{能源消费弹性系数} = \frac{\text{能源消费量年平均增长速度}}{\text{国民经济年平均增长速度}}$$

电力消费弹性系数　是反映电力消费增长速度与国民经济增长速度之间比例关系的指标。计算公式：

$$\text{电力消费弹性系数} = \frac{\text{电力消费量年平均增长速度}}{\text{国民经济年平均增长速度}}$$

能源加工转换效率　指一定时期内能源经过加工、转换后，产出的各种能源产品的数量与同期内投入加工转换的各种能源数量的比率。它是观察能源加工转换装置和生产工艺先进与落后、管理水平高低等的重要指标。计算公式：

$$\text{能源加工转换效率} = \frac{\text{能源加工、转换产出量}}{\text{能源加工、转换投入量}} \times 100\%$$

Explanatory Notes on Main Statistical Indicators

Total Energy Production refers to the total production of primary energy by all energy producing enterprises in the country (region) in a given period of time. It is a comprehensive indicator to show the capacity, scale, composition and development of energy production of the country (region). The production of primary energy includes that of coal, crude oil, natural gas, hydropower and electricity generated by nuclear energy and other means such as wind power and geothermal power. However, it excludes the production of fuel of low calorific value, bioenergy, solar energy and the secondary energy converted from the primary energy.

Total Domestic Energy Consumption refers to the total consumption of energy of various kinds by material production sectors, non-material production sectors and households in the country (region) in a given period of time. It is a comprehensive indicator to show the scale, composition and development of energy consumption. The total energy consumption includes that of coal, crude oil and their products, natural gas and electricity. However, it excludes the consumption of fuel of low calorific value, bioenergy and solar energy. Total domestic energy consumption can be divided into three parts:

(1) Final Energy Consumption: It refers to the total energy consumption by material production sectors, non-material production sectors and households in the country (region) in a given period of time, but excludes the consumption in conversion of the primary energy into the secondary energy and the loss in the process of energy conversion.

(2) Loss During the Process of Energy Conversion: It refers to the total input of various kinds of energy for conversion, minus the total output of various kinds of energy in the country in a given period of time. It is an indicator to show the loss that occurs during the process of energy conversion.

(3) Loss: It refers to the total of the loss of energy during the course of energy transport, distribution and storage and the loss caused by any objective reason in a given period of time. The loss of various kinds of gas due to gas discharges and stocktaking is excluded.

Elasticity Coefficient of Energy Production is an indicator to show the relationship between the growth rate of energy production and the growth rate of the national economy. The formula is:

$$\text{Elasticity Coefficient of Energy Production} = \frac{\text{Average Annual Growth Rate of Energy Production}}{\text{Average Annual Growth Rate of National Economy}}$$

The average annual growth rate of the national economy can be shown by the gross national product, gross domestic product and other indicators, depending on the purposes or needs. The gross domestic product is used in calculation of the ratio in this chapter.

Elasticity Coefficient of Electricity Production is an indicator to show the relationship between the growth rate of electricity production and the growth rate of the national economy. Generally speaking, the growth rate of electricity production should be higher than that of the national economy. Its formula is:

$$\text{Elasticity Coefficient of Electricity Production} = \frac{\text{Average Annual Growth Rate of Electricity Production}}{\text{Average Annual Growth Rate of National Economy}}$$

Elasticity Coefficient of Energy Consumption is an indicator to show the relation ship between the growth rate of energy consumption and the growth rate of the national economy. The formula is:

$$\text{Elasticity Coefficient of Energy Consumption} = \frac{\text{Average Annual Growth Rate of Energy Consumption}}{\text{Average Annual Growth Rate of National Economy}}$$

Elasticity Coefficient of Electricity Consumption is an indicator to show the relationship between the growth rate of electricity, consumption and the growth rate of the national economy. The formula is:

$$\text{Elasticity Coefficient of Electricity Consumption} = \frac{\text{Average Annual Growth Rate of Electricity Consumption}}{\text{Average Annual Growth Rate of National Economy}}$$

Efficiency of Energy Processing and Conversion refers to the ratio of the total output of energy products of various kinds after processing and conversion and the total input of energy of various kinds for processing and conversion in the same reference period. It is an important indicator to show the current conditions of energy processing and conversion equipment, production technique and management. The formula is:

$$\text{Efficiency of Energy Processing \& Conversion} = \frac{\text{Output of Energy after Processing \& Conversion}}{\text{Input of Energy for Processing \& Conversion}} \times 100\%$$

八、财政、金融和保险

GOVERNMENT FINANCE,BANKING AND INSURANCE

8

八　财政、金融和保险

简要说明

一、本篇资料反映广东地方财政一般预算收支、金融、保险等方面的基本情况。
二、本篇资料由广东省统计局综合处负责整理、编辑。
三、资料来源：
　　财政资料根据广东省财政厅财政一般预算收支决算总表等统计报表的有关项目加工整理。
　　金融资料根据中国人民银行广州分行统计月报整理。
　　保险业务资料由中国保险监督管理委员会广州办公室提供。

8　GOVERNMENT FINANCE，BANKING AND INSURANCE

Brief Introduction

Ⅰ. The data in this chapter show the basic conditions of local government budgetary finance, banking and insurance of Guangdong Province.

Ⅱ. The data in this chapter are prepared by the Division of Comprehensive Statistics of Guangdong Provincial Bureau of Statistics.

Ⅲ. Data sources:

The data on local government finance are prepared in accordance with the total final accounts table of the budgetary revenue and expenditure and other statistical report forms provided by Guangdong Provincial Department of Finance.

The data on banking are prepared in accordance with the monthly bulletins of statistics provided by the People's Bank of China Guangzhou Branch.

The data on insurance are provided by China Insurance Regulatory Commission Guangzhou Office.

8-1 地方财政一般预算收支基本情况
BASIC CONDITIONS OF LOCAL GOVERNMENT BUDGETARY REVENUE AND EXPENDITURE

单位：亿元 (100 million yuan)

指　　标	Item	1995	2000	2001	2002
一、财政收入	**Local Government Budgetary Revenue**	**382.34**	**910.56**	**1160.51**	**1201.61**
各项税收	Taxes	353.64	798.61	1014.72	1032.33
#增值税	Value-added Tax	63.12	132.13	172.48	205.79
营业税	Business Tax	145.85	272.42	318.16	374.88
企业所得税	Enterprise Income Tax	43.20	167.42	267.81	182.07
个人所得税	Personal Income Tax	22.09	84.80	117.86	100.43
城市维护建设税	Tax on City Maintenance and Construction	17.02	30.00	35.43	42.16
印花税	Stamp Tax	6.31	32.94	14.78	10.97
农业税	Agricultural Tax	8.89	7.29	7.06	8.02
国有资产经营收益	Operating Income from State-owned Assets	2.22	7.65	7.06	11.93
国有企业计划亏损补贴	Planned Subsidies for the Loss of State-owned Enterprises	-17.52	-5.97	-5.20	-5.62
罚没收入、行政性收费收入	Forfeit and Administrative Collect Fees	27.78	81.76	96.38	114.37
专项收入	Special Revenue	12.39	21.01	25.70	29.73
其他收入	Others	3.83	7.49	21.85	18.87
二、财政支出	**Local Government Budgetary Expenditure**	**525.63**	**1069.86**	**1321.33**	**1521.08**
基本建设支出	Expenditure for Capital Construction	72.23	153.35	192.46	211.53
企业挖潜改造资金	Innovation Funds of The Enterprises	38.14	29.25	20.97	24.24
科技三项费用	Expenditure for Science and Technology Promotion	3.73	21.47	23.61	37.69
支农支出	Expenditure for Supporting Rural Production	14.95	26.89	28.20	32.91
农林水利气象等部门事业费	Operating Expenses of the Department of Farming, Forestry, Water Conservancy and Meteorology, etc.	14.03	33.40	36.55	42.88
文体广播事业费	Expenditure for Culture, Sports and Broadcasting	16.48	26.33	33.50	34.90
教育事业费	Expenditure for Education	84.56	144.39	180.28	233.12
科学事业费	Expenditure for Science	6.13	10.96	11.65	14.06
卫生经费	Expenditure for Public Health	28.04	47.64	53.99	64.42
抚恤和社会福利救济费	Pension and Relief Funds for Social Welfare	7.57	14.30	17.89	25.21
行政管理费	Expenditure for Government Administration	42.90	100.95	120.30	149.38
城市维护费	Expenditure for City Maintenance	31.45	53.48	63.87	68.33
政策性补贴支出	Expenditure for Policy Subsidies	12.35	18.11	18.77	12.43
其他支出	Others	153.07	388.34	519.29	569.98

注：本表按新预算科目编制，其中财政收入不包括中央返还部分。

Note: This table is compiled according to the new budgetary headings, of which figures of government revenue exclude the return part from the central government.

8-2 地方财政用于文教、卫生、科学部门的一般预算支出
LOCAL GOVERNMENT BUDGETARY EXPENDITURE ON CULTURE, EDUCATION, HEALTH CARE AND SCIENCE

单位：亿元 (100 million yuan)

年份 Year	合计 Total	文体广播事业费 Culture, Sports and Broadcasting	#计划生育 Birth Control	教育 Education	卫生 Health	#公费医疗 Free Medical Service	科学 Science
1980	7.67	0.79	0.20	4.88	1.86	0.36	0.14
1985	17.12	2.36	0.52	10.69	3.75	1.17	0.32
1990	36.47	6.06	1.19	21.34	7.92	3.13	1.15
1991	41.43	6.63	1.17	24.01	9.17	3.62	1.62
1992	53.84	9.45	1.75	30.05	12.13	4.32	2.21
1993	80.87	11.67	2.13	48.32	17.97	6.31	2.91
1994	110.30	15.47	2.45	66.95	23.15	8.39	4.73
1995	135.22	16.48	3.01	84.56	28.04	10.54	6.14
1996	153.48	18.67	3.39	93.30	35.13	12.82	6.38
1997	162.33	22.40	4.29	94.32	37.00	13.82	8.61
1998	182.20	23.96	4.77	109.11	39.29	14.95	9.84
1999	196.54	24.95	6.65	121.02	40.97	15.27	9.60
2000	229.77	26.33	6.29	144.75	47.73	18.38	10.96
2001	279.42	33.50	7.15	180.28	53.99	19.58	11.65
2002	346.50	34.90	9.19	233.12	64.42	23.09	14.06

注：本表1980、1985年数字包括海南省。
Note: The data in 1980 and 1985 included those of Hainan Province.

8-3 各市地方财政一般预算收支
LOCAL GOVERNMENT BUDGETARY REVENUE AND EXPENDITURE BY CITY

单位：亿元 (100 million yuan)

市别 City	1995		2000		2001		2002	
	财政收入 Revenue	财政支出 Expenditure	财政收入 Revenue	财政支出 Expenditure	财政收入 Revenue	财政支出 Expenditure	财政收入 Revenue	财政支出 Expenditure
全省合计 Total	**382.34**	**525.63**	**910.56**	**1069.86**	**1160.51**	**1321.33**	**1201.61**	**1521.08**
广　州 Guangzhou	97.08	111.24	200.55	240.72	246.19	292.63	245.87	326.67
深　圳 Shenzhen	88.02	93.40	221.92	225.04	262.49	253.70	265.93	307.78
珠　海 Zhuhai	15.18	16.57	24.23	31.14	31.56	37.35	31.23	41.80
汕　头 Shantou	14.53	22.12	18.94	27.90	20.56	30.15	20.07	38.28
韶　关 Shaoguan	5.92	13.16	8.63	19.94	11.10	24.49	12.78	30.45
河　源 Heyuan	1.76	6.06	2.55	16.78	3.14	17.02	3.47	21.98
梅　州 Meizhou	5.97	15.24	7.18	23.84	8.28	27.02	8.57	34.17
惠　州 Huizhou	7.69	11.83	12.94	20.14	18.28	25.89	19.72	33.01
汕　尾 Shanwei	2.87	5.98	4.16	9.99	4.49	10.95	4.51	13.79
东　莞 Dongguan	11.56	13.22	30.22	33.61	45.02	47.86	55.29	64.96
中　山 Zhongshan	8.07	9.57	17.46	19.24	25.55	26.78	31.21	34.97
江　门 Jiangmen	15.97	18.73	21.24	28.18	24.96	31.42	25.74	36.44
佛　山 Foshan	25.60	36.47	59.53	72.48	83.31	94.67	85.00	104.19
阳　江 Yangjiang	3.36	6.21	3.89	11.00	4.77	11.99	5.37	15.26
湛　江 Zhanjiang	11.09	20.77	12.44	27.82	13.88	31.16	15.48	38.58
茂　名 Maoming	7.27	11.73	9.08	20.67	10.59	23.94	12.20	29.52
肇　庆 Zhaoqing	6.09	11.78	10.97	20.09	12.29	22.64	12.98	26.96
清　远 Qingyuan	3.15	8.72	4.53	16.35	5.80	18.21	6.60	23.56
潮　州 Chaozhou	3.51	7.55	4.60	11.31	5.08	12.56	5.23	15.12
揭　阳 Jieyang	5.36	11.01	9.24	19.50	9.83	20.85	9.91	25.61
云　浮 Yunfu	2.52	5.83	3.65	11.18	4.01	11.42	4.64	14.29

8-4 金融机构存贷款余额
DEPOSIT AND LOAN BALANCE OF FINANCIAL INSTITUTIONS

单位：亿元 (100 million yuan)

指标	Item	1995	1997	1998	1999	2000	2001	2002
各项存款余额	**Deposits in Various Forms**	**7090.48**	**11084.29**	**13253.78**	**15018.85**	**16908.26**	**19428.49**	**22921.81**
企业存款	Deposits of Enterprises	2388.77	3973.15	4641.84	5372.49	6316.25	7094.74	7715.97
活期存款	Current Deposits		3187.17	3549.61	4057.56	4664.93	5257.00	5698.44
定期存款	Time Deposits		785.98	1092.23	1314.92	1651.32	1837.73	2017.53
财政存款	Treasury Deposits	198.03	220.87	262.88	302.62	389.48	422.44	477.66
机关团体存款	Deposits of Government Agencies and Organizations		68.08	106.29	155.37	217.81	365.02	873.94
储蓄存款	Savings Deposits	3884.66	6320.46	7547.93	8191.60	8667.29	9930.12	11819.09
农业存款	Agricultural Deposits	224.06	278.32	344.66	438.52	524.89	552.70	614.96
其他	Others	394.96	223.41	350.18	558.25	792.54	1063.47	1420.19
各项贷款余额	**Loans in Various Forms**	**5495.69**	**8195.83**	**9501.63**	**10984.76**	**11716.93**	**13093.72**	**15206.62**
短期贷款	Short-term Loans	3554.22	6731.12	7505.22	8014.66	8407.37	8072.66	8486.92
工业贷款	Industrial Loans	1046.28	1469.83	1588.64	1598.31	1562.22	1712.82	1957.12
商业贷款	Commercial Loans	1255.77	1823.89	2006.56	1887.03	1674.92	1888.99	1762.35
建筑业贷款	Construction Loans	104.96	244.80	260.58	223.44	266.89	353.70	382.23
农业贷款	Agricultural Loans	160.89	333.87	462.21	467.56	420.71	419.98	449.57
中期流动资金贷款	Medium-term Loans of Circulating Funds			171.87	302.03	415.32	479.50	702.48
中长期贷款	Medium-term & Long-term Loans	655.82	896.42	1058.03	1676.63	2079.70	3976.62	5044.92
其他	Others	1285.65	568.29	766.51	991.44	814.54	564.94	972.30

注：金融机构包括人民银行、政策性银行、四大国有独资银行、邮政储蓄机构、其他商业银行、城市商业银行、农村信用社、城市信用社、金融信托投资公司、财务公司等。

Note: Financial institutions include the people's bank, policy-related banks, four state-owned banks, savings deposit agencies of postal offices, other commercial banks, urban commercial banks, rural credit cooperatives, urban credit cooperatives, financial trust investment agencies and financial companies, etc.

8-5 国家银行存贷款余额
DEPOSIT AND LOAN BALANCE OF STATE BANKS

单位：亿元 (100 million yuan)

指标	Item	1995	1997	1998	1999	2000	2001	2002
各项存款余额	**Deposits in Various Forms**	**4369.87**	**6991.44**	**8575.72**	**10007.60**	**11434.22**	**12854.49**	**14895.29**
企业存款	Deposits of Enterprises	1705.04	2666.49	3162.18	3744.78	4397.11	4646.06	4700.33
活期存款	Current Deposits	1581.61	2190.93	2436.55	2844.59	3295.57	3533.06	3606.62
定期存款	Time Deposits	123.43	475.56	725.63	900.19	1101.55	1112.99	1093.71
财政存款	Treasury Deposits	193.66	216.79	257.89	300.10	383.79	420.89	475.50
机关团体存款	Deposits of Government Agencies and Organizations		63.36	91.96	133.46	183.67	298.95	802.96
储蓄存款	Savings Deposits	2450.15	3978.64	4935.92	5606.14	6172.42	7081.77	8470.51
农业存款	Agricultural Deposits	17.14	23.39	27.59	36.44	39.62	42.17	42.98
其他	Others	3.88	42.77	100.18	186.68	257.61	364.65	403.01
各项贷款余额	**Loans in Various Forms**	**3227.70**	**5140.17**	**5926.00**	**7032.02**	**7580.71**	**8329.52**	**9433.00**
短期贷款	Short-term Loans	2410.20	4439.12	4961.47	5344.89	5420.80	4490.27	4481.64
工业贷款	Industrial Loans	940.54	1341.80	1468.75	1490.73	1447.57	1482.55	1694.59
商业贷款	Commercial Loans	908.06	1524.24	1723.19	1658.07	1443.23	1405.10	1292.73
建筑业贷款	Construction Loans	103.13	226.55	234.31	195.13	242.97	289.17	308.54
农业贷款	Agricultural Loans	89.65	150.54	177.20	175.23	122.44	102.72	105.46
中期流动资金贷款	Medium-term Loans of Circulating Funds			127.59	225.77	329.03	348.84	531.44
中长期贷款	Medium-term & Long-term Loans	469.77	694.27	829.78	1453.15	1824.42	3363.72	4215.15
其他	Others	347.73	6.78	7.16	8.21	6.46	126.69	204.77

注：国家银行包括人民银行、政策性银行、四大国有独资银行、邮政储蓄机构。

Note: State banks include the people's bank, policy-related banks, four state-owned banks and savings deposits agencies of postal offices.

8-6 金融机构现金投放回笼差额

CASH STATISTICS OF FINANCIAL INSTITUTIONS

单位：亿元 （100 million yuan）

指 标	Item	1995	1997	1998	1999	2000	2001	2002
现金收入	**Cash Income**	**15369.83**	**22595.43**	**30127.06**	**32643.68**	**38570.44**	**40566.83**	**41747.44**
商品销售收入	Income from Commodity Sales	1907.05	2024.75	2777.87	3003.75	3489.74	3502.15	3726.83
服务性收入	Income from Service Trade	573.12	761.47	1401.87	1577.11	1875.96	1982.26	2171.48
税款收入	Income from Taxes	68.92	93.20	151.19	185.19	228.11	243.19	260.21
城乡个体经营收入	Income from Urban and Rural Individual Business	231.05	290.31	1132.16	1244.12	1463.95	1578.07	1725.27
储蓄存款收入	Income from Savings Deposits	9410.87	16162.99	22223.12	24278.20	28738.58	30576.48	31195.70
其他金融机构收入	Income from Other Financial Institutions	397.95	432.28	116.20	113.60	172.84	154.39	118.41
居民归还贷款收入	Income from Repayment of Loans by Residents			173.90	143.54	109.34	117.86	128.24
汇兑收入	Income from Remittances	334.20	415.83	613.97	730.67	882.97	834.06	801.71
有价证券收入	Income from Securities			95.55	97.65	93.79	75.30	38.07
其他	Other Income	2446.67	2414.60	1441.23	1269.85	1515.16	1503.08	1581.51
现金支出	**Cash Expenditures**	**15286.84**	**22946.68**	**30434.96**	**33503.96**	**39323.17**	**41409.82**	**42659.44**
工资支出	Wages	1371.02	1558.66	2250.63	2486.70	2826.92	2951.60	3249.06
农副产品采购支出	Purchases of Agricultural and Sideline Products	260.88	268.96	311.73	553.74	666.68	651.87	737.03
工矿及其他产品采购支出	Expenditure for Purchases of Industrial and Mineral Products	172.93	159.72		393.34	475.58	453.44	467.08
行政企事业管理费支出	Government and Enterprise Overhead	722.06	846.72	1455.75	1709.43	1975.17	2093.62	2255.79
城乡个体经营支出	Expenditure for Individual Business	267.99	363.65	1401.83	1692.59	1954.39	2067.72	2227.29
储蓄存款支出	Expenditure for Savings Deposits	9356.84	16389.56	22273.73	24891.05	29407.36	31229.20	31684.60
其他金融机构支出	Expenditure for Other Financial Institutions	312.57	428.37	123.05	96.20	114.20	105.89	86.67
居民提取贷款支出	Expenditure for Loans from Residents			153.47	115.12	93.14	97.47	100.10
汇兑支出	Expenditure for Remittances	166.22	178.66	212.20	202.52	237.81	208.71	222.55
有价证券支出	Expenditure for Securities			83.77	71.08	84.37	66.33	37.92
其他	Other Expenditure			1667.78	1292.16	1487.55	1483.97	1591.35
投放	**Currency Issuance**	**-82.98**	**351.25**	**307.90**	**860.27**	**752.73**	**842.99**	**912.00**

注：1. 投放栏中的负数表示现金回笼。

2. 1995-1997 年，本表数据指人民银行、四大国有独资银行、交通银行和中信银行的合计数。

Note: a) The negative amount in currency issuance indicates the amount of cash withdrawn.

b) The data from 1995 to 1997 referred to the sum of the people's bank, four state-owned banks, bank of communication and CITIC industrial bank.

8-7 城乡居民储蓄存款余额及构成

SAVINGS DEPOSITS BY URBAN AND RURAL RESIDENTS AND THEIR COMPOSITION

项 目	Item	1995	1997	1998	1999	2000	2001	2002
一、绝对数（亿元）	**Absolute Figure (100 million yuan)**							
储蓄存款余额	Savings Deposits	3457.98	6320.46	7547.93	8191.60	8667.29	9930.12	11819.09
# 城镇储蓄	Savings Deposits by Urban Residents	2450.15	4794.60	5830.46	6424.90	6869.92	7986.59	9639.22
农村储蓄	Savings Deposits by Rural Residents	1007.83	1525.86	1717.47	1766.70	1797.37	1943.54	2179.87
人均储蓄存款（元）	Per Capita Savings Deposits (yuan)	5035.08	8963.73	10566.25	11267.10	11246.29	12758.06	15039.73
二、构成（%）	**Composition (%)**	**100.0**	**100.0**	**100.0**	**100.0**	**100.0**	**100.0**	**100.0**
储蓄存款余额	Savings Deposits							
# 城镇储蓄	Savings Deposits by Urban Residents	70.9	75.9	77.3	78.4	79.3	80.4	81.6
农村储蓄	Savings Deposits by Rural Residents	29.1	24.1	22.7	21.6	20.7	19.6	18.4

注：1. 城乡居民储蓄存款余额指金融机构的储蓄存款，农村储蓄指农村信用社的储蓄存款。

2. 人均储蓄存款按年底常住人口数计算。

Note: a) The savings deposits by urban and rural residents refer to the savings deposits in financial institutions, and the savings deposits by rural residents refer to the sum in rural credit cooperatives.

b) Per capita savings deposits are calculated by year-end permanent resident population.

8-8 财产保险主要指标（2002年）
MAIN INDICATORS OF PROPERTY INSURANCE (2002)

单位：万元　　(10000 yuan)

项　　目	Item	保费收入 Premium Income	赔款支出 Indemnity Expenditure
合　计	**Total**	**1103016.70**	**502163.64**
一、财产保险	**Property Insurance**	**1035804.94**	**470040.72**
企业财产保险	Enterprise Property Insurance	163515.30	58369.92
家庭财产保险	Family Property Insurance	44249.07	1908.85
机动车辆及第三者责任	Motor Vehicle and Third Party's Liability	654777.23	344692.50
飞机保险及飞机责任保险	Plane Insurance and Plane liability Insurance	22288.54	612.20
船舶保险	Ship Insurance	28230.66	12305.49
货物运输保险	Freight Transport Insurance	37504.71	18022.67
#进出口货物保险	Of which: Import and Export Freight Insurance	15515.16	6533.74
建工及安工保险及其责任险	Construction and Installation Projects Insurance and Related Liability Insurance	13649.95	5819.48
机器损坏保险	Machine Damage Insurance	23273.37	16303.83
航天保险	Aviation Insurance	71.20	
核电站保险	Nuclear Power Station Insurance		
能源保险	Energy Insurance	16024.20	6494.70
其他财产保险	Other Property Insurance	32220.72	5511.08
二、责任保险	**Liability Insurance**	**53282.04**	**25721.45**
产品责任保险	Product Liability Insurance	5450.15	615.32
雇主责任保险	Employer Liability Insurance	30430.95	20976.88
公众责任保险	Public Liability Insurance	9792.81	2456.49
其他责任保险	Other Liability Insurance	7608.12	1672.76
三、信用保险	**Credit Insurance**	**5068.37**	**1677.78**
四、保证保险	**Guarantee Insurance**	**6997.36**	**3865.68**
五、农业保险	**Agriculture Insurance**	**1864.00**	**858.00**
#种植业保险	Of which: Planting Insurance	1382.00	562.00
养殖业保险	Aquaculture Insurance	482.00	296.00

注：本表数据包括深圳，来源于中国保险监督管理委员会广州办公室。
Note: The data in the table, including those of Shenzhen, are obtained from China Insurance Regulatory Commission Guangzhou Office.

8-9 人身保险主要指标（2002 年）
MAIN INDICATORS OF LIFE INSURANCE（2002）

单位：万元　　(10000 yuan)

项　目	Item	保费 Premium	赔款支出 Indemnity Expenditure	退保金 Withdrawal Amount Insured	年金给付 Annuity Payment	满期给付 Mature Payment	死伤医疗给付 Payment for Death, Injury and Medical Treatment
合　计	**Total**	**2043673.22**	**78153.38**	**218885.12**	**52068.21**	**141385.75**	**33433.68**
一、个人业务	**Personal Business**	**1559821.26**	**33052.08**	**105215.53**	**22303.44**	**108382.88**	**31963.88**
人寿保险	Life Insurance	1436541.60	14.63	104961.23	22279.63	108382.58	30869.91
普通产品小计	Ordinary Insurance Sub-total	714892.67	3.32	81431.97	22233.12	105818.40	29972.26
定期寿险	Term Life Insurance	11682.15	1.88	1637.05	2.18	240.19	3389.49
两全寿险	Endowment Life Insurance	185596.13	1.44	38769.56	2662.08	54181.47	8501.59
终身寿险	Whole-life Life Insurance	409076.92		22955.34	10521.37	50207.46	16504.33
年　金	Annuity	108537.47		18070.01	9047.49	1189.28	1576.85
分红产品	Dividend	649680.45	11.31	8263.91	46.51	8.88	504.62
投资连结产品	Unit-linked	60160.51		10070.01			380.08
万能产品	Universal Life	11807.97		5195.34		2555.30	12.95
意外伤害保险	Accident Injury Insurance	56480.76	13269.46	41.26	6.80		103.86
一年期以内	Within One-year Period	4190.95	826.31	0.55			
一年期	One-year Period	52289.81	12443.16	40.71	6.80		85.96
健康保险	Health Insurance	66798.90	19767.99	213.03	17.01	0.30	990.12
一年期（及一年期以内）	One-year Period (and within One Year)	33464.50	19729.75	24.60			1.17
一年期以上	Over One-year Period	33334.41	38.24	188.44	17.01	0.30	988.95
二、团 体 业 务	**Group Business**	**483851.95**	**45101.30**	**113669.58**	**29764.77**	**33002.87**	**1469.80**
人寿保险	Life Insurance	387065.96	10.76	112213.92	29625.38	33002.87	1455.80
普通产品小计	Ordinary Insurance Sub-total	119881.95	10.76	107734.67	24538.44	32999.79	1325.26
定期寿险	Term Life Insurance	1549.56	7.92	23.40	123.76	1298.31	581.55
两全寿险	Endowment Life Insurance	21038.98	0.19	11658.01	2855.90	30858.99	314.53
终身寿险	Whole-life Life Insurance	5120.79		5713.09		27.20	188.10
年　金	Annuity	92172.62	2.64	90340.17	21558.78	815.28	241.08
分红产品	Dividend	266360.50		4061.36	5086.94		128.75
投资连结产品	Unit-linked	595.43	19.60	463.89			
万能产品	Universal Life	4432.38	19.60			24.27	21.61
意外伤害保险	Accident Injury Insurance	41686.92	14314.74	16.55			
一年期以内	Within One-year Period	10860.77	1160.09	0.18			100.24
一年期	One-year Period	30826.16	13154.64	16.37			
健康保险	Health Insurance	36363.02	30775.80	66.95	2.00		1.79
一年期（及一年期以内）	One-year Period (and within One Year)	33230.96	30728.74	65.93			
一年期以上	Over One-year Period	3132.06	47.07	1.02	2.00		12.00
其他	Others	18788.55		1372.17	137.39		

注：本表数据包括深圳，来源于中国保险监督管理委员会广州办公室。
Note: The data in the table, including those of Shenzhen, are obtained from China Insurance Regulatory Commission Guangzhou Office.

主要统计指标解释

财政收入 是国家财政参与社会产品分配所取得的收入，是实现国家职能的财力保证。财政收入所包括的内容几经变化，目前主要包括：

（1）各项税收：包括增值税、营业税、消费税、土地增值税、城市维护建设税、资源税、城市土地使用税、印花税、个人所得税、企业所得税、关税、农牧业税和耕地占用税等。

（2）专项收入：包括征收排污费收入、征收城市水资源费收入、教育费附加收入等。

（3）其他收入：包括基本建设贷款归还收入、基本建设收入、捐赠收入等。

（4）国有企业亏损补贴：这项为负收入，冲减财政收入。

财政支出 国家财政将筹集起来的资金进行分配使用，以满足经济建设和各项事业的需要，主要包括基本建设支出、企业挖潜改造资金、地质勘探费用、科技三项费用、支援农村生产支出、农林水利气象等部门的事业费用、工业交通商业等部门的事业费、文教科学卫生事业费、抚恤和社会福利救济费、国防支出、行政管理费、价格补贴支出等科目。

信贷资金 指金融机构以信用方式积聚和分配的货币资金。金融机构信贷资金的来源有各项存款、对国际金融机构负债、流通中货币、银行自有资金及当年结益等；信贷资金的运用有各项贷款、黄金占款、外汇占款、财政借款及在国际金融机构中的资产等。

存款 指企业、机关、团体或居民根据必须收回 的原则，把货币资金存入银行或其他信用机构保管并取得一定利息的一种信用活动形式。根据存款对象的不同可划分为企业存款、财政存款、机关团体存款、基本建设存款、城镇居民储蓄、农村存款等科目。它是银行信贷资金的主要来源。

贷款 指银行或其他信用机构根据资金必须归还的原则 ，按一定利率，为企业、个人等提供资金的一种信用活动形式。我国银行贷款分流动资金贷款、固定资产贷款、城乡个体工商户贷款以及农业贷款等科目。

城乡居民储蓄存款余额 指某一时点城乡居民存入银行及农村信用社的储蓄金额，包括城镇居民储蓄存款和农民个人储蓄存款，不包括居民的手存现金和工矿企业、部队、机关、团体等单位存款。

保险金额 指保险人承担赔偿或者给付保险金责任的最高限额。

保费 指投保人为取得保险人在约定范围内所承担赔偿责任而支付给保险人的费用。

赔款 指保险人根据保险合同的规定，向被保险人支付的赔偿保险责任损失的金额。

给付 包括死伤医疗给付和满期给付。死伤医疗给付是指保险人根据人寿保险及长期健康保险合同的规定，因被保险人在保险期内发生保险责任范围内的保险事故支付给被保险人（或受益人）的金额。满期给付是指被保险人生存期满，保险人按人寿保险合同规定支付给被保险人的满期保险金额。

Explanatory Notes on Main Statistical Indicators

Government Revenue refers to the revenue of the government finance by means of participating in the distribution of the social products, which is the financial resources for ensuring the government to function. The contents of government revenue have been changed several times. Now it includes the following main items:

(1) Various tax revenues, including value added tax, business tax, consumption tax, land value added tax, tax on city maintenance and construction, resources tax, tax on use of urban land, stamp tax, personal income tax, enterprise income tax, tariff, tax on agriculture and animal husbandry and tax on occupancy of cultivated land, etc.

(2) Special revenues, including revenue collected from imposing fee on sewage treatment, revenue collected from imposing fee on urban water resources, and extra-charges for education, etc.

(3) Other revenues, including revenue from the repayment of capital construction loan, revenue from capital construction projects, and donations and grants.

(4) Planned subsidies for the losses of the state-owned enterprises. This is an item of negative revenue, used to eat up part of the government revenue.

Government Expenditure refers to the distribution and use of the funds the government finance has raised, so as to meet the needs of economic construction and various causes. It mainly includes expenditure for capital construction, innovation funds of the enterprises, geological prospecting expenses, expenditures for science and technology promotion, expenditure for supporting rural production, operating expenses of the departments of farming, forestry, water conservancy and meteorology and the others, operating expenses of the departments of industry, transport and commerce, operating expenses of the departments of culture, education, science and public health, pension for the disabled or for the families of the bereaved and relief funds for social welfare, expenditures for national defense, administrative expenses and expenditure for price subsidies, etc.

Credit Funds refer to the funds issued as loans by banking institutions. The sources of credit funds of the banking institutions include deposits, liabilities to international financial institutions, currency in circulation, self-owned funds and current retained profits, etc. The credit funds can be used in forms of loans, gold, foreign exchange, government debt and assets in the international financial institutions.

Deposit is a form of credit by which enterprises, institutions, organizations or residents can put money into banks and other credit institutions for safekeeping and interest earning under the principle of free withdrawal. According to the different depositors, deposits are divided into enterprise deposits, urban saving deposits, rural deposits of government agencies and organizations, capital construction deposits, urban saving deposits, rural deposits and other deposits. Deposits are major sources of the credit funds of banks.

Loan is a form of credit by which banks and other credit institutions provide funds at certain interest rate to enterprises and individuals in the light of the principle of unconditional repayment. Loans from Chinese banks include circulating capital loans, fixed assets loans, loans to urban and rural individuals engaged in industrial and commercial business and agricultural loans.

Savings Deposits by Urban and Rural Residents refer to the total value of savings deposits of urban and rural households in banks and rural credit cooperatives at a given point of time, including the savings deposit of urban residents and the savings deposit of rural residents. The cash in hand by residents and the deposits of organizations such as enterprises, military units, government agencies, institutions and the others are not included.

Amount Insured refers to the amount of maximum that the insurant will get for the claim of the case insured.

Premium is the fee paid by the insurant to the insurer to obtain the obligation of compensation from the insurance within the agreed terms.

Settled Claim is the compensation paid by the insurer to the insurant in accordance with the insurance contract.

Payment includes payment for death, injury or medical treatment and mature payment. Payment for death, injury or medical treatment refers to the money paid to the insurant (or the beneficiary) in accordance with the life or health insurance contract when the insurant encounters accidents within the insured period covered in the contract. Mature payment refers to the mature payment to the insurant in accordance with the life insurance contract at the end of the insured period.

九 物价指数

PRICE INDICES

9

九　物价指数

简要说明

一、本篇资料反映生产、流通、消费等环节的价格变动情况。主要包括居民消费价格指数、商品零售价格指数、农业生产资料价格指数、农产品收购价格指数、工业品出厂价格指数和原材料、燃料、动力购进价格指数。

二、本篇资料由广东省城市社会经济调查队消费价格处和生产投资价格处整理提供。

三、居民消费价格指数、商品零售价格指数采用分层抽样调查方法编制，即在全省选择不同经济区域的市、县以及有代表性的商品和服务项目作为样本，对市场价格进行经常性调查，以样本推断总体。

四、农产品价格指数采用重点调查方法统计。

五、工业品出厂价格指数和原材料、燃料、动力购进价格指数均采用重点调查方法统计。

9　PRICE INDICES

Brief Introduction

Ⅰ. The data on the price indices in this chapter show the changing trend and the changing rates in production, circulation and consumption, etc, including mainly consumer price indices of residents, retail price indices, price indices of agricultural means of production, purchasing price indices of farm products, ex-factory price indices of industrial products, purchasing price indices of raw materials, fuels and power.

Ⅱ. The data are prepared and provided by both the Division of Consumers Price Survey and the Division of Production Price Survey under Guangdong Urban Socio-economic Survey Organization.

Ⅲ. The data for the calculation of the consumer price indices of residents and the retail price indices in the province are collected with the stratified sampling method. Areas distributed in different economic regions in the cities and counties of the province are selected as the sample areas and the representative commodities are selected as the sample commodities. Regular surveys are conducted to collect the data on the market prices. The data on the population are estimated on the basis of the sample.

Ⅳ. The data for the calculation of the purchasing price indices of farm products are collected by the key unit survey.

Ⅴ. The data for the calculation of the ex-factory price indices of industrial products and the purchasing price indices of raw materials, fuels and power are all collected by the key unit survey.

9-1 各种物价总指数
PRICE INDICES

(上年 = 100)　　　　(preceding year = 100)

年份 Year	商品零售价格指数 Retail Price Index	居民消费价格指数 Consumer Price Index	城市居民消费价格指数 Urban Areas	农村居民消费价格指数 Rural Areas	农产品收购价格指数 Purchasing Price Index of Farm Products	农村工业品零售价格指数 Retail Price Index of Rural Industrial Products	工农业商品综合比价指数 General Price Parity Index of Industrial and Agricultural Products
1951	98.2		98.5		98.0	105.9	108.1
1952	99.8		102.9		99.3	96.1	96.8
1953	101.0		102.7		122.6	94.2	76.8
1954	99.7		98.8		103.2	100.2	97.1
1955	100.3		99.6		96.9	101.8	105.1
1956	99.6		99.5		103.9	98.7	95.0
1957	102.3		103.4		103.8	101.0	97.3
1958	100.6		99.2		101.1	99.9	98.8
1959	101.2		100.6		101.9	100.4	98.5
1960	101.1		100.5		105.3	100.6	95.5
1961	112.1		112.0		120.7	107.4	89.0
1962	100.5		100.5		98.3	103.4	105.2
1963	98.1		99.4		98.0	98.4	100.4
1964	96.8		98.1		100.6	97.2	96.6
1965	98.6		97.6		99.6	97.9	98.3
1966	99.6		99.7		99.8	98.6	98.8
1967	100.3		100.4		100.9	99.7	98.8
1968	99.8		99.8		99.9	99.8	99.9
1969	99.7		101.8		100.0	99.7	99.7
1970	99.3		99.5		99.9	98.9	99.0
1971	99.6		100.2		104.5	99.2	94.9
1972	99.7		99.9		100.1	99.2	99.1
1973	100.0		100.0		100.3	100.0	99.7
1974	99.9		99.7		101.2	100.1	98.9
1975	100.0		100.0		100.1	100.0	99.9
1976	100.1		100.1		100.0	100.2	100.2
1977	100.1		100.0		100.1	100.0	99.9
1978	100.4		100.3		101.7	100.1	98.4
1979	103.0		104.6		121.0	100.3	82.9
1980	108.5		109.5		110.9	101.4	91.4
1981	109.3		106.3		108.0	101.9	94.4
1982	102.3		102.6		104.1	102.1	98.1
1983	100.7		102.8		100.0	100.5	100.5
1984	101.2	101.3	101.9	100.4	102.2	101.9	99.7
1985	113.6	114.8	117.1	111.2	114.9	104.5	90.9
1986	104.8	104.9	104.7	105.3	105.6	104.4	98.9
1987	111.7	111.2	112.8	109.7	111.5	109.4	98.1
1988	130.2	129.4	129.5	129.3	135.9	125.9	92.6
1989	121.0	122.1	121.9	122.4	125.3	119.5	95.4
1990	95.6	97.5	97.4	97.6	90.3	97.2	107.6
1991	100.6	101.2	102.3	99.9	98.4	100.8	102.4
1992	105.8	107.3	108.4	105.9	103.1	102.3	99.2
1993	118.2	121.6	122.0	120.6	117.3	115.5	98.5
1994	118.9	121.7	121.0	122.5	126.6	113.7	89.8
1995	111.6	114.0	113.1	115.3	119.0	107.1	90.0
1996	104.4	107.0	107.2	106.5	102.0	104.5	102.5
1997	100.1	101.9	102.1	101.5	96.0	101.0	105.2
1998	97.0	98.2	98.3	98.1	92.2	97.7	106.0
1999	96.7	98.2	98.4	97.7	93.8	97.3	103.7
2000	99.9	101.4	102.2	100.0	97.9	100.2	102.3
2001	98.7	99.3	99.2	99.6	97.4	98.4	101.0
2002	98.5	98.6	98.6	98.6	98.5	98.4	99.9

注：工农业商品综合比价指数是以农产品收购价格指数为100，下表同。

Note: The purchasing price index of farm products is taken as 100 in calculating the general price parity index of industrial and agricultural products. The same as in the following table.

9-2 各种物价总指数
PRICE INDICES

（1950年 = 100） （1950 = 100）

年份 Year	商品零售价格指数 Retail Price Index	城市居民消费价格指数 Consumer Price Index in Urban Areas	农产品收购价格指数 Purchasing Price Index of Farm Products	农村工业品零售价格指数 Retail Price Index of Rural Industrial Products	工农业商品综合比价指数 General Price Parity Index of Industrial and Agricultural Products
1951	98.2	98.5	98.0	105.9	108.1
1952	98.0	101.4	97.3	101.8	104.6
1953	99.0	104.1	119.3	95.9	80.4
1954	98.7	102.9	123.1	96.1	78.1
1955	99.0	102.5	119.3	97.8	82.0
1956	98.6	102.0	124.0	96.5	77.8
1957	100.9	105.5	128.7	97.3	75.6
1958	101.5	104.7	130.0	97.3	74.8
1959	102.7	105.3	132.5	97.7	73.7
1960	103.8	105.8	139.6	98.3	70.4
1961	116.4	118.5	168.5	105.6	62.7
1962	117.0	119.1	165.7	109.1	65.8
1963	114.8	118.4	162.3	106.9	65.9
1964	111.1	116.2	163.3	103.9	63.6
1965	109.5	113.4	162.6	101.7	62.5
1966	109.1	113.1	162.3	100.3	61.8
1967	109.4	113.6	163.8	100.0	61.1
1968	109.2	113.4	163.6	99.8	61.0
1969	108.9	115.4	163.6	99.5	60.8
1970	108.1	114.8	163.4	98.4	60.2
1971	107.6	115.0	170.8	97.6	57.1
1972	107.3	114.9	171.0	96.8	56.9
1973	107.3	114.9	171.5	96.8	56.4
1974	107.3	114.6	173.6	96.9	55.8
1975	107.3	114.6	173.8	96.9	55.8
1976	107.4	114.7	173.8	97.1	55.9
1977	107.5	114.7	174.0	97.1	55.8
1978	108.0	115.0	177.0	97.8	55.3
1979	111.2	120.3	214.2	98.1	45.8
1980	120.7	131.7	237.5	99.5	41.9
1981	131.8	140.0	256.5	101.4	39.5
1982	134.9	143.6	267.0	103.5	38.8
1983	135.8	147.6	267.0	104.0	39.0
1984	137.4	150.4	272.9	106.0	38.8
1985	156.1	176.1	313.6	110.8	35.5
1986	163.6	184.4	331.2	115.7	34.9
1987	182.7	208.0	369.3	126.6	34.3
1988	237.9	269.4	501.9	159.4	31.8
1989	287.9	328.4	628.9	190.5	30.3
1990	275.2	319.9	567.9	185.2	32.6
1991	276.9	327.3	558.8	186.7	33.4
1992	293.0	354.8	576.1	191.0	33.2
1993	346.3	432.9	675.8	220.6	32.6
1994	411.8	523.8	855.6	250.8	29.3
1995	459.6	592.4	1018.2	268.6	26.4
1996	479.8	635.0	1038.6	280.7	27.0
1997	480.3	648.3	997.1	283.5	28.4
1998	465.9	637.3	919.3	277.0	30.1
1999	450.5	627.1	862.3	269.5	31.3
2000	450.0	635.9	844.2	270.0	32.0
2001	444.2	630.8	822.3	265.7	32.3
2002	437.5	622.0	810.0	261.4	32.3

9-3 居民消费价格分类指数（2002年）
CONSUMER PRICE INDICES BY CATEGORY（2002）

（上年＝100） （preceding year＝100）

项　目	Item	全省 Provincial Indices	城市 Urban Indices	农村 Rural Indices
居民消费价格指数	**Consumer Price Index**	**98.6**	**98.6**	**98.6**
非食品价格指数	**Non-food Price Index**	**98.9**	**98.8**	**99.1**
服务项目价格指数	**Service Price Index**	**101.1**	**101.1**	**100.9**
扣除鲜菜鲜果价格指数	**Price Index Deducting Fresh Vegetables and Fruits**	**98.9**	**98.8**	**99.0**
消费品价格指数	**Consumer Goods Price Index**	**97.9**	**97.7**	**98.0**
食品	**Food**	**98.1**	**98.2**	**97.6**
粮食	Grain	98.3	97.8	99.2
大米	Rice	99.7	98.8	101.0
粮食制品	Grain Products	97.8	98.5	96.6
淀粉及薯类	Starches and Tubers	103.1	101.6	108.6
干豆类及豆制品	Beans and Its Products	97.7	97.9	97.1
油脂	Oil or Fat	96.3	96.1	96.8
肉禽及其制品	Meal，Poultry and Their Products	99.1	99.0	99.2
蛋	Eggs	102.3	102.1	103.4
水产品	Aquatic Products	96.5	96.2	96.3
菜	Vegetables	90.9	91.6	88.8
鲜菜	Fresh Vegetables	89.7	90.5	87.4
干菜及菜制品	Dried Vegetables and Vegetable Products	99.0	99.3	98.1
调味品	Flavoring	101.2	101.7	100.4
糖	Carbohydrate	97.1	98.2	94.1
食糖	Sugar	85.3	83.8	87.4
糖果	Candy	106.5	109.1	98.3
茶及饮料	Tea and Beverages	101.2	101.8	99.0
干鲜瓜果	Melons and Fruits	99.6	99.7	97.6
鲜果	Fresh Fruits	100.0	100.4	97.1
糕点饼干面包	Cake	99.0	98.9	99.4
奶及奶制品	Milk and Its Products	99.1	98.9	99.9
在外用膳食品	Outward Dinner	99.8	100.1	98.8
其它食品及食品加工服务	Other Foods and Manufacturing Services	99.2	98.7	101.1
烟酒及用品	**Tobacco，Liquor and Articles**	**101.0**	**100.7**	**101.7**
烟草	Tobacco	101.6	100.9	103.0
酒	Liquor	99.5	99.1	100.0
衣着	**Clothing**	**99.6**	**100.2**	**98.2**
服装	Garments	99.7	100.4	97.9
衣着材料	Clothing Material	100.5	100.8	100.3
棉布	Cotton Cloth	99.2	98.6	99.8
毛织品	Woolen Fabrics	99.1	99.3	97.6
丝织品	Silk and Satin	99.8	99.6	100.3
毛线	Knitting Wool	98.6	98.6	98.8
鞋袜帽	Footwear and Hats	99.0	99.3	98.1
鞋	Shoes	99.3	99.4	98.9
袜子	Socks and Stockings	97.9	99.3	94.7

9-3 续表 continued

(上年 = 100) (preceding year = 100)

项目	Item	全省 Provincial Indices	城市 Urban Indices	农村 Rural Indices
帽子	Hats	96.6	96.7	96.4
衣着加工服务	Clothing Manufacturing Services	100.9	102.1	99.5
家庭设备用品及维修服务	**Household Facilities, Articles and Services**	**98.8**	**98.8**	**98.6**
耐用消费品	Durable Consumer Goods	97.2	97.2	97.3
家具	Furniture	99.3	99.5	98.6
家庭设备	Household Facilities	96.1	96.0	96.2
室内装饰品	Interior Decorations	100.7	100.6	100.9
床上用品	Bed Articles	100.0	100.0	99.8
家庭日用杂品	Daily Use Household Articles	98.7	98.7	99.0
家庭服务及加工维修服务	Other Household Services and Manufacturing Upkeep	102.5	102.9	100.8
医疗保健和个人用品	**Health Cares and Personal Articles**	**98.3**	**97.8**	**99.6**
医疗保健	Health Cares	97.4	96.9	98.9
中药材及中成药	Traditional Chinese Medicine	96.0	96.3	94.8
西药	Western Medicine	94.7	93.9	97.0
医疗保健服务	Health Care Services	103.4	102.5	105.5
个人用品及服务	Personal Articles and Services	100.0	99.8	100.7
化妆美容用品	Cosmetics and Its Articles	99.9	100.5	97.9
卫生用品	Sanitary Articles	98.1	97.8	98.7
个人饰品	Personal Adornment	99.6	99.6	99.5
个人服务	Personal Services	102.8	101.4	105.2
交通和通讯	**Transportation and Communication**	**98.0**	**97.9**	**98.6**
交通	Transportation	97.5	97.3	98.2
交通工具	Transportation Facility	93.6	93.4	94.3
市区公共交通	Incity Traffic	99.9	100.0	99.6
城市间交通	Intercity Traffic	102.4	101.0	108.5
通信	Telecommunication	98.5	98.3	99.0
通信工具	Telecommunication Facility	85.6	84.7	88.3
通信服务	Telecommunication Services	101.1	101.0	101.3
娱乐教育文化用品及服务	**Recreation, Education, Culture Articles and Their Services**	**98.8**	**98.7**	**98.6**
文娱用耐用消费品及服务	Durable Consumer Goods for Recreational Use	91.1	89.7	94.4
教育	Education	102.2	103.0	100.1
教材及参考书	Teaching Materials and Reference Books	101.2	100.9	102.1
学杂托幼费	Tuition and Children Care	102.3	103.3	99.8
文化娱乐用品	Cultural and Recreational Articles	101.5	101.6	100.9
文化娱乐	Stationery and Recreational Articles	99.5	99.6	99.0
书报杂志	Newspapers and Magazines	102.5	102.7	101.9
文娱费	Expenditure for Entertainment	102.8	103.0	102.0
旅游及外出	Touring and Outgoing	93.1	92.6	95.0
居住	**Residence**	**99.3**	**99.2**	**99.4**
建房及装修材料	Building and Building Decoration Materials	99.1	99.1	99.0
租房	Rent	107.5	107.7	105.6
自有住房	Private Housing	96.6	96.4	98.0
水、电、燃料	Water, Electricity and Fuels	98.0	97.6	99.2

9-4　商品零售价格分类指数（2002年）

RETAIL PRICE INDICES BY CATEGORY OF COMMODITIES（2002）

（上年＝100）　　　　　　　　　　　　　　　　　　（preceding year＝100）

项　　目	Item	全　省 Provincial Indices	城　市 Urban Indices	农　村 Rural Indices
商品零售价格指数	**Retail Price Index**	**98.5**	**98.4**	**98.6**
食品	**Food**	**98.9**	**98.8**	**99.1**
粮食	Grain	98.2	98.0	98.3
细粮	Flour and Rice	98.2	98.0	98.4
粗粮	Coarse Food Grain	98.0	98.6	97.1
油脂	Oil or Fat	97.0	96.7	97.4
肉禽蛋	Meal，Poultry and Eggs	99.7	99.2	100.8
水产品	Aquatic Products	96.8	96.9	96.6
鲜菜	Fresh Vegetables	97.6	97.0	98.5
干菜	Dried Vegetables	99.8	100.0	99.4
鲜果	Fresh Fruits	98.3	97.1	101.2
干果	Dried Fruits	98.4	97.3	100.8
其他食品	Other Food	98.8	99.4	97.6
调味品	Condiments	101.3	101.3	101.5
食糖	Sugar	84.3	82.0	87.5
糖果	Candy	104.0	107.4	97.9
糕点	Cake	99.5	99.6	99.3
奶及奶制品	Milk and Its Products	99.3	99.6	98.3
罐头	Canned Food	99.6	100.1	98.3
饮食业	Catering Trade	100.5	101.0	98.9
主食	Staple Food	100.9	101.7	98.7
炒菜	Fried Dishes	99.6	99.9	98.5
地方小吃	Local Snack	102.2	102.8	99.9
饮料烟酒	**Beverages，Tobacco and Liquor**	**101.5**	**101.2**	**102.1**
饮料	Beverages	99.4	99.5	99.0
烟酒	Tobacco and Liquor	102.4	102.0	103.6
服装鞋帽	**Garments，Shoes and Hats**	**100.3**	**100.8**	**98.6**
服装	Garments	100.8	101.6	98.2
鞋	Shoes	98.6	98.1	99.9
其他衣着	Other Clothing	100.6	101.4	98.0
纺织品	**Textiles**	**100.2**	**101.1**	**98.6**
棉布	Cotton Cloth	98.8	99.1	98.2
棉花化纤混纺布	Blend Cloth	99.9	100.7	98.1
化纤布	Chemical Fiber Cloth	100.4	101.3	98.9
呢绒	Woolen Fabric	99.0	99.1	98.9
绸缎	Silk and Satin	100.1	100.1	100.0
其他纺织品	Other Textiles	101.6	102.9	98.3
中西药品	**Traditional Chinese and Western Medicines**	**95.9**	**95.4**	**97.1**
中药	Traditional Chinese Medicine	96.7	96.6	96.9
西药	Western Medicine	94.2	93.1	97.0
医疗用品	Medical Articles	100.9	101.1	99.6
化妆品	**Cosmetics**	**98.8**	**98.8**	**98.8**
书报杂志	**Books，Newspapers and Magazines**	**104.5**	**105.2**	**102.8**
文化体育用品	**Cultural and Sports Goods**	**98.5**	**98.2**	**99.1**
文化用品	Cultural Goods	97.9	97.2	99.9
体育用品	Sports Goods	100.1	101.2	97.2
日用品	**Articles for Daily Use**	**98.8**	**99.1**	**98.1**
一般日用品	Ordinary Articles for Daily Use	98.0	98.0	98.0
家具	Furniture	99.3	99.9	97.5
日用杂品	Sundries for Daily Use	100.2	100.4	99.6
家用电器	**Household Electric Appliances**	**96.1**	**96.2**	**95.9**
首饰	**Jewelry**	**98.3**	**98.5**	**97.5**
燃料	**Fuels**	**98.1**	**97.0**	**100.7**
建筑装璜材料	**Building Decoration Materials**	**99.1**	**99.3**	**98.7**
机电产品	**Mechanical and Electrical Products**	**92.2**	**91.8**	**93.2**

9-5 居民消费价格分类指数（2002年）

（上年同月＝100）

项目	Item	1月 January	2月 February	3月 March	4月 April
居民消费价格指数	**Consumer Price Index**	**97.9**	**100.4**	**98.8**	**98.0**
非食品价格指数	**Non-food Price Index**	**98.6**	**99.8**	**98.5**	**98.6**
服务项目价格指数	**Service Price Index**	**101.5**	**104.3**	**101.0**	**100.9**
扣除鲜菜鲜果价格指数	**Price Index Deducting Fresh Vegetables and Fruits**	**97.7**	**100.1**	**98.8**	**98.6**
消费品价格指数	**Consumer Goods Price Index**	**96.8**	**99.2**	**98.1**	**97.0**
食品	**Food**	**96.7**	**101.5**	**99.5**	**96.8**
粮食	Grain	97.0	98.4	97.3	98.3
大米	Rice	98.5	99.5	98.3	99.7
粮食制品	Grain Products	96.3	98.5	97.8	98.5
淀粉及薯类	Starches and Tubers	99.9	102.9	104.3	104.8
干豆类及豆制品	Beans and Its Products	96.5	98.9	98.3	96.9
油脂	Oil or Fat	94.9	95.0	94.6	93.9
肉禽及其制品	Meal，Poultry and Their Products	95.6	103.0	100.4	99.0
蛋	Eggs	104.2	107.5	107.0	105.3
水产品	Aquatic Products	87.2	100.1	96.3	95.9
菜	Vegetables	105.9	103.4	96.5	80.7
鲜菜	Fresh Vegetables	107.5	104.2	95.9	78.3
干菜及菜制品	Dried Vegetables and Vegetable Products	96.8	99.0	99.5	98.8
调味品	Flavoring	101.9	102.2	101.7	102.1
糖	Carbohydrate	102.3	100.0	99.6	97.6
食糖	Sugar	99.6	94.7	93.1	86.0
糖果	Candy	107.5	105.7	104.9	107.4
茶及饮料	Tea and Beverages	101.9	102.0	102.1	101.7
干鲜瓜果	Melons and Fruits	94.4	106.2	104.0	100.9
鲜果	Fresh Fruits	94.0	108.2	106.1	102.0
糕点饼干面包	Cake	98.4	98.1	98.4	98.7
奶及奶制品	Milk and Its Products	99.9	99.6	98.6	99.0
在外用膳食品	Outward Dinner	98.1	99.4	100.3	99.4
其它食品及食品加工服务	Other Foods and Manufacturing Services	98.7	99.8	99.8	99.6
烟酒及用品	**Tobacco，Liquor and Articles**	**101.7**	**101.7**	**102.3**	**102.0**
烟草	Tobacco	103.0	103.0	103.7	103.4
酒	Liquor	99.0	99.1	99.4	99.1
衣着	**Clothing**	**99.0**	**100.6**	**100.1**	**99.5**
服装	Garments	98.8	100.9	100.4	99.6
衣着材料	Clothing Material	99.4	101.1	100.3	101.1
棉布	Cotton Cloth	97.8	96.9	98.1	99.4
毛织品	Woolen Fabrics	98.8	102.5	99.2	99.7
丝织品	Silk and Satin	96.0	102.8	101.0	101.6

CONSUMER PRICE INDICES BY CATEGORY (2002)

(same month of preceding year = 100)

5月 May	6月 June	7月 July	8月 August	9月 September	10月 October	11月 November	12月 December
97.7	**97.4**	**97.3**	**99.2**	**98.6**	**99.7**	**99.2**	**99.4**
98.4	**98.4**	**98.7**	**98.9**	**99.1**	**99.3**	**99.3**	**99.5**
101.0	**100.7**	**100.8**	**100.9**	**100.4**	**100.6**	**100.4**	**100.5**
98.6	**98.5**	**98.7**	**99.0**	**99.1**	**99.3**	**99.3**	**99.4**
96.7	**96.3**	**96.1**	**98.6**	**98.0**	**99.4**	**98.8**	**99.1**
96.3	**95.5**	**94.8**	**99.6**	**97.7**	**100.4**	**98.9**	**99.3**
98.3	97.7	98.2	98.4	99.0	98.7	98.9	99.7
99.2	99.1	99.9	100.1	101.0	100.3	100.4	100.8
99.2	97.1	97.9	98.0	97.6	97.2	97.5	98.4
104.9	105.4	101.7	102.0	101.9	104.5	103.2	102.2
96.0	95.7	96.8	98.5	98.1	98.3	98.9	99.5
95.6	97.0	96.4	96.9	97.3	97.5	98.0	98.7
98.9	99.4	99.3	98.9	98.8	98.6	98.5	98.4
106.0	104.7	99.3	102.4	98.2	98.5	99.5	97.0
96.3	94.6	95.3	98.6	98.1	99.0	98.9	98.8
77.2	75.0	71.3	101.4	88.0	110.0	95.1	98.1
74.0	71.9	68.1	101.8	86.8	111.4	94.5	97.9
99.4	98.6	99.2	99.0	98.3	100.3	99.4	99.5
101.7	101.1	100.5	100.5	100.0	100.5	101.2	101.1
95.9	95.8	95.9	95.5	96.2	95.3	95.6	96.1
81.6	80.6	81.6	81.6	82.9	80.9	81.4	81.7
106.9	107.8	107.6	106.3	106.1	105.8	106.2	106.2
101.5	101.8	101.1	100.5	100.7	100.7	100.4	100.1
96.6	92.7	95.0	101.8	99.7	99.6	101.1	103.4
96.2	91.7	94.2	102.3	99.9	99.9	102.1	104.9
98.5	98.9	98.9	99.2	99.1	99.7	99.9	99.9
99.0	99.5	98.8	99.1	99.1	98.6	98.7	99.5
100.2	100.2	100.2	99.7	100.1	100.3	100.5	99.8
98.8	98.7	98.4	98.8	99.0	99.8	99.4	99.6
101.5	**100.8**	**100.7**	**100.5**	**100.7**	**100.4**	**100.3**	**100.1**
102.4	101.2	101.0	100.8	100.8	100.3	100.3	99.7
99.3	99.3	99.7	99.5	99.9	100.0	99.8	100.2
99.7	**99.9**	**99.7**	**100.0**	**100.3**	**99.5**	**98.2**	**98.5**
99.7	100.1	99.9	100.3	100.8	99.6	97.9	98.3
101.1	100.5	100.4	100.5	100.7	100.6	99.9	100.1
99.9	100.1	99.1	99.5	100.0	100.4	98.8	100.1
99.9	99.8	100.8	100.2	98.7	97.4	96.6	95.4
99.1	99.4	99.5	99.5	99.6	99.3	99.7	101.1

9-5 续表

（上年同月 = 100）

项　　目	Item	1月 January	2月 February	3月 March	4月 April
毛线	Knitting Wool	97.3	98.0	98.3	98.5
鞋袜帽	Footwear and Hats	99.2	99.8	99.3	98.6
鞋	Shoes	99.6	100.0	99.6	98.9
袜子	Socks and Stockings	97.6	98.9	98.2	97.3
帽子	Hats	94.3	96.5	95.8	95.2
衣着加工服务	Clothing Manufacturing Services	100.6	101.4	101.1	100.9
家庭设备用品及维修服务	**Household Facilities，Articles and Services**	**98.9**	**99.7**	**99.4**	**99.4**
耐用消费品	Durable Consumer Goods	97.1	98.2	98.3	98.2
家具	Furniture	100.0	100.3	99.8	99.5
家庭设备	Household Facilities	95.5	97.0	97.5	97.5
室内装饰品	Interior Decorations	99.1	100.2	100.3	100.4
床上用品	Bed Articles	100.4	100.9	101.2	101.6
家庭日用杂品	Daily Use Household Articles	99.9	99.4	99.1	99.0
家庭服务及加工维修服务	Other Household Services and Manufacturing Upkeep	102.0	104.9	102.2	102.3
医疗保健和个人用品	**Health Cares and Personnal Articles**	**97.6**	**99.6**	**98.3**	**97.9**
医疗保健	Health Cares	97.8	97.8	97.3	96.6
中药材及中成药	Traditional Chinese Medicine	97.7	98.0	96.7	95.8
西药	Western Medicine	95.3	95.4	94.8	92.7
医疗保健服务	Health Care Services	102.0	101.9	101.9	103.8
个人用品及服务	Personal Aticles and Services	97.2	102.8	100.2	100.3
化妆美容用品	Cosmetics and Its Articles	101.3	99.7	100.4	100.3
卫生用品	Sanitary Articles	99.6	99.8	98.9	99.1
个人饰品	Personal Adornment	97.9	98.1	98.1	98.2
个人服务	Personal Services	90.7	113.4	103.4	103.4
交通和通讯	**Transportation and Communication**	**97.5**	**99.4**	**97.1**	**97.2**
交通	Transportation	92.3	97.1	96.3	96.8
交通工具	Transportation Facility	92.8	92.8	92.9	92.6
市区公共交通	Incity Traffic	99.3	99.7	100.0	100.0
城市间交通	Intercity Traffic	87.6	111.1	104.8	103.9
通信	Telecommunication	103.0	101.5	97.8	97.6
通信工具	Telecommunication Facility	84.7	86.2	85.4	84.5
通信服务	Telecommunication Services	106.8	104.7	100.2	100.2
娱乐教育文化用品及服务	**Recreation，Education，Culture Articles and Their Services**	**98.0**	**100.6**	**98.5**	**98.2**
文娱用耐用消费品及服务	Durable Consumer Goods for Recreational Use	89.8	89.8	89.8	90.0
教育	Education	104.2	103.3	102.5	102.5
教材及参考书	Teaching Materials and Reference Books	97.6	99.2	100.9	100.9
学杂托幼费	Tuition and Children Care	105.1	103.8	102.7	102.7
文化娱乐用品	Cultural and Recreational Articles	99.8	101.6	101.8	101.2
文化娱乐	Stationery and Recreational Articles	99.0	98.9	99.0	99.6
书报杂志	Newspapers and Magazines	101.8	101.8	101.8	101.9
文娱费	Expenditure for Entertainment	98.6	105.3	105.2	102.1
旅游及外出	Touring and Outgoing	84.2	104.8	92.1	89.0
居住	**Residence**	**99.2**	**98.9**	**97.8**	**98.8**
建房及装修材料	Building and Building Decoration Materials	98.3	98.4	98.8	98.9
租房	Rent	109.5	109.5	109.1	109.1
自有住房	Private Housing	100.2	99.7	95.9	95.9
水、电、燃料	Water，Electricity and Fuels	96.1	95.7	94.6	96.7

9-5 continued

(same month of preceding year = 100)

5月 May	6月 June	7月 July	8月 August	9月 September	10月 October	11月 November	12月 December
98.2	98.2	98.3	98.2	99.5	99.1	99.3	100.2
99.1	99.2	99.1	99.0	98.8	98.7	98.6	98.6
99.2	99.4	99.3	99.2	99.1	99.0	98.9	99.0
98.4	98.4	98.2	97.7	97.7	98.0	97.4	97.1
97.1	96.9	98.2	98.4	97.6	96.0	96.7	96.4
101.0	101.0	100.7	100.7	101.3	101.2	101.0	100.4
98.8	**98.6**	**98.7**	**98.4**	**98.4**	**98.2**	**98.2**	**98.4**
97.4	97.2	97.0	96.7	96.7	96.5	96.6	96.7
99.5	99.1	98.9	98.8	99.0	98.6	98.6	99.0
96.2	96.1	95.9	95.4	95.4	95.3	95.4	95.4
100.5	100.9	101.2	101.2	100.9	101.0	101.3	101.1
101.5	100.9	99.8	99.2	98.9	98.4	98.2	98.4
98.2	98.2	99.0	98.8	98.4	98.2	98.2	98.2
102.2	101.5	102.1	102.1	102.9	102.3	102.3	103.6
97.8	**98.4**	**98.4**	**98.6**	**98.3**	**98.3**	**98.2**	**98.5**
96.5	97.3	97.6	97.6	97.4	97.6	97.5	97.8
95.0	95.6	95.8	95.7	95.2	94.8	95.0	96.5
92.8	94.5	94.9	94.9	94.9	95.5	95.4	95.0
103.9	103.9	103.9	104.1	104.0	104.0	103.8	103.7
100.2	100.3	99.9	100.3	99.9	99.7	99.6	99.8
100.1	100.0	99.8	100.0	99.4	99.0	99.3	99.2
98.2	98.2	97.5	97.7	97.3	96.9	96.5	97.0
99.6	100.1	100.0	100.8	100.3	100.9	100.7	100.8
103.3	103.3	102.6	103.4	103.2	102.7	102.5	102.7
97.5	**97.4**	**97.8**	**98.0**	**98.4**	**98.6**	**98.8**	**98.9**
97.2	97.1	97.9	98.2	99.0	99.3	99.7	100.1
92.3	92.9	93.4	93.1	94.9	95.1	95.4	95.6
100.0	99.9	100.0	100.0	100.0	100.1	100.0	99.5
104.0	103.6	102.7	102.8	102.8	102.2	103.0	102.8
97.8	97.6	97.8	97.8	97.8	97.9	97.9	97.7
85.5	84.6	85.6	85.5	86.0	86.3	86.6	86.5
100.2	100.2	100.2	100.2	100.2	100.2	100.2	100.0
98.3	**98.0**	**99.3**	**99.5**	**98.7**	**99.1**	**98.5**	**98.8**
89.8	90.0	90.9	91.9	92.5	93.1	93.0	93.0
102.5	102.5	102.5	102.0	101.2	101.1	101.0	101.0
100.9	100.9	100.7	100.7	103.3	103.3	103.3	103.3
102.7	102.7	102.7	102.1	101.0	100.8	100.7	100.7
100.8	101.0	101.8	102.2	102.5	100.9	101.9	102.0
99.3	99.6	99.7	99.5	100.0	99.8	99.6	99.7
101.9	101.9	103.5	103.4	103.4	102.8	102.8	102.8
101.5	101.5	102.5	104.2	104.6	100.5	103.7	103.9
91.0	88.5	95.2	97.2	92.9	95.8	93.0	95.9
98.2	**98.3**	**98.1**	**98.9**	**99.8**	**100.6**	**101.2**	**101.6**
98.4	99.0	99.0	99.7	99.8	99.7	99.6	99.7
109.1	109.1	104.9	104.9	104.9	106.7	106.7	106.5
95.8	95.8	95.8	95.8	96.1	96.2	96.2	96.2
95.8	95.7	96.4	97.9	99.8	101.2	102.8	103.6

9-6 商品零售价格分类指数（2002年）

（上年同月＝100）

项　　目	Item	1月 January	2月 February	3月 March	4月 April
商品零售价格指数	**General Retail Price Index**	**97.5**	**99.1**	**98.1**	**97.4**
食品	**Food**	**98.4**	**102.1**	**99.9**	**97.2**
粮食	Grain	97.8	97.3	97.1	98.3
细粮	Flour and Rice	97.8	97.1	96.9	98.3
粗粮	Coarse Food Grain	97.6	99.2	99.1	97.8
油脂	Oil or Fat	94.1	94.4	93.7	93.5
肉禽蛋	Meal，Poultry and Eggs	97.3	103.3	101.1	100.5
水产品	Aquatic Products	92.0	100.3	97.0	96.0
鲜菜	Fresh Vegetables	113.1	111.1	100.1	82.8
干菜	Dried Vegetables	97.9	99.2	98.6	98.8
鲜果	Fresh Fruits	93.8	104.9	104.2	99.3
干果	Dried Fruits	97.6	98.0	96.9	97.2
其他食品	Other Food	100.6	99.6	99.2	99.2
调味品	Condiments	100.1	101.0	101.1	102.8
食糖	Sugar	96.8	93.6	91.9	85.2
糖果	Candy	106.6	103.7	102.4	104.4
糕点	Cake	99.4	98.9	99.4	99.7
奶及奶制品	Milk and Its Products	100.8	99.8	98.9	99.2
罐头	Canned Food	97.6	98.8	98.3	99.0
饮食业	Catering Trade	97.9	100.5	101.0	99.4
主食	Staple Food	100.6	101.1	100.9	100.3
炒菜	Fried Dishes	95.3	99.2	100.2	98.1
地方小吃	Local Snack	102.1	102.9	102.9	101.8
饮料烟酒	**Beverages，Tobacco and Liquor**	**102.4**	**102.4**	**102.9**	**102.4**
饮料	Beverages	99.2	99.2	99.7	99.4
烟酒	Tobacco and Liquor	103.8	103.9	104.4	103.8
服装鞋帽	**Garments，Shoes and Hats**	**100.8**	**102.5**	**101.0**	**100.2**
服装	Garments	101.0	103.5	101.8	100.3
鞋	Shoes	99.7	100.2	98.7	99.3
其他衣着	Other Clothing	101.7	101.5	101.4	101.1
纺织品	**Textiles**	**100.7**	**100.9**	**100.9**	**100.7**
棉布	Cotton Cloth	99.9	99.5	98.7	98.8
棉花化纤混纺布	Blend Cloth	99.7	99.8	100.5	100.7
化纤布	Chemical Fiber Cloth	100.9	101.4	101.3	100.9
呢绒	Woolen Fabric	99.3	99.4	99.8	99.9
绸缎	Silk and Satin	99.6	100.0	100.0	100.1
其他纺织品	Other Textiles	102.5	102.8	102.6	102.0
中西药品	**Traditional Chinese and Western Medicines**	**96.4**	**96.2**	**95.2**	**94.4**
中药	Traditional Chinese Medicine	99.4	99.1	97.1	97.5
西药	Western Medicine	92.8	92.8	92.4	90.4
医疗用品	Medical Articles	100.4	100.2	100.5	100.8
化妆品	**Cosmetics**	**99.9**	**99.8**	**99.1**	**99.5**
报纸杂志	**Books，Newspapers and Magazines**	**99.9**	**104.2**	**105.1**	**104.8**
文化体育用品	**Cultural and Sports Goods**	**98.7**	**98.4**	**98.3**	**98.7**
文化用品	Cultural Goods	98.4	98.0	97.9	98.4
体育用品	Sports Goods	99.1	99.6	99.4	99.6
日用品	**Articles for Daily Use**	**100.2**	**100.1**	**99.4**	**99.3**
一般日用品	Ordinary Articles for Daily Use	99.6	99.3	98.7	98.8
家具	Furniture	101.0	101.3	100.1	99.6
日用杂品	Sundries for Daily Use	100.1	100.0	99.9	99.9
家用电器	**Household Electric Appliances**	**96.7**	**97.3**	**97.1**	**96.0**
首饰	**Jewelry**	**90.6**	**91.1**	**91.3**	**93.5**
燃料	**Fuels**	**82.9**	**81.7**	**82.0**	**89.0**
建筑装璜材料	**Building Decoration Materials**	**99.1**	**98.9**	**97.3**	**98.9**
机电产品	**Mechanical and Electrical Products**	**90.1**	**90.3**	**91.8**	**92.2**

RETAIL PRICE INDICES BY CATEGORY OF COMMODITIES (2002)

(same month of preceding year = 100)

5月 May	6月 June	7月 July	8月 August	9月 September	10月 October	11月 November	12月 December
97.1	**97.9**	**97.6**	**99.3**	**98.9**	**99.9**	**99.3**	**99.7**
96.3	**96.4**	**96.5**	**100.6**	**98.8**	**101.2**	**99.5**	**99.8**
97.5	97.8	97.7	98.2	99.1	98.9	99.0	99.4
97.7	97.5	97.9	98.4	99.1	99.0	99.1	99.6
95.8	100.8	96.1	96.6	99.0	98.4	98.3	97.8
96.1	99.2	97.8	98.8	98.4	97.9	98.7	101.8
99.8	99.9	99.8	99.2	98.9	99.0	98.8	98.7
94.6	96.4	97.1	98.0	97.7	97.6	97.5	97.5
80.1	77.6	75.5	109.4	95.0	120.6	102.2	103.2
99.8	100.9	101.4	101.5	100.2	100.3	100.2	99.2
92.0	90.5	94.2	102.8	100.3	96.9	99.0	101.3
98.9	98.1	98.9	99.8	98.6	98.7	97.9	100.3
98.4	98.5	98.4	98.0	98.4	98.4	98.2	98.6
102.4	102.0	100.6	100.7	100.9	101.2	101.2	101.2
81.1	80.1	80.2	79.8	80.3	79.9	80.2	82.1
103.4	104.9	104.8	103.3	104.0	103.2	103.3	103.9
99.5	99.7	99.5	99.6	99.6	99.5	99.6	99.4
98.8	98.5	99.4	98.7	99.5	99.9	98.8	99.4
98.8	100.7	99.8	99.6	99.8	101.3	100.2	101.3
100.2	100.6	100.8	101.0	100.8	101.0	101.2	101.1
100.7	100.9	100.6	100.8	101.4	100.8	102.0	100.3
99.2	99.3	100.3	100.6	100.3	100.5	100.6	101.6
102.3	103.3	102.1	102.3	101.7	102.1	102.0	100.7
101.4	**101.3**	**101.2**	**100.6**	**101.3**	**100.5**	**100.8**	**100.4**
99.8	99.9	99.7	99.0	99.4	99.1	99.0	99.2
102.2	101.9	101.9	101.3	102.2	101.1	101.6	101.0
100.4	**100.9**	**100.0**	**100.6**	**100.6**	**99.2**	**98.4**	**98.6**
100.9	101.7	100.6	101.8	101.6	99.6	98.2	98.4
98.7	99.2	98.5	98.0	98.3	97.5	97.8	97.6
100.6	100.3	99.7	99.6	99.6	100.2	100.4	100.7
100.4	**100.3**	**100.2**	**99.9**	**99.9**	**99.7**	**99.6**	**99.6**
99.5	98.8	98.3	98.4	98.0	98.4	98.3	98.7
99.7	99.7	99.7	99.8	100.1	100.4	99.4	99.2
101.1	100.1	100.1	99.8	99.7	99.7	99.9	100.0
99.5	99.3	99.5	99.2	99.0	97.9	97.7	97.4
99.8	100.1	100.0	100.0	99.9	100.4	100.3	100.6
101.5	102.0	101.7	100.9	101.0	100.4	100.7	100.6
94.8	**96.3**	**96.4**	**96.5**	**96.3**	**96.0**	**95.9**	**96.1**
96.4	96.3	96.2	96.5	95.8	94.8	95.3	95.8
92.2	95.3	95.6	95.6	95.8	96.1	95.6	95.4
100.8	101.3	101.2	100.7	101.8	100.8	100.8	101.2
98.8	**99.0**	**97.7**	**98.2**	**98.7**	**98.7**	**98.2**	**98.2**
104.8	**104.8**	**104.5**	**104.7**	**105.5**	**105.1**	**105.2**	**105.2**
98.5	**99.3**	**98.9**	**98.6**	**98.2**	**98.4**	**97.7**	**97.8**
98.1	98.8	98.2	97.9	97.4	97.6	96.7	97.1
99.5	100.8	101.0	100.6	100.6	100.8	100.6	99.8
98.5	**98.6**	**98.4**	**98.3**	**98.3**	**98.2**	**98.2**	**98.4**
97.5	97.5	97.7	97.7	97.5	97.5	97.3	97.3
99.0	98.5	98.4	98.3	98.6	98.4	98.8	99.3
100.4	102.2	100.5	100.0	99.9	99.8	99.8	99.8
95.9	**95.9**	**95.8**	**95.6**	**95.8**	**95.8**	**95.8**	**95.7**
98.1	**100.2**	**100.7**	**101.3**	**101.5**	**102.1**	**103.7**	**105.3**
91.7	**102.9**	**98.1**	**103.4**	**106.9**	**109.7**	**111.6**	**116.8**
98.9	**99.2**	**99.4**	**98.5**	**98.9**	**99.7**	**99.9**	**100.2**
91.9	**91.9**	**92.2**	**92.1**	**93.0**	**93.4**	**93.5**	**93.5**

9-7 各地区居民消费价格分类指数（2002 年）

CONSUMER PRICE INDICES BY CATEGORY AND BY REGION (2002)

（上年 = 100） （preceding year = 100）

地区 Region		总指数 General Index	服务项目 Services	食品 Food	# 粮食 Grain	# 油脂 Oil or Fat	# 肉禽及其制品 Meat and Poultry	# 蛋 Eggs	# 水产品 Aquatic Products	# 菜 Vegetables	# 干鲜瓜果 Melons and Fruits
广州	Guangzhou	97.6	99.5	98.1	96.5	96.4	99.3	100.3	98.2	91.7	92.2
深圳	Shenzhen	101.2	106.5	100.5	95.5	98.3	101.0	106.1	100.5	93.6	105.7
珠海	Zhuhai	97.6	100.0	97.1	99.4	97.6	99.1	99.9	87.5	88.8	96.9
汕头	Shantou	98.0	99.4	97.9	99.5	95.0	97.8	98.7	94.7	95.5	99.6
韶关	Shaoguan	98.0	99.2	97.4	98.0	100.3	92.6	101.5	94.7	98.0	102.2
河源	Heyuan	98.1	101.4	97.6	98.4	97.8	97.5	103.8	100.6	91.5	90.1
梅州	Meizhou	98.4	99.8	98.8	99.4	98.7	97.0	97.9	98.6	99.4	105.9
惠州	Huizhou	98.2	101.2	96.7	99.8	95.0	97.7	103.9	82.8	88.6	90.7
汕尾	Shanwei	98.3	100.9	97.9	97.4	92.8	97.6	105.8	92.2	91.5	106.2
东莞	Dongguan	98.1	98.7	99.0	100.8	95.3	104.3	100.4	99.9	97.5	104.6
中山	Zhongshan	99.3	102.4	99.4	100.6	100.9	97.2	102.5	100.7	98.9	96.3
江门	Jiangmen	97.8	99.2	95.9	100.9	98.5	97.5	100.3	92.9	85.0	91.6
佛山	Foshan	97.3	98.0	97.2	98.3	101.0	95.8	99.5	93.5	90.1	105.7
阳江	Yangjiang	97.8	98.9	97.0	103.2	96.4	99.4	95.9	93.9	79.6	102.8
湛江	Zhanjiang	98.1	100.2	99.1	99.3	89.9	102.3	107.9	98.1	85.3	102.6
茂名	Maoming	98.8	99.7	97.7	96.6	95.5	98.4	105.3	87.4	104.5	100.6
肇庆	Zhaoqing	97.7	99.8	97.1	95.6	84.2	96.6	103.2	92.8	82.5	109.3
清远	Qingyuan	96.8	98.0	99.7	100.7	92.6	103.3	108.2	95.7	91.6	95.1
潮州	Chaozhou	98.6	107.2	95.3	99.5	100.4	90.9	127.6	97.2	91.9	92.3
揭阳	Jieyang	98.5	100.4	97.1	99.4	93.8	97.4	106.6	83.7	94.8	109.4
云浮	Yunfu	98.3	98.8	96.2	93.9	99.4	98.7	89.9	96.9	78.2	99.4

9-7 **续表** continued

(上年 = 100) (preceding year = 100)

地区 Region	# 在外用膳食品 Outward Dinner	烟酒及用品 Tobacco, Liquor and Articles	衣着 Clothing	家用设备用品及维修服务 Household Facilities, Articles and Services	医疗保健和个人用品 Health Cares and Personal Articles	交通和通讯 Transportation and Communication	娱乐教育文化用品及服务 Recreation, Education, Culture Articles and Their Services	居住 Residence
广 州 Guangzhou	99.6	100.5	97.9	98.1	97.3	97.5	93.5	100.1
深 圳 Shenzhen	102.9	101.6	105.2	100.8	101.9	98.0	103.1	102.4
珠 海 Zhuhai	101.0	100.7	99.7	97.2	97.6	97.1	98.4	97.8
汕 头 Shantou	102.2	100.5	99.4	98.3	96.5	98.5	98.2	97.1
韶 关 Shaoguan	101.7	100.8	98.6	98.0	99.3	96.6	98.6	98.5
河 源 Heyuan	100.3	99.9	97.0	94.6	99.1	98.1	100.7	98.3
梅 州 Meizhou	99.9	100.4	99.9	95.2	98.3	98.0	99.7	97.5
惠 州 Huizhou	104.1	101.7	103.2	95.3	96.7	99.8	99.2	100.7
汕 尾 Shanwei	99.1	98.7	99.3	93.6	101.2	99.9	98.4	98.7
东 莞 Dongguan	90.6	99.3	92.3	99.3	98.4	97.3	97.1	99.4
中 山 Zhongshan	101.4	102.5	96.9	96.8	99.2	99.1	101.9	98.6
江 门 Jiangmen	98.7	104.7	100.1	96.8	103.5	97.0	96.6	99.4
佛 山 Foshan	95.8	100.7	101.1	99.4	93.8	97.0	98.1	95.1
阳 江 Yangjiang	97.5	103.7	107.3	98.2	98.7	97.1	97.2	95.8
湛 江 Zhanjiang	101.7	100.4	96.6	97.3	97.5	96.5	97.7	98.3
茂 名 Maoming	96.8	98.4	99.6	98.0	97.8	99.0	100.1	100.3
肇 庆 Zhaoqing	104.0	98.3	100.6	98.1	97.7	96.7	96.7	99.8
清 远 Qingyuan	103.0	102.4	94.7	91.6	98.1	95.0	89.7	97.7
潮 州 Chaozhou	89.5	101.8	102.8	95.0	98.5	95.4	103.8	105.0
揭 阳 Jieyang	98.7	103.0	100.4	99.6	97.3	97.1	100.1	100.2
云 浮 Yunfu	100.1	100.5	99.0	99.6	99.4	100.8	97.2	100.9

9-8 各市服务项目价格分类指数（2002年）
SERVICES PRICE INDICES BY CATEGORY AND BY CITY (2002)

（上年=100） (preceding year=100)

地区 Region		总指数 General Index	通信服务 Telecommunication	市区公共交通 Incity Traffic	城市间交通 Intercity Traffic	个人服务 Personal Services	文娱费 Expenditure for Entertainment	学杂托幼费 Tuition and Children Care	旅游及外出 Touring and Outgoing	医疗保健服务费 Health Care Services
广州	Guangzhou	99.5	101.0	99.9	99.6	98.3	108.8	100.5	87.8	99.6
深圳	Shenzhen	106.5	100.7	100.0	103.2	116.2	100.7	116.9	97.4	114.1
珠海	Zhuhai	100.0	101.5	99.6	101.5	110.8	99.7	102.2	94.7	100.5
汕头	Shantou	99.4	100.7	100.1	97.8	100.1	101.3	99.4	93.4	100.0
韶关	Shaoguan	99.2	101.3	100.0	97.4	99.2	98.8	100.4	98.6	99.6
河源	Heyuan	101.4	99.7	99.4	93.0	103.5	100.0	108.6	92.5	99.7
梅州	Meizhou	99.8	101.2	100.6	91.4	100.3	100.0	103.9	96.2	100.0
惠州	Huizhou	101.2	100.9	100.0	106.8	99.8	100.9	108.3	87.5	100.4
汕尾	Shanwei	100.9	101.9	103.5	101.1	99.1	100.0	100.6	96.5	112.8
东莞	Dongguan	98.7	101.3	100.0	96.4	99.9	102.3	97.9	89.0	100.0
中山	Zhongshan	102.4	101.5	100.7	102.2	104.6	100.0	110.5	90.4	100.0
江门	Jiangmen	99.2	99.8	98.5	101.9	104.8	102.5	104.9	84.2	98.7
佛山	Foshan	98.0	101.0	100.0	98.8	98.9	99.4	101.2	93.0	100.9
阳江	Yangjiang	98.9	102.2	100.0	101.1	116.2	98.2	98.1	89.2	100.0
湛江	Zhanjiang	100.2	100.8	100.0	102.1	94.8	95.3	100.6	97.9	100.6
茂名	Maoming	99.7	100.3	99.6	101.0	106.0	92.5	102.9	101.5	97.8
肇庆	Zhaoqing	99.8	98.7	100.6	110.0	98.4	101.6	102.9	98.1	101.6
清远	Qingyuan	98.0	97.4	87.6	131.7	104.1	102.0	100.1	87.7	98.3
潮州	Chaozhou	107.2	102.4	104.1	105.9	98.4	91.7	116.4	97.2	103.5
揭阳	Jieyang	100.4	101.3	96.3	98.2	100.2	110.4	100.6	98.7	98.7
云浮	Yunfu	98.8	100.9	100.0	112.6	100.0	100.0	92.5	100.0	100.0

9-9 各地区农业生产资料价格分类指数（2002年）
PRICE INDICES OF AGRICULTURAL MEANS OF PRODUCTION BY CATEGORY AND BY REGION (2002)

（上年=100） (preceding year=100)

地区 Region		总指数 General Index	小农具 Small Farm Tools	饲料 Forage	幼禽家畜 Young Live-stock and Fowls	半机械化农具 Semi-mechanized Farm Implements	机械化农具 Mechanized Farm Implements	化学肥料 Chemical Fertilizer	农药及农药械 Pesticide and Its Appliances	农用机油 Oil for Farm Machinery
全省	**Province**	**98.4**	**97.4**	**100.0**	**92.8**	**99.0**	**98.9**	**96.9**	**98.1**	**102.9**
普宁	Puning	101.2	96.1	103.7	110.5	96.7	98.9	101.6	101.2	103.1
顺德	Shunde	95.5	93.0	98.7	61.7	100.0	95.3	90.7	91.0	114.5
连州	Lianzhou	95.6	88.5	98.5	79.7	99.1	99.3	95.1	95.0	105.1
兴宁	Xingning	97.3	101.6	99.9	81.5	99.3	99.2	101.3	99.7	100.3
电白	Dianbai	99.0	100.0	98.1	89.9	99.5	99.8	101.1	97.7	98.8
鹤山	Heshan	96.2	99.1	98.0	103.0	100.0	100.0	88.6	96.0	102.0
廉江	Lianjiang	99.1	99.5	98.0	104.1	100.0	100.0	98.8	97.1	98.0

9-10 各地区居民消费定基价格分类指数（2002 年）
FIXED-BASE CONSUMER PRICE INDICES BY CATEGORY AND BY REGION (2002)

（2000 年 = 100） (2000 = 100)

地区 Region		总指数 General Index	服务项目 Services	食品 Food	烟酒及用品 Tobacco, Liquor and Articles	衣着 Clothing	家用设备用品及维修服务 Household Facilities, Articles and Services	医疗保健和个人用品 Health Cares and Personal Articles	交通和通讯 Transportation and Communication	娱乐教育文化用品及服务 Recreation, Education, Culture Articles and Their Services	居住 Residence
广　州	Guangzhou	96.5	103.5	95.7	102.2	94.3	95.0	95.5	96.1	94.5	101.8
深　圳	Shenzhen	99.0	105.8	98.0	98.7	103.8	99.5	100.1	95.6	99.0	101.5
珠　海	Zhuhai	96.2	103.6	93.2	102.0	99.8	98.2	97.1	97.1	100.6	96.6
汕　头	Shantou	97.8	102.4	96.6	106.5	99.7	97.0	95.6	98.4	102.1	96.0
韶　关	Shaoguan	98.0	106.3	95.2	100.1	96.2	96.5	105.2	96.2	103.0	100.2
河　源	Heyuan	98.5	105.9	98.0	97.5	106.7	89.8	98.8	95.6	106.8	96.6
梅　州	Meizhou	97.7	103.7	97.0	100.1	98.8	93.1	95.8	98.5	103.0	97.4
惠　州	Huizhou	98.5	104.1	97.0	103.9	105.6	92.3	97.7	98.9	102.9	99.9
汕　尾	Shanwei	98.5	107.2	96.0	99.2	95.9	89.9	100.0	104.3	102.7	102.4
东　莞	Dongguan	96.3	101.4	95.6	101.9	88.4	98.9	96.4	98.1	96.9	97.3
中　山	Zhongshan	99.1	108.6	96.4	100.2	97.2	94.8	97.5	100.3	104.8	103.0
江　门	Jiangmen	97.9	101.7	96.2	100.1	101.3	96.8	104.9	96.2	97.2	99.1
佛　山	Foshan	97.0	100.1	95.6	101.1	100.9	100.2	94.9	99.1	97.4	95.6
阳　江	Yangjiang	97.9	103.7	98.1	101.2	106.7	95.1	95.5	101.0	97.3	94.5
湛　江	Zhanjiang	97.9	103.9	98.4	97.9	97.0	96.2	95.6	97.7	100.9	96.8
茂　名	Maoming	98.8	102.9	97.5	101.7	97.0	98.1	95.0	98.7	101.7	101.5
肇　庆	Zhaoqing	97.6	104.0	97.3	95.8	100.0	94.4	94.6	93.2	99.3	103.1
清　远	Qingyuan	96.9	99.3	100.5	102.3	91.3	90.3	97.2	97.3	87.7	99.8
潮　州	Chaozhou	97.9	110.2	96.5	97.2	99.6	94.1	94.1	95.9	102.0	103.3
揭　阳	Jieyang	97.2	98.7	96.2	104.5	101.3	99.2	95.5	95.9	95.1	99.5
云　浮	Yunfu	98.5	102.4	93.9	101.0	98.9	99.2	100.5	109.5	95.8	103.2

9-11 居民消费定基价格分类指数（2002年）
FIXED-BASE CONSUMER PRICE INDICES BY CATEGORY（2002）

（2000年=100）　　　　（2000=100）

项目	Item	全省 Provincial Indices	城市 Urban Indices	农村 Rural Indices
居民消费价格指数	**Consumer Price Index**	**97.8**	**97.6**	**98.1**
非食品价格指数	**Non-food Price Index**	**98.8**	**98.7**	**99.2**
服务项目价格指数	**Service Price Index**	**104.4**	**104.9**	**103.0**
扣除鲜菜鲜果价格指数	**Price Index Deducting Fresh Vegetables and Fruits**	**98.2**	**98.0**	**98.5**
消费品价格指数	**Consumer Goods Price Index**	**95.8**	**95.2**	**96.9**
食品	**Food**	**95.8**	**95.6**	**96.2**
粮食	Grain	96.0	94.5	98.5
大米	Rice	97.6	94.9	102.3
粮食制品	Grain Products	94.7	95.5	93.2
淀粉及薯类	Starches and Tubers	102.5	99.8	112.3
干豆类及豆制品	Beans and Its Products	97.2	96.9	97.6
油脂	Oil or Fat	91.0	91.0	91.1
肉禽及其制品	Meal, Poultry and Their Products	97.3	97.7	96.5
蛋	Eggs	103.2	103.6	102.1
水产品	Aquatic Products	90.2	87.9	95.1
菜	Vegetables	90.3	90.2	90.3
鲜菜	Fresh Vegetables	89.5	89.3	89.9
干菜及菜制品	Dried Vegetables and Vegetable Products	95.2	96.3	92.5
调味品	Flavoring	101.9	103.5	99.7
糖	Carbohydrate	101.4	102.4	98.5
食糖	Sugar	97.8	97.0	99.3
糖果	Candy	106.6	109.4	98.0
茶及饮料	Tea and Beverages	102.1	103.1	98.4
干鲜瓜果	Melons and Fruits	93.6	93.2	94.1
鲜果	Fresh Fruits	93.3	93.3	92.9
糕点饼干面包	Cake	98.3	98.3	98.5
奶及奶制品	Milk and Its Products	97.6	96.7	102.1
在外用膳食品	Outward Dinner	99.1	99.4	97.8
其它食品及食品加工服务	Other Foods and Manufacturing Services	96.6	95.8	99.2
烟酒及用品	**Tobacco, Liquor and Articles**	**101.0**	**101.0**	**101.1**
烟草	Tobacco	101.7	102.0	101.7
酒	Liquor	98.7	98.1	99.5
衣着	**Clothing**	**97.8**	**98.4**	**96.5**
服装	Garments	97.1	97.6	95.7
衣着材料	Clothing Material	100.2	101.4	99.2
棉布	Cotton Cloth	100.1	98.8	101.2
毛织品	Woolen Fabrics	98.2	96.5	100.5
丝织品	Silk and Satin	101.7	103.6	98.9
毛线	Knitting Wool	98.0	99.0	97.5
鞋袜帽	Footwear and Hats	99.4	100.1	97.5
鞋	Shoes	99.4	100.2	97.4
袜子	Socks and Stockings	100.7	101.2	98.9

9-11 续表 continued

(2000 年 = 100) (2000 = 100)

项目	Item	全 省 Provincial Indices	城 市 Urban Indices	农 村 Rural Indices
帽子	Hats	94.1	94.7	94.0
衣着加工服务	Clothing Manufacturing Services	100.9	102.4	99.2
家庭设备用品及维修服务	**Household Facilities, Articles and Services**	**98.2**	**98.4**	**97.6**
耐用消费品	Durable Consumer Goods	94.4	94.2	95.1
家具	Furniture	98.3	98.7	97.2
家庭设备	Household Facilities	92.2	91.9	93.4
室内装饰品	Interior Decorations	98.4	97.4	100.9
床上用品	Bed Articles	99.7	100.2	98.5
家庭日用杂品	Daily Use Household Articles	98.9	98.8	99.3
家庭服务及加工维修服务	Other Household Services and Manufacturing Upkeep	110.2	112.9	100.7
医疗保健和个人用品	**Health Cares and Personal Articles**	**97.6**	**97.0**	**99.2**
医疗保健	Health Cares	96.7	96.2	98.3
中药材及中成药	Traditional Chinese Medicine	94.7	95.3	92.9
西药	Western Medicine	93.2	92.2	96.0
医疗保健服务	Health Care Services	105.4	104.5	107.5
个人用品及服务	Personal Articles and Services	99.3	98.8	100.6
化妆美容用品	Cosmetics and Its Articles	99.3	100.6	95.4
卫生用品	Sanitary Articles	96.7	96.2	97.7
个人饰品	Personal Adornment	98.0	97.4	99.2
个人服务	Personal Services	103.7	101.3	107.4
交通和通讯	**Transportation and Communication**	**97.7**	**97.9**	**97.4**
交通	Transportation	96.1	95.9	97.0
交通工具	Transportation Facility	89.4	89.6	89.0
市区公共交通	Incity Traffic	100.2	100.0	101.1
城市间交通	Intercity Traffic	104.8	102.4	114.0
通信	Telecommunication	99.2	99.7	97.7
通信工具	Telecommunication Facility	70.4	68.9	75.2
通信服务	Telecommunication Services	106.2	107.2	103.0
娱乐教育文化用品及服务	**Recreation, Education, Culture Articles and Their Services**	**100.3**	**100.5**	**99.3**
文娱用耐用消费品及服务	Durable Consumer Goods for Recreational Use	84.4	82.9	88.1
教育	Education	108.3	110.3	103.8
教材及参考书	Teaching Materials and Reference Books	104.2	102.9	107.6
学杂托幼费	Tuition and Children Care	108.8	111.4	103.2
文化娱乐用品	Cultural and Recreational Articles	104.3	104.8	102.5
文化娱乐	Stationery and Recreational Articles	99.7	99.8	99.1
书报杂志	Newspapers and Magazines	106.3	106.6	105.5
文娱费	Expenditure for Entertainment	107.9	108.9	102.6
旅游及外出	Touring and Outgoing	90.2	89.1	96.9
居住	**Residence**	**99.1**	**98.4**	**100.8**
建房及装修材料	Building and Building Decoration Materials	97.7	97.0	98.2
租房	Rent	112.3	112.8	108.7
自有住房	Private Housing	96.6	96.3	97.9
水、电、燃料	Water, Electricity and Fuels	97.1	94.8	103.5

9-12 主要食品全社会综合平均价格
COMPREHENSIVE AVERAGE PRICE OF MAJOR FOOD

单位：元/公斤 (yuan/kg)

食品名称	Food	规格等级	Standard and Rate	2001	2002
大米	Rice	标二	Standard Grade Two	2.288	2.279
大米	Rice	优质米	High Quality Rice	3.355	3.291
面粉	Wheat Flour	富强粉	Fuqiang Flour	3.424	3.304
面饼	Wheat Cake	富强粉	Fuqiang Flour	4.547	4.379
绿豆	Mung Bean	一等	First Rate	6.519	6.408
花生油	Peanut Oil	一等	First Rate	10.206	9.920
猪肉	Pork	鲜上肉	Fresh High Quality Pork	13.105	12.725
猪瘦肉	Lean Pork	鲜	Fresh	17.452	17.033
牛肉	Beef	净肉	Net Beef	17.194	17.985
白条鸡	Bare Chicken	开膛	Split	13.215	13.612
活鸡	Live Chicken	中等	Middling	16.585	17.232
活鸭	Live Duck	中等	Middling	9.845	10.042
鸡蛋	Hen's Eggs	新鲜	Fresh	5.840	6.179
松花蛋	Preserved Eggs			10.105	10.358
鲜带鱼	Fresh Hairtail			15.826	15.620
胖头鱼	Variegated Carp	鲜活	Fresh and Live	8.166	7.880
草鱼	Grass Carp	鲜活	Fresh and Live	9.319	9.021
小海米	Small Shrimps	二级	Second Rate	74.928	73.429
鲜菜	Fresh Vegetables	综合一等	Comprehensive First Rate	4.152	4.052
豆腐	Bean Curd	水豆腐	Flowing Bean Curd	1.857	1.842
精盐	Refined Salt	再制盐	Made of Refined Salt Again	1.888	1.982
酱油	Soy Sauce	（瓶）	(Bottle)	3.818	3.826
味精	Gourmet Powder	一等	First rate	19.190	18.998
白砂糖	White Granulated Sugar	一级	First rate	5.196	4.287
白酒	Spirits	散装	In Bulk	4.731	4.816
啤酒	Beer	熟 12 度（瓶）	Ripe 12 Degree (Bottle)	3.729	3.658
花茶	Jasmine Tea	二级	Second Rate	21.852	22.049
乌龙茶	Oolong Tea	二级	Second Rate	22.345	22.300
香菇	Mushroom	一级	First Rate	63.518	64.280
花生米	Peanut Seed	一级	First Rate	6.520	6.409
面包	Bread	中等	Middling	10.322	10.198
奶粉	Milk Powder	国产	Domestic Products	9.340	9.275
汽水	Aerated Water	（小瓶）	(Small Bottle)	0.771	0.753

9-13 工业品出厂价格指数（2002年）
EX-FACTORY PRICE INDICES OF INDUSTRIAL PRODUCTS (2002)

（上年=100） (preceding year=100)

项目	Item	指数 Indices
工业品出厂价格分类指数	**Ex-factory Price Indices of Industrial Products**	**96.52**
按轻重工业分	**Grouped by Light and Heavy Industry**	
轻工业	Light Industry	97.42
以农产品为原料	Using Farm Produce as Raw Materials	98.87
以非农产品为原料	Using Nonfarm Produce as Raw Materials	95.83
重工业	Heavy Industry	95.63
采掘	Mining and Quarrying	97.58
原料	Raw Materials	96.61
加工	Manufacturing	94.95
按工业行业分	**Grouped by Industrial Sector**	
煤炭采选业	Coal Mining and Dressing	100.52
石油和天然气开采业	Petroleum and Natural Gas Dressing	96.25
黑色金属矿采选业	Ferrous Metal Minerals Mining sand Dressing	94.67
有色金属矿采选业	Nonferrous Metal Minerals Mining sand Dressing	93.93
非金属矿采选业	Nonmetal Minerals Mining sand Dressing	97.91
其他矿采选业	Other Minerals Mining sand Dressing	
木材及竹材采选业	Logging and Transport of Timber and Bamboo	102.33
食品加工业	Food Processing	95.58
食品制造业	Food Manufacturing	97.41
饮料制造业	Beverage Manufacturing	97.94
烟草加工业	Tobacco Processing	110.84
纺织业	Textile Industry	96.67
服装及其他纤维制品制造业	Garments and Other Fiber Products	97.58
皮革、毛皮、羽绒及其制品业	Leather, Furs, Down and Related Products	103.65
木材加工及竹、藤、棕、草制品业	Timber Processing, Bamboo, Cane, Palm Fiber Straw Products	101.70
家具制造业	Furniture Manufacturing	95.27
造纸及纸制品业	Papermaking and Paper Products	99.07
印刷业、记录媒介的复制	Printing and Record Medium Reproduction	98.73
文教体育用品制造业	Cultural, Educational and Sports Goods	100.83
石油加工及炼焦业	Petroleum Processing and Coking	93.45
化学原料及化学制品制造业	Raw Chemical Materials and Chemical Products	97.35
医药制造业	Medical and Pharmaceutical Products	99.97
化学纤维制造业	Chemical Fiber	93.56
橡胶制品业	Rubber Products	100.75
塑料制品业	Plastic Products	94.33
非金属矿物制品业	Nonmetal Mineral Products	98.06
黑色金属冶炼及压延加工业	Smelting and Pressing of Ferrous Metals	97.35
有色金属冶炼及压延加工业	Smelting and Pressing of Nonferrous Metals	94.22
金属制品业	Metal Products	96.91
普通机械制造业	Ordinary Machinery Manufacturing	97.31
专用设备制造业	For Special Purposes Equipment Manufacturing	98.89
交通运输设备制造业	Transport Equipment Manufacturing	97.02
武器弹药制造业	Weapon Ammunition Manufacturing	
电气机械及器材制造业	Electric Equipment and Machinery	96.43
电子及通信设备制造业	Electronic and Telecommunication Equipment	92.14
仪表及文化、办公用机械制造业	Instruments, Meters, Cultural and Office Machinery	95.11
其他制造业	Other Manufacturing	96.52
电力、蒸气、热水生产供应业	Electric Power, Steam and Hot Water Production and Supply	97.22
煤气生产和供应业	Gas Production and Supply	98.47
自来水的生产和供应业	Tap Water Production and Supply	104.55

9-14 原材料、燃料、动力购进价格指数（2002年）
PURCHASING PRICE INDICES OF RAW MATERIALS，FUELS AND POWER（2002）

（上年=100）　　（preceding year=100）

项　目	Item	指数 Indices
原材料、燃料、动力购进价格指数	**Purchasing Price Indices of Raw Materials，Fuels and Power**	96.32
按材料类别分	**Grouped by Material**	
燃料、动力类	Fuels and Power	98.44
黑色金属材料类	Ferrous Materials	97.76
其中：钢材	Of which：Steel	97.78
其它	Others	97.71
有色金属材料和电线类	Nonferrous Materials and Wires	95.88
化工原料类	Chemical Materials	97.68
木材及纸浆类	Timber and Pulp	95.36
建筑材料及非金属矿类	Building Materials and Nonmetal Minerals	98.58
其它工业原材料及半成品类	Raw Materials and Semi-finished Products of Other Industries	95.29
农副产品类	Farm and Sideline Products	101.18
纺织原料类	Textile Raw Materials	92.00
按行业分	**Grouped by Sector**	
煤炭采选业	Coal Mining and Dressing	100.00
石油天然气采选业	Petroleum and Natural Gas Dressing	93.02
黑色金属矿采选业	Ferrous Metal Minerals Mining sand Dressing	
有色金属矿采选业	Nonferrous Metal Minerals Mining sand Dressing	99.56
非金属矿采选业	Nonmetal Minerals Mining sand Dressing	97.90
木材竹材采选业	Logging and Transport of Timber and Bamboo	95.59
食品加工业	Food Processing	98.91
食品制造业	Food Manufacturing	97.58
饮料制造业	Beverage Manufacturing	98.46
烟草加工业	Tobacco Processing	98.47
纺织业	Textile Industry	96.34
服装及其他纤维制品制造业	Garments and Other Fiber Products	96.03
皮鞋皮毛羽绒及其制品业	Leather，Furs，Down and Related Products	99.11
木材加工及竹藤综草制品业	Timber Processing，Bamboo，Cane，Palm Fiber Straw Products	96.49
家具制造业	Furniture Manufacturing	96.68
造纸及纸制品业	Papermaking and Paper Products	99.73
印刷业、记录媒介的复制	Printing and Record Medium Reproduction	97.50
文教体育用品制造业	Cultural，Educational and Sports Goods	100.48
石油加工及炼焦业	Petroleum Processing and Coking	99.08
化学原料及化学制品制造业	Raw Chemical Materials and Chemical Products	98.62
医药制造业	Medical and Pharmaceutical Products	96.42
化学纤维制造业	Chemical Fiber	97.00
橡胶制品业	Rubber Products	95.99
塑料制品业	Plastic Products	99.27
非金属矿物制品业	Nonmetal Mineral Products	98.07
黑色金属冶练及压延加工业	Smelting and Pressing of Ferrous Metals	97.93
有色金属冶练及压延加工业	Smelting and Pressing of Nonferrous Metals	95.00
金属制品业	Metal Products	97.81
普通机械制造业	Ordinary Machinery Manufacturing	95.78
专用设备制造业	For Special Purposes Equipment Manufacturing	98.21
交通运输设备制造业	Transport Equipment Manufacturing	98.57
电气机械及器材制造业	Electric Equipment and Machinery	95.76
电子及通信设备制造业	Electronic and Telecommunication Equipment	95.33
仪器仪表及文化办公用机械制造业	Instruments，Meters，Cultural and Office Machinery	97.54
其它制造业（地毯、首饰、漆器、制伞）	Other Manufacturing（Carpet，Jewelry，Lacquerware and Umbrella-making）	99.14
电力蒸汽热力生产和供应业	Electric Power，Steam and Hot Water Production and Supply	100.37
煤气生产和供应业	Gas Production and Supply	98.83
自来水生产和供应业	Tap Water Production and Supply	100.80

主要统计指标解释

零售价格指数　是反映城乡商品零售价格变动趋势的一种经济指数。零售物价的调整变动直接影响到城乡居民的生活支出和国家的财政收入，影响居民购买力和市场供需平衡，影响消费与积累的比例。因此，计算零售价格指数，可以从一个侧面对上述经济活动进行观察和分析。

居民消费价格指数　是反映一定时期内城乡居民所购买的生活消费品价格和服务项目价格变动趋势和程度的相对数。是综合了城市居民消费价格指数和农村居民消费价格指数计算取得。利用居民消费价格指数，可以观察和分析消费品的零售价格和服务项目价格变动对城乡居民实际生活费支出的影响程度。

城市居民消费价格指数　是反映城市居民家庭所购买的生活消费品和服务项目价格变动趋势及其程度的相对数。编制城市居民消费价格指数，可以观察和分析消费品的零售价格和服务项目价格变动对职工货币工资的影响，作为研究职工生活和确定工资政策的依据。

农村居民消费价格指数　是反映农村居民家庭所购买的生活消费品的价格和服务项目价格变动趋势和程度的相对数。用它可以观察农村消费品的零售价格和服务项目价格变动对农村居民生活消费支出的影响，直接反映农民生活水平的实际变化情况，为分析和研究农村居民生活问题提供依据。

农产品收购价格指数　是反映国有商业、集体商业、个体商业、外贸部门、国家机关、社会团体等各种经济类型的商业企业和有关部门收购农产品价格的变动趋势和程度的相对数。农产品收购价格指数可以观察和研究农产品收购价格总水平的变化情况，以及对农民货币收入的影响，作为制订和检查农产品价格政策的依据。

农村工业品零售价格指数　是反映农村市场工业品零售价格水平变动趋势和程度的相对数。通过农村工业品零售价格指数，可以观察工业品零售价格变动对农民货币支出的影响。

工业品出厂价格指数　是反映各工业部门主要工业产品出厂价格变动趋势和程度的相对数。编制该价格指数，用以观察和分析在生产环节中工业品价格变动对企业经济效益及宏观经济运行的影响，并为工业增长速度的科学计算提供重要的依据。

原材料、燃料和动力购进价格指数　是反映工业企业购进原材料、燃料、动力价格的变动趋势和程度的相对数。编制该价格指数，是从投入的角度，观察和分析物料投入价格水平变动对工业产出的影响。

Explanatory Notes on Main Statistical Indicators

Retail Price Index reflects the general change in retail prices of commodities. The change and adjustment in retail prices directly affects the living expenditure of urban and rural residents, the governmental revenue, the purchasing power of residents and the equilibrium of market supply and demand, and the ratio of consumption to accumulation. Therefore, the calculation of retail price index is useful to analyze the changes of the above economic activities.

Consumer Price Index reflects the trend and degree of changes in prices of consumer goods and services purchased by urban and rural residents, and is a composite index derived from the urban consumer price index and the rural consumer price index. Consumer price index can be used to analyze the impact of consumer price change on actual expenditure for living cost of urban and rural residents.

Urban Consumer Price Index reflects the trend and degree of changes in prices of consumer goods and services purchased by urban residents and can be used to observe and analyze the impact of price changes in consumer goods and services on money wages of staff and workers, and provide the basis for policy making concerning the living cost and the wages of staff and workers.

Rural Consumer Price Index reflects the trend and degree of changes in prices of consumer goods and services purchased by rural households and can be used to observe and analyze the impact of change in prices of consumer goods and services on living expenditure and actual changes in the living standards of peasants. It provides the basis for analysis and research on the condition of life in rural areas.

Index of Purchasing Prices of Farm Products reflects the trend and degree of changes in purchasing prices of farm products purchased by state-owned, collective owned, and individual commercial enterprises, foreign trade sectors, government agencies, social organizations and other units of various types of ownership. It is used to observe the impact of change in purchasing prices of farm products on money income of peasants and is calculated with the method of weighted harmonic mean, taking the amount of purchases during a given period as the weight.

Retail Price Index of Rural Industrial Products reflects the trend and degree of changes in prices of industrial products in rural market and can be used to observe the impact of the price change on farmers' money expenditure.

Ex-factory Price Index of Industrial Products reflects the trend and degree of changes in ex-factory prices of main industrial products of all sectors of the industry. It can be used to observe and analyze the impact of ex-factory price change on enterprise efficiency in the course of manufacture and macroeconomic, and provide important data for scientific calculation of the growth rate of industry.

Index of Purchasing Price of Raw Materials, Fuels and Power reflects the trend and degree of changes in price of raw materials, fuels and power purchased by industry enterprises. In point of input, it can be used to observe and analyze the impact of price changes in raw materials, fuels and power on industrial output.

十 人民生活

PEOPLE'S LIVELIHOOD

10

十　人民生活

简要说明

一、本篇资料反映广东城乡居民生活状况，包括就业、居民收支、消费水平、住房及主要消费品消费量和拥有量等基本情况。

二、本篇资料分别由广东省城市社会经济调查队住户处和广东省农村社会经济调查队住户处整理提供。

三、本篇中有关城镇居民生活状况的数据来源于广东省城市社会经济调查队的城市住户抽样调查资料。主要内容包括家庭人口及其构成、家庭现金收支、主要商品购买数量及支出金额、劳动就业状况、居住状况和耐用消费品的拥有量等。

四、有关农村居民生活的统计资料主要来源于广东省农村社会经济调查队的农村住户抽样调查。主要内容包括农村居民家庭基本情况、农产品生产情况、家庭总收支和现金收支、出售产品和购买农业生产资料商品、主要消费品消费量、耐用消费品拥有量等。

10　PEOPLE'S LIVELIHOOD

Brief Introduction

Ⅰ. The data in this chapter show the basic conditions of the people's livelihood in the urban and rural areas of Guangdong Province, including employment, income and expenditure of the residents, level of consumption, housing condition, consumption and possession of the major consumer goods, etc.

Ⅱ. The data in this chapter are prepared and provided respectively by the Division of Urban Household Survey of Guangdong Urban Social-economic Survey Organization and the Division of Rural Household Survey of Guangdong Rural Social-economic Survey Organization.

Ⅲ. The data on the livelihood of the urban residents come from the data collected by the sample survey on the urban households, which is organized by Guangdong Urban Social-economic Survey Organization. The main content of the survey includes the population in the household and its composition, the cash income and expenditure of the household, the quantity of major commodities purchased and the expenditure for them, the employment of the household members, the housing condition and the ownership of the durable consumer goods, etc.

Ⅳ. The data on the livelihood of the rural residents mainly come from the data collected by the sample survey on the rural households, which is organized by Guangdong Rural Social-economic Survey Organization. The main content of the survey includes the basic conditions of the rural households, the production of agricultural products, the total income and expenditure of the household, the cash income and expenditure of the household, the products sold and the means of agricultural production purchased, the consumption of major consumer goods and the quantity of durable consumer goods owned, etc.

10-1 人民生活主要指标
MAJOR INDICATORS ON PEOPLE'S LIVELIHOOD

指标	Item	1980	1990	1995	2000	2001	2002
居民消费水平（元）	Per Capita Annual Consumption (yuan)	316	1211	3832	5007	5038	5683
城镇居民	Urban Residents	606	2207	7192	9737	9730	10890
农村居民	Rural Residents	251	890	2407	2855	2882	3001
城镇居民家庭每一就业者负担人口（人）	Number of Dependents per Urban Employee (person)	1.80	1.74	1.73	1.81	1.87	1.90
城镇居民家庭人均可支配收入（元）	Per Capita Annual Disposable Income of Urban Residents (yuan)	472.57	2303.15	7438.68	9761.57	10415.19	11137.20
城镇居民家庭人均消费性支出（元）	Per Capita Annual Living Expenditure for Consumption of Urban Residents (yuan)	485.78	1983.86	6253.68	8016.91	8099.63	8988.48
商品支出	Per Capita Expenditure for Commodities	451.80	1749.76	5124.12	6109.04	5752.56	6239.88
吃	Food	318.12	1134.84	3003.05	3096.33	3089.17	3460.44
穿	Clothing	54.72	137.12	421.73	369.99	380.36	490.92
用	Household Faculties and Articles	68.64	423.79	1560.30	2449.16	2104.68	2105.40
烧	Fuels	10.32	54.01	139.04	193.56	178.35	183.12
非商品支出	Per Capita Expenditure for Non-commodities	33.98	234.10	1129.56	1907.87	2347.07	2748.60
城镇居民人均使用面积（平方米）	Per Capita Living Floor Space of Urban Residents (sq.m)	6.43	12.13	16.24	19.51	20.13	24.83
每百户城镇居民家庭耐用消费品拥有量	Number of Major Durable Consumer Goods Owned per 100 Urban Households						
彩色电视机（台）	Color TV Set (unit)		74.53	104.97	135.58	139.66	151.23
电冰箱（台）	Refrigerator (unit)		52.80	74.00	81.87	82.87	89.90
洗衣机（台）	Washing Machine (unit)		80.73	94.01	97.50	97.89	97.81
摩托车（辆）	Motorcycle (unit)		3.33	22.59	58.84	61.73	72.15
农村居民家庭每个劳动力负担人口（人）	Number of Dependents per Rural Laborer (person)	2.17	1.74	1.72	1.65	1.61	1.58
农村居民人均纯收入（元）	Per Capita Annual Net Income of Rural Residents (yuan)	274.37	1043.03	2699.24	3654.48	3769.79	3911.91
农村居民人均生活费支出（元）	Per Capita Annual Expenditure for Living Cost of Rural Residents (yuan)	222.22	932.63	2255.01	2646.02	2703.36	2825.01
#食品	Food	134.12	538.18	1228.00	1317.48	1350.11	1345.00
衣着	Clothing	19.58	39.48	91.31	104.21	98.60	107.94
居住	Residence	39.69	174.60	345.65	378.86	374.59	441.24
家庭设备、用品及服务	Household Facilities, Articles and Services	10.93	50.28	140.45	125.65	134.79	134.10
文化教育娱乐用品及服务	Recreation, Education and Culture Articles and Services	7.40	66.99	245.16	313.46	290.10	302.44
农村居民人均生活用房面积（平方米）	Per Capita Living Floor Space of Rural Residents (sq.m)	10.51	17.39	20.83	22.42	23.39	24.07
农村居民每百户耐用品拥有量	Number of Major Durable Goods Owned per 100 Rural Households						
电视机（台）	Television Set (unit)	1.38	50.31	86.20	102.42	104.72	106.41
电冰箱（台）	Refrigerator (unit)		1.17	7.90	15.12	16.17	18.32
摩托车（辆）	Motorcycle (unit)		1.84	15.73	54.18	59.02	64.49
电话机（部）	Telephone Set (unit)		1.20	9.40	40.82	49.30	59.22

注：城镇居民人均使用面积2001年以前为居住面积。
Note: Before 2001, per capita floor space for use referred to per capita floor space for living.

10-2 城镇居民家庭基本情况
BASIC CONDITIONS OF URBAN HOUSEHOLDS

项目	Item	1990	1995	2000	2001	2002
一、调查户数 (户)	**Number of Households Surveyed** (household)	**1500**	**1550**	**1600**	**1600**	**1600**
二、平均每户家庭人口 (人)	**Average Household Size** (person)	**3.85**	**3.58**	**3.57**	**3.52**	**3.39**
三、平均每户就业人口 (人)	**Average Number of Employed Persons per Household** (person)	**2.21**	**2.07**	**1.97**	**1.88**	**1.78**
四、平均每户就业率 (%)	**Percentage of Employment per Household** (%)	**57.3**	**57.8**	**55.2**	**53.4**	**52.5**
五、平均每人可支配收入 (元)	**Per Capita Disposable Income** (yuan)	**2303.15**	**7438.68**	**9761.57**	**10415.19**	**11137.20**
#平均每人工资性收入 (元)	Per Capita Wages Income (yuan)	1527.47	4908.21	6286.48	6949.97	9284.16
六、平均每人消费性支出 (元)	**Per Capita Expenditure for Consumption** (yuan)	**1983.86**	**6253.68**	**8016.91**	**8099.63**	**8988.48**
1. 商品支出	Expenditure for Commodities	1749.76	5124.12	6109.04	5752.56	6239.88
食品	Food	1134.84	3003.05	3096.33	3089.17	3460.44
衣着	Clothing	137.12	421.73	369.99	380.36	490.92
用品	Household Facilities and Articles	423.79	1560.30	2449.16	2104.68	2105.40
燃料	Fuels	54.01	139.04	193.56	178.35	183.12
2. 非商品支出	Expenditures for Non-commodities	234.10	1129.56	1907.87	2347.07	2748.60
#房租	Rent	12.24	120.16	301.97	358.77	
水电费	Tap Water and Electricity Fees	56.91	194.52	384.41	393.45	380.16
七、平均每人使用面积 (平方米)	**Per Capita Floor Space for Use** (sq.m)	**12.13**	**16.24**	**19.51**	**20.13**	**24.83**
八、平均每人购买商品情况	**Per Capita Purchases of Major Commodities**					
粮食 (公斤)	Grain (kg)	116.48	87.94	72.64	70.84	72.96
猪肉 (公斤)	Pork (kg)	22.42	20.82	19.56	19.40	28.80
牛羊肉 (公斤)	Beef and Mutton (kg)	2.38	2.07	2.08	2.07	3.00
家禽 (公斤)	Poultry (kg)	8.41	14.38	15.91	15.55	17.64
蛋 (公斤)	Eggs (kg)	4.78	7.01	7.00	6.52	7.20
鱼 (公斤)	Fish (kg)	17.38	20.31	23.54	20.30	20.04
食用植物油 (公斤)	Edible Vegetable Oil (kg)	4.45	6.98	7.45	7.60	8.04
鲜菜 (公斤)	Fresh Vegetable (kg)	100.70	102.71	102.36	101.15	106.08
鲜瓜果 (公斤)	Fresh Fruits (kg)					39.12
鲜奶品 (公斤)	Fresh Dairy Products (kg)					7.92
酒类 (公斤)	Alcoholic Liquor (kg)					3.00
服装 (件)	Garments (piece)					8.64
鞋类 (双)	Shoes (pair)					2.28
九、平均每百户主要消费品年末拥有量	**Number of Major Durable Consumer Goods Owned per 100 Households at the Year-end**					
摩托车 (辆)	Motorcycle (unit)	3.33	22.58	58.84	61.73	72.15
家用汽车 (辆)	Car (unit)			1.70	2.29	3.77
洗衣机 (台)	Washing Machine (unit)	80.73	94.01	97.50	97.89	97.81
电冰箱 (台)	Refrigerator (unit)	52.80	74.00	81.87	82.87	89.90
彩色电视机 (台)	Color TV Set (unit)	74.53	104.97	135.59	139.66	151.23
影碟机 (台)	Video Disc Player (unit)			65.19	71.19	75.34
家用电脑 (台)	Computer (unit)			25.78	34.59	47.16
组合音响 (台)	Hi-fi Stereo Component System (unit)	9.40	31.27	48.55	51.53	52.22
摄像机 (台)	Pickup Camera (unit)			1.97	2.61	2.91
微波炉 (台)	Microwave Oven (unit)			29.86	36.04	49.26
空调器 (台)	Air Conditioner (unit)	2.87	41.20	98.04	107.92	129.11
移动电话 (台)	Mobile Telephone (unit)			57.94	85.67	129.12

注：2001 年以前为居住面积。

Note: Before 2001, per capita floor space for use referred to per capita floor space for living.

10-3 城镇居民人均可支配收入及消费性支出
PER CAPITA DISPOSABLE INCOME AND EXPENDITURE FOR CONSUMPTION OF URBAN HOUSEHOLDS

年份 Year	人均可支配收入（元） Per Capita Disposable Income（yuan）	比上年增长% Increase Rate over Preceding Year（%）		人均消费性支出（元） Per Capita Expenditure for Consumption（yuan）	比上年增长% Increase Rate over Preceding Year（%）	
		名义增长 Nominal Increase	实际增长 Real Increase		名义增长 Nominal Increase	实际增长 Real Increase
1978	412.13			399.96		
1979	416.33	1.0	-3.4	424.96	6.2	1.5
1980	472.57	13.5	3.7	485.76	14.4	4.5
1981	560.69	18.6	11.6	517.44	6.5	0.2
1982	631.45	12.6	9.8	592.08	14.4	11.5
1983	714.20	13.1	10.0	660.12	11.5	8.5
1984	818.37	14.6	12.4	744.36	12.8	10.7
1985	954.12	16.6	-0.4	889.56	19.5	2.1
1986	1102.09	15.5	10.3	998.88	12.3	7.2
1987	1320.89	19.9	6.3	1215.84	21.7	7.9
1988	1583.13	19.9	-7.4	1506.99	23.9	-4.3
1989	2086.21	31.8	8.1	1921.05	27.5	4.6
1990	2303.15	10.4	13.3	1983.86	3.3	6.0
1991	2752.18	19.5	16.8	2388.77	20.4	17.7
1992	3476.70	26.3	16.5	2830.62	18.5	10.4
1993	4632.38	33.2	9.2	3777.43	33.4	10.3
1994	6367.08	37.4	13.6	5181.30	37.2	13.4
1995	7438.68	16.8	3.3	6253.68	20.7	6.7
1996	8157.81	9.7	2.3	6736.09	7.7	0.5
1997	8561.71	5.0	2.8	6853.48	1.7	-0.3
1998	8839.68	3.2	5.0	7054.09	2.9	4.7
1999	9125.92	3.2	4.9	7517.81	6.6	8.3
2000	9761.57	7.0	4.7	8016.91	6.6	4.3
2001	10415.19	6.7	7.6	8099.63	1.0	1.8
2002	11137.20	9.1	10.6	8988.48	11.0	12.6

注：1. 可支配收入＝家庭总收入-交纳所得税-个人交纳的社会保障支出-记帐补贴。
2. 消费性支出指用于日常生活的全部支出，包括食品、衣着、家庭设备用品及服务 、医疗保健、交通和通讯、娱乐教育文化服务、居住、杂项商品和服务等八大类支出。
3. 2002年人均可支配收入增幅按可比口径计算。

Note：a）Disposable Income = Total Income of Households-Income Tax Payable-Personal Expenditure for Social Security-Sample Household Subsidy.
b）Expenditures for consumption refers to total expenditure of the sample households for consumption for daily life，including the following 8 items：food，clothing，household facilities and articles and service，medicines and medical service，transportation and telecommunication，recreation，education and cultural services，housing，miscellaneous commodities and services.
c）The increase rates of per capita disposable income in 2002 are calculated at comparable prices.

10-4　按收入等级分的城镇居民家庭平均每人全年现金收入（2002年）

单位：元

项　　目	Item	总平均 Average	最低收入户 Lowest Income Households	#困难户 Poor Households
一、家庭总收入	**Total Income of Households**	**11960.88**	**3142.32**	**2601.36**
#可支配收入	Of which: Disposable Income	11137.20	2875.80	2311.32
（一）工薪收入	Wages Income	9284.16	2051.76	1709.04
1.工资及补贴收入	Wages and Subsidies Income	9128.16	1932.48	1537.68
2.其他劳动收入	Other Incomes	156.00	119.28	171.36
（二）经营净收入	Net Business Income	561.36	406.68	304.32
（三）财产性收入	Property Income	228.48	40.56	19.80
1.利息收入	Interest Income	24.24	0.84	1.44
2.股息与红利收入	Dividend and Bonus Income	27.12	0.00	0.00
3.保险收益	Insurance Revenue	4.56	0.00	0.00
4.其它投资收入	Other Investment Income	18.96	0.00	0.00
5.出租房屋收入	Lease Income	131.28	39.60	18.12
6.知识产权收入	Intellectual Property Income	0.00	0.00	0.00
7.其他财产性收入	Other Property Incomes	22.32	0.12	0.24
（四）转移性收入	Transfer Income	1886.88	643.32	568.20
1.养老金或离退休金	Pension or Retirement Annuities	1095.24	437.04	355.32
2.社会救济收入	Social Relief Income	5.40	17.64	17.76
3.辞退金	Dismissal Income	68.52	0.00	0.00
4.赔偿收入	Compensation Income	1.92	0.00	0.00
5.保险收入	Insurance Income	40.92	38.28	60.48
#失业保险金	Of which: Unemployment Insurance Benefits	38.28	38.28	60.48
6.赡养收入	Alimony Income	161.04	67.32	74.76
7.捐赠收入	Donated Income	321.60	26.88	14.52
8.亲友搭伙费	Income from Regular Meals of Kinfolk	60.12	6.84	2.04
9.提取住房公积金	Withdrawal of Public Reserve Funds for Housing	24.60	0.00	0.00
10.记帐补贴	Sample Household Subsidies	52.80	35.76	35.64
11.其他转移性收入	Other Transfer Incomes	54.72	13.56	7.68
二、出售财物收入	**Income from Selling Properties**	**3.36**	**0.96**	**0.72**
1.出售住房收入	Income from Selling Houses	0.00	0.48	0.48
2.出售其他物品收入	Income from Selling Other Properties	3.36	0.48	0.24
三、借贷收入	**Loan Income**	**3429.00**	**979.68**	**1155.84**
1.提取储蓄存款	Withdrawal of Savings Deposits	3164.88	781.08	925.68
2.借入款	Borrowed Money	127.20	154.92	222.60
3.收回借出款	Repayment of Loans Receivable	15.00	36.96	0.00
4.收回储蓄性保险本	Insured Savings Receivable	10.56	2.16	0.00
5.兑售有价证券	Selling Portfolio	18.12	1.32	2.64
6.收回投资本金	Investment Capital Receivable	9.60	2.04	4.20
7.住房贷款	Loans for Housing	43.56	0.00	0.00
8.汽车贷款	Loans for Automobile	15.48	0.00	0.00
9.教育贷款	Loans for Education	0.12	0.00	0.00
10.其他贷款	Other Loans	10.32	0.00	0.00
11.其他借贷收入	Other Loan Incomes	14.16	1.20	0.72

PER CAPITA ANNUAL CASH INCOME OF URBAN HOUSEHOLDS BY LEVEL OF INCOME (2002)

(yuan)

低收入户 Low Income Households	中等偏下户 Lower Middle Income Households	中等收入户 Middle Income Households	中等偏上户 Upper Middle Income Households	高收入户 High Income Households	最高收入户 Highest Income Households
4726.56	**6678.12**	**9444.00**	**13970.04**	**20317.32**	**37517.16**
4451.64	6197.28	8713.44	12857.28	18829.56	35605.80
3534.00	4968.36	7515.48	11244.84	16095.36	28628.64
3418.32	4884.72	7408.20	11137.56	15915.60	27996.48
115.68	83.64	107.28	107.28	179.76	632.16
381.12	449.40	438.84	537.60	956.40	1166.28
69.84	49.32	105.84	170.64	477.96	1254.96
1.08	3.36	11.76	32.52	54.96	112.08
0.00	0.60	3.84	9.48	32.40	249.72
0.00	0.12	0.36	1.68	12.84	34.44
0.00	0.00	0.00	3.96	10.08	201.24
67.32	43.56	84.48	104.16	347.28	480.12
0.00	0.00	0.00	0.00	0.00	0.24
1.44	1.68	5.40	18.84	20.40	177.12
741.60	1211.04	1383.84	2016.96	2787.60	6467.28
507.24	902.04	994.92	1426.44	1645.20	2025.36
6.60	7.56	0.48	2.64	3.24	2.76
0.00	2.76	1.32	6.96	68.40	700.56
0.00	0.00	1.32	0.00	1.68	18.12
39.72	54.12	37.08	31.56	27.36	57.24
39.72	54.00	37.08	31.08	25.56	29.88
72.48	75.00	99.72	143.28	294.60	641.76
38.16	73.56	114.24	270.24	522.00	2048.04
12.84	43.08	55.80	60.00	112.68	181.56
0.00	0.00	0.12	2.28	6.84	275.16
41.16	45.48	56.04	59.40	59.16	77.40
23.40	7.44	22.80	14.16	46.44	439.32
1.92	**3.24**	**1.92**	**4.32**	**9.60**	**3.12**
0.00	0.00	0.00	0.00	0.00	0.00
1.92	3.24	1.92	4.32	9.60	3.12
813.48	**1135.56**	**1784.28**	**4454.76**	**7017.00**	**13107.48**
632.64	1020.48	1692.00	4140.00	6766.92	11985.24
158.52	88.08	63.48	223.92	65.04	146.40
14.16	2.04	3.36	24.00	21.96	21.00
0.00	1.20	3.60	3.60	81.84	12.12
0.00	18.72	3.96	10.56	52.44	72.24
0.00	0.00	2.64	29.28	0.00	36.84
0.00	0.00	0.00	0.00	2.16	507.24
0.00	0.00	0.00	0.00	0.00	180.48
0.00	0.00	0.00	0.72	0.00	0.00
0.00	1.08	5.52	3.84	0.00	96.24
8.16	3.96	9.72	18.84	26.64	49.68

10-5 按收入等级分的城镇居民家庭平均每人全年现金收入构成（2002年）

单位：%

项目	Item	总平均 Average	最低收入户 Lowest Income Households	#困难户 Poor Households
一、家庭总收入	**Total Income of Households**	**100.00**	**100.00**	**100.00**
#可支配收入	Of which: Disposable Income	93.11	91.52	88.85
（一）工薪收入	Wages Income	77.62	65.30	65.70
1. 工资及补贴收入	Wages and Subsidies Income	76.32	61.50	59.11
2. 其他劳动收入	Other Incomes	1.30	3.80	6.59
（二）经营净收入	Net Business Income	4.69	12.94	11.70
（三）财产性收入	Property Income	1.91	1.29	0.76
1. 利息收入	Interest Income	0.20	0.03	0.06
2. 股息与红利收入	Dividend and Bonus Income	0.23	0.00	0.00
3. 保险收益	Insurance Revenue	0.04	0.00	0.00
4. 其它投资收入	Other Investment Income	0.16	0.00	0.00
5. 出租房屋收入	Lease Income	1.10	1.26	0.70
6. 知识产权收入	Intellectual Property Income	0.00	0.00	0.00
7. 其他财产性收入	Other Property Incomes	0.19	0.00	0.01
（四）转移性收入	Transfer Income	15.78	20.47	21.84
1. 养老金或离退休金	Pension or Retirement Annuities	9.16	13.91	13.66
2. 社会救济收入	Social Relief Income	0.05	0.56	0.68
3. 辞退金	Dismissal Income	0.57	0.00	0.00
4. 赔偿收入	Compensation Income	0.02	0.00	0.00
5. 保险收入	Insurance Income	0.34	1.22	2.32
#失业保险金	Of which: Unemployment Insurance Benefits	0.32	1.22	2.32
6. 赡养收入	Alimony Income	1.35	2.14	2.87
7. 捐赠收入	Donated Income	2.69	0.86	0.56
8. 亲友搭伙费	Income from Regular Meals of Kinfolk	0.50	0.22	0.08
9. 提取住房公积金	Withdrawal of Public Reserve Funds for Housing	0.21	0.00	0.00
10. 记帐补贴	Sample Household Subsidies	0.44	1.14	1.37
11. 其他转移性收入	Other Transfer Incomes	0.46	0.43	0.30
二、出售财物收入	**Income from Selling Properties**	**100.00**	**100.00**	**100.00**
1. 出售住房收入	Income from Selling Houses	0.00	50.00	66.67
2. 出售其他物品收入	Income from Selling Other Properties	100.00	50.00	33.33
三、借贷收入	**Loan Income**	**100.00**	**100.00**	**100.00**
1. 提取储蓄存款	Withdrawal of Savings Deposits	92.30	79.74	80.09
2. 借入款	Borrowed Money	3.71	15.81	19.26
3. 收回借出款	Repayment of Loans Receivable	0.44	3.77	0.00
4. 收回储蓄性保险本	Insured Savings Receivable	0.31	0.22	0.00
5. 兑售有价证券	Selling Portfolio	0.53	0.13	0.23
6. 收回投资本金	Investment Capital Receivable	0.28	0.21	0.36
7. 住房贷款	Loans for Housing	1.27	0.00	0.00
8. 汽车贷款	Loans for Automobile	0.45	0.00	0.00
9. 教育贷款	Loans for Education	0.00	0.00	0.00
10. 其他贷款	Other Loans	0.30	0.00	0.00
11. 其他借贷收入	Other Loan Incomes	0.41	0.12	0.06

COMPOSITION OF PER CAPITA ANNUAL CASH INCOME OF URBAN HOUSEHOLDS BY LEVEL OF INCOME (2002)

(%)

低收入户 Low Income Households	中等偏下户 Lower Middle Income Households	中等收入户 Middle Income Households	中等偏上户 Upper Middle Income Households	高收入户 High Income Households	最高收入户 Highest Income Households
100.00	**100.00**	**100.00**	**100.00**	**100.00**	**100.00**
94.18	92.80	92.26	92.03	92.68	94.91
74.77	74.40	79.58	80.49	79.22	76.30
72.32	73.15	78.44	79.72	78.34	74.62
2.45	1.25	1.14	0.77	0.88	1.68
8.06	6.73	4.65	3.85	4.71	3.11
1.48	0.74	1.12	1.22	2.35	3.35
0.02	0.05	0.12	0.23	0.27	0.30
0.00	0.01	0.04	0.07	0.16	0.67
0.00	0.00	0.00	0.01	0.06	0.09
0.00	0.00	0.00	0.03	0.05	0.54
1.42	0.65	0.89	0.75	1.71	1.28
0.00	0.00	0.00	0.00	0.00	0.00
0.03	0.03	0.06	0.13	0.10	0.47
15.69	18.13	14.65	14.44	13.72	17.24
10.73	13.51	10.53	10.21	8.10	5.40
0.14	0.11	0.01	0.02	0.02	0.01
0.00	0.04	0.01	0.05	0.34	1.87
0.00	0.00	0.01	0.00	0.01	0.05
0.84	0.81	0.39	0.23	0.13	0.15
0.84	0.81	0.39	0.22	0.13	0.08
1.53	1.12	1.06	1.03	1.45	1.71
0.81	1.10	1.21	1.93	2.57	5.46
0.27	0.65	0.59	0.43	0.55	0.48
0.00	0.00	0.00	0.02	0.03	0.73
0.87	0.68	0.59	0.43	0.29	0.21
0.50	0.11	0.24	0.10	0.23	1.17
100.00	**100.00**	**100.00**	**100.00**	**100.00**	**100.00**
0.00	0.00	0.00	0.00	0.00	0.00
100.00	100.00	100.00	100.00	100.00	100.00
100.00	**100.00**	**100.00**	**100.00**	**100.00**	**100.00**
77.77	89.85	94.83	92.92	96.43	91.44
19.49	7.76	3.56	5.03	0.93	1.12
1.74	0.18	0.19	0.54	0.31	0.16
0.00	0.11	0.20	0.08	1.17	0.09
0.00	1.65	0.22	0.24	0.75	0.55
0.00	0.00	0.15	0.66	0.00	0.28
0.00	0.00	0.00	0.00	0.03	3.87
0.00	0.00	0.00	0.00	0.00	1.38
0.00	0.00	0.00	0.02	0.00	0.00
0.00	0.10	0.31	0.09	0.00	0.73
1.00	0.35	0.54	0.42	0.38	0.38

10-6 城镇居民家庭平均每人全年消费性支出（2002 年）

单位：元

项　　目	Item	总平均 Average	最低收入户 Lowest Income Households	# 困难户 Poor Households
消费性支出	**Total Living Expenditures**	**8988.48**	**3475.56**	**3126.00**
食品	Food	3460.44	1726.08	1619.88
# 粮食	Grain	236.76	193.80	182.52
肉禽及其制品	Meat, Poultry and Related Products	852.24	622.80	584.16
蛋类	Eggs	45.60	36.36	35.76
水产品	Aquatic Products	364.56	180.60	171.00
奶及奶制品	Milk and Dairy Products	107.88	27.60	20.52
衣着	Clothing	490.92	111.00	99.12
# 服装	Garments	363.48	81.12	74.52
家庭设备用品及服务	Household Facilities, Articles and Services	562.56	121.56	99.72
# 耐用消费品	Durable Consumer Goods	268.44	41.64	26.28
医疗保健	Medicine and Medical Services	500.76	231.24	156.72
交通通讯	Transportation and Communications	1272.60	303.48	272.64
娱乐教育文化服务	Recreation, Education and Cultural Articles and Services	1386.12	391.44	339.60
# 文娱用耐用消费品	Durable Consumer Goods for Recreational Use	333.60	48.12	44.52
居住	Residence	986.40	514.80	469.56
# 住房	Housing			
杂项商品及其服务	Miscellaneous Commodities	328.68	75.96	68.76

10-7 城镇居民家庭平均每人全年消费性支出构成（2002 年）

单位：%

项　　目	Item	总平均 Average	最低收入户 Lowest Income Households	# 困难户 Poor Households
消费性支出	**Total Living Expenditures**	**100.0**	**100.0**	**100.0**
食品	Food	38.4	49.6	51.8
# 粮食	Grain	2.6	5.6	5.8
肉禽及其制品	Meat, Poultry and Related Products	9.5	17.9	18.7
蛋类	Eggs	0.5	1.0	1.1
水产品	Aquatic Products	4.1	5.2	5.5
奶及奶制品	Milk and Dairy Products	1.2	0.8	0.7
衣着	Clothing	5.5	3.2	3.2
# 服装	Garments	4.0	2.3	2.4
家庭设备用品及服务	Household Facilities, Articles and Services	6.3	3.5	3.2
# 耐用消费品	Durable Consumer Goods	3.0	1.2	0.8
医疗保健	Medicine and Medical Services	5.6	6.7	5.0
交通通讯	Transportation and Communications	14.2	8.7	8.7
娱乐教育文化服务	Recreation, Education and Cultural Articles and Services	15.3	11.3	10.9
# 文娱用耐用消费品	Durable Consumer Goods for Recreational Use	3.7	1.4	1.4
居住	Residence	11.0	14.8	15.0
# 住房	Housing			
杂项商品及其服务	Miscellaneous Commodities	3.7	2.2	2.2

PER CAPITA ANNUAL LIVING EXPENDITURE OF URBAN HOUSEHOLDS (2002)

(yuan)

低收入户 Low Income Households	中等偏下户 Lower Middle Income Households	中等收入户 Middle Income Households	中等偏上户 Upper Middle Income Households	高收入户 High Income Households	最高收入户 Highest Income Households
4388.76	**5690.76**	**7645.80**	**11051.88**	**15285.84**	**21512.52**
2187.72	2646.60	3288.00	4304.40	5104.08	5968.20
206.88	220.08	237.48	258.72	271.56	279.84
768.00	813.00	876.72	934.20	960.72	981.48
39.96	43.08	46.08	49.56	51.96	53.76
253.08	318.48	383.04	427.44	500.64	516.60
49.08	72.00	95.28	148.80	190.92	218.16
169.68	261.00	386.88	614.88	895.44	1466.04
121.92	194.76	284.28	446.04	652.68	1124.76
198.48	258.84	436.56	620.76	1219.80	1776.60
75.12	103.80	180.00	257.16	677.52	991.92
255.12	378.48	439.08	619.44	760.44	1045.56
494.52	634.80	960.72	1537.68	2311.92	4051.92
451.68	736.44	1082.04	1767.12	2861.16	3668.76
64.20	163.80	266.64	399.36	764.16	992.16
517.08	614.16	828.84	1181.76	1493.88	2471.40
114.48	160.44	223.68	405.84	639.12	1064.04

COMPOSITION OF PER CAPITA ANNUAL LIVING EXPENDITURE OF URBAN HOUSEHOLDS (2002)

(%)

低收入户 Low Income Households	中等偏下户 Lower Middle Income Households	中等收入户 Middle Income Households	中等偏上户 Upper Middle Income Households	高收入户 High Income Households	最高收入户 Highest Income Households
100.0	**100.0**	**100.0**	**100.0**	**100.0**	**100.0**
49.8	46.5	43.0	38.9	33.3	27.7
4.7	3.9	3.1	2.3	1.8	1.3
17.5	14.3	11.5	8.5	6.3	4.6
0.9	0.8	0.6	0.4	0.3	0.2
5.8	5.6	5.0	3.9	3.3	2.4
1.1	1.3	1.2	1.3	1.2	1.0
3.9	4.6	5.1	5.6	5.9	6.8
2.8	3.4	3.7	4.0	4.3	5.2
4.5	4.5	5.7	5.6	8.0	8.3
1.7	1.8	2.4	2.3	4.4	4.6
5.8	6.7	5.7	5.6	5.0	4.9
11.3	11.2	12.6	13.9	15.1	18.8
10.3	12.9	14.2	16.0	18.7	17.1
1.5	2.9	3.5	3.6	5.0	4.6
11.8	10.8	10.8	10.7	9.8	11.5
2.6	2.8	2.9	3.7	4.2	4.9

10-8 按收入等级分的城镇居民家庭平均每人全年购买主要食品数量（2002年）
PER CAPITA ANNUAL PURCHASES OF MAJOR FOOD COMMODITIES OF URBAN HOUSEHOLDS BY LEVEL OF INCOME (2002)

项目 Item	总平均 Average	最低收入户 Lowest Income Households	#困难户 Poor Households	低收入户 Low Income Households	中等偏下户 Lower Middle Income Households	中等收入户 Middle Income Households	中等偏上户 Upper Middle Income Households	高收入户 High Income Households	最高收入户 Highest Income Households
粮　食（公斤）Grain (kg)	72.96	83.16	82.44	81.48	76.80	73.32	67.32	63.36	62.40
#富强粉（公斤）Fuqiang Flour (kg)	0.48	0.48	0.24	0.36	0.36	0.48	0.36	0.48	0.96
大　米（公斤）Rice (kg)	55.92	68.64	69.84	66.96	60.36	55.68	49.08	45.48	41.88
其他粮食（公斤）Other Grain (kg)	2.28	1.56	1.44	1.68	2.16	2.40	2.76	2.52	2.88
粮食制品（公斤）Grain Products (kg)	14.28	12.60	10.80	12.48	13.92	14.76	15.00	15.00	16.56
食用油（公斤）Edible Oil (kg)	8.52	8.40	8.04	9.84	9.36	8.52	7.68	7.56	7.92
鲜　菜（公斤）Fresh Vegetables (kg)	106.08	92.40	92.16	94.56	104.40	111.00	112.92	112.32	108.12
干　菜（公斤）Dried Vegetables (kg)	0.60	0.36	0.36	0.48	0.60	0.72	0.72	0.84	0.96
猪　肉（公斤）Pork (kg)	28.80	26.04	25.68	30.36	29.28	29.64	28.56	28.08	28.92
牛羊肉（公斤）Beef and Mutton (kg)	3.00	2.40	2.16	2.76	3.00	2.88	3.00	3.36	3.48
肉制品（公斤）Meal Products (kg)	4.68	3.24	3.12	3.48	4.20	5.04	5.76	5.52	5.40
家　禽（公斤）Poultry (kg)	17.64	12.12	10.56	15.60	16.92	18.60	19.44	19.92	19.80
蛋（公斤）Eggs (kg)	7.20	5.88	5.88	6.24	6.84	7.32	7.92	8.16	8.28
鱼（公斤）Fish (kg)	20.04	14.28	14.16	16.68	19.68	22.08	21.96	22.80	20.76
虾（公斤）Shrimp (kg)	1.32	0.72	0.60	1.32	1.44	1.44	1.44	1.44	1.68
白　酒（公斤）Spirits (kg)	1.20	1.44	1.56	1.32	1.44	1.08	0.96	0.96	1.08
果　酒（公斤）Fruit Wine (kg)	0.12	0.00	0.00	0.00	0.00	0.12	0.12	0.24	0.36
啤　酒（公斤）Beer (kg)	1.32	0.36	0.48	0.60	1.08	1.44	1.92	1.56	1.68
其他酒（公斤）Other Liquor (kg)	0.36	0.24	0.12	0.24	0.24	0.36	0.36	0.36	0.84
碳酸饮料（公斤）Carbonic Acid Drink (kg)	1.92	0.60	0.60	0.96	1.32	2.04	2.76	3.00	3.36
果蔬饮料（公斤）Fruits & Vegetable Drink (kg)	0.72	0.24	0.36	0.12	0.48	0.60	1.20	1.44	1.56
瓶装饮用水（公斤）Bottle Drinking Water (kg)	9.96	3.24	3.24	3.60	5.16	13.44	13.68	14.64	16.44
鲜　果（公斤）Fresh Fruits (kg)	33.72	15.12	13.56	21.60	28.92	35.52	41.88	46.08	48.60
鲜　瓜（公斤）Fresh Melons (kg)	5.40	2.40	2.04	2.88	4.20	5.76	6.84	7.56	8.52
干　果（公斤）Dried Fruits (kg)	0.60	0.24	0.24	0.36	0.48	0.60	0.72	0.72	0.84
瓜果制品（公斤）Melon & Fruits Products (kg)	0.60	0.12	0.12	0.24	0.36	0.48	0.84	0.84	1.08
坚果及果仁（公斤）Nuts and Kernels (kg)	2.16	1.20	1.20	1.68	1.80	2.28	2.28	2.88	3.72
糕　点（公斤）Cake (kg)	4.08	1.20	1.08	2.04	3.12	3.84	5.28	5.76	8.88
鲜　乳（公斤）Fresh Milk (kg)	7.92	1.80	1.44	3.60	5.52	7.20	11.40	14.28	13.44
奶　粉（公斤）Milk Powder (kg)	0.48	0.24	0.24	0.24	0.48	0.48	0.60	0.60	0.84
酸　奶（公斤）Yogurt (kg)	0.96	0.12	0.12	0.24	0.48	0.72	1.32	2.04	2.28
茶　叶（公斤）Tea (kg)	0.36	0.24	0.24	0.36	0.36	0.48	0.48	0.36	0.48

10-9 按收入等级分的城镇每百户居民家庭全年购买非食品数量（2002年）
ANNUAL PURCHASES OF MAJOR NON-FOOD COMMODITIES PER 100 URBAN HOUSEHOLDS BY LEVEL OF INCOME (2002)

项　目 Item	总平均 Average	最低收入户 Lowest Income Households	#困难户 Poor Households	低收入户 Low Income Households	中等偏下户 Lower Middle Income Households	中等收入户 Middle Income Households	中等偏上户 Upper Middle Income Households	高收入户 High Income Households	最高收入户 Highest Income Households
洗衣机（台）Washing Machine (unit)	4.80	0.00	0.00	0.00	2.94	1.72	6.81	17.34	10.41
电风扇（台）Electric Fan (unit)	13.21	3.46	4.08	4.42	10.74	14.14	19.28	22.52	16.50
电冰箱（台）Refrigerator (unit)	3.24	0.00	0.00	0.11	0.57	3.20	3.03	11.13	9.06
微波炉（台）Microwave Oven (unit)	3.84	0.65	0.00	0.99	2.49	5.29	5.54	5.70	5.95
空调器（台）Air Conditioner (unit)	8.65	2.27	2.15	6.18	5.31	7.38	9.20	17.34	19.88
电炊具（台）Electric Cooking Appliance (unit)	11.89	2.27	4.52	2.10	8.47	9.10	17.52	24.98	24.21
淋浴热水器（台）Shower (unit)	6.24	0.87	0.00	2.76	3.73	5.66	7.81	12.68	14.20
排油烟机（台）Smoke Absorber (unit)	3.60	0.00	0.00	2.43	2.15	3.32	3.91	8.15	8.38
吸尘器（台）Dust Catcher (unit)	0.96	0.00	0.00	0.00	0.00	1.11	0.38	2.85	5.00
消毒碗柜（台）Sterilizer Cupboard (unit)	1.92	1.84	0.86	0.00	0.68	1.23	1.64	3.36	7.98
饮水机（台）Drinking Water Equipment (unit)	2.64	0.11	0.32	0.88	2.94	4.06	2.52	3.75	3.79
取暖器（台）Heater (unit)	0.72	0.54	0.00	0.00	0.11	0.98	0.76	0.78	2.84
摩托车（辆）Motorcycle (unit)	2.28	0.00	0.00	3.54	2.60	2.21	2.40	1.04	3.38
自行车（辆）Bicycle (unit)	10.33	6.81	4.62	9.94	13.79	8.24	9.83	15.27	7.03
家用汽车（辆）Automobile (unit)	0.72	0.00	0.00	0.00	0.00	0.00	0.63	1.94	4.06
电话机（部）Telephone (unit)	13.93	5.40	1.40	5.74	8.59	15.74	19.16	28.09	17.58
移动电话（部）Mobile Telephone (unit)	21.74	3.24	2.69	5.19	10.40	17.96	30.88	46.59	54.91
传真机（台）Facsimile Equipment (unit)	0.24	0.11	0.32	0.22	0.00	0.24	0.00	0.00	2.43
彩色电视机（台）Color TV Set (unit)	5.76	0.87	0.00	1.22	3.28	7.26	5.80	11.91	14.20
影碟机（台）Video Disc Player (unit)	4.56	1.62	0.43	0.11	2.71	3.69	7.31	5.83	12.44
家用电脑（台）Computer (unit)	4.56	0.43	0.86	0.00	3.16	5.41	7.06	7.25	8.38
组合音响（台）Hi－fi Stereo Component System (unit)	0.84	0.00	0.00	0.66	0.11	0.12	1.64	0.13	5.14
录音机（台）Radio Cassette Player (unit)	5.41	2.60	3.12	3.42	4.07	5.29	5.92	7.12	12.17
摄像机（部）Pickup Camera (unit)	0.12	0.00	0.00	0.00	0.00	0.00	0.00	0.52	1.08
照相机（部）Camera (unit)	1.68	0.43	0.86	0.00	0.90	0.86	2.65	4.01	5.28
钢琴（架）Piano (unit)	0.48	0.00	0.00	0.00	0.00	0.00	0.00	3.23	1.35
其他中高档乐器（件）Other Medium and High Grade Musical Instruments (unit)	0.36	0.00	0.00	0.00	0.11	0.37	0.63	2.07	0.00

10-10 按收入等级分的城镇居民家庭平均每百户年底耐用消费品拥有量（2002年）
NUMBER OF DURABLE CONSUMER GOODS OWNED PER 100 URBAN HOUSEHOLDS AT THE YEAR-END BY LEVEL OF INCOME (2002)

项　目	Item	总平均 Average	最低收入户 Lowest Income Households	#困难户 Poor Households	低收入户 Low Income Households	中等偏下户 Lower Middle Income Households	中等收入户 Middle Income Households	中等偏上户 Upper Middle Income Households	高收入户 High Income Households	最高收入户 Highest Income Households
组合家具（套）	Composite Furniture (set)	71.29	59.57	60.39	62.47	60.34	75.36	70.34	82.77	96.32
摩托车（辆）	Motorcycle (unit)	72.15	40.34	35.41	54.16	62.99	78.68	84.69	95.15	77.52
自行车（辆）	Bicycle (unit)	144.49	168.59	159.67	181.96	163.00	144.26	127.79	127.41	96.30
助力车（辆）	Power-assisting Bicycle (unit)	0.84	1.02	2.13	0.56	1.40	1.50	0.00	0.97	0.00
家用汽车（辆）	Automobile (unit)	3.77	0.18	0.00	0.00	0.54	1.97	2.77	10.18	17.09
洗衣机（台）	Washing Machine (unit)	97.81	80.38	72.71	91.45	95.94	97.99	100.17	111.69	105.59
电风扇（台）	Electric Fan (unit)	301.36	273.06	253.44	300.94	297.99	318.87	307.78	302.49	285.35
电冰箱（台）	Refrigerator (unit)	89.90	51.59	42.92	71.13	81.82	95.22	101.20	108.80	109.39
彩色电视机（台）	Color TV Set (unit)	151.23	114.61	103.97	121.06	132.28	150.50	167.64	190.25	184.85
影碟机（台）	Video Disc Player (unit)	75.34	51.14	48.56	59.84	69.06	83.13	81.75	84.79	88.64
录放像机（台）	Video Recorder (unit)	19.54	9.43	7.37	10.02	15.12	22.79	22.03	28.12	27.66
家用电脑（台）	Computer (unit)	47.16	5.22	2.38	19.07	25.23	47.54	63.41	77.66	96.83
组合音响（台）	Hi-fi Stereo Component System (unit)	52.22	22.47	21.77	36.33	41.24	50.74	65.27	69.10	79.12
收录机（台）	Radio Cassette Player (unit)	54.38	39.24	37.85	50.46	44.97	55.33	60.01	66.84	66.28
摄像机（台）	Pickup Camera (unit)	2.91	0.00	0.00	0.53	2.33	1.63	0.81	5.13	14.04
照相机（架）	Camera (unit)	57.73	12.43	7.78	31.46	45.89	56.17	68.58	87.27	103.75
钢琴（架）	Piano (unit)	3.09	0.00	0.00	1.44	1.16	0.97	2.62	11.69	8.29
其它中高档乐器（件）	Other Medium and High Grade Musical Instrument (unit)	9.15	1.92	1.60	4.21	3.39	8.05	11.11	18.80	21.58
微波炉（台）	Microwave Oven (unit)	49.26	11.73	1.60	20.36	31.99	52.48	64.69	75.37	86.02
空调器（台）	Air Conditioner (unit)	129.11	30.05	10.68	51.85	84.41	123.41	166.42	210.26	249.33
电炊具（台）	Electric Cooking Appliance (unit)	105.06	56.60	33.98	69.55	83.72	105.92	122.64	154.12	144.50
淋浴热水器（台）	Shower (unit)	102.17	74.22	58.83	95.76	100.49	100.84	105.41	117.12	119.95
排油烟机（台）	Smoke Absorber (unit)	75.25	44.77	35.80	56.15	72.16	77.76	82.57	91.63	93.63
消毒碗柜（台）	Sterilizer Cupboard (unit)	72.39	39.49	32.50	60.72	69.21	75.74	82.22	83.92	83.76
洗碗机（台）	Bowl-washing Machine (unit)	1.03	0.00	0.00	0.95	0.95	0.83	0.82	0.72	3.43
饮水机（台）	Drinking Water Equipment (unit)	24.72	10.76	7.21	15.25	16.39	23.52	30.71	36.70	43.24
吸尘器（台）	Dust Catcher (unit)	10.59	0.18	0.00	3.19	2.62	6.12	14.31	22.30	34.57
健身器材（件）	Body Building Equipment (unit)	6.33	1.17	0.37	0.53	2.76	7.01	4.90	19.28	12.92
移动电话（台）	Mobile Telephone (unit)	129.12	43.47	31.77	55.44	95.49	127.83	162.32	209.60	209.47
传真机（部）	Facsimile Equipment (unit)	2.21	0.18	0.37	0.95	1.53	0.82	1.03	5.70	8.61

10-11 城镇居民家庭年末居住情况
HOUSING CONDITIONS OF URBAN HOUSEHOLDS AT THE YEAR-END

项　　目	Item	1990	1995	2000	2001	2002
调查户数	**Number of Households Surveyed**	**1500**	**1550**	**1600**	**1600**	**1600**
一、现住房总建筑面积　(平方米/人)	**Total Floor Space of Buildings　(sq.m/person)**					**32.15**
二、现住房屋总使用面积(平方米/人)	**Total Floor Space of Buildings for Use　(sq.m/person)**					**24.83**
三、房屋产权　(%)	**Property Rights of Buildings　(%)**	**100.00**	**100.00**	**100.00**	**100.00**	**100.00**
租赁公房	Public Apartments for Lease	71.80	38.00	16.50	15.69	10.04
租赁私房	Individual Apartments for Lease	3.13	1.87	1.50	1.25	2.15
原有私房	Original Individual Apartments	24.80	60.13	70.00	70.18	21.07
房改私房	Individual Apartments through Housing Reform			12.00	12.88	53.79
商品房	Commercial Buildings					9.99
其他	Others	0.27				2.96
四、住宅建筑式样　(%)	**Design of Residential Buildings　(%)**					**100.00**
单栋住宅	Separate Residential Buildings					12.51
四居室	Four-room Apartments					6.34
三居室	Three-room Apartments					36.38
二居室	Two-room Apartments					33.72
一居室	One-room Apartment					4.29
普通楼房	Ordinary Buildings					3.87
平房及其他	Terraces and Others					2.89
五、用水情况　(%)	**Water Use　(%)**					**100.00**
独用自来水	Tap Water for Individual Use					97.51
公用自来水	Tap Water for Public Use					2.49
井、河水	Well & River Water					0.00
其他	Others					0.00
六、卫生设备　(%)	**Sanitation Facility　(%)**	**100.00**	**100.00**	**100.00**	**100.00**	**100.00**
无卫生设备	Without Sanitation Facility	21.73	6.84	2.56	1.63	2.40
有厕所浴室	With Washroom and Bathroom	52.47	78.32	81.50	82.80	90.22
有厕所无浴室	With Washroom but no Bathroom	17.47	10.26	13.69	14.13	5.61
公用	For Public Use	8.33	4.58	2.25	1.44	1.77
七、炊用燃料使用情况　(%)	**Fuel Use　(%)**	**100.00**	**100.00**	**100.00**	**100.00**	**100.00**
管道煤气	Pipeline Gas	0.53	7.23	10.00	10.13	13.24
液化石油气	Liquefied Petroleum Gas	61.74	83.42	86.87	87.43	84.53
煤	Coal	34.60	8.19	2.94	2.13	2.00
其他	Others	3.13	1.16	0.19	0.31	0.23
八、通信设备使用情况	**Telecommunication Facility**					
1. 有无电话　(%)	Percentage of Telephones　(%)					100.00
无	Without Telephones					0.94
有	With Telephones					99.06
2. 固定电话　(每百户)	Fixed-line Telephones　(per 100 households)					101.12
3. 移动电话　(每百户)	Mobile Telephones　(per 100 households)					129.12
4. 使用互联网　(每百户)	Use of Internet　(per 100 households)					0.76

10-12 农村居民家庭基本情况
BASIC CONDITIONS OF RURAL HOUSEHOLDS

项目	Item	1980	1990	1995	2000	2001	2002
一、调查户数（户）	**Number of Households Surveyed (household)**	**580**	**2560**	**2480**	**2560**	**2560**	**2560**
二、调查户人口、劳动力（人）	**Number of Residents and Laborers Surveyed (person)**						
常住人口	Number of Permanent Residents in the Households Surveyed	3586	14459	13289	13190	13062	13016
平均每户常住人口	Average Number of Permanent Residents Per Household	6.18	5.65	5.36	5.15	5.10	5.08
平均每户整半劳动力	Average Number of Able-bodied and Semi-able-bodied Laborers per Household	2.85	3.25	3.11	3.11	3.17	3.22
平均每个劳动力负担人口	Number of Dependents per Laborers	2.17	1.74	1.72	1.65	1.61	1.58
平均每百个劳动力的文化程度	Education Level of per 100 Laborers						
文盲或半文盲	Illiterate and Semi-illiterate	23.92	13.76	7.41	4.31	3.96	4.02
小学程度	Primary School	43.80	44.34	39.99	33.15	31.01	30.03
初中程度	Junior Secondary School	24.31	32.93	40.65	48.88	51.61	52.02
高中程度	Senior Secondary School	7.92	8.38	9.95	9.96	10.08	10.37
中专程度	Specialized Secondary School	0.05	0.48	1.66	3.12	2.82	2.99
大专程度	College and Higher Level	…	0.11	0.34	0.58	0.52	0.57
三、平均每人经营耕地面积（亩）	**Per Capita Area of Cultivated Land under Management (mu)**	**1.10**	**1.04**	**0.90**	**0.85**	**0.75**	**0.72**
四、平均每户年末生产性固定资产原值（元）	**Original Value of Productive Fixed Asset Owned per Household at the Year-end (yuan)**		**1385.96**	**2744.85**	**4504.29**	**3861.16**	**4129.87**
役畜、产品畜	Draught Animals and Commodity Animals		390.70	657.45	509.72	482.07	459.44
大中型铁木农具	Large and Medium Iron and Wood Farm Implements		105.42	175.41	260.04	257.43	252.37
农林牧渔机械	Farming, Forestry, Animal Husbandry and Fishery Machinery		188.33	261.16	416.98	474.96	497.58
工业机械	Industrial Machinery		69.60	64.17	279.10	149.89	387.46
运输机械	Transportation Machinery		287.82	681.26	826.67	736.81	870.38
生产用房	Buildings for Productive Use		255.65	647.81	1055.79	817.94	855.35
其　他	Others		88.44	257.60	1155.99	942.06	807.29
五、平均每百户年末拥有主要固定资产	**Major Fixed Assets Owned per 100 Households at the Year-end**						
汽　车（辆）	Motor Vehicle (unit)		0.44	1.15	1.35	0.96	1.33
大中型拖拉机（台）	Large and Medium Tractor (unit)		0.29	0.38	0.20	0.20	0.08
小型及手扶拖拉机（台）	Small and Walking Tractor (unit)		5.90	7.19	9.06	8.83	8.29
机动脱粒机（台）	Motorized Threshing Machine (unit)		3.36	7.38	12.41	12.16	11.86
胶轮大车（辆）	Carts With Rubber Tires (unit)		1.86	1.94	5.86	4.96	4.69
役畜、产品畜（头）	Drought Animal and Commodity Animal (head)		82.53	83.39	67.66	62.70	58.52
收割机（台）	Reaping Machines (unit)				0.47	0.16	0.55
水泵（台）	Pump (unit)		2.71	7.93	13.36	13.00	13.36
农用动力机械（台）	Farm Power Machinery (unit)				6.52	9.75	8.57

10-13 农村居民平均每人纯收入及生活消费支出

PER CAPITA NET INCOME AND LIVING EXPENDITURE OF RURAL HOUSEHOLDS

年份 Year	人均纯收入（元） Per Capita Net Increase (yuan)	增长速度（%）Increase Rate (%)			人均生活消费支出（元） Per Capita Living Expenditure (yuan)	增长速度（%）Increase Rate (%)		
		名义增长（上年为100） Nominal Increase (preceding year = 100)	实际增长（上年为100） Real Increase (preceding year = 100)	实际增长（1978年为100） Real Increase (1978 = 100)		名义增长（上年为100） Nominal Increase (preceding year = 100)	实际增长（上年为100） Real Increase (preceding year = 100)	实际增长（1978年为100） Real Increase (1978 = 100)
1949	55.62				67.85			
1952	85.32				78.76			
1965	107.73	16.2			99.11	17.5		
1974	153.01				152.65			
1975	143.83	-6.0			151.42	-0.8		
1976	152.66	6.1			182.64	20.6		
1977	179.12	17.3			189.86	4.0		
1978	193.25	7.9		100.00	184.89	-2.6		100.00
1979	222.72	15.2	13.6	113.60	205.18	11.0	10.1	110.10
1980	274.37	23.2	19.4	135.64	222.22	8.3	3.9	114.39
1981	325.37	18.6	11.4	151.10	266.05	19.7	12.1	128.23
1982	381.79	17.3	12.7	170.29	312.44	17.4	16.2	149.00
1983	395.92	3.7	7.0	182.21	328.76	5.2	6.3	158.39
1984	425.34	7.4	7.2	195.33	346.19	5.3	5.0	166.31
1985	495.31	16.5	9.8	214.47	388.00	12.1	5.7	175.79
1986	546.43	10.3	7.6	230.77	454.06	17.0	11.1	195.30
1987	662.24	21.2	11.1	256.39	545.25	20.1	9.5	213.85
1988	808.70	22.1	2.7	263.31	684.67	25.6	3.2	220.69
1989	955.02	18.1	2.0	268.58	870.59	27.2	7.3	236.80
1990	1043.03	9.2	1.6	272.88	932.63	7.1	-0.3	236.09
1991	1143.06	9.6	9.4	298.53	942.40	1.1	1.2	238.92
1992	1307.65	14.4	10.4	329.58	1060.29	12.5	8.8	259.94
1993	1674.78	28.1	6.1	349.68	1391.01	31.2	6.8	277.62
1994	2181.52	30.3	3.8	362.97	1882.00	35.3	3.6	287.61
1995	2699.24	23.7	6.5	386.56	2255.01	19.8	5.3	302.85
1996	3183.46	17.9	7.6	415.94	2584.16	14.6	6.9	323.75
1997	3467.69	8.9	4.2	433.41	2617.65	1.3	0.3	324.72
1998	3527.14	1.7	3.4	448.15	2683.18	2.5	3.8	337.06
1999	3628.93	2.9	6.2	475.94	2645.94	-1.4	1.7	342.79
2000	3654.48	0.7	0.9	480.22	2646.02	…	…	342.87
2001	3769.79	3.2	3.5	497.03	2703.36	2.2	2.5	351.44
2002	3911.91	3.8	5.1	522.38	2825.01	4.5	6.0	372.53

注：农村居民现金纯收入受农村生活消费品价格指数和农村服务项目价格指数 以及农业生产资料价格指数的影响（购买生产性固定资产部分）；实物纯收入受自产自用产品价格指数影响。名义增长扣除物价因素影响后为实际增长。

Note: The figures of per capita net income are affected by the price indices of rural living consumer goods, rural services and agricultural producer goods for productive fixed assets; and the figures of real net income are affected by the price index of products for self-consumption. After price factor is deducted from the nominal increase rate, that is the real increase rate.

10-14 农村居民家庭房屋情况
HOUSING CONDITIONS OF RURAL HOUSEHOLDS

项目	Item	1980	1990	1995	2000	2001	2002
一、平均每户年内新建房屋	**Per Capita Rooms Newly Built within the Year**						
面　积　（平方米）	Floor Space　(sq.m)	5.26	4.19	5.11	6.34	5.22	3.91
#砖木结构　（平方米）	Brick and Wood Structure　(sq.m)		1.49	0.64	0.29	0.18	0.25
钢筋混凝土结构（平方米）	Reinforced Concrete Structure　(sq.m)		2.53	3.87	6.02	4.72	3.50
在新建房屋面积中	Floor Space of Newly Built Rooms						
生活用房　（平方米）	Floor Space for Living　(sq.m)		3.23	4.67	6.01	4.92	3.77
楼　房　（平方米）	Floor Space of Multi-story Buildings　(sq.m)		1.79	0.75	5.60	4.25	3.29
每平方米价值　（元）	Value per Square Meter　(yuan)		137.33	308.20	340.89	303.85	334.25
二、年末住房每平方米价值　（元）	**Value per Square Meter at the Year-end**　(yuan)		**56.41**	**181.41**	**288.25**	**277.38**	**291.41**
三、平均每人年末生活住房面积　（平方米）	**Per Capita Floor Space for Living at the Year-end**　(sq.m)	**10.51**	**17.39**	**20.83**	**22.42**	**23.39**	**24.07**
#砖木结构	Brick and Wood Structure		10.67	10.55	7.52	7.28	6.92
钢筋混凝土结构	Reinforced Concrete Structure		2.63	8.57	13.03	14.35	15.20
#楼房面积　（平方米）	Multi-story Buildings　(sq.m)				12.52	13.76	14.84

10-15 农村居民家庭按人均纯收入水平分组的户数及构成
NUMBER OF RURAL HOUSEHOLDS AND ITS COMPOSITION GROUPED BY LEVEL OF PER CAPITA ANNUAL NET INCOME

分组	By Groups	1980	1990	1995	2000	2001	2002
一、调查户数（户）	**Number of Households Surveyed**	**580**	**2560**	**2480**	**2560**	**2560**	**2560**
1000元以下	Under 1000 yuan	579	1448	109	20	24	26
1000-1500元	1000-1500 yuan	1	659	329	109	104	109
1500-2000元	1500-2000 yuan		263	468	228	230	292
2000-3000元	2000-3000 yuan		190	776	728	707	671
3000-4000元	3000-4000 yuan			356	585	581	537
4000-5000元	4000-5000 yuan			189	353	343	326
5000-6000元	5000-6000 yuan			103	198	202	204
6000-7000元	6000-7000 yuan			53	130	126	130
7000-8000元	7000-8000 yuan			45	73	75	80
8000-9000元	8000-9000 yuan			19	47	54	59
9000-10000元	9000-10000 yuan			12	28	34	32
10000-12000元	10000-12000 yuan			12	31	32	36
12000-15000元	12000-15000 yuan			6	18	27	19
15000元以上	15000 yuan and over			3	12	21	39
二、构成（%）	**Composition**	**100.0**	**100.0**	**100.0**	**100.0**	**100.0**	**100.0**
1000元以下	Under 1000 yuan	99.8	56.6	4.4	0.8	0.9	1.0
1000-1500元	1000-1500 yuan	0.2	25.7	13.3	4.3	4.1	4.3
1500-2000元	1500-2000 yuan		10.3	18.9	8.9	9.0	11.4
2000-3000元	2000-3000 yuan		7.4	31.3	28.4	27.6	26.2
3000-4000元	3000-4000 yuan			14.3	22.8	22.7	21.0
4000-5000元	4000-5000 yuan			7.6	13.8	13.4	12.7
5000-6000元	5000-6000 yuan			4.2	7.7	7.9	8.0
6000-7000元	6000-7000 yuan			2.1	5.1	4.9	5.1
7000-8000元	7000-8000 yuan			1.8	2.9	2.9	3.1
8000-9000元	8000-9000 yuan			0.8	1.8	2.1	2.3
9000-10000元	9000-10000 yuan			0.5	1.1	1.3	1.3
10000-12000元	10000-12000 yuan			0.5	1.2	1.3	1.4
12000-15000元	12000-15000 yuan			0.2	0.7	1.1	0.7
15000元以上	15000 yuan and over			0.1	0.5	0.8	1.5

注：1990年2000-3000元组别中的数据，是指2000元以上的户数。

Note: The date grouped by 2000 to 3000 yuan in 1990 referred to the number of households above 2000 yuan.

10-16 农村居民家庭主要农产品生产情况

PRODUCTION CONDITIONS OF MAJOR AGRICULTURAL PRODUCTS OF RURAL HOUSEHOLDS

项目	Item	1980	1990	1995	2000	2001	2002
平均每户主要农作物播种面积（亩）	**Sown Area of Major Crops Per Household (mu)**		**10.67**	**10.12**	**7.71**	**7.50**	**6.89**
粮食	Grain		8.35	6.48	5.47	5.33	4.80
#水稻	Rice			5.76	4.94	4.80	4.29
油料	Oil-bearing Crops		0.77	0.71	0.52	0.51	0.49
糖料	Sugar Crops		0.32	0.26	0.12	0.08	0.09
烟叶	Tobacco		0.14	0.04	0.09	0.09	0.08
蔬菜	Vegetables		0.98	2.59	1.41	1.38	1.32
果用瓜	Melons		0.11	0.04	0.10	0.11	0.11
平均每人主要农林产品产量（公斤）	**Per Capita Output of Major Farm and Forestry Products (kg)**						
粮食	Grain	20.31	504.08	404.73	448.85	404.26	355.16
#稻谷	Rice		428.47	348.38	375.57	362.94	314.35
油料	Oil-bearing Crops	5.14	17.47	18.71	19.07	19.14	18.59
糖料	Sugar Crops	31.96	253.32	215.10	105.86	84.23	98.79
烟叶	Tobacco	0.21	2.87	1.00	2.16	2.27	2.60
蔬菜	Vegetables	120.36	205.02	330.99	387.36	384.95	387.34
果用瓜	Melons	5.85	27.98	7.96	29.03	22.21	37.09
水果	Fruits		54.11	59.82	31.78	38.30	48.23
茶叶	Tea		0.14	0.08	0.29	0.23	0.27
平均每户出售和自宰畜禽量及其他	**Sold and Slaughtered livestock, Poultry and Other Animal Products per Household**						
出售和自宰肉猪头数（头）	Number of Sold and Slaughtered Fattened Hogs (head)	1.59	2.12	2.03	2.12	2.03	2.28
猪肉产量（公斤）	Pork (kg)	124.92	186.97	178.31	183.08	175.82	177.86
出售和自宰家禽只数（只）	Number of Sold and Slaughtered Poultry (head)	16.35	24.71	47.13	46.87	38.23	40.71
家禽产量（公斤）	Poultry (kg)			89.04	85.46	86.22	87.64
蛋类产量（公斤）	Poultry Eggs (kg)		10.07	6.92	7.35	8.73	7.16
蜂蜜产量（公斤）	Honey (kg)		0.03	0.05	1.04	0.67	0.65
蚕茧产量（公斤）	Silkworm Cocoon (kg)		4.80	5.94	3.95	6.08	7.17
牛、羊奶产量（公斤）	Milk (kg)		0.15	1.16	0.13	0.29	0.26
水产品产量（公斤）	Aquatic Products (kg)		98.64	119.92	200.16	234.14	233.76

注：1980年生产情况，只反映农民自营地的农产品产量和家庭饲养的牧业产品产量，未包括集体统一经营部分。

Note: The figures of 1980 excluded the operation part of collective units, only reflecting the output of farm produce in self-managed land and the output of animal husbandry products raised by rural households.

10-17 农村居民家庭出售主要农产品数量
AMOUNT OF MAJOR FARM PRODUCTS SOLD BY RURAL HOUSEHOLDS

项目		Item		1980	1990	1995	2000	2001	2002
平均每人出售量		**Per Capita Sold Amount**							
粮食（原粮）	（公斤）	Grain (Unprocessed Food Grain)	(kg)	9.95	125.00	61.96	86.36	88.96	84.41
#稻谷	（公斤）	Rice	(kg)			50.89	75.34	78.11	74.13
油　料	（公斤）	Oil Bearing Crops	(kg)		4.89	4.08	4.42	3.69	3.43
糖　料	（公斤）	Sugar Crops	(kg)		258.39	164.65	96.35	61.79	84.33
烟　叶	（公斤）	Tobacco	(kg)		2.53	0.82	2.03	2.11	2.49
蔬　菜	（公斤）	Vegetables	(kg)		95.92	206.29	255.31	258.36	271.29
果用瓜	（公斤）	Melons	(kg)		25.62	5.69	25.11	20.39	34.62
水　果	（公斤）	Fruits	(kg)		48.47	48.55	24.20	30.83	39.19
茶　叶	（公斤）	Tea	(kg)		0.08	0.04	0.25	0.20	0.19
平均每户出售量		**Per Household Sold Amount**							
生　猪	（头）	Fattened Hog	(head)		2.06	1.62	2.01	1.79	2.21
猪　肉	（公斤）	Pork	(kg)		178.18	162.92	165.42	162.61	172.73
肉　牛	（头）	Beef Cattle	(head)		0.01	0.01	0.02	0.02	0.03
兔	（只）	Rabbit	(head)		0.01	0.03	0.05	0.09	0.03
家　禽	（只）	Poultry	(head)	8.36	14.51	34.29	30.34	25.41	32.05
蛋　类	（公斤）	Eggs	(kg)		4.58	0.61	1.87	4.02	2.90
蜂　蜜	（公斤）	Honey	(kg)		0.03	0.05	0.46	0.24	0.47
蚕　茧	（公斤）	Silkworm Cocoon	(kg)		4.80	5.88	3.78	5.76	6.51
牛羊奶	（公斤）	Milk	(kg)		0.13	1.13	0.11	0.27	0.25
水产品	（公斤）	Aquatic Products	(kg)		89.09	102.40	175.92	209.64	217.68

注：1980 年出售情况，只反映农民自营地的农产品产量和家庭饲养的牧业产品产量，未包括集体统一经营部分。

Note: The figures of 1980 excluded the operation part of collective units, only reflecting the output of farm produce in self-managed land and the output of animal husbandry products raised by rural households.

10-18 农村居民家庭平均每户购买农业生产资料
AVERAGE PURCHASE OF AGRICULTURAL MEANS OF PRODUCTION PER RURAL HOUSEHOLD

项目		Item		1990	1995	2000	2001	2002
化肥	（公斤）	Chemical Fertilizer	(kg)	641.33	487.58	553.22	526.55	505.98
饼肥	（公斤）	Cake Fertilizer	(kg)	14.47	5.09	9.78	25.13	22.21
农药	（公斤）	Pesticide	(kg)	8.79	9.65	15.27	14.25	14.70
农用薄膜	（公斤）	Agricultural Plastic Film	(kg)	0.58	0.57	0.63	1.75	2.60
生产用燃料	（公斤）	Fuel for Production Use	(kg)	33.05	43.25	52.78	45.54	55.20
生产用种籽	（公斤）	Seed for Production Use	(kg)			9.85	18.66	14.58
生产用饲料	（公斤）	Feed for Production Use	(kg)			721.69	849.27	856.25

10-19 农村居民家庭平均每人总收入和纯收入及构成
PER CAPITA GROSS INCOME AND NET INCOME AND THEIR COMPOSITION OF RURAL HOUSEHOLDS

项目	Item	1980	1990	1995	2000	2001	2002
一、总收入 （元）	**Gross Income (yuan)**	**310.00**	**1518.44**	**3582.06**	**4590.47**	**4742.76**	**4893.38**
工资性收入	Wages	129.55	245.52	712.24	1362.16	1572.32	1714.11
#在非企业组织中得到收入	From Non-enterprise Organizations		10.83	39.60	177.26	211.52	221.66
在本地企业中得到收入	From Local Enterprises				386.59	428.78	361.81
常住人口外出从业得到收入	From Permanent Residents Employed Elsewhere				728.74	821.22	996.56
家庭经营收入	Income from Household Business	151.40	1181.51	2579.07	2869.35	2782.96	2738.44
转移性收入	Transfer Income	28.45	82.69	240.69	285.28	274.86	301.11
财产性收入	Property Income	0.60	8.72	50.06	73.68	112.62	139.72
总收入构成 （%）	Composition of Gross Income (%)	100.0	100.0	100.0	100.0	100.0	100.0
工资性收入	Wages	41.8	16.2	19.9	29.7	33.2	35.0
家庭经营收入	Income from Household Business	48.8	77.8	72.0	62.5	58.6	56.0
转移性收入	Transfer Income	9.2	5.4	6.7	6.2	5.8	6.2
财产性收入	Property Income	0.2	0.6	1.4	1.6	2.4	2.8
二、纯收入 （元）	**Net Income (yuan)**	**274.37**	**1043.03**	**2699.24**	**3654.48**	**3769.79**	**3911.91**
按收入来源分	By Source of Income						
工资性收入	Wages	129.55	245.52	712.24	1362.16	1572.32	1714.11
家庭经营纯收入	Income from Household Business	123.16	745.35	1756.64	2002.93	1910.91	1869.56
转移性收入	Transfer Income	21.06	43.44	180.30	215.71	173.94	188.52
财产性收入	Property Income	0.60	8.72	50.06	73.68	112.62	139.72
按收入来源分构成 （%）	By Source of Income (%)	100.0	100.0	100.0	100.0	100.0	100.0
工资性收入	Wages	47.2	23.5	26.4	37.3	41.7	43.8
家庭经营纯收入	Income from Household Business	44.9	71.5	65.1	54.8	50.7	47.8
转移性收入	Transfer Income	7.7	4.2	6.7	5.9	4.6	4.8
财产性收入	Property Income	0.2	0.8	1.8	2.0	3.0	3.6
按收入性质分	By Type of Income						
生产性纯收入	Productive Income	252.71	990.87	2468.88	3365.09	3483.23	3583.67
农业生产性收入	Agricultural Productive Income	223.84	601.69	1253.80	1384.25	1391.59	1344.45
非农业生产性收入	Non-agricultural Productive Income	28.87	389.18	1215.08	1980.84	2091.64	2239.22
非生产性纯收入	Non-productive Income	21.66	52.16	230.36	289.39	286.56	328.24
按收入性质构成分 （%）	By Composition of Type of Income (%)	100.0	100.0	100.0	100.0	100.0	100.0
生产性纯收入	Productive Income	92.1	95.0	91.5	92.1	92.4	91.6
农业生产性收入	Agricultural Productive Income	81.6	57.7	46.5	37.9	36.9	34.4
非农业生产性收入	Non-agricultural Productive Income	10.5	37.3	45.0	54.2	55.5	57.2
非生产性纯收入	Non-productive Income	7.9	5.0	8.5	7.9	7.6	8.4

注：2001年总收入和纯收入分项数据按2002年口径调整。

Note: The gross and net incomes of 2001 have been adjusted according to the statistical coverage of 2002.

10-22 农村居民家庭平均每人生活消费支出
PER CAPITA LIVING EXPENDITURE OF RURAL HOUSEHOLDS

单位：元 （yuan）

项目	Item	1980	1990	1995	2000	2001	2002
生活消费支出	**Living Expenditure**	**222.22**	**932.63**	**2255.01**	**2646.02**	**2703.36**	**2825.01**
一、食品	**Food**	**134.12**	**538.18**	**1228.00**	**1317.48**	**1350.11**	**1345.00**
主食	Staple Food	62.58	143.85	328.46	323.61	318.22	302.89
副食	Non-staple Food	56.89	288.81	684.88	706.71	748.26	736.67
其他食品	Other Food	13.40	75.61	144.48	214.57	196.46	203.56
在外饮食	Dining Out	1.25	23.03	59.47	65.89	78.75	93.52
食品加工费	Food Processing Service Fees		6.88	10.71	6.70	8.42	8.36
二、衣着	**Clothing**	**19.58**	**39.48**	**91.31**	**104.21**	**98.60**	**107.94**
三、居住	**Residence**	**39.69**	**174.60**	**345.65**	**378.86**	**374.59**	**441.24**
住房	Housing	21.06	124.34	210.52	222.88	224.25	273.89
电费	Electric Expenses	2.10	15.77	40.19	54.46	53.48	54.73
水费	Water Expenses				6.21	8.96	11.18
燃料	Fuels	16.53	34.24	58.40	89.40	84.21	95.59
其他	Others		0.25	36.54	5.91	3.69	5.85
四、家庭设备、用品及服务	**Household Facilities, Articles and Servises**	**10.93**	**50.28**	**140.54**	**125.65**	**134.79**	**134.10**
#耐用消费品	Durable Consumer Goods	2.39	25.51	42.53	37.35	30.84	38.28
家庭日用杂品	Daily Use Household Articles	8.31	22.69	83.94	75.02	87.34	82.70
五、医疗保健	**Medical and Health Care Services**	**4.45**	**32.63**	**67.51**	**100.31**	**118.68**	**116.90**
#医疗卫生保健用品	Medicines and Medical and Health Care Facilities and Articles	2.67	22.82	37.34	52.76	54.92	56.24
医疗保健服务费	Medicine and Health Care Services Fees	1.34	9.81	28.62	39.75	50.13	52.53
六、交通和通讯	**Transportation and Communications**	**3.75**	**14.56**	**82.08**	**205.52**	**222.80**	**251.14**
#交通、通讯工具	Transportation and Communication Tools	2.88	6.91	47.14	56.97	47.49	53.01
交通费	Transportation Fees	0.78	7.16	19.73	45.08	58.90	54.92
邮电费	Postal and Telecommunication Fees	0.09	0.49	10.88	80.80	90.34	114.98
交通、通讯修理费	Maintenance Expenses of Transportation and Communication Tools			4.33	9.48	11.76	11.81
七、文化教育娱乐用品及服务	**Cultural, Educational and Recreational Articles and Services**	**7.40**	**66.99**	**245.16**	**313.46**	**290.10**	**302.44**
文化教育娱乐用品	Cultural, Educational and Recreational Articles	2.87	25.06	39.47	45.37	40.01	42.97
文化教育娱乐服务	Cultural, Educational and Recreational Services	4.53	41.93	205.68	268.09	250.09	259.47
#学杂费	Tuition and Miscellaneous	2.94	36.77	187.33	247.71	228.07	227.26
技术培训费	Technical Training Fees		2.15	6.05	2.13	1.88	4.68
文娱费	Recreational Fees	0.49	1.38	6.63	12.90	14.89	17.67
八、其他商品和服务	**Other Commodities and Services**	**2.30**	**15.91**	**54.76**	**100.53**	**113.69**	**126.25**

10-23 农村居民家庭平均每人现金收入
PER CAPITA CASH INCOME OF RURAL HOUSEHOLDS

单位：元 (yuan)

项　　目	Item	1980	1990	1995	2000	2001	2002
年内现金收入	**Cash Income within Current Year**	**183.90**	**1163.84**	**2861.80**	**3759.51**	**3945.53**	**4146.60**
一、工资性收入	**Wages**	**57.86**	**242.51**	**708.89**	**1360.80**	**1570.97**	**1713.29**
#在非企业组织中得到收入	From Non-enterprise Organizations				177.26	211.43	221.61
在本地企业中得到收入	From Local Enterprises				385.63	428.54	361.40
常住人口外出从业得到收入	From Permanent Residents Employed Elsewhere				728.38	820.36	996.21
二、家庭经营现金收入	**Cash Income from Household Business**	**104.06**	**832.22**	**1892.34**	**2051.18**	**1994.93**	**2004.56**
农业现金收入	From Agriculture	78.51	656.66	1271.06	1309.32	1350.35	1356.44
#出售产品的现金收入	By Selling Products	78.51	656.66	1271.06	1268.31	1296.33	1321.99
出售农业产品	By Farming Crops	34.15	311.37	566.80	527.30	531.63	547.12
# 种植业	Planting	29.44	285.75	557.61	522.78	524.88	540.32
#出售粮食	Grain	7.78	85.92	112.11	118.23	119.44	114.59
出售林业产品	Forestry Products	2.51	5.76	16.76	35.36	30.10	18.19
出售牧业产品	Animal Husbandry Products	33.92	268.56	535.45	446.23	470.25	478.75
出售渔业产品	Fishery Products	7.38	62.09	151.02	250.54	253.53	263.30
出售工业产品	Industrial Products		7.23	0.28	2.30	9.78	13.74
出售其他产品	Other Products	0.55	1.65	0.75	6.56	1.04	0.90
工业加工费的现金收入	From Industrial Products Processing		21.37	28.98	66.54	57.00	76.06
建筑业的现金收入	From Construction	8.07	39.09	152.90	149.75	75.10	74.22
运输业的现金收入	From Transportation	5.36	37.10	110.33	160.17	137.74	141.10
批发和零售贸易、餐饮业现金收入	From Commerce	5.38	37.50	138.70	187.17	186.57	197.07
社会服务业现金收入	From Service Trade	2.81	18.11	52.89	60.05	76.76	66.61
文教卫生业现金收入	From Culture, Education and Health Care				19.17	15.87	13.98
其他家庭经营的现金收入	From Other Household Business	3.93	22.39	137.48	99.01	95.54	79.08
三、转移性现金收入	**Transfer Cash Income**	**21.38**	**80.39**	**221.64**	**273.86**	**267.01**	**289.19**
家庭非常住人口寄回或带回现金	Cash Sent Back by Outsiders	9.62	23.25	77.88	109.46	75.95	67.48
亲友赠送的现金	Cash Presented by Kinsfolk	7.48	38.70	65.58	76.62	74.74	89.57
#农村外部亲友赠送	From Kinsfolk not in Rural Areas	4.09	9.18	19.82	22.64	14.51	24.11
调查补贴	Survey Subsidy	1.71	7.68	11.94	14.32	37.38	45.69
其他转移性现金收入	Other Transfer Cash Income	2.57	10.76	66.24	73.46	78.94	86.45
四、财产性现金收入	**Property Cash Income**	**0.60**	**8.72**	**38.93**	**73.67**	**112.62**	**139.56**
租金收入	Rental Income			9.06	25.98	36.90	41.92
土地征用补偿收入	Compensation Income for Land Expropriation			10.07	10.65	17.48	29.67
其他财产性现金收入	Other Property Cash Income	0.60	8.72	19.80	37.04	58.24	67.97

注：2001年现金收入分项数据按2002年口径调整。
Note: The data of cash income in 2001 have been adjusted according to the statistical coverage of 2002.

10-24 农村居民家庭平均每人现金支出
PER CAPITA CASH EXPENDITURE OF RURAL HOUSEHOLDS

单位：元 （yuan）

项　目	Item	1980	1990	1995	2000	2001	2002
年内现金支出	**Cash Expenditure within Current Year**	**165.75**	**1089.40**	**2609.02**	**3090.92**	**3139.07**	**3309.41**
一、生产费用支出的现金	**Cash Expenditure for Production**	**24.84**	**324.10**	**655.61**	**740.71**	**746.61**	**733.88**
家庭经营费用支出	Expenditure for Household Business	23.80	299.25	630.21	710.14	715.24	701.90
农业生产支出	Farming Production	4.76	132.66	220.12	231.14	220.17	218.12
#种植业支出	Farming Production	4.33	127.82	216.96	228.69	217.43	216.48
林业生产支出	Forestry Production	0.16	0.37	1.57	8.69	4.07	4.05
牧业生产支出	Animal Husbandry Production	15.84	109.50	294.76	233.41	264.91	256.68
渔业生产支出	Fishery Production	0.39	28.68	46.61	133.33	127.57	122.97
工业生产支出	Industry Production		6.07	3.87	17.15	15.69	20.30
建筑业支出	Construction	0.12	0.58	8.68	7.50	9.72	10.72
交通运输、邮电业支出	Transport, Postal and Telecommuncation Services	0.59	12.48	24.58	34.39	28.75	27.11
批发和零售贸易、餐饮业支出	Wholesale and Retail Trade and Catering Services	0.35	2.79	15.87	22.86	21.35	20.11
社会服务业支出	Social Service Trade	0.20	1.30	5.95	3.29	6.47	4.77
文教卫生业支出	Cuture, Education and Health Care				2.56	0.28	0.46
其他经营支出	Others Household Business	1.39	4.82	8.20	15.82	16.26	16.61
购买生产性固定资产支出	Expenditure for Purchasing Productive Fixed Assets	1.04	24.85	25.40	30.57	31.38	31.98
二、税费支出	**Expenditure for Taxes and Fees**	**0.52**	**22.74**	**38.04**	**29.45**	**24.23**	**31.08**
缴纳生产税	Production Taxes	0.52	8.06	16.02	15.15	15.95	18.99
缴纳其他直接税	Other Direct Taxes					0.11	0.13
村提留	Expenditure by Village Governments		1.24	3.65	1.15	0.83	1.27
乡统筹	Expenditure by Township Governments		7.35	10.05	7.20	4.01	6.28
其他各项收费	Other Fees		6.09	8.32	5.95	3.33	4.40
三、生活消费支出的现金	**Living Cash Expenditure**	**128.00**	**686.43**	**1790.33**	**2197.64**	**2245.15**	**2403.47**
食　品	Food	53.10	322.57	794.04	908.45	936.13	975.48
#主　食	Staple Food	8.45	18.62	73.19	81.61	91.52	94.46
副　食	Non-staple Food	33.32	203.78	513.48	548.06	567.95	589.72
衣　着	Clothing	19.49	38.20	89.73	101.76	95.65	106.73
居　住	Residence	26.61	145.43	317.26	343.87	339.59	391.19
家庭设备、用品及服务	Household Facilities, Articles and Services	10.90	50.14	139.78	123.73	128.52	133.34
医疗保健	Medicines and Medical Services	4.45	32.63	67.51	100.31	118.68	116.90
交通和通讯	Transportation and Telecommunications	3.75	14.56	82.08	205.52	222.80	251.14
文化教育娱乐用品及服务	Cultural, Educational and Recreational Articles and Service	7.40	66.99	245.16	313.46	290.10	302.44
其他商品和服务	Other Commodities and Services	2.30	15.91	54.77	100.54	113.68	126.25
四、财产性支出	**Property Expenditure**	**0.50**	**2.25**	**5.00**	**4.45**	**6.09**	**7.74**
非生产性贷款利息支出	Non-production Loan Interests			1.35	0.66	1.42	0.66
其他财产性支出	Other			3.65	3.79	4.67	7.08
五、转移性支出	**Transfer Expenditure**	**11.89**	**53.88**	**120.04**	**118.67**	**116.99**	**133.24**
寄给和带给在外人口的现金	Cash Sent to Outsiders	1.67	2.53	3.98	11.37	9.95	17.47
赠送亲友的现金	Cash Present to Kinsfolk	6.10	30.63	64.12	72.82	80.16	81.47
其他转移性支出	Other Transfolk Expenditure	4.12	20.72	51.94	34.48	26.88	34.30

10-25 农村居民家庭平均每人主要食品消费量及衣着购买量
PER CAPITA CONSUMPTION OF MAJOR FOOD AND PURCHASES OF CLOTHING OF RURAL HOUSEHOLDS

项　目		Item		1980	1990	1995	2000	2001	2002
粮食（原粮）	（公斤）	Grain（Crude Grain）	（kg）	292.00	260.30	252.19	252.79	238.52	235.38
#稻谷	（公斤）	Rice	（kg）	265.00	248.17	223.43	216.99	216.93	216.91
蔬菜	（公斤）	Vegetable	（kg）	115.50	112.77	112.36	116.39	119.89	120.62
食油	（公斤）	Edible Oil	（kg）	2.39	4.85	7.17	5.93	6.64	7.10
肉类	（公斤）	Meat	（kg）	6.55	15.42	17.63	23.88	22.95	22.65
家禽	（公斤）	Poultry	（kg）	2.15	4.43	7.38	10.60	12.17	9.97
蛋类	（公斤）	Eggs	（kg）	0.79	1.73	2.98	2.78	2.94	2.70
水产品	（公斤）	Aquatic Products	（kg）	4.22	9.50	12.04	11.72	11.79	12.04
食糖	（公斤）	Sugar	（kg）	4.22	3.96	2.87	1.34	2.25	2.40
卷烟	（盒）	Cigarettes	（pack）		22.20	21.84	25.42	21.29	22.53
酒类	（公斤）	Liquor	（kg）	1.54	5.10	3.62	4.71	3.97	4.36
茶叶	（公斤）	Tea	（kg）		0.52	0.55	0.41	0.48	0.50
水果	（公斤）	Fruits	（kg）		7.32	12.81	19.12	19.47	18.67
购买服装	（件）	Purchase of Garments	（piece）		1.10	0.95	2.14	1.50	1.99
#棉布服装	（件）	Garments Made by Cotton	（piece）		0.16	0.05	0.28	0.11	0.18
化纤布服装	（件）	Garments Made by Chemical Fibre Cloth	（piece）		0.89	0.83	0.97	0.73	0.87

10-26 农村居民家庭平均每百户主要耐用物品年末拥有量
NUMBER OF DURABLE CONSUMER GOODS OWNED PER 100 RURAL HOUSEHOLDS AT THE YEAR-END

项　目		Item		1980	1990	1995	2000	2001	2002
自行车	（辆）	Bicycle	（unit）	75.00	186.09	216.85	162.46	158.63	152.97
摩托车	（辆）	Motorcycle	（unit）		1.84	15.73	54.18	59.02	64.49
电风扇	（台）	Electric Fan	（unit）		163.48	266.69	271.48	286.72	297.15
洗衣机	（台）	Washing Machine	（unit）		4.26	14.88	25.00	26.56	28.24
电冰箱	（台）	Refrigerator	（unit）		1.17	7.90	15.12	16.17	18.32
黑白电视机	（台）	Black and White TV set	（unit）	1.38	40.51	51.85	29.22	25.27	21.84
彩色电视机	（台）	Color TV Set	（unit）		9.80	34.35	73.20	79.45	84.57
收录机	（台）	Radio Cassette Player	（unit）		41.33	49.44	27.19	23.75	20.31
照相机	（架）	Camera	（unit）		0.70	1.98	3.98	4.34	4.18
影碟机	（台）	Video Recorder	（unit）				34.61	40.74	45.86
录像机	（台）	Video Disc Player	（unit）			2.30	5.55	5.94	5.27
组合音响	（台）	Hi-fi Stereo Component System	（unit）				22.77	26.52	29.18
空调机	（台）	Air Conditioner	（unit）			0.65	3.05	3.28	4.73
家用计算机	（台）	Household Computer	（unit）				1.95	4.96	6.99
移动电话	（部）	Mobile Telephone	（unit）				14.49	24.88	38.79
电话机	（台）	Telephone Set	（unit）		1.20	9.40	40.82	49.30	59.22
热水器	（台）	Water Heater	（unit）			5.56	20.94	23.59	26.80
电饭锅	（个）	Electric Rice Cooker	（unit）			43.95	39.96	43.20	50.86
液化气灶具	（个）	Liquefied Petroleum Gas Cooker	（unit）			53.15	88.67	92.54	96.05

10-27 按人均纯收入等级分的农村居民家庭基本情况（2002 年）

BASIC CONDITIONS OF RURAL HOUSEHOLDS GROUPED BY PER CAPITA ANNUAL NET INCOME (2002)

项目	Item	低收入户 Low Income Households	# 人均纯收入 1500 元以下户 Per Capita Income at 1500 yuan and below	中低收入户 Middle Low Income Households	中等收入户 Middle Income Households	中高收入户 Middle High Income Households	高收入户 High Income Households
一、调查户人口、劳动力 （人）	**Number of Residents and Laborers Surveyed (person)**						
平均每户常住人口	Average Number of Permanent Residents per Household	5.48	5.62	5.37	5.15	5.00	4.42
平均每户整半劳动力	Average Number of Able-bodied and Semi-able-bodied Laborers per Household	3.04	3.03	3.14	3.28	3.40	3.26
平均每个劳动力负担人口	Average Number of Persons Supported by Each Laborer	1.80	1.86	1.71	1.57	1.47	1.35
平均每百个劳动力的文化程度	Average Education Level per 100 Laborers						
文盲或半文盲	Illiterate and Semi-illiterate	6.56	6.37	3.74	3.86	3.11	3.06
小学程度	Primary School	35.44	39.85	33.21	30.56	26.16	25.40
初中程度	Junior Secondary School	48.55	46.94	52.40	52.46	55.95	50.33
高中程度	Senior Secondary School	7.59	5.62	9.47	9.85	11.21	13.48
中专程度	Specialized Secondary School	1.67	1.22	1.06	2.85	3.22	5.99
大专程度	College and Higher Level	0.19		0.12	0.42	0.35	1.74
二、总收入 （元）	**Gross Income (yuan)**	**2175.64**	**1682.94**	**3188.87**	**4121.16**	**5403.11**	**10661.91**
工资性收入	Wages	526.09	332.19	1017.14	1533.33	2162.19	3738.97
# 在非企业组织中得到收入	From Non-enterprise Organizations	55.81	29.90	107.80	138.67	206.84	679.54
在本地企业中得到收入	From Local Enterprises	122.59	96.58	181.41	254.12	336.42	1032.44
常住人口外出从业得到收入	From Permanent Residents Employed Elsewhere	194.49	83.47	582.80	1012.79	1475.17	1933.62
家庭经营收入	Income from Household Business	1478.25	1208.10	1961.88	2333.34	2803.39	5645.55
转移性收入	Transfer Income	160.71	138.00	172.88	205.56	349.91	687.53
财产性收入	Property Income	10.59	4.65	36.97	48.93	87.62	589.86
总收入构成 （%）	Composition of Gross Income (%)	100.0	100.0	100.0	100.0	100.0	100.0
工资性收入	Wages	24.2	19.7	31.9	37.2	40.0	35.0
家庭经营收入	Income from Household Business	67.9	71.8	61.5	56.6	51.9	53.0
转移性收入	Transfer Income	7.4	8.2	5.4	5.0	6.5	6.5
财产性收入	Property Income	0.5	0.3	1.2	1.2	1.6	5.5
三、纯收入 （元）	**Net Income (yuan)**	**1656.77**	**1209.87**	**2491.72**	**3310.56**	**4477.58**	**8497.93**
工资性收入	Wages	526.09	332.19	1017.14	1533.33	2162.19	3738.97
家庭经营纯收入	Income from Household Business	1032.54	821.30	1342.08	1617.28	2027.08	3665.52
转移性收入	Transfer Income	87.55	51.73	95.53	111.02	200.69	503.58
财产性收入	Property Income	10.59	4.65	36.97	48.93	87.62	589.86
纯收入构成 （%）	Composition of Net Income (%)	100.0	100.0	100.0	100.0	100.0	100.0
工资性收入	Wages	31.8	27.4	40.8	46.3	48.3	44.0
家庭经营纯收入	Income from Household Business	62.3	67.9	53.9	48.8	45.3	43.1
转移性收入	Transfer Income	5.3	4.3	3.8	3.4	4.5	5.9
财产性收入	Property Income	0.6	0.4	1.5	1.5	1.9	7.0

10-28 按人均纯收入等级分的农村居民家庭平均每人生活消费支出（2002年）
AVERAGE LIVING EXPENDITURE OF RURAL HOUSEHOLDS GROUPED BY PER CAPITA ANNUAL NET INCOME (2002)

单位：元 (yuan)

项 目	Item	低收入户 Low Income Households	#人均纯收入1500元以下户 Per Capita Income at 1500 yuan and below	中低收入户 Middle Low Income Households	中等收入户 Middle Income Households	中高收入户 Middle High Income Households	高收入户 High Income Households
生活消费支出	**Living Expenditure**	**1640.54**	**1456.20**	**2212.49**	**2619.55**	**3246.94**	**4801.34**
一、食品	**Food**	**920.77**	**826.74**	**1135.30**	**1308.93**	**1516.67**	**1973.96**
主食	Staple Food	280.50	268.64	285.35	310.66	318.88	324.77
副食	Non-staple Food	487.97	438.36	616.01	716.56	831.52	1107.95
其他食品	Other Food	112.87	96.23	167.16	195.49	238.04	330.72
在外饮食	Dining Out	31.48	17.08	57.85	77.71	119.61	202.77
食品加工费	Food Processing Service Fees	7.95	6.43	8.93	8.51	8.62	7.75
二、衣着	**Clothing**	**51.33**	**39.70**	**81.39**	**107.51**	**131.87**	**183.87**
三、居住	**Residence**	**199.45**	**213.59**	**315.60**	**370.52**	**508.69**	**900.23**
住房	Housing	84.42	106.66	175.58	213.71	329.51	636.29
电费	Electric Expenses	32.41	30.22	39.89	45.01	60.36	105.41
水费	Water Expenses	3.90	3.40	6.39	7.90	11.74	29.20
燃料	Fuels	77.88	72.26	90.34	96.76	97.52	119.98
其他	Others	0.84	1.05	3.40	7.14	9.56	9.35
四、家庭设备、用品及服务	**Household Facilities, Articles and Services**	**70.81**	**62.25**	**105.25**	**123.38**	**154.05**	**237.61**
#耐用消费品	Durable Consumer Goods	17.80	17.24	29.32	27.11	41.44	84.07
家庭日用杂品	Household Articles for Daily use	46.17	39.69	65.20	82.42	98.70	131.48
五、医疗保健	**Medical and Health Care Services**	**76.43**	**40.00**	**85.91**	**118.90**	**124.90**	**193.34**
#医疗卫生保健用品	Medicines and Medical and Health Care Facilities and Articles	28.57	21.16	51.35	61.16	61.97	84.26
医疗保健服务费	Medicine and Health Care Services Fees	45.02	16.79	30.16	47.78	52.44	94.67
六、交通和通讯	**Transportation and Communications**	**83.09**	**70.36**	**145.21**	**203.77**	**328.24**	**556.44**
#交通、通讯工具	Transportation and Communication Tools	13.85	8.41	27.13	35.83	85.64	116.18
交通费	Transportation Fees	19.08	14.79	36.46	52.59	74.03	102.89
邮电费	Postal and Telecommunication Fees	37.75	37.02	59.32	89.40	138.62	281.53
交通、通讯修理费	Maintenance Expenses of Transportation and Communication Tools	5.79	4.19	9.58	11.37	13.65	20.41
七、文化教育娱乐用品及服务	**Cultural, Educational and Recreational Articles and Services**	**178.82**	**142.52**	**258.59**	**274.55**	**334.82**	**505.07**
文化教育娱乐用品	Cultural, Educational and Recreational Articles	17.54	14.83	32.08	39.90	43.34	90.95
文化教育娱乐服务	Cultural, Educational and Recreational Services	161.29	127.69	226.51	234.65	291.48	414.11
#学杂费	Tuition and Miscellaneous	154.15	121.25	207.66	206.11	247.45	343.66
技术培训费	Technical Training Fees	0.29	0.02	2.79	3.17	5.25	13.56
文娱费	Recreational Fees	3.61	4.42	9.48	16.62	25.78	37.09
八、其他商品和服务	**Other Commodities and Services**	**59.84**	**61.04**	**85.24**	**111.99**	**147.70**	**250.82**

主要统计指标解释

居民消费水平　居民消费水平是指按人口平均计算的居民消费额。居民消费水平表明国家对人民的物质文化生活需要的满足程度，它是反映一个国家（或地区）的经济发展水平和人民物质文化生活水平的综合指标。

居民消费水平，可以按国民收入口径，即居民物质产品消费进行计算，也可以按国内生产总值口径，即包括劳务以内的总消费进行计算。根据计算居民消费的不同价格，可以计算出按当年价格计算的居民消费和按可比价格计算的居民消费水平，后者便于观察居民实际消费水平的增长变化。为了观察居民消费的实物构成，还可以进一步计算各种消费品的平均消费的数量和金额，以反映居民在取得基本生存资料的基础上逐步向需要享受资料和发展资料的方向发展的趋势。

城镇居民家庭可支配收入　是指居民家庭在支付个人所得税和交纳的社会保障支出之后，所余下的实际收入。即用实际收入减掉个人所得税减掉个人交纳的社会保障支出以及记帐补贴。

城镇居民家庭消费性支出　是指调查户用于日常生活的全部支出，包括购买各种商品支出和文化生活、服务等非商品支出。

农村居民家庭总收入　是指农村居民家庭年内通过各种生产和提供劳务活动所获得的全部现金和实物收入，从国家财政和农村外部其他居民阶层获得收入。借贷性收入、农村内部的赠送收入、出售原有财物的收入不包括在内。总收入包括四个部分，即工资性收入、家庭经营收入、转移性收入和财产性收入。

农村居民家庭纯收入　是指总收入扣除相应的各项费用支出后，归农村居民所有的收入。它可以用于生产和非生产投资，改善物质和文化生活，以及用于再分配的支出和结余的收入。这个指标用来观察农村居民实际收入水平，以及农村居民扩大再生产和改善生活的能力。

纯收入 = 总收入 – 家庭经营费用支出 – 生产性固定资产折旧 – 缴纳税款 – 上缴集体的承包任务 – 调查补贴

Explanatory Notes on Statistical Indicators

Consumption Level of Residents refers to per capita consumption of residents. It shows the level of the people' s material and cultural life. It is a comprehensive indicator to reflect the economic development of a country (or region) and the level of the material and cultural life of the people.

Consumption level of residents can be calculated either in terms of national income (i.e. the material product consumption of residents) of in terms of gross domestic product (i.e. the total consumption including that of service) . In accordance with the different prices to calculate the consumption of residents, the consumption of residents at current prices and that at comparable prices are obtained respectively. The latter is used to reflect the growth changes of actual consumption of residents. In order to observe the composition of residential consumption in kind, the volume and value of average consumption of various consumer goods can be further calculated to show the trend of asking for means of enjoyment and development on the basis of satisfying the need of existence.

Disposable Income of Urban Households refers to the actual income of the sample households which excludes the personal income tax and the expenditure on social security, i.e. total income of sample households minus personal income tax, expenditure on social security and sample household subsidy.

Expenditure for Consumption of Urban Households refers to total expenditure of the sample households for consumption in daily life, including expenditure for various commodities and expenses for non-commodity items such as culture and service, etc.

Total Income of Rural Households refers to the total cash income and the income in kind of the rural households during a year by means of production and services, including the income obtained from the government revenue and other residents outside the rural coverage. The income from loans, grants inside the rural areas and selling their own properties is excluded. The total income includes wages income from household business transfer income and property income.

Net Income of Rural Households refers to the income of the rural households after the education of various expanses from the total income. The net income can be spent for investments in productive and nonproductive construction for improving the material and cultural life as well as the expenditures for redistribution and the balance income. It is an indicator to show the actual level of the income and the ability of expanding reproduction and improving living conditions of the rural households.

Net Income = Total Income – Expenses for Household Business Depreciation for Productive Fixed Assets – Tax Payments – Contracted Profits to the Collective – Survey Subsidies.

十一 农业

AGRICULTURE

11

十一　农　业

简要说明

一、本篇资料反映广东省农业生产和农村经济的基本情况。内容主要包括农村劳动力、耕地、农业产值、主要产品产量等统计数据以及农业自然灾害、国营农场、乡镇企业等方面的统计资料。

二、本篇资料主要由广东省统计局农村统计处整理提供。

三、本篇资料主要来源于广东省农林牧渔业综合统计报表。农林牧渔业综合统计报表制度的统计范围包括各市县区的各种经济类型的全部农林牧渔业以及各非农行业附属的农林牧渔业生产单位。

11　AGRICULTURE

Brief Introduction

Ⅰ. The data in this chapter show the basic conditions of agricultural production and rural economy, mainly including the rural labour force, the cultivated land, the output of farming, animal husbandry, side-line production and fishery, the output of major products as well as the natural calamity in agriculture, the state-owned farms and the township enterprises.

Ⅱ. The data in this chapter are mainly prepared and provided by the Division of Rural Statistics of Guangdong Provincial Bureau of Statistics.

Ⅲ. The data in this chapter mainly come from the statistical reporting summary tables on farming, forestry, animal husbandry and fishery of Guangdong Province. The statistical coverage of the statistical reporting summary scheme includes all the productive units of farming, forestry, animal husbandry and fishery and those related non-agricultural affiliated units with various ownership in the cities and counties and districts of Guangdong Province.

11-1 农业主要指标
MAIN INDICATORS ON AGRICULTURE

指　标	Item	1990	1995	2000	2001	2002	2002比2001增长% Growth Rate in 2002 over 2001
乡镇户数（万户）	Number of Rural Households (10000 households)	1141.71	1283.73	1419.91	1470.12	1443.33	-1.8
乡镇从业人员（万人）	Number of Rural Employed Persons (10000 persons)	2363.37	2519.21	2789.89	2858.71	2784.39	-2.6
第一产业	Primary Industry	1600.85	1431.98	1572.07	1566.43	1556.29	-0.6
第二产业	Secondary Industry	387.36	584.04	655.41	718.83	660.22	-8.2
第三产业	Tertiary Industry	375.16	503.19	562.41	573.45	567.88	-1.0
外出从业人员（万人）	Outward Employed Persons (10000 persons)	274.45	433.70	463.11	474.80	499.93	5.3
耕地面积（万亩）	Regularly Cultivated Land (10000 mus)	3793.25	3475.97	3378.03	3344.07	3534.49	5.7
实际机耕面积（万亩）	Area Actually Ploughed by Tractors (10000 mus)	1296.94	1116.28	1213.96	1188.62	1161.60	-2.3
有效灌溉面积（万亩）	Effective Irrigated Area (10000 mus)	2692.69	2232.41	2217.77	2170.58	2136.50	-1.6
农业机械总动力（亿瓦特）	Total Power of Agricultural Machinery (100 million w)	127.88	166.96	176.39	176.02	177.94	1.1
化肥施用量（折纯）（万吨）	Consumption of Chemical Fertilizers (100% equivalent) (10000 tons)	162.41	195.71	176.20	195.09	196.44	0.7
农药施用量（万吨）	Consumption of Pesticides (10000 tons)	7.95	8.04	8.47	8.59	8.47	-1.4
农村用电量（万千瓦时）	Electricity Consumed in Rural Areas (10000 kwh)	581030	1862658	4054461	4634282	5863599	26.5
农副产品出口生产基地数（个）	Number of Production Bases of Farm and Sideline Products for Export (unit)	485	584	370	419	213	-49.2
农业总产值（亿元）	Gross Output Value of Agriculture (100 million yuan)	600.71	1445.48	1701.18	1722.35	1781.06	6.5
农业增加值（亿元）	Value Added of Agriculture (100 million yuan)	384.59	868.99	1000.06	1004.35	1032.79	4.4
主要产品产量（万吨）	Output of Major Products (10000 tons)						
粮　食	Grain	1896.29	1803.33	1822.33	1721.55	1484.16	-13.8
糖　蔗	Sugarcane	2093.46	1472.21	1137.59	1073.38	1136.45	5.9
花　生	Peanuts	57.95	69.98	77.68	79.73	75.19	-5.7
水　果	Fruits	328.58	414.51	643.52	590.74	698.91	18.3
水产品	Aquatic Products	207.66	354.34	593.19	609.67	628.06	3.0
猪　肉	Pork	145.35	188.75	206.85	213.65	220.17	3.1
造林面积（万亩）	Afforested Area (10000 mus)	467.93	31.02	25.76	48.52	86.34	77.9
乡镇企业单位数（万个）	Number of Township Enterprises (10000 units)	119.65	144.66	76.66	136.62	136.55	-0.1
乡镇企业人数（万人）	Employees in Township Enterprises (10000 persons)	658.33	1072.11	928.28	1132.64	1178.60	4.1
乡镇企业总收入（亿元）	Gross Income of Township Enterprises (100 million yuan)	785.39	4622.35	8555.76	10807.20	11619.48	7.5
乡镇企业固定资产原值（亿元）	Original Value of Fixed Assets of Township Enterprises (100 million yuan)	306.32	1704.65	3223.06	3608.22	4173.55	15.7

注：1.表中产值按当年价格计算，增长速度按可比价格计算。
2.1998年起水产品产量按新标准计算。
3.2001年起乡镇企业按新口径统计。
4.1998年起粮食、水果、猪肉采用抽样调查数。5.耕地面积2002年按新口径统计。

Note: a) The output value in this table are calculated at current prices, whereas the growth rates are calculated at comparable prices.
b) Since 1998, the output of aquatic products have been calculated in accordance with the new criterions.
c) Since 2001, the township enterprises have been calculated in accordance with the new stipulations.
d) Since 1998, the figures of grain, fruits and pork have been obtained from the agricultural sample surveys.
e) In 2002, the regularly cultivated land is calculated in accordance with the new stipulations.

11-2 农村经济主要比例关系和效益指标
MAIN INDICATORS ON PROPORTIONS AND EFFICIENCY IN RURAL ECONOMY

指　　标	Item	1985	1990	1995	2000	2001	2002
一、各产业劳动力比例　（%）	**Proportions of Laborers in Industries　（%）**	**100.0**	**100.0**	**100.0**	**100.0**	**100.0**	**100.0**
第一产业	Primary Industry	76.4	67.7	56.8	56.3	54.8	55.9
第二产业	Secondary Industry	12.8	16.4	23.2	23.5	25.1	23.7
第三产业	Tertiary Industry	10.8	15.9	20.0	20.2	20.1	20.4
二、劳动生产条件	**Production Condition**						
复种指数　（%）	Multiple Crop Index　（%）	206.0	225.0	229.0	229.0	235.3	203.9
平均每亩耕地化肥施用量（公斤）	Amount of Chemical Fertilizers Consumed per Mu of Cultivated Land　（kg）	26.3	42.9	56.0	52.1	58.3	55.6
平均每亩耕地农药施用量（公斤）	Amount of Pesticides Consumed per Mu of Cultivated Land　（kg）	1.9	2.0	2.3	2.5	2.6	2.4
三、投入产出率　（%）	**Input-output Rate　（%）**						
农　业	Agriculture				41.2	41.7	42.0
种植业	Faming				31.6	32.0	35.2
林　业	Forestry				24.7	24.4	24.7
牧　业	Animal Husbandry				54.6	55.1	55.6
渔业	Fishery				41.4	41.9	42.9
四、产出率	**Output Rate**						
耕　地　（元/亩）	Cultivated Land　（yuan/mu）				1684	1723	1907
园　地　（元/亩）	Garden Plot　（yuan/mu）				914	960	1181
淡水养殖水面　（元/亩）	Freshwater Area　（yuan/mu）				3643	3718	4075
生猪出栏率　（%）	Slaughtered Fattened Hog Rate　（%）				146	150	157
五、劳动生产率（每个劳动力创造或生产的）	**Labor Productivity（created or produced by per laborer）**						
农业总产值　（元）	Gross Output Value of Agriculture　（yuan）	1535	3753	10094	10821	10995	11444
农业增加值　（元）	Value Added of Agriculture　（yuan）	1076	2402	6068	6361	6412	6636
粮食产量　（公斤）	Output of Grain　（kg）	1096	1341	1555	1467	1396	1111
糖蔗产量　（公斤）	Output of Sugarcane　（kg）	1251	1480	1269	916	870	851
水果产量　（公斤）	Output of Fruits　（kg）	79	232	357	518	479	523
水产品产量　（公斤）	Output of Aquatic Products　（kg）	2054	3082	4277	5834	5980	5597

注：2000年起"产出率"中"园地"改由按年末实有面积计算。
Note: Since 2000, the output rate of garden plot has been calculated by the year-end real land.

11-3 农副产品人均拥有量
PER CAPITA AMOUNT OF FARM AND SIDELINE PRODUCTS OWNED

单位：公斤/人 (kilogram/person)

年份 Year	粮食 Grain		#稻谷 Rice		花生 Peanuts	
	按总人口 By Total Population	按农业人口 By Agricultural Population	按总人口 By Total Population	按农业人口 By Agricultural Population	按总人口 By Total Population	按农业人口 By Agricultural Population
1949	246.47	311.00	223.29	281.75	2.38	3.01
1952	273.98	328.73	242.97	291.52	4.54	5.44
1957	305.03	376.00	257.16	316.99	5.11	6.29
1962	260.00	319.59	229.42	282.00	4.36	5.36
1965	317.59	391.36	284.21	350.22	6.72	8.28
1970	292.96	353.69	264.03	318.76	7.34	8.86
1975	301.45	365.74	267.85	324.98	6.55	7.95
1978	298.08	364.92	262.35	321.18	6.94	8.50
1980	321.73	398.79	291.51	361.33	9.56	11.86
1985	283.68	367.06	257.14	332.72	10.09	13.06
1990	303.60	403.42	270.09	358.90	9.28	12.33
1991	295.09	398.33	260.14	351.16	8.84	11.93
1992	280.11	380.12	247.91	336.42	9.33	12.66
1993	249.79	339.53	218.60	297.16	10.12	13.76
1994	250.53	350.02	216.08	301.89	9.60	13.41
1995	267.55	380.45	230.55	327.82	10.38	14.76
1996	276.57	396.43	237.84	340.82	10.68	15.31
1997	282.77	408.50	240.01	346.72	10.65	15.39
1998	266.70	387.01	239.01	346.83	9.82	14.25
1999	268.59	390.32	226.18	328.69	10.17	14.78
2000	246.30	357.93	206.59	300.22	10.50	15.26
2001	228.57	333.17	191.37	278.95	10.59	15.43
2002	195.10	295.18	163.46	247.31	9.88	14.95

年份 Year	糖蔗 Sugarcane		水果 Fruits		水产品 Aquatic Products	
	按总人口 By Total Population	按农业人口 By Agricultural Population	按总人口 By Total Population	按农业人口 By Agricultural Population	按总人口 By Total Population	按农业人口 By Agricultural Population
1949	24.04	30.34			7.55	9.52
1952	91.21	109.44	5.67	6.80	10.35	12.42
1957	130.15	160.43	7.14	8.80	15.11	18.62
1962	50.51	62.09	2.16	2.66	9.64	11.85
1965	165.03	203.36	5.19	6.40	12.80	15.78
1970	149.91	180.98	8.22	9.93	13.08	15.79
1975	146.47	177.71	6.55	7.94	14.79	17.94
1978	164.97	201.96	5.81	7.11	12.93	15.83
1980	159.68	197.92	5.57	6.90	12.12	15.02
1985	323.82	419.00	20.56	26.60	19.49	44.18
1990	335.17	445.37	52.60	69.90	33.25	44.18
1991	360.12	486.12	62.74	83.81	35.86	47.91
1992	351.38	476.84	70.19	95.24	38.84	52.71
1993	245.79	334.11	61.70	83.87	41.66	56.63
1994	210.53	294.14	60.51	84.53	47.33	66.12
1995	218.43	310.59	61.43	87.74	52.57	74.75
1996	203.58	291.75	55.74	79.89	57.74	82.81
1997	234.25	338.40	59.59	86.09	74.53	107.66
1998	228.88	332.13	64.14	93.07	78.46	113.85
1999	169.04	245.65	86.40	104.48	79.91	116.13
2000	153.76	223.44	86.98	126.39	80.17	116.51
2001	142.51	207.73	78.43	114.33	80.95	117.99
2002	149.39	226.02	91.87	139.00	82.56	124.91

11-7 农村三次产业劳动力素质结构
STRUCTURE OF EDUCATIONAL LEVEL OF RURAL LABORERS BY INDUSTRY

单位：%　　(%)

项　　目	Item	从事第一产业的劳动力 Laborers Engaged in Primary Industry			从事第二、三产业的劳动力 Laborers Engaged in Secondary and Tertiary Industries		
		1995	2001	2002	1995	2001	2002
一、性别	**Sex**	**100.0**	**100.0**	**100.0**	**100.0**	**100.0**	**100.0**
男劳动力	Male	46.9	51.1	46.9	62.8	51.1	57.5
女劳动力	Female	53.1	48.9	53.1	37.2	48.9	42.5
二、文化程度	**Educational Level**	**100.0**	**100.0**	**100.0**	**100.0**	**100.0**	**100.0**
文盲与半文盲	Illiterate and Semi-illiterate	10.7	3.2	5.8	3.6	0.6	1.3
小学程度	Primary School	44.4	25.7	38.8	25.0	10.4	16.7
初中程度	Junior Secondary School	35.1	60.5	45.8	51.4	72.3	61.5
高中程度	Senior Secondary School	8.6	8.4	8.2	17.4	8.3	13.6
中专程度	Specialized Secondary School	1.2	2.2	1.2	2.2	7.4	5.7
大专及其以上程度	College and Higher Level	...		0.2	0.4	1.0	1.2
三、专业技术情况	**Status of Technical Training**	**100.0**	**100.0**	**100.0**	**100.0**	**100.0**	**100.0**
受过各种专业培训的劳动力	Various Technical Trainings Received	10.0	4.2	3.5	25.9	14.0	15.3
没有受过专业培训的劳动力	Various Technical Trainings Not Received	90.0	95.8	96.5	74.1	86.0	84.7

注：本表数据根据抽样调查推算。
Note: Data in this table are obtained from the agricultural economic sample surveys.

11-8 农村转移劳动力情况
TRANSFER OF RURAL LABORERS

单位：%　　(%)

项　　目	Item	2000	2001	2002
一、转移劳动力占农村劳动力比重	**Percentage of Transferred Laborers to Rural Laborer Force**	**37.8**	**38.2**	**39.5**
二、转移劳动力的性别和文化技术素质情况	**Percentage of Transferred Laborers by Sex and Educational Level**			
性别	By Sex	100.0	100.0	100.0
男劳动力	Male	60.3	59.4	57.4
女劳动力	Female	39.7	40.6	42.6
文化程度	By Educational Level	100.0	100.0	100.0
文盲与半文盲	Illiterate and Semi-illiterate	0.6	1.7	1.3
小学程度	Primary School	17.9	15.6	16.8
初中程度	Junior Secondary School	62.2	62.2	61.4
高中程度	Senior Secondary School	11.7	13.5	13.5
中专程度	Specialized Secondary School	6.3	5.8	5.8
大专及其以上程度	College and Higher Level	1.3	1.2	1.2
专业技术	By Status of Technical Training	100.0	100.0	100.0
受过专业培训	Various Technical Training Received	15.6	16.7	17.9
未受过专业培训	Various Technical Training Not Received	84.4	83.3	82.1

注：本表数据根据抽样调查推算。
Note: Data in this table are obtained from the agricultural economic sample surveys.

11-9 农村劳动力当年转移情况

TRANSFER OF RURAL LABORERS IN CURRENT YEAR

单位:%　　(%)

项　　目	Item	1995	2001	2002
一、当年转移的劳动力占总劳动力比重	**Percentage of Transferred Laborers in Current Year to Total Laborer Force**	**5.4**	**3.9**	**3.9**
二、转移劳动力的性别和文化技术素质情况	**Percentage of Transferred Laborers by Sex and Educational Level**			
性别	By Sex	100.0	100.0	100.0
男劳动力	Male	62.4	49.6	56.9
女劳动力	Female	37.6	50.4	43.1
文化程度	By Educational Level	100.0	100.0	100.0
文盲与半文盲	Illiterate and Semi-illiterate	3.6	1.9	
小学程度	Primary School	20.8	24.9	21.8
初中程度	Junior Secondary School	57.9	55.6	67.7
高中程度	Senior Secondary School	13.7	11.5	8.3
中专程度	Specialized Secondary School	3.5	5.1	2.2
大专及其以上程度	College and Higher Level	0.5	1.0	
专业技术	By Status of Technical Training	100.0	100.0	100.0
受过各种专业培训的劳动力	Various Technical Trainings Received	25.9	8.0	7.7
没有受过专业培训的劳动力	Various Technical Trainings Not Received	74.1	92.0	92.3
三、劳动力转移行业分布	**Percentage of Transferred Laborers by Sector**		**100.0**	**100.0**
农林牧渔业	Farming, Forestry, Animal Husbandry and Fishery		1.6	2.8
采掘业	Mining and Quarrying			2.8
制造业	Manufacturing		42.8	34.5
电力煤气及水的生产及供应业	Electricity, Gas and Water Production and Supply			1.5
建筑业	Construction		4.8	5.8
地质勘探业水利管理业	Geological Prospecting and Water Conservancy			
交通运输仓储及邮电通信业	Transport, Storage, Postal and Telecommunication Services		0.9	4.3
批发和零售贸易、餐饮业	Wholesale and Retail Trade and Catering Services		10.8	10.2
金融保险业	Banking and Insurance		0.9	
房地产业	Real Estate Trade			0.3
社会服务业	Social Services		15.6	13.8
卫生体育和社会福利业	Health Care, Sports and Social Welfare		0.9	0.6
教育文化艺术及广播电影电视业	Education, Culture, Arts, Broadcasting, Film and Television		1.9	2.2
科学研究和综合技术服务业	Scientific Research and Polytechnic Services			
国家机关政党机关社会团体	Government Agencies, Party Agencies and Social Organizations		0.3	0.6
其他行业	Others		19.5	20.6
四、当年返回农业的劳动力占总劳动力比重	**Percentage of Laborers Back to Agriculture in Current Year to Total Laborer Force**	**0.7**	**1.6**	**2.0**
#由城市返回	Back from Urban Areas	0.5	0.9	1.1

注：本表数据根据抽样调查推算。

Note: Data in this table are obtained from the agricultural economic sample surveys.

11-10 农业总产值
GROSS OUTPUT VALUE OF AGRICULTURE

单位：亿元 (100 million yuan)

年份 Year	农业总产值 Gross Output Value	种植业产值 Farming	林业产值 Forestry	牧业产值 Animal Husbandry	副业产值 Sideline	渔业产值 Fishery
按1957年不变价格计算 At 1957 Constant Prices						
1949	15.72	12.26	0.05	1.85	1.06	0.50
1952	21.01	15.41	0.17	2.72	1.71	1.00
1957	28.16	20.59	0.86	2.96	2.04	1.71
1962	23.71	17.91	1.11	2.19	1.49	1.01
1965	35.52	24.68	1.68	5.21	2.35	1.60
1970	40.89	27.97	2.16	5.54	3.16	2.06
按1970年不变价格计算 At 1970 Constant Prices						
1975	64.02	44.77	3.24	10.17	2.75	3.09
1978	74.33	49.14	4.09	11.02	7.23	2.85
1979	73.69	50.55	3.48	11.53	5.46	2.67
1980	81.88	53.56	4.43	11.51	9.45	2.93
1981	83.81	53.47	4.89	13.54	8.72	3.19
按1980年不变价格计算 At 1980 Constant Prices						
1981	109.10	68.83	6.99	16.83	10.91	5.54
1982	126.89	80.07	7.80	20.35	11.99	6.68
1983	130.20	76.07	8.21	21.89	15.90	8.13
1984	142.27	81.57	8.63	24.04	18.85	9.18
1985	152.63	82.58	9.05	27.69	22.61	10.70
1986	162.08	83.68	10.14	30.08	25.46	12.72
1987	177.63	91.55	9.76	32.15	28.67	15.50
1988	191.25	92.90	13.05	35.02	32.94	17.34
1989	206.26	99.50	13.58	37.77	36.11	19.30
1990	221.46	107.41	12.61	41.32	38.87	21.25
按1990年不变价格计算 At 1990 Constant Prices						
1990	589.49	307.19	29.97	120.08	51.81	80.44
1991	625.72	321.16	29.71	130.34	56.43	88.08
1992	663.69	334.09	30.42	140.36	58.29	100.53
1993	689.05	320.78	30.94	156.46	60.09	120.78
1994	719.79	330.93	31.61	162.38	60.64	134.23
1995	779.62	364.56	33.29	173.01	58.90	149.86
1996	827.05	377.02	34.28	189.67	60.62	165.46
1997	883.08	409.29	34.65	198.97	61.47	178.70
1998	925.83	423.11	35.89	209.23	63.86	193.74
1999	976.75	446.40	37.80	219.61	66.41	206.53
2000	1002.81	447.99	39.13	226.47	67.23	221.99
2001	1030.73	455.31	40.90	232.64	71.34	230.54
2002	1097.59	508.86	39.76	235.48	67.87	245.62

11-11 农业总产值指数
INDICES OF GROSS OUTPUT VALUE OF AGRICULTURE

单位:% (%)

年份 Year	农业总产值 Gross Output Value	种植业产值 Farming	林业产值 Forestry	牧业产值 Animal Husbandry	副业产值 Sideline	渔业产值 Fishery
1949	100.0	100.0	100.0	100.0	100.0	100.0
1952	133.7	125.7	340.0	147.0	161.3	200.0
1957	179.1	167.9	1720.0	160.0	192.5	342.0
1962	150.8	146.1	2220.0	118.4	140.6	202.0
1965	226.0	201.3	3360.0	281.6	221.7	320.0
1970	260.2	228.1	4320.0	299.5	298.1	412.0
1975	278.9	306.6	4410.0	367.5	218.5	483.1
1978	323.8	336.5	5566.9	398.2	574.5	445.6
1979	321.1	346.2	4736.7	416.6	433.8	417.4
1980	356.7	366.8	6029.7	415.9	750.9	458.1
1981	365.1	366.2	6655.8	489.3	692.9	498.7
1982	424.7	426.0	7427.1	591.1	761.5	601.4
1983	435.8	404.7	7817.5	636.4	1009.8	731.9
1984	476.2	433.9	8217.4	698.9	1197.1	826.4
1985	510.8	439.3	8617.3	805.0	1435.9	963.2
1986	542.5	445.2	9655.2	874.4	1616.9	1145.1
1987	594.5	487.0	9293.4	934.6	1820.8	1395.4
1988	640.1	494.2	12426.1	1018.1	2092.0	1561.0
1989	690.3	529.3	12930.8	1098.0	2293.3	1737.4
1990	741.2	571.4	12007.2	1201.2	2468.6	1912.9
1991	786.4	597.4	11903.0	1303.8	2688.7	2094.6
1992	834.5	621.4	12186.3	1404.1	2777.7	2390.6
1993	866.4	596.6	12394.6	1565.2	2863.5	2872.1
1994	905.1	615.5	12663.6	1624.4	2889.7	3191.8
1995	980.3	678.0	13336.6	1730.7	2806.9	3563.5
1996	1039.9	701.2	13733.2	1897.4	2888.9	3934.5
1997	1110.6	761.5	13884.3	1990.4	2929.3	4249.3
1998	1164.4	787.2	14381.2	2093.0	3043.2	4606.9
1999	1228.4	830.5	15146.3	2196.8	3164.6	4911.0
2000	1261.2	833.5	15679.2	2265.4	3203.7	5278.6
2001	1296.3	847.1	16388.4	2327.1	3399.6	5481.9
2002	1380.4	946.7	15931.6	2355.5	3234.2	5840.5

11-12 农业总产值和指数

GROSS OUTPUT VALUE AND INDICES OF AGRICULTURE

年份 Year	农业总产值 Gross Output Value	# 种植业 Farming	# 林业 Forestry	# 牧业 Animal Husbandry	# 渔业 Fishery
一、绝对值（亿元） Output Value（100 million yuan）					
1978	85.94	55.78	4.98	15.98	5.42
1979	91.53	58.97	7.67	13.58	3.09
1980	126.25	82.58	6.83	17.75	4.52
1981	133.85	85.40	7.81	21.62	5.09
1982	135.52	85.52	8.33	21.73	7.13
1983	169.96	99.30	10.72	28.57	10.61
1984	200.07	114.71	12.13	33.81	12.91
1985	245.21	120.89	21.09	54.68	20.35
1986	279.15	136.86	24.38	60.74	25.35
1987	348.61	175.75	16.74	77.81	30.14
1988	473.78	226.97	27.66	113.75	54.46
1989	548.60	266.53	28.00	133.97	62.85
1990	600.71	297.97	28.46	143.00	69.18
1991	654.82	321.84	29.64	155.23	80.20
1992	737.11	360.80	32.86	174.77	99.90
1993	899.03	411.48	35.51	222.33	153.90
1994	1151.38	549.76	41.07	278.14	202.16
1995	1445.48	694.55	46.12	347.16	272.53
1996	1577.89	737.35	49.64	396.09	304.53
1997	1656.46	760.32	52.10	423.51	327.34
1998	1705.44	769.85	54.65	439.30	347.21
1999	1745.02	765.66	58.77	455.04	369.08
2000	1701.18	714.74	59.64	448.01	383.42
2001	1722.35	722.22	56.78	456.40	390.06
2002	1781.06	747.47	57.09	464.05	416.29
二、指数（1978=100） Indices（1978=100）					
1978	100.0	100.0	100.0	100.0	100.0
1979	99.2	102.9	85.1	104.6	93.7
1980	110.2	109.0	108.3	104.4	102.8
1981	112.8	108.8	119.6	122.9	111.9
1982	131.2	126.6	133.4	148.4	135.0
1983	134.6	120.3	140.4	159.8	164.3
1984	147.1	128.9	147.6	175.5	185.5
1985	157.8	130.5	154.8	202.2	216.2
1986	167.5	132.3	173.4	219.6	257.0
1987	183.6	144.7	166.9	234.7	313.2
1988	197.7	146.9	223.2	255.7	350.3
1989	213.2	157.3	232.3	275.7	389.9
1990	228.9	169.8	215.7	301.7	429.3
1991	243.0	177.5	213.8	327.4	470.1
1992	257.7	184.7	218.9	352.6	536.5
1993	267.6	177.3	222.6	293.1	644.5
1994	279.5	182.9	227.5	407.9	716.3
1995	302.7	201.6	239.6	434.8	800.1
1996	320.9	207.5	246.5	476.3	882.9
1997	342.7	225.3	249.2	499.6	953.5
1998	359.3	232.9	258.1	525.4	1033.7
1999	379.1	245.7	271.8	551.5	1101.9
2000	389.3	246.7	281.3	568.6	1184.5
2001	400.1	250.7	294.0	584.1	1230.1
2002	426.1	280.2	285.8	591.2	1310.6

注：本表绝对数按现价计算，指数按可比价计算。

Note: Data in value terms in this table are calculated at current prices, whereas the related indices are calculated at comparable prices.

11-13 农作物播种面积
TOTAL SOWN AREA OF FARM CROPS

单位：万亩 （10000 mus）

年份 Year	农作物总播种面积 Total Sown Area	一、粮食作物 Grain Crops	#稻谷 Rice	#薯类 Tubers	二、大豆 Soybean	三、经济作物 Economic Crops
1949	7928.93	7174.20	6189.30	743.70	138.87	232.56
1952	8413.24	7413.90	6080.40	998.40	140.71	359.85
1957	9490.39	8080.00	6061.40	1226.18	143.80	602.91
1962	8531.36	7151.30	5483.70	1181.25	116.00	470.20
1965	8699.62	6884.40	5413.60	983.47	113.00	944.17
1970	9381.99	6958.20	5657.68	902.43	116.45	1089.12
1975	10255.25	7556.31	5871.37	918.44	197.60	1223.18
1978	9962.46	7603.47	5790.39	873.02	163.71	1277.28
1979	9492.62	7300.54	5691.88	845.65	185.91	1258.28
1980	8954.84	6908.02	5596.10	800.67	198.18	1213.98
1981	8567.83	6548.40	5450.29	767.07	199.33	1302.19
1982	8539.77	6475.65	5373.51	778.51	218.52	1327.84
1983	8364.03	6485.66	5406.97	780.98	197.43	1126.05
1984	8313.00	6269.47	5272.01	765.51	193.21	1213.32
1985	8036.82	5750.76	4815.81	730.83	175.22	1417.68
1986	8037.18	5731.76	4804.77	745.48	177.59	1334.07
1987	8064.78	5679.94	4750.06	743.22	174.25	1324.67
1988	8063.89	5598.29	4678.26	726.61	172.60	1318.08
1989	8322.71	5777.18	4768.32	743.93	173.64	1324.88
1990	8507.35	5822.06	4763.67	751.70	172.44	1338.43
1991	8489.09	5643.92	4596.92	746.74	163.30	1374.36
1992	8231.36	5303.82	4313.79	710.56	157.48	1393.07
1993	7718.41	4840.76	3944.83	681.66	160.54	1295.77
1994	7807.99	4959.10	4005.47	747.93	157.12	1224.21
1995	7957.19	5052.24	4052.13	775.96	155.84	1185.17
1996	8156.22	5120.09	4066.33	778.70	155.04	1202.15
1997	8267.25	5144.06	4055.92	772.52	149.14	1211.80
1998	8310.73	5147.65	4029.10	768.09	146.06	1185.21
1999	7894.24	4912.04	3836.30	697.22	144.52	1071.27
2000	7735.35	4649.83	3619.05	640.15	145.46	1093.04
2001	7868.21	4634.79	3638.28	661.15	132.19	1088.71
2002	7207.37	4021.44	3151.22	582.81	102.14	1068.46

11-15 主要农作物播种面积、亩产及总产量

SOWN AREA, YIELD AND TOTAL OUTPUT OF MAJOR FARM CROPS

单位：万亩、公斤、万吨　　(10000 mus, kilograms, 10000 tons)

作物名称 Farm Crops		2000			2001			2002		
		播种面积 Sown Area	亩产 Yield per Mu	总产量 Total Output	播种面积 Sown Area	亩产 Yield per Mu	总产量 Total Output	播种面积 Sown Area	亩产 Yield per Mu	总产量 Total Output
农作物播种面积	**Total**	**7735.35**			**7868.21**			**7207.37**		
一、粮食作物	**Grain Crops**	**4649.83**	**392**	**1822.33**	**4634.79**	**371**	**1721.55**	**4021.44**	**369**	**1484.16**
稻谷	Rice	3619.05	422	1528.53	3638.28	396	1441.35	3151.22	395	1243.46
早稻	Early Rice	1745.35	435	759.50	1734.82	402	697.39	1501.51	410	615.64
晚稻	Late Rice	1873.70	410	769.03	1903.47	391	743.97	1649.71	381	627.82
小麦	Wheat	22.22	193	4.28	16.86	184	3.10	12.43	210	2.61
旱粮	Upland Grain	368.41	246	90.46	318.49	248	78.95	274.98	244	67.07
薯类	Tubers	640.15	311	199.05	661.15	300	198.15	582.81	293	171.02
二、大豆	**Soybean**	**145.46**	**129**	**18.73**	**132.19**	**131**	**17.36**	**102.14**	**124**	**12.67**
三、经济作物	**Economic Crops**	**1093.04**			**1088.71**			**1068.46**		
甘蔗	Sugarcane and Fruit Cane	267.12	4692	1253.21	245.31	4945	1213.03	257.46	5108	1315.24
糖蔗	Sugarcane	239.60	4748	1137.59	215.25	4987	1073.38	222.66	5104	1136.45
果蔗	Fruit Cane	27.52	4202	115.62	30.06	4646	139.65	34.81	5137	178.79
油料作物	Oil-bearing Crops	515.75	153	78.78	530.12	153	80.90	487.56	157	76.37
#花生	Peanuts	496.61	156	77.68	511.57	156	79.73	472.49	159	75.19
芝麻	Sesame	4.13	68	0.28	3.27	73	0.24	3.10	71	0.22
油菜籽	Rape Seeds	15.01	55	0.82	15.29	61	0.93	11.97	80	0.96
麻类	Fiber Crops	1.58	173	0.27	1.44	176	0.25	1.32	174	0.23
#黄红麻	Jute and Ambary Hemp	1.55	173	0.27	1.41	176	0.25	1.21	184	0.22
烟叶	Tobacco	46.65	133	6.21	53.48	127	6.79	46.27	131	6.07
黄（烤）烟	Flue-cured Tobacco	38.66	128	4.95	44.95	123	5.52	38.95	127	4.94
红（土）烟	Crude Tobacco	7.98	157	1.26	8.53	149	1.27	7.32	155	1.14
木薯	Cassava	186.20	1124	209.37	174.37	1126	196.28	172.68	1191	205.68
药材	Medicinal Plants	30.90			29.29			34.02		
其他经济作物	Other Economic Crops	44.84			54.71			69.14		
四、其他作物	**Other Crops**	**1847.01**			**2012.52**			**2015.33**		
#蔬菜	Vegetables	1515.15	1462	2214.80	1685.69	1410	2377.60	1692.00	1444	2442.53

11-16 农业机耕、农田水利、化肥和农药施用量及农村用电量

STATISTICS ON TRACTOR PLOUGHING, WATER CONSERVANCY, CONSUMPTION OF CHEMICAL FERTILIZERS AND PESTICIDES AND ELECTRICITY CONSUMPTION IN RURAL AREAS

项目	Item	1980	1990	1995	2000	2001	2002
一、实际机耕面积（万亩）	Area Actually Ploughed by Tractors (10000 mus)	1682.30	1296.94	1116.28	1213.96	1188.62	1162.00
二、有效灌溉面积（万亩）	Effective Irrigated Area (10000 mus)	2920.28	2692.69	2232.41	2217.77	2170.58	2136.50
占耕地面积（%）	Percentage to Total Cultivated Land (%)	70.8	71.1	64.2	65.6	64.9	60.4
三、旱涝保收面积（万亩）	Dried and Flooded Area under Control and Ensuring Stable Yields (10000 mus)	2195.20	2004.15	1645.58	1626.68	1601.07	1512.68
占耕地面积（%）	Percentage to Total Cultivated Land (%)	53.6	52.9	47.3	48.1	47.9	42.8
四、化肥施用量（万吨）	Consumption of Chemical Fertilizers (10000 tons)						
实物量	Gross Weight	333.54	541.40	601.09	611.12	630.48	639.46
# 氮肥	Nitrogenous Fertilizer	223.99	281.60	271.75	248.15	248.90	249.27
磷肥	Phosphate Fertilizer	85.85	134.32	146.00	153.01	158.02	161.06
钾肥	Potash Fertilizer	15.39	59.55	78.69	79.35	84.37	86.23
折纯量	Effective Weight (100% equivalent)	77.00	162.41	195.71	176.20	195.09	196.44
# 氮肥	Nitrogenous Fertilizer	54.03	95.82	99.49	95.89	97.42	96.55
磷肥	Phosphate Fertilizer	15.27	20.08	27.16	18.36	20.08	20.15
钾肥	Potash Fertilizer	6.36	27.57	34.14	35.84	38.56	38.86
五、农药施用量（万吨）	Consumption of Pesticides (10000 tons)	12.21	7.95	8.04	8.47	8.59	8.47
六、农村小型水电站（个）	Number of Small Hydropower Stations in Rural Areas (unit)	11100	10124	7988	5478	6121	5394
发电能力（万千瓦）	Generating Capacity (10000 kw)	42.95	81.47	130.14	142.57	147.17	162.30
七、农村用电量（万千瓦时）	Consumption of Electricity in Rural Areas (10000 kwh)	125496	581030	1862658	4054461	4634282	5863599
八、农业机械总动力（亿瓦特）	Total Power of Agricultural Machinery (100 million w)	59.60	127.88	166.96	176.39	176.02	177.94

11-17 水产品产量及养殖面积

OUTPUT OF AQUATIC PRODUCTS AND CULTURED AREA

指标	Item	1980	1990	1995	2000	2001	2002
一、水产品产量（万吨）	**Total Aquatic Products (10000 tons)**	**63.34**	**207.66**	**354.34**	**593.19**	**609.67**	**628.06**
海水产品	Seawater Aquatic Products	41.54	124.53	197.21	360.45	367.07	374.36
捕捞	Catches	40.78	110.74	161.42	191.48	188.02	184.72
养殖	Artificially Cultured	0.76	13.79	35.79	168.97	179.05	189.64
淡水产品	Freshwater Aquatic Products	21.80	83.13	157.13	232.74	242.60	253.70
捕捞	Catches	0.85	4.19	7.36	13.52	13.28	13.30
养殖	Artificially Cultured	20.95	78.94	149.77	219.22	229.32	240.40
二、养殖面积（万亩）	**Cultured Area (10000 mus)**	**300.43**	**515.50**	**688.73**	**846.76**	**868.13**	**878.59**
海水养殖	Seawater	32.31	138.50	174.23	292.33	304.19	312.26
淡水养殖	Freshwater	268.12	377.00	494.50	554.43	563.94	566.33

注：1998 年起水产品产量按新标准计算。

Note: Since 1998, output of aquatic products has been calculated in accordance with new criterions.

11-18 茶叶、桑、水果面积及产量
PLANTED AREA AND OUTPUT OF TEA，MULBERRY AND FRUITS

指　　标		Item	1980	1990	1995	2000	2001	2002
一、茶叶年末实有面积	（万亩）	Planted Area of Tea at the Year-end (10000 mus)	54.08	64.42	68.74	64.80	64.60	62.70
茶叶总产量	（万吨）	Output of Tea (10000 tons)	1.00	2.59	3.96	4.21	4.15	4.24
二、桑地年末实有面积	（万亩）	Planted Area of Mulberry at the Year-end (10000 mus)	21.10	29.71	37.76	26.89	33.70	43.10
蚕茧总产量	（万吨）	Output of Mulberry (10000 tons)	2.17	2.55	3.32	3.09	4.54	5.28
三、水果年末实有面积	（万亩）	Planted Area of Fruits at the Year-end (10000 mus)	177.40	967.11	1103.46	1502.35	1423.27	1313.12
水果总产量	（万吨）	Gross Output of Fruits (10000 tons)	29.10	328.58	414.51	643.52	590.74	698.91
#柑桔橙年末实有面积	（万亩）	Planted Area of Citrus at the Year-end (10000 mus)	40.00	288.99	169.84	123.34	141.50	158.83
柑桔橙总产量	（万吨）	Output of Citrus (10000 tons)	11.66	151.42	107.43	81.06	74.17	81.91
香（大）蕉年末实有面积	（万亩）	Planted Area of Bananas at the Year-end (10000 mus)	9.40	103.10	131.41	151.51	147.91	166.11
香（大）蕉总产量	（万吨）	Output of Bananas (10000 tons)	3.41	105.39	157.60	235.30	228.74	271.77
菠萝年末实有面积	（万亩）	Planted Area of Pineapple at the Year-end (10000 mus)	32.40	51.15	38.60	44.58	44.90	43.56
菠萝总产量	（万吨）	Output of Pineapple (10000 tons)	2.54	21.47	26.30	47.53	45.76	46.25
荔枝年末实有面积	（万亩）	Planted Area of Lychee at the Year-end (10000 mus)	35.60	178.99	294.17	474.83	412.24	385.02
荔枝总产量	（万吨）	Output of Lychee (10000 tons)	3.59	9.73	26.91	64.75	63.36	97.76
龙眼年末实有面积	（万亩）	Planted Area of Longan at the Year-end (10000 mus)	2.96	29.01	113.50	236.31	190.27	173.86
龙眼总产量	（万吨）	Output of Longan (10000 tons)	0.83	2.88	7.60	34.68	29.54	38.23

11-19 农业自然灾害情况
STATISTICS ON AGRICULTURE COVERED AND AFFECTED BY NATURAL DISASTER

项　　目		Item	1995	2000	2001	2002
农作物受灾面积	（万亩）	Areas of Farm Crops Covered by Natural Disaster (10000 mus)	1719.05	948.43	1685.87	2872.64
#成灾面积		Areas Affected	1141.70	509.06	974.50	1164.94
绝收面积		Areas without Output	162.02	84.14	244.66	199.34
受灾人数	（万人）	Number of Persons Affected (10000 persons)	2927	1801	2860	2774
死亡人数	（人）	Number of Dead Persons (person)	355	102	117	102
受伤人数	（人）	Number of Wounded Persons (person)	3444	14454	12808	8826
倒塌房屋	（间）	Number of Broken Buildings (room)	166736	27743	83530	46884
损坏房屋	（间）	Number of Damaged Buildings (room)	700458	74052	268405	229911
无家可归人数	（人）	Number of Homeless Persons (person)	68489	19128	54709	25632
死亡大牲畜	（头）	Number of Dead Large Animals (head)	6877	62417	3490	9051
直接经济损失	（亿元）	Volume of Direct Economic Loss (100 million yuan)	119.69	38.2	101.7	59.70

11-20 主要热带、亚热带作物面积及产量

PLANTED AREA AND OUTPUT OF MAJOR TROPICAL AND SUB TROPICAL PRODUCTS

项　目	Item	1980	1990	1995	2000	2001	2002
一、橡胶年末实有面积（万亩）	Actually Planted Area of Rubber at the Year-end（10000 mus）	147.82	128.70	103.94	58.08	55.07	52.85
橡胶当年收获面积（万亩）	Harvested Area of Rubber in Current Year（10000 mus）		91.51	84.69	53.37	40.49	48.02
橡胶总产量（万吨）	Total Output of Rubber（10000 tons）	2.15	3.58	2.98	2.62	2.39	2.43
二、椰子年末实有面积（万亩）	Actually Planted Area of Coconut at the Year-end（10000 mus）	0.41	0.18	0.78	0.73	0.50	0.54
椰子当年收获面积（万亩）	Harvested Area of Coconut in Current Year（10000 mus）		0.12	0.12	0.25	0.25	0.32
椰子总产量（万个）	Total Output of Coconut（10000 units）	13.00	37.03	64.00	162.00	144.00	199.00
三、槟榔年末实有面积（万亩）	Actually Planted Area of Areca at the Year-end（10000 mus）	0.05	0.05	0.07	0.05	0.05	0.05
槟榔当年收获面积（万亩）	Harvested Area of Areca in Current Year（10000 mus）		0.02	0.06	0.05	0.04	0.04
槟榔总产量（吨）	Total Output of Areca（ton）	…	12.00	13.00	13.00	13.00	11.00
四、胡椒年末实有面积（万亩）	Actually Planted Area of Pepper at the Year-end（10000 mus）	5.91	5.53	3.23	4.33	4.55	4.27
胡椒当年收获面积（万亩）	Harvested Area of Pepper in Current Year（10000 mus）		4.08	2.79	2.64	2.85	2.68
胡椒总产量（吨）	Total Output of Pepper（ton）	932.00	5369.37	2373.00	3384.00	3345.00	2676.00
五、香（疯）茅年末实有面积（万亩）	Actually Planted Area of Lemongrass at the Year-end（10000 mus）	22.57	7.14	2.22	0.62	0.43	1.20
香（疯）茅当年收获面积（万亩）	Harvested Area of Lemongrass in Current Year（10000 mus）		7.20	1.93	0.49	0.37	1.12
香（疯）茅总产量（吨）	Total Output of Lemongrass（ton）	1318.40	730.42	661.00	155.00	60.00	81.00
六、剑（番）麻年末实有面积（万亩）	Actually Planted Area of Sisal Hemp at the Year-end（10000 mus）	16.15	10.52	8.79	8.55	8.69	9.01
剑（番）麻当年收获面积（万亩）	Harvested Area of Sisal Hemp in Current Year（10000 mus）		8.03	8.16	6.90	7.31	7.54
剑（番）麻总产量（万吨）	Total Output of Sisal Hemp（10000 tons）	1.02	1.59	1.72	1.96	1.93	2.01

11-21 造林面积及主要林产品产量

AFFORESTED AREA AND MAJOR FOREST PRODUCTS

项　目	Item	1980	1990	1995	2000	2001	2002
当年造林面积（万亩）	Total Afforested Area in Current Year（10000 mus）	556.00	467.93	31.02	25.76	48.52	86.34
人工造林	Artificial Afforested	301.00	388.26	31.02	25.76	48.52	86.34
飞机播种	Sown by Airplane	255.00	79.67				
年末实有育苗面积（万亩）	Actual Area of Grown Seedlings at the Year-end（10000 mus）	2.73	8.20	3.51	3.12	3.84	4.76
当年幼林抚育实际面积（万亩）	Area of Tending Young Forest in Current Year（10000 mus）	471.00	804.40	584.33	333.37	277.01	265.55
当年迹地更新面积（万亩）	Area of Slash Reforestation in Current Year（10000 mus）	69.00	78.80	129.86	159.44	135.19	103.38
主要林产品产量	Output of Major Forest Products						
油桐籽（吨）	Tung-oil Seeds（ton）	976	2622	3536	3817	4229	3752
油茶籽（吨）	Tea-oil Seeds（ton）	13109	23736	24997	26268	28241	29814
松脂（万吨）	Rosin（10000 tons）	11.98	10.02	11.46	11.31	12.16	11.72

11-22 牲畜头数及肉类产量
NUMBER OF LIVESTOCK AND OUTPUT OF MEAT

项　目	Item	1980	1990	1995	2000	2001	2002
一、黄、水牛年末存栏头数（万头）	Number of Cattle and Buffaloes on Hand at the Year-End (10000 heads)	306.02	473.54	468.97	416.92	409.35	402.01
黄牛	Cattle	96.99	198.33	209.49	189.15	185.84	183.33
#从事农事劳役的	For Drought on Farming	68.09	136.71	145.93	130.06	128.85	126.93
水牛	Buffaloes	209.03	275.21	259.48	227.77	223.51	218.68
#从事农事劳役的	For Drought on Farming	155.92	212.18	190.96	165.14	162.31	158.16
二、奶牛年末存栏头数（万头）	Number of Milk Cows on Hand at the Year-End (10000 heads)	1.52	2.95	2.56	3.72	4.12	4.38
牛奶产量（万吨）	Output of Milk (10000 tons)	2.18	5.51	5.49	9.19	10.18	10.82
三、山羊年末存栏只数（万只）	Number of Goats on Hand at the Year-End (10000 heads)	13.38	14.21	27.30	29.33	29.66	28.33
四、生猪年末存栏头数（万头）	Number of Hogs on Hand at the Year-End (10000 heads)	1704.59	2058.89	2183.95	2034.79	2003.33	2104.58
#能繁殖母猪（万头）	Number of Female Hogs with Fertility (10000 heads)	115.70	141.98	137.25	143.75	143.41	149.43
生猪全年饲养量（万头）	Total Number of Hogs Raised in the Whole Year (10000 heads)	2730.69	3851.74	4579.16	4989.77	5055.52	5249.82
肉猪出栏头数（万头）	Number of Slaughtered Fattened Hogs (10000 heads)	1026.10	1792.85	2395.21	2954.98	3052.19	3145.24
五、肉类产量（万吨）	Output of Meat (10000 tons)		202.45	305.06	324.48	333.25	343.63
#猪肉	Pork	62.62	145.35	188.75	206.85	213.65	220.17
牛肉	Beef	0.55	2.88	5.68	5.17	5.11	5.65
羊肉	Mutton	0.03	0.15	0.44	0.43	0.49	0.54
禽肉	Meat of Poultry		54.02	109.94	111.50	113.42	111.15
兔肉	Rabbit Meat		0.05	0.25	0.53	0.58	0.69

注：1996年起按农业普查结果调整，1996年以前仍按原来口径不变。
Note: Since 1996, the figures have been adjusted in accordance with the results of agricultural census, while those before 1996 were calculated in accordance with the original approach.

11-23 农、林、牧、渔场基本情况
BASIC STATISTICS ON FARMING, FORESTRY, ANIMAL HUSBANDRY AND FISHERY

项　目	Item	1990	1995	2000	2001	2002
个数（个）	Number of Farms (unit)	599	585	6271	18629	11726
#农场	Number of Agricultural Farms	274	252	1744	2415	1312
人口（万人）	Population (10000 persons)	83.92	77.43	79.63	84.01	66.05
从业人员（万人）	Employed Persons (10000 persons)	44.55	36.06	32.90	38.05	30.47
年末耕地面积（万亩）	Cultivated Land at Year-End (10000 mus)	90.13	93.67	110.41	95.91	79.57
粮食播种面积（万亩）	Total Sown Area of Grain (10000 mus)	50.61	34.23	32.39	40.66	28.55
粮食总产量（万吨）	Total Output of Grain (10000 tons)	15.26	11.23	13.67	15.26	10.73
糖蔗播种面积（万亩）	Sown Area of Sugarcane (10000 mus)	43.64	46.90	38.67	45.27	46.40
糖蔗总产量（万吨）	Output of Sugarcane (10000 tons)	253.62	247.36	166.66	227.43	248.52
花生播种面积（万亩）	Sown Area of Peanuts (10000 mus)	7.37	5.60	8.59	8.71	7.78
花生总产量（万吨）	Output of Peanuts (10000 tons)	0.87	0.71	1.35	1.17	1.21
造林面积（万亩）	Area of Afforestation (10000 mus)	30.88	13.23	9.07	14.38	14.41
橡胶年末实有面积（万亩）	Planted Area of Rubber at Year-End (10000 mus)	105.41	93.36	52.79	53.85	53.19
橡胶总产量（干胶片）（万吨）	Output of Rubber (Dry Rubber) (10000 tons)	3.38	2.64	1.91	1.66	1.77
牛年末存栏头数（万头）	Number of Cattle and Buffaloes on Hand at Year-End (10000 heads)	9.21	8.00	7.25	8.09	6.34
生猪年末存栏头数（万头）	Number of Hogs on Hand at Year-end (10000 heads)	49.16	48.89	139.38	139.26	126.24
水产品产量（万吨）	Output of Aquatic Products (10000 tons)	1.80	6.18	17.66	14.58	14.25
大中型农用拖拉机（混合台）	Number of Large and Medium-sized Agricultural Tractors (unit)	1631	1078	622	1036	508
小型及手扶拖拉机（台）	Number of Mini-tractor and Walking Tractors (unit)	5439	4616	5107	6932	16068

注：1999年以前只统计国营农场，1999年及以后包括国营、集体、联营、私营农场。
Note: Data in the table only included the state-owned farms before 1999, and have included the state-owned, collective owned, joint and private farms since 1999.

11-24 主要农副产品产量与最高年份比较（2002 年）
OUTPUT OF MAJOR FARM AND SIDELINE PRODUCTS IN COMPARISON WITH PEAK YEAR (2002)

指标		Item		2002	建国以来最高年 Peak Year since 1949		
					年份 Peak Year	产量 Output	2002 为建国以来最高年份% Percentage of 2002 to Peak Year
一、粮食总产量	（万吨）	Total Output of Grain	(10000 tons)	1484.16	1997	1966.75	75.5
#稻谷		Output of Rice		1243.46	1998	1688.53	73.6
早稻		Early Rice		615.64	1983	862.25	71.4
晚稻		Late Rice		627.82	1998	866.51	72.5
二、大豆	（万吨）	Soybean	(10000 tons)	12.67	2000	18.73	67.6
三、经济作物	（万吨）	Economic Crops	(10000 tons)				
甘蔗		Sugarcane and Fruit Canes		1315.24	1992	2376.62	55.3
#糖蔗		Sugarcane		1136.45	1992	2271.06	50.0
油料作物		Oil-bearing Crops		76.37	2001	80.90	94.4
#花生		Peanuts		75.19	2001	79.73	94.3
黄红麻		Jute and Ambary Hemp		0.22	1978	18.07	1.2
烟叶		Tobacco		6.07	1992	8.62	70.4
黄（烤）烟		Flue-cured Tobacco		4.94	1992	6.14	80.5
红（土）烟		Crude Tobacco		1.13	1991	2.66	42.5
四、其他作物		Other Crops					
#蔬菜	（万吨）	Vegetables	(10000 tons)	2442.53	2001	2377.60	102.7
五、水果	（万吨）	Fruits	(10000 tons)	698.91	2000	643.52	108.6
六、水产品	（万吨）	Aquatic Products	(10000 tons)	628.06	2001	609.67	103.0
七、生猪年末存栏量	（万头）	Number of Hogs on Hand at the Year-end	(10000 heads)	2104.58	1995	2183.95	96.4
八、生猪出栏头数	（万头）	Number of Slaughtered Fattened Hogs	(10000 heads)	3145.23	2001	3052.19	103.0
九、猪肉产量	（万吨）	Output of Pork	(10000 tons)	220.17	2001	213.65	103.1
十、三鸟饲养量	（万只）	Number of Poultry Raised	(10000 units)	125551.49	2000	124800.95	100.6

注：1.1998 年起水产品产量按新标准计算。
2.1998 年起主要农产品产量采用抽样调查数，其他年份均为全面统计数。

Note: a) The output of aquatic products have been calculated in accordance with the new criterions since 1998.
b) Since 1998, the output of major agricultural products have been obtained from sample surveys, while those of other years have been obtained from complete enumeration.

11-25 乡镇企业基本情况（2002年）
BASIC STATISTICS ON TOWNSHIP ENTERPRISES (2002)

项　目	Item	企业个数（个）Number of Enterprises (unit)	从业人员年末人数（万人）Number of Year-end Employed Persons (10000 persons)	营业收入（亿元）Business Income (100 million yuan)	利润总额（亿元）Total Profits (100 million yuan)	上交税金（亿元）Taxes Payable (100 million yuan)	固定资产原值（亿元）Original Value of Fixed Assets (100 million yuan)
总　计	**Total**	**1365478**	**1178.60**	**11619.48**	**567.44**	**259.54**	**4173.55**
一、按登记注册类型分	**Grouped by Registration Ownership**						
内资企业小计	Domestic Funded Enterprises	1337079	868.89	9112.84	453.68	200.45	2834.91
集体企业	Collective-owned Enterprises	44743	155.59	1708.04	92.33	41.42	849.09
股份合作企业	Cooperative Enterprises	931	3.47	67.79	3.57	2.28	36.23
联营企业	Joint Ownership Enterprises	2408	6.47	57.44	2.64	1.35	21.28
有限责任公司	Limited Liability Corporations	6825	34.31	610.37	25.09	16.75	278.06
股份有限公司	Share-holding Limited Companies	2098	5.45	152.55	6.44	5.29	63.39
私营企业	Private Enterprises	155505	258.28	3191.79	142.29	72.09	932.39
个体独资企业	Enterprises Exclusively Funded by Individuals	848751	294.83	2426.01	133.65	42.27	471.54
其他企业	Other Enterprises	275818	110.50	898.84	47.67	18.99	182.93
港、澳、台商投资企业	Enterprises Funded by Entrepreneurs from Hong Kong, Macao and Taiwan	20639	271.31	2034.05	90.29	44.61	1080.84
外商投资企业	Foreign Funded Enterprises	7760	38.39	472.58	23.47	14.48	257.79
二、按国民经济行业分	**Grouped by Sector**						
农、林、牧、渔业	Farming, Forestry, Animal Husbandry and Fishery Mineral Mining	14716	10.68	68.33	4.62	0.96	26.65
采矿业	Mineral Mining	13096	16.10	195.86	12.13	3.55	50.13
#规模以上	Of which: above Designated Size	288	2.40	54.50	3.08	1.12	15.98
制造业	Manufacturing	352301	810.08	8741.80	367.22	189.04	3241.58
#规模以上	Of which: above Designated Size	14013	327.64	4405.00	159.88	105.85	1811.20
建筑业	Construction	58997	65.95	489.74	28.31	11.25	96.21
#资质等级以外企业	Enterprises under Qualification Criteria	24638	21.28	141.83	7.69	1.85	20.79
交通运输仓储业	Transport and Storage	199876	38.51	321.37	23.14	6.51	98.94
批发零售业	Wholesale and Retail Trade	471787	123.29	1034.04	62.45	22.35	203.49
住宿及餐饮业	Accommodation and Catering Services	130591	65.43	394.20	31.82	12.49	171.12
#餐饮业	Of which: Catering Services	81854	40.82	245.75	19.39	7.71	99.13
社会服务业	Social Services	58458	21.49	140.33	14.57	4.52	134.69
其他	Others	65656	27.06	233.81	23.18	8.87	150.74

11-26 乡镇工业企业生产销售情况（2002年）
PRODUCTION AND SALES OF TOWNSHIP INDUSTRIAL ENTERPRISES (2002)

项目	Item	企业个数（个）Number of Enterprises (unit)	从业人员年平均数（万人）Average Number of Employed Persons (10000 persons)	增加值（亿元）Value Added (100 million yuan)	现价总产值（亿元）Gross Output Value at Current Prices (100 million yuan)	现价销售产值（亿元）Sales Value at Current Prices (100 million yuan)
总计	**Total**	**14301**	**328.12**	**1148.29**	**4893.83**	**4658.34**
一、按轻重工业分	**Group by Light & Heavy Industry**					
轻工业	Light Industry	11244	270.12	872.47	3688.77	3495.12
以农产品为原料	Using Farm Produce as Raw Materials	2572	52.20	190.19	895.25	850.90
以非农产品为原料	Using Non-farm Produce as Raw Materials	8672	217.92	682.28	2793.52	2644.22
重工业	Heavy Industry	3057	58.00	275.82	1205.06	1163.22
采掘工业	Mining and Quarrying	288	2.38	12.37	57.01	55.65
原料工业	Raw Materials Industry	568	9.63	47.06	211.78	207.18
加工工业	Processing Industry	2201	45.99	216.39	936.27	900.39
二、按工业行业分	**Grouped by Sector**					
煤炭采选业	Coal Mining and Dressing	16	0.23	1.05	3.40	4.08
黑色金属矿采选业	Ferrous Metals Mining and Dressing	8	0.12	0.24	0.82	0.79
有色金属矿采选业	Nonferrous Metals Mining and Dressing	12	0.17	0.51	1.59	1.51
非金属矿采选业	Nonmetal Minerals Mining and Dressing	191	1.60	8.45	40.01	38.03
其他矿采选业	Other Minerals Mining and Dressing	68	0.53	3.04	13.14	12.37
木材及竹材采运业	Logging and Transport of Timber and Bamboo	15	0.22	0.80	4.09	3.92
食品加工业	Food Processing	339	3.37	24.92	131.96	128.24
食品制造业	Food Production	255	3.28	12.35	59.69	56.62
饮料制造业	Beverage Production	96	1.75	12.06	42.72	40.13
烟草加工业	Tobacco Processing	2	0.01	0.18	0.80	0.79
纺织业	Textile Industry	701	17.61	59.91	258.59	245.63
服装、鞋、帽制造业	Garments, Shoes and Headgear Manufacturing	1835	57.27	128.47	555.15	541.13
皮革、毛皮、羽绒及其制品业	Leather, Furs, Down and Related Products	593	20.29	46.33	203.12	190.25
木材加工及竹、藤、棕、草制品业	Timber Processing, Bamboo, Cane, Palm Fiber and Straw Products	250	5.28	21.44	95.40	92.96
家具制造业	Furniture Manufacturing	400	9.39	28.29	107.24	102.28
造纸及纸制品业	Papermaking and Paper Products	578	8.87	37.22	154.11	148.47
印刷业、记录媒介的复制	Printing and Record Medium Reproduction	216	5.21	16.91	65.50	62.39
文教体育用品制造业	Cultural, Educational and Sports Goods	252	10.55	22.97	95.01	90.30
石油加工、炼焦及核燃料加工业	Petroleum Refining, Coking and Nuclear Fuel Processing	29	0.22	3.10	15.37	14.46
化学原料及化学制品制造业	Raw Chemical Materials and Chemical Products	451	4.21	30.65	134.10	129.86
医药制造业	Medical and Pharmaceutical Products	44	0.80	9.72	37.96	31.24
化学纤维制造业	Chemical Fiber	52	0.79	2.81	11.44	11.17
橡胶制品业	Rubber Products	125	3.15	8.13	30.53	29.70
塑料制品业	Plastic Products	1070	23.87	77.68	324.34	302.27
非金属矿物制品业	Nonmetal Mineral Products	669	11.37	45.90	213.59	206.67
黑色金属冶炼及压延加工业	Smelting and Pressing of Ferrous Metals	166	1.19	8.99	49.96	50.65
有色金属冶炼及压延加工业	Smelting and Pressing of Nonferrous Metals	141	1.58	16.73	74.64	71.16
金属制品业	Metal Products	1417	26.13	111.64	493.47	477.48
普通机械制造业	Ordinary Machinery	209	2.67	11.51	56.25	54.69
专用设备制造业	Special Purposes Equipment	68	1.09	5.37	21.59	20.26
交通运输设备制造业	Transport Equipment	111	2.17	17.23	75.19	71.13
电气机械及器材制造业	Electric Equipment and Machinery	511	14.46	58.75	259.40	247.37
电子及通信设备制造业	Electronic and Telecommunications	727	31.14	101.94	385.35	355.22
仪器仪表及文化、办公用机械制造业	Instruments, Meters, Cultural and Clerical Machinery	58	1.18	5.22	23.64	22.55
其他制造业	Other Manufacturing	2626	56.35	207.79	854.67	802.53

11-27 各市农村基层组织情况（2002 年）

BASIC CONDITIONS OF RURAL GRASSROOTS UNITS BY CITY (2002)

市别 City	乡镇个数（个）Number of Townships (unit)	乡镇户数（万户）Number of Rural Households (10000 households)	#农业户数 Agricultural Households	乡镇人口（万人）Rural Population (10000 persons)	#农业人口 Agricultural Population
广　州 Guangzhou	64	88.55	68.65	316.18	267.38
深　圳 Shenzhen	18	14.69	7.29	42.49	22.43
珠　海 Zhuhai	16	9.99	6.32	38.52	23.42
汕　头 Shantou	35	80.88	60.85	388.77	283.98
韶　关 Shaoguan	122	53.52	44.19	223.60	200.07
河　源 Heyuan	113	66.42	50.12	319.23	254.43
梅　州 Meizhou	159	95.33	78.71	405.09	354.57
惠　州 Huizhou	79	54.19	37.62	235.91	178.89
汕　尾 Shanwei	48	54.04	37.80	282.64	212.99
东　莞 Dongguan	28	39.56	30.90	140.90	99.91
中　山 Zhongshan	19	32.76	25.04	120.26	99.11
江　门 Jiangmen	73	85.12	66.17	297.40	242.00
佛　山 Foshan	35	77.87	50.21	256.71	160.70
阳　江 Yangjiang	48	55.12	44.69	220.77	186.04
湛　江 Zhanjiang	102	126.56	10.97	581.82	524.87
茂　名 Maoming	102	127.93	11.58	559.49	520.82
肇　庆 Zhaoqing	102	81.83	67.18	344.36	295.60
清　远 Qingyuan	134	82.10	65.93	341.72	303.25
潮　州 Chaozhou	43	49.97	43.10	214.11	183.12
揭　阳 Jieyang	78	102.82	91.62	490.05	440.59
云　浮 Yunfu	65	64.08	48.19	242.52	193.90

市别 City	乡镇从业人员（万人）Rural Employed Persons (10000 persons)	按性别分 By Sex		按产业分 By Industry		
		男 Male	女 Female	第一产业 Primary Industry	第二产业 Secondary Industry	第三产业 Tertiary Industry
广　州 Guangzhou	164.64	84.08	80.57	87.90	40.34	36.40
深　圳 Shenzhen	19.87	9.99	9.88	2.03	6.92	10.92
珠　海 Zhuhai	16.05	8.31	7.74	8.85	3.25	3.96
汕　头 Shantou	154.97	83.40	71.57	73.68	50.69	30.60
韶　关 Shaoguan	96.07	49.04	47.03	69.87	6.89	19.31
河　源 Heyuan	127.90	64.88	63.02	69.84	11.29	46.77
梅　州 Meizhou	171.36	85.58	85.78	101.19	27.92	42.24
惠　州 Huizhou	110.88	57.17	53.71	69.26	24.53	17.09
汕　尾 Shanwei	110.16	61.81	48.36	60.94	20.55	28.67
东　莞 Dongguan	74.99	38.20	36.79	15.08	39.22	20.69
中　山 Zhongshan	69.85	36.32	33.53	21.03	31.31	17.51
江　门 Jiangmen	157.45	78.19	79.26	85.77	34.71	36.97
佛　山 Foshan	131.12	66.26	64.87	37.50	57.99	35.63
阳　江 Yangjiang	117.11	62.24	54.87	81.15	19.33	16.62
湛　江 Zhanjiang	267.02	141.66	125.37	198.87	33.47	34.68
茂　名 Maoming	247.37	132.70	114.67	157.30	51.94	38.13
肇　庆 Zhaoqing	167.48	85.09	82.39	93.37	32.88	41.23
清　远 Qingyuan	154.23	79.60	74.63	99.75	17.28	37.20
潮　州 Chaozhou	90.44	47.21	43.22	48.42	25.32	16.69
揭　阳 Jieyang	222.19	120.61	101.58	111.15	59.52	51.52
云　浮 Yunfu	113.24	58.89	54.35	63.16	25.96	24.12

注：乡镇个数为省民政厅统计年报数。

Note: The number of townships comes from the annual reports of the Guangdong Provincial Department of Civil Affairs.

11-28 各市耕地面积（2002 年））
CULTIVATED LAND BY CITY (2002)

单位：万亩 （10000 mus）

市别 City		年末实有常用耕地面积 Regularly Cultivated Land at the Year-end	水（旱）田 Paddy Field	旱地 Dry Field	当年增加耕地面积 Increase of Cultivated Land in Current Year	#新开荒 Newly Reclaimed Wasteland	当年减少耕地面积 Decrease of Cultivated Land in Current Year	建设用地 Ground for Construction	农业结构调整 Adjustment of Agricultural Structure
广　州	Guangzhou	219.46	193.34	26.12	22.95	0.04	37.73	1.57	2.81
深　圳	Shenzhen	5.53	3.32	2.20	0.01		0.26	1.35	0.02
珠　海	Zhuhai	31.51	26.57	4.94	1.14	1.11	1.57	0.04	0.80
汕　头	Shantou	72.74	60.46	12.28	0.08		0.52	0.08	0.11
韶　关	Shaoguan	199.47	152.85	46.62	0.44	0.37	1.60	0.08	0.67
河　源	Heyuan	162.01	128.61	33.40	1.07	0.37	1.61	0.03	0.27
梅　州	Meizhou	212.60	160.13	52.47	0.18	0.13	1.21	0.13	0.04
惠　州	Huizhou	195.57	143.99	51.58	0.67	0.40	0.37	0.30	0.17
汕　尾	Shanwei	103.49	70.98	32.51	0.11	0.10	0.64	1.45	0.47
东　莞	Dongguan	50.07	42.61	7.46			0.02	0.27	
中　山	Zhongshan	53.84	22.69	31.15	0.12		4.78	0.05	1.35
江　门	Jiangmen	212.04	172.73	39.31	0.82	0.35	13.85	0.50	5.79
佛　山	Foshan	119.67	74.57	45.10	0.53	0.09	7.43	0.20	0.78
阳　江	Yangjiang	156.79	119.19	37.60	0.05	0.03	1.19	0.24	0.76
湛　江	Zhanjiang	598.86	259.15	339.71	1.42	0.54	5.67	0.92	3.01
茂　名	Maoming	346.24	274.03	72.21	0.64	0.27	5.75	0.01	5.36
肇　庆	Zhaoqing	201.04	170.49	30.55	0.12	0.07	1.07	0.25	0.78
清　远	Qingyuan	260.49	165.00	95.50	0.71	0.55	3.94	0.50	1.82
潮　州	Chaozhou	60.90	46.41	14.49	0.02	0.01	0.39	0.17	0.02
揭　阳	Jieyang	145.46	112.37	33.09	0.04		0.64	0.36	0.08
云　浮	Yunfu	152.30	99.11	53.19	0.33	0.25	0.79	0.10	0.58

注：建设用地为省国土厅统计年报数，年末实有常用耕地面积按新口径统计。

Note: Data on the land for construction are obtained from the annual reports of Guangdong Provincial Department of Land and Resources. The regularly cultivated land at the year-end is calculated in accordance with the new stipulations.

11-29 各市乡镇企业基本情况（2002 年）
BASIC STATISTICS ON TOWNSHIP ENTERPRISES BY CITY (2002)

市别 City		企业单位数（个） Number of Enterprises (unit)	企业人数（万人） Number of Employees (10000 persons)	现价总产值（亿元） Gross Output Value at Current Prices (100 million yuan)	利润总额（亿元） Total Profits (100 million yuan)	上交税金（亿元） Taxes Payable (100 million yuan)
广　州	Guangzhou	102511	132.82	1862.56	109.27	43.46
深　圳	Shenzhen	66290	143.85	363.34	43.38	16.48
珠　海	Zhuhai	18542	18.68	296.87	12.98	5.01
汕　头	Shantou	25432	52.23	615.09	20.38	9.32
韶　关	Shaoguan	102352	29.07	157.33	16.67	3.36
河　源	Heyuan	39889	12.89	44.02	3.61	1.27
梅　州	Meizhou	127811	41.81	203.33	16.73	6.81
惠　州	Huizhou	70706	63.66	549.27	35.28	7.86
汕　尾	Shanwei	46438	30.52	189.00	6.78	1.84
东　莞	Dongguan	44513	120.20	1046.29	56.97	27.17
中　山	Zhongshan	37203	69.69	868.51	40.35	30.44
江　门	Jiangmen	106155	79.66	1106.27	28.46	20.79
佛　山	Foshan	61831	79.58	1396.35	44.40	42.57
阳　江	Yangjiang	33241	17.66	159.16	8.89	5.63
湛　江	Zhanjiang	87645	39.23	365.62	19.69	5.28
茂　名	Maoming	125885	73.76	680.07	37.69	9.13
肇　庆	Zhaoqing	88260	50.15	491.88	16.46	7.04
清　远	Qingyuan	61550	21.50	80.81	8.87	3.03
潮　州	Chaozhou	40168	32.48	466.27	17.61	4.77
揭　阳	Jieyang	45107	48.05	788.66	15.86	4.42
云　浮	Yunfu	33949	21.13	173.48	7.10	3.52

11-30 各市农业总产值(2002年)
GROSS OUTPUT VALUE OF AGRICULTURE BY CITY (2002)

单位：亿元 (100 million yuan)

市别 City	农业总产值 Gross Output Value	种植业产值 Farming	林业产值 Forestry	牧业产值 Animal Husbandry	副业产值 Sideline	渔业产值 Fishery
广州 Guangzhou	175.06	94.29	1.16	40.46	7.01	32.14
深圳 Shenzhen	34.08	11.70	0.48	13.01	1.25	7.63
珠海 Zhuhai	26.52	5.87	0.12	3.55	0.01	16.97
汕头 Shantou	88.03	30.46	0.56	16.93	15.72	24.37
韶关 Shaoguan	77.17	44.69	3.82	17.22	4.65	6.79
河源 Heyuan	58.81	28.11	3.14	13.52	11.36	2.68
梅州 Meizhou	91.00	53.13	2.68	27.64	2.46	5.10
惠州 Huizhou	117.77	58.04	4.68	23.47	9.61	21.97
汕尾 Shanwei	91.03	27.23	1.43	12.39	6.42	43.57
东莞 Dongguan	53.67	21.70	0.23	24.29	0.74	6.70
中山 Zhongshan	42.29	16.76	0.20	5.26	0.12	19.94
江门 Jiangmen	138.66	57.49	1.63	36.51	4.72	38.32
佛山 Foshan	143.48	50.14	0.30	30.15	0.50	62.39
阳江 Yangjiang	112.29	42.19	3.02	21.05	6.21	39.81
湛江 Zhanjiang	191.10	82.68	3.01	32.24	22.99	50.18
茂名 Maoming	242.82	102.27	6.60	76.21	25.18	32.56
肇庆 Zhaoqing	179.26	69.05	15.99	43.61	27.92	22.69
清远 Qingyuan	98.96	55.14	6.04	26.20	5.73	5.85
潮州 Chaozhou	73.66	26.85	1.57	14.30	19.02	11.92
揭阳 Jieyang	129.78	63.30	1.83	25.34	25.01	14.30
云浮 Yunfu	100.01	36.66	6.21	35.05	14.43	7.66

注：本表按当年价格计算。
Note: Data in this table are calculated at current prices.

11-31 各市农业总产值(2002年)
GROSS OUTPUT VALUE OF AGRICULTURE BY CITY (2002)

单位：亿元 (100 million yuan)

市别 City	农业总产值 Gross Output Value	种植业产值 Farming	林业产值 Forestry	牧业产值 Animal Husbandry	副业产值 Sideline	渔业产值 Fishery
广州 Guangzhou	95.04	50.14	0.55	20.51	4.60	19.24
深圳 Shenzhen	13.38	4.67	0.07	4.12	0.36	4.16
珠海 Zhuhai	14.89	3.98	0.06	1.70		9.15
汕头 Shantou	46.42	16.35	0.10	7.41	9.18	13.37
韶关 Shaoguan	47.50	25.65	3.08	8.88	4.01	5.87
河源 Heyuan	35.91	16.17	2.35	5.92	9.66	1.81
梅州 Meizhou	64.13	43.01	2.51	13.51	1.27	3.82
惠州 Huizhou	59.73	32.99	2.12	9.00	4.44	11.17
汕尾 Shanwei	47.43	12.01	0.42	5.85	3.41	25.74
东莞 Dongguan	29.62	12.93	0.11	9.95	0.42	6.20
中山 Zhongshan	32.34	11.73	0.10	3.53	0.11	16.88
江门 Jiangmen	78.91	25.65	1.02	18.96	2.85	30.42
佛山 Foshan	86.16	23.84	0.22	18.35	0.49	43.26
阳江 Yangjiang	69.74	22.38	1.53	8.76	3.11	33.96
湛江 Zhanjiang	144.29	70.08	2.39	17.51	16.15	38.16
茂名 Maoming	205.80	108.13	5.06	35.88	17.66	39.07
肇庆 Zhaoqing	104.42	39.89	9.84	21.45	16.57	16.68
清远 Qingyuan	50.27	25.73	3.96	10.93	5.11	4.54
潮州 Chaozhou	41.27	11.81	0.36	5.39	17.56	6.16
揭阳 Jieyang	71.32	29.82	0.93	11.20	21.73	7.64
云浮 Yunfu	58.81	22.64	4.49	17.28	8.70	5.70

注：本表按1990年不变价格计算。
Note: Data in this table are calculated at 1990 constant prices.

11-32 各市造林面积、水产品产量、牲畜头数及猪肉产量（2002年）

AFFORESTED AREA, OUTPUT OF AQUATIC PRODUCTS, NUMBER OF LIVESTOCK AND OUTPUT OF PORK BY CITY (2002)

市别 City	造林总面积（万亩）Afforested Area (10000 mus)	水产品产量（万吨）Output of Aquatic Procts (10000 tons)	#淡水养殖 Freshwater Culturing	黄牛年末存栏头数（万头）Number of Cattle on Hand at the Year-end (10000 heads)	水牛年末存栏头数（万头）Number of Buffaloes on Hand at Year-end (10000 heads)	生猪年末存栏头数（万头）Number of Hogs on Hand at the Year-end (10000 heads)	肉猪出栏头数（万头）Number of Slaughtered Fattened Hogs (10000 heads)	猪肉产量（万吨）Output of Pork (10000 tons)
广　州 Guangzhou	8.50	34.54	22.23	2.42	3.30	87.20	196.70	14.69
深　圳 Shenzhen	2.71	6.43	0.93	0.03	0.01	31.42	64.69	4.48
珠　海 Zhuhai	1.09	12.31	8.68	0.02	0.15	20.96	33.13	2.65
汕　头 Shantou	4.52	31.67	4.57	0.65	0.26	39.52	87.84	6.22
韶　关 Shaoguan	13.89	7.69	7.51	12.34	19.04	123.81	164.15	12.63
河　源 Heyuan	9.96	3.02	2.90	9.93	12.87	79.25	87.94	6.74
梅　州 Meizhou	9.89	7.34	6.97	9.87	13.41	169.43	224.72	17.23
惠　州 Huizhou	23.26	15.61	7.00	11.91	11.08	93.00	143.21	9.72
汕　尾 Shanwei	12.77	52.88	2.44	8.67	3.45	43.07	77.42	5.78
东　莞 Dongguan	2.60	8.23	4.88	0.15	0.15	92.75	214.80	16.62
中　山 Zhongshan	0.65	23.58	21.16	0.03	0.07	22.68	47.02	3.43
江　门 Jiangmen	25.62	70.16	20.54	1.04	9.34	124.88	218.12	14.49
佛　山 Foshan	1.82	24.19	23.59	0.20	2.34	83.33	186.72	13.89
阳　江 Yangjiang	16.60	83.77	6.20	13.20	18.51	122.46	98.51	7.50
湛　江 Zhanjiang	15.23	75.77	6.98	41.01	26.73	165.57	253.50	18.81
茂　名 Maoming	18.72	75.15	20.98	29.34	37.72	299.13	426.62	32.83
肇　庆 Zhaoqing	28.67	25.11	24.63	12.81	28.67	207.74	291.46	22.03
清　远 Qingyuan	20.42	6.36	6.09	17.16	20.20	129.06	171.38	12.68
潮　州 Chaozhou	1.47	15.56	3.55	2.90	1.06	52.19	74.54	5.50
揭　阳 Jieyang	3.98	13.36	6.04	6.14	3.01	101.92	133.24	10.46
云　浮 Yunfu	18.15	7.90	7.78	3.49	7.33	83.56	128.71	9.64

注：1. 水产品产量按新标准计算。
　　2. 造林总面积包括荒山造林，迹地更新和低产林改造三项指标。

Note: a) Figures of aquatic products are calculated in accordance with new criterions.
　　b) Data on afforested area include afforestation in barren hill, slash reforestation and transformation of low-yield forest.

11-33 各市主要农作物播种面积、亩产及总产量（2002年）
SOWN AREA，YIELD AND TOTAL OUTPUT OF MAJOR FARM CROPS BY CITY（2002）

单位：亩、公斤、吨　　（mu，kilogram，ton）

市别 City	一、粮食作物 Grain Crops			# 稻谷 Rice		
	播种面积 Sown Area	亩产 Yield per Mu	总产量 Total Output	播种面积 Sown Area	亩产 Yield per Mu	总产量 Total Output
广　州 Guangzhou	1719410	373	641085	1537818	385	591306
深　圳 Shenzhen	8679	559	4852	1311	326	428
珠　海 Zhuhai	193649	357	69059	179849	360	64694
汕　头 Shantou	1158473	496	574129	871030	485	422209
韶　关 Shaoguan	2368405	395	936173	1850484	433	802072
河　源 Heyuan	2862454	394	1128569	2377768	426	1013758
梅　州 Meizhou	3444718	389	1340389	2661026	432	1150076
惠　州 Huizhou	2323331	352	818030	1761914	364	640542
汕　尾 Shanwei	1580516	332	524367	1020634	343	349804
东　莞 Dongguan	148184	363	53732	112388	378	42508
中　山 Zhongshan	501803	368	184889	456003	372	169689
江　门 Jiangmen	2856686	335	956308	2461999	354	872759
佛　山 Foshan	641584	354	227179	568677	364	206840
阳　江 Yangjiang	2203194	340	749669	1668280	364	606898
湛　江 Zhanjiang	4613882	321	1481592	3237600	346	1120672
茂　名 Maoming	3785153	406	1537856	2734321	447	1221180
肇　庆 Zhaoqing	3184182	410	1305322	2525865	447	1129292
清　远 Qingyuan	3569556	330	1179173	2707149	376	1018268
潮　州 Chaozhou	952613	437	416635	652491	459	299488
揭　阳 Jieyang	2443845	425	1038426	1554906	438	680765
云　浮 Yunfu	2278363	415	946085	1757300	470	826119

市别 City	二、大豆 Soybean			三、经济作物 Economic Crops	# 糖蔗 Sugarcane		
	播种面积 Sown Area	亩产 Yield per Mu	总产量 Total Output	播种面积 Sown Area	播种面积 Sown Area	亩产 Yield per Mu	总产量 Total Output
广　州 Guangzhou	11109	136	1511	250273	21423	7535	161425
深　圳 Shenzhen				1060			
珠　海 Zhuhai	2038	237	482	125818	118445	7036	833338
汕　头 Shantou	8614	135	1159	36031			
韶　关 Shaoguan	180789	137	24708	1075060	30136	4786	144235
河　源 Heyuan	227699	136	30928	404546	11993	5189	62232
梅　州 Meizhou	141072	114	16149	528985	334	3356	1121
惠　州 Huizhou	132866	113	15017	563437	38219	4861	185785
汕　尾 Shanwei	30420	112	3396	220253	3615	4711	17030
东　莞 Dongguan	1983	123	244	28425	2299	6535	15025
中　山 Zhongshan	1830	266	486	58930	14200	6681	94867
江　门 Jiangmen	71558	140	9987	576447	82012	4982	408570
佛　山 Foshan	2510	180	451	199419	2304	4179	9629
阳　江 Yangjiang	128764	109	14012	526301	20046	4372	87636
湛　江 Zhanjiang	62147	134	8327	2724453	1686403	4992	8417822
茂　名 Maoming	91258	166	15177	958042	69087	4732	326899
肇　庆 Zhaoqing	42626	151	6432	1065899	34803	5381	187265
清　远 Qingyuan	113835	132	15046	900566	55137	4378	241405
潮　州 Chaozhou	15500	131	2026	55743	6156	5125	31551
揭　阳 Jieyang	51935	133	6932	233252	7360	5779	42536
云　浮 Yunfu	94348	143	13496	559988	390	4838	1887

11-33 续表 continued

单位：亩、公斤、吨 （mu，kilogram，ton）

市别 City	# 花生 Peanuts			# 黄红麻 Jute and Ambary Hemp		
	播种面积 Sown Area	亩产 Yield per Mu	总产量 Total Output	播种面积 Sown Area	亩产 Yield per Mu	总产量 Total Output
广　州 Guangzhou	145049	164	23747			
深　圳 Shenzhen	974	337	328			
珠　海 Zhuhai	5787	160	927			
汕　头 Shantou	31791	169	5372			
韶　关 Shaoguan	565164	228	128738	20	100	2
河　源 Heyuan	385025	165	63394	38	184	7
梅　州 Meizhou	209475	135	28345	335	293	98
惠　州 Huizhou	471576	149	70421			
汕　尾 Shanwei	166528	122	20346			
东　莞 Dongguan	4746	182	865			
中　山 Zhongshan	4399	208	914			
江　门 Jiangmen	279491	152	42468			
佛　山 Foshan	43558	164	7125			
阳　江 Yangjiang	363727	126	45771	520	138	72
湛　江 Zhanjiang	732592	153	112288	1070	406	434
茂　名 Maoming	603447	176	106097	1469	191	280
肇　庆 Zhaoqing	390389	179	69729	2107	153	323
清　远 Qingyuan	426193	149	63667	230	104	24
潮　州 Chaozhou	36034	156	5605			
揭　阳 Jieyang	163788	154	25216	700	154	108
云　浮 Yunfu	246797	154	37931	5641	156	878

市别 City	# 烟叶 Tobacco			四、其他作物 Other Crops	# 蔬菜 Vegetables		
	播种面积 Sown Area	亩产 Yield per Mu	总产量 Total Output	播种面积 Sown Area	播种面积 Sown Area	亩产 Yield per Mu	总产量 Total Output
广　州 Guangzhou	635	134	85	2327433	2079983	1625	3379219
深　圳 Shenzhen				111107	95707	1420	135872
珠　海 Zhuhai				120855	97599	1464	142878
汕　头 Shantou				685505	668078	2449	1636418
韶　关 Shaoguan	262022	127	33183	1895786	1600305	1795	2872911
河　源 Heyuan				715904	588365	1105	649988
梅　州 Meizhou	102697	135	13854	1246416	939624	1398	1313762
惠　州 Huizhou				1374646	1239968	1494	1852095
汕　尾 Shanwei				657731	561906	1067	599424
东　莞 Dongguan				476094	445447	1467	653272
中　山 Zhongshan				487232	422361	1393	588196
江　门 Jiangmen	239	105	25	1354545	1128010	1326	1496020
佛　山 Foshan	26	154	4	1328869	1091221	1751	1910858
阳　江 Yangjiang	1199	133	159	945827	852294	936	797649
湛　江 Zhanjiang	9606	179	1719	1772325	1569051	1206	1891607
茂　名 Maoming	35644	216	7683	1531276	1442651	1430	2063299
肇　庆 Zhaoqing	48092	145	6997	1517419	1193310	1720	2052168
清　远 Qingyuan	25886	122	3159	1725224	1346021	1184	1593497
潮　州 Chaozhou				386255	308278	1942	598672
揭　阳 Jieyang	305	108	33	1088995	835379	2175	1816708
云　浮 Yunfu	2895	164	476	803782	627883	1292	811155

11-34 各市水果面积及产量（2002年）

PLANTED AREA AND OUTPUT OF FRUITS BY CITY (2002)

单位：万亩、万吨　　　　(10000 mus, 10000 tons)

市别 City	水果合计 Fruits 年末面积 Year-end Area	水果合计 Fruits 总产量 Total Output	#柑桔橙 Citrus 年末面积 Year-end Area	#柑桔橙 Citrus 总产量 Total Output	#香（大）蕉 Banana 年末面积 Year-end Area	#香（大）蕉 Banana 总产量 Total Output
广　州 Guangzhou	90.00	44.05	1.60	0.61	13.95	24.39
深　圳 Shenzhen	15.52	4.81	0.99	0.71	0.14	0.10
珠　海 Zhuhai	7.55	4.00	0.07	0.05	2.14	3.19
汕　头 Shantou	18.73	12.71	0.69	1.30	3.18	6.53
韶　关 Shaoguan	41.66	16.15	16.78	8.50	0.35	0.21
河　源 Heyuan	83.36	20.01	13.74	5.30	1.13	0.57
梅　州 Meizhou	114.34	71.00	10.98	7.37	6.02	4.82
惠　州 Huizhou	81.59	27.12	16.10	8.99	7.66	4.04
汕　尾 Shanwei	59.73	9.18	1.48	0.95	3.04	1.29
东　莞 Dongguan	20.99	18.93	0.36	0.17	8.66	13.23
中　山 Zhongshan	13.78	23.87	0.27	0.19	10.61	22.52
江　门 Jiangmen	46.54	12.31	1.62	1.16	3.72	4.90
佛　山 Foshan	8.28	5.97	0.28	0.25	3.04	4.19
阳　江 Yangjiang	118.12	21.54	8.86	1.76	5.75	6.20
湛　江 Zhanjiang	129.28	112.48	6.03	2.14	31.79	53.93
茂　名 Maoming	436.77	180.79	2.27	1.53	54.64	89.88
肇　庆 Zhaoqing	71.97	40.75	32.92	17.91	8.22	10.54
清　远 Qingyuan	48.27	14.90	20.85	7.35	1.35	1.46
潮　州 Chaozhou	29.10	11.27	0.91	0.96	1.17	1.38
揭　阳 Jieyang	129.59	36.93	7.00	9.16	5.39	5.93
云　浮 Yunfu	73.69	23.85	15.04	5.57	5.13	3.67

市别 City	#菠萝 Pineapple 年末面积 Year-end Area	#菠萝 Pineapple 总产量 Total Output	#荔枝 Lychee 年末面积 Year-end Area	#荔枝 Lychee 总产量 Total Output	#龙眼 Longan 年末面积 Year-end Area	#龙眼 Longan 总产量 Total Output
广　州 Guangzhou	0.39	0.20	46.71	9.57	9.87	3.80
深　圳 Shenzhen	0.79	0.20	13.09	1.84	3.17	0.35
珠　海 Zhuhai	0.01	0.01	4.65	0.49	0.39	0.08
汕　头 Shantou	0.11	0.08	3.76	0.73	0.49	0.09
韶　关 Shaoguan			0.14		0.23	0.02
河　源 Heyuan	0.09	0.03	10.27	0.75	3.66	0.36
梅　州 Meizhou	0.25	0.09	7.10	1.57	5.85	1.48
惠　州 Huizhou	1.21	0.31	31.05	6.33	12.89	2.63
汕　尾 Shanwei	2.80	0.73	27.80	2.90	4.28	0.50
东　莞 Dongguan	0.04	0.02	15.60	0.71	1.50	0.18
中　山 Zhongshan	0.17	0.11	1.22	0.43	0.81	0.21
江　门 Jiangmen	0.22	0.21	22.25	2.87	13.98	1.58
佛　山 Foshan	0.03	0.05	1.71	0.33	1.99	0.38
阳　江 Yangjiang	0.20	0.05	56.57	7.72	30.35	2.82
湛　江 Zhanjiang	27.27	39.65	27.41	3.67	17.88	2.90
茂　名 Maoming	0.37	0.21	177.22	37.43	119.89	22.73
肇　庆 Zhaoqing	0.53	0.23	6.98	1.50	4.87	1.38
清　远 Qingyuan	0.03	0.01	3.89	0.28	4.84	0.40
潮　州 Chaozhou	1.84	0.96	6.60	2.19	4.04	1.14
揭　阳 Jieyang	6.75	2.93	30.69	5.32	11.16	1.07
云　浮 Yunfu	0.43	0.17	26.94	2.42	14.45	1.99

11-35 全省财政收入前100名的镇（区）（2002年）

GOVERNMENT REVENUE OF THE PROVINCE'S TOP 100 TOWNS（DISTRICTS）（2002）

单位：人、万元　　　　（person，10000 yuan）

地区 Region	总人口 Total Population	从业人员 Employed Persons	农村经济总收入 Total Income of Rural Economy	财政收入 Government Revenue	财政支出 Government Expenditure
东莞市 虎门镇 Dongguan City Humen Town	609152	391584	377878	194138	109685
龙岗区 布吉镇 Longgang District Buji Town	513014	396349	75239	150464	148632
中山市 小榄镇 Zhongshan City Xiaolan Town	154061	73785	1691000	122177	120585
中山市 火炬区 Zhongshan City Huoju District	148588	93265	988695	62102	60243
顺德市 容桂镇 Shunde City Ronggui Town	296108	180580	3818350	58837	60275
东莞市 长安镇 Dongguan City Changan Town	614160	546460	663255	51277	50958
顺德市 伦教镇 Shunde City Lunjiao Town	141995	98923	1305000	45000	43000
顺德市 陈村镇 Shunde City Chencun Town	73429	45257	506998	44425	44479
东莞市 寮步镇 Dongguan City Liaobu Town	229439	184395	604866	43904	43841
宝安区 西乡镇 Baoan District Xixiang Town	39183	270119	93582	43000	42800
东莞市 麻涌镇 Dongguan City Machong Town	97416	66772	427720	42822	45739
南海市 大沥区 Nanhai City Dali District	114128	61384	1273294	40639	40300
中山市 沙溪镇 Zhongshan City Shaxi Town	59800	86710	774000	40632	37222
东莞市 塘厦镇 Dongguan City Tangxia Town	277177	239742	223495	40359	40485
南海市 西樵镇 Nanhai City Xiqiao Town	141003	104958	1356700	39769	39800
顺德市 大良镇 Shunde City Daliang Town	180274	106662	3983943	38526	40312
东莞市 中堂镇 Dongguan City Zhongtang Town	112171	80731	293541	38315	38992
东莞市 东城区 Dongguan City Dongcheng District	56665	264382	321633	34740	32244
宝安区 沙井镇 Baoan District Shajing Town	449602	398050	134138	33000	32890
南海市 桂城区 Nanhai City Guicheng Disitrct	160157	95200	748860	32000	31400
顺德市 杏坛镇 Shunde City Xingtan Town	123442	61761	986554	31635	15824
中山市 南头镇 Zhongshan City Nantou Town	73078	36916	532468	29462	21765
东莞市 樟木头镇 Dongguan City Zhangmutou Town	134020	85437	326358	29273	49812
宝安区 观澜镇 Baoan District Guanlan Town	18361	180549	241685	28895	27869
南海市 黄歧区 Nanhai City Huangqi District	56283	42118	653500	28770	28764
东莞市 大岭山镇 Dongguan City Dalingshan Town	170261	137651	113037	27785	13675
东莞市 厚街镇 Dongguan City Houjie Town	182457	286729	716945	27656	29356
南海市 平洲区 Nanhai City Pingzhou Town	107161	74056	1074763	27563	27526
顺德市 勒流镇 Shunde City Leliu Town	111577	60906	1050373	27410	26159
东莞市 常平镇 Dongguan City Changping Town	329639	298382	278286	26719	24791
南海市 南庄镇 Nanhai City Nanzhuang Town	85764	53895	851101	26710	26347
南海市 盐步区 Nanhai City Yanbu Town	67345	59520	922430	25830	25643
南海市 里水镇 Nanhait City Lishui Town	71673	60414	877931	25721	25653
宝安区 福永镇 Baoan District Fuyong Town	361749	214490	50410	25038	30160
龙岗区 龙岗镇 Longgang District Longgang Town	316237	229119	12518	24908	24810
宝安区 龙华镇 Baoan District Longhua Town	434128	327681	56145	24900	24746
东莞市 清溪镇 Doungguan City Qingxi Town	383394	352224	301395	24865	24369
顺德市 北窖镇 Shunde City Beijiao Town	165725	112298	1673231	24623	21140
东莞市 城区 Dongguan City Urban District	242291	156147		23666	23272
东莞市 石龙镇 Dongguan City Shilong Town	144523	74302	36344	23491	23454
龙岗区 横岗镇 Longgang District Henggang Town	228444	174603	116435	23456	23547
顺德市 乐从镇 Shunde City Lecong Town	91834	40287	960000	23370	23165
花都区 新华镇 Huadu District Xinhua Town	241580	61528	1155148	21645	18798
宝安区 松岗镇 Baoan District Songgang Town	317957	101125	90523	21000	25000
南海市 九江镇 Nanhai City Jiujiang Town	70571	39903	512700	20876	20832
增城市 新塘镇 Zengcheng City Xintang Town	101246	52120	1752978	20645	20084
新会市 会城镇 Xinhui District Huicheng Town	260810	62473	887621	20561	20542
东莞市 大朗镇 Dongguan City Dalang Town	208213	174903	396279	20023	14294
中山市 板芙镇 Zhongshan City Banfu Town	64825	50398	301176	19797	11880
番禺区 石楼镇 Panyu District Shilou Town	77372	48584	72711	19661	17703

11-35 **续表** continued

单位：人、万元 （person，10000 yuan）

地区 Region	总人口 Total Population	从业人员 Employed Persons	农村经济总收入 Total Income of Rural Economy	财政收入 Government Revenue	财政支出 Government Expenditure
东莞市 高步镇 Dongguan City Gaobu Town	81574	66644	11713	19293	20810
南海市 罗村镇 Nanhai City Luocun Town	46630	41196	608000	19191	19020
宝安区 石岩镇 Baoan District Shiyan Town	173126	127517	13478	18211	18154
顺德市 龙江镇 Shunde City Longjiang Town	92623	49702	893200	18125	18037
东莞市 石碣镇 Dongguan City Shijie Town	157662	134981	238958	17318	17081
番禺区 大石镇 Panyu District Dashi Town	195261	148260	175928	16770	16772
东莞市 石排镇 Dangguan City Shipai Town	80333	59710	305354	16668	10801
东莞市 万江区 Dongguan City Wanjiang District	167176	139150	203036	16005	15990
东莞市 望牛墩镇 Douguan City Wanniudun Town	65558	45226	97257	15804	15089
宝安区 公明镇 Baoan District Gongming Town	263025	166893	581000	15592	11661
番禺区 南沙区 Panyu District Nansha Zone	59912	41159	19342	15412	11703
南海市 丹灶镇 Nanhai City Danzhao Town	42059	22792	302000	14902	14853
东莞市 沙田镇 Dongguan City Shatian Town	90572	60999	165453	14888	14823
东莞市 黄江镇 Dougguan City Huangjiang Town	110629	100587	123892	14176	13968
龙岗区 平湖镇 Longgang District Pinghu Town	163356	129361	57177	14165	10933
南海市 官窑镇 Nanhai City Guanjiao Town	59471	32854	593600	14087	14094
中山市 古镇镇 Zhongshan City Guzhen Town	119654	60926	625530	14086	12459
中山市 南区 Zhongshan City South District	21263	35549	111343	14055	13843
番禺区 石基镇 Panyu District Shiji Town	227874	178985	100967	13563	13319
南海市 沙头镇 Nanhai City Shatou Town	29469	23081	462813	13191	4729
东莞市 凤岗镇 Dongguan City Fenggan Town	223590	214400	199094	13122	13105
中山市 三乡镇 Zhongshan City Sanxiang Town	172326	122612	462532	13053	11596
中山市 东凤镇 Zhongshan City Dongfeng Town	69902	44226	419484	13021	8473
东莞市 南城区 Dongguan City Nancheng District	96853	72585	122314	12779	11862
东莞市 横沥镇 Dongguan City Hengli Town	118079	96515	325535	12585	12561
潮阳市 峡山镇 Chaoyang City Xiashan Town	192786	86183	96431	12428	13902
番禺区 钟村镇 Panyu District Zhongcun Town	87611	61457	202349	12388	10709
番禺区 沙湾镇 Panyu District Shawan Town	109634	81320	83742	12376	12425
龙岗区 坪山镇 Longgang District Pingshan Town	109230	78162	67762	12349	12157
中山市 石岐区 Zhongshan City Shiqi District	161252	101425	153009	12200	11567
龙岗区 葵涌镇 Longgang District Kuichong Town	62800	52800	45110	12144	12370
东莞市 道窖镇 Dongguan City Daojiao Town	122970	95432	119293	11998	12073
番禺区 南村镇 Panyu District Nancun Town	84234	62186	39408	11800	10620
南海市 小塘镇 Nanhai City Xiaotang Town	39489	34478	438460	11363	11114
东莞市 谢岗镇 Dongguan City Xiegang Town	57716	41978	99971	11106	9984
东莞市 桥头镇 Donguan City Qiaotou Town	96925	72581	36800	11055	10992
中山市 东区 Zhongshan City East District	107631	45170	1038312	11040	10271
龙岗区 坪地镇 Longgang District Pingdi Town	80857	63002	89388	11007	10437
中山市 东升镇 Zhongshan City Dongsheng Town	123526	88658	744905	10792	10755
中山市 民众镇 Zhongshan City Minzhong Town	88861	52795	121100	10791	10536
东莞市 茶山镇 Dongguan City Chashan Town	149706	131065	170131	10575	10573
三水市 西南镇 Sanshui City Xinan Town	139352	80221	516253	10405	10389
东莞市 东坑镇 Dongguan City Dongkeng Town	70102	54017	40087	10201	10599
中山市 黄圃镇 Zhongshan City Huangpu Town	82144	40049	29860	10121	10068
中山市 坦洲镇 Zhongshan City Tanzhou Town	143952	86647	74736	10076	9997
花都区 狮岭镇 Huadu District Shiling Town	79295	53127	624771	9915	9600
中山市 南朗镇 Zhongshan City Nanlang Town	79865	59356	239288	9770	6379
龙岗区 大鹏镇 Longgang District Dapeng Town	49206	36080	84925	9683	9284
番禺区 大岗镇 Panyu District Dagang Town	90491	57823	54371	9492	9471
龙岗区 坑梓镇 Longgang District Kengzi Town	64884	56280	46776	9485	9435

主要统计指标解释

农业增加值 农业增加值是指农业部门（包括国有、集体单位及农户）在一定时期内生产经营活动所提供的社会劳动量的货币表现。它反映了农业生产经营活动的最终成果和对社会的贡献。

农业增加值的计算方法有两种：(1) 生产法，是从生产角度进行计算的一种方法。即用农业总产出减去农业中间消耗求得。由于农户没有健全的核算记录，故农业增加值一般是采用生产法计算的。(2) 分配法，是从分配角度进行计算的一种方法。是通过农业生产单位在生产经营和劳务活动过程中形成的不含中间消耗的各种收入来计算。具体包括农业劳动者收入、福利基金、利税、固定资产折旧及大修理和其他。

农业总产值 是以货币表现的农林牧副渔五业生产的全部产品的总量。它反映一定时期内农业生产的总规模和总成果，是观察农业生产水平和发展速度，分析农业内部结构，研究农业与工业及其与国家建设的关系，研究农业生产与人口增长及提高人民生活关系的重要指标；同时，也是计算农业净产值，增加值以及农业商品率的基础资料。

农业总产值的计算，一般采用“产品法”，即凡有产品产量的，都按单位产品价格乘产量的办法求得每种产品产量的产值。少数生产周期较长当年没有产成品或产品产量不容易统计的产值，则采用间接方法进行匡算。先求得农、林、牧、副、渔五业的产值，然后相加求得农业总产值。

常用耕地面积 指耕地总资源中专门种植农作物并经常进行耕种、能够正常收获的土地。包括当年实际耕种的熟地；弃耕、休闲不满三年，随时可以复耕的地；开荒利用三年以上的地；小于 1 米宽的沟、渠、路、田埂。不包括临时种植农作物的坡度在 25 度以上的陡坡地；在河套、湖畔、库区临时开发的成片或零星土地；也不包括已列为国家和省退耕计划但仍临时耕种的土地。常用耕地分为基本农田和零星可用耕地。

农作物播种面积 是指一定生产季节结束时实际播种或移植有农作物的面积。播种面积的大小，反映农作物的生产规模和耕地的利用程度。正确地核算播种面积，对于组织农业生产活动，计算农作物产量，研究农作物的种植结构和分布情况以及制定各项增产技术措施，都是非常必要的。

播种面积的统计年度，凡是能在本日历年度内（自 1 月 1 日至 12 月 31 日）收获的农作物（包括上年秋冬播和本年春播、夏播以及南方地区的晚秋播而在本年收获的全部作物）播种面积，都包括在内。

农作物总产量 是指在一定时期内（通常是一年）生产的各种农作物产品总产量。它是衡量农业生产成果，统筹安排城乡人民生活，研究生产、积累和消费比例关系及编制国民经济计划的基本数据。不论是种植在耕地上或非耕地上的农作物产量，都包括在内。有的农作物收割期较长，虽在当年冬季就开始收割，但需跨年延到来年春季才能收完的，仍计算为本年农作物总产量。

农作物总产量是指全社会的产量，包括国有农场等国有经济单位的产量、集体统一经营的和农户承包地的产量，还包括农民自留地、工矿企业职工农属办的农场和其他单位生产的农作物产量。

农作物总产量是统计晒干入库的产量。有些地区，粮食脱粒、晒干、入库比较迟，是按照折干比例折成晒干的粮食产量进行统计的。

农业机械总动力 是指主要用于农、林、牧、副、渔业的各种动力机械的动力总和。包括耕作机械、排灌机械、收获机械、农产品加工机械、运输机械、植保机械、牧业机械、林业机械、渔业机械和其他农业机械。内燃机按引擎马力计算，电动机功率折成马力计入。

乡镇企业 是指农村乡（包区、镇）、村组各级集体办、联户办和个体办的，从事工业 、建筑业、交通运输业、商业饮食业、服务业和其他生产经营活动的经济组织，以及农村乡（包括区、镇）、村集体举办的农业企业。乡镇企业必须同时具备以下四个条件：

（1）有固定的（或相对固定的）生产经营组织、场所、设备和从事生产经营的人员；

（2）常年从事生产经营活动，或从事季节性生产经营，全年开工时间在三个月以上；

（3）具备独立核算的条件，或虽非独立核算单位但有单独的帐目；

（4）有当地工商行政或有关部门颁发的营业（经营）执照。此条件农业企业除外。

乡镇企业总产值　以货币表现的乡镇农业、工业、建筑业、交通运输 业、商业饮食业、服务业和其它企业的经营收入、产品销售收入、劳务收入和其它收入。

（1）农业企业以实际收入计算；

（2）工业企业以产品销售收入和其它收入计算；

（3）建筑业收入总包单位以全价计算总收入，非总包单位以实际收入计算；

（4）交通运输业以实际收入计算；

（5）商业的零售商店按零售额计算总收入，批发部门、代购代销、物资供销、仓储等均以 手续费计算总收入。饮食业按营业额计算总收入；

（6）服务业以实际收入计算；

（7）其它企业以实际收入计算。

Explanatory Notes on Main Statistical Indicators

Value Added of Agriculture refers to the quantity of social labor of the activities of production and management of agriculture in monetary terms in a given period of time. It shows the final results of the activities of production and management of agriculture and its contributions to the society.

The value added of agriculture is calculated with two approaches: (1) Production approach is a method from the production angle, i. e. total output of agriculture minus intermediate consumption of agriculture. The value added of agriculture is usually calculated with the production approach due to no complete accounting records of the rural households available; (2) Distribution approach is a method from the distribution angle, i. e. various incomes from the activities of production and management of the productive units of agriculture without intermediate consumption, including incomes of the rural laborers, welfare funds, profit and tax, depreciation of fixed assets and major overhaul and others.

Gross Output Value of Agriculture refers to the total volume of products of farming, forestry, animal husbandry, sideline production and fishery in monetary terms, which reflects the total scale and total results of agricultural production during a given period of time. It is an important indicator to observe the production level and development speed of agriculture, to analyze the inner structure of agriculture, to study the relationship between agriculture and industry as well as that between agriculture and the national construction to review the connection of agricultural production with the growth of population and the improvement of people' s life. It is also the basic data to calculate the net output of agriculture, value added and rate of commercialization of agricultural products.

The gross output value of agriculture is calculated with the production approach, i. e. the gross output value of each single product is obtained by multiplying the output of each product by its price. For a small number of products, annual output of which is not available or difficult to get due to the long production/growing process involved, the output value is estimated through an indirect approach. The sum of output value of all products of farming, forestry, animal husbandry, sideline production and fishery is then equal to the gross output value of agriculture.

Area of Regularly Cultivated Land refers to farmland among the total land resources which is exclusively used for farming and is under regular cultivation with harvest in normal years. Included are currently cultivated land, land that has been abandoned or put in idle for less than 3 years and could be re-used for cultivation at any time, and new-claimed land that has been put into cultivation for more than 3 years. Excluded under this category are steep slope land over 25 degrees under temporary cultivation, land (large or small plots) that is claimed along river bends, lake sides or banks of reservoirs, as well as land that has been designated under the Green for Grain" programmes of the state and provincial governments but is still temporarily under cultivation. Regularly cultivated land is classified into basic farmland and odd pieces of land used for cultivation.

Sown Area of Crops refers to area of land sown or transplanted crops at the end of a production season, which reflects the scale of crops and the use of cultivated area. It is very imperative to calculate the sown area correctly in order to organize the production activities of agriculture, calculate the yield of crops, study the composition and distribution of crops and work out the technical measures to increase production.

The statistical year of sown area refers to area of land sown during the year (from Jan. 1 to Dec. 31) with a harvest of crops (including all those sown in the autumn and winter of the preceding year, in the spring and summer of the current year in the late autumn in the southern regions).

Total Output of Crops refers to the total output of farm crops of various kinds during a given period of time (usually a year). It is the basic figure to examine the production results of agriculture, make overall arrangements of the life of the urban and rural households, study the proportionate relationships between production, accumulation and consumption and work out a plan of national economy. It covers the output of crops regardless of being in cultivated area or non-cultivated area. For some crops with a fairly long reaping period, though they begin reaping in the winter of the current year until the spring of the following year, they should be included in the total output of crops of the current year.

The total output of crops refers to the total output of the whole society, including the output from the state-owned units (i. e. state-owned farms), collective owned units and contracted land of peasants as well as the rural household plots, the farms owned by the rural family members of staff and workers of industrial and mining enterprises and others.

The total output of crops is the output of dry crops in inventory. In some areas, it is estimated with the conversion of dry crops due to the delay of threshing, drying and putting in inventory.

十二、工业

简要说明

一、本篇主要包括以下几部分资料：

1．全省工业总产值及指数。

2．规模以上工业企业（即全部国有工业及年销售收入500万元以上非国有工业）按行业和地区分组的企业单位数和工业总产值（1995年及以后工业总产值按新规定计算）。

3．规模以上工业经济效益指标。

4．规模以上工业企业按国有及国有控股、集体、股份合作、股份制、三资及企业规模分组的主要经济指标。

5．规模以下工业主要指标。

6．主要工业产品产量。

7．重点企业集团基本情况及财务指标、劳动工资指标、主营业务指标。

8．建立现代企业制度重点企业基本情况及财务指标、劳动工资指标、主营业务指标。

9．六大行业的企业家对本行业景气状况判断、企业家对企业生产经营景气状况判断。

二、本篇资料分别由广东省统计局工业交通处、广东省企业调查队整理提供。

三、本篇工业资料主要是根据国家统计局工业统计报表制度经各市、县统计局收集、汇总整 理的，其中1995年度资料通过第三次全国工业普查取得。

四、本篇重点企业集团及国家重点企业资料主要是根据国家统计局企业调查统计报表制度经各市企业调查队和有关市统计局调查、收集、汇总整理的。

12 INDUSTRY

Brief Introduction

Ⅰ. The data in this chapter cover the following data:

(1) The gross industrial output value and its indices of the province;

(2) The number of industrial enterprises above designated size (namely, all state-owned industrial enterprises and non-state-owned industrial enterprises with an annual sales revenue over 5 million yuan) by industrial branch and by region, and its gross industrial output value (the data on gross industrial output value are calculated in accordance with the new stipulations since 1995);

(3) The indicators on economics benefit of industrial enterprises above designated size;

(4) The main economic indicators of the industrial enterprises above designated size by ownership enterprise scale (e.g. state-owned and state-holding, collective owned, shareholding cooperative, shareholding, foreign-funded enterprises and other types of enterprises);

(5) The main indicators of the industrial enterprises below designated size; of the industrial enterprises below designated size;

(6) The output of major industrial products;

(7) The basic conditions, financial indicators, wages and main business indicators of key enterprise groups;

(8) The basic conditions, financial indicators, wages and main business indicators of key enterprises conducting modern enterprise system.

(9) And the judgement and expectation of the entrepreneurs from six sectors on the business climate of their own sectors and the situations of production and management of their own enterprises.

Ⅱ. The data in this chapter are prepared and provided by the Division of Industry and Transport Statistics of Guangdong Provincial Bureau of Statistics and Guangdong Enterprise Survey Organization respectively.

Ⅲ. The data in this chapter are collected, tabulated and prepared by the city and county statistical bureaus mainly in accordance with the industrial statistical reporting scheme of the National Bureau of Statistics, of which the annual data of 1995 were collected in the Third National Industrial Census.

Ⅳ. The data of key provincial enterprise groups and key enterprise groups are collected, tabulated and prepared by the enterprise survey organizations and the statistical bureaus of related cities mainly in accordance with the industrial statistical reporting scheme of the National Bureau of Statistics.

12-1 工业主要指标
MAIN INDICATORS ON INDUSTRY

指标	Item	1995	2001	2002	2002比2001增长(%) Growth Rate in 2002 over 2001
全部工业	**All Industrial Enterprises**				
企业(单位)数 (个)	Number of Enterprises (unit)	386832	398892	417221	4.6
工业总产值 (亿元)	Gross Industrial Output Value (100 million yuan)	8849.90	18909.91	21788.71	19.1
产品销售收入 (亿元)	Sales Revenue (100 million yuan)		18661.45	21542.29	15.4
利税总额 (亿元)	Total Pre-tax Profits (100 million yuan)		1507.98	1789.15	18.6
从业人员平均人数 (万人)	Average Employed Persons (10000 persons)	1179.64	1226.80	1393.96	13.6
规模以上工业	**Industrial Enterprises above Designated Size**				
企业(单位)数 (个)	Number of Enterprises (unit)	14601	20721	22619	9.2
工业总产值 (亿元)	Gross Industrial Output Value (100 million yuan)	5992.34	14035.35	16378.60	20.4
工业增加值 (亿元)	Value Added of Industry (100 million yuan)	1454.31	3738.28	4361.14	16.7
产品销售收入 (亿元)	Sales Revenue (100 million yuan)	5934.03	13891.46	16247.73	17.0
资产总计 (亿元)	Total Assets (100 million yuan)	8081.22	14935.66	16584.03	11.0
流动资产平均余额 (亿元)	Average Balance of Circulating Funds (100 million yuan)	3465.43	7362.82	7659.73	4.0
固定资产净值平均余额 (亿元)	Average Balance of Net Value of Fixed Assets (100 million yuan)	2864.19	5660.98	6018.21	6.3
负债总计 (亿元)	Total Liabilities (100 million yuan)	5309.69	8364.87	9208.39	10.1
所有者权益合计 (亿元)	Total Creditors' Equity (100 million yuan)	2771.53	6570.79	7375.64	12.2
利润总额 (亿元)	Total Profits (100 million yuan)	183.74	595.60	769.09	29.1
亏损企业亏损额 (亿元)	Loss Value of Loss-making Enterprises (100 million yuan)	139.75	167.19	143.32	-14.3
利税总额 (亿元)	Total Pre-tax Profits (100 million yuan)	441.40	1139.98	1380.24	21.1
应交增值税 (亿元)	Value Added Tax Payable (100 million yuan)	182.66	421.30	485.04	15.1
从业人员平均人数 (万人)	Average Employed Persons (10000 persons)	434.25	578.94	644.39	11.3
规模以下工业	**Industrial Enterprises below Designated Size**				
企业(单位)数 (个)	Number of Enterprises (unit)	372231	378171	394602	4.3
#个体工业户	Individual Industrial Enterprises	221491	265189	273517	3.1
工业总产值 (亿元)	Gross Industrial Output Value (100 million yuan)	2857.56	4874.56	5410.11	15.0
产品销售收入 (亿元)	Sales Revenue (100 million yuan)		4769.99	5294.56	11.0
利税总额 (亿元)	Total Pre-tax Profits (100 million yuan)		368.00	408.91	11.1
从业人员平均人数 (万人)	Average Employed Persons (10000 persons)	745.39	647.86	749.57	15.7

注：1. 本表规模以下工业，2001和2002年有关指标由抽样调查取得，与1995年的数据不可比。
2. 工业总产值按当年价格计算。

Note: a) In terms of industrial enterprises below designated size, the data are obtained from sample surveys in 2001 and 2002, which are not comparable with those in 1995.
b) The data of gross industrial output value are calculated at current prices.

12-2 工业企业单位数及产值

NUMBER OF INDUSTRIAL ENTERPRISES AND THEIR GROSS OUTPUT VALUE

项目	Item	1990	1995	1997	2001	2002
一、工业企业单位数（个）	**Total Number of Industrial Enterprises (unit)**	**30404**	**42680**	**39567**	**20721**	**22619**
按经济类型分	**Grouped by Ownership**					
在总计中：国有及国有控股工业	Of the Total: State-owned and State-holding Industry				2793	2533
国有工业	State-owned Industry	6886	6873	6203	1914	1738
集体工业	Collective Owned Industry	20641	23556	21044	3094	2931
股份合作工业	Share Holding Cooperative Enterprises				304	314
股份制工业	Share Holding Enterprises		297	313	3444	4356
外商投资工业	Foreign Funded Industry	563	2154	2647	1478	1644
港澳台投资工业	Enterprises Funded by Entrepreneurs from Hong Kong, Macao and Taiwan	180	8776	7941	7542	8164
按轻重工业分	**Grouped by Light & Heavy Industry**					
轻 工 业	Light Industry	20205	26113	23848	13087	14365
以农产品为原料	Using Farm Products as Raw Materials	12065	15878	14192	7087	7675
以非农产品为原料	Using Nonfarm Products as Raw Materials	8140	10235	9656	6000	6690
重 工 业	Heavy Industry	10199	16567	15719	7634	8254
采掘工业	Mining and Quarrying	1228	1561	1458	319	310
原料工业	Raw Materials Industry	2903	4616	4406	2024	2133
加工工业	Processing Industry	6068	10390	9855	5291	5811
按企业规模分	**Grouped by Size of Enterprises**					
大型企业	Large	312	515	655	886	945
中型企业	Medium	724	1263	1432	1457	1677
小型企业	Small	29368	40902	37480	18378	19997
二、工业总产值（亿元）	**Gross Industrial Output Value (100 million yuan)**	**1609.32**	**5581.74**	**7474.44**	**14566.00**	**17531.00**
按经济类型分	**Grouped by Ownership**					
在总计中：国有及国有控股工业	Of the Total: State-owned and State-holding Industry				3156.34	3257.11
国有工业	State-owned Industry	750.14	1067.06	1166.33	748.55	752.46
集体工业	Collective Owned Industry	467.57	1213.83	1495.08	897.89	896.71
股份合作工业	Share Holding Cooperative Enterprises				152.06	172.26
股份制工业	Share Holding Enterprises		371.98	503.20	3024.29	3799.70
外商投资工业	Foreign Funded Industry	111.86	909.30	1651.27	3741.04	4827.15
港澳台投资工业	Enterprises Funded by Entrepreneurs from Hong Kong, Macao and Taiwan	22.54	1932.12	2499.04	5316.74	6258.16
按轻重工业分	**Grouped by Light & Heavy Industry**					
轻 工 业	Light Industry	1086.78	3426.23	4605.58	7670.20	8967.40
以农产品为原料	Using Farm Products as Raw Materials	583.88	1630.31	2067.69	2936.90	3367.31
以非农产品为原料	Using Nonfarm Products as Raw Materials	502.90	1795.92	2537.89	4733.31	5600.09
重 工 业	Heavy Industry	522.54	2155.51	2868.86	6895.80	8563.60
采掘工业	Mining and Quarrying	29.45	72.75	115.50	97.10	107.61
原料工业	Raw Materials Industry	192.49	522.02	625.06	1207.97	1360.82
加工工业	Processing Industry	300.60	1560.74	2128.30	5590.72	7095.18
按企业规模分	**Grouped by Size of Enterprises**					
大型企业	Large	422.61	1499.82	2244.25	6380.74	7660.67
中型企业	Medium	318.15	822.41	1171.05	1965.05	2254.03
小型企业	Small	868.56	3257.52	4059.14	6220.21	7616.30

注：1. 本表1990、1995、1997年三栏统计范围为乡及乡以上工业。2001、2002年为规模以上工业。
2. 本表产值均为1990年不变价格。

Note: a) The statistics in the table of 1990, 1995 and 1997 covered the township industrial enterprises and above, while the coverage in 2001 and 2002 referred to the industrial enterprises above designated size.
b) Values in this table are calculated at 1990 constant prices.

12-3 工业总产值
GROSS INDUSTRIAL OUTPUT VALUE

单位：亿元 (100 million yuan)

年份 Year	工业总产值 Gross Industrial Output Value	按轻重分 Grouped by Light & Heavy Industry		规模以上工业 Industrial Enterprises above Designated Size				规模以下工业 Industrial Enterprises below Designated Size
		轻工业 Light Industry	重工业 Heavy Industry		#国有及国有控股工业 State-owned and State-holding	国有工业 State-owned	集体工业 Collective Owned	
按1957年不变价格计算 At 1957 Constant Prices								
1949	7.58	6.64	0.94	4.52		4.52		3.06
1952	14.95	13.10	1.85	10.37		10.23	0.14	4.58
1957	31.89	26.19	5.70	28.40		22.00	6.40	3.49
1962	39.64	30.40	9.24	37.52		28.49	9.03	2.12
1965	64.17	45.91	18.26	60.96		49.25	11.71	3.21
1970	104.46	67.68	36.78	100.87		79.22	21.65	3.59
按1970年不变价格计算 At 1970 Constant Prices								
1975	157.17	95.49	61.68	152.18		112.96	39.22	4.99
1978	199.65	114.43	85.22	187.56		135.41	52.15	12.09
1979	214.55	129.29	85.26	198.48		143.66	54.82	16.07
1980	234.35	147.59	86.76	217.21		147.92	64.79	17.14
按1980年不变价格计算 At 1980 Constant Prices								
1980	236.37	148.86	87.51	219.08		149.19	65.35	17.29
1981	272.12	176.33	95.79	243.51		164.35	76.60	28.61
1982	294.66	194.66	100.00	264.67		176.94	84.55	29.99
1983	329.99	213.72	116.27	297.17		196.94	94.72	32.82
1984	396.20	262.65	133.55	355.80		224.10	117.88	40.40
1985	505.08	341.08	164.00	442.66		265.13	154.28	62.42
1986	584.76	403.97	180.79	505.42		286.53	181.52	79.34
1987	778.26	537.88	240.38	656.73		348.95	236.16	121.53
1988	1050.77	727.32	323.45	886.25		432.67	325.80	164.52
1989	1221.93	839.70	382.23	1018.81		458.82	349.41	203.12
1990	1430.80	1020.37	410.43	1195.90		501.25	380.44	234.90
按1990年不变价格计算 At 1990 Constant Prices								
1990	1907.34	1317.01	590.33	1690.32		750.14	467.57	298.02
1991	2453.57	1671.87	781.70	2071.78		903.88	564.56	381.79
1992	3352.80	2257.70	1095.10	2769.13		1088.63	749.30	583.67
1993	4669.05	3099.77	1569.28	3715.64		1129.28	958.79	953.41
1994	6219.87	4111.66	2108.21	4595.86		1097.42	1167.20	1624.01
1995	7458.54	4653.35	2805.19	5581.74		1067.06	1213.83	1876.80
1996	8815.47	5730.88	3084.59	6443.93		1086.78	1390.19	2371.54
1997	10461.52	6913.19	3548.33	7474.44		1166.33	1495.08	2987.08
1998	12190.38	7726.37	4464.01	9063.72		1040.47	1417.61	3857.58
1999	13944.36	8458.88	5485.47	10376.36	2857.66	963.13	1255.27	3568.00
2000	16510.54	9562.95	6947.59	12289.24	2881.17	881.45	1168.41	4221.30
2001	19230.95	10805.05	8425.90	14566.00	3156.34	748.55	897.89	4664.95
2002	22895.69	12440.50	10455.19	17531.00	3257.11	752.46	896.71	5364.69

注：1."规模以上工业"栏1997年及以前为乡及乡以上工业。
2."规模以下工业"栏1999年起为抽样调查数。

Note: a) In 1997 and prior to it, the data in the column of "industrial enterprises above designated size" referred to the township industrial enterprises and above.

b) Since 1999, the data in the column of "industrial enterprises below designated size" have been obtained from sample surveys.

12-4 工业总产值指数
INDICES OF GROSS INDUSTRIAL OUTPUT VALUE

单位:% (%)

年份 Year	工业总产值 Gross Industrial Output Value	按轻重分 Grouped by Light & Heavy Industry		规模以上工业 Industrial Enterprises above Designated Size			规模以下工业 Industrial Enterprises below Designated Size
		轻工业 Light Industry	重工业 Heavy Industry		国有工业 State-owned	集体工业 Collective Owned	
1949	100.0	100.0	100.0	100.0	100.0		100.0
1952	197.2	197.3	196.8	229.4	226.3	100.0	149.7
1957	420.7	394.4	606.4	628.3	486.7	4571.4	114.1
1962	523.0	457.8	983.0	830.1	630.3	6450.0	69.3
1965	846.6	691.4	1942.6	1348.7	1089.6	8364.3	104.9
1970	1378.1	1019.3	3912.8	2231.6	1752.7	15464.3	117.3
1975	2129.7	1404.3	7342.9	3474.4	2561.5	29644.7	141.8
1978	2705.3	1682.8	10145.2	4282.2	3070.5	39418.0	343.5
1980	3175.5	2170.4	10328.6	4959.1	3354.2	48972.0	486.9
1981	3655.8	2570.9	11305.7	5512.1	3695.0	57402.5	805.7
1982	3958.6	2838.2	11802.6	5991.1	3978.1	63360.1	844.6
1983	4433.2	3116.1	13722.9	6726.8	4427.8	70981.3	924.3
1984	5322.7	3829.5	15762.4	8054.0	5038.4	88336.9	1137.8
1985	6779.6	4993.9	19294.1	10106.4	5971.4	117951.0	1638.3
1986	7849.1	5914.7	21269.4	11539.3	6453.4	138776.7	2082.4
1987	10446.4	7875.3	28278.0	14993.9	7859.3	180550.4	3189.7
1988	14104.2	10649.1	38047.9	20234.0	9744.9	249082.5	4318.0
1989	16401.6	12294.4	44965.1	23260.5	10333.9	267132.9	5331.1
1990	19205.4	14939.5	48285.9	27303.7	11289.4	290856.3	6165.4
1991	24708.7	18977.0	63552.9	35114.9	13612.7	351094.5	7904.6
1992	33764.6	25626.6	89032.5	46934.4	16395.0	465982.3	12084.3
1993	47019.6	35184.6	127583.7	62976.9	17007.2	596262.1	19739.3
1994	62637.1	46670.3	171399.1	77895.9	16527.4	725870.2	33623.3
1995	78252.3	55062.5	237353.5	97380.0	16620.5	794234.6	41926.2
1996	92488.7	67812.8	260994.1	112421.9	16927.6	909630.7	52978.3
1997	109758.4	81802.9	300232.2	130400.3	18166.7	978262.4	66728.9
1998	127897.0	91425.2	377709.9				
1999	146314.2	100087.7	464137.9				
2000	173236.0	114100.0	591311.7				
2001	201819.9	128933.0	717261.1				
2002	240367.5	148401.9	890121.0				

注：1.“规模以上工业”栏1997年及以前为乡及乡以上工业。
2.“规模以下工业”栏1999年起为抽样调查数。

Note: a) In 1997 and prior to it, the data in the column of "industrial enterprises above designated size" referred to the township industrial enterprises and above.
b) Since 1999, the data in the column of "industrial enterprises below designated size" have been obtained from sample surveys.

12-5 按经济类型分的工业总产值及指数
GROSS INDUSTRIAL OUTPUT VALUE AND ITS INDICES BY OWNERSHIP

年 份 Year	绝对数（亿元） Absolute Figure（100 million yuan）						指数（1978 = 100） Indices			
	工业总产值 Gross Industrial Output Value	#国有及国有控股工业 State-owned and State-holding	国有工业 State-owned	集体工业 Collective Owned	城乡个体业 Individual	私营工业 Private	工业总产值 Gross Industrial Output Value	国有工业 State-owned	集体工业 Collective Owned	城乡个体业 Individual
1978	206.56		131.83	73.28			100.0	100.0	100.0	
1979	221.46		142.64	77.34			107.5	106.1	110.4	
1980	248.68		146.95	95.08	0.05		117.4	109.2	127.6	100.0
1981	282.95		165.53	112.49	0.13		134.5	120.3	174.2	260.0
1982	313.76		178.78	129.39	0.28		145.7	129.5	160.7	540.1
1983	356.91		204.68	149.25	0.69		163.4	144.1	194.0	1360.0
1984	433.40		240.19	185.17	1.23		196.4	164.0	239.2	2460.0
1985	534.72		298.42	200.98	14.14		249.6	194.0	306.3	28060.0
1986	632.89		334.59	243.27	19.93		288.3	209.7	365.2	38380.0
1987	878.29		427.10	343.59	34.88		384.6	255.4	491.6	64800.0
1988	1318.90		594.98	520.99	55.58		519.3	316.7	672.2	91040.0
1989	1647.24		714.93	607.02	72.85		603.9	335.8	744.8	119360.0
1990	1902.25		765.43	659.65	91.19		707.1	366.9	820.7	144520.0
1991	2524.12		973.59	828.68	118.96		909.6	442.1	987.9	223129.0
1992	3479.39		1202.46	1174.42	184.60		1243.0	532.5	1364.9	358714.0
1993	5237.37		1445.38	1711.62	315.42		1731.0	552.4	1903.9	605041.0
1994	7273.95		1562.24	2444.46	555.04		2305.9	536.8	2686.2	1045236.5
1995	9720.54		1709.89	3054.13	921.84		2880.8	539.8	3039.0	1460985.5
1995（新规定） New Stipulations	8849.90		1465.82	2797.76	854.70					
1996	10530.93		1544.58	3552.70	970.51		3404.9	549.8	3793.5	1618115.9
1997	12372.69		1574.39	4042.39	1472.59		4040.7	590.0	4245.7	2392267.9
1998	13799.16		1453.79	1480.13	940.80	1390.96	4708.5	526.3		
1999	15303.33	3025.68	1427.42	1273.75	1495.66	1836.36	5385.9	487.2		
2000	16904.47	3126.12	1536.50	2131.09	1804.53	2622.82	6376.7	472.1		
2001	18909.91	3309.51	1186.24	1858.66	1998.03	2440.53	7428.9	374.8		
2002	21788.71	3369.50	1217.66	1449.06	2347.66	2993.45	8847.8	392.4		

注：1. 工业总产值按当年价计算，指数按可比价计算。
2.1998 年起集体工业仅指规模以上工业。
3.2000 年起全部工业总产值中规模以下部分为抽样调查数。

Note：a）The gross industrial output values are calculated at current prices and their indices are calculated at comparable prices.
b）Since 1998，the collective owned industrial enterprises have only referred to the industrial enterprises above designated size.
c）Since 2000，the data of the industrial enterprises below designsted size in the gross industrial output value have been obtained form sample surveys.

12-6 规模以上工业总产值及指数

GROSS OUTPUT VALUE AND ITS INDICES OF INDUSTRIAL ENTERPRISES ABOVE DESIGNATED SIZE

单位：亿元 (100 million yuan)

年 份 Year	总产值 Gross Output Value	轻工业 Light Industry	重工业 Heavy Industry	# 大中型工业 Large and Medium-sized Enterprises	指数 (1978 = 100) Gross Output Value Indices	轻工业 Light Industry	重工业 Heavy Industry	# 大中型工业 Large and Medium-sized Enterprises
1978	180.73	102.32	78.41	49.34	100.0	100.0	100.0	100.0
1979	194.64	110.28	84.36	54.91	105.8	105.3	106.4	109.5
1980	212.69	128.17	84.52	56.33	115.8	127.7	100.7	103.1
1981	241.93	152.97	88.96	66.89	128.7	151.3	102.1	133.0
1982	263.02	164.17	98.85	75.37	139.9	164.2	111.2	148.5
1983	293.70	180.60	113.10	92.78	157.1	184.5	124.7	181.5
1984	359.87	223.29	136.58	110.63	188.1	226.1	142.8	209.9
1985	471.83	289.68	182.15	166.11	236.0	279.6	179.8	302.0
1986	550.49	344.70	205.79	210.27	269.5	327.7	194.7	379.7
1987	747.47	472.45	275.02	299.19	350.1	426.5	252.2	522.3
1988	1118.00	718.03	399.97	459.74	472.5	582.1	332.2	720.2
1989	1399.45	893.20	506.25	622.42	543.2	594.3	389.2	863.6
1990	1605.80	1057.02	548.78	734.35	637.6	795.5	435.8	1042.2
1991	2144.93	1371.46	773.47	1057.02	820.0	1009.7	622.1	1476.1
1992	2884.93	1796.12	1088.23	1408.48	1096.0	1331.0	854.4	1980.5
1993	4252.70	2515.77	1736.93	1891.29	1470.7	1751.6	1188.8	2412.8
1994	5565.48	3224.69	2340.79	2563.27	1819.1	2135.9	1507.6	2863.3
1995（原规定） Original Stipulations	7189.24	4148.78	3040.46	3227.59	2274.1	2581.8	1993.2	3519.7
1995（新规定） New Stipulations	6502.97	3776.94	2726.03	2824.61				
1996	7490.49	4344.25	3146.24	3470.81	2625.4	2989.5	2290.2	4253.6
1997	8442.32	4914.09	3528.23	3950.86	3045.3	3470.5	2652.8	5176.4
1998	9738.56	5765.51	3973.05	4169.16	3508.2	3866.1	3228.5	5927.0
1999	10538.17	6011.06	4527.11	4711.94	4016.9	4299.1	3861.3	7070.9
2000	12480.93	6607.84	5873.09	5951.56	4757.4	4737.6	5027.4	8590.8
2001	14035.35	7165.90	6869.44	7534.70	5637.5	5400.9	6234.0	12181.8
2002	16378.60	8161.63	8216.97	8755.02	6787.6	6313.7	7742.6	14472.0

注：1. 绝对数按现价计算，指数按可比价计算。
2. 1997 年以前为乡及乡以上工业。

Note: a) Values in this table are calculated at current prices and their indices are calculated at comparable prices.
b) In 1997 and prior to it, the data referred to the township industrial enterprises and above.

12-7 分行业工业总产值增长速度（2002 年）

GROWTH RATE OF GROSS INDUSTRIAL OUTPUT VALUE BY SECTOR（2002）

指　　标	Item	工业总产值（亿元）Gross Industrial Output Value（100 million yuan）		2002 比 2001 增长（%）Growth Rate in 2002 over 2001
		2001	2002	
总计	**Total**	**14566.00**	**17531.00**	**20.4**
#煤炭采选业	Coal Mining and Dressing	1.19	1.06	-10.9
石油和天然气开采	Petroleum and Natural Gas Extraction	39.28	39.92	1.6
黑色金属矿采选业	Ferrous Metal Minerals Mining and Dressing	6.46	5.89	-8.8
有色金属矿采选业	Nonferrous Metals Minerals Mining and Dressing	6.44	14.20	120.5
非金属矿采选业	Nonmetal Minerals Mining and Dressing	42.95	45.92	6.9
其他矿采选业	Other Minerals Mining and Dressing		0.08	
木材及竹材采运业	Logging and Transport of Timber and Bamboo	0.97	0.78	-19.6
食品加工业	Food Processing	287.19	340.55	18.6
食品制造业	Food Manufacturing	218.34	238.04	9.0
饮料制造业	Beverage Manufacturing	167.76	189.85	13.2
烟草加工业	Tobacco Processing	53.49	54.37	1.6
纺织业	Textile Industry	515.25	598.60	16.2
服装及其他纤维制品制造业	Garments and Other Fiber Products	567.37	635.11	11.9
皮革、毛皮、羽绒及其制品业	Leather, Furs, Down and Related Products	348.69	397.87	14.1
木材加工及竹、藤、棕、草制品业	Timber Processing, Bamboo, Cane, Palm Fiber & Straw Products	127.57	137.23	7.6
家具制造业	Furniture Manufacturing	103.86	129.95	25.1
造纸及纸制品业	Papermaking and Paper Products	269.87	317.65	17.7
印刷业、记录媒介的复制	Printing and Record Medium Reproduction	174.82	209.28	19.7
文教体育用品制造业	Cultural, Educational and Sports Goods	220.44	247.65	12.3
石油加工及炼焦业	Petroleum Processing and Coking	202.55	177.79	-12.2
化学原料及化学制品制造业	Raw Chemical Materials and Chemical Products	719.96	873.39	21.3
医药制造业	Medical and Pharmaceutical Products	260.26	292.84	12.5
化学纤维制造业	Chemical Fiber	83.08	82.74	-0.4
橡胶制品业	Rubber Products	81.57	86.75	6.4
塑料制品业	Plastic Products	573.79	659.57	14.9
非金属矿物制品业	Nonmetal Mineral Products	534.20	594.43	11.3
黑色金属冶炼及压延加工业	Smelting and Pressing of Ferrous Metals	149.83	154.64	3.2
有色金属冶炼及压延加工业	Smelting and Pressing of Nonferrous Metals	183.69	216.26	17.7
金属制品业	Metal Products	666.14	777.63	16.7
普通机械制造业	Ordinary Machinery Manufacturing	208.65	244.87	17.4
专用设备制造业	For Special Purposes Equipment Manufacturing	110.83	141.83	28.0
交通运输设备制造业	Transport Equipment Manufacturing	574.52	699.59	21.8
电气机械及器材制造业	Electric Equipment and Machinery	1666.46	1984.03	19.1
电子及通信设备制造业	Electronic and Telecommunication Equipment	4540.43	5992.49	32.0
仪器仪表及文化、办公用机械制造业	Instruments, Meters, Cultural and Office Machinery	411.13	452.94	10.2
其他制造业	Other Manufacturing	224.15	241.26	7.6
电力蒸汽热水生产供应业	Electric Power, Steam and Hot Water Production and Supply	164.39	177.90	8.2
煤气的生产和供应业	Gas Production and Supply	29.35	42.66	45.3
自来水的生产和供应业	Tap Water Production and Supply	29.04	33.37	14.9

注：1. 本表统计范围为规模以上工业。
　　2. 本表产值为 1990 年不变价。

Note: a) The statistical coverage of this table refers to the industrial enterprises above designated size.
　　b) The figures of gross output value are calculated at 1990 constant prices.

12-8 工业九大产业工业总产值（2002年）
GROSS INDUSTRIAL OUTPUT VALUE OF NINE INDUSTRIES (2002)

单位：亿元 (100 million yuan)

指　　标	Item	绝对数 Value	比重（%） Proportion (%)
规模以上工业总产值	**Gross Industrial Output Value above Designated Size**	**16378.60**	**100.00**
三大新兴产业	**Three Fresh Industries**	**7794.13**	**47.58**
1、电子信息业	Electronic Information	4164.42	25.43
电子及通信设备制造业	Electronic and Telecommunications	4164.42	25.43
2、电气机械及专用设备	Electric Equipment and Special Purposes Equipment	2077.23	12.68
专用设备制造业	Special Purposes Equipment	139.52	0.85
电气机械及器材制造业	Electric Equipment and Machinery	1546.59	9.44
仪器仪表及文化办公用机械制造业	Instruments, Meters, Cultural and Clerical manufacturing	391.12	2.39
3、石油及化学	Petroleum and Chemistry	1552.47	9.47
石油及天然气开采业	Petroleum and Natural Gas Extraction	216.23	1.32
石油加工及炼焦业	Petroleum Refining and Coking plant	433.84	2.65
化学原料及化学制品业	Raw Chemical Materials and Chemical Products	821.33	5.01
橡胶制品业	Rubber Products	81.07	0.49
三大传统产业	**Three Traditional Industries**	**3048.58**	**18.61**
1、纺织服装	Textile and Garments	1372.69	8.38
纺织业	Textile Industry	658.68	4.02
服装及其他纤维制品制造业	Garments and Other Fiber Products	657.24	4.01
化学纤维制造业	Chemical Fiber	56.77	0.35
2、食品饮料	Food and Beverage	968.21	5.91
食品加工业	Food Processing	402.82	2.46
食品制造业	Food Production	250.65	1.53
饮料制造业	Beverage Production	213.00	1.30
烟草加工业	Tobacco Processing	101.74	0.62
3、建筑材料	Building Materials	707.68	4.32
非金属矿物开采业	Nonmetal Minerals Mining	51.43	0.31
非金属矿物制品业	Nonmetal Minerals Products	579.93	3.54
建筑用金属制品业	Mental Products for Architecture	76.32	0.47
三大潜力产业	**Three Potential Industries**	**1179.15**	**7.20**
1、森工造纸	Logging and Papermaking	476.47	2.91
木材及竹材采运业	Logging and Transport of Timber and Bamboo	1.19	0.01
木材加工及竹藤棕草制品业	Timber Processing, Bamboo, Cane, Palm Fiber and Straw Products	142.33	0.87
造纸及纸制品业	Papermaking and Paper Products	332.96	2.03
2、医药	Medicine	214.70	1.31
医药制造业	Medical and Pharmaceutical Products	214.70	1.31
3、汽车	Motor Vehicle	487.98	2.98
汽车制造业	Automobile Manufacturing	343.45	2.10
摩托车制造业	Motorcycle Manufacturing	144.53	0.88

注：工业总产值按现行价格计算。
Note: The data of gross industrial output value are calculated at current prices.

12-9 各市工业企业单位数和工业总产值

NUMBER OF INDUSTRIAL ENTERPRISES AND GROSS OUTPUT VALUE BY CITY

市别 City	工业企业单位数（个） Number of Industrial Enterprises (unit)				工业总产值（亿元） Gross Output Value of Industry (100 million yuan)			
	1990	1995	2001	2002	1990	1995	2001	2002
广 州 Guangzhou	4273	8508	4572	4632	402.19	1054.04	2675.53	3101.91
深 圳 Shenzhen	2432	2799	1749	2134	186.04	900.13	3399.44	4332.11
珠 海 Zhuhai	855	1464	798	790	55.82	303.55	904.12	1028.98
汕 头 Shantou	1569	1831	834	893	66.51	207.61	322.09	356.14
韶 关 Shaoguan	1462	1981	387	413	59.31	93.81	126.73	139.16
河 源 Heyuan	946	932	143	144	7.48	19.56	34.26	40.86
梅 州 Meizhou	1764	2017	373	345	31.65	67.27	72.23	76.34
惠 州 Huizhou	1558	2710	702	765	35.82	313.96	944.43	1096.37
汕 尾 Shanwei	592	570	105	123	4.78	19.65	27.71	33.68
东 莞 Dongguan	1129	2431	1680	1805	51.51	192.30	864.15	1159.75
中 山 Zhongshan	685	1189	1516	2018	68.37	278.84	790.60	1126.80
江 门 Jiangmen	1931	2553	1817	1918	134.21	531.78	1110.04	1242.68
佛 山 Foshan	1863	2084	2468	2861	234.24	798.87	1922.41	2221.73
阳 江 Yangjiang	571	823	287	325	18.80	55.23	73.68	91.33
湛 江 Zhanjiang	1350	1555	449	484	70.06	160.02	169.58	200.39
茂 名 Maoming	1256	1447	444	491	56.61	123.09	224.20	245.38
肇 庆 Zhaoqing	1816	2350	960	971	43.80	207.97	481.78	552.92
清 远 Qingyuan	1202	1712	265	269	17.38	48.94	58.74	65.37
潮 州 Chaozhou	833	1223	424	450	17.16	45.97	91.74	116.44
揭 阳 Jieyang	1117	1191	454	481	18.31	58.98	139.94	158.76
云 浮 Yunfu	1117	1311	294	307	25.14	100.18	132.59	143.90

注：1. 本表 1998 年及以前统计范围为乡及乡以上工业，1998 年后为规模以上工业。
2. 本表产值按 1990 年不变价计算。

Note: a) In 1998 and prior to it, the data in this table referred to the township industrial enterprises and above. Since 1998, they have referred to the industrial enterprises above designated size.
b) The output values in this table are calculated at 1990 constant prices.

12-10 续表

单位：个

项　　目	Item	中　山 Zhongshan	江　门 Jiangmen
全省总计	**Provincial Total**	**2018**	**1918**
按经济类型分	**Grouped by Ownership**		
在总计中：国有及国有控股工业	Of the Total: State-owned and State-holding Industry	10	112
国有工业	State-owned Industry	7	74
集体工业	Collective Owned Industry	212	333
股份合作工业	Share Holding Cooperative Enterprises	2	30
股份制工业	Share Holding Enterprises	582	340
外商投资工业	Foreign Funded Industry	116	99
港澳台投资工业	Enterprises Funded by Entrepreneurs from Hong Kong, Macao and Taiwan	706	529
按轻重工业分	**Grouped by Light & Heavy Industry**		
轻　工　业	Light Industry	1441	1282
以农产品为原料	Using Farm Products as Raw Materials	743	677
以非农产品为原料	Using Non-farm Products as Raw Materials	698	605
重　工　业	Heavy Industry	577	636
采掘工业	Mining and Quarrying	5	13
原料工业	Raw Materials Industry	77	221
加工工业	Processing Industry	495	402
按企业规模分	**Grouped by Size of Enterprises**		
大型企业	Large	77	57
中型企业	Medium	154	99
小型企业	Small	1787	1762
按行业分	**Grouped by Sector**		
#煤炭采选业	Coal Mining and Dressing		
石油和天然气开采	Petroleum and Natural Gas Extraction		
黑色金属矿采选业	Ferrous Metal Minerals Mining and Dressing		1
有色金属矿采选业	Nonferrous Metals Minerals Mining and Dressing		
非金属矿采选业	Nonmetal Minerals Mining and Dressing	5	12
其他矿采选业	Other Minerals Mining and Dressing		
木材及竹材采运业	Logging and Transport of Timber and Bamboo		
食品加工业	Food Processing	20	51
食品制造业	Food Manufacturing	28	46
饮料制造业	Beverage Manufacturing	15	10
烟草加工业	Tobacco Processing		2
纺织业	Textile Industry	139	111
服装及其他纤维制品制造业	Garments and Other Fiber Products	260	196
皮革、毛皮、羽绒及其制品业	Leather, Furs, Down and Related Products	74	88
木材加工及竹、藤、棕、草制品业	Timber Processing, Bamboo, Cane, Palm Fiber & Straw Products	11	29
家具制造业	Furniture Manufacturing	49	35
造纸及纸制品业	Papermaking and Paper Products	90	85
印刷业、记录媒介的复制	Printing and Record Medium Reproduction	49	33
文教体育用品制造业	Cultural, Educational and Sports Goods	51	24
石油加工及炼焦业	Petroleum Processing and Coking	2	1
化学原料及化学制品制造业	Raw Chemical Materials and Chemical Products	96	107
医药制造业	Medical and Pharmaceutical Products	10	10
化学纤维制造业	Chemical Fiber	8	11
橡胶制品业	Rubber Products	18	26
塑料制品业	Plastic Products	158	97
非金属矿物制品业	Nonmetal Mineral Products	60	104
黑色金属冶炼及压延加工业	Smelting and Pressing of Ferrous Metals	6	72
有色金属冶炼及压延加工业	Smelting and Pressing of Nonferrous Metals	14	11
金属制品业	Metal Products	234	272
普通机械制造业	Ordinary Machinery Manufacturing	50	53
专用设备制造业	For Special Purposes Equipment Manufacturing	23	30
交通运输设备制造业	Transport Equipment Manufacturing	20	49
电气机械及器材制造业	Electric Equipment and Machinery	289	180
电子及通信设备制造业	Electronic and Telecommunication Equipment	134	67
仪器仪表及文化、办公用机械制造业	Instruments, Meters, Cultural and Office Machinery	25	12
其他制造业	Other Manufacturing	50	60
电力蒸汽热水生产供应业	Electric Power, Steam and Hot Water Production and Supply	10	18
煤气的生产和供应业	Gas Production and Supply	1	5
自来水的生产和供应业	Tap Water Production and Supply	19	10

12-10 continued

(unit)

佛 山 Foshan	阳 江 Yangjiang	湛 江 Zhanjiang	茂 名 Maoming	肇 庆 Zhaoqing	清 远 Qingyuan	潮 州 Chaozhou	揭 阳 Jieyang	云 浮 Yunfu
2861	**325**	**484**	**491**	**971**	**269**	**450**	**481**	**307**
107	35	154	65	113	92	52	117	58
53	29	121	50	87	82	50	114	49
355	17	51	133	242	29	90	75	106
37		1	16	9	12	16	5	4
988	101	122	82	92	42	86	78	52
115	8	22	10	37	15	24	15	6
773	41	81	90	221	64	130	122	64
1667	257	322	305	543	118	376	374	171
827	99	205	216	378	72	144	237	106
840	158	117	89	165	46	232	137	65
1194	68	162	186	428	151	74	107	136
4		14	34	45	13	2	4	15
264	34	59	81	133	95	37	36	60
926	34	89	71	250	43	35	67	61
138	6	31	7	21	4	14	11	3
170	21	62	23	61	26	21	32	23
2553	298	391	461	889	239	415	438	281
					2			
		1						
				3	2			2
		1	6	5			1	1
5	1	12	29	33	1	2	3	11
		2						
				4	8			1
59	13	82	34	32	11	16	17	13
36	4	19	4	16	3	20	47	12
19	4	17	5	20	7	3	9	2
1	1	3	1				1	1
202	6	6	8	59	15	8	46	21
156	16	4	6	51	15	44	75	35
109	12	17	77	37	4	8	3	3
30	9	17	7	78	2	1	1	3
64	20	7	21	35	6		3	2
102	7	23	15	34	9	11	5	12
66	7	12	5	24	4	25	11	1
40	5		2	13	5	3	10	1
4		3	18	2				
129	7	27	52	70	13	14	11	20
18	3	17	5	10	3	5	7	3
12		8		4	1		5	2
21	2	4	10	4	2		5	1
220	11	22	24	32	14	27	40	12
382	9	34	39	84	44	152	16	50
7	7	2	16	4		1	5	2
130	2	3		7	2	2	2	4
318	136	31	13	86	8	19	40	30
90	10	10	11	35	12	4	7	4
56	4	20	2	15	3	3	6	2
69	1	15	3	11	5	3	8	2
317	3	28	8	36	12	16	21	9
62	1	6	2	29	1	8	9	5
26	1	4		5		2	10	
66	6	4	41	48		20	24	5
18	12	9	21	35	47	24	25	27
2	1	7	1			6		
25	4	7	5	10	8	3	8	8

12-11 各市各行业工业总产值（2002年）

单位：亿元

项 目	Item	全 省 Provincial Total	广 州 Guangzhou
全省总计	**Provincial Total**	**16378.60**	**3176.43**
按经济类型分	**Grouped by Ownership**		
在总计中：国有及国有控股工业	Of the Total: State-owned and State-holding Industry	3264.46	988.88
国有工业	State-owned Industry	1112.62	227.51
集体工业	Collective Owned Industry	929.36	175.01
股份合作工业	Share Holding Cooperative Enterprises	178.13	16.77
股份制工业	Share Holding Enterprises	3254.59	647.19
外商投资工业	Foreign Funded Industry	3838.06	816.50
港澳台投资工业	Enterprises Funded by Entrepreneurs from Hong Kong, Macao and Taiwan	6217.39	1062.30
按轻重工业分	**Grouped by Light & Heavy Industry**		
轻 工 业	Light Industry	8161.63	1656.90
以农产品为原料	Using Farm Products as Raw Materials	3681.28	940.92
以非农产品为原料	Using Non-farm Products as Raw Materials	4480.35	715.98
重 工 业	Heavy Industry	8216.97	1519.53
采掘工业	Mining and Quarrying	295.21	16.85
原料工业	Raw Materials Industry	2255.65	535.63
加工工业	Processing Industry	5666.11	967.04
按企业规模分	**Grouped by Size of Enterprises**		
大型企业	Large	6525.51	1474.39
中型企业	Medium	2229.51	419.96
小型企业	Small	7623.58	1282.08
按行业分	**Grouped by Sector**		
#煤炭采选业	Coal Mining and Dressing	2.50	
石油和天然气开采	Petroleum and Natural Gas Extraction	216.23	
黑色金属矿采选业	Ferrous Metal Minerals Mining and Dressing	8.98	
有色金属矿采选业	Nonferrous Metals Minerals Mining and Dressing	15.21	0.32
非金属矿采选业	Nonmetal Minerals Mining and Dressing	51.43	16.53
其他矿采选业	Other Minerals Mining and Dressing	0.18	
木材及竹材采运业	Logging and Transport of Timber and Bamboo	1.19	
食品加工业	Food Processing	402.82	64.82
食品制造业	Food Manufacturing	250.65	103.06
饮料制造业	Beverage Manufacturing	213.00	67.60
烟草加工业	Tobacco Processing	101.74	49.25
纺织业	Textile Industry	658.68	105.09
服装及其他纤维制品制造业	Garments and Other Fiber Products	657.24	143.52
皮革、毛皮、羽绒及其制品业	Leather, Furs, Down and Related Products	431.55	130.71
木材加工及竹、藤、棕、草制品业	Timber Processing, Bamboo, Cane, Palm Fiber & Straw Products	142.33	16.60
家具制造业	Furniture Manufacturing	141.26	25.98
造纸及纸制品业	Papermaking and Paper Products	332.96	62.61
印刷业、记录媒介的复制	Printing and Record Medium Reproduction	186.36	26.34
文教体育用品制造业	Cultural, Educational and Sports Goods	262.35	53.49
石油加工及炼焦业	Petroleum Processing and Coking	433.84	136.54
化学原料及化学制品制造业	Raw Chemical Materials and Chemical Products	821.33	348.27
医药制造业	Medical and Pharmaceutical Products	214.70	59.36
化学纤维制造业	Chemical Fiber	56.77	5.12
橡胶制品业	Rubber Products	81.07	38.98
塑料制品业	Plastic Products	645.60	120.40
非金属矿物制品业	Nonmetal Mineral Products	579.93	92.25
黑色金属冶炼及压延加工业	Smelting and Pressing of Ferrous Metals	206.30	81.61
有色金属冶炼及压延加工业	Smelting and Pressing of Nonferrous Metals	189.05	37.63
金属制品业	Metal Products	784.84	116.72
普通机械制造业	Ordinary Machinery Manufacturing	235.89	68.36
专用设备制造业	For Special Purposes Equipment Manufacturing	139.52	19.83
交通运输设备制造业	Transport Equipment Manufacturing	644.88	421.79
电气机械及器材制造业	Electric Equipment and Machinery	1546.59	225.16
电子及通信设备制造业	Electronic and Telecommunication Equipment	4164.42	303.57
仪器仪表及文化、办公用机械制造业	Instruments, Meters, Cultural and Office Machinery	391.12	20.52
其他制造业	Other Manufacturing	256.62	62.49
电力蒸汽热水生产供应业	Electric Power, Steam and Hot Water Production and Supply	778.79	127.19
煤气的生产和供应业	Gas Production and Supply	51.51	8.05
自来水的生产和供应业	Tap Water Production and Supply	79.18	16.65

注：1. 本表统计范围为规模以上工业。
2. 本表产值按当年价计算。

GROSS OUTPUT VALUE OF INDUSTRY BY SECTOR BY CITY (2002)

(100 million yuan)

深 圳 Shenzhen	珠 海 Zhuhai	汕 头 Shantou	韶 关 Shaoguan	河 源 Heyuan	梅 州 Meizhou	惠 州 Huizhou	汕 尾 Shanwei	东 莞 Dongguan
3628.52	**758.81**	**361.14**	**185.18**	**49.17**	**91.09**	**862.39**	**38.14**	**1352.69**
699.01	102.97	53.50	133.73	14.92	39.08	251.81	3.17	140.61
72.39	11.91	25.59	82.95	5.61	32.24	14.99	3.00	43.16
11.63	26.73	62.15	4.45	4.36	12.04	7.89	9.22	76.84
1.35	3.11	4.76	5.13	2.44	1.34	2.09		1.63
679.45	138.57	104.56	59.40	13.61	15.64	33.20	4.20	127.99
1338.12	269.38	57.04	1.18	2.24	10.58	339.42	1.38	411.98
1498.25	299.68	76.45	25.37	18.35	16.26	459.63	19.00	679.04
1225.93	388.18	245.74	44.87	15.44	29.71	449.61	29.78	672.69
322.75	127.38	161.49	33.33	9.77	22.86	73.30	18.59	333.61
903.17	260.80	84.25	11.54	5.68	6.85	376.32	11.19	339.08
2402.59	370.63	115.40	140.31	33.73	61.38	412.78	8.35	680.01
140.77	1.92		11.34	6.31	2.74	0.45		0.37
229.85	87.02	44.38	106.05	15.64	36.78	30.17	3.46	165.15
2031.97	281.68	71.02	22.92	11.78	21.86	382.16	4.90	514.49
1558.82	440.59	79.91	100.15	11.00	7.57	347.46	7.93	603.97
408.31	65.27	47.21	42.69	16.36	36.04	180.05	11.89	98.95
1661.39	252.95	234.03	42.35	21.81	47.49	334.88	18.32	649.77
			1.34		1.06			
140.43								
			2.17	4.75	0.82			
			7.40	0.80	0.61	0.26		
0.34	1.92	0.06		0.76	0.24	0.13	0.09	0.37
			0.43		0.02	0.06		11.51
53.51	11.32	34.63	1.18	0.99	0.97	2.65	1.39	16.38
16.17	10.15	12.55	0.01	1.17	0.46	1.30	0.97	16.50
29.92	7.87	6.25	2.85	0.33	1.22	4.63	1.07	
14.33			15.49		10.23			114.21
26.55	19.35	23.03	7.35	2.57	1.40	15.66	12.13	40.51
38.51	35.76	27.32	0.76	1.70	2.17	19.11	1.72	39.21
29.15	9.55	3.16		0.57	0.26	16.16	0.41	
4.08	1.63	18.04	1.06	0.29	1.10	2.13	0.94	2.90
23.49	2.96	0.21	1.08		1.33	3.21		13.68
29.79	19.50	11.75	1.42	0.57	0.66	5.18		57.91
34.08	3.32	19.72	0.57	0.01	0.50	4.68	0.10	22.62
39.27	9.99	12.65	3.22		0.25	8.47	0.95	47.71
3.94								0.30
50.06	26.71	23.89	5.54	0.32	1.44	13.50	0.12	39.30
49.72	31.57	5.96	2.02	4.76	1.20	2.74		3.77
0.02	3.96	1.79		0.16		0.96		0.71
3.68	0.42	0.47			0.58	0.91		3.33
97.56	30.52	31.94	0.29	3.44		30.62	2.18	60.19
45.58	10.74	5.14	5.63	3.87	20.00	11.33	0.28	26.83
12.25			45.00	8.57	0.87	5.82		4.99
4.47	0.31		25.30	0.33	2.75	1.21		0.24
90.41	17.19	5.24	1.11	3.91	0.85	28.98		38.78
10.02	6.92	2.32	5.20	1.74	2.43	5.49		10.81
31.28	13.57	9.55	3.94	0.17	0.05	1.27		6.86
41.25	10.09	11.55	0.66	0.02	4.26	18.62	0.28	11.22
183.85	126.86	13.14	5.83	0.48	4.21	75.50	4.23	93.91
2096.07	209.49	19.37	8.24	2.42	9.58	547.37	5.49	503.34
184.10	57.50	6.59	0.27		0.80	8.51	0.21	25.79
30.51	10.06	19.04	0.26	0.39	2.99	9.75	1.54	11.30
196.38	44.83	31.88	28.70	3.85	14.80	13.93	3.28	118.46
0.14	21.90	1.08	0.08		0.04			
17.61	2.83	2.83	0.77	0.23	0.92	2.25	0.74	9.05

Note: 1) The statistical coverage of this table covers the industrial enterprises above designated size.
2) The data of gross industrial output value are calculated at current prices.

12-11 续表

单位：亿元

项　　目	Item	中　山 Zhongshan	江　门 Jiangmen
全省总计	**Provincial Total**	**948.08**	**1027.74**
按经济类型分	**Grouped by Ownership**		
在总计中：国有及国有控股工业	Of the Total: State-owned and State-holding Industry	19.16	133.63
国有工业	State-owned Industry	10.72	86.26
集体工业	Collective Owned Industry	60.86	126.99
股份合作工业	Share Holding Cooperative Enterprises	0.26	15.02
股份制工业	Share Holding Enterprises	183.46	171.80
外商投资工业	Foreign Funded Industry	170.89	152.22
港澳台投资工业	Enterprises Funded by Entrepreneurs from Hong Kong, Macao and Taiwan	451.40	330.64
按轻重工业分	**Grouped by Light & Heavy Industry**		
轻　工　业	Light Industry	632.16	679.30
以农产品为原料	Using Farm Products as Raw Materials	277.61	324.95
以非农产品为原料	Using Non-farm Products as Raw Materials	354.56	354.36
重　工　业	Heavy Industry	315.91	348.43
采掘工业	Mining and Quarrying	0.28	3.24
原料工业	Raw Materials Industry	54.50	114.59
加工工业	Processing Industry	261.14	230.60
按企业规模分	**Grouped by Size of Enterprises**		
大型企业	Large	253.64	244.58
中型企业	Medium	209.49	94.34
小型企业	Small	484.95	688.82
按行业分	**Grouped by Sector**		
#煤炭采选业	Coal Mining and Dressing		
石油和天然气开采	Petroleum and Natural Gas Extraction		
黑色金属矿采选业	Ferrous Metal Minerals Mining and Dressing		0.07
有色金属矿采选业	Nonferrous Metals Minerals Mining and Dressing		
非金属矿采选业	Nonmetal Minerals Mining and Dressing	0.28	3.17
其他矿采选业	Other Minerals Mining and Dressing		
木材及竹材采运业	Logging and Transport of Timber and Bamboo	6.92	
食品加工业	Food Processing	14.20	29.33
食品制造业	Food Manufacturing	15.07	24.37
饮料制造业	Beverage Manufacturing		3.84
烟草加工业	Tobacco Processing	49.00	0.10
纺织业	Textile Industry	78.64	81.69
服装及其他纤维制品制造业	Garments and Other Fiber Products	47.25	74.99
皮革、毛皮、羽绒及其制品业	Leather, Furs, Down and Related Products		35.83
木材加工及竹、藤、棕、草制品业	Timber Processing, Bamboo, Cane, Palm Fiber & Straw Products	2.41	13,39
家具制造业	Furniture Manufacturing	9.35	8.74
造纸及纸制品业	Papermaking and Paper Products	27.94	34.75
印刷业、记录媒介的复制	Printing and Record Medium Reproduction	16.50	17.84
文教体育用品制造业	Cultural, Educational and Sports Goods	39.97	6.09
石油加工及炼焦业	Petroleum Processing and Coking	3.97	0.23
化学原料及化学制品制造业	Raw Chemical Materials and Chemical Products	47.18	86.48
医药制造业	Medical and Pharmaceutical Products	8.23	6.38
化学纤维制造业	Chemical Fiber	4.15	15.25
橡胶制品业	Rubber Products	7.92	12.64
塑料制品业	Plastic Products	61.81	40.16
非金属矿物制品业	Nonmetal Mineral Products	30.71	39.91
黑色金属冶炼及压延加工业	Smelting and Pressing of Ferrous Metals	5.84	15.77
有色金属冶炼及压延加工业	Smelting and Pressing of Nonferrous Metals	7.29	2.66
金属制品业	Metal Products	77.90	136.77
普通机械制造业	Ordinary Machinery Manufacturing	22.53	37.43
专用设备制造业	For Special Purposes Equipment Manufacturing	6.70	9.76
交通运输设备制造业	Transport Equipment Manufacturing	4.72	51.09
电气机械及器材制造业	Electric Equipment and Machinery	116.23	132.57
电子及通信设备制造业	Electronic and Telecommunication Equipment	166.95	56.25
仪器仪表及文化、办公用机械制造业	Instruments, Meters, Cultural and Office Machinery	26.63	8.10
其他制造业	Other Manufacturing	15.10	27.53
电力蒸汽热水生产供应业	Electric Power, Steam and Hot Water Production and Supply	21.97	11.13
煤气的生产和供应业	Gas Production and Supply	0.45	0.29
自来水的生产和供应业	Tap Water Production and Supply	4.26	3.14

(100 million yuan)

佛 山 Foshan	阳 江 Yangjiang	湛 江 Zhanjiang	茂 名 Maoming	肇 庆 Zhaoqing	清 远 Qingyuan	潮 州 Chaozhou	揭 阳 Jieyang	云 浮 Yunfu
2040.66	**97.61**	**332.34**	**420.20**	**484.65**	**78.51**	**119.35**	**168.17**	**157.72**
158.31	12.64	92.78	288.25	85.16	14.66	7.20	7.10	17.88
63.28	6.20	64.08	284.28	39.14	12.21	6.73	6.07	14.30
136.80	4.67	8.95	33.55	86.44	3.87	19.76	22.38	34.78
96.60		2.55	2.87	3.57	7.31	3.48	5.76	2.10
770.79	39.13	53.31	39.46	57.14	13.92	37.75	34.56	29.46
168.43	8.32	14.86	4.34	33.76	15.76	7.83	10.27	3.54
684.96	16.07	177.44	35.26	172.90	22.29	35.52	69.28	67.31
1177.98	68.07	139.83	82.68	251.97	28.57	91.53	139.48	111.20
419.82	35.68	118.45	64.17	176.09	17.19	44.18	82.51	76.62
758.16	32.38	21.38	18.51	75.87	11.38	47.35	56.97	34.58
862.68	29.55	192.51	337.52	232.68	49.94	27.82	28.70	46.52
1.06		77.50	7.88	20.05	0.67	0.11	0.16	3.50
257.72	20.09	87.11	314.06	71.83	30.66	17.38	5.88	27.72
603.90	9.46	27.91	15.59	140.81	18.61	10.33	22.66	15.30
829.03	10.75	137.22	278.54	80.47	10.79	12.42	29.91	6.38
264.42	22.95	111.50	22.30	70.57	29.45	23.67	29.42	24.68
947.21	63.92	83.62	119.36	333.61	38.27	83.26	108.85	126.66
					0.10			
		75.81						
				0.78	0.17			0.23
		0.10	1.50	4.15			0.07	0.01
1.11	0.03	1.61	6.47	14.78	0.08	0.11	0.08	3.25
		0.18			0.32			0.02
	7.31			0.34	2.64	8.05	5.34	14.18
56.24	0.81	74.34	6.56	8.94	0.69	6.13	13.13	2.92
19.42	6.70	1.19	0.46	5.10	0.29	1.54	0.76	0.25
30.94	0.06	1.84	4.15	9.41			0.01	0.01
5.48	3.28	6.72	0.08		5.13	2.35	17.99	23.07
98.24	2.45	10.58	4.26	35.76	2.62	12.11	32.46	30.67
78.47	1.32	0.37	1.33	32.02	0.67	1.06	2.38	0.61
44.87		7.75	30.52	30.09				
31.83	0.76	4.99	0.69	38.33	0.39	0.08	0.19	0.49
18.90	9.84	1.70	5.56	12.77	0.87		1.06	0.54
40.22	1.63	8.80	2.20	17.07	4.53	1.97	0.81	3.63
17.14	1.33	2.41	0.73	6.05	0.23	9.59	2.59	0.01
28.71	1.21		0.46	5.94	0.66	0.41	2.87	0.03
13.60		45.88	229.14	0.25				
57.56	1.04	8.10	76.49	25.40	1.46	2.32	1.84	4.30
17.86	0.99	2.68	0.49	8.10	1.38	0.64	6.19	0.65
9.53		1.97		9.52	0.51		2.86	0.26
3.81	0.20	0.52	2.03	3.03	0.49		1.96	0.10
111.74	2.13	3.60	4.14	9.66	3.36	8.57	21.92	1.37
185.83	2.09	5.02	9.61	27.30	9.73	30.15	1.43	16.49
9.10	6.21	0.10	5.49	0.99		2.03	1.49	0.17
91.40	1.77	0.66		5.18	5.64	0.82	0.40	0.97
149.71	30.27	3.89	1.90	36.45	1.57	3.14	16.31	23.76
22.69	3.19	2.80	1.83	19.97	9.77	0.83	0.63	0.92
22.80	0.53	5.75	0.15	4.29	0.11	0.19	2.62	0.10
48.86	0.32	6.91	0.47	8.51	0.46	0.08	3.69	0.02
514.92	1.17	10.57	1.78	8.84	8.08	3.38	9.47	6.41
159.24	0.59	0.60	0.55	60.15	0.11	6.36	2.84	5.82
45.87	0.05	1.64		2.41		0.09	2.05	
26.85	0.52	0.46	8.08	17.61		2.93	8.09	1.12
67.06	3.62	25.35	11.97	14.16	15.68	6.57	3.58	14.40
0.53	5.62	6.15	0.20			6.99		
10.14	0.56	1.31	0.91	1.30	0.78	0.86	1.07	0.95

12-12 工业企业主要指标
MAIN INDICATORS OF INDUSTRIAL ENTERPRISES

年份 Year	平均职工人数（万人）Average Number of Staff and Workers (10000 persons)	总产值（亿元）Gross Output Value of Industry (100 million yuan)	固定资产原价（亿元）Original Value of Fixed Assets (100 million yuan)	产品销售收入（亿元）Sales Revenue (100 million yuan)	利税总额（亿元）Total Pre-tax Profits (100 million yuan)	百元固定资产实现利税（元）Pre-tax Profits per 100 yuan of Original Value of Fixed Assets (yuan)	资金利税率（%）Ratio of Pre-tax Profits to Total Capital (%)	产值利税率（%）Ratio of Pre-tax Profits to Gross Output Value (%)	百元销售收入实现利税（元）Pre-tax Profits per 100 yuan of Sales Revenue (yuan)	全员劳动生产率（元/人）Overall Labor Productivity (yuan/person)
1978	170.51	168.91	111.42		32.91	29.54	29.41	19.48		9906
1979	171.76	181.96	129.09	170.09	34.48	26.71	25.36	18.45	20.27	10594
1980	182.39	198.83	136.59	189.97	38.51	28.19	27.45	19.37	20.27	10902
1981	189.08	226.26	152.58	215.09	42.12	27.60	27.13	18.61	19.58	11966
1982	194.33	245.54	172.00	231.20	44.62	25.94	25.41	18.17	19.30	12635
1983	197.50	275.25	226.58	226.91	48.59	21.45	24.46	17.65	21.42	13937
1984	241.42	336.45	221.46	313.33	56.83	25.66	24.96	16.89	18.14	13937
1985	298.66	438.91	269.13	412.77	75.99	29.23	25.87	17.31	18.41	14696
1986	323.16	522.35	335.19	498.80	80.90	24.14	20.86	15.49	16.22	16164
1987	353.95	711.04	433.95	692.47	102.24	23.56	21.18	14.38	14.76	20089
1988	382.19	1056.47	540.37	1016.20	140.65	26.03	22.45	13.31	13.84	27643
1989	387.90	1321.33	700.66	1222.20	138.71	19.80	16.05	10.50	11.35	34064
1990	390.28	1379.98	843.88	1287.91	121.50	14.40	12.35	8.80	9.43	35359
1991	433.18	2018.62	1339.04	1875.02	188.08	14.05	14.88	9.32	10.03	46600
1992	450.99	2696.47	1485.36	2537.84	248.78	22.32	10.02	9.23	9.80	59790
1993	478.39	4085.35	2099.09	3920.98	397.40	18.93	10.79	9.73	10.14	85379
1994	537.57	5325.35	3309.63	4826.68	478.41	14.46	9.20	8.89	9.91	99063
1995	537.83	6325.19	4298.15	6195.84	445.53	10.37	6.32	7.04	7.19	117606
1996	529.13	7308.51	5066.23	6808.08	489.26	9.66	6.27	6.69	7.19	36094
1997	522.94	8201.71	5904.95	7767.79	617.90	10.46	6.77	7.53	7.95	40040
1998	548.59	9738.56	6968.36	9243.42	622.82	8.94	5.75	6.40	6.74	44553
1999	537.77	10538.17	7399.10	10208.99	778.94	10.53	6.85	7.39	7.63	50307
2000	572.89	12480.93	8005.77	12380.65	1042.77	13.03	8.66	8.35	8.42	58836
2001	578.94	14035.35	8655.82	13891.46	1139.98	13.17	8.75	8.12	8.21	67012
2002	644.39	16378.60	9550.47	16247.73	1380.24	14.45	10.10	8.43	8.50	58940

注：1. 利税总额包括增值税。
2. 全员劳动生产率 1996 年后按工业增加值计算。
3. 1998 年起统计口径为规模以上工业。1997 年以前为独立核算工业企业。
4. 平均职工人数从 1998 年起用从业人员平均人数。

Note: a) Total pre-tax profits include value-added tax.
b) The figures of overall labor productivity since 1996 have been calculated by value-added of industry.
c) Since 1998, the statistical coverage have included the industrial enterprises above designated size, while it only referred to the industrial enterprises with independent accounting systems before 1997.
d) Since 1998, the average number of staff and workers has referred to the number of employed persons at the year-end.

12-13 国有及国有控股工业企业主要指标
MAIN INDICATORS OF STATE-OWNED AND STATE-HOLDING INDUSTRIAL ENTERPRISES

年份 Year	平均职工人数（万人）Average Number of Staff and Workers (10000 persons)	总产值（亿元）Gross Output Value of Industry (100 million yuan)	固定资产原价（亿元）Original Value of Fixed Assets (100 million yuan)	产品销售收入（亿元）Sales Revenue (100 million yuan)	利税总额（亿元）Total Pre-tax Profits (100 million yuan)	百元固定资产实现利税（元）Pre-tax Profits per 100 yuan of Original Value of Fixed Assets (yuan)	资金利税率（%）Ratio of Pre-tax Profits to Total Capital (%)	产值利税率（%）Ratio of Pre-tax Profits to Gross Output Value (%)	百元销售收入实现利税（元）Pre-tax Profits per 100 yuan of Sales Revenue (yuan)	全员劳动生产率（元/人）Overall Labor Productivity (yuan/person)
1978	120.35	122.28	96.06		26.09	27.16	25.74	21.34		10159
1979	121.97	132.30	103.51	126.87	26.89	25.96	23.95	20.31	21.18	10847
1980	126.09	136.30	107.27	127.97	28.33	25.90	25.01	20.57	22.19	10829
1981	132.60	153.54	118.82	147.85	31.18	26.24	25.99	20.31	21.09	11579
1982	139.90	165.82	131.82	158.43	33.29	25.26	24.79	20.08	21.01	11853
1983	142.18	188.09	147.53	178.04	38.18	25.88	25.58	20.30	21.45	13228
1984	143.08	222.35	162.13	205.73	44.02	27.15	26.60	19.80	21.39	15540
1985	144.14	277.87	203.80	265.05	56.34	27.64	27.36	20.28	21.26	19278
1986	150.14	312.74	235.47	305.42	59.70	25.36	23.70	19.09	19.55	20829
1987	156.48	400.55	294.46	402.63	72.44	24.60	23.40	18.09	17.99	25598
1988	162.43	555.41	328.58	545.00	91.05	27.71	24.83	16.39	16.71	34194
1989	162.85	670.95	404.50	631.61	94.11	23.26	20.05	14.93	14.90	41200
1990	163.80	713.88	488.36	689.83	84.35	17.27	14.94	11.82	12.23	43582
1991	173.85	906.72	612.24	853.62	116.26	18.99	17.32	12.82	13.62	52155
1992	171.60	1118.86	751.42	1073.94	131.24	17.47	16.50	11.73	12.22	65202
1993	153.26	1371.58	856.85	1372.66	169.40	19.77	12.67	12.35	12.34	89494
1994	152.25	1498.80	1076.47	1400.87	176.81	16.42	11.17	11.80	12.62	98443
1995	142.83	1396.35	1315.16	1499.25	160.57	12.21	8.58	11.50	10.71	97763
1996	137.50	1476.12	1599.77	1555.28	139.01	8.69	6.49	9.42	8.94	34057
1997	124.71	1505.06	1794.89	1657.79	160.92	8.97	6.68	10.69	9.71	36596
1998	102.67	1453.79	1790.91	1616.64	163.10	9.11	6.71	11.22	10.09	47019
1999	128.16	3025.68	3520.17	3153.04	376.11	10.68	7.86	12.34	11.93	72606
2000	104.39	3126.12	3513.50	3583.55	433.35	12.33	9.24	13.86	12.09	91413
2001	91.77	3236.65	3982.54	3757.95	486.46	12.21	9.67	15.03	12.94	112515
2002	83.25	3264.46	3942.57	3800.38	483.25	12.26	10.39	14.80	12.72	132894

注：1998年以前为国有工业，1999年起为国有及国有控股工业。

Note: In 1998 and prior to it, the statistical coverage in this table referred to the state-owned enterprises, while it has included the state-owned and state-holding industrial enterprises since 1999.

12-14 工业企业主要经济效益指标（2002年）

项　　目	Item	总资产贡献率（%）Total Assets Contribution Ratio
全省总计	**Provincial Total**	**9.17**
按经济类型分	**Grouped by Ownership**	
在总计中：国有及国有控股工业	Of the Total：State-owned and State-holding Industry	9.34
国有工业	State-owned Industry	8.29
集体工业	Collective Owned Industry	7.62
股份合作工业	Share Holding Cooperative Enterprises	9.64
股份制工业	Share Holding Enterprises	8.47
外商投资工业	Foreign Funded Industry	8.56
港澳台投资工业	Enterprises Funded by Entrepreneurs from Hong Kong，Macao and Taiwan	12.64
按轻重工业分	**Grouped by Light & Heavy Industry**	
轻　工　业	Light Industry	8.38
以农产品为原料	Using Farm Products as Raw Materials	10.08
以非农产品为原料	Using Non-farm Products as Raw Materials	6.90
重　工　业	Heavy Industry	9.77
采掘工业	Mining and Quarrying	39.95
原料工业	Raw Materials Industry	9.20
加工工业	Processing Industry	9.10
按企业规模分	**Grouped by Size of Enterprises**	
大型企业	Large	11.41
中型企业	Medium	8.16
小型企业	Small	6.68
按行业分	**Grouped by Sector**	
#煤炭采选业	Coal Mining and Dressing	2.38
石油和天然气开采	Petroleum and Natural Gas Extraction	64.85
黑色金属矿采选业	Ferrous Metal Minerals Mining and Dressing	9.21
有色金属矿采选业	Nonferrous Metals Minerals Mining and Dressing	10.02
非金属矿采选业	Nonmetal Minerals Mining and Dressing	11.28
其他矿采选业	Other Minerals Mining and Dressing	-3.13
木材及竹材采运业	Logging and Transport of Timber and Bamboo	2.34
食品加工业	Food Processing	5.97
食品制造业	Food Manufacturing	11.59
饮料制造业	Beverage Manufacturing	16.10
烟草加工业	Tobacco Processing	65.98
纺织业	Textile Industry	4.01
服装及其他纤维制品制造业	Garments and Other Fiber Products	5.90
皮革、毛皮、羽绒及其制品业	Leather，Furs，Down and Related Products	4.58
木材加工及竹、藤、棕、草制品业	Timber Processing，Bamboo，Cane，Palm Fiber & Straw Products	6.93
家具制造业	Furniture Manufacturing	6.87
造纸及纸制品业	Papermaking and Paper Products	8.30
印刷业、记录媒介的复制	Printing and Record Medium Reproduction	6.98
文教体育用品制造业	Cultural，Educational and Sports Goods	2.42
石油加工及炼焦业	Petroleum Processing and Coking	19.09
化学原料及化学制品制造业	Raw Chemical Materials and Chemical Products	11.98
医药制造业	Medical and Pharmaceutical Products	10.16
化学纤维制造业	Chemical Fiber	3.35
橡胶制品业	Rubber Products	5.98
塑料制品业	Plastic Products	7.02
非金属矿物制品业	Nonmetal Mineral Products	5.03
黑色金属冶炼及压延加工业	Smelting and Pressing of Ferrous Metals	7.65
有色金属冶炼及压延加工业	Smelting and Pressing of Nonferrous Metals	6.14
金属制品业	Metal Products	6.63
普通机械制造业	Ordinary Machinery Manufacturing	8.01
专用设备制造业	For Special Purposes Equipment Manufacturing	7.37
交通运输设备制造业	Transport Equipment Manufacturing	15.77
电气机械及器材制造业	Electric Equipment and Machinery	7.95
电子及通信设备制造业	Electronic and Telecommunication Equipment	8.15
仪器仪表及文化、办公用机械制造业	Instruments，Meters，Cultural and Office Machinery	6.07
其他制造业	Other Manufacturing	9.75
电力蒸汽热水生产供应业	Electric Power，Steam and Hot Water Production and Supply	10.36
煤气的生产和供应业	Gas Production and Supply	3.08
自来水的生产和供应业	Tap Water Production and Supply	3.00

注：本表统计范围为规模以上工业。

MAIN INDICATORS ON ECONOMIC BENEFIT OF INDUSTRIAL ENTERPRISES (2002)

资本保值增值率（%）Rate of Capital Maintenance and Appreciation (%)	资产负债率（%）Assets Liability Rate (%)	流动资产周转率（次）Ratio Turnover Circulating Funds (times)	成本费用利润率（%）Ratio of Profits to Costs (%)	全员劳动生产率（元/人）Overall Labor Productivity (yuan/person)	产品销售率（%）Sales Rate of Industrial Products (%)	综合指数（%）Comprehensive Index (%)
112.25	**55.53**	**2.12**	**4.98**	**58940**	**97.85**	**132.79**
103.07	52.37	1.74	6.47	127575	98.46	175.40
111.59	47.47	1.80	3.65	65545	99.05	127.07
100.79	62.24	2.05	2.70	30076	95.91	100.67
99.02	66.48	2.69	3.90	41399	98.08	120.88
117.99	57.55	1.81	4.52	99649	97.09	152.08
269.60	56.04	2.04	5.34	41274	97.82	142.53
47.60	57.30	2.80	6.45	91651	99.12	162.89
110.33	56.75	2.01	3.58	43042	97.74	114.98
109.89	56.70	1.98	4.11	35481	97.51	115.23
110.71	56.79	2.03	3.15	49464	97.93	114.82
113.67	54.61	2.24	6.27	89020	97.96	158.36
96.97	30.42	3.10	46.52	78995	98.99	366.99
112.81	51.50	2.27	6.72	99586	98.98	165.77
115.91	58.39	2.20	5.09	73285	97.50	142.99
112.47	52.65	2.10	7.85	179481	98.50	220.77
114.29	56.80	1.85	4.16	65687	98.02	129.57
111.04	58.74	2.25	2.63	28906	97.24	102.07
79.49	95.23	1.03	-3.45	3853	118.00	31.95
97.41	10.09	5.13	100.28	1309033	99.15	1382.03
111.75	61.31	1.12	7.79	43355	94.77	123.24
200.51	62.98	1.96	5.16	39386	101.58	133.01
78.96	45.24	2.25	5.24	33029	97.39	118.82
100.00	50.00	1.08	-12.50	6006	77.78	-2.91
91.25	42.97	1.26	-6.54	7926	98.32	34.46
124.42	60.42	2.59	1.42	58791	98.69	119.53
128.67	56.45	1.56	7.24	68623	95.34	148.01
113.64	51.23	1.81	10.59	145111	96.17	215.99
121.89	36.06	2.03	24.47	423887	100.19	534.40
109.32	61.80	2.03	1.39	27733	97.24	88.80
103.07	55.79	2.24	1.46	17335	97.47	88.05
119.26	61.99	1.96	1.58	13800	98.69	82.90
114.79	59.35	2.30	2.15	56558	97.04	118.49
123.37	60.58	2.25	2.07	25804	98.29	100.08
117.10	61.30	2.00	4.09	58776	97.63	126.78
111.46	50.07	1.65	4.78	47744	96.91	116.35
110.71	51.05	1.97	3.18	10401	98.83	82.45
39.34	58.73	4.76	1.51	149250	99.13	209.51
153.59	49.64	1.92	8.02	129123	97.10	195.54
85.48	53.33	1.20	7.66	181460	90.67	205.34
100.68	65.91	1.74	-0.12	91014	98.04	115.10
104.84	51.59	1.78	2.49	28046	97.48	94.27
112.87	51.96	2.02	3.70	37170	98.10	109.91
102.83	63.23	1.77	1.46	42825	96.08	96.08
101.99	63.52	2.09	4.30	86323	98.87	141.40
116.91	62.97	1.99	1.55	82161	97.36	126.65
114.17	57.89	2.13	2.43	39142	97.84	106.81
109.31	57.53	1.37	4.88	54988	96.55	119.86
117.98	58.11	1.28	5.76	46085	96.80	116.92
114.61	61.46	1.68	10.78	98317	97.94	186.43
112.12	59.93	1.95	3.66	67186	96.66	128.68
114.59	61.06	2.68	3.97	91792	97.98	152.56
125.62	53.23	1.98	2.70	31985	105.70	103.51
110.01	51.65	2.25	5.50	14871	97.09	109.98
114.77	47.16	2.08	12.02	74874	99.78	171.42
111.89	60.06	3.64	0.52	86320	100.12	136.43
129.00	38.00	1.00	4.00	31520	97.00	92.04

Note: The statistical coverage of this table covers the industrial enterprises above designated size.

12-15 各市工业企业主要经济效益指标（2002 年）

MAIN INDICATORS ON ECONOMIC BENEFIT OF INDUSTRIAL ENTERPRISES BY CITY（2002）

市别 City	总资产贡献率（%）Total Assets Contribution Ratio（%）	资本保值增值率（%）Rate of Capital Maintenance and Appreciation（%）	资产负债率（%）Assets Liability Rate（%）	流动资产周转率（次）Ratio Turnover Circulating Funds（times）	成本费用利润率（%）Ratio of Profits to Costs（%）	全员劳动生产率（元/人）Overall Labor Productivity（yuan/person）	产品销售率（%）Sales Rate of Industrial Products（%）	综合指数（%）Comprehensive Index（%）
全省合计 Total	**9.17**	**112.25**	**55.53**	**2.12**	**4.98**	**58940**	**97.85**	**132.79**
广 州 Guangzhou	12.23	111.84	52.88	1.97	6.96	66272	98.09	148.87
深 圳 Shenzhen	9.64	114.85	53.60	2.53	7.32	82939	99.18	161.64
珠 海 Zhuhai	7.44	106.96	58.55	1.85	4.75	92049	98.06	145.43
汕 头 Shantou	5.69	103.46	51.62	1.93	2.18	48280	94.87	105.86
韶 关 Shaoguan	9.30	112.75	58.62	1.52	5.46	40077	99.40	117.80
河 源 Heyuan	7.16	139.81	53.24	1.88	3.18	34809	96.01	108.70
梅 州 Meizhou	9.46	112.15	60.41	1.29	7.78	37939	98.29	122.90
惠 州 Huizhou	7.92	121.91	58.87	2.35	4.17	48116	96.18	124.16
汕 尾 Shanwei	3.15	128.19	51.72	1.72	-0.08	21612	95.78	77.76
东 莞 Dongguan	8.48	111.64	49.97	2.18	4.24	23750	99.78	108.18
中 山 Zhongshan	7.57	126.73	61.52	2.28	2.84	41214	97.24	114.01
江 门 Jiangmen	5.95	103.58	63.19	2.12	1.34	62349	96.81	112.83
佛 山 Foshan	8.42	106.30	61.06	1.96	3.38	67308	95.99	127.42
阳 江 Yangjiang	7.77	123.45	51.11	1.89	2.54	44381	97.38	111.28
湛 江 Zhanjiang	12.83	111.96	52.78	1.51	12.97	64335	98.13	167.05
茂 名 Maoming	8.30	105.35	43.88	3.29	1.88	50910	99.17	125.42
肇 庆 Zhaoqing	7.58	114.07	61.48	2.24	2.31	66097	96.31	124.83
清 远 Qingyuan	5.89	109.37	61.66	1.47	3.55	37404	99.36	101.08
潮 州 Chaozhou	5.55	118.99	59.49	1.76	0.57	28745	99.30	88.62
揭 阳 Jieyang	4.49	122.47	46.03	2.03	1.37	35091	94.89	96.01
云 浮 Yunfu	7.14	139.20	63.91	2.30	2.18	38209	96.66	109.92

市别 City	总资产贡献率比去年增长百分点 Percentage Points of Total Assets Contribution Rate Compared with Preceding Year	资本保值增值率比去年增长百分点 Percentage Points of Rate of Capital Maintenance and Appreciation Compared with Preceding Year	资产负债率比去年增长百分点 Percentage Points of Assets Liability Rate Compared with Preceding Year	流动资产周转率比去年增长（次数）Ratio of Turnover of Circulating Funds Compared with Preceding Year（times）	成本费用利润率比去年增长百分点 Percentage Points of Ratio of Profits to Cost Compared with Preceding Year	全员劳动生产率比去年增长（%）Overall Labor Productivity Compared with Preceding Year（%）	产品销售率比去年增长百分点 Percentage Points of Sales Rate of Industrial Products Compared with Preceding Year	综合指数比去年增长百分点 Percentage Points of Comprehensive Index Compared with Preceding Year
全省合计 Total	**0.47**	**4.50**	**-0.48**	**0.23**	**0.49**	**-12.05**	**0.23**	**0.78**
广 州 Guangzhou	1.63	-0.40	-2.50	0.17	1.66	0.23	2.05	11.26
深 圳 Shenzhen	-1.37	-7.74	2.61	0.70	-1.01	-22.05	-0.96	-14.85
珠 海 Zhuhai	0.27	-2.38	3.02	0.08	-0.45	-15.06	-0.37	-10.63
汕 头 Shantou	-0.04	3.94	0.78	0.22	-0.28	-16.72	0.74	-4.18
韶 关 Shaoguan	0.78	10.55	-2.24	0.04	0.20	1.15	1.29	4.72
河 源 Heyuan	-1.05	45.37	-7.15		0.36	11.53	1.11	7.93
梅 州 Meizhou	1.65	-11.24	-1.24	0.04	2.79	4.46	1.18	14.06
惠 州 Huizhou	0.55	12.54	-0.85	0.08	0.75	-34.87	-1.17	-9.42
汕 尾 Shanwei	-1.95	0.80	-0.51	-0.30	-2.26	-16.36	4.06	-17.03
东 莞 Dongguan	0.71	5.60	0.55	0.12	0.28	-27.55	-0.05	-1.10
中 山 Zhongshan	0.83	10.17	-1.12	0.19	1.14	-23.67	1.79	1.95
江 门 Jiangmen	0.14	-6.65	0.07	0.04	0.25	-5.11	0.50	-1.28
佛 山 Foshan	0.87	-9.88	-0.86	0.11	1.07	-7.04	-1.14	2.42
阳 江 Yangjiang	2.28	4.22	-6.84	-0.06	1.60	0.07	0.55	10.29
湛 江 Zhanjiang	2.87	11.37	-3.02	0.19	2.78	10.91	1.08	23.26
茂 名 Maoming	1.16	4.22	-0.94	-0.23	0.96	5.62	-0.28	5.68
肇 庆 Zhaoqing	1.04	46.37	-3.50	0.26	0.63	4.37	0.48	15.85
清 远 Qingyuan	0.02	11.81	-3.48	0.18	-0.42	8.82	1.54	4.88
潮 州 Chaozhou	0.57	-9.28	-1.05	0.10	-0.15	1.61	1.17	0.83
揭 阳 Jieyang	-0.66	14.28	-2.66	0.06	-0.33	-23.96	-0.09	-6.71
云 浮 Yunfu	0.19	125.46	-6.36	0.11	0.61	-7.31	1.20	20.70

注：本表统计范围为规模以上工业。

Note: The statistical coverage in this table refers to the industrial enterprises above designated size.

12-16 各市国有及国有控股工业企业主要经济效益指标（2002 年）
MAIN INDICATORS ON ECONOMIC BENEFIT OF STATE-OWNED AND STATE-HOLDING INDUSTRIAL ENTERPRISES BY CITY (2002)

市 别 City	总资产贡献率（%）Total Assets Contribution Ratio（%）	资本保值增值率（%）Rate of Capital Maintenance and Appreciation（%）	资产负债率（%）Assets Liability Rate（%）	流动资产周转率（次）Ratio Turnover Circulating Funds（times）（%）	成本费用利润率（%）Ratio of Profits to Costs（%）	全员劳动生产率（元/人）Overall Labor Productivity（yuan/person）	产品销售率（%）Sale Rate of Industrial Products（%）	综合指数（%）Comprehensive Index（%）
全省合计 Total	**9.34**	**105.76**	**52.37**	**1.74**	**6.47**	**132894**	**98.46**	**178.98**
广 州 Guangzhou	12.46	107.89	48.91	1.80	8.06	127424	99.55	188.56
深 圳 Shenzhen	7.02	105.66	52.97	1.52	8.94	298077	97.83	281.81
珠 海 Zhuhai	12.25	95.44	54.67	1.47	17.48	313090	97.60	331.06
汕 头 Shantou	5.07	96.40	51.47	1.92	2.60	90534	98.54	131.28
韶 关 Shaoguan	9.81	112.24	58.16	1.49	6.28	42976	100.14	123.28
河 源 Heyuan	5.23	128.78	55.91	1.33	0.80	29887	95.44	86.17
梅 州 Meizhou	8.12	98.17	64.56	1.11	2.25	36996	98.31	94.10
惠 州 Huizhou	9.89	124.32	55.15	2.04	6.39	235402	94.36	246.79
汕 尾 Shanwei	1.47	123.01	60.38	1.13	-2.99	10245	88.96	49.18
东 莞 Dongguan	21.86	105.44	28.74	2.99	11.81	532434	99.77	477.15
中 山 Zhongshan	16.97	137.25	25.99	3.31	5.38	205880	100.21	253.35
江 门 Jiangmen	3.31	85.69	65.45	1.54	0.06	98609	96.38	116.19
佛 山 Foshan	7.95	103.82	47.41	1.84	4.32	148274	96.24	178.07
阳 江 Yangjiang	6.82	119.09	47.40	1.94	-0.35	42206	127.22	101.29
湛 江 Zhanjiang	7.48	102.82	64.06	0.81	7.17	44000	98.26	113.54
茂 名 Maoming	7.26	104.39	42.82	3.32	1.23	78745	99.74	138.11
肇 庆 Zhaoqing	4.66	95.98	71.41	1.04	1.71	114949	97.56	129.69
清 远 Qingyuan	5.53	128.62	62.06	1.17	2.50	31594	101.43	92.75
潮 州 Chaozhou	0.92	55.30	89.12	1.18	-7.79	17100	97.08	18.10
揭 阳 Jieyang	2.39	100.33	63.98	1.31	-2.69	13307	95.35	52.42
云 浮 Yunfu	3.84	147.94	57.55	1.04	0.26	25726	99.66	79.25

市 别 City	总资产贡献率比去年增长百分点 Percentage Points of Total Assets Contribution Rate Compared with Preceding Year	资本保值增值率比去年增长百分点 Percentage Points of Rate of Capital Maintenance and Appreciation Compared with Preceding Year	资产负债率比去年增长百分点 Percentage Points of Assets Liability Rate Compared with Preceding Year	流动资产周转率比去年增长（次数）Ratio of Turnover of Circulating Funds Compared with Preceding Year（times）	成本费用利润率比去年增长百分点 Percentage Points of Ratio of Profits to Cost Compared with Preceding Year	全员劳动生产率比去年增长（%）Overall Labor Productivity Compared with Preceding Year（%）	产品销售率比去年增长百分点 Percentage Points of Sales Rate of Industrial Products Compared with Preceding Year	综合指数比去年增长百分点 Percentage Points of Comprehensive Index Compared with Preceding Year
全省合计 Total	**-0.19**	**-5.18**	**-1.62**	**0.19**	**-0.44**	**18.11**	**-1.54**	**11.24**
广 州 Guangzhou	0.21	-2.74	-2.25	0.13	0.53	23.39	0.47	18.01
深 圳 Shenzhen	-2.95	-5.34	2.64	0.26	-2.61	6.58	-7.42	-3.41
珠 海 Zhuhai	2.94	-148.70	-0.43	-0.08	1.97	19.21	0.48	23.01
汕 头 Shantou	-1.02	-100.47	3.54	0.37	-1.80	8.92	-1.33	-14.17
韶 关 Shaoguan	0.85	4.92	-2.58	0.11	-0.19	21.73	0.32	7.47
河 源 Heyuan	-3.40	39.88	-7.75	-0.36	-4.03	-0.64	1.84	-18.47
梅 州 Meizhou	1.01	8.99	1.36	0.12	-0.93	7.58	0.87	2.10
惠 州 Huizhou	0.73	22.60	-2.16	0.15	1.55	25.79	-1.61	40.78
汕 尾 Shanwei	-1.94	28.45	-2.93	0.06	-3.52	-7.42	0.13	-12.11
东 莞 Dongguan	4.61	-71.93	-7.49	0.48	1.86	51.02	-1.28	119.59
中 山 Zhongshan	-2.28	34.91	-7.51	0.18	-1.60	11.41	8.34	10.05
江 门 Jiangmen	-1.31	-5.55	1.07	0.12	-1.63	11.96	0.46	-2.01
佛 山 Foshan	-0.43	-14.17	-7.94	0.29	-1.36	26.88	-0.90	13.95
阳 江 Yangjiang	1.10	7.10	-5.10	0.71	-1.09	19.63	-1.33	9.98
湛 江 Zhanjiang	-0.48	46.01	-1.96	0.03	-2.40	16.30	0.55	0.93
茂 名 Maoming	1.34	1.87	-1.62	-0.45	1.20	15.53	-0.36	9.19
肇 庆 Zhaoqing	0.39	-3.00	-1.44	0.05	0.52	24.45	2.15	17.21
清 远 Qingyuan	-0.56	47.58	-5.24	-0.04	-1.84	23.02	2.64	3.45
潮 州 Chaozhou	-1.78	-335.23	7.18	0.09	-3.14	-18.00	3.28	-62.97
揭 阳 Jieyang	-1.88	13.17	1.00	0.02	-4.09	2.56	-1.87	-17.36
云 浮 Yunfu	0.03	73.85	-18.46	-0.06	0.31	-21.12	1.40	11.29

12-17 各市按经济类型分的工业企业资本金（2002 年）
TOTAL CAPITAL HOLD OF INDUSTRIAL ENTERPRISES BY OWNERSHIP BY CITY (2002)

单位：亿元 (100 million yuan)

市别 City	实收资本 Total Capital Hold	# 国有及国有控股工业 State-owned and State-holding	集体工业 Collective Owned	股份合作制工业 Share Holding Cooperative	股份制工业 Share Holding	外商投资工业 Foreign Funded	港澳台投资工业 Funded by Entrepreneurs from Hong Kong, Macao and Taiwan
广 州 Guangzhou	1029.26	416.06	31.86	3.95	167.73	232.47	384.96
深 圳 Shenzhen	885.91	270.80	7.48	3.02	186.65	175.98	440.77
珠 海 Zhuhai	258.69	79.50	6.10	1.02	29.41	67.64	131.39
汕 头 Shantou	147.86	43.82	12.30	1.60	22.95	34.50	43.01
韶 关 Shaoguan	86.78	64.63	1.58	1.71	28.7	1.16	15.53
河 源 Heyuan	25.21	10.36	0.77	1.12	6.24	0.22	8.61
梅 州 Meizhou	58.47	23.24	11.57	0.58	7.81	10.53	9.00
惠 州 Huizhou	193.03	55.85	2.46	0.52	11.46	41.35	107.2
汕 尾 Shanwei	20.03	4.02	1.11		1.47	1.51	11.92
东 莞 Dongguan	511.02	82.19	33.51	1.25	46.15	92.81	311.39
中 山 Zhongshan	250.01	5.36	9.67	0.05	20.87	51.64	160.78
江 门 Jiangmen	242.27	53.45	16.76	1.66	33.03	40.47	98.02
佛 山 Foshan	490.34	96.53	22.87	7.77	102.42	71.26	211.21
阳 江 Yangjiang	20.58	5.08	1.15		7.55	1.81	3.67
湛 江 Zhanjiang	170.70	76.63	6.99	0.10	14.67	9.17	74.88
茂 名 Maoming	117.20	93.85	6.37	0.64	11.02	1.84	4.12
肇 庆 Zhaoqing	102.32	26.23	6.39	0.20	9.98	16.96	49.08
清 远 Qingyuan	55.30	15.45	3.04	6.65	4.88	6.43	18.87
潮 州 Chaozhou	47.63	7.66	6.02	1.85	13.43	4.22	13.94
揭 阳 Jieyang	51.13	11.85	4.44	0.98	10.87	1.62	17.76
云 浮 Yunfu	39.71	12.41	4.01	1.04	5.28	1.61	16.08

注：本表统计范围为规模以上工业。

Note: The statistical coverage in this table refers to the industrial enterprises above designated size.

12-18 各市按经济类型分的工业企业资产（2002年）

TOTAL ASSETS OF INDUSTRIAL ENTERPRISES BY OWNERSHIP BY CITY (2002)

单位：亿元 (100 million yuan)

市别 City	资产合计 Total Assets	#国有及国有控股工业 State-owned and State-holding	集体工业 Collective Owned	股份合作制工业 Share Holding Cooperative	股份制工业 Share Holding	外商投资工业 Foreign Funded	港澳台投资工业 Funded by Entrepreneurs from Hong Kong, Macao and Taiwan
广州 Guangzhou	3359.96	1496.20	142.10	16.44	625.94	669.26	1107.13
深圳 Shenzhen	3723.57	1324.72	41.81	5.42	1241.24	742.58	1420.65
珠海 Zhuhai	853.06	247.72	32.84	2.86	157.79	209.58	385.03
汕头 Shantou	437.48	182.49	41.12	4.26	102.06	74.43	85.18
韶关 Shaoguan	387.77	318.76	6.45	5.89	133.15	1.37	37.62
河源 Heyuan	70.53	37.65	2.24	3.43	14.65	1.63	19.68
梅州 Meizhou	201.24	115.00	25.04	1.49	37.24	15.24	26.33
惠州 Huizhou	622.27	233.57	7.88	1.95	38.54	163.46	328.17
汕尾 Shanwei	51.99	21.05	3.65		4.22	3.79	19.11
东莞 Dongguan	1324.14	278.16	123.60	3.17	110.26	252.64	685.21
中山 Zhongshan	762.93	47.79	44.99	0.09	120.24	133.43	399.10
江门 Jiangmen	887.39	257.23	96.17	11.68	161.34	114.21	252.54
佛山 Foshan	1867.97	344.95	131.15	44.34	600.87	187.10	630.56
阳江 Yangjiang	99.26	27.28	4.98		42.93	4.70	13.88
湛江 Zhanjiang	494.37	260.39	22.24	1.46	62.68	18.58	166.09
茂名 Maoming	420.02	344.11	16.57	4.43	33.24	4.62	19.68
肇庆 Zhaoqing	384.85	191.33	28.77	1.09	98.64	32.40	108.70
清远 Qingyuan	181.39	76.64	5.50	22.08	14.21	16.79	44.30
潮州 Chaozhou	135.66	33.55	15.68	5.99	42.69	7.38	28.41
揭阳 Jieyang	166.03	42.73	15.27	7.66	37.96	7.16	47.76
云浮 Yunfu	152.13	55.92	17.29	3.35	22.46	3.14	52.05

注：本表统计范围为规模以上工业。

Note: The statistical coverage in this table refers to the industrial enterprises above designated size.

12-21 工业企业主要经济指标（2002 年）

单位：亿元

项　目	Item	企业单位数（个）Number of Enterprises (unit)	工业总产值（当年价）Gross Industrial Output Value (at current prices)
全省总计	**Provincial Total**	**22619**	**16378.60**
按经济类型分	**Grouped by Ownership**		
在总计中：国有及国有控股工业	Of the Total: State-owned and State-holding Industry	2533	3264.46
国有工业	State-owned Industry	1738	1112.62
集体工业	Collective Owned Industry	2931	929.36
股份合作工业	Share Holding Cooperative Enterprises	314	178.13
股份制工业	Share Holding Enterprises	4356	3254.59
外商投资工业	Foreign Funded Industry	1644	3838.06
港澳台投资工业	Enterprises Funded by Entrepreneurs from Hong Kong, Macao and Taiwan	8164	6217.39
按轻重工业分	**Grouped by Light & Heavy Industry**		
轻　工　业	Light Industry	14365	8161.63
以农产品为原料	Using Farm Products as Raw Materials	7675	3681.28
以非农产品为原料	Using Nonfarm Products as Raw Materials	6690	4480.35
重　工　业	Heavy Industry	8254	8216.97
采掘工业	Mining and Quarrying	310	295.21
原料工业	Raw Materials Industry	2133	2255.65
加工工业	Processing Industry	5811	5666.11
按企业规模分	**Grouped by Size of Enterprises**		
大型企业	Large	945	6525.51
中型企业	Medium	1677	2229.51
小型企业	Small	19997	7623.58
按行业分	**Grouped by Sector**		
#煤炭采选业	Coal Mining and Dressing	20	2.50
石油和天然气开采业	Petroleum and Natural Gas Extraction	2	216.23
黑色金属矿采选业	Ferrous Metal Minerals Mining and Dressing	22	8.98
有色金属矿采选业	Nonferrous Metals Minerals Mining and Dressing	38	15.21
非金属矿采选业	Nonmetal Minerals Mining and Dressing	209	51.43
其他矿采选业	Other Minerals Mining and Dressing	2	0.18
木材及竹材采运业	Logging and Transport of Timber and Bamboo	24	1.19
食品加工业	Food Processing	589	402.82
食品制造业	Food Manufacturing	473	250.65
饮料制造业	Beverage Manufacturing	223	213.00
烟草加工业	Tobacco Processing	18	101.74
纺织业	Textile Industry	1250	658.68
服装及其他纤维制品制造业	Garments and Other Fiber Products	1959	657.24
皮革、毛皮、羽绒及其制品业	Leather, Furs, Down and Related Products	951	431.55
木材加工及竹、藤、棕、草制品业	Timber Processing, Bamboo, Cane, Palm Fiber & Straw Products	302	142.33
家具制造业	Furniture Manufacturing	446	141.26
造纸及纸制品业	Papermaking and Paper Products	805	332.96
印刷业、记录媒介的复制	Printing and Record Medium Reproduction	558	186.36
文教体育用品制造业	Cultural, Educational and Sports Goods	563	262.35
石油加工及炼焦业	Petroleum Processing and Coking	49	433.84
化学原料及化学制品制造业	Raw Chemical Materials and Chemical Products	1206	821.33
医药制造业	Medical and Pharmaceutical Products	252	214.70
化学纤维制造业	Chemical Fiber	87	56.77
橡胶制品业	Rubber Products	195	81.07
塑料制品业	Plastic Products	1535	645.60
非金属矿物制品业	Nonmetal Mineral Products	1615	579.93
黑色金属冶炼及压延加工业	Smelting and Pressing of Ferrous Metals	198	206.30
有色金属冶炼及压延加工业	Smelting and Pressing of Nonferrous Metals	254	189.05
金属制品业	Metal Products	1949	784.84
普通机械制造业	Ordinary Machinery Manufacturing	590	235.89
专用设备制造业	For Special Purposes Equipment Manufacturing	387	139.52
交通运输设备制造业	Transport Equipment Manufacturing	579	644.88
电气机械及器材制造业	Electric Equipment and Machinery	1818	1546.59
电子及通信设备制造业	Electronic and Telecommunication Equipment	1581	4164.42
仪器仪表及文化、办公用机械制造业	Instruments, Meters, Cultural and Office Machinery	346	391.12
其他制造业	Other Manufacturing	764	256.62
电力蒸汽热水生产供应业	Electric Power, Steam and Hot Water Production and Supply	498	778.79
煤气的生产和供应业	Gas Production and Supply	37	51.51
自来水的生产和供应业	Tap Water Production and Supply	225	79.18

注：本表统计范围为规模以上工业。

MAIN ECONOMIC INDICATORS OF INDUSTRIAL ENTERPRISES（2002）

（100 million yuan）

工业增加值 Value Added of Industry	实收资本 Total Capital Hold	年末资产总计 Total Assets at the Year-end	流动资产合计 Total Circulating Funds	流动资产年平均余额 Average Balance of Circulating Funds	固定资产合计 Total Fixed Assets	固定资产净值平均余额 Average Balance of Net Value of Fixed Assets
4361.14	**4803.44**	**16584.03**	**8330.91**	**7659.73**	**6832.75**	**6018.21**
1168.76	1454.98	5937.22	2362.61	2179.53	3061.98	2473.00
438.72	686.74	2783.28	1006.36	990.90	1588.65	1314.83
237.28	196.46	825.34	398.81	411.51	325.97	304.19
36.01	35.70	147.08	76.98	64.24	58.49	52.59
894.88	742.58	3702.34	1884.24	1695.93	1424.16	1051.79
855.30	865.21	2663.46	1612.13	1343.01	867.77	828.08
1689.49	2132.19	5877.18	3064.87	2852.88	2355.89	2274.47
2137.58	2216.80	7122.26	3968.43	3839.10	2457.88	2319.85
1018.67	1103.69	3303.77	1778.41	1749.08	1186.86	1119.79
1118.91	1113.12	3818.49	2190.01	2090.02	1271.02	1200.06
2223.56	2586.64	9461.76	4362.48	3820.62	4374.86	3698.35
130.32	86.49	190.23	57.65	60.43	103.70	99.38
796.49	1207.55	4427.90	1332.69	1272.01	2804.05	2297.77
1296.76	1292.60	4843.64	2972.14	2488.19	1467.12	1301.21
1927.84	1996.67	7927.79	3603.73	3269.46	3666.01	3078.52
612.99	771.29	2571.24	1281.17	1178.87	1032.02	946.74
1820.32	2035.48	6085.00	3446.01	3211.40	2134.71	1992.94
0.72	2.07	6.29	3.00	2.98	3.10	2.29
106.57	56.59	104.50	21.94	22.18	65.04	63.12
3.89	4.10	14.99	6.06	6.08	6.80	6.53
5.59	7.58	21.45	7.21	7.71	10.91	10.68
13.36	15.72	40.16	19.13	21.22	17.46	15.77
0.03	0.18	0.32	0.13	0.13	0.17	0.17
0.42	1.34	5.12	0.89	0.87	2.10	1.85
94.42	67.68	296.62	157.14	155.10	104.51	95.74
74.17	98.79	284.57	150.88	146.69	101.93	100.80
75.10	93.09	251.34	108.61	106.40	106.73	101.47
68.12	19.85	88.82	53.65	49.00	30.44	25.96
155.07	230.81	620.21	300.46	296.30	258.37	243.48
160.76	158.20	437.62	263.49	271.17	125.17	124.39
107.88	99.47	319.66	210.01	210.41	88.26	85.33
34.32	34.03	116.28	55.34	56.08	49.27	46.87
36.40	31.06	104.05	62.20	59.03	30.74	33.10
85.47	116.97	356.70	162.64	157.13	167.23	160.90
57.22	90.67	238.84	114.92	104.21	102.91	96.03
71.84	88.27	233.35	139.89	127.00	79.57	76.86
78.75	69.65	202.04	77.79	90.85	111.84	104.50
225.18	300.44	967.54	439.71	433.27	431.02	397.70
83.48	88.99	325.82	174.51	157.74	89.91	75.39
11.55	22.85	73.43	27.51	28.76	35.02	35.26
20.07	36.03	88.58	43.67	42.90	36.52	38.45
164.75	236.70	626.79	323.58	309.12	236.51	221.04
158.65	231.36	758.57	317.31	308.46	366.18	336.55
52.88	56.10	274.14	105.06	101.57	149.72	108.23
40.08	43.98	177.72	91.44	86.03	70.76	63.92
193.39	227.37	643.69	369.04	349.82	216.13	209.39
58.36	78.58	272.53	162.87	161.13	82.77	73.40
39.78	53.99	181.20	113.69	101.93	49.75	45.79
169.16	158.44	656.85	412.27	376.50	188.92	161.05
392.71	329.47	1279.95	804.78	745.16	360.63	343.03
880.88	657.30	2858.33	1910.99	1495.45	733.90	633.93
70.69	88.65	262.95	178.36	201.99	66.59	64.10
60.01	73.71	186.42	109.05	108.46	61.30	60.02
467.17	748.08	2795.78	733.62	670.20	1918.02	1502.82
6.84	24.59	61.71	20.81	20.46	35.34	32.88
35.40	60.67	349.07	77.25	70.21	241.16	219.43

Note: The statistical coverage in this table refers to the industrial enterprises above designated size.

12-21 续表

单位：亿元

项目	Item	长期负债 long-term Liabilities	流动负债 Liquid Liabilities
全省总计	**Provincial Total**	**1704.27**	**7378.51**
按经济类型分	**Grouped by Ownership**		
在总计中：国有及国有控股工业	Of the Total: State-owned and State-holding Industry	960.58	2112.47
国有工业	State-owned Industry	334.04	958.58
集体工业	Collective Owned Industry	88.47	412.00
股份合作工业	Share Holding Cooperative Enterprises	18.96	76.69
股份制工业	Share Holding Enterprises	542.36	1569.78
外商投资工业	Foreign Funded Industry	111.45	1398.07
港澳台投资工业	Enterprises Funded by Entrepreneurs from Hong Kong, Macao and Taiwan	540.14	2720.20
按轻重工业分	**Grouped by Light & Heavy Industry**		
轻　工　业	Light Industry	425.11	3551.05
以农产品为原料	Using Farm Products as Raw Materials	225.96	1603.21
以非农产品为原料	Using Nonfarm Products as Raw Materials	199.15	1947.84
重　工　业	Heavy Industry	1279.16	3827.46
采掘工业	Mining and Quarrying	12.88	44.43
原料工业	Raw Materials Industry	934.68	1302.12
加工工业	Processing Industry	331.60	2480.91
按企业规模分	**Grouped by Size of Enterprises**		
大型企业	Large	995.72	3132.48
中型企业	Medium	272.46	1173.89
小型企业	Small	436.09	3072.14
按行业分	**Grouped by Sector**		
#煤炭采选业	Coal Mining and Dressing	1.24	4.75
石油和天然气开采业	Petroleum and Natural Gas Extraction	0.01	10.53
黑色金属矿采选业	Ferrous Metal Minerals Mining and Dressing	1.66	7.53
有色金属矿采选业	Nonferrous Metals Minerals Mining and Dressing	6.18	7.28
非金属矿采选业	Nonmetal Minerals Mining and Dressing	3.41	14.29
其他矿采选业	Other Minerals Mining and Dressing	0.08	0.08
木材及竹材采运业	Logging and Transport of Timber and Bamboo	0.87	1.30
食品加工业	Food Processing	23.42	152.14
食品制造业	Food Manufacturing	20.52	137.59
饮料制造业	Beverage Manufacturing	20.27	107.64
烟草加工业	Tobacco Processing	0.16	31.86
纺织业	Textile Industry	66.47	307.51
服装及其他纤维制品制造业	Garments and Other Fiber Products	16.54	222.82
皮革、毛皮、羽绒及其制品业	Leather, Furs, Down and Related Products	6.82	174.12
木材加工及竹、藤、棕、草制品业	Timber Processing, Bamboo, Cane, Palm Fiber & Straw Products	12.26	56.01
家具制造业	Furniture Manufacturing	6.33	54.62
造纸及纸制品业	Papermaking and Paper Products	44.40	173.61
印刷业、记录媒介的复制	Printing and Record Medium Reproduction	12.40	105.51
文教体育用品制造业	Cultural, Educational and Sports Goods	6.37	111.63
石油加工及炼焦业	Petroleum Processing and Coking	26.56	73.85
化学原料及化学制品制造业	Raw Chemical Materials and Chemical Products	79.81	387.23
医药制造业	Medical and Pharmaceutical Products	19.79	152.83
化学纤维制造业	Chemical Fiber	18.50	28.22
橡胶制品业	Rubber Products	5.04	39.76
塑料制品业	Plastic Products	40.67	279.43
非金属矿物制品业	Nonmetal Mineral Products	129.23	343.79
黑色金属冶炼及压延加工业	Smelting and Pressing of Ferrous Metals	65.10	107.65
有色金属冶炼及压延加工业	Smelting and Pressing of Nonferrous Metals	12.25	98.92
金属制品业	Metal Products	39.15	326.31
普通机械制造业	Ordinary Machinery Manufacturing	19.04	135.99
专用设备制造业	For Special Purposes Equipment Manufacturing	9.96	94.31
交通运输设备制造业	Transport Equipment Manufacturing	46.38	355.55
电气机械及器材制造业	Electric Equipment and Machinery	45.93	717.03
电子及通信设备制造业	Electronic and Telecommunication Equipment	152.26	1589.32
仪器仪表及文化、办公用机械制造业	Instruments, Meters, Cultural and Office Machinery	9.64	129.77
其他制造业	Other Manufacturing	6.65	88.04
电力蒸汽热水生产供应业	Electric Power, Steam and Hot Water Production and Supply	669.47	641.33
煤气的生产和供应业	Gas Production and Supply	3.44	33.62
自来水的生产和供应业	Tap Water Production and Supply	55.99	74.73

12-21 continued

(100 million yuan)

年末所有者权益合计 Total Creditors' Equity at the Year-end	产品销售收入 Sales Revenue	产品销售税金及附加 Sales Tax and Extra Charges	利润总额 Total Profits	利税总额 Total Pre-tax Profits	本年应交增值税 Value Added Tax Payable in Current Year	全部从业人员年平均人数（万人） Average Number of Staff and Workers (10000 persons)
7375.64	**16247.73**	**126.10**	**769.09**	**1380.24**	**485.04**	**644.39**
2826.01	3800.38	70.73	224.39	483.25	188.13	83.25
1462.13	1786.88	47.78	61.43	206.03	96.81	45.11
311.62	844.81	7.07	22.12	52.15	22.95	66.29
49.31	172.50	0.60	6.48	12.13	5.05	7.70
1571.48	3076.07	25.03	132.96	272.14	114.15	98.18
1137.22	3755.87	14.11	227.91	324.74	82.72	79.90
2583.52	5825.36	20.40	297.35	460.01	142.25	306.36
3080.50	7701.91	74.70	265.35	549.23	209.18	422.94
1430.54	3459.57	56.11	135.27	304.94	113.56	215.16
1649.96	4242.35	18.59	130.08	244.29	95.62	207.78
4295.14	8545.81	51.40	503.74	831.01	275.86	221.44
132.35	187.26	7.50	57.27	74.18	9.41	5.96
2147.55	2887.90	27.26	180.28	351.34	143.80	47.05
2015.23	5470.66	16.64	266.19	405.48	122.65	168.44
3753.78	6854.61	66.50	496.59	824.52	261.44	113.26
1110.90	2183.47	27.36	86.99	183.93	69.57	77.70
2510.95	7209.65	32.24	185.51	371.78	154.03	453.43
0.31	3.07	0.02	-0.11	0.14	0.23	0.78
93.97	113.80	6.42	53.82	67.00	6.76	0.15
5.80	6.79	0.25	0.49	1.23	0.49	0.59
7.94	15.11	0.17	0.74	1.65	0.75	1.26
21.99	47.80	0.61	2.36	4.16	1.19	3.38
0.16	0.14		-0.02	-0.01	0.01	0.02
2.92	1.10	0.07	-0.07	0.06	0.06	0.30
117.39	401.53	1.87	5.63	14.37	6.87	10.00
123.92	228.58	0.63	15.63	29.91	13.65	9.78
122.57	192.17	7.82	17.80	38.98	13.36	4.51
56.79	99.42	35.15	12.81	58.14	10.17	0.86
236.94	601.98	1.59	8.35	19.04	9.10	34.60
193.45	606.67	2.85	8.70	23.30	11.74	65.44
121.51	412.07	0.93	6.43	13.59	6.23	48.59
47.26	128.92	1.00	2.71	6.55	2.84	5.35
41.02	132.67	0.49	2.70	6.35	3.16	10.01
138.05	314.67	0.98	12.41	24.14	10.74	12.70
119.25	172.29	0.61	7.95	14.98	6.42	11.01
114.23	250.66	0.42	7.80	11.85	3.62	34.31
83.38	432.84	17.69	6.18	34.90	11.03	2.07
487.26	833.67	6.02	61.92	107.27	39.33	17.26
152.04	188.59	0.81	13.38	28.70	14.51	6.27
25.03	50.15	0.17	-0.06	1.29	1.19	1.76
42.88	76.15	0.87	1.85	4.34	1.62	5.07
301.09	625.62	2.42	22.38	38.98	14.18	35.07
278.94	545.14	3.54	7.79	31.12	19.79	35.03
100.01	212.39	0.92	8.77	16.81	7.12	4.29
65.81	171.47	0.59	2.60	8.19	5.01	5.12
271.06	745.91	3.61	17.64	37.66	16.41	37.41
115.73	220.10	0.89	10.38	19.57	8.29	10.31
75.92	130.58	0.51	7.18	12.08	4.39	6.98
253.18	632.18	12.06	61.00	98.21	25.15	16.91
512.92	1452.98	3.53	51.46	91.79	36.80	60.79
1113.10	4013.45	3.42	154.13	216.78	59.23	90.85
122.97	399.47	0.59	10.56	15.40	4.25	14.13
90.13	243.67	0.91	13.07	17.92	3.94	22.59
1477.38	1393.67	4.78	148.89	254.37	100.69	14.18
24.65	74.54	0.05	0.39	1.39	0.94	0.66
216.67	75.72	0.87	3.45	8.07	3.75	3.98

12-22 国有及国有控股工业企业主要经济指标（2002 年）

单位：亿元

项 目	Item	企业单位数（个）Number of Enterprises (unit)	工业总产值（当年价）Gross Industrial Output Value (at current prices)
全省总计	**Provincial Total**	**2553**	**3264.46**
按轻重工业分	**Grouped by Light & Heavy Industry**		
轻 工 业	Light Industry	1167	952.02
以农产品为原料	Using Farm Products as Raw Materials	435	478.41
以非农产品为原料	Using Nonfarm Products as Raw Materials	1366	2312.43
重 工 业	Heavy Industry	1365	2311.55
采掘工业	Mining and Quarrying	77	23.95
原料工业	Raw Materials Industry	551	1209.39
加工工业	Processing Industry	738	1079.10
按企业规模分	**Grouped by Size of Enterprises**		
大型企业	Large	299	2386.61
中型企业	Medium	454	538.86
小型企业	Small	1780	338.98
按行业分	**Grouped by Sector**		
#煤炭采选业	Coal Mining and Dressing	7	0.10
石油和天然气开采业	Petroleum and Natural Gas Extraction		
黑色金属矿采选业	Ferrous Metal Minerals Mining and Dressing	10	7.23
有色金属矿采选业	Nonferrous Metals Minerals Mining and Dressing	21	10.88
非金属矿采选业	Nonmetal Minerals Mining and Dressing	23	5.33
其他矿采选业	Other Minerals Mining and Dressing		
木材及竹材采运业	Logging and Transport of Timber and Bamboo	23	0.92
食品加工业	Food Processing	160	71.31
食品制造业	Food Manufacturing	90	33.14
饮料制造业	Beverage Manufacturing	70	47.55
烟草加工业	Tobacco Processing	17	101.66
纺织业	Textile Industry	90	76.46
服装及其他纤维制品制造业	Garments and Other Fiber Products	40	8.59
皮革、毛皮、羽绒及其制品业	Leather, Furs, Down and Related Products	25	7.77
木材加工及竹、藤、棕、草制品业	Timber Processing, Bamboo, Cane, Palm Fiber & Straw Products	17	3.14
家具制造业	Furniture Manufacturing	14	1.48
造纸及纸制品业	Papermaking and Paper Products	64	59.44
印刷业、记录媒介的复制	Printing and Record Medium Reproduction	114	17.04
文教体育用品制造业	Cultural, Educational and Sports Goods	13	8.64
石油加工及炼焦业	Petroleum Processing and Coking	9	350.28
化学原料及化学制品制造业	Raw Chemical Materials and Chemical Products	152	189.8
医药制造业	Medical and Pharmaceutical Products	81	81.58
化学纤维制造业	Chemical Fiber	8	14.27
橡胶制品业	Rubber Products	17	14.59
塑料制品业	Plastic Products	41	37.18
非金属矿物制品业	Nonmetal Mineral Products	188	54.55
黑色金属冶炼及压延加工业	Smelting and Pressing of Ferrous Metals	19	100.01
有色金属冶炼及压延加工业	Smelting and Pressing of Nonferrous Metals	26	32.61
金属制品业	Metal Products	65	20.43
普通机械制造业	Ordinary Machinery Manufacturing	111	70.36
专用设备制造业	For Special Purposes Equipment Manufacturing	90	17.70
交通运输设备制造业	Transport Equipment Manufacturing	146	298.60
电气机械及器材制造业	Electric Equipment and Machinery	119	113.78
电子及通信设备制造业	Electronic and Telecommunication Equipment	155	792.81
仪器仪表及文化、办公用机械制造业	Instruments, Meters, Cultural and Office Machinery	37	8.49
其他制造业	Other Manufacturing	31	5.16
电力蒸汽热水生产供应业	Electric Power, Steam and Hot Water Production and Supply	326	546.36
煤气的生产和供应业	Gas Production and Supply	15	12.85
自来水的生产和供应业	Tap Water Production and Supply	99	42.37

注：本表统计范围为规模以上工业。

MAIN ECONOMIC INDICATORS OF STATE-OWNED AND STATE-HOLDING INDUSTRIAL ENTERPRISES (2002)

(100 million yuan)

工业增加值 Value Added of Industry	实收资本 Total Capital Hold	年末资产总计 Total Assets at the Year-end	流动资产合计 Total Circulating Funds	流动资产年平均余额 Average Balance of Circulating Funds	固定资产合计 Total Fixed Assets	固定资产净值平均余额 Average Balance of Net Value of Fixed Assets
1168.76	**1454.98**	**5937.22**	**2362.61**	**2179.53**	**3061.98**	**2473.00**
332.58	355.82	1459.49	692.23	647.52	587.41	540.11
190.78	192.77	702.18	328.49	309.28	275.56	256.37
141.80	163.05	757.31	363.74	338.24	311.85	283.75
836.19	1099.16	4477.73	1670.38	1532.00	2474.56	1932.89
10.07	19.62	56.58	20.94	21.40	27.05	25.23
501.98	788.76	3052.46	834.98	801.38	2053.80	1579.89
324.14	290.78	1368.69	814.46	709.22	393.71	327.77
871.14	1017.25	4222.21	1623.91	1448.71	2285.89	1806.31
193.75	240.82	1008.61	444.23	413.39	446.93	381.01
103.87	196.91	706.40	294.47	277.42	329.16	285.68
	1.55	5.00	2.51	2.33	2.47	1.77
3.36	3.77	13.74	5.45	5.47	6.50	6.16
4.59	6.64	18.63	5.69	6.02	9.84	9.65
2.05	7.42	16.75	7.14	7.50	8.05	6.85
0.35	1.33	5.07	0.87	0.83	2.07	1.82
20.34	16.89	79.52	35.49	34.44	33.33	30.92
9.69	16.31	60.15	28.71	26.98	22.14	20.34
21.78	18.32	77.58	28.52	26.74	38.38	34.65
68.07	19.84	88.76	53.62	48.98	30.44	25.96
18.71	33.16	136.33	58.07	57.85	56.58	52.77
2.80	13.85	21.74	5.19	4.64	5.26	4.74
1.77	2.61	8.86	5.97	5.74	2.16	2.24
0.52	2.27	17.30	2.52	2.84	12.33	11.52
0.66	0.55	5.33	1.70	1.89	3.43	3.43
18.12	34.60	102.44	39.57	38.97	56.87	56.17
5.73	14.09	34.58	15.42	14.27	14.95	14.02
4.03	2.14	15.77	9.28	8.54	4.61	3.52
63.86	50.96	156.73	55.29	68.31	96.95	91.02
50.35	117.61	429.07	125.63	126.25	265.21	248.50
36.35	38.78	161.53	91.50	80.12	33.17	26.25
2.64	7.18	23.36	7.91	8.13	10.86	11.02
4.13	13.71	33.70	11.68	11.27	17.44	15.83
10.95	12.05	55.90	21.37	20.57	29.47	24.09
18.83	35.46	125.01	43.49	42.82	58.52	52.79
26.80	36.96	200.62	63.00	60.85	125.50	86.95
5.93	5.29	45.76	19.94	19.13	23.31	19.92
7.71	11.49	39.59	19.71	17.15	14.16	12.94
17.95	26.47	110.97	62.44	61.44	34.89	29.62
5.81	13.47	46.94	25.36	25.08	14.20	13.54
86.19	81.15	356.27	214.00	199.39	114.28	92.52
32.19	40.56	168.79	99.29	96.51	51.53	46.93
239.80	135.52	808.20	540.93	446.20	165.58	137.53
2.42	11.07	33.21	20.61	19.86	8.57	7.21
-5.34	1.74	6.26	3.10	2.59	2.17	1.68
357.06	561.87	2167.29	576.96	531.29	1494.38	1090.18
2.16	17.59	44.16	12.42	10.79	28.10	26.20
20.40	40.71	216.31	42.27	37.76	164.28	151.71

Note: The statistical coverage in this table refers to the industrial enterprises above designated size.

12-22 续表

单位：亿元

项　　目	Item	长期负债 long-term Liabilities	流动负债 Liquid Liabilities
全省总计	**Provincial Total**	**960.57**	**2112.47**
按轻重工业分	**Grouped by Light & Heavy Industry**		
轻　工　业	Light Industry	171.74	678.35
以农产品为原料	Using Farm Products as Raw Materials	95.75	335.50
以非农产品为原料	Using Nonfarm Products as Raw Materials	75.99	342.85
重　工　业	Heavy Industry	788.83	1434.12
采掘工业	Mining and Quarrying	9.60	23.95
原料工业	Raw Materials Industry	630.53	772.65
加工工业	Processing Industry	148.71	637.51
按企业规模分	**Grouped by Size of Enterprises**		
大型企业	Large	689.22	1344.85
中型企业	Medium	129.56	448.93
小型企业	Small	141.79	318.69
按行业分	**Grouped by Sector**		
#煤炭采选业	Coal Mining and Dressing	1.09	3.94
石油和天然气开采业	Petroleum and Natural Gas Extraction		
黑色金属矿采选业	Ferrous Metal Minerals Mining and Dressing	1.47	7.11
有色金属矿采选业	Nonferrous Metals Minerals Mining and Dressing	5.93	5.79
非金属矿采选业	Nonmetal Minerals Mining and Dressing	0.79	7.15
其他矿采选业	Other Minerals Mining and Dressing		
木材及竹材采运业	Logging and Transport of Timber and Bamboo	0.87	1.29
食品加工业	Food Processing	8.16	46.89
食品制造业	Food Manufacturing	8.28	42.94
饮料制造业	Beverage Manufacturing	10.22	36.30
烟草加工业	Tobacco Processing	0.16	31.82
纺织业	Textile Industry	40.03	74.16
服装及其他纤维制品制造业	Garments and Other Fiber Products	1.61	5.55
皮革、毛皮、羽绒及其制品业	Leather，Furs，Down and Related Products	0.46	5.35
木材加工及竹、藤、棕、草制品业	Timber Processing，Bamboo，Cane，Palm Fiber & Straw Products	4.16	5.48
家具制造业	Furniture Manufacturing	2.13	2.51
造纸及纸制品业	Papermaking and Paper Products	20.01	41.36
印刷业、记录媒介的复制	Printing and Record Medium Reproduction	2.41	15.24
文教体育用品制造业	Cultural，Educational and Sports Goods	0.80	5.47
石油加工及炼焦业	Petroleum Processing and Coking	26.38	51.86
化学原料及化学制品制造业	Raw Chemical Materials and Chemical Products	59.43	136.02
医药制造业	Medical and Pharmaceutical Products	6.53	84.98
化学纤维制造业	Chemical Fiber	10.93	8.44
橡胶制品业	Rubber Products	3.17	13.37
塑料制品业	Plastic Products	14.01	20.86
非金属矿物制品业	Nonmetal Mineral Products	23.58	59.99
黑色金属冶炼及压延加工业	Smelting and Pressing of Ferrous Metals	59.06	69.52
有色金属冶炼及压延加工业	Smelting and Pressing of Nonferrous Metals	5.51	20.03
金属制品业	Metal Products	3.66	20.64
普通机械制造业	Ordinary Machinery Manufacturing	10.63	56.39
专用设备制造业	For Special Purposes Equipment Manufacturing	4.62	27.03
交通运输设备制造业	Transport Equipment Manufacturing	32.02	200.49
电气机械及器材制造业	Electric Equipment and Machinery	9.25	86.98
电子及通信设备制造业	Electronic and Telecommunication Equipment	75.57	378.39
仪器仪表及文化、办公用机械制造业	Instruments，Meters，Cultural and Office Machinery	4.69	10.35
其他制造业	Other Manufacturing	0.36	3.85
电力蒸汽热水生产供应业	Electric Power，Steam and Hot Water Production and Supply	461.24	473.73
煤气的生产和供应业	Gas Production and Supply	2.81	24.10
自来水的生产和供应业	Tap Water Production and Supply	38.55	27.12

12-22 continued

(100 million yuan)

年末所有者权益合计 Total Creditors' Equity at the Year-end	产品销售收入 Sales Revenue	产品销售税金及附加 Sales Tax and Extra Charges	利润总额 Total Profits	利税总额 Total Pre-tax Profits	本年应交增值税 Value Added Tax Payable in Current Year	全部从业人员年平均人数（万人） Average Number of Staff and Workers (10000 persons)
2826.01	**3800.38**	**70.73**	**224.39**	**483.25**	**188.13**	**83.25**
605.40	869.74	43.62	32.63	119.57	43.32	32.58
268.95	432.13	40.17	26.88	94.62	27.58	18.11
336.45	437.61	3.45	5.76	24.95	15.74	14.47
2220.62	2930.64	27.11	191.76	363.67	144.81	50.67
22.99	21.44	0.42	1.23	3.02	1.37	2.68
1615.90	1895.02	19.62	112.34	243.98	112.01	23.07
581.73	1014.19	7.06	78.18	116.67	31.43	24.93
2162.00	2866.23	48.65	204.26	395.92	143.00	37.88
424.56	565.76	18.44	19.43	64.91	27.05	18.10
239.45	368.39	3.64	0.70	22.42	18.07	27.26
-0.03	0.27		-0.02	0.04	0.06	0.06
5.17	5.14	0.18	0.46	1.06	0.43	0.50
6.90	10.84	0.10	0.63	1.30	0.57	0.96
8.81	4.81	0.10	0.18	0.62	0.34	1.40
2.88	0.92	0.06	-0.07	0.04	0.05	0.29
24.25	67.04	0.75		2.53	1.78	2.65
8.45	30.46	0.15	0.17	2.21	1.89	1.66
30.93	42.77	3.48	4.27	11.31	3.56	1.16
56.78	99.31	35.15	12.81	58.13	10.17	0.84
21.40	61.67	0.16	-0.19	1.51	1.53	4.51
14.55	8.13	0.04	0.27	0.57	0.27	1.63
2.95	7.80	0.03	0.02	0.20	0.16	1.11
7.51	3.16	0.02	-0.29	-0.14	0.13	0.31
0.68	1.24	0.01	-0.15	-0.09	0.05	0.24
41.06	55.63	0.07	3.39	6.89	3.43	1.58
16.77	15.59	0.08	0.65	1.58	0.85	1.30
9.50	9.42	0.05	1.24	1.72	0.44	0.42
60.25	349.05	14.38	5.21	28.45	8.86	1.35
223.80	217.16	1.18	3.34	12.65	8.14	5.35
69.45	70.51	0.46	6.57	13.22	6.19	2.66
4.00	9.54	0.01	-0.88	-0.52	0.35	0.35
17.11	13.92	0.10	0.38	0.85	0.38	0.84
21.04	45.76	0.14	2.15	3.85	1.56	1.46
41.25	49.87	0.28	-0.49	2.63	2.84	4.66
72.04	115.00	0.47	7.04	12.70	5.19	2.28
20.22	30.77	0.14	0.05	1.46	1.27	0.98
14.61	17.53	0.18	0.08	1.20	0.94	1.29
43.75	59.91	0.25	2.62	5.39	2.52	3.00
14.87	15.24	0.14		0.91	0.77	1.65
123.70	295.71	7.42	38.60	59.83	13.81	5.50
72.34	112.00	0.31	2.91	7.64	4.42	4.38
354.19	707.99	0.75	34.84	48.71	13.12	10.36
18.16	9.52	0.04	0.08	0.68	0.56	0.70
2.05	12.51	0.02	0.03	0.17	0.12	0.43
1227.14	1168.44	3.49	99.34	191.69	88.86	12.19
17.24	36.55	0.04	-0.12	0.32	0.40	0.46
150.26	39.19	0.50	-0.71	1.92	2.13	2.75

12-23 集体工业企业主要经济指标（2002 年）

单位：亿元

项 目	Item	企业单位数（个）Number of Enterprises（unit）	工业总产值（当年价）Gross Industrial Output Value（at current prices）
全省总计	**Provincial Total**	**2931**	**929.36**
按轻重工业分	**Grouped by Light & Heavy Industry**		
轻 工 业	Light Industry	1731	528.80
以农产品为原料	Using Farm Products as Raw Materials	951	284.96
以非农产品为原料	Using Nonfarm Products as Raw Materials	780	243.84
重 工 业	Heavy Industry	1200	400.56
采掘工业	Mining and Quarrying	103	28.74
原料工业	Raw Materials Industry	377	140.50
加工工业	Processing Industry	720	231.32
按企业规模分	**Grouped by Size of Enterprises**		
大型企业	Large	35	76.23
中型企业	Medium	129	92.39
小型企业	Small	2767	760.74
按行业分	**Grouped by Sector**		
#煤炭采选业	Coal Mining and Dressing	2	0.57
石油和天然气开采业	Petroleum and Natural Gas Extraction		
黑色金属矿采选业	Ferrous Metal Minerals Mining and Dressing	7	1.21
有色金属矿采选业	Nonferrous Metals Minerals Mining and Dressing	6	2.29
非金属矿采选业	Nonmetal Minerals Mining and Dressing	87	24.40
其他矿采选业	Other Minerals Mining and Dressing		
木材及竹材采运业	Logging and Transport of Timber and Bamboo	1	0.27
食品加工业	Food Processing	63	18.00
食品制造业	Food Manufacturing	51	12.36
饮料制造业	Beverage Manufacturing	26	6.09
烟草加工业	Tobacco Processing	1	0.08
纺织业	Textile Industry	146	43.13
服装及其他纤维制品制造业	Garments and Other Fiber Products	220	75.40
皮革、毛皮、羽绒及其制品业	Leather, Furs, Down and Related Products	90	31.02
木材加工及竹、藤、棕、草制品业	Timber Processing, Bamboo, Cane, Palm Fiber & Straw Products	66	32.02
家具制造业	Furniture Manufacturing	45	13.71
造纸及纸制品业	Papermaking and Paper Products	161	41.03
印刷业、记录媒介的复制	Printing and Record Medium Reproduction	62	18.16
文教体育用品制造业	Cultural, Educational and Sports Goods	67	26.29
石油加工及炼焦业	Petroleum Processing and Coking	7	4.81
化学原料及化学制品制造业	Raw Chemical Materials and Chemical Products	153	35.37
医药制造业	Medical and Pharmaceutical Products	24	12.25
化学纤维制造业	Chemical Fiber	8	2.29
橡胶制品业	Rubber Products	30	7.39
塑料制品业	Plastic Products	173	47.74
非金属矿物制品业	Nonmetal Mineral Products	369	111.25
黑色金属冶炼及压延加工业	Smelting and Pressing of Ferrous Metals	25	10.24
有色金属冶炼及压延加工业	Smelting and Pressing of Nonferrous Metals	56	26.27
金属制品业	Metal Products	245	64.42
普通机械制造业	Ordinary Machinery Manufacturing	74	17.83
专用设备制造业	For Special Purposes Equipment Manufacturing	44	13.38
交通运输设备制造业	Transport Equipment Manufacturing	51	13.39
电气机械及器材制造业	Electric Equipment and Machinery	197	85.68
电子及通信设备制造业	Electronic and Telecommunication Equipment	78	31.13
仪器仪表及文化、办公用机械制造业	Instruments, Meters, Cultural and Office Machinery	21	10.83
其他制造业	Other Manufacturing	122	39.36
电力蒸汽热水生产供应业	Electric Power, Steam and Hot Water Production and Supply	48	20.77
煤气的生产和供应业	Gas Production and Supply	6	1.61
自来水的生产和供应业	Tap Water Production and Supply	99	27.34

注：本表统计范围为规模以上工业。

MAIN ECONOMIC INDICATORS OF COLLECTIVE OWNED INDUSTRIAL ENTERPRISES（2002）

（100 million yuan）

工业增加值 Value Added of Industry	实收资本 Total Capital Hold	年末资产总计 Total Assets at the Year-end	流动资产合计 Total Circulating Funds	流动资产年平均余额 Average Balance of Circulating Funds	固定资产合计 Total Fixed Assets	固定资产净值平均余额 Average Balance of Net Value of Fixed Assets
237.28	**196.46**	**825.34**	**398.81**	**411.51**	**325.97**	**304.19**
138.96	98.84	461.69	233.58	239.14	166.11	153.57
71.73	43.98	194.92	114.30	120.53	64.22	61.56
67.23	54.86	266.77	119.28	118.61	101.89	92.01
98.32	97.62	363.65	165.23	172.37	159.86	150.61
7.42	3.46	11.82	6.05	7.49	4.84	4.48
32.43	47.32	166.74	59.63	63.37	89.66	82.85
58.46	46.85	185.10	99.55	101.52	65.37	63.28
20.17	25.24	153.47	67.48	64.49	47.79	44.34
24.56	24.77	116.18	50.53	50.73	51.30	48.55
192.54	146.45	555.69	280.79	296.29	226.88	211.30
0.18	0.02	0.13	0.08	0.20	0.02	0.02
0.40	0.27	0.86	0.46	0.45	0.14	0.19
0.58	0.25	0.86	0.39	0.66	0.40	0.39
6.18	2.91	9.92	5.10	6.14	4.26	3.86
0.07	0.02	0.05	0.02	0.04	0.03	0.03
4.80	2.56	12.17	7.46	8.17	3.87	3.67
2.60	3.14	11.24	6.17	6.26	4.02	4.15
1.70	0.87	4.80	2.68	2.96	1.87	1.61
0.05	0.01	0.06	0.03	0.02	0.01	0.01
11.47	7.76	31.20	15.36	15.36	13.38	12.23
17.71	10.32	55.65	38.23	41.52	12.23	11.64
9.45	3.05	11.56	6.61	8.32	3.89	4.10
6.64	4.57	17.71	9.55	10.56	6.41	6.27
2.92	2.59	8.51	5.65	5.48	2.21	1.90
9.50	7.21	31.68	14.79	15.91	14.31	13.58
4.94	3.12	14.41	8.24	7.09	4.94	5.20
6.42	7.04	20.49	11.83	10.03	7.82	6.77
0.79	1.24	2.71	1.39	1.45	1.05	1.20
8.45	4.99	22.12	12.42	12.99	8.42	8.05
3.42	2.34	11.65	7.38	6.88	2.92	2.28
0.58	0.41	1.43	0.72	0.76	0.37	0.37
1.93	1.30	4.54	2.63	2.87	1.44	1.41
12.72	6.23	33.72	18.91	19.55	8.89	8.57
28.24	28.99	125.33	47.29	49.39	69.77	68.24
2.17	1.35	4.97	2.73	2.91	1.79	1.80
5.43	3.71	17.71	9.30	9.61	6.32	6.09
17.11	9.59	48.84	25.85	28.13	15.09	15.17
4.36	2.14	10.02	6.71	7.51	2.26	2.18
3.07	3.74	11.21	5.90	5.97	4.14	3.42
2.72	3.40	14.27	7.24	7.40	4.08	3.51
22.32	20.67	80.42	44.51	44.74	21.15	20.24
9.17	12.17	32.90	12.27	12.19	13.50	13.06
2.76	1.79	3.95	2.92	3.29	0.96	1.01
8.93	5.59	19.55	13.23	12.01	4.50	4.63
5.94	20.81	51.27	17.39	18.56	26.28	21.49
0.37	0.14	0.26	0.11	0.34	0.13	0.14
11.15	10.18	97.19	27.30	25.78	53.12	45.73

Note: The statistical coverage in this table refers to the industrial enterprises above designated size.

12-23 **续表**

单位：亿元

项目	Item	长期负债 Long-term Liabilities	流动负债 Liquid Liabilities
全省总计	**Provinial Total**	**88.47**	**412.00**
按轻重工业分	**Grouped by Light & Heavy Industry**		
轻　工　业	Light Industry	39.33	239.77
以农产品为原料	Using Farm Products as Raw Materials	16.27	107.84
以非农产品为原料	Using Nonfarm Products as Raw Materials	23.06	131.93
重　工　业	Heavy Industry	49.14	172.23
采掘工业	Mining and Quarrying	1.11	3.42
原料工业	Raw Materials Industry	34.41	79.67
加工工业	Processing Industry	13.62	89.13
按企业规模分	**Grouped by Size of Enterprises**		
大型企业	Large	17.20	90.51
中型企业	Medium	20.71	60.74
小型企业	Small	50.55	260.74
按行业分	**Grouped by Sector**		
#煤炭采选业	Coal Mining and Dressing		0.15
石油和天然气开采业	Petroleum and Natural Gas Extraction		
黑色金属矿采选业	Ferrous Metal Minerals Mining and Dressing	0.15	0.30
有色金属矿采选业	Nonferrous Metals Minerals Mining and Dressing	0.18	0.28
非金属矿采选业	Nonmetal Minerals Mining and Dressing	0.79	2.68
其他矿采选业	Other Minerals Mining and Dressing		
木材及竹材采运业	Logging and Transport of Timber and Bamboo		0.01
食品加工业	Food Processing	1.13	6.58
食品制造业	Food Manufacturing	1.74	5.41
饮料制造业	Beverage Manufacturing	0.37	3.40
烟草加工业	Tobacco Processing		0.04
纺织业	Textile Industry	2.83	16.18
服装及其他纤维制品制造业	Garments and Other Fiber Products	3.58	34.64
皮革、毛皮、羽绒及其制品业	Leather, Furs, Down and Related Products	1.07	5.75
木材加工及竹、藤、棕、草制品业	Timber Processing, Bamboo, Cane, Palm Fiber & Straw Products	2.39	8.26
家具制造业	Furniture Manufacturing	0.31	4.61
造纸及纸制品业	Papermaking and Paper Products	2.27	17.10
印刷业、记录媒介的复制	Printing and Record Medium Reproduction	1.21	7.18
文教体育用品制造业	Cultural, Educational and Sports Goods	2.05	8.22
石油加工及炼焦业	Petroleum Processing and Coking	0.05	1.70
化学原料及化学制品制造业	Raw Chemical Materials and Chemical Products	1.72	11.83
医药制造业	Medical and Pharmaceutical Products	0.94	6.98
化学纤维制造业	Chemical Fiber	0.12	0.25
橡胶制品业	Rubber Products	0.23	1.89
塑料制品业	Plastic Products	3.40	19.39
非金属矿物制品业	Nonmetal Mineral Products	26.80	55.18
黑色金属冶炼及压延加工业	Smelting and Pressing of Ferrous Metals	0.26	3.08
有色金属冶炼及压延加工业	Smelting and Pressing of Nonferrous Metals	2.64	11.38
金属制品业	Metal Products	3.07	26.76
普通机械制造业	Ordinary Machinery Manufacturing	0.94	4.90
专用设备制造业	For Special Purposes Equipment Manufacturing	0.49	4.95
交通运输设备制造业	Transport Equipment Manufacturing	0.31	8.38
电气机械及器材制造业	Electric Equipment and Machinery	5.03	50.91
电子及通信设备制造业	Electronic and Telecommunication Equipment	1.40	14.80
仪器仪表及文化、办公用机械制造业	Instruments, Meters, Cultural and Office Machinery	0.13	2.36
其他制造业	Other Manufacturing	1.55	10.48
电力蒸汽热水生产供应业	Electric Power, Steam and Hot Water Production and Supply	7.52	18.68
煤气的生产和供应业	Gas Production and Supply	0.03	0.09
自来水的生产和供应业	Tap Water Production and Supply	11.78	37.22

(100 million yuan)

年末所有者权益合计 Total Creditors' Equity at the Year-end	产品销售收入 Sales Revenue	产品销售税金及附加 Sales Tax and Extra Charges	利润总额 Total Profits	利税总额 Total Pre-tax Profits	本年应交增值税 Value Added Tax Payable in Current Year	全部从业人员年平均人数（万人） Average Number of Staff and Workers (10000 persons)
311.62	**844.81**	**7.07**	**22.12**	**52.15**	**22.95**	**66.29**
176.00	473.19	3.75	11.30	27.36	12.30	42.39
68.06	253.82	1.95	5.22	12.89	5.72	21.69
107.94	219.37	1.81	6.08	14.47	6.58	20.70
135.62	371.62	3.32	10.82	24.79	10.65	23.90
7.15	27.23	0.37	1.54	2.46	0.54	1.42
49.35	129.54	1.37	3.79	9.63	4.47	5.59
79.11	214.85	1.59	5.49	12.70	5.63	16.89
45.44	67.46	0.34	2.29	5.13	2.50	2.96
32.96	80.70	0.49	1.08	4.42	2.86	6.08
233.22	696.65	6.24	18.76	42.60	17.60	57.25
-0.02	0.83		0.03	0.08	0.04	0.22
0.41	1.13	0.07	0.05	0.15	0.04	0.06
0.40	2.11	0.06	0.06	0.22	0.10	0.17
6.32	22.98	0.24	1.40	2.00	0.35	0.97
0.04	0.18			0.01	0.01	0.01
4.45	17.02	0.08	0.39	0.80	0.34	0.50
3.89	10.87	0.07	0.23	0.62	0.32	0.67
0.99	5.80	0.04	0.22	0.42	0.16	0.27
0.01	0.11	0.01		0.01		0.02
11.92	34.23	0.25	0.45	1.52	0.82	3.34
15.90	68.98	0.48	1.32	3.14	1.34	7.72
4.39	28.35	0.18	0.55	1.29	0.55	3.63
6.93	26.11	0.43	1.22	2.50	0.85	0.85
3.48	12.39	0.08	0.29	0.56	0.20	0.88
12.23	38.21	0.32	1.00	2.24	0.91	2.62
5.99	15.32	0.12	0.52	1.14	0.50	0.55
10.04	25.03	0.11	0.88	1.94	0.95	4.61
0.96	5.61	0.04	0.05	0.22	0.14	0.32
7.32	32.13	0.28	0.75	2.01	0.98	0.97
3.57	11.27	0.07	0.35	0.95	0.53	0.46
1.06	2.25	0.05	0.03	0.11	0.04	0.17
2.01	6.77	0.07	0.18	0.42	0.17	0.44
9.92	43.20	0.40	0.93	2.20	0.87	3.01
41.06	103.42	1.11	1.68	6.21	3.42	7.72
1.63	9.87	0.11	0.28	0.62	0.23	0.25
3.64	22.85	0.10	0.23	0.98	0.64	0.79
18.22	57.76	0.46	1.04	2.87	1.36	4.09
3.61	16.21	0.10	0.31	0.93	0.53	0.91
5.76	10.79	0.06	0.38	0.71	0.27	0.57
5.09	13.19	0.20	0.09	0.62	0.34	0.85
23.69	74.67	0.42	1.09	3.59	2.08	6.90
16.45	27.92	0.17	0.73	1.42	0.52	6.27
1.17	9.70	0.09	0.16	0.59	0.34	1.11
6.87	39.28	0.20	0.53	1.35	0.62	2.89
25.02	19.58	0.32	2.50	4.03	1.21	0.46
0.14	1.59		0.01	0.05	0.04	0.03
47.06	27.10	0.29	2.20	3.61	1.13	0.99

12-24 股份合作制工业企业主要经济指标（2002 年）

单位：亿元

项　　目	Item	企业单位数（个）Number of Enterprises (unit)	工业总产值（当年价）Gross Industrial Output Value (at current prices)
全省总计	**Provincial Total**	**314**	**178.13**
按轻重工业分	**Grouped by Light & Heavy Industry**		
轻　工　业	Light Industry	172	138.64
以农产品为原料	Using Farm Products as Raw Materials	95	29.38
以非农产品为原料	Using Nonfarm Products as Raw Materials	77	109.26
重　工　业	Heavy Industry	142	39.49
采掘工业	Mining and Quarrying	9	2.51
原料工业	Raw Materials Industry	42	14.93
加工工业	Processing Industry	91	22.05
按企业规模分	**Grouped by Size of Enterprises**		
大型企业	Large	6	96.12
中型企业	Medium	29	19.80
小型企业	Small	279	62.21
按行业分	**Grouped by Sector**		
# 煤炭采选业	Coal Mining and Dressing	2	0.27
石油和天然气开采业	Petroleum and Natural Gas Extraction		
黑色金属矿采选业	Ferrous Metal Minerals Mining and Dressing	1	0.23
有色金属矿采选业	Nonferrous Metals Minerals Mining and Dressing	3	0.96
非金属矿采选业	Nonmetal Minerals Mining and Dressing	3	1.05
其他矿采选业	Other Minerals Mining and Dressing		
木材及竹材采运业	Logging and Transport of Timber and Bamboo		
食品加工业	Food Processing	12	11.70
食品制造业	Food Manufacturing	8	1.74
饮料制造业	Beverage Manufacturing	3	0.36
烟草加工业	Tobacco Processing		
纺织业	Textile Industry	12	3.00
服装及其他纤维制品制造业	Garments and Other Fiber Products	18	3.53
皮革、毛皮、羽绒及其制品业	Leather，Furs，Down and Related Products	9	3.03
木材加工及竹、藤、棕、草制品业	Timber Processing，Bamboo，Cane，Palm Fiber & Straw Products	3	0.54
家具制造业	Furniture Manufacturing	3	0.51
造纸及纸制品业	Papermaking and Paper Products	11	1.48
印刷业、记录媒介的复制	Printing and Record Medium Reproduction	16	2.52
文教体育用品制造业	Cultural，Educational and Sports Goods	2	0.21
石油加工及炼焦业	Petroleum Processing and Coking	1	0.09
化学原料及化学制品制造业	Raw Chemical Materials and Chemical Products	26	7.68
医药制造业	Medical and Pharmaceutical Products	6	6.63
化学纤维制造业	Chemical Fiber		
橡胶制品业	Rubber Products	1	0.30
塑料制品业	Plastic Products	9	1.06
非金属矿物制品业	Nonmetal Mineral Products	35	8.30
黑色金属冶炼及压延加工业	Smelting and Pressing of Ferrous Metals		
有色金属冶炼及压延加工业	Smelting and Pressing of Nonferrous Metals	1	0.49
金属制品业	Metal Products	28	8.67
普通机械制造业	Ordinary Machinery Manufacturing	12	1.89
专用设备制造业	For Special Purposes Equipment Manufacturing	10	3.15
交通运输设备制造业	Transport Equipment Manufacturing	12	2.65
电气机械及器材制造业	Electric Equipment and Machinery	30	96.22
电子及通信设备制造业	Electronic and Telecommunication Equipment	7	1.19
仪器仪表及文化、办公用机械制造业	Instruments，Meters，Cultural and Office Machinery	4	0.50
其他制造业	Other Manufacturing	7	1.12
电力蒸汽热水生产供应业	Electric Power，Steam and Hot Water Production and Supply	17	6.81
煤气的生产和供应业	Gas Production and Supply	1	0.13
自来水的生产和供应业	Tap Water Production and Supply	1	0.10

注：本表统计范围为规模以上工业。

MAIN ECONOMIC INDICATORS OF SHARE HOLDING COOPERATIVE INDUSTRIAL ENTERPRISES (2002)

(100 million yuan)

工业增加值 Value Added of Industry	实收资本 Capital Hold	年末资产总计 Total Assets at the Year-end	流动资产合计 Total Circulating Funds	流动资产年平均余额 Average Balance of Circulating Funds	固定资产合计 Total Fixed Assets	固定资产净值平均余额 Average Balance of Net Value of Fixed Assets
36.01	**35.70**	**147.08**	**76.98**	**64.24**	**58.49**	**52.59**
23.80	19.04	86.83	53.96	41.42	26.37	23.53
7.57	7.82	26.18	12.74	12.56	10.32	8.93
16.23	11.22	60.65	41.22	28.86	16.05	14.60
12.21	16.65	60.26	23.02	22.82	32.12	29.06
0.66	0.71	1.93	0.74	0.86	0.64	0.67
6.12	10.22	33.33	8.44	8.56	22.68	20.11
5.42	5.72	25.00	13.83	13.39	8.80	8.28
12.48	8.04	49.77	35.15	22.98	12.56	11.16
7.18	10.22	37.60	13.05	12.19	22.25	19.52
16.36	17.44	59.71	28.78	29.07	23.68	21.91
0.12	0.08	0.11	0.04	0.05	0.06	0.06
0.05	0.41	0.41	0.10	0.12	0.29	0.29
0.22	0.15	0.27	0.14	0.17	0.13	0.16
0.27	0.07	1.14	0.46	0.52	0.15	0.16
2.75	1.11	6.46	4.04	3.85	1.87	1.91
0.42	0.34	1.19	0.71	0.73	0.27	0.24
0.09	0.14	0.56	0.29	0.28	0.17	0.17
0.92	0.69	2.27	0.88	0.98	0.90	0.88
0.94	1.79	4.52	1.70	1.69	2.60	2.31
0.92	1.44	3.00	1.31	1.26	1.40	1.16
0.11	0.14	0.40	0.13	0.15	0.27	0.27
0.20	0.09	0.32	0.26	0.19	0.05	0.05
0.33	0.54	1.36	0.75	0.75	0.56	0.59
0.56	1.17	4.80	2.13	1.78	1.96	1.61
0.06	0.16	0.20	0.12	0.12	0.05	0.06
0.06	0.11	0.31	0.09	0.08	0.22	0.21
1.86	1.21	5.52	2.94	3.16	1.75	1.73
2.00	1.37	9.01	3.38	3.70	4.39	2.61
0.03	0.01	1.01	0.45	0.45	0.24	0.24
0.24	0.11	0.77	0.55	0.58	0.20	0.19
2.22	2.83	8.84	4.11	4.21	4.09	3.70
0.09	0.05	0.14	0.09	0.10	0.05	0.05
1.97	2.42	8.80	4.78	4.46	2.34	2.02
0.60	0.61	3.03	1.69	1.63	1.29	1.22
0.82	0.92	3.96	1.90	1.90	1.73	1.62
0.48	0.55	3.29	1.97	2.12	0.95	0.87
12.83	7.42	45.21	34.66	22.15	9.68	9.77
0.47	0.60	1.10	0.42	0.34	0.54	0.58
0.16	0.07	0.41	0.27	0.24	0.05	0.05
0.39	0.60	1.77	0.84	0.85	0.53	0.44
3.75	8.11	25.94	5.41	5.29	19.13	16.98
0.02	0.31	0.40	0.22	0.19	0.18	0.02
0.04	0.08	0.55	0.15	0.15	0.39	0.39

Note: The statistical coverage in this table refers to the industrial enterprises above designated size.

12-24 续表

单位：亿元

项目	Item	长期负债 Long-term Liabilities	流动负债 Liquid Liabilities
全省总计	**Provincial Total**	**18.96**	**76.69**
按轻重工业分	**Grouped by Light & Heavy Industry**		
轻工业	Light Industry	2.52	54.43
以农产品为原料	Using Farm Products as Raw Materials	1.30	12.06
以非农产品为原料	Using Nonfarm Products as Raw Materials	1.22	42.37
重工业	Heavy Industry	16.44	22.26
采掘工业	Mining and Quarrying	0.60	0.71
原料工业	Raw Materials Industry	12.73	7.83
加工工业	Processing Industry	3.11	13.71
按企业规模分	**Grouped by Size of Enterprises**		
大型企业	Large	0.58	36.18
中型企业	Medium	11.51	11.55
小型企业	Small	6.87	28.96
按行业分	**Grouped by Sector**		
#煤炭采选业	Coal Mining and Dressing		0.04
石油和天然气开采业	Petroleum and Natural Gas Extraction		
黑色金属矿采选业	Ferrous Metal Minerals Mining and Dressing	0.01	0.16
有色金属矿采选业	Nonferrous Metals Minerals Mining and Dressing	0.03	0.05
非金属矿采选业	Nonmetal Minerals Mining and Dressing	0.56	0.46
其他矿采选业	Other Minerals Mining and Dressing		
木材及竹材采运业	Logging and Transport of Timber and Bamboo		
食品加工业	Food Processing	0.03	2.88
食品制造业	Food Manufacturing	0.10	1.00
饮料制造业	Beverage Manufacturing	0.04	0.37
烟草加工业	Tobacco Processing		
纺织业	Textile Industry	0.03	1.22
服装及其他纤维制品制造业	Garments and Other Fiber Products	0.12	1.85
皮革、毛皮、羽绒及其制品业	Leather, Furs, Down and Related Products	0.01	0.82
木材加工及竹、藤、棕、草制品业	Timber Processing, Bamboo, Cane, Palm Fiber & Straw Products		0.29
家具制造业	Furniture Manufacturing	0.04	0.18
造纸及纸制品业	Papermaking and Paper Products	0.02	0.86
印刷业、记录媒介的复制	Printing and Record Medium Reproduction	0.76	1.95
文教体育用品制造业	Cultural, Educational and Sports Goods		0.04
石油加工及炼焦业	Petroleum Processing and Coking		0.13
化学原料及化学制品制造业	Raw Chemical Materials and Chemical Products	0.74	2.47
医药制造业	Medical and Pharmaceutical Products	0.76	3.01
化学纤维制造业	Chemical Fiber		
橡胶制品业	Rubber Products	0.36	0.74
塑料制品业	Plastic Products	0.02	0.46
非金属矿物制品业	Nonmetal Mineral Products	1.10	4.45
黑色金属冶炼及压延加工业	Smelting and Pressing of Ferrous Metals		
有色金属冶炼及压延加工业	Smelting and Pressing of Nonferrous Metals		0.07
金属制品业	Metal Products	0.53	5.65
普通机械制造业	Ordinary Machinery Manufacturing	0.06	1.74
专用设备制造业	For Special Purposes Equipment Manufacturing	0.47	2.04
交通运输设备制造业	Transport Equipment Manufacturing	0.09	2.15
电气机械及器材制造业	Electric Equipment and Machinery	0.79	35.26
电子及通信设备制造业	Electronic and Telecommunication Equipment	0.19	0.20
仪器仪表及文化、办公用机械制造业	Instruments, Meters, Cultural and Office Machinery	0.01	0.30
其他制造业	Other Manufacturing	0.01	1.03
电力蒸汽热水生产供应业	Electric Power, Steam and Hot Water Production and Supply	12.07	4.43
煤气的生产和供应业	Gas Production and Supply		0.09
自来水的生产和供应业	Tap Water Production and Supply		0.30

12-24 continued

(100 million yuan)

年末所有者权益合计 Total Creditors' Equity at the Year-end	产品销售收入 Sales Revenue	产品销售税金及附加 Sales Tax and Extra Charges	利润总额 Total Profits	利税总额 Total Pre-tax Profits	本年应交增值税 Value Added Tax Payable in Current Year	全部从业人员年平均人数（万人） Average Number of Staff and Workers (10000 persons)
49.31	**172.50**	**0.60**	**6.48**	**12.13**	**5.05**	**7.70**
28.19	134.82	0.30	4.68	8.04	3.06	5.10
11.33	28.18	0.18	0.68	1.36	0.50	2.38
16.86	106.64	0.13	4.00	6.68	2.56	2.72
21.12	37.68	0.30	1.81	4.09	1.99	2.60
0.62	2.25	0.03	0.10	0.24	0.12	0.23
12.41	15.13	0.17	1.59	2.82	1.07	0.70
8.08	20.30	0.11	0.12	1.03	0.80	1.66
13.01	95.27	0.07	3.74	5.81	2.01	1.32
13.19	19.57	0.15	1.34	2.66	1.17	1.56
23.10	57.66	0.38	1.40	3.66	1.88	4.82
0.07	0.26			0.02	0.02	0.08
0.24	0.25	0.01		0.03	0.02	0.03
0.18	0.86	0.01	0.03	0.09	0.04	0.06
0.12	0.88		0.07	0.10	0.03	0.06
2.06	11.79	0.02	0.13	0.21	0.06	0.22
0.10	1.66	0.01		0.05	0.05	0.13
0.15	0.26	0.04	0.01	0.06	0.01	0.04
1.03	2.31	0.02	0.08	0.15	0.05	0.40
2.54	3.55	0.04	0.14	0.24	0.07	0.77
2.17	2.79	0.02	0.12	0.18	0.05	0.29
0.11	0.47		-0.05	-0.04	0.01	0.02
0.10	0.44			0.06	0.06	0.08
0.47	1.44	0.02	0.02	0.08	0.05	0.10
2.09	2.59	0.01	0.01	0.11	0.08	0.23
0.16	0.21			0.01	0.01	0.02
0.18	0.77		0.01	0.02	0.01	0.03
2.32	6.78	0.05	0.32	0.68	0.31	0.42
5.24	5.81	0.03	0.70	1.01	0.27	0.19
-0.09	0.22	0.01	-0.03	-0.02		0.08
0.30	1.04		0.05	0.08	0.02	0.11
3.26	7.58	0.05	-0.15	0.24	0.35	0.57
0.06	0.50		0.01	0.02		0.01
2.52	7.42	0.03	0.02	0.27	0.23	0.55
1.23	1.76	0.01	0.04	0.12	0.07	0.18
1.46	2.67	0.01		0.10	0.09	0.29
1.05	2.61	0.02	-0.01	0.12	0.12	0.19
9.15	94.96	0.07	3.47	5.64	2.09	1.50
0.70	1.11	0.01	0.07	0.10	0.03	0.28
0.11	0.46		0.01	0.04	0.02	0.03
0.69	1.09	0.01	0.01	0.05	0.03	0.45
9.09	7.73	0.11	1.42	2.29	0.76	0.26
0.31	0.13					
0.13	0.10			0.02	0.02	

12-25 股份制工业企业主要经济指标（2002 年）

单位：亿元

项　　目	Item	企业单位数（个）Number of Enterprises (unit)	工业总产值（当年价）Gross Industrial Output Value (at current prices)
全省总计	**Provincial Total**	**4356**	**3254.59**
按轻重工业分	**Grouped by Light & Heavy Industry**		
轻　工　业	Light Industry	2611	1606.44
以农产品为原料	Using Farm Products as Raw Materials	1289	583.64
以非农产品为原料	Using Nonfarm Products as Raw Materials	1322	1022.81
重　工　业	Heavy Industry	1745	1648.15
采掘工业	Mining and Quarrying	34	15.20
原料工业	Raw Materials Industry	437	523.27
加工工业	Processing Industry	1274	1109.68
按企业规模分	**Grouped by Size of Enterprises**		
大型企业	Large	184	1556.08
中型企业	Medium	348	493.90
小型企业	Small	3824	1204.61
按行业分	**Grouped by Sector**		
#煤炭采选业	Coal Mining and Dressing	6	1.20
石油和天然气开采业	Petroleum and Natural Gas Extraction		
黑色金属矿采选业	Ferrous Metal Minerals Mining and Dressing	5	4.84
有色金属矿采选业	Nonferrous Metals Minerals Mining and Dressing	7	6.06
非金属矿采选业	Nonmetal Minerals Mining and Dressing	13	2.84
其他矿采选业	Other Minerals Mining and Dressing	2	0.18
木材及竹材采运业	Logging and Transport of Timber and Bamboo	1	0.08
食品加工业	Food Processing	159	149.53
食品制造业	Food Manufacturing	119	48.46
饮料制造业	Beverage Manufacturing	53	28.19
烟草加工业	Tobacco Processing	1	0.28
纺织业	Textile Industry	169	76.06
服装及其他纤维制品制造业	Garments and Other Fiber Products	241	74.06
皮革、毛皮、羽绒及其制品业	Leather, Furs, Down and Related Products	78	29.04
木材加工及竹、藤、棕、草制品业	Timber Processing, Bamboo, Cane, Palm Fiber & Straw Products	40	54.01
家具制造业	Furniture Manufacturing	77	16.07
造纸及纸制品业	Papermaking and Paper Products	187	59.95
印刷业、记录媒介的复制	Printing and Record Medium Reproduction	128	32.76
文教体育用品制造业	Cultural, Educational and Sports Goods	46	23.37
石油加工及炼焦业	Petroleum Processing and Coking	22	156.97
化学原料及化学制品制造业	Raw Chemical Materials and Chemical Products	327	168.53
医药制造业	Medical and Pharmaceutical Products	70	73.39
化学纤维制造业	Chemical Fiber	17	20.63
橡胶制品业	Rubber Products	28	4.01
塑料制品业	Plastic Products	265	112.93
非金属矿物制品业	Nonmetal Mineral Products	386	154.03
黑色金属冶炼及压延加工业	Smelting and Pressing of Ferrous Metals	27	19.77
有色金属冶炼及压延加工业	Smelting and Pressing of Nonferrous Metals	83	84.57
金属制品业	Metal Products	430	131.21
普通机械制造业	Ordinary Machinery Manufacturing	147	48.87
专用设备制造业	For Special Purposes Equipment Manufacturing	101	36.91
交通运输设备制造业	Transport Equipment Manufacturing	132	137.39
电气机械及器材制造业	Electric Equipment and Machinery	475	542.53
电子及通信设备制造业	Electronic and Telecommunication Equipment	290	773.79
仪器仪表及文化、办公用机械制造业	Instruments, Meters, Cultural and Office Machinery	46	17.19
其他制造业	Other Manufacturing	97	34.38
电力蒸汽热水生产供应业	Electric Power, Steam and Hot Water Production and Supply	52	109.92
煤气的生产和供应业	Gas Production and Supply	3	1.42
自来水的生产和供应业	Tap Water Production and Supply	26	19.15

注：本表统计范围为规模以上工业。

MAIN ECONOMIC INDICATORS OF SHARE HOLDING INDUSTRIAL ENTERPRISES (2002)

(100 million yuan)

工业增加值 Value Added of Industry	实收资本 Total Capital Hold	年末资产总计 Total Assets at the Year-end	流动资产合计 Total Circulating Funds	流动资产年平均余额 Average Balance of Circulating Funds	固定资产合计 Total Fixed Assets	固定资产净值平均余额 Average Balance of Net Value of Fixed Assets
894.88	**742.58**	**3702.34**	**1884.24**	**1695.93**	**1424.16**	**1051.79**
427.35	296.22	1491.49	845.40	819.43	445.29	411.55
146.78	133.10	564.63	305.74	302.66	173.39	159.26
280.57	163.12	926.86	539.66	516.77	271.89	252.29
467.54	446.37	2210.85	1038.85	876.50	978.87	640.25
6.33	7.01	20.71	6.31	6.81	11.56	11.70
154.68	199.16	858.61	200.50	186.63	604.68	353.36
306.52	240.19	1331.53	832.04	683.06	362.64	275.19
481.68	396.98	2277.09	1103.94	931.08	939.77	629.18
139.87	128.97	530.99	263.36	251.00	202.65	165.62
273.33	216.64	894.26	516.94	513.84	281.74	257.00
0.31	0.21	0.64	0.33	0.33	0.31	0.31
2.59	1.52	6.48	2.20	2.03	2.82	3.00
2.61	3.44	9.03	2.34	2.65	6.06	6.12
0.77	1.58	3.73	1.16	1.52	1.90	1.85
0.03	0.18	0.32	0.13	0.13	0.17	0.17
0.02	0.07	0.51	0.16	0.16	0.31	0.25
31.31	22.60	108.89	56.11	58.73	38.97	34.75
13.17	16.57	69.64	38.60	40.04	20.09	18.70
9.44	6.35	33.95	12.82	18.25	11.54	10.32
0.18	1.06	1.29	0.17	0.20	1.10	1.06
17.05	19.10	81.99	40.52	39.35	33.34	32.37
17.27	11.10	56.33	32.91	33.44	14.12	13.65
7.30	4.62	17.39	10.04	10.48	5.37	5.00
14.38	9.47	39.08	16.53	17.04	19.51	17.98
3.51	2.27	9.57	6.13	6.25	2.36	2.24
13.33	10.10	40.32	22.81	23.24	14.63	13.05
8.11	11.41	39.90	20.68	18.42	13.30	11.40
6.30	3.40	22.43	12.17	12.41	7.70	6.22
28.94	40.80	89.42	29.73	33.66	55.15	51.23
37.01	46.33	162.99	81.92	76.80	64.20	59.10
31.28	35.74	157.85	89.13	75.13	30.07	24.40
3.56	4.51	23.92	6.98	7.82	13.06	11.97
0.99	1.00	3.36	1.98	1.98	1.19	1.14
27.14	20.24	116.35	49.51	53.01	46.64	37.83
40.02	37.81	161.66	77.89	76.22	66.45	62.22
3.96	3.86	16.70	8.81	8.56	5.58	4.48
16.84	12.11	72.63	35.11	34.92	31.48	27.30
30.79	19.11	84.80	48.34	47.68	24.90	21.98
12.27	17.48	83.97	45.32	44.14	25.86	23.00
10.93	12.09	51.37	33.59	30.02	11.96	10.52
36.81	23.27	125.99	83.75	75.80	27.20	24.57
147.99	70.56	464.73	320.02	302.95	96.68	94.36
225.56	137.87	877.64	580.98	447.85	211.26	140.89
4.78	11.35	30.52	21.69	19.45	5.98	5.17
9.70	5.36	19.42	12.90	13.83	5.05	4.95
69.42	99.10	515.33	61.26	46.73	433.01	196.75
0.45	0.75	2.22	0.66	0.75	0.16	0.16
8.78	18.18	99.98	18.87	13.96	74.69	71.32

Note: The statistical coverage in this table refers to the industrial enterprises above designated size.

12-25 续表

单位：亿元

项目	Item	长期负债 Long-term Liabilities	流动负债 Liquid Liabilities
全省总计	**Provincial Total**	**542.36**	**1569.78**
按轻重工业分	**Grouped by Light & Heavy Industry**		
轻工业	Light Industry	76.29	763.88
以农产品为原料	Using Farm Products as Raw Materials	38.42	273.88
以非农产品为原料	Using Nonfarm Products as Raw Materials	37.87	490.00
重工业	Heavy Industry	466.07	805.90
采掘工业	Mining and Quarrying	5.53	7.01
原料工业	Raw Materials Industry	315.75	209.26
加工工业	Processing Industry	144.80	589.63
按企业规模分	**Grouped by Size of Enterprises**		
大型企业	Large	419.08	834.75
中型企业	Medium	57.69	241.31
小型企业	Small	65.59	493.72
按行业分	**Grouped by Sector**		
#煤炭采选业	Coal Mining and Dressing	0.14	0.54
石油和天然气开采业	Petroleum and Natural Gas Extraction		
黑色金属矿采选业	Ferrous Metal Minerals Mining and Dressing	1.17	2.95
有色金属矿采选业	Nonferrous Metals Minerals Mining and Dressing	3.76	2.22
非金属矿采选业	Nonmetal Minerals Mining and Dressing	0.25	0.94
其他矿采选业	Other Minerals Mining and Dressing	0.08	0.08
木材及竹材采运业	Logging and Transport of Timber and Bamboo	0.13	0.28
食品加工业	Food Processing	8.64	56.18
食品制造业	Food Manufacturing	5.90	34.98
饮料制造业	Beverage Manufacturing	1.25	16.85
烟草加工业	Tobacco Processing		0.17
纺织业	Textile Industry	8.92	42.46
服装及其他纤维制品制造业	Garments and Other Fiber Products	3.98	28.10
皮革、毛皮、羽绒及其制品业	Leather, Furs, Down and Related Products	0.79	9.77
木材加工及竹、藤、棕、草制品业	Timber Processing, Bamboo, Cane, Palm Fiber & Straw Products	1.53	16.84
家具制造业	Furniture Manufacturing	0.30	4.69
造纸及纸制品业	Papermaking and Paper Products	2.91	21.49
印刷业、记录媒介的复制	Printing and Record Medium Reproduction	2.07	15.97
文教体育用品制造业	Cultural, Educational and Sports Goods	1.31	9.72
石油加工及炼焦业	Petroleum Processing and Coking	6.65	33.00
化学原料及化学制品制造业	Raw Chemical Materials and Chemical Products	17.05	71.31
医药制造业	Medical and Pharmaceutical Products	6.59	84.63
化学纤维制造业	Chemical Fiber	3.33	10.57
橡胶制品业	Rubber Products	0.15	1.41
塑料制品业	Plastic Products	17.60	47.06
非金属矿物制品业	Nonmetal Mineral Products	18.04	90.43
黑色金属冶炼及压延加工业	Smelting and Pressing of Ferrous Metals	2.83	8.31
有色金属冶炼及压延加工业	Smelting and Pressing of Nonferrous Metals	3.97	34.83
金属制品业	Metal Products	6.17	48.63
普通机械制造业	Ordinary Machinery Manufacturing	7.69	41.14
专用设备制造业	For Special Purposes Equipment Manufacturing	3.61	27.42
交通运输设备制造业	Transport Equipment Manufacturing	11.22	53.35
电气机械及器材制造业	Electric Equipment and Machinery	14.87	275.90
电子及通信设备制造业	Electronic and Telecommunication Equipment	92.74	381.57
仪器仪表及文化、办公用机械制造业	Instruments, Meters, Cultural and Office Machinery	0.83	7.98
其他制造业	Other Manufacturing	1.14	10.44
电力蒸汽热水生产供应业	Electric Power, Steam and Hot Water Production and Supply	277.64	63.31
煤气的生产和供应业	Gas Production and Supply	0.13	1.47
自来水的生产和供应业	Tap Water Production and Supply	6.99	12.81

12-25 continued

(100 million yuan)

年末所有者权益合计 Total Creditors' Equity at the Year-end	产品销售收入 Sales Revenue	产品销售税金及附加 Sales Tax and Extra Charges	利润总额 Total Profits	利税总额 Total Pre-tax Profits	本年应交增值税 Value Added Tax Payable in Current Year	全部从业人员年平均人数（万人） Average Number of Staff and Workers (10000 persons)
1571.48	**3076.07**	**25.03**	**132.96**	**272.14**	**114.15**	**98.18**
645.08	1503.39	11.24	40.52	96.58	44.82	55.55
249.13	545.64	6.17	12.64	35.71	16.89	26.02
395.95	957.75	5.07	27.88	60.87	27.93	29.53
926.39	1572.68	13.79	92.44	175.56	69.33	42.63
7.92	13.12	0.23	0.61	1.73	0.88	1.31
324.87	495.23	8.90	30.84	63.92	24.17	10.37
593.60	1064.33	4.66	60.99	109.92	44.27	30.96
1016.64	1480.10	12.95	82.55	160.50	65.00	25.80
229.42	462.84	3.97	20.40	39.38	15.02	15.42
325.42	1133.13	8.12	30.02	72.26	34.13	56.97
-0.04	1.37	0.01	-0.13	-0.02	0.09	0.37
2.35	2.54	0.11	0.43	0.74	0.20	0.10
3.00	6.38	0.07	0.16	0.71	0.48	0.51
2.35	2.64	0.03	0.21	0.35	0.10	0.29
0.16	0.14		-0.02	-0.01	0.01	0.02
0.10	0.06	0.01	-0.04	-0.03		0.02
43.53	146.69	1.26	-0.03	3.99	2.76	3.93
28.57	40.13	0.26	0.81	3.16	2.10	2.53
15.78	22.42	2.71	0.61	4.50	1.18	0.97
1.12	0.28		0.05	0.10	0.04	0.03
30.51	70.58	0.29	0.66	2.67	1.72	4.59
24.12	71.25	0.46	1.72	4.03	1.85	5.39
6.45	26.27	0.15	0.48	1.18	0.55	1.76
20.67	52.27	0.37	1.53	2.70	0.79	1.63
4.56	16.21	0.10	0.50	1.04	0.43	1.00
15.68	55.66	0.29	1.38	3.31	1.63	2.37
20.74	33.66	0.24	0.93	2.38	1.21	1.44
11.39	23.61	0.11	1.61	2.47	0.75	1.45
43.42	154.94	7.21	1.62	13.29	4.46	0.78
73.12	160.06	1.00	5.12	11.40	5.27	4.55
66.45	65.61	0.50	6.51	12.07	5.06	2.46
10.03	19.95	0.08	0.53	1.10	0.50	0.50
1.75	3.89	0.02	0.17	0.32	0.14	0.27
50.30	123.04	0.94	4.75	9.06	3.38	4.11
52.47	143.44	1.02	1.79	8.43	5.62	9.16
5.46	16.36	0.03	-0.13	0.31	0.41	0.71
33.64	79.53	0.34	1.76	5.00	2.89	2.15
28.56	123.78	0.77	1.55	6.31	3.98	6.44
34.52	45.03	0.29	1.78	4.14	2.07	3.15
20.17	33.42	0.20	1.34	3.01	1.48	1.72
60.57	132.80	1.46	12.94	20.04	5.64	3.29
173.54	505.23	1.54	17.70	35.49	16.25	13.30
402.66	732.70	2.25	36.30	64.93	26.38	12.36
21.68	17.91	0.19	1.32	2.36	0.85	0.98
7.76	27.93	0.16	0.75	1.45	0.54	2.24
173.57	99.17	0.49	25.14	38.29	12.66	1.14
0.62	1.91		-0.05	-0.04	0.01	0.02
80.13	17.25	0.08	1.20	1.93	0.65	0.46

12-26 "三资"工业企业主要经济指标（2002年）

单位：亿元

项　　目	Item	企业单位数（个）Number of Enterprises (unit)	工业总产值（当年价）Gross Industrial Output Value (at current prices)
全省总计	**Provincial Total**	**9808**	**10055.46**
按经济类型分	**Grouped by Ownership**		
外商投资经济	Foreign Funded Enterprises	1644	3838.06
港澳台投资经济	Enterprises Funded by Entrepreneurs from Hong Kong, Macao and Taiwan	8164	6217.39
按轻重工业分	**Grouped by Light & Heavy Industry**		
轻　工　业	Light Industry	6820	5068.09
以农产品为原料	Using Farm Products as Raw Materials	3598	2274.87
以非农产品为原料	Using Nonfarm Products as Raw Materials	3222	2793.22
重　工　业	Heavy Industry	2988	4987.37
采掘工业	Mining and Quarrying	23	222.96
原料工业	Raw Materials Industry	487	811.90
加工工业	Processing Industry	2478	3952.51
按企业规模分	**Grouped by Size of Enterprises**		
大型企业	Large	594	4016.69
中型企业	Medium	862	1350.30
小型企业	Small	8352	4688.47
按行业分	**Grouped by Sector**		
#煤炭采选业	Coal Mining and Dressing	1	0.25
石油和天然气开采业	Petroleum and Natural Gas Extraction	2	216.23
黑色金属矿采选业	Ferrous Metal Minerals Mining and Dressing		
有色金属矿采选业	Nonferrous Metals Minerals Mining and Dressing	2	0.62
非金属矿采选业	Nonmetal Minerals Mining and Dressing	18	5.86
其他矿采选业	Other Minerals Mining and Dressing		
木材及竹材采运业	Logging and Transport of Timber and Bamboo		
食品加工业	Food Processing	146	163.21
食品制造业	Food Manufacturing	183	165.06
饮料制造业	Beverage Manufacturing	70	146.39
烟草加工业	Tobacco Processing		
纺织业	Textile Industry	696	472.99
服装及其他纤维制品制造业	Garments and Other Fiber Products	1109	419.16
皮革、毛皮、羽绒及其制品业	Leather, Furs, Down and Related Products	609	335.04
木材加工及竹、藤、棕、草制品业	Timber Processing, Bamboo, Cane, Palm Fiber & Straw Products	105	38.25
家具制造业	Furniture Manufacturing	197	83.41
造纸及纸制品业	Papermaking and Paper Products	265	194.13
印刷业、记录媒介的复制	Printing and Record Medium Reproduction	190	111.62
文教体育用品制造业	Cultural, Educational and Sports Goods	402	201.39
石油加工及炼焦业	Petroleum Processing and Coking	11	52.03
化学原料及化学制品制造业	Raw Chemical Materials and Chemical Products	465	465.72
医药制造业	Medical and Pharmaceutical Products	85	97.61
化学纤维制造业	Chemical Fiber	52	30.49
橡胶制品业	Rubber Products	104	59.67
塑料制品业	Plastic Products	852	441.31
非金属矿物制品业	Nonmetal Mineral Products	380	213.83
黑色金属冶炼及压延加工业	Smelting and Pressing of Ferrous Metals	33	101.57
有色金属冶炼及压延加工业	Smelting and Pressing of Nonferrous Metals	44	56.35
金属制品业	Metal Products	680	456.31
普通机械制造业	Ordinary Machinery Manufacturing	178	116.17
专用设备制造业	For Special Purposes Equipment Manufacturing	117	66.79
交通运输设备制造业	Transport Equipment Manufacturing	196	436.75
电气机械及器材制造业	Electric Equipment and Machinery	776	725.90
电子及通信设备制造业	Electronic and Telecommunication Equipment	1072	3267.57
仪器仪表及文化、办公用机械制造业	Instruments, Meters, Cultural and Office Machinery	230	355.08
其他制造业	Other Manufacturing	424	160.69
电力蒸汽热水生产供应业	Electric Power, Steam and Hot Water Production and Supply	98	356.73
煤气的生产和供应业	Gas Production and Supply	14	40.45
自来水的生产和供应业	Tap Water Production and Supply	2	0.84

注：本表统计范围为规模以上工业。

MAIN ECONOMIC INDICATORS OF FOREIGN-FUND INDUSTRIAL ENTERPRISES (2002)

(100 million yuan)

工业增加值 Value Added of Industry	实收资本 Total Capital Hold	年末资产总计 Total Assets at the Year-end	流动资产合计 Total Circulating Funds	流动资产年平均余额 Average Balance of Circulating Funds	固定资产合计 Total Fixed Assets	固定资产净值平均余额 Average Balance of Net Value of Fixed Assets
2544.80	**2997.40**	**8540.63**	**4676.99**	**4195.89**	**3223.66**	**3102.55**
855.30	865.21	2663.46	1612.13	1343.01	867.77	828.08
1689.49	2132.19	5877.18	3064.87	2852.88	2355.89	2274.47
1299.58	1614.95	4251.27	2452.90	2349.52	1460.05	1410.89
620.69	814.70	2068.90	1123.92	1086.76	768.39	737.60
678.90	800.25	2182.37	1328.97	1262.76	691.67	673.28
1245.21	1382.45	4289.36	2224.09	1846.37	1763.61	1691.66
108.20	59.11	110.07	25.02	25.41	67.16	65.12
297.89	433.10	1368.12	446.04	399.71	810.64	790.78
839.12	890.24	2811.18	1753.04	1421.24	885.81	835.76
1086.03	1069.67	3525.57	1758.55	1614.79	1510.78	1449.89
343.26	489.81	1289.61	684.13	612.71	494.41	486.88
1115.50	1437.92	3725.45	2234.31	1968.38	1218.47	1165.77
0.08	0.14	0.23	0.02	0.05	0.18	0.06
106.57	56.59	104.50	21.94	22.18	65.04	63.12
0.18	0.32	0.64	0.35	0.22	0.26	0.25
1.37	2.06	4.69	2.71	2.97	1.68	1.70
42.86	32.64	117.29	66.69	59.82	38.56	36.51
52.97	70.75	168.75	88.34	83.16	66.39	67.89
51.01	77.88	159.71	70.97	63.23	71.50	70.36
110.76	183.65	428.63	214.60	208.36	177.85	169.20
102.89	121.20	281.79	165.83	167.99	83.19	84.01
81.73	86.98	273.12	184.31	180.82	72.27	70.19
8.85	17.26	47.01	24.14	22.54	17.90	17.68
22.91	22.66	67.76	41.61	36.94	19.62	22.70
53.62	93.30	253.52	111.78	104.22	124.60	121.56
37.85	66.47	154.33	72.74	66.40	71.58	67.09
55.99	76.28	184.74	112.36	100.49	62.57	62.46
7.76	16.48	32.34	15.56	14.17	9.91	9.00
136.11	163.14	457.75	258.36	251.96	146.38	131.61
38.59	39.80	115.03	56.86	55.34	42.36	36.75
6.80	16.27	39.58	16.92	17.28	17.73	19.05
14.42	28.43	63.98	31.80	30.41	27.56	29.65
114.26	201.99	449.39	240.57	221.07	172.02	167.08
63.98	130.54	356.72	153.10	136.85	170.10	150.93
26.25	33.26	145.25	50.86	47.79	79.71	53.92
12.66	23.62	65.14	36.81	30.92	24.64	22.11
113.74	176.61	430.51	253.83	227.45	146.62	144.41
29.39	47.71	125.45	80.03	78.89	37.36	34.85
19.33	27.47	80.64	53.98	45.79	21.05	19.85
114.92	99.92	349.00	218.65	188.23	106.94	92.73
186.96	215.37	610.51	358.45	329.66	208.99	198.61
623.60	480.19	1796.16	1231.27	962.48	479.28	459.30
61.31	71.16	211.44	144.20	169.22	54.85	53.87
42.95	59.38	134.16	75.91	74.72	47.35	47.42
197.05	243.87	794.20	208.02	180.85	538.30	557.35
4.60	12.67	33.63	13.10	13.15	17.22	17.16
0.46	1.32	3.05	0.33	0.27	2.10	2.11

Note: The statistical coverage in this table refers to the industrial enterprises above designated size.

12-26 续表

单位：亿元

项　　目	Item	长期负债 Long-term Liabilities	流动负债 Liquid Liabilities
全省总计	**Provincial Total**	**651.59**	**4118.27**
按经济类型分	**Grouped by Ownership**		
外商投资经济	Foreign Funded Enterprises	111.45	1398.07
港澳台投资经济	Enterprises Funded by Entrepreneurs from Hong Kong, Macao and Taiwan	540.14	2720.20
按轻重工业分	**Grouped by Light & Heavy Industry**		
轻　工　业	Light Industry	197.53	2129.76
以农产品为原料	Using Farm Products as Raw Materials	125.54	986.43
以非农产品为原料	Using Nonfarm Products as Raw Materials	71.99	1143.33
重　工　业	Heavy Industry	454.06	1988.51
采掘工业	Mining and Quarrying	0.64	12.74
原料工业	Raw Materials Industry	329.38	455.91
加工工业	Processing Industry	124.04	1519.86
按企业规模分	**Grouped by Size of Enterprises**		
大型企业	Large	366.25	1610.68
中型企业	Medium	108.23	603.01
小型企业	Small	177.11	1904.59
按行业分	**Grouped by Sector**		
#煤炭采选业	Coal Mining and Dressing		0.07
石油和天然气开采业	Petroleum and Natural Gas Extraction	0.01	10.53
黑色金属矿采选业	Ferrous Metal Minerals Mining and Dressing		
有色金属矿采选业	Nonferrous Metals Minerals Mining and Dressing	0.04	0.37
非金属矿采选业	Nonmetal Minerals Mining and Dressing	0.59	1.77
其他矿采选业	Other Minerals Mining and Dressing		
木材及竹材采运业	Logging and Transport of Timber and Bamboo		
食品加工业	Food Processing	6.68	56.14
食品制造业	Food Manufacturing	9.62	77.46
饮料制造业	Beverage Manufacturing	13.58	61.16
烟草加工业	Tobacco Processing		
纺织业	Textile Industry	38.58	205.87
服装及其他纤维制品制造业	Garments and Other Fiber Products	7.76	138.25
皮革、毛皮、羽绒及其制品业	Leather, Furs, Down and Related Products	4.05	151.98
木材加工及竹、藤、棕、草制品业	Timber Processing, Bamboo, Cane, Palm Fiber & Straw Products	6.18	24.36
家具制造业	Furniture Manufacturing	2.18	36.98
造纸及纸制品业	Papermaking and Paper Products	34.13	116.84
印刷业、记录媒介的复制	Printing and Record Medium Reproduction	6.13	68.15
文教体育用品制造业	Cultural, Educational and Sports Goods	2.91	90.61
石油加工及炼焦业	Petroleum Processing and Coking	0.12	11.84
化学原料及化学制品制造业	Raw Chemical Materials and Chemical Products	19.89	213.67
医药制造业	Medical and Pharmaceutical Products	9.93	41.83
化学纤维制造业	Chemical Fiber	8.47	13.52
橡胶制品业	Rubber Products	3.08	30.08
塑料制品业	Plastic Products	17.21	200.60
非金属矿物制品业	Nonmetal Mineral Products	61.42	147.34
黑色金属冶炼及压延加工业	Smelting and Pressing of Ferrous Metals	41.24	55.05
有色金属冶炼及压延加工业	Smelting and Pressing of Nonferrous Metals	3.74	37.27
金属制品业	Metal Products	24.10	212.21
普通机械制造业	Ordinary Machinery Manufacturing	3.57	61.87
专用设备制造业	For Special Purposes Equipment Manufacturing	2.38	40.45
交通运输设备制造业	Transport Equipment Manufacturing	18.38	184.99
电气机械及器材制造业	Electric Equipment and Machinery	19.66	309.48
电子及通信设备制造业	Electronic and Telecommunication Equipment	47.38	1120.28
仪器仪表及文化、办公用机械制造业	Instruments, Meters, Cultural and Office Machinery	4.05	111.53
其他制造业	Other Manufacturing	2.89	61.24
电力蒸汽热水生产供应业	Electric Power, Steam and Hot Water Production and Supply	229.10	201.44
煤气的生产和供应业	Gas Production and Supply	1.77	22.25
自来水的生产和供应业	Tap Water Production and Supply	0.78	0.81

12-26 continued

(100 million yuan)

年末所有者权益合计 Total Creditors' Equity at the Year-end	产品销售收入 Sales Revenue	产品销售税金及附加 Sales Tax and Extra Charges	利润总额 Total Profits	利税总额 Total Pre-tax Profits	本年应交增值税 Value Added Tax Payable in Current Year	全部从业人员年平均人数（万人） Average Number of Staff and Workers (10000 persons)
3720.74	**9581.24**	**34.52**	**525.26**	**784.76**	**224.98**	**386.26**
1137.22	3755.87	14.11	227.91	324.74	82.72	79.90
2583.52	5825.36	20.40	297.35	460.01	142.25	306.36
1882.73	4817.48	15.85	183.42	317.15	117.88	276.33
924.72	2162.08	7.55	95.27	171.60	68.78	140.65
958.01	2655.40	8.30	88.15	145.54	49.10	135.68
1838.02	4763.76	18.67	341.84	467.61	107.10	109.93
96.69	120.38	6.53	53.89	67.39	6.98	0.43
580.09	797.07	3.87	92.39	134.81	38.55	9.48
1161.24	3846.30	8.28	195.56	265.41	61.57	100.03
1528.76	3859.11	21.51	346.05	486.83	119.27	66.79
574.70	1305.45	4.65	58.54	96.87	33.68	42.90
1617.28	4416.68	8.35	120.68	201.06	72.03	276.57
0.17	0.24			0.01	0.01	0.05
93.97	113.80	6.42	53.82	67.00	6.76	0.15
0.23	0.59		0.02	0.05	0.03	0.02
2.33	5.75	0.10	0.04	0.33	0.18	0.21
53.34	169.57	0.25	4.77	7.37	2.35	3.00
79.79	156.23	0.11	14.28	24.77	10.38	5.11
84.37	132.69	2.55	14.18	26.34	9.62	2.28
175.93	438.71	0.65	6.94	12.96	5.36	22.77
133.31	386.66	1.03	4.21	11.93	6.69	45.12
101.54	323.49	0.34	4.14	9.06	4.58	40.43
16.38	35.18	0.04	-0.12	0.72	0.80	1.94
26.83	76.95	0.10	1.44	3.26	1.72	6.42
102.43	186.72	0.13	9.95	17.21	7.13	5.64
79.70	100.68	0.12	5.54	9.52	3.85	7.30
90.52	191.86	0.14	5.11	6.97	1.71	27.22
20.38	52.95	3.19	0.75	5.77	1.83	0.12
223.71	461.96	3.48	51.81	82.83	27.54	7.27
63.14	85.18	0.10	4.78	12.18	7.30	2.14
15.93	24.81	0.02	-0.55	0.07	0.60	0.84
30.61	56.77	0.63	1.33	2.91	0.95	3.58
228.67	418.11	0.74	15.81	25.58	9.03	25.16
145.78	199.02	0.49	4.13	11.78	7.16	10.44
48.97	99.81	0.05	2.38	4.63	2.20	1.19
24.13	49.05	0.04	0.84	1.67	0.80	1.41
193.19	439.83	1.27	12.33	21.57	7.98	19.87
59.92	112.28	0.25	8.01	12.47	4.21	3.34
37.40	66.95	0.07	5.21	7.32	2.04	2.92
145.44	426.92	9.55	50.31	77.42	17.56	8.44
279.02	687.45	0.99	27.30	41.74	13.44	34.31
625.98	3169.91	0.69	115.52	145.30	29.09	68.65
95.62	363.97	0.25	9.03	11.93	2.66	11.45
69.46	149.31	0.34	11.24	13.90	2.32	15.52
361.47	335.90	0.39	80.22	107.03	26.43	1.71
9.61	61.14	0.01	0.17	0.83	0.64	0.21
1.46	0.80		0.31	0.36	0.05	0.02

12-27 大中型工业企业主要经济指标（2002年）

单位：亿元

项　　目	Item	企业单位数（个）Number of Enterprises（unit）	工业总产值（当年价）Gross Industrial Output Value（at current prices）
全省总计	**Provincial Total**	**2622**	**8755.02**
按轻重工业分	**Grouped by Light & Heavy Industry**		
轻　工　业	Light Industry	1366	3695.39
以农产品为原料	Using Farm Products as Raw Materials	741	1501.40
以非农产品为原料	Using Nonfarm Products as Raw Materials	625	2193.98
重　工　业	Heavy Industry	1256	5059.63
采掘工业	Mining and Quarrying	21	234.84
原料工业	Raw Materials Industry	352	1679.21
加工工业	Processing Industry	883	3145.58
按企业规模分	**Grouped by Size of Enterprises**		
大型企业	Large	945	6525.51
中型企业	Medium	1677	2229.51
按行业分	**Grouped by Sector**		
#煤炭采选业	Coal Mining and Dressing	1	
石油和天然气开采业	Petroleum and Natural Gas Extraction	2	216.23
黑色金属矿采选业	Ferrous Metal Minerals Mining and Dressing	4	6.82
有色金属矿采选业	Nonferrous Metals Minerals Mining and Dressing	7	8.54
非金属矿采选业	Nonmetal Minerals Mining and Dressing	7	3.24
其他矿采选业	Other Minerals Mining and Dressing		
木材及竹材采运业	Logging and Transport of Timber and Bamboo		
食品加工业	Food Processing	108	219.02
食品制造业	Food Manufacturing	97	154.52
饮料制造业	Beverage Manufacturing	63	165.76
烟草加工业	Tobacco Processing	8	99.93
纺织业	Textile Industry	146	267.56
服装及其他纤维制品制造业	Garments and Other Fiber Products	74	84.78
皮革、毛皮、羽绒及其制品业	Leather, Furs, Down and Related Products	46	93.60
木材加工及竹、藤、棕、草制品业	Timber Processing, Bamboo, Cane, Palm Fiber & Straw Products	20	62.50
家具制造业	Furniture Manufacturing	14	10.60
造纸及纸制品业	Papermaking and Paper Products	62	140.62
印刷业、记录媒介的复制	Printing and Record Medium Reproduction	71	44.16
文教体育用品制造业	Cultural, Educational and Sports Goods	35	65.36
石油加工及炼焦业	Petroleum Processing and Coking	12	415.30
化学原料及化学制品制造业	Raw Chemical Materials and Chemical Products	138	485.19
医药制造业	Medical and Pharmaceutical Products	93	176.48
化学纤维制造业	Chemical Fiber	16	32.56
橡胶制品业	Rubber Products	20	31.84
塑料制品业	Plastic Products	154	190.77
非金属矿物制品业	Nonmetal Mineral Products	201	181.24
黑色金属冶炼及压延加工业	Smelting and Pressing of Ferrous Metals	22	142.79
有色金属冶炼及压延加工业	Smelting and Pressing of Nonferrous Metals	28	79.27
金属制品业	Metal Products	130	208.06
普通机械制造业	Ordinary Machinery Manufacturing	87	120.70
专用设备制造业	For Special Purposes Equipment Manufacturing	64	39.83
交通运输设备制造业	Transport Equipment Manufacturing	102	462.92
电气机械及器材制造业	Electric Equipment and Machinery	217	843.54
电子及通信设备制造业	Electronic and Telecommunication Equipment	349	2692.59
仪器仪表文化办公用机械制造业	Instruments, Meters, Cultural and Office Machinery	53	240.97
其他制造业	Other Manufacturing	29	24.92
电力蒸汽热水生产供应业	Electric Power, Steam and Hot Water Production and Supply	105	666.25
煤气的生产和供应业	Gas Production and Supply	9	33.98
自来水的生产和供应业	Tap Water Production and Supply	28	42.60

注：本表统计范围为规模以上工业。

MAIN ECONOMIC INDICATORS OF LARGE AND MEDIUM-SIZED INDUSTRIAL ENTERPRISES (2002)

(100 million yuan)

工业增加值 Value Added of Industry	实收资本 Total Capital Hold	年末资产总计 Total Assets at the Year-end	流动资产合计 Total Circulating Funds	流动资产年平均余额 Average Balance of Circulating Funds	固定资产合计 Total Fixed Assets	固定资产净值平均余额 Average Balance of Net Value of Fixed Assets
2540.83	**2767.96**	**10499.03**	**4884.90**	**4448.33**	**4698.03**	**4025.26**
1020.15	1018.21	3710.18	1991.20	1919.55	1310.60	1234.80
480.16	525.84	1704.16	875.01	837.25	636.87	600.66
540.00	492.37	2006.02	1116.19	1082.31	673.72	634.15
1520.67	1749.75	6788.85	2893.70	2528.78	3387.43	2790.46
115.17	73.23	150.83	39.65	40.25	87.63	84.13
653.74	958.87	3617.18	1005.61	950.51	2393.82	1931.45
751.77	717.65	3020.83	1848.44	1538.02	905.98	774.88
1927.84	1996.67	7927.79	3603.73	3269.46	3666.01	3078.52
612.99	771.29	2571.24	1281.17	1178.87	1032.02	946.74
-0.06	1.47	4.68	2.44	2.26	2.23	1.62
106.57	56.59	104.50	21.94	22.18	65.04	63.12
3.09	3.34	12.84	5.19	5.21	6.04	5.83
4.12	5.29	15.58	4.27	4.43	8.34	7.79
1.44	6.55	13.23	5.80	6.18	5.98	5.77
55.86	38.27	187.91	96.04	90.72	67.14	61.88
51.14	66.12	198.89	102.79	96.84	71.74	71.40
57.31	73.06	199.55	90.39	89.25	79.63	76.66
68.22	17.88	77.85	46.23	41.27	28.30	22.79
62.10	104.63	307.32	147.20	141.65	125.34	120.42
21.42	25.60	96.55	53.53	52.59	29.61	31.33
21.97	26.01	103.21	68.96	63.17	28.10	28.36
16.77	15.42	54.97	23.99	23.33	26.54	25.10
3.03	2.59	11.23	6.20	5.75	3.59	3.89
39.95	66.64	201.57	73.88	70.95	111.87	109.17
15.95	28.16	71.58	30.35	27.70	33.82	31.28
18.67	19.10	54.37	28.79	27.68	20.54	17.23
75.52	67.11	186.23	66.08	81.18	108.54	101.59
143.87	215.05	706.79	289.00	290.64	347.33	318.51
70.85	69.32	268.15	145.46	131.19	71.98	59.53
6.09	13.54	49.96	16.86	17.68	24.36	24.69
8.23	20.99	48.05	18.99	17.64	23.34	26.78
48.50	86.57	257.19	116.96	110.08	106.40	96.34
57.53	107.12	340.93	126.83	117.57	172.97	155.21
38.55	43.67	236.14	80.68	78.18	137.93	97.09
17.57	22.84	100.25	48.62	42.95	44.56	38.76
51.86	74.27	225.84	134.33	118.59	73.57	71.99
32.29	41.62	162.99	95.22	98.01	50.06	45.04
11.74	20.10	75.58	46.35	43.13	18.61	17.25
128.16	106.00	482.92	304.46	278.44	140.19	117.08
224.13	172.25	787.31	496.20	452.50	215.45	208.99
593.41	418.00	2015.00	1318.64	1058.29	528.78	435.04
31.05	43.20	143.29	99.61	133.77	36.32	36.55
3.05	7.90	22.40	12.71	12.29	6.45	7.94
425.66	626.41	2407.78	603.97	544.42	1691.05	1307.39
4.16	19.13	44.99	12.80	11.97	27.88	26.64
21.07	36.17	221.40	43.13	38.68	158.41	149.19

Note: The statistical coverage in this table refers to the industrial enterprises above designated size.

12-27 续表

单位：亿元

项　　目	Item	长期负债 Long-term Liabilities	流动负债 Liquid Liabilities
全省总计	**Provincial Total**	**1268.18**	**4306.37**
按轻重工业分	**Grouped by Light & Heavy Industry**		
轻　工　业	Light Industry	237.68	1842.31
以农产品为原料	Using Farm Products as Raw Materials	143.12	806.49
以非农产品为原料	Using Nonfarm Products as Raw Materials	94.55	1035.82
重　工　业	Heavy Industry	1030.51	2464.06
采掘工业	Mining and Quarrying	7.85	30.36
原料工业	Raw Materials Industry	778.05	941.62
加工工业	Processing Industry	244.60	1492.09
按企业规模分	**Grouped by Size of Enterprises**		
大型企业	Large	995.72	3132.48
中型企业	Medium	272.46	1173.89
按行业分	**Grouped by Sector**		
#煤炭采选业	Coal Mining and Dressing	0.95	3.82
石油和天然气开采业	Petroleum and Natural Gas Extraction	0.01	10.53
黑色金属矿采选业	Ferrous Metal Minerals Mining and Dressing	1.20	6.68
有色金属矿采选业	Nonferrous Metals Minerals Mining and Dressing	5.11	4.38
非金属矿采选业	Nonmetal Minerals Mining and Dressing	0.58	4.96
其他矿采选业	Other Minerals Mining and Dressing		
木材及竹材采运业	Logging and Transport of Timber and Bamboo		
食品加工业	Food Processing	14.52	95.17
食品制造业	Food Manufacturing	15.86	96.43
饮料制造业	Beverage Manufacturing	13.14	82.03
烟草加工业	Tobacco Processing	0.15	23.44
纺织业	Textile Industry	45.70	158.82
服装及其他纤维制品制造业	Garments and Other Fiber Products	5.43	54.48
皮革、毛皮、羽绒及其制品业	Leather，Furs，Down and Related Products	1.55	61.77
木材加工及竹、藤、棕、草制品业	Timber Processing，Bamboo，Cane，Palm Fiber & Straw Products	6.75	24.80
家具制造业	Furniture Manufacturing	3.26	4.53
造纸及纸制品业	Papermaking and Paper Products	35.51	92.71
印刷业、记录媒介的复制	Printing and Record Medium Reproduction	4.75	27.69
文教体育用品制造业	Cultural，Educational and Sports Goods	2.23	19.70
石油加工及炼焦业	Petroleum Processing and Coking	26.32	64.11
化学原料及化学制品制造业	Raw Chemical Materials and Chemical Products	65.22	263.17
医药制造业	Medical and Pharmaceutical Products	11.71	123.51
化学纤维制造业	Chemical Fiber	14.79	16.84
橡胶制品业	Rubber Products	3.96	18.43
塑料制品业	Plastic Products	25.56	110.41
非金属矿物制品业	Nonmetal Mineral Products	83.30	138.52
黑色金属冶炼及压延加工业	Smelting and Pressing of Ferrous Metals	61.34	88.45
有色金属冶炼及压延加工业	Smelting and Pressing of Nonferrous Metals	8.67	52.12
金属制品业	Metal Products	15.79	127.88
普通机械制造业	Ordinary Machinery Manufacturing	13.71	79.35
专用设备制造业	For Special Purposes Equipment Manufacturing	5.54	40.58
交通运输设备制造业	Transport Equipment Manufacturing	34.02	266.74
电气机械及器材制造业	Electric Equipment and Machinery	27.32	447.96
电子及通信设备制造业	Electronic and Telecommunication Equipment	125.77	1063.12
仪器仪表文化办公用机械制造业	Instruments，Meters，Cultural and Office Machinery	5.05	69.12
其他制造业	Other Manufacturing	1.48	13.96
电力蒸汽热水生产供应业	Electric Power，Steam and Hot Water Production and Supply	561.53	495.40
煤气的生产和供应业	Gas Production and Supply	1.89	23.07
自来水的生产和供应业	Tap Water Production and Supply	18.51	31.69

12-27 continued

(100 million yuan)

年末所有者权益合计 Total Creditors' Equity at the Year-end	产品销售收入 Sales Revenue	产品销售税金及附加 Sales Tax and Extra Charges	利润总额 Total Profits	利税总额 Total Pre-tax Profits	本年应交增值税 Value Added Tax Payable in Current Year	全部从业人员年平均人数（万人） Average Number of Staff and Workers (10000 persons)
4864.69	**9038.07**	**93.86**	**583.58**	**1008.45**	**331.01**	**190.96**
1604.70	3524.98	53.78	165.56	341.46	122.12	104.05
733.85	1430.75	45.24	95.17	210.21	69.80	51.14
870.86	2094.23	8.54	70.39	131.26	52.32	52.91
3259.98	5513.09	40.08	418.02	666.99	208.89	86.91
112.62	130.86	6.72	55.12	69.83	7.98	2.15
1866.75	2291.18	23.25	167.74	312.71	121.71	23.15
1280.61	3091.05	10.10	195.15	284.45	79.19	61.61
3753.78	6854.61	66.50	496.59	824.52	261.44	113.26
1110.90	2183.47	27.36	86.99	183.93	69.57	77.70
-0.09	0.19		-0.01	0.06	0.06	
93.97	113.80	6.42	53.82	67.00	6.76	0.15
4.97	4.91	0.16	0.46	1.02	0.40	0.45
6.09	8.63	0.09	0.81	1.41	0.51	0.79
7.69	3.32	0.05	0.05	0.35	0.24	0.76
76.49	225.73	1.36	2.21	7.97	4.40	4.49
84.74	142.87	0.21	12.89	23.61	10.51	4.71
103.78	154.91	6.27	16.50	34.18	11.42	2.87
54.26	96.08	34.24	12.78	56.97	9.94	0.70
96.44	236.50	0.30	2.37	5.89	3.22	10.91
36.62	76.68	0.08	2.05	3.47	1.34	7.00
30.05	91.51	0.02	1.06	1.78	0.69	10.97
23.33	55.55	0.09	0.76	1.93	1.08	1.45
3.40	10.47	0.03	0.57	1.01	0.41	0.88
73.35	133.54	0.11	8.08	14.68	6.49	3.08
38.84	40.90	0.12	2.67	4.70	1.91	2.57
32.45	65.67	0.07	2.94	4.33	1.32	7.97
79.65	414.39	17.63	5.53	33.83	10.67	1.85
368.37	521.71	4.34	48.28	83.56	30.95	7.10
132.53	154.58	0.62	12.79	25.61	12.20	4.47
17.17	28.03	0.09	-0.35	0.50	0.76	0.75
25.61	30.42	0.62	0.79	2.19	0.78	1.62
120.30	194.87	0.21	10.77	16.12	5.14	6.89
117.02	162.79	0.65	1.46	9.65	7.54	8.99
86.35	149.57	0.47	7.32	13.73	5.93	2.83
39.26	70.56	0.20	1.54	4.03	2.30	1.88
81.15	202.97	0.80	3.89	8.57	3.87	6.27
69.31	113.22	0.31	7.05	12.05	4.68	3.97
28.56	38.25	0.11	2.46	4.22	1.65	1.96
182.04	459.19	10.25	54.61	85.15	20.29	8.04
310.15	795.02	1.42	33.76	58.13	22.95	19.94
825.83	2627.56	2.26	120.06	168.92	46.61	40.07
69.13	252.59	0.11	6.15	7.28	1.02	4.35
6.96	26.78	0.06	-0.05	0.37	0.36	1.38
1347.87	1237.09	3.59	145.27	238.67	89.81	6.73
20.03	55.84	0.02	0.24	0.96	0.71	0.37
171.05	41.38	0.47	2.02	4.58	2.09	1.75

12-28 工业产品产量
OUTPUT OF INDUSTRIAL PRODUCTS

产 品 名 称		Item		1995	2001	2002
化学纤维	(万吨)	Chemical Fiber	(10000 tons)	33.94	46.55	44.78
#合成纤维		Synthetic Fiber		32.42	46.20	43.99
纱	(万吨)	Yarn	(10000 tons)	15.90	19.11	23.87
布	(亿米)	Cloth	(100 million m)	11.65	13.34	15.42
#纯棉布		Pure Cotton Cloth		8.05	9.11	11.34
丝	(万吨)	Silk	(10000 tons)	0.27	0.07	0.11
呢绒	(万米)	Woolen Piece Goods	(10000 m)	1263.30	649.00	501.90
机制纸及纸板	(万吨)	Machine-made Paper and Paperboard	(10000 tons)	288.10	351.56	410.05
家用电冰箱	(万台)	Household Refrigerators	(10000 sets)	213.23	282.55	317.27
冷冻箱	(万台)	Freezers	(10000 sets)	13.87	2.22	4.19
家用洗衣机	(万台)	Household Washing Machines	(10000 sets)	187.51	181.72	162.16
吸尘器	(万台)	Dust Catchers	(10000 sets)	566.99	301.38	602.85
电风扇	(万台)	Electric Fans	(10000 sets)	7999.52	7203.36	8175.50
房间空气调节器	(万台)	House Air Conditioners	(10000 sets)	256.79	848.05	1323.66
排油烟机	(万台)	Smoke Absorbers	(10000 sets)	179.78	51.04	42.52
微波炉	(万台)	Microwave Ovens	(10000 sets)	67.24	1187.91	1382.20
日用精铝制品	(万吨)	Fine Aluminum Products for Daily Use	(10000 tons)	16.64	2.90	2.76
日用陶瓷器	(亿件)	Household Ceramics	(100 million pcs)	3.91	12.06	24.22
日用玻璃制品	(万吨)	Daily Use Glasswares	(10000 tons)	159.67	61.01	72.46
合成洗涤剂	(万吨)	Synthetic Detergents	(10000 tons)	34.90	25.46	42.81
原盐	(万吨)	Salt	(10000 tons)	25.55	10.65	13.00
糖	(万吨)	Sugar	(10000 tons)	107.22	80.44	113.11
卷烟	(万箱)	Cigarettes	(10000 cases)	157.27	185.04	189.87
罐头	(万吨)	Canned Food	(10000 tons)	14.06	8.06	7.29
饮料酒(混合量)	(万吨)	Alcoholic Beverages (mixed weight)	(10000 tons)	132.52	190.57	206.44
#白酒(商品量)		Spirits (commodity weight)		34.77	16.58	14.11
啤酒		Beer		93.86	170.73	188.62
乳制品	(万吨)	Dairy Products	(10000 tons)	1.39	1.24	1.41
中成药	(万吨)	Traditional Chinese Patent Medicine	(10000 tons)	8.16	6.40	15.82
化学原料药	(万吨)	Chemical Raw Medicine	(10000 tons)	2.48	1.54	1.66
电视机	(万台)	Television Sets	(10000 sets)	882.80	1793.69	2409.77
#彩色电视机		Color TV Sets		763.92	1571.02	2083.40
组合音响	(万部)	Hi-fi Stereo Component System	(10000 units)	2094.09	3182.58	4134.04
照相机	(万架)	Cameras	(10000 units)	3277.71	3941.13	3157.14
缝纫机	(万架)	Sewing Machines	(10000 units)	126.92	100.66	150.36
表	(万只)	Watches	(10000 units)	38512.21	15987.28	15353.66
收音机	(万台)	Radioes	(10000 sets)	7341.19	2978.07	3108.48
农用化肥	(万吨)	Chemical Fertilizer	(10000 tons)	53.90	21.31	18.95
#氮肥		Nitrogen Fertilizer		35.23	2.20	2.47
磷肥		Phosphate Fertilizer		18.67	19.11	16.48
化学农药	(万吨)	Chemical Pesticide	(10000 tons)	2.02	0.83	0.83
乙烯	(万吨)	Ethylene	(10000 tons)	0.11	56.41	56.24
合成橡胶	(万吨)	Synthetic Rubber	(10000 tons)	5.30	8.19	8.86
轮胎外胎	(万条)	Tires	(10000 pieces)	755.15	431.14	546.30
交流电动机	(万千瓦)	Alternating Current Motors	(10000 kw)	399.67	241.06	241.13
汽车	(万辆)	Motor Vehicles	(10000 units)	2.64	5.67	6.52
#载重汽车		Trucks		0.33	0.31	0.42
客车		Buses		0.74	0.17	0.16
轿车		Cars		1.12	5.15	5.94

12-28 **续表** contínced

产 品 名 称		Item		1995	2001	2002
摩托车	（万辆）	Motorcycles	（10000 units）	82.29	199.23	231.38
自行车	（万辆）	Bicycles	（10000 units）	744.86	873.39	1221.97
小型拖拉机	（万台）	Mini tractors	（10000 units）	4.60	1.22	1.29
内燃机	（万千瓦）	Internal Combustion Engine	（10000 kw）	114.00	46.39	45.32
移动通信设备	（万部）	Mobile Communication Equipment	（10000 units）	541.81	19.55	48.85
电话单机	（万部）	Telephone Sets	（10000 units）	8141.80	7615.34	9212.50
传真机	（万部）	Fax Machines	（10000 units）	130.07	222.21	122.69
磁带（折6.30毫米）	（亿米）	Tapes（converted into 6.30 mm）	（100 million m）	479.79	21.21	28.63
微型电子计算机	（万部）	Microcomputers	（10000 units）	41.67	228.70	415.69
半导体集成电路	（亿块）	Semiconductor Integrated Circuit	（100 million pieces）	44.62	17.47	22.58
原煤	（万吨）	Coal	（10000 tons）	1069.38	123.56	168.71
原油	（万吨）	Crude Oil	（10000 tons）	650.97	1913.99	1934.27
汽油	（万吨）	Gasoline	（10000 tons）	286.47	323.81	356.64
柴油	（万吨）	Diesel Oil	（10000 tons）	377.36	685.33	685.59
天然气	（亿立方米）	Natural Gas	（100 million cu.m）	1.03	32.87	31.55
发电量	（亿千瓦小时）	Electricity	（100 million kwh）	821.06	1351.74	1525.53
#水电		Hydropower		131.10	125.42	108.62
生铁	（万吨）	Pig Iron	（10000 tons）	140.95	253.31	271.74
钢	（万吨）	Steel	（10000 tons）	207.44	352.52	469.50
成品钢材	（万吨）	Rolled Steel Products	（10000 tons）	247.26	567.06	664.40
焦炭	（万吨）	Coke	（10000 tons）	54.47	53.85	54.72
水泥	（万吨）	Cement	（10000 tons）	5317.92	5804.73	5989.26
平板玻璃	（万重量箱）	Plate Glass	（10000 wt.cases）	854.78	571.60	684.22
木材	（万立方米）	Timber	（10000 cu.m）	306.71	30.73	20.82
硫酸	（万吨）	Sulphuric Acid	（10000 tons）	111.58	136.41	140.75
纯碱	（万吨）	Soda Ash	（10000 tons）	13.61	24.61	27.68
烧碱	（万吨）	Caustic Soda	（10000 tons）	15.97	16.52	17.01
合成氨	（万吨）	Synthetic Ammonia	（10000 tons）	52.61	5.98	14.68

注：1.纱包括纯棉纱、棉混纺纱、纯化纤纱，不包括棉线、代用纤维纱和手工纺纱。
2.布包括纯棉布、棉混纺布、纯化纤布，不包括代用纤维布、手工织布。
3.农用化肥按有效成分102%计算。
4.发电设备指500千瓦以上的，包括水轮发电机组、汽轮发电机和燃气轮发电机。
5.原煤包括无烟煤、烟煤、褐煤，不包括石煤。
6.原油包括天然原油和人造原油，1995年不包括人造原油。
7.成品钢材已剔除重复加工的钢材。
8.1998年以后统计范围为规模以上工业，1998年以前为全社会数。

Note: a) Yarn includes pure and blended cotton yarn, pure chemical fiber yarn, but excludes cotton thread, substitute fiber yarn and hand made yarn.
b) Cloth includes pure and blended cotton cloth, pure chemical fiber cloth and canvas, but excludes substitute fiber cloth, hand woven cloth and cord fabric.
c) The output of chemical fertilizers is calculated on the basis of 100 per cent effective content equivalent.
d) Power generating equipment refers to units with a generating capacity of 500 kw and above, including hydro-turbine generating units, steam turbine generating units and gas turbine generating units.
e) Crude coal includes anthracite, bituminous coal and lignite, but excludes stone coal.
f) Crude oil includes natural and synthetic crude oil. But the synthetic crude oil was excluded in 1995.
g) The output of rolled steel products excludes the steel products reprocessed.
h) Since 1998, the statistical coverage in this table has referred to the industrial enterprises above designated size, whereas it covered the whole society before 1998.

12-29 重点企业集团主要经济指标（2002 年）

单位：万元

项　　目	Item	单位数（个）Number of Enterprise Groups	年末资产合计 Total Assets at the Year-end	固定资产原价 Original Value of Fixed Assets	累计折旧 Depreciation of Fixed Assets
总　　计	**Total**	**147**	**99557921**	**48947855**	**14494548**
按集团审批部门分	**Grouped by Examination and Approval Department**				
国务院	State Council	4	8671296	4751271	1472009
国务院主管部门	Responsible Department with the State Council	12	6505977	3556737	1061753
省级人民政府	Provincial People's Government	62	56452912	29161153	8105281
省级政府主管部门	Responsible Department with the Provincial People's Government	13	5203004	2715904	939082
其他	Others	56	22724732	8762790	2916423
按母公司控股情况分	**Grouped by Shares Held by Parent Company**				
国有及国有控股	State-owned Enterprises and Joint-ownership Enterprises	128	90787645	46253068	13550500
国有绝对控股	Shares Absolutely Held by State	115	83656268	44296416	12896709
国有相对控股	Shares Relatively Held by State	13	7131377	1956652	653791
集体绝对控股	Shares Absolutely Held by Collective	6	2556861	487108	204904
集体相对控股	Shares Relatively Held by Collective	1	444639	199486	14092
其　　他	Others	12	5768776	2008193	725052
按集团主营行业类别分	**Grouped by Sector of Main Business**				
农、林、牧、渔业	Farming, Forestry, Animal Husbandry and Fishery	3	1543973	738764	205734
工业	Industry	85	65505565	36278630	11617489
采掘业	Mining and Dressing	1	150198	87494	35852
制造业	Manufacture	74	37686134	15902877	5384850
电力、煤气及水的生产和供应业	Electric Power, Gas and Water Production and Supply	10	27669233	20288259	6196787
建筑业	Construction	7	12976537	5281418	871498
运输邮电业	Postal and Telecommunication Services	7	3630527	1638398	523988
批发零售贸易餐饮业	Wholesale and Retail Trade and Catering Services	21	4614791	1491013	390857
金融保险业	Banking and Insurance				
房地产业	Real Estate Trade	15	4439996	869000	263850
其他	Others	9	6846532	2650632	621132
按母公司登记注册类型分	**Grouped by Ownership of Parent Company**				
国有企业	State-owned Enterprises	35	13533785	5566181	1874841
公司制企业	Incorporated Enterprises	108	83978689	42993716	12455091
国有独资公司	Companies Exclusively Funded by State	59	58242050	31648250	8620390
其他有限责任公司	Other Limited Liability Companies	17	12561281	6820848	2262405
股份有限公司	Share-holding Companies	29	12348642	4109860	1365288
中外合资企业	Sino-foreign Joint Ventures	2	449151	159060	67846
港澳台合资企业	Joint Ventures with Hong Kong, Macao and Taiwan	1	377565	255698	139162
其他	Others	4	2045447	387958	164616

MAIN ECONOMIC INDICATORS OF KEY ENTERPRISE GROUPS (2002)

(10000 yuan)

本年折旧 Depreciation in Current Year	累计对外投资 Cumulative Foreign Investment	本年对外投资 Foreign Investment in Current Year	存货 Inventory	流动资产年平均余额 Annual Average Balance of Circulating Funds	应收帐款 Debts Receivable	年末负债合计 Total Liabilities at the Year-end	年末股东（所有者）权益总计 Total Shareholders' (Creditors') Equity at the Year-end	股本（实收资本） Stock Capital (Total Capital Hold)	投资收益 Investment Revenue
2241478	**8691963**	**2924176**	**10396191**	**43274573**	**6962150**	**56338153**	**43219768**	**17297855**	**535176**
218095	688620	121496	580033	2709570	438756	6275112	2396184	655638	9973
140085	678162	34276	1004666	2549301	598162	2980753	3525224	1452994	48863
1246407	5089670	2273599	4032019	22946436	3402580	30415662	26037250	10941606	386727
148646	175571	11122	396828	2403235	542357	3137120	2065884	702959	-6682
488245	2059940	483683	4382645	12666031	1980295	13529506	9195226	3544658	96295
2020717	8324203	2852363	8730976	38127562	6038197	50950024	39837621	16199841	500571
1910695	8116367	2859485	6702279	33391957	5126300	46457129	37199139	15429467	494044
110022	207836	-7122	2028697	4735605	911897	4492895	2638482	770374	6527
24561	80330	32422	522771	1955947	240781	1850106	706755	221847	-1043
4461	26514	400	42167	135949	19690	168343	276296	111357	1212
191739	260916	38991	1100277	3055115	663482	3369680	2399096	764810	34436
22604	141527	10489	191914	787542	81787	1112314	431659	229284	6044
1866316	3745847	739428	6159413	29043313	4939412	35572099	29933466	12291073	339002
3522	6079	2206	23710	94081	22121	86253	63945	64017	-5
822775	2838462	379333	5546283	19998818	3967359	22161955	15524179	5886937	182302
1040019	901306	357889	589420	8950414	949932	13323891	14345342	6340119	156705
118805	2600336	1847953	733555	3685991	647970	7153211	5823326	2071176	46186
55969	822320	123981	477064	1347581	143403	1456627	2173900	812859	63770
57313	352331	144048	677684	2559487	495540	3339747	1275044	593103	20537
34560	445072	46175	1686502	3469505	317585	3727393	712603	693249	29786
85911	584530	12102	470059	2381154	336453	3976762	2869770	607111	29851
226634	1464994	134192	1497142	6945345	1089304	8809315	4724470	2087581	92022
1992267	7165188	2760236	8408245	34784768	5673862	46040587	37938102	15079829	442359
1329145	5934449	2566211	3851979	22643637	3136386	30354668	27887382	11818707	389847
416178	609752	128195	1345163	4153300	951020	7783335	4777946	1455526	35368
220835	586688	57658	3018125	7631935	1527422	7358055	4990587	1717915	16209
11429	6584	2142	77843	183229	43332	281754	167397	66075	30
14680	27715	6030	115135	172667	15702	262775	114790	21606	905
22577	61781	29748	490804	1544460	198984	1488251	557196	130445	795

12-29 续表

单位：万元

项目	Item	营业收入 Business Revenue	主营业务收入 Main Business Revenue	主营业务成本 Main Business Cost	主营业务税金及附加 Tax and Extra Charges of Main Business	其他业务收入 Other Business Revenue	营业外收入 Nonbusiness Revenue
总　计	**Total**	**56664654**	**54932751**	**43500288**	**474945**	**1731903**	**417490**
按集团审批部门分	**Grouped by Examination and Approval Department**						
国务院	State Council	1936349	1852634	1272419	12568	83715	18470
国务院主管部门	Responsible Department with the State Council	3659791	3578514	3044549	24537	81277	38408
省级人民政府	Provincial People's Government	34619289	33965036	27696787	272835	654253	130961
省级政府主管部门	Responsible Department with the Provincial People's Government	2934608	2896530	1998612	34521	38078	32022
其　他	Others	13514617	12640037	9487921	130484	874580	197629
按母公司控股情况分	**Grouped by Shares Held by Parent Company**						
国有及国有控股	State-owned Enterprises and Joint-ownership Enterprises	49293641	48349224	38822804	424494	944417	397649
国有绝对控股	Shares Absolutely Held by State	41502042	40610659	32519567	394269	891383	294315
国有相对控股	Shares Relatively Held by State	7791599	7738565	6303237	30225	53034	103334
集体绝对控股	Shares Absolutely Held by Collective	1933043	1302448	1058903	5880	630595	2536
集体相对控股	Shares Relatively Held by Collective	99042	98388	61953	3337	654	108
其　他	Others	5338928	5182691	3556628	41234	156237	17197
按集团主营行业类别分	**Grouped by Sector of Main Business**						
农、林、牧、渔业	Farming, Forestry, Animal Husbandry and Fishery	516591	511743	419663	7062	4848	12350
工业	Industry	42565491	41376723	32283614	291962	1188768	327389
采掘业	Mining and Quarrying	64889	57922	47379	1347	6967	703
制造业	Manufacture	30368813	29267192	23411872	216910	1101621	276633
电力、煤气及水的生产和供应业	Electric Power, Gas and Water Production and Supply	12131789	12051609	8824363	73705	80180	50053
建筑业	Construction	3293310	3162891	2620660	78794	130419	13144
运输邮电业	Postal and Telecommunication Services	1022216	923275	625486	17830	98941	8383
批发零售贸易餐饮业	Wholesale and Retail Trade and Catering Services	5967294	5839422	5357065	13365	127872	33142
金融保险业	Banking and Insurance						
房地产业	Real Estate Trade	1425488	1389796	1034253	49300	35692	12500
其他	Others	1874264	1728901	1159547	16632	145363	10582
按母公司登记注册类型分	**Grouped by Ownership of Parent Company**						
国有企业	State-owned Enterprises	7977742	7776714	6590605	89771	201028	68073
公司制企业	Incorporated Enterprises	46289925	45524746	35570178	378312	765179	347624
国有独资公司	Companies Exclusively Funded by State	28383774	27792295	22284704	269523	591479	206068
其他有限责任公司	Other Limited Liability Companies	5929389	5834794	3814796	31558	94595	30157
股份有限公司	Share-holding Companies	11244541	11167582	8943219	57710	76959	110222
中外合资企业	Sino-foreign Joint Ventures	485401	483255	367764	19204	2146	372
港澳台合资企业	Joint Ventures with Hong Kong, Macao and Taiwan	246820	246820	159695	317		805
其他	Others	2396987	1631291	1339505	6862	765696	1793

12-29 continued

(10000 yuan)

新产品销售收入 Sales Revenue of New Products	存货跌价损失和营业、管理、财务等费用合计 Total Loss of Stock due to Drop in Price and Expenses on Operation, Management and Finance	# 税金 Taxes	劳动、待业保险费 Expenses on Labor and Unemployed Insurance	利息支出 Interest Expenditure	利润总额 Total Profits	应交所得税 Income Tax Payable	应缴增值税 Value Added Payable	固定资产投资完成额 Completed Investment in Fixed Assets	研究开发费用 Expenditure on Research and Development
7188393	**7930247**	**151373**	**360644**	**1354685**	**4027672**	**1007185**	**1829950**	**3686072**	**874116**
29785	414625	4878	9119	171720	220014	41156	112824	455228	8466
173174	544709	8605	38581	64964	165205	29244	26499	86484	22154
4139554	3918180	69469	186359	745840	2750634	734451	1179590	1841824	292568
751794	367394	4257	14538	76837	188137	40590	95014	347866	26965
2094086	2685339	64164	112047	295324	703682	161744	416023	954670	523963
5847006	6319516	134654	355554	1244978	3697646	925754	1490593	3186334	487068
2572114	5024988	124861	331870	1157998	3414803	880646	1411227	3067470	207864
3274892	1294528	9793	23684	86980	282843	45108	79366	118864	279204
430819	235889	1841	699	15440	22259	8912	54600	30598	12560
	12731	416	112	6924	23238	1696	1037	74102	851
910568	1362111	14462	4279	87343	284529	70823	283720	395038	373637
	128969	1050	27788	33737	-6095	1014	14619	29341	533
7126083	5769550	82592	206272	769005	3478375	861822	1753283	1915360	849575
135	8944	132	2334	1216	361	115	1374	512	377
7125948	4767336	62401	145190	465452	1325559	263498	931831	1336159	834029
	993270	20059	58748	302337	2152455	598209	820078	578689	15169
62191	381487	10630	43470	181391	154880	54711	18633	1340515	17015
	233433	15752	29885	37203	125531	21236	3304	176297	251
119	493436	10767	29401	52412	113518	34188	35694	36498	902
	358918	20036	11923	96884	29212	12915	1543	156584	2160
	564454	10546	11905	184053	132251	21299	2874	31477	3680
395276	1100262	36119	94236	224861	215001	74195	150383	342502	35699
6427336	6592354	115219	266376	1119065	3740542	925234	1622236	3317388	829744
1167524	3304153	78670	229821	770984	2676070	731338	1085355	1979054	118977
930996	1156139	12791	5728	171357	596754	118337	314862	892421	348345
4024469	1999714	23025	29731	163291	419491	65319	183418	432445	353534
259241	59133	264	824	3287	31757	4775	20474	13030	8888
45106	73215	469	272	10146	16470	5465	18127	438	
365781	237631	35	32	10759	72129	7756	57331	26182	8673

12-30 重点企业集团财务指标
FINANCIAL INDICATORS OF KEY ENTERPRISE GROUPS

单位：万元 (10000 yuan)

指　标	Item	2001	2002
企业集团单位总数	Total Number of Enterprise Groups	147	147
年末资产总计	Total Assets at the Year-end	92033803	99557921
固定资产原价	Original Value of Fixed Assets	42389734	48947855
累计折旧	Cumulative Depreciation	12386026	14494548
#本年折旧	Current Year Depreciation	3226619	2241478
累计对外投资	Cumulative Foreign Investment	6637476	8691963
#本年对外投资	Current Year Foreign Investment	1316472	2924176
存货	Inventory	11466535	10396191
流动资产年平均余额	Annual Average Balance of Circulating Funds	42144764	43274573
应收帐款	Debts Receivable	6574045	6962150
年末负债合计	Total Liabilities at the Year-end	52609562	56338153
流动负债	Liquid Liabilities	36638558	37847676
年末少数股东权益	Minority of Creditors' Equity at the Year-end	5549474	6057434
年末股东（所有者）权益合计	Total Shareholders' (Creditors') Equity at the Year-end	33874767	37162334
股本（实收资本）	Capital Stock (Total Capital Hold)	16677842	17297855
主营业务收入	Revenue of Main Business	47712422	54932751
#主营业务成本	Costs of Main Business	38121511	43500288
主营业务税金及附加	Taxes and Extra Charges	450630	474945
其他业务收入	Other Business Revenue	1646428	1731903
新产品销售收入	Sales Revenue of New Products	5507055	7188393
出口销售总额	Total Export Sales	6987005	8970629
存货跌价损失和营业、管理、财务等费用合计	Total Losses of Stock due to Drop in Price and Expenses on Operation, Management and Finance	7628043	7930247
#税金	Taxes	137069	151373
劳动、待业保险费	Expenses on Labor and Unemployed Insurance	343932	360644
#利息支出	Interest Expenditure	1378873	1354685
投资收益	Investment Revenue	398519	535176
营业外收入	Nonbusiness Revenue	438944	417490
利润总额	Total Profits	2998583	4027672
应交所得税	Income Tax Payable	1737501	1007185
应缴增值税	Value Added Tax Payable	1780473	1829950
固定资产投资完成额	Completed Investment in Fixed Assets	3650273	3686072
研究开发费用	Expenditure on Research and Development	691115	874116

12-31 重点企业集团劳动工资及主营业务指标
WAGES AND MAIN BUSINESS INDICATORS OF KEY ENTERPRISE GROUPS

指标		Item		2001	2002
年末从业人员	(人)	Number of Employed Persons at Year-end	(person)	1037207	1026021
#在岗职工		Fully Employed Staff and Workers		998258	987688
其他从业人员		Others		38949	38333
研究开发人员		Persons Engaged in Research and Development		39861	41372
从业人员劳动报酬	(万元)	Payment of Employed Persons	(10000 yuan)	2364013	2586132
#在岗职工		Fully Employed Staff and Workers		2321015	2535874
其他从业人员		Others		42998	50258
研究开发人员劳动报酬		Remuneration for Persons Engaged in Research and Development		207558	244641
主营业务指标		**Main Business**			
农林牧渔业总产值	(现价、万元)	Total Value of Farming, Forestry, Animal Husbandry and Fishery	(at current prices, 10000 yuan)	333353	340741
采掘业工业总产值	(现价、万元)	Total Value of Mining and Quarrying Industry	(at current prices, 10000 yuan)	21697	20018
制造业工业总产值	(现价、万元)	Total Value of Manufacturing Industry	(at current prices, 10000 yuan)	26055197	31041411
电力、煤气及水的生产和供应业工业总产值	(现价、万元)	Total Value of Electric Power, Gas and Water Production and Supply	(at current prices, 10000 yuan)	4664985	11510779
建筑业总产值	(现价、万元)	Total Value of Construction	(at current prices, 10000 yuan)	2456388	2297650
交通运输业		Transportation			
货运量	(万吨)	Freight Traffic	(10000 tons)	53828	62633
客运量	(万人)	Passenger Traffic	(10000 persons)	5248	5832
批发零售贸易业商品销售总额	(万元)	Total Sales of Commodities by Wholesale and Retail Trade	(10000 yuan)	8777916	9822919
外贸企业		Foreign Trade Enterprises			
进出口总额	(万美元)	Total Exports and Imports	(USD 10000)	496844	592595
#出口额	(万美元)	Exports	(USD 10000)	321594	361435

注：按147户企业集团汇总。
Note: The data refer to the tabulation of 147 enterprise groups.

12-32 重点企业主要经济指标（2002 年）

单位：万元

项 目	Item	单位数（个）Number of Enterprises	注册资本金合计 Total Registered Capital	年末资产合计 Total Assets at the Year-end	固定资产原价 Original Value of Fixed Assets	累计折旧 Depreciation of Fixed Assets
总计	**Total**	**161**	**3549792**	**22807294**	**11627263**	**3735802**
按控股情况分	**Grouped by Shares Held**					
国有绝对控股	Shares Absolutely Held by State	109	2637987	17171455	9553211	2948500
国有相对控股	Shares Relatively Held by State	19	625078	2738574	1130924	417287
集体绝对控股	Shares Absolutely Held by Collective	2	11895	205270	76973	40155
集体相对控股	Shares Relatively Held by Collective	6	20606	32819	7239	3950
其他	Others	25	254226	2659176	858916	325910
按企业规模分	**Grouped by Size of Enterprises**					
特大型	Extraordinarily Large Size	8	574322	4786597	3854140	1180802
大型	Large Size	82	2450424	14807633	6720994	2224995
中型	Medium Size	48	156500	1744632	630396	211335
小型	Small Size	14	33479	87664	37147	11937
其他	Others	9	335067	1380768	384586	106733
按主营行业分	**Grouped by Sector of Main Business**					
农、林、牧、渔业	Farming，Forestry，Animal Husbandry and Fishery					
采掘业	Mining and Quarrying	1	14919	62973	50836	22009
制造业	Manufacture	88	2304730	15066759	8997972	2908277
电力、煤气及水的生产和供应业	Electric Power，Gas and Water Production and Supply	4	90913	1273852	687687	292191
建筑业	Construction	7	138969	978919	114614	49600
运输邮电业	Postal and Telecommunication Services	4	100467	532709	555550	185212
批发零售贸易餐饮业	Wholesale and Retail Trade and Catering Services	44	575292	3352091	1000323	232389
金融保险业	Banking and Insurance					
房地产业	Real Estate Trade	4	155271	488624	83648	23660
其他	Others	9	169231	1051367	136633	22464
按登记注册类型分	**Grouped by Registration Ownership**					
国有企业	State-owned Enterprises	44	1157944	7037961	4048191	1203548
国有独资企业	Companies Exclusively Funded by State	26	466596	4848109	2360760	792100
其他有限责任公司	Other Limited Liability Companies	43	678887	4714160	2499364	743793
股份有限公司	Share-holding Companies	43	1066699	4482432	2278229	854557
中外合资企业	Sino-foreign Joint Ventures	2	35620	64071	43062	17543
港澳台合资企业	Joint Ventures with Hong Kong，Macao and Taiwan	2	127046	272979	233290	47570
其他	Others	1	17000	1387582	164367	76691
国家重点企业	**Key State Enterprise Groups**	**27**	**1601517**	**13197959**	**7658479**	**2387394**

MAIN ECONOMIC INDICATORS OF KEY ENTERPRISES (2002)

(10000 yuan)

本年折旧 Depreciation in Current Year	存货 Inventory	累计对外投资 Cumulative Foreign Investment	# 本年对外投资 Foreign Investment in Current Year	流动资产年平均余额 Annual Average Balance of Circulating Funds	应收帐款 Debts Receivable	年末负债合计 Total Liabilities at the Year-end	流动负债 Liquid Liabilities	年末股东（所有者）权益合计 Total Shareholders'(Creditors') Equity at the Year-end	股本（实收资本）Capital Stock (Total Capital Hold)	投资收益 Investment Revenue	营业外收入 Nonbusiness Revenue
514527	**2815148**	**1510679**	**220544**	**10786703**	**1762563**	**14147444**	**11083040**	**8659850**	**4471106**	**116456**	**93357**
391710	1658123	1204386	99864	7540629	1207645	10475156	8061734	6696299	3498971	80825	87375
50046	524810	164271	43761	1387275	329788	1725210	1329015	1013364	667312	35944	3404
3677	21438	3367		84753	20679	151561	116115	53709	25719		
186	2618	902		8748	6121	13438	12618	19381	20555	35	42
68908	608159	137753	76919	1765298	198330	1782079	1563558	877097	258549	－348	2536
178572	388028	184172	4624	1682377	252107	2062590	1420336	2724007	1110273	24754	27052
306225	2271020	846230	150562	7789220	1289608	10193866	8110878	4613767	2424460	34649	60264
14066	144090	99421	48750	766829	141233	950602	804275	794030	390589	52258	2907
5076	6508	1431	196	43094	6171	75707	63705	11957	26546	35	82
10588	5502	379425	16412	505183	73444	864679	683846	516089	519238	4760	3052
2164	9276	1511		31618	8723	37799	37057	25174	14919		2916
414366	2029396	622874	141813	6832864	1065915	8805162	6447258	6261597	2711565	73428	68246
36616	35027	72743	3134	515371	54642	607235	445829	666617	274382	15242	2842
7124	192295	119068	20653	711015	201152	778513	713651	200406	148374	1969	1326
19930	4343	26181	353	85792	16928	254123	128923	278586	173264	602	2769
30670	277372	214279	39522	1782959	327495	2567580	2299674	784511	588145	16019	10253
1611	249022	44025	－9452	353270	15153	506814	445891	－18190	153974	3347	1952
2046	18417	409998	24521	473814	72555	590218	564757	461149	406483	5849	3053
163412	698454	344877	40667	2996175	391027	3918632	3212492	3119329	1554912	37317	17206
117680	430260	632285	32257	2342221	396490	3300038	2519149	1548071	772521	32882	38031
91285	573486	128922	24087	1963349	369701	3204874	2298107	1509286	835635	14795	25871
111732	687852	344800	83376	2207293	470909	2532828	1981731	1949604	1136664	30757	5349
6266	4651			29975	2806	39573	32827	24498	27135		112
13556	15245	338		48390	20586	185068	74578	87911	127239		5391
10596	405200	59457	40157	1199300	111044	966431	964156	421151	17000	705	1397
358703	**1111100**	**1071893**	**60969**	**5551564**	**924258**	**7498066**	**5531853**	**5699893**	**2557812**	**54238**	**54624**

12-32 续表

单位：万元

项　　目	Item	营业收入 Business Revenue	主营业务收入 Main Business Revenue	新产品销售收入 Sales Revenue of New Products	出口销售总额 Total Export Sales	主营业务成本 Main Business Cost
总　　计	**Total**	**14205948**	**13347653**	**1413685**	**2640924**	**11551808**
按控股情况分	**Grouped by Shares Held**					
国有绝对控股	Shares Absolutely Held by State	10328379	10140125	828704	2345387	8886072
国有相对控股	Shares Relatively Held by State	1753145	1715496	102917	136304	1500092
集体绝对控股	Shares Absolutely Held by Collective	74569	70195	13991	23063	48856
集体相对控股	Shares Relatively Held by Collective	8650	8647		489	6832
其他	Others	2041205	1413190	468073	135681	1109956
按企业规模分	**Grouped by Size of Enterprises**					
特大型	Extraordinarily Large Size	3006826	2934623	446122	981968	2515698
大型	Large Size	9781618	9015964	931113	1563286	7805468
中型	Medium Size	724579	706238	36450	95169	579743
小型	Small Size	24762	24383		123	20687
其他	Others	668163	666445		378	630212
按主营行业分	**Grouped by Sector of Main Business**					
农、林、牧、渔业	Farming, Forestry, Animal Husbandry and Fishery					
采掘业	Mining and Quarrying	21843	21780			16417
制造业	Manufacture	8534263	7794155	1394786	1525983	6510521
电力、煤气及水的生产和供应业	Electric Power, Gas and Water Production and Supply	444032	434147		376	363238
建筑业	Construction	673493	662944			615758
运输邮电业	Postal and Telecommunication Services	148959	139784			89293
批发零售贸易餐饮业	Wholesale Retail Trade and Catering Services	4133178	4046938		1114335	3775306
金融保险业	Banking and Insurance					
房地产业	Real Estate Trade	132093	130064		230	100943
其他	Others	118087	117841	18899		80332
按登记注册类型分	**Grouped by Registration Ownership**					
国有企业	State-owned Enterprises	4305172	4221902	108979	846863	3723149
国有独资企业	Companies Exclusively Funded by State	2696373	2658585	458785	1133138	2313169
其他有限责任公司	Other Limited Liability Companies	2795612	2731888	276948	247377	2417602
股份有限公司	Share-holding Companies	2892188	2840701	212743	332446	2376025
中外合资企业	Sino-foreign Joint Ventures	43784	38481		4483	32467
港澳台合资企业	Joint Ventures by Hong Kong, Macao and Taiwan	59154	59159			55981
其他	Others	1413665	796937	356230	76617	633415
国家重点企业	**Key State Enterprise Groups**	**8710834**	**8567944**	**1239677**	**1851654**	**7552755**

12-32 continued

(10000 yuan)

主营业务税金及附加 Main Business Tax and Extra Charges	其他业务收入 Other Business Revenue	存货跌价损失和营业、管理、财务等费用合计 Total Loss of Stock due to Drop in Price and Expenses on Operation, Management and Finance	税金 Taxes	劳动、待业保险费 Expenses on Labor and Unemployed Insurance	利息支出 Interest Expenditure	利润总额 Total Profits	应交所得税 Income Tax Payable	应缴增值税 Value Added Tax Payable	固定资产投资完成额 Completed Investment in Fixed Assets	研究开发费用 Expenditure on Research and Development
105945	**858295**	**1610108**	**34608**	**99812**	**306350**	**326063**	**99918**	**333658**	**542582**	**121796**
76386	188254	1129112	28675	85515	228130	234403	79396	225749	348419	86369
20926	37649	198380	3577	9108	56076	31774	8421	36223	75923	14053
239	4374	11049	120	22	1835	3426	469	3033	5200	785
64	3	2007	38	75	390	-414	10	443		
8330	628015	269560	2198	5092	19919	56874	11622	68210	113040	20589
14828	72203	333135	7221	25508	58261	99006	13489	84914	143633	48509
74236	765654	1122454	25108	60424	203491	185963	74261	227542	372959	71559
14107	18341	100541	1803	7161	17865	55449	11403	20616	11414	1680
251	379	5256	113	321	1209	-1265	7	445	422	
2523	1718	48722	363	6398	25524	-13090	758	141	14154	48
472	63	2122	55	1272	354	104	34	1827	2033	67
72702	740108	1088866	17584	52163	210606	254212	65688	281532	476632	117329
1626	9885	39723	1461	3743	15824	42088	9430	25110	6347	850
15596	10549	30274	839	6531	2984	8015	2165	45	9457	
4700	9175	36317	476	7703	7082	7737	2084	43	17875	19
6287	86240	326163	11266	23088	41329	21884	17655	23457	7903	42
3170	2029	37629	1212	742	11020	-4622	1539	586		160
1392	246	49014	1715	4570	17151	-3355	1323	1058	22335	3329
34042	83270	443585	14622	36071	81708	92419	35395	82177	100612	8132
15627	37788	288419	5217	18583	70740	96498	26329	82527	161483	60668
19846	63724	316123	8050	26616	72698	35887	14388	54886	145428	12024
31515	51487	402709	6609	17229	69883	62874	17007	71624	120636	32372
	5303	3729	68	431	1045	2636	391	2699	502	
	-5	10482	42	882	4561	-4625		3367		
4915	616728	145061			5715	40374	6408	36378	13921	8600
53727	**142890**	**836104**	**16403**	**43806**	**164326**	**234445**	**55751**	**218206**	**401497**	**117532**

12-33 重点企业财务指标
FINANCIAL INDICTORS OF KEY ENTERPRISES

单位：万元 (10000 yuan)

指　　标	Item	2001	2002
单位数（个）	Number of Enterprises	161	161
年末资产总计	Total Assets at the Year-end	21817379	22807294
固定资产原价	Original Value of Fixed Assets	10808872	11627263
累计折旧	Cumulative Depreciation	3294989	3735802
#本年折旧	Current Year Depreciation	490808	514527
累计对外投资	Cumulative Foreign Investment	1379033	1510679
#本年对外投资	Current Year Foreign Investment	117944	220544
存货	Inventory	2492569	2815148
流动资产年平均余额	Annual Average Balance of Circulating Funds	10443567	10786703
应收帐款	Debts Receivable	1687516	1762563
年末负债合计	Total Liabilities at the Year-end	13681695	14147444
流动负债	Liquid Liabilities	10611698	11083040
年末股东（所有者）权益合计	Total Shareholders'（Creditors'）Equity at the Year-end	8135684	8659850
股本（实收资本）	Capital Stock (Total Capital Hold)	4036839	4471106
营业收入	Business Revenue	12664860	14205948
主营业务收入	Revenue of Main Business	11938598	13347653
#出口销售总额	Total Export Sales	2030207	2640924
#主营业务成本	Costs of Main Business	10512725	11551808
主营业务税金及附加	Tax and Extra Charges	87047	105945
其他业务收入	Other Business Revenue	726262	858295
新产品销售收入	Sales Revenue of New Products	1189753	1413685
存货跌价损失和营业、管理、财务等费用合计	Total Losses of Stock due to Drop in Price and Expenses on Operation, Management and Finance	1949722	1610108
#税金	Taxes	31635	34608
劳动、待业保险费	Expenses on Labor and Unemployed Insurance	93720	99812
#利息支出	Interest Expenditure	320587	306350
投资收益	Investment Revenue	50259	116456
营业外收入	Nonbusiness Revenue	99684	93357
利润总额	Total Profits	49183	326063
应交所得税	Income Tax Payable	72324	99918
应缴增值税	Value Added Tax Payable	302360	333658
固定资产投资完成额	Completed Investment in Fixed Assets	528384	542582
研究开发费用	Expenditure on Research and Development	87216	121796

注：重点企业数据是对广东省161家建立现代企业制度重点企业跟踪监测调查所得。
Note: The data of key enterprises are obtained on the basis of the tracking monitoring survey of 161 key enterprises establishing modern enterprise system.

12-34 重点企业劳动工资和主营业务指标
WAGES AND MAIN BUSINESS INDICATORS OF KEY ENTERPRISES

指　标		Item		2001	2002
单位数	（个）	Number of Enterprises	(unit)	161	161
年末从业人员	（人）	Number of Employed Persons at the Year-end	(person)	275078	261907
#在岗职工		Fully Employed Staff and Workers		270799	258211
其他从业人员		Others		4279	3696
从业人员劳动报酬	（万元）	Remuneration of Employed Persons	(10000 yuan)	509923	550756
#在岗职工		Fully Employed Staff and Workers		503398	545511
其他从业人员		Others		6525	5245
主营业务指标		**Main Business**			
农林牧渔业总产值	（现价、万元）	Total Value of Farming, Forestry, Animal Husbandry and Fishery	(at current prices, 10000 yuan)		
采掘业工业总产值	（现价、万元）	Total Value of Mining and Quarrying Industry	(at current prices, 10000 yuan)	20082	19586
制造业工业总产值	（现价、万元）	Total Value of Manufacturing Industry	(at current prices, 10000 yuan)	6428208	7203128
电力、煤气及水的生产和供应业工业总产值	（现价、万元）	Total Value of Electric Power, Gas and Water Production and Supply	(at current prices, 10000 yuan)	328901	342715
建筑业总产值	（现价、万元）	Total Value of Construction	(at current prices, 10000 yuan)	308177	391605
交通运输业		Transportation			
货运量	（万吨）	Freight Traffic	(10000 tons)	7202	8076
客运量	（万人）	Passenger Traffic	(10000 persons)	931	976
批发零售贸易业商品销售总额	（万元）	Total Sales of Commodities by Wholesale and Retail Trade	(10000 yuan)	2788049	2924505
外贸企业		Foreign Trade Enterprises			
进出口总额	（万美元）	Total Exports and Imports	(USD 10000)	144583	167874
#出口额	（万美元）	Exports	(USD 10000)	108296	130086

12-35 企业家信心指数（2002年）
ENTREPRENEURS' CONFIDENCE INDEX (2002)

单位：点 (points)

项　　目	Item	一季度 1st Quarter	二季度 2nd Quarter	三季度 3rd Quarter	四季度 4th Quarter
总指数	Total Index	124.53	122.15	119.52	123.31
按行业分	**Grouped by Sector**				
工业	Industry	129.37	126.28	124.43	127.44
#采掘业	Mining and Dressing	126.26	113.66	124.52	100.24
制造业	Manufacturing	123.79	125.58	123.90	127.50
电力、煤气及水的生产与供应业	Electric Power, Gas and Water Production and Supply	151.56	129.87	127.04	129.12
建筑业	Construction	108.55	109.11	101.61	108.35
交通运输、仓储及邮电通信业	Transport, Storage, Postal and Telecommunication Services	123.87	120.67	107.47	122.88
批发和零售贸易、餐饮业	Wholesale and Retail Trade and Catering Services	113.77	109.50	116.86	111.73
房地产业	Real Estate Trade	130.73	132.37	127.55	128.85
社会服务业	Social Services	115.56	117.19	115.79	121.26
按企业登记注册类型分	**Grouped by Registration Ownership**				
国有企业	State-owned Enterprises	122.98	119.89	117.66	119.64
集体企业	Collective Enterprises	105.12	107.46	102.72	108.04
股份合作企业	Share-holding Cooperative Enterprises	84.38	121.13	96.52	93.90
联营企业	Joint-ownership Enterprises	117.15	117.86	116.81	123.96
有限责任公司	Limited Liability Companies	135.58	121.94	116.05	121.07
股份有限公司	Share-holding Companies	128.95	123.86	131.46	134.54
私营企业	Private-Enterprises	118.47	122.98	128.70	126.88
外商及港、澳、台投资企业	Enterprises Funded by Foreigners or Investors from Hong Kong, Macro and Taiwan	126.19	132.56	129.56	133.50
按企业规模分	**Grouped by Size of Enterprises**				
总大型	Total Large Size	148.21	140.41	132.86	137.73
#特大型	Extraordinary Large Size	158.15	124.93	109.27	122.83
大型	Large Size	145.12	145.21	140.18	142.36
中小型	Small and Medium Size	111.92	111.90	112.28	114.86
#中型	Medium Size	115.95	114.06	116.02	118.29
小型	Small Size	107.34	109.36	107.87	110.79
特殊分组	**Special Group**				
国家重点企业	Key State Enterprises	159.28	130.43	124.22	123.36
乡镇企业	Township Enterprises	123.12	128.56	123.29	126.56
上市企业	Listed Enterprises	138.69	133.45	130.69	135.05
国有控股企业	State-holding Enterprises	128.39	123.25	120.15	122.52

注：企业的景气指数是由广东省企业调查队对全省2619家企业的企业家定期进行问卷调查得出的数（下同）。

Note: The business climate index is the index compiled on the basis of regular questionnaires of 2619 enterprises surveyed by Guangdong Enterprise Survey Organization of the National Bureau of Statistics. The same as in the following tables.

12-36 企业景气指数（2002年）
BUSINESS CLIMATE INDEX (2002)

单位：点 (points)

项　　目	Item	一季度 1st Quarter	二季度 2nd Quarter	三季度 3rd Quarter	四季度 4th Quarter
总指数	**Total Index**	**124.17**	**127.12**	**128.25**	**128.62**
按行业分	**Grouped by Sector**				
工业	Industry	125.26	135.03	133.40	132.32
#采掘业	Mining and Dressing	142.51	134.37	117.70	145.97
制造业	Manufacturing	121.52	131.05	130.17	134.97
电力、煤气及水的生产与供应业	Electric Power, Gas and Water Production and Supply	141.57	151.25	148.07	124.43
建筑业	Construction	106.93	109.79	107.74	116.01
交通运输仓储及邮电通信业	Transport, Storage, Postal and Telecommunication Services	135.22	120.52	126.16	128.92
批发和零售贸易、餐饮业	Wholesale and Retail Trade and Catering Services	117.25	111.33	125.32	121.01
房地产业	Real Estate Trade	127.47	129.17	123.95	127.85
社会服务业	Social Services	122.48	118.26	119.76	125.24
按企业登记注册类型分	**Grouped by Registration Ownership**				
国有企业	State-owned Enterprises	120.09	120.40	122.33	123.22
集体企业	Collective Enterprises	96.66	106.64	102.89	109.66
股份合作企业	Share-holding Cooperative Enterprises	84.77	121.13	132.95	122.95
联营企业	Joint-ownership Enterprises	109.15	114.75	136.41	125.09
有限责任公司	Limited Liability Companies	134.27	133.85	133.52	126.51
股份有限公司	Share-holding Companies	133.30	132.21	142.69	149.02
私营企业	Private-Enterprises	123.05	116.37	128.13	125.83
外商及港、澳、台投资企业	Enterprises Funded by Foreigners or Investors from Hong Kong, Macro and Taiwan	128.24	135.21	134.84	136.65
按企业规模分	**Grouped by Size of Enterprises**				
总大型	Total Large Size	152.75	153.09	157.06	153.82
#特大型	Extraordinary Large Size	159.65	150.90	167.15	144.34
大型	Large Size	150.60	153.77	153.93	156.76
中小型	Small and Medium Size	108.18	112.69	112.94	114.59
#中型	Medium Size	111.25	117.72	118.24	117.23
小型	Small Size	104.67	106.77	106.69	111.47
特殊分组	**Special Group**				
国家重点企业	Key State Enterprises	162.79	165.24	171.11	145.78
乡镇企业	Township Enterprises	110.66	124.04	127.18	128.29
上市企业	Listed Enterprises	145.12	146.95	151.26	154.57
国有控股企业	State-holding Enterprises	129.99	130.74	132.67	131.98

12-37 主要行业大类企业家信心指数（2002 年）
ENTREPRENEURS' CONFIDENCE INDEX BY MAJOR SECTORS (2002)

单位：点 (points)

指标	Item	一季度 1st Quarter	二季度 2nd Quarter	三季度 3rd Quarter	四季度 4th Quarter
工业	**Industry**				
食品加工业	Food Processing	112.76	103.05	113.02	127.84
食品制造业	Food Production	146.31	139.63	142.56	137.45
饮料制造业	Beverage Production	127.19	139.54	154.64	132.34
纺织业	Textile Industry	115.75	138.77	127.19	111.78
服装及其他纤维制品制造业	Garments and Other Fiber Products	118.43	119.91	117.98	129.14
皮革、毛皮、羽绒及其制品业	Leather, Furs, Down and Related Products	126.88	129.88	133.55	129.52
造纸及纸制品业	Papermaking and Paper Products	122.87	122.40	131.74	137.83
印刷业、记录媒介的复制	Printing and Record Medium Reproduction	120.64	124.97	129.07	147.19
文教体育用品制造业	Cultural, Educational and Sports Goods	137.59	139.04	142.89	157.28
化学原料及化学制品制造业	Raw Chemical Materials and Chemical Products	120.21	106.63	114.96	113.50
医药制造业	Medical and Pharmaceutical Products	154.49	156.39	152.63	152.13
塑料制品业	Plastic Products	134.25	122.31	123.37	130.63
非金属矿物制品业	Non-metal Mineral Products	114.87	116.96	110.29	116.11
金属制品业	Metal Products	85.05	97.57	104.97	109.25
普通机械制造业	Ordinary Machinery Manufacturing	115.76	130.97	128.11	141.00
专用设备制造业	For Special Purposes Equipment Manufacturing	115.54	101.40	125.98	123.02
交通运输设备制造业	Transport Equipment Manufacturing	113.56	108.80	125.97	139.65
电气机械及器材制造业	Electric Equipment and Machinery	129.88	122.52	125.36	120.51
电子及通信设备制造业	Electronic and Telecommunications Equipment	130.13	137.91	122.16	128.24
仪器仪表及文化、办公制造	Instruments, Meters, Cultural and Office Machinery	116.64	117.95	102.73	119.45
电力、蒸汽、热水生产供应	Electric Power, Steam and Hot Water Production and Supply	159.00	132.09	130.57	127.46
自来水的生产和供应业	Tap Water production and Supply	126.34	131.22	125.32	140.79
建筑业	**Construction**				
土木工程建筑业	Civil Engineering Construction	107.20	107.74	101.39	106.74
交通运输仓储及邮电通信业	**Transport, Storage, Postal and Telecommunication Services**				
公路运输业	Railway Transport	112.06	103.79	99.90	102.25
水上运输业	Waterway Transport	92.79	98.62	92.35	108.91
交通运输辅助业	Transport Subsidiary Services	138.90	135.11	131.68	141.15
邮电通信业	Postal and Telecommunication Services	156.53	156.87	123.76	150.09
批发和零售贸易餐饮业	**Wholesale and Retail Trade and Catering Services**				
食品、饮料、烟草等批发业	Wholesale Trade of Food, Beverage, Tobacco and Others	101.04	100.34	104.58	108.58
能源、材料和机械等批发业	Wholesale Trade of Energy, Materials and Electronic Equipment	123.89	121.99	131.89	121.86
零售业	Retail Trade	120.31	109.83	118.22	113.34
餐饮业	Catering Trade	144.36	137.25	117.28	124.70
房地产业	**Real Estate**				
房地产开发与经营业	Real Estate Development and Operation	130.19	132.42	126.98	128.89
社会服务业	**Social Services**				
旅馆业	Hotels	98.37	97.28	98.78	111.16
旅游业	Tourism	157.62	151.33	146.94	144.02

12-38 主要行业大类企业景气指数（2002年）
BUSINESS CLIMATE INDEX BY MAJOR SECTORS (2002)

单位：点 (points)

项目	Item	一季度 1st Quarter	二季度 2nd Quarter	三季度 3rd Quarter	四季度 4th Quarter
工业	**Industry**				
食品加工业	Food Processing	115.00	115.29	119.86	147.04
食品制造业	Food Production	151.89	126.17	139.22	136.69
饮料制造业	Beverage Production	148.24	155.93	158.79	136.03
纺织业	Textile Industry	110.80	128.86	120.16	110.72
服装及其他纤维制品制造业	Garments and Other Fiber Products	117.69	119.39	120.19	122.83
皮革、毛皮、羽绒及其制品业	Leather, Furs, Down and Related Products	95.12	124.30	110.74	132.37
造纸及纸制品业	Papermaking and Paper Products	108.65	133.51	131.59	150.06
印刷业、记录媒介的复制	Printing and Record Medium Reproduction	130.54	126.20	124.92	119.73
文教体育用品制造业	Cultural, Educational and Sports Goods	93.10	117.40	130.34	119.01
化学原料及化学制品制造业	Raw Chemical Materials and Chemical Products	129.77	152.27	127.14	132.37
医药制造业	Medical and Pharmaceutical Products	163.06	160.37	156.54	157.48
塑料制品业	Plastic Products	120.97	126.96	118.42	133.69
非金属矿物制品业	Non-metal Mineral Products	100.06	116.51	105.89	127.25
金属制品业	Metal Products	108.96	107.90	110.93	125.40
普通机械制造业	Ordinary Machinery Manufacturing	111.38	140.35	135.09	139.82
专用设备制造业	For Special Purposes Equipment Manufacturing	118.19	133.43	141.28	87.14
交通运输设备制造业	Transport Equipment Manufacturing	137.79	131.81	125.47	145.92
电气机械及器材制造业	Electric Equipment and Machinery	124.47	128.95	131.49	133.48
电子及通信设备制造业	Electronic and Telecommunications Equipment	125.30	131.09	136.98	139.45
仪器仪表及文化、办公制造	Instruments, Meters, Cultural and Office Machinery	108.98	131.23	119.81	106.20
电力、蒸汽、热水生产供应	Electric Power, Steam and Hot Water Production and Supply	142.22	157.96	153.84	119.26
自来水的生产和供应业	Tap Water production and Supply	126.12	125.54	123.09	134.68
建筑业	**Construction**				
土木工程建筑业	Civil Engineering Construction	106.72	110.12	107.00	114.97
交通运输仓储及邮电通信业	**Transport, Storage, Postal and Telecommunication Services**				
公路运输业	Railway Transport	134.53	104.37	109.57	111.93
水上运输业	Waterway Transport	95.53	99.23	100.19	112.14
交通运输辅助业	Transport Subsidiary Services	142.50	143.03	146.66	138.59
邮电通信业	Postal and Telecommunication Services	155.85	160.91	161.04	162.73
批发和零售贸易餐饮业	**Wholesale and Retail Trade and Catering Services**				
食品、饮料、烟草等批发业	Wholesale Trade of Food, Beverage, Tobacco and Others	118.47	109.89	117.82	124.04
能源、材料和机械等批发业	Wholesale Trade of Energy, Materials and Electronic Equipment	117.19	119.13	139.72	131.38
零售业	Retail Trade	122.90	115.85	126.34	124.20
餐饮业	Catering Trade	141.30	86.79	117.65	87.45
房地产业	**Real Estate**				
房地产开发与经营业	Real Estate Development and Operation	127.32	129.09	123.86	127.80
社会服务业	**Social Services**				
旅馆业	Hotels	102.96	105.41	108.96	121.60
旅游业	Tourism	155.55	136.72	142.45	125.15

12-39 企业生产经营景气指数（2002年）
PRODUCTION AND MANAGEMENT CLIMATE INDEX (2002)

单位：点 (points)

指 标	Item	一季度 1st Quarter	二季度 2nd Quarter	三季度 3rd Quarter	四季度 4th Quarter
总指数	Total Index	124.17	127.12	128.25	128.62
工业	**Industry**				
企业综合生产经营	Comprehensive Production and Management	125.26	135.03	133.40	132.32
生产成本	Production Cost	102.19	93.63	89.36	98.05
生产总量	Total Output	93.65	139.37	131.94	121.16
产品订货	Product Order	87.85	95.63	95.64	100.30
产品销售量	Product Sales	89.79	135.09	130.36	116.83
产品销售价格	Product Sales Price	78.04	75.96	77.12	77.52
产成品库存	Finished Product Inventories	103.42	102.31	101.21	102.81
税后利润	After-tax Profits	90.57	118.30	105.40	109.09
流动资金	Circulating Funds	104.50	97.09	101.84	104.90
货款拖欠	Delinquent Loans	108.06	97.04	103.23	110.60
劳动力需求	Labor Demand	95.68	100.80	101.66	102.85
固定资产投资	Investment in Fixed Assets	108.22	110.00	119.11	116.08
科技创新	Scientific and Technologic Innovation	114.98	123.47	118.96	117.51
主要原材料及能源购进价格	Purchasing Price of Main Raw Materials and Energies	102.56	90.07	88.75	92.66
主要原材料及能源供应	Supply of Main Raw Materials and Energies	149.92	143.23	137.52	146.73
建筑业	**Construction**				
企业综合生产经营	Comprehensive Production and Management	106.93	109.79	107.74	116.01
工程合同签定数	Number of Signed Contracts	73.84	106.03	94.41	112.55
建筑工程量	Volume of Construction Projects	74.35	117.85	106.80	129.16
新开工工程量	Volume of Newly Started Projects	76.52	97.52	89.86	111.98
施工产值	Output Value of Projects under Construction	65.27	117.34	113.16	129.68
竣工产值	Output Value of Projects Completed	54.15	77.72	106.18	121.89
工程结算收入	Revenue of Project Settlement Accounts	69.14	104.32	94.51	126.98
建筑材料购进价格	Purchasing Price of Construction Materials	99.53	93.57	88.45	78.70
工程结算成本	Cost of Project Settlement Accounts	108.93	93.18	91.82	81.67
税后利润	After-tax Profits	84.00	105.30	99.34	112.50
流动资金	Circulating Funds	62.80	57.95	55.61	59.11
货款拖欠	Delinquent Loans	83.59	74.39	81.27	80.32
劳动力需求	Labor Demand	65.57	108.59	97.86	110.99
固定资产投资	Investment in Fixed Assets	79.08	88.60	85.05	94.56
交通运输、仓储及邮电通信业	**Transport, Storage, Postal and Telecommunication Services**				
企业综合生产经营	Comprehensive Production and Management	135.22	120.52	126.16	128.92
业务需求量	Business Demand	118.55	109.59	115.57	116.09
业务收入	Business Revenue	103.40	102.88	115.78	109.17
业务收费价格	Business Prices	101.72	79.80	74.15	82.35
营业成本	Business Costs	84.82	86.30	66.33	63.97
税后利润	After-tax Profits	100.90	94.39	108.67	104.28
流动资金	Circulating Funds	95.73	92.43	95.18	91.65
货款拖欠	Delinquent Loans	103.15	104.65	87.45	94.70
劳动力需求	Labor Demand	102.44	95.51	101.40	96.70
固定资产投资	Investment in Fixed Assets	97.31	115.83	126.28	134.40

12-39 续表 continued

单位：点 (points)

指　　标	Item	一季度 1st Quarter	二季度 2nd Quarter	三季度 3rd Quarter	四季度 4th Quarter
批发和零售贸易、餐饮业	**Wholesale and Retail Trade and Catering Services**				
企业综合生产经营	Comprehensive Production and Management	117.25	111.33	125.32	121.01
商品购进总额	Total Purchasing Value	101.24	107.85	113.43	115.26
商品购进价格	Purchasing Price	108.15	93.16	96.73	85.91
商品销售总额	Total Sales	105.58	97.04	122.66	123.99
商品销售价格	Selling Price	78.76	91.07	91.23	97.75
商品库存	Inventories	108.87	114.92	100.73	123.90
经营费用	Operating Expenses	83.80	85.67	92.27	74.82
税后利润	After-tax Profits	94.50	106.64	108.97	108.68
流动资金	Circulating Funds	88.23	82.49	91.39	88.83
货款拖欠	Delinquent Loans	113.99	108.32	108.25	109.49
劳动力需求	Labor Demand	93.14	88.68	90.96	85.22
固定资产投资	Investment in Fixed Assets	100.18	94.85	95.43	105.73
房地产业	**Real Estate Trade**				
企业综合生产经营	Comprehensive Production and Management	127.47	129.17	123.95	127.85
土地开发面积	Land Areas Developed	93.36	95.70	93.08	100.32
完成投资	Investment Completed	108.83	118.19	108.06	118.22
新开工面积	Floor Space of Newly Started Projects	103.79	99.17	97.32	105.29
房屋竣工面积	Floor Space Completed	85.81	102.92	101.42	105.47
商品房预售面积	Floor Space of Commercial Houses Sold in Advance	97.68	108.31	96.55	109.25
商品房销售面积	Floor Space of Commercial Houses Sold	97.56	112.84	106.08	115.42
商品房销售价格	Selling Price of Commercial Houses	82.75	94.60	92.72	98.60
空置商品房面积	Floor Space of Vacant Commercial Houses	134.32	161.91	148.83	149.23
税后利润	After-tax Profits	82.54	104.29	100.14	108.76
流动资金	Circulating Funds	93.80	89.12	89.51	89.10
货款拖欠	Delinquent Loans	127.80	127.41	123.20	114.30
劳动力需求	Labor Demand	100.19	96.39	96.82	101.34
固定资产投资	Investment in Fixed Assets	98.67	111.26	99.09	107.94
社会服务业	**Social Services**				
企业综合生产经营	Comprehensive Production and Management	122.48	118.26	119.76	125.24
业务量	Business Volume	99.55	110.05	106.75	120.72
客房出租	Guest Rooms Leased	77.52	95.57	89.98	101.39
旅游客源	Tourist Source	96.93	123.51	124.95	126.26
业务收费（服务）价格	Business (Service) Prices	81.67	89.05	85.36	95.14
营业收入	Business Revenue	88.02	100.03	105.98	116.34
营业成本	Business Costs	84.62	80.55	74.23	76.70
税后利润	After-tax Profits	85.82	102.19	95.39	106.99
流动资金	Circulating Funds	92.04	92.32	86.30	89.45
货款拖欠	Delinquent Loans	108.42	103.56	109.66	97.69
劳动力需求	Labor Demand	99.78	94.04	102.37	102.72
固定资产投资	Investment in Fixed Assets	111.02	115.20	110.93	115.34

12-40 企业宏观经济景气状况
MACRO-ECONOMIC CLIMATE SITUATIONS OF ENTERPRISES

单位：点 (points)

		1999	2000	2001	2002
一 季 度	**1st Quarter**				
乐观	Improving	28.02	37.44	37.67	37.71
一般	Retaining the Same Level	47.56	50.29	48.12	49.11
不乐观	Worse	24.42	12.28	14.21	13.18
企业家信心指数	Entrepreneurs' Confidence Index	103.59	125.17	123.45	124.53
二 季 度	**2nd Quarter**				
乐观	Improving	25.05	38.26	37.22	33.94
一般	Retaining the Same Level	50.89	47.95	47.49	54.28
不乐观	Worse	24.05	13.78	15.29	11.78
企业家信心指数	Entrepreneurs' Confidence Index	100.99	124.47	121.93	122.15
三 季 度	**3rd Quarter**				
乐观	Improving	26.36	37.86	36.22	32.63
一般	Retaining the Same Level	50.61	47.52	48.86	54.25
不乐观	Worse	23.04	14.62	14.92	13.11
企业家信心指数	Entrepreneurs' Confidence Index	103.32	123.24	121.30	119.52
四 季 度	**4th Quarter**				
乐观	Improving	28.25	37.25	35.08	33.82
一般	Retaining the Same Level	53.36	47.20	48.90	55.68
不乐观	Worse	18.39	15.55	16.01	10.50
企业家信心指数	Entrepreneurs' Confidence Index	109.86	121.69	119.07	123.31

12-41 企业综合生产经营状况
COMPREHENSIVE PRODUCTION AND MANAGERMET SITUATIONS OF ENTERPRISES

单位：点 (points)

		1999	2000	2001	2002
一 季 度	**1st Quarter**				
良好	Improving	36.04	43.33	38.51	37.38
一般	Retaining the Same Level	48.49	38.17	43.23	49.41
不佳	Worse	15.46	18.50	18.26	13.21
企业景气指数	Business Climate Index	120.58	124.84	120.25	124.17
二 季 度	**2nd Quarter**				
良好	Improving	33.27	38.05	41.02	38.64
一般	Retaining the Same Level	50.88	47.01	42.76	49.83
不佳	Worse	15.85	14.94	16.22	11.53
企业景气指数	Business Climate Index	117.42	123.11	124.80	127.12
三 季 度	**3rd Quarter**				
良好	Improving	31.31	41.45	40.86	39.53
一般	Retaining the Same Level	53.25	43.39	42.49	49.18
不佳	Worse	15.43	15.17	16.64	11.29
企业景气指数	Business Climate Index	115.88	126.27	124.22	128.25
四 季 度	**4th Quarter**				
良好	Improving	36.18	43.81	40.01	39.57
一般	Retaining the Same Level	49.94	42.24	41.39	49.49
不佳	Worse	13.88	13.95	18.59	10.94
企业景气指数	Business Climate Index	122.31	129.86	121.42	128.62

主要统计指标解释

工业 指从事自然资源的开采，对采掘品和农产品进行加工和再加工的物质生产部门。具体包括：(1) 对自然资源的开采，如采矿、晒盐、森林采伐等（但不包括禽兽捕猎和水产捕捞）；(2) 对农副产品的加工、再加工，如粮油加工、食品加工、轧花、缫丝、纺织、制革等；(3) 对采掘品的加工、再加工，如炼铁、炼钢、化工生产、石油加工、机器制造、木材加工等，以及电力、自来水、煤气的生产和供应等；(4) 对工业品的修理、翻新，如机器设备的修理、交通运输工具（包括小卧车）的修理等。

1984 年以前农村的村及村以下办工业归属农业，1984 年以后划归工业。

工业统计调查单位 工业统计调查单位为分两类：独立核算法人工业企业和工业生产活动单位。

(1) 独立核算法人工业企业 是指从事工业生产经营活动的单位。独立核算法人工业企业应同时具备以下条件：①依法成立，有自己的名称、组织机构和场所，能够承担民事责任；②独立拥有和使用资产，承担负债，有权与其他单位签订合同；③独立核算盈亏，并能够编制资产负债表。

(2) 工业生产活动单位 是指在一个场所从事一种或主要从事一种工业生产活动的经济单位。它包括独立核算工业企业按主营业务活动（即工业生产活动）划分的主营业务活动单位和非工业企业所属的工业生产活动单位（即原非独立核算工业生产单位）。工业生产活动单位，一般应同时具备以下三个条件：①具有一个场所，从事一种或主要从事一种工业活动；②单独组织工业生产、经营或业务活动；③单独核算收入和支出。

本年鉴中涉及的企业登记注册类型：

(1) 国有及国有控股企业 指国有企业加上国有控股企业。国有企业（即过去的全民所有制工业或国营工业）是指企业全部资产归国家所有，并按《中华人民共和国企业法人登记管理条例》规定登记注册的非公司制的经济组织。包括国有企业、国有独资公司和国有联营企业。1957 年以前的公私合营和私营工业，后均改造为国营工业，1992 年改为国有工业，这部分工业的资料不单独分列时，均包括在国有企业内。国有控股企业是对混合所有制经济的企业进行的“国有控股”分类。它是指这些企业的全部资产中国有资产（股份）相对其他所有者中的任何一个所有者占资（股）最多的企业。该分组反映了国有经济控股情况。

(2) 集体企业 指企业资产归集体所有，并按《中华人民共和国企业法人登记管理条例》规定登记注册的经济组织。是社会主义公有制经济的组成部分。包括城乡所有使用集体投资举办的企业，以及部分个人通过集资自愿放弃所有权并依法经工商行政管理机关认定为集体所有制的企业。

(3) 股份有限公司 指根据《中华人民共和国企业法人登记管理条例》规定登记注册，其全部注册资本由等额股份构成并通过发行股票筹集资本，股东以其认购的股份对公司承担有限责任，公司以其全部资产对其债务承担责任的经济组织。

(4) 港、澳、台商投资企业 指企业注册登记类型中的港澳台、合资、合作、独资经营企业和股份有限公司之和。

(5) 外商投资企业 指企业注册登记类型中的中外合资、合作经营企业、外资企业和外商投资股份有限公司之和。

(6) 本年鉴中涉及的名为“其他”的企业 均指除国有企业、集体企业、个体经营以外的其他类型工业企业（单位）。包括联营企业、私营企业、股份有限公司、有限责任公司；外商投资企业（中外合资经营、中外合作经营、外资企业），港、澳、台投资企业（与大陆合资经营、与大陆合作经营、港、澳、台独资企业）及其他企业。

轻工业 指主要提供生活消费品和制作手工工具的工业。按其所使用的原料不同，可分为两大类：(1) 以农产品为原料的轻工业，是指直接或间接以农产品为基本原料的轻工业。主要包括食品制造、饮料制造、烟草加工、纺织、缝纫、皮革和毛皮制作、造纸以及印刷等工业；(2) 以非农产品为原料的轻工业，是指以工业品为原料的轻工业。主要包括文教体育用品、化学药品制造、合成纤维制造、日用化学制品、日用玻璃制品、日用金属制品、手工工具制造、医疗器械制造、文化和办公用机械制造等工业。

重工业 是指为国民经济各部门提供物质技术基础的主要生产资料的工业。按其生产性质和产品用途，可分为下列三类：(1) 采掘（伐）工业，是指对自然资源的开采，包括石油开采、煤炭开采、金属矿开采、非金属矿开采和木材采伐等工业；(2) 原材料工业，指向国民经济各部门提供基本材料、动力和燃料的工业。包括金属冶炼及加工、炼焦及焦炭化学、化工原料、水泥、人造板以及电力、石油和煤炭加工等工业；(3) 加工工业，是指对工业原材料进行再加工制造的工业。包括装备国民经济各部门的机械设备制造工业、金属结构、水泥制品等工业，以及为农业提供的生产资料如化肥、农药等工业。

根据上述划分原则，修理业中以重工业产品为修理作业对象的划为重工业，反之划为轻工业。

工业总产值 是以货币表现的工业企业在一定时期内生产的已出售或可供出售工业产品总量，它反映一定时间内工业生产的总规模和总水平。它包括：在本企业内不再进行加工，经检验、包装入库（规定不需包装的产品除外）的成品价值，对外加工费收入，自制半成品、在产品期末期初差额价值。工业总产值采用“工厂法”计算，即以工业企业作为一个整体，按企业工业生产活动的最终成果来计算，企业内部不允许重复计算，不能把企业内部各个车间（分厂）生产的成果相加。但在企业之间、行业之间、地区之间存在着重复计算。

轻重工业总产值的划分也是按“工厂法”计算的，即一个工业企业在正常情况下生产的主要产品的性质属于轻工业，则该企业的全部总产值作为轻工业总产值；一个工业企业生产的主要产品的性质属于重工业，则该企业的全部总产值作为重工业总产值。

工业增加值 是指工业行业在报告期内以货币表现的工业生产活动的最终成果，是企业全部生产活动的总成果扣除了在生产过程中消耗或转移的物质产品和劳务价值后的余额，是企业生产过程中新增加的价值。

实收资本 指企业实际收到的投资人投入的资本。按投资主体可分为国家资本、集体资本、法人资本、个人资本、港澳台资本和外商资本等。

资产合计 指企业拥有或控制的能以货币计量的经济资源。包括各种财产、债权和其他权利。资产按其流动性划分为流动资产、长期投资、固定资产、无形及递延资产和其他资产。

（1）流动资产 指企业可以在一年内或者超过一年的一个生产周期内变现或者耗用的资产合计，包括现金及各种存款、短期投资、应收及预付款项、存货等。

（2）固定资产 指企业固定资产净值、固定资产清理、在建工程、待处理固定资产损失所占用的资金合计。

（3）无形资产 指企业长期使用而没有实物形态的资产。包括专利权、非专利技术、商标权、著作权、土地使用权、商誉等。

负债合计 指企业承担的能以货币计量，将以资产或劳务偿付的债务。负债一般按偿还期长短分为流动负债和长期负债、递延税项等。

（1）流动负债 指企业在一年内或者超过一年的一个营业周期内需要偿还的债务合计，其中包括短期借款、应付及预收款项、应付工资、应交税金和应交利润等。

（2）长期负债 指企业在一年以上或者超过一年的一个营业周期以上需要偿还的债务合 计，其中包括长期借款、应付债务、长期应付款项等。

所有者权益 指企业投资人对企业净资产的所有权。企业净资产等于企业全部资产减去全部负债后的余额，其中包括投资者对企业的最初投入，以及资本公积金、盈余公积金和未分配利润，对股份制企业即为股东权益。

固定资产原价 指企业在建造、购置、安装、改建、扩建、技术改造某项固定资产时所支出的全部货币总额。它一般包括买价、包装费、运杂费和安装费等。

固定资产净值 是指固定资产原价减去历年已提折旧额后的净额。

产品销售收入 指企业销售产品和提供劳务等主要经营业务取得的业务总额。

产品销售成本 指企业销售产品和提供劳务等主要经营业务的实际成本。

产品销售税金及附加 指企业销售产品和提供工业性劳务等主要经营业务应负担的城市维护建设税、消费税、资源税和教育费附加。

产品销售利润 指企业销售产品和提供工业性劳务等主要经营业务收入扣除其成本、费用、税金后的利润。

利润总额 指企业实现的利润。

应交增值税 指企业在报告期内应交纳的增值税额。

工业经济效益综合指数 是指现行综合评价工业经济效益总体水平及工业经济运行质量的指数。它是以若干项代表性经济效益指标，分别除以各项指标的标准值，再乘以各自的权数，加总后除以总权数求得。其计算公式为：

$$\text{工业经济效益综合指数} = \left(\frac{\text{某项经济效益指标报告期数值}}{\text{该项指标标准值}} \times \text{权数}\right) \div \text{总权数}$$

上式总权数为100。

（1）总资产贡献率　是指企业在一定时期内全部资产获利能力，是企业经营业绩和管理水平的集中体现，是评价和考核企业盈利能力的核心指标。计算公式为：

$$总资产贡献率（\%）=\frac{利润总额+税金总额+利息支出}{平均资产总额}\times 100\%\times\frac{12}{累计月数}$$

税金总额为产品销售税金及附加与应交增值税之和，平均资产总额为期初、期末资产总计的算术平均值。

（2）资本保值增值率　是反映企业净资产变动状况的一个重要指标，是企业发展能力的集中体现。它是指报告期末所有者权益总额与上年同期期末所有者权益总额的比率。计算公式为：

$$资本保值增值率（\%）=\frac{报告期期末所有者权益}{上年同期期末所有者权益}\times 100\%$$

所有者权益等于资产总计减负债总计。

（3）资产负债率　是指反映企业经营风险的大小，反映企业利用债权人提供的资金从事经营活动的能力。计算公式为：

$$资产负债率（\%）=\frac{负债总计}{资产总计}\times 100\%$$

资产及负债均为报告期末数。

（4）流动资产周转率　是指一定时期内流动资产完成的周转次数，反映投入工业企业流动资金的周转速度，一般以一年时间内周转多少次表示。计算公式为：

$$流动资产周转次数=\frac{产品销售收入}{流动资产平均余额}\times\frac{12}{累计月数}$$

（5）成本费用利润率　是指工业企业投入生产成本及费用的经济效益，同时也反映企业降低成本所取得的经济效益。计算公式是：

$$成本费用利润率（\%）=\frac{利润总额}{成本费用总额}\times 100\%$$

成本费用总额为产品销售成本、销售费用、管理费用、财务费用之和。

（6）增加值现价劳动生产率　是指反映企业的生产效率和劳动投入的经济效益。一般用平均每人一年创造的工业增加值表示。计算公式为：

$$增加值现价劳动生产率（元/人）=\frac{工业增加值}{全部职工平均人数}\times\frac{12}{累计月数}$$

（7）产品销售率　是指反映工业产品已实现销售的程度，是分析工业产销衔接情况、研究工业产品满足社会需求的指标。计算公式是：

$$产品销售率（\%）=\frac{现价工业销售产值}{现价工业总产值}\times 100\%$$

企业集团　指以母公司为主体，通过投资及生产经营协作等多种方式，与众多的企事业单位共同组成的经济联合体。企业集团不具有企业法人资格。统计范围：1. 省人民政府批准成立的企业集团；2. 年营业收入（主营业务收入与其他业务收入合计数）和资产总计均在5亿元以上的企业集团；3. 省重点企业，包括：省50家工业龙头企业，4家资产经营和20家省属授权经营企业集团公司；4. 国家重点企业，包括：国务院批准的国家试点企业集团，520户国家重点企业，重组为集团公司的原512户国家重点企业；5. 国务院主管部门批准成立的企业集团；6. 中央企工委管理的企业集团。共有147家企业上报2002年企业集团年报。

现代企业制度　是适应市场经济要求、依法规范的企业制度。其典型形式是公司。其基本特征是产权清晰、权责明确、政企分开、管理科学。它包含两个层次的涵义：现代企业制度是市场经济体制的基础；现代企业制度就是现代公司制度。

1. 现代企业制度试点企业：1994-1996年省政府在全省确定了187家，由于企业重组、兼并、破产等原因，2002年有161家上报年报资料。

2. 国家重点企业：即国家重点联系的企业集团公司，包括1999年10月经国务院批准确定的520户国家重点企业和重组为集团公司的原512户国家重点企业。这次调查的161家企业中，有27家国家重点企业。

景气指数　又称为景气度，它是对企业景气调查中的定性指标通过定量方法加工汇总，综合反映某一特定调查群体或某一社会经济现象所处的状态或发展趋势的一种指标。

企业家信心指数　也称“宏观经济景气指数”. 是根据企业家对企业外部市场经济环境与宏观政策的认

识、看法、判断与预期（通常为对“乐观”、“一般”、“不乐观”的选择）而编制的指数，用以综合反映企业家对宏观经济环境的感受与信心。

企业景气指数 也称“企业综合生产经营景气指数”，是根据企业家对本企业综合生产经营情况的判断与预期（通常为对“良好”、“好”、“一般”、“不佳”的选择）而编制的指数，用以综合反映企业的生产经营状况。

景气指数的数值范围为0—200之间，100为景气指数的临界值；当景气指数大于100时，表明经济状况趋于上升或改善，处于景气状态；当景气指数小于100时，表明经济状况趋于下降或恶化，处于不景气状态。

Explanatory Notes on Main Statistical Indicators

Industry refers to the material production sector which is engaged in extraction of natural resources and processing and reprocessing of minerals and agricultural products, including (1) extraction of natural resources, such as mining, salt production, logging (but not including hunting and fishing); (2) processing and reprocessing of farm and sideline products, such as rice husking, flour milling, wine making, oil pressing, cotton ginning, silk reeling, spinning and weaving, and leather making; (3) manufacture of industrial products, such as steel making, iron smelting, chemicals manufacturing, petroleum processing, machine building, timber processing; water and gas production and electricity generation and supply; (4) repairing of industrial products such as the repairing of machinery and means of transport (including cars).

Prior to 1984, the rural industry run by villages and cooperative organizations under village was classified into agriculture. Since 1984, it has been grouped into industry.

Units of Industrial Statistics and Inquiry They are classified into two categories: (1) corporate industrial enterprises with independent accounting systems (2) industrial establishments.

(1) Corporate industrial enterprises with independent accounting systems refer to enterprises engaging in industrial production activities, which meet the following requirements: ①They are established legally, having their own names, organizations, location, able to take civil liability; ②They possess and use their assets in dependently, assume liabilities, and are entitled to sign contracts with other units; ③They are financially independent and compile their own balance sheets.

(2) Industrial establishments refer to economic units which located in one single place and engaged entirely or primarily in one kind of industrial activity, including financially independent industrial enterprises and units engaged in industrial activities under the non-industrial enterprises (or financially dependent). Industrial establishments generally meet the following requirements: ①They have each one location and are engaged in one kind of industrial activity each; ②They operate and manage their industrial production activities separately; ③They have accounts of income and expenditure separately.

The registered types of enterprise ownership involving in this yearbook include:

(1) State-owned and state-holding enterprises refer to state-owned enterprises and the enterprises which state holds majority shares. State-owned enterprises (industrial ownership by the whole people or state-run industry) refer to non-corporation economic units, where the entire assets are owned by the state and which have registered in accordance with the Regulation of the People' s Republic of China on the Management of Registration of Corporate Enterprises, including the state-owned enterprises, sole state-funded corporation and state-owned joint ownership enterprises. Joint state-private industries and private industries, which existed before 1957, have been transformed into state-run industries. Since 1992, those have been named state-owned industries. Statistics on these enterprises has been included in the state-owned industries since 1957 when separation of data was no longer necessary. The enterprises which state holds majority shares are classified as "state holds majority shares" in the enterprises with mixed ownership. They refer to those enterprises with their state assets (shares) more than any other ownership in terms of their total assets. Such classification reflects the basic conditions of state holds majority shares.

(2) Collective owned enterprises refer to industrial enterprises where the means of production are owned collectively, which have registered in accordance with the Regulation of the People' s Republic of China on the Management of Registration of Corporate Enterprises, including urban and rural enterprises invested by collectives and some enterprises which were formerly owned privately but have been registered in industrial and commercial administration agency as collective units through raising funds from the public.

(3) Share-holding corporations limited refer to economic units registered in accordance with the Regulation of the People' s Republic of China on the Management of Registration of Corporate Enterprises, with total registered capital divided into equal shares and raised through issuing stocks. Each investor hears limited liability to the corporation depending on the holding of shares, and the corporation bears liability to its debt to its the maximum of its total assets.

(4) Enterprises funded by entrepreneurs from Hong Kong, Macao and Taiwan refer to all the joint ventures, cooperative operation, exclusively-operated enterprises and share-holding companies funded by entrepreneurs from Hong Kong, Macao and Taiwan in the registered types of enterprise ownership.

(5) Foreign funded enterprises refer to all the joint ventures, cooperative operation, exclusively-operated enterprises

and share-holding companies funded by foreigners in the registered types of enterprise ownership.

(6) "Other" Enterprises Involving in the Yearbook refer to other types of industrial enterprises (units) except state-owned enterprises, collective owned enterprises and individual operation, including joint ventures, private owned enterprises, share-holding companies, limited companies, foreign funded enterprises (joint ventures, cooperative operation and exclusively-operated enterprises), enterprises funded by entrepreneurs from Hong Kong, Macao and Taiwan (joint ventures, cooperative operation and exclusively-operated enterprises) and other enterprises.

Light Industry refers to industry which produces consumer goods and hand tools. It consists of two categories, depending on the materials used:

(1) Industries using farm products as raw materials. These are branches of light industry which directly or indirectly use farm products as basic raw materials, including the manufacture of food and beverages, tobacco processing, textile, clothing, fur and leather manufacturing , paper making, printing, etc.

(2) Industries using nonfarm products as raw materials. These are branches of light industry which use manufactured goods as raw materials, including the manufacture of cultural, educational articles and sports goods, chemicals, synthetic fiber, chemical products for daily use, glass products for daily use, metal products machinery, etc.

Heavy Industry refers to the industry which produces capital goods, and provides various sectors of the national economy with necessary material and technical basis. It consists of the following three branches according to the purpose of production or the use of products:

(1) Mining, quarrying and logging industry refers to the industry that extracts natural resources, including extraction of petroleum, coal, metal and nonmetalores and logging.

(2) Raw materials industry refers to the industry that provides various sectors of the national economy with raw materials, fuels and power. It includes smelting and processing of metals, coking and coke chemistry, chemical materials and building materials such as cement, plywood, and power, petroleum refining and coal dressing.

(3) Manufacturing industry refers to the industry that processes raw materials. It includes machine building industry which equips sectors of the national economy, industry of metal structure and cement products, industries producing means of agricultural production, such as chemical fertilizers and pesticides.

According to the above principle of classification, the repairing trades which are engaged primarily in repairing products of heavy industry are classified into heavy industry while these engaged in repairing products of light industry are classified into light industry.

Gross Industrial Output Value is the total volume of industrial products sold or available for sale in value terms which reflects the total achievements and overall scale of industrial production during a given period. It includes the value of the finished products, which are not to be further processed in the enterprises and have been inspected, packed and put in storage, the value of industrial services rendered to other units, and the changes in the value of the semi-finished products and products in process between the beginning and closing of the period. The gross industrial output value is calculated with the factory method. No double calculations are to be made within the same enterprise. However, double counting does occur among different enterprises.

Output value of light and heavy industries is also classified with the factory method. Under normal conditions, if the major products of an industrial enterprise belong to light industry products, the gross output value of that enterprise is classified wholly into light industry; the same principle applies to heavy industry.

Value-added of Industry refers to the final results of industrial production of the industrial trade in money terms during the reference period.

Capital Obtained refers to capital actually received by the enterprises from investors. It can be further classified by investors as state capital, collective capital, corporate capital, individual capital, capital from Hong Kong, Macao and Taiwan and foreign capital.

Total Assets refer to all assets which are owned or controlled by enterprises, including circulating assets, long-term investment, fixed assets, intangible assets and deferred assets, other long-term assets, and deferred taxes, etc. The summation of above items is equal to total assets shown in the balance sheets of the enterprises.

(1) Circulating assets (working capital) refer to assets which can be cashed in or spent or consumed in an operating cycle of one year or over one year, including cash, all kinds of deposits, short-term investment, receivables, advance payment and stock, etc.

(2) Fixed assets refer to the net value of fixed assets, clearance of fixed assets, project under construction, fixed assets losses in suspense. These are corporations' funds holdings.

(3) Intangible assets refer to the assets without material form used by enterprises over a long time, such as patents, nonpatent technologies, trade marks, copyright, land use right and business reputation, etc.

Total Liabilities refer to the debts that enterprises are responsible for repayment, including liquid liabilities, long-term liabilities and deferred taxes, etc. Total liabilities correspond to the summation item of liabilities shown in the balance sheets of the enterprise.

(1) Liquid liabilities (also called quick liabilities or immediate liabilities) refer to enterprises total debt payable within an operating cycle of one year or over one year, including short term loans, payables and advance payments, wages payable, taxes payable and profit payable, etc.

(2) Long-term liabilities refers to total debt payable within an operation cycle of one year or over one year, including long-term loans, payable liabilities and long-term payables, etc.

Creditors' Equity refers to investors' ownership of net assets of the enterprise. It is equal to the total assets of the enterprise minus its total liabilities, including the primary input from investors, capital accumulation fund, surplus accumulation fund and undistributed profit. It is the stock holders' equity in stock companies.

Original Value of Fixed Assets refers to the original value of all fixed assets owned by industrial enterprises, calculated at the cost paid at the time of purchase, installation, reconstruction, expansion, and technical innovation and transformation of the said assets, which includes expenses on purchase, package, transportation, and installation, etc.

Net Value of Fixed Assets is obtained by deducting depreciation over years from the original value of fixed assets.

Sales Revenue of Industrial Products refers to the revenue from the sales of products by industrial enterprises and the revenue from services provided, etc.

Sales Cost of Industrial Products refers to the actual cost of products of industrial enterprises and industrial services provided, etc.

Tax and Extra Charges on Sales of Products refer to the tax on city maintenance and construction, consumption tax, resources tax and extra charges for education, which should be borne by the enterprises in selling products and providing industrial services.

Sales Profit of Products refers to the profit gained by the enterprises by deducting cost, charges and taxes from the business income of the enterprises obtained in selling products and providing industrial services.

Total Profits refer to the profits gained by the enterprises.

Value Added Tax Payable refers to the amount of the value added tax which should be paid by the enterprises in the reporting period.

Aggregative Index on Economic Results of Industry refers to the current comprehensive index to evaluate the general level of economic results of industry and the performance quality of industrial economy. It is calculated as follows:

$$\begin{array}{c}\text{Aggregative Index on}\\\text{Economic Results of Industry}\end{array} = \left(\frac{\text{Value of an Indicator on Economic Results in Reference Period}}{\text{Standard Value of the Indicator}} \times \text{Weight}\right) \div \text{Total Weight}$$

Total Weight = 100

(1) Contribution Rate of Total Assets refers to the capability of making profits of total assets in a given period, which gives a concentrated picture of operational achievement and management level of an enterprise. It is the main indicator to evaluate the capability of making profits. The formula used is:

$$\text{Contribution Rate of Total Assets (\%)} = \frac{\text{Total profits + Total Taxes + Interest Expenditure}}{\text{Average Assets}} \times 100\%$$

Total taxes include sales tax and extra charges of products as well as the value added tax payable. Average assets refer to the arithmetic average of total assets at the beginning and end of a period.

(2) Value Preserving and Increasing Rate of Capital is an important indicator to reflect the changes of net assets of an enterprise, which embodies a concentrated picture of development capability. It is the ratio of the reference period over the same period of the previous year. The formula is as follows:

$$\begin{array}{c}\text{Value Preserving and}\\\text{Increasing Rate of Capital}\end{array}(\%) = \frac{\text{Total Creditors' Equity at the End of Reference Period}}{\text{Total Creditors' Equity of the Same Period of the Previous Year}} \times 100\%$$

Creditors' equity is equal to the total assets of the enterprise minus its total liabilities.

(3) Ratio of Debts to Assets reflects both the operation risk and the capability of the enterprises in making use of the capital from the creditors. It is calculated as follows:

$$\text{Ratio of Debts to Assets (\%)} = \frac{\text{Total Debts}}{\text{Total Assets}} \times 100\%$$

(4) Rate of Turnover of Working Capital refers to the number of times of turnover of working capital in a given period of time, which reflects the speed of the turnover of working capital and is calculated as follows:

$$\text{Turnover of Working Capital} = \frac{\text{Sales Revenue of Products}}{\text{Average Balance of Total Working Capital}} \times \frac{12}{\text{Number of Cumulative Months}}$$

(5) Ratio of Profits to Total Industrial Costs refers to the ratio of profits realized in a given period to the total costs in the same period, which reflects the economic efficiency of input cost and is calculated as follows:

$$\text{Ratio of Profits to Total Industrial Costs (\%)} = \frac{\text{Total Profits}}{\text{Total Costs}} \times 100\%$$

(6) Value-added Labor Productivity of Industrial Enterprises refers to the average output per employed person in industrial enterprises in value terms. At present, the value added and the average number of staff and workers of an industrial enterprises in a given period are used to calculate the overall labor productivity. The formula used is:

$$\text{Value-added Labor Productivity (yuan/person)} = \frac{\text{Value Added of Industry}}{\text{Average Number of Staff and Workers}} \times \frac{12}{\text{Number of Cumulative Months}}$$

(7) Ratio of Sale to Gross Output Value refers to the sales of industrial products to the gross industrial output value during the reference period, and is used to analyze the linkage between production and sales and the extent of the needs of the society that has been met by the supply of industrial products. It is calculated as follows:

$$\text{Ratio of Sales to Gross Output Value (\%)} = \frac{\text{Industrial Sales}}{\text{Gross Industrial Output Value (at Current Prices)}} \times 100\%$$

Enterprise Group refers to an economic union, with parent company as mainstay, made up of many enterprises and institutions by means of various forms such as investment and production cooperation, etc. It is not qualified as a legal person. The statistical coverage includes: 1. the enterprise groups approved by Guangdong Provincial People's Government; 2. the enterprises groups with annual business revenue (sum of main business revenue and other business revenues) and assets over 500 million yuan; 3. the key provincial enterprises, including 50 leading provincial industrial enterprises, 4 enterprise groups engaged in assets operation and 20 groups authorized by province; 4. the key state enterprises, including the pilot state enterprise groups approved by the state, 520 key state enterprises and the groups reorganized from the 512 original key state enterprises; 5. the enterprise groups approved by the competent departments of the State Council; 6. the enterprises groups managed by the Central Enterprise Working Committee. There is a total of 147 enterprises applying for the qualification of enterprise groups in 2002.

Modern Enterprise System refers to the enterprise system in conformity with the requirements of market economy and the standard of law. Company is its typical form. It is basically characterized with clear property definition, explicit responsibility, separation from government and scientific management. The definition covers two points, including: it is the base of market economic system; it also means modern company system.

1. Pilot Enterprises with Modern Enterprise System refer to 187 enterprises approved by the provincial government from 1994 to 1996. Owing to restructuring, merging, bankruptcy and the other, 161 of them reported their annual statistics in 2002.

2. Key State Enterprises refer to the key state enterprises given priority by the state, including 520 enterprises approved and determined in October of 1999 and 512 original enterprises restructured into group companies.

Business Climate Index is also called business climate scores. It is an indicator which comprehensively reflects the situation or the trend of development of a certain group surveyed or a certain social-economic phenomenon. It is calculated by means of quantitative tabulation of the data on the qualitative economic indicators in the business climate survey.

Entrepreneurs' Confidence Index is the index compiled on the basis of the understanding, views, judgement and expectations of the entrepreneurs concerning the external environment of market economy and the macro policy (usually the choice from the answers "optimistic", "neither optimistic nor pessimistic" and "pessimistic"), so as to comprehensively reflect the feeling and confidence of the entrepreneurs concerning the macro economic environment.

Business Climate Index is the index compiled on the basis of the judgement and expectation of the entrepreneurs on the overall situation of production and management of their own enterprises (usually the choice from the answers "improving", "retaining the same level" or "worse"), so as to reflect the situation of production and management of the enterprises.

The numerical values of the business climate index lie between 0 and 200. 100 is the critical value of the business climate index. When the business climate index is grater than 100, it indicates that the economic indicators are picking up and the economic situation is improving and it is in a state of prosperity. The closer the value is to 200, the better the economic situation is. When the business climate index is smaller than 100, it indicates that the economic indicators are declining and the economic situation is worse than before and it is in a state of depression. At present, some of the enterprise survey organizations at the prefecture level have used the new expression ways.

十三 建筑业

CONSTRUCTION

13

十三　建筑业

简要说明

一、本篇资料反映广东省建筑业概况和发展情况。主要包括建筑业企业生产经营的资料，指标有企业个数、从业人员数、建筑业总产值、施工企业个数、房屋建筑面积、机械设备价值、利润总额、劳动生产率、一次交验合格面积率、技术装备、企业的生产及负债状况、损益及其他情况以及各市建筑业总产值、一、二级建筑业企业生产和财务主要指标等。

二、本篇资料由广东省统计局固定资产投资统计处整理提供。

三、本篇资料是依据国家统计局制定的“建筑业统计报表制度”规定收集的年报资料，其统计范围包括：广东境内各种经济类型（除个体外）的具有法人资格的独立核 算建筑业企业和辖区内其它行业的企、事业单位附营的建筑业活动单位（该附营单位具备能独立填报财务报表）。

13　CONSTRUCTION

Brief Introduction

Ⅰ. The data in this chapter show the general situation and the development of the construction industry of Guangdong Province. They cover mainly the situation of production and management of the enterprises of construction, including the number of enterprises, the number of employed persons, gross output value of construction, number of construction enterprises, floor space of buildings, value of the mechanical equipment, total profits, labor productivity, percentage of floor space qualified for one-time acceptance, technological equipment, production and financial situation of enterprises, gross output value of construction by city, and production and financial indicators of construction enterprises at grade one and two, etc.

Ⅱ. The data in this chapter are prepared and provided by the Division of Investment and Construction Statistics of Guangdong Provincial Bureau of Statistics.

Ⅲ. The data in this chapter are collected in accordance with the Reporting Scheme of Construction Statistics stipulated by the National Bureau of Statistics. The coverage of construction statistics includes the construction enterprises of all kinds of ownership (excluding individual enterprises) with qualification of legal person and independent accounting systems and other construction units affiliated with the enterprises and institutions of other industries (with qualification of independent financial statement) under the jurisdiction of Guangdong Province.

13-1 建筑业企业主要经济指标
MAIN ECONOMIC INDICATORS ON CONSTRUCTION ENTERPRISES

指　　标	Item	2001 合计 2001 Total	# 国有经济 State-owned	2002 合计 2002 Total	# 国有经济 State-owned
建筑业企业个数　（个）	Number of Construction Enterprises	3699	760	4019	701
年末从业人员　（万人）	Number of Employed Persons　（10000 persons）	147.08	44.97	150.05	42.46
自有固定资产原价　（亿元）	Fixed Assets Owned（original value）　（100 million yuan）	394.97	174.40	469.88	197.71
自有固定资产净值　（亿元）	Fixed Assets Owned（net value）　（100 million yuan）	226.11	109.52	309.81	125.23
自有机械设备台数　（万台）	Number of Machinery and Equipment Owned　（10000 sets）	59.14	16.03	62.80	16.88
自有机械设备净值　（亿元）	Net Value of Machinery and Equipment Owned（100 million yuan）	119.36	47.62	161.77	53.97
自有机械设备总功率（万千瓦）	Total Power of Machinery and Equipment Owned　（10000 kw）	804.18	313.12	895.52	318.92
建筑业总产值　（亿元）	Gross Output Value of Construction　（100 million yuan）	1179.03	430.70	1341.79	440.27
# 建筑安装工程	Construction and Installation	1159.22	422.16	1312.52	431.89
建筑业增加值　（亿元）	Value Added of Construction　（100 million yuan）	266.00	95.60	363.65	119.91
# 本年固定资产折旧	Depreciation of Fixed Assets in the Year	21.23	8.90	23.53	8.56
主管业务应付工资	Main Business Wages Payable	140.70	51.13	146.68	50.20
主管业务应付福利费	Main Business Welfare Expenses Payable	12.99	5.41	14.67	5.29
工程结算税金及附加	Taxes and Extra Charges on Project Settle Accounts	41.95	15.31	48.59	15.76
管理费用中的税金	Taxes in Management Expenses	2.67	0.83	2.91	0.91
工程结算利润	Profits on Project Settle Accounts	105.56	35.69	117.28	33.57
施工面积　（万平方米）	Floor Space of Buildings under Construction　（10000 sq.m）	17817.22	5065.50	18882.44	5108.03
竣工面积　（万平方米）	Floor Space of Buildings Completed　（10000 sq.m）	7587.65	1817.31	7947.86	1883.45
利润总额　（亿元）	Total Profits　（100 million yuan）	39.89	9.25	37.45	4.96
利税总额　（亿元）	Total Pre-tax Profits　（100 million yuan）	84.51	39.42	88.95	21.64
劳动生产率	Overall Labor Productivity				
按总产值计算　（元/人）	In Terms of Gross Output Value　（yuan/person）	80480	97136	91214	107934
按增加值计算　（元/人）	In Terms of Value Added　（yuan/person）	18157	21560	24721	293959
技术装备率　（元/人）	Value of Machines per Laborer　（yuan/person）	8116	10742	10781	29494
动力装备率　（千瓦/人）	Power of Machines per Laborer　（kw/person）	5.5	7.0	6.0	7.5
房屋建筑面积竣工率　（%）	Rate of Floor Space of Buildings Completed　（%）	42.5	35.9	42.1	36.9
一次交验合格面积率　（%）	Rate of Qualified Floor Space for One-time Acceptance　（%）	41.3	59.7	82.5	92.5
产值利润率　（%）	Ratio of Profit to Gross Output Value　（%）	3.4	2.1	2.8	1.1
产值利税率　（%）	Ratio of Pre-tax Profit to Gross Output Value　（%）	7.2	9.2	6.6	4.9

13-2 建筑业总产值（2002 年）
GROSS OUTPUT VALUE OF CONSTRUCTION (2002)

单位：万元 (10000 yuan)

指标	Item	建筑业总产值 Gross Output Value	建筑工程产值 Output Value of Construction	安装工程产值 Output Value of Installation	其他产值 Other Output Values
总计	**Total**	**13417870**	**11192854**	**1932301**	**292715**
一、按登记注册类型分组	**Grouped by Type of Registration**				
内资企业	Domestic Funded Enterprises	13153889	11092271	1796269	265349
国有企业	State-owned Enterprises	3973221	3383502	512014	77705
集体企业	Collective-owned Enterprises	2996302	2645398	369791	81113
股份合作企业	Cooperative Operation with Share Holding	94021	79473	13727	821
联营企业	Joint Owned Enterprises	102083	78600	22964	519
国有联营企业	State-owned Joint	33326	22495	10831	
集体联营企业	Collective-owned Joint	8323	6150	2004	169
国有与集体联营企业	State and Collective Owned Joint	15180	14675	505	
其他联营企业	Others	45254	35280	9624	350
有限责任公司	Limited Liability Companies	3412739	2750756	597710	64273
国有独资公司	State Exclusively Funded Companies	396135	373435	16669	6031
其他有限责任公司	Others	3016604	2377321	581041	58242
股份有限公司	Limited Share-holding Companies	837258	724179	108545	4534
私营企业	Private Enterprises	1732387	1426112	270119	36156
私营独资企业	Private Exclusively Funded Enterprises	52823	47232	5583	8
私营合伙企业	Private Partnership Enterprises	19631	12583	7012	36
私营有限责任公司	Private Limited Liability Companies	1546207	1262594	247568	36045
私营股份有限公司	Private Limited Share-holding Companies	113726	103703	9956	67
其他企业	Other Enterprises	5878	4251	1399	228
港、澳、台商投资企业	Enterprises Funded by Entrepreneurs from Hong Kong, Macao and Taiwan	219723	94626	110551	14546
外商投资企业	Foreign Funded Enterprises	44258	5957	25481	12820
二、按行业类别分	**Grouped by Sector**				
土木工程建筑业	Civil Engineering	11043968	10365087	449510	229371
房屋建筑业	Buildings	8495895	8081015	293359	121521
矿山建筑业	Mines	7740	5965	75	1700
铁路、公路、隧道和桥梁工程建筑业	Railways, Highways, Tunnels and Bridges	1436864	1320587	85235	31042
堤坝、电站、码头建筑业	Dams, Power Stations and Docks	383000	324736	38300	19964
其他土木工程建筑业	Others	720469	632784	32541	55144
线路管道设备安装业	Pipes, Lines and Equipment Installation	1399456	359556	1015841	24159
线路、管道安装业	Pipes and Lines	657398	188637	460388	8373
设备安装业	Equipment Installment	742058	170819	555453	15786
建筑物装修装饰业	Building Fitting-up and Decoration	974446	468311	466950	39185

13-3 各市建筑业总产值（2002 年）

GROSS OUTPUT VALUE OF CONSTRUCTION BY CITY (2002)

单位：万元 (10000 yuan)

市别 City	合计 Total	内资企业 Domestic Funded Enterprises	国有企业 State-owned Enterprises	集体企业 Collective-owned Enterprises	股份合作企业 Cooperative Operation with Share Holding	联营企业 Joint Owned Enterprises
总计 Total	**13417870**	**13153889**	**3973221**	**2996302**	**94021**	**102083**
广州 Guangzhou	3733922	3635470	1250043	467387	59137	26805
深圳 Shenzhen	2540661	2428421	941535	104691	10410	70610
珠海 Zhuhai	401641	397887	193643	90038		
汕头 Shantou	953201	939529	431346	131166	965	
韶关 Shaoguan	238399	238399	109541	73211		
河源 Heyuan	113496	113496	19381	53635		250
梅州 Meizhou	363121	363121	37709	164066		
惠州 Huizhou	354818	351311	163586	105628		
汕尾 Shanwei	55736	55736	2918	38453	336	
东莞 Dongguan	658408	656502	14099	438035	4980	
中山 Zhongshan	475060	473369	23647	84008		496
江门 Jiangmen	502934	494449	25529	201392	3686	
佛山 Foshan	1077413	1068155	107440	264846	3725	1603
阳江 Yangjiang	247978	247978	39363	128612		2319
湛江 Zhanjiang	494898	491774	248973	125610		
茂名 Maoming	492346	492346	238311	178462	1126	
肇庆 Zhaoqing	192145	186052	63699	69846	3911	
清远 Qingyuan	141646	139847	24821	57206	4223	
潮州 Chaozhou	144934	144934	7410	76684	397	
揭阳 Jieyang	143199	143199	24994	73866		
云浮 Yunfu	91914	91914	5233	69460	1125	

市别 City	有限责任企业 Limited Liability Enterprises	股份有限企业 Limited Share-holding Enterprises	私营企业 Private Enterprises	其他企业 Other Enterprises	港澳台商投资企业 Enterprises Funded by Entrepreneurs from Hong Kong, Macao and Taiwan	外商投资企业 Foreign Funded Enterprises
总计 Total	**3412739**	**837258**	**1732387**	**5878**	**219723**	**44258**
广州 Guangzhou	1282001	123000	423393	3704	79142	19310
深圳 Shenzhen	711558	399740	189877		93501	18739
珠海 Zhuhai	74724	3955	35527		3158	596
汕头 Shantou	235802	52787	87463		8074	5598
韶关 Shaoguan	35	46021	9591			
河源 Heyuan	10905	7735	21590			
梅州 Meizhou	46031	67540	47775			
惠州 Huizhou	46039	4850	30781	427	3507	
汕尾 Shanwei	530	1350	12149			
东莞 Dongguan	12479		186909		1906	
中山 Zhongshan	149800	752	214666		1691	
江门 Jiangmen	148379	51749	62475	1239	8485	
佛山 Foshan	448309	12887	229345		9258	
阳江 Yangjiang	40374	12595	24715			
湛江 Zhanjiang	93257	3499	20435		3124	
茂名 Maoming	27389	18111	28439	508		
肇庆 Zhaoqing	23645	222	24729		6078	15
清远 Qingyuan	19691	9231	24675		1799	
潮州 Chaozhou	32004	7789	20650			
揭阳 Jieyang	7042	11246	26051			
云浮 Yunfu	2745	2199	11152			

13-4 建筑业房屋建筑面积（2002年）

FLOOR SPACE OF BUILDINGS CONSTRUCTED BY CONSTRUCTION ENTERPRISES (2002)

单位：万平方米 (10000 sq.m)

指　　标	Item	房屋建筑施工面积 Floor Space of Buildings under Construction	#本年新开工 Newly Started Buildings in the Year	#投标承包面积 Floor Space through Tender for the Construction	房屋建筑竣工面积 Floor Space of Buildings Completed
总　　计	**Total**	**18882.44**	**8980.28**	**11086.37**	**7947.86**
一、按登记注册类型分组	**Grouped by Type of Registration**				
内资企业	Domestic Funded Enterprises	18788.23	8948.30	11039.39	7928.42
国有企业	State-owned Enterprises	4581.41	1925.02	3027.74	1655.09
集体企业	Collective-owned Enterprises	5962.08	2927.44	3110.35	2842.09
股份合作企业	Cooperative Operation with Share Holding	147.01	75.10	84.86	56.99
联营企业	Joint Owned Enterprises	73.18	39.40	33.77	30.49
国有联营企业	State-owned Joint	18.81	1.08	17.84	12.08
集体联营企业	Collective-owned Joint	9.08	4.62	0.66	0.59
国有与集体联营企业	State and Collective Owned Joint	27.74	20.95	4.70	14.50
其他联营企业	Others	17.56	12.75	10.57	3.33
有限责任公司	Limited Liability Companies	4273.73	2056.28	2783.09	1696.90
国有独资公司	State Exclusively Funded Companies	507.81	223.66	466.88	216.28
其他有限责任公司	Others	3765.92	1832.61	2316.21	1480.62
股份有限公司	Limited Share-holding Companies	1186.44	536.66	787.34	427.47
私营企业	Private Enterprises	2552.94	1384.67	1205.14	1211.54
私营独资企业	Private Exclusively Funded Enterprises	82.60	55.64	57.16	44.65
私营合伙企业	Private Partnership Enterprises	11.63	6.52	11.10	8.75
私营有限责任公司	Private Limited Liability Companies	2249.46	1189.29	1045.56	1095.69
私营股份有限公司	Private Limited Share-holding Companies	209.25	133.22	91.33	62.45
其他企业	Other Enterprises	11.43	3.74	7.10	7.85
港、澳、台商投资企业	Enterprises Funded by Entrepreneurs from Hong Kong, Macao and Taiwan	94.21	31.98	46.98	19.45
二、按行业类别分	**Grouped by Sector**				
土木工程建筑业	Civil Engineering	18695.12	8863.00	11016.22	7840.79
房屋建筑业	Buildings	18018.64	8539.07	10658.01	7466.02
矿山建筑业	Mines	3.66	1.24	1.33	2.90
铁路、公路、隧道和桥梁工程建筑业	Railways, Highways, Tunnels and Bridges	194.50	87.33	122.11	111.36
堤坝、电站、码头建筑业	Dams, Power Stations and Docks	69.92	48.24	35.82	37.10
其他土木工程建筑业	Others	408.40	187.11	198.95	223.41
线路管道设备安装业	Pipes, Lines and Equipment Installation	174.93	116.40	69.79	103.27
线路、管道安装业	Pipes and Lines	34.91	14.70	12.17	7.03
设备安装业	Equipment Installment	140.02	101.70	57.63	96.25
建筑物装修装饰业	Building Fitting-up and Decoration	12.39	0.87	0.36	3.80

13-5 建筑业工程质量(2002年)
CONSTRUCTION QUALITY OF CONSTRUCTION ENTERPRISES (2002)

指　　标	Item	竣工单位工程个数(个) Number of Projects Completed	一次交验合格个数(个) Number of Qualified Projects for One-time Acceptance (unit)	一次交验合格个数率(%) Percentage of Qualified Projects for One-time Acceptance (%)	房屋竣工面积(万平方米) Floor Space of Buildings Completed (10000 sq.m)	一次交验合格面积(万平方米) Floor Space Qualified for One-time Acceptance (10000 sq.m)	一次交验合格面积率(%) Percentage of Floor Space Qualified for One-time Acceptance (%)
总　计	**Total**	**41724**	**32705**	**78.4**	**7947.86**	**6553.75**	**82.5**
一、按登记注册类型分组	**Grouped by Type of Registration**						
内资企业	Domestic Funded Enterprises	40986	32249	78.7	7928.42	6543.50	82.5
国有企业	State-owned Enterprises	9014	7953	88.2	1655.09	1499.19	90.6
集体企业	Collective-owned Enterprises	11632	9607	82.6	2842.09	2299.63	80.9
股份合作企业	Cooperative Operation with Share Holding	637	597	93.7	56.99	40.25	70.6
联营企业	Joint Owned Enterprises	174	107	61.5	30.49	22.69	74.4
国有联营企业	State-owned Joint	34	4	11.8	12.08	12.08	100.0
集体联营企业	Collective-owned Joint	39	13	33.3	0.59	0.59	100.0
国有与集体联营企业	State and Collective Owned Joint	12	10	83.3	14.50	6.70	46.2
其他联营企业	Others	89	80	89.9	3.33	3.33	100.0
有限责任公司	Limited Liability Companies	12006	8475	70.6	1696.90	1429.60	84.2
国有独资公司	State Exclusively Funded Companies	826	344	41.6	216.28	231.28	106.9
其他有限责任公司	Others	11180	8131	72.7	1480.62	1198.32	80.9
股份有限公司	Limited Share-holding Companies	1675	1397	83.4	427.47	379.41	88.8
私营企业	Private Enterprises	5810	4090	70.4	1211.54	865.48	71.4
私营独资企业	Private Exclusively Funded Enterprises	259	90	34.7	44.65	28.39	63.6
私营合伙企业	Private Partnership Enterprises	44	27	61.4	8.75		
私营有限责任公司	Private Limited Liability Companies	5224	3808	72.9	1095.69	793.23	72.4
私营股份有限公司	Private Limited Share-holding Companies	283	165	58.3	62.45	43.86	70.2
其他企业	Other Enterprises	38	23	60.5	7.85	7.25	92.4
港、澳、台商投资企业	Enterprises Funded by Entrepreneurs from Hong Kong, Macao and Taiwan	712	450	63.2	19.45	10.25	52.7
外商投资企业	Foreign Funded Enterprises	26	6	23.1			
二、按行业类别分	**Grouped by Sector**						
土木工程建筑业	Civil Engineering	21515	17506	81.4	7840.79	6474.64	82.6
房屋建筑业	Buildings	15631	13383	85.6	7466.02	6208.25	83.2
矿山建筑业	Mines	55	54	98.2	2.90	2.90	100.0
铁路、公路、隧道和桥梁工程建筑业	Railways, Highways, Tunnels and Bridges	1595	1024	64.2	111.36	86.35	77.5
堤坝、电站、码头建筑业	Dams, Power Stations and Docks	748	558	74.6	37.10	29.64	79.9
其他土木工程建筑业	Others	3486	2487	71.3	223.41	147.50	66.0
线路管道设备安装业	Pipes, Lines and Equipment Installation	20187	15180	75.2	103.27	77.96	75.5
线路、管道安装业	Pipes and Lines	10819	8188	75.7	7.03	3.15	44.8
设备安装业	Equipment Installment	9368	6992	74.6	96.25	74.81	77.7
建筑物装修装饰业	Building Fitting-up and Decoration	22	19	86.4	3.80	1.15	30.4

13-6 建筑施工企业个数及技术装备（2002年）
NUMBER OF CONSTRUCTION ENTERPRISES AND THEIR POWER OF MACHINERY AND EQUIPMENT (2002)

指　　标	Item	施工企业个数（个）Number of Construction Enterprises	年底自有机械设备总台数（台）Number of Machinery and Equipment Owned at Year-End	自有机械设备年末净值（万元）Net Value of Machinery and Equipment Owned Year-End (10000 yuan)	自有机械设备年末总功率（万千瓦）Total Power of Machinery and Equipment Owned at Year-End (10000 kw)	建筑企业年末从业人数（万人）Number of Persons Engaged (10000 persons)
总　计	**Total**	**4019**	**628000**	**1617699**	**895.52**	**150.05**
一、按登记注册类型分组	**Grouped by Type of Registration**					
内资企业	Domestic Funded Enterprises	3913	620168	1594236	887.62	148.61
国有企业	State-owned Enterprises	650	156316	493527	288.77	39.38
集体企业	Collective-owned Enterprises	1150	222510	401195	254.46	47.90
股份合作企业	Cooperative Operation with Share Holding	79	4794	8867	5.83	1.35
联营企业	Joint Owned Enterprises	36	3906	11006	6.75	1.05
国有联营企业	State-owned Joint	8	953	4624	2.42	0.26
集体联营企业	Collective-owned Joint	7	356	1591	0.39	0.13
国有与集体联营企业	State and Collective Owned Joint	6	857	977	0.75	0.19
其他联营企业	Others	15	1740	3814	3.19	0.46
有限责任公司	Limited Liability Companies	839	119172	352189	184.44	29.75
国有独资公司	State Exclusively Funded Companies	43	11570	41588	27.73	2.81
其他有限责任公司	Others	796	107602	310601	156.70	26.94
股份有限公司	Limited Share-holding Companies	130	27408	109910	53.73	8.86
私营企业	Private Enterprises	1023	85873	216777	93.43	20.24
私营独资企业	Private Exclusively Funded Enterprises	54	1403	5534	2.42	0.53
私营合伙企业	Private Partnership Enterprises	23	270	253	0.30	0.13
私营有限责任公司	Private Limited Liability Companies	892	78207	191876	83.77	18.50
私营股份有限公司	Private Limited Share-holding Companies	54	5993	19114	6.94	1.08
其他企业	Other Enterprises	6	189	765	0.21	0.07
港、澳、台商投资企业	Enterprises Funded by Entrepreneurs from Hong Kong, Macao and Taiwan	93	6660	19227	7.47	1.31
外商投资企业	Foreign Funded Enterprises	13	1172	4236	0.42	0.13
二、按行业类别分	**Grouped by Sector**					
土木工程建筑业	Civil Engineering	2377	522259	1422930	821.00	134.26
房屋建筑业	Buildings	1773	450226	1012651	588.07	114.57
矿山建筑业	Mines	9	623	4416	1.22	0.14
铁路、公路、隧道和桥梁工程建筑业	Railways, Highways, Tunnels and Bridges	198	31184	215716	124.81	9.63
堤坝、电站、码头建筑业	Dams, Power Stations and Docks	90	15074	86872	52.30	4.00
其他土木工程建筑业	Others	307	25152	103275	54.59	5.92
线路管道设备安装业	Pipes, Lines and Equipment Installation	770	43501	131315	52.93	9.23
线路、管道安装业	Pipes and Lines	240	16929	55242	24.27	4.02
设备安装业	Equipment Installment	530	26572	76073	28.66	5.21
建筑物装修装饰业	Building Fitting-up and Decoration	872	62240	63454	21.59	6.55

13-7 建筑业企业资产（2002年）
ASSETS OF CONSTRUCTION ENTERPRISES (2002)

单位：万元　　　　(10000 yuan)

指　　标	Item	资产合计 Total Assets	# 流动资产 Circulating Funds	# 固定资产 Fixed Assets	# 无形及递延资产 Intangible and Deferred Assets
总　　计	**Total**	**21481099**	**16424785**	**3351445**	**405349**
一、按登记注册类型分组	**Grouped by Type of Registration**				
内资企业	Domestic Funded Enterprises	20966218	15993585	3284634	397998
国有企业	State-owned Enterprises	7239508	5354156	1230627	143645
集体企业	Collective-owned Enterprises	3845186	2891450	734815	84329
股份合作企业	Cooperative Operation with Share Holding	131040	107517	16460	3357
联营企业	Joint Owned Enterprises	115047	92067	18275	802
国有联营企业	State-owned Joint	36137	29079	5813	460
集体联营企业	Collective-owned Joint	23687	21793	1833	61
国有与集体联	State and Collective Owned Joint	20236	14767	3663	219
其他联营企业	Others	34987	26428	6966	62
有限责任公司	Limited Liability Companies	5992631	4733771	670147	88823
国有独资公司	State Exclusively Funded Companies	1223064	834525	115310	12843
其他有限责任	Others	4769567	3899246	554837	75980
股份有限公司	Limited Share-holding Companies	1503003	1188439	224199	31264
私营企业	Private Enterprises	2129792	1619219	387486	45490
私营独资企业	Private Exclusively Funded Enterprises	50226	39055	9124	213
私营合伙企业	Private Partnership Enterprises	27856	19622	7246	178
私营有限责任	Private Limited Liability Companies	1950194	1490163	344137	42319
私营股份有限	Private Limited Share-holding Companies	101516	70379	26979	2780
其他企业	Other Enterprises	10011	6966	2625	288
港、澳、台商投资企业	Enterprises Funded by Entrepreneurs from Hong Kong, Macao and Taiwan	431523	357869	57554	6899
外商投资企业	Foreign Funded Enterprises	83358	73331	9257	452
二、按行业类别分	**Grouped by Sector**				
土木工程建筑业	Civil Engineering	17563868	13391230	2735255	341350
房屋建筑业	Buildings	12416738	9591103	1857042	246993
矿山建筑业	Mines	31583	14545	13564	2376
铁路、公路、隧道和桥梁工程建筑业	Railways, Highways, Tunnels and Bridges	3174681	2453958	459398	55251
堤坝、电站、码头建筑业	Dams, Power Stations and Docks	831546	462998	217891	13254
其他土木工程建筑业	Others	1109320	868626	187360	23476
线路管道设备安装业	Pipes, Lines and Equipment Installation	2583203	1980899	405738	47252
线路、管道安装业	Pipes and Lines	1195678	956346	153782	15341
设备安装业	Equipment Installment	1387525	1024553	251956	31911
建筑物装修装饰业	Building Fitting-up and Decoration	1334028	1052656	210452	16747

13-8 建筑业企业负债及所有者权益（2002年）
LIABILITIES AND CREDITORS' EQUITY OF CONSTRUCTION ENTERPRISES (2002)

单位：万元 （10000 yuan）

指　标	Item	负债合计 Total Liabilities	长期负债 Long-term Liabilities	流动负债 Liquid Liabilities	所有者权益 Creditors' Equity	#实收资本 Total Capital Hold
总　计	**Total**	**14997137**	**14222638**	**774499**	**6483962**	**4632173**
一、按登记注册类型分组	**Grouped by Type of Registration**					
内资企业	Domestic Funded Enterprises	14662494	13898497	763997	6303724	4493581
国有企业	State-owned Enterprises	5408421	5086191	322230	1831087	1286787
集体企业	Collective-owned Enterprises	2660857	2505650	155207	1184329	948385
股份合作企业	Cooperative Operation with Share Holding	91888	89873	2015	39152	31945
联营企业	Joint Owned Enterprises	68286	66838	1448	46761	39077
国有联营企业	State-owned Joint	20642	20642		15495	12133
集体联营企业	Collective-owned Joint	16985	16335	650	6702	5724
国有与集体联营企业	State and Collective Owned Joint	13084	12311	773	7152	5798
其他联营企业	Others	17575	17550	25	17412	15422
有限责任公司	Limited Liability Companies	4264174	4059255	204919	1728457	1236022
国有独资公司	State Exclusively Funded Companies	832912	754340	78572	390152	277203
其他有限责任公司	Others	3431262	3304915	126347	1338305	958819
股份有限公司	Limited Share-holding Companies	1018148	1004414	13734	484855	249502
私营企业	Private Enterprises	1144309	1080637	63672	985483	699232
私营独资企业	Private Exclusively Funded Enterprises	16320	14755	1565	33906	26153
私营合伙企业	Private Partnership Enterprises	12415	12145	270	15441	11817
私营有限责任公司	Private Limited Liability Companies	1062458	1000856	61602	887736	625664
私营股份有限公司	Private Limited Share-holding Companies	53116	52881	235	48400	35598
其他企业	Other Enterprises	6411	5639	772	3600	2631
港、澳、台商投资企业	Enterprises Funded by Entrepreneurs from Hong Kong, Macao and Taiwan	285485	276290	9195	146038	116996
外商投资企业	Foreign Funded Enterprises	49158	47851	1307	34200	21596
二、按行业类别分	**Grouped by Sector**					
土木工程建筑业	Civil Engineering	12417129	11771113	646016	5146739	3724221
房屋建筑业	Buildings	8740819	8368806	372013	3675919	2653455
矿山建筑业	Mines	16214	15020	1194	15369	5835
铁路、公路、隧道和桥梁工程建筑业	Railways, Highways, Tunnels and Bridges	2411504	2230877	180627	763177	539791
堤坝、电站、码头建筑业	Dams, Power Stations and Docks	480582	419617	60965	350964	255525
其他土木工程建筑业	Others	768010	736793	31217	341310	269615
线路管道设备安装业	Pipes, Lines and Equipment Installation	1782123	1695839	86284	801080	517718
线路、管道安装业	Pipes and Lines	841532	791065	50467	354146	234224
设备安装业	Equipment Installment	940591	904774	35817	446934	283494
建筑物装修装饰业	Building Fitting-up and Decoration	797885	755686	42199	536143	390234

13-9 建筑业企业总收入（2002 年）
TOTAL INCOME OF CONSTRUCTION ENTERPRISES (2002)

单位：万元 (10000 yuan)

指　　标	Item	企业总收入 Total Income of Enterprises	工程结算收入 Revenue of Project Settlement Accounts	工程结算成本 Costs of Project Settlement Accounts	工程结算利润 Profits of Project Settlement Accounts	其他业务收入 Other Revenue from Business
总　计	**Total**	**16202636**	**15588248**	**13929576**	**1172786**	**614388**
一、按登记注册类型分组	**Grouped by Type of Registration**					
内资企业	Domestic Funded Enterprises	15837864	15253052	13635403	1139339	584812
国有企业	State-owned Enterprises	4507155	4225993	3779864	303795	281162
集体企业	Collective-owned Enterprises	2741595	2706083	2387505	213666	35512
股份合作企业	Cooperative Operation with Share Holding	90194	88927	78055	7284	1267
联营企业	Joint Owned Enterprises	108985	106248	93116	9798	2737
国有联营企业	State-owned Joint	38976	38125	33808	3112	851
集体联营企业	Collective-owned Joint	7781	7781	6476	1048	
国有与集体联	State and Collective Owned Joint	15868	14022	12390	1293	1846
其他联营企业	Others	46360	46320	40442	4345	40
有限责任公司	Limited Liability Companies	5534370	5404560	4957203	322504	129810
国有独资公司	State Exclusively Funded Companies	2167984	2100798	2057924	28778	67186
其他有限责任	Others	3366386	3303762	2899279	293726	62624
股份有限公司	Limited Share-holding Companies	1191655	1077127	946990	92331	114528
私营企业	Private Enterprises	1650612	1630836	1380456	189317	19776
私营独资企业	Private Exclusively Funded Enterprises	37571	37538	32073	4228	33
私营合伙企业	Private Partnership Enterprises	17328	17317	13465	3210	11
私营有限责任	Private Limited Liability Companies	1481429	1462915	1233468	174433	18514
私营股份有限	Private Limited Share-holding Companies	114284	113066	101450	7446	1218
其他企业	Other Enterprises	13298	13278	12214	644	20
港、澳、台商投资企业	Enterprises Funded by Entrepreneurs from Hong Kong, Macao and Taiwan	308961	280748	248111	26458	28213
外商投资企业	Foreign Funded Enterprises	55811	54448	46062	6989	1363
二、按行业类别分	**Grouped by Sector**					
土木工程建筑业	Civil Engineering	13568746	13099223	11856557	840866	469523
房屋建筑业	Buildings	10469664	10206720	9306721	588877	262944
矿山建筑业	Mines	11688	8604	7485	733	3084
铁路、公路、隧道和桥梁工程建筑业	Railways, Highways, Tunnels and Bridges	1859701	1694139	1511726	130025	165562
堤坝、电站、码头建筑业	Dams, Power Stations and Docks	420881	402614	342529	47603	18267
其他土木工程建筑业	Others	806812	787146	688096	73628	19666
线路管道设备安装业	Pipes, Lines and Equipment Installation	1538993	1451644	1188949	215133	87349
线路、管道安装业	Pipes and Lines	669600	637793	517898	98570	31807
设备安装业	Equipment Installment	869393	813851	671051	116563	55542
建筑物装修装饰业	Building Fitting-up and Decoration	1094897	1037381	884070	116787	57516

13-10 建筑业企业利税总额(2002年)

TOTAL PRE-TAX PROFITS OF CONSTRUCTION ENTERPRISES (2002)

指标	Item	利税总额合计(万元) Total Pre-tax Profits (10000 yuan)	利润总额 Total Profits	工程结算税金及附加 Taxes and Extra Charges on Project Settlement Accounts	管理费用中的税金 Taxes in Management Expenses	产值利税率(%) Ratio of Pre-tax Profits to Output Value (%)	资产利税率(%) Ratio Pre-tax Profits to Assets (%)
总计	**Total**	**889500**	**374528**	**485886**	**29086**	**6.6**	**4.1**
一、按登记注册类型分组	**Grouped by Type of Registration**						
内资企业	Domestic Funded Enterprises	870234	363522	478310	28402	6.6	4.2
国有企业	State-owned Enterprises	192491	42129	142334	8028	4.8	2.7
集体企业	Collective-owned Enterprises	180174	67530	104912	7732	6.0	4.7
股份合作企业	Cooperative Operation with Share Holding	6697	2934	3588	175	7.1	5.1
联营企业	Joint Owned Enterprises	5503	1750	3334	419	5.4	4.8
国有联营企业	State-owned Joint	2142	843	1205	94	6.4	5.9
集体联营企业	Collective-owned Joint	439	179	257	3	5.3	1.9
国有与集体联	State and Collective Owned Joint	386	30	339	17	2.5	1.9
其他联营企业	Others	2536	698	1533	305	5.6	7.2
有限责任公司	Limited Liability Companies	252378	120508	124853	7017	7.4	4.2
国有独资公司	State Exclusively Funded Companies	21731	6658	14096	977	5.5	1.8
其他有限责任	Others	230647	113850	110757	6040	7.6	4.8
股份有限公司	Limited Share-holding Companies	91605	52400	37806	1399	10.9	6.1
私营企业	Private Enterprises	140977	76426	61063	3488	8.1	6.6
私营独资企业	Private Exclusively Funded Enterprises	2671	1387	1237	47	5.1	5.3
私营合伙企业	Private Partnership Enterprises	1646	968	642	36	8.4	5.9
私营有限责任	Private Limited Liability Companies	129987	72120	55014	2853	8.4	6.7
私营股份有限	Private Limited Share-holding Companies	6673	1951	4170	552	5.9	6.6
其他企业	Other Enterprises	409	-155	420	144	7.0	4.1
港、澳、台商投资企业	Enterprises Funded by Entrepreneurs from Hong Kong, Macao and Taiwan	14996	8277	6179	540	6.8	3.5
外商投资企业	Foreign Funded Enterprises	4270	2729	1397	144	9.6	5.1
二、按行业类别分	**Grouped by Sector**						
土木工程建筑业	Civil Engineering	689113	264615	401800	22698	6.2	3.9
房屋建筑业	Buildings	531917	203898	311122	16897	6.3	4.3
矿山建筑业	Mines	-228	-641	386	27	-2.9	-0.7
铁路、公路、隧道和桥梁工程建筑业	Railways, Highways, Tunnels and Bridges	87171	31788	52388	2995	6.1	2.7
堤坝、电站、码头建筑业	Dams, Power Stations and Docks	20863	7367	12482	1014	5.4	2.5
其他土木工程建筑业	Others	49390	22203	25422	1765	6.9	4.5
线路管道设备安装业	Pipes, Lines and Equipment Installation	135267	83353	47562	4352	9.7	5.2
线路、管道安装业	Pipes and Lines	68422	45586	21325	1511	10.4	5.7
设备安装业	Equipment Installment	66845	37767	26237	2841	9.0	4.8
建筑物装修装饰业	Building Fitting-up and Decoration	65120	26560	36524	2036	6.7	4.9

13-11 一、二级建筑业企业生产情况主要指标（2002年）
MAIN PRODUCTION INDICATORS OF CONSTRUCTION ENTERPRISES WITH GRADE Ⅰ AND GRADE Ⅱ (2002)

指 标	Item	施工企业个数（个）Number of Construction Enterprises (unit)	建筑业总产值（万元）Gross Output Value of Construction (10000 yuan)	竣工产值（万元）Output Value of Projects Completed (10000 yuan)	房屋建筑竣工面积（万平方米）Floor Space of Buildings Completed (10000 sq.m)	建筑业全员劳动生产率（元/人）Overall Labour Productivity (yuan/person)
总 计	**Total**	**1123**	**9002975**	**6751324**	**4568.39**	**917100**
一、按登记注册类型分组	**Grouped by Type of Registration**					
内资企业	Domestic Funded Enterprises	1067	8798047	6622032	4562.14	902238
国有企业	State-owned Enterprises	372	3432456	2448537	1417.29	317116
集体企业	Collective-owned Enterprises	246	1487490	1196667	1286.36	230804
股份合作企业	Cooperative Operation with Share Holding	9	50854	31005	34.14	7408
联营企业	Joint Owned Enterprises	16	62225	32189	17.27	6650
国有联营企业	State-owned Joint	6	31611	12795	12.08	2498
集体联营企业	Collective-owned Joint	1	4709	1893	0.17	705
国有与集体联营企业	State and Collective Owned Joint	3	7811	3814	1.70	615
其他联营企业	Others	6	18094	13687	3.33	2832
有限责任公司	Limited Liability Companies	247	2495034	1977469	1167.67	202493
国有独资公司	State Exclusively Funded Companies	32	377484	394564	206.89	21939
其他有限责任公司	Others	215	2117550	1582905	960.77	180554
股份有限公司	Limited Share-holding Companies	47	653580	524099	350.43	59314
私营企业	Private Enterprises	129	615169	410158	285.22	78265
私营独资企业	Private Exclusively Funded Enterprises	3	3394	3394		297
私营合伙企业	Private Partnership Enterprises	3	674	674		60
私营有限责任公司	Private Limited Liability Companies	117	559932	374151	252.99	72071
私营股份有限公司	Private Limited Share-holding Companies	6	51169	31939	32.23	5837
其他企业	Other Enterprises	1	1239	1908	3.76	188
港、澳、台商投资企业	Enterprises Funded by Entrepreneurs from Hong Kong, Macao and Taiwan	50	171724	114253	6.25	13568
外商投资企业	Foreign Funded Enterprises	6	33204	15039		1294
二、按行业类别分	**Grouped by Sector**					
土木工程建筑业	Civil Engineering	790	7571937	5576477	4523.56	824956
房屋建筑业	Buildings	581	5703262	4350198	4399.56	703630
矿山建筑业	Mines	3	4873	4165	1.96	576
铁路、公路、隧道和桥梁建筑业	Railways, Highways, Tunnels and Bridges	84	1150365	772504	55.41	69312
堤坝、电站、码头建筑业	Dams, Power Stations and Docks	30	288759	182547	8.51	22690
其他土木工程建筑业	Others	92	424678	267063	58.12	28748
线路管道设备安装业	Pipes, Lines and Equipment Installation	156	743824	602602	42.70	50584
线路、管道安装业	Pipes and Lines	57	331350	277394	2.23	20627
设备安装业	Equipment Installment	99	412474	325208	40.47	29957
建筑物装修装饰业	Building Fitting-up and Decoration	177	687214	572245	2.13	41560

13-12 一、二级建筑业企业财务状况主要指标（2002年）

MAIN FINANCIAL INDICATORS OF CONSTRUCTION ENTERPRISES WITH GRADE Ⅰ AND GRADE Ⅱ (2002)

单位：万元 （10000 yuan）

指标	Item	企业总收入 Total Income of Enterprises	#工程结算收入 Revenue of Project Settlement Accounts	#工程结算成本 Costs of Project Settlement Accounts	利润总额 Total Profits	营业利润 Operating Profits
总计	**Total**	**11996847**	**11549349**	**10486151**	**219699**	**201651**
一、按登记注册类型分组	**Grouped by Type of Registration**					
内资企业	Domestic Funded Enterprises	11704771	11279229	10245007	211340	192771
国有企业	State-owned Enterprises	3866620	3684350	3305544	34756	29829
集体企业	Collective-owned Enterprises	1412994	1389253	1243148	24977	24747
股份合作企业	Cooperative Operation with Share Holding	53187	52813	47115	1740	1696
联营企业	Joint Owned Enterprises	68629	66094	58556	938	1140
国有联营企业	State-owned Joint	37211	36438	32485	793	1241
集体联营企业	Collective-owned Joint	4709	4709	4039	59	78
国有与集体联营企业	State and Collective Owned Joint	8603	6853	6367	16	24
其他联营企业	Others	18106	18094	15665	70	-227
有限责任公司	Limited Liability Companies	4641642	4533893	4231583	75468	62316
国有独资公司	State Exclusively Funded Companies	2139420	2074162	2034145	6692	2126
其他有限责任公司	Others	2502222	2459731	2197438	68776	60190
股份有限公司	Limited Share-holding Companies	998950	892870	799004	32623	31170
私营企业	Private Enterprises	658122	655332	555852	40746	41775
私营独资企业	Private Exclusively Funded Enterprises	3398	3398	3090	112	112
私营合伙企业	Private Partnership Enterprises	641	641	361	9	5
私营有限责任公司	Private Limited Liability Companies	583423	580731	486937	39557	40577
私营股份有限公司	Private Limited Share-holding Companies	70660	70562	65464	1068	1081
其他企业	Other Enterprises	4627	4624	4205	92	98
港、澳、台商投资企业	Enterprises Funded by Entrepreneurs from Hong Kong, Macao and Taiwan	248122	226822	203776	6385	6930
外商投资企业	Foreign Funded Enterprises	43954	43298	37368	1974	1974
二、按行业类别分	**Grouped by Sector**					
土木工程建筑业	Civil Engineering	10376168	10017482	9178846	167410	155936
房屋建筑业	Buildings	8009144	7783275	7195711	121353	123927
矿山建筑业	Mines	8734	5754	5151	-751	-742
铁路、公路、隧道和桥梁建筑业	Railways, Highways, Tunnels and Bridges	1505574	1406300	1258793	30024	21365
堤坝、电站、码头建筑业	Dams, Power Stations and Docks	335746	317971	272967	4951	722
其他土木工程建筑业	Others	516970	504182	446224	11833	10664
线路管道设备安装业	Pipes, Lines and Equipment Installation	860303	807016	672018	42327	34355
线路、管道安装业	Pipes and Lines	347799	330144	272028	23118	14797
设备安装业	Equipment Installment	512504	476872	399990	19209	19558
建筑物装修装饰业	Building Fitting-up and Decoration	760376	724851	635287	9962	11360

主要统计指标解释

建筑业总产值 指以货币表现的建筑安装企业在一定时期内生产的建筑业产品的总和。建筑业总产值包括三部分内容：

（1）建筑工程产值：指列入建筑工程预算内的各种工程价值。

（2）设备安装工程产值：指设备安装工程价值。

（3）其他产值：建筑业总产值中除建筑工程、安装工程以外的产值。包括房屋构筑物修理产值、非标准设备制造产值、总包企业向分包企业收取的管理费以及不能明确划分的施工活动所完成的产值。

a. 房屋构筑物修理产值：指房屋和构筑物的修理所完成的价值，但不包括被修理房屋构筑物的本身价值和生产设备的修理价值。

b. 非标准设备制造产值：指加工制造没有定型的非标准生产设备的加工费和原材料价值以及附属加工厂为本企业承建工程制作的非标准设备的价值。

竣工产值 一般是以单位工程为对象，当该工程按照设计所规定的工程内容全部完成，达到了设计规定的交工条件，经有关部门检查验收鉴定合格的单位工程价值，即为竣工产值。

建筑业增加值 是指建筑业企业在报告期内以货币表现的建筑业生产经营活动的最终成果。建筑业增加值有两种计算方法：一是生产法，即建筑业总产出中减去建筑业中间消耗后的余额。二是分配法（收入法），即从收入的角度出发，根据生产要素在生产过程中应得到的收入份额计算，具体构成项目有固定资产折旧、劳动者报酬、生产税净额、营业盈余。目前建筑业统计报表制度中采用分配法（收入法）计算建筑业增加值。具体计算公式为：

建筑业增加值 = 本年提取的固定资产折旧 + 主管业务应付工资 + 主管业务应付福利费 + 管理费用中的劳动待业保险费 + 工程结算税金及附加 + 管理费用中的税金 + 营业利润

房屋施工面积 指在报告期内施过工的全部房屋建筑面积，它包括本期新开工的房屋面积、上期跨入本期继续施工的房屋面积、上期停缓建在本期恢复施工的房屋面积、本期竣工的房屋面积以及本期施工后又停缓建的房屋面积。

房屋竣工面积 指在报告期内房屋建筑按照设计要求已全部完工，达到了使用条件，经检查验收鉴定合格的房屋建筑面积。

自有机械设备年末总台数 是指归本企业（或单位）所有，属于本企业（或单位）生产性机械设备年末总台数。包括施工机械、生产设备、运输设备以及其他设备。

自有机械设备年末总功率 是指本企业（或单位）自有施工机械、生产设备、运输设备以及其他设备等列为固定资产的生产性机械设备年末总功率，按设定能力或查定能力计算 。包括机械本身的动力和为该机械服务的单独动力设备，如电动机等。计算单位用千瓦，动力换算可按 1 马力 = 0.735 千瓦折合成千瓦数。电焊机、变压器、锅炉不计算动力。

工程结算收入 指本企业承包工程实现的工程价款结算收入以及向发包单位收取的除工程价款以外按规定列作营业收入的各种款项，如临时设施费、劳动保险费、施工机械调迁费等以及向发包单位收取的各种索赔款。

工程结算成本 指在报告期内与发包单位办理工程价款结算的已完工程实 际成本。

营业利润 指企业生产经营活动所实现的利润。分为主营业务利润和其他利润。

营业利润 = 工程结算利润 + 其他业务利润-管理费用-财务费用

企业总收入 指与企业生产经营直接有关的各项收入，包括工程结算收入和其他业务收入，

即：企业总收入 = 工程结算收入 + 其他业务收入

Explanatory Notes on Main Statistical Indicators

Gross Output Value of Construction refers to total of construction products, expressed in monetary terms, completed by construction and installation enterprises during a given period of time. It includes:

(1) Output value of construction projects, that is the value of projects covered by the project budgets;

(2) Output value of installation projects, that is the value of the installation of equipment;

(3) Other output values, that is the values excluding output value of construction projects and output value of installation projects, including output value of repair of buildings and structures, output value of manufactured non-standard equipment, management expenses received by head enterprises from subcontract enterprises and output value of construction activities completed but unclassified.

a. Output value of repair of buildings and structures, that is the value created through the repairs of buildings or structures, but does not include the value of buildings or structures being repaired and the value of the repair of production equipment.

b. Output value of manufactured non-standard equipment, that is the value of non-standard production equipment (including raw materials and manufacturing cost) made for the construction project, and equipment manufactured by subsidiary workshops.

Output Value Completed refers to the value of unit project completed, which has come up to the designed standards and has been checked and accepted as qualified project by related departments.

Value-added of Construction refers to the final result of the activities of production and management of construction in monetary terms in the reference period.

The value-added of construction is calculated with two approaches: one is the production approach, that is the total value of construction minus the total intimidate consumption of construction; the other is the allocation approach (income approach), that is the sum of income of various production factors in the production process, including depreciation of fixed assets, labors' remuneration, net taxes on production and operating surplus. At present, the value-added of construction is calculated with the allocation (income) approach according to the statistical reporting system of construction. The formula is as follows:

Value-added of Construction = Depreciation of Fixed Assets in the Year + Wages Payable of Major Business + Welfare Expenses Payable of Major Business + Insurance Premium for Waiting for Employment in the Administrative Expenses + Taxes and Surcharges on Project Settlement + Taxes in the Administrative Expenses + Operating Profit

Floor Space of Buildings under Construction refers to the floor space of buildings under construction during the reference period, including newly started buildings, buildings started earlier and continued during the reference period, and buildings suspended earlier but resumed during the reference period, buildings completed during the reference period, and buildings under construction and then suspended during the reference period.

Floor Space of Buildings Completed refers to the floor space of buildings that are completed in the reference period in accordance with the requirements of the design, up to the standard for putting them into use, and have been checked and accepted by concerned departments as qualified ones.

Total Number of Machinery and Equipment Owned by the End of Year refers to the number of machines and equipment owned by the enterprises, and listed as the fixed assets of the enterprises by the end of the year, including machinery and equipment for construction, production and transportation.

Total Power of Machinery and Equipment Owned by the End of Year refers to the total power of machinery and equipment owned by the enterprises, and listed as the fixed assets of the enterprises by the end of year, including machinery and equipment for construction, production and transportation. The power of the machinery is calculated on the basis of the designed or verified capacity, covering the power of the machinery/equipment and the separate power equipment serving the machinery/equipment (such as electric motors), but excluding welders, transformers and boilers. The unit used for the calculation of power is kilowatt, with horsepower converted to kilowatt by 1 horsepower = 0.735 kilowatt.

Income from Settlement of Projects refers to the income received by the construction enterprise from the contracted project through settlement procedures, and other charges to the unit of issuing contracts as operational costs in addition to the value of the project, such as temporary facility fee, labor insurance premium, moving cost of construction equipment, as well as various types of claims to the unit of issuing contracts.

Costs from Settlement of Projects refers to the real costs from settlement of completed projects with the unit of issuing contracts during the reference period.

Operating Profit refers to the profit made in the production and management activities of the enterprises, including profit of major business and other profits.

Operating Profit = Profit from Settlement of Projects + Other Operating Profits-Administrative Expenses-Financial Expenses

Total Revenue of Enterprises refers to the sum of income from production and operation of enterprises, including income from settlement of projects and other operational income, namely:

Total Revenue of Enterprises = Income from Settlement of Projects + Other Operational Income

十四 运输、邮电

TRANSPORTATION,POSTAL AND TELECOMMUNICATION SERVICES

14

十四　运输、邮电

简要说明

一、本篇资料反映广东运输、邮电通信业发展的基本状况。

交通运输业资料主要包括：五种运输方式的线路里程、运输设备拥有量、各种运输方式完成的货物运输量和旅客运输量、港口设备拥有量、港口货物吞吐量等。

邮电通信业资料主要包括：邮电业务量、邮电通信工具、邮电通信网、邮电通信水平等。

二、本篇资料由广东省统计局工业交通统计处整理、编辑。

三、资料分别来源于各市统计局以及省内民航、铁路、公路、水运、港口、公安、邮电等部门。管道运输资料由有关管道运输企业提供。

14　TRANSPORT, POSTAL AND TELECOMMUNICATION SERVICES

Brief Introduction

Ⅰ. The data in this chapter cover mainly the basic conditions of the development of transport, posts and telecommunications in Guangdong Province.

The data on transport cover mainly the length of the routes of five means of transportation, the ownership of the transport equipment, the freight traffic and passenger traffic accomplished by various means of transportation, the ownership of the port equipment and the cargo handled at ports, etc.

The data on posts and telecommunications cover mainly the postal and telecommunication services, means of post and telecommunications, network of post and telecommunications, main financial indicators of postal and telecommunication enterprises and the level of the development of the postal and telecommunication services, etc.

Ⅱ. The data in this chapter are prepared and compiled by the Division of Industry and Transport Statistics of Statistics Bureau of Guangdong Province.

Ⅲ. The data in this chapter come respectively from the statistical bureaus of cities and the provincial departments of railways, transportation, post and telecommunications, etc. The data on the pipeline transport are provided by Maoming Petrochemical Corporation and Guangzhou Petrochemical Corporation.

14-1 运输邮电主要指标
MAIN INDICATORS ON TRANSPORT, POSTAL AND TELECOMMUNICATION SERVICES

指　　标	Item	1995	2000	2001	2002	2002比2001增长% Increase Rate in 2002 over 2001（%）
铁路营业里程（公里）	Length of Railways in Operation (km)	1861	1942	1885	1883	-0.1
公路通车里程（公里）	Length of Highways (km)	84563	102606	104799	108538	3.6
内河通航里程（公里）	Length of Navigable Inland Waterways (km)	10808	13696	13687	13687	0.0
民航航线里程（公里）	Length of Civil Aviation Routes (km)	296226	500322	568846	649229	14.1
港口码头泊位（个）	Number of Berths in Coastal Ports (unit)	2285	3191	3168	3279	3.5
#万吨级泊位（个）	Berths at 10000 Ton Class (unit)	93	126	127	130	2.4
码头泊位长度（米）	Length of Quay Line (m)	111262	180238	179818	194101	7.9
公路桥梁（座）	Highway Bridges (unit)	15859	19668	21454	21841	1.8
#永久式（座）	Permanent (unit)	15806	19656	21439	21831	1.8
民用汽车（辆）	Civil Motor Vehicles (unit)	1147348	1729054	1919150	2308875	20.3
机动船艘数（艘）	Number of Motor Vessels (unit)	33117	21733	20761	20960	1.0
吨位数（净载重吨）	Tonnage (dead weight ton)	7888261	5268845	4952714	5223565	5.5
民用飞机（架）	Civil Aircraft (unit)	97	106	109	113	3.7
长途电话交换机容量（路）	Capacity of Automatic Long-distance Telephone Exchanges (line)	449548	703352	782185	927160	18.5
局用电话交换机总容量（万门）	Total Capacity of Office Telephone Exchanges (10000 gates)	1007.10	1939.45	2451.00	2616.34	6.7
移动电话交换机容量（万户）	Capacity of Mobile Telephone Exchanges (10000 subscribers)	145.00	1825.40	2947.70	3682.74	24.9
本地电话机总数（万部）	Number of Telephone Sets (10000 units)	729.93	1690.05	1983.08	2274.08	14.7
平均百人电话拥有量（部/百人）	Number of Telephone Sets Owned per 100 Persons (unit/100 persons)	12.07	39.54	56.45	69.84	23.7
长途电话业务电路（路）	Long-distance Telephone Lines (line)	159162	478746	390506	613464	57.1
客运量（万人）	Passenger Traffic (10000 persons)	130998	164791	178676	188657	5.6
旅客周转量（亿人公里）	Passenger-kilometers (100 million person-km)	936.29	1218.59	1342.12	1490.34	11.0
货运量（万吨）	Freight Traffic (10000 tons)	111063	119216	131621	137032	4.1
货物周转量（亿吨公里）	Freight Ton-kilometers (100 million ton-km)	4642.91	3064.51	3221.47	3229.39	0.2
港口货物吞吐量（万吨）	Volume of Freight Handled in Coastal Ports (10000 tons)	18933	31649	34696	44102	27.1
港口旅客吞吐量（万人）	Volume of Passengers Handled in Coastal Ports (10000 persons)	2795	1710	1975	2040	3.3
航站旅客吞吐量（万人）	Volume of Passenger Handled at Airports (10000 persons)	1963.00	2142.84	2343.80	2730.60	16.5
邮电业务总量（亿元）	Business Volume of Postal and Telecommunication Services (100 million yuan)	204.93	602.31	782.67	917.87	17.3

注：1999年及以前邮电业务总量按1990年不变价计算，从2000年起，邮电业务总量按2000年不变价计算，铁路客货运输量按运送数计算，航空货运不计行李（下同）。

Note: In 1999 and prior to it, the total business volume of postal and telecommunication services was calculated at 1990 constant prices. Since 2000, it has been calculated at 2000 constant prices, volume of freight and passenger traffic carried by railways at number of transportation, and that by airways excluding luggage. The same as in the following tables.

14-2 全社会旅客运输量
TOTAL PASSENGER TRAFFIC

年份 Year	客运量（万人） Passenger Traffic（10000 persons）					旅客周转量（亿人公里） Passenger-kilometers（100 million person-km）				
	合计 Total	铁路 Railways	公路 Highways	水路 Waterways	民航 Civil Aviation	合计 Total	铁路 Railways	公路 Highways	水路 Waterways	民航 Civil Aviation
1985	49848	3357	41826	4427	238	270.23	50.41	178.27	20.46	21.09
1986	126890	3742	113561	9295	292	450.35	56.70	346.81	19.82	27.02
1987	158715	4129	144684	9557	345	796.86	66.98	678.04	21.20	30.64
1988	218915	4828	204278	9420	389	402.34	82.53	261.18	22.43	36.20
1989	66727	4882	58110	3377	358	447.62	84.38	309.25	20.50	33.49
1990	78046	4467	70681	2428	470	453.21	82.56	307.40	19.68	43.57
1991	83460	5004	75570	2317	569	526.66	102.11	348.85	20.89	54.81
1992	93678	6243	83128	3503	804	624.55	131.99	385.76	25.75	81.05
1993	95468	6835	84708	3078	847	696.92	161.04	422.88	25.60	87.40
1994	125036	6920	111447	5636	1033	929.48	164.11	619.52	33.21	112.64
1995	130998	6283	118406	5146	1163	936.29	163.11	613.07	31.13	128.98
1996	128831	5593	117815	4232	1191	938.65	153.86	626.60	20.65	137.54
1997	123649	6201	113259	3032	1157	957.20	177.61	616.48	17.21	145.90
1998	132462	6743	121795	2729	1195	994.84	194.16	630.65	13.87	156.16
1999	148636	7553	137324	2605	1154	1082.14	212.13	700.74	13.62	155.65
2000	164791	12165	148945	2363	1318	1218.59	241.51	780.74	11.65	184.69
2001	178676	12783	161967	2382	1544	1342.12	252.37	858.86	11.40	219.49
2002	188657	13310	171191	2347	1809	1490.34	273.19	945.16	11.31	260.68

14-3 全社会货物运输量
TOTAL FREIGHT TRAFFIC

年份 Year	货运量（万吨） Freight Traffic（10000 tons）						货物周转量（亿吨公里） Freight Ton-kilometers（100 million ton-km）					
	合计 Total	铁路 Railways	公路 Highways	水路 Waterways	民航 Civil Aviation	管道 Pipelines	合计 Total	铁路 Railways	公路 Highways	水路 Waterways	民航 Civil Aviation	管道 Pipelines
1984	33152	2844	18984	10467	3	854	1618.72	91.51	75.75	1445.95	0.26	5.25
1985	58726	3000	42813	12045	4	864	1767.86	102.29	156.45	1503.47	0.38	5.27
1986	65078	4269	49030	10831	4	944	1845.33	130.02	127.28	1581.60	0.45	5.98
1987	74571	4493	57393	11664	5	1016	1982.59	142.56	179.41	1653.81	0.54	6.27
1988	79811	4504	57717	16583	6	1001	2209.11	151.55	216.22	1834.41	0.67	6.26
1989	85054	4888	63254	15820	6	1086	2419.57	168.39	301.16	1942.79	0.71	6.52
1990	85809	4803	63709	16198	8	1091	2598.88	179.54	346.27	2065.69	0.90	6.48
1991	94136	5347	69784	17718	10	1277	3181.83	206.18	386.49	2580.79	1.06	7.31
1992	113119	6089	84181	21346	12	1491	3560.59	239.34	583.36	2727.97	1.41	8.51
1993	125273	6595	87567	29660	14	1437	3797.09	261.91	428.17	3097.19	1.70	8.12
1994	119901	6971	81361	30165	20	1384	4326.09	280.31	443.54	3592.35	2.39	7.50
1995	111063	7634	68884	32952	21	1572	4642.91	290.78	352.45	3990.19	2.75	6.74
1996	95598	8138	60131	25699	24	1606	3761.09	294.12	327.81	3129.27	3.27	6.62
1997	99763	8430	62728	26873	25	1707	3837.78	294.45	341.08	3185.26	3.99	13.00
1998	101933	8288	65682	25669	28	2266	3453.92	290.65	371.08	2750.19	4.90	37.10
1999	106334	8150	70626	24857	31	2670	2980.69	282.68	426.70	2223.75	5.45	42.11
2000	119216	15172	75365	25696	31	2952	3064.51	295.97	472.49	2247.86	6.45	41.74
2001	131621	15435	86555	26434	35	3162	3221.47	296.79	522.89	2350.73	7.54	43.52
2002	137032	14790	92736	26263	42	3201	3229.39	277.87	576.35	2323.27	9.94	41.96

14-4 运输工具和线路拥有量

NUMBER OF MEANS OF TRANSPORT AND TRANSPORT ROUTES OWNED

项目		Item		1995	2000	2001	2002
一、铁 路		**Railways**					
铁路机车	（台）	Locomotives	(unit)	431	538	486	446
铁路营业里程	（公里）	Length of Railways in Operation	(km)	1861	1942	1885	1883
中央铁路	（公里）	National Railways	(km)	684	694	694	691
地方铁路	（公里）	Local Railways	(km)	1177	1248	1191	1192
二、公 路		**Highways**					
公路通车里程	（公里）	Length of Highways	(km)	84563	102606	104799	108538
（一）民用汽车	（辆）	Civil Motor Vehicles	(unit)	1147348	1729054	1919150	2308875
载客汽车	（辆）	Buses and Cars	(unit)	447346	853375	990478	1302877
	（客位）		(seat)	3845569	7969195	8789190	10913120
载货汽车	（辆）	Trucks	(unit)	670659	843779	893917	973938
	（吨位）		(ton)	2310232	3517470	3335765	2958628
其他汽车	（辆）	Other Vehicles	(unit)	29343	31900	34755	32060
（二）农用运输车	（辆）	Vehicles for Agricultural Use	(unit)				44562
（三）拖拉机	（台）	Tractors	(unit)	38213	35925	38175	10973
（四）摩托车	（辆）	Motorcycles	(unit)	3429133	6799167	7412990	8572091
（五）其他类型车	（辆）	Other Kinds of Vehicles	(unit)	339645	137332	115979	110542
（六）挂车	（辆）	Trailers	(unit)	3451	6040	6509	8047
三、水 运		**Waterways**					
内河通航里程	（公里）	Length of Navigable Inland Waterways	(km)	10808	13696	13687	13687
（一）机 动 船	（艘）	Motor Vessels	(unit)	33117	21733	20761	20960
	（净载重吨位）		(dead weight tonnage)	7888261	5268845	4952714	5223565
	（客位）		(seat)	171298	149004	142059	129797
	（总功率千瓦）		(kw)			3415217	3397174
（二）驳 船	（艘）	Barges	(unit)	2014	1076	449	341
	（净载重吨位）		(dead weight tonnage)	601040	274836	131623	109476
	（客位）		(seat)	160	395	227	303
四、民 航		**Civil Aviation**					
民用航空航线里程	（公里）	Length of Civil Aviation Routes	(km)	296226	500322	568846	649229
民用飞机	（架）	Number of Civil Aircraft	(unit)	97	106	109	113
五、管道		**Pipelines**					
条 数	（条）	Number of Pipelines	(unit)	26	45	54	63
输油（气）里程	（公里）	Length of Pipelines	(km)	324.90	1535.57	1646.10	1615.18

14-5 各市民用车辆拥有量（2002年）

NUMBER OF CIVIL MOTOR VEHICLES OWNED BY CITY (2002)

单位：辆 (unit)

市别 City	总计 Total	汽车 Motor Vehicles	载客汽车 Passenger Vehicles	载货汽车 Trucks	其他汽车 Others Motor Vehicles	农用运输车 Vehicles for Agriculture Use	拖拉机 Trackers	摩托车 Motor-cycles	其它类型车 Other Kinds of Vehicles
广州 Guangzhou	1584382	487556	311663	165512	10381	1780	2057	1088511	223
深圳 Shenzhen	464143	410409	279922	120944	9543			53548	
珠海 Zhuhai	136030	70520	42423	27458	639	85	13	63884	1493
汕头 Shantou	484607	87979	52596	34940	443	3653	4	389442	3523
韶关 Shaoguan	259588	41021	18263	22615	143	1537	1075	201417	14467
河源 Heyuan	213351	22388	11256	10742	390	1832	455	186269	2397
梅州 Meizhou	522740	41566	18318	23054	194	11061	414	459286	10411
惠州 Huizhou	422783	76960	38998	37358	604	1102		344630	
汕尾 Shanwei	154481	17484	10287	7116	81	2142	3	131388	3434
东莞 Dongguan	863810	220134	116783	102253	1098	1619	8	642034	
中山 Zhongshan	463048	111462	55101	55121	1240	1503		349785	
江门 Jiangmen	862849	98224	46790	50071	1363	2336	140	751086	10283
佛山 Foshan	1405989	254762	126397	125133	3232	381	24	1144880	5165
阳江 Yangjiang	376349	21789	9990	11721	78	848	2	346933	6606
湛江 Zhanjiang	409004	62813	24626	37170	1017	3548	2788	338398	402
茂名 Maoming	751329	69696	23402	45824	470	2995	1462	670852	6110
肇庆 Zhaoqing	469018	42694	19027	23529	138	940	438	411255	13623
清远 Qingyuan	317985	45089	18304	26655	130	1662	2006	252474	16734
潮州 Chaozhou	228584	29682	15828	13798	56	535	44	198268	50
揭阳 Jieyang	306991	37451	22306	15008	137	3806	1	260069	5659
云浮 Yunfu	297062	24592	11273	13268	51	1197	39	261255	9962

14-6 各市公路基本情况（2002年）

BASIC CONDITIONS OF HIGHWAYS BY CITY (2002)

单位：公里 (km)

市别 City	通车里程 Length of Highways	晴雨通车里程 Length of Highways in Any Weathers	按等级分 By Class		按路面分 By Pavement		桥梁 Bridges	
			等级路 Expressways and Class I to IV Highways	等外路 Highways below Class IV	有路面里程 Paved Highways	无路面里程 Not-paved Highways	座 Unit	米 Meter
广州 Guangzhou	5138	5136	4349	788	5055	83	1289	67531
深圳 Shenzhen	1314	1314	1314		1314		473	16225
珠海 Zhuhai	1017	1017	985	32	1017	1	234	23703
汕头 Shantou	1734	1716	1717	17	1734		408	12174
韶关 Shaoguan	8933	8770	6309	2625	8794	139	1175	37205
河源 Heyuan	8874	8873	6328	2546	7714	1160	1444	41642
梅州 Meizhou	10202	10149	9280	922	10173	29	1943	50951
惠州 Huizhou	7084	7084	6889	195	7084		1113	40123
汕尾 Shanwei	3425	3252	3164	261	3419	6	755	21708
东莞 Dongguan	2533	2489	2455	78	2491	42	577	41094
中山 Zhongshan	1027	1027	980	46	1027		531	26661
江门 Jiangmen	4058	4051	4000	58	4030	28	1239	45246
佛山 Foshan	3890	3890	3797	93	3889	1	1244	82645
阳江 Yangjiang	4308	4308	4239	69	4308		633	24638
湛江 Zhanjiang	7054	7050	6018	1035	6813	240	745	26104
茂名 Maoming	8591	8364	8275	317	8369	223	1849	54881
肇庆 Zhaoqing	7662	7624	7277	385	7659	4	1151	38504
清远 Qingyuan	9970	9892	9220	750	9915	56	1438	58859
潮州 Chaozhou	1836	1836	1510	326	1836		429	14144
揭阳 Jieyang	3964	3964	3784	180	3963	1	957	30041
云浮 Yunfu	4185	4185	4081	104	4185		736	20313
高速公路公司 Expressway Company	1741	1741	1741		1741		1478	221447

14-7 公路通车里程和桥梁数

LENGTH OF HIGHWAYS IN OPERATION AND NUMBER OF BRIDGES

项　　目		Item		1995	2000	2001	2002
一、通车里程	**（公里）**	**Length of Highways**	**(km)**	**84563**	**102606**	**104799**	**108538**
#晴雨通车里程		Length of Highways in Any Weathers		78974	100863	103992	107730
（一）按等级分		By Class					
1．等级路		Expressways and Class Ⅰ to Ⅳ Highways		70413	93695	93823	97711
高速公路		Expressways		358	1186	1500	1741
一 级		First Class		2731	5391	6003	6255
二 级		Second Class		6374	13397	14425	15159
三 级		Third Class		5190	9156	9924	10384
四 级		Fourth Class		55760	64565	61971	64172
2．等外公路		Highways below Class Ⅳ		14150	8911	10976	10827
（二）按路面分		By Pavement					
1．有路面里程		Paved Highways		77879	100733	102710	106527
高级、次高级		High Class and Second High Class		22565	39265	44016	47136
中　级		Medium Class		13860	14510	14483	14046
低　级		Low Class		41454	46958	44211	45345
2．无路面里程		Not-paved Highways		6684	1873	2089	2011
二、桥 梁	**（座）**	**Bridges**	**(unit)**	**15859**	**19668**	**21454**	**21841**
	（米）		(m)	569525	819770	980594	995839
#永久式	（座）	Permanent	(unit)	15806	19656	21439	21831
	（米）		(m)	568022	819502	980142	995470
半永久式	（座）	Semi-permanent	(unit)	43	12	15	7
	（米）		(m)	1327	268	452	313
三、渡 口	**（个）**	**Ferries**	**(unit)**	**37**	**33**	**33**	**31**

14-8 输油（气）管道长度和运输量
LENGTH AND TRAFFIC OF PETROLEUM AND GAS PIPELINES

项目		Item		1995	2000	2001	2002
总 计		**Total**					
条 数	（条）	Number of Pipelines	(unit)	26	45	54	63
输油（气）里程	（公里）	Length of Pipelines	(km)	324.90	1535.57	1646.10	1615.18
输油（气）延展里程	（公里）	Extended Length of Pipelines	(km)	339.68	1551.15	1661.68	1622.58
输油（气）量	（万吨）	Pipeline Traffic	(10000 tons)	1572	2952	3162	3201
输油（气）周转量	（万吨公里）	Ton-kilometers	(10000 ton-km)	67382	417432	435193	419594
一、输原油管道		**Crude Oil Pipelines**					
条 数	（条）	Number of Pipelines	(unit)	4	7	4	4
输油里程	（公里）	Length of Pipelines	(km)	173.79	352.67	341.57	350.72
输油延展里程	（公里）	Extended Length of Pipelines	(km)	186.97	365.85	354.75	355.72
输 油 量	（万吨）	Pipeline Traffic	(10000 tons)	1134	1912	1910	1972
输油周转量	（万吨公里）	Ton-kilometers	(10000 ton-km)	64063	189623	190079	192823
二、输成品油管道		**Refined Oil Pipelines**					
条 数	（条）	Number of Pipelines	(unit)	22	27	37	48
输油里程	（公里）	Length of Pipelines	(km)	151.11	211.00	301.43	314.56
输油延展里程	（公里）	Extended Length of Pipelines	(km)	152.71	213.40	303.83	316.96
输 油 量	（万吨）	Pipeline Traffic	(10000 tons)	438	663	882	853
输油周转量	（万吨公里）	Ton-kilometers	(10000 ton-km)	3319	13250	14436	12248
三、输气管道		**Gas Pipelines**					
条 数	（条）	Number of Pipelines	(unit)		7	8	8
输气里程	（公里）	Length of Pipelines	(km)		890.40	906.00	906.00
输气延展里程	（公里）	Extended Length of Pipelines	(km)		890.40	906.00	906.00
输 气 量	（万吨）	Pipeline Traffic	(10000 tons)		362	349	366
输气周转量	（万吨公里）	Ton-kilometers	(10000 ton-km)		214223	230289	214437

14-9 民航航站吞吐量
VOLUME OF CIVIL AVIATION HANDLED AT AIRPORTS

年 份 Year	合计 Total			进港 Entry			出港 Exit		
	架次（万次）Sorties (10000 sorties)	旅客（万人）Passenger Traffic (10000 persons)	货、邮、行（万吨）Freight Traffic (10000 tons)	架次（万次）Sorties (10000 sorties)	旅客（万人）Passenger Traffic (10000 persons)	货、邮、行（万吨）Freight Traffic (10000 tons)	架次（万次）Sorties (10000 sorties)	旅客（万人）Passenger Traffic (10000 persons)	货、邮、行（万吨）Freight Traffic (10000 tons)
1980	1.6	161	2.9	0.8	81	1.4	0.8	80	1.5
1985	4.0	318	6.2	2.0	160	3.0	2.0	158	3.2
1990	6.2	687	13.5	3.1	343	5.9	3.1	344	7.6
1995	17.7	1963	39.5	8.8	963	14.1	8.9	1000	25.4
1996	18.2	2025	45.6	9.1	993	15.9	9.1	1032	29.7
1997	19.0	1981	49.0	9.5	974	16.7	9.5	1007	32.3
1998	20.8	2010	55.8	10.4	986	20.8	10.4	1024	35.0
1999	22.2	1929	63.7	11.1	942	25.6	11.1	987	38.1
2000	23.6	2143	73.0	11.8	1044	30.9	11.8	1099	42.1
2001	25.1	2344	81.0	12.5	1136	33.9	12.6	1208	47.1
2002	28.0	2731	95.7	14.0	1340	40.4	14.0	1391	55.3

14-10 港口货物吞吐量
VOLUME OF FREIGHT HANDLED IN PORTS

单位：万吨 (10000 tons)

项 目	Item	2000	2001	2002
全省总计	**Provincial Total**	**31649**	**34696**	**44102**
一、按港口分	**Grouped by Port**			
沿海港口	By Coastal Ports	25495	28276	35847
内河港口	By Inland Waterways	6154	6420	8255
二、按地市分	**Grouped by City**			
广 州	Guangzhou	12455	13540	16772
深 圳	Shenzhen	5697	6643	8767
珠 海	Zhuhai	1770	1998	2340
汕 头	Shantou	1284	1309	1380
韶 关	Shaoguan	131	115	121
河 源	Heyuan	45	62	45
梅 州	Meizhou	145	141	335
惠 州	Huizhou	825	834	956
汕 尾	Shanwei	25	6	6
东 莞	Dongguan	746	883	1611
中 山	Zhongshan	635	677	850
江 门	Jiangmen	879	1072	1942
佛 山	Foshan	2033	2329	2990
阳 江	Yangjiang	68	115	122
湛 江	Zhanjiang	2688	2848	3586
茂 名	Maoming	1104	1122	1113
肇 庆	Zhaoqing	189	135	357
清 远	Qingyuan	193	241	234
潮 州	Chaozhou	60	39	24
揭 阳	Jieyang	266	275	233
云 浮	Yunfu	411	312	318

14-11 沿海主要港口吞吐量
VOLUME OF FREIGHT HANDLED IN MAJOR COASTAL PORTS

项目	Item	1985	1990	1995	2000	2001	2002
一、货物吞吐量合计（万吨）	**Total Volume of Freight Handled (10000 tons)**	**5073**	**6895**	**11904**	**18674**	**21454**	**26357**
广州港	Guangzhou	3446	4163	7299	11128	12823	15324
湛江港	Zhanjiang	1231	1557	1895	2038	2205	2627
汕头港	Shantou	201	279	716	1284	1309	1380
蛇口港	Shekou	130	480	1001	1016	1161	1391
赤湾港	Chiwan	65	412	777	1077	1369	2006
妈湾港	Mawan		4	149	443	506	688
盐田港	Yantian			67	1143	1516	2272
SCT码头	SCT Port				545	564	669
二、集装箱吞吐量合计（TEU）	**Total Volume of Containers Handled (TEU)**		**154132**	**539491**	**5577402**	**6962820**	**9922346**
广州港	Guangzhou		109394	245955	1429807	1737843	2172805
湛江港	Zhanjiang		5669	29994	74842	85253	104875
汕头港	Shantou		5259	69742	114369	158422	206246
蛇口港	Shekou		17946	23229	325232	430208	600820
赤湾港	Chiwan		15864	64835	643838	901166	1543683
妈湾港	Mawan				121514	146920	228868
盐田港	Yantian			105736	2147476	2752319	4181477
SCT码头	SCT Port				720324	750689	883572
三、旅客吞吐量合计（万人）	**Total Volume of Passenger Handled (1000 persons)**	**460.2**	**707.2**	**664.4**	**253.4**	**232.9**	**234.5**
广州港	Guangzhou	354.3	434.8	307.1	15.0	10.9	10.4
湛江港	Zhanjiang	1.8	9.2	49.1	29.6	23.7	19.0
汕头港	Shantou	21.2	33.2	12.8	5.5	2.2	1.4
蛇口港	Shekou	82.9	230.0	295.4	203.4	196.1	203.7
赤湾港	Chiwan						
妈湾港	Mawan						
盐田港	Yantian						
SCT码头	SCT Port						

14-12 港口码头泊位数
NUMBER OF BERTHS IN PORTS

项目	Item	2000	2001	2002
全省总计	**Total**			
码头泊位个数（个）	Number of Berths (unit)	3191	3168	3279
#万吨级泊位	Berths at 10000 Ton Class	126	127	130
码头长度（米）	Length of Quay Lines (m)	180238	179818	194101
一、沿海港口	**Coastal Ports**			
码头泊位个数（个）	Number of Berths (unit)	1373	1348	1417
生产用	For Production	1177	1156	1219
非生产用	For Non-production	196	192	198
万吨级泊位个数(个)	Number of Berths at 10000 Ton Class (unit)	126	127	130
生产用	For Production	126	127	130
非生产用	For Non-production			
码头长度（米）	Length of Quay Lines (m)	105193	104636	113149
生产用	For Production	91423	90962	99002
非生产用	For Non-production	13770	13674	14147
二、内河港口	**Ports of Inland Rivers**			
码头泊位个数（个）	Number of Berths (unit)	1818	1820	1862
生产用	For Production	1803	1805	1847
非生产用	For Non-production	15	15	15
码头长度（米）	Length of Quay Lines (m)	75045	75182	80952
生产用	For Production	74632	74769	80538
非生产用	For Non-production	413	413	414

14-13 各市邮电业务总量（2002年）
POSTAL AND TELECOMMUNICATION SERVICES BY CITY (2002)

市别 City	业务总量（万元）（2000年不变价）Business Volume (10000 yuan) (at 2000 constant prices)	函件（万件）Letters (10000 pcs)	报刊累计数（万份）Newspaper and Magazine Circulation (10000 copies)	特快专递（万件）Pieces of Express Mail Services (10000 pcs)	移动电话（万户）Mobile Telephone (10000 sheets)	城市电话用户（万户）Telephone Subscribers in Urban Areas (10000 subscribers)	乡村电话用户（万户）Telephone Subscribers in Rural Areas (10000 subscribers)
总计 Total	**9178674.56**	**135010.05**	**105353.37**	**1823.85**	**3214.38**	**1277.55**	**719.25**
广州 Guangzhou	2009039.27	40573.68	14720.37	715.35	696.63	338.73	18.84
深圳 Shenzhen	1818772.73	19575.94	16254.24	341.05	598.24	271.18	
珠海 Zhuhai	271993.47	3603.27	1817.15	69.21	107.63	44.14	4.99
汕头 Shantou	387589.93	2946.35	5314.04	44.50	139.00	63.59	51.63
韶关 Shaoguan	130166.75	3217.78	2772.01	20.80	47.27	37.69	20.31
河源 Heyuan	93290.07	1002.81	2662.93	8.81	33.34	14.45	25.44
梅州 Meizhou	154936.26	2233.69	3409.26	15.89	61.11	30.13	42.71
惠州 Huizhou	311642.92	2485.46	3215.07	29.67	111.99	41.81	32.89
汕尾 Shanwei	107108.74	716.14	1815.03	5.32	38.51	20.64	21.18
东莞 Dongguan	1094494.05	15920.58	8148.79	135.43	373.59	25.48	102.45
中山 Zhongshan	355464.55	7967.72	5468.61	76.98	128.80	19.42	36.47
江门 Jiangmen	335324.05	7607.28	8039.44	65.81	132.15	57.48	46.18
佛山 Foshan	782310.29	10410.34	9790.72	164.57	300.69	69.39	80.89
阳江 Yangjiang	100625.74	2173.86	3506.58	11.25	33.00	19.69	20.29
湛江 Zhanjiang	221660.08	2373.89	3128.58	28.61	79.19	45.98	35.40
茂名 Maoming	158965.44	4300.23	3795.00	25.38	57.08	35.56	38.35
肇庆 Zhaoqing	155869.38	1703.50	4182.56	18.13	58.60	38.50	25.11
清远 Qingyuan	120742.52	1689.45	1909.85	10.38	51.25	22.54	19.42
潮州 Chaozhou	139651.60	1649.92	1839.07	13.93	52.24	20.92	31.21
揭阳 Jieyang	206978.32	2336.77	2311.94	15.68	84.69	32.09	44.34
云浮 Yunfu	74515.75	501.20	1252.13	7.10	29.38	17.25	20.05
不分地区 Unclassified by Region	147532.65	20.19				10.89	1.10

14-14 邮电通信业基本情况

BASIC CONDITIONS OF POSTAL AND TELECOMMUNICATION SERVICES

项　　目	Item	1985	1990	1995	2000	2001	2002
邮运汽车（辆）	Vehicles for Mail Use (unit)	383	613	1173	1154	1013	1003
邮路长度（公里）	Length of Postal Routes (km)	224922	96269	113240	180724	202188	274510
农村投递路线（公里）	Length of Rural Delivery Routes (km)		142790	152152	185223	187967	192590
长途电话业务电路（路）	Long-distance Telephone Lines (line)	3346	20845	159162	478746	390506	613464
数据通信网长途电路（万路）	Long-distance Digital Telecommunication Lines (10000 lines)					113.68	231.50
长途光缆线路长度（公里）	Length of Long-distance Optical Cable Routes (km)					21165	31422
数字微波线路长度（公里）	Length of Digital Micro-wave Routes (km)					6553	25690
长途电话交换机容量（万路）	Capacity of Long-distance Telephone Exchanges (10000 lines)	0.17	3.80	44.95	70.34	78.22	92.72
局用电话交换机容量（万门）	Capacity of Telephone Exchanges (10000 gates)	40.00	180.70	1007.10	1939.45	2451.00	2616.34
移动电话交换机容量（万户）	Capacity of Mobile Telephone Exchanges (10000 subscribers)			145.00	1825.40	2947.70	3682.74
本地电话机总数（万部）	Total Number of Local Telephones (10000 lines)	36.58	155.43	729.93	1690.05	1983.08	2274.08
#城市电话机	Urban Telephones	24.19	108.03	452.47	995.89	1277.96	1477.98
本地电话用户（万户）	Number of Subscribers of Local Telephones (10000 subscribers)	24.00	113.00	591.00	1414.94	1711.06	1996.80
#城市电话	Urban Subscribers	13.00	72.00	361.00	916.03	1092.44	1277.55
移动电话用户（万户）	Number of Mobile Telephones Subscribers (10000 subscribers)		1.11	98.78	1357.26	2410.93	3214.38
数字数据用户（户）	Number of Digital Data Subscribers (subscriber)					59473	63321
电子信箱用户（户）	Number of E-mail Subscribers (subscriber)					45881	316514
因特网专线用户（户）	Number of Internet Subscribers by Special Lines (subscriber)					3122	6662
因特网拨号用户（万户）	Number of Internet Subscribers by Dialing (10000 subscribers)					437.19	985.73
函件（万件）	Number of Letters (10000 pcs)	37579.50	47187.50	98535.00	106603.20	109078.40	135010.05
特快专递（万件）	Pieces of Express Mail Services (10000 pcs)		124.40	687.30	1327.80	1488.40	1823.85
报刊累计数（万份）	Cumulative Number of Newspapers and Magazines (10000 copies)	142490.60	116252.50	155920.00	107754.51	103608.40	105353.37
全省平均每人每年发函件数（件）	Per Capita Annual Average Number of Letters Mailed (piece)	6.00	8.70	14.40	13.80	14.00	17.20
全省平均每百人每年订报刊数（份）	Annual Average Number of Newspapers and Magazines Subscribed per 100 Persons (copy)	22.50	16.60	18.00	15.10	14.30	12.70
电话普及率（部/百人）	Coverage Rate of Telephones (set/100 persons)	0.62	2.47	12.07	39.54	56.45	69.84

注：1985年以前的"农村投递路线"含在"邮路长度"中。

Note: Before 1985, the length of postal routes included the length of rural delivery routes.

主要统计指标解释

公路里程 指在一定时期内实际达到《公路工程技术标准 JTJ01-88》规定的等级公路，并经公路主管部门正式验收交付使用的公路里程数。其计算单位为公里。它包括大中城市的郊区公路以及通过小城镇街道部分的公路里程，也包括桥梁、渡口的长度，但不包括大中城市的街道、厂矿、林区生产用道和农业生产用道的里程。两条或多条公路共同经由同一路段，只计算一次，不得重复计算里程长度。公路里程是反映公路建设发展规模的重要指标，也是计算运输网密度等指标的基础资料。

货（客）运量 指运输业实际运送的货物（旅客）数量。货运按吨计算，客运按人计算 。货物不论运输距离长短，货物类型，均按实际重量统计；旅客不论行程远近或票价多少，均按一人一次作为客运量统计。半价票、小孩票也按一人统计。货（客）运量反映运输业为国民经济和人民生活服务的数量，也是制定和检查运输生产计划，研究运输发展规模和速度的重要指标。

货物（旅客）周转量 指运输业运送的货物（旅客）与其相应运输距离的乘积之和，通常以吨公里和人公里为计算单位。计算货物周转量通常按发出站与到达站之间的最短距离，也就是计费距离计算。它是反映运输业生产总成果的重要指标，也是编制和检查运输生产计划，计算运输效率，劳动生产率以及核算运输单位成本的主要基础资料。

货物吞吐量 是指经由水运进、出港区范围，并经过装卸的货物数量。货物吞吐量分别按国内进口（卸船）、出口（装船）、外贸进口、出口统计。货物吞吐量按货物实际重量吨统计，以货物交接清单或货单上记载的重量吨为准。如无实际重量吨，可根据船舶装载情况来推算。在本港区内的水运转口分别按进口和出口各计算一次吞吐量。货物吞吐量是衡量港口生产规模的一个主要数量指标。

邮电业务总量 指以货币表现的邮电部门为用户传递信息和提供其他邮电服务的总量。它用各种邮电分类业务量，如函件件数、电报份数、长话张数、市内电话和农村电话的年均户数、订销报刊、累计份数等，分别乘以相应的平均单价（不变价），加总后再加上出租电路和设备收入，代用户维护电话交换机和线路等设备的收入，其他业务收入求得。邮电业务总量综合反映了一定时期邮电工作的总成果，是研究邮电业务量构成和发展趋势的重要指标。

本地电话用户 是指在本企业登记注册、报告期末实际已接入本企业本地电话网上的电话用户数。计量单位为：户。

本地电话用户按计费方式分为包月制电话用户和计次制电话用户。

本地包月制电话用户是指不管用户通话次数多少，按月缴纳固定月租费的用户。

本地计次制电话用户是指用户除每月缴纳基本月租费外，还要根据通话次数缴纳通话费的用户。

城市电话用户 是指按行政区划属于中央直辖市、省辖市、地级市、县级市的市区、市郊区及县城区范围内的电话用户数。包括分布在农村地区但以县团级以上建制的独立工矿区、林区、驻军的电话用户。N-ISDN 用户、无线接入（PHS）电话用户、智能网专用接入终端用户、集中用户交换机（Centrex）用户均按城市电话用户统计。

乡村电话用户 是指按行政区划属于城市范围以外的乡（镇）、村电话用户。

移动电话用户 指在邮电部门登记，通过移动电话交换机进入移动电话网、占有移动电话号码的电话用户。计量单位为“户”。用户数字以实际办理登记手续进入邮电部门移动电话网的户数进行计算，一部或一台移动电话统计为一户。

Explanatory Notes on Main Statistical Indicators

Length of Highways refers to the length of highways which are built in conformity with the grades specified by the highway engineering standard formulated by the Ministry of Communications, and have been formally checked and accepted by the departments of highways and put into use. The length of highways includes that of the suburb highways at large and medium-sized cities, highways passing through streets at small cities and towns, and also the length of bridges and ferries. It does not include the length of streets in large and medium-sized cities and highways built for the production purpose at factories, mines, forest areas and agricultural areas. If two or more highways go the same section of the way, the length of the section is only calculated for once and no duplication is allowed. The length of highways is an important indicator to show the development of the highway construction and to provide essential information to calculate the transport network density.

Freight (Passenger) Traffic refers to the volume of freight (passenger) transported with various means. Freight transport is calculated in tons and passenger traffic is calculated in the number of persons. Despite the type of freight and travelling distance, the freight transport is calculated in the actual weight of the goods; and despite the travelling distance and ticket price, the passenger traffic is calculated by the principle that one person can be counted only once in one travel. The passenger who travel with a half-price ticket or a child ticket is also calculated as one person. The freight (passenger) traffic provides a quantitative measure to show how the transport industry serves the national economy and people, and is also an important indicator for planning the transport industry serves the national economy and people, and is also an important indicator for planning the transport industry and for studying the development scale and speed of the transport industry.

Freight Ton-kilometers (Passenger-kilometers) refer to the sum of the products of the volume of transported cargo (passengers) multiplying by the transport distance, usually using ton-kilometer and passenger-kilometre as units for measurement. Normally, the shortest distance between the departure station and the destination station (i.e. the payable distance) is the basis to calculate the freight ton-kilometers. This is an important indicator to show the total results of the transport industry, to prepare and examine the transport plan and to measure the efficiency, the labor productivity and the unit cost of transport.

Volume of Freight Handled refers to the volume of cargo passing in and out the harbor area and having been loaded and unloaded. The volume of freight handled may be classified as import, export, or as domestic trade and foreign trade. The volume of freight handled is calculated in the actual weight ton of the goods, based on the weight ton under the delivery order or bill of loading. If no actual weight ton available, it can be estimated according to the loading of goods. As for the transit goods in the harbor area, the volume of freight handled is calculated according to the import and export respectively. It is a major indicator to show the scale of the port production.

Business Volume of Posts and Telecommunications refers to the total amount of postal and telecommunication services, expressed in value terms, provided by the postal and telecommunication departments for the society. Postal and telecommunication services can be classified as letters, parcels, remittance, issue of newspapers and magazines, fast mail service, express mail service, savings deposits, stamps for collection, public and individual telegraph service, facsimiles, long-distance telephone service, leasing of telephone lines, urban paging service, mobile telephone service, data transfer and transmission, etc. The accounting approach is to multiply the service products of all types with their average unit price (constant prices) to get sum of business value, plus income from other services such as leasing of telephones lines and equipment, maintenance of telephone switchboards and lines on behalf of customers. This indicator reflects the overall results of postal and telecommunication services during a given period, and is important to study the composition of business service and the development of postal and telecommunication services.

Local Telephone Subscribers refer to the registered subscribers who are connected to the local telephone network (measured in subscriber). The subscribers are divided into subscribers with monthly fixed payment and those with message call payment.

The subscribers with monthly fixed payment refer to those who pay the monthly telephone expenses with a fixed lease rate regardless of the message calls.

The subscribers with message call payment refer to those who pay the telephone expenses with a message rate besides the basic monthly fixed lease rate.

Urban Telephone Subscribers refer to the telephone subscribers, located at municipalities directly under the central government, cities under the jurisdiction of province, cities at prefectual level, downtown and suburb of city at county level and county towns according to the administrative division, that are connected to the public line telephone network, including the rural independent mineral area, forest area and military area at county (regimental) level. N-ISDN subscribers, PHS telephone subscribers, subscribers connected with intelligent terminal, Centrex subscribers are also included.

Rural Telephone Subscribers refer to the telephone subscribers, located at towns under county town and county level, that are connected to the public line telephone network.

Mobile Telephone Subscribers refer to the persons who own mobile telephone number connected with the mobile telephone communication network and registered by postal and telecommunication organization. The number of subscribers is calculated only when the subscriber who has gone through all the register formalities and entered into the mobile telephone network. One mobile telephone is treaed as a subscriber.

十五 国内贸易

DOMESTIC TRADE

15

十五　国内贸易

简要说明

一、本篇资料反映广东省国内市场发展情况。主要内容有批发零售贸易业和餐饮业单位数与从业人员数，批发零售贸易业商品流通情况，餐饮业销售情况，限额以上批发零售贸易企业与餐饮企业财务状况，社会消费品零售总额，城乡集市贸易等。

二、本篇资料由广东省统计局贸易外经处整理提供。

三、本篇资料主要根据国家统计局的《批发零售贸易业、餐饮业统计报表制度》，通过全面调查、抽样调查推断等，自下而上逐级综合汇总而得。其中贸易企业单位数等是根据基本单位调查统计资料整理，城乡集市贸易情况由省工商行政管理部门提供。

四、各表的调查范围：

贸易企业单位数及从业人员数等为全社会各种经济类型的批发、零售贸易业法人及产业活动单位。

商品购、销、存总额、类值和数量表为各种经济类型的限额以上批发零售贸易业法人及产业活动单位。

财务状况表，为各种经济类型的限额以上批发零售贸易业和餐饮业法人单位。

社会消费品零售总额表，为各种经济类型的法人及产业活动单位、个体户对城乡居民和社会集团的零售。

15　DOMESTIC TRADE

Brief Introducion

Ⅰ. The date in this chapter show the development of Guangdong's domestic market, including mainly the number of enterprises and persons employed in the wholesale and retail trade and catering services, the circulation of commodities in the wholesale and retail trade, the sales in the catering services, the financial indicators of the wholesale and retail trade and catering services, above limitation the total retail sales of consumer goods and the urban and rural fair trade, etc.

Ⅱ. The data in this chapter are prepared and provided by the Division of External Economic Relations Statistics of Guangdong Provincial Bureau of Statistics.

Ⅲ. The data are obtained mainly in accordance with the Statistical Reporting Scheme on Wholesale and Retail Trade and Catering Services stipulated by the National Bureau of Statistics. The methods used in data collection for enterprises (units) are complete enumeration and sample surveys, under which data are reported from lower to higher level statistical offices.

Ⅳ. The statistical coverage comes as follows:

The number of trade units and persons employed refer to the corporation units and economic active units with various types of ownership in the wholesale and retail trade.

The tables of total purchases, sales, inventory, value of sales by category of commodities and volume of sales include the corporation units and economic active units above designated size with various types of ownership in the wholesale and retail trade.

The tables of financial indicators cover the corporation units above designated size with various types of ownership in the wholesale and retail trade and catering services.

The tables of total retail sales of consumer goods include the retail sales of the corporation units and economic active units with all types of ownership and individuals to urban and rural residents and institutions.

15-1 国内贸易主要指标
MAIN INDICATORS ON DOMESTIC TRADE

指　　标	Item	1990	1995	2000	2001	2002
贸易企业单位数　（万个）	Number of Trade Units　（10000 units）			10.08	12.64	12.71
批发业	Wholesale			5.09	6.31	6.39
零售业	Retail Trade			4.99	6.33	6.32
贸易企业从业人数　（万人）	Number of Employed Persons　（10000 persons）			135.89	151.87	153.98
批发业	Wholesale Trade			84.78	90.10	91.07
零售业	Retail Trade			51.11	61.77	62.91
社会消费品零售总额（亿元）	Total Retail Sales of Consumer Goods（100 million yuan）	667.36	2304.15	4071.95	4515.28	5013.59
批发零售业	Wholesale and Retail Trade	463.92	1418.5	2894.29	3234.28	3638.51
餐饮业	Catering Services	71.11	293.87	646.64	739.52	829.64
制造业	Manufacturing	29.22	121.81	180.14	183.86	184.54
其他行业	Others	103.11	469.97	350.88	357.62	360.90
总额中：城镇	Of the Total：Urban Areas	457.34	1643.26	2907.53	3213.89	3573.10
乡村	Rural Areas	210.02	660.89	1164.42	1301.39	1440.49
贸易业商品销售总额（亿元）	Total Sales in Wholesale and Retail Trade（100 million yuan）		5448.94	8268.88	8889.12	10042.19
批发额	Wholesale Trade		4030.44	5309.67	5654.84	6403.68
零售额	Retail Trade		1418.50	2959.21	3234.28	3638.51
城乡集市贸易市场数　（个）	Number of Free Markets　（unit）	3287	4406	5622	5870	6170
#乡村	Rural Areas	2620	3022	3327	3410	3259
城乡集市贸易成交额（亿元）	Transaction Value of Free Markets　（100 million yuan）	256.69	1064.26	1917.36	2106.46	2056.43
#乡村	Rural Areas	159.16	510.35	920.28	960.86	980.23
零售业连锁总店数　（个）	Number of General Chain Stores of Retail Trade　（unit）				118	148
零售业连锁门店数　（个）	Number of Branch Chain Stores of Retail Trade　（unit）				2288	3161
零售业连锁店销售总额（亿元）	Total Sales of Chain Stores of Retail Trade（100 million yuan）				215.07	351.88

15-2 按属性分贸易企业单位数（2002年）
NUMBER OF TRADE UNITS BY CHARACTER OF ENTERPRISES（2002）

单位：个 （unit）

项　　目	Item	合　计 Total	按企业属性分 By Character of Enterprises	
			法人 Corporate Units	活动单位 Establishments
总　计	**Total**	**127088**	**84514**	**42574**
按登记注册类型分	**By Type of Registration**			
内资企业	Domestic Funded Enterprises	125091	83516	41575
国有企业	State-owned Enterprises	22192	10749	11443
集体企业	Collective-owned Enterprises	34688	16956	17732
股份合作企业	Cooperative Enterprises	7902	6632	1270
国有联营企业	State Joint Ownership Enterprises	606	347	259
集体联营企业	Collective Joint Ownership Enterprises	435	301	134
国有与集体联营企业	Joint State-collective Enterprises	183	126	57
其他联营企业	Other Joint Ownership Enterprises	842	539	303
国有独资企业	State Exclusively Funded Enterprises	550	271	279
其他有限责任公司	Other Limited Liability Companies	11917	8804	3113
股份有限公司	Share Holding Limited Companies	2919	1350	1569
私营独资企业	Private Exclusively Funded Enterprises	7925	6967	958
私营合伙企业	Private Partnership Enterprises	2332	2123	209
私营有限责任公司	Private Limited Liability Companies	30230	26545	3685
私营股份有限公司	Private Share Holding Limited Companies	1706	1496	210
其他企业	Other Enterprises	664	310	354
港、澳、台商投资企业	Enterprises Funded by Entrepreneurs from Hong Kong, Macao and Taiwan	1218	737	481
合资经营企业（港或澳、台资）	Joint Ventures	518	288	230
合作经营企业（港或澳、台资）	Cooperative Enterprises	189	85	104
港、澳、台商独资经营企业	Ventures Exclusively Funded	480	342	138
港、澳、台商投资股份有限公司	Share Holding Limited Companies	31	22	9
外商投资企业	Foreign Investment Enterprises	779	261	518
中外合资经营企业	Sino-Foreign Joint Ventures	333	102	231
中外合作经营企业	Sino-Foreign Cooperative Enterprises	182	28	154
外资企业	Foreign Funded Enterprises	248	124	124
外商投资股份有限公司	Share Holding Limited Companies	16	7	9
零售企业	**Retail Trade**	**63172**	**33824**	**29348**
按经营方式分组	**By Operating System**			
独立商店	Detached Stores	40512	23892	16620
连锁总店	General Chain Stores	1214	624	590
连锁分店	Branch Chain Stores	6205	788	5417
其　他	Others	15241	8520	6721
按业态分组	**By Operating Form**			
百货商店	Department Stores	7282	3395	3887
超级市场	Supermarkets	1198	505	693
专业商店	Monopoly Stores	21695	10320	11375
其　他	Others	32997	19604	13393

15-3 按行业分贸易企业单位数(2002年)
NUMBER OF TRADE UNITS BY SECTOR OF ENTERPRISES (2002)

单位：个 (unit)

项目	Item	按行业分 By Sector		按所在地分 By Location		
		批发 Wholesale Trade	零售 Retail Trade	市 City	县 County	县以下 Under County Level
总计	**Total**	**63916**	**63172**	**99025**	**5121**	**22942**
按登记注册类型分	**By Type of Registration**					
内资企业	Domestic Funded Enterprises	62782	62309	97078	5102	22911
国有企业	State-owned Enterprises	11796	10396	13375	2662	6155
集体企业	Collective-owned Enterprises	13037	21651	21106	1526	12056
股份合作企业	Cooperative Enterprises	2643	5259	7775	19	108
国有联营企业	State Joint Ownership Enterprises	304	302	588	2	16
集体联营企业	Collective Joint Ownership Enterprises	193	242	386	2	47
国有与集体联营企业	Joint State-collective Enterprises	96	87	169		14
其他联营企业	Other Joint Ownership Enterprises	445	397	805	3	34
国有独资企业	State Exclusively Funded Enterprises	366	184	487	19	44
其他有限责任公司	Other Limited Liability Companies	7117	4800	11330	41	546
股份有限公司	Share Holding Limited Companies	1356	1563	2087	132	700
私营独资企业	Private Exclusively Funded Enterprises	3423	4502	6155	315	1455
私营合伙企业	Private Partnership Enterprises	1284	1048	2140	39	153
私营有限责任公司	Private Limited Liability Companies	19298	10932	28445	318	1467
私营股份有限公司	Private Share Holding Limited Companies	1054	652	1623	22	61
其他企业	Other Enterprises	370	294	607	2	55
港、澳、台商投资企业	Enterprises Funded by Entrepreneurs from Hong Kong, Macao and Taiwan	724	494	1181	17	20
合资经营企业（港或澳、台资）	Joint Ventures	280	238	504	9	5
合作经营企业（港或澳、台资）	Cooperative Enterprises	71	118	183	2	4
港、澳、台商独资经营企业	Ventures Exclusively Funded	353	127	463	6	11
港、澳、台商投资股份有限公司	Share Holding Limited Companies	20	11	31		
外商投资企业	Foreign Investment Enterprises	410	369	766	2	11
中外合资经营企业	Sino-Foreign Joint Ventures	173	160	328	1	4
中外合作经营企业	Sino-Foreign Cooperative Enterprises	41	141	176	1	5
外资企业	Foreign Funded Enterprises	184	64	246		2
外商投资股份有限公司	Share Holding Limited Companies	12	4	16		
零售企业	**Retail Trade**		**63172**	**46166**	**2998**	**14008**
按经营方式分组	**By Operating System**					
独立商店	Detached Stores		40512	28244	2534	9734
连锁总店	General Chain Stores		1214	1137	7	70
连锁分店	Branch Chain Stores		6205	5652	38	515
其他	Others		15241	11133	419	3689
按业态分组	**By Operating Form**					
百货商店	Department Stores		7282	4378	465	2439
超级市场	Supermarkets		1198	1096	28	74
专卖商店	Monopoly Stores		21695	16315	1292	4088
其他	Others		32997	24377	1213	7407

15-6 零售企业营业面积(2002年)
BUSINESS AREA OF RETAIL ENTERPRISES (2002)

单位：平方米 (sq.m)

项目	Item	合计 Total	按属性分 By Character of Enterprises		按所在地分 By Location		
			法人 Corporate Units	活动单位 Establish-ments	市 City	县 County	县以下 Under County Level
总计	**Total**	**21591392**	**13007916**	**8583476**	**16661201**	**721987**	**4208204**
一、按登记注册类型分	**By Type of Registration**						
内资企业	Domestic Funded Enterprises	20406802	12328021	8078781	15586984	712792	4107026
国有企业	State-owned Enterprises	3990687	2040094	1950593	2481019	320762	1188906
集体企业	Collective-owned Enterprises	4069500	2376114	1693386	2381050	124097	1564353
股份合作企业	Cooperative Enterprises	479075	372704	106371	449888	15906	13281
国有联营企业	State Joint Ownership Enterprises	195588	121277	74311	181008	170	14410
集体联营企业	Collective Joint Ownership Enterprises	106328	80864	25464	101424	110	4794
国有与集体联营企业	Joint State-collective Enterprises	75622	48190	27432	72265		3357
其他联营企业	Other Joint Ownership Enterprises	262850	128911	133939	260771	249	1830
国有独资企业	State Exclusively Funded Enterprises	216821	77845	138976	214291	400	2130
其他有限责任公司	Other Limited Liability Companies	2799043	2008445	790598	2703856	20664	74523
股份有限公司	Share Holding Limited Companies	2456948	875569	1581379	1439348	163282	854318
私营独资企业	Private Exclusively Funded Enterprises	1107527	954988	152539	902475	31433	173619
私营合伙企业	Private Partnership Enterprises	261845	221976	39869	199624	11021	51200
私营有限责任公司	Private Limited Liability Companies	3872315	2619843	1252472	3723528	21978	126809
私营股份有限公司	Private Share Holding Limited Companies	363402	288788	74614	343331	2490	17581
其他企业	Other Enterprises	149251	112413	36838	133106	230	15915
港、澳、台商投资企业	Enterprises Funded by Entrepreneurs from Hong Kong，Macao and Taiwan	692713	414909	277804	681730	3595	7388
合资经营企业（港或澳、台资）	Joint Ventures	485043	274794	210249	483175	1758	110
合作经营企业（港或澳、台资）	Cooperative Enterprises	91103	32685	58418	89686	350	1067
港、澳、台商独资经营企业	Ventures Exclusively Funded	84631	75574	9057	76933	1487	6211
港、澳、台商投资股份有限公司	Share Holding Limited Companies	31936	31856	80	31936		
外商投资企业	Foreign Investment Enterprises	491877	264986	226891	392487	5600	93790
中外合资经营企业	Sino-Foreign Joint Ventures	317647	218146	99501	218807	5600	93240
中外合作经营企业	Sino-Foreign Cooperative Enterprises	148814	30884	117930	148264		550
外资企业	Foreign Funded Enterprises	20256	10956	9300	20256		
外商投资股份有限公司	Share Holding Limited Companies	5160	5000	160	5160		
二、按经营方式分	**By Operating System**						
独立商店	Detached Stores	10616283	7274951	3341332	8023927	522179	2070177
连锁总店	General Chain Stores	2331692	1467259	864433	2273443	3435	54814
连锁分店	Branch Chain Stores	2978778	849380	2129398	2453610	29852	495316
其他	Others	5664639	3416326	2248313	3910221	166521	1587897
三、按业态分组	**By Operating Form**						
百货商店	Department Stores	4050272	2728192	1322080	3480129	74600	495543
超级市场	Supermarkets	2824122	1593385	1230737	2737157	23240	63725
专卖商店	Monopoly Stores	6516329	3715000	2801329	4620265	372621	1523443
其他	Others	8200669	4971339	3229330	5823650	251526	2125493

15-7 各市贸易企业法人和产业活动单位基本情况（2002年）

BASIC CONDITIONS OF CORPORATE UNITS AND ESTABLISHMENTS IN TRADE BY CITY（2002）

单位：个 (unit)

市别 City	单位数 Number of Units	内资 Domestic Funded	国有 State-owned	集体 Collective Owned	股份合作 Share Holding Cooperative Operation	其他有限责任公司 Other Limited Liability Companies	私营独资 Private Exclusively Funded	私营有限责任公司 Private Limited Liability Companies
法人单位 Corporate Units								
合　计 Total	**84514**	**83516**	**10749**	**16956**	**6632**	**8804**	**6967**	**26545**
广　州 Guangzhou	28116	27708	1939	5193	4993	2560	1797	8929
深　圳 Shenzhen	12046	11658	517	126	70	1254	670	7376
珠　海 Zhuhai	4900	4833	355	518	29	936	467	2050
汕　头 Shantou	5784	5773	923	2472	504	430	195	971
佛　山 Shaoguan	7735	7719	506	1685	852	1751	908	1555
韶　关 Heyuan	2689	2679	795	804	14	104	227	534
河　源 Meizhou	728	724	359	234	2	38	30	38
梅　州 Huizhou	1185	1183	471	363	5	64	67	153
惠　州 Shanwei	2270	2258	595	296	9	111	144	945
汕　尾 Dongguan	516	516	182	118	1	1	66	115
东　莞 Zhongshan	1860	1843	194	451	39	161	184	637
中　山 Jiangmen	2537	2532	85	477	8	268	277	1340
江　门 Foshan	3280	3260	545	1037	22	230	521	706
阳　江 Yangjiang	1051	1047	324	203	8	35	150	160
湛　江 Zhanjiang	2536	2524	756	692	30	289	204	336
茂　名 Maoming	1733	1730	575	411	14	161	311	98
肇　庆 Zhaoqing	1420	1417	429	606	4	69	139	133
清　远 Qingyuan	836	834	302	233	14	57	55	114
潮　州 Chaozhou	1377	1369	261	453	12	99	337	150
揭　阳 Jieyang	1539	1535	472	444	2	169	205	182
云　浮 Yunfu	376	374	164	140		17	13	23
活动单位 Establishments								
合　计 Total	**42574**	**41575**	**11443**	**17732**	**1270**	**3113**	**958**	**3685**
广　州 Guangzhou	7811	7229	1677	2189	483	866	263	1177
深　圳 Shenzhen	5125	4857	917	462	53	702	245	1274
珠　海 Zhuhai	1352	1321	226	470	16	197	47	277
汕　头 Foshan	1011	1003	154	798	2	4	2	22
佛　山 Shantou	2822	2795	646	997	89	549	32	279
韶　关 Shaoguan	2314	2310	950	977	3	39	101	107
河　源 Heyuan	2135	2130	739	1200	1	27	95	8
梅　州 Meizhou	3190	3187	1367	1471	7	170	47	5
惠　州 Huizhou	1976	1958	656	903	3	39	35	114
汕　尾 Shanwei	760	760	307	418				5
东　莞 Dongguan	1366	1362	79	581	472	75	13	95
中　山 Zhongshan	1042	1028	88	458	5	221	19	189
江　门 Jiangmen	1564	1552	220	1156	4	62	4	26
阳　江 Yangjiang	1099	1097	357	625	3	3	12	20
湛　江 Zhanjiang	2006	2002	723	1076	41	31	14	25
茂　名 Maoming	1277	1276	467	672	9	2	2	
肇　庆 Zhaoqing	1097	1092	421	539	7	41	10	11
清　远 Qingyuan	1595	1589	624	701	68	50	17	36
潮　州 Chaozhou	860	856	313	484	3	12		11
揭　阳 Jieyang	1250	1249	244	959				3
云　浮 Yunfu	922	922	268	596	1	23		1

15-7 **续表 1** continued

单位：个 （unit）

市别 City	港澳台商投资 Enterprises Funded by Entrepreneurs from Hong Kong, Macao and Taiwan	外商投资 Foreign Investment Enterprises	零售企业单位数 Number of Retail Enterprises	按经营方式分 By Operating System			
				独立分店 Detached Stores	连锁总店 General Chain Stores	连锁分店 Branch Chain Stores	其他 Others
法人单位 Corporate Units							
合 计 Total	**737**	**261**	**33824**	**23892**	**624**	**788**	**8520**
广 州 Guangzhou	263	145	11587	9273	232	292	1790
深 圳 Shenzhen	313	75	3153	1257	82	115	1699
珠 海 Zhuhai	54	13	1915	1085	61	36	733
汕 头 Shantou	4	7	2706	2203	13	19	471
佛 山 Shaoguan	14	2	2623	1917	54	92	560
韶 关 Heyuan	7	3	1107	911	16	10	170
河 源 Meizhou	4		404	289	3	4	108
梅 州 Huizhou	2		619	456	6	13	144
惠 州 Shanwei	9	3	1230	845	23	19	343
汕 尾 Dongguan			155	86	2	1	66
东 莞 Zhongshan	14	3	972	524	42	52	354
中 山 Jiangmen	5		1093	549	28	14	502
江 门 Foshan	17	3	1357	1078	17	44	218
阳 江 Yangjiang	3	1	577	460	15	16	86
湛 江 Zhanjiang	9	3	877	675	10	11	181
茂 名 Maoming	3		722	585	3	12	122
肇 庆 Zhaoqing	2	1	780	608	6	9	157
清 远 Qingyuan	2		430	242	5	13	170
潮 州 Chaozhou	7	1	771	370	1	4	396
揭 阳 Jieyang	3	1	546	374	3	4	165
云 浮 Yunfu	2		200	105	2	8	85
活动单位 Establishments							
合 计 Total	**481**	**518**	**29348**	**16620**	**590**	**5417**	**6721**
广 州 Guangzhou	260	322	4370	1625	208	1707	830
深 圳 Shenzhen	143	125	3624	996	79	1441	1108
珠 海 Zhuhai	8	23	969	381	49	311	228
汕 头 Foshan	5	3	830	516	4	16	294
佛 山 Shantou	18	9	1819	908	98	490	323
韶 关 Shaoguan	3	1	1432	1107	12	151	162
河 源 Heyuan	5		1760	1342	3	85	330
梅 州 Meizhou	3		2608	2229	4	35	340
惠 州 Huizhou	15	3	1460	1015	28	100	317
汕 尾 Shanwei			625	386	1	16	222
东 莞 Dongguan	2	2	1137	592	34	220	291
中 山 Zhongshan	8	6	665	151	33	187	294
江 门 Jiangmen		12	1038	811	10	55	162
阳 江 Yangjiang	1	1	846	371	10	284	181
湛 江 Zhanjiang	3	1	1183	955	5	42	181
茂 名 Maoming	1		840	700		78	62
肇 庆 Zhaoqing	3	2	758	597	2	53	106
清 远 Qingyuan	2	4	1084	683	2	126	273
潮 州 Chaozhou	1	3	725	435	1	5	284
揭 阳 Jieyang		1	1016	520	4	9	483
云 浮 Yunfu			559	300	3	6	250

15-7 续表 2 continued

单位：个 (unit)

市 别 City	按业态分 By Operating Form 百货商店 Department Stores	超级市场 Super-markets	专卖店 Monopoly Stores	其他 Others	零售业营业面积（平方米） Business Area of Retail Trade (sq. m)	零售业从业人员（人） Employed Persons in Retail Trade (person)	贸易企业单位数所在地（个） Location of Trade Units 市 City	县 County	县以下 Under County Level
法人单位 Corporate Units									
合 计 Total	**3395**	**505**	**10320**	**19604**	**13007916**	**417319**	**73319**	**2162**	**9033**
广 州 Guangzhou	1138	143	4188	6118	2721209	104711	27763		353
深 圳 Shenzhen	222	66	771	2094	2321669	84528	12046		
珠 海 Zhuhai	141	36	551	1187	665039	20521	4900		
汕 头 Shantou	353	28	494	1831	429113	20551	4741	49	994
佛 山 Shaoguan	159	36	732	1696	804849	22690	5908		1827
韶 关 Heyuan	169	11	377	550	350969	12857	1721	451	517
河 源 Meizhou	50	4	113	237	244332	7482	259	183	286
梅 州 Huizhou	94	9	235	281	283935	9547	479	246	460
惠 州 Shanwei	110	13	468	639	556735	16116	1435	202	633
汕 尾 Dongguan	25	7	29	94	165382	4475	214	77	225
东 莞 Zhongshan	72	38	216	646	1034386	17434	1860		
中 山 Jiangmen	47	15	247	784	524168	12564	2537		
江 门 Foshan	319	22	344	672	527448	16731	2907		373
阳 江 Yangjiang	51	4	346	176	182650	6299	715	76	260
湛 江 Zhanjiang	121	21	288	447	357879	14745	1872	218	446
茂 名 Maoming	124	9	304	285	480125	13642	1123	6	604
肇 庆 Zhaoqing	59	12	183	526	491385	8257	840	94	486
清 远 Qingyuan	47	10	102	271	413472	5432	427	72	337
潮 州 Chaozhou	30	8	179	554	181091	6135	604	186	587
揭 阳 Jieyang	35	8	102	401	136555	9676	803	218	518
云 浮 Yunfu	29	5	51	115	135525	2926	165	84	127
活动单位 Establishments									
合 计 Total	**3887**	**693**	**11375**	**13393**	**8583476**	**211776**	**25706**	**2959**	**13909**
广 州 Guangzhou	390	137	2034	1809	1091569	44179	7499		312
深 圳 Shenzhen	286	224	1647	1467	1824891	55863	5125		
珠 海 Zhuhai	75	34	428	432	469181	8040	1352		
汕 头 Foshan	187	8	71	564	122603	5629	556	33	422
佛 山 Shantou	233	29	727	830	573463	11079	2071		751
韶 关 Shaoguan	224	43	753	412	201700	7430	664	534	1116
河 源 Heyuan	253	6	548	953	208403	5859	321	536	1278
梅 州 Meizhou	408	13	1171	1016	260237	8092	746	676	1768
惠 州 Huizhou	138	22	520	780	575832	8228	625	175	1176
汕 尾 Shanwei	104	4	170	347	101670	3412	276	78	406
东 莞 Dongguan	46	65	616	410	659585	6962	1366		
中 山 Zhongshan	13	45	248	359	446232	5702	1042		
江 门 Jiangmen	236	4	223	575	386767	7603	705		859
阳 江 Yangjiang	142	4	341	359	189246	4115	358	64	677
湛 江 Zhanjiang	220	7	453	503	202348	5234	563	95	1348
茂 名 Maoming	310	11	388	131	209518	6080	375	5	897
肇 庆 Zhaoqing	56	15	339	348	472467	3991	276	137	684
清 远 Qingyuan	157	5	372	550	235323	3785	648	124	823
潮 州 Chaozhou	51	5	199	470	71279	2244	393	124	343
揭 阳 Jieyang	226	2	36	752	187862	5611	530	240	480
云 浮 Yunfu	132	10	91	326	93300	2638	215	138	569

15-8 社会消费品零售总额（按行业及城乡分）
TOTAL RETAIL SALES OF CONSUMER GOODS BY SECTOR AND BY URBAN & RURAL AREAS

单位：亿元 (100 million yuan)

年份 Year	社会消费品零售总额 Total Retail Sales of Consumer Goods	按行业分 By Sector				按城乡分 By Urban and Rural Areas	
		批发和零售贸易、餐饮业 Wholesale and Retail Trade and Catering Services	#餐饮业 Catering Services	制造业 Manufacturing	其他行业 Others	城镇 Urban Areas	乡村 Rural Areas
1952	18.87	16.71	1.90	1.42	0.74	9.50	9.37
1957	30.48	26.15	2.50	2.44	1.89	15.67	14.81
1962	40.81	35.79	4.97	1.76	3.26	17.63	23.18
1965	40.19	37.21	2.73	1.41	1.57	18.29	21.90
1970	49.19	45.17	2.95	1.67	2.35	21.65	27.54
1975	66.73	60.03	4.39	2.69	4.01	34.17	32.56
1978	79.86	72.31	5.39	3.13	4.42	38.42	41.44
1979	92.69	82.85	6.09	4.64	5.20	43.25	49.44
1980	117.67	101.82	7.30	6.75	9.10	66.72	50.95
1981	142.38	123.41	8.85	6.11	12.86	71.19	71.19
1982	164.23	142.05	10.19	5.84	16.34	82.77	81.46
1983	183.62	156.46	11.58	7.53	19.63	97.32	86.30
1984	226.13	186.10	16.04	11.12	28.91	131.61	94.52
1985	289.23	236.12	26.74	16.24	36.87	178.45	110.78
1986	327.02	264.27	28.68	18.65	44.10	172.67	154.35
1987	405.19	332.00	37.83	19.88	53.31	214.34	190.85
1988	568.07	465.09	50.79	27.50	75.48	306.19	261.88
1989	636.15	516.93	65.69	30.79	88.43	345.43	290.72
1990	667.36	535.03	71.11	29.22	103.11	457.34	210.02
1991	786.64	623.27	87.87	35.52	127.85	531.57	255.07
1992	984.16	756.55	111.76	48.10	179.51	679.96	304.20
1993	1371.02	1041.01	164.38	77.22	252.79	976.17	394.85
1994	1851.36	1403.82	234.75	110.06	337.48	1337.25	514.11
1995	2304.15	1712.37	293.87	121.81	469.97	1643.26	660.89
1996	2577.93	2030.78	352.00	140.23	406.92	1851.00	726.93
1997	2918.66	2332.86	411.48	160.33	425.47	2088.36	830.30
1998	3316.28	2681.65	496.88	169.33	465.30	2387.20	929.08
1999	3656.03	2992.61	559.16	184.39	479.03	2596.39	1059.64
2000	4071.95	3540.93	646.64	180.14	350.88	2907.53	1164.42
2001	4515.28	3973.80	739.52	183.86	357.62	3213.89	1301.39
2002	5013.59	4468.15	829.64	184.54	360.90	3573.10	1440.49

15-9 各市社会消费品零售总额（2002年）

TOTAL RETAIL SALES OF CONSUMER GOODS BY CITY (2002)

单位：亿元 (100 million yuan)

市别 City	社会消费品零售总额 Total Retail Sales of Consumer Goods	按行业分 By Sector: 批发和零售贸易、餐饮业 Wholesale and Retail Trade and Catering Services	# 餐饮业 Catering Services	制造业 Manufacturing	其他行业 Others	按城乡分 By Urban and Rural Area: 城镇 Urban Areas	乡村 Rural Areas
合计 **Total**	**5013.59**	**4468.15**	**829.64**	**184.54**	**360.90**	**3573.10**	**1440.49**
广州 Guangzhou	1370.68	1239.29	265.98	47.65	83.74	1258.72	111.96
深圳 Shenzhen	689.59	681.45	134.24	1.08	7.06	552.23	137.36
珠海 Zhuhai	143.47	132.33	22.93	4.53	6.61	127.46	16.01
汕头 Shantou	240.53	216.22	30.26	0.95	23.36	158.45	82.08
佛山 Foshan	419.80	388.15	82.61	4.84	26.81	242.53	177.27
韶关 Shaoguan	102.48	81.23	11.09	4.49	16.76	76.58	25.90
河源 Heyuan	45.85	43.26	4.99	0.46	2.13	25.35	20.50
梅州 Meizhou	81.54	67.46	7.33	7.19	6.89	42.24	39.30
惠州 Huizhou	161.00	145.41	27.45	4.74	10.85	111.23	49.77
汕尾 Shanwei	102.87	90.07	13.41	3.44	9.36	58.17	44.70
东莞 Dongguan	224.95	178.99	40.93	26.34	19.62	77.13	147.82
中山 Zhongshan	134.33	128.11	22.49	0.03	6.19	57.55	76.78
江门 Jiangmen	248.39	213.86	36.74	11.44	23.09	124.92	123.47
阳江 Yangjiang	96.48	75.03	11.19	5.57	15.88	59.57	36.91
湛江 Zhanjiang	205.72	173.82	29.79	14.50	17.40	154.60	51.12
茂名 Maoming	215.39	162.33	23.46	22.48	30.58	125.98	89.41
肇庆 Zhaoqing	154.62	128.81	22.50	5.46	20.35	91.75	62.87
清远 Qingyuan	87.10	82.27	12.42	1.10	3.73	57.97	29.13
潮州 Chaozhou	74.10	64.72	10.03	1.93	7.45	41.10	33.00
揭阳 Jieyang	148.66	123.44	11.06	6.71	18.51	91.99	56.67
云浮 Yunfu	66.04	51.90	8.74	9.61	4.53	37.58	28.46

15-10 各市批发零售贸易企业商品销售总额

TOTAL SALES IN WHOLESALE AND RETAIL TRADE BY CITY

单位：亿元 (100 million yuan)

市别 City	2001 销售总额 Total Sales	2001 批发 Wholesale Trade	2001 零售 Retail Trade	2002 销售总额 Total Sales	2002 批发 Wholesale Trade	2002 零售 Retail Trade
合计 **Total**	**8889.12**	**5654.84**	**3234.28**	**10042.19**	**6403.68**	**3638.51**
广州 Guangzhou	3171.90	2300.72	871.18	3661.27	2687.95	973.32
深圳 Shenzhen	1161.10	680.53	480.57	1318.74	771.53	547.21
珠海 Zhuhai	231.14	135.05	96.09	286.43	177.02	109.41
汕头 Shantou	404.97	233.31	171.66	397.30	211.34	185.96
佛山 Foshan	761.15	490.57	270.58	913.30	607.77	305.53
韶关 Shaoguan	154.22	91.16	63.06	169.08	98.95	70.13
河源 Heyuan	54.21	20.89	33.32	62.04	23.77	38.27
梅州 Meizhou	107.20	52.57	54.63	117.95	57.83	60.12
惠州 Huizhou	287.93	186.03	101.90	251.64	133.68	117.96
汕尾 Shanwei	105.79	35.68	70.11	119.08	42.42	76.66
东莞 Dongguan	292.55	174.49	118.06	323.14	185.08	138.06
中山 Zhongshan	190.93	101.99	88.94	267.19	161.57	105.62
江门 Jiangmen	494.03	338.23	155.80	504.66	327.53	177.13
阳江 Yangjiang	135.46	78.69	56.77	144.40	80.57	63.83
湛江 Zhanjiang	276.92	144.63	132.29	325.23	181.20	144.03
茂名 Maoming	371.57	249.35	122.22	424.91	286.04	138.87
肇庆 Zhaoqing	190.36	94.57	95.79	202.02	95.71	106.31
清远 Qingyuan	91.72	29.85	61.87	111.40	41.55	69.85
潮州 Chaozhou	118.21	69.06	49.15	134.12	79.44	54.68
揭阳 Jieyang	214.76	114.19	100.57	228.55	116.16	112.39
云浮 Yunfu	73.00	33.28	39.72	79.74	36.57	43.17

15-11 各市限额以上餐饮企业销售情况（2002年）
STATUS OF CATERING ENTERPRISES ABOVE DESIGNATED SIZE BY CITY（2002）

单位：万元 （10000 yuan）

市　别 City	企业单位数（个） Number of Units（unit）	营业总收入 Total Business Revenue	#商品零售额 Retail Sales of Consumer Goods
合　计 Total	**1210**	**1758048.2**	**1685489.1**
广　州 Guangzhou	409	671149.0	657333.0
深　圳 Shenzhen	157	368354.7	366542.3
珠　海 Zhuhai	67	76808.9	75082.7
汕　头 Shantou	21	22512.3	21648.9
佛　山 Foshan	153	172433.5	170185.6
韶　关 Shaoguan	4	5960.4	3587.4
河　源 Heyuan	11	6732.9	5333.6
梅　州 Meizhou	3	3348.0	3348.0
惠　州 Huizhou	44	44218.0	43651.6
汕　尾 Shanwei	7	3664.9	3233.0
东　莞 Dongguan	109	152277.0	123854.8
中　山 Zhongshan	48	60469.6	51971.8
江　门 Jiangmen	60	67941.1	63426.2
阳　江 Yangjiang	6	1013.5	1013.5
湛　江 Zhanjiang	26	34108.3	33977.5
茂　名 Maoming	16	11167.8	10785.8
肇　庆 Zhaoqing	27	22183.4	22097.3
清　远 Qingyuan	22	19779.6	17320.5
潮　州 Chaozhou	6	4254.2	3715.0
揭　阳 Jieyang	5	4158.5	2741.5
云　浮 Yunfu	9	5512.6	4639.1

15-12 限额以上批发零售贸易企业商品购进、销售、库存总额（2002年）
TOTAL PURCHASES, SALES AND INVENTORY OF ENTERPRISES ABOVE DESIGNATED SIZE IN WHOLESALE AND RETAIL TRADE (2002)

单位：亿元　　　　(100 million yuan)

项　目	Item	企业单位数（个）Number of Units (unit)	购进总额 Purchases	#进口 Imports	销售总额 Total Sales
总　计	**Total**	**2743**	**4587.40**	**487.32**	**4932.51**
#国有及国有控股	State-owned and State-holding Enterprises	1191	2856.66	275.04	3079.64
一、按登记注册类型分	**By Type of Registration**				
内资企业	Domestic Funded Enterprises	2603	4228.49	422.92	4528.93
国有企业	State-owned Enterprises	821	1801.25	223.25	1940.07
集体企业	Collective-owned Enterprises	251	139.09	6.93	148.24
股份合作企业	Cooperative Enterprises	64	62.22	1.89	68.55
联营企业	Joint Ownership Enterprises	110	85.01	18.81	94.43
国有联营企业	State Joint Ownership Enterprises	50	44.07	6.73	48.57
集体联营企业	Collective Joint Ownership Enterprises	11	14.55	7.71	15.74
国有与集体联营企业	Joint State-collective Enterprises	14	4.29	0.54	5.33
其他联营企业	Other Joint Ownership Enterprises	35	22.10	3.83	24.79
有限责任公司	Limited Liability Companies	635	1053.69	97.37	1122.03
国有独资企业	State Exclusively Funded Enterprises	63	119.37	21.01	134.51
其他有限责任公司	Other Limited Liability Companies	572	934.32	76.35	987.52
股份有限公司	Share Holding Limited Companies	164	563.87	9.96	606.31
私营企业	Private Enterprises	553	521.15	64.26	546.93
私营独资企业	Private Exclusively Funded Enterprises	25	9.68	0.26	10.45
私营合伙企业	Private Partnership Enterprises	15	9.48	2.34	10.10
私营有限责任公司	Private Limited Liability Companies	489	474.72	61.32	497.05
私营股份有限公司	Private Share Holding Limited Companies	24	27.27	0.34	29.33
其他企业	Other Enterprises	5	2.21	0.45	2.37
港、澳、台商投资企业	Enterprises Funded by Entrepreneurs from Hong Kong, Macao and Taiwan	71	170.68	3.53	196.13
合资经营企业（港或澳、台资）	Joint Ventures	28	88.57	0.03	102.20
合作经营企业（港或澳、台资）	Cooperative Enterprises	18	26.37	0.45	33.57
港、澳、台商独资经营企业	Ventures Exclusively Funded	22	36.33	3.05	38.73
港、澳、台商投资股份有限公司	Share Holding Limited Companies	3	19.41	0.00	21.63
外商投资企业	Foreign Investment Enterprises	69	188.23	60.87	207.45
中外合资经营企业	Sino-Foreign Joint Ventures	32	105.14	27.48	114.97
中外合作经营企业	Sino-Foreign Cooperative Enterprises	12	19.36	0.02	21.26
外资企业	Foreign Funded Enterprises	24	63.13	33.37	70.62
外商投资股份有限公司	Share Holding Limited Companies	1	0.60		0.60

15-12 续表 1 continued

单位：亿元 (100 million yuan)

项　　目	Item	企业单位数（个）Number of Units (unit)	购进总额 Purchases	# 进口 Imports	销售总额 Total Sales
二、按国民经济行业分	**By Economic Sector**				
食品、饮料、烟草批发业	Wholesale Trade for Food, Beverage and Tobacco	389	608.17	49.15	692.05
棉、麻、土畜产品批发业	Wholesale Trade for Cotton, Fiber, Local and Livestock Products	21	26.26	3.03	37.97
纺织品、服装和鞋帽批发业	Wholesale Trade for Textile Products, Garments, Shoes and Hats	129	274.87	23.92	298.29
日用百货批发业	Wholesale Trade for Daily Use Articles	114	169.49	28.73	184.60
日用杂品批发业	Wholesale Trade for Daily Use Sundry Goods	20	21.30	3.52	22.70
五金、交电、化工批发业	Wholesale Trade for Hardwares, Electric Appliances and Chemicals	156	283.43	81.39	299.27
药品及医疗器械批发业	Wholesale Trade for Medicines and Medical Appliances	166	225.58	10.88	247.31
能源批发业	Wholesale Trade for Energy	218	1049.29	84.39	1103.90
化工材料批发业	Wholesale Trade for Chemical Materials	91	143.50	69.47	145.91
木材批发业	Wholesale Trade for Timber	7	15.57	4.36	16.70
建筑材料批发业	Wholesale Trade for Building Materials	33	35.95	7.76	39.71
矿产品批发业	Wholesale Trade for Ore Products	7	11.08	0.22	12.20
金属材料批发业	Wholesale Trade for Metals	114	388.95	9.81	393.16
机械、电子设备批发业	Wholesale Trade for Machinery and Electronic Equipment	166	310.95	34.32	328.47
汽车、摩托车及零配件批发业	Wholesale Trade for Spare and Component Parts for Automobiles and Motorcycles	55	93.75	21.85	101.88
再生物资回收批发业	Wholesale Trade for Collection of Materials for Regeneration	22	34.65	0.99	32.99
工艺美术批发业	Wholesale Trade for Handicraft Articles	12	20.27	0.86	20.62
图书报刊批发业	Wholesale Trade for Books and Newspapers	18	19.07	0.26	20.59
农业生产资料批发业	Wholesale Trade for Agricultural Producer Goods	45	46.18	7.21	48.50
其他类未包括的批发业	Wholesale Trade for Others	72	96.65	20.55	102.35
食品、饮料和烟草零售业	Retail Sale Trade for Food, Beverage and Tobacco	54	27.13	0.33	30.12
日用百货零售业	Retail Sale Trade for Daily Use Articles	269	314.09	2.43	363.30
纺织品、服装和鞋帽零售业	Retail Sale Trade for Textile Products, Garments, Shoes and Hats	19	4.45	0.13	5.84
日用杂品零售业	Retail Sale Trade for Daily Use Sundry Goods	4	0.49		0.49
五金、交电、化工零售业	Retail Sale Trade for Hardwares, Electric Appliances and Chemicals	79	35.54	0.53	40.11
药品及医疗器械零售业	Retail Sale Trade for Medicines and Medical Appliances	55	30.67	0.01	36.97
图书报刊零售业	Retail Sale Trade for Books and Newspapers	48	19.95	0.29	18.12
其他零售业	Retail Sale Trade for Others	360	280.12	20.93	288.39

15-12 续表 2 continued

单位：亿元 (100 million yuan)

项 目	Item	批发 Wholesale Trade	#出口 Exports	零售 Retail Trade	年末库存总额 Inventory at the Year-end
总 计	**Total**	**4010.71**	**763.36**	**921.80**	**294.26**
#国有及国有控股	State-owned and State-holding Enterprises	2685.82	595.92	393.82	152.79
一、按登记注册类型分	**By Type of Registration**				
内资企业	Domestic Funded Enterprises	3785.90	731.89	743.02	257.79
国有企业	State-owned Enterprises	1752.73	465.24	187.34	94.52
集体企业	Collective-owned Enterprises	116.72	7.20	31.52	12.96
股份合作企业	Cooperative Enterprises	51.50	4.67	17.04	4.26
联营企业	Joint Ownership Enterprises	62.36	17.80	32.07	6.12
国有联营企业	State Joint Ownership Enterprises	38.87	8.77	9.70	3.31
集体联营企业	Collective Joint Ownership Enterprises	2.06	0.09	13.68	1.10
国有与集体联营企业	Joint State-collective Enterprises	3.48	0.44	1.84	0.13
其他联营企业	Other Joint Ownership Enterprises	17.95	8.50	6.85	1.58
有限责任公司	Limited Liability Companies	888.07	176.15	233.95	71.86
国有独资企业	State Exclusively Funded Enterprises	122.86	47.74	11.64	8.52
其他有限责任公司	Other Limited Liability Companies	765.21	128.41	222.31	63.34
股份有限公司	Share Holding Limited Companies	487.48	38.59	118.83	26.37
私营企业	Private Enterprises	425.05	22.24	121.88	41.55
私营独资企业	Private Exclusively Funded Enterprises	4.11		6.35	1.15
私营合伙企业	Private Partnership Enterprises	7.94		2.15	0.55
私营有限责任公司	Private Limited Liability Companies	398.42	22.06	98.63	38.33
私营股份有限公司	Private Share Holding Limited Companies	14.58	0.18	14.75	1.52
其他企业	Other Enterprises	1.99		0.39	0.15
港、澳、台商投资企业	Enterprises Funded by Entrepreneurs from Hong Kong, Macao and Taiwan	87.38	1.11	108.75	15.25
合资经营企业（港或澳、台资）	Joint Ventures	20.64		81.56	8.51
合作经营企业（港或澳、台资）	Cooperative Enterprises	22.90		10.67	2.40
港、澳、台商独资经营企业	Ventures Exclusively Funded	35.97	1.10	2.76	3.07
港、澳、台商投资股份有限公司	Share Holding Limited Companies	7.87	0.01	13.76	1.27
外商投资企业	Foreign Investment Enterprises	137.43	30.36	70.03	21.22
中外合资经营企业	Sino-Foreign Joint Ventures	68.52	0.58	46.46	15.63
中外合作经营企业	Sino-Foreign Cooperative Enterprises	4.26	0.00	17.00	1.48
外资企业	Foreign Funded Enterprises	64.05	29.78	6.57	4.10
外商投资股份有限公司	Share Holding Limited Companies	0.60			0.01

15-12 **续表 3** continued

单位：亿元 (100 million yuan)

项　目	Item	批发 Wholesale Trade	# 出口 Exports	零售 Retail Trade	年末库存总额 Inventory at the Year-end
二、按国民经济行业分	**By Economic Sector**				
食品、饮料、烟草批发业	Wholesale Trade for Food, Beverage and Tobacco	662.16	97.12	29.89	29.98
棉、麻、土畜产品批发业	Wholesale Trade for Cotton, Fiber, Local and Livestock Products	37.97	25.06		0.97
纺织品、服装和鞋帽批发业	Wholesale Trade for Textile Products, Garments, Shoes and Hats	293.39	221.79	4.90	12.61
日用百货批发业	Wholesale Trade for Daily Use Articles	179.44	71.99	5.16	12.28
日用杂品批发业	Wholesale Trade for Daily Use Sundry Goods	22.55	15.80	0.15	1.50
五金、交电、化工批发业	Wholesale Trade for Hardwares, Electric Appliances and Chemicals	293.04	84.81	6.23	14.36
药品及医疗器械批发业	Wholesale Trade for Medicines and Medical Appliances	210.69	12.80	36.62	26.65
能源批发业	Wholesale Trade for Energy	1007.35	10.24	96.55	26.13
化工材料批发业	Wholesale Trade for Chemical Materials	143.16	11.62	2.75	6.48
木材批发业	Wholesale Trade for Timber	16.70	11.88	0.00	1.30
建筑材料批发业	Wholesale Trade for Building Materials	39.66	9.52	0.05	2.37
矿产品批发业	Wholesale Trade for Ore Products	12.20	3.72	0.00	0.29
金属材料批发业	Wholesale Trade for Metals	359.04	22.61	34.12	24.26
机械、电子设备批发业	Wholesale Trade for Machinery and Electronic Equipment	319.29	83.03	9.18	24.17
汽车、摩托车及零配件批发业	Wholesale Trade for Spare and Component Parts for Automobiles and Motorcycles	75.83	3.54	26.06	6.39
再生物资回收批发业	Wholesale Trade for Collection of Materials for Regeneration	32.97	0.62	0.02	1.18
工艺美术批发业	Wholesale Trade for Handicraft Articles	20.60	15.97	0.02	0.56
图书报刊批发业	Wholesale Trade for Books and Newspapers	18.78	0.70	1.81	3.90
农业生产资料批发业	Wholesale Trade for Agricultural Producer Goods	47.59	1.90	0.91	4.82
其他类未包括的批发业	Wholesale Trade for Others	101.88	56.89	0.46	3.95
食品、饮料和烟草零售业	Retail Sale Trade for Food, Beverage and Tobacco	10.34	0.00	19.78	3.17
日用百货零售业	Retail Sale Trade for Daily Use Articles	18.49	1.37	344.81	48.92
纺织品、服装和鞋帽零售业	Retail Sale Trade for Textile Products, Garments, Shoes and Hats	0.41	0.19	5.43	0.56
日用杂品零售业	Retail Sale Trade for Daily Use Sundry Goods	0.11	0.09	0.38	0.10
五金、交电、化工零售业	Retail Sale Trade for Hardwares, Electric Appliances and Chemicals	7.31		32.80	4.56
药品及医疗器械零售业	Retail Sale Trade for Medicines and Medical Appliances	12.56		24.42	10.14
图书报刊零售业	Retail Sale Trade for Books and Newspapers	5.11		13.01	5.07
其他零售业	Retail Sale Trade for Others	62.09	0.10	226.29	17.59

15-13 各市限额以上批发零售贸易企业商品购、销、存总额（2002年）
TOTAL PURCHASES, SALES AND INVENTORY OF ENTERPRISES ABOVE DESIGNATED SIZE IN WHOLESALE AND RETAIL TRADE BY CITY（2002）

单位：亿元 （100 million yuan）

市别 City	商品购进总额 Total Purchases	# 进口 Imports	商品销售总额 Total Sales	批发 Wholesale Trade	# 出口 Exports	零售 Retail Trade	年末库存总额 Inventory at the Year-end
合计 Total	**4587.40**	**487.32**	**4932.51**	**4010.71**	**763.36**	**921.80**	**294.26**
广州 Guangzhou	1962.18	229.67	2095.98	1795.08	309.62	300.90	125.68
深圳 Shenzhen	933.58	157.41	1034.66	729.50	138.52	305.16	82.96
珠海 Zhuhai	107.08	9.41	111.42	76.62	14.02	34.80	8.27
汕头 Shantou	55.19	6.19	51.11	35.55	8.46	15.56	3.48
佛山 Foshan	464.01	39.02	493.22	407.45	87.70	85.77	28.82
韶关 Shaoguan	43.12	0.02	49.14	44.38	0.00	4.76	1.42
河源 Heyuan	11.02	0.45	15.96	11.43	0.00	4.53	0.50
梅州 Meizhou	34.07	0.01	40.47	35.39	3.20	5.08	0.70
惠州 Huizhou	102.36	2.61	108.82	94.99	9.53	13.83	5.55
汕尾 Shanwei	11.76	0.00	12.79	8.81	0.00	3.98	0.59
东莞 Dongguan	158.89	7.84	168.26	118.90	56.96	49.36	10.27
中山 Zhongshan	129.19	14.09	139.15	107.15	52.56	32.00	7.98
江门 Jiangmen	125.18	8.20	133.05	107.32	37.23	25.73	6.56
阳江 Yangjiang	1.09	0.00	1.20	1.06	0.15	0.14	0.05
湛江 Zhanjiang	84.25	7.11	91.15	85.19	16.01	5.96	3.43
茂名 Maoming	246.75	2.17	256.65	242.25	7.56	14.40	2.69
肇庆 Zhaoqing	46.16	2.07	49.21	41.39	19.16	7.82	2.15
清远 Qingyuan	22.52	0.09	24.85	18.86	0.38	5.99	1.65
潮州 Chaozhou	15.00	0.96	16.20	14.72	1.42	1.48	0.33
揭阳 Jieyang	20.76	0.00	24.76	23.34	0.86	1.42	0.93
云浮 Yunfu	13.24	0.00	14.46	11.33	0.02	3.13	0.25

15-14 限额以上批发零售贸易企业主要商品销售类值（2002年）
TOTAL SALES OF ENTERPRISES ABOVE DESIGNATED SIZE IN WHOLESALE AND RETAIL TRADE BY CATEGORY OF COMMODITIES (2002)

单位：亿元 (100 million yuan)

项目	Item	销售额 Total Sales	批发 Wholesale Trade	零售 Retail Trade
食品类	Food	270.75	194.24	76.51
饮料	Beverage	27.19	14.41	12.78
烟酒类	Tobacco and Liquor	446.76	405.42	41.34
服装、鞋帽类	Garments, Shoes and hats	233.79	170.72	63.07
针、纺织品类	Knitted Goods and Textiles	81.45	69.46	11.99
化妆品类	Cosmetics	18.98	5.19	13.79
金银珠宝类	Jewelry	15.22	6.50	8.72
日用品类	Daily Use Articles	182.90	137.23	45.67
五金、电料类	Hardwares and Electrc Appliances	60.87	56.78	4.09
体育、娱乐用品类	Sports and Recreational Articles	18.22	11.65	6.57
书报杂志类	Books and Newspapers	35.25	19.48	15.77
电子出版物及音像制品类	Electronic Publications and Audio-Video Products	6.16	2.88	3.28
家用电器和音像器材类	Household Electric Appliances, Sound and Photo Appliances	274.39	205.79	68.60
中西药品类	Traditional Chinese and Western Medicines	252.79	189.01	63.78
文化办公用品类	Articles for Culture and Office Use	64.80	53.12	11.68
家具类	Furniture	30.95	18.83	12.12
通讯器材类	Telecommuniction Equipment	148.41	134.57	13.84
煤炭及制品类	Coal and Coal Products	84.74	84.47	0.27
木材及制品类	Timber and Timber Products	12.37	12.27	0.10
石油及制品类	Petroleum and Petroleum Products	1091.10	939.53	151.57
化工材料类	Chemical Materials	167.68	166.85	0.83
金属材料类	Ferrous Metal Materials	348.74	347.97	0.77
建筑及装潢材料类	Building Decoration Meterials	33.81	30.66	3.15
机电产品及设备类	Mechanical and Electrical Products and Equipment	410.57	227.94	182.63
种子饲料类	Seeds and Forage	9.19	9.19	
棉麻土畜类	Cotton, Hemp Fibre, Local and Livestock Products	3.14	3.14	

15-15 限额以上批发零售贸易企业商品销售数量
VOLUME OF SALES OF ENTERPRISES ABOVE DESIGNATED SIZE IN WHOLESALE AND RETAIL TRADE

商品名称	Commodity	2001			2002		
		销售 Total Sales	批发 Wholesale Trade	零售 Retail Trade	销售 Total Sales	批发 Wholesale Trade	零售 Retail Trade
粮食 (万吨)	Grain (10000 tons)	193.34	167.19	26.15	243.68	223.64	20.04
食用植物油 (万吨)	Edible Vegetable Oil (10000 tons)	15.26	12.45	2.81	10.65	7.03	3.62
食糖 (万吨)	Sugar (10000 tons)	27.54	27.34	0.20	30.34	30.10	0.24
棉花 (万吨)	Cotton (10000 tons)	1.02	1.02		3.31	3.31	
布 (亿米)	Cloth (100 million m)	1.63	1.62	0.01	1.88	1.87	0.01
鞋 (万双)	Footwear (10000 pairs)	10139.32	8946.27	1193.05	12133.14	10905.73	1227.41
电视机 (万台)	TV Sets (10000 sets)	647.35	607.05	40.30	489.56	415.90	73.66
#组合音响 (万台)	Hi-fi Stereo Component System (10000 sets)	16.57	9.87	6.70	26.21	15.75	10.46
摄像机 (万台)	Pickup Cameras (10000 sets)	1.33	0.01	1.32	1.72	0.02	1.70
录像机 (万台)	Video Recorders (10000 sets)	1.00	0.58	0.42	1.13	0.38	0.75
影碟机 (万台)	Video Disc Players (10000 sets)	55.00	35.84	19.16	82.86	41.51	41.35
家用电脑 (万台)	Household Computers (10000 sets)	24.94	19.15	5.79	17.80	15.25	2.55
家用洗衣机 (万台)	Household Washing Machines (10000 sets)	78.82	54.58	24.24	101.77	63.09	38.68
家用电冰箱 (万台)	Household Refrigerators (10000 sets)	57.85	38.62	19.23	137.18	103.34	33.84
房间空调器 (万台)	House Air Conditioners (10000 sets)	63.27	41.23	22.04	116.97	77.74	39.23
微波炉 (万台)	Microwave Ovens (10000 sets)	27.04	6.89	20.15	41.94	17.67	24.27
普通电话机 (万部)	Telephone Sets (10000 sets)	234.16	189.95	44.21	224.97	147.82	77.15
移动电话机 (万部)	Mobile Telephones (10000 sets)	373.74	361.70	12.04	861.42	784.81	76.61
寻呼机 (万部)	Paging Sets (10000 sets)	1.40	1.10	0.30	0.90	0.28	0.62
木材 (立方米)	Timber (cu.meter)	108026	107658	368	375119	372965	2154
化学肥料 (万吨)	Chemical Fertilizer (10000 units)	227.07	227.07		209.81	209.81	
化学农药 (万吨)	Chemical Pesticide (10000 tons)	8.23	8.23		5.83	5.83	
农用塑料薄膜(万吨)	Agricultural Plastic Film (10000 tons)	0.11	0.11		0.04	0.04	
钢材 (万吨)	Rolled-Steel (10000 tons)	653.26	651.07	2.19	871.97	869.63	2.34
铜 (万吨)	Copper (10000 tons)	10.45	10.45		9.59	9.59	
铝 (万吨)	Aluminum (10000 tons)	6.80	6.80		11.78	11.78	
水泥 (万吨)	Cement (10000 tons)	105.93	105.55	0.38	73.03	72.70	0.33
煤炭 (万吨)	Coal (10000 tons)	2230.54	2216.28	14.26	2674.30	2659.83	14.47
汽油 (万吨)	Gasoline (10000 tons)	713.81	580.00	133.81	870.85	668.26	202.59
柴油 (万吨)	Diesel Oil (10000 tons)	1518.13	1358.76	159.37	1724.94	1494.79	230.15
煤油 (万吨)	Kerosene (10000 tons)	141.17	140.85	0.32	144.77	143.58	1.19
汽车 (万辆)	Motor Vehicles (10000 units)	15.37	8.33	7.04	18.83	7.33	11.50
#轿车 (万辆)	Cars (10000 units)	4.65	1.72	2.93	8.19	2.59	5.60
摩托车 (万辆)	Motorcycles (10000 units)	11.00	5.64	5.36	14.99	11.71	3.28
拖拉机 (万辆)	Tractors (10000 units)	0.08	0.08		0.10	0.10	

15-16 限额以上连锁店（公司）商品销售情况（2002年）

STATISTICS ON SALES OF CHAIN STORES（COMPANIES）ABOVE DESIGNATED SIZE（2002）

单位：万元　　　　(10000 yuan)

项　目	Item	连锁总店数（个）Number of General Chain Stores (unit)	销售总额（营业总收入）Total Sales (Business Revenue)	#零售额 Retail Sales	营业面积（平方米）Business Area (sq.m)	从业人数（人）Persons Employed (person)	连锁门店数（个）Branch Chain Stores (unit)	直销店（个）Direct Stores (unit)	加盟店（个）League Stores (unit)
总计	**Total**	**148**	**3518750.6**	**3401712.3**	**2902086**	**115972**	**3161**	**2415**	**743**
一、零售业	**Retail Trade**	**113**	**3186239.7**	**3069368.9**	**2680876**	**89821**	**2709**	**1972**	**734**
#国有及国有控股	State-owned and State-holding Enterprises	29	1460548.1	1375542.9	1136801	39522	1370	985	385
#外商及港澳台投资	Funded by Foreign Investors and Enterpreneurs from Hong Kong, Macao and Taiwan	17	1838040.7	1815433.8	1234833	42263	679	609	70
按零售业态分	By Operation Form								
百货店	Department Stores	12	576093.8	575727.8	537508	14938	38	38	
超级市场	Supermarkets	42	2057355.1	2022603.7	1756082	58828	853	767	86
专业店	Specialized Stores	46	440709.6	408615.7	328282	11168	1124	764	357
专卖店	Monopoly Stores	9	64155.5	36818.0	36349	2994	537	249	288
其他	Others	4	47925.7	25603.7	22655	1893	157	154	3
二、餐饮业	**Catering Services**	**35**	**332510.9**	**332343.4**	**221210**	**26151**	**452**	**443**	**9**
#外商及港澳台投资	Funded by Foreign Investors and Enterpreneurs from Hong Kong, Macao and Taiwan	11	236350.7	236350.7	120907	17394	265	265	
按行业分	By Sector								
正餐	Dinner	23	91610.6	91443.1	88874	8060	116	108	8
快餐	Snack	11	239381.3	239381.3	122336	17981	327	326	1
其他	Others	1	1519.0	1519.0	10000	110	9	9	

15-17 限额以上批发零售贸易、餐饮企业财务状况

FINANCIAL INDICATORS OF ENTERPRISES ABOVE DESIGNATED SIZE IN WHOLESALE AND RETAIL TRADE AND CATERING SERVICES

单位：万元 (10000 yuan)

指　　标	Item	贸易企业 Sales Trade		餐饮企业 Catering Trade	
		2001	2002	2001	2002
一、资本金	**Capital**				
实收资本	Total Capital Hold	3937219.3	4292057.0	584832.8	616223.7
#国家资本	Capital Held by State	1577587.7	1723436.1	106607.7	119882.3
外商资本	Capital Held by Foreigners	93044.1	179074.1	56704.4	67210.9
二、年末资产负债	**Assets and Liability at the Year-end**				
流动资产合计	Circulating Assets	13376495.9	15316983.3	400867.1	438298.9
#存货	Inventory	2693229.0	2907871.1	39713.3	42458.2
固定资产合计	Fixed Assets	4146222.6	4005549.2	651384.3	593818.4
固定资产原价	Original Value of Fixed Assets	4870005.7	4778904.0	920138.1	867458.4
累计折旧	Accumulated Depreciation	1215244.0	1303483.8	293014.4	308096.9
#本年提取折旧	Depreciation of Deducted in the Year	211792.7	205655.1	51117.7	47180.2
无形及递延资产合计	Intangible and Deferred Assets	689910.1		196183.5	
资产总计	Total Assets	21147275.5	23293377.6	1315897.3	1233600.6
负债合计	Total Liabilities	15813321.4	17420563.3	921985.8	826781.1
所有者权益合计	Creditors' Equity	5333954.1	5872814.3	393911.5	406819.5
三、损益及分配	**Profit and Loss Apportionment**				
商品销售收入净额（营业收入）	Net Value of Sales of Commodities (Business Revenue)	39875993.0	45607410.8	1135939.0	1374807.9
商品销售成本（营业成本）	Sales Cost of Commodities (Business Cost)	37128308.7	42316908.6	546220.1	658042.9
经营费用（营业费用）	Operating Expenses (Business Expenses)	1410258.9	1685210.0	395574.7	492877.2
商品销售税金及附加费	Sales Tax and Extra Charges of Commodities	54608.8	63764.0	60884.6	77211.2
商品销售利润（营业利润）	Sales Profits of Commodities (Business Profits)	1282816.6	1541528.2	133259.6	146676.6
主营业务利润	Main Business Profits	1301715.1	1575639.3		
管理费用	Management Expenses	1115989.9	1245948.5	137889.7	149183.5
财务费用	Financial Expenses	244458.5	225018.0	19523.0	13359.4
营业利润	Business Profits	212325.2	450849.3	-24153.1	-15866.3
利润总额	Gross Profits	411665.4	620764.1	-19192.1	-11583.8
四、工资福利及增值税	**Wages, Welfare Expenses and Value Added Taxes**				
本年应付工资总额	Total Wages Payable in the Year	531474.3	618305.7	137561.9	170438.2
本年应付福利费总额	Welfare Expenses Payable in the Year	70235.4	78346.8	11352.9	12026.4
本年应交增值税额	Increment Value Tax Payable in the Year	586561.2	582887.7		

15-18 按经济类型分限额以上批发零售贸易、餐饮企业主要财务状况（2002 年）

单位：万元

经济类型	Ownership	流动资产 Circulating Assets	固定资产 Fixed assets	资产合计 Total Assets
批发零售贸易业合计	**Total Sales In Wholesale and Retail Trade**	**15316983.3**	**4005549.2**	**23293377.6**
# 国有及国有控股	# State-owned and State-holding Enterprises	9339199.4	3032057.0	15327253.1
内资企业	Domestic Funded Enterprises	14313600.7	3707017.1	21655364.9
国有企业	State-ownedEnterprises	6285311.9	1894656.5	9470968.6
集体企业	Collective-ownedEnterprises	528123.8	140061.5	796053.5
股份合作企业	CooperativeEnterprises	172459.7	54446.7	238348.3
联营企业	Joint OwnershipEnterprises	447603.2	75826.6	571216.5
有限责任公司	Limited Liability Companies	3697578.8	564054.4	4951488.2
股份有限公司	Share Holding Limited Companies	1627165.5	828513.0	3794861.7
私营企业	Private Enterprises	1550877.6	145054.4	1822384.9
其他企业	Other Enterprises	4480.2	4404.0	10043.2
港、澳、台商投资企业	Enterprises Funded by Entrepreneurs from Hong Kong, Macao and Taiwan	583871.1	141765.1	917816.5
合资经营企业	Joint Ventures	242893.0	79978.0	429355.7
合作经营企业	Cooperative Enterprises	94532.3	6272.3	109747.9
独资经营企业	Ventures Exclusively Funded	146581.8	13473.0	159465.2
投资股份有限公司	Share Holding Limited Companies	99864.0	42041.8	219247.7
外商投资企业	Foreign Investment Enterprises	419511.5	156767.0	720196.2
中外合资经营企业	Sino-Foreign Joint Ventures	256466.0	123355.1	501327.7
中外合作经营企业	Sino-Foreign Cooperative Enterprises	33927.7	23328.3	75980.3
外资企业	Foreign Funded Enterprises	128139.8	10041.6	141844.2
外商投资股份有限公司	Share Holding Limited Companies	978.0	42.0	1044.0
餐饮业合计	**Catering Trade**	**438298.8**	**593818.4**	**1233600.6**
# 国有及国有控股	State-owned and State-holding Enterprises	36093.5	62178.7	121654.1
内资企业	Domestic Funded Enterprises	264514.9	367769.3	723611.4
国有企业	State-ownedEnterprises	30372.8	47167.1	93467.2
集体企业	Collective-ownedEnterprises	39927.5	120618.1	173989.4
股份合作企业	CooperativeEnterprises	18621.7	10164.4	37043.4
联营企业	Joint OwnershipEnterprises	954.1	1675.1	6031.9
有限责任公司	Limited Liability Companies	35715.2	42635.9	109955.2
股份有限公司	Share Holding Limited Companies	4359.6	8536.1	11066.2
私营企业	Private Enterprises	133731.1	135179.8	289323.4
其他企业	Other Enterprises	832.9	1792.8	2734.7
港、澳、台商投资企业	Enterprises Funded by Entrepreneurs from Hong Kong, Macao and Taiwan	140597.6	182969.9	382648.4
合资经营企业	Joint Ventures	49454.3	60905.9	121975.9
合作经营企业	Cooperative Enterprises	48610.6	62473.0	128495.1
独资经营企业	Ventures Exclusively Funded	42532.7	59591.0	132177.4
外商投资企业	Foreign Investment Enterprises	33186.3	43079.2	127340.8
中外合资经营企业	Sino-Foreign Joint Ventures	11139.3	23527.7	66626.7
中外合作经营企业	Sino-Foreign Cooperative Enterprises	20154.5	18182.1	56773.4
外资企业	Foreign Funded Enterprises	1892.5	1369.4	3940.7

FINANCIAL INDICATORS OF ENTERPRISES ABOVE DESIGNATED SIZE IN WHOLESALE AND RETAIL TRADE AND CATERING SERVICES BY OWNERSHIP

(10000 yuan)

负债合计 Total Liabilities	所有者权益 Creditors' Equity	实收资本 Total Capital Hold	商品销售收入 Sales Revenue	商品销售成本 Sales Cost	经营费用 Operating Expenses	商品销售税金及附加 Sales Tax and Extra Charges	商品销售利润 Sales Profits	管理费用 Maragement Expenses	财务费用 Financial Expenses
17420563.3	**5872814.3**	**4292057.0**	**45607410.8**	**42316908.6**	**1685210.0**	**63764.0**	**1541528.2**	**1245948.5**	**225018.0**
11131785.9	4195467.2	2854618.8	28223709.1	26285078.2	831501.4	36958.3	1070171.2	835396.1	153050.8
16175942.9	5479422.0	3626765.3	42335725.8	39503571.9	1367403.5	59904.4	1404846.0	1122049.8	212003.4
7272497.0	2198471.6	1455715.6	17730709.4	16604061.8	490059.6	22771.1	613816.9	539058.1	117144.0
636448.7	159604.8	99195.1	1357233.5	1265454.4	51651.1	2507.8	37620.2	36286.4	10053.2
195824.6	42523.7	27249.9	633282.2	589320.2	24885.9	1021.5	18054.6	15609.6	2000.5
403246.0	167970.5	107151.3	930351.8	857553.0	41334.2	1251.7	30212.9	28435.1	3138.5
3774963.8	1176524.4	748257.4	11068430.0	10327445.3	398969.5	15240.3	326774.9	276291.2	41250.2
2429675.1	1365186.6	1069763.8	5447057.7	5054737.1	150395.5	6721.0	235204.1	117433.9	24861.2
1455423.7	366961.2	317311.0	5145430.5	4783894.4	208897.4	10243.3	142395.4	108424.4	13337.7
7864.0	2179.2	2121.2	23230.7	21105.7	1210.3	147.7	767.0	511.1	218.1
664563.7	253252.8	221005.5	1624155.5	1352133.2	203952.9	2674.4	65395.0	70387.1	6179.9
321537.4	107818.3	141319.4	765117.5	629137.4	101186.4	2290.1	32503.6	41221.8	2856.3
83543.5	26204.4	20630.6	317736.3	258009.6	44202.9	102.9	15420.9	12578.5	659.3
150119.1	9346.1	19054.0	349388.3	316199.4	19785.7	183.1	13220.1	6745.4	564.1
109363.7	109884.0	40001.5	191913.4	148786.8	38777.9	98.3	4250.4	9841.4	2100.2
580056.7	140139.5	244286.2	1647529.5	1461203.5	113853.6	1185.2	71287.2	53511.6	6834.7
393721.9	107605.8	162757.6	896078.6	768557.4	69897.5	908.7	56715.0	33507.6	6585.7
71526.4	4453.9	58796.8	183361.1	162209.0	20526.7	123.6	501.8	4264.7	851.1
113847.4	27996.8	22681.8	562753.8	525427.1	22449.4	152.9	14724.4	15739.3	-600.1
961.0	83.0	50.0	5336.0	5010.0	980.0	0.0	-654.0	0.0	-2.0
826781.1	**406819.5**	**616223.7**	**1374807.9**	**658042.9**	**492877.2**	**77211.2**	**146676.6**	**149183.5**	**13359.4**
85802.2	35851.9	67700.4	121002.2	52720.5	42361.5	5724.0	20196.2	23586.0	1742.5
488049.8	235561.6	336161.1	903749.2	458352.2	302844.4	52571.6	89981.0	95075.0	8666.0
53723.3	39743.9	61727.4	94902.6	42796.8	30766.5	4369.2	16970.1	18982.9	1321.0
115104.5	58884.9	78538.3	133753.6	62896.6	46733.3	7809.1	16314.6	17590.4	1099.2
32058.6	4984.8	15894.2	97826.5	50359.4	33427.8	5553.5	8485.8	8665.3	564.6
562.1	5469.8	6145.0	5689.4	3396.8	1457.9	327.0	507.7	643.1	6.8
85438.5	24516.7	32038.0	119323.7	59079.1	40316.9	6519.8	13407.9	13696.9	1454.2
7297.7	3768.5	3509.7	15817.0	8575.6	4793.0	774.8	1673.6	1857.7	211.3
192683.0	96640.4	136124.9	432921.1	228784.9	144547.3	27066.5	32522.4	33498.4	3933.5
1182.1	1552.6	2183.6	3515.3	2463.0	801.7	151.7	98.9	140.3	75.4
265675.0	116973.4	224292.3	271048.4	112920.3	111772.5	14483.5	31872.1	41635.2	3180.4
65490.1	56485.8	78011.7	69660.6	26768.1	27203.8	4032.4	11656.3	14425.3	1147.9
93966.4	34528.7	80672.3	95676.7	41488.8	36432.9	4953.1	12801.9	16900.0	1021.1
106218.5	25958.9	65608.3	105711.1	44663.4	48135.8	5498.0	7413.9	10309.9	1011.4
73056.3	54284.5	55770.3	200010.3	86770.4	78260.3	10156.1	24823.5	12473.3	1513.0
48387.7	18239.0	20773.1	116758.0	49755.3	49392.8	5874.3	11735.6	5869.6	1296.5
23770.1	33003.3	32829.4	78010.6	34818.7	26921.9	4002.2	12267.8	5950.8	222.0
898.5	3042.2	2167.8	5241.7	2196.4	1945.6	279.6	820.1	652.9	-5.5

15-19 各市限额以上批发零售贸易、餐饮企业主要财务状况（2002年）

MAIN FINANCIAL INDICATORS OF ENTERPRISES ABOVE DESIGNATED SIZE IN WHOLESALE AND RETAIL TRADE AND CATERING SERVICES BY CITY（2002）

单位：万元　　　　（10000 yuan）

市别 City	企业数（个）Number of Enterprises（unit）	流动资产 Circulating Assets	固定资产 Fixed Assets	资产合计 Total Assets	负债合计 Total Liabilities	所有者权益 Creditors' Equity	实收资本 Total Capital Hold
一、贸易业 Trade	**2675**	**15316983.3**	**4005549.2**	**23293377.6**	**17420563.3**	**5872814.3**	**4292057.0**
广州 Guangzhou	906	6701850.0	1467614.0	10061481.0	7444112.0	2617369.0	1897978.0
深圳 Shenzhen	471	3870511.7	1116852.3	6126867.9	4049732.2	2077135.7	1225747.8
珠海 Zhuhai	102	408255.5	128541.1	686260.6	436188.5	250072.1	161514.9
汕头 Shantou	70	175510.0	61065.8	337210.6	263523.2	73687.4	79734.3
佛山 Foshan	287	1462948.9	277767.4	1869318.2	1720535.7	148782.5	258221.1
韶关 Shaoguan	33	70339.8	45068.5	138562.1	86614.0	51948.1	18579.2
河源 Heyuan	19	17929.3	17510.7	45321.5	34476.7	10844.8	17146.2
梅州 Meizhou	30	79624.5	24250.3	105466.9	95009.3	10457.6	15694.5
惠州 Huizhou	57	264873.7	75894.9	361687.0	313695.3	47991.7	35880.7
汕尾 Shanwei	22	19128.5	28209.2	59973.1	46722.0	13251.1	20329.4
东莞 Dongguan	110	424320.4	198627.5	733285.7	618891.9	114393.8	125370.3
中山 Zhongshan	123	444267.5	71440.1	568568.5	472830.1	95738.4	101271.6
江门 Jiangmen	132	512191.9	125523.6	745018.8	681992.8	63026.0	80902.6
阳江 Yangjiang	11	24074.3	27587.8	61676.9	42930.7	18746.2	5252.5
湛江 Zhanjiang	83	255119.1	79947.4	407489.4	341310.7	66178.7	58883.3
茂名 Maoming	66	184366.6	88877.0	313447.4	233478.1	79969.3	94894.9
肇庆 Zhaoqing	59	177552.6	59896.0	283834.5	245265.7	38568.8	28903.2
清远 Qingyuan	37	62019.0	29875.1	113183.7	90490.8	22692.9	24637.0
潮州 Chaozhou	15	103090.1	41444.1	152491.3	112438.8	40052.5	20563.7
揭阳 Jieyang	22	46315.9	21173.1	83254.1	65928.0	17326.1	15577.3
云浮 Yunfu	20	12694.0	18383.3	38978.4	24396.8	14581.6	4974.5
二、餐饮业 Catering Services	**909**	**438298.8**	**593818.4**	**1233600.6**	**826781.1**	**406819.5**	**616223.7**
广州 Guangzhou	356	148668.0	115071.0	339230.0	286096.0	53134.0	158346.0
深圳 Shenzhen	61	37011.6	27654.8	110855.7	66863.8	43991.9	43897.1
珠海 Zhuhai	29	7470.3	4249.1	13460.0	6725.7	6734.3	5518.1
汕头 Shantou	10	1463.5	1372.2	10010.8	8500.0	1510.8	2272.0
佛山 Foshan	126	49125.3	84472.8	140970.7	107156.8	33813.9	75777.9
韶关 Shaoguan	4	3127.8	9487.2	15122.6	8643.4	6479.2	8367.5
河源 Heyuan	10	3028.0	6416.7	9758.3	1858.1	7900.2	9416.3
梅州 Meizhou	3	990.0	6651.3	7971.7	7510.6	461.1	268.8
惠州 Huizhou	24	12201.6	9777.5	26732.0	25107.6	1624.4	12830.3
汕尾 Shanwei	7	2150.4	7395.3	10451.0	5957.3	4493.7	4465.4
东莞 Dongguan	106	87492.6	184353.3	303553.2	139799.5	163753.7	149150.1
中山 Zhongshan	48	18592.6	38564.4	69044.3	59988.4	9055.9	17387.2
江门 Jiangmen	48	29882.4	39397.2	72809.2	42487.8	30321.4	46308.8
阳江 Yangjiang	5	3385.4	2545.0	7630.4	3224.0	4406.4	7980.3
湛江 Zhanjiang	16	2181.5	1463.6	4382.8	3488.5	894.3	4989.7
茂名 Maoming	16	5386.3	9117.6	16434.4	9959.5	6474.9	24884.7
肇庆 Zhaoqing	11	7272.8	7515.3	15334.6	8507.1	6827.5	8168.8
清远 Qingyuan	16	6274.9	15586.5	25891.0	18060.9	7830.1	14866.5
潮州 Chaozhou	6	8420.0	12253.2	20143.9	11572.5	8571.4	11403.9
揭阳 Jieyang	1	1317.4	4305.3	6155.4	619.1	5536.3	5193.0
云浮 Yunfu	6	2856.4	6169.1	7658.6	4654.5	3004.1	4731.3

注：本表中的限额以上企业数据不包括活动单位。

Note: Data of the enterprises above designated size in this table exclude those of establishments.

15-19 续表 continued

单位：万元 (10000 yuan)

市 别 City	商品销售收入 Sales Revenue	商品销售成本 Sales Cost	经营费用 Operating Expenses	商品销售税金及附加 Sales Tax and Extra Charges	商品销售利润 Sales Profits	管理费用 Management Expenses	财务费用 Financial Expenses
一、贸易业 Trade	**45607410.8**	**42316908.6**	**1685210.0**	**63764.0**	**1541528.2**	**1245948.5**	**225018.0**
广 州 Guangzhou	18623498.0	17318592.0	672357.0	21906.0	610643.0	535607.0	101957.0
深 圳 Shenzhen	9854638.6	8887336.0	459699.7	16767.5	490835.4	360640.1	46199.9
珠 海 Zhuhai	1040048.5	943164.9	61657.1	1923.8	33302.7	33332.5	4692.2
汕 头 Shantou	477503.7	438262.4	22686.2	722.0	15833.1	18100.4	2465.0
佛 山 Foshan	4552854.9	4334235.6	116639.6	4261.7	97718.0	70659.5	19481.6
韶 关 Shaoguan	392274.6	349878.6	11970.6	921.4	29504.0	13307.6	1859.8
河 源 Heyuan	145059.2	132255.3	5002.7	141.0	7660.2	4969.1	693.6
梅 州 Meizhou	379003.6	332372.0	14212.7	1602.3	30816.6	15381.0	1146.7
惠 州 Huizhou	1053068.7	995394.6	26361.4	1140.9	30171.8	25463.2	2832.3
汕 尾 Shanwei	118059.2	106265.5	5350.6	1449.3	4993.8	4785.2	870.3
东 莞 Dongguan	1629384.1	1522012.8	55038.8	1344.2	50988.3	45817.4	13211.0
中 山 Zhongshan	1731262.5	1640644.7	60249.0	1607.3	28761.5	23089.6	5233.8
江 门 Jiangmen	1129432.8	1057817.1	34204.0	2415.9	34995.8	29085.0	8192.2
阳 江 Yangjiang	99048.1	87891.2	5864.7	233.0	5059.2	2545.2	231.8
湛 江 Zhanjiang	864555.2	819666.2	24341.8	3157.4	17389.8	17613.4	4212.8
茂 名 Maoming	2213548.1	2141572.6	63817.3	1606.3	6551.9	12194.7	3733.5
肇 庆 Zhaoqing	511464.7	473359.0	21839.2	1001.6	15264.9	14228.3	2730.5
清 远 Qingyuan	276909.7	256488.9	8952.2	455.7	11012.9	5549.4	1543.8
潮 州 Chaozhou	171675.5	161715.4	4101.5	180.9	5677.7	4178.8	1185.8
揭 阳 Jieyang	227445.4	211122.9	7209.4	475.6	8637.5	5600.8	2140.9
云 浮 Yunfu	116675.7	106860.9	3654.5	450.2	5710.1	3800.3	403.5
二、餐饮业 Catering Services	**1374807.9**	**658042.9**	**492877.2**	**77211.2**	**146676.6**	**149183.5**	**13359.4**
广 州 Guangzhou	596060.0	291667.0	214985.0	32332.0	57076.0	57880.0	6030.0
深 圳 Shenzhen	205659.0	88865.6	86782.3	10506.9	19504.2	13982.4	688.4
珠 海 Zhuhai	29870.4	17176.1	9214.6	1723.7	1756.0	1394.3	61.5
汕 头 Shantou	11456.1	8250.3	1687.9	865.7	652.2	673.1	102.8
佛 山 Foshan	135069.5	71811.8	40028.2	8136.2	15093.3	16021.0	1193.4
韶 关 Shaoguan	5860.4	2188.3	2605.9	311.2	755.0	896.7	177.8
河 源 Heyuan	9165.7	4187.7	3227.6	541.4	1209.0	1388.6	138.3
梅 州 Meizhou	3347.7	1052.0	896.2	219.3	1180.2	1043.9	8.1
惠 州 Huizhou	23053.3	11668.4	7183.8	1576.3	2624.8	3127.5	295.7
汕 尾 Shanwei	3664.8	1922.8	948.8	171.5	621.7	511.7	214.0
东 莞 Dongguan	162056.2	65630.1	60134.3	9547.0	26744.8	27491.5	1893.4
中 山 Zhongshan	60544.4	30626.8	21815.5	3925.0	4177.1	6621.0	642.6
江 门 Jiangmen	52908.5	24547.0	19245.6	3071.1	6044.8	7689.5	535.6
阳 江 Yangjiang	6549.6	2775.6	2037.7	401.6	1334.7	1354.4	28.9
湛 江 Zhanjiang	20472.9	13448.9	4452.8	1135.1	1436.1	757.8	58.0
茂 名 Maoming	13692.4	7344.0	3942.6	683.9	1721.9	1684.1	502.9
肇 庆 Zhaoqing	9957.2	4312.3	3992.5	508.5	1143.9	759.0	397.4
清 远 Qingyuan	13601.8	6091.7	5470.7	793.2	1246.2	2162.8	212.6
潮 州 Chaozhou	5809.9	2345.0	1376.8	372.6	1715.5	2951.2	30.3
揭 阳 Jieyang	1846.6	566.5	1050.3	100.6	129.2	109.1	0.0
云 浮 Yunfu	4161.5	1565.0	1798.1	288.4	510.0	683.9	147.7

15-20 各市限额以上批发零售贸易、餐饮企业增加值（2002年）

VALUE ADDED OF ENTERPRISES ABOVE DESIGNATED SIZE IN WHOLESALE AND RETAIL TRADE AND CATERING SERVICES BY CITY (2002)

单位：万元 (10000 yuan)

市别 City	增加值合计 Total Value Added	劳动者报酬 Compensation of Laborers	固定资产折旧 Depreciation of Fixed Assets	生产税净额 Net Taxes on Production	营业盈余 Operating Surplus
一、贸易业 Trade	**2123605.4**	**788464.9**	**205655.1**	**678636.1**	**450849.3**
广州 Guangzhou	797446.2	371481.2	70969.0	215979.0	139017.0
深圳 Shenzhen	762850.2	205799.3	63209.5	255760.3	238081.1
珠海 Zhuhai	54969.7	18778.2	8050.6	18527.9	9613.0
汕头 Shantou	24655.2	12161.3	3559.4	9722.1	-787.6
佛山 Foshan	126625.0	42279.4	13976.9	47033.0	23335.7
韶关 Shaoguan	41584.7	9576.3	2416.9	7955.5	21636.0
河源 Heyuan	6896.4	2498.7	490.3	2752.1	1155.3
梅州 Meizhou	20686.2	5888.0	908.6	9341.7	4547.9
惠州 Huizhou	36425.9	13428.3	10369.2	12144.9	483.5
汕尾 Shanwei	7268.6	2828.9	898.5	4278.7	-737.5
东莞 Dongguan	42729.3	20423.2	5855.5	11920.1	4530.5
中山 Zhongshan	40385.3	18847.0	5865.7	12430.9	3241.7
江门 Jiangmen	38599.1	17068.3	7653.5	11413.7	2463.6
阳江 Yangjiang	7715.3	2384.1	781.3	2139.8	2410.1
湛江 Zhanjiang	32387.6	9528.1	2398.1	20426.1	35.3
茂名 Maoming	17715.0	9447.3	2187.2	14630.0	-8549.5
肇庆 Zhaoqing	22409.2	11521.9	2226.4	9319.7	-658.8
清远 Qingyuan	15924.2	4508.2	2244.7	4506.5	4664.8
潮州 Chaozhou	8314.9	3301.6	655.5	1880.9	2476.9
揭阳 Jieyang	9509.6	4138.9	491.9	3371.6	1507.2
云浮 Yunfu	8507.8	2576.7	446.4	3101.6	2383.1
二、餐饮业 Catering Services	**305157.6**	**191683.6**	**47180.2**	**82160.1**	**-15866.3**
广州 Guangzhou	122112.0	81118.0	13974.0	33854.0	-6834.0
深圳 Shenzhen	44630.6	26544.6	2574.3	10678.3	4833.4
珠海 Zhuhai	6143.3	3582.0	435.7	1825.4	300.2
汕头 Shantou	1711.4	839.0	125.8	870.3	-123.7
佛山 Foshan	34245.0	19471.4	7286.9	9607.8	-2121.1
韶关 Shaoguan	1629.1	1025.1	597.2	326.3	-319.5
河源 Heyuan	2168.3	1527.0	389.2	570.0	-317.9
梅州 Meizhou	1362.8	616.1	372.9	245.6	128.2
惠州 Huizhou	6831.2	4366.7	1173.1	2089.8	-798.4
汕尾 Shanwei	1120.6	584.3	406.6	233.7	-104.0
东莞 Dongguan	46089.1	26167.2	12662.0	9900.0	-2640.1
中山 Zhongshan	12333.8	9306.8	2140.6	3972.9	-3086.5
江门 Jiangmen	8703.9	5849.3	1932.7	3102.2	-2180.3
阳江 Yangjiang	1820.7	1046.7	421.0	401.6	-48.6
湛江 Zhanjiang	4139.8	2078.5	197.2	1243.8	620.3
茂名 Maoming	2851.0	1705.4	808.9	801.8	-465.1
肇庆 Zhaoqing	2664.6	1729.0	283.4	664.7	-12.5
清远 Qingyuan	3132.1	2514.6	775.1	971.6	-1129.2
潮州 Chaozhou	13.0	530.5	359.3	389.2	-1266.0
揭阳 Jieyang	641.0	448.3	50.0	122.6	20.1
云浮 Yunfu	814.3	633.1	214.3	288.5	-321.6

主要统计指标解释

社会消费品零售总额 指各种经济类型的批发零售贸易业、餐饮业 、制造业 和其他行业，对城乡居民和社会集团的消费品零售额，以及农民对非农业居民零售额的总和。

批发零售贸易业商品购进总额 指从本企业以外的单位和个人购进（包括从国外直接进口）作为转卖或加工后转卖的商品金额。本指标由“从生产者购进额”、“从批发零售贸易业购进额”、“进口额”和“其他项目”组成。这个指标反映批发零售贸易企业从国内、国外市场上购进商品的总量。

批发零售贸易业商品销售总额 指对本企业以外的单位和个人出售的商品（包括对国（境）外直接出口及售给本单位消费用的商品）。本指标由“对生产经营单位批发额”、“对批发零售贸易业批发额”、“出口额”和“对居民和社会集团商品零售额”项目组成。这个指标反映批发零售贸易企业在国内市场上销售商品以及出口商品的总量。

批发 指除零售以外的一切商品销售活动，包括对生产经营单位批发、对批发零售贸易业批发和出口。

对生产经营单位批发 指售给国民经济和社会各部门作为生产或经营使用的商品。

零售 指售给城乡居民直接用于生活消费的商品和社会集团直接用于公用消费的商品。

批发零售贸易业年末库存总额 指批发零售贸易企业已取得所有权的全部商品。这个指标反映批发零售贸易企业的商品库存情况，对市场商品供应的保证程度。

批发零售贸易业餐饮业法人单位 指各种经济类型独立核算法人批发零售贸易企业、餐饮企业的单位个数。法人单位应同时具备以下条件：1. 依法成立，有自己的名称、组织机构和场所，能够独立承担民事责任；2. 独立拥有和使用资产，承担负债，有权与其他单位签 订合同；3. 独立核算盈亏，并能够编制资产负债表。

批发贸易业 是指从工农业生产者或从商品流通企业购进商品，转卖给工业、农业、建筑业、运输邮电业、餐饮业、服务业等生产经营单位作为生产经营用，以及将商品转卖给其他批发贸易企业或零售贸易企业的商品流通企业。

零售贸易业 是指从工农业生产者、批发贸易业或居民购进商品，转卖给城乡居民作为生活消费和售给社会集团作为公共消费的商品流通企业。

餐饮业 是指从事食品的烹饪、调制并直接售给居民和社会集团的机构。

城乡集市贸易成交额 指在农村集市和城市集市上买卖双方（包括农民、非农业居民、机关、团体、工商企业、个体商贩）成交的全部商品金额。目前农民在集市外对非农业居民的零售额也统计在内。不包括城市工业品市场的成交额。

资本金 指批发零售贸易业、餐饮业企业在工商行政管理部门登记的注册资金。资本金按投资主体分为国家资本金、法人资本金、个人资本金和外商资本金等。

流动资产合计 指可以在一年内或者超过一年的一个营业周期内变现或者耗用的资产，包括货币资金、短期投资、应收票据、应收帐款、坏帐准备、应收帐款净额、预付帐款、其他应收款、存货、待转其他业务支出、待摊费用、待处理流动资产净损失、一年内到期的长期债券投资、其他流动资产等项。

固定资产合计 指核算使用期限超过一年，单位价值在规定标准以上，并且在使用过程中保持原有物质形态的资产。

无形及递延资产 指企业长期使用但是没有实物形态的资产和不能全部计入当年损益，应当在以后年度分期摊销的各项费用。包括专利权、著作权、土地使用权、非专利技术、商誉和开办费、租入固定资产的改良支出等。

所有者权益合计 指企业投资人对企业净资产的所有权，包括企业投资人对企业的最初投入资本以及形成的资本公积金、盈余公积金和未分配利润等。

股本 指股份制企业按照章程和投资协议的规定，股东实际投入企业的股本。

商品销售收入（营业收入） 指批发零售贸易企业商品销售收入、接受其他单位委托代销商品的收入和餐饮企业的营业收入（包括餐费收入、冷热饮收入、服务收入和其他收入）。

商品销售成本 指批发零售贸易企业已销商品应负担的进货原价和餐饮企业的原材料成本、商品进价成本。

经营费用 指批发零售贸易企业在购、销、存过程中发生的各项经营费用和餐饮企业经营中发生的各项费用。包括运输费、装卸费、包装费、保险费、广告费、商品损耗、进出口商品累计佣金、经营人员的工资及福利费等。

商品销售税金及附加费 指批发零售贸易企业销售商品应负担的税 金和餐饮企业应由各项经营业务负担的税金及附加。包括营业税、城市维护建设税、出口关税和教育费附加等。

商品销售利润 指批发零售贸易企业由于销售商品得到的利润。

管理费用 指企业的行政管理部门为组织和管理企业经营活动所发生的费用。包括管理人员的工资及福利费、业务招待费、工会经费、职工教育经费、劳动保险费、董事会会费、涉外费、租赁费、咨询费、诉讼费、房产税、土地使用税、车船使用税、土地损失补偿费、技术转让费、技术开发费、无形资产摊销、坏账损失、上交上级管理费及其它管理费用等。根据管理费用的发生额分析填列。

利润总额 指企业全年实现的利润。包括营业利润、投资净收益及营业外收支净额。

增值税 指企业在报告期内应交纳的增值税额合计。计算公式为：本年应交增值税 = 销项税额 + 出口退税 + 进项税额转出数-进项税额

Explanatory Notes on Main Statistical Indicators

Total Retail Sales of Consumer Goods refer to the sum of retail sales of consumer goods by the establishments in wholesale trade, retail trade, catering trade, manufacturing industry and other industries of various types of ownership, to urban and rural residents and social groups, and by the farmers to non-agricultural residents.

Total Purchases of Commodities by Wholesale and Retail Trade refer to the purchases of commodities by the establishments from other establishments or individuals (including direct import from abroad) for the purpose of reselling, either with or without further processing of the commodities purchased. This indicator includes the purchases from producers, the purchase from wholesale and retail trade, imports and others. It is used to show the total value of purchases of commodities by wholesale and retail establishments from domestic and overseas markets.

Total Sales of Commodities by Wholesale and Retail Trade refer to selling of commodities (including commodities for self-consumption) by the establishments to other establishments and individuals (including direct export). This indicator includes the value of wholesale to establishments of production and operation, the value of wholesale to wholesale and retail trade, exports and sales to urban and rural residents and social groups. It is used to show the total value of sales of commodities at domestic markets and export.

Wholesale refers to all selling activities of commodities except retail Trade, including wholesale to production and operation units, wholesale to wholesale and retail trade and export.

Wholesale to Production and Operation Units refers to commodities sold to national economy and social departments for their production and operation.

Retail Sale refers to commodities sold to urban and rural residents directly for living consumption and to social groups directly for public consumption.

Total Commodity Stock of Wholesale and Retail Enterprises at the Year-end refer to the total commodities possessed by wholesale and retail enterprises, which reflects the commodity stock level of various wholesale and retail enterprises and the potential for market supply.

Corporate Enterprises in Wholesale and Retail Trade and Catering Services refer to the number of corporate enterprises of various types of ownership in the wholesale and retail trade and catering trade with independent accounting system. An enterprise can be called a corporate enterprise only when it meets the following requirements: (1) It is established according to law; it has its own name, organization and location for business operation and can assume the civil responsibility; (2) It owns and uses its assets independently; assumes the liabilities and is entitled to sign contracts with other units; (3) It has the independent accounting system and is able to compile balance sheet.

Wholesale Trade refers to the commodity circulation enterprises which purchase commodities from producers in industry and agriculture or from commodity circulation enterprises for the purpose of reselling them to establishments in industry, agriculture, construction, transportation, posts and telecommunications, catering trade and services for their production and operation as well as reselling them to other wholesale or retail enterprises.

Retail Trade refers to the commodity circulation enterprises which purchase commodities from producers in industry and agriculture, wholesale trade or residents for the purpose of reselling them to urban and rural residents for living consumption and to social groups for public consumption.

Catering Services refer to the establishments engaged in food cooking, seasoning and selling food directly to residents and social groups.

Volume of Business (Transaction Value) at Urban and Rural Free Markets refers to the value of all goods changed hands between sellers and buyers, including farmers, non-agricultural residents, institutions, organizations, enterprises and private peddlers, at urban and rural free markets. At present, also included is the retail sales of farmers to non-agricultural residents outside free market, excluding the volume of business at the urban industrial product market.

Capital refers to the capital registered by the wholesale and retail and catering enterprises in the departments of administration for industry and commerce. According to the different nature of investors, the capital can be divided into state capital, legal person's capital, personal capital and foreign capital, etc.

Circulating Assets refer to the assets which can be cashed in or spent or consumed in an operating cycle of one year or over one year, including cash, short-term investment, notes receivable, accounts receivable, bad debt reserve, net accounts receivable, advance payment, other receivables, stock, other operating expenses to be transferred, expenses to be apportioned, net losses of circulating assets to be settled after approval, long-term bond investment at the expiration of a year and other circulating assets.

Fixed Assets refer to the assets whose accounting operational cycle is over a year and unit value is up to the stipulated standard, and in their original form in the operating process.

Intangible Assets and Deferred Assets refer to the assets without material form used by enterprises over a long time, which cannot be counted all into the profits and losses of the current year and should amortize various expenses in the following years, including patents, copyright, land use right, non-patent technologies, business reputation, organization expenses and improvement expenses on the leased fixed assets, etc.

Creditor's Equity refers to investors' ownership of net assets of the enterprise, including the primary input from investors, capital accumulation funds, surplus accumulation funds and undistributed profits, etc.

Capital Stock refers to the capital actually put into the share-holding enterprise by the stock holders in accordance with the regulations and investment agreements.

Sales Revenue of Commodities (Business Revenue) refers to this income from the sales of commodities by the wholesale and retail enterprises, the income from the sales on commission and the business income by the catering enterprises (including food income, cold and hot drink income, service income and other incomes).

Sales Cost of Commodities refers to the prime cost which should be paid by the wholesale and retail enterprises for the sold commodities, the cost of raw materials and prime cost of commodities of the catering enterprises.

Operational Expenses refer to the various operational expenses in the purchase, and stock process of the wholesale and retail enterprises, and various expenses in the operational process of the catering enterprises, including traffic expense, loading and unloading charge, packing charge, insurance expense, advertising fee, wear loss of commodities, accumulative commission of import and export commodities, wages and welfare expense of business personnel.

Tax and Extra Charges on Sales of Commodities refer to the tax which should be paid by the wholesale and retail enterprises for selling commodities and the tax and extra charges which should be paid by the catering enterprises for various business operation, including business tax, tax on city maintenance and construction, export tariff and extra charges for education, etc.

Sales Profit of Commodities refers to the profit gained by the wholesale and retail enterprises in selling commodities.

Administrative Expenses refer to the expenses in the activities of organizing and managing enterprise operation by the administrative department of the enterprises, including wages and welfare expense of managerial staff, business entertainment expense, expense of trade union, expense of education for staff and workers, labor insurance expense, membership fee of board of directors, expense concerning foreign affairs, leasing expense, consulting fee, litigation cost, tax on real estates, tax on the use of land, tax on the use of vehicles, compensation expense for the land loss, technical transfer expense, technical development expense, amortization of intangible assets, bad debt loss, administrative expense handed over to higher authorities and other expenses, etc. It is reported in line with the analysis of emergence value of management expenses.

Total Profits refer to the profits gained by the enterprises during the year, including business profit, net income of investment and net value beyond operating expenditure and receipt.

Value Added Tax refers to the amount of the value added tax which should be paid by the enterprises in the reference period. The formula is as follows:

$$\frac{\text{Value Added Tax}}{\text{Paid in Current Year}} = \text{Sales Tax} + \text{Export Rebate} + \frac{\text{Transfer Volume}}{\text{of Purchase Tax}} - \text{Purchase Tax}$$

十六、对外经济与旅游

FOREIGN ECONOMY AND TOURISM

16

16-2 人民币对主要外币年平均汇价

AVERAGE EXCHANGE RATE OF RMB YUAN AGAINST MAIN CONVERTIBLE CURRENCIES

单位：人民币：元　　　　　　　　　　　　　　　　　　　　　　　　(RMB yuan)

年　份 Year	100美元 100 US Dollars	100日元 100 Japanese Yen	100港元 100 Hong Kong Dollars	100欧元 100 Euro Dollars
1987	372.21	2.5799	47.74	
1988	372.21	2.9082	47.70	
1989	376.59	2.7360	48.28	
1990	478.38	3.3233	61.39	
1991	532.27	3.9602	68.45	
1992	551.49	4.3608	71.24	
1993	576.19	5.2020	74.41	
1994	861.87	8.4370	111.53	
1995	835.07	8.9225	107.96	
1996	830.57	7.6238	107.40	
1997	828.97	6.8623	107.09	
1998	827.90	6.3487	106.88	
1999	827.83	7.2913	106.66	
2000	827.84	7.6950	106.17	
2001	827.71	6.8098	106.07	
2002	827.70	6.6651	106.08	801.45

16-3 海关进出口总额

TOTAL VALUE OF IMPORTS AND EXPORTS (CUSTOMS STATISTICS)

单位：亿美元　　　　　　　　　　　　　　　　　　　　　　　　(USD 100 million)

年　份 Year	进出口总额 Total Imports & Exports	出　口 Exports	进　口 Imports	差　额 Balance	初级产品 Primary Goods		工业制成品 Manufactured Goods	
					出　口 Exports	进　口 Imports	出　口 Exports	进　口 Imports
1987	210.37	101.40	108.97	-7.57	15.40	7.52	86.00	101.45
1988	310.19	148.17	162.02	-13.85	21.71	11.22	126.46	150.80
1989	355.78	181.13	174.65	6.48	22.06	17.59	159.07	157.06
1990	418.98	222.21	196.77	25.44	21.70	16.78	200.51	179.99
1991	525.21	270.73	254.48	16.25	20.58	21.92	250.15	232.56
1992	657.48	334.58	322.90	11.68	21.41	22.12	313.17	300.78
1993	783.44	373.94	409.50	-35.56				
1994	966.63	502.11	464.52	37.59				
1995	1039.72	565.92	473.80	92.12	37.57	35.76	528.35	438.04
1996	1099.60	593.46	506.14	87.32	37.55	41.72	555.91	464.42
1997	1301.20	745.64	555.56	190.08	47.65	51.60	697.99	503.96
1998	1297.98	756.18	541.80	214.38	39.85	53.53	716.33	488.27
1999	1403.68	777.05	626.63	150.42	30.54	64.36	746.51	562.27
2000	1701.06	919.19	781.87	137.32	34.20	93.74	884.99	688.13
2001	1764.87	954.21	810.66	143.55	35.78	100.77	918.43	709.89
2002	2210.92	1184.58	1026.34	158.24	36.72	103.15	1147.86	923.19

注：进出口差额负数为入超。

Note: A negative balance indicates an unfavourable balance of foreign trade.

16-4 按贸易方式和经济类型分的海关进出口额
TOTAL VALUE OF IMPORTS AND EXPORTS BY TRADE FORM AND TYPE OF OWNERSHIP (CUSTOMS STATISTICS)

单位：亿美元　　　　(USD 100 million)

项　　目	Item	1990		1995		1999	
		出　口 Exports	进　口 Imports	出　口 Exports	进　口 Imports	出　口 Exports	进　口 Imports
总　　计	**Total**	**222.21**	**196.77**	**565.92**	**473.80**	**777.05**	**626.63**
按贸易方式分	**By Trade Form**						
一般贸易	General Trade	59.52	34.52	136.01	46.41	154.14	138.58
来料加工	Processing and Assembling with Customer's Materials	91.66	76.24	159.36	118.93	236.03	155.74
补偿贸易	Compensation Trade	1.26	0.99	0.89	0.15	0.29	0.02
进料加工	Processing and Assembling with Import Materials	68.42	51.37	263.40	205.00	367.95	264.76
加工设备	Processing Equipment		7.39		11.72		11.53
外资设备	Foreign Funded Equipment		21.45		57.03		30.53
易货贸易	Barter Trade			0.19	0.44	0.01	
保税仓库	Bonded Warehouse			4.05	27.33	15.61	18.22
捐　　赠	Donation of Overseas Chinese		0.82		3.24	0.02	0.12
其　　他	Others	1.35	3.99	2.02	3.55	3.00	7.13
按经济类型分	**By Ownership**						
国有经济	State-owned	166.45	124.13	296.67	181.03	357.59	260.06
集体经济	Collective Owned			9.19	8.20	20.40	18.21
私营经济	Private			0.03	0.07	1.68	1.80
外商投资经济	Foreign Funded	54.81	70.86	257.59	274.51	394.18	339.18
其他经济	Others	0.95	1.78	2.44	9.99	3.20	7.38

项　　目	Item	2000		2001		2002	
		出　口 Exports	进　口 Imports	出　口 Exports	进　口 Imports	出　口 Exports	进　口 Imports
总　　计	**Total**	**919.19**	**781.87**	**954.21**	**810.66**	**1184.58**	**1026.34**
按贸易方式分	**By Trade Form**						
一般贸易	General Trade	174.36	208.55	164.95	229.75	217.10	266.37
来料加工	Processing and Assembling with Customer's Materials	265.80	179.09	274.89	182.40	313.57	222.73
补偿贸易	Compensation Trade	0.08		0.07		0.09	
进料加工	Processing and Assembling with Import Materials	452.00	314.62	490.13	322.04	618.29	432.50
加工设备	Processing Equipment		15.24		14.68		15.68
外资设备	Foreign Funded Equipment		34.53		32.42		41.51
易货贸易	Barter Trade						
保税仓库	Bonded Warehouse	24.04	23.36	22.94	23.48	35.40	42.06
捐　　赠	Donation of Overseas Chinese	0.02	0.19		0.28	0.05	0.20
其　　他	Others	2.89	6.29	1.23	5.61	0.08	5.29
按经济类型分	**By Ownership**						
国有经济	State-owned	389.65	317.51	361.24	311.12	401.75	355.42
集体经济	Collective Owned	25.31	25.64	34.43	32.78	44.91	30.36
私营经济	Private	6.14	5.54	14.09	15.36	41.48	44.13
外商投资经济	Foreign Funded	495.09	425.27	543.72	442.56	696.21	589.79
其他经济	Others	3.00	7.91	0.73	8.84	0.23	6.64

16-8 续表 1 continued

单位：万美元 (USD 10000)

商品类别	Category of Commodities	2001 出口 Exports	2001 进口 Imports	2002 出口 Exports	2002 进口 Imports
化妆品及其原料、芳香料制品	Cosmetics and Cosmetic Raw Materials, Perfume Products	17894	8222	25158	8105
洗涤用品	Detergents	14974	14849	16761	18498
蛋白类物质、改性淀粉、胶、酶	Protein Materials, Modified Starch, Gum and Enzyme	5073	15845	5614	19193
炸药、烟火制品、易燃材料制品	Explosive, Pyrotechnic Products, Inflammable Material Products	7947	29	8810	53
照相及电影用品	Photographic and Film Products	17523	27853	18153	33057
杂项化学产品	Miscellaneous Chemical Products	21816	83695	24648	100414
第七类 塑料、橡胶及其制品	**Plastics, Rubber and Related Products**	**357040**	**859386**	**408961**	**991522**
塑料及其制品	Plastics and Related Products	332629	802050	378961	924077
橡胶及其制品	Rubber and Related Products	24411	57336	30000	67445
第八类 皮革、毛皮及其制品、旅行用品、手提包	**Leather, Furs and Related Products, Travel Articles, Handbags**	**296995**	**137070**	**340204**	**151118**
生皮及皮革	Raw Hides and Leather	25212	118841	31994	136087
皮革制品、旅行用品及手提包	Leather Products, Travel Articles and Handbags	254505	3939	292643	1790
毛皮、人造毛皮及制品	Furs, Artificial Furs and Related Products	17278	14290	15567	13241
第九类 木及木制品、草柳编结品	**Wood and Wooden Products, Straw and Wicker Knitting Products**	**67113**	**114848**	**83805**	**125376**
木及木制品、木炭	Wood and Wooden Products, Charcoal	54584	114158	64685	124644
软木及软木制品	Cork and Related Products	33	186	40	191
草柳编结品	Straw and Wicker Knitting Products	12496	504	19080	541
第十类 木浆、纸、纸板及制品	**Wood Pulp, Paper, Paperboard and Related Products**	**110435**	**276704**	**131807**	**308435**
木浆及其他纤维素浆、废碎纸板	Wood Pulp and Cellulose Pulp, Waste Paper and Paperboard	7	48782	7	49264
纸及纸板、纸浆、纸制品	Paper, Paperboard, Paper Pulp, Paper Products	67726	218833	80529	249041
书籍、印刷品、设计图纸	Books, Printed Matter, Design Blueprint	42702	9089	51271	10130
第十一类 纺织原料及纺织制品	**Textile Materials and Products**	**1118563**	**654061**	**1305771**	**714554**
蚕 丝	Natural Silk	8557	5197	8802	4458
羊毛、动物毛、毛纱线及制品	Wool, Animal Hair, Woolen Yarn and Woven Fabrics	13376	30249	12245	29227
棉 花	Cotton	95849	182616	115320	217153
其他纺织纤维、纸纱线及机织物	Other Textile Fibers, Yarn and Related Woven Fabrics	10910	11832	13681	14545
化学纤维长丝	Chemical Fiber, Continuous Filament	12537	118734	14783	117728
化学纤维短丝	Chemical Fiber, Staple Fiber	25820	90872	24374	95447
絮胎、毡尼及无纺物、特种纱线、线绳索缆	Wadding, Felt and Adhesive-bond Fabrics, Special Yarn, Thread, Rope, Cable	12997	11576	14212	14302
地毯及纺织铺地制品	Carpets and Related Woven Products	2630	835	3540	1201
特种机织物、纺织装饰品、刺绣品	Special Woven Fabrics, Woven Ornaments, Embroidery	19423	17496	24399	19798
浸渍、涂布、包覆或层压的纺织物	Soaked, Coated or Overlapping Textile Products	9435	46634	10540	48726
针织物及钩编织物	Knit Wear and Crocheted Febrics	97399	62477	136928	71248
针织或钩编的服装及衣着附件	Knitted or Crocheted Garments and Clothing Accessories	352731	40693	408631	42743
非针织或非钩编的服装及衣着附件	Garments Not Kintted or Not Crocheted and Clothing Accessories	417073	33343	472497	36267
其他纺织制成品、成套物品	Other Textile Products	39826	1507	45819	1711
第十二类 鞋帽伞杖、加工羽毛、人造花、人发制品	**Footwear, Headgear, Umbrellas, Canes, Processed Feather, Artifical Flowers, Wigs**	**539192**	**8729**	**571197**	**7911**
鞋类及零件	Footwear and Accessories	446804	6643	478034	6215
帽类及零件	Headgear and Accessories	17329	243	19415	111

16-8 续表 2 continued

单位：万美元 （USD 10000）

商品类别	Category of Commodities	2001 出口 Exports	2001 进口 Imports	2002 出口 Exports	2002 进口 Imports
伞、杖、鞭及零件	Umbrellas，Canes，Whips and Accessories	34929	766	30234	500
加工羽毛、羽绒及制品、人造花、人发制品	Processed Feathers，Down and Related Products，Artificial Flowers，Wigs	40130	1077	43514	1085
第十三类 石材制品、陶瓷产品、玻璃及其制品	**Stone Products，Ceramics，Glass and Glassware**	**122286**	**63681**	**167153**	**65611**
石材制品	Stone and Related Products	14626	7332	17074	8554
陶瓷产品	Ceramics	74180	3891	106426	3383
玻璃及其制品	Glass and Glassware	33480	52458	43653	53674
第十四类 珠宝首饰、硬币	**Jewellery，Coins**	**155193**	**64142**	**172197**	**86141**
珠宝首饰	Jewellery	155193	64142	172197	86141
第十五类 贱金属及其制品	**Base Metals and Related Products**	**444441**	**758789**	**553383**	**897338**
钢铁	Iron and Steel	11917	359793	14189	432047
钢铁制品	Iron and Steel Products	193273	54136	240931	52670
铜及其制品	Copper and Related Products	21665	183761	24350	216399
镍及其制品	Nickle and Related Products	211	10421	247	11972
铝及其制品	Aluminium and Related Products	51378	94869	75407	119169
铅及其制品	Lead and Related Products	3867	1236	3972	1374
锌及其制品	Zinc and Related Products	9197	19954	8738	23291
锡及其制品	Tin and Related Products	4057	6650	1760	7526
其他贱金属金属陶瓷及其制品	Other Base Metals，Metallic Ceramics and Related Products	1345	4218	1651	4672
贱金属工具器具利口器餐具及零件	Base Metals Tools，Utensils，Sharp Tools，Dinner-sets and Accessories	74228	13006	89239	15921
贱金属杂项制品	Miscellaneous Base Metals Products	73303	10745	92899	12297
第十六 机械、电气设备、电视机及音响设备	**Machinery，Electric Equipment，TV Sets，Sound Appliances**	**4157341**	**3344026**	**5534608**	**4800043**
核反应堆、锅炉、机械设备及零件	Nuclear Reactor，Boilers，Mechanic Equipment and Accessories	1756136	1155379	2450645	1496940
机电、电气设备、电视机及音响设备	Machinery，Electric Equipment，TV Sets and Sound Appliances	2401205	2188647	3083963	3303103
第十七类 车辆、航空器、船舶及有关运输设备	**Vehicles，Aircraft，Ships and Related Transport Equipment**	**204501**	**90498**	**237317**	**207358**
铁道及电车机车、车辆及零件	Rail Locomotives，Tramcars and Accessories	62655	153	67102	837
车辆及零附件	Vehicles and Related Parts and Accessories	126660	82594	153014	127963
航空器、航天器及零件	Aircraft，Spacecraft and Related Parts and Accessories	150	5567	260	73176
船舶及浮动结构体	Ships and Related Products	15036	2184	16941	5382
第十八类 仪器、医疗器械、钟表及乐器	**Instruments，Medical Instruments and Equipment，Clocks and Watches，Musical Instruments**	**465490**	**322622**	**474904**	**398511**
光学、照相电影、计量检验、医疗仪器设备	Optical，Photographic，Film，Measuring and Checking，Medical Instruments and Equipment	312068	254431	318121	328784
钟表及零件	Clocks，Watches and Spare Parts	140677	66883	141239	67658
乐器及零附件	Musical Instruments and Accessories	12745	1308	15544	2069
第十九类 杂项制品	**Miscellaneous Manufactured Articles**	**991188**	**30125**	**1320573**	**40877**
家具、床上用品、照明装置、发光标志	Furniture，Bed Articles，Lighting Apparatus，Radiate Marks	360269	5941	477082	7024
玩具、游戏、运动用品及零附件	Toys，Game Goods，Sports Goods and Related Parts and Accessories	574024	12376	784862	21754
杂项制品	Other Miscellaneous Manufactured Articles	56895	11808	58629	12099
第二十类 艺术品、收藏品及古物	**Works of Art，Collection Pieces and Antiques**	**524**	**54**	**723**	**23**
第二十一类 特殊交易品及未分类商品	**Special Trading Goods and Unclassified Goods**	**7196**	**137484**	**354**	**117062**

16-9 海关出口主要商品数量和金额
VOLUME AND VALUE OF MAIN COMMODITIES FOR EXPORT (CUSTOMS STATISTICS)

金额单位：万美元 (USD 10000)

商品名称		Item		2001 数量 Volume	2001 金额 Value	2002 数量 Volume	2002 金额 Value
活猪	(万头)	Live Hogs	(10000 heads)	42	5212	36	4544
活家禽	(万只)	Live Poultry	(10000 heads)	3818	6819	3785	6936
鲜、冻猪肉	(吨)	Fresh and Frozen Pork	(ton)	13849	1886	11053	1533
冻鸡	(吨)	Frozen Chicken	(ton)	22431	3097	23359	2491
水产品	(吨)	Aquatic Products	(ton)	178857	26191	212616	35427
#活鱼	(吨)	Live Fish	(ton)	62165	6436	49981	6814
鲜冻对虾	(吨)	Fresh and Frozen Prawn	(ton)	6153	2809	15923	5731
谷物	(吨)	Cereals	(ton)	143761	3937	167284	4179
#大米	(吨)	Rice	(ton)	6158	287	5153	182
蔬菜	(吨)	Vegetables	(ton)	640854	15620	775516	19274
#鲜蔬菜	(吨)	Fresh Vegetables	(ton)	523890	8208	685594	12073
鲜、干果类	(吨)	Fresh and Dried Fruit	(ton)	181421	4419	261549	7245
#柑桔橙	(吨)	Mandarins and Oranges	(ton)	38069	534	46262	1057
食用油籽	(吨)	Edible Oil Seeds	(ton)	12976	543	12143	481
食用植物油	(吨)	Edible Vegetable Oil	(ton)	124238	5930	74995	4410
食糖	(吨)	Sugar	(ton)	166316	4699	195707	4951
茶叶	(吨)	Tea	(ton)	24818	3744	23367	3619
猪肉罐头	(吨)	Canned Pork	(ton)	4056	457	4075	464
蘑菇罐头	(吨)	Canned Mushroom	(ton)	24554	2063	23116	1913
羽毛、羽绒	(吨)	Feather and Down	(ton)	6913	3046	7901	3326
药材	(吨)	Medicinal Materials	(ton)	47411	6132	58760	6837
纸烟	(千支)	Cigarettes	(1000 units)	1444651	1673	1402597	1817
生丝	(吨)	Raw Silk	(ton)	1365	2992	1592	2775
成品油	(吨)	Finished Petroleum Products	(ton)	777316	19274	517843	12655
合成有机染料	(吨)	Synthetic Organic Dyestuff	(ton)	7625	2778	6465	2108
医药品	(吨)	Medicinal and Pharmaceutical Products	(ton)	27280	14210	29216	16828
#抗菌素	(吨)	Antibiotics	(ton)	1138	2843	1561	3798
烟花爆竹	(吨)	Fireworks and Firecrackers	(ton)	55332	7412	67419	8219
松香、树脂	(吨)	Rosin, Resin	(ton)	90231	4175	96141	4333
轮胎	(万条)	Rubber Tire	(10000 units)	2754	9031	3415	12193
纸及纸板	(吨)	Paper and Paperboard	(ton)	95821	6860	109211	8336
纺织品		Textiles			343299		421198
#棉纱线	(吨)	Cotton Yarn	(ton)	96253	29527	113845	34085
丝绸	(万米)	Silk	(10000 m)	1299	4126	1457	4844
棉布	(万米)	Cotton Cloth	(10000 m)	59807	71924	73625	89975
麻纺布	(万米)	Line Cloth	(10000 m)	4345	6655	5648	8936
混纺布	(万米)	Mixed Colth	(10000 m)	3856	3799	3626	2884
玻璃制品		Glass Products			13999		18568
家用陶瓷器皿		Porcelain and Pottery Wares for Houshold Use			25500		36197
装饰用陶瓷器皿		Porcelain and Pottery Wares for Decoration Use			31012		36879
珍珠、宝石		Pearls and Gems			39960		47158

16-9 续表 continued

金额单位：万美元 (USD 10000)

商品名称		Item		2001 数 量 Volume	2001 金 额 Value	2002 数 量 Volume	2002 金 额 Value
贵金属及首饰		Precious Metal and Jewelry			101392		110510
钢材	（吨）	Steel Products	(ton)	358019	16450	394314	19625
铝材	（吨）	Aluminum Products	(ton)	76477	17129	110652	24622
铜材	（吨）	Copper Products	(ton)	43385	16485	56816	18932
工具		Tools			17525		21073
锁	（吨）	Locks	(ton)	52632	13950	61722	16702
电扇	（万台）	Electric Fans	(10000 sets)	11382	78051	16986	89779
普通缝纫机	（万台）	Sewing Machines	(10000 sets)	164	6902	575	8306
金属加工机床	（台）	Machine Tools	(set)	163404	2701	282671	2623
电子计算器	（万台）	Electric Calculators	(10000 sets)	41976	42777	32343	51755
数据处理设备	（万台）	Data Processing Equipment	(10000 sets)	39328	778240	48649	1010592
电动、发电机	（万台）	Electric Motors and Generators	(10000 sets)	181324	86178	219026	110596
静止式变流器	（万个）	Static Converters	(10000 units)	60237	130754	68233	155141
原电池	（万个）	Primary Cells and Batteries	(10000 units)	930855	34147	1042323	28913
蓄电池	（万个）	Electric Accumulators	(10000 sets)	58198	55667	76188	77628
有线电话	（万台）	Line Telephone Sets	(10000 sets)	13231	121964	15089	125403
手持或车载无线电话	（万台）	Radio Telephones Carried by Hand or Vehicle	(10000 sets)	988	96451	1638	114294
扬声器	（万个）	Loud speakers	(10000 units)	72034	53590	84964	72362
收录机、组合音响	（万台）	Sound Recording Apparatus	(10000 sets)	1929	12931	17376	235636
收音机	（万台）	Radio Sets	(10000 sets)	15326	22527	19725	23529
彩电（整套散件）	（万台）	Colour TV Sets (Complete Set of Spare Parts)	(10000 sets)	529	37729	699	52416
集成电路、微电子件	（万个）	Integrated Circuit and Parts of Electronic Components	(10000 units)	160831	31526	229988	50220
集装箱	（个）	Containers	(unit)	277860	66141	335383	66879
自行车	（万辆）	Bicycles	(10000 units)	1591	47003	1815	52810
船舶	（艘）	Ships	(unit)	12810	13457	2540	15637
照相机	（万架）	Cameras	(10000 sets)	6568	70947	7390	49863
手表	（万只）	Wrist Watches	(10000 units)	80609	78952	78370	74982
#电子手表	（万只）	Electronic Watches	(10000 units)	78991	76443	77239	73086
日用钟	（万只）	Clocks	(10000 sets)	29811	26624	28513	28320
家具		Furniture			198619		273259
床垫、卧具用品		Mattress and Bedding Articles			11927		13351
灯具、照明用品		Lights and Lighting Apparatus			148792		188577
箱包、旅行用品		Boxes and Bags and Travel Goods			185924		199604
服装、衣着附件		Garments and Clothing Accessories			869215		1006064
#织物服装		Textile Garments			715611		816792
皮革服装	（万件）	Leather Garments	(10000 pcs)	821	17317	786	17117
皮革手套	（万双）	Leather Gloves	(10000 pairs)	47445	45298	58237	67961
帽类	（万个）	Headgear	(10000 units)	84450	16652	90566	19415
鞋	（万双）	Footwear	(10000 pairs)	188492	434210	196857	463805
#橡胶、塑料鞋	（万双）	Rubber and Plastic Shoes	(10000 pairs)	110234	165837	112395	170309
皮鞋	（万双）	Leather Shoes	(10000 pairs)	52982	227228	58326	252797
塑料制品		Plastic Articles			265684		301424
玩具		Toys			368805		395451
人造花		Artificial Flowers			36290		40040

16-10 海关进口主要商品数量和金额

VOLUME AND VALUE OF MAIN COMMODITIES FROM IMPORT（CUSTOMS STATISTICS）

金额单位：万美元 （USD 10000）

商品名称		Item		2001 数量 Volume	2001 金额 Value	2002 数量 Volume	2002 金额 Value
谷　　物	（吨）	Cereals	（ton）	621521	11348	588128	11948
#小　　麦	（吨）	Wheat	（ton）	350139	6646	291109	5052
稻谷和大米	（吨）	Paddy and Rice	（ton）	25466	847	117475	4047
玉米	（吨）	Corn	（ton）	35867	439	6175	105
鲜、干果类	（吨）	Fresh and Dried Fruit	（ton）	287347	16096	250854	13569
#柑桔橙	（吨）	Mandarins and Oranges	（ton）	45669	2147	31055	1537
食用植物油	（吨）	Edible Vegetable Oil	（ton）	293256	9634	367498	15130
其他植物油	（吨）	Other Vegetable Oil	（ton）	42904	1338	39655	16899
食　　糖	（吨）	Sugar	（ton）	253938	5798	226155	4477
饲　　料	（吨）	Forage	（ton）	168764	10849	200744	13393
纸　　烟	（千支）	Cigarettes	（1000 units）	846145	1552	33837	96
天然橡胶	（吨）	Natural Rubber	（ton）	96328	7147	106831	8656
合成橡胶	（吨）	Synthetic Rubber	（ton）	306507	28536	348738	33454
原　　木	（立方米）	Logs	（cu.m）	1927217	28088	1935809	23497
锯　　材	（立方米）	Timbering	（cu.m）	2040161	42470	2601439	50749
纸　　浆	（吨）	Paper Pulp	（ton）	616356	26379	618757	24830
羊　　毛	（吨）	Wool	（ton）	28083	9512	17140	5980
原　　棉	（吨）	Raw Cotton	（ton）	35250	4371	27723	2832
合成纤维	（吨）	Synthetic Fiber	（ton）	147393	14292	200227	18216
#聚酯纤维	（吨）	Polyester Fiber	（ton）	107099	8940	158332	12283
聚丙烯晴纤维	（吨）	Polyacrylonitrile Fibre	（ton）	29105	4073	29743	4088
人造纤维	（吨）	Artificial Fiber	（ton）	1320	234	1009	220
铁 矿 砂	（吨）	Iron Ore	（ton）	2033281	8132	2582971	7893
氧 化 铝	（吨）	Alumina Oxide	（ton）	150618	3029	232116	4104
原　　油	（万吨）	Crude Oil	（10000 tons）	1277	250336	1259	230727
成 品 油	（万吨）	Finished Petroleum Products	（10000 tons）	928	146307	870	146410
液化石油气	（万吨）	LPG	（10000 tons）	342	97106	398	101379
乙 二 醇	（吨）	Glycol	（ton）	137533	6475	233030	9744
对苯二甲酸	（吨）	Paraxylene Acid	（ton）	511537	225130	554241	27063
己 内 酰 胺	（吨）	Caprolactam	（ton）	67558	6780	70916	7078
医 药 品	（吨）	Medicinal and Pharmaceutical Products	（ton）	20508	34500	13066	36234
#抗菌素	（吨）	Antibiotics	（ton）	279	2203	447	3722
肥　　料	（吨）	Fertilizer	（ton）	1820905	25818	1916359	27537
#尿素	（吨）	Urea	（ton）	24	2	357530	4179
氯 化 钾	（吨）	Potassium Chloride	（ton）	1040183	12110	540756	6197
复 合 肥 料	（吨）	Compound Fertilizer	（ton）	747033	13120	1015766	17086
合成有机染料	（吨）	Synthetic Organic Dyestuff	（ton）	27582	8735	31470	10041
初级型状聚乙烯	（吨）	Polyethylene in Primary Form	（ton）	1287108	87622	1375676	92091
初级型状聚丙烯	（吨）	Polypropylene in Primary Form	（ton）	1208054	82624	1418067	98802
初级型状聚苯乙烯	（吨）	Polystyrene in Primary Form	（ton）	2572525	223555	2807199	252645
#ABS树脂	（吨）	ABS Copolymer Resin	（ton）	1097451	106971	1269756	127045
初级型状聚氯乙烯	（吨）	Polyvinyl Chloride in Primary Form	（ton）	1182608	71062	1201493	74160
初级型状聚酯	（吨）	Polyester in Primary Form	（ton）	448593	62285	561534	81650
农　　药	（吨）	Pesticides	（ton）	4394	2314	3391	1463
牛皮革、马皮革	（吨）	Cattlehide and Horsehide	（ton）	546444	96906	595837	110731

16-10 **续表** continued

金额单位：万美元　　　　(USD 10000)

商品名称		Item		2001		2002	
				数量 Volume	金额 Value	数量 Volume	金额 Value
胶　合　板	（立方米）	Plywood	(cu.m)	163330	6171	176725	6797
纸及纸板	（吨）	Paper and Paperboard	(ton)	4008595	194744	4545979	225866
#牛皮纸	（吨）	Kraft-paper	(ton)	855028	33974	929488	37112
毛　纱　线	（吨）	Wool and Cotton Thread	(ton)	39342	16443	36415	17112
棉　纱　线	（吨）	Cotton Yarn	(ton)	470397	95528	561654	119697
合成纤维纱线	（吨）	Synthetic Fiber, Continuous Filament and Yarn	(ton)	333754	66671	356095	72340
丝　　绸	（万米）	Silk	(10000 m)	2599	4578	2315	4169
棉　　布	（万米）	Cotton Cloth	(10000 m)	109197	84570	121598	98192
化　纤　布	（万米）	Chemical Fibre Colth	(10000 m)	143792	77892	140309	72915
钢　　材	（吨）	Rolled Steel	(ton)	6635304	336693	8186702	412744
#钢铁板材	（吨）	Iron & Steel Plate	(ton)	5684723	281128	7117020	353967
铜　　材	（吨）	Rolled Copper	(ton)	551654	130796	677891	159857
铝　　材	（吨）	Rolled Aluminium	(ton)	202308	49292	234200	57393
制冷压缩机	（台）	Refrigeration Compressors	(set)	2391734	13696	3029458	16722
空　　调	（台）	Air Conditioners	(set)	32918	4045	25806	4196
制冷设备		Refrigerating Equipment			4342		5565
机械装卸设备		Mechanical Handling Equipment			21438		27585
建筑采矿设备		Building and Mining Equipment			10284		14948
食品机械		Food-processing Machinery			2814		2338
造纸、纸品机械		Paper and Pulp Mill Machinery			8884		12651
印刷机械		Printing Machinery			40581		42428
纺织机械		Textile Machinery			41169		59231
工业缝纫机	（台）	Industrial Sewing Machines	(sets)	106226	7241	155673	9476
机　　床	（台）	Machine Tools	(sets)	55213	74936	60789	91256
橡、塑加工机械		Rubber and Plastic Processing Machinery			52817		63422
数据处理设备	（万台）	Data Processing Equipment	(10000 sets)	4116	157385	6261	259915
电动、发电机	（万台）	Electric Motors and Generators	(10000 sets)	103723	59561	122489	71731
发电机组、变流机	（台）	Generating Sets and Converters	(set)	18073	10076	15504	14016
电话、电报交换机	（台）	Telephonic and Telegraphic Switching Apparatus	(set)	11502	1417	12804	408
磁　　带		Tapes			11257		18605
电视机	（台）	TV Sets	(set)	25762	290	104144	906
#彩色电视机	（台）	Colour TV Sets	(set)	4312	251	89705	861
半导体器件	（万个）	Parts of Semi-conductor Devices	(10000 units)	6119370	160365	7558327	239781
电路保护装置		Protection Fixtures of Circuit			116200		151571
显　像　管	（万只）	Kinescopes	(10000 units)	381	15932	607	26733
集成电路、电子件	（万个）	Integrated Circuit and Parts of Electronic Components	(10000 units)	1740130	783562	2368660	1378351
电线、电缆	（吨）	Electric Wires and Cables	(ton)	155392	57654	164725	70250
汽车及底盘	（辆）	Motor Vehicles and Chassis	(unit)	15480	28342	28594	63353
#小轿车	（辆）	Cars	(unit)	11023	19961	17385	39981
旅　行　车	（辆）	Station Wagons	(unit)	824	1299	3381	5730
船　　舶	（艘）	Ships	(unit)	505	1695	554	3467
塑料制品		Plastic Products			36439		39954
玩　　具		Toys			4198		4632

16-11 机电产品出口分类值
EXPORT VALUE OF MECHANICAL AND ELECTRICAL PRODUCTS BY CATEGORY OF COMMODITIES

单位：万美元 (USD 10000)

产品分类	Category of Commodities	2001	2002
合　计	**Total**	**5537833**	**7265232**
建筑材料	**Building Materials**	**471**	**303**
玻璃及制品	**Glass and Glassware**	**913**	**1768**
钢铁制品	**Iron and Steel Products**	**187156**	**223195**
#其他钢铁结构体、部件及加工钢材	Other Iron and Steel Structure, Parts and Rolled Steel	12792	25654
不锈钢餐具、厨具	Stainless Steel Tablewares and Kitchenwares	45322	80963
铜制品	**Copper Products**	**4639**	**5521**
铝制品	**Aluminium Products**	**29053**	**38305**
#铝制门窗及配件	Aluminium Window, Door and Fittings	7315	7467
其他贱金属制品	**Other Base Metals Products**	**3867**	**5775**
贱金属工具、利口器、餐具及零件	**Base Metals Tools, Sharp Tools, Tablewares and Accessories**	**88183**	**108619**
#工具	Tools	17524	21073
利口器	Sharp Tools	35592	41215
厨具、餐具	Kitchenwares and Tablewares	22347	27105
锁类	Locks	13950	16712
贱金属杂项制品	**Miscellaneous Base Metals Products**	**59375**	**73752**
#贱金属制铰链（折叶）	Base Metals Hinge	7078	10161
家具用其他贱金属附件及架座	Other Base Metals Accessories and Frame Foundation for Funiture Used	17655	17152
办公用品	Articles for Office	9039	8696
日用五金	General Metalwares	6965	6865
锅炉、机械设备及零件	**Boilers, Mechanical Equipment and Accessories**	**1755756**	**2452139**
#电扇	Electric Fans	78052	89779
电子计算器	Electronic Calculators	42773	51755
电动、发电机	Electric Motors and Generators	86183	110596
手提式电钻	Portable Electric Drills	17776	24004
空调	Air Conditioners	46700	71508
数据处理设备	Data Processing Equipment	778240	1010592
#显示器	Displays	131026	188510
激光打印机	Laserprinters	84079	138905
机电、电气设备、电视机及音响设备	**Machinery, Electric Equipment, TV Sets and Sound Appliances**	**2401410**	**3084155**
#镇流器	Fluorescent Tube Starters	14811	17042
电感器	Inductors	24198	30980
原电池	Primary Cells and Batteries	34147	38913
蓄电池	Electric Accumulators	55684	77628
真空吸尘器	Vacuum Cleaners	22386	27663

16-11 续表1 continued

单位：万美元 (USD 10000)

产品分类	Category of Commodities	2001	2002
食品研磨机及搅拌器，水果或蔬菜的榨汁器	Food Grinders and Blenders, Fruit or Vegetable Juicers	20018	25006
电动剃须刀	Shavers	7053	6655
电吹风机	Hair Dryers	11340	12128
其他电热理发器具	Others Electric Haircut Utensils	8947	10684
电熨斗	Electric Ironers	10467	13265
微波炉	Microwave Ovens	31975	40880
电咖啡壶、电茶壶	Electric Coffee Pots and Electric Tea Pots	27903	35095
电热烤面包器	Electric Toasters	21541	26874
有线电话机	Telephone Sets	121965	125403
无绳电话机	Wireless Telephones	94150	96504
传真机	Fax Printers	32598	37019
单喇叭音箱	Single Speaker Sound Boxes	15752	21420
多喇叭音箱	Multispeaker Sound Boxes	20899	28460
其他扬声器	Other Loudspeakers	16943	22498
耳机、耳塞及头戴送受话器	Earphones, Earplugs and Headphones	11589	16990
音频扩大器	Audio Amplifiers	12713	19787
拾音头	Pick-up Heads	7994	12618
激光视盘放像机	LDPs	88429	178646
激光唱机	Laser Players	60477	70321
盒式磁带录放机	Cassette Tape Recorders	7422	7415
袖珍盒式磁带收放机	Pocket Radio Cassette Players	5216	3364
其他收录（放）音组合机	Other Sound Recording Apparatus	150843	176558
带时钟的收音机	Radio Sets with Clocks	6617	8255
其他无线电收音机	Other Radio Sets	8265	9257
彩色电视机	Colour TV Sets	37729	52416
黑白电视机	Black-and-white TV Sets	7231	9701
防盗或防火报警器及类似装置	Theftproof or Fireproof Annunciators and Similar Sets	8216	10711
装有液晶装置或发光二极管的显示板	Display with LCD or Screen of Light-emitting Diode	13214	17595
电容器	Capacitors	21764	36228
电阻器	Resistors	8893	12961
电路保护装置	Protection Fixtures of Circuit	69788	90457
显像管	Kinescopes	23715	34344
半导体器件	Parts of Semi-conductor Devices	33899	56283
电线电缆	Electric Wires and Cables	88628	106339

16-11 续表 2 continued

单位：万美元 （USD 10000）

产品分类	Category of Commodities	2001	2002
集成电路	Integrated Cricuit	23138	47329
微电子组件	Microelectronics Device	7168	8124
铁道及电车机车、车辆及零件	**Rail Locomotives, Tramccars and Accessories**	**66987**	**67097**
集　装　箱	Containers	66141	66865
其他车辆及零件	**Others Vehicles and Related Parts and Accessories**	**126660**	**153008**
# 自行车	Bicycles	47003	52810
婴孩车及其零件	Baby Carriages and Accessories	19349	22037
航空器、航天器及零件	**Aircraft, Spacecraft and Related Parts and Accessories**	**150**	**260**
船舶及浮动物结构体	**Ship and Related Products**	**15036**	**16941**
船舶	Ships	13457	15637
光学、照相电影、计量检验、医疗设备	**Optical, Photographic, Film, Measuring and Checking, Medical Instruments and Equipment**	**312063**	**318228**
#太阳镜	Sun-glasses	4499	4413
双筒望远镜	Binoculars	6532	6091
照相机	Cameras	70948	49863
医疗器械	Medical Instruments and Equipment	17738	20319
钟表及零件	**Clocks, Watches and Spare Parts**	**140618**	**141108**
#电子手表	Electronic Watches	76442	73086
钟	Clocks	26625	28320
表芯	Movements	8691	12523
贱金属表壳	Base Metals Cases	5989	5775
贱金属表带	Base Metals Bands	5577	4899
其他钟表零件	Other Spare Parts	4757	2529
乐器及零件	**Musical Instruments and Spare Parts**	**3227**	**5855**
金属家具、照明装置、发光标志	**Metallic Furniture, Lighting Apparatus and Radiate Marks**	**182110**	**232857**
#金属家具	Metallic Furniture	28546	44194
吊灯、壁灯	Ceiling Lamps, Wall Lamps	28920	46089
台灯、床头灯或落地灯	Table Lamps, Bed Lamps, Floor Lamps	33392	37353
圣诞树用的成套灯具	Festival Decoration Lamp Sets	24005	29539
玩具、游戏、运动用品及零件附件	**Toys, Game Goods, Sports Goods and Related Parts and Accessories**	**153639**	**323648**
#电子、机械玩具	Electronic and Machinery Toys	44952	54013
与电视接收机配套使用的电子游戏机	Electronic Game Machines Used with TV Receivers	57327	218140
杂项制品	**Miscellaneous Manufactured Articles**	**6061**	**4043**
#一次性袖珍气体打火机	Once-off Pocket Gas Lighters	3393	2167
其他机电产品	**Other Mechanical and Electrical Products**	**459**	**8655**

16-12 各市进出口总额
TOTAL VALUE OF IMPORTS AND EXPORTS BY CITY

单位：亿美元 (USD 100 million)

市别 City	1995 进出口 Imports & Exports	1995 出口 Export	1995 进口 Imports	2001 进出口 Imports & Exports	2001 出口 Export	2001 进口 Imports	2002 进出口 Imports & Exports	2002 出口 Export	2002 进口 Imports
全省合计 Total	**1039.72**	**565.92**	**473.80**	**1764.87**	**954.21**	**810.66**	**2210.92**	**1184.58**	**1026.34**
广州 Guangzhou	166.99	95.67	71.32	230.34	116.23	114.11	279.23	137.76	141.47
深圳 Shenzhen	387.76	205.41	182.35	685.97	374.76	311.21	872.16	465.42	406.74
珠海 Zhuhai	49.05	25.18	23.87	98.02	37.88	60.14	128.34	52.03	76.31
汕头 Shantou	43.74	21.29	22.45	27.32	13.42	13.90	28.91	15.70	13.21
佛山 Foshan	61.32	35.56	25.76	110.68	63.55	47.13	129.69	78.87	50.82
韶关 Shaoguan	3.27	2.03	1.24	2.63	1.13	1.50	2.99	1.44	1.55
河源 Heyuan	2.16	1.06	1.10	1.78	0.93	0.85	2.31	1.32	0.99
梅州 Meizhou	3.88	2.74	1.14	1.58	1.12	0.46	2.12	1.59	0.53
惠州 Huizhou	43.72	24.93	18.79	88.29	49.09	39.20	112.26	58.90	53.36
汕尾 Shanwei	4.80	2.43	2.37	4.43	2.22	2.21	4.58	2.41	2.17
东莞 Dongguan	153.91	78.00	75.91	344.52	189.88	154.64	442.41	237.33	205.08
中山 Zhongshan	36.23	21.96	14.27	71.47	43.57	27.90	93.41	57.24	36.17
江门 Jiangmen	32.32	19.54	12.78	43.88	25.71	18.17	47.76	29.52	18.24
阳江 Yangjiang	4.18	3.50	0.68	4.56	3.90	0.66	6.25	4.97	1.28
湛江 Zhanjiang	9.17	3.46	5.71	10.90	4.02	6.88	11.95	5.46	6.49
茂名 Maoming	3.54	2.16	1.38	8.53	6.94	1.59	9.74	8.79	0.95
肇庆 Zhaoqing	11.30	7.06	4.24	11.44	7.62	3.82	13.39	9.01	4.38
清远 Qingyuan	3.29	2.00	1.29	3.83	1.94	1.89	4.46	2.20	2.26
潮州 Chaozhou	8.31	5.78	2.53	7.28	5.81	1.47	9.31	8.12	1.19
揭阳 Jieyang	10.77	6.16	4.61	4.69	2.97	1.72	5.97	4.43	1.54
云浮 Yunfu				2.73	1.52	1.21	3.68	2.07	1.61

注：因资料不易划分，1995年云浮暂包在肇庆市（下同）。

Note: In 1995, the data of Yunfu were included in Zhaoqing due to undivisiblility. The same as in the following table.

16-13 各市外商投资企业进出口总额
TOTAL VALUE OF IMPORTS AND EXPORTS OF FOREIGN INVESTED ENTERPRISES BY CITY

单位：亿美元 (USD 100 million)

市别 City	1995 进出口 Imports & Exports	1995 出口 Exports	1995 进口 Imports	2001 进出口 Imports & Exports	2001 出口 Exports	2001 进口 Imports	2002 进出口 Imports & Exports	2002 出口 Exports	2002 进口 Imports
全省合计 Total	**532.10**	**257.59**	**274.51**	**986.28**	**543.72**	**442.56**	**1286.00**	**696.21**	**589.79**
广州 Guangzhou	77.98	36.65	41.33	121.12	60.52	60.60	148.46	75.12	73.34
深圳 Shenzhen	216.41	108.50	107.91	388.83	220.18	168.65	516.99	279.88	237.11
珠海 Zhuhai	28.61	14.78	13.83	52.26	26.97	25.29	83.05	40.32	42.73
汕头 Shantou	16.37	7.13	9.24	13.68	6.70	6.98	16.59	7.82	8.77
佛山 Foshan	37.48	17.73	19.75	75.27	39.76	35.51	90.71	52.10	38.61
韶关 Shaoguan	1.27	0.37	0.90	1.30	0.52	0.78	1.08	0.58	0.50
河源 Heyuan	1.09	0.21	0.88	1.43	0.77	0.66	1.71	1.00	0.71
梅州 Meizhou	1.55	0.73	0.82	0.90	0.48	0.42	1.01	0.56	0.45
惠州 Huizhou	25.15	13.39	11.76	63.13	36.46	26.67	80.28	44.88	35.40
汕尾 Shanwei	1.58	0.41	1.17	1.60	0.93	0.67	2.03	1.22	0.81
东莞 Dongguan	63.43	30.44	32.99	164.19	90.84	73.35	215.56	115.31	100.25
中山 Zhongshan	19.65	9.84	9.81	45.41	26.01	19.40	62.29	35.24	27.05
江门 Jiangmen	15.67	6.72	8.95	25.76	15.02	10.74	27.25	16.76	10.49
阳江 Yangjiang	0.72	0.26	0.46	1.12	0.92	0.20	1.64	1.49	0.15
湛江 Zhanjiang	4.67	0.94	3.73	6.83	1.39	5.44	7.36	2.11	5.25
茂名 Maoming	0.78	0.12	0.66	4.84	4.39	0.45	6.70	6.41	0.29
肇庆 Zhaoqing	6.72	3.14	3.58	7.46	4.42	3.04	8.90	5.31	3.59
清远 Qingyuan	1.42	0.60	0.82	2.65	1.44	1.21	3.08	1.74	1.34
潮州 Chaozhou	3.46	1.64	1.82	3.45	2.90	0.55	4.44	3.92	0.52
揭阳 Jieyang	8.09	3.99	4.10	2.79	1.81	0.98	3.73	2.66	1.07
云浮 Yunfu				2.26	1.29	0.97	3.14	1.78	1.36

注：本表为海关按经营单位所在地统计。

Note: The data in the table are calculated with location of the foreign trade managing units by customs.

16-14 外商投资企业进出口主要指标
MAIN INDICATORS OF IMPORTS AND EXPORTS OF FOREIGN FUNDED ENTERPRISES

单位：亿美元　　　　　　　　　　　　　　　　　　　　　　　　　　　　　　　　(USD 100 million)

项　目	Item	1995		2001		2002	
		出口 Exports	进口 Imports	出口 Exports	进口 Imports	出口 Exports	进口 Imports
总　计	**Total**	**257.59**	**274.51**	**543.72**	**442.56**	**696.21**	**589.79**
按贸易方式分	**By Trade Form**						
一般贸易	General Trade	7.53	9.10	35.97	58.95	48.27	64.01
来料加工	Processing and Assembling with Customers' Materials	4.46	4.10	26.21	19.04	34.08	26.19
进料加工	Processing and Assembling with Import Materials	243.83	194.18	469.71	312.14	597.05	422.88
加工设备	Processing Equipment		0.04		1.61		2.21
外资设备	Foreign Funded Equipment		57.03		32.42		41.51
保税仓库	Bonded Warehouse	1.75	10.04	6.33	6.22	16.81	32.99
其他	Others	0.02	0.02	5.50	12.18		
按经济类型分	**By Ownership**						
合作经营企业	Joint Venture	56.74	68.03	68.89	52.03	81.17	58.30
合资经营企业	Cooperative Operation	106.89	121.49	166.89	148.15	189.80	172.67
外资（独资）企业	Exclusively Funded by Foreign Investors	93.95	84.99	307.94	242.38	425.24	358.82
按产品类型分	**By Products**						
机电产品	Mechanical and Electrical Products	126.60	120.70	349.76	239.36	472.34	354.04
#机械及设备	Machinery and Equipment			131.86	72.76	184.54	97.95
电器及电子产品	Electric and Electronic Products			145.46	136.70	190.39	219.47
高新技术产品	High and New-tech Products			170.21	134.73	236.16	214.66
#计算机与通信技术	Computer and Communication Technology			148.82	51.52	211.05	68.82
电子技术	Electronic Technology			15.44	68.58	18.05	127.03
按主要国家（地区）分	**Main Countries and Territories**						
亚　洲	**Asia**	**150.24**	**213.83**	**314.10**	**352.45**	**400.58**	**485.06**
中国香港	Hong Kong, China	89.05	32.69	210.31	26.43	272.14	26.83
中国澳门	Macao, China	2.14	0.63	3.14	0.59	4.04	0.81
中国台湾	Taiwan, China	7.40	56.56	8.81	90.40	11.61	121.77
日　本	Japan	36.53	68.81	48.89	78.95	58.84	109.74
韩　国	Republic of Korea	2.37	17.30	7.33	35.96	8.79	42.26
东　盟	Association of Southeast Asian Nations	9.37	23.42	28.32	60.39	36.16	84.74
中东十七国	The Seventeen Countries of Middle East of Asia	2.29	1.48	3.68	5.14	7.29	8.13
非　洲	**Africa**	**1.21**	**1.70**	**2.33**	**2.62**	**2.77**	**2.93**
欧　洲	**Europe**	**28.09**	**33.21**	**77.20**	**44.26**	**98.78**	**51.75**
欧　盟	European Economic & Monetary Union	28.09	33.21	69.97	35.22	88.18	41.66
#英　国	United Kingdom	5.93	2.81	15.44	3.82	17.36	4.73
德　国	Germany	9.70	9.07	15.08	11.63	18.32	15.22
法　国	France	2.73	2.96	6.84	4.58	7.60	3.01
意大利	Italy	1.44	4.03	3.22	4.39	4.12	5.29
荷　兰	Netherlands	2.87	1.00	16.32	1.80	24.19	2.04
芬　兰	Finland	0.15	1.23	1.50	1.14	2.53	1.69
瑞　士	Switzerland	0.73	1.93	1.18	3.50	1.37	3.67
俄罗斯	Russia	0.55	4.61	0.84	3.06	1.25	2.24
拉丁美洲	**Latin America**	**3.36**	**2.14**	**8.94**	**6.50**	**9.77**	**9.38**
北美洲	**North America**	**71.63**	**20.27**	**134.82**	**29.78**	**175.76**	**32.22**
加拿大	Canada	2.33	1.53	5.35	5.87	7.29	4.19
美　国	United States	69.30	18.74	129.45	23.90	168.47	28.03
大洋洲	**Oceania**	**3.06**	**3.34**	**6.33**	**6.95**	**8.55**	**8.45**
澳大利亚	Australia	2.69	2.73	5.81	5.89	7.88	7.21
新西兰	New Zealand	0.36	0.34	0.46	0.87	0.61	1.06

16-15 外商投资企业出口主要商品数量和金额
VOLUME AND VALUE OF MAIN COMMODITIES FOR EXPORT OF FOREIGN FUNDED ENTERPRISES

金额单位：万美元 (USD 10000)

商品名称		Item		2001 数量 Volume	2001 金额 Value	2002 数量 Volume	2002 金额 Value
活猪	(万头)	Live Hogs	(10000 heads)	7	908	2	243
活家禽	(万只)	Live Poultry	(10000 heads)	84	169	36	89
冻鸡	(吨)	Frozen Chicken	(ton)	4622	664	5128	671
水产品	(吨)	Aquatic Products	(ton)	25120	6078	37003	10658
#活鱼	(吨)	Live Fish	(ton)	1722	140	461	87
鲜冻对虾	(吨)	Fresh and Frozen Prawn	(ton)	1422	886	6122	3340
谷物	(吨)	Cereals	(ton)	113890	3126	147782	3702
#大米	(吨)	Rice	(ton)			412	15
蔬菜	(吨)	Vegetables	(ton)	52907	4072	63157	4414
#鲜蔬菜	(吨)	Fresh Vegetables	(ton)	26042	686	35691	864
鲜、干果类	(吨)	Fresh and Dried Fruit	(ton)	17046	1343	28466	2258
#柑桔橙	(吨)	Mandarins and Oranges	(ton)	1656	578	506	20
食用油籽	(吨)	Edible Oil Seeds	(ton)	84	35	176	6
食用植物油	(吨)	Edible Vegetable Oil	(ton)	122451	5731	74200	4288
食糖	(吨)	Sugar	(ton)	5016	92	21775	469
茶叶	(吨)	Tea	(ton)	210	96	69	71
烤鳗鱼	(吨)	Daked Eel	(ton)			11687	10393
蘑菇罐头	(吨)	Canned Mushroom	(ton)	6514	675	4399	382
羽毛、羽绒	(吨)	Feather and Down	(ton)	1337	293	2833	748
药材	(吨)	Medicinal Materials	(ton)	2585	985	2813	1144
成品油	(吨)	Finished Petroleum Products	(ton)	268786	8072	118537	3495
合成有机染料	(吨)	Synthetic Organic Dyestuff	(ton)	2205	728	2071	670
医药品	(吨)	Medicinal and Pharmaceutical Products	(ton)	15109	4026	15971	5524
#抗菌素	(吨)	Antibiotics	(ton)	57	258	196	730
美容护肤用品	(吨)	Beauty and Tonic Cometics	(ton)	26624	7122	35594	11773
口腔清洁剂	(吨)	Dental Cleanser	(ton)	8995	1575	10095	1639
轮胎	(万条)	Rubber Tire	(10000 units)	1801	7263	2078	8898
纸及纸板	(吨)	Paper and Paperboard	(ton)	55925	3784	59616	4446
纺织品		Textiles			226560		280716
#棉纱线	(吨)	Cotton Yarn	(ton)	81418	24937	89217	27159
丝绸	(万米)	Silk	(10000 m)	222	622	260	1079
棉布	(万米)	Cotton Cloth	(10000 m)	34791	42018	40479	50778
麻纺布	(万米)	Line Cloth	(10000 m)	2118	2479	2472	3489
混纺布	(万米)	Mixed Colth	(10000 m)	1354	1792	1180	933
玻璃制品		Glass Products			6700		8630
家用陶瓷器皿		Porcelain and Pottery Wares for Houshold Use			7332		11402
装饰用陶瓷器皿		Porcelain and Pottery Wares for Decoration Use			14461		16436
珍珠、宝石		Pearls and Gems			36060		43599

16-15 续表 continued

金额单位：万美元 (USD 10000)

商品名称		Item		2001 数量 Volume	2001 金额 Value	2002 数量 Volume	2002 金额 Value
贵金属及首饰		Precious Metal and Jewelry			32324		37165
钢材	（吨）	Steel Products	(ton)	235613	9443	274693	12655
铝材	（吨）	Aluminum Products	(ton)	60275	13928	80347	18103
铜材	（吨）	Copper Products	(ton)	24069	11271	36678	14001
工具		Tools			5335		7638
锁	（吨）	Locks	(ton)	18444	5291	19378	5574
电扇	（万台）	Electric Fans	(10000 sets)	3104	27008	5018	30917
普通缝纫机	（万台）	Sewing Machines	(10000 sets)	97	6525	159	6951
金属加工机床	（台）	Machine Tools	(set)	79230	1113	142809	1049
电子计算器	（万台）	Electric Calculators	(10000 sets)	13191	23698	9865	33661
数据处理设备	（万台）	Data Processing Equipment	(10000 sets)			28746	795449
#显示器	（万台）	Displays	(10000 sets)			782	103157
电动、发电机	（万台）	Electric Motors and Generators	(10000 sets)	44941	35349	51271	40402
静止式变流器	（万个）	Static Converters	(10000 units)	34353	83994	40303	102573
原电池	（万个）	Primary Cells and Batteries	(10000 units)	171159	12472	217815	15523
蓄电池	（万个）	Electric Accumulators	(10000 units)	22707	29368	38649	39060
有线电话	（万台）	Line Telephone Sets	(10000 sets)	6087	75003	7533	80219
手持或车载无线电话	（万台）	Radio Telephones Carried by Hand or Vehicle	(10000 sets)			1614	113264
扬声器	（万个）	Loudspeakers	(10000 units)	29713	29180	31759	36308
收录机、组合音响	（万台）	Sound Recovding Apparatus	(10000 sets)	1085	9488	7467	157501
收音机	（万台）	Radio Sets	(10000 sets)	2495	5150	2883	7064
彩电（整套散件）	（万台）	Colour TV Sets (Complete Set of Spare Purts)	(10000 sets)	342	30811	482	42728
电路保护装置		Protection Fixtures of Circuit			45186		62230
半导体器件	（万个）	Parts of Semi-conductor Devices	(10000 units)	1241866	25978	1990434	35187
电线、电缆	（吨）	Electric Wires and Cables	(ton)	157004	47083	197896	60872
集装箱	（个）	Containers	(unit)	245156	58811	298049	59314
自行车	（万辆）	Bicycles	(10000 units)	553	21631	875	30607
船舶	（艘）	Ships	(unit)	2306	9626	1787	9636
照相机	（万架）	Cameras	(10000 sets)	3306	58046	2608	38751
手表	（万只）	Wristwatches	(10000 units)	17215	24448	14814	20865
#电子手表	（万只）	Electronic Watches	(10000 units)	17095	23769	14720	20264
日用钟	（万只）	Clocks	(10000 sets)	8064	9891	8405	10731
家具		Furniture			102449		155529
床垫、卧具用品		Mattress and Bedding Articles			4339		5314
灯具、照明用品		Lights and Lighting Apparatus			62878		81521
箱包、旅行用品		Boxes and Bags and Travel Goods			64083		71640
服装、衣着附件		Garments and Clothing Accessories			365470		424807
#织物服装		Textile Garments			288842		324352
皮革服装	（万件）	Leather Garments	(10000 units)	309	6799	273	6550
裘皮服装		Fur Garments			1602		2217
皮革手套	（万双）	Leather Gloves	(10000 pairs)	26338	29076	35198	43230
帽类	（万个）	Headgear	(10000 units)	36056	7039	39356	9458
鞋	（万双）	Footwear	(10000 pairs)	81009	261703	71768	256035
#橡胶、塑料鞋	（万双）	Rubber and Plastic Shoes	(10000 pairs)	42744	82191	34804	75037
皮鞋	（万双）	Leather Shoes	(10000 pairs)	29307	156173	28936	160513
塑料制品		Plastic Articles			115011		134708
圣诞用品		Articles for Christmas			11676		26517
玩具		Toys			141534		157757
人造花		Artificial Flowers			11120		12541

16-16 外商投资企业进口主要商品数量和金额

VOLUME AND VALUE OF MAIN COMMODITIES FROM IMPORTS OF FOREIGN FUNDED ENTERPRISES

金额单位：万美元 (USD 10000)

商品名称		Item		2001		2002	
				数量 Volume	金额 Value	数量 Volume	金额 Value
谷　　物	(吨)	Cereals	(ton)	395076	7188	347474	6076
#小　　麦	(吨)	Wheat	(ton)	158913	3073	172847	3267
大　　米	(吨)	Rice	(ton)	453	26	1485	62
玉　　米	(吨)	Corn	(ton)	13640	182	108	16
面　　粉	(吨)	Flour	(ton)	12733	516	13123	475
大　　豆	(吨)	Soya	(ton)			765724	17610
食用植物油	(吨)	Edible Vegetable Oil	(ton)	190403	6669	277231	11663
其他植物油	(吨)	Other Vegetable Oil	(ton)	29168	951	30499	1354
食　　糖	(吨)	Sugar	(ton)	32673	894	34447	859
饲　　料	(吨)	Forage	(ton)	29280	2310	22940	1906
天然橡胶	(吨)	Natural Rubber	(ton)	62664	4644	68497	5432
合成橡胶	(吨)	Synthetic Rubber	(ton)	182994	17386	220323	21420
原　　木	(立方米)	Logs	(cu.m)	560290	5801	583811	4744
纸　　浆	(吨)	Paper Pulp	(ton)	472980	20134	441618	17615
羊　　毛	(吨)	Wool	(ton)	20003	6701	13250	4374
原　　棉	(吨)	Raw Cotton	(ton)	20680	2522	18429	1836
合成纤维	(吨)	Synthetic Fiber	(ton)	66776	7101	73573	7821
#聚酯纤维	(吨)	Polyester Fiber	(ton)	43607	4043	46624	4225
聚丙烯晴纤维	(吨)	Polyacrylonitrile Fibre	(ton)	18313	2320	19995	2599
人造纤维	(吨)	Artificial Fiber	(ton)	1034	174	685	150
铁 矿 砂	(吨)	Iron Ore	(ton)	992650	3980	140880	446
氧 化 铝	(吨)	Alumina Oxide	(ton)	1734	197	36812	749
原　　油	(吨)	Crude Oil	(ton)	1388942	32214	1419077	30389
成 品 油	(吨)	Finished Petroleum Products	(ton)	2602739	44074	1428733	26327
纯　　碱	(吨)	Soda Ash	(ton)	15480	193	40663	439
乙 二 醇	(吨)	Glycol	(ton)	60091	2928	92867	3746
对苯二甲酸	(吨)	Paraxylene Acid	(ton)	172149	7532	143323	6952
己内酰胺	(吨)	Caprolactam	(ton)	2607	2704	13340	1413
医 药 品	(吨)	Medicinal and Pharmaceutical Products	(ton)	216	1218	323	1710
肥　　料	(吨)	Fertilizer	(ton)	1539933	22395	1698532	24347
#氯化钾	(吨)	Potassium Chloride	(ton)	78762	9142	532810	6109
复合肥料	(吨)	Compound Fertilizer	(ton)	719672	12683	868937	14787
合成有机染料	(吨)	Synthetic Organic Dyestuff	(ton)	19885	6978	22607	7574
初级型状聚乙烯	(吨)	Polyethylene in Primary Form	(ton)	408416	29750	505271	35241
初级型状聚丙烯	(吨)	Polypropylene in Primary Form	(ton)	471584	33411	602434	42901
初级型状聚苯乙烯	(吨)	Polystyrene in Primary Form	(ton)	1057141	98333	1144726	109416
#ABS树脂	(吨)	ABS Copolymer Resin	(ton)	451864	47964	522169	56555
初级型状聚氯乙烯	(吨)	Polyvinyl Chloride in Primary Form	(ton)	670436	40808	773710	47629
初级型状聚酯	(吨)	Polyester in Primary Form	(ton)	21445	37035	270451	48313
农　　药	(吨)	Pesticides	(ton)	946	863	456	190
牛皮革、马皮革	(吨)	Cattlehide and Horsehide	(ton)	190899	64751	197419	71740

16-16 续表 continued

金额单位：万美元 (USD 10000)

商品名称		Item		2001 数量 Volume	2001 金额 Value	2002 数量 Volume	2002 金额 Value
胶合板	（立方米）	Plywood	(cu.m)	76955	3290	86967	3711
纸及纸板	（吨）	Paper and Paperboard	(ton)	1620147	83998	1881522	98920
#牛皮纸	（吨）	Kraft-paper	(ton)	374963	14872	412994	16659
毛纱线	（吨）	Wool and Cotton Thread	(ton)	12757	5659	11607	5130
合成纤维纱线	（吨）	Synthetic Fiber, Continuous Filament and Yarn	(ton)	186353	40802	447959	96213
丝绸	（万米）	Silk	(10000 m)	1622	2854	1660	3245
棉布	（万米）	Cotton Cloth	(10000 m)	68062	54847	80470	67466
化纤布	（万米）	Chemical Fibre Colth	(10000 m)	64985	40271	64787	39013
钻石	（千克拉）	Diamond	(1000 carat)	551	39887	3369	52733
钢材	（吨）	Rolled Steel	(ton)	3913878	198594	4678493	242745
#钢铁板材	（吨）	Iron & Steel Plate	(ton)	3343242	166650	4016972	207452
铜材	（吨）	Rolled Copper	(ton)	271782	72809	357648	91070
铝材	（吨）	Rolled Aluminium	(ton)	131173	34701	153657	40288
制冷压缩机	（台）	Refrigeration Compressors	(set)	831784	5286	1185971	6841
空调	（台）	Air Conditioners	(set)	1020	1032	678	1136
制冷设备		Refrigeration Equipment			2043		2096
机械装卸设备		Mechanical Handling Equipment			14022		17764
建筑采矿设备		Building and Mining Equipment			1421		3294
食品机械		Food-processing Machinery			2506		1830
造纸、纸品机械		Paper and Pulp Mill Machinery			5723		10059
印刷机械		Printing Machinery			16699		21715
纺织机械		Textile Machinery			27447		38307
工业缝纫机	（台）	Industrial Sewing Machines	(set)	47142	4404	57452	5918
机床	（台）	Machine Tools	(set)	21694	46785	26539	57717
橡、塑加工机械		Rubber and Plastic Processing Machinery			30694		42146
数据处理设备	（万台）	Data Processing Equipment	(10000 sets)	1714	58548	3257	127241
电动、发电机	（万台）	Electric Motors and Generators	(10000 sets)	56260	39545	67605	47744
发电机组、变流机	（台）	Generating Sets and Converters	(set)	732	5250	1000	8601
电话、电报交换机	（台）	Telephonic and Telegraphic Switching Apparatus	(set)	146	543	112	26
磁带		Tapes			6471		12068
电视摄像机	（台）	Telecameras	(set)	456	21	279533	1743
电视机	（台）	Colour TV Sets	(set)	17734	59	34687	198
半导体器件	（万个）	Parts of Semi-conductor Devices	(10000 units)	2948297	108943	3953225	160224
电路保护装置		Protection Fixtures of Circuit			71282		98770
显像管	（万只）	Kinescopes	(10000 units)	274	11724	516	21183
集成电路、电子件	（万个）	Integrated Circuit and Parts of Electronic Components	(10000 units)	929407	504634	1336907	999689
电线、电缆	（吨）	Electric Wires and Cables	(ton)	67723	33846	79594	43824
汽车及底盘	（辆）	Motor Vehicles and Chassis	(unit)	1876	3106	2833	6082
#小轿车	（辆）	Cars	(unit)	1169	1534	1861	3515
旅行车	（辆）	Station Wagons	(unit)	76	1438	193	438
船舶	（艘）	Ships	(unit)	229	998	261	2498
塑料制品		Plastic Products			25359		28121
玩具		Toys			1964		1919

16-17 利用外资情况
UTILIZATION OF FOREIGN CAPITAL

年 份 Year	签订项目（个） Number of Signed Projects（unit）	外商直接投资 Foreign Direct Investment	合同外资额（万美元） Amount of Foreign Capital（USD 10000）	外商直接投资 Foreign Direct Investment	实际利用外资（万美元） Amount of Foreign Capital Actually Used（USD 10000）	外商直接投资 Foreign Direct Investment
1979	1642	70	22889	14616	9143	3074
1980	5048	188	138920	120046	21419	12320
1981	6803	236	167507	156206	28837	17326
1982	8171	151	155916	147698	28103	17123
1983	11318	412	72660	61552	40685	24523
1984	17452	1105	144489	116958	64379	54163
1985	13621	1640	256521	200073	91910	51529
1986	9417	774	183480	85902	142829	64392
1987	6999	1186	201750	124647	121671	59396
1988	7662	2741	382748	224196	243965	91906
1989	6636	2438	362311	243813	239915	115644
1990	7196	3042	316751	268958	202347	145984
1991	8507	4554	580152	490530	258250	182286
1992	12916	9769	1986673	1885764	486147	355150
1993	19012	16768	3489660	3314887	965225	749805
1994	11956	10558	2638753	2382441	1144664	939708
1995	9345	8177	2610480	2483244	1210037	1018028
1996	5955	4608	1744639	1554584	1389943	1162362
1997	17737	3744	964527	769202	1420519	1171083
1998	15459	4349	1237802	916180	1509945	1202005
1999	14824	3013	871592	617451	1447383	1220300
2000	16879	4245	1108598	868393	1457466	1223720
2001	13198	5317	1580386	1343463	1575526	1297240
2002	11706	6613	1890108	1617119	1658946	1311071

注：2002 年起“外商直接投资”统计口径调整，“企业投资总额内的境外借款”只包括“外方股东贷款”。

Note：Since 2002，the foreign direct investment has been adjusted，of which the overseas borrowings in total investment of enterprise only include the loans by the foreign shareholders.

16-18 签订利用外资项目数

NUMBER OF PROJECTS FOR UTILIZATION OF FOREIGN CAPITAL THROUGH SIGNED AGREEMENTS AND CONTRACTS

单位：个 (unit)

指　　标	Item	1979-2002	1995	2001	2002
总　　计	**Total**	**259459**	**9345**	**13198**	**11706**
按引进方式分	**By Way of Foreign Capital Intake**				
对外借款	**Foreign Loans**	**1250**	**65**	**79**	**56**
外国政府贷款	Foreign Government Loans	103	8	1	
国际金融组织贷款	Loans from International Financial Organizations	14	1		
出口信贷	Export Loans	6			
#卖方信贷	Bargainor Loans	1			
外国银行商业贷款	Commercial Loan from Foreign Banks	1124	56	78	56
对外发行债券	Bonds Issued Abroad	3			
外商直接投资	**Foreign Direct Investment**	**95698**	**8177**	**5317**	**6613**
合资经营企业	Joint Venture	34129	3071	1031	1035
合作经营企业	Cooperative Operation	28418	2416	386	369
外资（独资）企业	Exclusively Funded by Foreign Investors	33139	2690	3899	5205
外商投资股份制	Share Holding of Foreign Investment	11		1	3
合作开发	Cooperative Development				
其　　他	Others	1			1
外商其它投资	**Other Foreign Investment**	**162511**	**1103**	**7802**	**5037**
对外发行股票	Shares Issued Abroad	11			
国际租赁	International Lease	202	18		
补偿贸易	Compensation Trade	1747	43		
加工装配	Processing and Assembly	160551	1042	7802	5037
#作价部份	The Parts Priced	99151	1042		
按行业分	**By Sector**				
农、林、牧、渔业	Farming, Forestry, Animal Husbandry and Fishery	3227	206	104	108
采　掘　业	Mining and Quarrying	90		10	8
制　造　业	Manufacturing	235168	7702	12087	10331
电力、煤气及水的生产和供应业	Electricity, Gas and Water Production and Supply	83		9	21
建　筑　业	Construction	1212	117	13	28
地质勘查业、水利管理业	Geological Prospecting and Water Conservancy	8			1
交通运输、仓储及邮电通信业	Transport, Storage, Postal and Telecommunication Services	1243	88	46	97
批发和零售贸易、餐饮业	Wholesale and Retail Trade and Catering Services	4164	463	92	168
金融、保险业	Banking and Insurance	93	1	5	10
房地产业	Real Estate Trade	5598	541	81	122
社会服务业	Social Services	2669		572	668
卫生、体育和社会福利业	Health Care, Sports and Social Welfare	188	47	2	5
教育、文化艺术和广播电影电视业	Education, Culture and Arts, Radio and Television	361	55	3	5
科学研究和综合技术服务业	Scientific Research and Polytechnical Services	573	53	84	36
国家机关、政党机关和社会团体	Government Agencies, Party Agencies and Social Organizations	1			
其他行业	Others	4781	72	90	98

注：1. 加工装配1997年以前各年均不包括不作价部份。
2. 1997年以前，制造业包括采掘业和电力、煤气及水的生产和供应业，房地产业包括社会服务业。（下同）

Note: a) Before 1997, the data of processing and assembly excluded the parts which were not priced for each year.
b) Before 1997, the manufacturing included the mining and quarrying, the production and supply of electricity, gas and water, and the real estate trade included the social services. The same as in the following table.

16-18 续表 continued

单位：个 (unit)

指标	Item	1979-2002	1995	2001	2002
按国别（地区）分	**By Country (Territory)**				
1. 亚 洲	**Asia**	**251435**	**8776**	**12073**	**10478**
#中国香港	Hong Kong, China	225305	7489	9632	8538
中国澳门	Macao, China	10928	258	873	398
中国台湾	Taiwan, China	10669	579	1209	1050
日 本	Japan	1460	130	123	164
菲律宾	Philippines	81	7	6	5
泰 国	Thailand	563	67	21	16
马来西亚	Malaysia	331	22	27	49
新加坡	Singapore	1386	178	82	105
印度尼西亚	Indonesia	97	12	6	5
韩 国	Republic of Korea	505	30	84	108
2. 非 洲	**Africa**	**165**	**3**	**41**	**73**
#利比里亚	Liberia	9	2		
毛里求斯	Mauritius	128	1	37	65
3. 欧 洲	**Europe**	**1382**	**159**	**79**	**130**
#德 国	Germany	162	18	13	17
法 国	France	223	21	10	12
意大利	Italy	93	8	7	7
荷 兰	Netherlands	97	10	9	10
比利时	Belgium	20	2	4	1
英 国	United Kingdom	501	74	20	60
丹 麦	Denmark	35	3	5	4
芬 兰	Finland	15	2		
瑞 典	Sweden	29	3	2	2
挪 威	Norway	15		1	
瑞 士	Switzerland	54	5	4	3
奥地利	Austria	26	1	4	2
西班牙	Spain	29	4	4	4
俄罗斯联邦	Russian	18	3	1	
4. 拉丁美洲	**Latin America**	**2558**	**76**	**603**	**559**
#巴拿马	Panama	76	3	6	6
维尔京群岛	Virgin Islands	2224	59	539	515
巴哈马	Bahamas	46	1	11	
开曼群岛	Cayman Islands	122	2	38	21
5. 北美洲	**North America**	**3096**	**262**	**266**	**344**
#加拿大	Canada	490	36	46	56
美 国	United States	2593	223	217	286
百慕大	Bermuda	16	3	2	1
6. 大洋洲	**Oceania**	**788**	**50**	**187**	**215**
#澳大利亚	Australia	416	38	40	45
新西兰	New Zealand	53	5	4	2
西萨摩亚	Western Samoa	248	4	113	
7. 世界银行	**World Bank**	**11**			
8. 亚洲开发银行	**Asian Development Bank**	**4**	**1**		
9. 海外机构	**Overseas Organizations**	**278**	**14**		
10. 其 它	**Others**	**172**	**4**	**50**	**33**

16-19 签订利用外资协议（合同）金额

AMOUNT OF UTILIZATION OF FOREIGN CAPITAL THROUGH AGREEMENTS AND SIGNED CONTRACTS

单位：万美元　　　　　　　　　　　　　　　　　　　　　　　　　　　　（USD 10000）

指　　标	Item	1979-2002	1995	2001	2002
总　　计	**Total**	**23109312**	**2610480**	**1580386**	**1890108**
按引进方式分	**By Way of Foreign Capital Intake**				
对外借款	**Foreign Loans**	**1689762**	**114417**	**66916**	**43433**
外国政府贷款	Foreign Government Loans	187934	3910	380	
国际金融组织贷款	Loans from International Financial Organizations	40934			
出口信贷	Export Loans	252918		40921	30733
#卖方信贷	Bargainor Loans	1300			
外国银行商业贷款	Commercial Loan from Foreign Banks	1165876	110507	25615	12700
对外发行债券	Bonds Issued Abroad	42100			
外商直接投资	**Foreign Direct Investments**	**20007923**	**2483244**	**1343463**	**1617119**
合资经营企业	Joint Venture	5614644	816554	383643	251475
合作经营企业	Cooperative Operation	7521703	964146	210568	144042
外资（独资）企业	Exclusively Funded by Foreign Investors	6764430	702544	743625	1136063
外商投资股份制	Share Holding of Foreign Investment	38086		2171	18973
合作开发	Cooperative Development				
其　　他	Others	69060		3456	66566
外商其它投资	**Other Foreign Investment**	**1411627**	**12819**	**170007**	**229556**
对外发行股票	Shares Issued Abroad	123196		1311	60000
国际租赁	International Lease	38160	3616		
补偿贸易	Compensation Trade	148627	4942		
加工装配	Processing and Assembly	1101644	4261	168696	169556
#作价部份	The Parts Priced	190263	4261		
按行业分	**By Sector**				
农、林、牧、渔业	Farming，Forestry，Animal Husbandry and Fishery	357978	33419	22655	9222
采　掘　业	Mining and Quarrying	21741		1273	3808
制　造　业	Manufacturing	14294738	1667910	1019053	1478831
电力、煤气及水的生产和供应业	Electricity，Gas and Water Production and Supply	349403		128368	42270
建　筑　业	Construction	662753	87537	4809	5843
地质勘查业、水利管理业	Geological Prospecting and Water Conservancy	2245			31
交通运输、仓储及邮电通信业	Transport，Storage，Postal and Telecommunication Services	746213	77484	20197	43978
批发和零售贸易、餐饮业	Wholesale and Retail Trade and Catering	772297	126197	11780	31680
金融、保险业	Banking and Insurance	110737	2319	2071	64174
房地产业	Real Estate Trade	4283124	486482	50638	88167
社会服务业	Social Services	367550		83216	97834
卫生、体育和社会福利业	Health Care，Sports and Social Welfare	99059	18019	2819	5000
教育、文化艺术和广播电影电视业	Education，Culture and Arts，Radio and Television	63869	16230	1200	424
科学研究和综合技术服务业	Scientific Research and Polytechnical Services	39114	2063	9205	3108
国家机关、政党机关和社会团体	Government Agencies，Party Agencies and Social Organizations	18			
其他行业	Others	938473	92820	223102	15738

16-19 续表 continued

单位：万美元 (USD 10000)

指　　标	Item	1979-2002	1995	2001	2002
按国别（地区）分	**By Country (Territory)**				
1. 亚　洲	**Asia**	**18691628**	**2319408**	**864302**	**1208465**
#中国香港	Hong Kong, China	15448500	1909656	633680	909567
中国澳门	Macao, China	616017	72209	28932	49187
中国台湾	Taiwan, China	897863	81320	95292	112054
日　本	Japan	745854	91869	52176	68709
菲律宾	Philippines	7430	1537		395
泰　国	Thailand	117294	16167	3501	2770
马来西亚	Malaysia	56722	5375	425	6315
新加坡	Singapore	553823	115111	36129	38007
印度尼西亚	Indonesia	36576	18630	484	172
韩　国	Republic of Korea	129899	7314	12559	15045
2. 非　洲	**Africa**	**43155**	**1614**	**10458**	**15567**
#利比里亚	Liberia	842			
毛里求斯	Mauritius	40752	300	10159	15070
3. 欧　洲	**Europe**	**1326369**	**120903**	**260624**	**127937**
#德　国	Germany	152098	16063	6382	5094
法　国	France	263654	25447	33861	28392
意大利	Italy	41860	1049	711	1769
荷　兰	Netherlands	257345	10449	204547	491
比利时	Belgium	3385	243		72
英　国	United Kingdom	424039	56189	14063	79779
丹　麦	Denmark	17523	1242	3265	915
芬　兰	Finland	11302	1036		1777
瑞　典	Sweden	51889	574		
挪　威	Norway	2575		100	
瑞　士	Switzerland	38328	5585	1203	5209
奥地利	Austria	10454	403	770	8
西班牙	Spain	11567	2381	1291	2648
俄罗斯联邦	Russian	3539	140	6	
4. 拉丁美洲	**Latin America**	**1611472**	**34925**	**319837**	**362855**
#巴拿马	Panama	17391	884	2207	1927
维尔京群岛	Virgin Islands	1454621	30355	290933	330929
巴哈马	Bahamas	28574	1200	9145	1556
开曼群岛	Cayman Islands	93365	1115	16653	20139
5. 北美洲	**North America**	**905164**	**115083**	**72056**	**116227**
#加拿大	Canada	115699	18637	9271	7922
美　国	United States	772660	93479	61227	103681
百慕大	Bermuda	15639	2967	518	4524
6. 大洋洲	**Oceania**	**246450**	**8834**	**43732**	**56965**
#澳大利亚	Australia	83811	6894	2903	5879
新西兰	New Zealand	3811	1159	43	
西萨摩亚	Western Samoa	92363	658	32464	
7. 世界银行	**World Bank**	**26532**			
8. 亚洲开发银行	**Asian Development Bank**	**31800**			
9. 海外机构	**Overseas Organizations**	**115288**	**7124**		
10. 其它	**Others**	**111454**	**2589**	**9377**	**2092**

16-20 实际利用外资
AMOUNT OF FOREIGN CAPITAL ACTUALLY UTILIZED

单位：万美元 （USD 10000）

指标	Item	1979-2002	1995	2001	2002
总计	**Total**	**15759254**	**1210037**	**1575526**	**1658946**
按引进方式分	**By Way of Foreign Capital Intake**				
对外借款	**Foreign Loans**	**2063270**	**184028**	**102642**	**102185**
外国政府贷款	Foreign Government Loans	141394	3448	380	12663
国际金融组织贷款	Loans from International Financial Organizations	43910	3858		
出口信贷	Export Loans	250334	28599	34921	30733
#卖方信贷	Bargainor Loans	1150	866		
外国银行商业贷款	Commercial Loan from Foreign Banks	1585532	148123	67341	58789
对外发行债券	Bonds Issued Abroad	42100			
外商直接投资	**Foreign Direct Investment**	**12490138**	**1018028**	**1297240**	**1311071**
合资经营企业	Joint Venture	3904166	357336	296416	289191
合作经营企业	Cooperative Operation	4174573	406461	326924	237478
外资（独资）企业	Exclusively Funded by Foreign Investors	4297449	254231	632963	731452
外商投资股份制	Share Holding of Foreign Investment	69950		40937	8950
合作开发	Cooperative Development				
其他	Others	44000			44000
外商其它投资	**Other Foreign Investment**	**1205846**	**7981**	**175644**	**245690**
对外发行股票	Shares Issued Abroad	148868		5381	47958
国际租赁	International Lease	27154	2331		
补偿贸易	Compensation Trade	97828	2905		
加工装配	Processing and Assembly	931996	2745	170263	197732
#作价部份	The Parts Priced	100838	2745		
按行业分	**By Sector**				
农、林、牧、渔业	Farming，Forestry，Animal Husbandry and Fishery	194520	10654	17937	15866
采掘业	Mining and Quarrying	23090		2468	2609
制造业	Manufacturing	10489631	795083	1135380	1184175
电力、煤气及水的生产和供应业	Electricity，Gas and Water Production and Supply	608302		99659	80636
建筑业	Construction	411682	43290	16642	10187
地质勘查业、水利管理业	Geological Prospecting and Water Conservancy	1496		9	
交通运输、仓储及邮电通信业	Transport，Storage，Postal and Telecommunication Services	592249	53655	34301	47386
批发和零售贸易、餐饮业	Wholesale and Retail Trade and Catering Services	305864	28677	25254	24449
金融、保险业	Banking and Insurance	176704	4691	1403	60950
房地产业	Real Estate Trade	1724009	162811	133550	140580
社会服务业	Social Services	323232		70658	62520
卫生、体育和社会福利业	Health Care，Sports and Social Welfare	73598	15600	5967	3485
教育、文化艺术和广播电影电视业	Education，Culture and Arts，Radio and Television	24448	4076	110	372
科学研究和综合技术服务业	Scientific Research and Polytechnical Services	12436	442	1000	3031
国家机关、政党机关和社会团体	Government Agencies，Party Agencies and Social Organizations				
其他行业	Others	797993	91058	31188	22700

16-20 **续表** continued

单位：万美元 (USD 10000)

指　　标	Item	1979-2002	1995	2001	2002
按国别（地区）分	**By Country (Territory)**				
1．亚　　洲	**Asia**	**12660503**	**1079294**	**1112567**	**1113764**
#中国香港	Hong Kong, China	10264499	899021	864661	861783
中国澳门	Macao, China	330958	26491	19478	30729
中国台湾	Taiwan, China	617115	35951	88193	108015
日　　本	Japan	923009	83387	72460	58421
菲 律 宾	Philippines	6493	145	737	229
泰　　国	Thailand	48673	3192	3212	3385
马来西亚	Malaysia	30316	1291	2688	2909
新 加 坡	Singapore	335516	22883	48141	35002
印度尼西亚	Indonesia	26606	4496	3702	3312
韩　　国	Republic of Korea	69781	2321	8357	6873
2．非　　洲	**Africa**	**24872**	**1296**	**2723**	**6746**
#利比里亚	Liberia	2473	1190		
毛里求斯	Mauritius	20510	100	2627	6395
3．欧　　洲	**Europe**	**902316**	**51248**	**97937**	**115024**
#德　　国	Germany	110399	3846	10908	4238
法　　国	France	258108	11640	28501	31025
意 大 利	Italy	43379	10895	12433	694
荷　　兰	Netherlands	75199	2283	16624	9453
比 利 时	Belgium	6089	40	343	1388
英　　国	United Kingdom	280774	16339	16775	61460
丹　　麦	Denmark	6022	65	756	1134
芬　　兰	Finland	15053	369	3990	1929
瑞　　典	Sweden	41623	150	220	
挪　　威	Norway	2819	10	230	99
瑞　　士	Switzerland	34289	2859	4950	2728
奥 地 利	Austria	14884	935	686	20
西 班 牙	Spain	6907	1805	757	
俄罗斯联邦	Russian	735		9	6
4．拉丁美洲	**Latin America**	**1038953**	**2444**	**236954**	**272404**
#巴 拿 马	Panama	11594	351	2272	929
维尔京群岛	Virgin Islands	954534	1833	212075	256418
巴 哈 马	Bahamas	19124	20	2243	929
开曼群岛	Cayman Islands	47592		18955	8817
5．北 美 洲	**North America**	**691957**	**51297**	**66587**	**93511**
#加 拿 大	Canada	69137	3066	4207	4410
美　　国	United States	609935	47694	56569	88450
百 慕 大	Bermuda	10372	537	3298	651
6．大 洋 洲	**Oceanic**	**115962**	**5720**	**28122**	**25493**
#澳大利亚	Australia	46490	5622	5022	3925
新 西 兰	New Zealand	1279	38	101	6
西萨摩亚	Western Samoa	58081		19175	18911
7．世界银行	**World Bank**	**17718**	**60**		
8．亚洲开发银行	**Asian Development Bank**	**64183**	**2398**		
9．国际货币基金组织	**International Monetary Fund Organization**	**1079**			
10．海外机构	**Overseas Organizations**	**96046**	**15742**		
11．其　　它	**Others**	**145665**	**538**	**30636**	**32004**

16-21 外商直接投资
FOREIGN DIRECT INVESTMENT

指　　标	Item	1979-2002	1995	2001	2002
一、签订协议（合同）数　（个）	**Number of Agreements (Contracts) Signed　(unit)**	**95698**	**8177**	**5317**	**6613**
按行业分	**By Sector**				
农、林、牧、渔业	Farming, Forestry, Animal Husbandry and Fishery	2392	189	104	108
采　掘　业	Mining and Quarrying	90		10	8
制　造　业	Manufacturing	77276	6557	4209	5241
电力、煤气及水的生产和供应业	Electricity, Gas and Water Production and Supply	82		9	21
建　筑　业	Construction	1140	117	13	28
地质勘查业、水利管理业	Geological Prospecting and Water Conservancy	7			1
交通运输、仓储及邮电通信业	Transport, Storage, Postal and Telecommunication Services	946	87	46	97
批发和零售贸易、餐饮业	Wholesale and Retail Trade and Catering Trade	3631	463	92	168
金融、保险业	Banking and Insurance	18		2	7
房地产业	Real Estate Trade	5151	541	81	122
社会服务业	Social Services	2667		572	668
卫生、体育和社会福利业	Health Care, Sports and Social Welfare	180	47	2	5
教育、文化艺术和广播电影电视业	Education, Culture and Arts, Radio and Television	270	55	3	5
科学研究和综合技术服务业	Scientific Research and Polytechnical Services	573	53	84	36
国家机关、政党机关和社会团体	Government Agencies, Party Agencies and Social Organizations	1			
其他行业	Others	1274	68	90	98
按国别（地区）分	**By Country (Territory)**				
1. 亚　洲	**Asia**	**88267**	**7631**	**4275**	**5470**
#中国香港	Hong Kong, China	72413	6369	2930	3847
中国澳门	Macao, China	5072	247	340	376
中国台湾	Taiwan, China	6980	579	697	802
朝　鲜	Democratic People's Republic of Korea	11		2	
日　本	Japan	958	117	86	137
菲律宾	Philippines	63	7	6	5
泰　国	Thailand	536	67	17	15
马来西亚	Malaysia	328	22	27	49
新加坡	Singapore	1283	177	81	104
印度尼西亚	Indonesia	95	12	6	5
韩　国	Republic of Korea	430	30	73	90
印　度	India	9		1	739
柬埔寨	Cambodia	12	2	1	
缅　甸	Myanmar	10	1	1	831
2. 非　洲	**Africa**	**165**	**3**	**41**	**74**
#利比里亚	Liberia	9	2		
毛里求斯	Mauritius	128	1	37	65
南　非	South Africa	9		1	
3. 欧　洲	**Europe**	**1102**	**145**	**75**	**103**
#德　国	Germany	148	18	11	17
法　国	France	134	17	5	12
意大利	Italy	78	7	7	7
荷　兰	Netherlands	84	9	9	10
比利时	Belgium	17	2	4	1

16-21 **续表 1** continued

指　　标	Item	1979-2002	1995	2001	2002
英　　国	United Kingdom	420	71	20	33
丹　　麦	Denmark	17	2	1	4
芬　　兰	Finland	8	1		
瑞　　典	Sweden	15	3	2	2
挪　　威	Norway	10		1	
瑞　　士	Switzerland	47	5	4	3
奥 地 利	Austria	14		3	2
西 班 牙	Spain	22	2	4	4
俄罗斯联邦	Russian	18	3	1	
匈 牙 利	Hungary	9	1	1	
摩 洛 哥	Monaco	9			
4. 拉丁美洲	**Latin America**	**2389**	**76**	**590**	**535**
#巴拿马	Panama	59	3	6	6
玻利维亚	Bolivia	7			
维尔京群岛	Virgin Islands	2078	59	526	492
委内瑞拉	Venezuela	19	2	2	122
巴 哈 马	Bahamas	42	1	11	2
开曼群岛	Cayman Islands.	122	2	38	21
5. 北美洲	**North America**	**3008**	**257**	**259**	**333**
#加 拿 大	Canada	488	35	45	55
美　　国	United States	2501	219	211	276
百 慕 大	Bermuda	16	3	2	1
6. 大洋洲	**Oceania**	**680**	**47**	**186**	**215**
#澳大利亚	Australia	387	35	40	45
新 西 兰	New Zealand	46	5	4	2
西萨摩亚	Western Samoa	390	4	112	149
7. 海外机构	**Overseas Organizations**	**278**	**14**		
8. 其它	**Others**	**76**	**4**	**2**	**9**
二、协议利用外资额（万美元）	**Amount of Utilization of Foreign Capital through Signed Agreements and Contracts (USD 10000)**	**20007923**	**2483244**	**1343463**	**1617119**
按行业分	**By Sector**				
农、林、牧、渔业	Farming, Forestry, Animal Husbandry and Fishery	294056	32159	22655	9222
采　掘　业	Mining and Quarrying	21741		1273	3808
制　造　业	Manufacturing	12420899	1622309	827437	1303025
电力、煤气及水的生产和供应业	Electricity, Gas and Water Production and Supply	146018		86077	11492
建　筑　业	Construction	609344	87537	4809	5843
地质勘查业、水利管理业	Geological Prospecting and Water Conservancy	1065			31
交通运输、仓储及邮电通信业	Transport, Storage, Postal and Telecommunication Services	620918	74284	20068	43978
批发和零售贸易、餐饮业	Wholesale and Retail Trade and Catering Services	704469	126197	11780	26431
金融、保险业	Banking and Insurance	8834	149	21	3574
房地产业	Real Estate Trade	4149754	486482	50309	88167
社会服务业	Social Services	365078		82708	97278
卫生、体育和社会福利业	Health Care, Sports and Social Welfare	98646	18019	2819	5000
教育、文化艺术和广播电影电视业	Education, Culture and Arts, Radio and Television	62264	16230	1200	424
科学研究和综合技术服务业	Scientific Research and Polytechnical Services	39011	2063	9205	3108
国家机关、政党机关和社会团体	Government Agencies, Party Agencies and Social Organizations	18			
其他行业	Others	465808	17815	223102	15738

16-21　续表 2　continued

指　标	Item	1979-2002	1995	2001	2002
按国别（地区）分	**By Country（Territory）**				
1．亚　洲	**Asia**	**16288220**	**2206505**	**684296**	**1038960**
#中国香港	Hong Kong，China	13633454	1815625	498353	790401
中国澳门	Macao，China	565770	68275	26824	46394
中国台湾	Taiwan，China	756005	81320	59586	80706
日　本	Japan	402108	77231	48628	53439
菲律宾	Philippines	6943	1537		395
泰　国	Thailand	116876	16167	3151	2763
马来西亚	Malaysia	56484	5375	425	6315
新加坡	Singapore	530357	114811	33789	37936
印度尼西亚	Indonesia	36382	18630	484	172
韩　国	Republic of Korea	127135	7314	11932	14195
2．非　洲	**Africa**	**43070**	**1614**	**10429**	**15567**
#利比里亚	Liberia	842			
毛里求斯	Mauritius	40723	300	10130	15070
南　非	South Africa	610		44	
3．欧洲	**Europe**	**855085**	**108938**	**218298**	**35630**
#德　国	Germany	109684	14763	6323	5049
法　国	France	72141	20408	61	3896
意大利	Italy	14812	554	711	1769
荷　兰	Netherlands	248331	9599	204250	491
比利时	Belgium	790	243		72
英　国	United Kingdom	305993	54549	6640	12965
丹　麦	Denmark	13994	842	3265	914
芬　兰	Finland	7006	700		1777
瑞　典	Sweden	1324	574		
瑞　士	Switzerland	31320	5585	836	4258
奥地利	Austria	2324	5	390	8
西班牙	Spain	6976	874	1291	2648
俄罗斯联邦	Russian	3539	140	6	
摩纳哥	Monaco	24219			
4．拉丁美洲	**Latin America**	**1594101**	**34925**	**316801**	**354212**
#巴拿马	Panama	17021	884	2207	1927
秘　鲁	Peru	618	493		48
玻利维亚	Bolivia	1089			
维尔京群岛	Virgin Islands.	1438172	30355	288425	322836
委内瑞拉	Venezuela	10231	420	611	122
巴哈马	Bahamas	28574	1200	9145	
开曼群岛	Cayman Islands.	92815	1115	16653	19589
哥斯达黎加	Costa Rica	300	200		
智　利	Chile	1228			80
5．北美洲	**North America**	**803523**	**113737**	**69921**	**115028**
#加拿大	Canada	115207	17642	9211	7668
美　国	United States	672511	93128	60152	102736

16-21 续表 3 continued

指　　标	Item	1979-2002	1995	2001	2002
百 慕 大	Bermuda	15639	2967	518	4524
6．大洋洲	**Oceania**	**239363**	**7812**	**43718**	**56882**
澳大利亚	Australia	77466	5872	2903	5879
新 西 兰	New Zealand	3438	1159	43	20
西萨摩亚	Western Samoa	140031	658	32450	47877
东萨摩亚	Other Oceanic and Pacific Islands	12402		8154	1938
7．海外机构	**Overseas Organizations**	**110579**	**7124**		
8．其它	**Others**	**73982**	**2589**		**840**
三、实际利用外资（万美元）	**Foreign Capital Actually Used (USD 10000)**	**12490138**	**1018028**	**1297240**	**1311071**
按行业分	**By Sector**				
农、林、牧、渔业	Farming, Forestry, Animal Husbandry and Fishery	153986	8376	17937	15866
采 掘 业	Mining and Quarrying	20430		2468	2609
制 造 业	Manufacturing	8530084	702338	895754	931617
电力、煤气及水的生产和供应业	Electricity, Gas and Water Production and Supply	369217		63368	49858
建 筑 业	Construction	373235	43290	16642	10187
地质勘查业、水利管理业	Geological Prospecting and Water Conservancy	316		9	
交通运输、仓储及邮电通信业	Transport, Storage, Postal and Telecommunication Services	460499	45420	34172	47386
批发和零售贸易、餐饮业	Wholesale and Retail Trade and Catering Services	270077	28677	25254	19200
金融、保险业	Banking and Insurance	8841	1514		2216
房地产业	Real Estate Trade	1643110	160649	133221	140580
社会服务业	Social Services	313094		70150	61964
卫生、体育和社会福利业	Health Care, Sports and Social Welfare	73273	15600	5967	3485
教育、文化艺术和广播电影电视业	Education, Culture and Arts, Radio and Television	24416	4076	110	372
科学研究和综合技术服务业	Scientific Research and Polytechnical Services	11998	442	1000	3031
国家机关、政党机关和社会团体	Government Agencies, Party Agencies and Social Organizations				
其他行业	Others	237562	7646	31188	22700
按国别（地区）分	**By Country (Territory)**				
1．亚　洲	**Asia**	**10275240**	**934629**	**906146**	**893136**
#中国香港	Hong Kong, China	8594245	797268	708675	697885
中国澳门	Macao, China	283520	25145	16234	27394
中国台湾	Taiwan, China	476843	35951	49029	63562
朝　鲜	Democratic People's Republic of Korea	558	16	12	185
日　本	Japan	423005	42121	67100	52717
菲 律 宾	Philippines	6369	145	737	229
泰　国	Thailand	45616	3192	2809	2175
马来西亚	Malaysia	30314	1291	2688	2909
新 加 坡	Singapore	312931	22583	46141	33767

16-21 续表 4 continued

指 标	Item	1979-2002	1995	2001	2002
印度尼西亚	Indonesia	26606	4496	3702	3312
缅 甸	Kuwait	1338		16	56
韩 国	Republic of Korea	68180	2321	8093	6080
印 度	India	2834		700	970
2. 非 洲	**Africa**	**24869**	**1296**	**2723**	**6743**
# 利比里亚	Liberia	2473	1190		
毛里求斯	Mauritius	20507	100	2627	6392
马达加斯加	Madagascar	207	6		
3. 欧 洲	**Europe**	**386204**	**24171**	**62323**	**36610**
# 德 国	Germany	56698	2546	10849	4177
法 国	France	42510	2198	701	6527
意大利	Italy	18589	1551	12433	694
荷 兰	Netherlands	57099	1433	16327	8303
比利时	Belgium	2565	40	343	88
英 国	United Kingdom	152882	14499	10067	11039
爱尔兰	Ireland	1995			380
丹 麦	Denmark	2624		753	1133
芬 兰	Finland	11001		3990	1929
瑞 典	Sweden	2693	150	220	
挪 威	Norway	1586	10	230	99
瑞 士	Switzerland	23266	959	4583	1745
奥地利	Austria	5984		306	20
西班牙	Spain	3324	773	757	188
葡萄牙	Portugal	500		13	
俄罗斯联邦	Russian	735		9	6
捷 克	Czech	737			152
4. 拉丁美洲	**Latin America**	**1023677**	**2444**	**233239**	**262185**
# 巴拿马	Panama	11580	351	2272	929
玻利维亚	Bolivia	553			
维尔京群岛	Virgin Islands.	939824	1833	209356	246749
开曼群岛	Cayman Islands.	47042		18955	8267
巴哈马	Bahamas	19124	20	2243	5302
哥斯达黎加	Costa Rica	1251	200		47
5. 北美洲	**North America**	**501029**	**35830**	**64687**	**85590**
# 加拿大	Canada	56788	1723	4153	4402
美 国	United States	432496	33570	55723	80537
百慕大	Bermuda	10232	537	3298	651
6. 大洋洲	**Oceanic**	**108143**	**3378**	**28122**	**25347**
# 澳大利亚	Australia	38970	3280	5022	3925
新西兰	New Zealand	1126	38	101	6
西萨摩亚	Western Samoa	58064		19175	18894
所罗门群岛	Solomon Islands.	1212	60		
大洋州及太平洋岛屿	Other Oceanic and Pacific Islands	2044		517	50
7. 世界银行	**World Bank**	**2786**			
8. 亚洲开发银行	**Asian Development Bank**	**44550**			
9. 海外机构	**Overseas Organizations**	**93167**	**15742**		
10. 其 它	**Others**	**30473**	**538**		**1460**

16-22 各市利用外资
UTILIZATION OF FOREIGN CAPITAL BY CITY

市别 City	2001 签订项目（个）Number of Signed Projects (unit)	2001 合同外资额（万美元）Contracted Value of Foreign Capital (USD 10000)	2001 实际利用外资（万美元）Amount of Foreign Capital Actually Used (USD 10000)	2002 签订项目（个）Number of Signed Projects (unit)	2002 合同外资额（万美元）Contracted Value of Foreign Capital (USD 10000)	2002 实际利用外资（万美元）Amount of Foreign Capital Actually Used (USD 10000)
全省合计 Total	**13198**	**1580386**	**1575526**	**11706**	**1890108**	**1658946**
广州 Guangzhou	1087	200604	332746	1177	316579	265299
深圳 Shenzhen	1860	400393	360277	2191	518626	490220
珠海 Zhuhai	774	87408	120161	789	149728	93671
汕头 Shantou	84	29686	18235	109	19833	15820
韶关 Shaoguan	39	6648	19366	70	8861	26501
河源 Heyuan	49	9498	10609	125	34605	13291
梅州 Meizhou	64	8649	10410	70	13541	12721
惠州 Huizhou	446	283155	118015	578	154553	132648
汕尾 Shanwei	52	9832	11879	49	13921	13150
东莞 Dongguan	1395	197627	181562	1391	248914	214848
中山 Zhongshan	2189	106568	73773	501	108663	76492
江门 Jiangmen	1450	83843	83562	1316	106019	74110
佛山 Foshan	2898	70484	101460	2660	80019	100250
阳江 Yangjiang	42	7734	7912	30	8282	10119
湛江 Zhanjiang	59	15477	10309	45	19786	11130
茂名 Maoming	140	5783	7055	118	9567	8893
肇庆 Zhaoqing	129	13727	47597	154	32159	54550
清远 Qingyuan	192	12878	13088	221	24616	11350
潮州 Chaozhou	54	1845	14921	28	5381	10513
揭阳 Jieyang	159	10692	15418	42	13343	20162
云浮 Yunfu	32	2328	2171	37	4064	3020

16-23 各市外商直接投资
FOREIGN DIRECT INVESTMENT BY CITY

市别 City	2001 签订项目（个）Number of Signed Projects (unit)	2001 合同外资额（万美元）Contracted Value of Foreign Capital (USD 10000)	2001 实际利用外资（万美元）Amount of Foreign Capital Actually Used (USD 10000)	2002 签订项目（个）Number of Signed Projects (unit)	2002 合同外资额（万美元）Contracted Value of Foreign Capital (USD 10000)	2002 实际利用外资（万美元）Amount of Foreign Capital Actually Used (USD 10000)
全省合计 Total	**5317**	**1343463**	**1297240**	**6613**	**1617119**	**1311071**
广州 Guangzhou	678	196229	300119	776	302322	228386
深圳 Shenzhen	1501	272318	259080	1917	354400	319101
珠海 Zhuhai	646	70506	86468	704	131883	69801
汕头 Shantou	65	28337	17739	88	19104	15745
韶关 Shaoguan	39	6648	19096	70	8861	26501
河源 Heyuan	38	7346	9183	117	33842	12549
梅州 Meizhou	46	6374	8594	49	11081	10901
惠州 Huizhou	262	276427	96015	405	147383	108208
汕尾 Shanwei	32	8675	8227	35	12558	9063
东莞 Dongguan	690	140794	114721	867	201629	145868
中山 Zhongshan	285	96011	64320	386	94583	63857
江门 Jiangmen	289	82673	82747	364	104657	73546
佛山 Foshan	242	67577	99014	270	78966	98355
阳江 Yangjiang	42	7734	7912	30	8282	10119
湛江 Zhanjiang	58	15341	10106	45	19617	11009
茂名 Maoming	140	5783	7055	118	9567	8893
肇庆 Zhaoqing	70	13697	47134	142	32159	54550
清远 Qingyuan	55	12378	12643	124	24616	11350
潮州 Chaozhou	54	1845	14921	28	5381	10513
揭阳 Jieyang	49	8915	15034	36	13116	19933
云浮 Yunfu	32	2328	2112	37	4064	2635

16-24 对外经济技术合作情况
BASIC CONDITIONS OF ECONOMIC AND TECHNICAL COOPERATION WITH FOREIGN COUNTRIES AND TERRITORIES

项　　目　　Item	签订合同数（宗）Number of Contracts Signed（copies）	合同金额（万美元）Contracted Value（USD 10000）	营业金额（万美元）Value of Business（USD 10000）	年末在外人数（人）Number of Persons Abroad at the Year-end（person）
一、对外承包工程　Foreign Contracted Projects				
1982	9	1316	1398	770
1985	28	1897	2491	305
1990	23	5953	7586	688
1995	29	19183	10924	850
1996	37	14823	9474	1680
1997	67	22435	10940	354
1998	28	13331	17526	566
1999	63	52961	21857	603
2000	86	36555	34515	634
2001	250	53924	26192	641
2002	165	64827	58986	643
二、对外劳务合作　Foreign Labour Cooperation				
1982	106	1368	1170	657
1985	273	424	433	1197
1990	1101	6055	3189	8045
1995	1251	20593	17775	33263
1996	1493	11784	19365	23319
1997	2616	17356	14743	22857
1998	2360	12925	14464	20816
1999	5863	9327	13230	19128
2000	6626	12941	10777	19564
2001	1039	13271	11752	30695
2002	8252	19114	17059	18922
三、对外设计咨询　Foreign Design and Consultation				
1995	9	139	41	10
1996	3	11	4	4
1997	6	90	88	
1998	17	402	339	
1999	19	408	218	
2000	14	1064	987	
2001	17	66	267	14
2002	34	258	144	39
四、对外生产合作　Foreign Production Cooperation				
2001	9	2738	2668	
五、其它　Others				
2001	12931	12290	9913	226

注：对外设计咨询 1995 年以前无发生数。

Note：Before 1995，there were no data of foreign design and consultation.

16-25 分行业外商投资企业工商注册登记情况（2002年末）
BASIC INDICATORS OF REGISTERED FOREIGN FUNDED ENTERPRISES BY SECTOR（2002，YEAR-END）

行业	Sector	企业数(户) Number of Registered Enterprises (household)	投资总额(亿美元) Total Investment (USD 100 million)	注册资本(亿美元) Registered Capital (USD 100 million)	#外方 Capital Invested by Foreign Partners
总计	**Total**	**49875**	**2363.54**	**1349.49**	**1045.33**
农、林、牧、渔业	Farming，Forestry，Animal Husbandry and Fishery	836	20.00	13.04	10.22
采掘业	Mining and Quarrying	185	7.74	4.63	3.50
制造业	Manufacturing	39050	1327.38	875.96	698.51
电力、煤气及水的生产和供应业	Electricity，Gas and Water Production and Supply	299	186.52	62.88	37.93
建筑业	Construction	518	68.18	29.04	17.25
地质勘查业、水利管理业	Geological Prospecting and Water Conservancy	35	1.69	0.99	0.44
交通运输、仓储及邮电通信业	Transport，Storage，Postal and Telecommunication Services	1379	167.69	63.47	45.28
批发和零售贸易、餐饮业	Wholesale and Retail Trade and Catering Services	1532	44.44	29.5	21.31
金融、保险业	Banking and Insurance	15	2.52	1.7	1.44
房地产业	Real Estate Trade	2330	388.17	173.93	137.56
社会服务业	Social Services	2340	105.04	66.06	49.11
卫生、体育和社会福利业	Health Care，Sports and Social Welfare	116	12.64	6.18	4.73
教育、文化艺术和广播电影电视业	Education，Culture and Arts，Radio and Television	121	4.93	3.34	2.31
科学研究和综合技术服务业	Scientific Research and Polytechnical Services	352	7.75	6.06	5.19
其他行业	Others	767	18.84	12.70	10.54

16-26 各市外商投资企业工商注册登记情况（2002年末）
BASIC INDICATORS OF REGISTERED FOREIGN FUNDED ENTERPRISES BY CITY（2002，YEAR-END）

市别 City	企业数（户）Number of Registered Enterprises (household)	投资总额（亿美元）Total Investment (USD 100 million)	注册资本（亿美元）Registered Capital (USD 100 million)	#外方 Capital Invested by Foreign Partners
全省合计 Total	**49875**	**2363.54**	**1349.49**	**1045.33**
广州 Guangzhou	8727	534.08	276.59	210.99
深圳 Shenzhen	12118	447.04	266.33	210.77
珠海 Zhuhai	3261	121.78	70.39	53.61
汕头 Shantou	1874	70.77	46.88	36.70
韶关 Shaoguan	321	13.82	7.76	5.83
河源 Heyuan	299	14.03	9.24	7.78
梅州 Meizhou	442	11.22	7.84	5.06
惠州 Huizhou	2491	137.53	76.66	59.59
汕尾 Shanwei	227	8.83	7.01	6.40
东莞 Dongguan	5842	204.90	161.76	146.76
中山 Zhongshan	1955	85.85	51.64	43.49
江门 Jiangmen	2536	94.32	63.70	47.82
佛山 Foshan	3411	249.33	124.42	83.79
阳江 Yangjiang	214	8.78	5.38	3.81
湛江 Zhanjiang	594	32.43	18.76	12.76
茂名 Maoming	1070	26.00	16.20	10.45
肇庆 Zhaoqing	1138	45.58	27.64	20.11
清远 Qingyuan	557	36.88	18.97	14.6
潮州 Chaozhou	494	13.62	9.10	5.88
揭阳 Jieyang	897	22.94	16.40	12.96
云浮 Yunfu	298	9.88	6.12	3.97

16-27 各部门接受华侨、港澳台同胞捐赠情况

DONATION ACCEPTED AND AGREED BY ADMINISTRATIONS FROM OVERSEAS CHINESE AND COMPATRIOTS FROM HONG KONG, MACAO AND TAIWAN

单位：万元 (10000 yuan)

年份 Year	合计 Total	#现金 Cash	工农业 Industry and Agriculture	文化教育科研事业 Culture and Education, Science and Technology	卫生事业 Health Care	旅游业 Tourism	社会福利业 Social Welfare	其他 Others
1985	54529	1373	19660	8133	2303	4948	2071	17414
1990	91887	3648	30837	24695	10453	2480	21422	2000
1991	227235	5210	70638	56065	17024	1860	76605	5043
1992	687814	3955	357342	100570	39154	4309	177547	8892
1993	188133	4329	63666	43615	21587	492	43861	14912
1994	291656	1854	67647	55350	32007	167	42951	93534
1995	335447	1050	129890	56512	46405	1000	27816	73824
1996	42893	616	20956	9653	1860	55	7007	3362
1997	49828	1170	37309	2717	1718	30	3472	4582
1998	61657	515	39296	3781	8836	513	2238	6993
1999	15049	2305	5762	2726	954	109	2005	3493
2000	4944	1124	242	1031	494	210	52	2915
2001	2604	484	32	256	975		334	1007
2002	4092	877		738	452	26	402	2474

注：表中1992年以前是批准数，1993年以后是实际接受捐赠数。

Note: The data in this table referred to the donations agreed by administrations before 1992, whereas the figures have been the donations actually accepted since 1993.

16-28 各市重点外商投资企业主要经济指标（2002年）

MAIN ECONOMIC INDICATORS OF KEY FOREIGN FUNDED ENTERPRISES BY CITY (2002)

单位：亿元 (100 million)

市别 City	企业数（户） Number of Enterprises (household)	资产总计 Total Assets	负债合计 Total Liabilities	主营业务收入 Main Business Income	营业税金 Business Tax	利润总额 Total Profits	所得税 Income Tax
全省合计 Total	**712**	**5721.33**	**3187.43**	**3673.02**	**36.28**	**494.14**	**87.89**
广州 Guangzhou	131	2400.71	1302.18	1271.21	25.48	322.28	63.81
深圳 Shenzhen	100	1203.53	603.71	771.44	6.9	100.92	10.98
珠海 Zhuhai	64	442.16	267.48	290.95	0.57	17.32	1.39
汕头 Shantou	22	91.31	69.44	40.31	0.06	-3.59	0.06
韶关 Shaoguan	13	45.28	22.89	18.79	0.11	0.14	0.05
河源 Heyuan	10	11.14	6.37	9.19	…	0.84	0.81
梅州 Meizhou	10	52.58	43.33	9.83	0.02	2.94	0.05
惠州 Huizhou	50	214.74	133.47	297.40	0.53	16.58	1.44
汕尾 Shanwei	6	12.77	4.32	9.99		0.47	
东莞 Dongguan	50	424.54	220.10	455.46	0.26	23.88	4.67
中山 Zhongshan	41	113.99	69.34	118.54	0.31	1.88	0.67
江门 Jiangmen	30	87.85	56.08	52.75	0.16	-3.02	0.30
佛山 Foshan	62	330.04	198.03	199.01	0.67	11.98	2.17
阳江 Yangjiang	8	27.92	21.80	3.79	0.13	-0.01	0.70
湛江 Zhanjiang	10	31.80	21.41	19.19		1.20	0.13
茂名 Maoming	33	10.70	4.84	5.55	0.07	0.93	0.01
肇庆 Zhaoqing	33	94.10	56.98	62.58	0.67	-0.30	0.18
清远 Qingyuan	16	90.53	69.96	21.90	0.30	-0.36	0.26
潮州 Chaozhou	10	9.93	2.56	5.73	…	-0.02	0.18
揭阳 Jieyang	9	20.02	9.52	5.98	0.01	-0.08	…
云浮 Yunfu	4	5.69	3.62	3.43	0.03	0.16	0.03

16-29 一类口岸开放使用情况（2002 年末）
OPENING AND OPERATING STATUS OF PORTS WITH GRADE I（2002，YEAR-END）

市 别 City	个数	口岸名称 水运 Water Transport	陆运 Land Transport	空运 Air Transport
合 计 Total	**51**	**36**	**10**	**5**
广 州 Guangzhou	6	广州港 Guangzhou Port	天河直通车站 Tianhe Railway Stations Directly to Hong Kong	白云机场 Baiyun Airport
		南沙港 Nansha Port		
		莲花山港 Lianhuashan Port		
		新塘港 Xintang Port		
深 圳 Shenzhen	12	蛇口港 Shekou Port	罗湖 Luohu	深圳机场 Shenzhen Airport
		赤湾港 Chiwan Port	文锦渡 Wenjindu	
		梅沙港 Meisha Port	沙头角 Shatoujiao	
		东角头港 Dongjiaotou Port	皇岗 Huanggang	
		妈湾港 Mawan Port		
		盐田港 Yiantian Port		
		西涌港 XiChong Port		
珠 海 Zhuhai	7	九州港 Jiuzhou Port	拱北 Gongbei	
		湾仔港 Wanzai Port	横琴 Hengqin	
		珠海港 Zhuhai Port		
		万山港 Wanshan Port		
		斗门港 Domen Port		
汕 头 Shantou	4	汕头港 Shantou Port		汕头机场 Shantou Airport
		潮阳港 Chaoyang Port		
		南澳港 Nanao Port		
梅 州 Meizhou	1			梅州机场 Meizhou Airport
惠 州 Huizhou	1	惠州港 Huizhou Port		
汕 尾 Shanwei	1	汕尾港 Shanwei Port		
东 莞 Dongguan	2	虎门港 Humen Port	东莞铁路客运 Dongguan Railway Stations for Passenger Service	
中 山 Zhongshan	1	中山港 Zhongshan Port		
江 门 Jiangmen	5	江门港 Jiangmen Port		
		三埠港 Sanfu Port		
		广海港 Guanghai Port		
		鹤山港 Heshan Port		
		新会港 Xinhui Port		
佛 山 Foshan	4	顺德港 Shunde Port	佛山铁路客运 Foshan Railway Passenger Service Station	
		南海港 Nanhai Port		
		高明港 Gaoming Port		
阳 江 Yangjiang	1	阳江港 Yangjiang Port		
湛 江 Zhanjiang	2	湛江港 Zhanjiang Port		湛江机场 Zhanjiang Airport
茂 名 Zhaoqing	1	水东港 Shuidong Port		
肇 庆 Maoming	2	肇庆港 Zhaoqing Port	肇庆铁路客运 Zhaoqing Railway Stations for Passenger Service	
潮 州 Chaozhou	1	潮州港 Chaozhou Port		

注：2002 年末全省二类口岸 99 个，其中，装卸点 98 个，起运点 1 个。直通港澳货运车辆检查场 59 个。

Note：The provincial total of ports with Grade Ⅱ was 99 at the end of 2002，of which the loading and unloading places were 98，the dispach place was 1 and the inspection places for vehicles carrying goods directly to Hong Kong and Macao amounted to 59.

16-30 旅 游 人 数
NUMBER OF TOURISTS

指　　标	Item	1990	1995	2001	2002
一、国际游客出入境人数（万人次）	**Number of International Tourists（10000 person-times）**	**5024.23**	**7442.18**	**14504.43**	**16067.35**
外国人	Foreigners	174.47	340.02	632.40	741.57
华侨	Overseas Chinese	14.98	17.44		
港澳同胞	Compatriots from Hong Kong and Macao	4739.04	6913.78	13473.90	14922.36
台湾同胞	Compatriots from Taiwan	95.74	170.94	398.00	403.40
# 入境人数	Number of Entry Tourists	2527.54	3615.03	7256.40	8032.77
外国人	Foreigners	85.07	159.4	313.20	361.50
华侨	Overseas Chinese	6.62	8.11		
港澳同胞	Compatriots from Hong Kong and Macao	2388.76	3364.15	6744.90	7471.06
台湾同胞	Compatriots from Taiwan	47.09	83.37	198.30	200.21
二、城市接待旅游人数（万人次）	**Number of Tourists Received by Cities（10000 person-times）**		**3504.75**	**8484.20**	**9457.74**
国际游客	International Tourists		620.68	1292.40	1394.48
外国人	Foreigners		118.47	240.40	277.79
华侨	Overseas Chinese		19.38		
港澳同胞	Compatriots from Hong Kong and Macao		430.55	869.00	911.91
台湾同胞	Compatriots from Taiwan		52.28	183.00	204.78
国内游客	Domestic Tourists		2884.07	7191.80	8063.26
三、宾馆（酒店）接待人数	**Number of Tourists Received by Hotels**	**2231.04**	**2790.88**	**2744.29**	**3204.30**
国际游客	International Tourists	541.48	528.24	585.02	675.30
外国人	Foreigners	56.36	117.39	166.01	221.01
华侨	Overseas Chinese	11.52	14.68		
港澳同胞	Compatriots from Hong Kong and Macao	412.97	352.32	299.04	325.25
台湾同胞	Compatriots from Taiwan	60.63	43.85	119.97	129.04
国内游客	Domestic Tourists	1689.56	2262.64	2159.27	2529.00
四、旅行社组织接待人数（万人）	**（10000 persons）**			**920.01**	**1032.66**
# 国际游客	International Tourists	195.4	257.19	302.51	362.28
国内游客	Domestic Tourists			617.50	670.38
五、团体出境旅游人数（万人）	**Number of Exit Tourists by Group Tour （10000 persons）**	**23.53**	**67.71**	**103.93**	**121.55**
# 港澳游	Tours to Hong Kong and Macao	23.19	58.67	67.93	81.11
其　他	Others	0.34	9.04	36.00	40.44

注：2000年以后城市接待旅游人数和宾馆（酒店）接待人数中，外国人数包括华侨在内。
Note：The number of foreigners have included the overseas among the numbe of tourists received by city and number of tourists received by hotels since 2000.

16-31 旅游部门基本情况
BASIC STATISTICS ON TOURIST AGENCIES

指　　标		Item		1995	2001	2002
旅游宾馆（酒店）	（家）	Number of Tourist Hotels	(unit)	962	2634	2656
按星级分：五星		By Star Class: Five Star Class		10	28	30
四星		Four Star Class		20	86	93
三星		Three Star Class		121	351	382
二星		Two Star Class		168	415	448
一星		One Star Class		19	51	55
未评星级		Star Class Unappraised		624	1703	1648
旅游宾馆酒店接待能力		Receiving Capability of Tourist Hotels				
客房	（间）	Number of Rooms	(room)	115563	205911	212591
床位	（张）	Number of Beds	(unit)	235407	398601	402176
客房出租率	（%）	Room Occupancy Rate	(%)	57.4	61.6	60.9
旅行社	（家）	Number of Travel Agencies	(unit)	404	610	610
国际旅行社		International Travel Agencies		197	181	179
国内旅行社		Domestic Travel Agencies		207	429	431

16-32 城市接待外国游客人数
NUMBER OF FOREIGN TOURISTS RECEIVED BY CITY

单位：人次　　　　(person-times)

国　　别	Country	1990	1995	2001	2002
总　计	**Total**	**563620**	**1173919**	**2208552**	**2777998**
日　本	Japan	119371	288978	497049	671640
韩　国	Republic of Korea		25172	102995	149003
菲律宾	Philippines	7653	10312	23696	29201
新加坡	Singapore	48857	60760	105487	124086
泰　国	Thailand	57365	51185	49130	76355
印度尼西亚	Indonesia	14967	40583	72931	86935
马来西亚	Malaysia		70639	103318	146381
美　国	United States	77651	129238	223542	298064
加拿大	Canada	20402	24908	40943	51461
英　国	United Kingdom	29596	41020	53669	62163
法　国	France	20591	29728	47098	49268
德　国	Germany	15755	32864	49032	52008
意大利	Italy	13279	19187	20279	30415
俄罗斯	Russia	1676	1937	9373	17316
澳大利亚	Australia	16835	28789	38291	46502
新西兰	New Zealand	3960	4133	7076	8919
其　他	Others	115662	314486	764643	878281

16-33 各市旅游宾馆（酒店）住宿设施（2002 年）
LODGING FACILITIES OF TOURIST HOTELS BY CITY (2002)

市别 City	宾馆、酒店（个） Number of Hotels (unit)	五星级 Five Star Class	四星级 Four Star Class	三星级 Three Star Class	二星级 Two Star Class	一星级 One Star Class	客房（间） Number of Rooms (unit)	床位（张） Number of Beds (unit)	客房出租率（%） Room Occupancy Rate (%)
全省合计 Total	**2656**	**30**	**93**	**382**	**448**	**55**	**212591**	**402176**	**60.9**
广　州 Guangzhou	1496	5	20	79	83	5	98886	189917	62.5
深　圳 Shenzhen	270	10	14	55	72	3	28640	50645	64.1
珠　海 Zhuhai	72	5	8	38	18	3	9661	18465	69.1
汕　头 Shantou	59	2	5	12	18	3	7195	13455	50.7
韶　关 Shaoguan	43		1	13	24	5	2955	5896	45.5
河　源 Heyuan	38		1	5	26	6	1380	2640	69.2
梅　州 Meizhou	52		1	6	14		2990	5564	47.9
惠　州 Huizhou	68			19	15	2	6585	12634	71.8
汕　尾 Shanwei	23			8	5		1537	3070	55.2
东　莞 Dongguan	74	7	13	33	19	2	9427	14475	62.7
中　山 Zhongshan	72		4	15	14	2	6287	9960	62.2
江　门 Jiangmen	57	1	4	11	13		9088	16812	53.5
佛　山 Foshan	97		10	26	19	4	8846	19903	63.6
阳　江 Yangjiang	30		1	7	19		2436	4729	68.5
湛　江 Zhanjiang	31		2	14	15		3536	6717	63.0
茂　名 Maoming	26			6	14		2376	4528	62.0
肇　庆 Zhaoqing	59		2	13	15	13	4761	9579	49.2
清　远 Qingyuan	38		4	9	24	1	1530	5990	71.0
潮　州 Chaozhou	17		2	7	7	1	1557	3019	66.5
揭　阳 Jieyang	17		1	3	4	2	1618	3219	50.4
云　浮 Yunfu	17			3	10	3	1300	2959	50.1

注：本表星级宾馆（酒店）指 2002 年底止已得到国家旅游局或省旅游局批准的，不包已报未批部份。

Note: The hotel with star class in this table referred to those approved by the National Tourism Administration or Guangdong Provincial Tourism Administration at the end of 2002, excluding those reported but unapproved yet.

16-34 各市接待过夜旅游者人数
NUMBER OF TOURISTS STAYING OVERNIGHT RECEIVED BY CITY

单位：万人次 (10000 person-times)

市别 City	2001			2002		
	合计 Total	国际游客 International Tourists	国内游客 Domestic Tourists	合计 Total	国际游客 International Tourists	国内游客 Domestic Tourists
全省合计 Total	**8484.21**	**1292.38**	**7191.83**	**9457.74**	**1394.48**	**8063.26**
广　州 Guangzhou	2511.68	442.37	2069.31	2706.06	473.97	2232.09
深　圳 Shenzhen	1455.57	423.87	1031.70	1522.88	449.35	1073.52
珠　海 Zhuhai	428.98	109.91	319.07	493.95	129.96	363.99
汕　头 Shantou	224.48	21.21	203.27	243.01	17.62	225.39
韶　关 Shaoguan	216.51	2.34	214.17	230.85	2.55	228.29
河　源 Heyuan	175.12	4.27	170.85	224.22	5.48	218.74
梅　州 Meizhou	175.61	7.59	168.02	193.35	6.46	186.89
惠　州 Huizhou	247.03	27.77	219.26	301.14	30.23	270.91
汕　尾 Shanwei	155.99	2.21	153.78	159.44	2.47	156.97
东　莞 Dongguan	301.61	56.64	244.97	602.21	67.78	534.43
中　山 Zhongshan	396.57	63.82	332.75	411.42	66.03	345.39
江　门 Jiangmen	544.64	27.41	517.23	587.03	30.93	556.10
佛　山 Foshan	491.06	65.52	425.54	438.57	68.97	369.61
阳　江 Yangjiang	195.83	3.22	192.61	229.68	5.03	224.65
湛　江 Zhanjiang	113.65	1.14	112.51	139.38	1.61	137.76
茂　名 Maoming	102.83	0.46	102.37	114.20	0.55	113.65
肇　庆 Zhaoqing	427.12	14.26	412.86	470.35	14.45	455.89
清　远 Qingyuan	39.4	0.81	38.59	79.70	1.51	78.19
潮　州 Chaozhou	86.36	10.98	75.38	110.17	13.51	96.66
揭　阳 Jieyang	61.51	3.06	58.45	66.85	2.90	63.95
云　浮 Yunfu	132.66	3.52	129.14	133.27	3.12	130.16

16-35 各市旅行社组团出境游人数（2002年）

NUMBER OF TOURISTS LEAVING THE COUNTRY THROUGH TRAVEL SERVICE GROUP TOUR BY CITY (2002)

单位：人 (person)

市别 City	合计 Total	香港 Hong Kong	澳门 Macao	新马泰港 Singapore, Malaysia, Thailand and Hong Kong	新马港 Singpore, Malaysia and Hong Kong	泰国 Thailand	泰港 Thailand and Hong Kong	其它 Others
全省合计 Total	**1215547**	**484897**	**278301**	**46682**	**47860**	**51472**	**50168**	**256167**
广州 Guangzhou	352714	128526	73379	11680	17869	21330	14199	85731
深圳 Shenzhen	415182	195591	32849	25262	18721	14600	16784	111375
珠海 Zhuhai	57034	8901	43015	586	515	840	153	3024
汕头 Shantou	29220	20643	684	1070	640	2487	445	3251
韶关 Shaoguan	3642	814	1242	228	64	227	45	1022
河源 Heyuan	6125	4438	1200	142	62		100	183
梅州 Meizhou	7890	3866	853	736	128	234	202	1871
惠州 Huizhou	13351	10680	745	526	224	210	76	890
汕尾 Shanwei	26518	25765	308	110	14	172		149
东莞 Dongguan	53360	22622	9917	1337	1061	2070	2362	13991
中山 Zhongshan	41443	10585	15910	589	2722	1388	2185	8064
江门 Jiangmen	33773	12416	13558	513	1459	1608	1268	2951
佛山 Foshan	125782	20934	67626	2094	3211	4119	11027	16771
阳江 Yangjiang	3021	1315	1355	98		26		227
湛江 Zhanjiang	6881	3458	1232	348	403	285	373	782
茂名 Maoming	5841	1286	574	458	233	435	341	2514
肇庆 Zhaoqing	12685	4244	6659	285	255	481	196	565
清远 Qingyuan	3921	1188	2161			94		478
潮州 Chaozhou	8345	3331	1481	545	269	581	295	1843
揭阳 Jieyang	4247	3795	13	27		205	2	205
云浮 Yunfu	4572	499	3540	48	10	80	115	280

16-36 各市旅游业收入

INCOME FROM TOURISM BY CITY

单位：亿元 (100 million yuan)

市别 City	收入合计 Total Income		旅游外汇收入 Foreign Exchange Income		国内旅游收入 Domestic Travel Income	
	2001	2002	2001	2002	2001	2002
全省合计 Total	**1263.08**	**1433.05**	**368.08**	**421.07**	**895.00**	**1011.99**
广州 Guangzhou	455.25	504.89	136.60	154.80	318.65	350.09
深圳 Shenzhen	320.12	355.48	125.01	142.53	195.11	212.95
珠海 Zhuhai	78.52	91.27	35.84	41.50	42.68	49.77
汕头 Shantou	35.41	37.23	7.53	7.97	27.88	29.27
韶关 Shaoguan	15.06	20.15	0.44	0.28	14.62	19.87
河源 Heyuan	9.40	12.04	1.39	1.35	8.01	10.68
梅州 Meizhou	9.53	11.83	1.25	1.23	8.28	10.60
惠州 Huizhou	27.03	31.05	4.64	5.30	22.39	25.75
汕尾 Shanwei	15.32	15.59	0.34	0.37	14.98	15.22
东莞 Dongguan	34.46	38.43	6.68	9.80	27.78	28.63
中山 Zhongshan	45.27	55.38	14.33	17.63	30.94	37.75
江门 Jiangmen	44.13	49.21	7.34	8.49	36.79	40.72
佛山 Foshan	62.55	73.25	15.21	17.46	47.34	55.79
阳江 Yangjiang	10.97	11.67	0.46	0.59	10.51	11.08
湛江 Zhanjiang	24.21	29.52	0.91	1.06	23.30	28.46
茂名 Maoming	7.80	9.83	0.18	0.23	7.62	9.60
肇庆 Zhaoqing	30.18	32.85	5.19	5.21	24.99	27.65
清远 Qingyuan	6.23	12.38	0.77	0.83	5.46	11.55
潮州 Chaozhou	13.28	16.05	2.70	3.25	10.58	12.80
揭阳 Jieyang	6.42	11.15	0.55	0.58	5.87	10.57
云浮 Yunfu	11.95	13.76	0.74	0.58	11.21	13.18

16-37 国际旅游外汇收入
FOREIGN EXCHANGE EARNINGS FROM INTERNATIONAL TOURISM

单位：万美元 (USD 10000)

指　　标	Item	1995	2001	2002
全省总计	**Total**	**239368**	**445082**	**509090**
商品性收入	**Commodity Income**	**94790**	**111716**	**90618**
商品销售收入	Sales Revenue	41291	75664	47854
饮食销售收入	Catering Trade Income	53499	36052	42764
劳务性收入	**Service Income**	**144578**	**333366**	**418472**
景区游览费	View Tourism Fee	5242	10237	49382
宿费	Accommodation Fee	53738	56971	88582
长途交通费	Long Distance Transport Fee	29692	190495	181236
民航	Civil Aviation	14521	113941	115563
铁路	Railways	4693	25370	8655
轮船	Steamships	7946	8011	12218
汽车	Vehicles	2532	43173	44800
市内交通费	Local Transport Fee	6784	12017	10691
邮政电讯费	Posts and Telecommunications Fee	6249	21364	10181
文化娱乐费	Culture Recreation Fee	16769	18693	50400
其　他	Others	26104	23589	28000

16-38 各市国际旅游外汇收入
TOTAL FOREIGN EXCHANGE EARNINGS FROM INTERNATIONAL TOURISM BY CITY

单位：万美元 (USD 10000)

市　别 City	1995	2001	2002
全省合计 Total	**239368**	**445082**	**509090**
广　州 Guangzhou	85215	165172	187183
深　圳 Shenzhen	85813	151161	172342
珠　海 Zhuhai	24392	43335	50183
汕　头 Shantou	7923	9100	9632
韶　关 Shaoguan	431	527	335
河　源 Heyuan	48	1685	1634
梅　州 Meizhou	934	1509	1487
惠　州 Huizhou	2250	5610	6404
汕　尾 Shanwei	239	414	445
东　莞 Dongguan	5864	8074	11847
中　山 Zhongshan	5769	17330	21318
江　门 Jiangmen	6128	8870	10268
佛　山 Foshan	6056	18390	21108
阳　江 Yangjiang	72	551	711
湛　江 Zhanjiang	766	1104	1283
茂　名 Maoming	144	218	280
肇　庆 Zhaoqing	4883	6270	6296
清　远 Qingyuan	455	926	1005
潮　州 Chaozhou	1005	3268	3925
揭　阳 Jieyang	574	668	704
云　浮 Yunfu	407	900	700

注：本表数为省旅游局抽样调查测算数。

Note: Data in this table are obtained from the sample survey of Guangdong Provincial Tourism Administration.

主要统计指标解释

海关进出口总额 指实际进出我国国境的货物（包括贸易和非贸易）的价值总和。主要包括对外贸易实际进出口货物，来料加工装配、补偿贸易、进料加工进出口货物，国家间及国际组织无偿援助物资和赠送品，华侨、港澳台同胞和外籍华人捐赠品，租赁期满归承租人所有的租赁货物，边境地方贸易及边境地区小额贸易进出口货物（边民互市贸易除外），中外合资、合作经营企业、外商独资经营企业进出口货物和公用物品，到、离岸价格在规定限额以上的进出口货样和广告品（无商业价值、无使用价值和免费提供出口的除外），从保税仓库提取在中国境内销售的进出口货物，以及其他进出口货物。海关进出口总额反映一个国家在对外经济贸易方面实际进出口货物的总规模。

产消国 即原产国（地）和最终目的国。原产国指进口货物的生产、开采或加工制造的国家。最终目的国指出口货物已知的消费、使用或进一步加工制造的国家。

利用外资 指我国政府、部门、企业和其他经济组织通过对外借款、吸收客商直接投资以及向境外发行债券、股票等方式筹借的境外资金。

外资的形式可以是现汇、实物、工业产权或专有技术等有形资本和无形资本。

我国自有外汇和中国银行自有外汇资金发放的外汇贷款购置国外设备和材料，华侨、港澳同胞的捐赠，联合国或其他国际组织的无偿赠送资金、无偿援建的项目均不属于外资范围 。

利用外资的方式有：对外借款，外国（或港澳地区）企业和经济组织或个人在我国境内开办独资企业、与我国境内的企业或组织共同开办合资企业、合作经营（企业）项目或合作开发资源，以及补偿贸易、国际租赁等。

补偿贸易 是以商品或劳务偿还贷款的一种贸易方式。即由客商提供设 备、原材料、生产技术，以这些设备、原材料、生产技术生产的产品或是用双方协商的其他产品价值去支付（偿还）进口设备、原材料价款。

对外借款 指我国政府、部门、企业和中国银行等单位向国际金融组织 、外国政府、企业等借用的长期、短期资本，到期需还本付息。借款按不同渠道划分为：①外国政府贷款；②国际金融组织贷款；③外国银行贷款；④出口信贷；⑤发行债券。

外商直接投资 指外国企业和经济组织或个人（包括华侨、港澳同胞以及我在境外注册的企业）按我国有关政策、法规，在我国境内开办外商独资企业，与我国境内的企业或经济组织共同举办中外合资企业、合作经营企业或合作开发资源的投资，以及外商从企业得到收益的再投资。2002 年起“外商直接投资”统计口径调整，“企业投资总额内的境外借款”只包括“企业投资总额内直接投资者对企业的贷款，即外方股东贷款”。不包括“直接投资者提供担保的第三方对企业的贷款即外方股东担保贷款”和“其他方式的企业境外借款即其他境外借款。”

国际租赁 指出租者用自有资金，或向银行借款购买资本设备租给承租者在约定的期限内使用，承租者依约按期付给出租者一定租金，在租赁期内设备的使用属于承租者，设备的所有权属于出租者，租期满后，出租者对设备具有支配权：收回、作价出卖或赠送企业。

国际旅游人数 指来我国参观、访问、旅行、探亲、访友、休养 、考察、参加会议和从事经济、科技、文化、教育、体育、宗教等活动的外国人、华侨、港澳台同胞的人数。不包括外国在我国的常驻机构，如使领馆、通讯社、企业办事处的工作人员；来我国常驻的外国专家、留学生以及在岸逗留不过夜人员。

国际旅游外汇收入 指入境旅游的外国人、华侨、港澳台同胞在中国大陆旅游过程中发生的一切旅游支出，对于国家来说就是国际旅游外汇收入。

中间价 指人民银行每日公布的银行买入卖出外汇的参考价。银行在买入卖出业务中可以在中间价上下浮动 5‰。

Explanatory Notes on Main Statistical Indicators

Total Imports and Exports at Customs refer to the value of commodities imported into and exported from the boundary of China (including trade and nontrade). They mainly include the actual imports and exports through foreign trade, imported and exported goods under the processing and assembling trades an d materials, compensation trade, imported and exported commodities processed with imported materials, supplies and gifts as aid given gratis between governments and by the United Nations and other international organizations, and contributions donated by overseas Chinese, compatriots in Hong Kong, Macao and Taiwan and Chinese with foreign citizenship, leasing commodities owned by tenant at the expiration of leasing period, local trading and small commodities trading in border areas (excluding mutual exchange goods), imported and exported commodities and articles for public use of the Sino-foreign joint ventures, cooperative enterprises and ventures exclusively with foreign investment. Also included are importor export of samples and advertising goods for those CIF or FOB value are beyond the permitted ceiling (excluding goods of no trading or use value and free commodities for export), imported goods sold in China from bonded warehouse and other imported or external goods. The indicator of the total imports and exports at customs can be used to observe the total size of external trade in a country.

Production and Consumption Country refers to the country of origin and the country of final destination. The country of origin refers to the country where the imported goods are produced, exploited or processed. The country of final destination refers to the country where the imported goods are produced, exploited or processed. The country of final destination refers to the country where the exported goods are consumed, used or further processed.

Utiliization of Foreign Capitals refers to funds financed from abroad by means of issuing Chinese bonds and shares, by various departments, enterprises and other economic units.

The types of foreign capital include tangible capital and intangible capital, such as remittance, goods, industrial property rights or know-how, etc.

Those excluded are the purchases of foreign equipment and materials with foreign exchange loans issued from the state-owned foreign exchange and the owned foreign exchange of the Bank of China, contributions donated by overseas Chinese, compatriots in Hong Kong and Macao, funds and projects as aid given gratis by the United Nations and other international organizations.

The modes of utilization of foreign capitals include loans from abroad, foreign-funded enterprises in the boundary of China owned by foreign (or Hong Kong and Macao) enterprises, economic organizations or individuals, and the Sino-foreign joint ventures, cooperation projects (enterprises), cooperation exploitation of natural resources with enterprises or organizations in China, compensation trade and international lease, etc.

Compensation Trade is a kind of trade returning loans with commodities or services, i.e. paying for (returning) imported equipment and raw materials by means of the products produced with the equipment, raw materials and productive technology which are provided by foreign entrepreneurs or other products negotiated by both sides.

Foreign Loans refer to long-term capital and short-term capital borrowed from international financial organizations, foreign governments and enterprises by the Chinese governments at all levels, by various departments, enterprises and the Bank of China, etc. repayed with interest at muturity. Through different channels, foreign loans can be divided into: ①loans from foreign governments; ②loans from international financial organizations; ③loans from foreign banks; ④export credit; ⑤bonds and shares issued abroad.

Direct Investment by Foreign Entrepreneurs refers to the investments inside China by foreign enterprises and economic organizations or individuals (including overseas Chinese, compatriots from Hong Kong and Macao, and Chinese enterprises registered abroad), following the relevant policies and laws of China, for the establishment of ventures exclusively with foreign investment, Sino – foreign joint ventures and cooperative enterprises or for cooperative exploitation of resources with enterprises or economic organizations in China, and the re – investment of the foreign entrepreneurs with the profits gained from the investment. In 2002, the statistical coverage of direct investment by foreign entrepreneurs has been adjusted, i.e. the overseas borrowings in total investment of enterprises only include the loans from the direct investors or the loans from the foreign shareholders but excluded the loans from the third party guaranteed by the direct investors or the guaranteed loans from the foreign shareholders and the overseas borrowings by enterprises with other means or other overseas borrowings.

International Lease refers to the lease of which tenants hold on lease the capital and equipment purchased by lessors with their own money or loans from banks during a fixed period and tenants repay a sum of leasing expenses to lessors according to contracts. During the leasing period, tenants have the right to use the equipment and lessors have the possesion of the equipment. At the expiration of leasing period, lessors have the right to dispose the equipment: to take it back, to sell it at a fixed price or to donate it to the enterprise.

Number of International Tourists refers to the number of foreigners, overseas Chinese, and compatriots from Hong Kong, Macao and Taiwan coming to China for sightseeing, visits, tours, family reunions, vacations, study tours and other activities of an economic, scientific and technological, cultural, physical culture and religious nature. This does not include the number of employees of foreign organizations stationed in China such as embassies, consulates, news agencies, the offices of corporations and enterprises and foreign experts and students residing in China and the persons staying briefly in China but not for passing the night.

Foreign Exchange Earnings from International Tourism refer to the total expenditures of the foreigners, overseas Chinese, compatriots from Hong Kong, Macao and Taiwan in the process of their tourism in the mainland of China. Their expenditures mentioned above are foreign exchange earnings to China.

Middle Exchange Rate refers to the reference rate of buying and selling foreign exchanges between banks issuued by the People's Bank of China every day. There is a 5‰ floating range for the middle exchange rate in the operation of buying and selling foreign exchanges between banks.

十七 企业主要指标

MAIN INDICATORS OF ENTERPRISES

17

十七、企业主要指标

简要说明

一、本篇资料主要反映广东工业、建筑业、房地产开发业、零售贸易业及餐饮业主要统计指标数据。
二、本篇资料主要由广东省统计局工业交通处、投资建筑业处、外经贸易处整理提供。

17 MAIN INDICATORS ON ENTERPRISES

Brief Introduction

Ⅰ. The data in this chapter show the main indication which industry、construction、real estate development, retail trade, catering services of Guangdong Province.

Ⅱ. The data in this chapter are prepared by the Division of Industry and Transport Statistics, the Division of Investment and Construction Statistics, the Division of Trade and External Economic Relations Statistics of Guangdong Provincial Bureau of Statistics.

17-1 全省资本金最大的50家工业企业（2002年）

TOTAL CAPITAL OF THE PROVINCE'S TOP 50 INDUSTRIAL ENTERPRISES（2002）

序号 Order	企业名称	Name of Enterprises	资本金（万元） Total Capital（10000 yuan）
1	广电集团广州供电分公司	GUANGDONG GUANG-DIAN POWER GRID CO., LTD GZ POWER SUPPLY BRANCH	756715
2	中国石化集团茂名石油化工公司	MAOMING PETROCHEMICAL CORP. OF SINOPEC	689435
3	广电集团有限公司佛山供电分公司	GUANGDONG GUANG-DIAN POWER GRID CO., LTD FOSHAN POWER SUPPLY BRANCH	475998
4	中海石油（中国）有限公司湛江分公司	CNOOC（CHINA）LIMITED—ZHANJIANG	430560
5	深圳供电局	SHENZHEN POWER SUPPLY BUREAU	406791
6	中国石油化工股份有限公司广州分公司	SINOPEC GUANGZHOU BRANCH	393290
7	岭澳核电有限公司	LING'AO NUCLEAR POWER	332322
8	广东核电合营有限公司	GUANGDONG NUCLEAR POWER JOINT VENTURE CO., LTD.	331092
9	华为技术有限公司	HUAWEI TECHNOLOGIES CO. LTD.,	326830
10	广东省珠海发电厂有限公司	GUANGDONG ZHUHAI POWER STATION	314221
11	湛江发电厂	ZHANJIANG POWER PLANT	287544
12	广州宝洁有限公司	PROCTER & GAMBLE（GUANGZHOU）CO. LTD.	268680
13	广东广合电力有限公司	GUANGDONG GUANG HOPE ELECTRIC POWER CO., LTD.	210340
14	广东电力发展股份有限公司沙角发电厂	GUANGDONG ELECTRIC POWER DEVELOPMENT CO., LTD.	200500
15	广东省广电集团有限公司珠海供电分公司	GUANGDONG GUANG-DIAN POWER GRID CO., LTD ZHUHAI POWER SUPPLY BRANCH	171232
16	广东省电力集团有限公司惠州供电分公司	GUANGDONG GUANG-DIAN POWER GRID CO., LTD HUIZHOU POWER SUPPLY BRANCH	160496
17	江门电力工业局	JIANGMEN ELECTRIC POWER BUREAU	156306
18	广东科龙电器股份有限公司	GUANGDONG KELON ELECTRICAL HOLDING COMPANY LTD.	147985
19	广东省电力集团有限公司东莞供电分公司	GUANGDONG GUANG-DIAN POWER GRID CO., LTD DONGGUAN POWER SUPPLY BRANCH	141363
20	广州珠江钢铁有限责任公司	GUANGZHOU ZHUJIAN STEEL CO., LTD.	137037
21	中海石油（中国）有限公司深圳分公司	CNOOC CHINA LIMITED—SHENZHEN	135304
22	湛江东兴石油企业有限公司	ZHANJIANG DONGXING OIL ENTERPRISE CO., LTD.	132000
23	深圳市西部电力有限公司	SHENZHEN WEST POWER CO., LTD.	129200
24	湛江三星企业集团有限公司	ZHANJIANG SAN XING ENTERPRISE GROUP INC., LTD.	126000
25	广东福地科技股份有限公司	GUANGDONG FORTUNE COLOR PICTURE TUBE CO., LTD	116468
26	广州本田汽车有限公司	GUANGZHOU HONDA AUTOMOBILE CO. LTD.	115868
27	广东省韶关钢铁集团有限公司	SHAOGUAN IRON & STEEL GROUP LIMITED COMPANY OF GUANGDONG PROVINCE	115395
28	深圳三星视界有限公司	SHENZHEN SAMSUNG SDI CO., LTD.	108284
29	中国石化茂名炼油化工股份有限公司	SINOPEC MAOMING REFINING & CHEMICAL CO., LTD.	106400
30	深圳迪丝平时装有限公司	SHENZHEN DISPATING FASHION LTD.	100000
31	广州东方电力有限公司	GUANGZHOU ORIENTAL POWER CO., LTD.	99000
32	广州市煤气公司	GUANGZHOU GAS COMPANY	90351
33	广州恒运企业集团股份有限公司	GUANGZHOU HENGYUN ENTERPRISES HOLDING LTD.	89812
34	广州市华南橡胶轮胎有限公司	GUANGZHOU SOUTH CHINA TIRE & RUBBER CO., LTD.	83479
35	广东蓄能发电有限公司	GUANGDONG PUMPED STORAGE POWER STATION JOINT VENTURE CORPORATION	83000
36	深圳赛意法微电子有限公司	SHENZHEN MICROELELIRONICS CO., LTD.	82800
37	广州造纸有限公司	GUANGZHOU PAPER COMPANY LTD.	82759
38	珠海经济特区红塔仁恒纸业有限公司	HONGTA RENHENG PAPER CO., LTD., ZHUHAI SEZ	82381
39	广东粤嘉电力有限公司梅县发电厂	GUANGDONG YUEJIA ELECTRIC POWER CO., LTD.	82056
40	广州文冲船厂有限责任公司	GUANGZHOU WENCHONG SHIPYARD CO., LTD.	81142
41	鼎湖永盛化纤纺织印染厂有限公司	DINGHU YONGSHENG TEXTILE PTY. LTD	78735
42	深圳赛格日立彩色显示器件有限公司	SHENZHEN SEG-HITACHI COLOR DISPLAY DEVICES CO., LTD.	78453
43	深圳市赛格三星股份有限公司	SHENZHEN SEG SAMSUNG GLASS CO., LTD.	78397
44	深圳市自来水（集团）有限公司	SHENZHEN WATER（GROUP）CO., LTD.	77922
45	广州威达高实业有限公司	GUANGZHOU VICTORTGO INDUSTRY CO., LTD	77046
46	松下·万宝（广州）压缩机有限公司	MATSUSHITA-WANBAO（GUANGZHOU）COMPRESSOR CO., LTD.	76335
47	三九医药股份有限公司	SANJIU PHARMACEUTICAL CO. LTD., SHENZHEN	75300
48	东莞德永佳纺织制衣有限公司	DEYONGJIA TEXTILE & GARMENTS CO., LTD., DONGGUAN	73665
49	深圳开发科技股份有限公司	SHENZHEN KAIFA TECHNOLOGY CO., LTD.	73293
50	康佳集团股份有限公司	KONKA GROUP JOINT STOCK CO., LTD.	71829

17-2 全省固定资产净值最大的50家工业企业（2002年）

NET VALUE OF FIXED ASSETS OF THE PROVINCE'S TOP 50 INDUSTRIAL ENTERPRISES（2002）

序号 Order	企业名称	Name of Enterprises	固定资产净值（万元） Net Value of Fixed Assets（10000 yuan）
1	广东核电合营有限公司	GUANGDONG NUCLEAR POWER JOINT VENTURE CO., LTD.	1911783
2	中国石化集团茂名石油化工公司	MAOMING PETROCHEMICAL CORP. OF SINOPEC	1492843
3	广电集团广州供电分公司	GUANGDONG GUANG-DIAN POWER GRID CO., LTD GZ POWER SUPPLY BRANCH	1000443
4	广东省珠海发电厂有限公司	GUANGDONG ZHUHAI POWER STATION	782879
5	广电集团有限公司佛山供电分公司	GUANGDONG GUANG-DIAN POWER GRID CO., LTD FOSHAN POWER SUPPLY BRANCH	710063
6	广东广合电力有限公司	GUANGDONG GUANG HOPE ELECTRIC POWER CO., LTD.	672013
7	岭澳核电有限公司	LING' AO NUCLEAR POWER	640053
8	中海石油（中国）有限公司湛江分公司	CNOOC CHINA LIMITED—ZHANJIANG	630946
9	深圳市自来水（集团）有限公司	SHENZHEN WATER (GROUP) CO., LTD.	497217
10	深圳供电局	SHENZHEN POWER SUPPLY BUREAU	482996
11	中国石油化工股份有限公司广州分公司	SINOPEC GUANGZHOU BRANCH	480070
12	广东蓄能发电有限公司	GUANGDONG PUMPED STORAGE POWER STATION JOINT VENTURE CORPORATION	419601
13	广东省韶关钢铁集团有限公司	SHAOGUAN IRON & STEEL GROUP LIMITED COMPANY OF GUANGDONG PROVINCE	404021
14	广州市自来水公司	GUANGZHOU WATER SUPPLY COMPANY	316778
15	湛江发电厂	ZHANJIANG POWER PLANT	312930
16	江门电力工业局	JIANGMEN ELECTRIC POWER BUREAU	296317
17	广东省电力集团有限公司东莞供电分公司	GUANGDONG GUANG-DIAN POWER GRID CO., LTD DONGGUAN POWER SUPPLY BRANCH	285800
18	广东省开平涤纶企业集团公司	KAI PING POLYESTER ENTERPRISES GROUP CO. LTD., GUANGDONG	284540
19	华能国际电力股份有限公司广东分公司	HUANENG INTERNATIONAL ELECTRIC POWER DEVELOPMENT CORPORATION GUANGDONG BRANCH	279850
20	深圳三星视界有限公司	SHENZHEN SAMSUNG SDI CO., LTD.	256515
21	中国石化茂名炼油化工股份有限公司	SINOPEC MAOMING REFINING & CHEMICAL CO., LTD.	254661
22	广东科龙电器股份有限公司	GUANGDONG KELON ELECTRICAL HOLDING COMPANY LTD.	250038
23	广东省广电集团有限公司珠海供电分公司	GUANGDONG GUANG-DIAN POWER GRID CO., LTD ZHUHAI POWER SUPPLY BRANCH	235083
24	广州东方电力有限公司	GUANGZHOU ORIENTAL POWER CO., LTD.	231489
25	华为技术有限公司	HUAWEI TECHNOLOGIES CO. LTD.,	220701
26	广州珠江钢铁有限责任公司	GUANGZHOU ZHUJIAN STEEL CO., LTD.	220656
27	广东省电力集团有限公司惠州供电分公司	GUANGDONG GUANG-DIAN POWER GRID CO., LTD HUIZHOU POWER SUPPLY BRANCH	219210
28	广东美的集团股份有限公司	GUANGDONG MD HOLDING CO., LTD.	207443
29	广东省广电集团有限公司中山供电分公司	GUANGDONG GUANG-DIAN POWER GRID CO., LTD ZHONGSHAN POWER SUPPLY BRANCH	200288
30	广东电力发展股份有限公司沙角发电厂	GUANGDONG ELECTRIC POWER DEVELOPMENT CO., LTD.	180368
31	广东福地科技股份有限公司	GUANGDONG FORTUNE COLOR PICTURE TUBE CO., LTD	179342
32	广东韶能集团股份有限公司	GUANGDONG SHAONENG GROUP CO., LTD.	175488
33	深圳妈湾电力有限公司	SHENZHEN MAWAN POWER CO., LTD.	173462
34	中国石化股份有限公司茂名分公司	SINOPEC MAOMING BRANCH	168061
35	深圳市西部电力有限公司	SHENZHEN WEST POWER CO., LTD.	167156
36	广州钢铁股份有限公司	GUANGZHOU IRON AND STEEL (GROUP) CO., LTD.	163273
37	佛山塑料集团股份有限公司	FOSHAN PLASTICS GROUP CO., LTD.	156145
38	深圳赛意法微电子有限公司	SHENZHEN MICROELELIRONICS CO., LTD.	155023
39	广东风华高新科技集团有限公司	FENGHUA ADVANCED TECHNOLOGY GROUP CO., LTD	154961
40	东莞玖龙纸业有限公司	NINE DRAGONS PAPER INDUSTRIES CO., LTD.	153820
41	广州恒运企业集团股份有限公司	GUANGZHOU HENGYUN ENTERPRISES HOLDING LTD.	151630
42	广东省深圳沙角B电厂有限公司	SHENZHEN GUANGSHEN SHAJAO "B" POWER CO., LTD.	151418
43	南海龙光集团公司	NANHAI HONOUR GROUP COMPANY	148751
44	佛山市沙口发电厂有限公司	FOSHAN SHAKOU POWER PLANT CO., LTD.	140574
45	珠海经济特区红塔仁恒纸业有限公司	HONGTA RENHENG PAPER CO., LTD., ZHUHAI SEZ	140219
46	广东省韶关粤江发电有限责任公司	GUANGDONG SHAOGUAN YUEJIANG POWER CO., LTD.	139743
47	华通电脑（惠州）有限公司	COMPEQ MANUFACTURING (HUIZHOU) CO., LTD.	139267
48	松下·万宝（广州）压缩机有限公司	MATSUSHITA-WANBAO (GUANGZHOU) COMPRESSOR CO., LTD.	135793
49	广州市煤气公司	GUANGZHOU GAS COMPANY	134915
50	广东省广电集团有限公司肇庆供电分公司	GUANGDONG GUANG-DIAN POWER GRID CO., LTD ZHAOQING POWER SUPPLY BRANCH	134027

17-3 全省工业总产值最大的50家工业企业（2002年）
GROSS OUTPUT VALUE OF THE PROVINCE'S TOP 50 INDUSTRIAL ENTERPRISES（2002）

序号 Order	企业名称	Name of Enterprises	工业总产值（现价）（万元）Gross Industrial Output Value（at constant prices）（10000 yuan）
1	中国石化茂名炼油化工股份有限公司	SINOPEC MAOMING REFINING & CHEMICAL CO.，LTD.	1972631
2	华为技术有限公司	HUAWEI TECHNOLOGIES CO. LTD.，	1723720
3	长城国际信息产品（深圳）有限公司	CHANGCHENG INTERNATIONAL INFORMATION PRODUCTS（SHENZHEN）CO.，LTD.	1557896
4	中海石油（中国）有限公司深圳分公司	CNOOC CHINA LIMITED—SHENZHEN	1404292
5	广州本田汽车有限公司	GUANGZHOU HONDA AUTOMOBILE CO. LTD.	1372886
6	深圳市中兴通讯股份有限公司	ZHONGXING COMMUNICATION EQUIPMENT CO.，LTD.	1310936
7	中国石油化工股份有限公司广州分公司	SINOPEC GUANGZHOU BRANCH	1295475
8	广东美的集团股份有限公司	GUANGDONG MD HOLDING CO.，LTD.	1194370
9	康佳集团股份有限公司	KONKA GROUP JOINT STOCK CO.，LTD.	1039030
10	东莞诺基亚移动电话有限公司	NOKIA AUTOMOBILE TELEPHONE CO. LTD，DONGGUAN	1019227
11	鑫茂科技（深圳）有限公司	PC PRO TECHNOLOGY（SHENZHEN）CO.，LTD.	963790
12	顺德市顺达电脑厂有限公司	MITAC COMPUTER（SHUNDE）LTD.	926595
13	深圳创维-RGB电子有限公司	SHENZHEN CHUANG WEI RGB ELECTRONIC CO.，LTD.	883860
14	广东格兰仕企业（集团）公司	GALANZ ELECTRIC APPLIANCE FACTORY CO. LTD.，GUANGDONG	863873
15	乐金电子（惠州）有限公司	LG ELECTRONICS（HUIZHOU）INC.	803899
16	广东核电合营有限公司	GUANGDONG NUCLEAR POWER JOINT VENTURE CO.，LTD.	758407
17	中海石油（中国）有限公司湛江分公司	CNOOC（CHINA）LIMITED—ZHANJIANG	758058
18	珠海格力电器股份有限公司	GREE ELECTRIC APPLIANCES INCORPORATED CO. OF ZHUHAI	755295
19	广州宝洁有限公司	PROCTER & GAMBLE（GUANGZHOU）CO. LTD.	724929
20	惠州TCL移动通信有限公司	TCL MOBILE COMMUNICATION CO.，LTD	718626
21	广东科龙电器股份有限公司	GUANGDONG KELON ELECTRICAL HOLDING COMPANY LTD.	718522
22	伟创力实业（珠海）有限公司	FLEXTRONICS INDUSTRIAL（ZHUHAI）CO. LTD	650637
23	广州市风神汽车有限公司	GUANGZHOU AEOLUS AUTOMOBILE CO.，LTD	551672
24	深圳开发科技股份有限公司	SHENZHEN KAIFA TECHNOLOGY JOINT STOCK CO. LTD.	530000
25	深圳三星视界有限公司	SHENZHEN SAMSUNG SDI CO.，LTD.	492765
26	TCL王牌电器（惠州）有限公司	TCL ELECTRIC APPLIANCE HOLDING COMPANY LIMITED	490012
27	东莞三星电机有限公司	DONGGUAN SAMSUNG ELECTRO-MECHANICS CO.，LTD.	484839
28	爱普生技术深圳有限公司	EPSON ENGINEERING（SHENZHEN）COMPANY LIMITED	483503
29	广东广合电力有限公司	GUANGDONG GUANG HOPE ELECTRIC POWER CO.，LTD.	467340
30	中国石化集团茂名石油化工公司	MAOMING PETROCHEMICAL CORP. OF SINOPEC	459688
31	广东省韶关钢铁集团有限公司	SHAOGUAN IRON & STEEL GROUP LIMITED COMPANY OF GUANGDONG PROVINCE	449245
32	湛江东兴石油企业有限公司	ZHANJIANG DONGXING OIL ENTERPRISE CO.，LTD.	437797
33	东风本田发动机有限公司	DONGFENGHONDAENGINECO.，LTD.	418130
34	深圳海量存储设备有限公司	HAILING MEMORY EQUIPMENT CO. LTD.，SHENZHEN	415755
35	深圳三洋华强激光电子有限公司	SHENZHEN SANYO HUAQIANG OPTICAL TECHNOLOGY CO.，LTD.	409472
36	才众电脑（深圳）有限公司	AMERTEK COMPUTER（SHENZHEN）CO. LTD，	399700
37	佳能珠海有限公司	CANON ZHUHAI INC.	395572
38	恩斯迈电子（深圳）有限公司	MSI COMPUTER（SHENZHEN）CO. LTD.	388587
39	信华精机有限公司	SHINWA INDUSTRIES（CHINA）LTD.	386604
40	伟创力科技（珠海）有限公司	FLEXTRONICS TECHNOLOGY（ZHUHAI）CO. LTD	379156
41	惠州三星电子有限公司	SAMSUNG ELECTRONICS HUIZHOU CO.，LTD	378526
42	安利（中国）日用品有限公司	ANLI（CHINA）DAILY NECESSITIES CO.，LTD.	353979
43	广东省珠海发电厂有限公司	GUANGDONG ZHUHAI POWER STATION	352950
44	唯冠科技（深圳）有限公司	PROVIEW TECHNOLOGY（SHENZHEN）CO.，LTD	351869
45	东莞福安纺织印染有限公司	DONGGUAN FUAN TEXTILES LIMITED	350951
46	广州卷烟二厂	GUANGZHOU NO. 2 CIGARETTE FACTORY	342852
47	广东省开平涤纶企业集团公司	KAIPING POLYESTER ENTERPRISES GROUP CO. LTD.，GUANGDONG	341679
48	江门市大长江集团有限公司	JIANGMEN GREAT CHANGJIANG GROUP CO.，LTD.	339223
49	旭丽电子（广州）有限公司	SILITEK（GUANGZHOU）CORPORATION	314643
50	佛山普立华科技有限公司	PREMIER CAMERA（CHINA）LIMITED	304743

17-4 全省产品销售收入最大的50家工业企业（2002年）
SALES REVENUE OF THE PROVINCE'S TOP 50 INDUSTRIAL ENTERPRISES（2002）

序号 Order	企业名称	Name of Enterprises	产品销售收入（万元）Sales Revenue（10000 yuan）
1	中国石化茂名炼油化工股份有限公司	SINOPEC MAOMING REFINING & CHEMICAL CO., LTD.	1966201
2	华为技术有限公司	HUAWEI TECHNOLOGIES CO. LTD.,	1721420
3	长城国际信息产品（深圳）有限公司	CHANGCHENG INTERNATIONAL INFORMATION PRODUCTS (SHENZHEN) CO., LTD.	1558051
4	广电集团广州供电分公司	GUANGDONG GUANG-DIAN POWER GRID CO., LTD GZ POWER SUPPLY BRANCH	1438489
5	广东省电力集团有限公司东莞供电分公司	GUANGDONG GUANG-DIAN POWER GRID CO., LTD DONGGUAN POWER SUPPLY BRANCH	1394481
6	广州本田汽车有限公司	GUANGZHOU HONDA AUTOMOBILE CO. LTD.	1363173
7	中国石油化工股份有限公司广州分公司	SINOPEC GUANGZHOU BRANCH	1298100
8	广东美的集团股份有限公司	GUANGDONG MD HOLDING CO., LTD.	1160390
9	广电集团有限公司佛山供电分公司	GUANGDONG GUANG-DIAN POWER GRID CO., LTD FOSHAN POWER SUPPLY BRANCH	1138675
10	深圳市中兴通讯股份有限公司	ZHONGXING COMMUNICATION EQUIPMENT CO., LTD.	1100924
11	东莞诺基亚移动电话有限公司	NOKIA AUTOMOBILE TELEPHONE CO. LTD, DONGGUAN	1029514
12	顺德市顺达电脑厂有限公司	MITAC COMPUTER (SHUNDE) LTD.	922902
13	广东格兰仕企业（集团）公司	GALANZ ELECTRIC APPLIANCE FACTORY CO. LTD., GUANGDONG	862379
14	康佳集团股份有限公司	KONKA GROUP JOINT STOCK CO., LTD.	824898
15	中国石化集团茂名石油化工公司	MAOMING PETROCHEMICAL CORP. OF SINOPEC	801331
16	乐金电子（惠州）有限公司	LG ELECTRONICS (HUIZHOU) INC.	781998
17	深圳创维-RGB电子有限公司	SHENZHEN CHUANG WEI RGB ELECTRONIC CO., LTD.	777682
18	鑫茂科技（深圳）有限公司	PC PRO TECHNOLOGY (SHENZHEN) CO., LTD.	771032
19	广东核电合营有限公司	GUANGDONG NUCLEAR POWER JOINT VENTURE CO., LTD.	758407
20	深圳供电局	SHENZHEN POWER SUPPLY BUREAU	754720
21	广州宝洁有限公司	PROCTER & GAMBLE (GUANGZHOU) CO. LTD.	729749
22	珠海格力电器股份有限公司	GREE ELECTRIC APPLIANCES INCORPORATED CO. OF ZHUHAI	702969
23	惠州TCL移动通信有限公司	TCL MOBILE COMMUNICATION CO., LTD	692170
24	伟创力实业（珠海）有限公司	FLEXTRONICS INDUSTRIAL (ZHUHAI) CO. LTD	650637
25	广东科龙电器股份有限公司	GUANGDONG KELON ELECTRICAL HOLDING COMPANY LTD.	615719
26	中海石油（中国）有限公司深圳分公司	CNOOC CHINA LIMITED—SHENZHEN	569801
27	中海石油（中国）有限公司湛江分公司	CNOOC (CHINA) LIMITED—ZHANJIANG	568195
28	广东省韶关钢铁集团有限公司	SHAOGUAN IRON & STEEL GROUP LIMITED COMPANY OF GUANGDONG PROVINCE	558258
29	广州市风神汽车有限公司	GUANGZHOU AEOLUS AUTOMOBILE CO., LTD	551616
30	深圳开发科技股份有限公司	SHENZHEN KAIFA TECHNOLOGY JOINT STOCK CO. LTD.	541556
31	爱普生技术深圳有限公司	EPSON ENGINEERING (SHENZHEN) COMPANY LIMITED	482755
32	安利（中国）日用品有限公司	ANLI (CHINA) DAILY NECESSITIES CO., LTD.	480910
33	东莞三星电机有限公司	DONGGUAN SAMSUNG ELECTRO-MECHANICS CO., LTD.	480904
34	深圳三星视界有限公司	SHENZHEN SAMSUNG SDI CO., LTD.	469931
35	广东广合电力有限公司	GUANGDONG GUANG HOPE ELECTRIC POWER CO., LTD.	467340
36	湛江东兴石油企业有限公司	ZHANJIANG DONGXING OIL ENTERPRISE CO., LTD.	445295
37	佳能珠海有限公司	CANON ZHUHAI INC.	427148
38	TCL王牌电器（惠州）有限公司	TCL ELECTRIC APPLIANCE HOLDING COMPANY LIMITED	422509
39	深圳海量存储设备有限公司	HAILING MEMORY EQUIPMENT CO. LTD., SHENZHEN	420001
40	东风本田发动机有限公司	DONGFENGHONDAENGINE CO., LTD.	414801
41	深圳三洋华强激光电子有限公司	SHENZHEN SANYO HUAQIANG OPTICAL TECHNOLOGY CO., LTD.	409472
42	才众电脑（深圳）有限公司	AMERTEK COMPUTER (SHENZHEN) CO. LTD,	398039
43	广东省广电集团有限公司中山供电分公司	GUANGDONG GUANG-DIAN POWER GRID CO., LTD ZHONGSHAN POWER SUPPLY BRANCH	396131
44	江门电力工业局	JIANGMEN ELECTRIC POWER BUREAU	393307
45	信华精机有限公司	SHINWA INDUSTRIES (CHINA) LTD.	387371
46	恩斯迈电子（深圳）有限公司	MSI COMPUTER (SHENZHEN) CO. LTD.	382896
47	伟创力科技（珠海）有限公司	FLEXTRONICS TECHNOLOGY (ZHUHAI) CO. LTD	377986
48	东莞市方正科技电脑有限公司	DONGGUAN FOUNDER TECHNOLOGY COMPUYER CO. LTD.	359854
49	唯冠科技（深圳）有限公司	PROVIEW TECHNOLOGY (SHENZHEN) CO., LTD	357510
50	理光（深圳）工业公司	RICOH ASIA INDUSTRY (SHENZHEN) LTD.	353109

17-5 全省资产合计最大的50家建筑业企业（2002年）
TOTAL ASSETS OF THE PROVINCE'S TOP 50 CONSTRUCTION ENTERPRISES (2002)

序号 Order	企业名称	Name of Enterprises	资产合计（万元） Total Assets (10000 yuan)
1	深圳市市政工程总公司	SHENZHEN MUNICIPAL ENGINEERING CORPORATION	276811
2	广东省长大公路工程有限公司	GUANGDONG CHANGDA HAIWAY ENGINEERING CO., LTD.	276616
3	深圳市建设投资控股公司	SHENZHEN CONSTRUCTION INVESTMENT CO., LTD	267444
4	广州市建筑集团有限公司	GUAGZHOU CONSTRUCTION GROUP CO., LTD	247972
5	中山市第一建筑工程总公司	ZHONGSHAN NO. 1 CONSTRUCTION ENGINEERING GENERAL COMPANY.	196776
6	广州花都区路桥工程发展公司	HUADU ROAD AND BRIDGE DEVELOPMENT ENGINEERING CO.	181699
7	广东省六建集团有限公司	GUANGDONG NO. 6 CONSTRUCTION ENGINEERING CO.	175271
8	中山市市政工程总公司	ZHONGSHAN MUNICIPAL ENGINEERING CORP.	158816
9	广州航道局	GUANGZHOU NAVIGATION BUREAU	136531
10	广东省建筑工程集团有限公司	CONSTRUCTION ENGINEERING GROUP OF GUANGDONG PROVINCE	136080
11	广东冠粤路桥有限公司	GUANGDONG GUANYUE HIGHWAY & BRIDGE CO., LTD	132379
12	深圳市金众（集团）股份有限公司	SHENZHEN JINZHONG GROUP CO., LTD.	127875
13	开平二建集团股份有限公司	GUANGDONG KAIPING SECOND BUILDING GROUP CO., LID	125816
14	广州广重实业总公司	GUANGZHOU GUANGZHONG INDUSTRIAL CORPORATION	124589
15	佛山市顺德区诚业建筑集团有限公司	SHUNDE CHENGYE CONSTRUCTION GROUP LIMITED COMPANY	124332
16	汕头市达濠建筑总公司	SHANTOU CITY DAHAO BUILDING GENERAL CO.	118731
17	广州电力建设有限公司	GUANGZHOU ELECTRIC POWER CONSTRUCTION LIMITED COMPANY	114847
18	广州市通信建设有限公司	GUANGZHOU TELECOMMUNICATIONS CONSTRUCTION CORPORATION	111532
19	中海发展（广州）有限公司	GUANGZHOU ZHONGHAI DEVELOPMENT COMPANY LIMITED	110653
20	中国华西企业有限公司	CHINA HUAXI ENTERPRISES COMPANY LIMITED, SHENZHEN	108574
21	佛山市公路工程公司	FOSHAN HIGHWAY ENGINEERING CO.	106168
22	广东省第三建筑工程公司	NO. 3 CONSTRUCTION ENGINEERING CORPORATION OF GUANGDONG PROVINCE	104674
23	深圳市建安（集团）股份有限公司	SHENZHEN JIANAN GROUP CO., LTD	100337
24	深圳市安远建设有限公司	SHENZHEN ANYUAN CONSTRUCTION CO., LTD	98271
25	广东省工业设备安装公司	GUANGDONG INDUSTRIAL EQUIPMENT INSTALLATION COMPANY	98196
26	江苏省华建建设股份有限公司深圳分公司	JIANGSU HUAJIAN CONSTRUCTION LIMITED COMPANY SHENZHEN BRANCH	97710
27	汕头市建筑工程总公司	SHANTOU CONSTRUCTION ENGINEERING GENERAL CO.	97302
28	广州市建筑置业公司	GUANGZHOU CONSTRUCTION & REAL ESTATE COMPANY	95777
29	佛山市第一建筑（集团）公司	FOSHAN NO. 1 CONSTRUCTION GROUP COMPANY	93694
30	广东火电工程总公司	GUANGDONG THERMAL POWER ENGINEERING GENERAL COMPANY	90536
31	广东中人企业（集团）有限公司	GUANGZHOU ZHONGREN ENTERPRISE (GROUP) CO., LTD.	87095
32	佛山市房屋建筑工程总公司	FOSHAN BUILDING CONSTRUCTION ENGINEERING CO.	86386
33	开平建安集团有限公司	KAIPING CONSTRUCTION & INSTALLATION GROUP CO., LTD.	85747
34	广东省第七建筑工程公司	GUANGDONG NO. 7 CONSTRUCTION ENGINEERING CO.	84765
35	佛山市南海区第二建筑工程总公司	NANHAI NO. 2 CONSTRUCTION ENGINEERING GENERAL CO.	83610
36	汕头市市政工程总公司	SHANTOU MUNICIPAL ENGINEERING CORPORATION	83416
37	佛山市南海区建筑工程公司	NANHAI CONSTRUCTION ENGINEERING COMPANY OF FOSHAN	81008
38	广州市市政工程维修处	GUANGZHOU MUNICIPAL ENGINEERING MAINTENANCE DEPARTMENT	80776
39	汕头市达濠市政建设有限公司	SHANTOU DAHAO MUNICIPAL ENGINEERING CO., LTD	79954
40	广东新粤交通投资有限公司	GUANGDONG XINYUE TRANSPORT INVESTMENT CO., LTD	78239
41	深圳市道路工程公司	SHENZHEN ROAD ENGINEERING COMPANY	78014
42	深圳市方大装饰工程有限公司	SHENZHEN FANGDA DECORATION ENGINEERING CO., LTD.	75942
43	深圳市第三建筑工程有限公司	SHENZHEN NO. 3 CONSTRUCTION ENGINEERING CO., LTD.	73180
44	佛山市顺德区腾越建筑工程有限公司	SHUNDE TENGYUE CONSTRUCTION ENGINEERING COMPANY OF FOSHAN	73078
45	广东省电力工业局第一工程局	THE FIRST ENGINEERING BUREAU OF GUANGDONG ELECTRIC POWER BUREAU	72862
46	广东龙光（集团）有限公司	GUANGDONG LONGGUANG CO., LTD	72757
47	广东长城建设集团有限公司	GREAT WALL RESIDENCE CONSTRUCTION GROUP CO. LTD., GUANGDONG	71139
48	广东省航盛工程有限公司	GUANGDONG PROVINCIAL HANGSHEN ENGINEERING CO., LTD	70084
49	广东省电信工程公司	GUANGDONG TELECOMMUNICATIONS ENGINEERING COMPANY	70066
50	广州工程总承包集团有限公司	GUANGZHOU PROJECT CONTRACT GROUP	69840

17-6 全省总产值最大的50家建筑业企业（2002年）
TOTAL OUTPUT VALUE OF THE PROVINCE'S TOP 50 CONSTRUCTION ENTERPRISES (2002)

序号 Order	企业名称	Name of Enterprises	总产值（万元） Total Output Value (10000 yuan)
1	广东省长大公路工程有限公司	GUANGDONG GHANGDA HIGHWAY ENGINEERING CO., LTD.	157771
2	中国华西企业有限公司	CHINA HUAXI ENTERPRISES COMPANY LIMITED, SHENZHEN	145002
3	江苏省华建建设股份有限公司深圳分公司	JIANGSU HUAJIAN CONSTRUCTION LIMITED COMPANY SHENZHEN BRANCH	124927
4	广东冠粤路桥有限公司	GUANGDONG GUAN YUE HIGHWAY & BRIDGE CO., LTD	92419
5	茂名市建筑集团有限公司	MAOMING CONSTRUCTION (GROUP) CO., LTD	78013
6	广东省八建集团有限公司	GUANGDONG NO. 8 CONSTRUCTION (GROUP) CO., LTD.	76455
7	深圳市市政工程总公司	SHENZHEN MUNICIPAL ENGINEERING CORPORATION	72360
8	广东新粤交通投资有限公司	GUANGDONG XINYUE TRANSPORTATION INVESTMENT CO., LTD	68875
9	广东水电二局股份有限公司	NO 2 HYDROPOWER LIMITED COMPANY OF GUANGDONG	65740
10	广东省工业设备安装公司	GUANGDONG INDUSTRIAL EQUIPMENT INSTALLATION COMPANY	63395
11	广东省六建集团有限公司	GUANGDONG NO. 6 CONSTRUCTION ENGINEERING CO.	59950
12	佛山市南海区第二建筑工程总公司	NO 2 NANHAI CONSTRUCTION CORPORATION OF FOSHAN	59114
13	中国有色金属工业第十六冶金建设公司	CHINA NATIONAL NON-FERROUS METAL INDUSTRY SIXTEEN METALLURGICAL CONSTRUCTION COMPANY	56439
14	中国建筑二局第一建筑工程公司深圳公司	THE FIRST CONSTRUCTION ENGINEERING COMPANY SHENZHEN BRANCH OF NO 2 CHINA CONSTRUCTION BUREAU	54241
15	广州市建筑集团有限公司	GUANGZHOU CONSTRUCTION GROUP	53074
16	汕头市建安（集团）公司	SHANTOU CONSTRUCTION & INSTALLATION (GROUP) CO.	52440
17	广东省电力工业局第一工程局	THE FIRST ENGINEERING BUREAU OF GUANGDONG ELECTRIC POWER BUREAU	52381
18	中铁大桥局集团第三工程有限公司	NO. 3 ENGINEERING CO. OF CHINA RAILWAY BRIDGE BUREAU (GROUP)	51880
19	深圳市建筑工程有限公司	SHENZHEN CONSTRUCTION ENGINEERING CO., LTD	50117
20	广东火电工程总公司	GUANGDONG THERMAL POWER ENGINEERING GENERAL COMPANY	49966
21	广州市第四建筑工程有限公司	GUANGZHOU FOURTH CONSTRUCTION ENGINEERING LIMITED COMPANY	47486
22	中铁五局集团三公司四处	NO 4 BRANCH OF THE THIRD COMPANY UNDER NO 5 CHINA RAILWAY GROUP	45809
23	中港四航局第二工程公司	THE SECOND ENGINEERING COMPANY UNDER NO 4 ZHONGGANG NAVIGATION BUREAU	43968
24	中国建筑第二工程局第二建筑工程公司深圳分公司	THE SECOND CONSTRUCTION CO. OF CHINA NO. 2 CONSTRUCTION ENGINEERING BREAU, SHENZHEN BRANCH	43670
25	惠州市公路建设总公司	HUIZHOU HIGHWAY CONSTRUCTION CORPORATION	42429
26	广东中人企业（集团）有限公司	GUANGDONG ZHONGREN ENTERPRISE (GROUP) CO., LTD.	42108
27	中国建筑第四工程局深圳分公司	NO 4 CHINA CONSTRUCTION ENGINEERING BUREAU SHENZHEN BRANCH	41484
28	汕头市达濠建筑总公司	SHANTOU CITY DAHAO BUILDING GENERAL CO.	41410
29	广州航道局	GUANGZHOU NAVIGATION BUREAU	40545
30	汕头公路桥梁工程总公司	SHANTOU HIGHWAY & BRIDGE ENGINEERING CORPORATION	40432
31	广州市市政工程维修处	GUANGZHOU MUNICIPAL ENGINEERING MAINTENANCE COMPANY	40189
32	广州市第二建筑工程有限公司	GUANGZHOU NO. 2 CONSTRUCTION ENGINEERING CO., LTD.	39465
33	广东省电力工业局输变电工程公司	TRANSFORMER ENGINEERING CO. OF GUANGDONG ELECTRIC POWER BUREAU	39392
34	佛山市新顺诚建筑工程有限公司	FOSHAN NEW SHUNCHENG CONSTRUCTION ENGINEERING CO., LTD	38472
35	中港四航局第一工程公司	THE FIRST ENGINEERING COMPANY UNDER NO 4 ZHONGGANG NAVIGATION BUREAU	38404
36	广东省第七建筑工程公司	GUANGDONG NO. 7 CONSTRUCTION ENGINEERING COMPANY	38376
37	汕头市建安实业有限公司	SHANTOU JIANAN INDUSTRIAL CO., LTD	36805
38	深圳市第三建筑工程有限公司	SHENZHEN NO. 3 CONSTRUCTION ENGINEERING CO., LTD.	36104
39	深圳市建业（集团）股份有限公司	SHENZHEN JIANYE (GROUP) CO., LTD.	35300
40	中国建筑第三工程局第二建筑安装工程公司深圳公司	THE SECOND CONSTRUCTION INSTALLMENT CO. OF NO 3 CHINA CONSTRUCTION ENGINEERING BREAU, SHENZHEN BRANCH	34115
41	佛山市南海区建筑工程公司	NANHAI CONSTRUCTION ENGINEERING COMPANY OF FOSHAN	34105
42	中国建筑第二工程局第二建筑深圳分公司	THE SECOND CONSTRUCTION CO. OF NO. 2 CHINA CONSTRUCTION ENGINEERING BREAU, SHENZHEN BRANCH	34085
43	深圳市鸿荣轩建设工程有限公司	SHENZHEN HONGRONGXUAN CONSTRUCTION ENGINEERING CO., LTD	33842
44	深圳华泰企业公司	SHENZHEN HUATAI INDUSTRIAL COMPANY	32734
45	潮阳市第一建筑总公司	NO 1 CONSTRUCTION CORPORATION OF CHAOYANG	32609
46	中港四航局第三工程公司	THE THIRD ENGINEERING COMPANY OF NO 4 ZHONGGANG NAVIGATION BUREAU	32568
47	佛山市第一建筑（集团）公司	NO 1 CONSTRUCTION GROUP OF FOSHAN	31946
48	汕头市建筑工程总公司	SHANTOU CONSTRUCTION ENGINEERING GENERAL CO.	31649
49	佛山市公路工程公司	FOSHAN HIGHWAY ENGINEERING COMPANY	31220
50	五华县第一建筑工程公司	NO 1 CONSTRUCTION ENGINEERING COMPANY OF WUHUA COUNTY	31000

17-7 全省房地产企业资产总计最大的50家房地产开发企业（2002年）

TOTAL ASSETS OF THE PROVINCE'S TOP 50 REAL ESTATE DEVELOPMENT ENTERPRISES (2002)

序号 Order	单位名称	Name of Enterprises	资产总计（万元） Total Assets (10000 yuan)
1	广州市城市建设开发集团有限公司	GUANGZHOU CITY CONSTRUCTION & DEVELOPMENT HOLDING CO., LTD	844993
2	深圳招商房地产有限公司	REAL ESTATE LIMITED COMPANY OF CHINA MERCHANTS SHEKOU INDUSTRIAL ZONE	419527
3	广东珠江投资有限公司	GUANGDONG ZHUJIANG INVESTMENT COMPANY	388220
4	深圳市东部开发（集团）公司	SHENZHEN EASTERN DEVELOPMENT (GROUP) COMPANY	380390
5	熊谷蚬壳发展（广州）有限公司	KUMAGAI SMC DEVELOPMENT (GUANGZHOU) COMPANY LIMITED	353434
6	深圳市振业股份有限公司	SHENZHEN ZHENXING CO., LTD	317055
7	深圳华侨城房地产有限公司	SHENZHEN OVERSEAS CHINESE TOWN REAL ESTATE DEVELOPMENT CO.	308469
8	深圳南油（集团）有限公司	SHENZHEN NANYOU (HOLDINGS) LTD	307673
9	广州富力地产股份有限公司	GUANGZHOU FULI REAL ESTATE CO., LTD	297051
10	深圳市长城地产（集团）股份有限公司	SHENZHEN CHANGCHENG REAL ESTATE (GROUP) SHARE HOLDING CO., LTD	289831
11	深圳市城市建设开发（集团）公司	SHENZHEN CITY CONSTRUCTION & DEVELOPMENT (GROUP) CO.	286488
12	佛山市石湾区东建集团公司	SHIWAN DONGJIAN GROUP OF FOSHAN	278308
13	深圳泰华房地产（中国）有限公司	SHENZHEN TAIHUA REAL ESTATE CO., LTD	270320
14	深圳经济特区房地产（集团）股份有限公司	SHENZHEN SPECIAL ECONOMIC ZONE REAL ESTATE (GROUP) SHARE HOLDING CO., LTD	246683
15	深圳市万科房地产有限公司	SHENZHEN WANKE REAL ESTATE CO., LTD	238589
16	深圳新亚洲实业发展有限公司	SHENSHEN NEW ASIA INDUSTRIAL DEVELOPMENT CO., LTD	219916
17	佛山市南海区俊雅房地产开发有限公司	NANHAI JUNYA REAL ESTATE DEVELOPMENT CO., LTD OF FOSHAN	216790
18	祈福房地产开发（深圳）有限公司	CLIFFORD REAL ESTATE DEVELOPMENT CO., LTD (SHENZHEN)	213103
19	广州鹏城房产有限公司	GUANGZHOU PENGCHENG REAL ESTATE CO., LTD	208364
20	广州大鹏房地产有限公司	GUANGZHOU DAPENG REAL ESTATE CO., LTD	202756
21	广州侨鑫集团有限公司	GUANGZHOU QIAOXIN HOLDING LTD	202652
22	深圳金地（集团）股份有限公司	SHENZHEN JINDI (GROUP) CO., LTD	199612
23	深圳光彩建设股份有限公司	RADIANCE CONSTRUCTION SHARE HOLDING CO., LTD	199278
24	广州市番禺祈福新村房地产有限公司	GUANGZHOU CLIFFORD ESTATES (PANYU) LIMITED COMPANY	197497
25	深圳鹏基（集团）有限公司	SHENZHEN PENJI INDUSTRY DEVELOPMENT GENERAL CO.	192923
26	广州市恒大房地产开发有限公司	GUANGZHOU HENGDA REAL ESTATE DEVELOPMENT CO., LTD	187729
27	广州合生怡晖房地产有限公司	GUANGZHOU HESHENG YIHUI REAL ESTATE CO., LTD	187252
28	和记黄埔地产（深圳）有限公司	HUTCHISON WHAMPOA PROPERTY (SHENZHEN) CO., LTD	184335
29	深圳百仕达实业有限公司	SHENZHEN STNOLINK ENTERPRISES CO., LTD	175305
30	中山市雅居乐房地产开发有限公司	ZHONGSHAN YAJULE REAL ESTATE DEVELOPMENT CO., LTD	175180
31	深圳航空城（东部）实业有限公司	SHENZHEN AVIATION CITY (EAST) INDUSTRY CO., LTD	171214
32	深圳市宝恒（集团）股份有限公司	SHENZHEN BAOHENG (GROUP) CO., LTD	160541
33	广州保利房地产股份有限公司	GUNAGZHOU POLY REAL ESTATE CO., LTD	160000
34	广州合生骏景房地产有限公司	GUANGZHOU HOPSON JUNJING REAL ESTATE LIMITED	153388
35	广州番禺区房地产联合开发总公司	PANYU UNITED REAL ESTATE DEVELOPMENT CORPORATION OF GUANGZHOU	151740
36	深圳中海实业有限公司	SHENZHEN ZHONGHAI INDUSTRIAL CO., LTD	148844
37	中山市雅居乐雍景园房地产有限公司	ZHONGSHAN AGILE MAJESTIC GARDEN REAL ESTATE CO., LTD	147761
38	广州捷中宝房地产开发有限公司	GUANGZHOU JIEZHONGBAO REAL ESTATE DEVELOPMENT CO., LTD	143172
39	广州市正佳企业有限公司	GUANGZHOU ZHENGJIA INDUSTRIAL CO., LTD	141716
40	中山市凯茵豪园房地产开发有限公司	ZHONGSHAN KAIYIN GARDEN REAL ESTATE DEVELOPMENT CO., LTD	138936
41	广州兴盛房地产发展有限公司	GUANZGHOU XINGSHENG REAL ESTATE DEVELOPMENT CO., LTD	138777
42	广州市大洋房地产开发公司	GUANZGHOU DAYANG REAL ESTATE DEVELOPMENT CO., LTD	136684
43	佛山市顺德区嘉信置业发展公司	SHUNDE JIAXIN REAL ESTATE DEVELOPMENT CO., LTD OF FOSHAN	136594
44	广州珠江实业集团有限公司	GUANGZHOU ZHUJIANG INDUSTRY (GROUP) CO., LTD	134424
45	深圳市星河房地产开发有限公司	SHENZHEN STAR RIVER REAL ESTATE DEVELOPMENT CO., LTD	132280
46	深圳市物业发展（集团）股份有限公司	SHENZHEN PROPERTY DEVELOPMENT (GROUP) CO., LTD	131964
47	深圳市百货广场大厦开发有限公司	SHENZHEN MERCHANDISE PIAZZA HIGH-RISE DEVELOPMENT CO., LTD	131761
48	深圳市天健房地产开发公司	SHENZHEN TIANJIAN REAL ESTATE DEVELOPMENT CO.	131067
49	广州中海名都房地产发展有限公司	GUANGZHOU ZHONGHAI MINGDU REAL ESTATE DEVELOPMENT CO., LTD	130897
50	广东利海实业发展总公司	GUANGZHOU LIHAI INDUSTRIAL DEVELOPMENT COMPANY	130631

17-8 全省完成投资额最大的50家房地产开发企业（2002年）
TOTAL INVESTMENT COMPLETED OF THE PROVINCE'S TOP 50 REAL ESTATE DEVELOPMENT ENTERPRISES (2002)

序号 Order	单位名称	Name of Enterprises	完成投资额（万元） Investment Completed (10000 yuan)
1	广州富力地产地产股份有限公司	GUANGZHOU FULI REAL ESTATE CO., LTD	175402
2	增城市碧桂园物业发展有限公司	ZENGCHENG BIGUIYUAN GARDEN PROPERTY DEVELOPMENT CO., LTD	167480
3	广州保利房地产股份有限公司	GUNAGZHOU POLY REAL ESTATE CO., LTD	166898
4	广州市恒大房地产开发有限公司	GUANGZHOU HENGDA REAL ESTATE DEVELOPMENT CO., LTD	165953
5	深圳招商房地产有限公司	REAL ESTATE CO. LTD OF CHINA MERCHANTS SHEKOU INDUSTRIAL ZONE	88931
6	深圳卓越置业集团有限公司	SHENZHEN ZHUOYUE PROPERTY CO., LTD	87245
7	广州市番禺祈福新村房地产有限公司	GUANGZHOU CLIFFORD ESTATES (PANYU) LIMITED COMPANY	85768
8	深圳市万科房地产有限公司	SHENZHEN WANKE REAL ESTATE CO., LTD	83977
9	深圳泰华房地产（中国）有限公司	SHENZHEN TAIHUA REAL ESTATE CO., LTD	76000
10	广州市城市建设开发集团有限公司	GUANGZHOU CITY CONSTRUCTION & DEVELOPMENT HOLDINGS LTD	74845
11	广州合生骏景房地产有限公司	GUANGZHOU HOPSON JUNJING REAL ESTATE LIMITED	68280
12	深圳华侨城房地产有限公司	SHENZHEN OVERSEAS CHINESE TOWN REAL ESTATE DEVELOPMENT CO.	65784
13	广东珠江投资有限公司	GUANGDONG ZHUJIANG INVESTMENT COMPANY	63882
14	珠海市三好房地产开发有限公司	ZHUHAI SANHAO REAL ESTATE DEVELOPMENT CO., LTD	62684
15	深圳市振业股份有限公司	SHENZHEN ZHENYE SHARE HOLDING CO., LTD	60219
16	和记黄埔地产（深圳）有限公司	HUTCHISON WHAMPOA PROPERTY (SHENZHEN) CO., LTD	60198
17	广州侨鑫集团有限公司	GUANGZHOU QIAOXIN HOLDINGS LTD	59678
18	深业集团（深圳）有限公司	SHENYE GROUP (SHENZHEN) CO., LTD	59380
19	深圳新亚洲实业发展有限公司	SHENZHEN NEW ASIA INDUSTRIAL DEVELOPMENT CO., LTD	59315
20	广州豪城房产开发有限公司	GUANGZHOU HAOCHENG REAL ESTATE DEVELOPMENT CO., LTD	55718
21	深圳市富通房地产开发有限公司	SHENZHEN FUTONG REAL ESTATE DEVELOPMENT CO., LTD	54753
22	广州碧桂园物业发展有限公司	GUANGZHOU COUNTRY GARDEN ESTATE DEVELOPMENT CO., LTD	52952
23	佛山市顺德区嘉信置业发展公司	SHUNDE JIAXIN REAL ESTATE DEVELOPMENT CO., LTD OF FOSHAN	50432
24	嘉宝田房地产（深圳）有限公司	JIABAOTIAN REAL ESTATE DEVELOPMENT CO., LTD (SHENZHEN)	48888
25	深圳市星河房地产开发有限公司	SHENZHEN STAR RIVER REAL ESTATE DEVELOPMENT CO., LTD	48500
26	深圳京基房地产公司	SHENZHEN JINGJI REAL ESTATE COMPANY	48303
27	深圳市鸿荣源实业有限公司	SHENZHEN HONGRONGYUAN INDUSTRIAL CO., LTD	47976
28	深圳中海实业有限公司	SHENZHEN ZHONGHAI INDUSTRIAL CO., LTD	46871
29	广州番禺雅居乐房地产开发有限公司	GUANGZHOU PANYU YAJULE REAL ESTATE DEVELOPMENT CO., LTD	44955
30	深圳市鹏宝东物业有限公司	SHENZHEN PENGBAODONG PROPERTY CO., LTD	43367
31	广州江东房地产开发有限公司	GUANGZHOU JIANGDONG REAL ESTATE DEVELOPMENT CO., LTD	43213
32	深圳市中城银浦房地产开发有限公司	SHENZHEN ZHONGCHENG YINPU REAL ESTATE DEVELOPMENT CO., LTD	43000
33	深圳市益田房地产开发有限公司	SHENZHEN YITIAN REAL ESTATE DEVELOPMENT CO., LTD	42334
34	华润（深圳）有限公司	HUARUN (SHENZHEN) CO., LTD	42137
35	广州市花都绿景房地产开发有限公司	HUADU LUJING REAL ESTATE DEVELOPMENT CO., LTD OF GUANGZHOU	42025
36	广州珠江侨都房地产有限公司	GUANGZHOU ZHUJIANG QIAODU REAL ESTATE CO., LTD	40921
37	广东华南新城房地产有限公司	GUANGDONG HUANAN XINCHENG REAL ESTATE CO., LTD	40368
38	广州中海名都房地产发展有限公司	GUANGZHOU ZHONGHAI MINGDU REAL ESTATE DEVELOPMENT CO., LTD	40152
39	深圳市长城地产（集团）股份有限公司	SHENZHEN CHANGCHENG REAL ESTATE (GROUP) CO., LTD	39384
40	广州市番禺奥林匹克房地产开发有限公司	GUANGZHOU PANYU OLYMPIC REAL ESTATE DEVELOPMENT CO., LTD	39041
41	广州宏富房地产有限公司	GUANGZHOU HONGFU REAL ESTATE CO., LTD	38997
42	深圳市燕兴投资有限公司	SHENZHEN YANXING INVESTMENT CO., LTD	38000
43	深圳市合正房地产开发有限公司	SHENZHEN HEZHENG REAL ESTATE DEVELOPMENT CO., LTD	36772
44	广州市合景盈富房地产开发有限公司	GUANGZHOU HEJING YINGFU REAL ESTATE DEVELOPMENT CO., LTD	36090
45	茂名市城市综合开发公司	MAOMING CITY COMPREHENSIVE DEVELOPMENT COMPANY	36000
46	广州英华房地产实业有限公司	GUANGZHOU YINGHUA REAL ESTATE INDUSTRIAL CO., LTD	35991
47	佛山市石湾区锦月房地产有限公司	SHIWAN JINGYUE REAL ESTATE CO., LTD OF FOSHAN	35903
48	深圳市皇城地产有限公司	SHENZHEN HUANGCHENG REAL ESTATE CO., LTD	35800
49	深圳天安数码城有限公司	SHENZHEN TIANAN DIGITAL CO., LTD	35737
50	深圳市东部开发（集团）公司	SHENZHEN EASTERN DEVELOPMENT (GROUP) COMPANY	34325

17-9 全省销售额最大的50家批发零售贸易企业（2002年）
TOTAL SALES VALUE OF THE PROVINCE'S TOP 50 ENTERPRISES IN WHOLESALE AND RETAIL TRADE (2002)

序号 Order	企业名称	Name of Enterprises	商品销售总额（万元） Total Sales Value (10000 yuan)
1	中国石化销售有限公司西南分公司	CHINA PETROCHEMICAL MARKETING SOUTHWEST CO.	1868452
2	中国石油化工股份有限公司广东石油分公司	SINOPEC GUANGZHOU OIL PRODUCTS COMPANY	1853535
3	广东物资集团公司	GENERAL PRODUCTS OF GUANGDONG HOLDINGS COMPANY	1200336
4	中国烟草总公司广东省公司	CHINA NATIONAL TOBACCO CO. GUANGDONG BRANCH	792522
5	广州宝钢南方贸易有限公司	GUANGZHOU BAO STEEL SOUTHERN TRADING CO., LTD	663082
6	广东省电力工业燃料公司	GUANGDONG ELECTRIC POWER FUEL CORPORATION	661337
7	中国石油化工股份有限公司深圳分公司	SINOPEC SHENZHEN OIL PRODUCTS COMPANY	653801
8	深圳市天音通信发展有限公司	SHENZHEN TIANYIN TELECOMMUNICATION DEVELOPMENT LIMITED COMPANY	542009
9	惠州市TCL电器销售有限公司	TCL ELECTRIC APPLIANCE MARKETING CO., LTD, HUIZHOU	536187
10	广东省纺织品进出口（集团）公司	GUANGDONG TEXTILES IMP. & EXP. CORPORATION (GROUP)	406620
11	万佳百货股份有限公司	SHENZHEN WANJIA SHARE HOLDING LIMITED COMPANY	398703
12	中化广东进出口公司	SINOCHEMICAL GUANGDONG IMPORT & EXPORT CORPORATION	398332
13	广州市医药公司	GUANGZHOU MUNICIPAL PHARMACEUTICALS CORPORATION	342621
14	中国石油化工股份有限公司广东佛山石油分公司	GUANGDONG PETROLEUM ENTERPRISE GROUP CORPORATION FOSHAN BRANCH	316080
15	广东省丝绸（集团）公司	GUANGDONG SILK CORPORATION (GROUP)	310882
16	广东省石油企业集团公司	PETROLEUM ENTERPRISE GROUP CORPORATION OF GUANGDONG PROVINCE	296487
17	深圳华安液化石油气有限公司	SHENZHEN HUAAN LPG CO., LTD	293629
18	中国石油化工公司广州分公司	SINOPEC GUANGZHOU BRANCH	271096
19	广东省外经贸开发公司	GUANGDONG FOREIGN TRADE IMP. & EXP. CORP.	270132
20	松下电器机电（深圳）有限公司	PANASONIC INDUSTRIAL SALE (SHENZHEN) CO., LTD	264421
21	广州市烟草贸易公司	GUANGZHOU TOBACCO TRADING CORPORATION	259509
22	广东省轻工业品进出口（集团）公司	GUANGDONG LIGHT INDUSTRIAL PRODUCTS IMP. & EXP. CORP. (GROUP)	253006
23	东莞市石油公司	SINOPEC DONGGUAN OIL PRODUCTS COMPANY	247233
24	广州纺织品进出口集团有限公司	GUANGZHOU TEXTILES IMP. & EXP. CORPORATION (GROUP)	217003
25	中国烟草总公司深圳市公司	CHINA NATIONAL TOBACCO CO. SHENZHEN BRANCH	210888
26	广东新协力集团有限公司	GUANGDONG XINXIELI GROUP CO., LTD	210082
27	广东烟草韶关市有限公司	GUANGDONG PROVINCE TOBACCO COMPANY SHAOGUAN BRANCH	206258
28	广州市华泰兴石油化工有限公司	GUANGZHOU TWINACE PETROLEUM & CHEMICALS CO., LTD	198968
29	广东省烟草公司梅州分公司	GUANGDONG TOBACCO COMPANY MEIZHOU BRANCH	159250
30	深圳市青岛啤酒销售有限公司	SHENZHEN QINGDAO BEER SALES CO., LTD	154348
31	深圳市爱施德实业有限公司	SHENZHEN AISIDI INDUSTRY CO.	148892
32	广州珠江电力燃料有限公司	GUANGZHOU ZHUJIANG ELECTRIC POWER & FUEL CO., LTD	148275
33	广州神州数码有限公司	GUANGZHOU DIGITAL CHINA CO., LTD.	145850
34	广东省五金矿产进出口集团公司	GUANGDONG METALS & MINERALS IMPORT & EXPORT GROUP CORPORATION	143981
35	深圳市粮食集团有限公司	SHENZHEN FOODSTUFF GENERAL COMPANY	142683
36	广东省农业生产资料总公司	GUANGDONG AGRICULTURAL MEANS OF PRODUCTION CORPORATION	138643
37	广州市好又多百货商业广场有限公司	HAOYOUDUO GUANGZHOU TRUST-MART PLAZA TRADING CO., LTD	137618
38	广东金蜂星电讯有限公司	GUANGDONG GOLDEN CELLSTA TELECOM CO., LTD	137522
39	中山市广勤贸易有限公司	ZHONGSHAN GUANGQIN TRADE CO., LTD	135529
40	广东富佳石油化工有限公司	GUANGDONG FUJIA OIL PRODUCTS CO., LTD	135468
41	广州市纺织工业联合进出口公司	GUANGZHOU TEXTILE INDUSTRY IMP. & EXP. CORPORATION	135377
42	深圳市三九医药贸易有限公司	SHENZHEN SANJIU MEDICINE TRADE CO., LTD	132787
43	广州立白企业集团有限公司	GUANGZHOU LIBAI GROUP CO., LTD	128825
44	深圳沃尔玛珠江百货有限公司	SHENZHEN WALMARTZHUJIANG DEPARTMENT STORES CO., LTD	126374
45	广东东凌集团有限公司	GUANGDONG DONGLIN HOLDING CO., LTD	118686
46	深圳市茂业商厦有限公司	SHENZHEN MAOYUE TRADE BUILDING CO., LTD	118481
47	华南蓝天航空油料有限公司	SOUTH CHINA BLUE SKY AVIATION OIL CO., LTD	118442
48	深圳市顺电连锁股份有限公司	SHENZHEN SUNDIAN (CHAIN STORES) STOCK CO., LTD	113179
49	广州友谊班尼路服饰有限公司	GUANGZHOU FRIENDSHIP BALENO HOLDINGS LTD	112157
50	广东新华发行集团股份有限公司	GUANGDONG XINHUA BOOK-ISSUING GROUP	108871

17-10 全省营业额最大的30家餐饮企业（2002年）
TURNOVER OF THE PROVINCE'S TOP 30 CATERING ENTERPRISES（2002）

序号 Order	企业名称	Name of Enterprises	营业额（万元）Turnover（10000 yuan）
1	麦当劳餐厅（深圳）有限公司	SHENZHEN MACDONALD'S FOOD COMPANY LIMITED	48272
2	广东三元麦当劳食品有限公司	GUANGDONG SANYUAN MACDONALD'S FOOD CO., LTD	46889
3	深圳肯德基有限公司	SHENZHEN KENTUCKY CO., LTD.	30565
4	广东肯德基有限公司	GUANGDONG KENTUCKY CO., LIMITED	25878
5	广州市广州酒家	GUANGZHOU RESTAURANT ENTERPRISE GROUP	20185
6	深圳面点王饮食连锁有限公司	SHENZHEN MIANDIANWANG CATERING LIMITED	14479
7	南海渔村有限公司	GUANGZHOU SOUTH SEA FISHING VILLAGE CO., LTD	12727
8	广州市岭南会新荔枝湾饮食娱乐有限公司	GUANGZHOU LINGNANHUI NEW LICHEEWAN CATERING & ENTERTAINMENT CO., LTD	8627
9	深圳市春满园酒楼有限公司	SHENZHEN CHUNMANYUAN RESTAURANT CO., LTD	8170
10	东莞宾馆	DONGGUANG HOTEL	6783
11	广州市莲香楼	GUANGZHOU LIANXIANGLOU	6490
12	广州必胜薄饼有限公司	GUANGZHOU PIZZA CO., LTD	6460
13	广州市番禺大石镇香江大酒店有限公司	PANYU XIANGJIANG HOTEL	6360
14	广州酒家滨江西有限公司	GUANGZHOU RESTAURANT ENTERPRISE GROUP BINJIANG WEST BRANCH	6207
15	东莞麦当劳食品有限公司	DONGGUAN MACDONALD'S FOOD COMPANY LIMITED	5937
16	广州陶陶居饮食有限公司	GUANGZHOU TAOTAOJU CATERING CO., LTD	5880
17	东莞金凯悦大酒店	DONGGUANG GOLDEN PALACE HOTEL	5834
18	广州市海珠区绿茵阁咖啡厅	HAIZHU DISTRICT GREENERY CAFE OF GUANGZHOU	5754
19	广州市越秀区艺都燕窝鱼翅酒家	YUEXIU DISTRICT YIDU EDIBLE BIRD'S NEST & SHARK'S FIN RESTAURANT	5692
20	高趣管理有限公司（新世纪酒店）	HUADU NEW CENTURY HOTEL	5450
21	广州市新荔枝湾酒楼有限公司	GUANGZHOU NEW LICHEEWAN CATERINGCO., LTD	5372
22	东莞市幸福大酒楼有限公司	GONGGUAN XINFU RESTAURANT CO., LTD	5347
23	深圳香蜜湖好世界海鲜大酒楼有限公司	SHENZHEN HONEY LAKE GOOD WORLD SEAFOOD MARKET CO., LTD	5335
24	广州珀丽大酒店	GUANGZHOU ROSEDALE HOTEL	5160
25	东莞市嘉华酒店有限公司	GONGGUAN JIAHUA GRAND HOTEL	5145
26	广州幸运楼酒家	GUANGZHOU LUCKY RESTAURANT	5143
27	广州丽晶明珠饮食娱乐有限公司	GUANGZHOU REGENT PEARL F&B AMUSEMENT CO., LTD	4797
28	中山市古镇国贸大酒店	ZHONGSHAN ANCIENT TOWN GUOMAO RESTAURANT	4789
29	深圳市海港大酒楼有限公司	SHENZHEN HAIGANG RESTAURANT CO., LTD	4784
30	东莞市宏远酒店	GONGGUAN HONGYUAN HOTEL	4643

十八、教育、科技、文化

EDUCATION,SCIENCE&TECHNOLOGY AND CULTURE

18

十八　教育、科技、文化

简要说明

一、本篇反映广东教育、科学技术活动及文化事业的基本情况，由广东省统计局人口和社会科技处负责整理、编辑。

二、教育部分包括高、中、初等教育，幼儿教育和各种类型的各级成人教育。主要指标有各级各类的学校数、在校生数、招生数、毕业生数、教职工数、专任教师数等。

教育统计资料根据省教育厅、省劳动和社会保障厅提供的统计年报加工整理。

三、科学技术部分主要反映广东科技的规模、构成和发展状况。包括科技活动基本情况，科技人员人数，科技成果奖励和技术市场情况，专利申请受理量和批准量，研究与开发机构基本情况，高校研究与发展人员及经费，大中型工业企业技术开发基本情况，科协系统科技活动情况等数据。

科学技术统计资料来源：科技活动基本情况和大中型工业企业技术开发基本情况根据国家统计局科技统计报表进行加工整理，其余资料根据省科技厅、省经贸委、省科协等部门提供的统计年报加工整理。

四、文化部分主要包括文化艺术、文物、图书馆、新闻出版、广播、电影、电视等文化事业的机构、人员及业务活动开展情况等。

文化统计资料根据省文化厅、省新闻出版局、省广播电影电视局及省电影公司等有关部门提供的统计年报加工整理。

18　EDUCATION，SCIENCE & TECHNOLOGY AND CULTURE

Brief Introduction

Ⅰ. The data in this chapter show the basic conditions of Guangdong's education，activities of science and technology as well as its culture. The data are prepared and edited by the Division of Population，Social，Science and Technology Statistics of Guangdong Provincial Bureau of Statistics.

Ⅱ. The data on education cover the situations on higher education，secondary education，primary education，kindergartens and various types of adult education at all levels. The main indicators cover the number of schools，the number of students enrolled，the number of new entrants，the number of graduates，the number of staff and workers，the number of teachers and the other of various levels and categories.

The data on education are processed and prepared in accordance with the annual statistical reports provided by Guangdong Provincial Department of Education and Guangdong Provincial Department of Labor and Social Security.

Ⅲ. The data on science and technology mainly show the scale，composition and development of Guangdong's science and technological personnel，the scientific andtechnological results，encouragement and rewards，the technical market，the number of patent applications examined and granted，the basic conditions of research and development institutions，the research and development personnel in universities and colleges as well as their incomes and expenditures，the technical development of large and medium-sized industrial enterprises，the scientific and technological activities of the associations for science and technology，etc.

The data on the basic conditions of the scientific and technological activities and the technical development of large and medium-sized industrial enterprises are processed and prepared in accordance with the reporting scheme on science and technology statistics of the National Bureau of Statistics. The other data are processed and prepared in accordance with the annual statistical reports provided by Guangdong Provincial Department of Science and Technology，Guangdong Provincial Economy and Trade Commission and Guangdong Provincial Association for Science and Technology，etc.

Ⅳ. The data on culture mainly cover the situations on institutions，personnel andbusiness activities of arts，cultural relics，libraries，news and publication，broadcasting，film and television，etc.

The data on culture are processed and prepared in accordance with the annual statistical reports provided by Guangdong Provincial Department of Culture，Guangdong Provincial Press and Publication Administration，Guangdong Provincial Department of Radio，Film and Television，Guangdong Provincial Film Company and the related departments.

18-1 教育、科技、文化主要指标
MAIN INDICATORS ON EDUCATION, SCIENCE & TECHNOLOGY AND CULTURE

指标	Item	1980	1990	1995	2000	2001	2002
在校学生数（人）	Enrolled Students (person)						
普通高等学校	Regular Institutions of Higher Education	41004	95929	151788	299475	381926	467807
成人高等学校	Adult Education Schools	57506	87850	135053	201410	233032	288992
普通中等学校	Regular Secondary Schools	2600008	2735691	3912264	5235845	5524992	5773209
成人中等学校	Secondary Schools for Adults	239457	168044	335849	233498	183795	171359
小学毕业生升学率（%）	Percentage of Graduates of Primary School Entering Junior Secondary School (%)	73.28	87.56	95.38	96.15	96.35	96.20
学龄儿童入学率（%）	Percentage of School-age Children Enrolled (%)	96.22	99.29	99.71	99.7	99.62	99.70
每万人口普通高校在校学生数（人）	Number of Students in Regular Institutions of Higher Education per 10000 Population (person)	7.84	15.36	22.36	41.19	51.11	59.81
科技活动统计单位数（个）	Number of Statistical Units Engaged in Scientific and Technological Activities (unit)		1589	2600	6246	6695	10135
科技活动机构数（个）	Number of Institutions Engaged in Scientific and Technological Activities (unit)		993	1685	2566	2733	2527
各级学会及研究会（个）	Number of Learned Society and Research Society (unit)		2829	4387	3780	3778	3358
科学技术人员数（人）	Scientific and Technologic Personnel (person)		734621	915137	1042354	1062222	1047066
从事科技活动人员（人）	Number of Personnel Engaged in Scientific and Technological Activities (person)		34576	105469	222073	241608	267376
各级学会及农技协会员（人）	Member of Learned Societies and Research Societies (person)		345234	537525	704094	713595	618495
科技活动经费筹集总额（亿元）	Funds Raised for Scientific and Technological Activities (100 million yuan)		14.95	45.42	240.81	261.65	305.01
科技活动经费使用总额（亿元）	Expenditures for Scientific and Technological Activities (100 million yuan)		12.82	39.82	214.65	250.43	291.30
研究与发展经费支出（亿元）	Research and Development Expenses (100 million yuan)			10.57	107.12	134.23	156.45
占国内生产总值比例（%）	Percentage of Research and Development Expenses to GDP (%)			0.2	1.11	1.27	1.34
科技活动课题（项目）数（个）	Number of Projects for Scientific and Technology Activities (unit)		9488	16512	21355	23119	27202
省级及以上科技奖励成果（项）	Number of Prize Achievements in Science and Technology Awarded by Provincial Level and above (item)		186	263	289	227	250
省级及以上优秀新产品项目数（个）	Number of Outstanding New Products Approved by Provincial Level and above (unit)		227	253	214	137	251
技术合同成交额（亿元）	Transaction Value of Technological Contracts (100 million yuan)		2.03	12.6	48.21	53.97	68.45
专利申请受理量（件）	Patent Application Examined (item)		1947	7729	21123	27596	34339
专利申请批准量（件）	Patent Application Granted (item)		889	4611	15799	18259	22760
电影放映单位（个）	Film Projection Units (unit)	6030	4024	3780	1626	1748	904
艺术表演团体（个）	Art Performance Troupes (unit)	173	130	134	138	139	141
文化馆（个）	Cultural Centers (unit)	95	113	115	119	118	120
公共图书馆（个）	Public Libraries (unit)	82	103	114	125	129	131
博物馆（个）	Museums (unit)	25	106	113	131	140	140
档案馆（个）	Archives (unit)		138	155	161	175	185
图书出版量（万册）	Number of Books Published (10000 copies)	16845	28070	36911	26978	27345	32577
杂志出版量（万册）	Number of Magazines Published (10000 copies)	1927	11325	22810	26299	25627	24785
报纸出版量（万份）	Number of Newspapers Published (10000 copies)	48808	138060	226441	346268	389697	425715
广播电台（座）	Number of Broadcasting Stations (set)	4	87	96	106	22	22
电视台（座）	Number of TV Stations (set)	1	38	56	67	24	24

注：科技活动有关指标1995年及以前只包括四大科技主体，从2000年起为为全社会口径。

Note: In 1995 and prior to it, only four scientific and technological principals were included, whereas the data have referred to the statistical coverage of the whole society since 2000.

18-2 各级各类学校在校学生数
NUMBER OF ENROLLED STUDENTS BY LEVEL AND TYPE OF SCHOOL

单位：万人 (10000 persons)

年份 Year	高等学校 Institutions of Higher Education	中等学校 Secondary Schools					小学 Primary Schools
		中等技术学校 Secondary Technical Schools	中等师范学校 Secondary Teacher Training Schools	技工学校 Technical Schools	普通中学 Regular Secondary Schools	职业中学 Agricultural and Vocational Schools	
1949	1.30	0.44	1.26		12.21		134.56
1952	1.00	1.54	2.03		20.53		300.00
1957	1.46	1.75	1.84		41.40		343.52
1962	3.52	0.82	1.58		47.43	1.40	481.59
1965	2.77	0.79	1.31		50.06	17.45	704.24
1970	0.58	0.04	1.58		236.55		521.09
1975	2.41	2.06	1.45		233.56		773.85
1978	3.07	2.34	1.30		313.32		743.02
1979	3.79	2.84	1.67	0.71	268.73		743.81
1980	4.10	2.78	1.78	1.61	252.11	1.72	748.86
1981	4.47	2.45	1.68	1.39	218.71	1.99	734.78
1982	4.09	2.49	2.13	0.99	200.19	1.89	723.03
1983	4.56	2.67	2.10	0.92	199.59	5.19	705.34
1984	5.47	3.38	2.06	1.01	220.69	7.55	692.73
1985	6.99	4.23	2.26	1.45	236.45	11.52	671.25
1986	7.83	5.19	2.43	1.45	249.93	14.85	670.62
1987	8.63	5.96	2.57	2.63	252.60	19.02	677.37
1988	9.72	7.35	2.95	3.40	244.23	20.17	688.72
1989	10.04	8.33	3.02	3.93	235.73	21.61	715.15
1990	9.59	9.00	3.09	5.22	234.03	11.24	747.29
1991	9.27	9.21	3.17	5.63	238.28	21.42	788.93
1992	9.74	9.85	3.23	6.58	255.02	20.54	808.98
1993	11.70	11.84	3.60	7.68	277.19	19.21	832.14
1994	13.75	13.02	4.33	9.57	307.38	18.81	862.21
1995	15.18	16.29	5.45	11.10	339.46	18.93	883.19
1996	16.40	19.25	5.71	12.28	373.19	19.65	897.64
1997	17.47	21.17	6.04	13.29	400.85	19.88	911.34
1998	18.50	22.14	5.77	14.50	423.61	19.81	918.02
1999	22.08	22.86	5.10	23.00	443.91	20.65	920.96
2000	29.95	22.40	3.30	15.46	460.69	21.70	929.93
2001	38.19	21.98	1.86	16.67	489.70	22.29	952.98
2002	46.78	21.82	0.56	17.82	513.40	23.71	979.61

18-3 各级各类学校情况
STATISTICS ON SCHOOLS BY LEVEL AND TYPE

项　　目	Item		1980	1990	1995	2000	2001	2002
一、高等学校	**Institutions of Higher Education**							
学校数　(所)	Number of Schools	(unit)	27	45	42	52	62	71
毕业生数　(万人)	Number of Graduates	(10000 persons)	0.76	3.37	3.48	5.00	5.88	8.47
本　科	Regular College Course			1.25	1.47	2.40	2.67	3.07
专　科	Professional Training			2.12	2.01	2.60	3.21	5.40
招生数　(万人)	Number of New Entrants	(10000 persons)	0.97	2.96	4.94	12.08	13.90	17.61
本　科	Regular College Course			1.32	2.13	5.01	6.12	7.28
专　科	Professional Training			1.64	2.81	7.07	7.78	10.33
在校学生数(万人)	Number of Students Enrolled	(10000 persons)	4.10	9.59	15.18	29.95	38.19	46.78
本　科	Regular College Course			5.47	7.68	15.03	18.43	22.41
专　科	Professional Training			4.13	7.50	14.92	19.76	24.37
教职工数　(万人)	Number of Teachers and Staff	(10000 persons)	2.42	3.88	4.15	4.68	5.11	6.03
# 专任教师	Full-time Teachers		0.95	1.57	1.66	2.04	2.35	3.30
二、中等技术学校	**Technical Secondary Schools**							
学校数　(所)	Number of Schools	(unit)	132	179	196	198	184	180
毕业生数　(万人)	Number of Graduates	(10000 persons)	0.99	2.49	3.17	6.32	6.24	6.45
招生数　(万人)	Number of New Entrants	(10000 persons)	0.95	3.13	6.48	6.53	6.37	7.11
在校学生数(万人)	Number of Students Enrolled	(10000 persons)	2.78	9.00	16.29	22.44	21.98	21.82
教职工数　(万人)	Number of Teachers and Staff	(10000 persons)	0.92	1.56	1.80	1.93	1.87	1.77
# 专任教师	Full-time Teachers		0.42	0.76	0.89	1.07	1.06	1.02
三、中等师范学校	**Teacher Training Secondary Schools**							
学校数　(所)	Number of Schools	(unit)	72	45	45	46	36	4
毕业生数　(万人)	Number of Graduates	(10000 persons)	0.79	1.00	1.24	1.98	1.55	0.71
招生数　(万人)	Number of New Entrants	(10000 persons)	0.89	1.06	2.37	0.27	0.30	0.20
在校学生数(万人)	Number of Students Enrolled	(10000 persons)	1.78	3.09	5.45	3.25	1.86	0.56
教职工数　(万人)	Number of Teachers and Staff	(10000 persons)	0.36	0.44	0.58	0.53	0.41	0.14
# 专任教师	Full-time Teachers		0.17	0.26	0.36	0.34	0.25	0.09
四、技工学校	**Technical Schools**							
学校数　(所)	Number of Schools	(unit)	82	127	717	186	159	156
毕业生数　(万人)	Number of Graduates	(10000 persons)	0.97	1.56	2.83	4.45	4.08	4.39
招生数　(万人)	Number of New Entrants	(10000 persons)	0.85	2.09	4.69	5.84	7.07	8.20
在校学生数(万人)	Number of Students Enrolled	(10000 persons)	1.61	5.22	11.10	15.46	16.67	17.82
教职工数　(万人)	Number of Teachers and Staff	(10000 persons)	0.40	0.88	1.24	1.18	1.05	1.12
# 专任教师	Full-time Teachers		0.16	0.39	0.61	0.68	0.87	0.81

18-3 续表 continued

项目		Item		1980	1990	1995	2000	2001	2002
五、普通中学		**Regular Secondary Schools**							
学校数	(所)	Number of Schools	(unit)	2681	3879	3845	3964	4074	4156
毕业生数	(万人)	Number of Graduates	(10000 persons)	66.52	71.29	85.82	131.82	134.77	144.83
招生数	(万人)	Number of New Entrants	(10000 persons)	97.42	83.36	131.18	171.16	175.89	185.30
在校学生数	(万人)	Number of Students Enrolled	(10000 persons)	252.11	234.03	339.46	460.69	489.70	513.40
教职工数	(万人)	Number of Teachers and Staff	(10000 persons)	16.62	17.84	22.31	27.57	28.91	30.58
#专任教师		Full-time Teachers		13.50	13.47	17.57	22.86	23.93	25.48
六、农、职业中学		**Agricultural & Vocational Secondary Schools**							
学校数	(所)	Number of Schools	(unit)	132	525	503	414	382	367
毕业生数	(万人)	Number of Graduates	(10000 persons)	0.38	6.68	6.12	6.53	6.42	6.57
招生数	(万人)	Number of New Entrants	(10000 persons)	0.81	8.90	8.14	8.61	8.63	9.18
在校学生数	(万人)	Number of Students Enrolled	(10000 persons)	1.72	22.24	18.93	21.75	22.29	23.71
教职工数	(万人)	Number of Teachers and Staff	(10000 persons)	0.12	1.90	1.86	1.92	1.87	1.91
#专任教师		Full-time Teachers		0.08	1.45	1.39	1.50	1.46	1.48
七、小学		**Primary Schools**							
学校数	(万所)	Number of Schools	(10000 units)	2.50	2.46	2.46	2.42	2.36	2.33
毕业生数	(万人)	Number of Graduates	(10000 persons)	104.32	82.49	121.56	148.48	148.45	152.90
招生数	(万人)	Number of New Entrants	(10000 persons)	149.31	129.93	151.55	155.73	160.44	168.74
在校学生数	(万人)	Number of Students Enrolled	(10000 persons)	748.86	747.29	883.19	929.93	952.98	979.61
教职工数	(万人)	Number of Teachers and Staff	(10000 persons)	33.14	32.95	37.68	42.08	42.86	43.71
#专任教师		Full-time Teachers		28.14	27.73	32.14	36.41	37.13	37.98
八、学龄儿童入学率		**Status of School-age Children Enrolled**							
学龄儿童总数	(万人)	Total School-age Children	(10000 persons)	612.38	583.88	832.40	905.39	921.72	948.20
已入学学龄儿童数	(万人)	School-age Children Enrolled in Schools	(10000 persons)	589.21	579.76	829.99	902.65	918.22	945.00
学龄儿童入学率	(%)	Percentage of School-age Children Enrolled	(%)	96.22	99.29	99.71	99.70	99.62	99.70
九、小学毕业生升学率		**Status of Graduates of Primary Schools Entering Junior Secondary Schools**							
小学毕业生人数	(万人)	Graduates of Primary Schools	(10000 persons)	104.32	82.49	121.56	148.48	148.45	152.90
已升学人数	(万人)	Students Entering Secondary Schools	(10000 persons)	96.45	82.49	121.56	142.77	143.02	147.09
小学毕业生升学率	(%)	Percentage of Graduates of Primary Schools Entering Junior Secondary Schools	(%)	73.28	87.56	95.38	96.15	96.35	96.20
十、幼儿园		**Kindergartens**							
幼儿园数	(所)	Number of Kindergartens	(unit)	6513	7469	7923	12027	9790	10135
在园幼儿数	(万人)	Number of Children	(10000 persons)	47.92	150.05	200.01	214.18	220.92	211.55
教职工数	(万人)	Number of Teachers and Staff	(10000 persons)	2.89	6.52	9.09	12.91	13.19	13.56
#专任教师		Full-time Teachers		1.53	4.29	5.93	8.36	7.65	7.77

注：1995年以来小学毕业生升学率采用国家教委口径，即升学率=初中招生数/小学毕业生数。

Note: The percentage of graduates of primary schools entering junior secondary schools has been in accordance with the statistical coverage of the National Education Committee since 1995, i.e. Percentage of Graduates of Primary Schools Entering Junior Secondary Schools = Number of New Entrants of Junior Secondary Schools ÷ Graduates of Primary Schools.

18-4　研究生教育情况
STATISTICS ON POSTGRADUATE EDUCATION

项　　目	Item	1990	1995	2000	2001	2002
一、培养单位数　（个）	**Institutions of Postgraduate Education　(unit)**	**28**	**23**	**26**	**26**	**25**
高等学校	Institutions of Higher Education	16	15	18	18	17
科研单位	Research Institutions	12	8	8	8	8
二、招生数　（人）	**Number of New Entrants　(person)**	**1125**	**1922**	**5702**	**7429**	**8734**
攻读博士学位	Study for Doctor Degree	76	407	1053	1358	1613
高等学校	Institutions of Higher Education	75	387	1001	1272	1501
科研单位	Research Institutions	1	20	52	86	112
攻读硕士学位	Study for Master Degree	1049	1515	4619	6041	7121
高等学校	Institutions of Higher Education	1027	1442	4510	5884	6898
科研单位	Research Institutions	22	73	109	157	223
研究生班	Study in Postgraduate Class			30	30	
高等学校	Institutions of Higher Education			30	30	
三、在学生数　（人）	**Number of Students Enrolled　(person)**	**3367**	**5405**	**13023**	**17918**	**21519**
攻读博士学位	Study for Doctor Degree	293	935	2558	3436	4284
高等学校	Institutions of Higher Education	292	894	2445	3263	4033
科研单位	Research Institutions	1	41	113	173	251
攻读硕士学位	Study for Master Degree	3074	4470	10405	14422	17235
高等学校	Institutions of Higher Education	2984	4308	10161	14076	16752
科研单位	Research Institutions	90	162	244	346	483
研究生班	Study in Postgraduate Class			60	60	
高等学校	Institutions of Higher Education			60	60	
四、毕业生数　（人）	**Number of Graduates　(person)**	**1404**	**1265**	**2211**	**4743**	**3306**
攻读博士学位	Study for Doctor Degree	101	154	417	1038	578
高等学校	Institutions of Higher Education	101	147	387	1003	544
科研单位	Research Institutions		7	30	35	34
攻读硕士学位	Study for Master Degree	1303	1111	1765	3675	2728
高等学校	Institutions of Higher Education	1250	1074	1692	3595	2651
科研单位	Research Institutions	53	37	73	80	77
研究生班	Study in Postgraduate Class			29	30	
高等学校	Institutions of Higher Education			29	30	

18-5 各级各类成人教育在校学生数
NUMBER OF ENROLLED STUDENTS BY LEVEL AND TYPE OF ADULT SCHOOL

单位：人 (person)

项　　目	Item	1990	1995	2000	2001	2002
一、成人高等教育	**Higher Education for Adults**	**87850**	**135053**	**201410**	**233032**	**288992**
成人高等学校	Adult Higher Education Schools	59787	86757	84057	80280	86875
广播电视大学	Radio and TV Universities	17090	38822	34242	24463	23570
职工高等学校	Schools of Higher Education for Staff and Workers	14712	16445	17147	19455	22717
管理干部学院	Colleges for Management Cadres	5488	13342	20142	20435	22495
教育学院	Pedagogical Colleges	22497	18148	12526	15927	18093
普通高校附设	Departments Run by Institutions of Higher Education	28063	48296	117353	152752	202117
函授部	Correspondence Divisions	15878	20929	51028	75300	107301
夜大学	Evening Universities	11488	15215	43063	55042	75985
成人脱产班	Classes for Adults Released from Work	697	12152	23262	22410	18831
二、成人中等教育	**Secondary Education for Adults**	**168044**	**335849**	**233498**	**183795**	**171359**
成人中专学校	Specialized Secondary Schools for Adults	96316	233255	150405	133099	133414
广播电视学校	Radio and TV Secondary Schools	18954	2662	15346	21144	18846
职工中专学校	Specialized Secondary Schools for Staff and Workers	27103	91322	84383	81002	97182
干部中专学校	Specialized Secondary Schools for Cadres	176	8316	722	681	4239
农民中专学校	Specialized Secondary Schools for Farmers	26	25039	29876	18696	
函授中专学校	Specialized Correspondence Secondary Schools		14338	2302	920	2256
教师进修学校	Teacher Training Schools	50057	91578	17776	10656	10891
普通中专附设	Departments Run by Specialized Secondary Schools	21154	34706	39087	35569	26033
干部中专	Specialized Secondary Schools for Cadres	925	3595			
职工中专	Specialized Secondary Schools for Staff and Workers	10130	17784			
农村中专	Rural Specialized Secondary Schools	374	3918			
函授	Correspondence Education	9725	9409	18367	12436	781
成人中学	Secondary Schools for Adults	50574	67888	44006	15127	11912
三、成人初等教育	**Primary Education for Adults**	**1041748**	**342318**	**235926**	**16782**	**167251**
职工初等教育	Primary Schools for Staff and Workers	21836	20522	10825	293	12887
农民初等教育	Primary School for Farmers	1019912	321796	225101	16489	154364
#扫盲班	Literacy Courses	99396	7483	2389	2748	5257

18-6 高等学校情况（2002年）
STATISTICS ON INSTITUTIONS OF HIGHER EDUCATION (2002)

学校类别	Type	学校数（所）Number of Schools (unit)	毕业生数（人）Graduates (person)	招生数（人）New Entrants (person)	在校学生数（人）Enrolled Students (person)	教职工数（人）Teachers and Staff (person)	#专任教师 Full-time Teachers
总　　计	**Total**	**71**	**84696**	**176135**	**467807**	**60305**	**32961**
#女性	Female		34585	72999	203406	26370	12954
一、按隶属关系分	**By Relation of Leadership**	**71**	**84696**	**176135**	**467807**	**60305**	**32961**
中央属	Central Government	4	9419	14092	48957	13240	5840
地方属	Local Government	67	75277	162043	418850	47065	27121
二、按学校类别分	**By Type of School**	**71**	**84696**	**176135**	**467807**	**60305**	**32961**
综合大学	University	15	31675	52325	145499	23741	12115
理工院校	Science and Engineering College	4	7589	15082	46101	7716	4144
农业院校	Agriculture College	3	5294	10435	32097	4134	1989
林业院校	Forestry College						
医药院校	Medicine College	4	3394	6675	23046	3847	1925
师范院校	Teacher Training College	4	7488	17273	46578	5558	3046
语文院校	Language and Literature College	1	1241	2331	9048	1292	667
财经院校	Economics and Finance College	2	2565	6767	18148	1650	1078
政法院校	Politics and Law College	1	910	1557	4042	515	293
体育院校	Physical Culture College	1	712	1222	3530	521	346
艺术院校	Art College	3	482	1163	3812	916	608
民族院校	Minority Nationality College						
职业技术学院	Vocational Technical College	33	23346	61305	135906	10415	6750
其他	Others						

18-7 中等学校情况（2002年）
STATISTICS ON SECONDARY SCHOOLS (2002)

学校类别	Type	学校数（所）Number of Schools (unit)	毕业生数（人）Graduates (person)	招生数（人）New Entrants (person)	在校学生数（人）Students Enrolled (person)	教职工数（人）Teachers and Staff (person)	#专任教师 Full-time Teachers
一、中等专业技术学校	**Specialized Secondary Schools**	**180**	**64522**	**71097**	**218169**	**17673**	**10154**
工业学校	Engineering Schools	53	26389	26836	88857	6857	4098
农业学校	Agriculture Schools	12	5617	4926	13254	1366	722
林业学校	Forestry Schools	1	522	758	1849	237	108
医药学校	Medicine Schools	34	9513	13343	41923	3296	1771
财经学校	Economics and Finance Schools	34	14342	17528	46571	2492	1502
政法学校	Politics and Law Schools	8	2195	2613	8059	419	218
体育学校	Physical Culture Schools	19	1462	1263	3612	1135	583
艺术学校	Art Schools	14	1157	1561	6803	1058	684
其他学校	Others	5	3325	2269	7241	813	468
二、中等师范学校	**Teacher Training Secondary Schools**	**4**	**7103**	**1972**	**5622**	**1371**	**956**
#幼儿师范	Nursery Teacher Training Secondary Schools	4	1277	1972	5006	485	317
三、技工学校	**Technical Schools**	**156**	**43882**	**81984**	**178244**	**11174**	**8061**
四、农、职业中学	**Agricultural and Vocational Secondary Schools**	**366**	**65722**	**91808**	**237131**	**19058**	**14754**
#高中	Senior Secondary Schools	361	63151	88884	228460		14328
五、普通中学	**Regular Secondary Schools**	**4156**	**1448288**	**1852968**	**5134043**	**305781**	**254795**
#高中	Senior Secondary Schools	1012	228122	385020	984104		57475

18-8 各市普通中学情况（2002 年）
STATISTICS ON REGULAR SECONDARY SCHOOLS BY CITY (2002)

市　别 City	学校数（所）Number of Schools (unit)	毕业生数（人）Graduates (person)	招生数（人）New Entrants (person)	在校学生数（人）Enrolled Students (person)	教职工数（人）Teachers and Staff (person)	#专任教师 Full-time Teachers
广　州 Guangzhou	425	136250	168906	481481	36270	27699
深　圳 Shenzhen	132	32503	58930	150654	11662	8643
珠　海 Zhuhai	52	15361	23068	62352	4614	3724
汕　头 Shantou	221	84266	105313	273584	16470	13349
韶　关 Shaoguan	213	57517	72621	200785	14042	11652
河　源 Heyuan	188	56818	68436	193064	12047	10283
梅　州 Meizhou	285	98576	118206	340728	21577	18228
惠　州 Huizhou	169	55471	65612	188425	11689	9633
汕　尾 Shanwei	139	56380	63008	173863	9277	7739
东　莞 Dongguan	91	35542	50421	136256	8014	6373
中　山 Zhongshan	81	28107	39582	106791	6395	5334
江　门 Jiangmen	286	72136	89381	257557	15706	14055
佛　山 Foshan	188	81243	97815	277502	18245	15586
阳　江 Yangjiang	105	50770	61421	171222	8805	7532
湛　江 Zhanjiang	354	139370	186377	519697	24031	20275
茂　名 Maoming	311	115677	176810	458356	22984	20428
肇　庆 Zhaoqing	187	71135	84318	239711	13680	11960
清　远 Qingyuan	234	73324	86714	246333	14211	12013
潮　州 Chaozhou	127	46779	58478	163931	9278	7890
揭　阳 Jieyang	254	94505	117035	324510	17186	14053
云　浮 Yunfu	114	46558	60516	167241	9598	8346

18-9 各市农、职业中学情况（2002 年）
STATISTICS ON AGRICULTURAL AND VOCATIONAL SECONDARY SCHOOLS BY CITY (2002)

市　别 City	学校数（所）Number of Schools (unit)	毕业生数（人）Graduates (person)	招生数（人）New Entrants (person)	在校学生数（人）Enrolled Students (person)	教职工数（人）Teachers and Staff (person)	#专任教师 Full-time Teachers
广　州 Guangzhou	53	11109	12490	35959	2899	2012
深　圳 Shenzhen	8	3578	3130	8537	966	775
珠　海 Zhuhai	6	1013	2635	6134	459	377
汕　头 Shantou	8	1996	767	3112	374	257
韶　关 Shaoguan	11	3325	6066	14004	1191	833
河　源 Heyuan	13	3133	4249	11298	779	644
梅　州 Meizhou	31	2283	4054	10517	1023	801
惠　州 Huizhou	10	1741	2292	4990	447	333
汕　尾 Shanwei	4	335	535	1318	110	73
东　莞 Dongguan	16	5123	6975	18806	1051	876
中　山 Zhongshan	15	3084	4588	12264	958	817
江　门 Jiangmen	43	6992	9333	24589	1899	1652
佛　山 Foshan	26	7104	11745	31894	2092	1776
阳　江 Yangjiang	11	1384	2417	5508	513	383
湛　江 Zhanjiang	33	3107	4354	10713	951	704
茂　名 Maoming	14	1708	2789	6805	487	399
肇　庆 Zhaoqing	21	2779	7277	13070	1034	684
清　远 Qingyuan	9	1199	1805	4652	405	326
潮　州 Chaozhou	10	979	1993	4975	505	354
揭　阳 Jieyang	20	2781	1398	5453	631	471
云　浮 Yunfu	5	969	916	2533	284	207

18-10 各市小学情况（2002年）
STATISTICS ON PRIMARY SCHOOLS BY CITY (2002)

市别 City	学校数（所）Number of Schools (unit)	毕业生数（人）Number of Graduates (person)	升学率（%）Percentage of Graduates of Primary Schools Entering Junior Secondary Schools (%)	招生数（人）New Entrants (person)	在校学生数（人）Enrolled Students (person)	教职工数（人）Teachers and Staff (person)	#专任教师 Full-time Teachers
广州 Guangzhou	1566	126692	96.96	137948	816617	44499	37056
深圳 Shenzhen	395	47025	91.90	81107	415097	20621	15763
珠海 Zhuhai	181	16991	98.70	19218	110472	5788	4870
汕头 Shantou	860	98247	80.63	122863	682510	25007	21749
韶关 Shaoguan	1107	59398	97.63	50859	327208	18575	16438
河源 Heyuan	1471	57893	98.02	65002	364305	18416	16116
梅州 Meizhou	2146	96318	96.21	87398	543823	27470	24197
惠州 Huizhou	1168	54227	97.06	64396	360649	20105	17777
汕尾 Shanwei	803	55525	93.36	66499	394650	17837	15348
东莞 Dongguan	563	40611	94.23	65066	342804	13070	10880
中山 Zhongshan	290	30215	99.50	29820	182298	7262	6151
江门 Jiangmen	1115	71241	96.51	64744	410104	16279	14472
佛山 Foshan	653	64884	99.73	64610	400990	19399	17006
阳江 Yangjiang	803	50198	98.85	51450	301996	14587	13482
湛江 Zhanjiang	2302	162237	95.39	197114	1070973	38820	33656
茂名 Maoming	2026	147832	93.92	157556	928761	32161	29369
肇庆 Zhaoqing	1489	71252	98.24	71860	411568	19246	17057
清远 Qingyuan	1356	74550	98.04	71446	436070	21536	19065
潮州 Chaozhou	762	46448	96.45	47706	287029	12071	10368
揭阳 Jieyang	1359	104236	94.39	114038	682001	30769	26477
云浮 Yunfu	899	53015	96.14	56662	326144	13603	12458

18-11 各市学龄儿童入学情况
STATISTICS ON SCHOOL-AGE CHILDREN ENROLLED IN SCHOOLS BY CITY

市别 City	2001			2002		
	学龄儿童人数（人）School-age Children (person)	已入学人数（人）School-age Children Enrolled in Schools (person)	入学率（%）Enrollment Rate (%)	学龄儿童人数（人）School-age Children (person)	已入学人数（人）School-age Children Enrolled in Schools (person)	入学率（%）Enrollment Rate (%)
广州 Guangzhou	695338	691821	99.60	715926	713827	99.71
深圳 Shenzhen	311810	311810	100.00	365584	365584	100.00
珠海 Zhuhai	99333	99333	100.00	105130	104819	99.70
汕头 Shantou	618243	610638	99.54	653595	650742	99.56
韶关 Shaoguan	333250	319156	98.26	320370	316533	98.80
河源 Heyuan	349651	344150	99.09	358961	357385	99.56
梅州 Meizhou	552482	549450	99.82	542177	541342	99.85
惠州 Huizhou	342381	339061	100.00	354164	353560	99.83
汕尾 Shanwei	385871	379304	98.89	392220	390020	99.44
东莞 Dongguan	266125	262146	99.97	310082	310082	100.00
中山 Zhongshan	171910	171910	100.00	176243	176243	100.00
江门 Jiangmen	411873	411873	100.00	406470	406438	99.99
佛山 Foshan	366019	366019	100.00	382146	382126	99.99
阳江 Yangjiang	300809	298751	99.64	302591	300038	99.16
湛江 Zhanjiang	984858	974820	99.23	1052439	1045497	99.34
茂名 Maoming	912054	906054	99.69	918607	917906	99.92
肇庆 Zhaoqing	410314	408145	99.65	411045	409835	99.71
清远 Qingyuan	436689	427658	98.51	432349	429096	99.25
潮州 Chaozhou	274507	268831	99.54	275445	275157	99.90
揭阳 Jieyang	669878	664977	99.48	680124	677322	99.59
云浮 Yunfu	323842	321646	99.44	326328	325547	99.76

18-12 科技活动基本情况
BASIC STATISTICS ON SCIENTIFIC AND TECHNOLOGICAL ACTIVITIES

指　　标	Item	1990	1995	2000	2001	2002
统计单位数　（个）	**Number of Statistical Units (unit)**	**1589**	**2600**	**6246**	**6695**	**10135**
科学研究与技术开发机构	Scientific Research and Technological Development Institutions	491	481	447	236	225
全日制普通高等学校	Full-time Regular Institutions of Higher Education	48	77	58	60	89
大中型工业企业	Large and Medium-sized Industrial Enterprises	1036	1748	2058	2267	2412
其他	Others	14	294	3683	4132	7409
科技活动机构数　（个）	**Number of Scientific and Technological Research Institutions (unit)**	**993**	**1685**	**2566**	**2733**	**2527**
科学研究与技术开发机构	Scientific Research and Technological Development Institutions	491	481	445	234	272
全日制普通高等学校	Full-time Regular Institutions of Higher Education	88	440	343	358	398
大中型工业企业	Large and Medium-sized Industrial Enterprises	400	695	529	663	702
其　他	Others	14	69	1249	1478	1155
从事科技活动人员　（人）	**Number of Persons Engaged in Scientific and Technological activities (person)**	**84576**	**105469**	**222073**	**241608**	**267376**
科学研究与技术开发机构	Scientific Research and Technological Development Institutions	29163	20750	14988	11218	10518
全日制普通高等学校	Full-time Regular Institutions of Higher Education	35186	45015	21034	32505	33334
大中型工业企业	Large and Medium-sized Industrial Enterprises	19795	35986	84408	95356	104104
其　他	Others	432	3718	101643	102529	119420
科技活动经费使用总额　（万元）	**Expenditure of Scientific and Technological Research Funds (10000 yuan)**	**128233**	**398192**	**2146502**	**2504348**	**2913018**
科学研究与技术开发机构	Scientific Research and Technological Development Institutions	60584	165057	187091	175396	204914
全日制普通高等学校	Full-time Regular Institutions of Higher Education	4896	12163	56947	64434	101549
大中型工业企业	Large and Medium-sized Industrial Enterprises	61785	204684	1031661	1430845	1623896
其　他	Others	968	16288	870803	833673	982659
科技活动课题（项目）数　（个）	**Number of Projects for Scientific and Technological Research (unit)**	**9488**	**16512**	**21355**	**23119**	**27202**
科学研究与技术开发机构	Scientific Research and Technological Development Institutions	3787	4189	3182	2622	3088
全日制普通高等学校	Full-time Regular Institutions of Higher Education	4132	6623	8617	10362	12462
大中型工业企业	Large and Medium-sized Industrial Enterprises	1569	5483	2444	2779	2923
其　他	Others		217	7112	7356	8729

注：1. 1990 年高校科技活动机构未包括经学校和非上级主管部门批准的部分，经费筹集额与课题均未包括县属科学研究与技术开发机构部分。

2. 本表 1995 年及以前只包括四大科技主体；2000、2001、2002 年为全社会口径；大中型工业企业项目数为立项经费在 10 万元及以上项目。

Note: a) In 1990, the number of scientific and technological research institutions excluded the part unapproved by the higher authorities, and the figures of both research funds and projects excluded the part of the institutions under the jurisdiction of counties.

b) In 1995 and prior to it, only four scientific and technological principals were included, whereas the data of 2000, 2001 and 2002 refer to the statistical coverage of the whole society. The number of projects in large and medium-sized industrial enterprises refer to those projects with planning expenditure at 100000 yuan and above.

18-13 科技成果项数
NUMBER OF ACHIEVEMENTS FOR SCIENTIFIC AND TECHNOLOGICAL RESEARCH

单位：项　　　　(item)

项　目	Item	1980	1990	1995	2000	2001	2002
一、国家级科技奖励成果	**National Prize for Scientific and Technological Research Achievements**	**3**	**21**	**27**	**24**	**15**	**13**
国家发明奖	National Invention Prize		4	3			1
国家自然科学奖	National Natural Sciences Prize		2	4		1	
国家科技进步奖	National Scientific and Technological Progress Prize		15	20	24	14	12
二、省级重大科技成果	**Major Provincial Scientific and Technological Achievements**		**718**	**323**	**746**	**629**	**622**
三、省级科技奖励成果	**Provincial Prize for Scientific and Technological Achievements**	**147**	**165**	**236**	**265**	**212**	**237**
1.省科技进步奖	Provincial Scientific and Technological Progress Prize	147	115	213	265	212	237
农业方面	Agriculture	25	21	40	46	30	28
工业方面	Industry	102	75	101	113	92	95
医药卫生方面	Medicine and Health Care	20	12	41	72	65	67
其　他	Others		7	32	34	25	47
2.省自然科学奖	Provincial Natural Sciences Prize		17	23			
3.省星火奖	Provincial Spark Prize		33				

18-14 国有企业、事业单位科学技术人员年末人数
NUMBER OF SCIENTIFIC AND TECHNICAL PERSONNEL IN STATE-OWNED ENTERPRISES AND INSTITUTIONS AT THE YEAR-END

单位：人　　　　(person)

项　目	Item	1990	1995	2000	2001	2002
科技人员	**Scientific and Technological Personnel**	**734621**	**915137**	**1042354**	**1062222**	**1047066**
#工程技术人员	Engineering Personnel	211995	263488	278285	269992	257915
农业技术人员	Agricultural Personnel	22199	16612	16357	15471	14652
卫生技术人员	Health Care Personnel	106384	148731	188256	194903	196849
科学研究人员	Scientific Research Personnel	10080	8947	8526	8427	8222
教学人员	Teaching Personnel	190819	245689	324663	367363	379468
经济人员	Economic Personnel	94501	85792	77672	69070	62032
财会人员	Financial Accounting Personnel	62136	70006	74130	68292	63964
统计人员	Statisticians	14389	11882	9949	8500	7694
文艺人员	Artists	3728	3254	3431	3389	3497
外语翻译人员	Translators	2263	2649	2273	2023	1850
平均每万职工科技人员数	**Scientific and Technological Personnel per 10000 Staff and Workers**	**1390.99**	**1887.19**	**2642.31**	**2911.91**	**3091.86**
#工程技术人员	Engineering Personnel	401.41	542.50	705.44	740.14	761.59
农业技术人员	Agricultural Personnel	42.03	34.20	41.46	42.41	43.27
卫生技术人员	Health Care Personnel	201.44	306.22	477.22	534.30	581.27
科学研究人员	Scientific Research Personnel	19.09	18.42	21.61	23.10	24.28
教学人员	Teaching Personnel	361.31	505.85	823.00	1007.07	1120.52
经济人员	Economic Personnel	178.94	176.64	196.89	189.34	183.17
财会人员	Financial Accounting Personnel	117.65	144.14	187.92	187.21	188.88
统计人员	Statisticians	27.25	24.46	25.22	23.30	22.72
文艺人员	Artists	7.06	6.70	8.70	9.29	10.33
外语翻译人员	Translators	4.28	5.45	5.76	5.55	5.46

注：1990年科技人员数包括党政机关、团体。
Note: The number of scientific and technological personnel included those in government agencies, party agencies and social organizations in 1990.

18-15 县级以上政府部门属研究与开发机构基本情况
BASIC STATISTICS ON RESEARCH AND DEVELOPMENT INSTITUTIONS AT AND ABOVE COUNTY LEVEL

项　目		Item		1990	1995	2000	2001	2002
总　计		**Total**						
机构数	(个)	Number of Institutions	(unit)	294	298	296	251	225
职工总数	(人)	Number of Staff and Workers	(person)	32291	27367	24926	18124	15578
#科学家工程师		Scientists and Engineers		13454	11937	9582	7534	6626
其他科技人员	(人)	Other Scientific and Technological Personnel	(person)	5989	5812	4081	2782	2391
经费收入	(万元)	Funds	(10000 yuan)	66785	201834	358844	262910	301834
#政府拨款		Government Appropriations		20025	35364	98386	103407	125593
经费支出	(万元)	Expenditure	(10000 yuan)	56522	190944	330098	247905	274990
资产购建支出	(万元)	Expenditure for Purchase of Assets	(10000 yuan)	7588	15614	36382	36339	30125
一、自然科学及技术领域		**Natural Sciences and Technology**						
机构数	(个)	Number of Institutions	(unit)	267	271	263	217	192
职工总数	(人)	Number of Staff and Workers	(person)	31067	26234	23623	16889	14331
#科学家工程师		Scientists and Engineers		12722	11189	8763	6784	5858
其他科技人员	(人)	Other Scientific-Technological Personnel	(person)	5707	5579	3844	2613	2168
经费收入	(万元)	Funds	(10000 yuan)	64917	196728	345582	243607	279320
#政府拨款		Government Appropriations		18892	32083	89595	89702	111240
经费支出	(万元)	Expenditure	(10000 yuan)	54842	186095	317219	233709	257388
资产购建支出	(万元)	Expenditure for Purchase of Assets	(10000 yuan)	6774	15379	34037	34369	28961
二、社会及人文科学领域		**Social Sciences and Humanities**						
机构数	(个)	Number of Institutions	(unit)	13	13	16	17	17
职工总数	(人)	Number of Staff and Workers	(person)	679	692	780	768	787
#科学家工程师		Scientists and Engineers		445	486	538	478	494
其他科技人员	(人)	Other Scientific-Technological Personnel	(person)	150	139	106	83	126
经费收入	(万元)	Funds	(10000 yuan)	904	2372	6906	8771	11754
#政府拨款		Government Appropriations		959	2137	5908	7338	9321
经费支出	(万元)	Expenditure	(10000 yuan)	756	2332	6897	8037	8855
资产购建支出	(万元)	Expenditure for Purchase of Assets	(10000 yuan)	814	235	1769	1335	637
三、科技情报和文献机构		**Scientific-Technological Information and Literature Institutions**						
机构数	(个)	Number of Institutions	(unit)	14	14	17	17	16
职工总数	(人)	Number of Staff and Workers	(person)	545	441	523	467	460
#科学家工程师		Scientists and Engineers		287	262	281	272	274
其他科技人员	(人)	Other Scientific-Technological Personnel	(person)	132	94	131	86	97
经费收入	(万元)	Funds	(10000 yuan)	964	2734	6356	10532	10760
#政府拨款		Government Appropriations		538	1144	2883	6367	5032
经费支出	(万元)	Expenditure	(10000 yuan)	924	2517	5982	6159	8747
资产购建支出	(万元)	Expenditure for Purchase of Assets	(10000 yuan)			576	635	527

18-16 县级政府部门属研究与开发机构基本情况
BASIC STATISTICS ON RESEARCH AND DEVELOPMENT INSTITUTIONS UNDER THE JURISDICTION OF COUNTY GOVERNMENTS

项　目	Item		1990	1995	2000	2001	2002
机构数（个）	Number of Institutions	(unit)	211	192	183	184	177
职工总数（人）	Number of Staff and Workers	(person)	6315	5234	4379	4415	4107
#科学家工程师	Scientists and Engineers		361	403	359	399	396
其他科技人员（人）	Other Scientific and Technological Personnel	(person)	1062	963	844	808	745
经费收入（万元）	Funds	(10000 yuan)	4062	11976	13409	13167	12822
#来自政府的经费	Government Appropriations		1281	3149	5426	4676	5392

18-17 各市县级及以上政府部门属研究与开发机构基本情况（2002 年）
BASIC STATISTICS ON RESEARCH AND DEVELOPMENT INSTITUTIONS AT AND ABOVE COUNTY LEVEL BY CITY (2002)

市别 City	机构数（个）Number of Institutions (unit)	从业人员（人）Number of Employed Persons (person)	#科学家工程师 # Scientists and Engineers	#其他科技人员 Other Scientific and Technological Personnel	经费收入（万元）Funds (10000 yuan)	#政府拨款 Government Appropriations	经费支出（万元）Expenditure (10000 yuan)	资产购建支出（万元）Expenditure for Purchase of Assets (10000 yuan)
全省合计 Provincial Total	**402**	**19685**	**7022**	**3136**	**314656**	**130983**	**288164**	**31745**
广州 Guangzhou	134	11891	5697	1656	268840	109858	248517	27608
深圳 Shenzhen	6	118	72	17	2128	1937	2182	371
珠海 Zhuhai	5	298	75	45	7513	1761	2607	216
汕头 Shantou	16	773	173	160	4564	2145	4515	483
韶关 Shaoguan	28	593	96	162	2457	1043	2410	102
河源 Heyuan	17	469	32	14	497	226	534	1
梅州 Meizhou	17	548	82	71	1544	1275	1514	95
惠州 Huizhou	27	558	74	102	2280	920	2148	402
汕尾 Shanwei	6	144	6	117	183	117	196	
东莞 Dongguan	4	234	47	39	2253	1228	2156	280
中山 Zhongshan	2	67	22	25	931	621	508	38
江门 Jiangmen	16	310	48	79	1128	582	1104	43
佛山 Foshan	15	596	101	97	7603	1906	6785	274
阳江 Yangjiang	4	95	22	58	440	174	378	11
湛江 Zhanjiang	26	1187	204	185	6048	4135	5789	686
茂名 Maoming	19	440	112	80	1833	759	2192	499
肇庆 Zhaoqing	18	425	64	106	1320	913	1357	293
清远 Qingyuan	20	344	26	7	1641	219	1723	107
潮州 Chaozhou	4	159	12	43	748	666	570	231
揭阳 Jieyang	9	274	41	55	473	371	448	3
云浮 Yunfu	9	162	16	18	232	127	531	2

18-18 高等院校研究与发展人员及经费
RESEARCH AND DEVELOPMENT PERSONNEL AND EXPENDITURE OF HIGHER EDUCATION

项目	Item	1990	1995	2000	2001	2002
研究与发展人员总数（人）	Number of Research and Development Personnel (person)	12163	15858	9056	9994	10310
#科学家工程师	Scientists and Engineers	11420	15006	8731	9686	9729
其他科技人员（人）	Other Scientific and Technological Personnel (person)	482	561			
当年拨入研究与发展课题费（万元）	Government Appropriations for Research and Development Projects in Current Year (10000 yuan)	5750	6624	32574	37689	47386
研究发展经费内部支出（万元）	Intramural Expenditure for Research and Development Expenditure (10000 yuan)	4896	6106	36656	36730	50428

注：1. 当年拨入研究与发展经费不包括上年结转经费。研究与发展经费内部支出不包括转拨外单位经费。
2. 2000、2001、2002 年人员指标为折合全时人员，单位是"人年"。

Note: a) The figures of government appropriations in current year exclude the balance carried forward from last year. The intramural expenditure for research and development excludes the appropriations for external units.
b) The number of personnel of 2000, 2001 and 2002 refer to the personnel with a total 12 months of annual working time (person-time).

18-19 三种专利申请受理量与批准量

THREE TYPES OF PATENT APPLICATIONS EXAMINED AND GRANTED

单位：件 (item)

项　　目	Item	1985	1990	1995	2000	2001	2002
一、受理量	**Number of Patent Applications Examined**	**286**	**1947**	**7729**	**21123**	**27596**	**34339**
发明	Inventions	128	231	463	1760	2549	3806
实用新型	Utility Models	136	1000	2367	6033	8144	9972
外观设计	Designs	22	716	4899	13330	16903	20561
二、批准量	**Number of Patent Applications Granted**	**1**	**889**	**4611**	**15799**	**18259**	**22760**
发明	Inventions		40	57	261	301	351
实用新型	Utility Models	1	571	1446	4797	5246	6396
外观设计	Designs		278	3108	10741	12712	16013

18-20 各类技术合同签订情况

STATISTICS ON TECHNICAL CONTRACTS SIGNED BY TYPE

项　　目	Item	1990	1995	2000	2001	2002
一、技术合同项目数 (项)	**Number of Technical Contracts (item)**	**5813**	**5098**	**5464**	**9270**	**8265**
技术开发合同	Contract of Technical Development	2050	547	921	1393	1803
技术咨询合同	Contract of Technical Advisory	462	299	572	1401	789
技术转让合同	Contract of Technical Transfer	260	515	297	553	844
技术服务合同	Contract of Technical Service	3041	3737	3674	5923	4829
二、技术合同金额 (万元)	**Amount of Technical Contracts (10000 yuan)**	**20262**	**125972**	**482104**	**539722**	**684532**
技术开发合同	Contract of Technical Development	7290	46820	142107	138814	176466
技术咨询合同	Contract of Technical Advisory	1118	9109	12530	28508	9532
技术转让合同	Contract of Technical Transfer	3114	18396	110279	258950	365280
技术服务合同	Contract of Technical Service	8740	51647	217188	113450	133254
三、技术合同实现金额 (万元)	**Amount of Technical Contracts Completed (10000 yuan)**	**8459**	**51904**			
技术开发合同	Contract of Technical Development	1725	31402			
技术咨询合同	Contract of Technical Advisory	793	316			
技术转让合同	Contract of Technical Transfer	1405	12268			
技术服务合同	Contract of Technical Service	4532	7884			

18-21 省及省以上优秀新产品评选情况

STATISTICS ON NEW EXCELLENT PRODUCTS AT AND ABOVE PROVINCIAL LEVEL

项　　目	Item	1990	1995	2000	2001	2002
项目数 (个)	Number of Projects (item)	227	253	214	137	251
年新增销售产值 (万元)	Annual Sales Value Newly-increased (10000 yuan)	178764	465000	1760000	1210000	2149301
年均每项新增产值 (万元)	Annual Average Sales Value Newly-increased per Project (10000 yuan)	787	1838	8224	8832	8563
年新增利税 (万元)	Annual Pre-tax Profits Newly-increased (10000 yuan)	21094	93900	360000	320000	409594
年均每项新增利税 (万元)	Annual Average Pre-tax Profits Newly-increased per Project (10000 yuan)	93	371	1682	2335	1632
创汇 (万美元)	Foreign Exchange Earnings (USD 10000)	4686	3029	27200		35324
替代进口 (万美元)	Replacing Imports (USD 10000)	4936	16609			1213

18-22 科协机构及活动情况

BASIC STATISTICS ON ASSOCIATIONS FOR SCIENCE AND TECHNOLOGY AND THEIR ACTIVITIES

项　　目	Item	1990	1995	2000	2001	2002
一、科协机构　（个）	**Number of Associations for Science & Technology (unit)**	**194**	**321**	**348**	**288**	**189**
省科协	Provincial Associations	1	1	1	1	1
市科协	City Associations	18	21	21	21	21
县（市、区）科协	County (County-level City, District) Associations	77	116	123	122	124
厂矿科协	Associations of Factory and Mine	98	183	203	144	43
二、各级学会及研究会　（个）	**Number of Learned Societies and Research Societies (unit)**	**2829**	**4387**	**3780**	**3778**	**3358**
省级学会	Provincial Learned Societies	132	150	146	149	147
市级学会	City Learned Societies	718	963	734	728	683
农村专业技术协会	Rural Special Technological Societies	1979	3274	2900	2901	2528
三、各级学会及农技协会员　（人）	**Member of Learned Societies and Research Societies (person)**	**345234**	**537525**	**704094**	**713595**	**618495**
省级学会会员	Member of Provincial Societies	151129	173526	203861	179757	196849
市级学会会员	Member of City Societies	141585	259894	276546	361049	332187
农村专业技术协会会员	Member of Rural Special Technological Societies	52520	104105	223687	172789	89459
四、科协活动开展情况	**Activities of Associations for Science and Technology**					
引进推广重大技术项目　（项）	Number of Major Technical Projects Introduced and Spread (item)			2212	1781	
完成各类合同和无偿咨询项目　（项）	Number of Contracts and Free Consultative Projects Completed (item)	2546	7102	12553	10432	3536
举办各类学术交流会　（次）	Number of Academic Meetings Held (time)	1585	2129	4769	4220	1233
接待国外来访　（次）	Receiving Foreign Visitors (time)	591	440	511	406	6
科技考察　（人次）	Scientific and Technological Investigation (person-time)	478	1755	993	1182	
举办科技科普展览　（次）	Number of Exhibition for Popular Science (time)	836	3338	2258	2390	7038
举办科普讲座　（次）	Number of Lectures for Popular Science (time)	17453	5155	12014	9230	4340
青少年科技竞赛　（次）	Project of Teenagers Participating in Scientific and Technological Competition Prize Awarded (time)	4247	455	1286	738	5
五、参加科协各类活动人次　（人次）	**Number of Participants in Activities of AST (person-time)**	**6344088**	**6408473**	**8367629**	**10727101**	
参加各类学术交流会	Number of Participants in Academic Meetings	95821	153123	505235	510993	
参加各类科技培训	Number of Participants in Training Programs	369151	474250	654742	443925	
参加各类科普活动	Number of Participants in Activities of Popular Science	5879116	5781100	7207652	9772183	
六、出版各类学术刊物、科普读物　（种）	**Publications of Academic Journals and Popular Science Readings (kind)**	**581**	**451**	**582**	**557**	**118**
各类学术刊物、科普读物发行量　（万册、万份）	Number of Academic Journals and Popular Science Readings Issued (10000 copies)	666	973	562	739	136

18-23 大中型工业企业技术开发基本情况
BASIC STATISTICS ON TECHNICAL DEVELOPMENT OF LARGE AND MEDIUM-SIZED INDUSTRIAL ENTERPRISES

项目	Item	1990	1995	2000	2001	2002
一、机构与人员 （个、人）	**Institutions and Personnel (unit, person)**					
有技术开发机构的企业数	Number of Enterprises Having Institutions for Technical Development	385	500	444	562	594
占全部大中型企业的比重 （%）	Percentage to Total Number of Large and Medium-sized Enterprises (%)	37.2	28.6	21.6	24.8	24.6
技术开发机构数	Number of Technical Development Institutions	400	695	529	663	702
企业技术开发人员	Number of Technical Development Personnel in Enterprises	19795	35986	84408	95356	104104
#科学家和工程师	Scientists and Engineers	8057	15224	53357	66350	72289
技术开发机构中的人数	Number of Personnel in Technical Development Institutions	8186	15448	35495	47659	52183
#科学家和工程师	Scientists and Engineers	3725	8248	26808	37155	40486
二、经费收支 （万元）	**Funds and Expenditure (10000 yuan)**					
筹集总额	Total Funds of Technical Development	71968	234967	1125528	1340075	1536337
#上级拨款	Appropriations from Higher Authorities	1588	6134	24062	36657	33466
企业自筹	Funds Raised by Enterprises	37165	182256	946377	1157748	1307002
支出总额	Total Expenditure for Technical Development	61785	204684	1031661	1430845	1623896
#开发新产品用款	Expenditure for New Product Development	26738	105059	472822	643901	760767
技术开发经费支出占产品销售收入的比重 （%）	Percentage of Technical Development Expenditure to Sales Revenue (%)	0.88	0.71	1.71	1.92	1.79
三、技术开发项目 （项）	**Technical Development Projects (item)**					
项目数合计	Number of Technical Development Projects	1569	5483	8464	10730	12192
#上级计划	Planned by Higher Authorities	445	798	753	595	904
企业自选	Selected by Enterprises	1025	4595	7432	9421	9860
新产品项目	Projects for New Product Development	774	360	5563	7161	8190
项目当年投资 （万元）	Investment in Projects in Current Year (10000 yuan)	44447	157142	743249	1086813	1142744
已完成项目	Number of Projects Completed	843	3439	7618	9657	10973
已投入生产（使用）项目	Number of Projects Put into Production or Use	752	2848	5248	6653	7559

注：1990年统计的技术开发项目系累计支出达万元以上。
Note: The figures of technical development projects in 1990 referred to the projects with accumulative expenditure above 10000 yuan.

18-24 大型工业企业技术开发基本情况
BASIC STATISTICS ON TECHNICAL DEVELOPMENT OF LARGE-SIZED INDUSTRIAL ENTERPRISES

项目	Item	1990	1995	2000	2001	2002
一、机构与人员 （个、人）	**Institutions and Personnel (unit, person)**					
有技术开发机构的企业数	Number of Enterprises Having Institutions for Technical Development	116	216	223	283	295
占全部大中型企业的比重 （%）	Percentage to Total Number of Large and Medium-sized Enterprises （%）	42	41.2	27.4	32.0	32.0
技术开发机构数	Number of Technical Development Institutions	121	318	279	325	369
企业技术开发人员	Number of Technical Development Personnel in Enterprises	8917	20132	59209	71444	75918
#科学家和工程师	Scientists and Engineers	3742	9562	36869	51859	55175
技术开发机构中的人数	Number of Personnel in Technical Development Institutions	3924	9662	24184	37047	38732
#科学家和工程师	Scientists and Engineers	1742	5403	18425	29995	31451
二、经费收支 （万元）	**Funds and Expenditure (10000 yuan)**					
筹集总额	Total Funds of Technical Development	38186	155816	810396	1117495	1272390
#上级拨款	Appropriations from Higher Authorities	812	4583	17473	25091	24176
企业自筹	Funds Raised by Enterprises	17776	130136	708955	965773	1067928
支出总额	Total Expenditure for Technical Development	31424	151167	741530	1167735	1368856
#开发新产品用款	Expenditure for New Product Development	17104	69034	346264	540235	623650
技术开发经费支出占产品销售收入的比重 （%）	Percentage of Technical Development Expenditure to Sales Revenue （%）	0.84	0.77	1.65	2.08	2.00
三、技术开发项目 （项）	**Technical Development Projects (item)**					
项目数合计	Number of Technical Development Projects	595	3001	5049	7490	7795
#上级计划	Planned by Higher Authorities	186	496	449	667	669
企业自选	Selected by Enterprises	387	2389	4433	6576	6404
新产品项目	Projects for New Product Development	287	1703	3055	4896	4958
项目当年投资 （万元）	Investment in Projects in Current Year （10000 yuan）	23760	105923	558459	905592	944064
已完成项目	Number of Projects Completed	270	1817	4943	7333	7631
已投入生产（使用）项目	Number of Projects Put into Production or Use	231	355	3130	4643	4832

注：1990年统计的技术开发项目系累计支出达万元以上。
Note: The figures of technical development projects in 1990 referred to the projects with accumulative expenditure above 10000 yuan.

18-25 各市大中型工业企业科技活动人员和经费（2002 年）

NUMBER OF PERSONS AND FUNDS IN SCIENTIFIC AND TECHNOLOGICAL ACTIVITIES OF LARGE AND MEDIUM-SIZED INDUSTRIAL ENTERPRISES BY CITY (2002)

市别 City	科技活动人员（人）Number of Persons Engaged in Scientific and Technological Activities (person)	#科学家和工程师（人）Scientists and Engineers (person)	#研究与试验发展人员（人）Persons Engaged in Research and Development (person)	科技经费内部支出（万元）Intramural Expenditures for Scientific and Technological Activities (10000 yuan)	#研究与试验发展经费（万元）Expenditure for Research and Development (10000 yuan)	#新产品开发经费（万元）Expenditure for New Product Development (10000 yuan)
全　省 Total	104104	72289	63447	1623896	1017570	760767
广　州 Guangzhou	20312	11361	12666	231294	142312	112169
深　圳 Shenzhen	25977	23909	20713	708874	510415	382768
珠　海 Zhuhai	3325	2827	1581	61642	27238	35101
汕　头 Shantou	1413	1065	630	10833	5588	7298
韶　关 Shaoguan	5020	1859	1469	31949	24472	2395
河　源 Heyuan	663	198	109	3840	847	728
梅　州 Meizhou	738	383	586	5263	4511	517
惠　州 Huizhou	3599	2662	1134	93361	33976	57130
汕　尾 Shanwei	223	169	169	1581	1139	995
东　莞 Dongguan	4176	1952	1765	59621	26310	8399
中　山 Zhongshan	5270	3165	4048	52310	41486	23872
江　门 Jiangmen	4189	2035	2183	77393	34259	15130
佛　山 Foshan	14243	10755	8154	188302	123544	80621
阳　江 Yangjiang	1363	667	462	4896	2157	555
湛　江 Zhanjiang	2047	1080	1413	25171	16080	11452
茂　名 Maoming	3553	3174	2726	14761	4357	1611
肇　庆 Zhaoqing	3767	2517	1863	30638	10161	13428
清　远 Qingyuan	649	303	502	1635	944	262
潮　州 Chaozhou	1000	636	452	8113	3007	3409
揭　阳 Jieyang	1182	917	710	9157	4619	2485
云　浮 Yunfu	1395	655	112	3262	148	442

18-26 各市大中型工业企业新产品产出情况

STATISTICS ON NEW PRODUCTS OF LARGE ANG MEDIUM-SIZED INDUSTRIAL ENTERPRISES BY CITY

单位：万元 (10000 yuan)

市别 City	2001			2002		
	新产品产值 Output Value of New Products	新产品销售收入 Sales Revenue of New Products	#出口 Exports	新产品产值 Output Value of New Products	新产品销售收入 Sales Revenue of New Products	#出口 Exports
全　省 Total	11261673	10758096	3166552	12742074	11681009	3227594
广　州 Guangzhou	2244297	2253913	224299	2422849	2291238	198535
深　圳 Shenzhen	3611560	3189012	1719458	3779316	3618936	1310019
珠　海 Zhuhai	723507	614486	77456	646158	552166	52936
汕　头 Shantou	28203	25177	8452	126810	112371	59926
韶　关 Shaoguan	41368	32459	825	62347	47770	13827
河　源 Heyuan	1200	835		16075	15748	30
梅　州 Meizhou	15541	13067	625	65793	63843	633
惠　州 Huizhou	1179832	1189868	454260	1874638	1724174	678537
汕　尾 Shanwei	3242	3142	3142	6766	6656	6344
东　莞 Dongguan	166403	154664	65172	341634	300338	203405
中　山 Zhongshan	209851	222429	60338	234127	198276	84583
江　门 Jiangmen	621424	548729	69443	398072	363232	35924
佛　山 Foshan	1873111	1984930	409265	2342687	1974155	491852
阳　江 Yangjiang	3357	2760	946	18641	17903	7088
湛　江 Zhanjiang	112817	107858	3843	108862	109703	4403
茂　名 Maoming	216735	216830	118	76015	75845	592
肇　庆 Zhaoqing	119557	101290	40167	105370	94679	29332
清　远 Qingyuan	17655	16949	1526	4212	4029	31
潮　州 Chaozhou	51855	58281	13185	63023	64258	37252
揭　阳 Jieyang	18682	19359	14032	41505	38824	12345
云　浮 Yunfu	1476	2058		7174	6865	

18-27 文化艺术、文物事业机构数
NUMBER OF INSTITUTIONS FOR CULTURE, ART AND CULTURAL RELICS

单位：个 (unit)

年份 Year	电影放映单位 Film Projection Units	艺术表演团体 Art Performance Troupes	文化馆 Cultural Centers	公共图书馆 Public Libraries	博物馆 Museums	档案馆 Archives
1949	60	6		7	1	
1952	187	55	117	4	2	
1957	561	164	125	19	6	
1962	941	158	93	22	20	
1965	1065	151	118	38	28	
1970	1341	115	71	22	14	
1975	3293	158	113	68	24	
1978	6346	172	124	76	30	
1980	7375	195	113	97	26	
1985	6037	171	123	117	106	
1990	4024	130	113	103	106	138
1991	4041	122	110	104	107	147
1992	3917	125	113	108	108	150
1993	3974	126	115	110	108	148
1994	3750	132	116	111	111	156
1995	3668	134	115	114	113	155
1996	3670	136	115	115	114	157
1997	3463	138	117	119	117	157
1998	3621	139	117	120	122	157
1999	2938	140	117	121	128	162
2000	1626	138	119	125	131	161
2001	1794	139	118	129	140	175
2002	904	141	120	131	140	185

18-28 文化部门艺术表演团体演出基本情况（2002 年）
BASIC STATISTICS ON PERFORMANCE OF ART TROUPES UNDER CULTURAL DEPARTMENTS (2002)

项　　目	Item	剧团数（个） Number of Troupes (unit)	国内演出场次（万场） Number of Domestic Performances (10000 shows)	# 到农村演出 Shows in Rural Areas	国内演出观众人次（万人次） Number of Domestic Spectators (10000 person-times)
合　计	**Total**	**141**	**1.6**	**1.1**	**2471**
# 国营剧团	Troupes Sponsored by State-owned Units	126	1.4	0.9	2246
集体经营剧团	Troupes Sponsored by Collective Units	11	0.2	0.1	205
按剧种分	**By Type of Drama**				
话剧、儿童剧、滑稽剧团	Drama, Children's Play and Comedy Troupes	5			62.8
歌剧、舞剧、歌舞剧团	Opera, Dance Drama, Song and Dance Drama Troupes	15	0.1	0.1	141.7
歌舞团、轻音乐团	Song and Dance Troupes, Light Music Troupes	31	0.2	0.1	531.7
乐　团	Philharmonic Troupes	2			29.5
文工团、文宣队	Cultural and Performance Troupes	3			11.3
戏曲剧团	Traditional Opera Troupes	71	1.0	0.8	1490.6
曲、杂、木、皮团	Recitation and Balled Troupes, Acrobatics and Circus Troupes, Puppet Show Troupes and Shadow Play Troupes	14	0.3	0.1	203.4

18-29 文化、文物事业机构及人员数（2002 年）
NUMBER OF INSTITUTIONS AND PERSONNEL IN CULTURE AND CULTURAL RELICS (2002)

项 目	Item	合计 Total		文化部门 Cultural Departments		其他部门 Others	
		机构数（个）Institutions (unit)	人数（人）Personnel (person)	机构数（个）Institutions (unit)	人数（人）Personnel (person)	机构数（个）Institutions (unit)	人数（人）Personnel (person)
总 计	**Total**	**18900**	**158609**	**2758**	**25909**	**16142**	**132700**
一、文化事业合计	**Cultural Institutions**	**18704**	**155741**	**2562**	**23041**	**16142**	**132700**
艺术事业	Art Institutions	224	8390	224	8390		
图书馆事业	Libraries	131	2953	130	2948	1	5
群众文化事业	Mass Culture	1944	7771	1915	7665	29	106
教育事业	Education	7	817	7	817		
娱乐业	Entertainment	6256	104143	65	623	6191	103520
文艺科研	Scientific Research in Arts	9	118	9	118		
其他文化事业	Other Cultural Units	10133	31549	212	2480	9921	29069
二、文物事业合计	**Cultural Relics**	**196**	**2868**	**196**	**2868**		
文物机构	Institutions for Cultural Relics	44	336	44	336		
博 物 馆	Museums	140	2354	140	2354		
文物商店	Cultural Relics Agencies	12	178	12	178		

18-30 公共图书馆、群众文化事业机构及人员数（2002 年）
NUMBER OF INSTITUTIONS AND PERSONNEL IN PUBLIC LIBRARIES AND MASS CULTURE (2002)

项 目	Item	合计 Total		文化部门 Cultural Departments		其他部门 Others	
		机构数（个）Institutions (unit)	人数（人）Personnel (person)	机构数（个）Institutions (unit)	人数（人）Personnel (person)	机构数（个）Institutions (unit)	人数（人）Personnel (person)
一、图书馆事业	**Libraries**	**131**	**2953**	**130**	**2948**	**1**	**5**
公共图书馆	Public Libraries	131	2953	130	2948	1	5
# 儿童图书馆	Children Libraries	4	108	4	108		
二、群众文化事业	**Mass Culture**	**1944**	**7771**	**1915**	**7665**	**29**	**106**
群众艺术馆	Mass Art Centres	22	480	22	480		
文化馆	Cultural Centres	120	1439	120	1439		
文化站	Cultural Stations	1802	5852	1773	5746	29	106

18-31 各市文化、文物事业机构数（2002 年）

NUMBER OF INSTITUTIONS FOR CULTURE AND CULTURAL RELICS BY CITY (2002)

单位：个 （unit）

市 别 City	电影放映单位 Film Projection Units	艺术表演团体 Art Performance Troupes	文化馆 Cultural Centres	公共图书馆 Public Libraries	博物馆 Museums	档案馆 Archives
广 州 Guangzhou	143	12	12	14	26	16
深 圳 Shenzhen	162	5	6	10	12	8
珠 海 Zhuhai	17	2	2	2	2	5
汕 头 Shantou		7	7	9	5	10
韶 关 Shaoguan	130	9	11	9	9	14
河 源 Heyuan		7	6	6	6	8
梅 州 Meizhou	133	11	8	10	9	11
惠 州 Huizhou	38	7	5	5	5	8
汕 尾 Shanwei		5	4	4	4	6
东 莞 Dongguan	108	2		1	3	2
中 山 Zhongshan	32	1		2	2	3
江 门 Jiangmen	45	12	7	6	6	11
佛 山 Foshan	85	5	6	7	6	8
阳 江 Yangjiang		3	4	4	2	8
湛 江 Zhanjiang		9	9	7	6	13
茂 名 Maoming		11	5	5	5	8
肇 庆 Zhaoqing		10	8	7	8	11
清 远 Qingyuan		5	8	9	8	10
潮 州 Chaozhou		2	3	2	4	5
揭 阳 Jieyang		5	5	6	4	5
云 浮 Yunfu		3	4	5	5	6
省直属单位 Units Directly under Provincial Government	11	8		1	3	9

18-32 各市文化、文物事业机构的人员数（2002 年）

NUMBER OF PERSONNEL IN INSTITUTIONS FOR CULTURE AND CULTURAL RELICS BY CITY (2002)

单位：人 （person）

市 别 City	艺术表演团体 Personnel in Art Performance Troupes	文化馆 Personnel in Cultural Centres	公共图书馆 Personnel in Public Libraries	博物馆 Personnel in Museums	档案馆 Personnel in Archives
广 州 Guangzhou	789	148	425	579	249
深 圳 Shenzhen	336	119	401	192	79
珠 海 Zhuhai	80	8	56	53	39
汕 头 Shantou	358	89	121	38	78
韶 关 Shaoguan	203	96	133	77	45
河 源 Heyuan	186	74	54	38	32
梅 州 Meizhou	272	110	122	85	62
惠 州 Huizhou	179	72	75	44	52
汕 尾 Shanwei	199	55	30	56	25
东 莞 Dongguan	88		81	328	22
中 山 Zhongshan	45		51	114	15
江 门 Jiangmen	458	77	118	56	54
佛 山 Foshan	180	70	248	185	74
阳 江 Yangjiang	90	33	79	20	65
湛 江 Zhanjiang	391	91	115	56	78
茂 名 Maoming	425	74	104	37	53
肇 庆 Zhaoqing	117	78	84	60	37
清 远 Qingyuan	76	66	82	29	45
潮 州 Chaozhou	142	22	32	40	17
揭 阳 Jieyang	293	108	160	71	31
云 浮 Yunfu	53	49	59	25	29
省直属单位 Units Directly under Provincial Government	1201		323	171	147

18-33 图书、杂志、报纸出版数量
NUMBER OF BOOKS，MAGAZINES AND NEWSPAPERS PUBLISHED

项　　目		Item		1980	1990	1995	2000	2001	2002
一、图书出版		**Books Published**							
种　数	（种）	Number of Publications	（kind）	690	1941	2510	4374	4952	4705
总印数	（万册）	Total Printed Copies	（10000 copies）	16845	28070	36911	26978	27345	32577
总印张数	（千印张）	Printed Sheets	（1000 sheets）	684121	891563	1800632	1482942	1653277	1939420
二、杂志出版		**Magazines Published**							
种　数	（种）	Number of Publications	（kind）	34	253	329	337	351	362
总印数	（万册）	Total Printed Copies	（10000 copies）	1927	11325	22740	26299	25627	24785
总印张数	（千印张）	Printed Sheets	（1000 sheets）	58717	288263	674634	919514	921267	921312
三、报纸出版		**Newspapers Published**							
种　数	（种）	Number of Publications	（kind）	9	91	130	101	120	126
总印数	（万份）	Total Printed Copies	（10000 copies）	48808	138060	226441	346268	389697	425715
总印张数	（千印张）	Printed Sheets	（1000 sheets）	484173	1365246	4747000	17669099	24463769	27818351

18-34 图书出版情况（2002年）
STATISTICS ON BOOKS PUBLISHED（2002）

门　　类	Category	本版图书种数（种）Number of Publications（kind）	#新出 New Publications	总印数（万册）Printed Copies（10000 copies）	总印张数（千印张）Printed Sheets（1000 sheets）
合　　计	**Total**	**4705**	**2792**	**32577**	**1939420**
马克思主义、列宁主义、毛泽东思想	Marxism，Leninism and Mao Zedong Thought	13	7	19	1657
哲　　学	Philosophy	66	48	58	5845
社会科学总论	General Social Sciences	66	37	43	5679
政治、法律	Politics and Law	187	162	134	17681
经　　济	Economy	628	481	395	56265
军　　事	Military Affairs	4	4	2	147
文化、科学、教育、体育	Culture，Science，Education and Sports	1833	743	29219	1669777
语言、文字	Language	222	137	179	21470
文　　学	Literature	484	400	404	51296
艺　　术	Arts	123	86	1236	39170
历史、地理	History and Geography	200	154	149	12541
自然科学总论	General Natural Sciences	7	5		192
数理科学、化学	Mathematics，Physics and Chemistry	46	18	15	2165
天文学、地理科学	Astronomy and Geology	4	3	2	190
生物科学	Biological Science	18	8	12	1513
医药、卫生	Medicine and Health Care	243	164	293	24271
农业科学	Agricultural Science	75	51	39	2264
工业技术	Industrial Technology	365	216	221	21660
交通运输	Transportation	16	12	6	888
环境科学	Environmental Science	14	13	11	899
航空、航天	Aeronautics and Aerospace	2	2	2	183
综合性图书	General Books	24	18	20	2404
不使用《中国标准书号》部分	Publications without "China International Standard Book Number"	65	23	118	1263

18-35 杂志出版情况（2002 年）
STATISTICS ON MAGAZINES PUBLISHED (2002)

项　　目	Item	种数（种）Number of Publications (kind)	平均期印数（万册）Average Printed Copies per Issue (10000 copies)	总印数（万册）Printed Copies (10000 copies)	总印张数（千印张）Printed Sheets (1000 sheets)
合　　计	**Total**	**362**	**1531**	**24785**	**921312**
综　　合	General	55	352	5467	216643
哲学、社会科学	Philosophy and Social Sciences	84	349	4622	186321
自然科学、技术	Natural Sciences and Technology	155	195	3246	145757
文化、教育	Culture and Education	36	405	8140	245798
文学、艺术	Literature and Arts	25	86	1553	89018
少年儿童读物	Publication for Children	5	139	1663	30268
画刊	Pictorial	2	5	94	7507

18-36 报纸出版情况（2002 年）
STATISTICS ON NEWSPAPERS PUBLISHED (2002)

项　　目	Item	种数（种）Number of Publications (kind)	平均期印数（万份）Average Printed Copies per Issue (10000 copies)	总印数（万份）Printed Copies (10000 copies)	总印张数（千印张）Printed Sheets (1000 sheets)
合　　计	**Total**	**126**	**1793**	**425715**	**27818351**
综 合 报	General Newspapers	89	1299	350247	24518129
专 业 报	Specialized Newspapers	37	494	75468	3300222
省　　级	Provincial-level Newspapers	34	880	199515	13583649
市　　级	City-level Newspapers	72	885	222504	14194474
县　　级	County-level Newspapers	20	29	3696	40228

18-37 广播、电视事业发展情况
STATISTICS ON BROADCASTING AND TELEVISION STATIONS

项　　目	Item	1980	1990	1995	2000	2001	2002
广播电台（座）	Broadcasting Stations (set)	4	87	96	106	22	22
中波广播发射台和转播台（座）	Medium Wave Broadcasting Transmission Stations and Relaying Stations (set)	9	12	13	10	10	10
电视台（座）	Television Stations (set)	1	38	56	67	24	24
1000 瓦及以上电视发射台和转播台（座）	Television Transmission and Relaying Stations at 1000 w and above (set)	10	23	41	49	47	47
县、市广播电视台（座）	Broadcasting and Television Stations in Counties and County-level Cities (set)	93	93	67	83	83	83

18-38 广播电台宣传基本情况（2002 年）
BASIC STATISTICS ON BROADCASTING STATIONS (2002)

项　目 Item		广播电台（座）Broadcasting Stations (set)	节目套数（套）Number of Programs (set)	平均每日播音时间（时：分）Broadcasting Hours per Week (hour: minute)	# 自办节目时间 Self-produced Programs	# 新闻节目 News Programs	# 专题节目 Special Topic Programs	# 文艺节目 Entertainment Programs
合　计	**Item**	**22**	**118**	**1858：40：00**	**1636：03：00**	**180：41：00**	**319：01：00**	**649：07：00**
省　级	Provincial Level	1	8	167：00：00	164：30：00	15：30：00	47：00：00	60：00：00
市　级	City Level	21	36	659：30：00	616：50：00	62：19：00	116：14：00	251：08：00
县　级	County Level		74	1032：10：00	854：43：00	102：52：00	155：47：00	337：59：00

18-39 电视台宣传基本情况（2002 年）
BASIC STATISTICS ON TELEVISION STATIONS (2002)

项　目 Item		电视台（座）Broadcasting Stations	节目套数（套）Number of Programs (set)	平均每日播出音时间（时：分）Broadcasting Hours per Week (hour: minute)	# 自办节目时间 Self-produced Programs	# 新闻节目 News Programs	# 专题节目 Special Topic Programs	# 文艺节目 Entertainment Programs
合　计	**Item**	**24**	**119**	**8247：06：00**	**5992：08：00**	**572：05：00**	**912：57：00**	**2969：20：00**
省　级	Provincial Level	2	10	840：40：00	723：31：00	80：21：00	116：22：00	265：05：00
市　级	City Level	22	60	5331：51：00	3998：29：00	312：45：00	701：14：00	1971：02：00
县　级	County Level		49	2047：35：00	1270：08：00	178：59：00	95：21：00	733：13：00

18-40 各市广播、电视事业机构数（2002 年）
NUMBER OF INSTITUTIONS OF BROADCASTING AND TELEVISION STATIONS (2002)

市　别	City	广播电台（座）Broadcasting Stations (set)	中波广播发射台和转播台（座）Medium Wave Broadcasting Transmission Stations and Relaying Stations (set)	电视台（座）Television Stations (set)	1000 瓦及以上电视发射台和转播台（座）Television Transmission and Relaying Stations at 1000 w and above (set)	县、市广播电视台（座）Broadcasting and Television Stations in Counties and County-level Cities (set)
广　州	Guangzhou	1		1	2	4
深　圳	Shenzhen	1	1	2	1	3
珠　海	Zhuhai	1		1	1	
汕　头	Shantou	1	1	1	1	3
韶　关	Shaoguan	1	1	1	2	8
河　源	Heyuan	1	1	1	1	5
梅　州	Meizhou	1	2	1	3	7
惠　州	Huizhou	1		1	2	4
汕　尾	Shanwei	1		1	2	3
东　莞	Dongguan	1		1	1	
中　山	Zhongshan	1		1	1	
江　门	Jiangmen	1		1	3	5
佛　山	Foshan	1		1	2	4
阳　江	Yangjiang	1		1	1	3
湛　江	Zhanjiang	1	1	1	6	5
茂　名	Maoming	1	1	1	2	4
肇　庆	Zhaoqing	1	1	1	2	7
清　远	Qingyuan	1		1	2	7
潮　州	Chaozhou	1		1	2	2
揭　阳	Jieyang	1		1	3	4
云　浮	Yunfu	1		1		3
省直属单位	Units Directly under Provincial Government	1	4	2	6	

主要统计指标解释

普通高等学校 指按照国家规定的设置标准和审批程序批准举办，通过国家统一招生考试，收高中毕业生为主要培养对象，实施高等教育的全日制大学、独立设置的学院和高等专科学校短期职业大学。

成人高等学校 指按照国家有关规定审批、招收通过全国成人高教统一招生考试的具有高中毕业或同等学历的在职从业人员利用脱产、半脱产、业余或函授等多种形式对其实施高等学历教育，培养高等教育专科或本科毕业水平的专门人才，修业年限、课程设置和总学时的数按高等学历教育要求付诸实施的学校。包括广播电视大学、职工高等学校、农民高等学校、管理干部学院、教育学院、独立设置的函授学院等。

小学学龄儿童入学率 指调查范围内已入小学学习的学龄儿童占校内外学龄儿童总数（包括弱智儿童在内，但不包括盲聋哑儿童）的比重。

科技活动 是指在所有科学技术领域内，即自然科学、农业科学、医学科学、工程与技术科学、人文科学与社会科学中，与科技知识的产生、发展、传播和应用密切相关的全部的、有组织的、系统的科技活动。所谓有组织的、系统的科技活动，是指在一个机构的范围之内，并列入这一机构的工作计算，由这一机构的人员有计划地进行的科技活动。目前，我们统计的科技活动，是指调查范围内有组织有系统开展的科技活动。它包括三类活动（1）研究与试验发展活动；（2）研究与试验发展成果应用活动；（3）科技服务活动。

研究与发展活动 指为增进知识，及利用这些知识去开创新的用途而进行的系统的创造性工作。它具备四种基本因素：（1）创造性的因素；（2）新颖性或创新的因素；（3）科学方法的运用；（4）新知识的产生。它包括三种类：（1）基础研究；（2）应用研究；（3）实验发展。

科技活动统计单位 指制度调查范围内的调查单位个数，对于自然科学领域、社会与人文科学领域的科学研究与技术开发机构（含县属研究与开发机构）、科学技术情报与文献机构是以一个机构为一个调查单位；对于高等学校，是以一个学校为一个调查单位；对于企业是以一个企业为一个调查单位。

科技活动机构 是指调查范围内有建制的从事科技活动科研机构。包括国有独立核算的科学研究与技术开发机构自然科学领域、社会与人文科学领域）（含机构、大中型工业企业附属的技术开发机构。全日制附属科技活动机构，是指经学校及上级主管部门正式批准的以科技活动为主，相对稳定的开展科技活动机构；大中型工业企业附属的技术开发机构是指企业自办、或与外单位合办、管理上同生产系统相对独立的，或单独核算的专门技术开发机构（如企业办研究所或开发中心开发部等专门技术开发机构）。

从事科技活动人员 指报告期内调查单位中从事科技活动的人员。调查单位中从事科技活动人员为直接从事科技活动和科技活动提供直接服务，累计时间占全年工作时间10%以上的人员。

科学家和工程师 具有大学本科以及以上学历的和不具备上述学历但有高、中级职称的人员。

技术员 指具有大、中专学历和不具备大、中专学历，但有初级职称的人员。

研究与发展人员 指报告期内从事研究与发展活动的人员。调查单位直接从事研究与发展课题活动以及院、所等从事科技行政管理、科技服务等工作为研究与发展课题活动服务，累计时间占全年工作时间10%以上的人员。人员数为全时人员数加非全时人员数之和。

科技活动经费筹集总额 指报告期内调查单位从各种渠道筹集到的科技活动经费（含科研基建费）。包括政府资金、自筹资金、银行贷款、其他经费。

科技活动经费使用总额（内部支出） 指报告期内调查单位用于科技活动的实际支出。包括劳务费、科研业务费、科研管理费、非基建投资购建的固定资产、科研基建支出以及其他用于科技活动的支出。但不包括生产性活动支出、归还贷款支出及转拨外单位支出。

研究与发展经费支出 指报告期内用于研究与发展课题活动（基础研究、应用研究、实验发展）的全部实际支出。包括用于研究与发展课题活动的直接支出，还包括间接用于研究与发展活动的一切支出（院、所管理费，维持院、所正常运转的必需费用和与研究发展有关的基本建设支出）。

省级以上获奖成果 指科技活动单位在本年度内从省以上政府科技管理部门获得的各种科技成果奖。由于几个单位合作获得的科技成果奖，为防止重复，仅由第一完成单位填报，多次获奖的成果只填一个。获奖成果包括：国家级奖、省部级奖和地市级奖。国家级奖：指国家自然科学奖、国家发明奖、国家科技进步奖、国家星火奖等。省、部级奖：指以国务院各部门和省、自治区、直辖市名义颁发的重大科技成果奖和科技进步奖。

科技机构内课题（项目）个数 指调查单位列入科研计划或已为本单位科研管理部门认可，可作为本单位科研工作任务，并在当年开展活动的研究与发展、研究与发展成果应用、科技服务课题（项目）数。

包括当年新开课题和上年尚未完成，在统计年度内继续进行的课题。

文化事业机构　指从事专业文化工作和为专业文化工作服务的独立建制的单独核算的单位。不包括这些单位另外举办独立核算的其他机构和各部门的业余文化组织。

艺术表演团体　指从事戏曲、音乐、舞蹈、杂技等专业艺术表演，有独立帐户，实行单独核算的团体。不包括半工半艺、半农半艺和民间职业剧团。

电影放映单位　指具有放映机器设备、固定或不固定的放映场所与专职或兼职的放映技术人员，经有关部门登记批准，经常为一定的观众对象放映电影的机构。包括经批准对外开放进行营业，并与电影发行放映管理机构分帐的专用放映单位和军委系统租片单位。

艺术表演观众人数（人次）　指售票、包场演出或民族地区免费演出的艺术表演观众人次数。不包括彩排审查和内部观摩演出的观看人次数。

Explanatory Notes on Main Statistical Indicators

Regular Institutions of Higher Education refer to educational establishments set up according to the government evaluation and approval procedures enrolling graduates from senior secondary schools and providing higher education and training for senior professionals. They include full-time universities, colleges, high professional and short-term professional universities.

Institutions of Higher Learning for Adults refer to educational establishments, set up in line with relevant rules approved by the government, enrolling staff and workers with senior secondary school or equivalent education, and providing higher education courses in many forms of full-time, part-time, spare-time, or correspondence for adults. Professionals thus trained receive a qualification equivalent to graduates studying regular courses at regular universities, colleges and professional colleges. Adult higher education schools include radio and TV universities, schools of higher education for staff and workers and farmers, colleges for management cadres, pedagogical colleges and independent correspondence colleges.

Enrollment Rate of Primary School-age Children refers to the proportion of school-age children enrolled at school to the total number of school-age children both in and outside schools (including retarded children, but excluding blind, deaf and mute children).

Scientific and Technological Activities refer to all those organized and systematic activities of science and technology which are closely connected with the emergence, development, diffusion and application of scientific and technological knowledge in all the scientific and technological fields, such as natural sciences, agricultural science, medical science, engineering and technical science, humanities and social sciencces. The organized and systematic activities refer to the activities organized in a planned way by the personnel of an institution. At present, its statistical coverage includes the activities in an organized and systematic way within the survey coverage, which are: (1) activities of research and experimental development; (2) applied activities of research and experimental achievements; (3) service activities of science and technology.

Activities of Research and Development refer to the systematic and creative work with the aim of widening knowledge and using it to find new ways. They cover four basic factors: (1) creative factor; (2) novel or innovative factor; (3) application of scientific methods; (4) emergence of new knowledge. They include three types: (1) basic research; (2) applied research; (3) experimental development.

Statistical Units of Scientific and Technological Activities refer to the number of survey units within the survey coverage. As for research and development institutions (including those under county administration) and humanities , one institution is a survey unit; as for institutions of higher education, one university or colleague is a survey unit; as for enterprises, an enterprise is a survey unit.

Institutions of Scientific and Technological Activities refer to the organic institutions engaged in scientific and technological activities within the survey coverage, including the state-owned research and development institutions with independent accounting system (in the field of natural sciences, social sciences and humanities) and the technical development institutions affiliated to institutions and large and medium-sized industrial enterprises. The full-time affiliated institutions refer to those which are mainly engaged in the scientific and technological activities with the formal ratification of schools and higher authorities. The technical development institutions affiliated to large and medium-sized industrial enterprises refer to the special development institutions run by enterprise or collectively run with other units but keeping relatively independent administration from production system, or having their independent accounting system (such as research institutions or development departments of development centers run by enterprises, etc).

Personnel Engaged in Scientific and Technological Activities refer to all the persons in the survey units engaged in scientific and technological activities during the reference period, i.e. those who are directly engaged in the activities and provide direct services to the activities with 10 percent or more of work time of the year.

Scientists and Engineers refer to persons who have completed university of higher education or without above record of formal schooling but titles of senior or middle level professional positions.

Other Technical Personnel refer to persons involved in science and technology with secondary specialized education or three year college education and persons with junior professional titles.

Personnel of Research and Development refer to the persons who are engaged in research and development activities during the reference period, i.e. those in the survey units who are directly engaged in R & D activities and provide services to R & D activities with 10% or more of work time of the year. It is the sum o f full-time personnel and non full-time personnel.

Total Funds for Scientific and Technological Activities refer to the funds for scientific and technological activities (including capital construction funds for scientific research) raised by the survey units from various channels during the reference period, including government funds, self-raised funds, bank loans and other funds.

Total Expenditure for Scientific and Technological Activities (Intramural Expenditure) refers to the actual expenditure made for scientific and technological activities by the survey units during the reference period, including service expenses, professional expenses for scientific research, management expenses for scientific research, purchases of fixed assets with investment in non-capital construction, capital construction expenditure for scientific research and others, but excluding expenditure for productive activities, expenditure for return of loans and transfer of expenditure of other units.

Total Expenditure on Research and Development refers to all actual expenditure made for R & D (basic research, applied research and experimental development) in reference period. It includes direct expenditure on R & D activities and indirect expenditure on R & D activities (including management expenses, administrative expense and investment in capital construction relating to R & D).

Number of Prizes Won at and above Provincial Level refers to the number of various prizes in scientific and technological research won by the units engaged in scientific and technological activities from provincial level and above in the current year. If a prize is won in a cooperative way, it is reported only by the first listed unit so as to avoid duplication. As for the achievement won for several times, it is reported only once. Achievements and prizes won include all those at country level, at provincial level and at city (prefecture) level. The prizes at country level cover: national prize for natural sciences prize for invention, national prize for scientific and technological progress and national spark prize etc. The prizes at provincial and ministry level refer to major achievements and progress in science and technology awarded by the departments of the state council, provinces, autonomous regions and municipalities directly under the central government.

Number of Research Tasks (Projects) of Scientific and Technological Institutions refers to the number of research tasks (projects) on R & D, application of R & D and scientific and technological services, which are listed in the plans of scientific research or approved by administrative departments of the survey units and start research in the current year. It includes those newly started and uncompleted in the preceding year and going on in the statistical year.

Cultural Institutions refer to units which have their own organizational system and independent accounting system and specialize in or serve cultural development. They exclude other establishments run by these cultural institutions and amateur cultural groups established by various departments.

Art Troupes refer to the troupes which are engaged in drama, opera, music, dance, acrobatics or other art performance, open independent accounts with banks and self supporting accounting system; excluding the troupes which are engaged partly in industrial or agricultural activities, partly in art performance and the professional troupes organized by the people.

Film Projection Units refer to units with film projection equipment, full or part-time projectionists, permanent or non-permanent places, approved by related administrative departments to show films regularly for certain groups of audience, including those film projection units which have been approved to give commercial shows and run business with independent accounting system as well as those film renting units of the military system.

Number of Spectators at Art Performance refers to the number of attendants at commercial shows, completely booked shows or free shows given in minority national areas, and does not include the number of spectators at rehearsals for examination and internal shows for study.

十九 体育、卫生、社会福利、环保和其他

SPORTS, PUBLIC HEALTH, SOCIAL WELFARE, ENVIRONMENTAL PROTECTION AND OTHERS

19

十九　体育、卫生、社会福利、环保和其他

简要说明

一、本篇主要反映体育、卫生、社会福利、环保及其他事业的发展情况，由广东省统计局人口和社会科技处负责整理、编辑。

二、体育部分主要包括体育系统职工人数、群众体育活动开展情况及运动竞技成绩等，资料由省体育局提供。

三、卫生部分主要包括卫生事业机构、床位及人员数等，资料由省卫生厅提供。

四、社会福利部分主要包括各种社会福利事业的机构数、收养救济人数、城乡基层社会保障情况、婚姻登记状况等，资料由省民政厅提供。

五、环保部分主要包括“三废”的排放、治理、综合利用、自然保护区、环境管理、环保系统自身建设情况等，资料由省环保局提供。

六、其他部分主要包括司法工作开展情况和交通、火灾事故发生情况等，资料由省司法厅、省公安厅提供。

19　SPORTS，PUBLIC HEALTH，SOCIAL WELFARE，ENVIRONMENTAL PROTECTION AND OTHERS

Brief Introduction：

Ⅰ. The data in this chapter mainly show the development of sports，public health，social welfare，environment protection and other undertakings. The data are prepared by the Division of Population，Social，Science and Technology Statistics of Guangdong Provincial Bureau of Statistics.

Ⅱ. The data on sports mainly include the number of staff and workers in sports departments，mass sports and athletics sports，etc. The data are provided by Guangdong Provincial Bureau of Sports.

Ⅲ. The data on public health mainly include the number of institutions，hospital beds and personnel，etc. The data are provided by Guangdong Provincial Department of Public Health.

Ⅳ. The data on social welfare mainly include the number of institutions，the number receiving social welfare relief funds，social security of urban and rural grassroots and martial status，etc. The data are provided by Guangdong Provincial Department of Civil Affairs.

Ⅴ. The data on environmental protection mainly include the discharge and treatment and comprehensive utilization of waste water，waste gas and solid wastes，the natural protection zones，the administration of environment and the improvement of the departments of environmental protection，etc. The data are provided by Guangdong Provincial Bureau of Environmental Protection.

Ⅵ. The data on others mainly include the judicial conditions，basic statistics on traffic accidents and fires，etc. The data are provided by Guangdong Provincial Department of Justice and Guangdong Provincial Department of Public Security.

19-1 体育、卫生、社会福利、环保及其他主要指标
MAIN INDICATORS ON SPORTS，PUBLIC HEALTH，SOCIAL WELFARE，ENVIRONMENT PROTECTION AND OTHERS

指标	Item	1990	1995	2000	2001	2002
举办县区级及以上体育运动会（次）	Number of Sports Meets Held at and above County (District) Level (time)	2901	2514	1817	1901	1925
参加运动会的运动员人数（万人次）	Number of Athletes Attending Sports Meets (10000 persons-times)	128.33	130.62	142.84	145.56	141.36
达到《国家体育锻炼标准》人数（万人）	Number of Persons Reaching the State Physical Training Standards (10000 persons)	488.92	716.67	1257.83	1525.20	1550.79
卫生事业机构数（个）	Number of Health Institutions (unit)	8989	8848	8984	8638	15500
#医院	Hospitals	1885	2267	2426	2444	2444
卫生事业机构床位数（万张）	Number of Beds in Health Institutions (10000 units)	12.40	14.88	16.81	17.27	18.08
#医院床位	Hospital Beds	11.41	13.78	15.72	16.22	16.93
卫生技术人员数	Medical Technical Personnel (10000 persons)	19.48	22.99	26.5	26.83	26.47
#医生	Doctors	8.11	9.89	11.12	11.36	10.51
平均每千人口有医院床位数（张）	Number of Hospital Beds per 1000 Population (unit)	1.83	2.03	2.12	2.08	2.16
平均每千人口有卫生技术人员数（人）	Number of Medical Technical Personnel per 1000 Population (person)	3.12	3.39	3.57	4.25	3.38
#医生（人）	Doctors (person)	1.30	1.46	1.50	1.46	1.34
优抚收养性单位收养人数（人）	Number of Persons Adopted by Special Care Units (person)	1556	1918	1785	1988	1909
社会救济总人数（万人）	Number of Persons Receiving Relief Funds (10000 persons)	541.00	337.80	154.70	133.70	147.00
农村建立社会保障网络乡镇数（个）	Number of Towns with the Social Security Network Established (unit)	225	1223	1536	1524	1454
准予登记结婚对数（对）	Registered Marriages (couples)	506597	596689	562118	519345	497172
#涉外婚姻	Marriage with Foreigners	14661	12837	11730	11575	9997
准予登记离婚数（对）	Registered Divorces (couples)	25846	34175	47521	51550	59306
环保投资占国内生产总值比重（%）	Proportion of Environmental Investment to GDP (%)	0.37	0.64	1.96	2.30	2.47
废水中COD排放量（万吨）	Volume of COD Emission in Waste Water (10000 tons)	69.50	112.36	95.12	110.28	95.21
废气中二氧化硫排放量（万吨）	Volume of Sulphur Dioxide Emission in Waste Gas (10000 tons)	39.64	75.31	90.47	97.31	97.55
工业固体废物排放量（万吨）	Volume of Industrial Solid Wastes Discharged (10000 tons)	74.00	315.60	11.70	33.50	29.20
执业律师人数（人）	Number of Full-time Lawyers (person)	3264	5692	7292	7695	7818
公证人员数（人）	Number of Notarial Personnel (person)	909	1210	1380	1374	1331
人民调解委员会调解人员数（人）	Number of Mediators of People's Mediation Committees (person)	219082	285288	250117	241734	235332
交通事故发生数（起）	Number of Traffic Accidents (case)	25909	42115	66072	69555	78929
交通事故损失折款（万元）	Losses of Traffic Accidents Converted into Cash (10000 yuan)	5044	28700	27526	30099	35834
火灾事故发生数（起）	Number of Fires (case)	1725	1254	8622	7885	13883
火灾事故损失折款（万元）	Losses of Fires Converted into Cash (10000 yuan)	9102	17419	10065	8035	9492

19-2 体育事业情况
STATISTICS ON SPORTS

指　　标	Item	1990	1995	2000	2001	2002
体育系统年末职工人数（人）	**Number of Staff and Workers in Sports Departments at Year-end (person)**	**7392**	**8730**	**9635**	**9326**	**8637**
运动员	Athletes	1296	1043	1462	1495	1264
专职教练员	Full-time Coaches	1455	1464	1469	1480	1379
专职文化教师	Full-time Teachers for Literacy Classes	362	644	785	696	709
科技人员	Scientific and Technical Personnel	63	76	90	78	63
宣传出版人员	Publicity and Publishing Personnel	22	17	5	9	15
医务人员	Medical Personnel	142	163	196	158	102
管理人员	Administrative Personnel	2188	2743	3131	2894	2120
其他人员	Others	1864	2580	2497	2516	1962
群众体育活动开展情况	**Activities of Mass Sports**					
举办各级运动会次数（次）	Number of Sports Meets Held at all Levels (time)	8555	9503	8950	8993	9027
# 县区级及以上	At and above County (District) Level	2901	2514	1817	1901	1925
参赛运动员人数（万人次）	Number of Athletes Attending Sports Meets (10000 person-times)	227.30	319.13	332.76	337.33	320.84
# 县区级及以上	At and above County (District) Level	128.33	130.62	142.84	145.56	141.36
达到《国家体育锻炼标准》人数（万人）	**Number of Persons Reaching the State Physical Training Standards (10000 persons)**	**488.92**	**716.68**	**1257.81**	**1525.20**	**1550.79**
优秀数	Excellent	89.17	149.60	289.71	366.80	382.21
良好数	Good	204.63	278.43	484.24	609.90	606.46
及格数	Pass	195.12	288.65	483.86	548.50	562.12
体育比赛成绩	**Achievements in Sports Tournament**					
破世界纪录（项）	World Records Chalked up (item)	9	3	5	0	6
获世界冠军（个）	World Championships Won (unit)	14	31	36	13	27
破亚洲纪录（项）	Asia Records Chalked up (item)	4	3	4	2	5
破全国纪录（项次）	National Records Chalked up (item)	28	10	6	13	10
获得全国冠军（项次）	National Championships Won (item)	92	113	156	185	127.5

19-3 卫生事业机构、床位及人员数

NUMBER OF HEALTH INSTITUTIONS，BEDS AND PERSONNEL BY YEAR

年 份 Year	机构（个） Health Institutions （unit）	#医院及卫生院 Hospitals	床位（张） Beds（unit）	#医院及卫生院床位 Hospital Beds	卫生工作人员（人） Medical Personnel （person）	#卫生技术人员 Medical Technical Personnel
1950	512	180	11037	9785	40445	36952
1952	1500	183	15984	12467	51961	45554
1957	4823	212	23486	16864	78471	67330
1962	13783	921	50733	37150	99268	83353
1965	1287	1807	54271	43964	100137	86036
1970	5934	1844	66448	54184	105643	86023
1975	5970	1858	80960	75311	137755	108973
1978	6949	1968	90645	84120	159583	126606
1979	7304	1974	91955	85144	171703	136568
1980	7649	1988	92506	84999	181480	144537
1981	8045	2002	94794	87010	191370	151971
1982	8331	2014	97441	88688	202162	160710
1983	8443	2037	100042	90851	208506	166543
1984	8525	2042	103231	93770	213193	170495
1985	8479	1853	107702	98231	220593	175337
1986	8713	1860	110022	99632	225526	180045
1987	8705	1880	114773	104932	230444	184126
1988	8820	1906	119328	109280	234807	187307
1989	8948	1886	122055	111816	240581	192147
1990	8989	1885	124015	114056	244039	194771
1991	9032	1906	129774	119079	249717	199051
1992	8989	1943	135527	124835	257043	205110
1993	8572	2198	139812	129317	267432	211874
1994	8720	2231	144865	134334	277398	220153
1995	8848	2267	148825	137756	288715	229894
1996	8921	2319	151553	141221	196108	237623
1997	8942	2348	155313	144496	305562	245862
1998	8805	2373	158351	147604	313737	252213
1999	8699	2415	162398	151367	320432	258591
2000	8984	2426	168143	157164	327065	264990
2001	8636	2444	172735	162197	330418	268347
2002	15500	2444	180791	169259	325328	264667

19-4 卫生事业机构、床位和人员数（2002 年）

NUMBER OF HEALTH INSTITUTIONS, BEDS AND PERSONNEL BY TYPE OF INSTITUTIONS(2002)

机构类别	Type of Institutions	机构(个) Number of Institutions (unit)	床位数(张) Beds (unit)	人员数(人) Personnel (person)	#卫生技术人员 Medical Technical Personnel	#执业(助理)医师 Certified (Assistant) Doctors
合　计	**Total**	**15500**	**180791**	**325328**	**264667**	**105080**
医　院	Hospitals	2444	169259	259881	208732	78614
其中:卫生院	Health Centers	1545	37069	75241	62457	24043
社区卫生服务中心	Community Health Service Centers	212	50	317	246	125
门诊部、所	Outpatient Departments and Clinics	12169	1078	29799	28241	13314
其中:诊所	Outpatient Departments	7378		13115	13115	5788
卫生所(医务室)	Clinics (Medical Stations)	3514		7565	7565	4020
社区卫生服务站	Community Health Service Stations	193		719	719	316
急救中心(站)	Emergency Centers (Stations)	5		261	221	144
采供血机构	Blood Taking and Supply Agencies	43		1027	720	123
妇幼保健院(所、站)	Maternity and Children Care Centers	127	6783	13672	11133	4224
专科疾病防治院(所、站)	Specialized Prevention and Treatment Stations	162	2087	6023	4527	1812
疾病预防控制中心(防疫站)	Disease Prevention and Control Centers (Antiepidemic Stations)	131		8787	6498	3515
卫生监督所	Sanitation Supervision Stations	31		1110	760	428
卫生监督检验(监测、检测)所(站)	Sanitation Supervision Quarantine Stations	11		261	209	121
医学科学研究机构	Research Institutions of Medical Science	19		180	108	48
医学在职培训机构	Medical On-the-job Training Institutions	3		4	2	0
健康教育所(站、中心)	Health Education Stations (Centers)	28		135	59	24
其他卫生机构	Other Health Agencies	115	1534	1837	1177	554
#乡村医疗点	Rural Medical Stations			2034	2034	2034

注:从 2002 年开始,机构数中包含个体诊所机构数,但不含乡村医疗点机构数;人员数中含乡村医疗点中的执业(助理)医师数。

Note: Since 2002, the number of institutions has included the number of individual clinics, but it has excluded the number of rural medical stations, the number of personnel has included the number of certified (assistant) doctors in rural medical stations.

19-5 各市卫生事业机构、床位和人员数（2002 年）

NUMBER OF HEALTH INSTITUTIONS, BEDS AND PERSONNEL BY CITY (2002)

市别	City	机构(个) Number of Institutions (unit)	#医院 Hospitals	床位数(张) Beds (unit)	#医院床位 Hospital Beds	卫生工作人员(人) Medical Personnel (person)	#卫生技术人员 Medical Technical Personnel	执业医师(人) Certified Doctors (person)
合　计	**Total**	**15500**	**2444**	**180791**	**169259**	**325328**	**264667**	**105080**
广　州	Guangzhou	2264	268	40105	38056	68276	54542	22182
深　圳	Shenzhen	1133	87	12404	11958	23026	18602	8247
珠　海	Zhuhai	413	43	4007	3595	6804	5808	2356
汕　头	Shantou	745	77	7555	7123	15435	12761	5125
韶　关	Shaoguan	657	187	8942	8341	14229	11376	4455
河　源	Heyuan	386	135	3910	3663	9650	8290	3292
梅　州	Meizhou	1383	190	7926	7115	17195	14226	5650
惠　州	Huizhou	419	123	6879	6472	13395	10424	3918
汕　尾	Shanwei	448	77	3253	3080	7594	6118	2470
东　莞	Dongguan	335	53	8641	8396	11336	9655	3934
中　山	Zhongshan	196	35	4283	3853	6480	5365	2323
江　门	Jiangmen	1060	130	9119	8539	16969	14295	5538
佛　山	Foshan	783	86	14557	13485	21195	17793	7208
阳　江	Yangjiang	314	69	3947	3569	7145	5554	1980
湛　江	Zhanjiang	917	168	12361	11549	20936	16514	6036
茂　名	Maoming	545	144	8718	7758	14413	11894	4441
肇　庆	Zhaoqing	854	147	6930	6527	14625	11532	4128
清　远	Qingyuan	659	166	6411	6220	10600	8898	3265
潮　州	Chaozhou	861	66	2231	2055	7682	6246	2619
揭　阳	Jieyang	556	106	5235	4926	11506	9326	3944
云　浮	Yunfu	572	87	3377	2979	6837	5448	1969

19-6 各类卫生事业机构、床位和人员数

NUMBER OF HEALTH INSTITUTIONS，BEDS AND PERSONNEL

指　　标	Item	1990	1995	2000	2001	2002
一、机构数　（个）	**Institutions　(unit)**	**8989**	**8848**	**8984**	**8638**	**15500**
医院	Hospitals	1885	2267	2426	2444	2444
#卫生院	Health Centers	1331	1602	1680	1683	1545
门诊部	Outpatient Departments	6353	5737	5710	5424	12169
专科防治所	Specialized Prevention and Treatment Stations	152	165	158	153	162
卫生防疫机构	Sanitation and Antiepidemic Institutions	149	177	171	166	162
妇幼保健院	Maternity and Children Care Centers	63	67	31	32	127
医学科学研究机构	Research Institutions of Medical Science	17	20	20	21	19
其他卫生机构	Other Health Care Institutions	370	415	468	398	417
二、床位数　（张）	**Number of Beds　(unit)**	**124015**	**148825**	**168143**	**172735**	**180791**
三、人员数　（人）	**Number of Personnel　(person)**	**244039**	**288715**	**327065**	**330418**	**325328**
卫生技术人员	Medical Technical Personnel	194771	229894	264990	268347	264667
#医生	Doctors	81067	98877	111172	113605	105080
护师、护士	Senior and Junior Nurses	48454	64504	83198	85313	85381
其他技术人员	Other Technical Personnel	4065	6728	8910	8941	11284
管理人员	Managerial Personnel	18554	22944	24320	24567	21448
工勤人员	Rear-service Personnel	26649	29149	28845	28563	27929

注：从2002年开始，机构数中包含个体诊所机构数，归入门诊部（所）统计；妇幼保健院归入妇幼保健机构统计；医生指执业（助理）医师；护师、士指注册护士。

Note：Since 2002，the number of institutions has included the number of individual clinics under the outpatient departments（clinics），the maternity and children care centers have been included in the number of maternity and children care institutions，the doctors have referred to the certified（assistant）doctors and the senior and junior nurses have referred to registered nurses.

19-7 优抚、社会救济和福利事业情况
STATISTICS ON SPECIAL CARE, SOCIAL RELIEF AND WELFARE

项目	Item	1990	1995	2000	2001	2002
一、优抚事业	**Special Care**					
优抚收养性事业单位数（个）	Number of Special Care Units (unit)	40	58	63	70	72
国家办	Run by Civil Administration Departments	31	38	51	58	60
集体办	Run by Collective Units	9	20	12	12	12
优抚收养性单位收养人数（人次）	Number of Persons Adopted by Special Care Units (person-time)	1556	1918	1785	1988	1909
国家办	Number of Persons Adopted by Civil Administration Departments	1515	1694	1761	1964	1880
集体办	Number of Persons Adopted by Collective Units	41	224	24	24	29
优抚事业费用（万元）	Expenses of Special Care (10000 yuan)	12250	30749	57759	69004	76342
民政部门支出	Expenses of Civil Administration Departments	5941	16003	31503	41522	47606
群众优待	Mass Special Care	6309	14746	26256	27482	28736
二、社会救济	**Social Relief**					
社会救济总人数（万人）	Total Number under Social Relief (10000 persons)	541.0	337.8	154.7	133.7	147.0
#农村传统救济对象人数（万人）	Number of People Receiving Traditional Social Relief in Rural Areas (10000 persons)	221.5	244.3	87.1	116.1	53.1
城乡居民最低生活保障人数（万人）	Number of urban and Rural Residents Receiving Minimum Income Relief (10000 persons)			38.0	46.0	86.1
城镇（万人）	Urban Areas (10000 persons)			14.9	17.4	30.3
农村（万人）	Rural Areas (10000 persons)			23.1	28.6	55.8
城乡居民最低生活保障家庭户数（万户）	Number of Urban and Rural Households Receiving Minimum Income Relief (10000 households)			15.0	18.2	33.7
城镇（万户）	Urban Areas (10000 households)			5.5	6.3	10.9
农村（万户）	Rural Areas (10000 households)			9.5	11.9	22.8
城乡居民最低生活保障金支出（万元）	Expenditure for Minimum Income Relief by Urban and Rural Residents (10000 yuan)			19334	25252	43840
城镇（万元）	Urban Areas (10000 yuan)			11460	14305	24878
农村（万元）	Rural Areas (10000 yuan)			7874	10947	19352
社会救济福利事业费（万元）	Expenses for Social Relief and Welfare (10000 yuan)	6418	18975	61538	84243	128243
自然灾害救济费（万元）	Relief Funds for Natural Calamities (10000 yuan)	2679	10356	8456	9697	12156
三、社会福利	**Social Welfare**					
社会福利收养性事业单位数(个)	Number of Social Welfare Institutions (unit)	1313	1887	2086	2113	2026
#国家办	Run by Civil Administration Departments	53	70	97	101	107
集体办	Run by Collective Units	1260	1817	1989	2012	1858
社会福利收养性事业单位收养人数(人)	Number of People Taken in by Social Welfare Institutions (person)	21810	37364	51085	53310	54986
#国家办	Run by Civil Administration Departments	4312	6437	10660	13120	11977
集体办	Run by Collective Units	17498	30927	40425	40190	38700
社会福利企业单位（个）	Number of Social Welfare Enterprises (unit)	1506	4440	517	578	441
安排“四残”人员就业数（人）	Number of “Four Kinds of Disabled Persons” Arranged for Employment (person)	13152	20365	8165	8988	7435
#国家办	Arranged by Civil Administration Departments	4649	5025	1891	1651	1549
集体办	Arranged by Collective Units	8503	15340	6274	5772	4705
四、城乡基层社会保障	**Urban and Rural Social Security**					
农村建立社会保障网络乡镇数（个）	Number of Towns with the Social Security Net in Rural Areas (unit)	225	1223	1536	1524	1454
城镇社区服务设施数（个）	Number of Community Service Facilities in Urban Areas (unit)	4985	2505	4983	5568	6098
#社区服务中心数（个）	Community Service Centers (unit)			787	634	650

19-8 婚姻登记情况
STATISTICS ON MARRIAGE REGISTRATION

项　　目	Item	1990	1995	2000	2001	2002
一、国内结婚登记	**Domestic Marriage Registration**					
准予登记结婚（对）	Registered Marriage (couple)	491936	583852	550388	507770	487175
#恢复结婚	Resuming of Marriage	790	753	1515	1451	1971
初婚人数（人）	First Marriage (person)	963070	1143110	1058051	968134	923108
再婚人数（人）	Number of Remarriage (person)	20802	24594	42725	47406	51242
男性	Male	10652	13682	25251	22304	21991
女性	Female	10150	10912	17474	25102	29251
晚婚率（%）	Late Marriage Rate (%)	68.3	71.3	73.22	71.4	70.01
二、涉外结婚登记	**Marriage Registration Concerning Foreigners**					
准予登记结婚（对）	Registered Marriage (couple)	14661	12837	11730	11575	9997
准予登记结婚人数（人）	Number of Persons Registered (person)	29322	25674	23460	23150	19994
国内公民	Domestic Citizens	14660	12837	11608	11574	9997
男性	Male	1005	1272	1932	3445	1950
女性	Female	13655	11565	9676	8129	8047
港澳同胞	Compatriots from Hong Kong and Macao	10730	8060	5247	4849	3784
台湾同胞	Compatriots from Taiwan	63	652	1409	1562	1278
华　侨	Overseas Chinese	2224	2032	1848	1611	1397
外国人	Foreigners	1645	2093	3348	3554	3538
三、离婚登记	**Divorce Registration**					
准予离婚总数（对）	Total Number of Registered Divorces (couple)	25882	34175	47521	51550	59306
民政部门办理离婚	Divorces Handled through Civil Administration Departments	8695	13181	19786	22674	24543
#涉外、华侨、港澳台婚姻	Divorces Concerning Foreigners, Overseas Chinese and Compatriots from Hong Kong, Macao and Taiwan	248	299	249	241	317
法院调解离婚	Divorces through Law Court Mediation	12301	13101	15973	16760	18400
法院判决离婚	Divorces through Law Court Judgment	4886	7893	11762	12116	16363

19-9 环境保护基本情况
BASIC STATISTICS ON ENVIRONMENTAL PROTECTION

项　　目	Item	1990	1995	2000	2001	2002
一、废水	**Waste Water**					
废水排放总量　（万吨）	Total Volume of Waste Water Discharged　（10000 tons）	251262	381657	447543	511411	490452
#生活污水	From Daily Life	111012	212369	333488	398599	344217
工业废水	From Industry	140250	160979	114055	112812	146236
废水中 COD 排放量　（万吨）	Volume of COD Emission in Waste Water　（10000 tons）	69.50	112.36	95.12	110.28	95.21
废水中氨氮排放量　（万吨）	Volume of Ammonia and Nitrogen Discharged in Waste Water　（10000 tons）				9.01	8.53
城镇生活污水处理率　（%）	Percentage of Waste Water Treated for Urban Residential Use（%）				16.55	21.15
工业废水排放达标率　（%）	Percentage of Industrial Waste Water up to the Standards for Discharge　（%）	47.08	56.34	81.75	84.10	89.67
二、废气	**Waste Gas**					
工业废气排放总量（亿标立米）	Total Volume of Industrial Waste Gas Emission（100 million cu.m）	3588	8510	8326	9456	10468
燃烧废气	From the Burning Process of Fuels	1938	4570	5169	5524	6444
工艺废气	From the Process of Production	1650	3940	3157	3932	4024
二氧化硫排放总量　（万吨）	Percentage of Industrial Waste Gas Treated　（10000 tons）	39.64	75.31	90.47	97.31	97.55
#工业二氧化硫	Percentage of Burning Waste Gas with Soot and Dust Removed	39.64	74.10	88.16	93.45	95.34
工业二氧化硫去除量　（万吨）	Volume of Industrial Sulfur Dioxide Removed　（10000 tons）				12.77	14.63
工业二氧化硫排放达标率（%）	Percentage of Industrial Sulfur Dioxide up to the Standards for Discharge　（%）				66.11	69.58
工业烟尘排放量　（万吨）	Volume of Industrial Soot Emission　（10000 tons）	21.96	57.70	26.45	18.24	17.97
工业烟尘去除量　（万吨）	Volume of Industrial Soot Removed　（10000 tons）	186.98	444.32	570.43	598.09	704.51
工业烟尘去除率　（%）	Percentage of Industrial Soot Removed　（%）	89.51	88.51	97.38	97.86	97.51
工业烟尘排放达标率　（%）	Percentage of Industrial Soot Emission up to the Standards for Discharge　（%）				82.92	73.00
工业粉尘去除量　（万吨）	Volume of Industrial Dust Produced　（10000 tons）	126.17	229.93	251.77	348.25	357.44
工业粉尘排放量　（万吨）	Volume of Industrial Dust Emission　（10000 tons）	41.72	140.50	59.07	35.86	33.56
工业粉尘排放达标率　（%）	Percentage of Industrial Dust Emission up to the Standards for Discharge　（%）				60.66	77.33
工业粉尘去除率　（%）	Percentage of Industrial Dust Retrieved　（%）			89.02	93.68	91.42
三、工业固体废物	**Industrial Solid Wastes**					
固体废物产生量　（万吨）	Volume of Industrial Solid Wastes Produced　（10000 tons）	1678.00	2209.00	1694.33	1990.30	2044.88
固体废物排放量　（万吨）	Volume of Industrial Solid Wastes Discharged　（10000 tons）	74.0	316.0	11.7	33.5	29.2
固体废物贮存量　（万吨）	Volume of Industrial Solid Wastes Accumulated　（10000 tons）			360.4	456.94	137.68
固体废物综合利用率　（%）	Percentage of Wastes Utilized in a Comprehensive Way　（%）	33.70	49.48	68.48	68.95	74.4
四、工业"三废"综合利用	**Comprehensive Utilization of Industrial Waste Water, Waste Gas and Solid Wastes**					
综合利用产品产值　（万元）	Output Value of Products Made from Comprehensive Utilization of Waste Gas, Waste Water and Solid Wastes（10000 yuan）	31624	129418	161400	174634	133864
综合利用利润　（万元）	Profits Obtained from Comprehensive Utilization of Waste Water, Waste Gas and Solid Wastes　（10000 yuan）	7762	25000	23200		

19-9 续表 continued

项 目	Item	1990	1995	2000	2001	2002
五、工业“三废”治理设施	**Number of Facilities for Treatment of Industrial Waste Water, Waste Gas and Solid Wastes**					
工业废水处理设施总数 (套)	Number of Facilities for Treatment of Waste Water (set)	3336	10347	7273	6715	8175
工业废水治理设施总投资(万元)	Total Investment of Facilities for Treatment of Waste Water (10000 yuan)	80183	357613	784200		
工业废气治理设施总数 (套)	Number of Facilities for Treatment of Waste Gas (set)	5766	10669	10901	9479	10035
工业废气治理设施总投资(万元)	Total Investment of Facilities for Treatment of Waste Gas (10000 yuan)	45450	179568	527000		
六、企事业单位污染治理	**Pollution Treated by Enterprises and Institutions**					
污染治理资金 (万元)	Funds for Pollution Treatment (10000 yuan)	18331	30007	167707	215249	108204
国家预算内资金	Government Budgetary Funds				2319	4679
综合利用利润留成	Profits Obtained from Comprehensive Utilization of Wastes	302	693	7823		
环境保护补助	Environmental Protection Subsidies	4789	246	5499	4647	2361
其他资金	Other Funds	7905	20473	152190	208283	100427
当年安排治理项目 (个)	Number of Projects for Pollution Treatment in Current Year (unit)	1108	665	2543	1204	1117
当年竣工项目数 (个)	Number of Projects Completed in Current Year (unit)	1110	861	1438	1116	983
七、自然保护区情况	**Natural Reserves**					
自然保护区数 (个)	Number of Natural Reserves (unit)	42	32	153	176	198
自然保护区面积 (平方公里)	Area of Natural Reserves (sq.km)	1060	4108	8622	6373	7664
八、环境管理	**Environmental Management**					
环保投资占 GDP 比重 (%)	Percentage of Investment in Environment to GDP (%)	0.37	364	1.96	2.30	2.47
当年制定环保法规及标准 (件)	Number of Environment Protection Laws, Regulations, Standards Drawn up in Current Year (case)	5	1	4	6	0
当年排污收费总额 (万元)	Total Fees for Discharging Waste and Fines for Pollution (10000 yuan)	9786	45953	60190.9	62549	66881
环境影响评价制度执行率 (%)	Percentage of Implementation of the Evaluation Program on Impact of Projects in Question against Environment (%)		87.93	98.89	99.85	99.92
当年“三同时”执行合格率(%)	Percentage of Implementation of Design, Construction and Operation of Environment Protection Facilities While Projects are Conducted (%)				97.8	97.8
建成生态示范区总数 (个)	Number of Ecological Demonstration Zones Completed (unit)				78	78
建成生态示范区面积(平方公里)	Areas of Ecological Demonstration Zones Completed (sq.km)				26702	26861
建成烟尘控制区总数 (个)	Number of Soot Control Regions Completed (unit)		190	94	148	148
建成烟尘控制区面积(平方公里)	Area of Soot Control Regions Completed (sq.km)		805	2526	2150	2493
建成噪声达标区总数 (个)	Number of Noise Control Regions up to the Standards (unit)		81	126	162	199
建成噪声达标区面积(平方公里)	Area of Noise Control Regions up to the Standards (sq.km)		234	1049	1266	1513
九、环保系统自身建设情况	**Statistics on Environmental Protection Agencies**					
年末机构数 (个)	Number of Agencies at Year-end (unit)	333	461	1006	1220	1320
环境监测站数 (个)	Number of Environmental Monitoring Stations (unit)		111	121	122	121
年末实有人数 (人)	Number of Personnel at Year-end (person)	3337	5286	6313	8843	9026

注：1997 年以来部分指标的统计范围只包括部分乡镇企业。

Note: The figures of some indicators have only included part of the township enterprises since 1997.

19-10 各市“三废”排放及治理情况（2002年）

STATISTICS ON DISCHARGE AND TREATMENT OF WASTE WATER, WASTE GAS AND SOLID WASTES BY CITY (2002)

市别 City		废水排放总量（万吨）Total Volume of Waste Water Discharged (10000 tons)	#工业废水 Industrial Waste Water	工业废水达标率（%）Percentage of Industrial Waste Water up to the Standards for Discharge (%)	工业废气排放总量（亿标立米）Total Volume of Industrial Waste Gas Emission (100 million cu.m)	二氧化硫排放总量（万吨）Total Volume of Sulphur Dioxide Emission (10000 tons)	#工业二氧化硫 Industrial Sulphur Dioxide	工业二氧化硫达标率（%）Percentage of Sulphur Dioxide up to the Standards for Emission (%)	工业烟尘排放量（万吨）Volume of Industrial Soot Emission (10000 tons)
广州	Guangzhou	115086	24148	84.13	2356	21.24	20.80	71.67	3.15
深圳	Shenzhen	40740	4561	98.04	731	4.09	4.08	99.00	0.42
珠海	Zhuhai	9569	2226	98.82	462	3.04	2.98	98.56	0.33
汕头	Shantou	19691	5423	98.07	281	2.28	2.21	97.87	0.33
韶关	Shaoguan	20386	10725	87.07	744	6.41	6.21	20.92	2.08
河源	Heyuan	8097	856	86.97	81	0.78	0.47	72.23	0.84
梅州	Meizhou	11472	4253	85.09	366	3.00	2.99	85.99	0.95
惠州	Huizhou	12983	2794	93.45	192	0.91	0.81	90.75	0.07
汕尾	Shanwei	7202	343	79.84	3	0.11	0.10	0.00	0.01
东莞	Dongguan	73605	28145	96.08	1492	19.77	19.60	83.98	1.69
中山	Zhongshan	16810	6800	94.80	142	2.38	2.34	71.20	0.31
江门	Jiangmen	28320	14968	89.09	557	3.21	3.20	53.59	1.60
佛山	Foshan	32816	11777	89.71	1384	11.88	11.85	60.87	1.40
阳江	Yangjiang	5979	1556	90.57	61	0.56	0.55	75.52	0.21
湛江	Zhanjiang	22390	7251	80.31	366	5.19	5.09	50.87	0.72
茂名	Maoming	15242	7179	87.23	364	4.86	4.83	61.77	1.50
肇庆	Zhaoqing	12088	5514	94.60	201	2.59	2.38	89.30	0.94
清远	Qingyuan	9628	2756	80.30	362	2.31	2.19	42.50	0.83
潮州	Chaozhou	7178	746	92.88	18	0.30	0.24	93.24	0.09
揭阳	Jieyang	11396	1310	93.34	13	0.25	0.18	82.40	0.04
云浮	Yunfu	9775	2905	89.19	294	2.41	2.25	39.49	0.46

市别 City		工业烟尘去除率（%）Percentage of Industrial Soot Removed (%)	工业烟尘排放达标率（%）Percentage of Industrial Soot Emission up to the Standards for Discharge (%)	工业粉尘排放量（吨）Volume of Industrial Dust Emission (ton)	工业粉尘排放达标率（%）Percentage of Industrial Dust Emission (%)	工业固体废物排放量（万吨）Volume of Industrial Solid Wastes Discharged (10000 tons)	工业固体废物利用率（%）Percentage of Industrial Solid Wastes Utilized (%)	工业固体废物处置率（%）Percentage of Industrial Solid Wastes Disposed (%)
广州	Guangzhou	98.45	55.38	7.01	63.37	1.96	88.55	9.41
深圳	Shenzhen	98.27	99.64	0.01	100.00	0.02	84.04	15.84
珠海	Zhuhai	98.90	80.37	0.02	84.37	0.16	96.43	3.21
汕头	Shantou	98.55	99.93	0.00	100.00	0.02	98.46	1.48
韶关	Shaoguan	97.84	20.12	4.11	77.19	12.45	49.55	32.74
河源	Heyuan	17.77	78.56	1.17	80.96	0.06	54.63	43.54
梅州	Meizhou	96.87	92.27	7.36	84.80	0.50	84.30	8.57
惠州	Huizhou	95.64	90.97	0.13	90.30	0.27	87.99	9.82
汕尾	Shanwei	0.50	50.58	0.00		0.03	84.32	7.72
东莞	Dongguan	98.67	84.40	0.68	70.70	1.43	90.52	2.85
中山	Zhongshan	95.29	90.39	0.05	90.85	0.13	85.06	14.19
江门	Jiangmen	90.87	82.47	2.55	96.81	0.39	84.88	13.15
佛山	Foshan	95.87	87.55	0.52	88.57	0.23	79.73	19.70
阳江	Yangjiang	86.48	90.45	1.70	79.48	1.27	90.53	1.86
湛江	Zhanjiang	98.70	83.81	1.13	88.67	1.57	87.22	7.46
茂名	Maoming	74.84	83.98	1.39	72.04	0.59	85.97	11.92
肇庆	Zhaoqing	79.14	94.79	1.30	93.76	0.10	40.98	49.21
清远	Qingyuan	97.02	81.12	3.37	68.29	3.19	57.73	34.17
潮州	Chaozhou	47.07	92.79	0.00	93.00	0.01	94.02	5.41
揭阳	Jieyang	75.93	96.12	0.00	100.00	0.06	97.65	0.01
云浮	Yunfu	98.58	75.35	1.03	63.05	4.74	67.54	27.85

注：废水排放总量、工业废水排放量等绝对数指标的全省总数在统计时做了修正，故分市合计数与之略有出入。

Note: Some indicators such as total volume of waste water and volume of industrial waste water discharged have been revised, so the provincial total may be unequal to the sum of cities.

19-11 律师、公证、基层司法及法学教育基本情况
BASIC STATISTICS ON LAWYERS, NOTARIZATION, GRASSROOTS JUDICIAL WORK AND LAW EDUCATION

项　目	Item	1990	1995	2000	2001	2002
一、律师工作	**Lawyer**					
律师事务所 （个）	Number of Law Offices (unit)	236	564	822	840	852
执业律师 （人）	Number of Full-time Lawyers (person)	3264	5692	7292	7695	7818
担任常年法律顾问 （家）	Number of Units Responsible for Permanent Legal Advisors (unit)	7774	16414	15759	16214	21777
民事代理 （件）	Agent of Civil Litigation (case)	22203	17460	29769	31672	42496
非诉讼法律事务 （件）	Agent of Non-litigious Legal Affairs (case)	16066	33579	50795	66901	116900
刑事辩护 （件）	Defender of Criminal Cases (case)	11647	8755	13364	11472	15025
涉外法律事务 （件）	Agent of Foreign-related Legal Affairs (case)	4217	4515	6541	5046	8543
#涉外及港澳台经济法律事务	Agent of Foreign-related and Hong Kong, Macao and Taiwan Related Economic Legal Affairs	936	312	725	1006	1462
解答法律询问 （件）	Agent of Legal Advisory Services (case)	104735	74691	101104	183171	179446
二、公证工作	**Notarization**					
公证处 （个）	Number of Notary Offices (unit)	135	142	146	146	145
公证人员 （人）	Number of Notarial Personnel (person)	909	1210	1380	1374	1331
办结公证总数 （件）	Number of Notarized Documents (case)	610101	705022	1189475	1115026	909676
#国内民事公证	Domestic Civil Case Notarization	163511	209053	326921	295392	205373
国内经济公证	Domestic Economic Notarization	109008	192569	373505	298578	250625
涉外及港澳台民事经济公证	Foreign-related and Hong Kong, Macao and Taiwan Related Civil Economic Notarization	337582	303400	489049	521056	453678
协助调入非贸易外汇（万元）	Assisting to Transfer Non-trade Exchange in (10000 yuan)	4385.0	12834.0	5599.1	6319.7	6546.4
三、基层司法工作	**Basic Level Judicial Work**					
法律服务所 （个）	Number of Law Services (unit)	1816	1899	1916	1893	1517
法律服务所人员 （人）	Number of Law Service Personnel (person)	5553	5974	5992	5723	4731
担任法律顾问 （家）	Number of Units Responsible for Legal Advisors (unit)	12945	30292	28723	28175	22404
民事诉讼代理 （件）	Agent of Civil Litigation (case)	6137	12444	16668	15288	12915
非诉讼代理 （件）	Agent of Non-litigious Legal Affairs (case)	62436	80212	66132	59773	48077
帮助挽回经济损失 （万元）	Assisting to Retrieve Economic Losses (10000 yuan)	15233	106835	139935	134021	89214
人民调解委员会 （个）	Number of People's Mediation Committees (unit)	32076	31811	29548	29527	28869
调解人员 （人）	Number of Mediators (person)	219082	285288	250117	241734	235332
调解纠纷总数 （件）	Number of Disputes Mediated (case)	184231	170165	136598	127960	123115
四、法学教育 （人）	**Education in Law (person)**					
普通成人高等法学教育	Adult Higher Education in Law					
招生数	Number of New Entrants	3747	4698	5184	5260	2732
在校生数	Number of Students Enrolled	9746	11445	12442	12510	3325
毕业生数	Number of Graduates	919	1306	1350	1282	363
普通成人中等法学教育	Adult Secondary Education in Law					
招生数	Number of New Entrants	855	2110	1940	2238	2524
在校生数	Number of Students Enrolled	2475	5127	5691	6170	6102
毕业生数	Number of Graduates	2065	1054	1780	2125	1981

注：2002年普通成人高等法学教育中不含自学考试。
Note: In 2002, the adult higher education in law excludes the self-study examinations.

19-12 交通事故发生情况（2002 年）
BASIC STATISTICS ON TRAFFIC ACCIDENTS (2002)

项 目 Item	合计 Total	按事故发生程度分 By Serious Degree of Traffic			按事故发生地区分 Traffic Accidents Occurring by Region	
		特大 Extra-ordinarily Serious	重大 Serious	一般 Ordinary	城市 City	郊区、县 Suburb and County
发生 （起） Traffic Accidents （case）	78929	431	11506	66992	39594	39365
死亡 （人） Number of Deaths （person）	12035	693	11341	1	4051	7984
受伤 （人） Number of Injuries （person）	75040	1011	6910	67119	36642	38398
损失折款 （万元） Losses Converted into Cash （10000 yuan）	35833.8	4061.3	8263.8	23508.7	13108.6	22725.2
平均每起事故损失 （元） Average Loss per Traffic Accidents （yuan）	4540.0	94229.7	7182.2	3509.2	3313.3	5772.9

19-13 火灾事故发生情况（2002 年）
BASIC STATISTICS ON FIRES (2002)

项 目 Item	合计 Total	特大 Extraordinarily Serious	重大 Serious	一般 Ordinary
发生 （起） Traffic Accidents （case）	13883	1	46	13836
死亡 （人） Number of Deaths （person）	188	0	78	110
受伤 （人） Number of Injuries （person）	338	0	15	323
损失折款 （万元） Losses Converted into Cash （10000 yuan）	9491.7	1939.0	1896.3	5656.5
平均每起事故损失 （元） Average Loss per Traffic Accidents （yuan）	6836.9	19389724	412239.1	4088.2

主要统计指标解释

卫生技术人员 指卫生事业机构支付工资的全部固定职工和合同制职工现任职务为卫生技术工作的专业人员。包括中医师、西医师、中西医结合高级医师、护师、中药师、西药师、检验师、其他技师、中医士、西医士、护士、助产士、中药剂士、西药剂士、检验士、其他技士、其他中医、护理员、中药剂员、西药剂员、检验员，其他初级卫生技术人员。

医生 指经卫生部门审查合格，具有执业资格的医疗专业人员。

社会福利事业单位 指集中收养社会孤、老、残、幼的机构。包括由民政部门管理的社会福利院、儿童福利院、精神病人福利院和城镇集体办的福利院、以及农村集体举办的敬老院。

社会福利事业单位收养人数 包括民政部门管理的和城镇及农村集体举办的社会福利事业单位中收养的老人、少年儿童、缺乏生活自理能力的残疾人员和精神病人。

律师 指受聘参加法律顾问处工作，提任法律顾问、刑（民）事代理人、刑事辩护人，办理非诉讼事件、解答法律询问，代写法律事务文书等主要从事律师事务的司法人员。

公证人员 指在国家公证机关依法办理公证事务的司法人员。包括公证员、助理公证员和在公证处工作的其他人员。

办理公证文书 指公证处在一定时期内办结的公证文书件数。公证文书是按司法部规定或批准的格式制作。包括国内公证和涉外公证两部分。其中国内公证分为经济合同公证和民事法律关系公证两大类。

调解人员 在人民调解委员会担负调解民间一般民事纠纷和轻微违法行为所引起的纠纷的工作人员。包括调解委员会的委员和调解小组的调解员。

调解民间纠纷 指调解委员会依照法律规定，根据自愿原则，用说服教育的方法调解民间发生的有关民事权利和义务的争执，促成当事双方达到协议和谅解，解决纠纷。包括婚烟家庭纠纷，财产权益纠纷等，不包括法院受理调解的民事案件数。

废水排放总量 包括生产废水和生活污水。生产废水指企、事业单位在生产、科研过程中所有排放口向外环境排放的废水量总和。生活污水指城镇居民区和企、事业单位职工集中居住区排放的污水量。

工业废水排放总量 指经过工业企业厂区所有排放口排到企业外部的工业废水量。包括外排的直接冷却水、超标排放的矿井地下水和与工业废水混排的厂区生活污水，不包括外排的间接冷却水（清污不分流的间接冷却水应计算在内）。

废气排放总量 指燃料燃烧和生产工艺过程中排放的各种废气总量，以标准状态下每年万标立方米表示。

燃料燃烧过程废气排放量 指燃煤、燃油、燃气锅炉、锻造加热炉、退火炉和其它工业炉窑在燃烧过程（燃料和物料不混合的纯加热过程）中所排废气的总量。它可以根据烟气计算公式或经验计算公式求得。

工业粉尘排放量 指工业企业在生产工艺过程中排入的固体微粒总重量。如钢铁企业的耐火材料粉尘、焦化企业的筛焦系统粉尘、烧结机的粉尘、石灰窑的粉尘、建材企业的水泥粉尘等。不包括电厂排入大气的烟尘。

工业固体废物产生量 指工业企业在生产过程中产生的固体状、半固体状和高浓度液体状废弃物的总量，包括冶炼废渣、粉煤灰、炉渣、煤矸石、化工废渣、尾矿、放射性废渣和其它废渣等；不包括矿山开采的剥离废石和掘进废石（煤矸石和呈酸性或碱性的废石除外）。酸性或碱性废石是指采掘的废石其流经水、雨淋水 PH 值小于 4 或 PH 值大于 10．5 者。

工业固体废物综合利用量 指已用作农业肥料、造田、生产建筑材料、筑路以及其它方式综合利用的固体废物量（包括当年利用往年的工业固体废物堆存量）。综合利用量由原产固体废物的单位统计。

“三废”综合利用产品产值 指工业企业回收利用“三废”作为主要原料生产的产品值。按国发（1985）117 号文规定执行。

Explanatory Notes on Main Statistical Indicators

Medical Technical Personnel refers to all permanent medical staff and workers employed by medical institutions, including doctors of Chinese and Western medicine, senior doctors who integrate traditional Chinese therapeutics with Western therapeutics in practice, senior nurses, pharmacists of Chinese and Western medicine, laboratory specialists, other specialists, paramedics of Chinese and Western medicine, nurses, midwives, druggists in Chinese and Western medicine, laboratory technicians, other technicians, other practitioners of Chinese medicine, nursing attendants, pharmacological workers of Chinese and Western medicine, laboratory workers, and other primary medical personnel.

Doctors refer to qualified professional medical workers approved to practice by public health departments.

Social Welfare Institutions refer to institutions taking care of old people without children, handicapped people and orphans. They include social welfare institutions run by civil affairs departments, children's welfare institutions, social welfare institutions for mental patients, and collective owned old people's homes in rural areas.

Number of People Taken in by Social Welfare Institutions refers to the number of old people, children, totally dependent handicapped people and mental patients taken in by social welfare institutions run by civil affairs departments and those run by collective units in urban and rural areas.

Lawyers are legal workers who are employed full-time by legal counseling firms to act as legal advisers, agents in criminal or civil lawsuits, or defenders in criminal lawsuits, or to handle non-litigious legal affairs, to advise on matters of law or to write legal papers for others. Both full-time and part-time lawyers are included.

Notary Personnel refers to judicial workers of the state notary offices handling notarization work according to law. They include notaries, assistant notaries, and other people working for notary offices.

Notarized Documents refer to the documents settled by notary offices in a year. The notarial documents are drawn up in accordance with the regulations of the Ministry of Justice, including domestic documents and foreign-related documents. Domestic documents are divided into two major categories: documents on economic contracts and documents on civil legal relations.

Mediators refer to workers on people's mediation committees responsible for mediating in civil disputes and cases of slight infraction of the law. They include members of the mediation committees and mediators of mediation groups.

Mediation of Civil Disputes refers to mediation committees' work in mediating in civil disputes concerning civil rights and duties through persuasion and education in accordance with the provisions of law on a voluntary basis, so as to solve disputes by helping the parties involved come to an agreement and understanding. These disputes include divorce cases and disputes over property ownership, but exclude the civil cases to be handled by the court.

Total Volume of Waste Water Discharged includes the volume of production waste water and domestic sewage. The production waste water refer to the total waste water discharged in the process of production and scientific research by enterprises and institutions, through all outlets to the outside environment. The domestic sewage refers to the sewage volume discharged in the urban residential areas and the residential areas of staff and workers of enterprises and institutions.

Volume of Industrial Waste Water Discharged refers to the volume of industrial waste water discharged, through all outlets to the outside of industrial enterprises, including waste water produced, direct cooling water, underground water from mines that does not meet the standard of discharge, and the domestic sewage mixed up with industrial waste water when discharged, but excluding discharged indirect cooling water.

Volume of Waste Gas Emission refers to waste gas emitted from burning of fuels and from production process, and is measured by 10, 000 standard cubic meters each year under normal condition.

Volume of Waste Gas Emission from Burning of Fuels refers to the total volume of waste gas emitted from burning of fuels (the pure heating process not mixed with materials), such as burning of coal, burning of oil, gas fired boiler, drying furnace, forge furnace, annealing furnace and other industrial furnaces. It can be calculated with gas smoke formula and empirical formula.

Industrial Dust Discharged refers to the total weight of solid dust discharged by industrial enterprises in the production process, such as dust of refractory materials from iron plants, dust from coke screening system or from sintering machines of coking plants, dust from lime kilns, cement dust from building material of enterprises, etc., but excluding smoke and dust discharged by power plants.

Volume of Industrial Solid Wastes Produced refers to the total volume of solid, semi-solid of high concentration liquid residues produced by industrial enterprises in their production process, including dangerous wastes, residues from melting, slag, powdered coal ash, gangue, chemical residues, tailings, radioactive residues and other residues, but excluding stripped or dug stones in mining (except gangue and acid or alkali stones which are stones washed or soaked by water with a PH value smaller than 4 or larger than 10. 5).

Volume of Industrial Solid Wastes Utilized in a Comprehensive Way refers to the volume of solid wastes utilized in a comprehensive way, such as the solid wastes utilized as fertilizers, building materials, for building up fields and making roads or for other purposes (including the volume of industrial solid wastes stored up in the previous years and utilized in the current year). Statistical data on utilization of industrial solid wastes are collected by solid wastes producing units.

Output Value of Products Made from Utilization of Waste Gas, Waste Water and Industrial Solid Wastes refers to the value of products made by industrial enterprises using recovered waste water, waste gas or solid wastes as ma in raw materials, in accordance with No. 117 Document (1985).

二十 经济地带

SPECIAL ECONOMIC REGIONS

20

二十 经济地带主要指标

简要说明

一、本篇主要包括：广东境内的珠江三角洲经济区、广州和深圳、山区县、东西两翼以及少数民族县等经济区域的主要统计指标数据。

二、本篇资料分别由广东省统计局综合处和工业交通处负责整理、编辑。

三、资源来源：本篇资料根据国家统计局制定的各有关专业年度统计报表制度和广东省统计局制发的《县区国民经济主要指标年报》制度，由全省21个市统计局填报汇总而成。

四、本篇各项产值指标数据，由于各市汇总数不等于全省数，因此各经济地带产值指标汇总数，仅适合反映该地区发展变化情况。

20 SPECIAL ECONOMIC REGIONS

Brief Introduction

Ⅰ. The data in this chapter mainly include those of the Pearl River Delta Economic Zone, Guangzhou, Shenzhen, counties in mountainous areas, east and west wings and minority nationality counties in Guangdong Province.

Ⅱ. The data in this chapter are prepared by both the Division of Comprehensive Statistics and the Division of Industry and Transport Statistics of Guangdong Provincial Bureau of Statistics.

Ⅲ. Data sources:

The data in this chapter are tabulated and reported by the twenty-one prefectural statistical bureaus of Guangdong Province in accordance with the various annual statistical reporting schemes stipulated by the National Bureau of Statistics and the Annual Reporting Scheme of Main Indicators of National Economy of Counties and Districts by Guangdong Provincial Bureau of Statistics.

Ⅳ. The total output values of each economic region in this chapter only show its own development and changes because the total figures of these cities are not equal to the sum of the whole province.

20-1 珠江三角洲经济区主要经济指标
MAIN ECONOMIC INDICATORS OF THE PEARL RIVER DELTA ECONOMIC ZONE

指标	Item	1995	2001	2002	2002比2001增长% Growth Rate in 2002 over 2001
年末户籍总人口（万人）	Total Year-end Population with Residence Registration (10000 persons)	2137.73	2336.79	2364.88	1.2
年末从业人员数（万人）	Number of Employed Persons at the Year-end (10000 persons)	1510	1813.59	1905.81	5.1
土地面积（平方公里）	Land Area (sq.km)		41698	41698	
常用耕地面积（公顷）	Area of Regularly Cultivated Land (ha.)			630011	
国内生产总值（亿元）	Gross Domestic Product (100 million yuan)	3899.69	8363.94	9418.79	13.8
第一产业	Primary Industry	314.93	445.17	465.04	6.2
第二产业	Secondary Industry	1957.09	4138.99	4688.12	15.3
#工业	Industry		3697.97	4218.86	16.4
第三产业	Tertiary Industry	1627.67	3779.78	4265.63	13.0
人均国内生产总值（元）	Per Capita Gross Domestic Product (yuan)		31040	34295	11.0
乡镇企业总收入（亿元）	Total Income of Township Enterprises (100 million yuan)	2727.95	6840.48	7580.36	10.8
公路通车里程（公里）	Total Length of Highways in Operation (km)	20323	29792	30354	1.9
邮电业务总量（2000年不变价）（亿元）	Total Business Volume of Postal and Telecommunication Services (at 2000 constant prices) (100 million yuan)			713.49	
电话机拥有量（万部）	Number of Telephone Sets Owned by Residents (10000 units)		1173.59	1355.56	15.5
#农村	Rural Areas		420.05	441.46	5.1
全社会固定资产投资额（亿元）	Total Amount of Investment in Fixed Assets (100 million yuan)	1491.02	2566.76	2886.62	12.5
#基本建设投资	Investment in Capital Construction	503.74	870.03	923.24	6.1
更新改造投资	Investment in Innovation	168.81	287.60	320.81	11.5
房地产开发投资	Investment in Real Estate Development			1018.35	
社会消费品零售总额（亿元）	Total Amount of Retail Sales of Consumer Goods (100 million yuan)	1544.66	2749.64	3481.33	26.6
外贸出口总额（亿美元）	Total Amount of Exports (USD 100 million)	461.06	908.29	1126.08	24.0
外贸进口总额（亿美元）	Total Amount of Imports (USD 100 million)	223.17	520.18	992.57	90.8
新签利用外资合同数（宗）	Number of Utilization of Foreign Capital through Newly Signed Contracts (unit)	7556	12228	10757	-12.0
合同外资额（亿美元）	Contracted Foreign Capital (USD 100 million)	203.60	144.38	171.53	18.8
实际利用外资（亿美元）	Foreign Capital Actually Utilized (USD 100 million)	85.79	141.92	150.21	5.8
职工工资总额（亿元）	Total Wages of Staff & Workers (100 million yuan)	497.33	883.56	1007.78	14.1
地方财政一般预算收入（亿元）	Local Government Budgetary Revenue (100 million yuan)	315.31	745.74	768.72	3.1
地方财政一般预算支出（亿元）	Local Government Budgetary Expenditure (100 million yuan)	316.57	822.67	963.60	17.1
城乡居民储蓄存款年末余额（亿元）	Savings Deposits by Urban and Rural Residents at the Year-end (100 million yuan)	2810.42	7670.60	9240.16	20.5
年末外商投资企业工商注册登记数（户）	Number of Registered Foreign Funded Enterprises at the Year-end (unit)	42076	38697	41479	7.2
接待过夜旅游者人数（万人次）	Number of Tourists Received to Stay Overnight by Hotels (10000 person-times)		6804.26	7533.41	10.7
#国际游客（万人次）	International Tourists (10000 person-times)		1231.57	1331.47	8.1

注：1. 珠江三角洲经济区包括14个市、县（区）：广州、深圳、珠海、佛山、江门、东莞、中山、惠州市区、惠阳县、惠东县、博罗县、肇庆市区、高要市、四会市。表中数据按各地级市统计局上报数汇总。
2. 本表国内生产总值绝对数按当年价格计算，增长速度按可比价格计算。
3. 2001、2002年地方财政一般预算收支根据广东省财政厅提供的广东省地（市）县财政基金预算收支及平衡表整理。

Note: a) The Pearl River Delta Economic Zone covers the areas of 14 cities and counties (districts), including Guangzhou, Shenzhen, Zhuhai, Foshan, Jiangmen, Dongguan, Zhongshan, urban district of Huizhou, Huiyang County, Huidong County, Boluo County, urban district of Zhaoqing, Gaoyao and Sihui. All data in this table are reported by the prefectual bureaus of statistics.
b) The figures in value terms on GDP are calculated at current prices, whereas the growth rates are calculated at comparable prices.
c) The figures of local government budgetary revenue and expenditure of 2001 and 2002 are prepared on the basis of the prefectual (county) government revenue and expenditure balanced sheet provided by Guangdong Provincial Department of Finance.

20-2 珠江三角洲经济区工业企业主要指标（2002 年）

单位：亿元

项 目	Item	企业单位数（个）Number of Enterprises (unit)	#亏损企业 Loss-making Enterprises
总 计	**Total**	**17488**	**3879**
按经济类型分	**Grouped by Ownership**		
在总计中：国有及国有控股	Of the Total：State-owned and State-holding Enterprises	1269	391
国有经济	State-owned Enterprises	656	231
集体经济	Collective Owned Enterprises	1947	306
股份合作经济	Share Holding Cooperative Operation	203	46
股份制经济	Share Holding Enterprises	3368	583
外商投资经济	Foreign Funded Enterprises	1457	414
港澳台投资经济	Enterprises Funded by Entrepreneurs from Hong Kong，Macao and Taiwan	7149	2065
按轻重工业分	**Grouped by Light & Heavy Industry**		
轻 工 业	Light Industry	11110	2478
以农产品为原料	Using Farm Products as Raw Materials	5730	1254
以非农产品为原料	Using Non-farm Products as Raw Materials	5380	1224
重 工 业	Heavy Industry	6378	1401
采掘工业	Mining and Quarrying	131	10
原料工业	Raw Materials Industry	1289	288
加工工业	Processing Industry	4958	1103
按企业规模分	**Grouped by Size of Enterprises**		
大型企业	Large	794	181
中型企业	Medium	1285	364
小型企业	Small	15409	3334
按行业分	**Grouped by Sector**		
#煤炭采选业	Coal Mining and Dressing		
石油和天然气开采	Petroleum and Natural Gas Extraction	1	
黑色金属矿采选业	Ferrous Metal Minerals Mining and Dressing	1	
有色金属矿采选业	Nonferrous Metals Minerals Mining and Dressing	3	1
非金属矿采选业	Non-metal Minerals Mining and Dressing	126	8
木材及竹材采运业	Logging and Transport of Timber and Bamboo	1	1
食品加工业	Food Processing	314	77
食品制造业	Food Manufacturing	289	67
饮料制造业	Beverage Manufacturing	126	25
烟草加工业	Tobacco Processing	6	1
纺织业	Textile Industry	979	215
服装及其他纤维制品制造业	Garments and Other Fibre Products	1610	364
皮革、毛皮、羽绒及其制品业	Leather，Furs，Down and Related Products	795	178
木材加工及竹、藤、棕、草制品业	Timber Processing，Bamboo，Cane，Palm Fibre & Straw Products	171	46
家具制造业	Furniture Manufacturing	349	66
造纸及纸制品业	Papermaking and Paper Products	641	122
印刷业、记录媒介的复制	Printing and Record Medium Reproduction	420	96
文教体育用品制造业	Cultural，Educational and Sports Goods	482	136
石油加工及炼焦业	Petroleum Processing and Coking	27	4
化学原料及化学制品制造业	Raw Chemical Materials and Chemical Products	944	175
医药制造业	Medical and Pharmaceutical Products	173	46
化学纤维制造业	Chemical Fibre	62	21
橡胶制品业	Rubber Products	165	35
塑料制品业	Plastic Products	1249	279
非金属矿物制品业	Non-metal Mineral Products	1045	273
黑色金属冶炼及压延加工业	Smelting and Pressing of Ferrous Metals	140	12
有色金属冶炼及压延加工业	Smelting and Pressing of Nonferrous Metals	217	49
金属制品业	Metal Products	1622	300
普通机械制造业	Ordinary Machinery Manufacturing	470	76
专用设备制造业	For Special Purposes Equipment Manufacturing	294	66
交通运输设备制造业	Transport Equipment Manufacturing	490	122
电气机械及器材制造业	Electric Equipment and Machinery	1640	339
电子及通信设备制造业	Electronic and Telecommunication Equipment	1479	393
仪器仪表及文化、办公用机械制造业	Instruments，Meters，Cultural and Office Machinery	312	88
其他制造业	Other Manufacturing	536	123
电力蒸汽热水生产供应业	Electric Power，Steam and Hot Water Production and Supply	149	43
煤气的生产和供应业	Gas Production and Supply	19	3
自来水的生产和供应业	Tap Water Production and Supply	141	29

注：本表统计范围为全部国有及年销售收入 500 万元以上非国有工业企业。

MAIN INDICATORS OF INDUSTRIAL ENTERPRISES OF THE PEARL RIVER DELTA ECONOMIC ZONE (2002)

(100 million yuan)

工业总产值（当年价） Gross Industrial Output Value (at current prices)	工业总产值（1990年不变价） Gross Industrial Output Value (at 1990 constant prices)	工业增加值（生产法） Value Added of Industry (by production approach)	实收资本 Total Capital Hold			年末资产总计 Total Assets at the Year-end
				# 国有资本 State-owned Capital	集体资本 Collective-owned Capital	
14107.57	**15702.00**	**3709.90**	**3926.08**	**638.59**	**168.07**	**13664.08**
2439.81	2614.41	906.64	1066.62	553.11	7.21	4298.43
542.88	412.35	259.83	392.41	333.77	1.89	1540.51
650.28	631.29	168.42	133.18	3.15	66.20	631.29
136.82	139.38	22.66	19.23	0.26	4.22	85.95
2793.98	3383.46	767.90	606.05	118.92	22.78	3143.40
3688.24	4698.58	816.26	781.43	40.80	15.13	2487.73
5622.08	5777.51	1510.06	1884.31	119.69	51.30	5296.43
7052.00	7917.73	1853.98	1903.29	158.69	94.62	6150.30
2925.96	2684.41	824.26	912.45	97.44	44.18	2676.87
4126.04	5233.32	1029.72	990.84	61.25	50.43	3473.43
7055.57	7784.27	1855.92	2022.79	479.90	73.46	7513.78
177.12	58.01	60.10	20.34	1.15	1.26	40.27
1493.31	954.48	574.66	826.69	382.59	20.10	3006.99
5385.14	6771.79	1221.15	1175.75	96.16	52.09	4466.53
5799.01	7178.15	1696.01	1658.68	476.56	25.91	6768.88
1793.39	1923.10	478.69	580.69	87.63	33.01	1888.05
6515.18	6600.74	1535.20	1686.71	74.39	109.16	5007.14
140.43	25.05	50.49	13.53			19.09
0.07	0.07	0.01				0.02
2.65	2.57	1.02	0.12	0.01	0.01	1.41
33.99	30.36	8.58	6.74	1.20	1.26	19.80
0.03	0.02	0.02	0.04	0.04		0.09
240.69	207.71	56.16	43.89	6.77	3.60	188.49
207.25	197.11	63.96	77.28	4.84	2.28	224.14
183.14	164.13	66.60	84.90	10.69	2.33	211.53
69.16	34.54	50.86	11.04	11.04		52.70
533.04	479.09	125.52	181.49	14.39	9.26	498.81
529.72	512.56	129.94	132.38	11.49	7.51	356.11
380.00	352.72	93.09	89.62	1.37	5.27	290.46
79.01	77.64	20.69	23.88	0.60	1.09	80.27
114.40	105.97	29.64	27.85	0.42	1.53	88.47
281.13	265.51	73.04	104.52	19.29	5.10	309.20
147.43	170.60	46.78	76.65	7.17	5.41	189.85
239.47	226.12	66.30	81.21	1.03	6.57	216.59
158.63	73.18	29.08	43.53	0.56	0.03	94.90
680.72	750.68	187.99	197.36	17.66	5.75	676.70
186.03	257.95	75.62	77.10	15.42	3.47	288.60
49.22	74.04	9.83	18.77	4.79	0.27	63.76
73.14	78.83	18.23	33.26	0.14	1.64	80.93
559.44	570.13	142.24	211.73	7.67	9.38	556.29
455.55	481.15	125.26	163.60	13.57	19.93	562.27
135.39	105.45	32.73	40.43	5.28	0.70	173.06
149.58	175.34	31.58	33.11	2.60	1.46	124.99
691.16	685.10	168.93	205.60	7.48	11.02	577.67
196.59	209.43	47.36	63.40	4.48	3.10	221.27
114.57	116.38	32.93	41.73	4.09	1.47	145.50
611.24	662.66	160.57	134.75	19.37	5.13	558.50
1476.63	1905.42	377.01	305.79	15.70	17.18	1202.14
4102.44	5880.77	863.03	631.90	42.40	14.53	2789.41
379.18	440.24	67.89	83.61	1.75	3.25	250.88
203.27	189.99	46.64	62.44	1.45	3.79	155.98
604.88	136.01	375.22	561.99	346.82	6.24	2066.51
31.35	27.73	4.03	17.48	10.56	0.02	37.04
66.98	29.76	31.02	43.37	26.46	8.49	290.65

Note: The statistical coverage of this table includes all state-owned enterprises and non-state-owned enterprises with an annual sales revenue over 5 million yuan.

20-2 续表 1

单位：亿元

项目	Item	流动资产合计 Total Circulating Funds	# 产成品 Finished Products
总计	**Total**	**7165.82**	**736.56**
按经济类型分	**Grouped by Ownership**		
在总计中：国有及国有控股	Of the Total: State-owned and State-holding Enterprises	1767.91	123.08
国有经济	State-owned Enterprises	561.02	26.96
集体经济	Collective Owned Enterprises	306.52	37.38
股份合作经济	Share Holding Cooperative Operation	54.68	7.50
股份制经济	Share Holding Enterprises	1659.53	187.61
外商投资经济	Foreign Funded Enterprises	1534.40	129.82
港澳台投资经济	Enterprises Funded by Entrepreneurs from Hong Kong, Macao and Taiwan	2809.00	318.70
按轻重工业分	**Grouped by Light & Heavy Industry**		
轻工业	Light Industry	3496.18	433.97
以农产品为原料	Using Farm Products as Raw Materials	1465.13	156.74
以非农产品为原料	Using Non-farm Products as Raw Materials	2031.06	277.23
重工业	Heavy Industry	3669.64	302.59
采掘工业	Mining and Quarrying	12.20	2.55
原料工业	Raw Materials Industry	893.97	54.20
加工工业	Processing Industry	2763.47	245.84
按企业规模分	**Grouped by Size of Enterprises**		
大型企业	Large	3214.72	260.91
中型企业	Medium	1000.42	111.64
小型企业	Small	2950.68	364.00
按行业分	**Grouped by Sector**		
# 煤炭采选业	Coal Mining and Dressing		
石油和天然气开采	Petroleum and Natural Gas Extraction	1.55	0.80
黑色金属矿采选业	Ferrous Metal Minerals Mining and Dressing	0.02	0.01
有色金属矿采选业	Nonferrous Metals Minerals Mining and Dressing	0.75	0.02
非金属矿采选业	Non-metal Minerals Mining and Dressing	9.96	1.73
木材及竹材采运业	Logging and Transport of Timber and Bamboo		
食品加工业	Food Processing	102.18	12.12
食品制造业	Food Manufacturing	119.86	12.21
饮料制造业	Beverage Manufacturing	92.91	5.83
烟草加工业	Tobacco Processing	33.17	0.32
纺织业	Textile Industry	251.22	35.17
服装及其他纤维制品制造业	Garments and Other Fibre Products	215.39	23.22
皮革、毛皮、羽绒及其制品业	Leather, Furs, Down and Related Products	189.79	20.21
木材加工及竹、藤、棕、草制品业	Timber Processing, Bamboo, Cane, Palm Fibre & Straw Products	39.28	7.86
家具制造业	Furniture Manufacturing	52.09	5.69
造纸及纸制品业	Papermaking and Paper Products	146.58	18.30
印刷业、记录媒介的复制	Printing and Record Medium Reproduction	89.68	7.80
文教体育用品制造业	Cultural, Educational and Sports Goods	130.92	12.30
石油加工及炼焦业	Petroleum Processing and Coking	32.95	5.03
化学原料及化学制品制造业	Raw Chemical Materials and Chemical Products	362.02	46.52
医药制造业	Medical and Pharmaceutical Products	157.36	13.64
化学纤维制造业	Chemical Fibre	23.53	2.97
橡胶制品业	Rubber Products	40.48	6.04
塑料制品业	Plastic Products	287.01	34.02
非金属矿物制品业	Non-metal Mineral Products	250.99	46.15
黑色金属冶炼及压延加工业	Smelting and Pressing of Ferrous Metals	66.42	8.56
有色金属冶炼及压延加工业	Smelting and Pressing of Nonferrous Metals	67.83	9.62
金属制品业	Metal Products	332.90	43.00
普通机械制造业	Ordinary Machinery Manufacturing	130.74	18.01
专用设备制造业	For Special Purposes Equipment Manufacturing	94.00	10.53
交通运输设备制造业	Transport Equipment Manufacturing	348.81	23.12
电气机械及器材制造业	Electric Equipment and Machinery	767.54	114.85
电子及通信设备制造业	Electronic and Telecommunication Equipment	1876.46	158.54
仪器仪表及文化、办公用机械制造业	Instruments, Meters, Cultural and Office Machinery	170.67	15.32
其他制造业	Other Manufacturing	90.67	14.42
电力蒸汽热水生产供应业	Electric Power, Steam and Hot Water Production and Supply	511.85	1.16
煤气的生产和供应业	Gas Production and Supply	11.39	0.64
自来水的生产和供应业	Tap Water Production and Supply	66.88	0.86

20-21 continued

(100 million yuan)

流动资产年平均余额 Annual Average Balance of Circulating Funds	固定资产合计 Total Fixed Assets	固定资产原价 Original Value of Fixed Assets	固定资产净值平均余额 Average Balance of Net Value of Fixed Assets	年末负债合计 Total Liabilities at the Year-end	#流动负债 Liquid Liabilities	年末所有者权益合计 Total Creditors' Equity at the Year-end
6471.71	**371.63**	**5339.98**	**4678.46**	**7628.43**	**6255.78**	**6035.65**
1593.51	200.50	2149.81	1666.51	2182.85	1485.85	2115.58
544.43	58.72	869.95	688.62	625.84	500.14	914.67
307.63	24.19	249.57	232.66	396.47	322.18	234.82
42.23	1.40	26.45	25.16	61.74	57.68	24.21
1462.32	171.56	1155.76	814.71	1834.85	1350.70	1308.55
1268.97	34.38	788.63	749.93	1434.59	1317.01	1053.15
2598.84	48.92	2081.66	2015.03	3003.81	2502.66	2292.62
3339.96	173.53	2069.93	1961.73	3474.74	3092.14	2675.57
1416.39	72.18	948.61	896.52	1495.10	1290.13	1181.77
1923.58	101.35	1121.32	1065.20	1979.64	1802.01	1493.79
3131.75	198.10	3270.05	2716.73	4153.69	3163.64	3360.08
13.37	0.22	8.84	8.15	14.47	12.76	25.79
838.60	51.84	1924.84	1517.32	1549.91	866.19	1457.07
2279.78	146.05	1336.37	1191.26	2589.31	2284.70	1877.22
2870.38	257.32	2992.54	2467.69	3617.88	2752.26	3151.01
911.06	63.62	691.39	648.97	1081.65	900.58	806.40
2690.27	50.69	1656.05	1561.79	2928.90	2602.95	2078.24
1.35		0.02	0.02	5.56	5.56	13.53
0.02		0.01	0.01	0.02	0.02	
0.65	0.08	0.58	0.56	0.87	0.86	0.54
11.42	0.14	8.22	7.56	8.04	6.35	11.76
	0.01	0.08	0.08	0.02	0.01	0.07
98.13	7.66	61.22	55.76	112.65	97.33	75.83
114.47	10.98	79.04	78.90	113.93	96.09	110.21
84.87	6.90	92.03	87.59	104.88	86.95	106.65
29.86	1.51	16.80	13.73	11.98	11.97	40.72
241.66	10.78	203.15	191.14	309.24	249.25	189.58
217.27	4.51	102.81	102.21	203.99	188.85	152.13
190.07	2.44	81.54	78.99	181.59	158.67	108.87
38.62	1.96	33.98	33.11	48.56	42.28	31.71
49.08	0.99	25.85	28.32	51.53	47.20	36.94
138.59	5.01	140.69	135.43	184.04	149.97	125.17
81.78	3.25	85.57	81.92	93.96	83.10	95.88
117.78	1.98	72.81	71.08	111.89	105.00	104.70
35.88	0.20	56.19	52.26	48.76	35.62	46.14
356.18	20.21	239.28	210.30	379.43	325.46	297.27
140.60	34.97	75.57	63.42	154.74	138.44	133.86
24.80	4.78	30.20	30.55	43.17	23.89	20.59
39.55	2.63	33.09	34.90	41.32	36.07	39.62
271.02	19.85	209.67	197.26	289.15	249.30	267.14
241.94	9.64	259.77	237.51	345.02	265.61	217.24
64.17	5.04	89.34	62.29	114.43	68.64	58.63
65.03	2.72	44.50	38.63	85.33	74.91	39.66
312.28	4.48	191.46	185.40	334.72	294.91	242.94
129.17	8.42	69.20	61.96	129.31	112.88	91.97
82.54	2.75	37.92	35.03	81.99	74.26	63.51
311.69	12.11	161.64	141.57	330.09	288.55	228.41
706.36	22.80	336.92	322.04	713.66	672.03	488.48
1459.74	115.40	705.31	612.93	1711.42	1564.40	1078.00
194.75	3.37	63.56	61.04	132.07	122.81	118.81
88.23	1.96	51.70	50.79	80.28	75.20	75.70
460.76	33.48	1460.34	1114.42	956.41	429.79	1110.11
12.17	0.59	23.04	20.55	16.27	14.03	20.77
59.23	8.06	196.9	179.2	98.12	59.52	192.53

20-2 续表 2

单位：亿元

项目	Item	产品销售收入 Sales Revenue	产品销售税金及附加 Sales Tax and Extra Charges
总计	**Total**	**13932.70**	**89.18**
按经济类型分	**Grouped by Ownership**		
在总计中：国有及国有控股	Of the Total: State-owned and State-holding Enterprises	2816.83	46.88
国有经济	State-owned Enterprises	1050.62	25.24
集体经济	Collective Owned Enterprises	601.48	4.24
股份合作经济	Share Holding Cooperative Operation	133.48	0.33
股份制经济	Share Holding Enterprises	2648.14	21.96
外商投资经济	Foreign Funded Enterprises	3596.16	13.91
港澳台投资经济	Enterprises Funded by Entrepreneurs from Hong Kong, Macao and Taiwan	5271.87	14.02
按轻重工业分	**Grouped by Light & Heavy Industry**		
轻工业	Light Industry	6677.89	56.43
以农产品为原料	Using Farm Products as Raw Materials	2763.23	40.17
以非农产品为原料	Using Non-farm Products as Raw Materials	3914.66	16.27
重工业	Heavy Industry	7254.81	32.75
采掘工业	Mining and Quarrying	91.59	4.67
原料工业	Raw Materials Industry	1947.42	12.66
加工工业	Processing Industry	5215.80	15.42
按企业规模分	**Grouped by Size of Enterprises**		
大型企业	Large	6090.18	54.13
中型企业	Medium	1703.20	11.35
小型企业	Small	6139.32	23.70
按行业分	**Grouped by Sector**		
#煤炭采选业	Coal Mining and Dressing		
石油和天然气开采	Petroleum and Natural Gas Extraction	56.98	4.34
黑色金属矿采选业	Ferrous Metal Minerals Mining and Dressing	0.05	
有色金属矿采选业	Nonferrous Metals Minerals Mining and Dressing	2.53	
非金属矿采选业	Non-metal Minerals Mining and Dressing	32.04	0.32
木材及竹材采运业	Logging and Transport of Timber and Bamboo	0.03	
食品加工业	Food Processing	248.06	0.83
食品制造业	Food Manufacturing	188.86	0.43
饮料制造业	Beverage Manufacturing	166.01	7.45
烟草加工业	Tobacco Processing	65.30	23.08
纺织业	Textile Industry	495.00	1.28
服装及其他纤维制品制造业	Garments and Other Fibre Products	487.18	2.25
皮革、毛皮、羽绒及其制品业	Leather, Furs, Down and Related Products	361.60	0.73
木材加工及竹、藤、棕、草制品业	Timber Processing, Bamboo, Cane, Palm Fibre & Straw Products	76.88	0.51
家具制造业	Furniture Manufacturing	108.88	0.35
造纸及纸制品业	Papermaking and Paper Products	269.22	0.63
印刷业、记录媒介的复制	Printing and Record Medium Reproduction	135.23	0.43
文教体育用品制造业	Cultural, Educational and Sports Goods	229.38	0.36
石油加工及炼焦业	Petroleum Processing and Coking	156.08	7.20
化学原料及化学制品制造业	Raw Chemical Materials and Chemical Products	665.59	4.77
医药制造业	Medical and Pharmaceutical Products	163.20	0.69
化学纤维制造业	Chemical Fibre	43.07	0.10
橡胶制品业	Rubber Products	69.32	0.74
塑料制品业	Plastic Products	545.37	2.01
非金属矿物制品业	Non-metal Mineral Products	429.46	2.66
黑色金属冶炼及压延加工业	Smelting and Pressing of Ferrous Metals	134.07	0.32
有色金属冶炼及压延加工业	Smelting and Pressing of Nonferrous Metals	134.46	0.45
金属制品业	Metal Products	658.85	2.97
普通机械制造业	Ordinary Machinery Manufacturing	185.63	0.75
专用设备制造业	For Special Purposes Equipment Manufacturing	110.08	0.35
交通运输设备制造业	Transport Equipment Manufacturing	600.91	11.82
电气机械及器材制造业	Electric Equipment and Machinery	1390.94	3.27
电子及通信设备制造业	Electronic and Telecommunication Equipment	3954.91	3.32
仪器仪表及文化、办公用机械制造业	Instruments, Meters, Cultural and Office Machinery	387.36	0.57
其他制造业	Other Manufacturing	196.51	0.57
电力蒸汽热水生产供应业	Electric Power, Steam and Hot Water Production and Supply	1085.59	2.85
煤气的生产和供应业	Gas Production and Supply	33.93	0.04
自来水的生产和供应业	Tap Water Production and Supply	64.16	0.75

(100 million yuan)

利润总额 Total Profits	亏损总额 Total Loss	利税总额 Total Pre-tax Profits	本年应交增值税 Value Added Tax Payable in Current Year	本年销项税额 Sales Tax in Current Year	本年进项税额 Import Tax in Current Year	全部从业人员年平均人数（万人） Average Number of Staff and Workers (10000 persons)
683.95	**110.19**	**1175.33**	**402.20**	**1360.41**	**1137.52**	**535.64**
202.49	21.21	393.43	144.05	415.02	285.27	50.83
46.62	6.44	135.41	63.55	158.51	92.24	19.71
16.71	4.44	37.24	16.29	67.08	54.32	49.44
3.86	0.72	7.46	3.26	16.71	13.84	5.24
117.35	16.41	237.09	97.78	371.82	300.19	76.62
221.03	26.71	312.92	77.97	237.19	172.36	74.23
261.48	51.85	401.91	126.41	434.11	442.28	278.79
248.47	62.06	485.85	180.95	647.03	514.41	356.83
124.32	29.72	258.49	93.99	281.60	208.72	175.62
124.15	32.34	227.37	86.96	365.43	305.69	181.21
435.48	48.13	689.48	221.25	713.39	623.12	178.81
28.57	0.20	37.81	4.57	3.51	2.92	1.43
148.03	12.03	262.16	101.48	278.78	182.29	24.88
258.88	35.90	389.50	115.20	431.10	437.91	152.50
440.35	38.34	725.79	231.31	689.27	493.65	96.40
75.99	19.81	136.80	49.46	170.31	130.59	60.64
167.61	52.04	312.74	121.43	500.83	513.27	378.61
26.47		34.76	3.95			0.01
0.51		0.52	0.01	0.19	0.18	0.14
1.61	0.20	2.54	0.61	3.32	2.74	1.26
						0.01
3.01	2.55	7.61	3.77	21.40	18.37	4.65
16.29	3.66	29.31	12.59	28.25	16.94	7.10
17.31	0.87	36.93	12.17	25.70	16.07	3.32
10.98		41.19	7.13	11.62	4.27	0.38
8.98	5.58	17.63	7.37	35.94	33.06	26.65
6.75	4.01	18.49	9.49	40.55	34.24	56.22
6.02	2.68	11.25	4.50	25.10	22.50	44.75
0.84	1.24	2.79	1.44	9.74	8.46	3.62
2.42	1.20	5.18	2.41	9.10	7.42	8.21
11.25	2.49	21.08	9.20	30.95	22.66	10.65
6.50	1.92	11.82	4.90	15.78	15.80	9.62
7.21	1.95	10.78	3.21	11.35	10.37	31.79
1.73	0.24	13.46	4.53	24.81	21.48	0.71
58.53	4.69	97.68	34.38	89.36	58.64	13.05
12.01	6.95	26.03	13.33	27.07	14.73	5.00
-0.07	1.68	1.09	1.05	5.97	5.21	1.20
1.87	0.30	4.05	1.44	5.98	5.04	4.58
20.79	5.25	35.29	12.49	51.45	41.58	30.21
8.09	7.86	25.54	14.78	50.28	126.59	22.87
2.94	0.69	6.11	2.85	16.77	15.93	2.16
1.65	1.44	5.33	3.23	17.20	15.17	4.09
14.64	8.81	31.71	14.10	63.04	54.39	31.47
8.87	1.73	16.41	6.78	23.34	17.60	8.11
6.83	1.37	10.89	3.72	12.38	9.36	5.43
61.39	5.75	97.68	24.47	79.29	59.78	14.67
50.74	7.21	89.15	35.15	150.13	125.61	57.17
151.54	17.50	212.58	57.73	271.53	232.21	87.39
10.44	3.72	15.07	4.06	12.39	10.36	13.37
12.06	1.21	15.60	2.97	16.32	20.36	18.04
128.49	4.02	210.04	78.71	164.97	84.74	4.96
0.92	0.10	1.57	0.61	4.53	3.96	0.44
4.34	1.30	8.17	3.08	4.58	1.70	2.32

20-3 珠江三角洲经济区国有及国有控股工业企业单位数及产值（2002 年）

NUMBER AND OUTPUT VALUE OF STATE-OWNED AND STATE-HOLDING INDUSTRIAL ENTERPRISES OF THE PEARL RIVER DELTA ECONOMIC ZONE (2002)

单位：亿元 (100 million yuan)

项目	Item	企业单位数（个）Number of Enterprises (unit)	工业总产值 Gross Industrial Output Value	
			1990 年不变价 At 1990 Constant Prices	当年价 At Current Prices
总计	**Total**	**1269**	**2614.41**	**2439.81**
按轻重工业分	**Grouped by Light & Heavy Industry**			
轻工业	Light Industry	612	866.17	707.68
以农产品为原料	Using Farm Products as Raw Materials	356	272.36	359.47
以非农产品为原料	Using Non-farm Products as Raw Materials	256	593.81	348.21
重工业	Heavy Industry	657	1748.24	1732.13
采掘工业	Mining and Quarrying	11	2.58	4.23
原料工业	Raw Materials Industry	170	326.74	706.16
加工工业	Processing Industry	476	1418.93	1021.73
按企业规模分	**Grouped by Size of Enterprises**			
大型企业	Large	239	1981.65	1828.81
中型企业	Medium	279	397.02	392.49
小型企业	Small	751	235.74	218.51
按行业分	**Grouped by Sector**			
#煤炭采选业	Coal Mining and Dressing			
石油和天然气开采业	Petroleum and Natural Gas Extraction			
黑色金属矿采选业	Ferrous Metal Minerals Mining and Dressing			
有色金属矿采选业	Nonferrous Metals Minerals Mining and Dressing	1	1.23	2.16
非金属矿采选业	Non-metal Minerals Mining and Dressing	10	1.37	2.10
其他矿采选业	Other Minerals Mining and Dressing			
木材及竹材采运业	Logging and Transport of Timber and Bamboo	1	0.02	0.03
食品加工业	Food Processing	65	31.87	43.00
食品制造业	Food Manufacturing	38	26.08	29.31
饮料制造业	Beverage Manufacturing	23	24.87	40.46
烟草加工业	Tobacco Processing	6	34.54	69.16
纺织业	Textile Industry	47	54.38	56.78
服装及其他纤维制品制造业	Garments and Other Fibre Products	26	6.12	7.60
皮革、毛皮、羽绒及其制品业	Leather, Furs, Down and Related Products	14	3.86	6.27
木材加工及竹、藤、棕、草制品业	Timber Processing, Bamboo, Cane, Palm Fibre & Straw Products	6	1.90	1.73
家具制造业	Furniture Manufacturing	6	0.84	1.05
造纸及纸制品业	Papermaking and Paper Products	33	43.21	48.02
印刷业、记录媒介的复制	Printing and Record Medium Reproduction	73	36.55	14.49
文教体育用品制造业	Cultural, Educational and Sports Goods	9	5.44	8.56
石油加工及炼焦业	Petroleum Processing and Coking	6	48.19	131.00
化学原料及化学制品制造业	Raw Chemical Materials and Chemical Products	87	174.19	122.86
医药制造业	Medical and Pharmaceutical Products	53	116.49	73.54
化学纤维制造业	Chemical Fibre	5	20.81	13.77
橡胶制品业	Rubber Products	14	18.86	14.46
塑料制品业	Plastic Products	27	47.80	34.84
非金属矿物制品业	Non-metal Mineral Products	73	32.39	32.19
黑色金属冶炼及压延加工业	Smelting and Pressing of Ferrous Metals	11	36.55	54.14
有色金属冶炼及压延加工业	Smelting and Pressing of Nonferrous Metals	15	26.14	14.20
金属制品业	Metal Products	46	18.40	18.09
普通机械制造业	Ordinary Machinery Manufacturing	65	67.57	60.78
专用设备制造业	For Special Purposes Equipment Manufacturing	50	11.41	10.37
交通运输设备制造业	Transport Equipment Manufacturing	88	305.64	282.93
电气机械及器材制造业	Electric Equipment and Machinery	82	166.71	105.98
电子及通信设备制造业	Electronic and Telecommunication Equipment	135	1137.43	678.42
仪器仪表及文化、办公用机械制造业	Instruments, Meters, Cultural and Office Machinery	33	8.82	8.45
其他制造业	Other Manufacturing	19	4.36	4.46
电力蒸汽热水生产供应业	Electric Power, Steam and Hot Water Production and Supply	63	90.86	410.88
煤气的生产和供应业	Gas Power, Steam and Hot Water Production and Supply	8	2.56	5.53
自来水的生产和供应业	Tap Water Production and Supply	31	6.96	32.19

20-4 广州、深圳主要经济指标（2002年）
MAIN ECONOMIC INDICATORS OF GUANGZHOU AND SHENZHEN (2002)

指标	Item	合计 Total	广州市 Guangzhou	深圳市 Shenzhen
土地面积 （平方公里）	Land Area (sq.km)	9383	7434	1949
常用耕地面积 （公顷）	Area of Regularly Cultivated Land (ha.)	149685	146136	3549
年底户籍总人口 （万人）	Total Year-end Population with Residence Registration (10000 persons)	860.07	720.62	139.45
#非农业人口	Non-agricultural Population	614.34	502.30	112.04
年底从业人员数 （万人）	Number of Employed Persons at the Year-end (10000 persons)	873.36	514.08	359.28
国内生产总值 （亿元）	Gross Domestic Product (100 million yuan)	5258.30	3001.48	2256.82
第一产业	Primary Industry	122.13	103.07	19.06
第二产业	Secondary Industry	2461.82	1227.13	1234.69
#工业	Industry	2145.57	1069.02	1076.55
第三产业	Tertiary Industry	2674.34	1671.27	1003.08
人均国内生产总值 （元）	Per Capita Gross Domestic Product (yuan)	43705	41884	46388
国内生产总值指数 （上年=100）	Index of Gross Domestic Product (preceding year=100)	114.0	113.2	115.0
第一产业	Primary Industry	109.3	109.8	106.9
第二产业	Secondary Industry	114.9	112.4	117.6
#工业	Industry	116.6	113.8	119.6
第三产业	Tertiary Industry	113.3	114.1	111.9
人均国内生产总值指数 （上年=100）	Index of Per Capita Gross Domestic Product (preceding year=100)	109.6	111.7	106.5
乡镇企业总收入 （亿元）	Total Income of Township Enterprises (100 million yuan)	2206.20	1898.30	307.90
公路通车里程 （公里）	Total Length of Highways in Operation (km)	6782	5397	1385
邮电业务总量（2000年不变价） （亿元）	Total Business Volume of Postal and Telecommunication Services (at 2000 constant prices) (100 million yuan)	382.78	200.90	181.88
电话机拥有量 （万部）	Number of Telephone Sets Owned by Residents (10000 units)	673.09	386.34	286.75
#农　村	Rural Areas	116.46	21.16	95.30
全社会固定资产投资额 （亿元）	Total Amount of Investment in Fixed Assets (100 million yuan)	1756.39	1009.24	747.15
#基本建设投资	Investment in Capital Construction	570.37	284.27	286.11
更新改造投资	Investment in Innovation	221.54	183.04	38.51
#国有经济单位投资	Invested by State-owned Units	555.83	352.97	202.86
集体经济单位投资	Invested by Collective Owned Units	106.86	49.23	57.63
社会消费品零售总额 （亿元）	Total Amount of Retail Sales of Consumer Goods (100 million yuan)	2060.27	1370.68	689.59
城乡集市贸易成交额 （亿元）	Transaction Value of Free Markets in Urban and Rural Areas (100 million yuan)	799.35	526.54	272.81
外贸出口总额 （亿美元）	Total Amount of Exports (USD 100 million)	603.18	137.76	465.42
外贸进口总额 （亿美元）	Total Amount of Imports (USD 100 million)	548.21	141.47	406.74
新签利用外资合同数 （宗）	Number of Utilization of Foreign Capital through Newly Signed Contracts (unit)	3368	1177	2191
合同外资额 （亿美元）	Contracted Foreign Capital (USD 100 million)	83.52	31.66	51.86
实际利用外资 （亿美元）	Foreign Capital Actually Utilized (USD 100 million)	75.55	26.53	49.02
地方财政一般预算收入 （亿元）	Local Government Budgetary Revenue (100 million yuan)	511.80	245.87	265.93
地方财政一般预算支出 （亿元）	Local Government Budgetary Expenditure (100 million yuan)	634.45	326.67	307.78
城乡居民储蓄存款年末余额 （亿元）	Savings Deposits by Urban and Rural Residents at the Year-end (100 million yuan)	4889.29	3132.80	1756.49
城镇居民人均可支配收入 （元）	Per Capita Annual Disposable Income of Urban Residents (yuan)		13380	21914
农村居民人均纯收入 （元）	Per Capita Annual Net Income of Rural Residents (yuan)		6857	10610
职工平均工资 （元）	Average Wage of Staff and Workers (yuan)		25583	28218

注：本表国内生产总值绝对数按当年价格计算，指数按可比价格计算。

Note: The figures in value terms on GDP are calculated at current prices, whereas their indexes are calculated at comparable prices.

20-5 山区县（市、区）主要经济指标

MAIN ECONOMIC INDICATORS OF THE COUNTIES (COUNTY-LEVEL CITIES, DISTRICTS) IN MOUNTAINOUS AREAS

指 标		Item		2001	2002	2002 比 2001 增长% Growth Rate in 2002 over 2001
一、人口、土地面积		**Population and Land Area**				
年末户籍总人口	（万人）	Total Year-end Population with Residence Registration	（10000 persons）	3081.60	3100.80	0.6
土地面积	（平方公里）	Land Area	（sq.km）	117500	117500	
常用耕地面积	（公顷）	Area of Regularly Cultivated Land	（ha.）		1039849	
二、经济总量指标		**Aggregate Indicators on Economy**				
国内生产总值	（亿元）	Gross Domestic Product	（100 million yuan）	1850.76	1996.38	9.1
第一产业		Primary Industry		574.79	599.18	5.4
第二产业		Secondary Industry		682.66	741.38	10.6
#工业		Industry		585.50	634.24	10.5
第三产业		Tertiary Industry		593.30	655.82	10.9
人均国内生产总值	（元）	Per Capita Gross Domestic Product	（yuan）	6031	6558	8.4
工业总产值（1990 年不变价）	（亿元）	Gross Output Value of Industry (at 1990 constant prices)	（100 million yuan）	2024.26	2253.86	11.3
农业总产值（1990 年不变价）	（亿元）	Gross Output Value of Agriculture (at 1990 constant prices)	（100 million yuan）	536.16	588.58	9.8
乡镇企业总收入	（亿元）	Total Income of Township Enterprises	（100 million yuan）	2294.56	2503.29	9.1
三、主要农业产品产量		**Output of Major Agricultural Products**				
粮　食	（万吨）	Grain	（10000 tons）	962.37	893.99	-7.1
油　料	（万吨）	Oil bearing Crops	（10000 tons）	46.65	47.12	1.0
猪牛羊肉	（万吨）	Pork, Beef and Mutton	（10000 tons）	103.90	112.07	7.9
水　果	（万吨）	Fruits	（10000 tons）	317.62	358.17	12.8
茶　叶	（万吨）	Tea	（10000 tons）	3.52	3.52	
四、运输、邮电		**Transportation, Postal and Telecommunication Services**				
公路通车里程	（公里）	Total Length of Highways in Operation	（km）	62411	62471	0.1
邮电业务总量（2000 年不变价）	（亿元）	Total Business Volume of Postal and Telecommunication Services (at 2000 constant prices)	（100 million yuan）		67.69	
电话机拥有量	（万部）	Number of Telephone Sets Owned by Residents	（10000 units）	358.45	395.52	10.3
#农村		Rural Areas		206.08	233.90	13.5
五、全社会固定资产投资额	**（亿元）**	**Total Amount of Investment in Fixed Assets**	**（100 million yuan）**	**362.78**	**428.68**	**18.2**
#基本建设投资		Investment in Capital Construction			116.41	
更新改造投资		Investment in Innovation			49.10	
六、社会消费品零售总额	**（亿元）**	**Total Amount of Retail Sales of Consumer Goods**	**（100 million yuan）**	**671.19**	**739.08**	**10.1**
七、财政、金融		**Finance and Banking**				
地方财政一般预算收入	（亿元）	Local Government Budgetary Revenue	（100 million yuan）	42.87	44.35	3.4
地方财政一般预算支出	（亿元）	Local Government Budgetary Expenditure	（100 million yuan）	124.26	152.39	22.6
城乡居民储蓄存款年末余额	（亿元）	Savings Deposits by Urban and Rural Residents at the Year-end	（100 million yuan）	1045.49	1174.69	12.4
八、农村居民人均纯收入	**（元）**	**Per Capita Net Income of Rural Residents**	**（yuan）**	**3348**	**3509**	**4.8**
九、对外经济		**Foreign Trade**				
外贸出口总额	（亿美元）	Total Exports	（USD 100 million）	23.19	31.33	35.1
实际利用外资	（亿美元）	Foreign Capital Actually Utilized	（USD 100 million）	11.12	12.76	14.8

注：1. 本表国内生产总值绝对数按当年价格计算，增长速度按可比价格计算。表中数据按各地级市统计局上报数汇总。

2. 2001、2002 年地方财政一般预算收支根据广东省财政厅提供的广东省地（市）县级财政一般预算收支及平衡表整理。

Note: a) The figures in value terms on GDP are calculated at current prices, whereas the growth rates are calculated at comparable prices. All the data in this table are reported by the prefectural bureaus of statistics.

b) The figures of local government budgetary revenue and expenditure of 2001 and 2002 are prepared on the basis of the prefectual (county) government revenue and expenditure balanced sheet provided by Guangdong Provincial Department of Finance.

20-6 东西两翼主要经济指标（2002年）
MAIN ECONOMIC INDICATORS OF BOTH EAST AND WEST WINGS (2002)

指　　标		Item		东西翼合计 Total	东翼 East Wing	西翼 West Wing
土地面积	（平方公里）	Land Area	（sq.km）	47425	15683	31742
常用耕地面积	（公顷）	Area of Regularly Cultivated Land	（ha.）	989658	255058	734600
年末户籍总人口	（万人）	Total Year-end Population with Residence Registration	（10000 persons）	3241.46	1614.65	1626.81
年末从业人员数	（万人）	Year-end Employed Persons	（10000 persons）	1288.84	543.75	745.09
国内生产总值	（亿元）	Gross Domestic Product	（100 million yuan）	2570.93	1309.15	1261.78
第一产业		Primary Industry		570.73	220.69	350.04
第二产业		Secondary Industry		1070.03	604.21	465.82
#工业		Industry		939.49	546.04	393.45
第三产业		Tertiary Industry		930.17	484.25	445.93
人均国内生产总值	（元）	Per Capita Gross Domestic Product	（yuan）	8344	8447	8240
国内生产总值指数	（上年=100）	Index of Gross Domestic Product	（preceding year=100）	108.5	107.3	109.8
第一产业		Primary Industry		105.6	104.2	106.5
第二产业		Secondary Industry		109.5	108.6	110.7
#工业		Industry		110.0	109.1	111.3
第三产业		Tertiary Industry		109.2	107.2	111.6
人均国内生产总值指数	（上年=100）	Index of Per Capita Gross Domestic Product	（preceding year=100）	107.4	106.1	108.7
工业总产值（1990年不变价）	（亿元）	Gross Output Value of Industry (at 1990 constant prices)	（100 million yuan）	3191.30	2132.94	1058.35
农业总产值（1990年不变价）	（亿元）	Gross Output Value of Agriculture (at 1990 constant prices)	（100 million yuan）	626.27	206.44	419.83
全社会固定资产投资	（亿元）	Total Amount of Investment in Fixed Assets	（100 million yuan）	510.20	271.84	238.35
#基本建设投资		Investment in Capital Construction		146.65	78.81	67.84
更新改造投资		Investment in Innovation		71.56	32.97	38.59
公路通车里程	（公里）	Total Length of Highways in Operation	（km）	30912	10959	19953
邮电业务总量（2000年不变价）	（亿元）	Total Business Volume of Postal and Telecommunication Services (at 2000 constant prices)	（100 million yuan）	132.26	84.13	48.12
电话机拥有量	（万部）	Number of Telephone Sets Owned by Residents	（10000 units）	530.15	292.84	237.31
#农　村		Rural Areas		209.15	105.13	104.01
社会消费品零售总额	（亿元）	Total Amount of Retail Sales of Consumer Goods	（100 million yuan）	1083.75	566.16	517.59
外贸出口总额	（亿美元）	Total Amount of Exports	（USD 100 million）	49.88	30.66	19.22
外贸进口总额	（亿美元）	Total Amount of Imports	（USD 100 million）	26.83	18.11	8.72
实际利用外资	（亿美元）	Foreign Capital Actually Utilized	（USD 100 million）	8.98	5.96	3.01
地方财政一般预算收入	（亿元）	Local Government Budgetary Revenue	（100 million yuan）	72.77	39.72	33.05
地方财政一般预算支出	（亿元）	Local Government Budgetary Expenditure	（100 million yuan）	176.16	92.80	83.36
城乡居民储蓄存款余额	（亿元）	Savings Deposits by Urban and Rural Residents at the Year-end	（100 million yuan）	1714.00	924.07	789.92
乡镇企业总收入	（亿元）	Total Income of Township Enterprises	（100 million yuan）	3205.59	1988.38	1217.22

注：1. 东翼指汕头、汕尾、潮州和揭阳四个市，西翼指湛江、茂名和阳江三个市。表中数据按各地级市统计局上报数汇总。
2. 本表国内生产总值绝对数按当年价格计算，指数按可比价格计算。

Note: a) The East Wing refers to Shantou, Shanwei, Chaozhou and Jieyang, and the West Wing refers to Zhanjiang, Maoming and Yangjiang. Data in this table are reported by the prefectual bureaus of statistics.
b) The figures in value terms on GDP are calculated at current prices, whereas their indexes are calculated at comparable prices.

20-7 少数民族县主要经济指标（2002 年）
MAIN ECONOMIC INDICATORS OF THE MINORITY NATIONALITY COUNTIES（2002）

指　　标		Item		合　计 Total	连南县 Liannan County	连山县 Lianshan County	乳源县 Ruyuan County
土地面积	（平方公里）	Land Area	（sq.km）	4682	1290	1165	2227
常用耕地面积	（公顷）	Area of Regularly Cultivated Land	（ha.）	24482	7188	7085	10209
年末户籍总人口	（万人）	Total Year-end Population with Residence Registration	（10000 persons）	46.78	15.45	11.42	19.90
# 少数民族人口		Population of Minority Nationalities		17.54	8.10	7.15	2.29
农业人口		Agricultural Population		37.66	12.62	8.94	16.10
国内生产总值	（亿元）	Gross Domestic Product	（100 million yuan）	20.07	4.73	4.72	10.62
第一产业		Primary Industry		6.10	1.77	2.09	2.24
第二产业		Secondary Industry		8.12	1.38	1.02	5.72
# 工业		Industry		5.67	0.90	0.47	4.30
第三产业		Tertiary Industry		5.85	1.57	1.62	2.66
人均国内生产总值	（元）	Per Capita Gross Domestic Product	（yuan）	4477	3071	4136	5894
国内生产总值指数	（上年 = 100）	Index of Gross Domestic Product	（preceding year = 100）	109.1	107.1	108.1	110.4
第一产业		Primary Industry		103.2	104.4	102.7	102.7
第二产业		Secondary Industry		112.9	107.0	111.0	114.7
# 工业		Industry		109.3	96.3	104.8	113.1
第三产业		Tertiary Industry		110.5	110.6	114.1	108.5
人均国内生产总值指数	（上年 = 100）	Index of Per Capita Gross Domestic Product	（preceding year = 100）	108.4	106.2	107.7	109.7
工业总产值（1990 年不变价）	（亿元）	Gross Output Value of Industry（at 1990 constant prices）	（100 million yuan）	13.94	1.97	0.97	11.00
农业总产值（1990 年不变价）	（亿元）	Gross Output Value of Agriculture（at 1990 constant prices）	（100 million yuan）	5.44	1.38	2.05	2.02
全社会固定资产投资额	（亿元）	Total Amount of Investment in Fixed Assets	（100 million yuan）	10.80	1.59	2.86	6.35
# 基本建设投资		Investment in Capital Construction	（100 million yuan）	5.15	1.06	0.95	3.14
更新改造投资		Investment in Innovation	（100 million yuan）	2.08	0.26	1.11	0.71
公路通车里程	（公里）	Total Length of Highways in Operation	（km）	2462	683	636	1143
电话机拥有量	（万部）	Number of Telephone Sets Owned by Residents	（10000 units）	6.66	1.84	1.81	3.02
# 农村		Rural Areas		2.96	0.64	0.77	1.54
邮电业务总量（2000 年不变价）	（亿元）	Total Business Volume of Postal and Telecommunication Services（at 2000 constant prices）	（100 million yuan）	1.23	0.76	0.48	
地方财政一般预算收入	（亿元）	Local Government Budgetary Revenue	（100 million yuan）	1.15	0.27	0.14	0.73
地方财政一般预算支出	（亿元）	Local Government Budgetary Expenditure	（100 million yuan）	5.34	1.80	1.36	2.17
城乡居民储蓄存款年末余额	（亿元）	Savings Deposits by Urban and Rural Residents at the Year-end	（100 million yuan）	17.53	5.80	4.24	7.48
职工工资总额	（亿元）	Total Wages of Staff and Workers	（100 million yuan）	3.51	1.16	0.68	1.67
职工年平均工资	（元）	Annual Average Wage of Staff and Workers	（yuan）		11281	10827	10293
农村居民人均纯收入	（元）	Per Capita Net Income of Rural Residents	（yuan）		2561	2542	3391
社会消费品零售总额	（亿元）	Total Amount of Retail Sales of Consumer Goods	（100 million yuan）	6.10	1.63	1.08	3.40
城乡集市贸易成交额	（亿元）	Transaction Value of Free Markets in Urban and Rural Areas	（100 million yuan）	4.12	1.39	1.58	1.15
乡镇企业总收入	（亿元）	Total Income of Township Enterprises	（100 million yuan）	17.76	2.34	1.04	14.38
普通中学	（所）	Number of Regular Secondary Schools	（unit）	45	14	13	18
在校学生数	（人）	Number of Students Enrolled in Regular Secondary Schools	（person）	29881	9066	8574	12241
小学	（所）	Number of Primary Schools	（unit）	246	83	69	94
在校学生数	（人）	Number of Students Enrolled in Primary Schools	（person）	51262	15598	13763	21901

注：本表国内生产总值绝对数按当年价计算，指数按可比价格计算。

Note：The figures in value terms on GDP are calculated at current prices，whereas their indexes are calculated at comparable prices.

二十一 城市主要指标

CITIES

21

二十一　城市主要指标

简要说明

一、本篇资料反映广东城市社会、经济发展和城市建设的规模、速度、效益及综合水平等基本情况。

二、本篇资料由广东省统计局综合处整理提供。

三、本篇资料依据国家统计局制定的《城市社会经济基本情况统计报表制度》，由全省21个地级市统计局填报后汇总、加工而成。资料的统计范围为广东21个省辖城市的市区。其中深圳 、珠海、东莞、中山、佛山为全市。

21　CITIES

Brief Introduction

Ⅰ. The data in this chapter show the social and economic development as well as the scale, growth rates, economic efficiency, overall level and other basic conditions of the cities of Guangdong Province.

Ⅱ. The data in this chapter are prepared and provided by the Division of Comprehensive Statistics of Guangdong Provincial Bureau of Statistics.

Ⅲ. The data in this chapter are reported, tabulated and processed by the twenty-one statistical bureaus at the prefectural level in accordance with the "Statistical Reporting Scheme on the Basic Social and Economic Situations of the Cities" stipulated by the National Bureau of Statistics. The statistical coverage includes the urban districts but excludes the counties under the jurisdiction of the twenty-one cities of Guangdong Province, among which Shenzhen, Zhuhai, Dongguan, Zhongshan and Foshan refer to the whole cities, with their towns and villages included.

21-1 城市主要经济指标
MAIN ECONOMIC INDICATORS ON CITIES

指标		Item		2001	2002
土地面积	(平方公里)	Total Land Area	(sq.km)	18784	24977
#建城区面积		Developed Land Area		1549	1929
年末户籍总人口	(万人)	Total Year-end Population with Residence Registration	(10000 persons)	1982.89	2434.25
#非农业人口		Non-agricultural Population		1216.14	1542.46
年末总户数	(万户)	Total Number of Households at the Year-end	(10000 households)	570.42	716.03
年末单位从业人员数	(万人)	Number of Persons Employed in Units at the Year-end	(10000 persons)	468.15	510.88
城镇私营和个体从业人员	(万人)	Number of Persons Employed in Private Enterprises and Self-employed Individuals in Urban Areas	(10000 persons)		375.48
国内生产总值(当年价)	(亿元)	Gross Domestic Product (at current prices)	(100 million yuan)	7280.12	9339.81
第一产业		Primary Industry		265.62	367.19
第二产业		Secondary Industry		3571.98	4622.04
#工业		Industry		3139.56	4121.50
第三产业		Tertiary Industry		3442.53	4350.60
邮政业务总量	(亿元)	Total Business Volume of Postal Services	(100 million yuan)	43.39	38.93
电信业务总量	(亿元)	Total Business Volume of Telecommunication Services	(100 million yuan)	441.16	574.87
本地电话机用户数	(万户)	Number of Telephone Subscribers	(10000 subscribers)	996.04	1326.04
年末移动电话用户数	(万户)	Number of Mobile Telephone Subscribers at the Year-end	(10000 subscribers)		2532.06
国际互联网用户数	(万户)	Number of Internet Subscribers	(10000 subscribers)		702.71
生活用水量	(万立方米)	Water Consumption for Residential Use	(10000 cu.m)		220775
全年用电量	(亿千瓦时)	Annual Electricity Consumption	(100 million kwh)	867.93	1239.33
#工业用电		Electricity Consumption for Industry		532.63	816.12
城乡居民生活用电		Electricity Consumption for Residential Use		149.78	171.15
全社会固定资产投资	(亿元)	Total Investment in Fixed Assets	(100 million yuan)	2441.71	3030.65
房地产开发投资额	(亿元)	Investment in Real Estate Development	(100 million yuan)	861.74	1045.84
#住宅		Residential Buildings		583.01	733.05
社会消费品零售总额	(亿元)	Total Retail Sales of Consumer Goods	(100 million yuan)	2888.87	3618.88
外商直接投资		Foreign Direct Investment Made by Foreigners and Entrepreneurs from Hong Kong, Macao and Taiwan			
合同外资额	(亿美元)	Contracted Foreign Capital	(USD 100 million)		132.93
实际利用外资	(亿美元)	Foreign Capital Actually Used	(USD 100 million)	115.15	105.54
地方财政一般预算收入	(亿元)	Total Budgetary Revenue of Local Governments	(100 million yuan)	731.19	789.42
地方财政一般预算支出	(亿元)	Total Budgetary Expenditure of Local Governments	(100 million yuan)	831.42	1016.60
城乡居民储蓄存款年末余额	(亿元)	Savings Deposits by Urban and Rural Residents at the Year-end	(100 million yuan)	6677.55	9578.71
在岗职工工资总额	(亿元)	Total Wages of Fully Employed Staff and Workers	(100 million yuan)	879.47	1056.75

注：1. 表中数据按各地级市统计局上报数汇总。
2. 2002年地方财政一般预算收支根据广东省财政厅提供的广东省地（市）县级财政一般预算收支及平衡表整理，为市区和本级财政收支的合计数。

Note: a) All data in this table are reported by the prefectural bureaus of statistics.
b) The figures of local government budgetary revenue and expenditure of 2002 are prepared on the basis of the prefectual (county) government revenue and expenditure balanced sheet provided by Guangdong Provincial Department of Finance, including the sum of the budgetary revenue and expenditure actually collected and spent by both the urban district governments and the local governments at the prefectural level.

21-2 城市基本情况（2002年）

指标		Item		21个城市合计 Total of 21 Cities
一、人口、从业人员和土地面积		Population, Employment and Total Land Area		
年末户籍总人口	（万人）	Total Year-end Population with Residence Registration	（10000 persons）	2434.25
#非农业人口		Non-agricultural Population		1542.46
年末总户数	（万户）	Total Number of Households at the Year-end	（10000 households）	716.03
年末单位从业人员数	（万人）	Number of Persons Employed in Units at the Year-end	（10000 persons）	510.88
城镇私营和个体从业人员	（万人）	Persons Employed in Private Enterprises and Self-employed Individuals in Urban Areas	（10000 persons）	375.48
土地面积	（平方公里）	Total Area	（sq.km）	24977
#建城区面积		Developed Land Area		1929
二、经济总量指标		Aggregated Economic Indicators		
国内生产总值（当年价）	（亿元）	Gross Domestic Product（at current prices）	（100 million yuan）	9339.81
第一产业		Primary Industry		367.19
第二产业		Secondary Industry		4622.04
#工业		Industry		4121.50
第三产业		Tertiary Industry		4350.59
人均国内生产总值	（元）	Per Capita Gross Domestic Product	（yuan）	
国内生产总值增长率		Growth Rate of Gross Domestic Product	（%）	
三、工业		Industry		
工业企业数	（个）	Number of Industrial Enterprises		16295
工业总产值（当年价）	（亿元）	Total Industrial Output Value（at current prices）	（100 million yuan）	13801.33
#内资企业		Domestic Funded Enterprises		4970.58
港、澳、台商投资企业		Enterprises Funded by Entrepreneurs from Hong Kong, Macao and Taiwan		5270.19
外商投资企业		Foreign Funded Enterprises		3560.57
流动资产年平均余额	（亿元）	Annual Average Balance of Circulating Assets	（100 million yuan）	6572.75
固定资产净值年平均余额	（亿元）	Annual Average Balance of Net Value of Fixed Assets	（100 million yuan）	5114.44
产品销售收入	（亿元）	Sales Revenue	（100 million yuan）	13847.64
#产品销售税金及附加		Sales Tax and Extra Charges		108.25
本年应交增值税	（亿元）	Value Added Tax Payable	（100 million yuan）	419.91
利润总额	（亿元）	Total Profits	（100 million yuan）	713.93

注：1. 本表按2002年底止的行政区划范围统计。
2. 工业部分的指标统计范围为国有及年销售收入500万元以上的非国有工业企业。
3. 2002年地方财政一般预算收支根据广东省财政厅提供的广东省地（市）县级财政一般预算收支及平衡表整理，为市区和本级财政收支的合计数。

BASIC STATISTICS ON CITIES (2002)

广州市 Guangzhou	深圳市 Shenzhen	珠海市 Zhuhai	汕头市 Shantao	韶关市 Shaoguan	河源市 Heyuan	梅州市 Meizhou	惠州市 Huizhou	潮州市 Chaozhou
583.89	139.45	78.61	120.12	53.07	30.82	30.64	40.03	34.36
465.31	112.04	55.84	120.12	46.33	24.36	23.64	35.45	31.12
179.62	44.73	22.17	31.84	17.63	12.08	8.98	11.81	8.84
162.72	102.64	31.00	19.53	11.58	4.24	3.98	17.37	5.08
66.17	107.87	33.37	7.26	3.13	2.07	2.20	4.42	9.10
3719	1949	1688	294	339	450	298	419	155
554	168	76	99	48	8	48	33	69
2731.11	2256.82	406.27	242.23	100.84	19.79	27.40	183.79	47.46
71.06	19.06	16.18	6.47	2.43	2.13	1.94	3.25	1.08
1060.34	1234.69	224.11	104.91	61.30	9.95	13.12	134.92	21.49
914.36	1076.55	189.65	97.73	53.97	5.62	11.44	127.48	17.71
1599.71	1003.08	165.98	130.85	37.12	7.71	12.34	45.62	24.88
47053	46388	32682	20213	18137	6469	8926	46754	13812
13.03	15.0	12.3	5.9	11.9	22.9	21.3	30.2	7.8
3541	2134	790	506	154	42	48	353	133
2738.86	3628.52	758.81	219.14	139.95	19.09	21.15	546.14	42.92
1091.15	792.15	189.75	116.77	127.25	4.12	18.74	41.65	29.61
891.00	1498.25	299.68	48.69	12.07	12.86	2.41	248.41	12.33
756.71	1338.12	269.38	53.68	0.63	2.12		256.09	0.97
1464.92	1355.83	408.06	135.04	100.18	13.58	21.23	232.07	31.95
1147.42	1087.36	302.02	135.81	136.56	13.14	16.61	91.99	17.79
2812.78	3434.72	754.84	243.49	154.93	19.54	24.65	543.57	49.87
44.32	12.90	1.46	0.83	6.40	0.05	3.71	0.69	0.11
114.82	89.05	20.80	7.97	9.98	0.85	1.56	8.07	1.86
195.86	237.67	34.29	5.30	9.15	1.08	1.39	23.40	-0.17

Note: a) Figures in this table are calculated in accordance with the administrative divisions at the end of 2002.

b) The scope of indicators in industry refers to the state-owned industrial enterprises and non-state-owned industrial enterprises with an annual sales revenue over 5 million yuan.

c) The figures of local government budgetary revenue and expenditure of 2002 are prepared on the basis of the prefectual (county) government revenue and expenditure balanced sheet provided by Guangdong Provincial Department of Finance, including the sum of the budgetary revenue and expenditure actually collected and spent by both the urban district governments and the local governments at the prefectural level.

21-2 续表 1

指　　标		Item		汕尾市 Shanwei	东莞市 Dongguan
一、人口、从业人员和土地面积		**Population, Employment and Total Land Area**			
年末户籍总人口	（万人）	Total Year-end Population with Residence Registration	（10000 persons）	45.60	156.19
#非农业人口		Non-agricultural Population		22.34	56.27
年末总户数	（万户）	Total Number of Households at the Year-end	（10000 households）	10.13	43.15
年末单位从业人员数	（万人）	Number of Persons Employed in Units at the Year-end	（10000 persons）	3.76	17.39
城镇私营和个体从业人员	（万人）	Persons Employed in Private Enterprises and Self-employed Individuals in Urban Areas	（10000 persons）	3.45	14.71
土地面积	（平方公里）	Total Area	（sq. km）	432	2465
#建城区面积		Developed Land Area		11	345
二、经济总量指标		**Aggregated Economic Indicators**			
国内生产总值（当年价）	（亿元）	Gross Domestic Product（at current prices）	（100 million yuan）	33.82	672.89
第一产业		Primary Industry		9.11	30.34
第二产业		Secondary Industry		11.00	369.71
#工业		Industry		8.61	346.56
第三产业		Tertiary Industry		13.70	272.84
人均国内生产总值	（元）	Per Capita Gross Domestic Product	（yuan）	7335	43401
国内生产总值增长率		Growth Rate of Gross Domestic Product	（%）	10.2	18.5
三、工业		**Industry**			
工业企业数	（个）	Number of Industrial Enterprises		33	1805
工业总产值（当年价）	（亿元）	Total Industrial Output Value（at current prices）	（100 million yuan）	17.16	1352.69
#内资企业		Domestic Funded Enterprises		8.62	261.67
港、澳、台商投资企业		Enterprises Funded by Entrepreneurs from Hong Kong, Macao and Taiwan		7.88	679.04
外商投资企业		Foreign Funded Enterprises		0.65	411.98
流动资产年平均余额	（亿元）	Annual Average Balance of Circulating Assets	（100 million yuan）	10.29	670.96
固定资产净值年平均余额	（亿元）	Annual Average Balance of Net Value of Fixed Assets	（100 million yuan）	9.11	522.42
产品销售收入	（亿元）	Sales Revenue	（100 million yuan）	14.41	1465.72
#产品销售税金及附加		Sales Tax and Extra Charges		0.04	1.49
本年应交增值税	（亿元）	Value Added Tax Payable	（100 million yuan）	0.54	42.76
利润总额	（亿元）	Total Profits	（100 million yuan）	-0.03	59.51

21-2 continued 1

中山市 Zhongshan	江门市 Jiangmen	佛山市 Foshan	阳江市 Yangjiang	湛江市 Zhanjiang	茂名市 Maoming	肇庆市 Zhaoqing	清远市 Qingyuan	揭阳市 Jieyang	云浮市 Yunfu
136.03	131.53	338.98	55.22	143.14	118.73	47.31	54.34	68.07	28.12
43.56	60.00	174.53	31.43	71.97	45.54	35.25	20.48	45.99	20.89
37.47	41.39	100.67	15.89	39.36	29.51	13.84	16.03	22.67	8.22
14.39	17.45	46.60	6.26	15.31	9.04	10.02	5.52	3.55	3.45
47.48	11.49	21.05	4.45	11.24	6.98	3.37	2.88	11.96	0.82
1800	1818	3813	437	1460	907	664	927	181	762
30	74	115	29	70	33	41	33	27	18
415.67	306.90	1175.92	50.80	234.25	180.76	96.04	41.64	83.85	31.56
26.19	22.25	72.14	16.18	19.46	18.62	7.48	9.02	6.24	6.54
246.29	144.41	625.75	18.74	123.99	95.64	39.72	15.88	52.48	13.60
226.75	138.51	595.44	16.56	108.48	83.45	33.57	11.63	46.85	10.58
143.18	140.24	478.03	15.88	90.80	66.51	48.84	16.73	25.13	11.41
30693	23365	34850	11390	17674	15313	20318	7699	12385	11234
16.5	11.3	11.8	11.5	10.1	9.4	11.9	7.0	8.2	9.9
2018	975	2861	131	242	136	157	67	141	28
948.08	500.43	2040.66	34.87	272.65	322.53	116.03	23.03	38.61	20.02
325.79	253.82	1187.27	25.76	89.73	317.02	39.94	10.97	23.59	15.21
451.40	161.35	684.96	3.27	168.18	4.46	60.04	7.15	14.49	2.27
170.89	85.26	168.43	5.84	14.73	1.06	16.05	4.91	0.53	2.54
403.10	251.03	1049.25	18.18	175.02	107.39	89.81	20.50	13.67	0.69
273.71	161.11	646.33	15.18	187.20	225.36	64.22	23.07	9.81	28.20
921.04	478.28	2051.57	36.92	256.81	366.29	118.52	28.66	46.82	24.22
2.00	4.75	11.55	0.42	8.00	8.19	0.83	0.10	0.17	0.24
24.90	11.52	58.59	1.79	10.30	8.82	4.13	1.04	0.50	0.05
25.47	9.09	66.87	0.63	35.78	5.97	2.73	0.33	-0.43	0.01

21-2 续表 2

指 标		Item		21个城市合计 Total of 21 Cities
四、邮电通信和电力		**Postal and Telecommunication Services and Electricity**		
邮政业务总量	(亿元)	Total Business Volume of Postal Services	(100 million yuan)	38.93
电信业务总量	(亿元)	Total Business Volume of Telecommunication Services	(100 million yuan)	574.87
本地电话机用户数	(万户)	Number of Telephone Subscribers	(10000 subscribers)	1326.04
年末移动电话用户数	(万户)	Number of Mobile Telephone Subscribers at the Year-end	(10000 subscribers)	2532.06
国际互联网用户数	(万户)	Number of Internet Subscribers	(10000 subscribers)	702.71
全年用电量	(亿千瓦时)	Annual Electricity Consumption	(100 million kwh)	1239.33
#工业用电		Electricity Consumption for Industry		816.12
城乡居民生活用电		Electricity Consumption for Residential Use		171.15
五、固定资产投资		**Investment in Fixed Assets**		
全社会固定资产投资	(亿元)	Total Investment in Fixed Assets	(100 million yuan)	3030.65
#房地产开发投资额		Total Investment in Real Estate Development		1045.84
#住宅		Residential Buildings		733.05
本年施工住宅面积	(万平方米)	Floor Space of Residential Buildings under Construction	(10000 sq.m)	10853.70
本年竣工住宅面积	(万平方米)	Floor Space of Residential Buildings Completed	(10000 sq.m)	4959.85
商品房屋销售面积	(万平方米)	Floor Space of Commercial Buildings Sold	(10000 sq.m)	2190.55
商品房屋销售额	(亿元)	Total Sales of Commercial Buildings	(100 million yuan)	774.53
六、市政公用事业		**Urban Public Utilities**		
年末实有铺装道路面积	(万平方米)	Area of Paved Roads at the Year-end	(10000 sq.m)	22856
排水管道长度	(公里)	Length of Sewer Pipelines	(km)	17605
城市园林绿地面积	(公顷)	Area of Urban Gardens and Green Areas	(ha.)	160606
全年供水量	(万立方米)	Annual Supply of Tap Water	(10000 cu.m)	502732
#生活用水量		Water Consumption for Residential Use		220775
年末实有公共汽(电)车营运车辆	(辆)	Number of Public Vehicles (Buses and Trolley-buses) at the Year-end	(unit)	26019
年末实有出租汽车数	(辆)	Number of Taxis at the Year-end	(unit)	46290
液化石油气供气总量	(吨)	Total Supply of Liquefied Petroleum Gas	(ton)	2088805
七、批发零售贸易和外经		**Wholesale, Retail Trade and Foreign Trade**		
批发零售贸易业商品销售总额	(亿元)	Total Sales of Commodities in Wholesale and Retail Trade	(100 million yuan)	8237.83
社会消费品零售总额	(亿元)	Total Retail Sales of Consumer Goods	(100 million yuan)	3618.88
外商直接投资		Foreign Direct Investment Made by Foreigne and Entrepreneurs from Hong Kong, Macao and Taiwan		
新签项目(合同)数	(个)	Number of Agreements and Contracts Newly Signed	(unit)	5712
合同外资额	(亿美元)	Contracted Foreign Capital	(USD 100 million)	132.93
实际利用外资	(亿美元)	Foreign Capital Actually Used	(USD 100 million)	105.54

广州市 Guangzhou	深圳市 Shenzhen	珠海市 Zhuhai	汕头市 Shantao	韶关市 Shaoguan	河源市 Heyuan	梅州市 Meizhou	惠州市 Huizhou	潮州市 Chaozhou
12.49	6.50	1.57	0.93	0.39	3.45	0.24	0.54	0.21
165.08	157.92	27.20	17.04	4.42	1.15	7.53	21.78	2.52
335.23	271.18	49.13	46.45	30.59	7.10	12.00	3	16.82
635.34	598.24	107.63	80.32	11.98	19.16		40.64	25.00
244.88	187.96	23.00	3.14	5.06	1.95	2.60	20.50	4.28
226.39	259.92	38.18	23.25	26.96	4.80	4.66	17.25	6.63
110.74	147.24	22.07	13.03	22.52	3.19	3.97	11.07	3.12
44.14	32.23	5.14	6.20	1.93	0.67	0.69	2.81	2.27
937.27	799.84	120.53	65.06	34.52	11.04	17.39	33.38	19.95
401.11	355.44	37.21	16.15	3.75	2.91	2.85	11.92	4.22
302.58	237.92	28.92	13.11	2.74	1.19	1.74	6.70	3.39
3520.08	2349.75	379.92	237.18	93.59	45.75	54.66	137.63	65.40
1226.28	834.89	108.42	103.80	59.41	29.93	37.98	58.58	42.40
664.52	381.22	114.23	110.92	34.09	11.07	17.27	40.39	21.85
289.63	221.19	34.01	22.42	4.26	1.24	1.72	11.07	2.71
6194	3405	1716	1023	182	106	426	572	199
3393	2553	1841	1228	158	199	234	653	147
103678	18780	3602	3046	1589	257	844	1394	1451
163410	49361	19806	17231	9759	2435	3472	8590	5050
67190	36755	12159	17231	2632	800	1776	3712	2827
7051	13105	1189	396	177	60	72	373	94
16690	11351	1873	2159	773	169	317	758	535
286345	518675	209536	95000	28964	11950	9767	59402	67473
3544.55	1318.74	286.43	264.69	151.83	19.12	8.17	117.12	19.78
1279.88	689.59	143.47	121.29	52.51	13.02	6.58	46.80	24.97
694	1917	704	87	4	62	34	122	13
27.60	35.44	13.19	1.21	0.05	1.95	1.15	3.68	0.30
20.30	31.91	6.98	0.97	0.13	0.70	0.61	4.22	0.55

21-2 续表 3

指标		Item		汕尾市 Shanwei	东莞市 Donggua
四、邮电通信和电力		**Postal and Telecommunication Services and Electricity**			
邮政业务总量	(亿元)	Total Business Volume of Postal Services	(100 million yuan)	0.12	4.23
电信业务总量	(亿元)	Total Business Volume of Telecommunication Services	(100 million yuan)	4.08	35.20
本地电话机用户数	(万户)	Number of Telephone Subscribers	(10000 subscribers)	10.20	127.93
年末移动电话用户数	(万户)	Number of Mobile Telephone Subscribers at the Year-end	(10000 subscribers)	6.42	373.59
国际互联网用户数	(万户)	Number of Internet Subscribers	(10000 subscribers)	1.77	39.34
全年用电量	(亿千瓦时)	Annual Electricity Consumption	(100 million kwh)	2.47	246.97
#工业用电		Electricity Consumption for Industry		1.12	207.07
城乡居民生活用电		Electricity Consumption for Residential Use		1.00	33.76
五、固定资产投资		**Investment in Fixed Assets**			
全社会固定资产投资	(亿元)	Total Investment in Fixed Assets	(100 million yuan)	8.52	191.57
#房地产开发投资额		Total Investment in Real Estate Development		0.42	26.84
#住宅		Residential Buildings		0.39	19.76
本年施工住宅面积	(万平方米)	Floor Space of Residential Buildings under Construction	(10000 sq.m)	8.90	800.87
本年竣工住宅面积	(万平方米)	Floor Space of Residential Buildings Completed	(10000 sq.m)	2.40	538.12
商品房屋销售面积	(万平方米)	Floor Space of Commercial Buildings Sold	(10000 sq.m)	1.80	95.05
商品房屋销售额	(亿元)	Total Sales of Commercial Buildings	(100 million yuan)	0.17	28.29
六、市政公用事业		**Urban Public Utilities**			
年末实有铺装道路面积	(万平方米)	Area of Paved Roads at the Year-end	(10000 sq.m)	88	2942
排水管道长度	(公里)	Length of Sewer Pipelines	(km)	102	2479
城市园林绿地面积	(公顷)	Area of Urban Gardens and Green Areas	(ha.)	427	4298
全年供水量	(万立方米)	Annual Supply of Tap Water	(10000 cu.m)	1780	93112
#生活用水量		Water Consumption for Residential Use		1300	33159
年末实有公共汽(电)车营运车辆	(辆)	Number of Public Vehicles (Buses and Trolley-buses) at the Year-end	(unit)	108	613
年末实有出租汽车数	(辆)	Number of Taxis at the Year-end	(unit)		3256
液化石油气供气总量	(吨)	Total Supply of Liquefied Petroleum Gas	(ton)	12590	
七、批发零售贸易和外经		**Wholesale, Retail Trade and Foreign Trade**			
批发零售贸易业商品销售总额	(亿元)	Total Sales of Commodities in Wholesale and Retail Trade	(100 million yuan)	23.82	323.14
社会消费品零售总额	(亿元)	Total Retail Sales of Consumer Goods	(100 million yuan)	19.63	224.95
外商华直接投资		Foreign Direct Investment Made by Foreigners and Entrepreneurs from Hong Kong, Macao & Taiwan			
新签项目(合同)数	(个)	Number of Agreements and Contracts Newly Signed	(unit)	19	867
合同外资额	(亿美元)	Contracted Foreign Capital	(USD 100 million)	1.02	20.16
实际利用外资	(亿美元)	Foreign Capital Actually Used	(USD 100 million)	0.56	14.59

21-2 continued 3

中山市 Zhongshan	江门市 Jiangmen	佛山市 Foshan	阳江市 Yangjiang	湛江市 Zhanjiang	茂名市 Maoming	肇庆市 Zhaoqing	清远市 Qingyuan	揭阳市 Jieyang	云浮市 Yunfu
1.63	0.95	3.37	0.29	0.72	0.40	0.39	0.18	0.16	0.18
31.21		66.02	2.27	12.31	7.14	3.16	5.63	1.14	2.08
55.89	48.05	150.28	17.52	35.35	21.81	20.22	13.55	16.22	10.52
128.80		300.69	25.85	39.24	28.95	32.43	23.14	48.48	6.15
53.99	9.71	77.02	2.02	9.86	3.08	7.85	4.64	0.06	
72.47	17.73	215.55	8.16	15.58	19.97	10.97	6.33	10.16	4.92
45.87	9.39	166.30	4.65	8.64	16.87	7.06	2.87	7.04	2.29
10.20	4.68	14.72	1.11	2.55	1.48	1.45	1.20	2.63	0.28
219.00	61.46	290.43	22.58	62.19	40.57	33.17	19.30	29.96	12.91
36.55	18.19	81.60	7.72	9.77	6.76	11.67	8.23	1.29	1.27
21.76	11.69	53.16	4.14	6.09	4.40	8.31	3.73	0.70	0.65
621.44	368.04	1306.11	127.64	169.32	242.68	192.03	97.11	31.50	4.10
411.25	144.09	785.44	85.02	92.78	211.03	91.31	53.92	21.60	21.20
125.13	101.03	309.21	19.61	26.36	21.51	50.39	28.96	11.74	4.20
33.68	15.96	81.89	3.02	4.35	3.67	9.33	4.24	1.28	0.42
390	926	2619	211	476	240	343	257	302	239
438	636	2322	258	130	141	285	167	103	138
1053	8007	4665	924	1988	1172	1375	618	840	598
7115	22068	55658	3899	10110	12199	7269	3403	4742	2263
3984	5715	11810	2287	5064	3884	2868	1667	2933	1022
611	237	816	107	313	128	304	132	83	50
2203	436	2019	357	800	824	564	230	906	70
67908	55321	224661	128990	191751	52273	24870	15860	21637	5832
267.19	235.75	913.30	71.75	183.29	272.03	119.83	46.89	42.89	7.53
134.33	86.56	419.80	38.12	107.20	80.24	47.38	30.65	41.01	10.91
386	194	270	13	28	31	71	156	20	20
9.46	5.33	7.90	0.29	1.48	0.34	1.33	0.35	0.50	0.20
6.39	3.48	9.84	0.44	0.83	0.30	1.58	0.32	0.73	0.12

21-2 续表 4

指　　标		Item		21个城市合计 Total of 21 Cities
八、财政、金融和保险		**Finance and Insurance**		
地方财政一般预算收入	（亿元）	Local Government Budgetary Revenue	（100 million yuan）	789.42
地方财政一般预算支出	（亿元）	Local Government Budgetary Expenditure	（100 million yuan）	1016.60
城乡居民储蓄年末余额	（亿元）	Savings Deposits by Urban and Rural Residents at the Year-end	（100 million yuan）	9578.71
承保额	（亿元）	Amount Insured	（100 million yuan）	14020
保费	（亿元）	Premium	（100 million yuan）	282.25
已决赔款	（亿元）	Settled Claim	（100 million yuan）	46.65
九、人民生活		**People's Livelihood**		
在岗职工平均人数	（万人）	Average Number of Fully Employed Staff and Workers	（10000 persons）	
在岗职工工资总额	（亿元）	Total Wages of Fully Employed Staff and Workers	（100 million yuan）	1056.75
居民人均可支配收入	（元）	Per Capita Disposable Income of Urban Residents	（yuan）	
居民人均消费支出	（元）	Per Capita Living Expenditure of Urban Residents	（yuan）	
居民消费价格指数（以上年为100）	（%）	Price Index of Consumer Goods (preceding year = 100)	（%）	
基本养老保险参保职工	（万人）	Number of Staff and Workers in Basic Retirement Security Program	（10000 persons）	815.52
基本医疗保险参保人数	（万人）	Number of Staff and Workers in Basic Health Care Program	（10000 persons）	636.08
失业保险参保人数	（万人）	Number of Staff and Workers in Unemployment Insurance Program	（10000 persons）	675.76
十、教育、科技、文化和卫生		**Education, Science and Technology, Culture and Health Care**		
学校数	（所）	Number of Schools	（unit）	
高等学校		Colleges and Universities		70
中等专业学校		Specialized Secondary Schools		228
普通中学		Regular Secondary Schools		1410
小学		Primary Schools		5211
在校学生数	（人）	Number of Students Enrolled	（person）	
高等学校		In Colleges and Universities		479390
中等专业学校		In Specialized Secondary Schools		225302
普通中学		In Regular Secondary Schools		181.95
小学		In Primary Schools		335.09
专业技术人员	（万人）	Number of Specialized Technical Personnel	（10000 persons）	123.24
#中级技术职称以上人员		Personnel with Medium Technical Titles and above		45.45
剧场、影剧院	（个）	Number of Theatres and Cinemas	（unit）	346
公共图书馆图书藏书量	（千册、件）	Total Book Collections of Public Libraries	（1000 volumes）	17841
医院、卫生院数	（个）	Number of Hospitals	（unit）	899
医院、卫生院床位数	（张）	Number of Hospital Beds	（unit）	114564
医 生 数	（人）	Number of Doctors	（person）	62934

21-2 continued 4

广州市 Guangzhou	深圳市 Shenzhen	珠海市 Zhuhai	汕头市 Shantao	韶关市 Shaoguan	河源市 Heyuan	梅州市 Meizhou	惠州市 Huizhou	潮州市 Chaozhou
236.30	265.93	31.23	13.54	6.86	1.24	2.39	10.89	2.94
312.56	307.78	41.80	21.89	11.94	5.06	9.43	15.83	5.80
2955.38	1756.49	297.24	279.24	98.87		42.72	136.07	67.94
	1861.67		733.89	223.63		75.26	481.39	73.19
95.31	65.65	9.95	8.57	2.83	0.04	1.22	3.28	1.58
	18.43	2.57	0.17	0.33	0.03	0.27	1.07	0.45
157.29	100.39	29.88	1.93	12.00	4.07	3.94	16.49	5.11
426.80	283.28	55.29	27.29	18.18	4.99	5.49	7.89	5.71
13380	21941	15320	9358	8091		7295	11190	7262
10672	17921	11987	7925	5953		5955	8806	6508
97.6	101.2	97.6	98.0	98.0	98.1	99.1	98.2	98.6
148.83	208.41	28.96	27.75	13.04	4.58	6.76	18.38	8.03
108.64	127.38	25.48	13.20	15.52	1.63	2.89	16.20	1.24
175.19	110.15	31.54	26.42	16.75	3.57	6.62	19.13	7.87
39	9		1	2	1	1	1	1
71	8	4	6	6	6	7	9	5
348	132	52	66	18	18	17	22	19
1060	395	181	175	35	44	55	82	57
299037	26778		8540	14906		8268	5449	6998
104245	3797	5247	5153	4567	4210	6971	11783	3390
38.33	15.07	6.23	8.67	2.88	1.98	2.71	3.10	2.43
63.84	41.51	11.05	16.84	3.83	3.59	3.47	6.32	4.00
38.93	18.64	7.41	4.71	0.98	0.63	0.81	1.93	1.67
15.21	8.40	2.42	2.79	0.48	0.20	0.31	0.67	0.35
14	82	17	5	2	1	2	2	3
7553	2947	360	625	170	69	28	282	246
224	77	43	27	20	8	14	20	17
35109	11808	3591	5067	2714	983	1595	2103	1066
20481	7853	2026	2731	1566	555	628	1151	902

21-2 续表 5

指 标		Item		汕尾市 Shanwei	东莞市 Dongguan
八、财政、金融和保险		**Finance and Insurance**			
地方财政一般预算收入	(亿元)	Local Government Budgetary Revenue	(100 million yuan)	1.65	55.29
地方财政一般预算支出	(亿元)	Local Government Budgetary Expenditure	(100 million yuan)	4.54	64.96
城乡居民储蓄年末余额	(亿元)	Savings Deposits by Urban and Rural Residents at the Year-end	(100 million yuan)	20.82	1001.69
承保额	(亿元)	Amount Insured	(100 million yuan)	54.02	2655.55
保费	(亿元)	Premium	(100 million yuan)	0.44	18.34
已决赔款	(亿元)	Settled Claim	(100 million yuan)	0.20	4.39
九、人民生活		**People's Livelihood**			
在岗职工平均人数	(万人)	Average Number of Fully Employed Staff and Workers	(10000 persons)	3.56	16.39
在岗职工工资总额	(亿元)	Total Wages of Fully Employed Staff and Workers	(100 million yuan)	4.30	29.18
居民人均可支配收入	(元)	Per Capita Disposable Income of Urban Residents	(yuan)	6587	16949
居民人均消费支出	(元)	Per Capita Living Expenditure of Urban Residents	(yuan)	5692	15157
居民消费价格指数(以上年为100)	(%)	Price Index of Consumer Goods (preceding year = 100)	(%)	98.3	98.0
基本养老保险参保职工	(万人)	Number of Staff and Workers in Basic Retirement Security Program	(10000 persons)	5.05	100.04
基本医疗保险参保人数	(万人)	Number of Staff and Workers in Basic Health Care Program	(10000 persons)	1.42	105.20
失业保险参保人数	(万人)	Number of Staff and Workers in Unemployment Insurance Program	(10000 persons)	4.57	67.91
十、教育、科技、文化和卫生		**Education, Science and Technology, Culture and Health Care**			
学校数	(所)	Number of Schools	(unit)		
高等学校		Colleges and Universities		1	1
中等专业学校		Specialized Secondary Schools		2	5
普通中学		Regular Secondary Schools		29	91
小学		Primary Schools		120	563
在校学生数	(人)	Number of Students Enrolled	(person)		
高等学校		In Colleges and Universities		1171	5144
中等专业学校		In Specialized Secondary Schools		815	4405
普通中学		In Regular Secondary Schools		3.38	13.63
小学		In Primary Schools		6.99	34.28
专业技术人员	(万人)	Number of Specialized Technical Personnel	(10000 persons)		3.42
#中级技术职称以上人员		Personnel with Medium Technical Titles and above			1.09
剧场、影剧院	(个)	Number of Theatres and Cinemas	(unit)	5	81
公共图书馆图书藏书量	(千册、件)	Total Book Collections of Public Libraries	(1000 volumes)	64	1090
医院、卫生院数	(个)	Number of Hospitals	(unit)	15	53
医院、卫生院床位数	(张)	Number of Hospital Beds	(unit)	746	8396
医生数	(人)	Number of Doctors	(person)	675	3523

中山市 Zhongshan	江门市 Jiangmen	佛山市 Foshan	阳江市 Yangjiang	湛江市 Zhanjiang	茂名市 Maoming	肇庆市 Zhaoqing	清远市 Qingyuan	揭阳市 Jieyang	云浮市 Yunfu
31.21	14.29	85.00	2.82	8.23	7.03	5.38	2.31	3.28	1.60
34.97	19.21	104.19	6.57	13.03	11.94	9.12	5.75	7.09	3.13
462.89	297.62	1535.93	66.24	199.52	103.41	98.99	60.80	61.32	35.53
1597.07	700.65	3758.70	172.27	596.55	261.16	208.20	241.86	237.76	87.18
11.84	7.87	34.02	1.62	6.11	6.15	3.44	1.60	1.73	0.67
2.65	1.88	9.02	0.43	1.84	0.80	0.50	0.33	1.11	0.18
13.88	17.20	44.91	5.97	15.30	9.23	10.03	5.34	4.76	3.48
26.09	21.80	71.28	5.94	21.30	13.18	13.12	7.29	4.88	3.48
14208		13582		7644		7335		6954	
10989		10937		6635		6322		5726	
99.3	97.8	97.3	97.8	98.1	98.8	97.7	98.4	98.5	98.3
45.84	23.22	109.06	8.14	19.69	13.78	11.80	6.46	3.96	3.76
53.90	26.19	82.12	2.64	20.98	9.41	11.60	4.80	3.23	2.40
44.51	19.65	85.54	6.63	16.74	11.43	11.40	5.45	1.56	3.12
1	1	3	1	3	1	2		1	
4	18	13		44	3	12	2	2	1
81	103	188	21	43	57	23	36	29	17
290	262	653	122	390	319	94	120	104	90
3594	6841	18613	1647	36283	10170	24010		1941	
3150	21387	11168		13608	4281	12015	2308	1562	1240
10.68	8.89	27.75	4.25	11.78	8.08	3.13	3.56	3.92	1.50
18.23	13.45	40.10	7.07	21.10	16.31	4.85	5.99	8.53	3.74
19.02	3.82	6.79		5.26	1.79	1.55	1.94	2.60	1.34
2.95	0.96	4.86		1.64	0.58	0.64	0.87	0.80	0.23
31	16	71	1	1	2	4	2	2	2
420	883	1614	165	589	212	207	231	23	63
30	42	86	17	118	20	23	17	15	13
4402	4013	13485	1516	9603	2258	2808	1388	1236	677
2263	2277	7000	816	4088	880	1390	790	939	400

主要统计指标解释

建成区土地面积 是指城市建筑基本连片、公用设施达到的地区，区域中的水域面积（包括河流、湖泊）亦计算在内。

年末实有铺装道路长度 指除土路外，路面经过铺装宽度在3．5米以上的道路，包括高级、次高级道路和普通道路。

城市园林绿地面积 指城市公共绿地、专用绿地、生产绿地、防护绿地、郊区风景名胜区的全部面积。

全年供水总量 指公用自来水和自备水源的社会单位全年的供水总量，包括有效供水量及损失水量。

生活用水量 指居民日常生活与公共福利设施的用水量。包括居民 、饮食店、旅馆、医院、理发店、浴池、洗衣店、游泳池、商店、学校、机关、部队等单位的用水量。

年末实有公共汽（电）车 指年底可参加营运的全部车辆数，包括年底 营运车辆数和库存查封未参加营运的车辆，不包括非营运车辆，如架线车、油罐车、工程车 、货车及其他专用车辆和借入的客运车辆。

Explanatory Notes on Main Statistical Indicators

Developed Land Area refers to the area basically connected by the urban constructions and provided with the public utilities, including the water area within it (e. g. rivers and lakes).

Length of Paved Roads at the Year-end refers to the length of roads with a paved surface, and with a width of more than 3-5 meters, including high quality, medium quality and ordinary roads.

Area of Urban Gardens and Green Areas refers to the total area of urban public green land, special green land, production green land, protection green land and suburban scenic spots.

Annual Volume of Water Supply refers to the total volume of water supplied by the public water-works and those owned by individual enterprises and institutions during the whole year, including both the effective water supply and loss during the water supply.

Consumption of Water for Residential Use refers to the water consumption of residents for daily life and the water consumption of public welfare facilities, including the consumption of restaurants, hotels, hospitals, barber shops, public bathhouses, laundries, swimming pools, shops, schools, institutions, army units and other units.

Number of Public Vehicles (Buses and Trolley-buses) at the Year-end refers to the total number of operational vehicles available at the year-end, including the year-end operational vehicles and vehicles in stock, non-operational vehicles such as stringing cars, tank cars, engineering cars, trucks and other special vehicles and the borrowed passenger vehicles are excluded.

二十二 县区主要经济指标

COUNTIES AND DISTRICTS

22

二十二 县区主要经济指标

简要说明

一、本篇资料反映广东县区经济发展的基本情况，主要包括：各县区的人口、耕地面积及国内生产总值、工农业产值、主要农产品产量、乡镇企业基本情况、基建和更改以及房地 产开发投资、职工人数和职工工资、消费品零售额、财政收支以及居民储蓄存款等内容。

二、本篇资料由广东省统计局各有关专业处整理提供，综合处负责编辑。

三、本篇资料依据国家统计局制定的各有关专业年度报表制度和广东省统计局制发的《县区国民经济主要指标年报》，并由 21 个地级市统计局填报、汇总而成。

四、本篇各县区产值、金融、财政类指标数据汇总数不等于全省数。

22 COUNTIES AND DISTRICTS UNDER CITY ADMINISTRATION

Brief Introduction

Ⅰ. The data in this chapter show the basic conditions of the economic development of the counties and districts under city administration in Guangdong Province, mainly including the data on gross domestic product, gross output value of industry and agriculture, cultivated land, output of major farm produce, basic conditions of township enterprises, investment in capital construction, innovation and real estate development, number and wages of staff and workers, retail sales of consumer goods, government revenue and expenditure and saving deposits by urban and rural residents, etc.

Ⅱ. The data in this chapter are prepared and provided by the relative specialized divisions and compiled by the Division of Comprehensive Statistics of Guangdong Provincial Bureau of Statistics.

Ⅲ. The data in this chapter are based on the relative specialized annual report schemes formulated by the National Bureau of Statistics and the Annual Report of Major Indicators of National Economy by County and District formulated by Guangdong Provincial Bureau of Statistics, and then tabulated in accordance with the figures submitted by the twenty-one city statistical bureaus at the prefectural level.

Ⅳ. The tabulated data on output value, banking and finance of the counties and districts in this chapter are not equal to the total of the whole province.

22-1 各县（市）区人口数及耕地面积（2002年底数）
POPULATION AND CULTIVATED LAND BY COUNTY（COUNTY-LEVEL CITY）AND DISTRICT（2002 YEAR-END）

县（市）区别 County（County-level City）and District	总人口（人）Total Population（person）	按性别分 By Sex		按农业、非农业分 by Agricultural or Non-agricultural		常用耕地面积（亩）Cultivated Land（mu）
		男 Male	女 Female	非农业人口 Non-agricultural	农业人口 Agricultural	
广州市 Guangzhou						
市 区 Urban District	5838920	3006336	2832584	4653131	1185789	1270927
增城市 Zengcheng City	834156	428157	405999	226776	607380	610893
从化市 Conghua City	533153	270543	262610	143052	390101	312819
深圳市 Shenzhen	1394494	735947	658547	1120394	274100	55263
珠海市 Zhuhai	786101	404129	381972	558373	227728	315126
汕头市 Shantou						
市 区 Urban District	1201184	603932	597252	1201184		57955
潮阳市 Chaoyang City	2682200	1354490	1327710	791746	1890454	453544
澄海市 Chenghai City	838790	419354	419436	303418	535372	209214
南澳县 Nanao County	72780	36723	36057	27064	45716	6665
韶关市 Shaoguan						
市 区 Urban District	530738	285482	245256	463272	67466	31925
仁化县 Renhua County	174890	88902	85988	55187	119703	142571
南雄市 Nanxiong City	455715	228947	226768	81748	373967	437612
始兴县 Shixing County	239116	119477	119639	51326	187790	165823
翁源县 Wengyuan County	375607	192776	182831	71561	304046	292412
新丰县 Xinfeng County	235869	122544	113325	57746	178123	141038
曲江县 Qujiang County	412610	209511	203099	117555	295055	341770
乳源县 Ruyuan County	199046	101899	97147	38015	161031	153137
乐昌市 Lechang City	513768	270621	243147	178929	334839	288405
河源市 Heyuan						
市 区 Urban District	308204	156597	151607	243640	64564	44184
和平县 Heping County	483069	247460	235609	65161	417908	214956
龙川县 Longchuan County	858378	435030	423348	147016	711362	438199
紫金县 Zijin County	785593	403879	381714	201693	583900	407921
连平县 Lianping County	370261	191459	178802	76488	293773	220297
东源县 Dongyuan County	511845	264444	247401	59542	452303	294565
梅州市 Meizhou						
市 区 Urban District	306357	158363	147994	236424	69933	36462
梅 县 Meixian County	605568	307472	298096	140111	465457	321731
蕉岭县 Jiaoling County	224637	115846	108791	59898	164739	106878
大埔县 Dapu County	520435	269172	251263	105458	414977	195452
丰顺县 Fengshun County	662102	342385	319717	100118	561984	254800
五华县 Wuhua County	1186404	614582	571822	159278	1027126	567038
兴宁市 Xingning City	1127096	580066	547030	300766	826330	484715
平远县 Pingyuan County	250593	128081	122512	84080	166513	158913
惠州市 Huizhou						
市 区 Urban District	400301	203055	197246	354500	45801	55508
惠东县 Huidong County	697275	356782	340493	231399	465876	529120
博罗县 Boluo County	777074	398545	378529	190548	586526	661539
龙门县 Longmen County	317732	163392	154340	84840	232892	263401
惠阳市 Huiyang City	637827	321115	316712	228887	408940	446174
汕尾市 Shanwei						
市 区 Urban District	455982	238532	217450	223450	232532	69168
海丰县 Haifeng County	756739	395750	360989	256125	500614	350267
陆河县 Luhe County	291294	149624	141670	73460	217834	107791
陆丰市 Lufeng City	1521304	792779	728525	434589	1086715	507676
东莞市 Dongguan	1561884	791357	770527	562741	999143	500694
中山市 Zhongshan	1360302	682835	677467	581571	778731	538408
江门市 Jiangmen						
市 区 Urban District	579724	292081	287643	362357	217367	48901
新会市 Xinhui City	735532	371894	363638	237675	497857	413595
台山市 Taishan City	992812	508062	484750	241356	751456	695682
开平市 Kaiping City	679351	341982	337369	281924	397427	435890
鹤山市 Heshan City	355544	182539	173005	150679	204865	198537
恩平市 Enping City	469712	247285	222427	171952	297760	327838

22-1 续表 continued

县（市）区别 County（County-level City）and District	总人口（人）Total Population（person）	按性别分 By Sex		按农业、非农业分 by Agricultural or Non-agricultural		常用耕地面积（亩）Cultivated Land（mu）
		男 Male	女 Female	非农业人口 Non-agricultural	农业人口 Agricultural	
佛山市 Foshan						
市 区 Urban District	496085	252149	243936	431120	64965	3216
南海市 Nanhai City	1112528	551476	561052	374363	738165	563363
顺德市 Shunde City	1109563	552350	557213	648301	461262	241870
三水市 Sanshui City	386815	201180	185635	168676	218139	187291
高明市 Gaoming City	284839	148929	135910	122847	161992	200967
阳江市 Yangjiang						
市 区 Urban District	552219	284447	267772	314339	237880	153377
阳东县 Yangdong County	514816	279521	235295	89061	425755	411065
阳西县 Yangxi County	468954	254891	214063	90147	378807	326697
阳春市 Yangchun City	1046772	556670	490102	213862	832910	676787
湛江市 Zhanjiang						
市 区 Urban District	1431424	744980	686444	719681	711743	636383
徐闻县 Xuwen County	673223	352840	320383	135579	537644	965477
遂溪县 Suixi County	976087	513502	462585	189070	787017	1047258
廉江市 Lianjiang City	1500265	800393	699872	263767	1236498	838248
吴川市 Wuchuan City	998924	526719	472205	275845	723079	367578
雷州市 Leizhou City	1491817	793764	698053	251383	1240434	2133691
茂名市 Maoming						
市 区 Urban District	1187315	620814	566501	455140	732175	503226
电白县 Dianbai County	1221353	658020	563333	260163	961190	749859
高州市 Gaozhou City	1570899	833506	737393	317132	1253767	830089
化州市 Huazhou City	1400284	739740	660544	200670	1199614	899187
信宜市 Xinyi City	1233780	637823	595957	280028	953752	480081
肇庆市 Zhaoqing						
市 区 Urban District	473098	241187	231911	352490	120608	128630
广宁县 Guangning County	539055	284959	254096	111087	427968	243287
德庆县 Deqing County	352933	185647	167286	69713	283220	210165
封开县 Fenkai County	465778	239362	226416	73360	392418	306125
怀集县 Huaiji County	925027	473831	451196	118238	806789	409656
高要市 Gaoyao City	730464	372402	358062	114331	616133	466724
四会市 Sihui City	421198	216378	204820	132657	288541	245817
清远市 Qingyuan						
市 区 Urban District	543430	276261	267169	204793	338637	245197
清新县 Qingxin County	697043	358205	338838	90882	606161	422988
佛冈县 Fogang County	308169	158680	149489	62604	245565	164689
连山县 Lianshan County	114203	59620	54583	24832	89371	106272
连南县 Liannan County	154521	80787	73734	28365	126156	107821
阳山县 Yangshan County	524998	270876	254122	72670	452328	359654
连州市 Lianzhou City	503367	260120	243247	93418	409949	378020
英德市 Yingde City	1044520	547464	497056	214978	829542	820277
潮州市 Chaozhou						
市 区 Urban District	343643	170762	172881	311249	32394	17056
饶平县 Raoping County	957523	491566	465957	217811	739712	287349
潮安县 Chaoan County	1178066	599405	578661	175857	1002209	304570
揭阳市 Jieyang						
市 区 Urban District	653820	333300	320520	358176	295644	80712
揭东县 Jiedong County	1209140	628974	580166	249082	960058	393966
惠来县 Huilai County	1079719	553202	526517	279008	800711	295658
揭西县 Jiexi County	892708	460088	432620	233588	659120	295186
普宁市 Puning City	2011582	1027198	984384	607247	1404335	389093
云浮市 Yunfu						
市 区 Urban District	281234	145524	135710	208887	72347	113959
新兴县 Xinxing County	448555	227789	220766	144921	303634	274340
郁南县 Yunan County	478368	252556	225812	95321	383047	230273
云安县 Yunan County	306168	159294	146874	75466	230702	162710
罗定市 Luoding City	1086567	571113	515454	362696	723871	485582

注：本表人口统计数据为公安年报的户籍人口。

Note: Statistics on population in this table refers to the population with residence registration obtained from the annual reports of the public security.

22-2 各县（市）区国内生产总值（2002年）
GROSS DOMESTIC PRODUCT BY COUNTY (COUNTY-LEVEL CITY) AND DISTRICT (2002)

单位：万元 (10000 yuan)

县（市）区别 County (County-level City) and District	国内生产总值 Gross Domestic Product	第一产业 Primary Industry	第二产业 Secondary Industry	第三产业 Tertiary Industry
广州市 Guangzhou				
市　区 Urban District	27311112	710609	10603416	15997087
增城市 Zengcheng City	1811520	223052	1082121	506347
从化市 Conghua City	892128	97060	585809	209259
深圳市 Shenzhen	22568222	190618	12346851	10030753
珠海市 Zhuhai	4062651	161776	2241054	1659821
汕头市 Shantou				
市　区 Urban District	2422338	64724	1049079	1308535
潮阳市 Chaoyang City	1394551	222803	699983	471765
澄海市 Chenghai City	924510	147445	479698	297367
南澳县 Nanao County	60303	18862	19482	21959
韶关市 Shaoguan				
市　区 Urban District	1008422	24259	613003	371160
仁化县 Renhua County	137375	42202	42351	52822
南雄市 Nanxiong City	232921	89068	61346	82507
始兴县 Shixing County	120223	56018	33960	30245
翁源县 Wengyuan County	152695	68881	34207	49607
新丰县 Xinfeng County	109353	29160	36253	43940
曲江县 Qujiang County	262729	101010	83522	78197
乳源县 Ruyuan County	106213	22365	57236	26612
乐昌市 Lechang City	218893	62004	66849	90040
河源市 Heyuan				
市　区 Urban District	197945	21349	99517	77079
和平县 Heping County	136612	59393	30718	46501
龙川县 Longchuan County	297504	89842	68588	139074
紫金县 Zijin County	231775	108691	51713	71371
连平县 Lianping County	164170	37275	60785	66110
东源县 Dongyuan County	162364	69237	45920	47207
梅州市 Meizhou				
市　区 Urban District	274031	19416	131248	123367
梅　县 Meixian County	424163	139930	193020	91213
蕉岭县 Jiaoling County	174263	35471	76478	62314
大埔县 Dapu County	180996	53018	71072	56906
丰顺县 Fengshun County	202480	79133	54343	69004
五华县 Wuhua County	264541	102001	54109	108431
兴宁市 Xingning City	399482	117328	125359	156795
平远县 Pingyuan County	120876	40190	37784	42902
惠州市 Huizhou				
市　区 Urban District	1837887	32530	1349201	456156
惠东县 Huidong County	1056772	227387	540068	289317
博罗县 Boluo County	976114	207821	551603	216690
龙门县 Longmen County	200789	76974	59269	64546
惠阳市 Huiyang City	1440269	193054	795715	451500
汕尾市 Shanwei				
市　区 Urban District	338200	91121	110041	137038
海丰县 Haifeng County	813146	195656	248417	369073
陆河县 Luhe County	164070	56030	52640	55400
陆丰市 Lufeng City	448486	179844	144366	124276
东莞市 Dongguan	6728910	303398	3697088	2728424
中山市 Zhongshan	4156701	261908	2462944	1431849
江门市 Jiangmen				
市　区 Urban District	3069024	222500	1444101	1402423
台山市 Taishan City	1236261	193620	560576	482065
开平市 Kaiping City	1127698	134196	543207	450295
鹤山市 Heshan City	747903	75700	402124	270079
恩平市 Enping City	500861	97126	183520	220215

注：1. 本表按当年价格计算。 Note: a) The data in value terms in this table are calculated at current prices.

22-2 续表 continued

单位：万元 （10000 yuan）

县（市）区别 County（County-level City） and District	国内生产总值 Gross Domestic Product	第一产业 Primary Industry	第二产业 Secondary Industry	第三产业 Tertiary Industry
佛山市 Foshan				
市　区 Urban District	1864721	4563	1122586	737572
南海市 Nanhai City	4397835	275706	2270396	1851733
顺德市 Shunde City	4373054	219623	2430466	1722965
三水市 Sanshui City	979381	133152	487069	359160
高明市 Gaoming City	698719	105541	376858	216320
阳江市 Yangjiang				
市　区 Urban District	507991	161809	187351	158831
阳东县 Yangdong County	396219	164475	131905	99839
阳西县 Yangxi County	311133	148590	75295	87248
阳春市 Yangchun City	520168	251305	133471	135392
湛江市 Zhanjiang				
市　区 Urban District	2342505	194620	1239850	908035
徐闻县 Xuwen County	292777	159459	45827	87491
遂溪县 Suixi County	486579	238119	106187	142273
廉江市 Lianjiang County	675966	266859	157491	251616
吴川市 Wuchuan City	338101	90920	114151	133030
雷州市 Leizhou City	530897	245690	76151	209056
茂名市 Maoming				
市　区 Urban District	1807646	186185	956386	665075
电白县 Dianbai County	926085	331731	280530	313824
高州市 Gaozhou City	1207296	400545	407921	398830
化州市 Huazhou City	1056728	330975	305979	419774
信宜市 Xinyi City	927815	354891	298393	274531
肇庆市 Zhaoqing				
市　区 Urban District	960413	74828	397157	488428
广宁县 Guangning County	347988	124816	123469	99703
德庆县 Deqing County	362172	92225	157455	112492
封开县 Fenkai County	343930	142768	115098	86064
怀集县 Huaiji County	510016	241548	123677	144791
高要市 Gaoyao City	1288189	354023	406174	527992
四会市 Sihui City	729641	188945	367735	172961
清远市 Qingyuan				
市　区 Urban District	416357	90210	158804	167343
清新县 Qingxin County	265304	118358	72806	74140
佛冈县 Fogang County	141599	32749	61044	47806
连山县 Lianshan County	47237	20904	10152	16181
连南县 Liannan County	47291	17733	13809	15749
阳山县 Yangshan County	195134	102701	43056	49377
连州市 Lianzhou City	225542	85804	70399	69339
英德市 Yingde City	369621	197110	66124	106387
潮州市 Chaozhou				
市　区 Urban District	474564	10829	214908	248827
饶平县 Raoping County	613532	191912	193716	227904
潮安县 Chaoan County	1036361	195511	544063	296787
揭阳市 Jieyang				
市　区 Urban District	838492	62355	524849	251288
揭东县 Jiedong County	1146611	214048	648912	283651
惠来县 Huilai County	489732	214762	180639	94331
揭西县 Jiexi County	480112	149900	194525	135687
普宁市 Puning City	1553357	190187	766712	596458
云浮市 Yunfu				
市　区 Urban District	315552	65433	136026	114093
新兴县 Xinxing County	363305	125490	140912	96903
郁南县 Yunan County	277522	124950	82087	70485
云安县 Yunan County	176505	83084	53783	39638
罗定市 Luoding City	787383	234277	276397	276709

注：2. 清远市市区数含飞来峡。 b) Data of the urban district of Qingyuan include those of Feilaixia.

22-3 各县(市)区国内生产总值增长速度(2002年)

GROWTH RATE OF GROSS DOMESTIC PRODUCT BY COUNTY (COUNTY-LEVEL CITY) AND DISTRICT(2002)

单位:%　　　　(%)

县(市)区别 County(County-level City) and District	国内生产总值 Gross Domestic Product	第一产业 Primary Industry	第二产业 Secondary Industry	第三产业 Tertiary Industry
广州市 Guangzhou				
市　区 Urban District	13.0	8.1	11.9	14.1
增城市 Zengcheng City	16.0	14.2	16.4	15.9
从化市 Conghua City	14.2	11.9	14.5	14.6
深圳市 Shenzhen	15.0	6.9	17.6	11.9
珠海市 Zhuhai	12.3	8.5	12.0	13.2
汕头市 Shantou				
市　区 Urban District	5.9	4.2	5.3	6.5
潮阳市 Chaoyang City	7.2	-0.5	31.2	-12.7
澄海市 Chenghai City	9.2	5.9	10.1	9.5
南澳县 Nanao County	6.5	3.0	6.7	9.6
韶关市 Shaoguan				
市　区 Urban District	11.9	2.6	10.3	15.7
仁化县 Renhua County	8.0	3.4	10.0	10.4
南雄市 Nanxiong City	8.0	2.5	12.2	11.5
始兴县 Shixing County	8.4	1.3	20.5	10.2
翁源县 Wengyuan County	7.7	1.7	11.3	15.0
新丰县 Xinfeng County	7.5	3.2	8.2	9.9
曲江县 Qujiang County	7.2	2.7	8.5	12.5
乳源县 Ruyuan County	10.4	2.7	14.7	8.5
乐昌市 Lechang City	8.2	0.5	14.2	9.7
河源市 Heyuan				
市　区 Urban District	22.9	14.9	36.2	10.9
和平县 Heping County	11.9	10.9	7.0	16.9
龙川县 Longchuan County	10.0	7.1	7.3	13.4
紫金县 Zijin County	10.5	5.8	12.1	17.8
连平县 Lianping County	12.5	2.7	14.5	17.1
东源县 Dongyuan County	16.2	10.9	27.4	14.7
梅州市 Meizhou				
市　区 Urban District	21.3	3.0	29.5	16.5
梅　县 Meixian County	8.6	3.8	10.6	12.7
蕉岭县 Jiaoling County	9.0	3.9	11.5	9.0
大埔县 Dapu County	5.8	2.6	5.9	8.9
丰顺县 Fengshun County	8.0	4.0	10.0	11.5
五华县 Wuhua County	7.2	4.4	8.0	9.8
兴宁市 Xingning City	7.3	2.9	7.8	10.5
平远县 Pingyuan County	7.2	4.0	4.6	13.2
惠州市 Huizhou				
市　区 Urban District	30.2	15.9	36.8	14.2
惠东县 Huidong County	10.0	6.1	11.4	10.6
博罗县 Boluo County	10.1	7.7	10.8	10.5
龙门县 Longmen County	6.6	6.8	8.8	4.2
惠阳市 Huiyang City	12.5	10.3	18.3	4.1
汕尾市 Shanwei				
市　区 Urban District	10.2	5.6	15.5	9.2
海丰县 Haifeng County	10.1	6.5	11.1	11.4
陆河县 Luhe County	12.3	7.3	17.3	13.2
陆丰市 Lufeng City	10.5	6.8	19.0	7.0
东莞市 Dongguan	18.5	-2.0	21.2	17.5
中山市 Zhongshan	16.5	5.3	22.2	9.3
江门市 Jiangmen				
市　区 Urban District	11.3	4.2	12.7	10.0
台山市 Taishan City	10.5	3.6	11.5	12.2
开平市 Kaiping City	10.0	3.7	10.9	10.8
鹤山市 Heshan City	10.2	4.1	10.2	12.0
恩平市 Enping City	8.6	4.7	8.4	10.5

注:1.本表按可比价格计算,与上年比较。Note:a)The figures in this table are calculated at comparable prices and compared with the preceding year.

22-3 **续表** continued

单位:% (%)

县（市）区别 County (County-level City) and District	国内生产总值 Gross Domestic Product	第一产业 Primary Industry	第二产业 Secondary Industry	第三产业 Tertiary Industry
佛山市 Foshan				
市　区 Urban District	9.7	-5.4	12.8	9.6
南海市 Nanhai City	12.1	2.8	14.5	10.7
顺德市 Shunde City	11.8	6.4	12.2	12.0
三水市 Sanshui City	17.4	4.2	28.2	10.4
高明市 Gaoming City	10.5	5.4	13.4	8.5
阳江市 Yangjiang				
市　区 Urban District				
阳东县 Yangdong County	11.5	6.9	18.7	10.7
阳西县 Yangxi County	11.5	7.7	15.1	15.1
阳春市 Yangchun City	11.0	6.6	15.6	15.7
湛江市 Zhanjiang				
市　区 Urban District	10.1	3.8	11.7	9.3
徐闻县 Xuwen County	3.8	-0.5	20.2	4.6
遂溪县 Suixi County	7.5	5.4	9.2	9.7
廉江市 Lianjiang County	8.3	7.6	8.9	8.7
吴川市 Wuchuan City	7.8	5.0	10.0	8.1
雷州市 Leizhou City	7.3	4.3	17.2	7.2
茂名市 Maoming				
市　区 Urban District	9.4	6.7	5.9	15.7
电白县 Dianbai County	10.2	10.0	9.1	11.5
高州市 Gaozhou City	10.9	5.1	16.8	11.3
化州市 Huazhou City	10.3	7.5	11.2	12.0
信宜市 Xinyi City	10.8	9.7	10.4	12.6
肇庆市 Zhaoqing				
市　区 Urban District	11.9	1.2	12.9	13.0
广宁县 Guangning County	7.4	7.6	5.8	9.0
德庆县 Deqing County	11.7	7.0	12.2	15.3
封开县 Fenkai County	8.3	6.2	10.2	9.4
怀集县 Huaiji County	9.1	6.8	10.6	11.8
高要市 Gaoyao City	8.4	4.8	7.9	11.5
四会市 Sihui City	13.9	7.5	17.5	13.6
清远市 Qingyuan				
市　区 Urban District	7.0	3.2	3.5	12.8
清新县 Qingxin County	10.9	8.9	14.8	10.4
佛冈县 Fogang County	11.4	5.0	13.4	13.7
连山县 Lianshan County	8.1	2.7	11.0	14.1
连南县 Liannan County	7.1	4.4	7.0	10.6
阳山县 Yangshan County	8.1	4.4	7.1	17.9
连州市 Lianzhou City	8.7	5.2	10.3	11.8
英德市 Yingde City	3.2	3.8	-13.9	16.6
潮州市 Chaozhou				
市　区 Urban District	7.8	-3.0	6.8	9.3
饶平县 Raoping County	0.5	-3.5	-2.1	6.9
潮安县 Chaoan County	9.2	1.3	12.3	9.2
揭阳市 Jieyang				
市　区 Urban District	8.2	5.6	8.8	8.8
揭东县 Jiedong County	8.6	6.2	9.1	9.4
惠来县 Huilai County	5.5	3.8	5.0	10.5
揭西县 Jiexi County	9.1	7.8	9.1	10.4
普宁市 Puning City	8.1	6.0	9.0	7.7
云浮市 Yunfu				
市　区 Urban District	9.9	6.2	13.9	7.4
新兴县 Xinxing County	8.6	7.0	15.4	9.7
郁南县 Yunan County	7.4	12.8	10.5	5.0
云安县 Yunan County	7.3	6.3	9.6	6.3
罗定市 Luoding City	7.0	6.7	5.8	8.4

注：2. 清远市市区数含飞来峡。　Note: b) Data of the urban district of Qingyuan include those of Feilaixia.

22-4 各县（市）区人均国内生产总值及增长速度

PER CAPITA GROSS DOMESTIC PRODUCT AND GROWTH RATE BY COUNTY (COUNTY-LEVEL CITY) AND DISTRICT

县（市）区别 County（County-level City） and District	绝对数（元/人） Absolute Figure（yuan/person）		增长速度（%） Growth Rate	
	2001	2002	2001	2002
广州市 Guangzhou				
市 区 Urban District	42827	47053	10.7	11.4
增城市 Zengcheng City	19340	21841	9.9	14.3
从化市 Conghua City	14820	16757	10.9	13.8
深圳市 Shenzhen	43355	46388	5.2	6.5
珠海市 Zhuhai	29306	32682	11.3	13.0
汕头市 Shantou				3.4
市 区 Urban District	19458	20213	2.4	5.3
潮阳市 Chaoyang City	5310	5368	-21.7	3.3
澄海市 Chenghai City	10312	11055	8.4	8.9
南澳县 Nanao County	7893	8295	7.2	6.4
韶关市 Shaoguan				
市 区 Urban District	17565	18137	12.5	11.1
仁化县 Renhua County	7930	9164	7.8	7.5
南雄市 Nanxiong City	5009	6210	7.8	7.7
始兴县 Shixing County	4479	5794	10.1	7.9
翁源县 Wengyuan County	3875	4843	2.2	6.9
新丰县 Xinfeng County	4375	6035	9.3	6.9
曲江县 Qujiang County	6022	7107	5.3	6.7
乳源县 Ruyuan County	4948	5894	11.8	9.7
乐昌市 Lechang City	4009	5118	5.7	7.6
河源市 Heyuan				
市 区 Urban District	5496	6469	7.6	19.8
和平县 Heping County	2600	2834	10.0	11.3
龙川县 Longchuan County	3217	3477	11.0	9.3
紫金县 Zijin County	2862	3009	10.0	7.9
连平县 Lianping County	4049	4448	10.3	11.8
东源县 Dongyuan County	2900	3172	14.2	11.0
梅州市 Meizhou				
市 区 Urban District	7405	8926	7.2	21.2
梅 县 Meixian County	6640	7014	9.4	8.4
蕉岭县 Jiaoling County	7128	7755	9.5	9.2
大埔县 Dapu County	3334	3478	7.9	5.3
丰顺县 Fengshun County	2875	3068	6.5	7.5
五华县 Wuhua County	2116	2236	5.5	6.6
兴宁市 Xingning City	3346	3551	7.6	7.0
平远县 Pingyuan County	4503	4833	6.3	6.8
惠州市 Huizhou				
市 区 Urban District	37607	46754	4.3	13.9
惠东县 Huidong County	14210	15162	8.9	9.4
博罗县 Boluo County	11763	12595	10.2	9.7
龙门县 Longmen County	6022	6327	3.7	6.4
惠阳市 Huiyang City	20723	22692	15.1	11.4
汕尾市 Shanwei				
市 区 Urban District	6664	7335	7.3	9.5
海丰县 Haifeng County	10001	10796	9.0	9.3
陆河县 Luhe County	5076	6749	10.8	11.6
陆丰市 Lufeng City	2775	3458	2.9	9.5
东莞市 Dongguan	37777	43401	16.9	17.1
中山市 Zhongshan	26994	30693	14.9	15.5
江门市 Jiangmen				
市 区 Urban District	21162	23365	10.4	13.4
台山市 Taishan City	11588	12422	11.6	11.1
开平市 Kaiping City	15228	16598	11.1	9.9
鹤山市 Heshan City	19595	21145	8.9	9.5
恩平市 Enping City	9899	10682	10.4	8.2

注：1. 本表绝对数按当年价格计算，增长速度按可比价格计算。

Note: a) The figures in value terms in this table are calculated at current prices, wheares the growth rates are calculated at comparable prices.

22-4 续表 continued

县（市）区别 County（County-level City） and District	绝对数（元/人） Absolute Figure（yuan/person）		增长速度（%） Growth Rate	
	2001	2002	2001	2002
佛山市 Foshan				
市 区 Urban District	35172	38400	5.6	12.8
南海市 Nanhai City	35854	39713	15.4	11.2
顺德市 Shunde City	36042	39676	15.8	10.4
三水市 Sanshui City	21613	24751	10.4	16.2
高明市 Gaoming City	22615	24664	10.4	9.6
阳江市 Yangjiang				
市 区 Urban District	10257	11390	11.2	11.9
阳东县 Yangdong County	7034	7695	8.7	11.5
阳西县 Yangxi County	5974	6634	10.0	11.1
阳春市 Yangchun City	4609	4979	10.1	10.7
湛江市 Zhanjiang				
市 区 Urban District	15290	17674	5.8	8.9
徐闻县 Xuwen County	4358	4405	5.4	2.9
遂溪县 Suixi County	4905	5849	3.2	5.4
廉江市 Lianjiang County	4196	5519	3.2	7.3
吴川市 Wuchuan City	3124	4085	5.1	8.5
雷州市 Leizhou City	3467	4132	4.5	7.0
茂名市 Maoming				
市 区 Urban District	14065	15315	8.5	8.1
电白县 Dianbai County	7071	7622	4.3	8.7
高州市 Gaozhou City	6968	7725	7.7	9.5
化州市 Huazhou City	7147	7579	9.5	9.1
信宜市 Xinyi City	7183	7742	10.0	9.7
肇庆市 Zhaoqing				
市 区 Urban District	18502	20318	2.5	11.2
广宁县 Guangning County	6103	6465	6.7	7.1
德庆县 Deqing County	9377	10298	10.3	11.0
封开县 Fenkai County	7004	7415	5.5	7.5
怀集县 Huaiji County	5181	5536	2.7	8.2
高要市 Gaoyao City	16041	17632	10.5	8.4
四会市 Sihui City	15622	17372	12.5	13.3
清远市 Qingyuan				
市 区 Urban District	7443	7699	5.4	6.5
清新县 Qingxin County	3519	3806	2.4	10.4
佛冈县 Fogang County	4295	4603	10.4	11.0
连山县 Lianshan County	3854	4136	4.9	7.7
连南县 Liannan County	2925	3071	7.2	6.2
阳山县 Yangshan County	3458	3725	4.9	7.7
连州市 Lianzhou City	4105	4488	7.4	8.5
英德市 Yingde City	3633	3553	1.5	1.2
潮州市 Chaozhou				
市 区 Urban District	13149	13812	3.1	7.5
饶平县 Raoping County	6550	6430	4.8	-0.1
潮安县 Chaoan County	8196	8807	8.3	9.1
揭阳市 Jieyang				
市 区 Urban District	11655	12385	8.4	8.5
揭东县 Jiedong County	8938	9525	6.6	7.8
惠来县 Huilai County	4518	4624	1.6	4.7
揭西县 Jiexi County	5036	5397	7.7	8.4
普宁市 Puning City	7369	7805	6.3	8.1
云浮市 Yunfu				
市 区 Urban District	10361	11234	2.2	9.5
新兴县 Xinxing County	7559	8119	7.5	8.2
郁南县 Yunan County	5464	5801	4.1	7.2
云安县 Yunan County	5494	5779	1.7	6.7
罗定市 Luoding City	6873	7268	4.3	6.3

注：2. 清远市市区数含飞来霞。 Note：b）Data of the urban district of Qingyuan include those of Feilaixia.

22-5 各县（市）区工农业总产值

GROSS OUTPUT VALUE OF INDUSTRY AND AGRICULTURE BY COUNTY (COUNTY-LEVEL CITY) AND DISTRICT

单位：万元 （10000 yuan）

县（市）区别 County（County-level City） and District	工农业总产值 Gross Output Value of Industry and Agriculture		工业总产值 Gross Output Value of Industry		农业总产值 Gross Output Value of Agriculture	
	2001	2002	2001	2002	2001	2002
广州市 Guangzhou						
市　区 Urban District	27166416	31081363	26552147	30421038	614269	660325
增城市 Zengcheng City	3210040	3732838	3053538	3557761	156502	175077
从化市 Conghua City	1916428	2260424	1815796	2145388	100632	115036
深圳市 Shenzhen	35200293	46576629	35075258	46442794	125035	133835
珠海市 Zhuhai	9634581	10810480	9495356	10661589	139225	148891
汕头市 Shantou						
市　区 Urban District	3107668	3357616	3062061	3309596	45607	48020
潮阳市 Chaoyang City	2630678	2846535	2417825	2626400	212853	220135
澄海市 Chenghai City	2152063	2368469	2012218	2219678	139845	148791
南澳县 Nanao County	104580	107569	57718	60312	46862	47257
韶关市 Shaoguan						
市　区 Urban District	1068259	1129260	1043426	1102763	24833	26497
仁化县 Renhua County	119849	129567	79321	86626	40528	42941
南雄市 Nanxiong City	197853	197197	122558	119937	75295	77260
始兴县 Shixing County	110024	125666	54148	69058	55876	56608
翁源县 Wengyuan County	121143	127740	63254	69491	57889	58249
新丰县 Xinfeng County	67776	71456	33758	36211	34018	35245
曲江县 Qujiang County	264351	277116	166693	176829	97658	100287
乳源县 Ruyuan County	113183	130164	93624	110012	19559	20152
乐昌市 Lechang City	155533	165054	98484	107317	57049	57737
河源市 Heyuan						
市　区 Urban District	187995	241461	171826	222246	16169	19215
和平县 Heping County	99741	105609	47691	51860	52050	53749
龙川县 Longchuan County	169116	183941	93625	103485	75491	80456
紫金县 Zijin County	178219	187102	79551	84727	98668	102375
连平县 Lianping County	105301	116515	69200	78283	36101	38232
东源县 Dongyuan County	114061	129771	53686	64737	60375	65034
梅州市 Meizhou						
市　区 Urban District	247296	252714	226544	231126	20752	21588
梅　县 Meixian County	488150	623087	277885	404728	210265	218359
蕉岭县 Jiaoling County	177034	191649	140096	152914	36938	38735
大埔县 Dapu County	171762	175185	117806	120636	53956	54549
丰顺县 Fengshun County	197282	211285	119972	131547	77310	79738
五华县 Wuhua County	196560	210051	113777	122878	82783	87173
兴宁市 Xingning City	413676	439192	308588	331991	105088	107201
平远县 Pingyuan County	117248	121572	78373	81991	38875	39581
惠州市 Huizhou						
市　区 Urban District	7545925	8128101	7521526	8098509	24399	29592
惠东县 Huidong County	1376092	1562424	1202440	1376794	173652	185630
博罗县 Boluo County	1723293	1939786	1556904	1754631	166389	185155
龙门县 Longmen County	170073	178036	121386	127008	48687	51028
惠阳市 Huiyang City	2150353	2767122	2015874	2621271	134479	145851
汕尾市 Shanwei						
市　区 Urban District	377303	415628	269803	302315	107500	113313
海丰县 Haifeng County	758925	839801	657746	731414	101179	108387
陆河县 Luhe County	76310	88392	45190	54783	31120	33609
陆丰市 Lufeng City	535680	617271	329751	398314	205929	218957
东莞市 Dongguan	11188430	14028366	10911226	13732182	277204	296184
中山市 Zhongshan	10766958	13785667	10466964	13462253	299994	323414
江门市 Jiangmen						
市　区 Urban District	3575634	3946168	3547007	3916385	28627	29783
新会市 Xinhui City	3595113	4099212	3388545	3882285	206568	216927
台山市 Taishan City	3310966	3721064	3064596	3463606	246370	257458
开平市 Kaiping City	2696302	3027871	2583255	2909377	113047	118494
鹤山市 Heshan City	1702597	1894988	1634805	1824077	67792	70911
恩平市 Enping City	740519	798497	650010	702988	90509	95509

注：本表按1990年不变价格计算。

Note: The data in this table are calculated at 1990 constant prices.

22-5 续表 continued

单位：万元 (10000 yuan)

县（市）区别 County（County-level City）and District	工农业总产值 Gross Output Value of Industry and Agriculture		工业总产值 Gross Output Value of Industry		农业总产值 Gross Output Value of Agriculture	
	2001	2002	2001	2002	2001	2002
佛山市 Foshan						
市 区 Urban District	4090019	4877828	4082162	4870732	7857	7096
南海市 Nanhai City	8482500	9770882	8266448	9542976	216052	227906
顺德市 Shunde City	9692837	11001902	9364343	10647568	328494	354334
三水市 Sanshui City	2065848	2515403	1918421	2356138	147427	159265
高明市 Gaoming City	1469192	1668390	1362573	1555373	106619	113017
阳江市 Yangjiang						
市 区 Urban District	808878	912638	636030	729236	172848	183402
阳东县 Yangdong County	420473	488859	285976	344257	134497	144602
阳西县 Yangxi County	362758	403994	198104	226262	164654	177732
阳春市 Yangchun City	664502	743788	483856	552131	180646	191657
湛江市 Zhanjiang						
市 区 Urban District	1597826	1830597	1417228	1638360	180598	192237
徐闻县 Xuwen County	284686	324198	69287	95932	215399	228266
遂溪县 Suixi County	520352	576291	266494	306123	253858	270168
廉江市 Lianjiang County	733281	798648	426118	467092	307163	331556
吴川市 Wuchuan City	458871	505133	356529	397327	102342	107806
雷州市 Leizhou City	473932	513831	170558	201007	303374	312824
茂名市 Maoming						
市 区 Urban District	2124889	2307301	1907976	2074023	216913	233278
电白县 Dianbai County	995647	1095978	618585	681990	377062	413988
高州市 Gaozhou City	1531299	1710497	988880	1125403	542419	585094
化州市 Huazhou City	1149984	1272693	745468	828313	404516	444380
信宜市 Xinyi City	1191364	1317839	826056	916078	365308	401761
肇庆市 Zhaoqing						
市 区 Urban District	2063174	2412239	1990621	2335156	72553	77083
广宁县 Guangning County	502279	565718	399241	455461	103038	110257
德庆县 Deqing County	688441	787612	575317	666810	113124	120802
封开县 Fenkai County	487385	537312	364633	406563	122752	130749
怀集县 Huaiji County	449750	504846	314613	360402	135137	144444
高要市 Gaoyao City	1859624	2012400	1599527	1736632	260097	275768
四会市 Sihui City	1135734	1311791	963662	1126677	172072	185114
清远市 Qingyuan						
市 区 Urban District	400702	480658	344417	421773	56285	58885
清新县 Qingxin County	228421	241042	143156	150743	85265	90299
佛冈县 Fogang County	168533	192304	145692	168439	22841	23865
连山县 Lianshan County	29114	30143	9224	9692	19890	20451
连南县 Liannan County	34685	33502	21156	19670	13529	13832
阳山县 Yangshan County	125077	130092	48303	49923	76774	80169
连州市 Lianzhou City	150141	161617	77695	86511	72446	75106
英德市 Yingde City	249571	253440	107489	108176	142082	145264
潮州市 Chaozhou						
市 区 Urban District	814964	914654	802951	902486	12013	12168
饶平县 Raoping County	891502	870602	682302	667911	209200	202691
潮安县 Chaoan County	2118191	2380373	1923846	2182485	194345	197888
揭阳市 Jieyang						
市 区 Urban District	1648468	1814041	1591472	1754954	56996	59087
揭东县 Jiedong County	2116206	2353271	1942218	2168280	173988	184991
惠来县 Huilai County	767846	817122	581416	623771	186430	193351
揭西县 Jiexi County	648310	731010	537764	613003	110546	118007
普宁市 Puning City	2551528	2860900	2400075	2703185	151453	157715
云浮市 Yunfu						
市 区 Urban District	331995	363486	280656	308813	51339	54673
新兴县 Xinxing County	739222	809355	606526	667238	132696	142117
郁南县 Yunan County	383039	416455	272420	299662	110619	116793
云安县 Yunan County	185685	207023	129208	147039	56477	59984
罗定市 Luoding City	1038682	1129440	837722	917375	200960	212065

22-6 各县（市）区工业总产值（2002年）
GROSS OUTPUT VALUE OF INDUSTRY BY COUNTY (COUNTY-LEVEL CITY) AND DISTRICT (2002)

单位：亿元 (100 million yuan)

县（市）区别 County (County-level City) and District	全社会工业总产值 Gross Industrial Output Value	规模以上工业总产值 Gross Output Value of Industrial Enterprises above Designated Size	规模以下工业总产值 Gross Output Value of Industrial Enterprises below Designated Size
广州市 Guangzhou	3788.91	3176.43	612.48
市　区 Urban District	3181.63	2733.78	447.85
增城市 Zengcheng City	387.56	261.79	125.77
从化市 Conghua City	219.72	180.86	38.86
深圳市 Shenzhen	3934.62	3628.52	306.10
珠海市 Zhuhai	788.26	758.81	29.45
市　区 Urban District	490.92	472.75	18.17
斗门区 Doumen County	188.13	178.11	10.02
金湾区	109.21	107.95	1.26
汕头市 Shantou	839.02	361.14	477.87
市　区 Urban District	327.70	219.14	108.56
潮阳市 Chaoyang City	275.09	70.45	204.64
澄海市 Chenghai City	229.00	69.66	159.34
南澳县 Nanao County	7.23	1.90	5.33
韶关市 Shaoguan	242.73	185.18	57.55
市　区 Urban District	148.29	139.95	8.34
仁化县 Renhua County	11.21	4.94	6.26
南雄市 Nanxiong City	14.19	4.37	9.82
始兴县 Shixing County	8.13	5.59	2.54
翁源县 Wengyuan County	8.15	3.08	5.07
新丰县 Xinfeng County	4.99	3.27	1.73
曲江县 Qujiang County	21.03	4.15	16.88
乳源县 Ruyuan County	12.01	9.90	2.11
乐昌市 Lechang City	14.73	9.93	4.80
河源市 Heyuan	71.20	49.17	22.03
市　区 Urban District	22.67	19.09	3.58
和平县 Heping County	5.50	3.03	2.47
龙川县 Longchuan County	12.99	5.42	7.58
紫金县 Zijin County	9.33	5.95	3.38
连平县 Lianping County	13.26	11.01	2.24
东源县 Dongyuan County	7.45	4.67	2.78
梅州市 Meizhou	185.61	91.09	94.52
市　区 Urban District	28.42	21.15	7.27
梅　县 Meixian County	49.00	32.08	16.92
蕉岭县 Jiaoling County	18.33	11.69	6.64
大埔县 Dapu County	14.18	4.92	9.27
丰顺县 Fengshun County	14.41	4.72	9.69
五华县 Wuhua County	14.17	3.39	10.78
兴宁市 Xingning City	37.48	8.47	29.01
平远县 Pingyuan County	9.63	4.68	4.95
惠州市 Huizhou	1216.30	862.39	353.91
市　区 Urban District	579.16	546.14	33.02
惠东县 Huidong County	148.68	13.76	134.91
博罗县 Boluo County	189.02	83.45	105.57
龙门县 Longmen County	15.75	4.79	10.96
惠阳市 Huiyang City	283.69	214.24	69.45
汕尾市 Shanwei	169.32	38.14	131.18
市　区 Urban District	32.34	17.16	15.19
海丰县 Haifeng County	81.45	10.56	70.88
陆河县 Luhe County	9.80	1.43	8.38
陆丰市 Lufeng City	45.72	8.99	36.73
东莞市 Dongguan	1603.88	1352.69	251.19
中山市 Zhongshan	1159.49	948.08	211.41
江门市 Jiangmen	1425.92	1027.74	398.19
市　区 Urban District	277.94	239.10	38.84
新会市 Xinhui City	361.02	261.29	99.73
台山市 Taishan City	314.86	225.33	89.52
开平市 Kaiping City	236.80	154.92	81.88
鹤山市 Heshan City	167.47	114.64	52.83
恩平市 Enping City	67.83	32.45	35.38

注：本表按当年价格计算。
Note: The data in this table are calculated at current prices.

22-6 续表 continued

单位：亿元 (100 million yuan)

县（市）区别 County (County-level City) and District	全社会工业总产值 Gross Industrial Output Value	规模以上工业总产值 Gross Output Value of Industrial Enterprises above Designated Size	规模以下工业总产值 Gross Output Value of Industrial Enterprises below Designated Size
佛山市 Foshan	2703.88	2040.66	663.21
市　区 Urban District	381.25	328.82	52.43
南海市 Nanhai City	953.14	574.23	378.92
顺德市 Shunde City	1002.67	840.77	161.91
三水市 Sanshui City	211.26	160.48	50.77
高明市 Gaoming City	155.55	136.37	19.18
阳江市 Yangjiang	191.96	97.61	94.34
市　区 Urban District	67.29	34.87	32.42
阳东县 Yangdong County	40.05	25.69	14.36
阳西县 Yangxi County	23.75	8.24	15.51
阳春市 Yangchun City	60.86	28.81	32.06
湛江市 Zhanjiang	443.96	332.34	111.62
市　区 Urban District	292.78	272.65	20.13
徐闻县 Xuwen County	9.66	6.14	3.52
遂溪县 Suixi County	32.16	15.19	16.97
廉江市 Lianjiang County	48.20	15.99	32.20
吴川市 Wuchuan City	40.71	11.19	29.52
雷州市 Leizhou City	20.45	11.18	9.27
茂名市 Maoming	766.75	420.20	346.55
市　区 Urban District	375.85	322.53	53.32
电白县 Dianbai County	79.66	22.70	56.95
高州市 Gaozhou City	117.26	34.18	83.08
化州市 Huazhou City	96.53	24.68	71.85
信宜市 Xinyi City	97.45	16.10	81.34
肇庆市 Zhaoqing	644.62	484.65	159.97
市　区 Urban District	144.66	130.67	13.99
广宁县 Guangning County	48.13	41.65	6.48
德庆县 Deqing County	68.56	56.93	11.63
封开县 Fenkai County	44.07	32.74	11.33
怀集县 Huaiji County	39.37	19.67	19.70
高要市 Gaoyao City	178.92	128.14	50.78
四会市 Sihui City	115.51	74.84	40.67
清远市 Qingyuan	120.03	78.51	41.52
市　区 Urban District	38.59	23.03	15.57
清新县 Qingxin County	17.96	11.32	6.64
佛冈县 Fogang County	21.21	19.39	1.81
连山县 Lianshan County	1.26	0.41	0.85
连南县 Liannan County	3.18	1.86	1.32
阳山县 Yangshan County	8.24	5.50	2.74
连州市 Lianzhou City	14.66	7.89	6.77
英德市 Yingde City	14.92	9.11	5.81
潮州市 Chaozhou	376.69	119.35	257.34
市　区 Urban District	84.92	42.92	42.00
饶平县 Raoping County	68.58	22.11	46.47
潮安县 Chaoan County	223.19	54.32	168.87
揭阳市 Jieyang	853.06	168.17	684.89
市　区 Urban District	188.46	36.38	152.07
揭东县 Jiedong County	236.15	38.54	197.61
惠来县 Huilai County	67.73	23.19	44.54
揭西县 Jiexi County	67.41	3.51	63.90
普宁市 Puning City	293.32	66.55	226.77
云浮市 Yunfu	262.51	157.72	104.80
市　区 Urban District	43.66	19.92	23.63
新兴县 Xinxing County	71.20	52.32	18.88
郁南县 Yunan County	33.67	12.80	20.87
云安县 Yunan County	19.33	4.92	14.41
罗定市 Luoding City	94.75	67.75	27.00

22-7 各县（市）区粮食产量
OUTPUT OF GRAIN BY COUNTY（COUNTY-LEVEL CITY）AND DISTRICT

单位：吨、公斤/人 （ton，kg/person）

县（市）区别 County（County-level City）and District	粮食 Grain				人均粮食 Per Capita Grain	
	2001	2002	# 稻谷 Rice		2001	2002
			2001	2002		
广州市 Guangzhou						
市 区 Urban District	359188	292175	335446	269545	62	50
增城市 Zengcheng City	236062	219540	216384	200249	286	265
从化市 Conghua City	156038	139913	140855	124645	293	263
深圳市 Shenzhen	3966	3094	248	31	3	2
珠海市 Zhuhai	82884	69059	76930	64694	109	89
汕头市 Shantou						
市 区 Urban District	26520	29014	17982	20311	22	24
潮阳市 Chaoyang City	378388	411202	255251	295478	151	158
澄海市 Chenghai City	143369	123909	106988	100033	172	148
南澳县 Nanao County	5253	4523	1496	842	72	62
韶关市 Shaoguan						
市 区 Urban District	6470	6617	4746	4805	12	12
仁化县 Renhua County	65524	64136	55017	54019	376	368
南雄市 Nanxiong City	246011	246134	230401	229539	541	541
始兴县 Shixing County	101016	90586	85272	77008	425	380
翁源县 Wengyuan County	135092	119050	125920	109045	363	318
新丰县 Xinfeng County	58185	53873	46628	42728	247	229
曲江县 Qujiang County	157087	146156	145651	133887	381	354
乳源县 Ruyuan County	73847	68720	60310	54811	374	347
乐昌市 Lechang City	130633	112898	90731	75397	254	220
河源市 Heyuan						
市 区 Urban District	22977	18834	19753	16615	76	62
和平县 Heping County	179095	167471	156657	145609	372	347
龙川县 Longchuan County	330053	309046	308402	287622	387	361
紫金县 Zijin County	291431	235438	251194	203241	386	306
连平县 Lianping County	134200	120919	118940	105853	365	328
东源县 Dongyuan County	220213	203498	193678	180347	451	407
梅州市 Meizhou						
市 区 Urban District	15841	13374	12881	10451	52	44
梅 县 Meixian County	253175	204436	218430	168697	419	338
蕉岭县 Jiaoling County	74507	70061	68027	63683	331	312
大埔县 Dapu County	145669	118209	127461	101111	281	228
丰顺县 Fengshun County	167569	142406	125498	100697	255	216
五华县 Wuhua County	342514	337764	306832	300798	291	286
兴宁市 Xingning City	378388	351157	338040	312820	337	312
平远县 Pingyuan County	111761	102982	102544	91819	448	412
惠州市 Huizhou						
市 区 Urban District	14782	11948	12191	9380	38	30
惠东县 Huidong County	256266	218167	198653	162325	368	313
博罗县 Boluo County	280954	249497	236780	195392	363	322
龙门县 Longmen County	163262	138874	140928	119462	515	438
惠阳市 Huiyang City	225398	199544	185682	153983	357	314
汕尾市 Shanwei						
市 区 Urban District	42314	39226	25049	22348	95	87
海丰县 Haifeng County	214296	192280	170215	151911	286	255
陆河县 Luhe County	66188	62417	45999	41933	226	214
陆丰市 Lufeng City	287713	239572	172157	139034	191	158
东莞市 Dongguan	128366	53732	109881	42508	83	35
中山市 Zhongshan	230110	184889	213291	169689	171	137
江门市 Jiangmen						
市 区 Urban District	3068	1816	3000	1701	7	4
新会市 Xinhui City	215341	188370	203332	178413	247	234
台山市 Taishan City	280622	261157	249674	234109	281	262
开平市 Kaiping City	252541	220498	228682	199024	373	325
鹤山市 Heshan City	124446	102936	110267	91555	353	291
恩平市 Enping City	191874	181531	179395	167957	410	387

22-7 续表 continued

单位：吨、公斤/人 （ton，kg/person）

县（市）区别 County（County-level City）and District	粮食 Grain 2001	粮食 Grain 2002	#稻谷 Rice 2001	#稻谷 Rice 2002	人均粮食 Per Capita Grain 2001	人均粮食 Per Capita Grain 2002
佛山市 Foshan						
市　区 Urban District						
南海市 Nanhai City	158134	77343	152033	73255	143	70
顺德市 Shunde City	4066	3866	668	678	4	4
三水市 Sanshui City	107445	56542	101502	51067	279	146
高明市 Gaoming City	108470	89428	98811	81840	385	316
阳江市 Yangjiang						
市　区 Urban District	78972	74496	63228	59315	144	135
阳东县 Yangdong County	196831	199461	165154	167249	382	387
阳西县 Yangxi County	163495	160833	125853	123235	350	344
阳春市 Yangchun City	347524	307163	283242	247449	333	294
湛江市 Zhanjiang						
市　区 Urban District	146065	154884	103724	110499	103	109
徐闻县 Xuwen County	137080	117375	103500	83995	205	175
遂溪县 Suixi County	235681	250689	156787	173394	246	259
廉江市 Lianjiang County	441689	445577	339508	342128	297	298
吴川市 Wuchuan City	180289	203310	129639	152665	181	204
雷州市 Leizhou City	336823	309757	286983	257991	228	209
茂名市 Maoming						
市　区 Urban District	183159	190167	136345	144082	255	200
电白县 Dianbai County	261687	264614	215507	220168	157	183
高州市 Gaozhou City	351366	343180	295825	291919	226	220
化州市 Huazhou City	365584	360774	293452	288940	263	259
信宜市 Xinyi City	374453	379121	275560	276071	306	309
肇庆市 Zhaoqing						
市　区 Urban District	51721	48988	45025	42909	110	104
广宁县 Guangning County	174038	173706	145536	145568	324	323
德庆县 Deqing County	135306	129671	120095	115780	386	369
封开县 Fenkai County	224304	220420	191076	187019	486	475
怀集县 Huaiji County	304573	307596	267554	270424	332	334
高要市 Gaoyao City	306607	283803	271209	247317	420	388
四会市 Sihui City	151972	141138	129936	120275	363	336
清远市 Qingyuan						
市　区 Urban District	123571	113359	113108	104220	229	209
清新县 Qingxin County	203578	215038	180558	189810	293	309
佛冈县 Fogang County	100293	92047	95993	88305	327	299
连山县 Lianshan County	60321	53641	55232	48258	530	471
连南县 Liannan County	49449	44513	36528	31933	322	289
阳山县 Yangshan County	157968	147656	114842	106131	302	282
连州市 Lianzhou City	165368	135610	137128	104271	330	270
英德市 Yingde City	333121	312781	298646	280498	320	300
潮州市 Chaozhou						
市　区 Urban District	6784	6466	5517	5226	20	19
饶平县 Raoping County	211467	146228	149528	94067	222	153
潮安县 Chaoan County	274987	255101	212782	197331	234	217
揭阳市 Jieyang						
市　区 Urban District	78384	76932	71475	70994	121	118
揭东县 Jiedong County	316701	286768	217200	203436	264	238
惠来县 Huilai County	219104	209805	114089	107480	204	195
揭西县 Jiexi County	197019	201849	125984	128730	222	227
普宁市 Puning City	249718	254746	157921	161799	126	127
云浮市 Yunfu						
市　区 Urban District	85314	72598	73833	63233	304	258
新兴县 Xinxing County	160149	155528	149659	144746	359	348
郁南县 Yunan County	183797	174027	141882	135922	386	364
云安县 Yunan County	120608	111768	97972	91401	396	366
罗定市 Luoding City	379267	371897	337728	331540	351	343

22-8 各县（市）区糖蔗及花生产量

OUTPUT OF SUGARCANE AND PEANUTS BY COUNTY（COUNTY-LEVEL CITY）AND DISTRICT

单位：吨 (ton)

县（市）区别 County（County-level City）and District	糖蔗 Sugarcane			花生 Peanuts		
	2001	2002	2002 比 2001 增长% Growth Rate in 2002 over 2001（%）	2001	2002	2002 比 2001 增长% Growth Rate in 2002 over 2001（%）
广州市 Guangzhou						
市　区 Urban District	82548	160758	94.7	7575	6787	-10.4
增城市 Zengcheng City	2371	1712	-27.8	9160	8522	-7.0
从化市 Conghua City	125	313	150.4	9241	10864	17.6
深圳市 Shenzhen				548	384	-29.9
珠海市 Zhuhai	867608	833338	-3.9	1135	927	-18.3
汕头市 Shantou						
市　区 Urban District				1063	991	-6.8
潮阳市 Chaoyang City				2969	2947	-0.7
澄海市 Chenghai City				1650	1269	-23.1
南澳县 Nanao County				188	165	-12.2
韶关市 Shaoguan						
市　区 Urban District				1636	1551	-5.2
仁化县 Renhua County	1497	1494	-0.2	17596	17837	1.4
南雄市 Nanxiong City				18259	17586	-3.7
始兴县 Shixing County				10506	10015	-4.7
翁源县 Wengyuan County	151693	182896	20.6	9410	10412	10.6
新丰县 Xinfeng County	636	749	17.8	3819	3785	-0.9
曲江县 Qujiang County	1351	2121	57.0	40378	40250	-0.3
乳源县 Ruyuan County	246	175	-28.9	3680	3860	4.9
乐昌市 Lechang City	3520	3556	1.0	7331	7163	-2.3
河源市 Heyuan						
市　区 Urban District	16273	26906	65.3	5378	3487	-35.2
和平县 Heping County				3266	3997	22.4
龙川县 Longchuan County				10118	10877	7.5
紫金县 Zijin County	14960	26219	75.3	12992	13711	5.5
连平县 Lianping County	175	103	-41.1	8391	9268	10.5
东源县 Dongyuan County	10376	9004	-13.2	14642	17189	17.4
梅州市 Meizhou						
市　区 Urban District				892	851	-4.6
梅　县 Meixian County				6407	6757	5.5
蕉岭县 Jiaoling County				2974	3350	12.6
大埔县 Dapu County	188	189	0.5	1695	1668	-1.6
丰顺县 Fengshun County	400			4576	4426	-3.3
五华县 Wuhua County	57	932	1535.1	4083	4269	4.6
兴宁市 Xingning City				3706	3556	-4.0
平远县 Pingyuan County				3243	3468	6.9
惠州市 Huizhou						
市　区 Urban District	44			1579	1672	5.9
惠东县 Huidong County	17595	11580	-34.2	16017	17390	8.6
博罗县 Boluo County	136727	146823	7.4	24802	23866	-3.8
龙门县 Longmen County	18636	18403	-1.3	7260	8128	12.0
惠阳市 Huiyang City	11177	8979	-19.7	19252	19365	0.6
汕尾市 Shanwei						
市　区 Urban District				1797	1527	-15.0
海丰县 Haifeng County	16283	15730	-3.4	4591	5284	15.1
陆河县 Luhe County				1389	1684	21.2
陆丰市 Lufeng City	1575	1300	-17.5	12483	11851	-5.1
东莞市 Dongguan	24768	15025	-39.3	1556	865	-44.4
中山市 Zhongshan	28913	94867	228.1	1156	914	-20.9
江门市 Jiangmen						
市　区 Urban District	1395	688	-50.7			
新会市 Xinhui City	162834	166949	2.5	1661	1688	1.6
台山市 Taishan City	137127	125858	-8.2	17761	15499	-12.7
开平市 Kaiping City	50377	54892	9.0	10953	11368	3.8
鹤山市 Heshan City	5826	9145	57.0	8409	6370	-24.2
恩平市 Enping City	37114	51038	37.5	7312	7543	3.2

22-8 续表 continued

单位：吨 (ton)

县（市）区别 County (County-level City) and District	糖蔗 Sugarcane			花生 Peanuts		
	2001	2002	2002 比 2001 增长% Growth Rate in 2002 over 2001 (%)	2001	2002	2002 比 2001 增长% Growth Rate in 2002 over 2001 (%)
佛山市 Foshan						
市　区 Urban District						
南海市 Nanhai City	8461	7174	-15.2	1641	1159	-29.4
顺德市 Shunde City	782	1137	45.4	159	17	-89.3
三水市 Sanshui City	1200	1318	9.8	4758	3952	-16.9
高明市 Gaoming City				2723	1997	-26.7
阳江市 Yangjiang						
市　区 Urban District	840			2340	2603	11.2
阳东县 Yangdong County	2280	550	-75.9	13826	15861	14.7
阳西县 Yangxi County	2400	16040	568.3	9953	9725	-2.3
阳春市 Yangchun City	62497	85413	36.7	17758	18444	3.9
湛江市 Zhanjiang						
市　区 Urban District	388507	434178	11.8	10473	10348	-1.2
徐闻县 Xuwen County	1451101	1491586	2.8	11022	11859	7.6
遂溪县 Suixi County	3030205	3097009	2.2	23358	23875	2.2
廉江市 Lianjiang County	335364	364120	8.6	29112	28139	-3.3
吴川市 Wuchuan City	10519	16835	60.0	16148	17580	8.9
雷州市 Leizhou City	2714793	3014094	11.0	26729	20487	-23.4
茂名市 Maoming						
市　区 Urban District	29078	25404	-12.6	18628	19940	7.0
电白县 Dianbai County	212			29644	31479	6.2
高州市 Gaozhou City	14394	15759	9.5	22005	20521	-6.7
化州市 Huazhou City	267470	285736	6.8	22280	23275	4.5
信宜市 Xinyi City				10876	10882	0.1
肇庆市 Zhaoqing						
市　区 Urban District	90			1126	1280	13.7
广宁县 Guangning County				6659	6730	1.1
德庆县 Deqing County				9088	9683	6.5
封开县 Fenkai County	122116	110196	-9.8	13489	13965	3.5
怀集县 Huaiji County	57065	56373	-1.2	9615	9743	1.3
高要市 Gaoyao City	16948	17629	4.0	14086	14571	3.4
四会市 Sihui City	11027	3067	-72.2	13172	13757	4.4
清远市 Qingyuan						
市　区 Urban District	854	522	-38.9	9952	8880	-10.8
清新县 Qingxin County	15523	16908	8.9	12237	12307	0.6
佛冈县 Fogang County	705	721	2.3	2669	2744	2.8
连山县 Lianshan County		375		2026	2027	
连南县 Liannan County		1		2187	2132	-2.5
阳山县 Yangshan County				9719	10348	6.5
连州市 Lianzhou City		110		7493	8345	11.4
英德市 Yingde City	287681	289357	0.6	30729	30571	-0.5
潮州市 Chaozhou						
市　区 Urban District				81	81	
饶平县 Raoping County	35302	31551	-10.6	3872	2092	-46.0
潮安县 Chaoan County				2834	2858	0.8
揭阳市 Jieyang						
市　区 Urban District				31	31	
揭东县 Jiedong County	12140	12080	-0.5	5032	5361	6.5
惠来县 Huilai County	1200			11389	9859	-13.4
揭西县 Jiexi County	44147	30456	-31.0	8648	9021	4.3
普宁市 Puning City				812	944	16.3
云浮市 Yunfu						
市　区 Urban District	2976	1594	-46.4	3465	2803	-19.1
新兴县 Xinxing County	810			6260	6408	2.4
郁南县 Yunan County				9266	9588	3.5
云安县 Yunan County	658			5800	5658	-2.4
罗定市 Luoding City				18402	17541	-4.7

22-9 各县（市）区生猪年末存栏头数、肉猪出栏头数和猪肉产量

NUMBER OF STOCK HOGS AT THE YEAR-END, SLAUGHTERED FATTENED HOGS AND OUTPUT OF PORK BY COUNTY (COUNTY-LEVEL CITY) AND DISTRICT

县（市）区别 County (County-level City) and District	生猪年末存栏头数（万头） Number of Stock Hogs at the Year-End (10000 heads)		肉猪出栏头数（万头） Slaughtered Fattened Hogs (10000 heads)		猪肉产量（万吨） Output of Pork (10000 tons)	
	2001	2002	2001	2002	2001	2002
广州市 Guangzhou						
市 区 Urban District	54.47	47.17	123.60	124.92	9.16	9.22
增城市 Zengcheng City	16.65	22.96	40.87	41.97	3.03	3.27
从化市 Conghua City	17.02	17.07	28.64	29.81	2.16	2.21
深圳市 Shenzhen	27.08	31.42	65.15	64.69	4.57	4.48
珠海市 Zhuhai	20.30	20.96	30.48	33.13	2.40	2.65
汕头市 Shantou						
市 区 Urban District	5.82	5.56	16.63	17.53	1.25	1.27
潮阳市 Chaoyang City	23.56	23.06	45.73	45.35	3.54	3.41
澄海市 Chenghai City	8.54	8.94	20.52	20.07	1.18	1.16
南澳县 Nanao County	1.91	1.96	4.91	4.89	0.39	0.39
韶关市 Shaoguan						
市 区 Urban District	4.29	4.47	11.63	12.19	0.87	0.91
仁化县 Renhua County	12.56	11.67	12.22	14.10	0.98	1.13
南雄市 Nanxiong City	24.28	23.15	34.24	35.74	2.68	2.81
始兴县 Shixing County	9.65	9.20	11.71	12.00	0.94	0.96
翁源县 Wengyuan County	13.41	11.55	13.95	15.15	1.07	1.19
新丰县 Xinfeng County	7.20	7.36	8.06	8.60	0.61	0.65
曲江县 Qujiang County	23.81	23.64	28.85	28.38	2.15	2.10
乳源县 Ruyuan County	9.27	9.52	7.59	7.93	0.57	0.59
乐昌市 Lechang City	23.34	23.25	28.35	30.06	2.16	2.30
河源市 Heyuan						
市 区 Urban District	4.50	3.68	5.08	7.00	0.38	0.48
和平县 Heping County	8.99	8.84	9.75	9.74	0.76	0.70
龙川县 Longchuan County	18.58	18.38	17.51	18.26	1.30	1.35
紫金县 Zijin County	24.71	23.90	22.97	24.70	1.77	1.98
连平县 Lianping County	10.19	12.35	12.58	13.58	0.99	1.06
东源县 Dongyuan County	12.23	12.10	14.07	14.66	1.13	1.17
梅州市 Meizhou						
市 区 Urban District	4.10	4.14	8.25	10.03	0.61	0.70
梅 县 Meixian County	25.28	27.88	39.97	39.39	3.05	3.04
蕉岭县 Jiaoling County	10.38	10.99	16.36	17.36	1.28	1.35
大埔县 Dapu County	15.31	14.22	16.56	17.36	1.26	1.31
丰顺县 Fengshun County	26.98	26.25	27.74	27.61	2.19	2.18
五华县 Wuhua County	41.29	41.87	54.39	56.85	4.08	4.23
兴宁市 Xingning City	30.83	31.07	38.82	39.37	3.06	3.10
平远县 Pingyuan County	12.62	13.00	16.09	16.74	1.28	1.32
惠州市 Huizhou						
市 区 Urban District	7.48	8.58	14.58	18.81	1.02	1.31
惠东县 Huidong County	15.87	17.93	18.72	22.45	1.38	1.66
博罗县 Boluo County	42.29	42.54	55.43	63.61	3.64	4.00
龙门县 Longmen County	5.12	5.16	7.31	7.13	0.52	0.54
惠阳市 Huiyang City	18.55	18.79	29.46	31.20	2.08	2.21
汕尾市 Shanwei						
市 区 Urban District	4.47	4.35	8.39	8.81	0.63	0.66
海丰县 Haifeng County	13.31	12.07	24.19	26.02	1.81	1.93
陆河县 Luhe County	5.64	5.67	10.23	10.65	0.77	0.74
陆丰市 Lufeng City	19.78	20.98	30.38	31.94	2.17	2.45
东莞市 Dongguan	107.94	92.75	217.64	214.80	16.84	16.62
中山市 Zhongshan	21.38	22.68	44.19	47.02	3.27	3.43
江门市 Jiangmen						
市 区 Urban District	5.47	5.40	12.20	12.03	0.86	0.89
新会市 Xinhui City	32.85	33.07	61.53	69.07	4.37	4.66
台山市 Taishan City	31.75	29.63	40.18	40.17	2.61	2.61
开平市 Kaiping City	13.53	14.94	21.66	23.03	1.52	1.61
鹤山市 Heshan City	24.51	28.41	36.23	48.13	2.09	2.66
恩平市 Enping City	17.01	13.43	24.29	25.70	1.94	2.06

22-9 续表 continued

县（市）区别 County (County-level City) and District	生猪年末存栏头数（万头） Number of Stock Hogs at the Year-End (10000 heads)		肉猪出栏头数（万头） Slaughtered Fattened Hogs (10000 heads)		猪肉产量（万吨） Output of Pork (10000 tons)	
	2001	2002	2001	2002	2001	2002
佛山市 Foshan						
市　区 Urban District	5.34	2.79	10.64	8.18	0.74	0.62
南海市 Nanhai City	22.98	22.76	57.63	54.09	4.38	4.15
顺德市 Shunde City	17.60	17.54	44.42	43.83	3.40	3.35
三水市 Sanshui City	22.74	21.70	43.46	46.86	2.85	3.24
高明市 Gaoming City	17.33	18.54	32.04	33.76	2.42	2.53
阳江市 Yangjiang						
市　区 Urban District	7.36	7.52	10.59	11.19	0.81	0.85
阳东县 Yangdong County	21.43	21.74	27.88	28.70	2.01	1.97
阳西县 Yangxi County	12.00	12.99	16.48	16.56	1.31	1.31
阳春市 Yangchun City	72.85	80.22	38.87	42.05	2.92	3.36
湛江市 Zhanjiang						
市　区 Urban District	15.71	16.42	23.77	25.66	1.82	1.97
徐闻县 Xuwen County	11.88	11.82	14.94	16.33	1.13	1.28
遂溪县 Suixi County	18.49	22.27	32.99	43.05	2.51	3.13
廉江市 Lianjiang County	61.04	60.22	86.70	91.61	6.74	7.13
吴川市 Wuchuan City	23.74	24.80	25.55	27.80	1.88	2.03
雷州市 Leizhou City	27.08	30.03	39.95	49.05	2.80	3.28
茂名市 Maoming						
市　区 Urban District	46.83	46.33	72.68	76.02	5.79	5.86
电白县 Dianbai County	53.93	59.07	64.36	70.49	5.12	5.23
高州市 Gaozhou City	83.30	92.17	114.18	118.63	9.05	9.23
化州市 Huazhou City	61.86	61.19	83.84	92.91	6.56	7.25
信宜市 Xinyi City	39.15	40.36	64.44	68.57	4.96	5.28
肇庆市 Zhaoqing						
市　区 Urban District	11.61	13.63	26.47	28.73	1.96	2.16
广宁县 Guangning County	16.45	16.65	18.60	19.72	1.29	1.39
德庆县 Deqing County	9.43	9.62	12.00	12.24	0.96	0.98
封开县 Fenkai County	24.36	24.09	21.84	24.02	1.59	1.82
怀集县 Huaiji County	48.15	51.04	56.33	61.16	4.51	4.88
高要市 Gaoyao City	32.30	32.45	52.80	57.37	3.98	4.25
四会市 Sihui City	58.24	60.26	84.37	88.22	6.29	6.55
清远市 Qingyuan						
市　区 Urban District	10.77	12.09	15.77	18.01	1.25	1.44
清新县 Qingxin County	28.60	28.92	33.59	34.32	2.37	2.41
佛冈县 Fogang County	7.64	7.43	7.47	7.39	0.56	0.56
连山县 Lianshan County	2.85	3.35	3.53	3.89	0.27	0.29
连南县 Liannan County	3.52	3.56	5.13	5.41	0.35	0.38
阳山县 Yangshan County	20.25	21.09	33.08	35.80	2.49	2.70
连州市 Lianzhou City	16.76	17.64	21.60	24.99	1.65	1.82
英德市 Yingde City	33.31	34.97	39.60	41.56	2.95	3.10
潮州市 Chaozhou						
市　区 Urban District	2.26	1.90	3.86	3.80	0.30	0.29
饶平县 Raoping County	32.78	33.25	38.32	37.28	3.00	2.91
潮安县 Chaoan County	17.57	17.04	31.74	33.46	2.14	2.31
揭阳市 Jieyang						
市　区 Urban District	3.99	3.84	6.52	7.07	0.52	0.53
揭东县 Jiedong County	14.52	14.62	22.78	23.00	1.88	1.84
惠来县 Huilai County	20.38	20.95	29.54	30.27	2.36	2.41
揭西县 Jiexi County	32.22	32.43	29.75	30.11	2.25	2.29
普宁市 Puning City	31.24	30.08	43.65	42.79	3.49	3.39
云浮市 Yunfu						
市　区 Urban District	12.58	12.30	20.46	20.87	1.55	1.56
新兴县 Xinxing County	28.63	30.43	47.99	51.71	3.57	3.79
郁南县 Yunan County	11.44	11.44	17.30	20.35	1.37	1.54
云安县 Yunan County	9.52	10.80	8.14	9.72	0.53	0.68
罗定市 Luoding City	18.22	18.60	25.21	26.07	2.01	2.06

22-10 各县（市）区乡镇企业基本情况
BASIC STATISTICS ON TOWNSHIP ENTERPRISES BY COUNTY (COUNTY-LEVEL CITY) AND DISTRICT

县（市）区别 County (County-level City) and District	企业个数（个） Number of Enterprises (unit)		企业人数（人） Number of Staff and Workers (person)		2002年现价总产值（万元） Gross Output Value at Current Prices (10000 yuan)
	2001	2002	2001	2002	
广州市 Guangzhou					
市 区 Urban District	77760	77908	1012186	1059913	13831368
增城市 Zengcheng City	12907	13364	155292	166778	2842600
从化市 Conghua City	11306	11239	89969	101506	1951651
深圳市 Shenzhen	71119	66290	1410712	1438473	3633373
珠海市 Zhuhai	13461	18542	173255	186782	2968744
汕头市 Shantou					
市 区 Urban District	2888	2593	51805	52829	1207348
潮阳市 Chaoyang City	9674	9484	218294	232078	2619747
澄海市 Chenghai City	12560	12883	146872	232081	2272685
南澳县 Nanao County	509	472	5383	5287	51156
韶关市 Shaoguan					
市 区 Urban District	6765	6748	17878	16571	158167
仁化县 Renhua County	12372	12347	33869	32054	191545
南雄市 Nanxiong City	20055	18606	60611	57044	213387
始兴县 Shixing County	11391	10126	30908	27634	141487
翁源县 Wengyuan County	16732	16759	43762	42806	200858
新丰县 Xinfeng County	7435	5001	20272	11823	98713
曲江县 Qujiang County	16111	11611	53945	39503	224664
乳源县 Ruyuan County	6958	6717	20529	19716	111149
乐昌市 Lechang City	17488	14437	50330	43544	233332
河源市 Heyuan					
市 区 Urban District	1790	1822	7601	8648	47092
和平县 Heping County	8516	8671	18312	18473	39416
龙川县 Longchuan County	9895	10078	28568	29569	125504
紫金县 Zijin County	7425	8172	25171	29487	92058
连平县 Lianping County	8511	8210	20509	25155	66408
东源县 Dongyuan County	2841	2936	17056	17550	69754
梅州市 Meizhou					
市 区 Urban District	6275	6720	10117	10233	226579
梅 县 Meixian County	22816	21726	81315	84155	553808
蕉岭县 Jiaoling County	7835	7942	19372	19176	120006
大埔县 Dapu County	10868	10723	35403	35212	229870
丰顺县 Fengshun County	10174	9966	40716	41041	198049
五华县 Wuhua County	22882	22842	77420	77700	222165
兴宁市 Xingning City	43290	40306	133780	130508	410290
平远县 Pingyuan County	8085	7586	19454	20031	72524
惠州市 Huizhou					
市 区 Urban District	6987	8602	45604	55651	523360
惠东县 Huidong County	23278	23433	167817	200345	1592379
博罗县 Boluo County	10738	11704	117171	135230	1433427
龙门县 Longmen County	7307	7210	24731	24630	162816
惠阳市 Huiyang City	19639	19757	206512	220739	1780700
汕尾市 Shanwei					
市 区 Urban District	11712	11316	50217	49080	271093
海丰县 Haifeng County	17028	16536	136046	139781	1010088
陆河县 Luhe County	3453	3466	15479	15487	75459
陆丰市 Lufeng City	15766	15120	95596	100823	533313
东莞市 Dongguan	40902	44513	1036223	1202019	10462930
中山市 Zhongshan	24132	37203	551713	696854	8685149
江门市 Jiangmen					
市 区 Urban District	6557	6882	54371	62155	588037
新会市 Xinhui City	25599	25391	206404	216975	3618200
台山市 Taishan City	20693	23573	167613	170642	3049437
开平市 Kaiping City	22384	23065	152409	168973	1829420
鹤山市 Heshan City	9735	10010	90065	111622	1362447
恩平市 Enping City	17224	17234	64116	66259	615190

22-10 续表 continued

县（市）区别 County (County-level City) and District	企业个数（个） Number of Enterprises (unit)		企业人数（人） Number of Staff and Workers (person)		2002年现价总产值（万元） Gross Output Value at Current Prices (10000 yuan)
	2001	2002	2001	2002	
佛山市 Foshan					
市 区 Urban District	1244	235	34963	23420	501217
南海市 Nanhai City	39865	42185	515438	604096	10437199
顺德市 Shunde City					
三水市 Sanshui City	11871	13161	90108	108639	1799246
高明市 Gaoming City	6339	6250	54151	59616	1225804
阳江市 Yangjiang					
市 区 Urban District	3228	3226	38195	38756	600415
阳东县 Yangdong County	6486	6467	38516	36626	318282
阳西县 Yangxi County	7096	7101	37865	37979	333523
阳春市 Yangchun City	15064	16447	55103	63216	339398
湛江市 Zhanjiang					
市 区 Urban District	14944	14757	70975	72082	777040
徐闻县 Xuwen County	6307	5973	25945	24705	146005
遂溪县 Suixi County	14668	14800	54473	54461	400867
廉江市 Lianjiang County	25396	25266	106821	107130	1143190
吴川市 Wuchuan City	8359	8437	62115	61814	837201
雷州市 Leizhou City	18593	18412	72370	72120	351897
茂名市 Maoming					
市 区 Urban District	19878	19694	102279	102705	1179330
电白县 Dianbai County	23153	22910	111531	111124	1136095
高州市 Gaozhou City	32116	32239	185438	190257	1639916
化州市 Huazhou City	25068	25513	155324	159544	1560690
信宜市 Xinyi City	25574	25529	174194	173987	1284672
肇庆市 Zhaoqing					
市 区 Urban District	8585	8844	66061	64555	937924
广宁县 Guangning County	10166	10653	46145	47056	404616
德庆县 Deqing County	12667	11698	33621	30583	315250
封开县 Fenkai County	14623	14536	53808	55838	282672
怀集县 Huaiji County	14315	13564	73446	68795	249131
高要市 Gaoyao City	17257	16857	167158	166293	1844622
四会市 Sihui City	12225	12108	71295	68375	884563
清远市 Qingyuan					
市 区 Urban District	10808	11617	45881	46566	204907
清新县 Qingxin County	10347	9439	42540	40644	182480
佛冈县 Fogang County	4003	3853	13578	15101	47156
连山县 Lianshan County	2461	2517	4945	5189	11177
连南县 Liannan County	3047	3062	7422	6733	17202
阳山县 Yangshan County	6512	6754	17562	18338	47383
连州市 Lianzhou City	12569	12018	44383	45048	114075
英德市 Yingde City	12325	12290	37543	37366	183738
潮州市 Chaozhou					
市 区 Urban District	7627	4797	34836	12890	581379
饶平县 Raoping County	11055	11158	57254	72023	761440
潮安县 Chaoan County	20438	24213	182586	239855	3319848
揭阳市 Jieyang					
市 区 Urban District	8750	18264	75159	142375	2086343
揭东县 Jiedong County	17444	3918	159204	30642	631752
惠来县 Huilai County	7044	16960	56575	155532	2010641
揭西县 Jiexi County	7385	5228	47843	141005	2876866
普宁市 Puning City	5272	737	138715	10923	281026
云浮市 Yunfu					
市 区 Urban District	5593	5456	16164	20139	241910
新兴县 Xinxing County	3838	12548	31359	103104	546555
郁南县 Yunan County	9405	9419	36304	37398	339071
云安县 Yunan County	2520	2714	14723	15376	190684
罗定市 Luoding City	13926	3812	115664	35331	416573

22-11 各县（市）区固定资产投资（2002年）

INVESTMENT IN FIXED ASSETS BY COUNTY (COUNTY-LEVEL CITY) AND DISTRICT (2002)

单位：万元

(10000 yuan)

县（市）区别 County (County-level City) and District	基本建设投资 Investment in Capital Construction		更新改造投资 Investment in Innovation		其他投资 Other Investment	房地产投资 Real Estate Development
	投资完成额 Completed Investment	新增固定资产 Newly Increased Fixed Assets	投资完成额 Completed Investment	新增固定资产 Newly Increased Fixed Assets		
广州市 Guangzhou	2767428	1520585	1847151	1345549	248376	4263898
市　区 Urban District	2571902	1420804	1771030	1277714	218081	4011112
增城市 Zengcheng City	167117	98727	35663	31323	8453	223049
从化市 Conghua City	28409	1054	40458	36512	21842	29737
深圳市 Shenzhen	3403749	3385802	382447	279983	289667	3554445
珠海市 Zhuhai	734985	509443	54206	45128	30217	372099
市　区 Urban District	523018	272483	52045	35458	14446	354170
斗门县 Doumen County	211967	236960	2161	9670	15771	17929
汕头市 Shantou	281799	185233	110898	91196	187072	202701
市　区 Urban District	220563	133645	91192	59939	146629	161525
潮阳市 Chaoyang City	32460	34384	5416	3273	10612	9078
澄海市 Chenghai City	19165	11411	13160	26854	26788	32098
南澳县 Nanao County	9611	5793	1130	1130	3043	
韶关市 Shaoguan	226705	124750	162805	60067	170756	55451
市　区 Urban District	79249	19802	31472	25914	8459	37466
仁化县 Renhua County	4130	2740	10111	1113	17168	985
南雄市 Nanxiong City	20768	15018	11150	5600	11726	1787
始兴县 Shixing County	8293	4889	8064	4977	49898	840
翁源县 Wengyuan County	2559	1877	9422	2362	16120	3248
新丰县 Xinfeng County	26890	16249	8445	760	860	1370
曲江县 Qujiang County	47822	51004	66790	8887	9150	2172
乳源县 Ruyuan County	31412	8146	7066	3613	10980	1555
乐昌市 Lechang City	5582	5025	10285	6841	46395	6028
河源市 Heyuan	168574	114598	40628	31065	35660	41413
市　区 Urban District	53002	46306	9945	15665	11197	29084
和平县 Heping County	24395	6488			2980	280
龙川县 Longchuan County	33142	21040	7547	404	5056	5602
紫金县 Zijin County	16691	16631	4688	4688	381	972
连平县 Lianping County	5746	1612	17059	8919	280	5475
东源县 Dongyuan County	35598	22521	1389	1389	15766	
梅州市 Meizhou	166575	113701	35814	20939	67583	124560
市　区 Urban District	33131	10672			7208	28455
梅　县 Meixian County	27056	19210			8517	40747
蕉岭县 Jiaoling County	50746	44733	2720	2440	10234	8572
大埔县 Dapu County	22898	1202	520		16787	4629
丰顺县 Fengshun County	19292	26015	3369	3443	7460	3500
五华县 Wuhua County	6801	5650	9748	3017	7526	1670
兴宁市 Xingning City	4819	4819	16148	8730	3280	34467
平远县 Pingyuan County	1832	1400	3309	3309	6571	2520
惠州市 Huizhou	417237	194252	131176	111591	26191	158773
市　区 Urban District	143113	78207	52836	44424	5083	119194
惠东县 Huidong County	20166	17403	21728	21718	6450	8017
博罗县 Boluo County	76750	51182	4600	3685	319	13378
龙门县 Longmen County	11397	7062	3181	2130	115	430
惠阳市 Huiyang City	165811	40398	48831	39634	14224	17754
汕尾市 Shanwei	107100	86173	40912	31777	48970	11836
市　区 Urban District	51005	33955	23408	21805	6679	3978
海丰县 Haifeng County	16544	13944	7721	3019	38688	5382
陆河县 Luhe County	9016	9016	908	908	800	500
陆丰市 Lufeng City	30535	29258	8875	6045	2803	1976
东莞市 Dongguan	614846	45892	234872	198428	155544	268350
中山市 Zhongshan	769642	571392	77144	61013	564129	365471
江门市 Jiangmen	360126	97464	132846	113055	251258	252144
市　区 Urban District	112421	46115	68160	63213	35188	92626
新会市 Xinhui City	12527	10452	31186	25834	4315	89240
台山市 Taishan City	155137	15218	16078	16097	12370	30384
开平市 Kaiping City	46401	10007	7766	4011	67501	23545
鹤山市 Heshan City	13213	6972	8008	3900	121791	8082
恩平市 Enping City	20427	8700	1648		10093	8267

22-11 续表 continued

单位：万元 （10000 yuan）

县（市）区别 County (County-level City) and District	基本建设投资 Investment in Capital Construction		更新改造投资 Investment in Innovation		其他投资 Other Investment	房地产投资 Real Estate Development
	投资完成额 Completed Investment	新增固定资产 Newly Increased Fixed Assets	投资完成额 Completed Investment	新增固定资产 Newly Increased Fixed Assets		
佛山市 Foshan	396011	241575	285857	174136	132780	815969
市　区 Urban District	203961	110709	145224	60318	14221	256820
南海市 Nanhai City	54212	33062	53767	30471	34221	263071
顺德市 Shunde City	95417	53487	47711	49010	61823	234572
三水市 Sanshui City	27424	13053	24055	22427	9515	36899
高明市 Gaoming City	14997	31264	15100	11910	13000	24607
阳江市 Yangjiang	93714	61336	39800	34450	76675	95100
市　区 Urban District	40349	27895	30985	25720	33713	77183
阳东县 Yangdong County	14302	15281	855	875	34871	4623
阳西县 Yangxi County	19587	8361	4860	4755	3677	8176
阳春市 Yangchun City	19476	9799	3100	3100	4414	5118
湛江市 Zhanjiang	378682	127030	183336	118570	14223	104991
市　区 Urban District	323913	91633	136038	85430	7490	97708
徐闻县 Xuwen County	7985	8554	14567	11910	58	840
遂溪县 Suixi County	1426	5942	16811	9110	200	1847
廉江市 Lianjiang County	28106	7440	4050	1000	2071	1806
吴川市 Wuchuan City	7821	4030	5790	5040	1920	
雷州市 Leizhou City	9431	9431	6080	6080	2484	2790
茂名市 Maoming	113051	142652	162774	101458	39525	78657
市　区 Urban District	53853	95794	134032	72686	24572	67557
电白县 Dianbai County	15398	14466	1177	1002	1149	3921
高州市 Gaozhou City	24829	15512	15681	4031	8225	5513
化州市 Huazhou City	3285	1715	2433	20597	118	1490
信宜市 Xinyi City	15686	15165	9451	3142	5461	176
肇庆市 Zhaoqing	232876	173429	101197	73185	142441	146173
市　区 Urban District	109883	81398	54074	40375	45379	116716
广宁县 Guangning County	7409	7819	2498		10593	4214
德庆县 Deqing County	23727	29053	14062	12585	9280	4055
封开县 Fenkai County	16932	15602	7257	3783	12726	597
怀集县 Huaiji County	18579	998	7725	5586	21835	4550
高要市 Gaoyao City	29480	22075	11488	9656	9153	5719
四会市 Sihui City	26866	16484	4093	1200	33475	10322
清远市 Qingyuan	214435	155719	82399	59017	39796	108484
市　区 Urban District	58994	31534	19355	14652	3550	82268
清新县 Qingxin County	29110	14625	20243	11952	397	6398
佛冈县 Fogang County	7986	1293	3743	3515	21819	5488
连山县 Lianshan County	9472	8413	11107	14986	4500	250
连南县 Liannan County	10628		2634			147
阳山县 Yangshan County	9195	12337	10842	4859	4775	2430
连州市 Lianzhou City	49646	43495	5360	4800	250	7350
英德市 Yingde City	39404	44022	9115	4253	4505	4153
潮州市 Chaozhou	91504	59874	99371	80490	75088	61658
市　区 Urban District	36001	36988	56598	55457	54823	44168
饶平县 Raoping County	8829	6200	2809	809	8099	6365
潮安县 Chaoan County	46674	16686	39964	24224	12166	11125
揭阳市 Jieyang	308029	286217	79629	67909	85301	41753
市　区 Urban District	168220	190482	33389	33298	28939	12911
揭东县 Jiedong County	32853	25280	13403	6106	22915	950
惠来县 Huilai County	29501	4994	930	930	4320	
揭西县 Jiexi County	21827	22777	12122	10890		5272
普宁市 Puning City	55628	42684	19785	16685	29127	22620
云浮市 Yunfu	106421	137672	72729	121386	24937	28621
市　区 Urban District	33392	6720	36793	91085		12661
新兴县 Xinxing County	15057	9843	6139	5089	2944	7495
郁南县 Yunan County	7420	10133	5091	4143	3723	702
云安县 Yunan County	14633	12503	3000		1500	2636
罗定市 Luoding City	35919	98473	21706	21069	16770	5127

注：本表其他投资含城镇集体。
Note: The data of other investment in this table include those of urban collective owned units.

22-12 各县（市）区社会消费品零售总额
TOTAL RETAIL SALES OF CONSUMER GOODS BY COUNTY（COUNTY-LEVEL CITY）AND DISTRICT

单位：万元 （10000 yuan）

县（市）区别 County（County-level City）and District	社会消费品零售总额 Total Retail Sales of Consumer Goods			#批发零售贸易业零售额 Total Retail Sales of Wholesale and Retail Trade		
	2001	2002	2002比2001增长% Growth Rate in 2002 over 2001（%）	2001	2002	2002比2001增长% Growth Rate in 2002 over 2001（%）
广州市 Guangzhou	12438992	13706815	10.2	8711790	9733195	11.7
市　区 Urban District	11617189	12798845	10.2	8065544	9041371	12.1
#番禺区 Panyu District	820927	980191	19.4	583189	702252	20.4
#花都区 Huadu District	536199	617361	15.1	342216	393905	15.1
增城市 Zengcheng City	488595	531445	8.8	376658	392874	4.3
从化市 Conghua City	333208	376525	13.0	269588	298950	10.9
深圳市 Shenzhen	6092629	6895928	13.2	4805689	5472106	13.9
珠海市 Zhuhai	1284432	1434710	11.7	960931	1094099	13.9
汕头市 Shantou	2241576	2405322	7.3	1716607	1859576	8.3
市　区 Urban District	1129563	1212879	7.4	910985	1029997	13.1
潮阳市 Chaoyang City	807389	851981	5.5	574069	568388	-1.0
澄海市 Chenghai City	266310	298316	12.0	212540	239154	12.5
南澳县 Nanao County	38314	42146	10.0	19013	22037	15.9
佛山市 Foshan	3748535	4197975	12.0	2705838	3055332	12.9
市　区 Urban District	714938	805191	12.6	595148	678694	14.0
南海市 Nanhai City	1415236	1559590	10.2	1018385	1126999	10.7
顺德市 Shunde City	1103503	1266957	14.8	766003	887952	15.9
三水市 Sanshui City	354329	395721	11.7	212501	245486	15.5
高明市 Gaoming City	160529	170516	6.2	113801	116201	2.1
韶关市 Shaoguan	938420	1024754	9.2	630635	701329	11.2
市　区 Urban District	475637	525086	10.4	284411	320602	12.7
仁化县 Renhua County	42885	45889	7.0	29365	32077	9.2
南雄市 Nanxiong City	80718	88460	9.6	62698	69743	11.2
始兴县 Shixing County	39470	42824	8.5	35601	39233	10.2
翁源县 Wengyuan County	42119	45933	9.1	26516	29495	11.2
新丰县 Xinfeng County	31983	34542	8.0	26745	29558	10.5
曲江县 Qujiang County	101785	108911	7.0	85908	93538	8.9
乳源县 Ruyuan County	31591	33960	7.5	24153	26485	9.7
乐昌市 Lechang City	92232	99149	7.5	55238	60598	9.7
河源市 Heyuan	405381	458472	13.1	333151	382669	14.9
市　区 Urban District	114756	130160	13.4	96984	108521	11.9
和平县 Heping County	35889	39836	11.0	27872	31079	11.5
龙川县 Longchuan County	103679	117153	13.0	82668	98095	18.7
紫金县 Zijin County	60489	68020	12.5	52456	59585	13.6
连平县 Lianping County	38592	43434	12.5	31361	35694	13.8
东源县 Dongyuan County	51976	59869	15.2	41810	49695	18.9
梅州市 Meizhou	741222	815427	10.0	546349	601247	10.0
市　区 Urban District	78269	88138	12.6	62502	70136	12.2
梅　县 Meixian County	153138	176568	15.3	99280	115339	16.2
蕉岭县 Jiaoling County	62655	69058	10.2	46221	49524	7.1
大埔县 Dapu County	84173	90991	8.1	59427	64616	8.7
丰顺县 Fengshun County	61446	65811	7.1	47783	51106	7.0
五华县 Wuhua County	104615	113521	8.5	72771	79661	9.5
兴宁市 Xingning City	155522	167055	7.4	126987	137174	8.0
平远县 Pingyuan County	41404	44285	7.0	31378	33691	7.4
惠州市 Huizhou	1452596	1610044	10.8	1019000	1179592	15.8
市　区 Urban District	420726	467966	11.2	263211	323435	22.9
惠东县 Huidong County	420862	454952	8.1	327015	356879	9.1
博罗县 Boluo County	217510	247780	13.9	171465	195745	14.2
龙门县 Longmen County	63079	67430	6.9	45109	50900	12.8
惠阳市 Huiyang City	330419	371916	12.6	212200	252633	19.1
汕尾市 Shanwei	924970	1028690	11.2	701063	766589	9.3
市　区 Urban District	173831	196275	12.9	144466	156196	8.1
海丰县 Haifeng County	385429	422813	9.7	290926	317079	9.0
陆河县 Luhe County	68281	78569	15.1	52870	58308	10.3
陆丰市 Lufeng City	297429	331033	11.3	212801	235006	10.4
东莞市 Dongguan	1961200	2249496	14.7	1180574	1380612	16.9

22-12 **续表** continued

单位：万元 (10000 yuan)

县（市）区别 County (County-level City) and District	社会消费品零售总额 Total Retail Sales of Consumer Goods			#批发零售贸易业零售额 Total Retail Sales of Wholesale and Retail Trade		
	2001	2002	2002比2001增长% Growth Rate in 2002 over 2001 (%)	2001	2002	2002比2001增长% Growth Rate in 2002 over 2001 (%)
中山市 Zhongshan	1195317	1343288	12.4	889448	1056167	18.7
江门市 Jiangmen	2228140	2483944	11.5	1558020	1771247	13.7
市　区 Urban District	325714	368085	13.0	250486	290366	15.9
新会市 Xinhui City	444210	497516	12.0	303691	362276	19.3
台山市 Taishan City	580265	639349	10.2	443296	489830	10.5
开平市 Kaiping City	359051	403932	12.5	245223	275482	12.3
鹤山市 Heshan City	254209	285114	12.2	143456	160913	12.2
恩平市 Enping City	264691	289948	9.5	171868	192380	11.9
阳江市 Yangjiang	861524	964781	12.0	567686	638337	12.4
市　区 Urban District	340331	381242	12.0	223279	252311	13.0
阳东县 Yangdong County	116369	129554	11.3	78963	88217	11.7
阳西县 Yangxi County	116606	131181	12.5	59538	67575	13.5
阳春市 Yangchun City	288218	322804	12.0	205906	230234	11.8
湛江市 Zhanjiang	1890076	2057222	8.8	1322924	1440287	8.9
市　区 Urban District	990758	1072000	8.2	688112	744718	8.2
徐闻县 Xuwen County	125471	135392	7.9	83750	84953	1.4
遂溪县 Suixi County	148734	161812	8.8	108621	121413	11.8
廉江市 Lianjiang County	266958	293492	9.9	189873	208686	9.9
吴川市 Wuchuan City	166977	182930	9.6	120072	133531	11.2
雷州市 Leizhou City	191178	211596	10.7	132496	146986	10.9
茂名市 Maoming	1921563	2153880	12.1	1222199	1388650	13.6
市　区 Urban District	715698	802404	12.1	449123	517936	15.3
电白县 Dianbai County	234730	259173	10.4	170660	189448	11.0
高州市 Gaozhou City	345619	389063	12.6	206120	232033	12.6
化州市 Huazhou City	308605	348238	12.8	179387	204358	13.9
信宜市 Xinyi City	316911	355002	12.0	216909	244875	12.9
肇庆市 Zhaoqing	1398439	1546187	10.6	957888	1063147	11.0
市　区 Urban District	424728	482205	13.5	259687	297009	14.4
广宁县 Guangning County	167661	180372	7.6	137270	153747	12.0
德庆县 Deqing County	81478	90848	11.5	54227	60426	11.4
封开县 Fenkai County	124868	136893	9.6	93801	103122	9.9
怀集县 Huaiji County	162503	179533	10.5	121973	134776	10.5
高要市 Gaoyao City	214115	239325	11.8	128512	140608	9.4
四会市 Sihui City	223086	237011	6.2	162418	173459	6.8
清远市 Qingyuan	806517	871018	8.0	618657	698546	12.9
市　区 Urban District	279524	306461	9.6	205610	248664	20.9
清新县 Qingxin County	77272	83992	8.7	64874	72350	11.5
佛冈县 Fogang County	68270	74535	9.2	50926	57289	12.5
连山县 Lianshan County	9956	10754	8.0	7386	7409	0.3
连南县 Liannan County	15175	16261	7.2	11840	12767	7.8
阳山县 Yangshan County	53000	59611	12.5	44776	49477	10.5
连州市 Lianzhou City	94618	105127	11.1	61508	69713	13.3
英德市 Yingde City	208702	214277	2.7	171737	180877	5.3
潮州市 Chaozhou	672280	740970	10.2	491460	546788	11.3
市　区 Urban District	227457	249689	9.8	179143	197796	10.4
饶平县 Raoping County	193005	211013	9.3	130573	141645	8.5
潮安县 Chaoan County	251818	280268	11.3	181744	207347	14.1
揭阳市 Jieyang	1342571	1486597	10.7	1005701	1123854	11.7
市　区 Urban District	362704	405789	11.9	251740	284496	13.0
揭东县 Jiedong County	244200	273390	12.0	183347	208066	13.5
惠来县 Huilai County	101381	111052	9.5	76715	83527	8.9
揭西县 Jiexi County	93228	104415	12.0	55534	61643	11.0
普宁市 Puning City	541058	591951	9.4	438365	486122	10.9
云浮市 Yunfu	606448	660402	8.9	397230	431701	8.7
市　区 Urban District	101042	109122	8.0	71655	75336	5.1
新兴县 Xinxing County	118875	132299	11.3	78410	88269	12.6
郁南县 Yunan County	108250	118140	9.1	94249	103131	9.4
云安县 Yunan County	33070	36013	8.9	23741	25198	6.1
罗定市 Luoding City	245211	264828	8.0	129175	139767	8.2

22-13 各县（市）区在岗职工人数（2002年）
NUMBER OF FULLY EMPLOYED STAFF AND WORKERS BY COUNTY (COUNTY-LEVEL CITY) AND DISTRICT (2002)

单位：人 (person)

县（市）区别 County (County-level City) and District	在岗职工人数 Number of Fully Employed Staff and Workers	国有经济 State-owned Units	城镇集体经济 Urban Collective Owned Units	其他各种经济 Units of Other Types of Ownership
广州市 Guangzhou				
市　区 Urban District	1349903	698489	110026	541388
花都区 Huadu District	173668	43187	25887	104594
增城市 Zengcheng City	55575	27014	3042	25519
番禺区 Panyu District	85832	37443	11509	36880
从化市 Conghua City	41743	22895	9893	8955
深圳市 Shenzhen	1017571	296236	25690	695645
珠海市 Zhuhai				
市　区 Urban District	255150	73455	24879	156816
斗门县 Doumen County	50946	14428	2840	33678
汕头市 Shantou				
市　区 Urban District	191748	99485	42793	49470
潮阳市 Chaoyang City	54909	47586	5827	1496
澄海市 Chenghai City	32325	22494	6812	3019
南澳县 Nanao County	6202	5600	433	169
韶关市 Shaoguan				
市　区 Urban District	114102	71764	6577	35761
仁化县 Renhua County	17408	11284	3982	2142
南雄市 Nanxiong City	18978	14167	2157	2654
始兴县 Shixing County	16887	8741	1849	6297
翁源县 Wengyuan County	19914	14472	2367	3075
新丰县 Xinfeng County	14946	9508	3819	1619
曲江县 Qujiang County	21259	16867	3196	1196
乳源县 Ruyuan County	16484	9923	1498	5063
乐昌市 Lechang City	35402	22348	7395	5659
河源市 Heyuan				
市　区 Urban District	41970	18849	4858	18263
和平县 Heping County	16326	14088	1255	983
龙川县 Longchuan County	32327	24579	5555	2193
紫金县 Zijin County	20384	17132	1102	2150
连平县 Lianping County	19034	13971	1668	3395
东源县 Dongyuan County	18342	14034	1910	2398
梅州市 Meizhou				
市　区 Urban District	39730	31225	2917	5588
梅　县 Meixian County	29985	19840	3574	6571
蕉岭县 Jiaoling County	19432	16026	815	2591
大埔县 Dapu County	21915	15748	4105	2062
丰顺县 Fengshun County	22501	16855	3807	1839
五华县 Wuhua County	32497	30532	1669	296
兴宁市 Xingning City	40425	33977	2560	3888
平远县 Pingyuan County	16671	13079	845	2747
惠州市 Huizhou				
市　区 Urban District	187486	51447	10935	125104
惠东县 Huidong County	50447	28061	11586	10800
博罗县 Boluo County	62744	37096	7201	18447
龙门县 Longmen County	19085	12950	2829	3306
惠阳市 Huiyang City	154558	33370	28173	93015
汕尾市 Shanwei				
市　区 Urban District	35799	22654	2805	10340
海丰县 Haifeng County	26223	20839	3667	1717
陆河县 Luhe County	11495	8111	2268	1116
陆丰市 Lufeng City	40696	34323	5323	1050
东莞市 Dongguan	164209	75568	49973	38668
中山市 Zhongshan	142395	57109	10390	74896
江门市 Jiangmen				
市　区 Urban District	98662	38576	9857	50229
新会市 Xinhui City	72098	27329	12085	32684
台山市 Taishan City	45792	27894	5132	12766
开平市 Kaiping City	59508	23073	15437	20998
鹤山市 Heshan City	39252	13558	5496	20198
恩平市 Enping City	25665	14871	8463	2331

22-13 **续表** continued

单位：人 (person)

县（市）区别 County (County-level City) and District	在岗职工人数 Number of Fully Employed Staff and Workers	国有经济 State-owned Units	城镇集体经济 Urban Collective Owned Units	其他各种经济 Units of Other Types of Ownership
佛山市 Foshan				
市　区 Urban District	155892	56860	9270	89762
南海市 Nanhai City	76935	46494	18447	11994
顺德市 Shunde City	147259	41841	11901	93517
三水市 Sanshui City	35060	20203	2501	12356
高明市 Gaoming City	35775	11473	2148	22154
阳江市 Yangjiang				
市　区 Urban District	61394	35363	18990	7041
阳东县 Yangdong County	30037	18247	9063	2727
阳西县 Yangxi County	19859	12230	5658	1971
阳春市 Yangchun City	51970	31131	8181	12658
湛江市 Zhanjiang				
市　区 Urban District	149384	111713	6631	31040
徐闻县 Xuwen County	34451	30718	3493	240
遂溪县 Suixi County	42831	26924	4796	11111
廉江市 Lianjiang County	52649	42219	4953	5477
吴川市 Wuchuan City	27533	22682	3177	1674
雷州市 Leizhou City	55295	50873	3902	520
茂名市 Maoming				
市　区 Urban District	89698	59968	8807	20923
电白县 Dianbai County	53301	37480	14938	883
高州市 Gaozhou City	58871	41477	16160	1234
化州市 Huazhou City	53793	43059	9598	1136
信宜市 Xinyi City	33118	27380	3663	2075
肇庆市 Zhaoqing				
市　区 Urban District	103447	44724	6358	52365
广宁县 Guangning County	20726	16704	1874	2148
德庆县 Deqing County	16199	12004	1675	2520
封开县 Fenkai County	18277	15161	2403	713
怀集县 Huaiji County	22924	18898	2511	1515
高要市 Gaoyao City	30172	20407	5380	4385
四会市 Sihui City	27925	16522	1833	9570
清远市 Qingyuan				
市　区 Urban District	54208	28574	8333	17301
清新县 Qingxin County	26103	14076	2304	9723
佛冈县 Fogang County	14710	9506	676	4528
连山县 Lianshan County	6253	5623	331	299
连南县 Liannan County	10112	7305	362	2445
阳山县 Yangshan County	18081	14505	1499	2077
连州市 Lianzhou City	20757	15418	2313	3026
英德市 Yingde City	36577	29187	3086	4304
潮州市 Chaozhou				
市　区 Urban District	50034	26750	13036	10248
饶平县 Raoping County	28735	23660	2401	2674
潮安县 Chaoan County	32110	22428	8307	1375
揭阳市 Jieyang				
市　区 Urban District	50410	27860	12376	10174
揭东县 Jiedong County	26432	20479	4174	1779
惠来县 Huilai County	39575	29246	4202	6127
揭西县 Jiexi County	30477	21388	8393	696
普宁市 Puning City	50751	42972	4915	2864
云浮市 Yunfu				
市　区 Urban District	32142	21062	6241	4839
新兴县 Xinxing County	28098	13367	5300	9431
郁南县 Yunan County	18033	12212	3282	2539
云安县 Yunan County	8602	5889	633	2080
罗定市 Luoding City	41370	24400	3425	13545

22-14 各县（市）区在岗职工工资总额及平均工资（2002年）

TOTAL WAGES AND AVERAGE WAGE OF FULLY EMPLOYED STAFF AND WORKERS BY COUNTY (COUNTY-LEVEL CITY) AND DISTRICT (2002)

县（市）区别 County (County-level City) and District	合计 Total		国有经济单位 State-owned Units		城镇集体经济单位 Urban Collective Owned Units		其他各种经济单位 Units of Other Types of Ownerships	
	工资总额（万元）Total Wages (10000 yuan)	平均工资（元）Average Wage (yuan)	工资总额（万元）Total Wages (10000 yuan)	平均工资（元）Average Wage (yuan)	工资总额（万元）Total Wages (10000 yuan)	平均工资（元）Average Wage (yuan)	工资总额（万元）Total Wages (10000 yuan)	平均工资（元）Average Wage (yuan)
广州市 Guangzhou								
市　区 Urban District	3852825.5	28589	2457995.0	34962	162594.7	14867	1232235.8	23021
花都区 Huadu District	322216.4	18971	122267.0	28929	39853.5	15814	160095.9	15637
增城市 Zengcheng City	92939.4	16794	58712.1	21894	3897.2	12313	30330.1	11960
番禺区 Panyu District	133274.5	15590	79093.0	21177	11503.7	10064	42677.8	11627
从化市 Conghua City	57636.1	13640	41157.1	17497	7158.1	7424	9320.9	10254
深圳市 Shenzhen	2832799.1	28218	1035092.4	35501	43209.0	16969	1754497.7	25544
珠海市 Zhuhai								
市　区 Urban District	484032.0	19249	203307.1	28296	27555.9	11545	253169.0	16256
斗门县 Doumen County	68851.1	14551	29867.5	21005	3482.9	12110	35500.7	11746
汕头市 Shantou								
市　区 Urban District	272877.3	14111	176297.8	17496	33832.3	7796	62747.2	12749
潮阳市 Chaoyang City	70605.7	13039	64980.5	13841	4240.7	7344	1384.5	9702
澄海市 Chenghai City	38271.8	12026	29628.7	13393	5704.5	8576	2938.6	9638
南澳县 Nanao County	5797.4	9185	5337.1	9410	316.9	6996	143.4	7668
韶关市 Shaoguan								
市　区 Urban District	181781.1	15336	123236.9	16737	5624.6	8108	52919.6	13941
仁化县 Renhua County	17682.1	10109	12991.9	11477	2524.7	6279	2165.5	10072
南雄市 Nanxiong City	21933.8	11335	16181.3	11317	1831.4	8566	3921.1	13456
始兴县 Shixing County	15098.4	8937	9894.1	11215	1038.9	5869	4165.4	6610
翁源县 Wengyuan County	17506.3	8660	14600.6	9989	1483.2	5504	1422.5	4897
新丰县 Xinfeng County	14274.9	9567	10554.5	11122	2604.5	6820	1115.9	6922
曲江县 Qujiang County	23147.0	10653	18821.1	10914	3171.7	9871	1154.2	9088
乳源县 Ruyuan County	16882.6	10297	11740.6	11737	992.6	6995	4149.4	8344
乐昌市 Lechang City	32875.2	9298	24793.7	10945	4455.0	6378	3626.5	6340
河源市 Heyuan								
市　区 Urban District	49901.5	12268	28220.7	15104	3950.3	8430	17730.5	10245
和平县 Heping County	14681.7	9038	13199.0	9380	824.6	6737	658.1	6927
龙川县 Longchuan County	29373.1	9074	24785.8	10073	3163.8	5696	1423.5	6438
紫金县 Zijin County	21909.1	10567	18765.3	10780	971.7	8890	2172.1	9723
连平县 Lianping County	16521.9	8753	12361.0	8902	1051.2	6317	3109.7	9350
东源县 Dongyuan County	18023.4	9870	14451.4	10264	1420.8	7450	2151.2	9460
梅州市 Meizhou								
市　区 Urban District	54917.6	13952	47890.3	15347	2202.3	7540	4825.0	9213
梅　县 Meixian County	36474.8	11989	23856.2	11734	2377.9	6572	10240.7	15816
蕉岭县 Jiaoling County	21591.9	10662	18900.3	11235	698.6	8593	1993.0	7619
大埔县 Dapu County	23521.8	10650	17953.5	11304	3650.9	8831	1917.4	9263
丰顺县 Fengshun County	21842.2	9751	17406.4	10442	3090.2	7755	1345.6	7716
五华县 Wuhua County	31442.8	9748	29802.4	9872	1399.0	8153	241.4	6858
兴宁市 Xingning City	41119.2	10179	36101.9	10640	1952.8	7610	3064.5	7858
平远县 Pingyuan County	15519.6	9414	12458.3	9569	618.6	7675	2442.7	9180
惠州市 Huizhou								
市　区 Urban District	242438.5	13434	90667.2	17764	10643.1	9935	141128.2	11889
惠东县 Huidong County	51139.2	10320	32654.5	11503	9517.1	8411	8967.6	9102
博罗县 Boluo County	58231.5	9444	37692.5	10078	5815.7	8046	14723.3	8647
龙门县 Longmen County	17132.2	8943	13037.8	10018	1541.6	5400	2552.8	7764
惠阳市 Huiyang City	154023.1	10183	42172.5	12703	20649.6	7362	91201.0	10133
汕尾市 Shanwei								
市　区 Urban District	42960.5	12067	29036.9	12787	2397.8	8796	11525.8	11336
海丰县 Haifeng County	31049.7	11856	26790.6	12844	2994.2	8276	1264.9	7388
陆河县 Luhe County	10593.8	9224	8150.5	10062	1542.7	6799	900.6	8070
陆丰市 Lufeng City	34261.4	8425	29861.0	8746	3881.7	7096	518.7	4940
东莞市 Dongguan	290778.4	17743	164611.1	22094	58907.4	11640	67259.9	17348
中山市 Zhongshan	260932.9	18803	145103.8	25974	13835.8	13323	101993.3	14064
江门市 Jiangmen								
市　区 Urban District	143190.8	14342	74929.9	19004	10389.6	9997	57871.3	11571
新会市 Xinhui City	74811.8	10371	36135.8	13047	10492.4	9120	28183.6	8557
台山市 Taishan City	44436.5	9530	31518.0	10813	4152.0	7812	8766.5	7207
开平市 Kaiping City	56495.3	9629	25016.7	10778	10966.6	8487	20512.0	9100
鹤山市 Heshan City	38426.7	9805	17653.6	12883	3965.7	7552	16807.4	8305
恩平市 Enping City	24622.4	9651	16515.4	10879	6184.4	7742	1922.6	8202

22-14 **续表** continued

县（市）区别 County（County-level City）and District	合计 Total		国有经济单位 State-owned Units		城镇集体经济单位 Urban Collective Owned Units		其他各种经济单位 Units of Other Types of Ownership	
	工资总额（万元）Total Wages（10000 yuan）	平均工资（元）Average Wage（yuan）	工资总额（万元）Total Wages（10000 yuan）	平均工资（元）Average Wage（yuan）	工资总额（万元）Total Wages（10000 yuan）	平均工资（元）Average Wage（yuan）	工资总额（万元）Total Wages（10000 yuan）	平均工资（元）Average Wage（yuan）
佛山市 Foshan								
市　区 Urban District	294961.9	19075	142349.1	24992	15014.6	16281	137598.2	15556
南海市 Nanhai City	109156.5	14295	74837.2	16263	19173.6	10406	15145.7	12709
顺德市 Shunde City	220378.5	14971	77671.9	18542	17750.6	15056	124956.0	13361
三水市 Sanshui City	49132.4	13876	27906.5	13908	3259.1	13042	17966.8	13990
高明市 Gaoming City	39159.6	11034	14312.5	12375	2067.3	9765	22779.8	10446
阳江市 Yangjiang								
市　区 Urban District	59437.2	9953	38417.2	10941	13395.2	7901	7624.8	9963
阳东县 Yangdong County	25144.7	8412	16008.7	8734	7239.6	8057	1896.4	7356
阳西县 Yangxi County	16657.8	8428	10669.3	8739	4535.0	8074	1453.5	7492
阳春市 Yangchun City	49518.2	9396	34903.9	10967	5676.2	7167	8938.1	6898
湛江市 Zhanjiang								
市　区 Urban District	212992.4	13925	170487.6	14851	4843.6	6888	37661.2	12100
徐闻县 Xuwen County	29345.9	8246	26328.1	8263	2908.3	8345	109.5	4563
遂溪县 Suixi County	35766.2	7825	26650.9	9069	2383.1	4883	6732.2	5885
廉江市 Lianjiang County	47406.1	9063	40292.5	9502	3644.6	7512	3469.0	6868
吴川市 Wuchuan City	24360.5	8859	21421.5	9458	2155.7	6785	783.3	4688
雷州市 Leizhou City	38725.8	6996	36146.1	7097	2289.2	5862	290.5	5587
茂名市 Maoming								
市　区 Urban District	131818.5	14277	91000.5	14756	8885.0	9533	31933.0	14965
电白县 Dianbai County	40672.3	7686	30811.6	8219	9302.4	6398	558.3	6259
高州市 Gaozhou City	58117.7	9878	45660.0	11003	11301.4	7010	1156.3	9509
化州市 Huazhou City	39909.6	7372	33794.2	7864	5332.1	5342	783.3	6633
信宜市 Xinyi City	32224.0	9653	27531.9	10009	2977.6	7902	1714.5	8137
肇庆市 Zhaoqing								
市　区 Urban District	134937.7	12944	73918.5	16250	6241.4	9610	54777.8	10481
广宁县 Guangning County	20105.6	9697	17244.1	10322	1161.2	6186	1700.3	7905
德庆县 Deqing County	13836.0	8015	10740.9	8402	1202.5	6596	1892.6	7128
封开县 Fenkai County	16060.9	8747	14267.9	9397	1451.0	6038	342.0	4413
怀集县 Huaiji County	22884.5	9853	19473.0	10175	1783.7	7003	1627.8	10577
高要市 Gaoyao City	31214.7	9333	23044.5	10244	3709.6	6141	4460.6	9088
四会市 Sihui City	34079.6	12662	24760.7	15103	1541.9	8716	7777.0	8888
清远市 Qingyuan								
市　区 Urban District	72872.1	13639	46391.4	16566	8333.1	10046	18147.6	10594
清新县 Qingxin County	26926.6	11217	17680.7	12855	2032.2	9008	7213.7	9023
佛冈县 Fogang County	19071.6	12910	13383.3	14188	831.8	12214	4856.5	10424
连山县 Lianshan County	6760.7	10834	6177.3	11009	246.8	7345	336.6	11488
连南县 Liannan County	11575.4	11356	9482.3	13014	439.5	9311	1653.6	6791
阳山县 Yangshan County	21295.2	11179	18519.0	12257	1111.3	7038	1664.9	7052
连州市 Lianzhou City	26498.4	12499	20610.1	13463	1545.1	6982	4343.2	11809
英德市 Yingde City	42627.5	11523	37225.7	12718	1981.7	6440	3420.1	7357
潮州市 Chaozhou								
市　区 Urban District	57086.9	11210	37727.7	13758	8353.9	6423	11005.3	10485
饶平县 Raoping County	28027.6	7538	24209.7	8302	1438.2	3611	2379.7	5896
潮安县 Chaoan County	28413.7	8522	21804.4	9680	5883.4	6322	725.9	4807
揭阳市 Jieyang								
市　区 Urban District	50067.4	9974	33632.6	12101	8040.3	6567	8394.5	8261
揭东县 Jiedong County	26879.3	10294	23508.8	11575	2112.0	5395	1258.5	6673
惠来县 Huilai County	29234.0	7453	22479.3	7711	2064.3	4892	4690.4	8011
揭西县 Jiexi County	30618.8	9598	21921.3	10246	8187.7	8380	509.8	6946
普宁市 Puning City	48087.1	9623	43171.2	10230	3032.4	6176	1883.5	6586
云浮市 Yunfu								
市　区 Urban District	39106.5	12206	28228.3	13406	4624.7	7428	6253.5	13149
新兴县 Xinxing County	28022.0	10103	16615.6	12612	3591.3	6884	7815.1	8362
郁南县 Yunan County	18746.6	10368	13695.7	11161	2649.4	8152	2401.5	9381
云安县 Yunan County	8685.3	10035	6445.3	10834	552.9	8762	1687.1	8131
罗定市 Luoding City	39321.2	9440	28942.0	11724	1963.4	5635	8415.8	6243

22-15 各县（市）区地方财政一般预算收支及城乡居民储蓄存款余额

LOCAL GOVERNMENT BUDGETARY REVENUE AND EXPENDITURE AND SAVINGS DEPOSITS BY URBAN AND RURAL RESIDENTS BY COUNTY（COUNTY-LEVEL CITY）AND DISTRICT

单位：万元 （10000 yuan）

县（市）区别 County（County-level City） and District	财政收入 Total Revenue		财政支出 Total Expenditure		城乡居民储蓄存款余额 Savings Deposits by Urban and Rural Residents at Year-end	
	2001	2002	2001	2002	2001	2002
广州市 Guangzhou						
本 级 City Level	1492629	1261580	1632840	1416204		
市 区 Urban District	889563	1101425	1181561	1709419	24515484	29553800
增城市 Zengcheng City	49206	64592	64474	87379	1134198	1367501
从化市 Conghua City	30543	31140	47409	53736	354664	406665
深圳市 Shenzhen	2624944	2659287	2537019	3077761	13733900	17564900
珠海市 Zhuhai	315631	312326	373535	418030	2489101	2972394
汕头市 Shantou						
本 级 City Level	84744	91961	127118	142054		
市 区 Urban District	58564	43388	69390	76802		2792425
潮阳市 Chaoyang City	35155	34774	60583	96885	1052298	1206500
澄海市 Chenghai City	24887	28289	37289	54095	539357	676297
南澳县 Nanao County	2247	2238	7132	12976	26616	29479
韶关市 Shaoguan						
本 级 City Level	49679	58424	86983	98439		
市 区 Urban District	8260	10180	14675	21010	845485	989067
仁化县 Renhua County	6711	6635	15621	16971	108594	121570
南雄市 Nanxiong City	8355	6913	19096	23581	126661	150165
始兴县 Shixing County	3445	3714	13438	16069	89649	103464
翁源县 Wengyuan County	3904	4117	15390	20188	109414	122178
新丰县 Xinfeng County	3118	3018	15791	18284	73919	78577
曲江县 Qujiang County	14014	20908	24373	34943	219390	251557
乳源县 Ruyuan County	7163	7297	18093	21731	66521	74802
乐昌市 Lechang City	6309	6610	21411	33287	196766	226383
河源市 Heyuan						
本 级 City Level	7315	9038	24022	35182		
市 区 Urban District	2796	3329	12630	15416	37269	326068
和平县 Heping County	2543	2783	22009	28347	80461	90626
龙川县 Longchuan County	5895	6058	33423	43177	195595	222787
紫金县 Zijin County	5383	5479	27731	35080	114024	132437
连平县 Lianping County	3991	4194	21484	26027	89191	99386
东源县 Dongyuan County	3506	3839	28856	36574	62563	52998
梅州市 Meizhou						
本 级 City Level	18420	19177	53083	79758		
市 区 Urban District	4368	4729	12539	14544	368288	427214
梅 县 Meixian County	18930	20080	37090	48039	329312	380377
蕉岭县 Jiaoling County	5773	6407	17222	18475	97234	114990
大埔县 Dapu County	5516	5567	25696	29689	156346	172045
丰顺县 Fengshun County	5210	5032	27004	34189	172342	197824
五华县 Wuhua County	6383	6558	37122	46187	211881	242073
兴宁市 Xingning City	14630	14519	46303	53514	335624	381906
平远县 Pingyuan County	3607	3583	14139	17302	62544	68487
惠州市 Huizhou						
本 级 City Level	81631	86983	101621	127504		
市 区 Urban District	27889	32050	34940	45290	1143440	1360666
惠东县 Huidong County	13650	14833	27306	36014	422798	483677
博罗县 Boluo County	23754	25029	37156	48596	468616	543703
龙门县 Longmen County	4429	4819	17320	22408	107994	119531
惠阳市 Huiyang City	31439	33439	40515	50282	597956	683510
汕尾市 Shanwei						
本 级 City Level	12873	12275	24644	33424		
市 区 Urban District	5337	4245	10145	11974		18622
海丰县 Haifeng County	12260	12197	26474	31535	222811	253067
陆河县 Luhe County	2642	3072	13888	17128	45907	52604
陆丰市 Lufeng City	11753	13299	34333	43822	164992	191595
东莞市 Dongguan	450163	552933	478646	649606	7991768	10016909
中山市 Zhongshan	255508	312128	267802	349706	3737957	4628942
江门市 Jiangmen						
本 级 City Level	53480	53567	68797	78339		
市 区 Urban District	25119	89375	33069	113813	1210154	2976214
台山市 Taishan City	37452	38599	47075	54106	790949	861230
开平市 Kaiping City	38078	37931	43545	50236	940455	1031433

注：本级财政收支指市本级地方财政一般预算收支。

Note: The government revenue and expenditure at the city level refer to the budgetary revenue and expenditure actually collected and spent by the local governments at the prefectural level.

22-15 **续表** continued

单位：万元 (10000 yuan)

县（市）区别 County (County-level City) and District	财政收入 Total Revenue		财政支出 Total Expenditure		城乡居民储蓄存款余额 Savings Deposits by Urban and Rural Residents at Year-end	
	2001	2002	2001	2002	2001	2002
鹤山市 Heshan City	22876	23996	30803	37618	526086	594260
恩平市 Enping City	12652	13938	21378	30260	270582	320353
佛山市 Foshan	833092	850041	946694	1041927	13308300	15359256
阳江市 Yangjiang						
本 级 City Level	17435	20748	39700	48595		
市 区 Urban District	7615	7518	14723	17872	596180	662432
阳东县 Yangdong County	8500	10380	20873	28616	132591	156867
阳西县 Yangxi County	4170	4133	14876	18945	96527	125450
阳春市 Yangchun City	9940	10938	29700	38527	306482	344038
湛江市 Zhanjiang						
本 级 City Level	74589	82302	111740	130320		
市 区 Urban District	22028	25424	43702	52638	1770825	1995171
徐闻县 Xuwen County	7763	8400	29477	38820	212025	237195
遂溪县 Suixi County	7601	9230	26900	35600	251593	272388
廉江市 Lianjiang City	9643	10212	38588	50690	372580	426135
吴川市 Wuchuan City	7566	8453	26078	33572	320017	354500
雷州市 Leizhou City	9655	10793	35079	44158	293007	318060
茂名市 Maoming						
本 级 City Level	47133	55754	82526	90266		
市 区 Urban District	11933	14593	22054	29151	903962	1034108
电白县 Dianbai County	11169	13407	30891	39415	429991	480058
高州市 Gaozhou City	17708	18858	38825	48928	573656	650298
化州市 Huazhou City	9401	9777	32968	45703	386888	426336
信宜市 Xinyi City	8515	9573	32151	41779	375475	416245
肇庆市 Zhaoqing						
本 级 City Level	36379	35339	55883	62607		
市 区 Urban District	18423	20081	27406	31466	839283	989853
广宁县 Guangning County	8917	10179	21033	26982	144458	160416
德庆县 Deqing County	7249	8160	19357	25055	120372	129507
封开县 Fenkai County	8087	8613	19321	22639	129080	140108
怀集县 Huaiji County	10457	10903	25758	34785	125374	143305
高要市 Gaoyao City	19709	20993	31439	35988	337359	351650
四会市 Sihui City	13706	15574	26246	30072	296814	334671
清远市 Qingyuan						
本 级 City Level	13484	15347	28778	35512		
市 区 Urban District	5916	7783	16523	22004	524632	608038
清新县 Qingxin County	5108	6229	24078	31160	224010	246789
佛冈县 Fogang County	6403	8043	15778	20245	137008	150261
连山县 Lianshan County	1263	1446	10879	13630	39896	42439
连南县 Liannan County	2587	2727	14438	18008	52775	58037
阳山县 Yangshan County	6022	6490	20444	26162	123756	136744
连州市 Lianzhou City	8267	8331	22241	26746	194171	209854
英德市 Yingde City	8978	9627	28977	42121	301723	341596
潮州市 Chaozhou						
本 级 City Level	26104	27275	43166	50023		
市 区 Urban District	6644	6882	12776	14597	558877	679404
饶平县 Raoping County	8550	7582	35097	42121	223827	248888
潮安县 Chaoan County	9512	10541	34557	44500	400996	489370
揭阳市 Jieyang						
本 级 City Level	22029	22348	44562	52568		
市 区 Urban District	10725	10463	14974	18671	507878	613159
揭东县 Jiedong County	14677	15352	31470	37077	287413	333046
惠来县 Huilai County	5102	5520	26757	39761	132704	153552
揭西县 Jiexi County	5753	5874	30330	38209	275730	317832
普宁市 Puning City	40018	39588	60439	69773	886223	994896
云浮市 Yunfu						
本 级 City Level	8930	11704	19729	24837		
市 区 Urban District	3997	4247	11577	13711	310325	355311
新兴县 Xinxing County	8455	11123	20455	27502	204702	234004
郁南县 Yunan County	4770	5097	21887	25217	162345	179640
云安县 Yunan County	2610	2827	11691	14426	48528	
罗定市 Luoding City	11333	11370	28812	37252	309492	348759

附 录

APPENDIX

附　录

简要说明

一、本篇资料为部分省市社会经济主要指标。

二、本篇资料由广东省统计局综合处负责整理、编辑。

三、2002 年各省市资料中，除广东为正式年报数外，其余各省市资料均为快速年报数。

APPENDIX

Brief Introduction

Ⅰ. The data in this chapter include the main social and economic indicators of some provinces and municipalities in China.

Ⅱ. The data in this chapter are prepared and compiled by the Division of Comprehensive Statistics of Guangdong Provincial Bureau of Statistics.

Ⅲ. Among the data of various provinces and municipalities in 2002, all come from their advance annual reports except the formal annual reports of Guangdong Province.

部分省、市社会经济主要指标

MAIN SOCIO-ECONOMIC INDICATORS OF SOME PROVINCES AND MUNICIPALITY

省、市名称 Province or Municipality		年末总人口（万人） Total Population at the Year-end（10000 persons）			国内生产总值（亿元） Gross Domestic Product（100 million yuan）		
		2001	2002	2002 比 2001 增长% Growth Rate in 2002 over 2001	2001	2002	2002 比 2001 增长% Growth Rate in 2002 over 2001
全国总计	National Total	127627	128453	0.6	95933.30	102398.00	8.0
辽　宁	Liaoning	4194	4203	0.2	5033.08	5458.20	10.2
上　海	Shanghai	1614	1625	0.7	4950.84	5408.80	10.9
江　苏	Jiangsu	7355	7381	0.4	9511.91	10636.32	11.6
浙　江	Zhejiang	4613	4647	0.7	6748.15	7670.00	12.3
安　徽	Anhui	6328	6338	0.2	3290.13	3569.00	8.9
福　建	Fujian	3440	3466	0.8	4253.68	4681.97	10.5
山　东	Shandong	9041	9082	0.5	9438.31	10550.00	11.6
河　南	Henan	9555	9613	0.6	5640.11	6163.20	9.5
湖　北	Hubei	5975	5988	0.2	4662.28	4975.60	9.1
湖　南	Hunan	6596	6629	0.5	3983.00	4340.90	9.0
广　东	Guangdong	7565	7649	1.1	10647.71	11769.73	11.7
四　川	Sichuan	8640	8673	0.4	4421.76	4875.10	10.6

省、市名称 Province or Municipality		第三产业增加值（亿元） Value Added of Tertiary Industry（100 million yuan）			人均国内生产总值（元） Per Capita Gross Domestic Product（yuan）		
		2001	2002	2002 比 2001 增长% Growth Rate in 2002 over 2001	2001	2002	2002 比 2001 增长% Growth Rate in 2002 over 2001
全国总计	National Total	32254．30	34533．00	7．3	7543	7997	7．3
辽　宁	Liaoning	2048．10	2258．40	11．1	12041	13000	9．5
上　海	Shanghai	2509．81	2755．80	10．0	37382	40627	8．7
江　苏	Jiangsu	3522．02	3967．19	11．0	12922	14397	11．2
浙　江	Zhejiang	2593．25	3065．00	13．4	14655	16570	11．7
安　徽	Anhui	1124．74	1243．70	9．8	5221	5817	11．4
福　建	Fujian	1698．36	1859．03	9．4	12362	13510	9．7
山　东	Shandong	3424．31	3851．00	10．6	10465	11643	11．3
河　南	Henan	1746．73	1927．80	10．0	5924	6431	8．6
湖　北	Hubei	1656．45	1822．60	10．3	7813	8319	6．5
湖　南	Hunan	1584．27	1756．57	10．5	6054	6565	8．4
广　东	Guangdong	4301．75	4801．30	11．3	13730	15030	10．6
四　川	Sichuan	1683．22	1865．10	10．0	5250	5766	9．8

注：1．国内生产总值、农林牧渔业总产值绝对数按当年价格计算，增长速度按可比价格计算。2．2001、2002 年人口数据为人口变动情况抽样调查推算数。3．工业总产值统计范围为全部国有及销售收入 500 万元以上非国有工业，按当年价计算。4．分省固定资产投资数据不含除房地产开发投资以外的城乡集体与个体投资。

Note：a）The figures in value terms on gross domestic product and gross output value of farming，forestry，animal husbandry and fishery are calculated at current prices，whereas the growth rates are calculated at comparable prices．b）The figures for 2001 and 2002 are estimated on the basis of the sample surveys on population changes．c）The statistical coverage of gross industrial output value，calculated at current prices，refers to the state-owned industrial enterprises and non-state-owned industrial enterprises with an annual sales revenue over 5 million yuan．d）Data of investment in fixed assets by province do not include the investment by urban and rural collective owned units and individuals excluding the investment in real estate development．

续表 1 continued

省、市名称 Province or Municipality		农林牧渔业总产值（亿元） Gross Output Value of Farming, Forestry, Animal Husbandry and Fishery (100 milliom yuan)			工业增加值（亿元） Value Added of Industry (100 million yuan)		
		2001	2002	2002 比 2001 增长% Growth Rate in 2002 over 2001	2001	2002	2002 比 2001 增长% Growth Rate in 2002 over 2001
全国总计	National Total	26179.6	27390.8	4.9	28329.40	31482.00	12.6
辽　宁	Liaoning	1045.7	1132.5	8.3	1255.70	1376.20	13.1
上　海	Shanghai	227.6	233.6	3.0	1988.40	2196.20	13.9
江　苏	Jiangsu	1956.1	2011.5	3.8	2943.50	3536.30	15.7
浙　江	Zhejiang	1108.0	1136.3	0.7	1874.40	2356.50	19.0
安　徽	Anhui	1258.1	1305.6	4.4	577.20	656.10	15.3
福　建	Fujian	1061.6	1088.7	3.5	875.40	1047.10	20.1
山　东	Shandong	2454.0	2526.1	1.1	2900.70	3502.50	17.3
河　南	Henan	2102.8	2194.8	4.6	1249.80	1430.80	14.2
湖　北	Hubei	1172.8	1203.3	2.0	1072.80	1199.00	12.3
湖　南	Hunan	1283.1	1319.9	2.7	605.50	709.20	16.1
广　东	Guangdong	1722.4	1764.8	7.5	3738.30	4224.60	15.0
四　川	Sichuan	1466.8	1600.6	7.4	790.40	915.30	17.2

省、市名称 Province or Municipality		粮食产量（万吨） Output of Grain (10000 tons)			油料产量（万吨） Output of Oil-Bearing Grops (10000 tons)		
		2001	2002	2002 比 2001 增长% Growth Rate in 2002 over 2001	2001	2002	2002 比 2001 增长% Growth Rate in 2002 over 2001
全国总计	National Total	45263.7	45705.8	1.0	2864.9	2897.2	1.1
辽　宁	Liaoning	1394.4	1510.4	8.3	46.3	56.5	22.0
上　海	Shanghai	151.4	130.5	-13.8	12.8	9.9	-22.7
江　苏	Jiangsu	2942.1	2907.1	-1.2	232.5	217.0	-6.7
浙　江	Zhejiang	1072.7	942.3	-12.2	58.2	47.0	-19.2
安　徽	Anhui	2500.3	2765.0	10.6	298.8	282.3	-5.5
福　建	Fujian	817.3	763.2	-6.6	26.1	25.9	-0.8
山　东	Shandong	3720.6	3292.7	-11.5	377.3	340.4	-9.8
河　南	Henan	4119.9	4210.0	2.2	362.6	420.7	16.0
湖　北	Hubei	2138.5	2047.0	-4.3	279.4	245.3	-12.2
湖　南	Hunan	2700.3	2501.3	-7.4	137.4	119.3	-13.2
广　东	Guangdong	1721.6	1484.2	-13.8	80.9	76.4	-5.6
四　川	Sichuan	2926.5	3132.4	7.0	181.0	201.5	11.3

续表 2 continued

省、市名称 Province or Municipality		肉类总产量（万吨） Slaughtered Fattened Hogs（10000 heads）			水产品产量（万吨） Output of Aquatic Products（10000 tons）		
		2001	2002	2002 比 2001 增长% Growth Rate in 2002 over 2001	2001	2002	2002 比 2001 增长% Growth Rate in 2002 over 2001
全国总计	National Total	6333.9	6586.5	4.0	4381.3	4564.5	4.2
辽　宁	Liaoning	234.7	270.0	8.7	350.8	374.8	6.8
上　海	Shanghai	56.1	51.6	-8.0	29.8	32.7	9.7
江　苏	Jiangsu	343.1	349.4	2.4	320.9	334.4	4.2
浙　江	Zhejiang	136.1	147.8	8.6	472.9	480.7	1.6
安　徽	Anhui	306.7	317.0	3.4	159.9	163.4	2.2
福　建	Fujian	140.0	162.1	5.3	542.5	558.7	3.0
山　东	Shandong	595.4	627.0	5.3	686.1	695.0	1.3
河　南	Henan	537.9	570.0	6.0	31.5	36.2	14.9
湖　北	Hubei	264.3	278.2	5.3	242.2	272.0	12.3
湖　南	Hunan	456.8	472.5	3.4	141.0	149.6	6.1
广　东	Guangdong	333.3	348.5	4.6	609.7	628.1	3.0
四　川	Sichuan	541.3	568.0	4.9	57.1	64.8	13.5

省、市名称 Province or Municipality		原煤产量（万吨） Output of Coal（10000 tons）			发电量（亿千瓦小时） Electricity（100 million kwh）		
		2001	2002	2002 比 2001 增长% Growth Rate in 2002 over 2001	2001	2002	2002 比 2001 增长% Growth Rate in 2002 over 2001
全国总计	National Total	110700.0	138000.0	24.7	14808.0	16540.0	11.7
辽　宁	Liaoning	4468.0	5180.8	16.0	662.1	725.3	9.5
上　海	Shanghai				574.9	608.9	5.9
江　苏	Jiangsu	2451.0	2593.6	5.8	987.5	1116.6	12.0
浙　江	Zhejiang	72.0	73.5	2.1	734.9	778.2	5.9
安　徽	Anhui	5348.0	6137.8	14.8	398.6	465.7	16.8
福　建	Fujian	512.0	644.5	25.9	446.3	533.1	19.4
山　东	Shandong	10688.0	13066.0	22.2	1069.1	1220.8	14.2
河　南	Henan	8448.4	9921.2	17.4	792.9	876.8	10.6
湖　北	Hubei	334.0	372.6	11.6	598.0	606.6	1.4
湖　南	Hunan	1546.0	1845.4	19.4	401.8	425.5	5.9
广　东	Guangdong	123.6	168.7	36.5	1351.7	1525.5	12.9
四　川	Sichuan	2160.0	2753.9	27.5	633.4	695.7	9.8

续表 3 continued

省、市名称 Province or Municipality		钢（万吨） Steel（10000 tons）			全社会固定资产投资总额（亿元） Total Investment in Fixed Assets （100 million yuan）		
		2001	2002	2002 比 2001 增长% Growth Rate in 2002 over 2001	2001	2002	2002 比 2001 增长% Growth Rate in 2002 over 2001
全国总计	National Total	15163.44	18155.20	19.7	37213.49	43202.00	16.1
辽　宁	Liaoning	1660.65	1942.50		1421.19	1315.90	
上　海	Shanghai	1874.71	1719.40		2004.64	1970.20	
江　苏	Jiangsu	848.22	1332.17	31.8	2823.20	2320.00	
浙　江	Zhejiang	182.48	265.00	42.4	2834.94	2296.60	
安　徽	Anhui	553.96	638.30	15.2	893.37	792.00	
福　建	Fujian	155.27	200.83	29.3	1172.91	964.50	
山　东	Shandong	722.60	1000.65	34.8	2778.68	2288.70	
河　南	Henan	534.48	672.20	25.8	1544.06	1116.10	
湖　北	Hubei	1003.91	1108.40	10.4	1486.55	1259.50	
湖　南	Hunan	442.80	546.70	23.5	1174.30	906.80	
广　东	Guangdong	352.52	469.50	33.2	3484.43	3022.90	
四　川	Sichuan	702.76	754.80	7.4	1617.52	1408.10	

省、市名称 Province or Municipality		基本建设投资额（亿元） Investment in Capital Construction （100 million yuan）			更新改造投资（亿元） Investment in Innovation （100 million yuan）		
		2001	2002	2002 比 2001 增长% Growth Rate in 2002 over 2001	2001	2002	2002 比 2001 增长% Growth Rate in 2002 over 2001
全国总计	National Total	14820.10	17251.00	16.4	5923.76	6584.00	11.1
辽　宁	Liaoning	490.81	529.00	7.8	329.88	365.40	10.8
上　海	Shanghai	710.53	779.30	9.7	432.03	415.70	
江　苏	Jiangsu	839.00	1141.31	31.2	402.32	448.40	11.5
浙　江	Zhejiang	979.20	1180.60	20.5	318.25	360.20	12.9
安　徽	Anhui	347.75	406.80	20.9	185.33	222.30	25.0
福　建	Fujian	364.14	397.90	12.2	188.99	194.49	2.9
山　东	Shandong	838.40	1070.70	27.3	521.61	637.60	22.2
河　南	Henan	633.38	694.40	9.6	198.53	233.80	17.8
湖　北	Hubei	666.63	735.70	10.4	290.02	308.50	9.1
湖　南	Hunan	440.37	505.30	12.3	198.31	228.00	15.0
广　东	Guangdong	1243.71	1367.23	9.9	484.66	515.07	6.3
四　川	Sichuan	694.12	793.50	13.1	196.45	257.50	30.2

续表 4 continued

省、市名称 Province or Municipality		社会消费品零售总额（亿元）Total Retail Sales of Consumer Goods（100 million yuan）			财政收入（亿元）Government Revenue（100 million yuan）		
		2001	2002	2002 比 2001 增长% Growth Rate in 2002 over 2001	2001	2002	2002 比 2001 增长% Growth Rate in 2001 over 2000
全国总计	National Total	37595.2	40910.5	8.8	7803.3	8515.0	9.1
辽　宁	Liaoning	2034.9	2258.4	11.0	370.4	399.7	7.9
上　海	Shanghai	1861.3	2035.2	9.3	609.5	709.0	16.3
江　苏	Jiangsu	2869.0	3215.8	12.1	572.1	643.7	27.4
浙　江	Zhejiang	2555.5	2877.5	12.6	500.7	566.9	13.2
安　徽	Anhui	1142.8	1228.7	7.5	192.2	200.2	4.2
福　建	Fujian	1499.5	1663.3	10.9	274.3	272.9	12.2
山　东	Shandong	2834.9	3181.9	12.2	573.2	610.13	25.3
河　南	Henan	1979.8	2189.8	10.6	267.7	296.7	10.8
湖　北	Hubei	1975.2	2198.4	11.3	231.9	243.4	5.0
湖　南	Hunan	1511.1	1678.9	11.1	205.4	231.1	12.5
广　东	Guangdong	4515.3	5013.6	11.0	1160.5	1201.6	17.1
四　川	Sichuan	1680.4	1850.1	10.1	271.1	291.9	7.7

省、市名称 Province or Municipality		外贸进口总额（亿美元）Total Imports of Foreign Trade（USD 100 million）			外贸出口总额（亿美元）Total Exports of Foreign Trade（USD 100 million）		
		2001	2002	2002 比 2001 增长% Growth Rate in 2002 over 2001	2001	2002	2002 比 2001 增长% Growth Rate in 2002 over 2001
全国总计	National Total	2436.10	2952.00	21.2	2661.55	3255.70	22.3
辽　宁	Liaoning	87.99	93.70	6.6	111.08	123.70	12.4
上　海	Shanghai	332.69	405.90	22.2	276.24	320.50	16.0
江　苏	Jiangsu	224.77	318.26	41.6	288.74	384.70	33.3
浙　江	Zhejiang	98.22	125.50	27.7	229.76	294.20	28.0
安　徽	Anhui	13.38	17.30	29.6	22.82	24.50	7.5
福　建	Fujian	87.04	110.27	26.7	139.26	173.73	24.8
山　东	Shandong	108.34	128.27	18.4	181.21	211.10	17.2
河　南	Henan	10.77	10.80	0.7	17.05	21.20	23.5
湖　北	Hubei	17.80	18.50	4.2	17.97	21.00	16.8
湖　南	Hunan	10.05	10.80	7.6	17.53	18.00	2.4
广　东	Guangdong	810.66	1026.40	26.6	954.21	1184.70	24.1
四　川	Sichuan	15.16	17.60	15.9	15.83	27.10	71.3

续表 5 continued

省、市名称 Province or Municipality		年末职工人数（万人） Number of Staff and Workers at Year-end （10000 persons）			职工平均工资（元） Average Wage of Staff and Workers		
		2001	2002	2002 比 2001 增长% Growth Rate in 2002 over 2001	2001	2002	2002 比 2001 增长% Growth Rate in 2002 over 2001
全国总计	National Total	10791.8	10557.7	-2.2	10870	12422	14.3
辽　宁	Liaoning	545.3	502.0	-7.9	10145	11659	14.9
上　海	Shanghai	290.0	290.6	0.2	21781	23959	10.0
江　苏	Jiangsu	625.8	590.3	-5.7	11842	13509	14.1
浙　江	Zhejiang	353.2	350.6	-0.7	16385	18785	14.6
安　徽	Anhui	372.0	358.7	-3.6	7908	9296	17.6
福　建	Fujian	314.3	315.3	0.3	12013	13306	10.8
山　东	Shandong	770.5	764.8	-0.7	10008	11374	13.6
河　南	Henan	704.4	693.9	-1.5	7916	9174	15.9
湖　北	Hubei	501.6	483.4	-3.6	8619	9611	11.5
湖　南	Hunan	397.9	393.5	-1.1	9623	10967	14.0
广　东	Guangdong	787.4	735.1	-6.6	15682	17814	13.6
四　川	Sichuan	486.7	481.2	-1.1	9934	11183	12.6

省、市名称 Province or Municipality		居民消费价格指数（%） Consumer Price Index（%）			高等学校在校学生数（万人） Number of Enrolled Students in Institutions of Higher Education（10000 persons）		
		2001	2002	2002 比 2001 增长% Growth Rate in 2002 over 2001	2001	2002	2002 比 2001 增长% Growth Rate in 2002 over 2001
全国总计	National Total	100.7	99.2	-0.8	719.10	903.40	25.6
辽　宁	Liaoning	100.0	98.9	-1.1	37.23	45.10	21.1
上　海	Shanghai	100.0	100.5	0.5	28.00	33.16	18.4
江　苏	Jiangsu	100.8	99.2	-0.8	58.55	70.02	19.6
浙　江	Zhejiang	99.8	99.1	-0.9	29.31	39.31	34.1
安　徽	Anhui	100.5	99.0	1.0	25.22	33.00	30.8
福　建	Fujian	98.7	99.5	-0.5	16.74	19.73	17.9
山　东	Shandong	101.8	99.3	-0.7	44.94	58.36	29.9
河　南	Henan	100.7	100.1	0.1	36.91	46.8	26.8
湖　北	Hubei	100.3	99.6	-0.4	45.33	58.5	29.1
湖　南	Hunan	99.1	99.5	-0.5	33.13	41.94	26.6
广　东	Guangdong	99.3	98.6	-1.4	38.19	46.78	22.5
四　川	Sichuan	102.1	99.7	-0.3	31.67	41.20	30.2

广东证券股份有限公司

广东证券股份有限公司前身为广东证券公司，是经中国人民银行批准于1989年6月正式成立的，是广州地区成立最早的专业证券公司。1998年11月，经中国证监会核准，改制为股份有限公司，并将注册资本增至人民币8亿元。公司成立十多年来，经营规模日益壮大，经济效益逐年提高，截止2002年12月31日，公司总资产已达89.42亿元，净资产达13.5亿元，主营业务及经营指标排名均列全国券商排行榜前列，公司已成为拥有59个证券营业部和13个证券服务部的综合类证券公司。

2002年9月，广东证券经国家人事部批准成立了全国证券行业第三家博士后工作站——广东证券股份有限公司博士后科研工作站，该站现已与北京大学、中国人民大学、复旦大学、武汉大学、中山大学等知名高校建立了联合培养博士后科研人员的合作关系。目前在站的博士后科研人员共有4名，均是从全国20多名应聘者中经过严格的笔试和面试挑选出来的，是具有扎实的数学功底、复合型的知识结构及在金融领域的从业背景年轻化的专业人员。另外，该站还经常邀请全国著名的专家学者前来指导，紧密结合证券理论与实践，以提高在站博士后科研人员的研究水平，努力使其成为我国金融领域的科研基地。

另外，为提高证券研究成果的层次和质量，广东证券于2001年初和中山大学联合成立了中天证券研究院，建立“金融工程实验室”，聘请了国内50多位知名专家、学者作为兼职研究院开展研究工作。

作为广东证券研究体系核心组成部分的博士后工作站与中天证券研究院，彼此间的研究项目各有重点，互为补充，在科研工作上密切配合，相互渗透，正为新世纪广东证券的发展而共同努力。

公司地址：广州市解放南路123号金汇大厦
邮政编码：510120　联系电话：020-83270538
传　　真：020-83270537　咨询电话：96210
电子邮件：gdsc@stock2000.com.cn
公司网址：www.stock2000.com.cn

广东省优秀新产品评选情况介绍

为表彰先进，调动企业和科技人员开发新产品的积极性，推动企业技术创新和技术进步，提高经济效益和社会效益，省人民政府授权省经济贸易委员会每年组织广东省优秀新产品评选活动（1982-2002）。

广东省优秀新产品评选是以科技成果是否形成产业化、产生经济效益大小和技术创新程度作为基本条件。该项评选活动始于1982年，是当时省人民政府为了调动广大企业事业单位开发新产品的积极性，推动企事业技术进步，加速产品的更新换代而设立的。广东省优秀新产品代表了我省工业新产品的最高奖励和荣誉，也是我省历史最悠久的企业科技奖项之一。实践证明，历年来评选出的省优秀新产品，多数已成为全省或各地区新的经济增长点，在加强我省科研工作与经济相结合，促进我省工业产品结构调整中发挥了积极的作用。评选优秀新产品也极大地调动了企业与科技人员开发新产品的积极性。

从1982年至2002年，广东省优秀新产品每年评选一次。省经贸委牵头组织成立了由各行业知名专家和省各主要部门（省计委、省科技厅、省外经厅、省财政厅、省人事厅）领导组成的省优秀新产品评审委员会，负责评选活动的领导和组织工作。评委会下设七个专业评审组（机械、原材料、电子信息、纺织品、食品、消费品、医药组），负责项目的初审工作。

专家按技术创新（占30%）、技术水平（占20%）、技术难度（占20%）、经济效益（占30%）的比例进行打分，评出省优秀新产品一、二、三等奖，最后由省优秀新产品评审委员会会议审定。评选方式公开、严格、科学、程序化，具有权威性。评选结果通过传媒向社会公布，并对获奖项目和开发有功人员予以表彰奖励。

广东省优秀新产品评选活动，调动了广大企、事业单位及科技人员开发新产品的积极性，大大促进了我省新产品的开发，加快了我省工业产品的更新换代，为我省以名、优、特、新商品为龙头，大力开拓国内外市场，提高"广货"的市场竞争力和占有率，提高企业的经济效益，起到了重大的推动作用。

省优秀新产品获奖情况

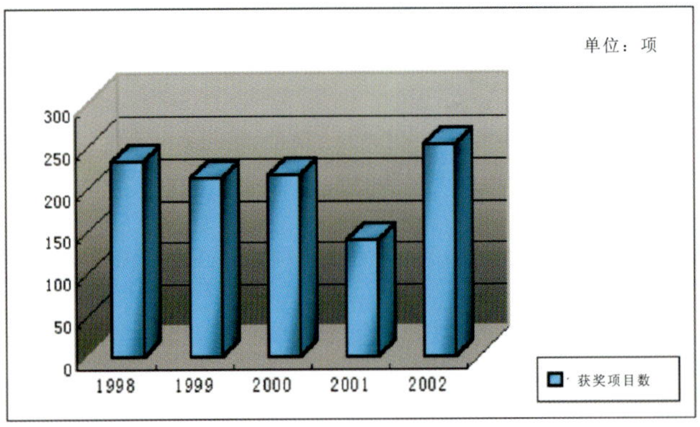

各地市省优秀新产品获奖情况

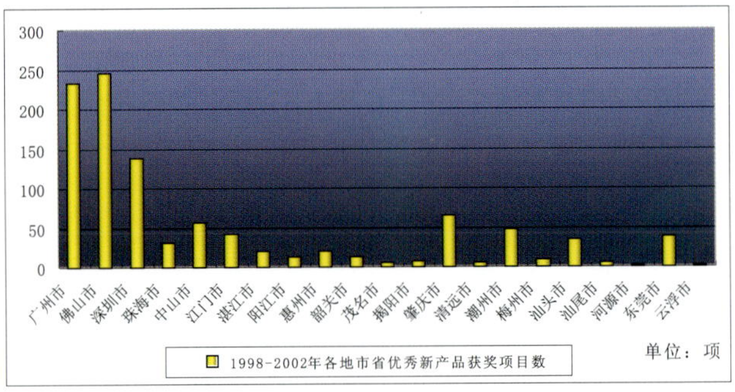

省优秀新产品获奖项目新增效益情况

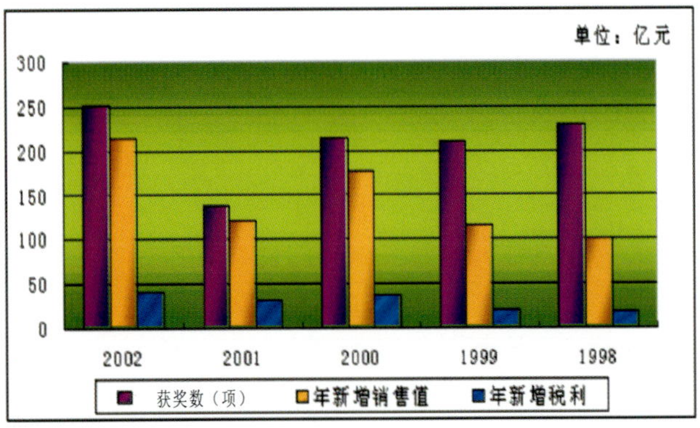

省优秀新产品获奖项目新增销售值与税利情况

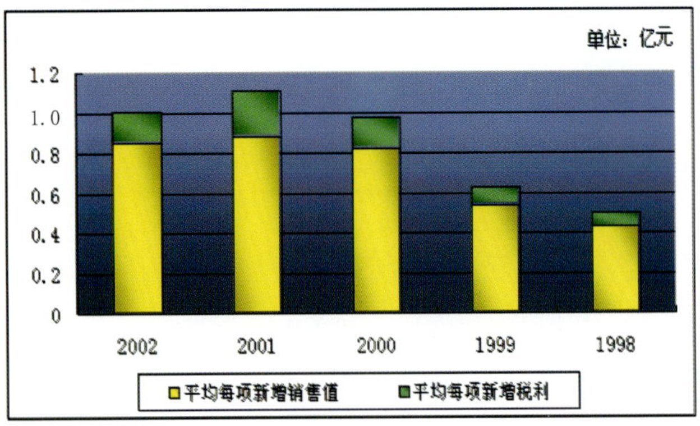

东莞玖龙纸业有限公司

东莞玖龙纸业有限公司是美商独资的大型包装用纸生产企业,由美国中南公司于1996年投资兴建，位于广东省东莞市，与广州经济技术开发区仅一江之隔，地理位置优越，交通运输方便快捷。

三车间照片

目前公司总投资近4亿美元，占地面积达80万平方米，现有员工1600人。建有从美国、瑞典、芬兰等国引进的三条牛皮卡纸生产线，年总产量达到100万吨，产量规模位居亚洲地区前列。

公司主要生产126～300g/㎡系列定量、任意宽幅的本色牛卡、白面牛卡、环保牛卡、高强瓦楞纸在内的多品种、全系列的高档包装用纸产品。公司设备先进、管理一流、服务周到，产品质量始终处于国内同类产品的领先地位，完全可与国外同类牛皮卡纸相媲美，玖龙纸业产品自1998年投放市场以来一直供不应求，远销国内20多个省市，许多国内外知名品牌，均指定采用“玖龙”牌牛卡纸做外包装。公司1999年被广东省对外经济贸易厅评为“外商投资先进技术企业”；2000年被广东省科学技术委员会评为“高新技术企业”； 2002年被东莞市人民政府评为“重合同守信用企业”；同年被东莞市评为“诚信纳税企业”。2002年“玖龙牌”环保牛卡获得了“广东省优秀新产品三等奖”称号，同时经国家轻工局纸张质量跟踪检测，连年荣获一等品全年检测合格证书。

环保污水处理

为进一步满足市场日益增长的需要，公司将继续投资进行四期灰底（白底）白板纸项目的扩建，项目已于2002年12月开工建设，预计今年10月建成投产。另外，两条瓦楞纸机生产线扩建项目也在积极规划中，到2005年公司将成为珠江三角洲地区年总产量达200万吨的超大型造纸工业基地。

随着以上海为龙头的长江三角洲地区经济的崛起，着眼于未来的发展，公司正积极投入玖龙太仓生产基地的建设。玖龙纸业（太仓）有限公司已于2002年4月成立。公司计划在太仓的投资总额为10余亿美元，已征地面积达100余万㎡，年设计总产量将达350万吨，这将为玖龙公司在长江三角洲地区的进一步发展打下良好的基础。

厂区全景

地址：东莞市麻涌镇第二涌工业区　电话：0769—8825547　邮编：523130

佛山市海天调味食品有限公司

FOSHAN HAITIAN FLAVOURING & FOOD CO.LTD.

海天公司是全国最大的调味品生产企业，主要生产酱油、蚝油、味精、醋、酱等各种调味品。海天酱油、米醋是国家免检产品。海鲜酱油是在优质的原晒酱油中加入瑶柱等名贵海产品酿造而成，美味十足、鲜味更足，是海天酱油的特色产品之一。

地址：广东省佛山市文沙路16号
电话：(0757)2836328　2832234
传真：(0757)2831768　2832234
邮编：528000

广州珠江啤酒股份有限公司

广州珠江啤酒股份有限公司是一家以啤酒工业为主、以啤酒配套和相关产业为辅助的大型啤酒企业，是全国520家重点企业，是荣获“中国名牌”产品称号的企业。

珠江精品纯生啤酒采用了当今世界最新低温膜过滤技术，不经过加热杀菌，保持了啤酒纯正、新鲜的风味，而且最大限度地保留了啤酒中的营养成分和风味物质。

地址：中国广州新港东路
邮编：510308

广东一禾药业有限公司

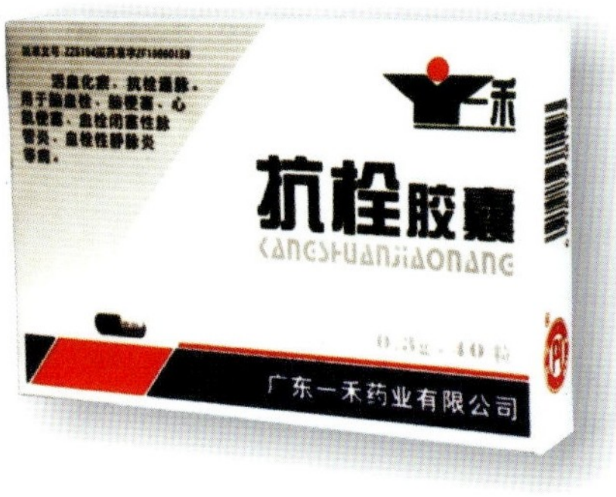

广东一禾药业有限公司是一家以生产中成药为主中西药制剂结合的药品生产企业。

公司注重质量，依靠技术改造、科技创新，经济效益年年创新高，被评为广东省质量效益型先进企业。风油精、板蓝根颗粒、足光散等多个产品被评为广东省优质产品。

地址：广东湛江市霞山蔗路24号
电话：(0759)2301421　传真：(0759)2386936
网址：gdyhe.com.cn
E-mail:master@gdyihe.com.cn

广东省大埔陶瓷工业研究所

广东省大埔陶瓷工业研究所创建于1959年,是集科研、生产、销售于一体的科研事业单位，研究和开发有1000多个青花瓷品种，其中承担省科技厅项目《釉下高档成套青花餐具》获省级鉴定，该产品做工精细，品质优良，适用于微波炉等家用电器，是送礼佳品。

经营理念：“质量第一，用户至上”、“重合同守信用”。

地址：广东省梅州市大埔县高陂镇　　邮编：514247
电话：86－753－5858374　传真：86－753－5857081
Http://www.gddbty.com　　Email:dbty@public.meizhou.gd.cn

东莞振华特种包装有限公司

东莞振华特种包装有限公司是广东省高新技术企业，主要生产经营危险化学品出口包装钢桶及聚乙烯塑料桶等产品。产品远销东南亚、南美、欧洲等几十个国家和地区，钢桶的出口量长期以来稳居广东省第一位。

产　　品：钢桶，塑料桶，彩印复膜编织袋，塑料薄膜袋

地　　址：广东省东莞市麻涌镇
电　　话：0769-/8828115/8825547
传　　真：8822857
邮　　编：523130

云浮市兴鑫材料责任公司

云浮市兴鑫公司开发并生产磁材工业用氧化铁红和涂料、色料等工业用氧化铁红，目前年产XT-铁红系列产品总量约10000吨、铁氧体预烧料产品约6000吨。工艺技术已通过国家级科技成果鉴定。企业已通过GB/T　ISO19001：2000质量管理体系认证。

地址：云浮市高峰　电话：0766—8722990　邮编：527343

广州市从化坦坭冶炼厂

“低氧钽粉”是从化钽铌冶炼厂2001年研制成功的新产品，产品工艺技术为国内首创。产品质量居国内同类产品领先水平，产品主要技术特点是：物理性能优良，纯度高，生控杂质氧小于1000ppm，是制作优质钽材的首选。

厂址：广东省从化市赤草　电话：(020)87826615
传真：(020) 87826755　邮编：510980

潮州枫溪建厦陶瓷有限公司

3x—2255节水型抽水马桶

地　址：潮州市枫溪北车站北侧
电　话：0768—2993465
传　真：0768—2993089
邮　编：521031
法　人：苏绍标

广 钢
GISE

广州珠江钢铁有限责任公
Guangzhou Zhujiang Steel Co.,L

地址：广州经济技术开发区西基工业区
邮编 /P.C.:510730
Add:Xiji Industrial Area of Guangz
Economic and Technological Develop
District.
TEL:(86 20)82222122 82222396
FAX:(86 20)82222400
Http:www.zhujiangsteel.com
www.zhujiangsteel.com.cn
E-mail:zis@zhujiangsteel.com

虎头电池集团有限公司

Lr03无汞碱性锌锰电池产品介绍

由广州市虎头电池集团有限公司（原广州电池厂）生产的无汞碱性锌锰电池，是2002年中国名牌产品，拥有四项世界领先技术：引进世界最先进无汞碱性锌锰电池生产线，由电脑控制产品生产全过程，高速率、高精度，质量达到国际先进水平。

采用无汞缓蚀剂，真正是绿色环保电池。

采用负极材料新配方。

采用特殊的封口新工艺技术。

四大特点：

容量高，具有大电流长时间连续放电，放电电压平稳。

性能好，具有防漏液性、高抗振性。

寿命长，贮存期容量下降率小。

适应广，用于传呼机、计算器、卡式收录机、闪光灯、电动须刨和电动玩具等用电器具。

地址：广州市黄埔大道中568号　电话：020—85547804　邮编：510655

广州市锅炉工业公司

本公司是中国制造工业锅炉的重点骨干企业之一；是广东省最大的专业生产锅炉企业；有50多年生产、安装、维修各类锅炉的丰富经验；年生产能力2000蒸吨。现有1000多名员工，300多名专业技术人员，生产场地近20万平方米。本公司拥有A级锅炉生产许可证和BRI（一、二类）压力容器设计、制造许可证；ISO9001质量体系认证及国际权威美国ASME“S”（动力锅炉）、“U”（压力容器）授权证书和规范钢印。本公司生产的劲马牌锅炉、压力容器产品主要有：全自动燃油（气）锅炉、热水锅炉、燃油热油锅炉、煤粉甘蔗渣锅炉、推动炉排锅炉、沸腾燃烧锅炉、链条炉排锅炉、垃圾焚烧锅炉等共十大系列，二百多个品种规格。曾多次评为国家、省、市优质产品，并获得广东省名牌产品称号。其中燃油（气）锅炉全国产量最大、品种规格最全。1991年被国家经贸部和机械部定为“可替代进口产品”。

WNS20-1.25-YQ(S)20T/h全自动燃油（气）蒸气锅炉

地址：广州市海珠工业大道80号
电话：84339061（总机）84366138
邮编：510250

上海上汽大众汽车销售有限公司
SAIC-VOLKSWAGEN SALES CO.,LTD.

公司简介

上海上汽大众汽车销售有限公司（上汽大众）成立于2000年8月，负责上海大众汽车有限公司生产的全系列轿车产品，在全中国的营销服务和售后服务是位居中国轿车贸易服务领域首位的企业。上汽大众是由上海汽车工业（集团）总公司、大众汽车（中国）投资有限公司、上海大众汽车有限公司三方共同出资组建成立的拥有永久小轿车经营权的一家大型合资企业。截止至2001年底，公司拥有员工约600人，在全国范围内建立了24个地区销售服务中心，并拥有遍布全国各地的613家经销商和514家特约维修站。这一目前在国内最为完善的轿车销售和售后服务网络，每天为近两百万上海大众用户提供一流的服务。公司在2002年中实现轿车销售30万辆，创造营业收入490亿元。公司的业绩和营销服务理念受到了市场的广泛认可。

上汽大众在自身的不断发展中，一直致力于探索创新先进服务营销理念伴随中国轿车市场发展，在经历了规模营销、精益营销、服务营销三个阶段后，目前公司正在贯彻忠诚营销的服务理念。

营销理念的不断发展和完善使上汽大众取得了一定的成功，初步形成了一个较完善的营销网络和一支优秀的营销队伍。

用户满意是上汽大众各项营销服务工作所追求的目标，“用户满意工程”为公司建设具有特色的服务文化提供了极好机遇和有效载体。

2001年中，上汽大众通过“深化用户满意工程，提升企业核心竟争力”，强化营销服务与售后服务的推进，朝着树立品牌形象和服务形象的方向发展。

上汽大众于2002年先后获得全国五一劳动奖章、全国机械行业文明单位、2001年全国实施用户满意工程先进单位、2001年入选“全国实施用户满意工程先进单位”唯一的轿车贸易企业、第四届（2001—2002年度）上海市最佳工业企业形象单位、2001年度上海市建设工业新高地争先创优活动优秀企业等荣誉称号。

目前，随着上汽大众经营的上海大众系列品牌轿车：帕萨特、桑塔纳、Polo、Gol的不断丰富以及销售服务网络的不断健全，其为国内广大用户的购车、用车提供了更多的选择与便利。

上 海 大 众

销售咨询热线：800-820-1111　售后服务热线：021-9500-0789　www.svwsc.com

广东省珠江化工重点工程技术研究开发中心

广东省珠江化工重点工程技术研究中心是广州珠江化工集团有限公司（珠江集团）专门从事工程技术开发的机构，是珠江集团技术创新的主要技术依托和核心组织，直属于珠化集团总经理领导，2000年被认定为省重点工程技术研究开发中心。工程技术研究开发中心根据珠化集团发展的需要成立技术委员会和专家委员会，设立12个研究室，1个中试车间，1个分析测试中心，2个研究所。目前珠化集团现在职工1845人，工程技术人员377人，其中：从事科技开发工作的有185人，高级职称20人，占10.8%，中级职称47人，占25.4%，初级职称106人，占57.3%。2001年投入技术研究开发经费1737万元。

工程技术研究开发中心成立以来，先后开发成功并投入市场的新产品有：B12各色丙烯酸乳胶漆、高遮力耐用墙面漆、B78高耐候外墙乳胶漆、高耐候环保型外墙墙面漆、耐划痕哑光装饰清漆、高级双组份水晶漆、BJ快干耐冻型塑料编织袋印刷油墨，装饰复合纸凹版油墨，偶联型凹版塑料印刷油墨、B-04内增朔型聚酯改性丙烯酸汽车漆、印铁涂料罩光油、T型印铁涂料、印铁金油、AM系列机械漆、高浓度甲醛等。2001年新产品销售收入8279万元，利税1885万元。

工程技术研究开发中心研制的内外墙乳胶漆2000年4月获中国环境标志产品认证，是广东省第一家获此认证的涂料企业；2002年在广东甲醛生产企业中第一家实现了DCS控制甲醛生产；工程技术研究开发中心负责组织了珠化集团ERP（企业资源计划）的实施，并顺利投入使用，为企业创造了良好的经济效益。

地址：广州市荔湾路123号

电话：81037213

SIEMENS

一心一意带来和世界同步的光明生活

欧司朗，来自德国的照明专家，西门子公司的重要分支机构，近100年来，秉持严谨认真的德国精神，专注于照明技术，实现一根细微金属丝改变世界的事实。

澳大利亚，奥林匹克体育场

在欧司朗发明以金属灯丝代替碳丝以前，人类依赖爱迪生实用化的电灯发明实现人造光的梦想，直到1905年，欧司朗创造出光强远远超越碳丝的金属灯丝，世界的光明从此步向经济实用和环保，新的原材料被不断开发应用，欧司朗5000多个品种的光源及照明系统经由全球140多个分支机构服务世界上的每一个人。

1995年，为了更好地服务中国消费者，欧司朗在中国佛山成立一个全新的企业——欧司朗佛山照明有限公司，联合大批外国资深专家和中国光源精英，共同设计生产高品质的光源产品。

欧司朗始终深信，中国的消费者应该享受到先进的产品和服务，中国的消费者应该拥有更丰富更优质的照明保证。

北京中华世纪坛

天宁寺立交桥

上海浦东国际机场

欧司朗的产品

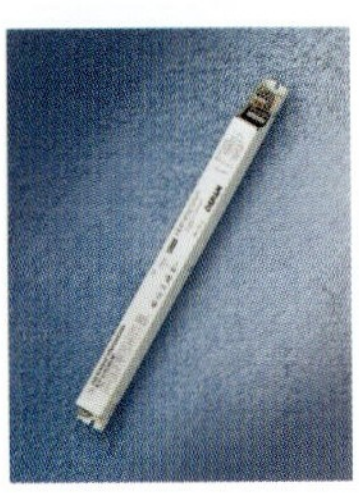
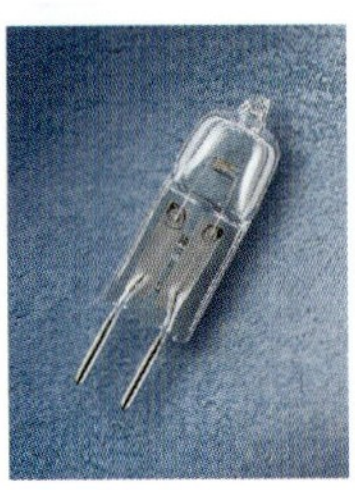
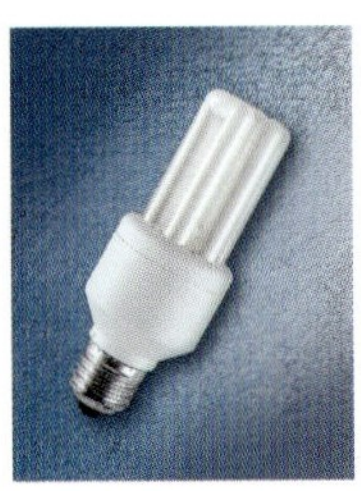

欧司朗在中国

佛山	广州	上海	北京	成都
电话：(757)6482 111	电话：(21) 5385 2848	电话：(21)5385 2848	电话：(10)6590 6447，48，49	电话：(28)8619 9499

www.osram.com.cn

顺特电气有限公司

顺特电气有限公司（顺德特种变压器厂）始建于1988年，现已发展成为全世界最大的干式变压器生产企业，还是我国干式电抗器、组合式变电站、组合式变压器、开关成套设备、智能电气设备等城网电气设备知名供应商。2002年，顺特电气营业额10.3亿元，同比增长21%，利润6400万，上缴税金7000多万元。

自1992年起，顺特电气干式变压器市场占有率连续11年位居全国第一，是“中国变压器行业第一品牌”，产品行销全国各重点工程，并出口中东、东南亚等20多个国家和地区，2002年由顺特电气提供的三峡左岸电厂全部励磁变压器顺利投网运行。

作为国家科委授予的实施火炬计划先进高新技术企业，顺特电气目前承担着国家级、省级重点科技攻关项目共12项，其中，低损耗智能干式变压器、树脂绝缘干式整流变压器、美式箱变、35kV级树脂绝缘干式铁心并联电抗器均达国际先进水平，厂内设有省级技术开发中心。并有国家劳动人事部设立的设博士后工作站，最近两位博士后顺利进站，为其科研工作注入了新的强劲动力。顺特电气以“建一流企业、创世界名牌”为目标，“用户在我心中、质量在我手中”用心创造，正在为中国输变电设备产业的未来打造一个强大的制造基地。

严谨而又充满活力的设计团队

具有现代气息的行政中心

地址：广东省佛山市顺德大良红岗工业区　邮编：528300　电话：（0765）2627411

新太集团
SUNTEK GROUP

新太集团董事长邓龙龙

新太科技总裁霍才忠陪同省长黄华华、广州市委书记林树森参观新太软件产品

新太集团座落在环境幽雅的国家级软件园

新太集团（前身为广州市新技术研究设计院，1986年8月成立）正式成立于1994年8月。总部设在国家级软件园--广州市天河软件园，是由中山大学中青年教师邓龙龙、翟才忠等共同创办的高科技企业。主要从事软件开发、硬件开发、信息服务及系统集成业务。产品包括语音和数据网络应用系统（平台）和软件、传输和计费设备、统一信息服务、呼叫中心、客户管理系统、电子商务和区域信息信用化方案等。自2000年起，公司财政年度经营业绩连续三年超10亿元人民币。

新太2003年被评为"广东省优秀民营企业"；2002年获"国家级企业管理现代化创新成果一等奖"；2001年获民营科技促进会颁发"全国百佳民营科技企业创新奖"；1998年被国家科技部评为"火炬优秀企业一等奖"；1997年被国家科委评为"创新型高科技企业"；1996年被国家科委评为"重点高新技术企业"。

新太目前在国内外拥有近20家成员公司，员工近3000多人（平均年龄28岁，90%本科以上学历）。其中，广州新太科技股份有限公司于1999年底成功在上海证交所实现借壳上市（代码600728），并被信息产业部及其授权机构认定为"一级资质系统集成商"（当时全国共11家）和"重点软件企业"。还率先获得"国家涉密信息系统集成资质"证书，2001年底和2003年先后成为广州首家通过CMM二级、CMM三级评估的软件商。在刚刚揭晓的"2002中国通信企业综合实力50强"中榜上有名，2002年底被认定为国家规划布局内重点软件企业。公司NAP2000语音网络应用平台、IVSP综合语音增值服务平台、多媒体呼叫中心和固定电话短讯系统在国内市场占有重要份额。160/168语音服务系统、200长途电话系统国内市场占有率更是高达90%以上。

新太是南海、中山、海口、重庆、黑龙江等地信息市以及粤东信用网（汕头、潮州、揭阳三个地级市）、广州信用网等地信用网项目组织设计、开发建设和运营支撑的主要企业，也是邮政、通信（电信、移动、联通等）、银行、证券等行业重要的软件开发和系统集成商，还是中国最大的民营语音信息服务公司。目前，新太与仲恺农业技术学院合建的仲恺信息学院首创广东“国有民办”本科学院，2003年秋季开学，学院的目的在于为社会不断培养出国际性化、实用化、个性化的专业IT人才，以进一步推动民族软件产业的发展和中国社会的信息信用化建设。

地址：广州天河高新技术产业开发区工业园建中路51-53号
电话：（8620） 85521741
传真：（8620）85521741
电子邮箱：lyx@chinasuntek.com
Http://www.chinasuntek.com

推进当代设计文化 铸造世纪工程典范

——与时俱进的广东省集美设计工程公司

廣東省集美設計工程公司
GUANG DONG JIMEI DESIGN &CONSTRUCTION COMPANY

是广州美术学院的校办企业，是以室内外环境设计与施工为主，集展览设计、雕塑艺术设计、工业产品设计及广告为一体的大型知名企业，是拥有国家一级项目经理18名，荣获建设部授予的甲级设计，一级施工资质的“双甲”企业。

作为集教、研、产为一体的集美，蕴育于我国现代艺术设计学科发端之时，成长于我国市场经济的土壤中。广州美术学院的专家、教授，一方面辛勤执鞭于艺术设计的教育，另一方面，也用艺术的思维，铸造如珠岛宾馆、长隆酒店、广东省美术馆以及广州国际会展中心等装饰设计与施工的一个个工程典范。

进入21世纪，以“推进当代设计文化，铸造世纪工程典范”为己任的集美人将与时俱进，积极投身于我国社会主义现代化建设。

广东美术馆

广东.星海音乐厅交响乐大厅

地　址：广东省广州市昌岗东路257号（广州美术学院内）　　邮　编：510261
电　话：（020）84018313　　84018813　　传　真：84018923　　84017113
E-mail：JD@gdjm.com.cn

中国建筑第三工程局深圳装饰设计工程公司

THE DECORATION DESIGN & CONSTRUCTION COMPANY (SHENZHEN) OF CHINA CONSTRUCTION THIRD ENGINEERING BUREAU

毛国强

总经理 高级工程师 全国优秀施工企业家

公司总经理毛国强1996年上任以来，和班子成员一道，紧紧依靠广大职工，团结协作、共同努力，通过对外积极拓宽经营渠道，对内解放思想，狠抓管理，使企业始终保持着快速、健康发展的良好态势。

中国建筑第三工程局深圳装饰设计工程公司(简称中建三局深圳装饰公司)是中央直属的具有壹级建筑装修装饰工程专业承包、壹级建筑幕墙工程专业承包、壹级机电设备安装工程专业承包和甲级建筑装饰设计资质的综合装饰企业。

本公司于1984年在深圳特区正式成立，拥有固定资产2000多万元，具有装饰设计、施工、材料设备采购等一系列服务的专业能力,并拥有一批优秀的工程技术管理人员。现有员工783人，其中高级职称16人，中级职称80人，初级职称195人，五级以上技术工人352人。

公司以立足深圳，开拓沿海，幅射内地，打入国际市场为经营战略，先后在北京、天津、上海、重庆、深圳、厦门、广东、广西、东北三省、湖北、河南、安徽、陕西等18省、63市承担过高级装饰工程的设计与施工。其中：深圳国贸中心大厦荣获国家质量银质奖和全国首届建筑艺术最高奖----鲁班金像奖，上海太平洋大饭店(五星级超豪华宾馆)荣获1992年鲁班金像奖和上海市建筑质量最高奖----白玉兰奖和佳作奖，上海国贸中心大厦获1994年鲁班金像奖，湖北省建设银行大厦被评为省、市优质样板工程，获1996年鲁班金像奖，长江三峡总部大楼获2000年鲁班金像奖，1994年公司被中国建筑装饰协会评为“全国信得过建筑装饰施工企业”，1998年被中国施工管理协会评为全国优秀施工企业。

近年来，公司承接了北京职工之家、北京翠明庄宾馆、深圳东华假日酒店、深圳特区报业大厦、桂林两江国际机场、武汉华中电网局、长沙通程国际广场、东莞国际会展中心等极具标志性的建筑装饰工程。在幕墙设计与施工方面，公司起步较早，并成立了专业幕墙公司。先后承接了郑州金博大城、上海三联发展大厦、上海西南商厦、重庆江北枢纽大厦、武汉长航广场、湖北省人民医院和宁波国税大厦等一大批具有广泛影响的幕墙装饰工程。

本公司注重声誉，信守合同，作风严谨，以“以人为本，拓展装饰艺术空间；服务社会，建造绿色精品工程。”为管理方针，既重视发挥企业的传统优势，又大胆创新，勇于开拓，志在装饰设计、施工领域争先，谱写“凝固的音乐”，绘制“立体的图书”，镌刻“有形的诗歌”。

上海太平洋大酒店

深圳国贸

大厦共53层，高160.5米
获国家科技进步三等奖
中国建筑业最高荣誉奖----鲁班奖

湖北省建设银行大厦外景

三峡总部大楼

公司地址：深圳市罗湖区罗芳路口中饰大厦
邮　　编：518003y 网　　址：WWW.ZJSJSZ.COM
电子邮箱：XXZX@ZJSJSZ.COM 联系人：张能训
传　　真：0755-25110415
电　　话：0755-25110416

广东中成化工有限公司

广东中成化工有限公司是一家以民营成份为主的大型高科技化工企业，产品主要应用于印染、造纸、食品、洗涤剂等行业。公司成立于1993年，经过九年的高速发展，主要产品保险粉产能由1.8万吨/年增加到19万吨/年，占全球保险粉总产能的1/3以上，产品出口到美国、日本、韩国、澳大利亚等六十多个国家和地区，成为全球最大的保险粉生产和出口企业。

公司投产后不断以清洁生产为中心进行技术改造和扩产，采用自行开发的第三代甲酸钠法保险粉技术和全部国产设备，通过综合利用和节能降耗，使主要产品保险粉质量及能耗、物耗达到国际先进水平。除保险粉外，公司还发展了焦亚硫酸钠10万吨/年，亚硫酸钠1.6万吨/年，雕白块0.4万吨/年等硫化物系列产品。通过综合利用，成功回收再生硫代硫酸钠0.5万吨/年，二氧化碳和干冰5万吨/年，与此同时开发了双氧水（折100%）3.5万吨/年，过碳酸钠6万吨/年，高纯氢300NM^3/H等产品，生产能力均居国内前列，中成化工已成为以上产品在国内外市场上的重要供应商。

公司一直坚持科技创新，狠抓产品质量和环保管理。公司组建了“广东省中成化工重点工程技术研究开发中心”，拥有高素质的科研开发队伍，配备有精良的仪器和试验设备，致力于支持公司现有产品的生产技术改进，并进行新产品和新技术的开发工作。2001年取得ISO9001质量管理体系认证，ISO14000环境管理体系、职业安全健康管理体系认证已在运行。通过建设发展，公司生产经营稳步增长，制造成本大幅下降，经济效益不断提高，近三年平均销售额超过6.5亿元，年平均利润超过1.2亿元，销售利润率接近20%，在利润、税收、创汇等方面连续多年处于同行业前列，有力地促进了地方经济的发展。
公司1995年被国务院发展研究中心市场经济研究所和广东省人民政府社会经济发展研究中心评选为“中华之最--中国最大的保险粉出口企业”，1997年被广东省科委认定为高新技术企业，“中成”牌保险粉被评选为广东省名牌产品，成为广东省化工行业除油品以外出口创汇最多的产品，1999年公司“第三代甲酸钠法保险粉项目”获广东省火炬优秀项目奖，被国家科委火炬高技术产业开发中心认定为“国家火炬计划重点高新技术企业”，2000年被广东省对外贸易经济合作厅认定为先进技术企业，2002年被东莞市人民政府授于“重合同守信用企业”。

公司地址：广东省东莞市麻涌镇　邮编：523130
国内经营部：8828576 传真：0769-8822342
国际经营部：8822410 8828369 8829369
公司网址：http://www..zhongcheng.gd.cn

广东长荣科技有限公司

YTC-II型彩票销售终端机

CR-OMR15型光电阅读机

广东长荣科技有限公司自1999年初正式成立以来，本着“专业，诚实，高效，优质”的服务准则，采用现代的经营理念，于2002年5月喜获广东省科学技术厅高新科技认证，同年9月通过了ISO9001国际质量管理体系认证。公司主导产品为彩票终端设备的研制、生产、销售与维修及彩票软件的开发等。经过3年多的发展，从单一零部件设备组装厂商发展到对彩票终端拥有纵向开发能力的彩票计算机系统供应商。公司坚持“先进、可靠、专业、及时”的质量方针，以产品一次开箱合格率100%，顾客满意度维持在95%以上为质量目标，致力为客户提供最好的彩票销售设备与优质全面的服务。

地　　址：广州市天河区车陂路黄洲工业区五幢四楼西梯
电　　话：85555837　　传　　真：85539071　邮　　编：510660

广州康威集团有限公司

成立于1986年的康威集团，是中国最早专业生产、销售体育用品的公司之一，主要生产各种高级运动服、运动鞋、运动包和帽等系列体育用品。

康威一直坚持以优质的体育用品和中低档的价格赢得顾客，“不求第一，但求最好；稳步向前，永不言败”是康威的经营理念，“取之于社会，用之于社会；取之于体育，用之于体育”是康威人对体育事业终身不懈的情缘。从1995年起，康威集团连续6年独家赞助“全国十佳运动员评选”活动。

2001年在广东举行第九届全运会，康威集团投入巨资赞助此次盛会。康威集团把体育用品业传统的销售模式，由过去的批发/团购转为以零售为主，以全资专卖店、商场专柜及特许加盟连锁经营等方式占领市场，并加快与国际接轨。另外，康威集团已在增城市新塘镇动工建立一个全国规模最大、最具环保意识、绿化面积达到70%的现代化国际化体育产业运动城，并计划进军国际市场，全力开拓东南亚、香港、欧美分销市场，使康威不仅仅成为中国拥有最大体育用品销售网络的品牌，还将成为全球知名的体育用品企业。

地址：广州天河体育西路体育中心棒球场康威办公大楼　电话：38796638　　传真：38796050

深圳市城投爆破工程有限公司

深圳市城投爆破工程有限公司成立于1999年，是由深圳市城市建设投资发展公司控股的联营企业。公司现有从业人员53人，中专以上学历的有25人，高级工程师4人；工程师5人；助理工程师8人。公司被深圳市公安局核定为A级爆破资质企业，可承担露天浅眼爆破和深孔爆破、B级硐室爆破、B级拆除爆破、桩井爆破、水下爆破、隧道爆破等大型土石方爆破工程的施工工作。公司自组建以来，先后承建和完成了宜连一级公路第九标段、盐坝高速公路联络段二标、盐田污水处理厂厂外管沟工程、观澜高新区4#路石方爆破、盐田港三期水下礁石爆破、福田农批市场孔桩爆破、皇岗皇庭花园孔桩爆破、盐田滨海大厦孔桩爆破、盐田北山工业区场平石方爆破、沙井大王墓园石方爆破、龙岗田心引水隧道、天健世纪花园基坑爆破等大型爆破工程。地址：深圳市罗湖区泥岗东路1126号鹿岭大厦3楼

广州市电车公司

广州市电车公司荣获2003年纳税信誉A级企业称号。它是一家有40多年历史的、市内唯一经营电车的国有公交企业。2002年末总资产达3.5亿元，年营业收入2.8亿元，年纳税额达1500万元。公司现有员工3500多名，拥有营运车辆1000辆，经营市内公交线路43条，线路总长度近630公里，年载客运量3.1亿人/次，担负着广州市民出行的繁重任务，向乘客提供绿色环保、优质安全、高效舒适的服务。

广州市电车公司主营公共电车、公共汽车城市客运业务，还经营广告业务、驾驶员培训业务、车辆维修业务、行车线网电缆业务，向社会提供多元化的服务。属下各营运分公司承办市内各种包（租）车业务。电车广告公司也于2003年获得纳税信誉A级企业称号，是全国第一家开创车身广告业务的企业，承办各类车身、战场（亭）、车票的广告设计、制作业务。电车驾驶员培训中心承接电车、各类汽车驾驶员驾驶考证、考级培训业务。亮亮清洁公司经营车辆清洗、车厢消毒等各种清洁业务。电车服务公司经营站场物业租赁业务。车辆修理厂经营车辆修理、修配、保养及车辆年审定点等业务。通达工程公司经营电缆、电杆迁改及维修工程。以上对外业务，欢迎来临洽谈。

电车公司 81814182　一分公司 86361052　二分公司 86552529　三分公司 87517212
四分公司 81708587　广游公司 84040525　广告公司 86379845　培训中心 81813935
通达公司 81931523　亮亮公司 81381143　修 理 厂 81381542

广东省紫金县威国（深圳）绿色食品有限公司

紫金县威国（深圳）绿色食品有限公司是广东省“一乡一品”麻竹笋加工配套项目，以加工麻竹笋为主。“山菜大王”、“小竹笋”为辅的绿色食品加工企业，总投资700多万元，年生产能力2000吨。洋头“麻竹笋”94年被列入广东省“一乡一品”项目，有数千亩基地，“山菜之王”、“小竹笋”资源十分丰富，年产数千吨以上。企业由广州轻工设计院设计，在中国商标事务所注册了商标，项目基本建成，于1999年试产成功，后因缺乏流动资金及部份设备而停产。现企业以最优惠的政策，吸引外资正式生产，投资250万元以上者可控股经营或承包经营。

地址：紫金县洋头镇开发区　邮编：517432

电话：0762-7816899 13923690782联系人：钟先生

东莞市沙田顺发畜禽实业有限公司

东莞市沙田顺发畜禽实业有限公司是一家集饲料研究与生产、畜牧养殖、动物保健品、饲料添加剂、畜禽制品和进出口贸易等多种经营为一体的大型综合性民营企业。

公司资产近2亿元，年销售收入3亿元。企业先后荣获“全国饲料行业百强企业”、“广东省高新技术企业”、“广东省民营科技企业”和“广东省无公害农产品生产基地”等荣誉称号，并于2002年6月通过了东莞市首家广东省“无公害猪肉”、“无公害农产品生产基地”、“健康与卫生猪场”等认证。

公司生产的“沙田顺发”牌饲料系列通过了ISO9000质量管理体系认证，产品质量稳定，性价比高，成为广东省公认名牌产品。其下属企业豪发生物公司研制的“纳豪”牌麦可得复合酶是免检产品，已出口到泰国、马来西亚、越南等东南亚国家；天王动物保健品公司研制的“天王”牌长效复方治菌磺是星火产品，公司研制的兽药产品、生物制品销售网络覆盖全国二十六个省。

公司在广东省内多处建有固定的畜禽生产基地。目前，公司通过实施农业产业化工程，正大力将“沙田顺发”牌无公害食品推向社会，落实国家的健民工程。

公司资产近2亿元，年销售收入3亿元。企业先后荣获“全国饲料行业百强企业”、“广东省高新技术企业”、“广东省无公害农产品生产基地”等荣誉称号，并于2002年6月通过了东莞市首家广东省“无公害猪肉”、“无公害农产品生产基地”、“健康与卫生猪场”等认证。

地址：广东省东莞市厚街镇沙田白石坑村边　电话：0769-5818332　网址：WWW.sunfa.com.cn

美宜佳是广东省东莞市糖酒集团控股的连锁便利店系统，她以社区居民、工薪阶层为主要服务对象，以“**品质优良，实惠方便**”为经营宗旨，经营日常生活必需的食品、副食品、即食食品、日用百货和书报杂志等，并设有干洗服装、代售电话磁卡、代订火车票、机票等服务项目。以“统一装修、统一管理、统一培训、统一采购、统一配送、统一促销”来规范系统的营运。

美宜佳自1997年6月成立至今，已发展连锁分店300多间，遍布东莞的大街小巷。美宜佳“**优质的商品、优良的服务、实惠的价格、购物的方便**”的品牌形象赢得了广大消费者的青睐，创造出良好的品牌效应，是广东省规模最大的连锁便利系统。

美宜佳以特许加盟为主要发展方式，通过"**共同投资、私人经营、利润分享、毛利保障**”的方式与加盟者共创双赢，成为投资者最佳的创业选择。

2003年起美宜佳将在发展东莞市场的基础上，向广州及珠三角地区进军，争创中国便利店的优良品牌。

东莞市糖酒集团美宜佳便利店有限公司

连南县计划生育局

我县通过建立《计生工作日志》制度、计划生育月报季报制度及落实"一票否决"制，使各镇党政一把手"亲自抓、负总责"的责任制得到全面落实。不少镇的党政一把手不但抓宏观决策，而且在微观管理方面的工作也很扎实，真正使"党政一把手亲自抓、负总责"落到实处。2002年初，我县调整了计划生育工作领导小组成员，由县委书记苏启科同志任组长，县委县政府有关领导任副组长。领导小组一年来召开了二十多次全县计生工作座谈会、汇报会、研讨会和现场会等，专题研究全县计生工作重大事项并进行决策，对搞好全县计生工作发挥了非常关键的作用。

通过一系列工作的开展，2002年我县计生工作取得了较好成绩。全县共出生1813人，出生率为11.63‰，同比减少182人、下降1.26个千分点，低于市下达15.23‰指标的3.6个千分点；自增率为5.84‰，同比减少1.48个千分点，低于市下达9.43‰指标的3.59个千分点；计生率为87.31%，高于市下达84.00%指标的3.31个百分点；完成"四术"2667例，占县下达任务2800例的83.43%，其中结扎750例（纯二女扎70例），上环1586例，人流引产331例；征收社会抚养费311.2万元，高于2000年以前历年的征收总和，约为去年全年征收总额114.4万元的3倍。

云安县南盛镇农业发展有限公司

云安县南盛镇农业发展有限公司是省重点农业龙头企业，成立于1994年，以优质柑桔种植作为主导产业，利用"公司+基地+农户"的生产模式进行农业产业化经营，取得较好的经济效益和社会效益。到2002年，公司通过合同契约的形式与农户建立起利益共享的机制，共带动农户4278户，开发沙糖桔和贡柑基地3.8万亩，投产面积1.96万亩，产沙糖桔和贡柑2万吨。公司在实现快速发展的同时，也带动了农户增收致富。

目前，该公司属下拥有9个大型种植示范场，一个年产50万株柑桔种苗的繁育基地，15间农资连锁店，以及纸箱包装厂、保鲜加工厂、批发市场等配套服务设施。另外，公司积极与省农科院、仲恺农学院的专家组合作，进行技术攻关，不断提高产品的产量和质量，争取今年通过农产品绿色食品认证。

公司地址：云安县南盛镇府前路4号（邮编：527528）董事长：曾鉴全　电话：（0766）8591128
总经理：梁英艺　电话：（0766）6591295　传真：（0766）8591133

陆河县伟能食品有限公司

总经理　钟炜雄

陆河县伟能食品有限公司是省直属单位对口扶持的龙头企业之一。该公司由三个食品加工厂和一个果场及果苗基地组成，主要加工青梅、李、青榄等优质水果，年加工量可达1200吨以上，水果及果苗种植面积达880亩。

公司以"务实创新、勤奋真诚"为宗旨，脚踏实地，兢兢业业，采取"公司+基地+农户"发展模式，发挥龙头企业作用，带动农户2075户，并与农户签订了生产购销合同，结成了"利益互享，风险共担"的经济共同体

奇味梅包装系列

公司地址：广东省陆河县东坑镇开发区
传真：0660-5569999　邮编：516722
E-mail:zongweixiong@21cn.com
总经理：钟炜雄
电话：0660-5568639 13502308928

DOUBLE FISH SPORTS SERIES

双鱼 DOUBLE FISH

双鱼

中国民族品牌的骄傲

广州双鱼体育用品集团有限公司是中国最大的体育用品生产商之一。近年来，双鱼集团以科学的管理、现代化的生产、高新的技术、过硬的质量和良好声誉使双鱼牌体育器材成为国内外知名品牌。双鱼集团生产乒乓球已超过四十年的历史。它生产的双鱼牌乒乓球从1979年起一直被国际乒联批准为国际比赛用球。在管理与效益不断提高的前提下，双鱼集团积极参与国际、国内的有关赛事。相继成为第43、45届世界乒乓球锦标赛；1998、1999年世界杯男子乒乓球赛、2000年世界杯女子乒乓球赛、1999年和2000年全国乒乓球锦标赛等诸多国际、国内重大赛事的指定器材供应商，并成为中国奥委会乒乓器材供应商。双鱼集团生产的金雀羽毛球被中国羽协批准为全国比赛用球；1996年，更被国际羽联批准为国际比赛用球；长期以来，金雀牌羽毛球一直作为中国国家羽毛球队的唯一训练用球。在第八届全国运动会、1995年亚洲杯羽毛球赛、全国羽毛球锦标赛、中国羽毛球公开赛、2001-2002年中国（宁波）国际羽毛球超级赛等国际、国内重要赛事都选用金雀羽毛球作为比赛用球。另外，双鱼集团出品的足、篮、排三大球系列曾获国家轻工业部、省轻工业产品优质奖，在全国同类产品评比中名列前茅，并成为第六届全运会、全国甲A足球联赛、省港杯足球赛的比赛用球。在2001年全国第九届运动会器材招标中，双鱼集团一举中标乒乓球、羽毛球、足球三大项目高达18种专业产品使用权，成为首个连中三元的体育用品厂家。在2002年第六届全国大学生运动会乒乓球比赛、全国少年乒乓球赛等国内学生体育赛事中提供了全套比赛器材；在“2002金雀杯广东省大学生羽毛球赛”中作为冠名赞助商，为我国体育事业贡献出自己的一份力量。

双鱼集团还通过投资兴建了目前世界最大的乒乓器材生产基地，引进了具有国际先进水平的球台生产线，扩大生产规模，实现低成本扩张，推动了科技创新、管理创新、体制创新。双鱼集团会抓住中国

中国奥委会乒乓器材供应商

2001年第九届全运会多项比赛器材供应商

1999年第45届世乒赛单项赛器材供应商

2000年第45届世界赛团体赛器材供应商

地址：广州市江燕路燕子岗18号之二
电话：84316596
传真：84379202
邮编：510280

中国双鱼集团

WWW.DOUBLEFISH.COM

地址：广州市燕子岗路18号之二　电话（TEL）:(8620)84319554　传真（FAX）:(8620)84319012　邮编（P.C）:510280

广州市时代橡塑实业有限公司

广州市时代橡塑实业有限公司系株洲时代新材料科技股份有限公司（简称时代新材TMT）投资控股的四大子公司之一，专业从事高分子材料复合、改性和减震、降噪弹性元件的研制、开发与生产，是TMT公司出口产品的研发和生产基地。

本公司一贯秉承“立足铁路，面向社会，走向世界”的发展思路，坚持管理创新和技术创新，凭借技术领先和产品质量赢得市场的高速成长。2001年，公司被授牌为“广州市高新技术企业”，其转移法高压模生产新工艺和以“复合型万向柔性减震装置”产品为代表的高技术橡胶金属弹性元件，均处于国内首创，国际先进水平。公司科技项目“转移法高压模生产高性能橡胶-金属复合减震制品及工艺”荣获广州市科学技术进步奖二等奖。

时代新材公司（TMT）多年来一直为美国通用电气（GE）公司和德国西门子（Simmens）公司等公司合格供应商，产品畅销北美、欧洲、东南亚各国和香港地区，在国际市场享有较高声誉。2000年，TMT获得通用电气（GE）公司最佳供应商奖。

董事长：廖斌 经理：孙湘民
公司地址：广州市花都区港口工业区东秀路路38号 邮编：510812
网址：HTTP://WWW.TRP.COM.CN
E-MAIL：Xmsun@trp.com.cn
电话：020-86865922 传真：020-86865966

阳江市新粤华不锈钢泵有限公司

由阳江市新粤华不锈钢泵有限公司生产的粤华牌CYB系列不锈钢冲压焊接离心泵采用不锈钢冲压、胀形、焊接工艺制造。全系列共200个规格品种，有共轴、直联等联接方式。水泵轴封全部采用高质量机械密封，具有运行稳定可靠、效率高、寿命长、不污染输送介质等特点，适用于食品机械、制药机械、饮料机械、罐装水和洗瓶机械的配套，也可用于工业水供应系统、压力锅炉供水、高纯度净水系统、精细化工、造纸、冲洗、喷洒等行业部门。该产品1994年被国家科委、国家计委和国家经贸委联合推荐为全国优秀节能产品，1996年被广东省评为优秀新产品，1998年被建设部列为科技成果重点推广项目，1999年荣获广东省优质产品称号并取得ISO9001国际质量体系认证。

地址：广东省阳江市创业路城北第二工业区 邮编：529500
电话：0662-3152286、3150050、3150880 传真：0662-3150002
E-mail：yjyuehua@pub.yangjiang.gd.cn 网址：www.yuehua-pump.com

联合物流 深圳市联合物流发展有限公司

董事长：陈学坤

深圳市联合物流发展有限公司是由深圳联合国际船舶代理有限公司、交通部机关服务局、中国交通运输协会等于二零零零年合资创办。是一家从事国际货运、物流领域的项目开发和投资管理、以及为客户提供个性化全程物流服务的综合性实体，是顺应深圳市的物流支柱产业政策成立的一家立足于本地的专业化、国际化、网络化现代型企业。

地址：深圳蛇口太子路一号时代广场19.AB
邮编： 518067 电话：（0755）26816937

广东省海洋与渔业勘测设计院

广东省海洋与渔业勘测设计院是我省唯一的一家海洋与渔业专业勘测设计单位，也是全国为数不多的海洋与渔业勘测设计单位之一，目前拥有农林行业（渔业工程）及建筑行业（建筑工程）两个乙级设计资质。主要职能和业务范围是：承担全省海域、海岸、渔港、水产养殖基地、海洋自然保护区和特别保护区的规划和勘测划界工作，承接海洋与渔业工程、工业与民用建筑及其它建设工程的论证、勘察、设计、监理和总承包业务，开展相关的科学研究、产品开发、技术咨询和技术服务。

地址：广州市海珠区南村路20号 电话：020—84429691

爵达蒙洋服、制服

本公司专业为金融机构、工商企业、宾馆酒楼、机关学校制作服装。拥有高素质的管理团队与专业技术人员，数名专业设计师为客户设计款式，“质量信誉”是爵达蒙的立业之本，“竭诚服务”是爵达蒙服务宗旨！今天有您的鼎力支持，明天必有我们的共同辉煌。

办公地址：广州市新港西路 3 号银华大厦 17 楼 1702 室
电话：（020）34033221 34033225 34033227
传真：（020）34033219　邮编：510260
E-mail:cnjdm@yahoo.com.cn

广州明廊眼镜连锁企业有限公司目前拥有分店近70间，分布在广州、佛山、深圳、珠海等广东省内13个城市，是国内较具规模，在行业中享有较高声誉的眼镜连锁企业，为广州市计量所首批眼镜监检合格单位。

明廊眼镜全线分店都拥有视光学医生，由香港注册专业视光师、国内视光学医生主理免费为顾客验光；同时率先采用国际先进水平的综合验光仪，设置严谨的专业操作程序，在传统验光技术基础上有了很大的飞跃。

明廊眼镜

明廊眼镜常设培训中心，除由公司高级职员、资深视光师、医师任教外，明廊还聘请社会上专家学者来公司讲学，力求广大员工专业水准精益求精。

明廊眼镜结合现代营销概念，成立十年来坚持走专业诚信之路，在业界唯一全面实行“明码实价、按质论价”做法，得到广大消费者的普遍认同，更获得中国消费者保护基金会“诚信经营单位”荣誉称号。

明廊眼镜是广东省连锁协会会员、广州市连锁协会会员、广东省市场协会理事，公司领导人现任广州眼镜商会副会长、广州连锁经营协会副会长。

欣德实木家私厂

欣德实木家私厂于1995年创建，在开业初期，所生产的产品以实木餐台、实木大门等等为主。

本厂所生产的实木家具，通过现有最先进的干燥设备，使其进行干燥定型。欣德牌家具质量符合GB/T3324国家标准，并连年获得“质量管理优秀企业”称号及“产品质量信得过”证书。

多年来本厂凭着一贯敢于创新的作风，款式新颖、质量过硬而成为“中国名优产品”、“中国国际名牌”及“中国消费者公认名牌产品”畅销全国及世界各地，并且建立了完整的销售网络。产品主要有：实木大床、实木双层床、实木子母床等。其密拼“子母床”、“双层床”更因精良的设计而取得国家知识产权局授予的“外观设计专利”，同时还获取“香港国际新技术/新产品博览会金奖”，同时还获取“香港国际新技术/新产品博览会金奖”和“日内瓦专利技术博览会金质奖”。

本厂奉行“信誉第一、质优价廉”的经营宗旨，热诚欢迎海内外客户来人来电洽谈业务。

联系电话：020-84932725　传真电话：020-84932725
地址：广东广州市番禺区潭洲镇欣荣路128号

广州经济技术开发区工业进出口贸易公司

公司自1984年11月成立以来，主要从事轻工业品、纺织品、土畜产品、工艺品、化工产品、食品机械设备、医药保健品等进出口业务；并承办中外合资合作补偿贸易，对外加工装配及代理进出口业务。

企业经营状况良好，依靠雄厚的资金，良好的信誉和优良的服务，进出口贸易额连年扩增，1998年至2002年，进出口额为3.8亿美元，2002年进出口额达9500多万美元。从1987年至2001年，连续十五年荣获广东省工商局授予的“重合同守信用单位”荣誉称号；2002年入选国家工商总局公布的“全国千家‘守合同，重信用’企业”。1992年以来多次被评为全国最大的500家进出口企业之一；1994年以来多次被广州市人民政府授予先进集体和文明企业称号；曾荣获广东外贸行业“双百”企业称号。

地址：广州市东风西路158号国际经贸大厦七楼　　电话：81098303

广东肇庆英达电感器件有限公司

广东肇庆英达电感器件有限公司研制的绕线型片式电感器是对传统电感器进行技术改进，缩小体积，把引线改为适合表面贴装的端电极结构，是采用高精度的线圈骨架及高超的绕线技术相结合的完美结合物。绕线型片式电感器体积小，适合高密度表面贴装；采用端电极结构，很好地抑制了引线引起的寄生元件效应，具有高可靠性、优良的焊接性和耐焊性、更好的频率特性和更强的抗干扰能力等特点。产品应用于高频电路，精度高，一致性好。绕线型片式电感器广泛应用于手机、无绳电话、网络设备等电子产品中。

该产品曾先后荣获第十三届全国发明奖银奖和广东省科技进步三等奖，并被列入国家级重点新产品。

地址：肇庆市风华路十八号风华电子城　电话：0758—2865111

广州市东联汽车技术服务中心

广州东联为香港东联科技有限公司在广州、北京、天津、上海、肇庆、镇江、烟台、青岛及张家港等地合作经营之一系列连锁中外合资企业之一，是省属公务用车的定点维修企业，也是奥迪、奔驰、丰田、本田、日产、通用、福特及一汽大众汽车的特约维修中心，是与广州市长途汽车运输公司合作经营的进口汽车维修服务和配件销售企业，在广州市注册。广州东联同时为日本丰田汽车公司、德国奥迪汽车公司和美国福特公司的特约维修中心，在技术指导、员工培训及零配件的供应等各方面，得到丰田汽车公司、奥迪汽车公司和福特汽车公司的大力支持。

地址：广州市广汕公路摙段（省交通职业技术学院东侧二百米）　　电话：87025178

广东省广华实业出口公司

广东省广华实业出口公司成立于一九八八年二月，注册资金3696万元人民币，是广东省广电集团有限公司和广东粤华发电有限责任公司的联营企业。本公司是广东电力系统专营进出口业务的对外窗口。公司拥有一支高效、敬业、综合素质高的专业人才队伍，积累了丰富的商务管理经验，在多年的业务开展中守合同，严格履约，树立了良好的企业诚信形象。至2002年公司连续五年被广东省工商行政管理局授予“重合同、守信用”称号，被中国建设银行广东省分行评为AA级信誉企业。

联系电话：（020）85121705、85121703　企业法人：蔡美产
传真号码：（020）87667314　地 址：广东省广州市梅花路75号17楼　邮政编码：510600

弘力南方镀锌板（三水）有限公司

HONGLI NANFANG GALVANIZED SHEET (SANSHUI) CO LTD

广东南方镀锌板有限公司是广东省高新技术企业。该公司引进美国UEC公司生产设备，采用先进的“美钢联法”镀锌工艺生产，是国内首条以生产0.50毫米以下薄规格热镀锌板产品为主的生产线，产品填补了国内空白，改写了我国薄规格镀锌板长期依赖进口的历史。产品自95年问世以来，远销国内外，深受用户欢迎。“南钢牌”镀锌板曾获广东省优秀新产品和广东省名牌产品称号。

2001年，该公司通过技改创新、管理创新，实现年产量超过历史最高水平，突破13万吨/年（设计能力为10万吨），能生产出更高品位的产品，受到用户一致信赖，并受到当地政府的表彰。

地 址：广东省三水市镀锌板有限公司　电 话：（0757）7835338　传 真：（0757）7835332

广东旺达亿集团有限公司

广东旺达亿集团有限公司（原腾湖集团）是一家颇具规模和实力、带动力较强的省级重点农业龙头企业，总投资11536万元，其中固定资产5767万元，现拥有绿湖农业工贸有限公司，广东旺德福食品有限公司，陆丰市金穗种养场，房地产开发公司等9家企业，享有农林牧渔，食品加工，房地产开发，旅游，进出口资格等多种行业经营权。集团公司主要产品有鲍鱼，“兴湖牌”萝卜爽橄榄菜等酱菜系列八大类60多个品种，产品在国内及港澳地区十分畅销。年总产值达到1.5亿元，年创利税1100万元。带动全镇合作农户3016户，户平均增加收入2020元。

企业采取“公司+基地+农户”的经营方式，实现产供销，种加养，农工贸，科教技为一体的经营格局。集团公司将继续以市场为导向，以效益为中心，依靠科技进步，加强与科研部门合作，开创新的品牌产品，进一步提高产品的市场竞争力和企业知名度，发挥龙头企业辐射作用，为农业增效、农民增收和农村稳定作出新的贡献，努力发展成为国家级农业龙头企业和上市公司。

地址：陆丰市湖东南山工业开发区
电话：（0660）8270555　邮编：516543

广州宝龙集团有限公司

广东省高科技民营汽车企业——广州宝龙集团有限公司，总部位于新塘镇，固定资产5亿元，拥有三个经营良好、合计为1500亩的汽车生产基地。宝龙集团充分利用民营企业灵活的运营机制，广纳贤才，充分利用国内外先进技术并不断创新，产品保持国内先进水平，经济效益年年翻番增长。特种汽车生产基地的主导产品防弹运钞车覆盖全国，销量一直稳居全国前三位，2001年市场占有率为30%，至2005年，拟实现总资产达7亿元。集团下属的广州市龙豹汽车工业有限公司已在增城三江进行5万辆产能改造工程，2003年拟生产1万辆轻型客车，2005年将达到5万辆，汽车产值将达到100亿元。湛江万里汽车生产基地正在生产的TBL6890豪华大客车系列将开拓国内民用车市场，树立宝龙产品新形象。

地址：广州市增城区新塘宝龙路1号
电话：020-82600888
传真：020-82601188
邮编：511340

东风本田发动机有限公司

2升级发动机

3.0升级发动机

东风本田发动机有限公司生产的2.3升、3.0升发动机、变速箱总成是引进本田公司具有当代国际先进水平的发动机、变速箱技术并消化吸收而成，主要用于广州本田生产的雅阁GH7230、GH7300系列轿车，各项性能指标测试均符合本田标准。2.3升的F23A3和3.0升的J30A1发动机分别为直列4缸、16气门和V型6缸、24气门的单顶置凸轮轴水冷式全铝汽油发动机，采用了电控汽油喷射（PGM-F1）和可变气门正时及升程电子控制（VTEC）技术。2.0升的F20B1发动机为直列四缸、十六气门、单顶置凸轮轴、水冷式汽油发动机，采用电控汽油喷射（PGM-FI）和可变气门正时及升程电子控制（VTEC）技术，解决了高输出功率、低油耗和低排放多项兼顾的国际重大课题。

地址：广州市黄埔横沙　　电话：020—82277160　　邮编：510700

鑫鑫（清新）化工有限公司

公司为台商独资企业，创立于1997年11月，2002年5月荣获广东省高新技术企业称号，亦为国内碳酸钙行业首家通过ISO9001质量体系认证公司，从事超微细碳酸钙、滑石粉、活化钙、特殊钙以及超微细硫酸钡的开发、生产和销售，共有系列产品25种，年产量5万余吨，投资总额达4，000余万元人民币，拥有目前世界先进水平的立式研磨生产线设备和气流式分级生产线设备各三套及搅拌系统生产设备，采用自动化生产，此外，品管手段先进且完善，包括采用英国Malvern公司产雷射绕射粒径分析仪及德国、日本产电子水份仪、白度计、紧密（疏松）假比重仪以及PH值计，对产品品质进行最有效的控制，以确保产品品质，满足客户之需要。公司现有员工65人。产品主要销往东南沿海及东南亚地区。

公司自创建以来，积极推行ISO9001质量管理体系标准，公司上下一贯秉持“全员参与，品质至上，顾客满意”之方针，努力为顾客提供满意之产品。

“我的保证是您的保障！”

地址：清新县太和工业区　电话：0765—2627411转1323　邮编：528300

美国安利公司于1959年创立，今天，安利已成为世界知名的大型日用消费品生产及销售商。1992年，安利公司在广州成立中外合作企业安利(中国)日用品有限公司。安利(中国)现已推出家居护理用品、个人护理用品、雅姿®美容护肤品及纽崔莱®营养保健食品4大系列产品，并以卓越的产品品质，屡次荣获有关政府部门的嘉奖。安利家居护理用品有效清洁各种家居顽垢、去除衣物上的顽固污渍，增加器物亮洁度，让衣物洁亮如新；从洗发护发到沐浴护肤，从口腔护理到香体止汗，优质的安利个人护理用品全面满足你的身体护理需要；安利精心研制的雅姿®美容化妆品，风行全球30多年，是面部护肤及化妆品类全球最畅销的五大高档品牌之一；萃取自然的精华，结合科学的精萃的纽崔莱®营养保健食品，经过60多年的发展，现已成为维生素／矿物质及膳食补充剂类全球领导品牌，并连续成为第27、28届奥运会中国体育代表团唯一专用营养品。

安利（中国）通过"自设店铺并雇佣推销员"的方式，为消费者提供优质产品和便捷的服务。优质产品，开创缤纷生活。安利，为您生活添色彩！

如欲了解更多详情，欢迎访问安利(中国)互联网站：www.amway.com.cn

Amway 安利

安利(中国)日用品有限公司

总办事处地址：广州市天河北路233号中信广场41楼

邮政编码：510613　电话：020－38911368

深圳书城培训中心
SHENZHEN BOOKCITY TRAINING CENTRE

深圳书城培训中心是于1999年由政府部门注册成立的大型正规培训机构，曾被市劳动局评为深圳市“先进办学机构”和“优秀民办非企业单位”，是深圳市教育局自学考试委员会办公室授权的“自考新生注册站”，是微软中国公司授权的ATC认证培训考试基地，是国家劳动社会保障部授权的微软项目“双认证”认证培训考试基地。2002年又与深圳市文化局所属的综合培训机构深圳市文化管理培训中心，资源重组、强强联手、机构并置，旨在在深圳市创造一块全新的既有知识集合与传播又有文化建设与创新的全方位的培训平台。

几年来，培训中心以“协作、奋进、坚韧、开拓”为理念，以学科的多元化、项目的精品化、环境的宜人化为总体目标，以一流的教学、一流的质量、一流的服务为办学宗旨，全力打造深圳社会力量办学机构中培训项目最多、最全，规模最大的培训中心。几年来，中心培训的学员由开始的七、八人增加到年培训2万多人；教学面积由书城的29楼280平方米，增加到包括书城总部20、25、27、29四层楼、电影大厦3、6楼以及南山、盐田、宝安共6000余平方米；员工人数由5-6人增加到100多人,教学和实践经验丰富的专兼职教师200多名

我中心通过深圳市劳动局批准全面开展职业技能培训工作，具体项目有计算机应用、职业文秘、企业人力资源管理、物业管理、物流管理、营销师、中国商业职业经理人等，另经省文化厅和深圳市文化局批准，我中心还喜获深圳市第一批社会艺术考级资格单位。同时，中心认识到我国加入WTO后，中国人才急需与国际接轨，为此我中心引进英国伦敦城市行业协会的City&Guilds和必文Pitman Qualifications的国际职业资格认证与培训，现正大力推广和宣传，尽快开展与世界各国之间职业资格互相承认的职业认证工作。至此，我中心已初步打造了一条由低到高，从国内到国外的职业资格鉴定和培训之路，为深圳创建国际化大都市工作提供了良好的人才支持和智力支持。

我们将继续努力开展职业认证培训项目，配合全省职业技能培训和鉴定工作的开展，把深圳书城培训中心打造成深圳市职业资格认证培训的“王牌”机构。

总部地址：深圳市深南东路5033号深圳书城培训中心

联系电话：（0755）82072330　82073337

广东省劳动教育培训中心

省劳动和社会保障厅
方潮贵厅长亲临指导工作

培训中的学员

电脑机房

广东省劳动教育培训中心成立于1984年初。按照国家和省制定的劳动就业培训、职业技能培训法律法规、政策和规划，具体组织开展职业技术培训、劳动保障业务培训和人力资源交流服务等工作，为我省的劳动就业培训，提高劳动者素质作出了贡献。

自成立以来，培训中心先后开办了计算机与信息技术、电子商务员（师）、物业管理员（师）、酒店客房餐厅服务员、厨点师、电工、中英NVQ企业行政管理、企业质量管理ISO9000系列认证等专业职业技术培训班，共培训结业15000人；轮训劳动保障系统干部和企事业单位劳资管理人员5500人；组织我省高级劳资管理人员赴国外培训16期364人；开办劳动经济管理专业大专自考辅导班、电大班、成人中专班等学历教育班，共3000多人；举办人力资源交流会共9期，进场交流达4万多人，有近万人找到了工作岗位；此外，还开办了劳动保障人事代理业务为200多名下岗转岗职工解决了后顾之忧。经过十多年的建设，培训中心现有15个标准课室，配备了较先进的教学设备，已初具规模。同时，在广州东站路1号广州东站综合楼三、四楼开办一个8000多平方米的常设的省人力资源交流市场，市场可同时容纳600多家，日容纳1万多求职人士，招聘会实行三位一体的模式（现场、网站、报纸），有效提高招聘成功率，实现培训与职业介绍相结合的大胆尝试。随着国内外市场竞争日趋激烈和我国加入“WTO”后，经济发展对劳动者素质提出了更新、更高的要求。为此，我们中心按照江泽民总书记“三个代表”的要求，以“造就人才，服务社会”为己任，加快职业培训事业发展，是新观念，深化改革，创新机制，与时俱进，再创辉煌！

地址：广州市火车东站综合楼7楼
电话：（020）61311229
邮编： 510600

广东省微生物研究所

重点实验室依托于广东省微生物研究所，于“七五”期间立项建设，2000年被评为广东省优秀重点实验室，是科技创新研究的重要基地。

实验室内建有华南地区最丰富的真菌标本馆和微生物菌种资源库，真菌标本约4万号和菌种2500多株。具备开展细胞水平和分子水平研究的实验设备和菌种保藏选育的良好条件。承担了国家863计划、基金、攻关；省基金团队、攻关等科研任务。取得一批重大科研成果。

在环境微生物学、资源微生物学和分析微生物学中做了大量的具有原创性的基础研究工作，为广东的水污染治理、恶臭治理、食品安全以及相关产品的微生物控制提供技术支撑作出应有的贡献。

地址:广州市先烈中路100号
电话:87775600 邮编:510070

新一佳超市有限公司

新一佳是广东连锁经营企业，一直以来坚持“创新、服务、满意、第一”的经营理念，坚持“走进社区，服务街坊”的宗旨，坚持“顾客至上、平价第一”的经营原则。多年来新一佳各超市连续被、市政府授予“诚信店”、“深圳市十佳商业文明企业”、“不经销假冒伪劣商店”、“信誉好商店”、“商业零售业销售大户”、“深圳消费者喜爱的名牌商场”、“深圳百强企业”、“重合同守信用单位”等荣誉称号。2002年被评为广东省流通业龙头企业。2002年新一佳销售额已达38亿元，分店已达45家，名列广东省零售业第二名。在国家经贸委最新公布的全国连锁企业排名中名列第十九名。在政府的指导和帮助下，新一佳在不断做好追求创新、争创第一、达到最佳的同时，创建高水准的一流企业，向管理规范化、规模连锁化、技能国际化、市场扩大化迈进。

地　址：深圳市福田区彩田路彩福大厦新一佳商场4楼总部宣传部
电　话：0755-82948219　　　邮　编：518026

深圳市研祥智能科技股份有限公司

深圳市研祥智能科技股份有限公司成立于1993年，是专业从事工业计算机和自动化产品的研制、开发、生产和经营的高科技企业集团，目前，公司在国内同行业已经名列前茅，产品品牌"EVOC"为行业内知名品牌。产品已在通讯、交通、能源、电力、化工、金融、军事、监控等行业广泛应用，弥补了国内空白。

公司是国内同行业首家通过ISO9000质量体系认证企业、为深圳市政府认定的高新技术企业、深圳市科技百强企业、深圳市百家优强中小企业、深圳市科技经济一体化定点服务单位、深圳市信息软件研发先进单位、深圳市重点软件企业、深圳市文明企业、首届和第二届全国民营科技创新先进单位以及中国质量、服务、信誉AAA级企业，获全国工控机最佳用户服务满意度奖。

公司产品"PC总线工业计算机和自动化产品"获2000年深圳市科技进步一等奖、广东省科技进步三等奖，同时为深圳市重点新产品和国家重点新产品、深圳市重点工业项目、国家级火炬计划项目。

公司地址：深圳市福田区车公庙天安数码城天祥大厦10B　邮政编码：518040
总　　机：82970999（200线）　83300588（8线）
传　　真：83300655　82970798　网　　址：http://www.evoc.com

广州顺民丰隆农产有限公司

广州顺民丰隆农产有限公司位于广州市白云区新市镇，是一家股份制农业综合经营企业，是广州市、白云区重点龙头企业。公司主要从事无公害蔬菜种植、生产加工、出口外销、南菜北运，以及广州市菜篮子工程等业务。公司在蔬菜基地种植上加大科技投入，保证蔬菜种植高产、优质、无公害，力争突破制约蔬菜出口国际市场的技术瓶颈。在保鲜技术研究上，实行产前、产中、产后全方位研究，并形成一条可行的技术链运用到蔬菜生产中，延长了蔬菜的保鲜期和货架期，为公司的产品出口销售提供了保障。

在丰隆公司黎杰锋董事长的经营思想运作下，公司得以顺利建成以丰隆公司为龙头，以基地生产为支柱，以深加工为依托，以市场需求为导向，带动广大农民共同富裕的农业生产的产业结构，并逐渐带动广州市白云区农业向“三高农业”方向发展，引导广大农民走向规模化种植、科学化管理模式，使蔬菜生产产业化、地域化、特色化，繁荣地方经济，搞活流通，带动更多的农民走向富裕之路。

公司概貌

市领导到本公司了解项目进展情况及工作指导

地址：广州市白云区新市镇加禾星岗路48号
电话：020-86099451　邮编：510400　传真：020-86099436

深圳市民润农产品配送连锁商业有限公司

深圳市民润农产品配送连锁商业有限公司成立于1997年，以“肉菜市场超市化”的经营模式，以“天天新鲜、天天平价“的经营理念，以生鲜商品为主导开办社区配套型超市，在实践中不断创新，以经营人才为核心、以信息支持管理、以服务为经营宗旨，形成了规范化、现代化的连锁经营管理体系。

历经五年多的风风雨雨，一步一个脚印走向了辉煌，到2002年底共拥有门店148家、员工近万人，销售额和总资产分别达21亿元、11亿元，五年间，销售额和资产总值分别以平均每年40%和125%的速度增长。目前，已把经营网络向全省快速扩展，深圳总部跨入东莞、惠州、河源，广州分公司除了在广州区域还加快在粤东汕头、潮阳、揭阳的布点，珠海分公司已把网络延伸到江门、茂名，佛山分公司覆盖了顺德、南海、高明、三水、肇庆。

民润公司经营业态不断得到各级政府及部门、社会各界的广泛认同和赞赏，被广东省政府评为25家商贸流通龙头企业之一；在“2001年中国连锁零售业百强”中名列第27位，2002年晋升广东省零售企业前三甲；还被评为“争创全国绿色零售市场示范单位”；先后有27家民润市场被授予“深圳市无公害蔬菜销售专柜”，列同行此类专柜数量之最；民润市场建设被市政府列为年度“重点建设投资项目”；公司还被授予市“连锁商业先进单位”、“重合同、守信用企业”、“文明企业”等光荣称号。公司的社会效益和经济效益得到不断提升。

民润公司愿与社会各界紧密合作，共创市场繁荣，为全面建设小康社会做出贡献。

电话：0755-25850304
传真：0755-25850091

珠海经济特区红塔仁恒纸业有限公司

珠海经济特区红塔仁恒纸业有限公司是由云南红塔集团所属的云南红塔投资有限责任公司和新加坡仁恒投资私人有限公司于1991年共同投资兴建的大型现代化造纸企业。

公司投资总额20亿人民币，注册资本9800万美元，占地面积34万平方米。公司于97年顺利通过ISO9002国际质量体系认证。99年公司生产的高档涂布白卡纸荣获中国科技界的最高奖项—国家科技进步一等奖。为了增强产品的市场竞争能力，在新的市场情况下，公司致力于不断开发新品种，根据客户的需求，在原有高档涂布白卡纸的基础上，正陆续开发防伪涂布白卡纸、双面涂布白卡纸、玻璃卡原纸、SBS涂布白卡纸、吸塑卡纸以及液体饮料包装纸和口杯纸等，形成系列产品，有利地保证了公司的持续创新能力。以市场为导向、以科技为依托，向高档次、高技术含量、高附加值、高效益的高档包装纸板发展，走质量效益型的道路，创一流的现代化造纸企业，是“红塔人”的信念和追求。

公司名称：珠海经济特区红塔仁恒纸业有限公司
赵万立　执行董事、总经理
地址：珠海市前山金路508号
E-mail:zhhtrh@pub.zhuhai.gd.cn

东进农牧（惠东）有限公司

公司是由香港恒兴食品有限公司于1997年在惠东县白花镇百岭自然村投资建立的。

公司全面实施“公司＋基地＋农户”的发展战略。建立种养基地，开发生态型立体农业；发展深加工，增加产品附加值，实行产供销一体化经营，逐步引入现代企业管理模式，取得了良好的社会经济效益。被评为惠州市农业龙头企业。目前，公司已在白花、大岭、平山三镇带动养殖农户近2080户，户平均年增收4800元。

公司建有标准化猪舍2.5万平方米的大型生猪养殖基地，鱼塘150亩，果场600亩，供港蔬菜基地500亩，年产优级质饲料３万吨，年出栏三元杂交瘦肉型优级质生猪10万头。同时公司拥有占地面积１５万平方米的标准化屠宰加工厂一座现代化出口冰鲜肉加工厂，肉食品加工车间，肉食不厌精品经过严格的食品卫生检测，符合国家卫生安全标准。

公司还致力于扶贫、帮困、敬老、助学。公司通过把同围村民吸收为职工，解决农民就业人数近千人，人均月收入在600元以上；公司每年资助贫困生及奖励优秀生的费用都在10万元以上。

公司董事长何新良先生与副省长李容根及市委书记陶海恒在一起

惠州市市长柳锦州、市委副书记叶月坚、惠东县县委书记邓庆忠、镇长李敏等领导莅临我公司座谈。

小康示范村

东进猪场

地址：惠东县金龙工业区　电话：（0752）8868334　邮编：　516000

中铁十三局集团深圳分公司

中国工程爆破协会理事、高级工程师、
公司总经理 李永利

中铁十三局集团深圳分公司是具有铁路、公路、市政、房屋建筑一级施工资质的综合性建筑施工企业，具有爆破资质和爆炸物品使用许可证的民爆企业。

公司现有经过公安部门培训、考核合格，获得公安机关《安全作业证》的爆破工程技术人员15人，其中高级4人，中级5人，初级7人；拥有国内外先进的钻岩设备瑞典阿特拉斯ROC742HC液压凿岩机2台，阿特拉斯H178—35液压钻孔台车3台，美国英格索兰XHP—750空压机、CM351潜孔凿岩机3套。

公司先后安全、优质完成了京九铁路、深圳市平盐铁路、盐田港开山填海工程、深圳盐坝高速公路大梅沙隧道、深圳坪西一级公路雷公山隧道、京珠高速粤境北段、广州、南京地铁等一大批国家、省、市重点项目的部分路基土石方和隧道掘进爆破。深圳盐坝高速公路大梅沙隧道和深圳坪西一级公路雷公山隧道均获“鲁班奖”，在社会上享有较高的信誉。

获鲁班奖的深圳西一级公路雷公山隧道

地址：深圳市盐田区东海大道中铁大厦　法人代表：李永利
电话：0755-25207220　　传真：0755-25207215

深圳聚豪会高尔夫球会有限公司

深圳聚豪会高尔夫球会位于深圳市宝安区，为香港中旅国际投资有限公司全资附属机构，于1999年3月20日正式开业。

聚豪会拥有超过10年的成熟球场，其27洞单一方向的球道设计及浓密的森林一直深受打球人士的喜爱。为了增加打球的趣味性，球会特意重新改造C场9洞来提高场地挑战性。新的球场设计的整体风格以不破坏自然风光为原则，巧妙地运用自然地势及保留场内原有的植物，与A、B场的自然环境混为一体。此外，C场9洞还增加了灯光设施，方便球友们在星夜下潇洒挥杆。

聚豪会为会员来宾提供齐全的会所设施及服务，会员不仅能享受到特定商务打球、酒店住宿、餐饮及购物等优惠，还可参加球会不时为会员安排的赛事以及海外高球团。

会所大楼设计引入球场大自然氛围，风格舒适安逸，曾获得“我最喜爱的球会”（1999年）、“亚太区室内设计冠军”（1999年）、“品位独特之典范会所”（2000年）、“我最喜爱的球会”（2001年）、“我最喜爱的球会”（2002年）等多项殊荣。

地址：深圳市宝安区西乡镇
电话：（0755）27483999

增城市威华中纤板制造有限公司

增城市威华中纤板制造有限公司是广州市农业龙头企业之一，是广东威华股份有限公司下属专业生产中密度纤维板企业，是广东省规模最大的中纤板生产龙头企业。公司2001年通过了ISO9001：2000质量认证；“威利邦”中纤板经广东省人造板质量检测站检测为特级产品；被广东省名牌产品认定委员会认定为广东省优质产品。产品广泛、应用于装修、装饰、家私、音箱制造，市场前景广阔。

公司产品以“龙头在市场，龙身在公司，龙尾在山上”的行业特色，走出了一条集林木、种植、加工销售于一体的新路子。在政府相关扶持下，实践以“以人为本、追求卓越、发展威华、造福社会”的宗旨，把公司建成为“产品质量上乘，经营管理一流”的现代化先进企业，为带动周边地区经济发展做出积极作用。

厂址：增城市朱村山田城北路58号 邮政编码：511037
电话：020-82853833 020-82853298
传真：020-82853823

宜华企业（集团）有限公司

投资以房地产、木制品、工程装修、文化等多种经营为一体的大型综合性民营企业，属下有广东省宜华木业股份有限公司等企业20多家，在美国、香港等海外机构5家。公司注册资本2.7亿元，现有总资产20多亿元，员工2500多人，拥有国内目前最先进的木制品生产技术设备和年产30万立方米木制品生产能力，是全国最大木制品生产企业之一。公司已通过ISO9001质量保证体系认证和ISO14001环境管理体系认证，“宜华”品牌被认定为“中国驰名商标”，是国家免检产品，产品畅销国内市场并已远销欧美、日本、东南亚各国。

公司一直以“创造一流产品、造就一流员工、奉献一流服务”为目标，重视科技创新和产品开发，坚持以诚信铸造企业形象，靠质量和服务赢取市场。2002年国内企业实现产值27亿元，销售收入26亿元、上缴税收7000万元、出口创汇1亿美元，均比上年大幅增长。目前公司在国内中、大城市建立了超过200家“宜华”产品专卖店，在美国拥有遍布各州的客户网点400多个，产品呈供不应求之势。

宜华集团是中国林产工业协会副理事长单位，全国民营企业综合实力第39位，获“广东省五一劳动奖状”和“广东省文明单位”，连年被省市政府授予“重合同、守信用单位”称号及被工商银行评定为“AAA信用单位”，是农业部“全国乡镇企业创名牌重点企业”，汕头市先进民营企业，广东省优秀民营企业。

地址：澄海市莲下槐东工业区
电话：（0754）5100989
邮编：515834

广东省顺德开关厂有限公司
GUANGDONG SHUNDE SWITCHGEAR FACTORY CO., LTD

广东省顺德开关厂有限公司创建于1984年10月，是国家级火炬计划重点高新技术企业、广东省高新技术企业、国家经贸委首批认定的全国城乡电网建设与改造所需设备生产企业和获得ISO9001质量体系和强制性产品(3C)认证企业。2002年承担省科技项目：PIMC电力智能控制系统开发，其重要成果在广州白云国际机场得到应用，实现了机场配电设备控制智能化。主要产品有：顺开牌高压环网开关设备和高压手车柜等十大类40个系列700多种规格，产品销往全国各地，2002年产、销达2.4亿元。公司将推行企业全面信息化，实现企业生产过程自动化，管理方式网络化和决策支持智能化，到2005年实现产、销翻一番。

法人代表：麦　洪　　地　　址：广东省佛山市顺德区大良凤翔路2号
邮　编：528300　　电　　话：0765-2383688 传真：0765-2383730
电子邮箱：sdswitch@pub.sdnet.gd.cn　　网　址：http://www.sdswitch.com

广东新华发行集团股份有限公司

Guangdong Xinhua Issuing Group CO.LTD

广东新华发行集团是我省图书发行龙头企业。其母公司广东新华发行集团股份有限公司，是目前国内图书发行企业中唯一按照现代企业制度要求建立起来的股份制企业。

集团秉承“诚信、创新、沟通、求实”的理念，致力于构建以连锁经营为中心的现代流通体制。目前集团在全省拥有8家子公司，2家参股企业，18家经营面积超过3000 m²的大型购书中心，119家连锁店，发行网点961处，拥有自有产权的经营场地10.4万m²。2002年，集团销售总额23.6亿元，总资产11.1 亿元，净资产4.34亿元， 被省人民政府认定为广东省重点扶持的12家“连锁经营龙头企业”之一。

集团将全力构建国有出版物发行主渠道，加快实现全国出版物市场体系建设中“南有广东”的布局规划，成为中国南方最大的出版物集散中心。

广东新华发行集团属下八大区域发行中心分布图

党委书记、董事长：蓝美南　　总经理：梁志生
地址：广州市东湖路152号　　邮编：510103
电话：020-83792666　　传真：020-83798289
E_mail：gdxh_ban@163.com
集团发行中心地址：广州市长福路161-163号　邮编：510650
电话：020-87057003、87059133　　传真：020-87059855

外文书店

广州白云书城

广州天誉科技书城

统一®
冰红茶
ICED TEA
年轻无极限
孙燕姿
新包装上市
柠檬味茶饮料

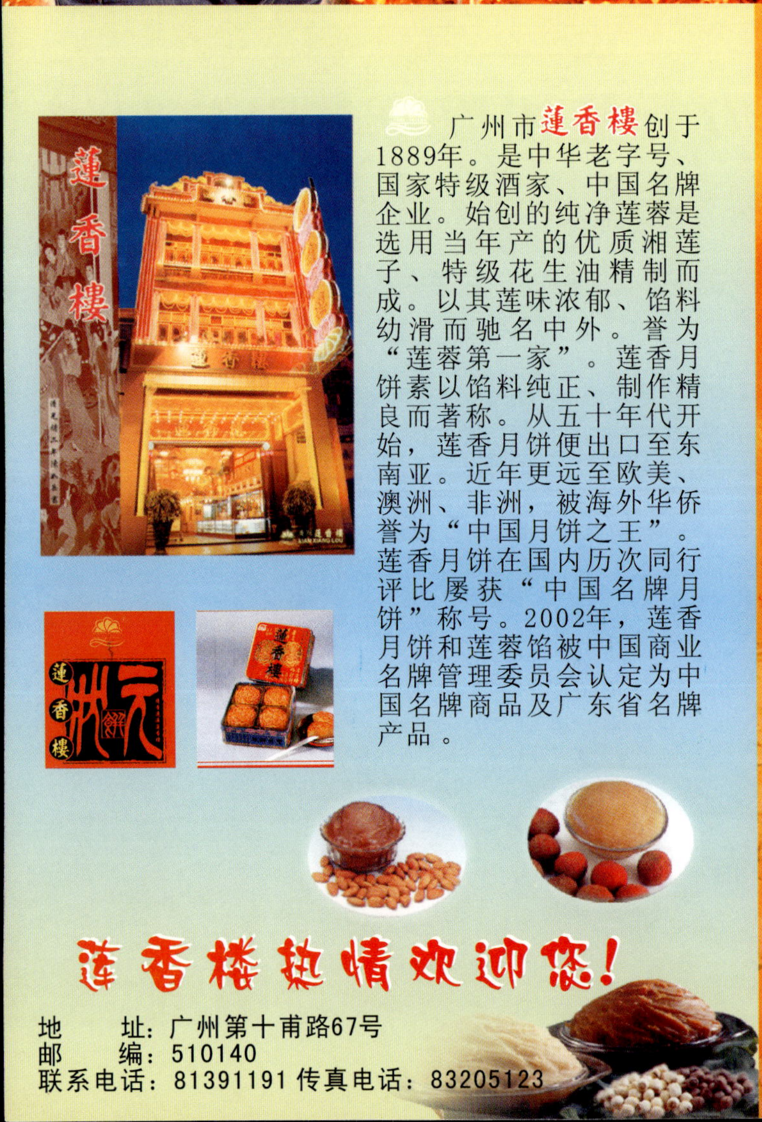
莲香樓
广州市莲香楼创于1889年。是中华老字号、国家特级酒家、中国名牌企业。始创的纯净莲蓉是选用当年产的优质湘莲子、特级花生油精制而成。以其莲味浓郁、馅料幼滑而驰名中外。誉为“莲蓉第一家”。莲香月饼素以馅料纯正、制作精良而著称。从五十年代开始，莲香月饼便出口至东南亚。近年更远至欧美、澳洲、非洲，被海外华侨誉为“中国月饼之王”。莲香月饼在国内历次同行评比屡获“中国名牌月饼”称号。2002年，莲香月饼和莲蓉馅被中国商业名牌管理委员会认定为中国名牌商品及广东省名牌产品。
莲香楼热情欢迎您！
地　　址：广州第十甫路67号
邮　　编：510140
联系电话：81391191 传真电话：83205123

广州致美斋食品有限公司
JAMMY CHAI
酿造酱油
特制生抽王
REFINED SUPERIOR SOY
510ml
致美斋酱油
调味一流
免检产品

宝山园

宝山园是深圳市宝安区人民政府投资兴建的经营性墓园，占地500余亩，总投资2.4亿元，2001年11月经广东省民政厅批准同意开业。她集世界优秀殡葬文化之大成和相关学科先进之理念，通过国际ISO质量管理、环境管理和职业健康安全管理体系认证。其生态式、园林式、花园式的建造特色，明朗、舒展、浪漫的时代气息和皇家园林的品位，被誉为全国乃至亚洲最别具风格的现代化墓园。

宝山园坐落在风景秀丽的羊台山脉，毗邻凤凰山，与石岩湖、铁岗水库遥遥相望。交通便捷，设施齐全，管理科学，葬法多样，价格合理，服务周到，诚信至上，律师见证，是先人安乐的百年后花园。

宝山园融优美的自然景观和丰富的人文内涵于一体，主体建筑引进了“永生”的概念，让逝者“虽死犹生”，永远“活”在人间。永生堂突出皇家园林特色；永生广场以宇宙天文图为平面内容，暗喻生命与宇宙同在；永生壁由汉代画像石拓片风格制作的巨型浮雕《永生图》。每个园区都以一个古代神话故事为主题。目前“补天苑”、“凤凰苑”已完工，“采药苑”、“追日苑”、“奔月苑”等将陆续推出。已建墓区各具特色，补天苑依山傍势而成；凤凰苑以错落有致的高台与舒展柔和缓坡相结合。落差三十米的华南最大人造瀑布—藏风瀑，在荔枝林中穿行的溪流点缀其间，凤凰盘、凤凰柱等独一无二艺术作品，自成体系。首创了明快、轻松、和谐、甚至几许浪漫的墓园风格。墓位销售和殡仪服务是宝山园的主要产品。为满足不同层次客户的需求，规划设计了壁葬、墙葬、草坪葬、艺术葬、宫位葬等多种葬法；墓碑开发设计了卧式碑和艺术碑两种，具有较高的观赏价值。殡仪实行了收殓、运送、火化“一条龙”服务，24小时服务承诺。

在队伍建设方面，宝山园以“名牌员工”推动“名牌产品”，具有一批素质较高的职工队伍，各项管理实现了服务程序规范化，服务内容公开化，收费标准透明化，办理手续简便化，安全保卫正规化。善始善终是宝山园的服务准则，为在第一时间内解决顾客所需，开通了专线电话，全天候接受服务和投诉。

瀑布

凤凰苑

补天苑

永生湖

凤凰苑全景

永生堂

电话号码：27485088　27485188　27485444
传　　真：27485345　　邮政编码：518126
地　　址：深圳市宝安区西乡镇黄麻布村洲石公路旁

祥安投资有限公司

祥安投资有限公司是中国殡协、省殡协、市殡协团体会员单位，经省民政厅和当地政府的批准，先后分别在广州市花都区、汕头市澄海区建设了花都祥安永久墓园和澄海祥安永久墓园。自墓园建立以来，严格执行国家、省政府、省民政厅关于殡葬管理条例及经营性公墓管理的相关规定，积极响应省政府关于制止土葬、保护我省有限的土地资源。加强精神文明建设，推进殡葬改革。逐步实现墓园管理现代化和国际化。

花都祥安永久墓园

祥安永久墓园一九九四年经广东省民政厅批准，由花都区民政局主办，广州市花都区祥安投资有限公司投资、经营、管理，是广州八大合法公墓之一。

墓园座落在被誉为“花之都”的花都区狮岭镇境内，与太平天国领袖洪秀全故居为邻，山青水秀，人杰地灵。由广州火车站驱车前往仅需30余分钟，并有各类巴士，专线车直达墓园，交通十分便利。

墓园的布局在中华民族古典朴实的气息中揉和了欧美陵园的风格；绿树成荫，鸟语花香，藏风聚气，斯人安祥；由名师精心策划、设计。并得到香港著名堪舆大师蔡伯励先生（香港“通胜”编纂者）指点玄机，实乃风水宝地。

澄海祥安永久墓园

祥安永久墓园经广东省民政厅和澄海市人民政府批准兴建，位于澄海市南峙山。南峙山是粤东地区的文明发祥地，有4500年的悠久历史，是迄今为止潮汕界内唯一遗留下来的一处母系氏族祭天遗迹。南峙山海拔约200米，山峦起伏，绿树成荫，藏风聚气，面向大海，四周名胜古迹众多：与塔山古寺、莱芜神女、樟林古港、古楼遗风、神山、莲花山、郑皇衣冠冢及陈慈黄故居“岭南第一侨宅”为邻。据史料记载：“南峙山周回十余里，南澳峙其左，海水荡其前；上有塔山寺，绍兴三年建；麓有石鼓，扣之逢逢声，闻数里，为历代堪舆名境，屡为风水相争之宝地。”

广州医药重点工程技术研究开发中心

广东省广州医药重点工程技术研究开发中心是广东省科技厅、计委和经委于1999年11月联合发文批准广州医药集团有限公司组建的，是广东省50家重点大型企业集团工程中心之一。

工程中心依托于广药集团，形成了以集团技术委员会为科技决策，以广州市医药工业研究所、广州汉方中药现代化研究开发中心及广州拜迪生物医药研究开发中心为实施主体，以企业研究所和产学研为外延补充的科技创新体系，是广药集团实现中药现代化，用高新技术改造传统产业，发展生物医药，研究开发新产品、新技术、新工艺、新剂型的主要技术依托。

广州市医药工业研究所是以合成化学原料药起家的综合性研究所，拥有建筑面积达10000m²的17层科研大楼及占地面积达150亩的实验动物Beagle犬饲养繁殖基地，总资产达1.13亿元，馆藏图书30000余册，学科配套齐全，技术力量雄厚。广东省Beagle种子质源研究开发中心已挂牌并正在建设中；广州市控（缓）释制剂研究中心经过十年的建设与发展，技术水平不断提高，科研成果垒垒，其控（缓）释小丸技术在国内处于领先地位。

广州汉方中药现代化研究开发中心注册资本5,000万元，总投资1.7亿元，建有1,200m²与国际接轨的中药现代化研究开发平台以及占地面积62,000m²国家现代中药提取分离纯化技术产业化示范基地.。目前，汉方正在建设国家中药现代化中心之一的“中药提取分离过程现代化国家工程研究中心”，并承担了国家计委现代中药产业化专项“国家现代中药高技术产业化示范工程”项目、广东省百项创新工程项目，广东省中药现代化重要专项及广州市十百创新工程等国家、省、市各级项目二十多项。

广州拜迪生物医药研究开发中心公司注册资金为5000万元人民币，投资规模8000万元，占地面积3万m²，区内建筑面积17000 m²，建有2100 m²符合GMP要求的中试车间和实验室，集研发、生产、销售为一体，以基因药物、基因工程药物、生化药物、生物检测试剂盒和功能性食品等的研究、开发和产品产业化为方向。建有一个按GMP要求设计的中试基地，具有发酵、分离、纯化和冷冻干燥生产线，符合基因药物产业需要。现承担国家“863”计划项目1项、广东省和广州市重点科技项目9项。

如今工程中心已成为技术开发能力较强、学科配套、具有一定规模的研究开发体系，是广药集团技术创新的主力军，在医药行业中起到了示范作用。

广东本草药业连锁有限公司

集团领导在公司成立大会上致词

广东本草药业连锁有限公司成立于2001年1月19日，是广东省广弘资产经营有限公司下属医药集团的企业，是一家专门从事药品零售连锁经营的公司。本公司发挥国有医药企业在资产、商誉、网络、人才等方面的优势，以完善药品流通秩序为己任，以中低收入阶层为目标市场，以城乡结合部等缺医少药区域为选址重点，以信息技术为先导，以物流配送为基础，打造本草核心竞争力，大力发展连锁经营。在短短的两年里，迅速发展了410家连锁店，其中直营店30家，加盟店380家。在广州、深圳、东莞、佛山、顺德、中山、韶关等地均有分部。广州市部分分店被指定为"医保定点药店"，2002年被省人民政府认定为"全省流通龙头企业"。

在不断发展的过程中，本草药业连锁保持自己的竞争优势，以强大的配送力量和品牌号召力跻身于省流通龙头企业行列。公司拥有占地25亩，建筑面积15000多平方米的药品仓库，并已进入了通过国家GSP认证的积极筹备阶段。在此良好的物资基础上，通过整体方案设计与信息化平台建设，发展"本草"物流配送总中心，实现对门店的统一采购，集中配送，供应品种5000种以上，40个大类，330个小类，其中中药材、中药饮片1000种。并配备专门运输工具为各连锁店提供准确、快速的配送服务，做到快速响应订单，24小时送货。

公司结合医药行业的特点和企业的实际，已建立了POS/MIS系统，该系统可迅速、准确、全面地提供商品进、销、存、配送等动态信息，为企业的经营管理提供科学的决策依据，保证了运营效率。

在激烈的市场竞争中，本草把握机遇，以优质的服务、优良的企业文化、卓越的企业精神，大力发展现代化的药品零售连锁企业，向全国发展，与国际接轨。欢迎行业内外有志人士以合股、加盟等形式与本草合作，共创中国连锁药业辉煌的明天。

本草连锁总部外境

国家经贸委贸易市场局门晓伟副局长视察本草药店

佛山店貌

韶关店貌

地址：广州市三元里大道1146号
电话：86306290
邮编：510410

汕头大学医学院

中共中央政治局委员、广东省委书记张德江同志到我校视察指导工作

汕头大学医学院是香港知名爱国人士李嘉诚先生捐巨资兴办的汕头大学的重要组成部分。1996年通过国家“211工程”部门预审，步入国家重点建设行列，是博士学位授予单位，拥有五所设备精良、技术力量雄厚的现代化附属医院。

2002年我院取得如下主要业绩。2002年1月教育部批准我院“病理学与病理生理学”为国家高等学校重点学科；2002年2月份，国家教育部同意我院增加七年制临床医学专业；2003年1月，广东省教育厅批准我院临床医疗专业为名牌专业；在科研上确立变态反应性疾病研究、流感病毒研究、食管癌与鼻咽癌研究为科研工作“三个突破口”，2002年已有37篇科研论文被SCI收录，其中影响因子3以上6篇；科研立项156项、其中国家级立项8项、省部级18项，教学、科研工作取得了令人重视的成绩，被同行专家誉为“跨越式快速的发展”。

2001年4月，经国家人事部和全国博士后管委会批准，同意我院设立基础医学博士后科研流动站，使我院建立起“学士硕士博士博士后”的教学培养体系。自2001年9月第一批博士后研究人员进站开展博士后研究以来，通过加大投入，广泛宣传，扩大招收规模，目前在站博士后研究人员共51名。博士后的进站，大大地提高了我院的科研综合实力与竞争力，促进了我院科研水平不断提高，尽早达到国内领先，国际知名的水平。

根据学院发展的规划，我院将进一步加强博士后流动站的工作，力争在5年内使进站的博士后研究人员累计达到100名以上。

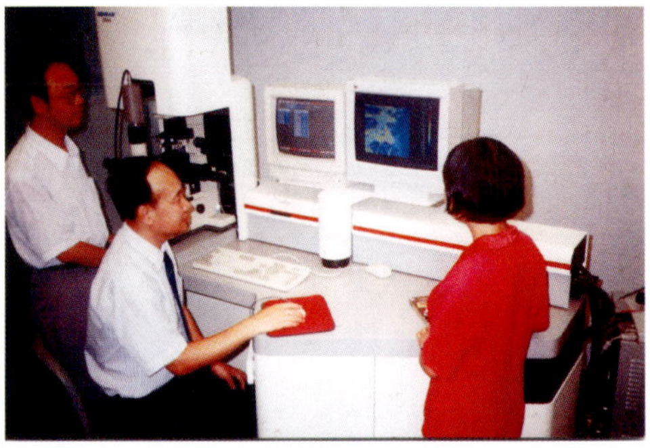

汕头大学校长、博士生导师徐小虎教授指导博士后开展研究工作

改革发展中的汕头大学医学院

OEITL

肇庆学院光电信息技术教学重点实验室

肇庆学院光电信息技术教学重点实验室（ Key Laboratory of Opto- and Electron-Information Technology, Zhaoqing University。缩写为 OEITL）是2001年11月经广东省教育厅批准、由广东省教育厅和肇庆学院两家共同投资建设的省级开放型重点实验室，实验室设备总资产375万元，总使用面积840平方米。实验室从2002年5月起各分室分批次逐步投入使用，2002年12月通过了以刘颂豪院士为组长的专家组验收。

2002年12月以刘颂豪院士（中）为组长的专家组现场验收实验室

目前本实验室可以开展三个层次的实验：第一个层次是对应于本专科学生教学的基础性实验；第二层次是高年级学生的设计研究型实验；第三层次是教师和高年级学生所进行的科学研究、科技开发等实验。实验室的主要研究方向为自动化、电力电子技术和光机电一体化。

肇庆学院光电信息技术教学重点实验室下设五个实验分室和两个研究分室共七个分支机构。分别是：电路、信号与系统实验分室（OEITL Circuits, Signals and Systems Branch）；电子设计自动化实验分室（OEITL EDA Branch）；计算机网络实验分室（OEITL Internet and LAN Branch）；数字信号处理实验分室（OEITL DSP Branch）；光学与光技术实验分室（OEITL Optics and Optical Technique Branch）。两个研究分室是：电力电子技术研究分室（OEITL Power Electronics Research Branch）；光机电一体化研究分室（OEITL Optomechatronics Research Branch）。

“服务于教学，服务于科研”是实验室的建设初衷，也是实验室管理应达到的目标。

学生正在做EDA实验

肇庆学院光电信息技术教学重点实验室全景

地　址：肇庆市东岗　电　话：0758—2716354　邮　编：526061

广州市妇婴医院

1991年经广州市政府批准成立了广州市优生围产研究所，同年研究所被广州市卫生局列为属下八个重点专科之一，1996年被评为广东省"五个一"重点实验室，2002年被评为广东省特色专科，广州市重点专科。设置有脐血干细胞库、医学遗传中心、新生儿筛查中心等部门。多年来，本所紧紧围绕“降低出生缺陷，提高出生人口素质”开展了大量工作：

脐血干细胞库自1995年底开始筹建，1996年该课题被立为广东省科委、广州市科委、广州市卫生局重点科技攻关项目及广东省卫生厅"五个一科教兴医"重点项目。广东省科委、广州市政府、广州市科委、广州市卫生局先后投资1200万元，添置大量先进仪器、设备。1998年开始保存脐血，迄至2003年6月，已保存脐血3500余份。由1998年至今先后用库存脐血移植治疗重型β-地中海贫血、再生障碍性贫血、白血病等70多例。1999年8月，广州市政府邀请国内著名血液学专家来医院对脐血库工作进行了评估，2001年脐血库通过广东省科委及广州市科委科技成果评审，都得到国内有关专家的一致好评，认为“本项目的科技水平及临床应用的效益及成绩均达到/接近国际先进水平”。

医学遗传研究中心开展绒毛、羊水及脐血产前诊断技术。自1984年开展外周血染色体检查以来，受检人数达12148例。脐血染色体检查从1990年开展以来，共检646例。1986年开展羊水染色体产前诊断技术，受检人数785例，培养成功率达98%。

1989年开展B超下脐带穿刺技术，已完成2151例产前诊断，98%手术时间在10分钟内完成，胎儿丢失率为0.2%。开展了产前染色体、α及β地中海贫血、血友病、脆性X综合症、宫内感染(风疹病毒、巨细胞病毒、B19病毒、单纯疱疹病毒、弓形虫)、产前HLA配型，胎儿宫内输血等项目。

1993年，我们开始实施针对所有来院就诊孕妇的前瞻性地贫筛查，至2002年7月检测样本量达77,366例，前后杜绝了42例和18例重型α和β地贫儿的出生。这是国内首次建立和实施的以医院为中心的预防重型地贫患儿出生的孕前筛查及产前诊断的实践模式。同时与第一军医大学合作进行广东省β地贫人群基因频率及产前诊断研究，发现了一种新的突变位点。首次阐明了广东省β地贫突变类型，对大规模人群防治及产前诊断有重要意义。该课题1998年度获国家科技进步三等奖。相关文章在《Hum Genet》、《British of Hematol》等国外核心期刊发表。酶标寡核苷酸探针进行β-地中海贫血的产前诊断研究获广州市科技进步二等奖（排名第一）。

产前超声1998年与香港大学附属赞育医院产前诊断科合作，在国内首次开展了早孕无创伤性产前诊断重型α地中海贫血胎儿研究。至今已完成了300例的高风险胎儿的产前超声诊断，诊断符合率达99.8%。

新生儿筛查中心自1996年至今，对先天性甲状腺功能低下（CH）、苯丙酮尿症（PKU）和G6PD三种疾病进行了新生儿疾病筛查，覆盖全市148间有产科的医院，新生儿筛查率由1995年的36.1%提高至2001年的98%，共筛查50万新生儿，居我国前列。

1996年以来，研究所共撰写论文98篇，其中国家级杂志发表50篇，参加各级学术论文交流12篇。

经我院产前诊断确诊,并进行产前HLA配型,
同胞脐血移植治疗的B-重型地中海贫血姐妹

地址：广州市人民中路402号
电话：020—81867893
邮编：510180

佛山市第一人民医院普外科

举办2002年国际腹腔镜新进展学术交流会

佛山市第一人民医院是一所现代化的综合性医院，有床位1300张，是全国首家三级甲等医院。普外科是医院重点专科，有120张病床，分肝胆外科、胃肠外科两个专业及4个中心（腹腔镜培训中心、介入超声治疗中心、痔瘘中心和疝修补中心）。现有医师28人（研究生学历6人），其中主任医师4人，副主任医师9人，主治医师13人，住院医师2人，护士42人，其中主管护师4人，护师15人，护士23人。肝胆外科有60张病床，每年收治大量肝胆疾病患者，能实施各种复杂肝胆外科手术，包括肝胆管结石联合手术、巨大肝癌切除术、高位胆管癌切除术、胰十二指肠切除术等，还开展肝脏移植，迄今已完成肝脏移植15例次，包括华南地区首例亲属活体肝移植，位居全省第二位，也是国内地市级医院中开展肝移植例数最多的医院，达到国内先进水平。胃肠及肛肠外科有42张病床，每年实施的胃肠道肿瘤根治手术二百多例，位居省内前列，其中超低位直肠癌切除双重器械吻合术（保肛手术），解除病人永久人工肛的痛苦；肛肠外科开展了便秘手术，在盆底动力性疾病的研究和治疗、痔的吻合器切除（PPH）等方面达到省内先进水平。腹腔镜外科是普外科一大特色，每年完成大量腹腔镜手术，包括胆囊切除术、疝修补术、阑尾切除术、胆总管切开取石术、胃穿孔修补术、脾切除术、肝叶切除术、胃癌根治术、结直肠癌根治术等，其中腹腔镜疝修补100多例、腹腔镜大肠癌手术200多例，均达到国内先进水平。每年有大量来自全国各地的医生到我院普外科进修腹腔镜，我们也多次举办国际性及全国性腹腔镜新技术研讨会。

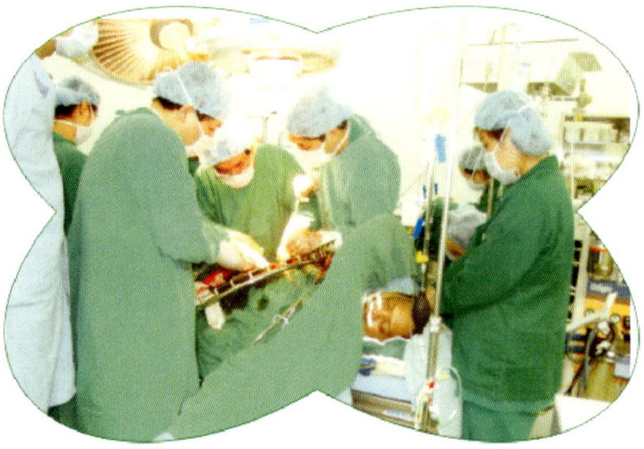

肝移植手术

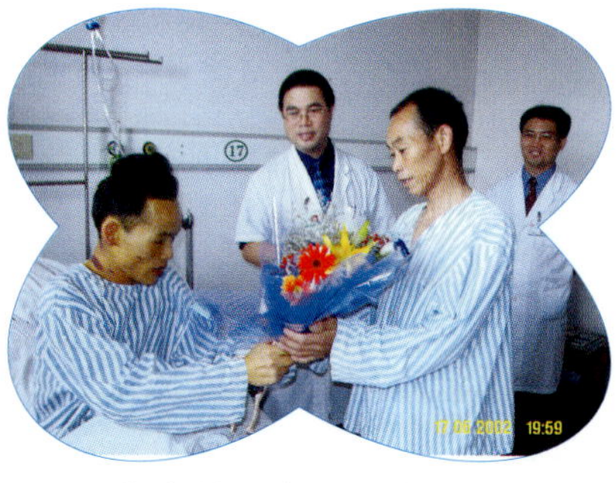

华南首例亲属活体肝移植
（父亲献肝给儿子）

地址：佛山市大福南路
电话：0757—3833633
邮编：528000

深圳市宝安区沙井人民医院手外科

深圳市宝安区沙井人民医院手外科成立于1994年。经过近十年的努力，本专科建设规模、医疗、教学、科研水平、人才梯队建设等方面均取得了长足的发展，先后被评为“广东省创伤救治科研中心手外科”、“深圳市手外科治疗康复中心”、“深圳市医学重点专科”及“广东省医学特色专科”。

科室占地面积2200平方米，下设显微外科监护室、功能康复室、显微外科训练室、组织病理学实验室、学术研讨室、资料室及神经电生理检查室。科室现有床位100张，分二个疗区。床位使用率达95%；医务人员32人，其中高级职称4人，中级职称4人，住院医师8人，护理人员16人，已经完成了合理的学科梯队建设。年平均收治病人2000余例，手术量近3000人次，病人来源遍及珠江三角洲区域。临床上能顺利开展复杂断肢（指）再植、瘫痪手功能重建、游离组织移植、包括臂丛神经和产瘫在内的周围神经损伤的显微外科治疗、拇趾甲皮瓣及游离足趾移植拇手指再造等术式。近一年来开展了许多填补深圳市空白及创新性项目，其中急诊一期拇手指再造、桥式交叉吻合血管皮瓣移植修复小腿皮肤缺损骨外露等项目被国内专家及同行公认为已跨入国内先进行列。

学科带头人张振伟，副主任医师。现任广东省创伤救治科研中心手外科及深圳市手外科治疗康复中心主任；广东省人体生物组织工程学会理事，广东省创伤救治科研中心学术委员会委员，广东省手外科学会委员，深圳市手外科学会委员；《实用手外科杂志》副总编辑，《中国临床解剖学杂志》编委，《国外医学骨科学分册》特邀编委；参加了院士系列丛书《手外科学》（专著）的编写工作。先后在中华及国家级杂志发表论文20余篇，参加获奖科研二项，获奖新技术三项。目前，带领科室课题组正积极探讨于神经断伤修复部位应用高分子缓释材料的形态和药物缓释规律及免疫抑制剂局部应用促进周围神经再生的系列研究，并承担省科技厅、市科委及广东省创伤救治科研中心相关科研课题七项。课题本身已走在了促进周围神经再生领域的前沿。

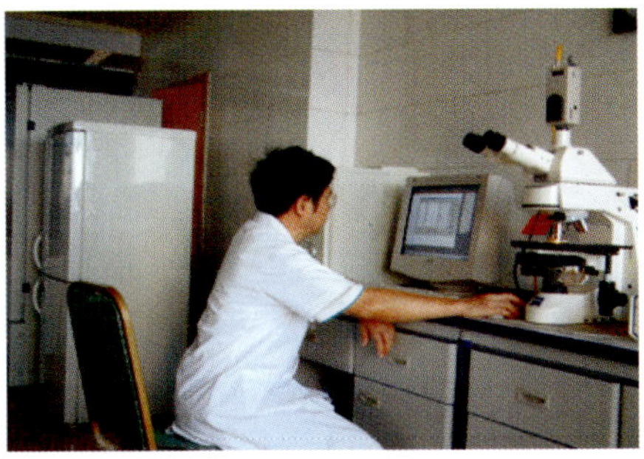

手外科组织形态学实验室

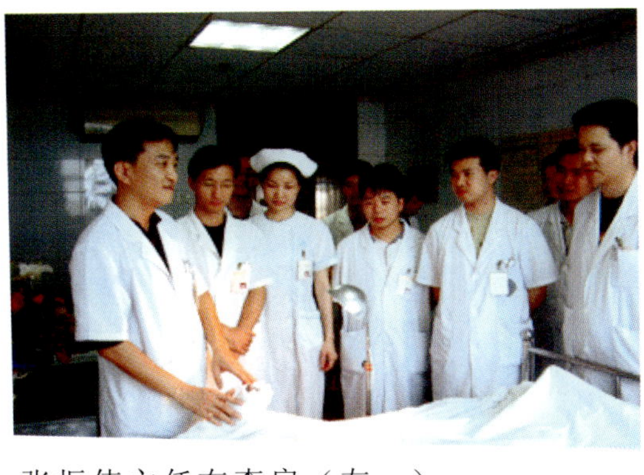

张振伟主任在查房（左一）

地址：深圳市宝安区沙井大街三号
电话：0755—27214380 邮编：518100

汕头大学医学院第二附属医院 骨、关节脊柱外科

汕头大学医学院第二附属医院是香港知名爱国人士李嘉诚先生捐资，汕头市政府鼎力支持下兴建的一所集医疗、教学、科研、预防保健为一体的现代化综合性医院，是中国首批通过德国TOV莱茵公司ISO9001质量管理体系和ISO14001环境管理体系双认证的医疗机构之一。目前医院拥有美国CE公司1.5T高场磁共振成像仪、高速螺旋CT、1000MA数字减影X光机（DSA）等国内一流设备；环境优美，病房宽敞明亮，生活设施齐全，素有“绿色医院”之美称；临床学科特色突出，技术力量雄厚，特别是近年来，医院在学科建设方面取得了长足发展，使二附院成为粤东地区又一个医疗、教学、科研的中心。

汕头大学医学院第二附属医院骨外科，一直是医院的重点专科，也是潮汕地区技术力量最好的医疗学科之一，2002年骨外科在原来基础上，新开设了“关节脊柱外科”病区。该学科现有医师15人，其中副高职4人，硕士学位8人。在学科带头人博士生导师孔抗美教授、齐伟力教授和刘克主任医师的支持下，花大力气投入，使科研成果向临床应用转化，通过科研解决临床医疗工作的难题，1982年开始进行慢性SCI的临床研究，包括颈椎病的影像学诊断，麻醉方法的改进，手术体位和手术方法的改进，并研制了骨科用可调式颈椎固定器（专利号：ZL9420231837）。1992年在临床研究的基础上开始对颈椎病的解剖学、病因学做了系列研究。采用中西医结合的方法用耳针药物复合麻醉，提高了安全性，减少或防止术中脊髓损伤，减轻了术后护理的工作量；通过对颈椎标本椎管矢状径及截面积的观测，为坐位颈椎手术提供了解剖依据；并在此基础上对椎管扩大手术进行了改进，“颈椎管成形扩大治疗颈椎管狭窄手术的改进”“脊髓型颈椎病的研究”“颈椎病的研究”分别于1994年、1997年、1999年获省科技进步奖。“科研攻关，勇攀高峰”是汕头大学医学院第二附属医院骨、关节脊柱外科保持领先地位的有力保障。

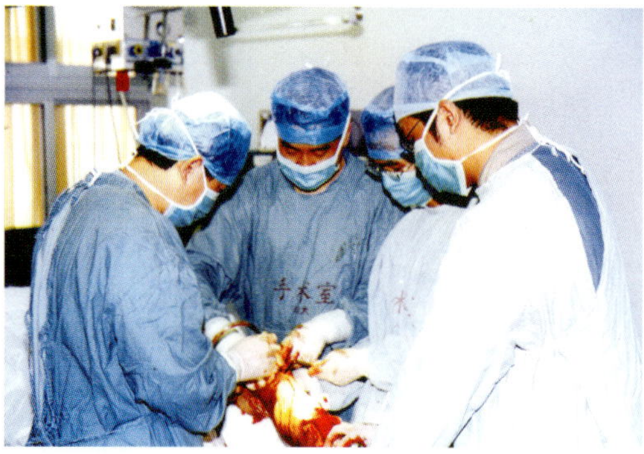

在开展临床医疗工作的同时，汕头大学医学院第二附属医院骨、关节脊柱外科高度重视学科的临床应用研究和基础研究，该科承担了省（部）级以上医学科技项目三项，参加全省性协作科技项目并取得良好效果；获得省（部）级科技奖励或市级二等以上的奖项五项；三项技术专利并成功应用临床。近五年来获省级以上科研基金资助5项，其中国家自然科学基金1项。共发表学术论文138篇。

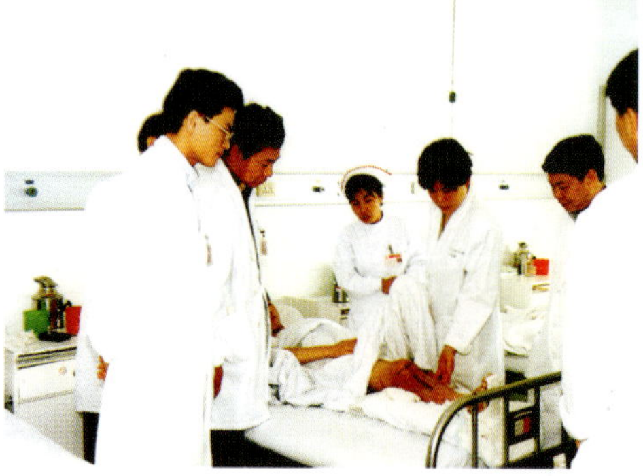

2003年该科被广东省卫生厅评定为广东医学特色专科。今后，骨外科力争在3年内通过骨科博士点申报审批，培养一批博士后、博士生、硕士生，使学科队伍向年轻化、高学历、高层次发展，真正成为集临床医疗，临床教学和科研为一体的实体，并成为粤东地区骨科高级人才的培养中心。

地址：汕头市东厦北路　　电话：0754—8354847　邮编：515041

广州医学院神经科学研究所

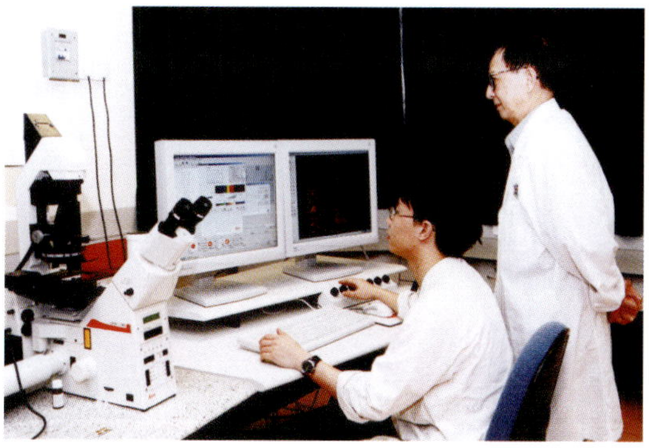

科研人员应用先进的共聚焦显微镜进行神经科学的基础研究

广州医学院神经科学研究所成立于1986年，属广州市批准的建制。在建所初期，研究所得到以温祥来博士、何善衡慈善基金会等海外华人和机构的捐款3000余万元人民币。

目前研究所拥有4个病区和独立的手术室、复苏室，共有病床200张，专科手术室4间。开设神经内、外科专科门诊、急诊，并有癫痫中心、神经电诊断室及多个基础实验室，实验室用房3600m²，拥有一大批临床与科研设备，是国内临床与基础相结合、以神经病学为主的最大的研究所之一。

神经病学专科在癫痫、脑血管病、儿童神经病学等学科研究方向处领先地位，先后承担和完成国家自然科学基金等各级课题，多次获省、部级奖励，主编了卫生部《癫痫》视听教材，每年培养硕士研究生3～8名。学科近3年获上级课题经费近500万元，发表论文270余篇，SCI引用论文12篇。学科已建设一支以年青科研人员为主的学术队伍，其中45岁以下的高级专业技术人员11人。

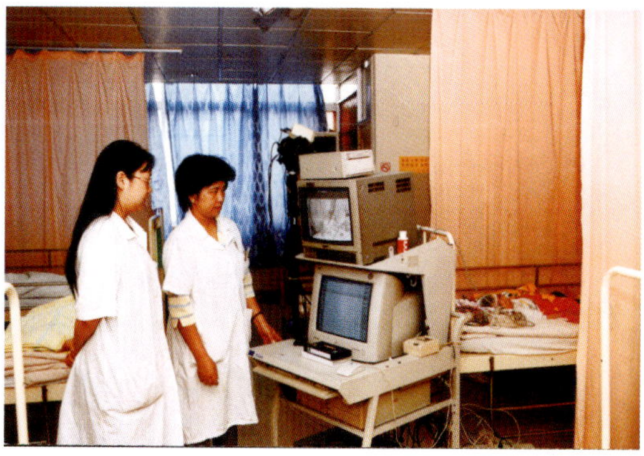

在国内率先引进美国电视录象脑电图监测系统，可同步显示病人发作时脑电变化，为解决疑难癫痫病例的诊断、鉴别诊断、治疗提供可靠的科学依据；并取得癫痫发作期的一系列研究成果。

现任所长廖卫平教授为国务院政府特殊津贴专家、广东省突出贡献专家和广州市优秀专家，在专业领域中有较高的知名度，是国内神经病学领域中知名的癫痫专家，并先后获欧洲Gowers' 奖、Sackler中国医师年度奖、广东省青年科技奖、广东省科技进步二等奖等一系列奖励。

脑血管病研究方向先后承担和完成国家八五、九五、十五攻关项目等一系列研究。设立了脑血管病的专科病房，把脑血管病的人群防治与早期诊断、急救处理及康复治疗相结合，并形成了自己的特色。陆雪芬教授为该领域的知名专家，中华医学会神经病学分会的副主任委员。儿童神经病学专业成功抢救了不少危重患儿，在色氨酸代谢、新生儿缺血缺氧性脑病、脆性X综合征、大脑皮质发育等研究方面成绩突出。

广州医学院神经科学研究所坐落在环境优美的广州医学院第二附属医院内

学科的临床医护人员与外国专家讨论病例

广州医学院第二附属医院 广州医学院神经科学研究所
地址：广州市昌岗东路250号　　邮编：510260
电话：020-34152626，34152625 传真：020-34153378
网址：www.gzneurosci.com
所长：廖卫平教授

惠州市中心人民医院消化内科

学科带头人许岸高

惠州市中心人民医院消化内科分胃肠病区和肝病区，两区共有床位81张；每年收治病人近2000例，并设有内镜室和消化研究室。开有肝病门诊和消化专科门诊。员工人数44人，其中正高职称3人，副高4人，中级职称13人。许岸高是该学科带头人，主任医师，教授，硕士生导师，并享受国务院政府特殊津贴专家。

技术特色：

（1）结肠微小病变的诊治：近年来，我科在全国率先引进欧林巴斯最先进的CF-Q240ZI放大肠镜，加强技术培训和人才培养，积极追踪国际新技术，开展新项目，使我院早期结肠癌及癌前病变的诊断和内镜下微创治疗达到省内领先水平。是我国较早对大肠平坦型肿瘤，侧向发育型肿瘤、凹陷性病变进行深入研究的单位。

（2）晚期肝癌和胃癌的治疗：我科对晚期肝癌和胃肠癌的生物导向治疗，内镜、B超和X线下介入治疗，中药诱导细胞凋亡治疗亦进行过深入的研究，摸索出一套比较成熟的系统治疗方案，取得较好的临床效果。

（3）慢性病毒性肝炎和重症肝炎的治疗：我院是较早开设肝病区和肝病专科内诊，实行专病专治的综合性医院。对慢性乙型肝炎、慢性丙型肝炎的抗病毒治疗、肝纤维化的治疗以及肝癌癌前病变的治疗进行较全面、系统的临床研究，积累了较丰富的经验，取得较好的疗效，达到国内较先进的水平。在重症肝炎的抢救，经过多年的摸索，提出“有主导措施的综合治疗”原则，并逐渐形成较先进、完善的“加强支持治疗，努力维持病人体内环境稳定，积极防治并发症，协助病人渡过难关”的治疗护理措施，取得了肝昏迷苏醒率37%，治愈生存率48%，并曾奇迹般成功救活了1例IV度肝昏迷持续9天伴无尿37小时的急性重症肝炎患者，显示我院在重型肝炎的治疗达到了省内较先进的水平。

（4）内镜下介入治疗技术、脾亢X线下介入治疗技术等技术亦处于省内较先进的水平。

科研成果：曾七次承担广东省医药科学技术科研基金资助项目，二次获广东省科技进步奖，五次获惠州市科技进步奖。自1995年以来发表科研论文30多篇，其中国家级论文16篇，国际杂志1篇；SCI收录1篇。

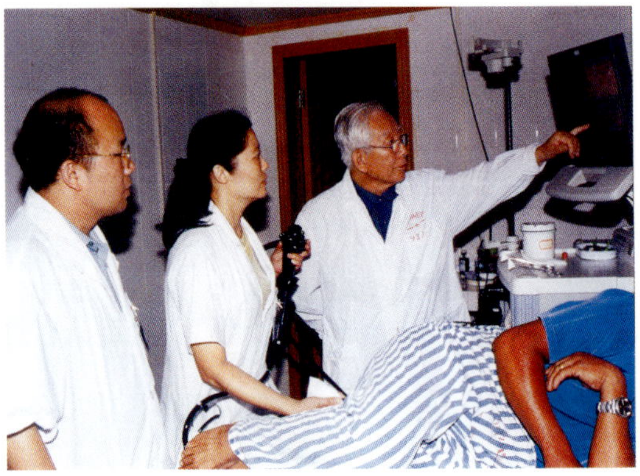
会诊病人

国际交流

地址：惠州市鹅岭北路41号　电话：0751—2288522　邮编：516001

中山市人民医院心血管科

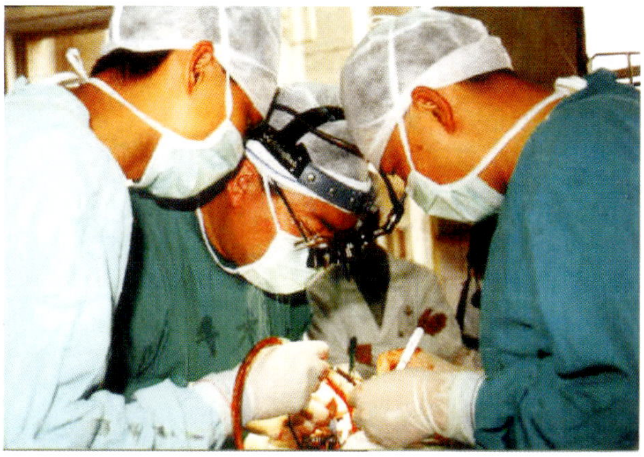

王得坤院长在施行体外循环心脏手术

中山市人民医院心血管科现有病床80张（包括CCU病床15张），包括心胸外科和心内科，拥有一批以学科带头人为核心的高水平的专业技术人员，副高职称以上医师5人，博士后2人，其中一人曾留学美国2年，硕士3人。目前承担的科研课题15项，获得中山市科技进步一等奖3项，二等奖2项，三等奖多项。

该科心导管病的诊疗技术在省内处于先进水平。开展多种高难度的手术，如：心脏不停跳冠状动脉搭桥术、急诊冠状动脉搭桥术、主动脉夹层动脉瘤支架植入手术、体外膜肺氧和（ECMO）抢救重症心肌炎等。

心导管介入诊疗技术飞速发展：右心导管术、漂浮导管监测血流动力学、经皮冠状动脉腔内成型术（PTCA）和支架植入术、急性心肌梗死直接PTCA术、主动脉内球囊反搏、永久性单腔和双腔起搏器安装术、经皮动脉导管未闭堵闭术、经皮房间隔堵闭术、经皮二尖瓣球囊成形术（PBMV）、射频消融术治疗多种心律失常等均处于省内先进水平，特别是急诊科、心内科、胸外科联合起来建立了冠心病的绿色通道，将急性冠脉综合征的死亡率从20%降低到5%以下。

我们拥有先进的医疗仪器设备如体外循环机、Marquat 8000多功能监护仪、1000毫安的数字减影2台、惠普5500超声心动图、32道生理记录仪、射频消融仪、进口呼吸机、除颤仪和胸腔镜等。拥有较完善的基础实验设施，专业技术人员在实验设计和实施方面均受过正规训练。包括动物饲养和动物试验场地，已多次完成同种异体原位心脏移植的动物试验。与美国夏威夷、澳大利亚多家医院有着长期友好的合作与联系，与北京阜外心血管病医院、广东省心血管病研究所、中山医科大学长期友好的合作，均有力地促进了我们科研与临床的发展。

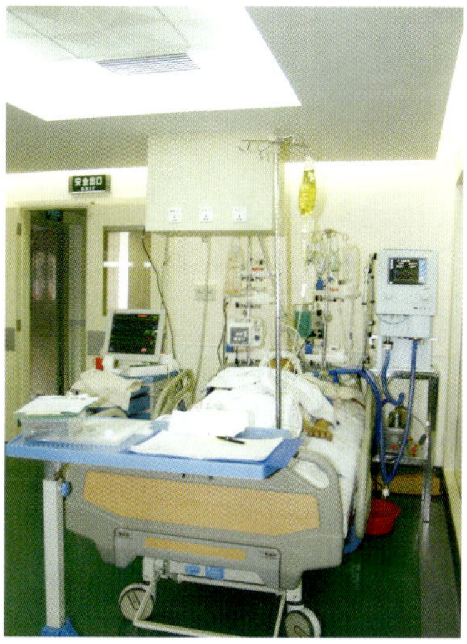

一流的医疗设备

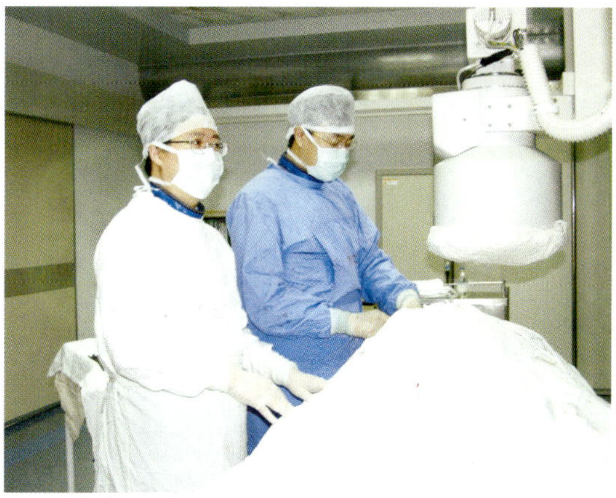

袁勇博士在进行心导管介入手术

地址：广东省中山市孙文中路2号 邮编：528403
电话：(0760)8823566-23588 23599 传真：（0760）8841707
Http://www.zsph.com
E-mail:zsph@zsph.com 中文网址：人民医院

广东省疾病预防控制中心

食品安全监测检验

特色专科

CNACL
No.0623

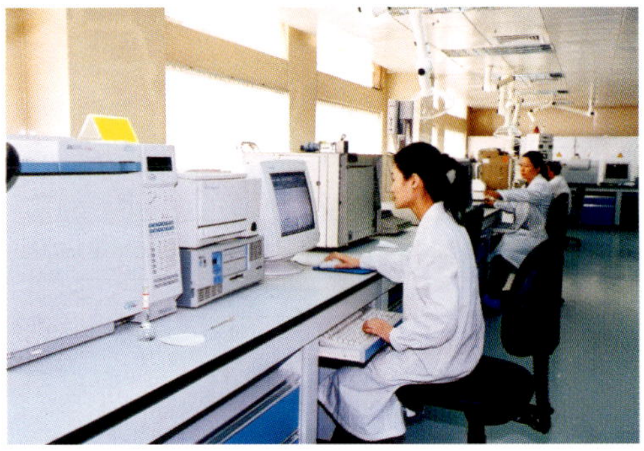

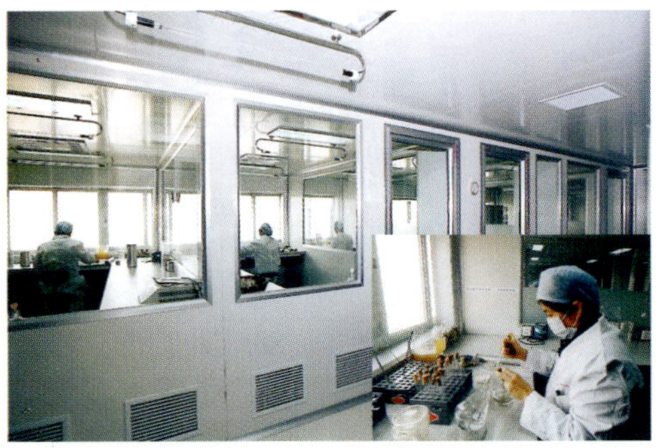

广东省疾病预防控制中心（广东省卫生检验中心）是全省疾病预防控制、卫生监测检验、科研培训和宣传教育的技术指导中心。

食品安全监测检验特色专科与其业务相关的科所有公共卫生研究所、微生物检验所、理化检验所、毒理实验所和质量控制管理科。本专科承担全省食品卫生抽检、专项打假、食物中毒调查和检验任务。本专科具备国内一流的实验检测条件，有各类食品安全监测检验的实验室，其中保健品功能检测实验室于2000年通过国家卫生部认定。我中心遵循“依法公正、科学求真”的质量方针，按照国际标准 ISO/IEC17025进行实验室管理，于2002年2月通过国家认可委（CNACL）认可。

本专科技术力量雄厚，人才素质较高，梯队结构合理。从事食品安全监测检测工作的专业技术人员有82人，其中博士2人，硕士16人，高级职称22人，中级职称29人；卫生部食品卫生评审委员会专家2名。

本专科“九五”期间完成了一批科研项目并获得国家和省部级科研成果奖励，参与研制了一批的食品卫生国家标准。建立了全省各类食物中污染物监测网络，开展食品、保健品的理化检验、微生物检验和毒理学安全性评价研究，实验室总体水平达到国内一流的先进水平，部分项目达到国际先进水平。

地址：广州市新港西路176号
邮编：510300　电话：020—84451366（总机）
网址：http//www.cdcp.org.cn

戒毒领域的一颗璀璨明星

——记广州白云自愿戒毒中心

吸毒祸国殃民，给家庭和社会造成了巨大压力，这些问题引起了社会各界和政府部门的高度重视。经广东省卫生厅、禁毒委批准，共青团广州市委负责组建了广州白云自愿戒毒中心，该中心同属广州市青少年自愿戒毒指导中心、第一军医大学中医系药理研究科研地、国际戒毒基金会中医中药戒毒临床研究基地、香港国际中西医结合学会临床研究基地。多年来，在上级主管部门的大力支持下，在全体员工的共同努力下，以优质的服务，精湛的技术，良好的环境设备和现代化的管理模式，该中心已成为广东省戒毒行业中的佼佼者，为我国的戒毒事业做出了突出的贡献。

白云自愿戒毒中心成立至今，先后有省、市相关部门各级领导、世界卫生组织官员、国际戒毒基金会官员、国内外戒毒专家等各界人士到我单位视察工作和参观学习。在2000年《中国禁毒报告》中，该中心是全国唯一刊登在此报告中的自愿戒毒机构；在2002年全省自愿戒毒工作会议中，白云自愿戒毒中心被省卫生厅作为全省优秀示范戒毒机构进行推广；2002年年底，被广州市人民政府评为“青年文明号”集体；2003年年初，被广州市委宣传部、广州市精神文明建设领导小组等机构评为“学雷锋、树新风”标兵单位；同期又被共青团广州市委评为“属下单位先进集体”。戒毒事业利国利民，中央电视台、广东电视台、南方电视台、羊城晚报、广州日报等新闻媒体也对我们的先进事迹进行过深入报导。

2002年5月，广东省卫生厅、禁毒委组织全省35家自愿戒毒所的负责人到中心参观学习

2000年中国禁毒报告，白云自愿戒毒中心是全国唯一一家被刊载在此报告里的自愿戒毒机构

世界卫生组织官员Gray Sattler（左四）、赵鹏飞教授（左五），广东省疾病预防控制中心副所长何群（左六）到我中心视察

中华人民共和国中医药管理局国际合作司司长沈志祥（左四）亲临中心考察工作

中国科学院院士、戒毒专家韩济生亲临本中心视察工作，对我中心的电脑戒毒仪很感兴趣

团市委书记骆蔚峰（右四）团市委常委、信息与事业发展部部长喻永东（右六）亲临戒毒中心视察工作

独特的戒毒方法吸引俄罗斯戒毒专家到白云自愿戒毒中心考察学习

中央电视台名牌栏目《今日说法》记者采访中心门诊主任

广州白云自愿戒毒中心占地6000多平方，拥有两栋集戒毒治疗、体能康复、教育学习、休闲娱乐为一体的多功能康复大楼，病床200多个。所有患者均是单人单房，房内设有室内氧吧、空调、电视、席梦思床、独立洗手间，配套设施一应俱全。购进了大批体能康复、教育设施和娱乐设施，如桌球台、乒乓球台、跑步机、健身器械、电脑等。设有单独的卡拉OK室、羽毛球场、单双杠体体能训练区、沐足室等。中心定期组织患者参加各项娱乐活动，举办各类比赛（如乒乓球赛、羽毛球赛、象棋赛等），使吸毒患者摆脱了整天面对铁窗和墙壁、枯燥无味的生活。同时，该中心建有园林花园，花园里绿树成荫，花草相间，错落有致。每天下午，医务工作人员组织患者在花园内散步、谈心，休心养性，该中心已建造成一个高标准的花园式戒毒康复中心。

广州白云自愿戒毒中心与中国人民解放军第一军医大中医系等多家科研单位通力合作，经多年的临床实践，总结上千例成功戒毒者的治疗经验，研究出一套“立体综合戒毒疗法”，即使用多种方法，多角度、全方位地对吸毒者进行戒毒治疗，主要从发病原因、发病病理特征、心理特征、人格特征等几面进行治疗。这种疗法主要集特色中医戒毒治疗、针灸推拿戒毒治疗、人体静电磁场调节治疗、被动运动疗法、海洛因厌恶治疗、音乐治疗等疗法于一体。整个戒毒过程十分清醒、安全，无痛苦，并且摆脱了传统单一戒毒疗法复吸率居高不下的大难题，为我国的戒毒事业做出了一定的贡献。

中心特有的音乐治疗室

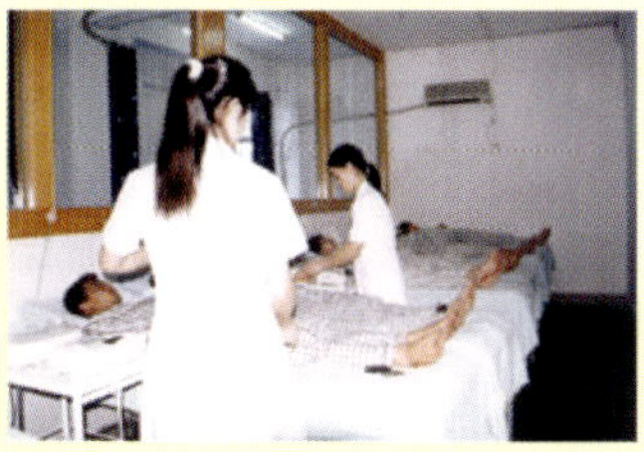
拥有先进电脑戒毒仪器等设备的理疗室

设有台球、乒乓球等设施的娱乐活动中心

中心设有沐足推拿室

地址：广州市白云大道北586号（即原新广从公路东平村路段）

咨询电话：020—86050628　87470000　邮编：510440

网址：www.byjd.com

潮州市中心医院神经外科

2002年，潮州市中心医院神经外科被广东省卫生厅评定为“广东医学特色专科”，并连续十年被评为“文明科室”，99年获广东省青年文明号。

多年来，该科室开展新项目44项；多项填补省内、粤东空白，填补本市空白30多项，并承担了多项省攻关课题，省厅立项课题，市立项课题，荣获省市科技奖14项：1.重症颅脑外伤抢救；2.介入放射技术；3.微导管血管内治疗技术；4.颅内肿瘤介入化疗；5.微侵袭神经外科技术；6.椎间盘髓核旋切术；7.血管内治疗脑AVM；8.双侧瞳孔散大的颅内血肿抢救；9.肿瘤内放疗（省级）；10.电生理技术。获院科技奖21项。各级杂志发表文章88篇，论著一部。

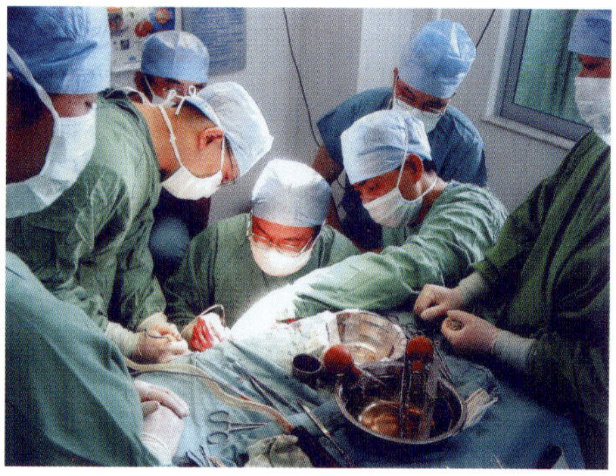

颅脑手术

目前该专科拥有医护人员44人，床位52张，专科手术室一间，立体定向室一间。配备有数字减影CT、磁共振、立体定向、微导管设备、颅脑ICU、激光刀、电动开颅器、超声吸引、手术显微镜、颅内压监护仪、生命体征监护仪、呼吸机。可开展手术包括：⑴颅内肿瘤切除；⑵颅脑外伤手术；⑶血管性病变手术；⑷先天性疾病手术；⑸脊柱椎管理手术；⑹微导管血管内治疗；⑺立体定向手术；⑻胎脑移植，神经干细胞移植研究。二十年来完成各种颅脑手术4000多例，抢救治疗颅脑外伤5000多例。目前年收病人约1300人，年颅脑手术约400多例。

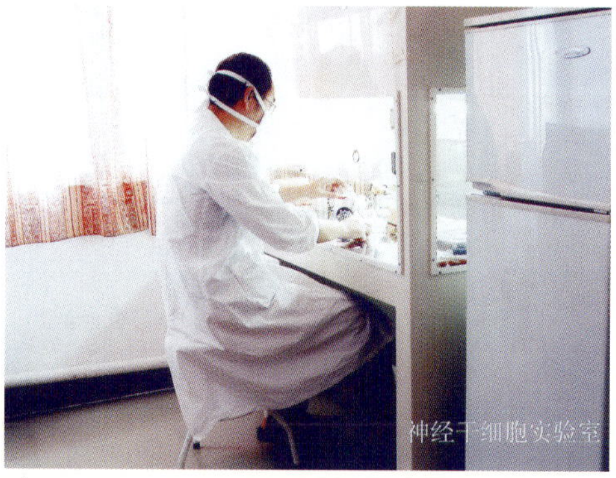

神经干细胞实验室

地址：潮州市环城西路84号　电话：0768—2224092转3104　邮编：521000

中山大学中山眼科中心眼镜验光员技能鉴定所

中山大学中山眼科中心眼镜验光员技能鉴定所依托于中山大学眼科视光学系，利用其在本科及研究生教学、科研、临床及视光学相关产业的强大实力，成为广东省劳动厅下属唯一的相关职业技能鉴定机构，每年定期举办初、中、高级眼镜验光员和定配工培训和资格认证，提高眼镜行业人员的从业水平。眼科视光学系及验光配镜中心倡导医学验光的新理念，全面改善视觉质量，作为全省最权威的验配机构之一，每年为超过10万人次提供专业服务。

地址：广州市先烈南路54号　中山眼科中心
邮编：510060
电话：87330351（鉴定所）
87330365（配镜中心）

广州市第一人民医院消化内科

广州市第一人民医院消化内科自新中国成立以来一直是广州市重点专科，在国内影响较大受到同行公认，学术水平在省内名列前茅。在广州市市卫生局所属的医疗单位中，我院消化内科一直起着龙头的作用，组织和主持消化疾病学术活动，学术和临床水平一直受到同行的公认。2002年,消化内科被评为广州市重点专科，广东省特色专科。

在临床科研上，每年的课题、论文、成果很多，并获得多项奖励，如幽门螺杆菌的诊治，被选定为卫生部2000年面向全国推广得十年百项推广项目，在国内和省内领先，其中HP流行病学在国际上有一定影响。该科室有正高级职称2人，副高级职称5人，中级职称10人。博士学历4人，硕士学历6人。学术带头人李瑜元是广东省卫生“五个一”工程科技兴医学术带头人，是中华医学会消化内镜学会委员，中华医学杂志、中华消化内镜杂志等国内核心杂志的编委及Gastroentrol&Hepatol(亚太地区胃肠和肝病杂志)编委，学科还有全国学会青年委员1人，广东省消化病和消化内镜学会副主任委员2 人，常委2 人，是广州市消化病和消化内镜学会的主委单位。我科是中山大学中山医学院和博士和硕士、广州医学的硕士培训点，博士生导师1人，硕士生导师3人。今后将继续努力，在临床、科研、教学等工作中取得更大的进步。

地址：广州市盘福路1号　电话：020—81048197　邮编：510180

惠州市公安局强制戒毒所

惠州市公安局强制戒毒所高度重视并大力开展戒毒工作，通过脱毒、康复、后续照管等三个阶段的工作，采取强制戒毒与社会帮教相结合的综合戒毒治疗康复措施，努力教育挽救吸毒人员，用科学、合理的戒毒方法，使吸毒人员重获新生，从而推动了禁毒斗争的顺利开展。

惠州市公安局强制戒毒所实行“政府领导、禁毒办主管、公安管理、企业贷资、以劳养戒、产业化发展”的管理模式，坚持教育、挽救、治疗、康复的方针，充分尊重和保障戒毒人员的合法权益，实行警务公开制度，主动接受人大代表和社会各界的监督；对戒毒人员进行安全科学的戒毒治疗，进行法制教育、道德教育和严格的行为矫正训练；惠州市公安局强制戒毒所正致力于向深层次发展，为遏制吸毒滋生蔓延，根除毒品祸害，作出不懈的努力。

地址：惠州市三栋镇陶前村　电话：0752—2592613　邮编：516025

汕头市龙湖区丹霞小学

丹霞小学创办于1994年秋，2003年被评为省一级学校，被誉为粤东小教的璀璨明珠。

丹霞小学从创办之日起，以高起点、高标准建校，以创新的办学理念为指导，建设现代化窗口学校。各级政府和教育有关部门不断加大投入，改善办学条件。为实现“办粤东一流学校，育高素质人才”的办学目标，学校有计划、有步骤走跨越式发展道路，不断登上新的台阶。学校除设有美术、音、语言各专用教室外，还建成25m*15.4m的六泳道的教学标准游池，200m环型跑道的塑胶运动场和塑胶篮球场、多媒体阶梯教、两个多媒体网络电脑室、两个多媒体教学平台，并建成学校域网和图书馆电子阅览系统，开通ADSL网络快车。“爱生如、乐于奉献、敬业爱岗、奋发向上”的“丹霞师魂”的铸造和华，更是得到了社会各界的一致好评。

地址：汕头市龙湖区丹霞庄东区25幢　电话：0754—8465646　邮编：515041

广州中医药大学"211工程"

中医内科学

陈蔚文教授是现任学科带头人

中医内科学是我国首批硕士、博士学位授权点，首批国家级重点学科，1997年成为省、部共建的“211工程”重点学科，2002年以免答辩资格晋升为国家重点学科。

“九五”期间，招收博士生121人，授予博士学位65人；招收硕士生182人，授予硕士学位115人，出站博士后10人，在站博士后7人。招收境外研究生28人。主持完成4项国家“九五”攻关项目、1项国家“九五”攀登计划课题。继著名中医专家邓铁涛教授在“脾虚型重症肌无力的临床与实验研究”获得国家科技进步二等奖后，2000年由学术带头人王建华教授主持的“脾虚证辨证论治的系列研究”也获得国家科技进步二等奖，这是全国同类学科中迄今为止获得的仅有的两项最高级别奖。“一种和胃止痛药”获得2000年国家发明专利；邓铁涛教授主编的《实用中医诊断学》（Practical diagnosis in Traditional Chinese Medicine）1999年被英国Churchill Livingstone 出版社翻译成英文在全世界发行。该学科有近百人次参加国际学术活动，与美、法、日、澳、荷、东南亚、港澳台等国家与地区有合作项目和长期学术交往。

“九五”期间，该学科还建立了国家新药（中药）临床试验研究中心，国家中医药管理局脾胃病实验室、中医急症研究室、细胞分子生物技术实验室等三级实验室，广东省中医证候临床研究重点实验室、调理脾胃中药分子药理重点实验室以及全国中医肾病医疗中心，广东省中医脑病医疗中心，中医心血管治疗中心等12个省部级以上的重点实验室（中心）；其中，由赖世隆教授主持的国家新药临床试验研究中心是首批国家中药新药临床试验GCP中心。该学科医疗水平不断提高，接诊和收治病人数居全国之最。现有教授48人，副教授69人，邓铁涛、王建华教授等是全国知名的专家学者，留法博士陈蔚文教授是现任学科带头人。

中医临床基础

林培政教授是现任学科带头人。

中医临床基础是首批博士学位授权点，1997年成为省、部共建的“211工程”重点学科。2002年以免答辩资格晋升为国家重点学科。

“九五”期间，共招收博士生34人、硕士生73人，境外研究生24人。授予博士学位21人、硕士学位27人，出站博士后2人。获得各级中标课题112项，其中国家自然科学基金重点项目1项，国家自然科学基金面上项目6项，国际合作项目4项。由学科学术带头人李国桥教授主持的“青蒿素及其衍生物抗疟的临床研究和推广应用”1999年获国家科技进步三等奖；复方哌喹获国家发明专利；“Therapeutic Dendritic—cell vaccine for simian AIDS”发表于著名期刊NATURE MEDICINE。与巴黎第五大学合作进行艾滋病治疗性疫苗研究取得重大突破；岭南温病研究不但丰富和发展了温病理论，还在防治广东地区非典型性肺炎中显示出明显的社会效益。国内外学术交流活跃，已主办了5届“中日伤寒论学术研讨会”。由该学科创立的“经典紧密结合临床，医教研协调发展”的教学理念和学科建设模式，2002年被教育部“本科教学工作水平评估”专家组认定为是我校本科教学工作的特色。

“九五”期间，该学科的热带病实验室、细胞生物学实验室分别于2000年和2002年通过国家中医药管理局三级实验室评估论证，中医疑难病证实验室2001年被评定为广东省教育厅重点实验室。学科的条件有较大改善，购置有全数字化彩超专用血管机、荧光定量PCR等一批先进的设备，仪器设备总价值969.5万元。该学科有教授22人、副教授26人。李国桥教授是国际知名的疟疾专家，留日归来人员林培政教授是现任学科带头人。

“九五”期间重点学科建设巡礼

中医骨伤科学

中医骨伤科学1996年成立为博士学位授权点，1997年成为省、部共建的“211工程”重点学科，2002年被确定为国家重点学科。

“九五”期间，招收博士生28人、硕士生63人，授予博士学位10人、硕士学位36人，出站博士后1人。共获得各级课题73项，其中省部级以上课题32项、国家级课题6项、国际合作项目3项，获科研等经费1876.7万元人民币和40万澳大利亚元。由学术带头人袁浩教授主持的“中西医结合治疗股骨头坏死及其相关疾病的临床研究”获2000年国家科技进步二等奖，生脉成骨胶囊获国家发明专利；由刘庆思、冯新送教授主持研制的中药“骨康”获国际专利。该学科已与美国弗吉尼亚大学、约翰·霍普金斯大学和西奥大学建立了长期的合作关系。

冯新送教授是现任学科带头人

该学科拥有“广东省中医骨质疏松病治疗中心”和“全国中医髋关节专病中心”2个部省级医疗中心，1间骨伤科医院，共14个病区，标准病床数合计647张。冯新送教授新建立的骨科基础实验室，装备有QDR—4000双能X线骨密度仪、荧光显微镜、显微照相系统、图象分析系统、倒置相差位显微镜等先进的仪器设备。该学科共有140人，其中教授16人，副教授32人；博士生导师6人，硕士生导师5名。现任学科带头人是冯新送教授。

中医妇科学

中医妇科学是中医学专业首批硕士、博士学位授权点，1997年成为省、部共建的“211工程”重点学科，2002年被确定为国家重点学科。

“九五”期间，招收博士生22人（其中台港澳生3人，留学生1人），在职申请博士学位1人，授予博士学位5人。招收硕士生63人（其中台港澳生16人，留学生3人），在职申请硕士学位14人，授予硕士学位27人。共获得各级研究项目 74项，其中国家级5项，省部级14项，研究经费425.85万元。获省部级科研成果奖4项，其中由罗颂平教授主持的“肾脾虚弱型自然流产的系列研究”2002年获广东省科技进步二等奖，由张玉珍教授主持的“滋肾育胎丸”1998年获得国家教委科技进步（丙类）三等奖。

罗颂平教授是现任学科带头人

该学科现设有生殖免疫学、内分泌学与细胞学实验室和教学实验室，实验室总面积150m^2，近5年来购置了流式细胞仪、定量PCR、全自动酶标分析仪、冷冻离心机、电子分析天平等设备，以及宫腔镜、腹腔镜、带阴式探头彩色B超、血管内激光照射治疗仪、微波治疗仪、多功能监护仪等诊疗设备，设备总值超过300万元，已开展检测项目20多项。学科总人数60人，正高职称7人，副高职称16人，中级职称22人。现有博士生导师4人，硕士生导师5人。全国名老中医药专家、广东省名中医2人。现任学科带头人是罗颂平教授。

地址：广州市机场路12号广州中医药大学
电话：36585256　邮编：510405

广州体育学院体育人文社会学学科

“国家体育社会科学重点研究基地揭牌仪式”在主席台前排就坐的领导：右起第 1 人为学院党委李燕辉副书记、第 2 人为省理论领导小组规划办公室许宁英副主任、第 3 人为学院院长陈树华教授、右 4 为国家体育总局政法司谢琼桓司长、第 5 人为省教育厅罗远芳副厅长、第 6 人为学院党委书记肖沛雄教授、第 8 人为学院副院长刘江南教授。

广州体育学院体育人文社会学（原体育理论）学科，于1998年经评估被授予体育人文社会学硕士学位授权点后，同年又被评为广东省重点学科。2001年，又经国家体育总局评估，被授予国家体育社会科学重点研究基地。

学科带头人吕树庭教授早年留学日本，现为社会体育系主任、上海体育学院特聘顾问教授、博士生导师，另兼任上海大学等国内四所大学的兼职教授。他爱岗敬业，教书育人，分别于1999年和2001年被评为南粤教书育人优秀教师和全国优秀教师。他治学严谨，勤奋自律，成绩卓著，在体育理论界享有较高的知名度，被聘为国家哲学社会科学规划评审组体育学组的专家。他所领导的学科在完成繁重的教学与新专业建设任务的基础上，本着科研为决策服务、为实践服务、为社会服务的宗旨，积极地开展科研工作。自1996年以来，在学院领导、各部门的关怀支持和学科成员的共同努力下，学科共承担国家社科基金资助课题7.5项，省部级课题31项，因其科研成果为政府决策，为推进体育的改革与发展做出了积极的贡献，获省部级一、二、三等奖共13项。

左 1 为学科带头人吕树庭教授与国家体育总局张发强副局长在亚运会科学大会时的合影。

国家体育总局政法司领导在国家体育社会科学重点研究基地评估时，听取学科带头人吕树庭教授的汇报。右 1 为吕树庭教授、右 2 为国家体育总局正处级调研员刘桂花同志、右 3 为国家体育总局政法司副司长张天白同志、右 4 为学院党委书记肖沛雄教授、右 5 为社会体育系副主任何冰副教授。

右 2 为学科带头人吕树庭教授、右 3 为北京大学副校长吴志攀教授、右 4 为学院科研处长周毅教授。

地址：广州大道北458号广州体育学院田径馆2楼
电话：020—87556310　邮编：510075

广州市第十七中学

激光应用研究室

广州市第十七中学是一所有着74年历史，办学经验丰富的全日制完全中学。学校锐意改革，开拓进取，2000年晋升广州市一级学校，2002年又跨入了广东省一级学校的行列，学校以显著的办学成绩，赢得越来越高的社会声誉。

学校有一个开拓进取、勤政务实的领导班子，有一支素质较高的教师队伍。他们当中有南粤优秀班主任、广州市优秀教师、越秀区师德楷模；有广州市学科教研会会长、市教研室特约研究员；还有7位研究生和一位省级“百千万工程”培养对象。近期学校还从全国各地引进一批学科带头人以充实教师队伍。

十七中学占地面积22000平方米，校内花木繁茂，环境幽雅。近年来市、区政府加大投入，学校积极自筹资金，进行校园改造，不断完善办学条件。学校建起宽敞明亮的新教学大楼。600多平方的图书馆藏书丰富，阅览室可供300多位学生就坐阅读、电子阅览室可供60位同学上网浏览学习、收发电子邮件和下载资料。“艺术教育中心”、“信息技术中心”、科学园、天文台等各学科专用场室（园）各具特色、数量充足。还有开展实践活动课的科技、劳技实验室10余间。教室与教学辅助用房的比例达1：1.8。学校建设了室内运动场，田径足球场铺上了人造草坪和塑胶跑道，还有多个标准的篮球、排球、羽毛球场等。全部场室设备达到或超过省级学校标准。

十七中学大力打造信息化校园。学校校园网信息系统达到千兆主干网、百兆到桌面，有近400个信息点，能快速接互联网，有400G的网上教学资源。全校拥有计算机近400台，计算机控制多媒体教学平台52套，实现了办公、教学手段的信息化。学校是广东省信息化示范单位，广州市计算机网络示范学校。

校区里建有长达几十米的“五千年文明史”、“奥运百年史”的石刻文化长廊，有“志存高远”雕塑和“科技创造未来”大型壁画，连橱窗、通道甚至告示牌等都经过精心的策划，营造了浓浓的校园文化氛围。

数码廊

十七中学重视教育科研，以教育科研促进学校发展。从上世纪90年代中期开始，学校就开展了旨在转变教育思想的学习讨论，学校的教育管理、教学从过去的“包办代替”，转向尊重学生个性，引导学生自我发展，还提出了“三自、三多”（对学生要求）、“六注意”（对教师要求）的实践操作方法。后来在这个基础上，形成了学校的“能动教育模式”。去年起，学校又开展了心理健康等多项部级、市级重点课题的研究。近年干部、教师在省级以上报刊杂志发表了一批理论联系实际的论文。

学校德育教育有目标、有层次地展开，学校、家长、社区、学生共同参与，形式多样，时效性强，学生中形成了“方向明、意志坚，刻苦学、成绩优，锻炼勤、体质强，行为好、声誉高”的良好校风。通过多年的探索，学校总结出抓好四类典型学生的经验，突破了德育教育的难点。

学校开展了课堂教学改革的研究，在教学组织上实行师生互动；在教学手段上运用现代化教学媒体，大大调动了学生学习的积极性，提高了教学质量。初中毕业班工作连续七年获得市、区综合评估一等奖，高中毕业班获得市一或二等奖,高考成绩稳步上升，近年全部高中毕业生都读上了大学。

计算机多媒体辅助教学

学校重视学生在全面发展基础上的个性发展，构建了具有特色的学校课程体系，开设了《中学生烹调》等实用型劳动技术课，全息摄像技术、环境保护、生命活动、电脑机器人、小发明等具有现代科技含量的研究课程。组织了管乐队、女子足球队等60多个课外活动小组，为有兴趣、学有余力的学生开辟新的求知领域，满足了不同学生的需要。

如今广州十七中学又有了新的奋斗目标，他们要在十六大精神的指引下，坚持教育创新，把学校建设成一流的学校，实现“教育模式能动化、学校管理规范化、教学手段信息化、后勤服务社会化”。

地址：广州市小北路216号
电话：020—83567690
邮编：510050

广东省商品营业员职业技能鉴定所

广东省珠江职业技能培训中心

广东省珠江职业技能培训中心和广东省商品营业员职业技能鉴定所，分别于1999年6月和2001年7月经广东省劳动和社会保障厅批准成立。培训中心和鉴定所设在广东省商业学校、广东省商业技工学校内。培训中心拥有二个阶梯课室和可以容纳100多人的大课室，鉴定所拥有考试室、两个实操室和一个实习商场。鉴定范围包括商品营业员初级、中级、高级和技师四个等级。到目前为止，已经有初级、中级和高级商品营业员参加了考核。2002年按省劳动和社会保障厅的要求，鉴定所筹备了拥有30台收银机的实验室，开展对收银审核员的培训、鉴定。经省财政厅批准学校同时成立了财会人员继续教育办学点，开展省商业企业集团公司财会人员再教育工作。

广东省商业学校、广东省商业技工学校都是具有几十年办学历史的公办财经类学校。1994年广东省商业学校被评为省、（部）属重点中专文明校园称号，2003年4月被评为全省中等职业教育先进单位。

学校拥有结构合理的师资队伍，其中有高、中级职称的有50人，兼有双师证的有15人；学校拥有教学大楼、实训大楼和图书馆，拥有先进的教学设备和十几个专业技能实验室。学校开办财经类专业为主体，同时不断开拓适应人才市场的需求的新专业。其中会计、文秘和市场营销专业是学校的拳头专业，拥有一批专业能力强的高中级教师队伍。长期以来，为社会输送了一大批有理论知识和专业技能较强的骨干人才。

2002年，共培训财会、酒管人员和电子商务师等800多人，并鉴定了一批中、高级营业员和收银审核员。

欢迎商品营业员、收银审核员及有关机关、事业和企业单位来联系

地址：广州市芳村大道滘口街五号　　联系电话：81891043　　传真：81803194
网址：www.gdcs.com.cn　　电子信箱：zhaosheng@gdcs.com.cn
商品营业员工种代码：03103

深圳市残疾人展能培训中心

“多彩人生”综合素质教育

服装培训点揭幕

就业指导

义工手语培训

深圳市残疾人展能培训中心成立于1997年，系深圳市残疾人联合会直属的事业单位，承担全市残疾人职业技能培训、职业技能鉴定及就业指导的各项工作任务。

2002年度，中心确立了“提高素质抓教育，服从就业抓培训”的残疾人培训指导思想，针对残疾人就业的需求和残疾人就业的市场要求，大力开展了残疾人就业前的思想道德教育和职业技能培训。一是举办了4期共400余名残疾人参加的“多彩人生”主题教育系列活动，对4类残疾人及亲友制定了各具特色的培训活动内容，受到残疾人及其亲友的欢迎和赞誉。二是以市场需求为导向，建立残疾人职业技能培训系统，不断建设和完善专业教学实习基地，开设了一系列既适合残疾人生理与心理特点又适应社会需求的职业技能培训项目，在全市各社区确立残疾人培训点7个，开设了电脑操作、盲人保健按摩、电器维修、电子元件装配、玉雕工艺加工、烹饪、美容美发、服装裁剪、汽车美容、摄影等十几个专业的职业技能培训。全年统计，通过集中、分散和上门等多种形式接受职业技能培训的残疾人共1200余名。

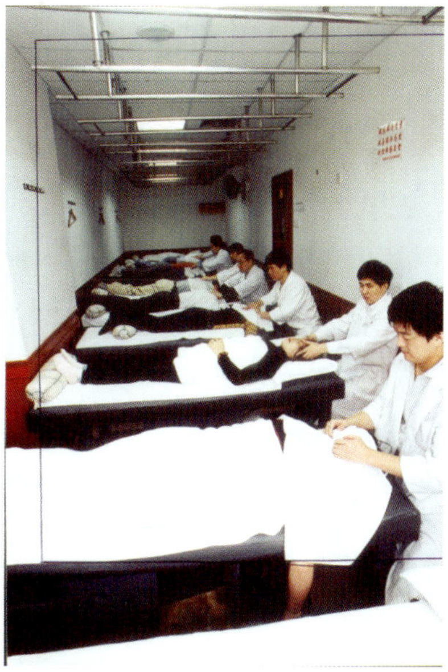

盲人按摩培训

地址：深圳市福田区梅岗南街笔架山综合楼北座
邮编：518026
电话：0755-83249809　　传真：0755-83264271

广州金融高等专科学校

广州金融高等专科学校是省属普通高校，学校现有金融系、会计系、保险系、计算机科学与应用系、法律系、经济贸易系、工商管理系、外语系和社会科学部、基础部等八系二部，共设有23个专业（方向）。其中"保险专业"和"金融专业"分别是国家级和省级高职高专教学改革试点专业。

2000年我校保险专业被评为国家高职高专教学改革示范专业。该专业现有专任教师13人，其中教授1人、副教授3人、"双师型"教师5人。近年来，保险专业教师在国家级权威和核心刊物上发表论文130多篇，有10篇论文被国际研讨会采用；出版著作和统编教材30部；主持教育部教改课题1项、省部级科研课题5项、校级课题10项；获得10多项科研奖励。

2001年我校金融专业被评为省级高职高专教学改革示范专业。该专业现有专任教师17人，其中教授3人、副教授4人、博士4人、硕士9人。2000年以来，金融专业教师主持完成省部级以上科研课题4项，在国内外公开刊物发表学术论文130多篇，出版著作和统编教材数十部，多项成果获得省部级奖励。

我校正在积极创造条件申办本科。

华侨中等专业学校

广东省华侨中等专业学校是1979年经广东省人民政府批准成立的一所省级重点普通中专学校。获广东省教育厅授予“文明校园”称号，是全国唯一的一所招收海外华裔学生进行中专学历教育及华文教育的中专学校。

学校注重“一专多能” 人才的培养，实行毕业证和上岗证书的多证书培养制度。是广东省计算机信息技术考试站、广东省特种作业人员安全技术培训点、广东省中等职业技术教育实训中心，数控技术应用专业是广东省教育厅批准的首批广东省中等职业学校示范专业。学生可考取的证书有：教育部考试中心颁发的全国公共英语等级考试（1、2级）证书；省经贸委颁发的电工特种作业操作证、电工特种作业等级证（中级）、制冷操作证、无线电调试工；省劳动与保障厅颁发的计算机办公软件操作证（初、中、高级）、计算机安装调试与维护中级证、数据库（VFP）中级证、计算机辅助设计（CAD）绘图员资格证、物业管理资格中级证；省财政厅颁发的会计电算化证；省统计局颁发的统计资格证；省珠算协会颁发的珠算等级证书等。几年来共培训了各类技能型人才6000余人。在深圳康佳集团、珠海泰坦集团、广东省华侨物业发展公司等十多家企业建立了校外实习实训基地，每年毕业生推荐就业率达90%

现学校正致力于全方位的发展，使学校在中职教育中登上一个新的台阶。

会计电算化考证培训

电工操作证培训

计算机信息高新技术考证培训

地址：广州市沙河龙洞
电话：87029820　邮编：510520

广州民航职业技术学院

领导视察我院（左起：南航总裁颜志卿、中南局局长王继武、民航总局局长杨元元、广东省原副省长卢钟鹤）

学院吴万敏院长

广州民航职业技术学院是经教育部批准，隶属于中国民航总局的全日制普通高等学校，是教育部首批十五所全国示范性职业技术学院建设单位之一，是中国民航总局委任的民用航空器维修人员基础执照培训和考试单位，是IATA（国际航协）授权培训单位，也是中国民航航空运输代理人业务及剑桥商务英语（BEC）培训单位。

学院面向全国（含香港、澳门）招生，实施大专层次的学历教育和开展各种培训。招收高中毕业生的三年制大专开设了飞机机电维修、飞机结构修理、飞机电子设备维修、电子工程技术、信息管理与信息系统、航空港安全检查、会计电算化和空运市场营销等专业，二年制大专开设了航空乘务与旅游管理专业。招收初中毕业生的五年制高职（大专学历）开设了飞机机电、飞机电子设备、应用电子技术、计算机及应用和民航运输等专业。

学院正努力办成具有中国高等职业教育特色，在国内同类院校中起示范作用，在国际上成为对外交流窗口的全国一流的职业技术学院。

学院领导班子(左起：副书记莫佳胜、院长吴万敏、书记吕克钟、副院长蔡昌荣)

地址：广州市机场路白云西街10号　邮编：510403　电话：86120574

广东轻工职业技术学院

1997年以来，我院在创办高职教育机电一体化专业（液体灌装生产线维护与管理专门化）过程中，始终遵循“发展高职教育、面向地方经济”的办学宗旨，艰苦奋斗，不断探索，改革创新，努力使人才培养与社会需求相适应，取得一定成绩，办出一定特色。2000年被广东省列为省级高职试点专业，2001年被教育部列为国家级高职试点专业。2002年本专业首届毕业生一次就业率达100%，2003年的毕业生就业率，截止5月10日止已达 92 %。

本专业的毕业生大多下得去，留得住，干得好，颇受社会欢迎。之所以如此，是本专业在办学方面紧紧抓住了“面向地方经济、依托行业优势、办出高职特色”的基本思路不动摇。

一、办专业的出发点是面向和服务地方经济。珠江水、广东粮，是广东经济发展的重要支柱产业，培养适应这些支柱产业发展要求的机电一体化专业人才，正好满足地方经济发展所急需。

二、办专业的依托点是地方的优势企业。这些优势企业有人才、技术、管理、设备、对外交流等优势，依托优势企业办学不仅提升了学生的知识深度、广度及技能高度，而且对他们的就业提供了广阔的空间和良好的资信。

三、突出专业培养方案的特色是办好专业的生命。本专业培养方案的特色是：

1专业针对性强。

2.专业适应性广。

3.课程设置实用性强，创造性地设置了一批特色课程。

4.提前介入专业课，增强学生学习目的和兴趣。

5.强化了实践教学环节，突出了技术应用能力培养。

6.突出了成熟新技术、新工艺、新知识的跟踪和应用。

7.依靠产学结合培养人才。

8.紧紧抓住产学研结合的纽带，校企联合研制高水平的机电一体化设备(见图），极大提高实践教学水平。

校企联合研制成功的全自动装箱机

地址：广州市海珠区新岗西路152号　机电系电话：34300982

广州黄埔怡园小学

广州黄埔怡园小学是广东省首批省一级学校，是黄埔区第一所广东省首批省一级学校。学校以优雅的教育环境、先进的教育理念、现代化的设备设施、高素质的教师群体赢得了社会各界的瞩目，教育、教科研硕果累累。学校先后被评为全国“现代教育技术实验学校”、“全国学科四结合教学改革试验研究试验学校”、“全国优秀电影课实验学校”、“全国构建体育课程体系研究实验学校”等称号。九五期间学校承担了国家、省市级重点课题研究。走进新世纪，学校在现代先进教育理念、教育思想指导下，瞄准新世纪教育发展的主题和大方向，恪守“站在巨人的肩膀上发展自己”的信念，建构学校“举改革旗，走科研路，创特色校”的总体发展框架。确立“育人为本，以德治校，科研兴校，质量立校，特色名校，创新发展学校”的办学理念。以学习新的教育理论、科学的教育思想为先导，以更新教育观念为前提，以深化教育教学改革为动力，以新课程改革为契机，以课堂教学为主阵地，以培养学生的创新精神和实践动力为重点，树立大教科研观，将常规教育教学管理纳入教科研管理的轨道，加快学校教育信息化，全面深化教育教学改革。

学校领导亲临指导实验工作

到社区宣传网络知识

实验教师在网络室上课

实验教师在制作网页

地址：广州市黄埔区怡园西街21—23号　电话：82278776　邮编：510700

广州市第七十五中学

广州市第七十五中学创办于1956年9月，现有三个校区：天平架、燕塘、河水。共有教学班67个，学生3118人，学校总占地面积50598.1平方米，建筑面积22027.3平方米。校长杨泳炎，1997年被评为“天河区十佳校长”，多次被评为市、区“优秀教育工作者”、“精神文明先进工作者”，是当地名校长之一。

勤政务实的杨泳炎校长

近年来，七十五中在“科教兴国”的大环境下，在创建教育强区的大氛围中，全面贯彻党的教育方针，积极推行素质教育，树立明确的办学目标，取得了令人瞩目的成绩。1997年被评为“广州市一级学校”，终于摘掉了薄弱学校的帽子。从1992年开始，连续10次获广州市高考二等奖；多次被评为市、区“军警民共建先进单位”、区“德育工作先进单位”、区“德育工作先进单位”、“教育系统先进单位”；1999年1月，被广东省教育厅批准为“现代信息技术教学实验学校”。1998年被评为“广州市文明示范校园”，2000年得以再次确认；2001年成为“市绿色学校”、“广东省卫生、体育先进学校”、“广东省档案综合管理特级单位”；2002年被广州市委宣传部、广州市教育局等六个部门联合批准为“小公民道德建设实践基地”。体育也是我校的强项，射击、测向多次获全国级大奖。2002年12月，顺利通过了省一级学校的评估，成为广东省第十一批被批准的省一级学校之一，为创建天河教育强区作出了应有的贡献，而且驶入了教育发展的快车道。七十五中学决心向更高的目标进发。

现代化的电子阅览室

地址：广州市天河区天平架同和路兴华路交界外
电话：87794109
邮编：510500

汕头市第一中学

汕头一中是广东省首批一级学校，汕头市重点中学。学校创建于1904年，一直以其校风优良，环境优美，办学效益显著而享誉省内外，成为汕头教育的一面旗帜。

改革开放以来，学校把现代化建设作为学校发展的重要目标。先后建成了语音室、电教室、电脑室、软件制作室和资料库、视频双向控制系统、千兆主干校园网及考场监控系统等现代化教学设施，为教育现代化创造了必要的条件。随着教育理论的更新和科学技术的发展，特别是信息和网络技术的迅猛发展，学校积极开展各种理论和技术培训，内容包括现代化教育理论、尖端科技发展动态、计算机等设备的使用、工具软件及网络使用等。通过培训，逐步提高教师队伍的理论水平和技术水平，为教育现代化奠定坚实的基础。学校结合教学实际，以教育科研为先导，积极开展教育科学研究，先后完成了《CAI课件的设计与开发》、《现代教学媒体在课堂教学中的应用》等一批省市级科研课题的研究，开发了《游标卡尺的使用》等一大批教学课件，并获得国家、省、市各级的奖励。随着校园网的建成，学校充分发挥设备的效能，利用校园网进行学校管理和资源库建设，积极探索基于网络环境下的教育模式，进一步推动学校教育现代化的进程。学校每年都向外界展示科研成果及现代化教育手段的应用范例，在全市起到了示范带动作用。1998年学校被教育部确认为广东省首批全国现代教育技术实验学校。

知识海洋

汕头一中天文台

地址：汕头市中山路六十四号　电话：0754—8552424　邮编：515041

领导关怀

校园网管理中心

群策群力

多媒体教学网络系统

考场监控中心

广州市第一一三中学

广州市第一一三中学创办于1978年，1995年被评为广州市首批市一级学校，2002年被评为广东省一级学校。学校现有教学班49个，在校学生近2500人。2002年广东省教育厅组织的省一级学校评估团专家一致认为：113中学办学理念新、育人环境好、师资队伍强、管理严格、科研气氛浓、发展全面、办学成果丰硕。113中学是莘莘学子打好知识基础、充分发挥和展示个性特长的理想学园。丰硕的教育教学成果近六年来，初中毕业班工作获天河区特等奖1次，一等奖3次，二等奖2次；高中毕业班工作连年获市二等奖，获区一等奖4次，二等奖2次；2000年高考，重点班本科上线率56.8%，省专上线率88.6%；2001年高考，重点班本科上线率77.8%，省专上线率95.5%；2002年高考，重点班本科上线率78%，省专上线率96%；先后培养出市、区高考单科状元和区中考总分、单科状元14人；学生有496人次荣获国际、全国、省、市、区各类竞赛的奖项，其中国际奖8项，全国奖21人次，省级奖23项，市级奖182人次。学校先后被评为广东省特级档案管理单位、广州市教育工作先进单位、广州市文明单位、广州市绿色学校、广州市安全文明小区、广州市体育运动先进学校、广州市爱国卫生运动先进单位、广州市电化教育达标优秀学校等。　113中学2003年拟招初一新生10个班，高一新生6个班，并计划给高一重点班配备知识面广、责任心强、教学严谨、教学水平高，特别是高考备考经验丰富的特级、高级教师担任科任。欢迎各位考生报考113中学，113中学能为您最充分发挥潜能创造条件。

地址：广州市天河区五山路九十一号
电话：87564451　邮编：510630

广东画院

广东画院创建于1959年，为省属专业艺术创作研究机构，1982年叶剑英委员长亲自为画院题写院名。一直以来，广东画院承担贯彻执行中央及省委、省政府有关文艺工作的方针、政策，是忠实履行和实践先进文化的具体代表，对全省美术创作起指导性作用，并担负着发掘和培养高水平、高素质的名画家，为社会提供艺术精品，为国家积累艺术财富的重任。

广东省卢瑞华省长于1997年1月来画院看望画家

目前广东画院有国家一级美术师9人，二级美术师5人，全省及海外特聘画家40人。建院40多年来，我院画家激情创作，勤奋耕耘，多次在全省及全国美展中获金奖及银奖，在全国画院系统成绩突出，被列为全国四大画院之一。

今天，广东画院在“三个代表”重要思想指导下，借助建设文化大省的东风，必将创造出更多弘扬主旋律，反映时代风貌的精品力作，为社会主义文化事业的繁荣和发展做出更大的贡献。

广东画院全景

地址：中国广州市人民北路873号
邮编：510170 电话：(020)81365753

岭南教育集团

董事长：贺惠山

岭南教育集团在创办人贺惠山先生的带领下，从1993年创业至今，已由一个以短期培训为主的文化技术学校，发展成集高等教育、职业教育、中小学教育、学前教育为一体的综合性教育集团。下辖岭南职业技术学院，岭南工商专修学院、岭南学校、岭南中英文幼儿园、岭南人才就业中心、岭南职业技能培训中心、岭南科技发展公司等多个教育实体，现有学生6000余人，教职员工300余人，是广州乃至全国规模较大、门类较齐的民办教育集团之一。

岭南教育集团在董事长贺惠山先生“一切为了学生，为了一切学生，为了学生的一切”的“三为思想”指导下，努力关怀每一个岭南学子的成长，并立志把岭南办成中国最大的民办教育集团之一。

地址：广州天河东圃大观路小新塘
邮编：510663
电话：岭南教育集团办公室：82341082　82341080（传真）
岭南学院办公室：82373637　82374976（传真）
岭南招生就业办：82374846　82374848　82373351（传真）
岭南中小学：87583187　87511364
岭南中英文幼儿园：87582822　87536013
岭南职业技能培训中心：85222622　85221347
岭南科技公司：82341084
网址：www.lingnancollege.com.cn

清远市技工学校

中共中央政治局常委
李长春同志来校调研

校长：刘龙山

广东省委书记张德江来校调研

清远市技工学校是得到谢非、李长春、张德江三任广东省委书记和原省长卢瑞华、副省长游宁丰、谢强华等省委、省政府领导关注、视察和肯定的国家级重点技工学校。现有在校学生3500多人，教职工190多人，其中专职教师100多人，大学本科以上学历62人，专科学历38人，具有中高级职称的教师50多人，生产实习指导42人，学校在抓好技工学历教育的同时，充分利用教学资源，积极拓展短期岗能培训、劳动预备制培训、转岗培训、企业在职职工技能培训，积极参与下岗职工再就业培训。2002年进行电工、钳工、焊工、车工、制冷、电脑应用、导游服务等项目的各类培训超过3000人次，为学生及社会人员进行机械电工、电子电工、电脑应用，电脑文秘、制冷技术等各类职业技能鉴定3658人次，1656人取得特殊工种操作证，2658人取得了初、中级职业资格证，提高了办学的经济和社会效益，进一步拓展了学校的生存和发展空间。为提高山区劳动素质，扩大山区劳动就业，促进再就业，服务山区工业化和经济社会发展作出了贡献。

地址：清远市经济开发区试验区十四区
电话：0763—3483203—8005
邮编：511517

黄埔卫生学校

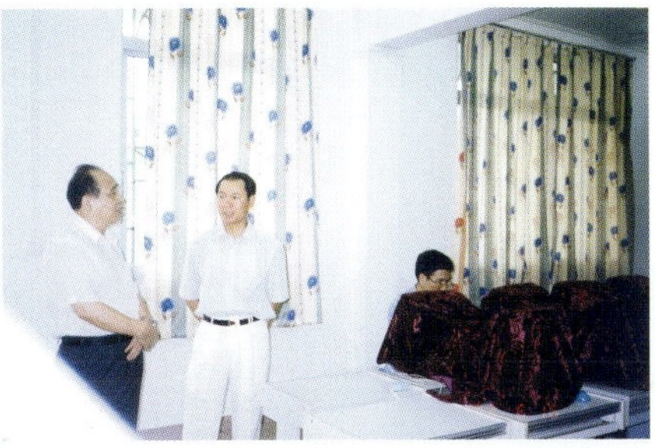

广东黄埔卫生学校座落在广州市风景秀丽的珠江南畔黄埔岛上，地处黄埔军校所在地，与广州大学城毗邻。

学校占地面积40000平方米，建筑总面积9700平方米。处处绿树成荫，芳草覆盖，环境幽雅。学校教学场地设施配套完整，并基本实现现代化，大阅览室、电子阅览室、图书馆、校园网一应俱全。夏季，我校与广东省第二工人疗养院合建的大型游泳池免费向学生开放。

学校有一支勇于开拓、廉政、勤政、坚强的领导班子；一支结构合理、事业心强、素质高、经验丰富的师资队伍。并在市内几所三甲医院和高校聘请了一批高学历、高职称的专家、教授为我们客座教师。

学校现设有中专和大专两部分。中专开设有护理、康复技术2个专业，大专是与广州市广播电视大学合办的高级护理专业。目前，在校生755人，共16个班，2003年9月在校生数将达1000人。已逐步形成多层次、多规格的办学格局。

为造就素质优良、技术过硬的专业人才，为了更好地提高学生的专业技能，在毕业实习的安排上，我校在广东省人民医院，广东省中医院，中山医科大学第一、第二附属医院，附属黄埔医院，广州医学院第一、第二附属医院，第一军医大学珠江医院，暨南大学医学院，市红会医院等三甲医院建立了教学实习基地，为学生的临床学习提供了优越的环境。

学校每年毕业生就业率达95%以上，得到了社会、学生和家长的认同，形成了招生和分配的良性循环。在职业教育改革的大潮中我们将继续以此为契机，调整思路、乘胜而上，寻求学校更大的发展空间，努力开创办学创业的新局面。

地址：广州市黄埔区长洲镇长江路339号
电话：82201392　82204019
邮编：510720

华南农业大学

SOUTH CHINA AGRICULTURAL UNVIERSITY

农业昆虫与害虫防治学科

学科研究的植物性杀虫剂在四川省应用，受到朱镕基总理的赞扬。

该学科是国家重点学科，设置了“长江学者奖励计划”特聘教授岗位，形成了一支以中科院院士庞雄飞教授和首席专家梁广文教授为学科带头人的梯队结构合理，教学、科研经验丰富，学术造诣高，治学态度严谨，勇于开拓创新的高素质、高水平的学术队伍。现有教授12人、副教授21人、博士生导师10人。是外国留学研究生培养点和国际植保技术专家培训基地。主要研究方向有在昆虫生态与种群动态控制；昆虫毒理与植物质杀虫剂；昆虫物种多样性与物种资源利用；昆虫基因多样性与基因资源利用；昆虫与植物协同进化。拥有大型研究基地龙岗生态村和全国最大的杀虫植物研究中心。正承担一批国家、省部级的重大科研项目，已取得一系列达国际先进水平的研究成果。

农业昆虫与害虫防治学科带头人、 中科院院士庞雄飞教授（右）和学科首席专家梁广文教授

作物遗传育种学科

作物遗传育种学科带头人、中科院院士卢永根教授

该学科是国家级重点学科，有以中科院院士卢永根教授为学科带头人的高素质的学术队伍，现有“长江学者奖励计划”特聘教授1名，教授13名，博士生导师10名。近五年该学科承担了国家重大研究课题23项和其它科研课题62项，发表学术论文200多篇，其中被SCI和ISTP收录的论文56篇；获得省部级以上科研成果7项，申请了国家发明专利6项，育成了作物新品种（组合）14个；提出了水稻“特异亲和性”的学术观点，并成功地创建了新种质“粳型亲籼系”。在植物种质资源的研究与利用、植物分子育种、植物营养遗传与根系生物学、作物主要性状遗传与新品种（组合）选育方面形成了稳定和特色鲜明的研究方向。

由作物遗传育种学科培育出的水稻新品种“华粳籼74”

农业经济管理学科

该学科是国家级重点学科首席专家温思美教授。在科学研究上，突出体现本学科特色的主要学术领域（包括经济发展理论与政策，经济组织与制度经济，外向型经济与国际企业管理，农产品国际贸易与农村市场体系建设等），组织专门课题组进行协作攻关；培育新的学科增长点，重点推动企业家理论与农业企业战略管理、沿海发达地区传统农业改造理论与实践、农村社会保障体系与农业保险、经济全球化和区域化与农业核心竞争力等前沿领域的研究。目前学科点承担了包括国家自然科学基金、国家社会科学基金和国际合作项目在内的科研课题50多项，“九五”以来，培养研究生约200名，获省部级以上奖励10多项，出版教材和专著38部。

农业经济管理学科带头人温思美教授（中）张岳恒教授（左）、罗必良教授（右）

农业经济管理学科出版的教材和专著

地址：广州市天河区五山路
电话：020—85280866
邮编：510642

华南师范大学校办产业处

华南师范大学创建于1933年8月，是国家“211工程”重点建设的大学之一。按照“产、学、研”三足鼎力的办学方针，华南师大为充分发挥学校丰富的学科和教育资源优势，明确了大力发展以教育产业为主导产业的校办产业发展战略。

华南师大现有校办企业21家，包含教育、高新科技、工业制造、建筑设计与监理、物业管理、餐饮旅业服务等。资产规模约6500万元，年产值约7000万元。2002年5月成立教育发展中心，按学校的统一授权，代表学校开展对外办学和培训等业务，并统筹校内各二级单位对外办学行为。现就在中山市、东莞市各办一所附属中、小学签署了合作办学协议。

学校部分领导出席华南师范大学产业大楼启用暨华南师范大学教育发展中心（集团）成立仪式。

副校长吴颖民、黄锦能为校产业大楼启用揭幕

地址：华南师大产业处　　电话：85211192

广州（暨南）生物医药研究开发基地

广州市长林树森、副市长林元和视察基地

中科院副院长陈竺考察基地

国务院侨办主任陈玉杰视察基地

广州（暨南）生物医药研究开发基地是由广州市科技局和暨南大学于2001年2月投资2000多万元共建的生物医药研究开发机构和孵化器，是一个面向国内外开放的高科技服务平台。基地总面积1100平方米，分研究开发区和药物中试区两部分。研究开发区 包括细胞培养室、天然药物室、分子生物学室、新药筛选室、制型研究室、抗病毒研究室、病毒细胞培养室、实验动物室、药理研究室。药物中试区 包括基因工程药物中试生产区、天然和化学药中试生产区。

基地的科研条件基本上可满足各类药物研究开发的需要。基地建立了生物药、化学药、天然药的研究开发条件和一些技术，并购置了相关仪器设备，建立了符合“GMP”标准的中试生产车间，是国家教育部基因药物工程中心、广东省生物工程药物重点实验室和国家人事部企业博士后科研工作站。与基地互为依托的暨南大学生命科学技术学院、医学院和药学院，具有各种基础研究、开发研究的技术力量和优越的科研开发条件，为研究人员进行科研提供广阔的平台。

基地的实验室和仪器设备对全社会开放。特别是为吸引海外留学人员回国进行项目的开发，基地提供了宽松的环境、优惠的政策、良好的服务和一流的实验条件。基地对进入基地开发的项目采取各种灵活方式，可以转让、合作、借用条件、接受委托开发等方式进行。

基地除开展对外服务外，还积极承担国家、省、市的科研任务，现主要进行抗肿瘤、抗病毒、抗衰老药物的筛选及新剂型的研究开发，承担着国家“863”计划项目和省、市“十五”重大科技攻关等科研项目。基地目前对来自国内外的项目进行了孵化。

基地热诚欢迎海内外的研究机构和科技人才利用基地的实验条件和技术进行科技项目的开发和技术合作。

地址：广州市黄埔大道西601号暨南大学生命科学技术学院5楼
邮编：510632　电话：020-85222706 020-85220504
传真：020-85220504-309　Email：ojidi@jnu.edu.cn
网址：www.gzdrugpilot.com

广东现代管理专修学院

广东现代管理专修学院的前身为卢瑞华省长亲书校名的“广东行政管理培训学院”，是广东省首批全日制学历文凭考试的院校，与列入国家211工程的南昌大学和湖南师范大学合作设立了广东函授站，参加成人教育，管理“广东现代实用职业技能培训中心”，是较早实行“双元制”教育的院校。

地址：广州市东风中路305号省府大院8号楼101室　电话：020—83132871　邮编：510031

华南师范大学附属小学

华南师范大学附属小学创办于1952年，由广东省教育厅和华南师范大学双重领导，现有26个教学班，1300多名学生，教师70人，大专以上学历教师占教师总数90%，获中高级职称教师占70%。在长期的教育教学实践中，该校初步形成了自己的办学特色，校园内学风浓、教风正、校风好、教育质量高，许多学生在全国、省、市、区的各项比赛中获奖，有的学生书法作品送日本展览，每界毕业班综合素质考核优分率达90%以上。学校于1996年跨入广东省一级学校的先进行列，2000年又被确定为广东省普教系统13所“百千万”人才工程培训基地之一，学校少先队被评为广东省少先对红旗大队。最近又成为华南师范大学教育科学学院教育心理研究基地、天河区英语特色学校。

地址：广州石牌华南师大附小　电话：85211190　邮编：510630

清远市清城区职业中学

清远市清城区职业中学位于清远市清城区西门岗15号，是国家级重点中等职业学校，广东省中等职业教育实训中心，广东省师德建设先进单位。学校的计算机设备先进，师资力量雄厚，有18名计算机教师，其中“双师型”计算机教师14名。2001年12月被省教育厅确定为广东省软件蓝领“人才试点学校”。

1993年建校以来，学校以“三个面向”为指导。深入社会调查，调整专业设置；深入市场调查，调整课程结构；开展毕业生跟踪调查，调整教育内容；走与社会紧密接轨的办学之路，逐步形成了培养学生“成才先成人”的德育特色和“一主两翼”（以专业为主，加强计算机和英语应用能力培养），“宽基础、活模块”等教学特色。学校面向市场，与时俱进，迎接竞争，取得了多元化、多形式、多渠道办学的初步成功。

清远市清城区职业中学

地址：清远市城区西门岗15号　　电话：0763—3312072　邮编：511500

广东省东莞市大朗镇中心小学

大朗镇中心小学创办于1992年，是大朗镇的一所“窗口式”学校。校园占地面积11205.68平方米，有教学楼、功能楼各一栋，教工宿舍楼两栋，校园绿化率为100%，建有标准教室24个（配有多机一幕），大小办公室8个，校园布局合理，设施设备完善，实现了校舍楼房化、校园网络化、园林化、教学设施标准化。

学校教育科研成果。申报市以上立项的课题1个，语文教研组被评为“东莞市优秀教研组”。现教师的论文获国家奖励的有2篇，获省级奖励的1篇。先后获得了“东莞文明单位”、“东莞市一级学校”、“广东省绿色学校”以及“广东省一级学校”的荣誉。

学校全面贯彻党的教育方针，以乐学为出发点，改革课堂教学，培养创新思维，丰富课外活动，发展学生健康个性。学生中多人获国际级、国家级、省级、市级奖励。

地址：东莞市大朗镇中心小学
电话：0769—3315095　邮编：523770

广东农工商职业技术学院

广东农工商职业技术学院是一所经省政府批准成立、国家教育部备案的普通高校。现开设有市场营销、涉外会计、商务英语、计算机软件、智能电子技术等22个专业，其中“绿色食品加工与管理”是教育部及广东省教学改革试点专业。

本专业拥有教师18人，其中教授、高级工程师、副教授或具有博士学位的9人。并成立了“绿色食品专业委员会”，聘请省内外企业家、知名学者为专业委员会主任委员，对专业建设与发展进行具体指导。

本专业开设绿色食品概论、食品安全与检测、绿色食品加工技术等29门课程，培养具有一定政治素质、良好职业道德，掌握绿色食品生产、加工、检测和管理等必备的专业知识和实际工作能力的高级技术应用型人才。

教育部高职高专教育专家对绿色食品加工与管理专业进行评审

学院电话：020-85230372　学院传真：020-85230563
学院地址：广州市天河区粤垦路198号　邮编：510507

广州应用科技专修学院

学院董事长：冯卓荣

广州应用科技专修学院是经广东省教育厅批准[粤高教城（1999）5号]，国家教育部备案的一所综合性高等职业教育办学的机构，具有举办高等教育学历文凭考试大专班，理工及文史类本科、专科自学考试辅导班、成人高中高考辅导班和高等教育培训以及各专业技能等级培训、岗位培训等办学资格。

学院一贯坚持“以人为本，严格管理，服务第一，质量第一”的办学宗旨和“真诚、服务、求实、创新”的校训，在社会上享有良好的声誉。学校现有各类在校生3610人。由于办学成绩显著，得到省市有关部门的表彰，先后被评为省市先进办学单位。

地址：广东科学馆二楼231室（广州连新路171号） 电话：83548942

第一军医大学

丰富多彩的博士后业余文化生活——到南海影视城参观游览

第一军医大学座落在风景秀丽的广州市白云山东麓，占地面积68万平方米，是一所布局合理、环境优雅的全国重点高等院校。目前学校有基础医学和临床医学2个博士后科研流动站，与广州医药集团联合设立了企业博士后工作站，培养博士后出站7人，在站29人。学校博士后工作目标方向明确，学校党委研究制定了《第一军医大学博士后工作十五规划》，力争到2005年，新增博士后流动站2个，在站博士后研究人员达到120人；博士后工作意识较强，每年拨出5万元作为博士后管理经费，给每位新进站的博士后2万元的科研经费资助，新建博士后公寓50套；博士后管理关系顺畅，工作分工明确、责任落实到人，提高了博士后管理工作的效率；博士后培养质量较高，截至2002年12月，博士后研究人员共承担省级以上科研项目12项，获经费资助237万元；获国家博士后科学基金资助5人，经费5万元；获得国家级奖1项，省、军队级奖2项；发表论文被SCI收录3篇，国家级刊物4篇，省、军队级刊物3篇，出版专著3部，出国参加学术会议1人次。临床站有4名博士后担任了病区主任，基础站有7名博士后担任了课题组长或博士、硕士合作导师。

学校地址: 广州市同和　邮编: 510515 总机: 020-61648114,61640114

华南理工大学

广东省高性能与功能高分子材料重点实验室建设项目于2001年9月由广东省科技厅批准立项。目前实验室面积 4500 平方米，实验室固定资产近2000万元。拥有一批材料制备、结构、性能和应用研究等方面的先进仪器设备。

重点实验室设立学术委员会，聘请国内著名专家担任学术委员会主任和委员。实验室第一届主任为贾德民教授，副主任为黄庙由教授和傅伟文副教授。实验室下设研究室或课题组，结合华南理工大学“兴华人才工程”建设，形成了以程镕时院士、曹镛院士和贾德民、罗远芳、童真、赵耀明、赵建青、罗权焜等教授为学术负责人的多个结构合理、学术水平高、实力强的学术团队。目前已设立了高性能橡塑材料与纳米复合材料研究室、高分子光电材料与器件研究室、高分子功能材料研究室和若干课题组。

重点实验室承担了国家攀登计划、国家973项目、国家863项目、国家自然科学基金重大项目、重点项目和杰出青年基金项目、国防军工攻关项目、广东省自然科学基金重大项目等50多项国家和省部级科研项目；获得省部级科技奖励2项，成果转化54项，申请专利30项，已获授权11项；2002年在国内外刊物发表论文100多篇，其中被SCI、EI、ISTP三大索引收录45篇。

联系人：傅伟文 黄庙由 单位地址：广州市天河区 五山 邮编：510640
电话：8711 4857 传真：87110273 E-mail: psweiwfu@scut.edu.cn
http://www2.scut.edu.cn/material/lab/lab_1.htm

佛山市荣山中学

荣山中学校长王维大

荣山中学是在佛山市政府领导下，由市政府拨款，香港荣山（集团）有限公司捐资兴建的一所新型的完全中学。学校位于城南新区同华东一路，现有48个教学班，学生2636人，教职工188人，是市区规模最大的学校之一。1998年12月评为市直一级学校，1999年12月评为佛山市一级学校，2003年1月评为广东省一级学校。省一级学校评估团领导、专家对我校的综合评价是：荣山中学是一所环境优美、校园文化品位高、设备先进、校风良好、质量稳步上、社会信誉高、发展势头良好的现代化学校。

历年来，荣山中学中考成绩稳居市区前列，2000年、2001年实现二连冠。近三年高中会考毕业率平均达到99%，高考升学率依次为80%、95%、96%。高考成绩年年创历史新高，2002年高考上省线人数名列市八所普高第二，胡智超同学夺的佛山市高考化学科状元、广东省第三名。高质量产生高效应，荣山中学的良好形象已经深入到佛山百姓心中，并获得社会各界的认可。2002年8月，评为全国贯彻《学校体育工作条例》优秀学校。2002年12月11日，《中国教育报》用了一个版面的专文，以《跨世纪耕耘铸造的“荣山品牌”》为题对我校的办学经验作了全面的报导。

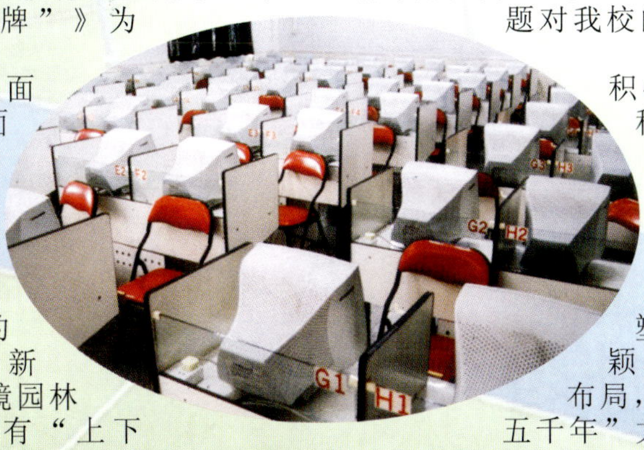

学校占地面积43820平方米，校舍建筑面积32000平方米。有高中教学楼、初中教学楼、综合楼、实验楼、图书楼、勤工俭学楼各一幢，还有一座多功能的体育馆。有一个400米8跑道的塑胶标准运动场和一个50×25米的标准游泳池。校舍设计新颖、庄严、大方，具有南国建筑特色和现代化气息；校园环境园林布局，格调高雅，绿化美化；建有“五柱园”、“五环苑”，还有“上下五千年”大型浮雕，形成浓郁的文化氛围，被市政府授予“花园式单位”。在禅城区中小学校中，校园校舍堪称一流。

近年来，学校现代化教育技术设备日臻完善，建成了集教学和办公用的千兆光纤主干线、百兆终端的校园网络，建设了网管中心、资源开发中心、演播中心，全部教室都配备了教学多媒体平台，有学生电子阅览室、教师电子阅览室、两个语音室和十个多媒体功能室，每位教师配备一部手提笔记本电脑；物理、化学、生物实验室已达到国家一类标准；拥有卫星接收系统、天文观测台、地理园、大型电子地图和生物园。学校图书馆藏书七万多册，安装V5.1自动文献管理集成系统，与互联网连接。各种科技、文娱、体育活动设备齐全，场所充足，是求知育人的理想地方。

荣山中学的进步，是在市教育局的直接领导和关怀下取得的，同时也离不开各级领导和社会各界的关心和支持。全国人大科教文卫委员会副主任杨梅波作了“提高教学质量，创办全国一流”的题词，原广东省委书记谢非同志来校检查过工作，市长梁绍棠多次亲临指导。学校十分重视对外交流，与日本、加拿大、香港、澳门等学界交流活跃，受到来访外宾高度的赞扬。作为佛山对外开放的窗口学校，荣山中学正努力开创二十一世纪教育的新篇章。

荣山中学现有师资情况
高级教师39名
一级教师87名
教师本科以上学历占86%

地址：佛山市同华东一路七号
电话：0757——3368067
邮编：528000

中成国际税务咨询（香港）有限公司
广东中成海华税务师事务所有限公司

中成国际税务咨询（香港）有限公司成立于2000年1月，同期在广州设立办事处；随着大陆业务的发展和“入世”的需要，又于2001年11月在广州设立中成海华税务师事务所有限公司。

该公司目前有近60名专业人员，其中各类专业人才占80%以上，整体专业素质高；该公司起步虽晚，但发展的理念新、目标远、起点高。主要从事涉及税收政策较强的税收筹划、专业顾问、跨国税务安排、转让定价业务；高层次税收研讨及大规模税务专业培训等业务。

该公司按照市场方式组织、举办了“《中华人民共和国税收征收管理法》及其《实施细则》的专题研讨会”、“广州市外资金融机构中国税收研讨会”、“广东省2003年出口退税申报系统软件培训”及“广东省2003年外商投资企业和外国企业所得税汇算清缴培训”等大规模税务专业培训。其中两项培训总数近2万人次。

该公司仅短短几年中就能在业内展现专业特色，为各类国内外企业及各级国、地税务机关所瞩目，直接得益于精诚的专业精神；该公司“纳税风险最小化；节税空间最优化；合法、合规、合理；严守商业秘密”的服务理念也是为企业提供高效、优质税务专业服务的目标与宗旨。精专诚信者，事必成，该公司将不断努力，为客户降低纳税风险，节约税收成本，提供专业服务。

公司联系方式

香港（HK）
地址：香港湾仔港湾道25号海港中心2109室
电话：（852）25980112　传真：（852）25980183
广州（GZ）
地址：广州市环市东路371-375号世界贸易中心大厦南塔1401室　邮编：510095
电话：（8620）87674271　87785018　传真：（8620）87674273
深圳（sz）
地址：深圳市福田区福华一路深圳国际商会大厦1007-1009室　邮编：518026
电话：（86755）82931354　传真：（86755）82986755
网址：http://www.ccitc.net.cn　电邮：ccitc@vip.163.com　电邮：ccitc@ccitc.net.cn

毕马威华振会计师事务所广州分所
综观全局
着着领先
企业服务
审计
税务
财务咨询服务
www.kpmg.com.cn
有新的市场就有新的知识需求。毕马威华振的专业人才能在投资决策的过程中，助您一臂之力。本所的专业服务包括市场准入研究、财务审慎调查、税务筹划、开办业务、计划推行的检讨、审计服务等。如果要索取其他资料，请致电 (86 20) 3758 9280 与本所的高级经理许瑞杰联系。
understanding@KPMG

雅歐

广州市雅欧标志服装有限公司

我公司地处广州市天河区，是国家标志服装定点生产厂家，现有固定资产1000万元，规模宏大、设备先进、管理科学、技术力量雄厚，质量第一，信誉第一。公司主要生产“雅丽思”牌城市管理综合执法、税务、交通、环保、国土、物价、林政等系列标志服及厂矿服、校服、宾馆服、西服、特种作业服等，并可根据用户的要求设计新款式的行业标志服。其中由我公司设计的广州市城市管理综合执法标志服系列已获国家知识产权专利，我公司已先后为经国务院法制办批准试行综合执法试点的广州、珠海、长沙、海口、哈尔滨等城市制作了城管综合执法制服，受到各界的好评。

1999年9月28日，广州市城市管理综合执法支队成立挂牌，建设部领导、省建委、省法制局、广州市五套班子领导及有关部门领导与支队、大队领导合影留念。整个支队的新式着装及配件系列，均由广州市雅欧标志服装有限公司生产与提供，并经申请已获得国家知识产权专利。

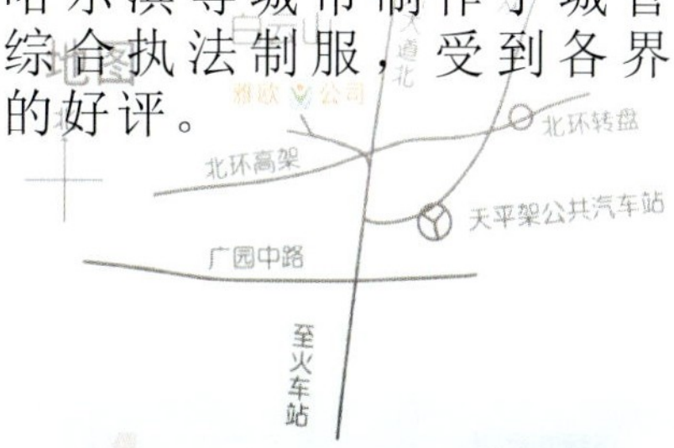

2002年，公司通过国际标准ISO9001：2000认证，2002年荣获省工商局颁发的“诚信守法企业”称号，在全国质量信得过产品评选中又荣获“全国质量服务消费者满意企业”的铜牌和荣誉证书。

99款城市管理综合执法制服冬装

支队机关领导在融融冬日列队接受市民检阅

公司法人代表：欧阳仁石
地　址：广州市伍仙桥甘园路尾军区沙河生产基地1号楼3楼
邮　编：510510　　网址：www.gzyaou.com
电　话：（020）87730618　　传真：（020）87730628

广东珠江投资有限公司

GUANGDONG ZHUJIANG INVESTMENT LTD.

旭景家园2001年广州十大最佳人居环境绿色住区

珠江公司近年荣获了多项奖励

1998～1999年度广州市房地产开发综合实力30强企业
1999～2000年度广州市房地产综合实力30强企业
2002年荣获首届“广东地产资信20强”企业称号
我司开发的项目：
南 景 园——2000年广州明星楼盘最佳综合质素奖
　　　　　2001年荣获十大市民最喜爱楼盘
骏景花园——2000年连赝广州十大明星楼盘
　　　　　2001年荣获中国名盘称号
华景新城——2000年连赝广州十大明星楼盘
愉景雅苑——1999年广州明星楼盘
旭景家园——2001年广州十大最佳人居环境绿色住区

珠江公司的经营和管理优势如下：

- 整体优势
- 资质优势
- 信誉优势
- 品牌优势
- 人力资源
- 土地储备优势

全 球 通 大 厦

银 行 大 厦

白云骏景花园

南景园2000年广州明星楼盘最佳综合质素奖 2001年荣获十大市民最喜爱楼盘

广东珠江投资有限公司是一家以投资控股、实业经营为主的大型企业集团，拥有28家全资、控股二级公司，涉及的领域包括房地产、基础建设、管理咨询、教育、通讯五大产业。

广东珠江投资有限公司经过多年的经营，已经成为跨行业、跨区域的大型联合舰队，广州地区已开发了华景新城、骏景家园、旭景家园、帝景苑、白云骏景家园、珠江罗马家园、珠江怡景、翰景轩、信华经理人家园、珠江半山雍景苑、东方夏湾拿花园等多个大型成熟社区及南方通信大厦、信源大厦、珠江规划大厦、全球通大厦（新址）、银行大厦等多个高级写字楼项目。北京、上海、天津、深圳公司等也开发了多个大型项目，使“珠江”的品牌得到了延伸。

广东盈信信息投资有限公司开发了“e家宽”小区宽带网，参与九运会宽带网的建设；1999年，广东珠江投资有限公司投资广发证券有限责任公司，成为其第四大股东。1999年参与投资广惠高速公路，广深沿江高速公路等基础设施项目正在筹备中。教育行业的设想是在三至五年内与国内知名大学合建大学城。

经过10年的发展，珠江公司完成了启航、飞跃，形成了资金运作为基础，以多元化实业开发为支撑，以高科技开发为后劲，以人才资源开发为先导的产业发展思想和经营运作理念，在公司的运作中实行了资金计划会、生产调度会、合同范本管理等先进的管理模式及绩效考核、竞争上岗等激励机制，在保证企业高速运转的同时促进员工成长，营造企业与员工“双赢”的和谐氛围。

珠江规划大厦

地址：广州市建设大马路12号32楼　电话：83762280

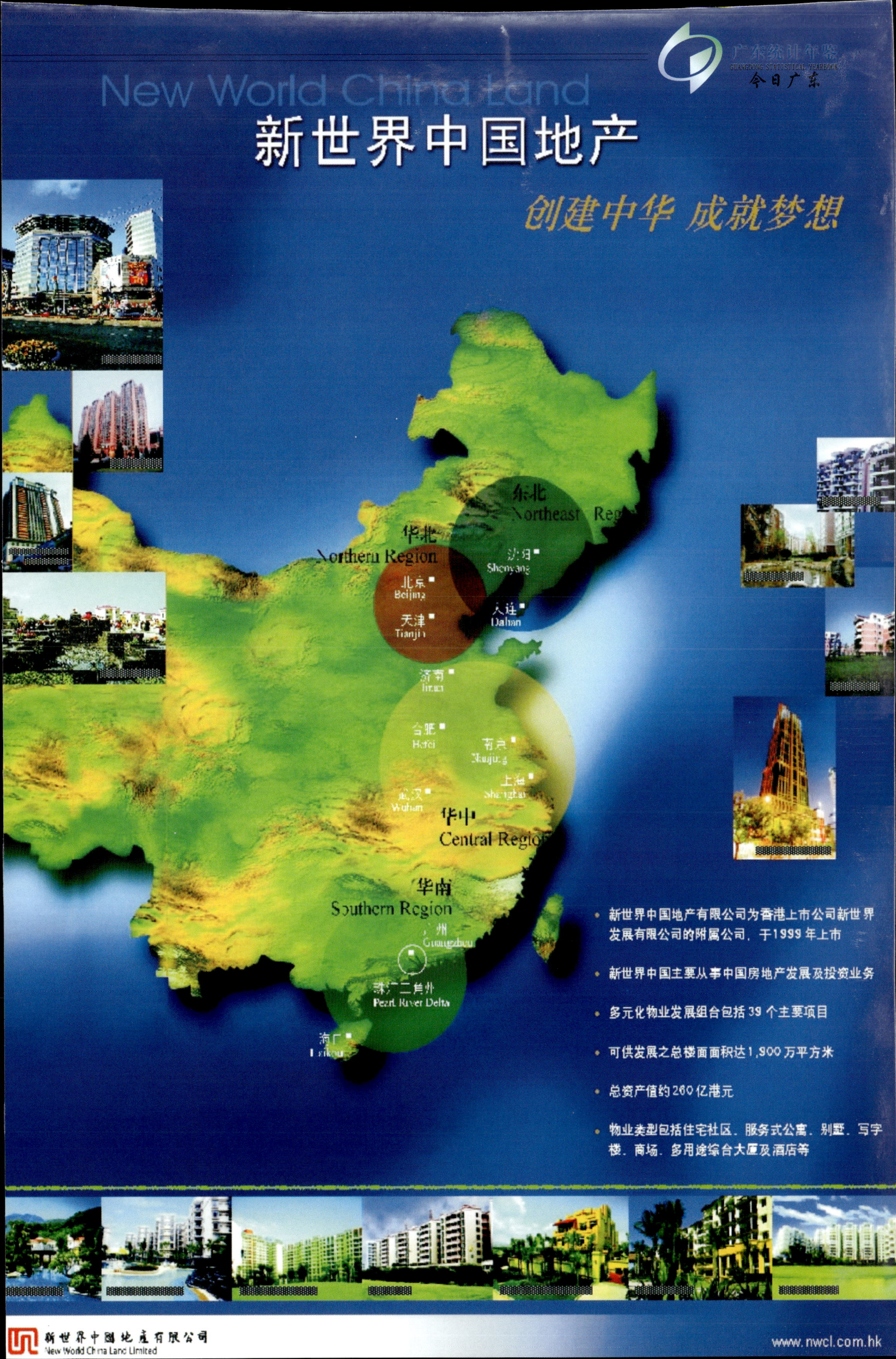
New World China Land
新世界中国地产
创建中华 成就梦想
东北
Northeast Region
华北
Northern Region
沈阳
Shenyang
北京
Beijing
天津
Tianjin
大连
Dalian
济南
Jinan
合肥
Hefei
南京
Nanjing
上海
Shanghai
武汉
Wuhan
华中
Central Region
华南
Southern Region
广州
Guangzhou
珠江三角洲
Pearl River Delta
海口
Haikou
• 新世界中国地产有限公司为香港上市公司新世界发展有限公司的附属公司，于1999年上市
• 新世界中国主要从事中国房地产发展及投资业务
• 多元化物业发展组合包括39个主要项目
• 可供发展之总楼面面积达1,900万平方米
• 总资产值约260亿港元
• 物业类型包括住宅社区、服务式公寓、别墅、写字楼、商场、多用途综合大厦及酒店等
新世界中國地產有限公司
New World China Land Limited
www.nwcl.com.hk

引 领 地 产 ◆ 远 见

诚信天下，建筑未来——石华集团

石华集团成立于1992年，是一家以房地产经营开发为龙头的大型集团企业。集团下属有佛山锦月房地产开发有限公司等7家司及3家合资公司。

作为一家民营企业，石华走过了一条从发展到壮大再步入辉煌的坚实之路。11年的艰苦拼搏，石华集团在佛山迅速发展，开片广阔天空。

1992年，石华以能源供应为缘起，发芽生根；

1993年，石华高瞻远瞩，开始涉足房地产；

1993-1997年，石华集团先后在佛山城西开发了德丰花园和德兴花园等房地产项目，为佛山城西改造作出了贡献；

1998年，石华集团确定以房地产开发作为主要经营项目，并决定从集团抽调精英组建一家高水平的专业性房地产开发公司；

1999年，石华集团佛山锦月房地产开发有限公司应孕而生，开始进军佛山房地产主力市场——城南。

2000-2003年，佛山锦月房地产开发有限公司先后开发了丽日华庭和丽日豪庭两大楼盘。丽日华庭在佛山率先引入“人车分创造了同期开发、同期销售完毕的房地产界销售奇迹；而作为目前禅城区规模最大、配套最完善的丽日豪庭则已成为佛山二十标志性高尚住宅社区。石华集团丰富的品牌内涵和外延深入佛山市民心中，成为市民置业安居的信心保证。2003年5月，凭借优信状况，石华集团跻身“广东地产资信20强”。

石华集团一直朝着多元化方向发展，目前已形成以房地产经营开发为龙头，涵盖建筑装修、能源供应、百货零售、文化传视创作、消防安装、网络工程、物业管理、保洁洗涤、饮食娱乐等多个领域的集团化大型企业。

“诚信天下，建筑未来”，是石华集团的经营方针。

未来的石华集团定会大展宏图，回报社会。

石华集团
佛山锦月房地产开发有限公司　网址：http//www.fsjinyue.com　集团地

来

广州英华企业集团有限公司

广州英华企业集团有限公司成立于1999年，总部设南华西路新世界大厦，前身有广州英华、华虹、宏立、英置等房地产实业有限公司；另外还有广州国立、英建、国和、名汇商贸等公司；下属共13个子公司，英华企业集团以房地产开发为主，兼营建筑、中介、商贸、物业管理等七个行业；公司投资总额达3.5亿元，经营市场遍及广东省和香港、澳门等地。英华企业集团公司2002年被广州市评为先进民营企业。公司逐步向规模化的多种经营方向发展。

一、 房地产开发的主要业绩：

本集团下属的五个房地产开发公司，开发的楼盘目前有广州市南华西路的新世界大厦，东晓南路的“晓港湾”商住区，昌岗路的“中旅侨苑”，下九路的“名汇商业大厦”四个楼盘。开发光成总面积达80多万平方米，其中大部分为优质工程。最突出的是本集团的房地产开发公司在广州市房地产开发企业的综合实力考核评比中连续四届（1995年开始至2002年）评为市30强企业。这是在广州民营企业中极为少见的，这充分显示了英华企业集团稳定而雄厚的综合实力。另外，英华企业集团从1996年至今每年都被广州市评为先进、光荣、纳税大户等称号，历年在商品房销售，竣工面积等方面的评比活动中都是名列广州市的前茅，其中名汇商业大厦和晓港湾商住区都被评为“市十大明星楼盘”。

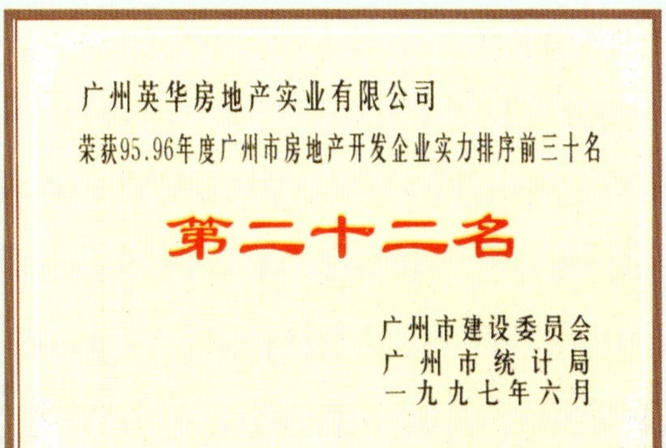

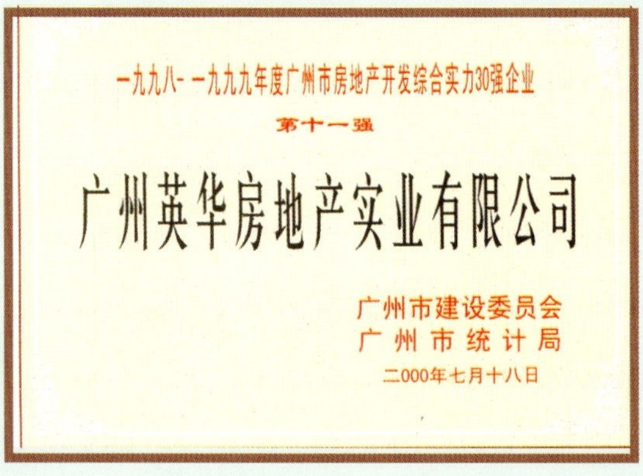

英华集团开发的晓港湾

英华集团开发的名汇大厦

二、物业管理方面的业绩：

英华企业集团为了给业主树立信心，有利于实现开发商给业主的承诺，集团所开发的四个楼盘共80多万平方米，全部由本集团旗下的物业公司管理。目前组建了“天德”和“港湾”两个物业经营管理公司。其中港湾公司管理的“晓港湾”商住区1998年评为市、省、国优小区，现经多次复检都保持“国优小区”的称号；另外“中旅侨苑”于2000年也被广州市评为“安全文明”小区。目前各楼盘的物业管理逐步向规范化、规模化的方向发展。

三、迅速发展的多种经营：

英华企业集团在以房地产开发为主的基础上，陆续开创了建筑、装修、商贸、设计、中介等行业，这些行业在房地产开发的带动下都取得了显著的成绩，特别在商贸方面发展较迅速。英华企业集团并没有因此而满足，目前正以强劲的发展势头向更广阔的领域迈进。

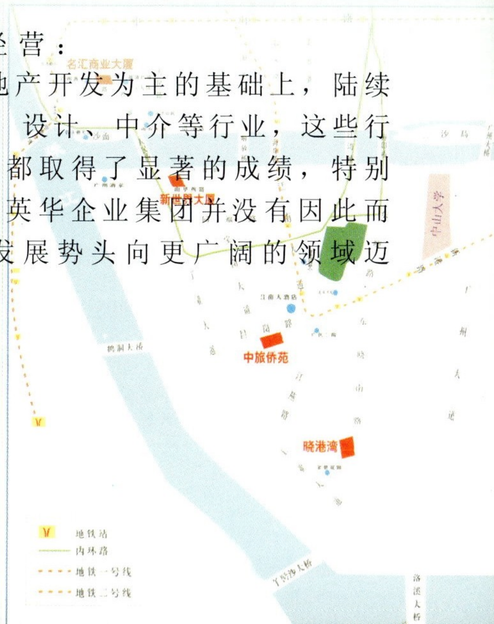

東莞海逸高爾夫球會

HARBOUR PLAZA GOLF CLUB DONGGUAN

東莞海逸高爾夫球會由東莞湖景渡假村有限公司投資興建，該公司由和记黄埔地产集团的附属公司及東莞厚街對外經濟發展總公司合作成立的中外合作公司。

東莞海逸高爾夫球會擁有27洞國際錦標級球場。球會以嚴格的會員制嚮譽業界，只有會員才可享用球會設施。這不單保障會員的權益，更能突顯會員的非凡地位。球會位置優越，距廣深高速公路厚街出口僅10分鐘車程，佔地總面積達1,420萬平方米，臨環崗湖畔，山巒環抱，更有荔枝林點綴其中，美不勝收。

球場由著名大師羅伯瓊斯二世(Robert Trent Jones II)精心設計。球場為27洞錦標級108桿的球場，全長10,673碼，以沙坑、長草、左右狗腿裡的戰略設計及位置佈局，難易度分配得宜，令每一個球洞都帶給球迷極大的挑戰和興奮。同時，這是一個將職業難度要求和業餘興趣融匯於一體的球場，繞迴於左旋右轉的山丘之中，富大自然風光的景觀更增添了高爾夫的樂趣所在。

東莞海逸高爾夫球會於2002年首度成為亞洲PGA巡迴賽有史以來最高獎金(100萬美金)的賽事場地《TCL精英賽》并同时获选为2002年度最佳亚洲比赛场地。經過舉辦這盛事，東莞海逸球會已廣為人知，同時，更進一步彰顯東莞海逸球會於國際賽事的地位，在世界高爾夫球壇上佔有一席之地。

球會不但為會員提供一個錦標級的球場，同時在尊貴的私人會所內更為會員提供了齊備的設施和殷勤的服務。高爾夫練習場及學校的專業教授課程將令你球藝提高，白天抽不出空閒者，也可利用場內設有照明系統的有蓋練習場以及全亞洲最大型之一的推捍練習果嶺。會所設施亦盡顯高尚格調：餐廳、酒廊、露天茶座、桑拿，蒸氣浴及水力按摩池等等，一應俱備，服務溫馨親切，令人賓至如歸。

近在毗鄰的倚湖名居是和記黃埔地產集團悉心策劃項目之一，約197幢別墅以備受推崇的北美豪華別墅為設計藍本，再配以劃時代的建築技巧，環湖而建，湖光山色，黛綠滿盈，讓一個畢生夢寐以求的家展現眼前。

地址：中國廣東省東莞市厚街鎮大逕管理區　郵編：523958
總機電話：(86 769) 581 8080　傳真：(86 769) 581 9090
銷售部電話：(86 769) 581 5688　傳真：(86 769) 581 5690